SAP HANA® – Datenbankadministration

SAP® PRESS

SAP PRESS ist eine gemeinschaftliche Initiative von SAP SE und der Rheinwerk Verlag GmbH. Unser Ziel ist es, Ihnen als Anwendern qualifiziertes SAP-Wissen zur Verfügung zu stellen. SAP PRESS vereint das Know-how der SAP und die verlegerische Kompetenz von Rheinwerk. Die Bücher bieten Ihnen Expertenwissen zu technischen wie auch zu betriebswirtschaftlichen SAP-Themen.

Damit Sie nach weiteren Büchern Ihres Interessengebiets nicht lange suchen müssen, haben wir eine kleine Auswahl zusammengestellt:

Heiko Friedrichs
SAP S/4HANA und SAP Cloud Platform für Administratoren
2019, 519 S., geb.
ISBN 978-3-8362-6361-0
https://www.sap-press.de/4662

Thomas Tiede
SAP HANA – Sicherheit und Berechtigungen
2019, 635 S., geb.
ISBN 978-3-8362-6765-6
https://www.sap-press.de/4814

Thomas Tiede
Sicherheit und Prüfung von SAP-Systemen
2018, 903 S., geb.
ISBN 978-3-8362-6122-7
https://www.sap-press.de/4584

Volker Lehnert, Iwona Luther, Björn Christoph, Carsten Pluder
Datenschutz mit SAP – SAP Business Suite und SAP S/4HANA
2017, 437 S., geb.
ISBN 978-3-8362-5989-7
https://www.sap-press.de/4524

Bert Braasch, André Faustmann, Anna Geringer,
Hendrik Müller, André Siegling, Benjamin Wegener

SAP HANA® – Datenbankadministration

Rheinwerk Publishing

Liebe Leserin, lieber Leser,

vielen Dank, dass Sie sich für ein Buch von SAP PRESS entschieden haben.

Administration – mit Blick auf seine lateinischen Wurzeln steht der Ausdruck für »Verwaltung«, aber auch für »Hilfeleistung«. Als Datenbankadministrator verwalten Sie also nicht einfach Datenbanken – Sie unterstützen Ihre Kollegen vielmehr in ihrer täglichen Arbeit. Ohne eine ordnungsgemäß verwaltete Datenbank sind gesammelte Daten wenig wert: Sie müssen effizient und sicher gespeichert werden – und vor allem von Anwendern bei Bedarf leicht wiederauffindbar sein.

Das vorliegende Buch wiederum leistet Ihnen Hilfestellung bei Ihrer Arbeit. Die Autoren führen Sie systematisch in die Administration von SAP HANA 2.0 ein. Ganz wie bei einer gut verwalteten Datenbank erhalten Sie genau die Informationen, die für Sie wichtig sind. Profitieren Sie von der Erfahrung der Autoren, und erfahren Sie, was SAP HANA 2.0 Ihnen für neue Möglichkeiten bietet.

Wir freuen uns stets über Lob, aber auch über kritische Anmerkungen, die uns helfen, unsere Bücher zu verbessern. Scheuen Sie sich nicht, sich bei mir zu melden. Ihr Feedback ist jederzeit willkommen.

Ihre Daniela Kämmerer
Lektorat SAP PRESS

daniela.kaemmerer@rheinwerk-verlag.de
www.rheinwerk-verlag.de
Rheinwerk Verlag · Rheinwerkallee 4 · 53227 Bonn

Auf einen Blick

1	Einführung	25
2	Architektur	35
3	Sizing	127
4	Betriebskonzepte	163
5	SAP HANA Cockpit 2.0	197
6	DBA Cockpit und SAP HANA HDBSQL	283
7	Lebenszyklusverwaltung	335
8	SAP-Lösungen auf SAP HANA migrieren	423
9	Backup und Recovery	459
10	Hochverfügbarkeit	543
11	Datenbankobjekte	563
12	Sicherheit für SAP HANA	587
13	Benutzer- und Berechtigungsverwaltung	621
14	Performance-Optimierung	641
15	Monitoring	691
16	Fehleranalyse und -behebung	721
17	Service und Support	745

Wir hoffen, dass Sie Freude an diesem Buch haben und sich Ihre Erwartungen erfüllen. Ihre Anregungen und Kommentare sind uns jederzeit willkommen. Bitte bewerten Sie doch das Buch auf unserer Website unter www.rheinwerk-verlag.de/feedback.

An diesem Buch haben viele mitgewirkt, insbesondere:

Lektorat Daniela Kämmerer
Korrektorat Alexandra Müller, Olfen
Herstellung Nadine Preyl
Typografie und Layout Vera Brauner
Einbandgestaltung Julia Schuster
Coverbild iStock: 510690764 © takoburito
Satz SatzPro, Krefeld
Druck Beltz Grafische Betriebe, Bad Langensalza

Dieses Buch wurde gesetzt aus der TheAntiquaB (9,35/13,7 pt) in FrameMaker. Gedruckt wurde es auf chlorfrei gebleichtem Offsetpapier (80 g/m²). Hergestellt in Deutschland.

Das vorliegende Werk ist in all seinen Teilen urheberrechtlich geschützt. Alle Rechte vorbehalten, insbesondere das Recht der Übersetzung, des Vortrags, der Reproduktion, der Vervielfältigung auf fotomechanischen oder anderen Wegen und der Speicherung in elektronischen Medien.

Ungeachtet der Sorgfalt, die auf die Erstellung von Text, Abbildungen und Programmen verwendet wurde, können weder Verlag noch Autor, Herausgeber oder Übersetzer für mögliche Fehler und deren Folgen eine juristische Verantwortung oder irgendeine Haftung übernehmen.

Die in diesem Werk wiedergegebenen Gebrauchsnamen, Handelsnamen, Warenbezeichnungen usw. können auch ohne besondere Kennzeichnung Marken sein und als solche den gesetzlichen Bestimmungen unterliegen.

Sämtliche in diesem Werk abgedruckten Bildschirmabzüge unterliegen dem Urheberrecht © der SAP SE, Dietmar-Hopp-Allee 16, 69190 Walldorf.

ABAP, ASAP, Concur, Concur Expenselt, Concur TripIt, Duet, SAP, SAP Adaptive Server Enterprise, SAP Advantage Database Server, SAP Afaria, SAP ArchiveLink, SAP Ariba, SAP Business ByDesign, SAP Business Explorer, (SAP BEx), SAP BusinessObjects, SAP BusinessObjects Explorer, SAP BusinessObjects Web Intelligence, SAP Business One, SAP Business Workflow, SAP Crystal Reports, SAP EarlyWatch, SAP Exchange Media (SAP XM), SAP Fieldglass, SAP Fiori, SAP Global Trade Services (SAP GTS), SAP GoingLive, SAP HANA, SAP Vora, SAP Hybris, SAP Jam, SAP Lumira, SAP MaxAttention, SAP MaxDB, SAP NetWeaver, SAP PartnerEdge, SAPPHIRE NOW, SAP PowerBuilder, SAP PowerDesigner, SAP R/2, SAP R/3, SAP Replication Server, SAP Roambi, SAP S/4HANA, SAP SQL Anywhere, SAP Strategic Enterprise Management (SAP SEM), SAP SuccessFactors, The Best-Run Businesses Run SAP, TwoGo sind Marken oder eingetragene Marken der SAP SE, Walldorf.

Bibliografische Information der Deutschen Nationalbibliothek:
Die Deutsche Nationalbibliothek verzeichnet diese Publikation in der Deutschen Nationalbibliografie; detaillierte bibliografische Daten sind im Internet über *http://dnb.d-nb.de* abrufbar.

ISBN 978-3-8362-6850-9

2., aktualisierte Auflage 2019
© Rheinwerk Verlag, Bonn 2019

Informationen zu unserem Verlag und Kontaktmöglichkeiten finden Sie auf unserer Verlagswebsite **www.rheinwerk-verlag.de**. Dort können Sie sich auch umfassend über unser aktuelles Programm informieren und unsere Bücher und E-Books bestellen.

Inhalt

Einleitung 17

1　Einführung　25

2　Architektur　35

2.1	Komponenten der SAP-HANA-Plattform		36
	2.1.1	Einordnung in die dreistufige Client-Server-Architektur ...	36
	2.1.2	SAP-HANA-Komponenten im Überblick	39
	2.1.3	SAP-HANA-Prozesse und -Threads	42
2.2	Systemaufbau		50
	2.2.1	Tenant-Datenbanken	51
	2.2.2	Single-Host-Systeme	53
	2.2.3	Multiple-Host-Systeme	54
	2.2.4	Verzeichnisstruktur	58
2.3	Persistenz und Speicherverwaltung		63
	2.3.1	Datenhaltung in SAP HANA	63
	2.3.2	Prozesse und Volumes	65
	2.3.3	In Datendateien schreiben	73
	2.3.4	In Log-Dateien schreiben	78
	2.3.5	Daten im Arbeitsspeicher	83
2.4	Basisvorgänge		103
	2.4.1	Systemstart und -stopp	104
	2.4.2	Konfiguration	109
	2.4.3	Zugriff auf SAP HANA	117

3　Sizing　127

3.1	Grundlagen	127
3.2	Greenfield-Sizing mit dem Quick Sizer	131

7

3.3	Datenbankunabhängige Sizing-Reports verwenden	136
3.3.1	Migrations-Sizing für SAP BW auf SAP HANA	136
3.3.2	Migrations-Sizing für die SAP Business Suite auf SAP HANA	149
3.3.3	Migrations-Sizing für SAP S/4HANA	158
3.4	Einschätzung des benötigten Festplattenspeichers	159

4 Betriebskonzepte 163

4.1	Landschaftsaufbau	164
4.1.1	Appliances	164
4.1.2	Multi-Node Appliances	168
4.1.3	Virtualisierung	172
4.1.4	Tailored Data Center Integration	176
4.1.5	Cloud	181
4.2	Installationsvarianten	187
4.2.1	Multi-Tenant-Database-Container	187
4.2.2	Multiple Components One System	190
4.2.3	Multiple Components One Database	194

5 SAP HANA Cockpit 2.0 197

5.1	Installation des SAP HANA Cockpits	200
5.1.1	Vorbereitung	201
5.1.2	Installation des SAP HANA Cockpits	206
5.1.3	Ports festlegen	211
5.1.4	Aktualisieren des SAP HANA Cockpits 2.0	212
5.1.5	Deinstallation des SAP HANA Cockpits	215
5.2	Konfiguration des SAP HANA Cockpits	216
5.2.1	Benutzer und Berechtigungen	216
5.2.2	Cockpit-Einstellungen ändern	224
5.2.3	Active Sessions verwenden	226
5.2.4	Eine Benachrichtigung an die Benutzer senden	227
5.2.5	Ressourcen und Ressourcengruppen verwalten	229
5.2.6	Fehler suchen	241

5.3	Verwendung des SAP HANA Cockpits		243
	5.3.1	Personalisierung des SAP HANA Cockpits	246
	5.3.2	Administration mit dem SAP HANA Cockpit	259
	5.3.3	Konfiguration von Ressourcen	263
5.4	SAP HANA Database Explorer		270
	5.4.1	Aufbau des SAP HANA Database Explorers	270
	5.4.2	Arbeiten mit dem SAP HANA Database Explorer	274

6 DBA Cockpit und SAP HANA HDBSQL 283

6.1	Funktionen des DBA Cockpits		283
	6.1.1	»Aktueller Status«	284
	6.1.2	»Performance«	286
	6.1.3	»Konfiguration«	290
	6.1.4	»Jobs«	296
	6.1.5	»Diagnostics«	301
	6.1.6	»Systeminformationen«	310
	6.1.7	»Dokumentation«	317
	6.1.8	»Systemlandschaft«	317
6.2	Konfiguration des DBA Cockpits		318
	6.2.1	Rollen und Berechtigungen für das DBA Cockpit	319
	6.2.2	Zusätzliche SAP-HANA-Instanzen anbinden	325
6.3	Kommandozeilenwerkzeug SAP HANA HDBSQL		328
	6.3.1	Erste Schritte bei der Arbeit mit SAP HANA HDBSQL	329
	6.3.2	Mit SQL-Statements arbeiten	331

7 Lebenszyklusverwaltung 335

7.1	Release-Strategie von SAP		336
	7.1.1	Wichtige Begriffe für das Release-Management	336
	7.1.2	Wartungsstrategie	337
7.2	Installation		337
	7.2.1	Voraussetzungen für die Installation von SAP HANA	338
	7.2.2	Installation mit dem SAP HANA Database Lifecycle Manager	344
	7.2.3	Installation mit der grafischen Benutzeroberfläche	344
	7.2.4	Installation mithilfe der Konsole	353

	7.2.5	Nachbereitung der Installation	363
	7.2.6	Einen zusätzlichen Host hinzufügen	371
7.3	**Verwaltung von Multi-Tenant-Systemen**		377
	7.3.1	Einen neuen Tenant anlegen	377
	7.3.2	Services zu einem Tenant hinzufügen und löschen	381
	7.3.3	Tenant aktualisieren	385
	7.3.4	Tenant löschen	385
7.4	**Update**		388
	7.4.1	Update vorbereiten	388
	7.4.2	Update ausführen	394
7.5	**Deinstallation**		408
	7.5.1	Vollständige Deinstallation der SAP-HANA-Datenbank	408
	7.5.2	Hosts löschen	413
7.6	**Änderungen an einem SAP-HANA-System vornehmen**		416
	7.6.1	Systemkennung ändern	416
	7.6.2	Umzug eines SAP-HANA-Systems auf einen anderen Host	419
	7.6.3	Systemkopie erstellen	422

8   SAP-Lösungen auf SAP HANA migrieren   423

8.1	**Der Greenfield-Ansatz**		424
8.2	**Die klassische Migration**		426
	8.2.1	Product Availability Matrix	430
	8.2.2	Software Update Manager	434
	8.2.3	Software Provisioning Manager	439
8.3	**Database Migration Option**		455

9   Backup und Recovery   459

9.1	**Infrastrukturplanung**		460
9.2	**Sicherungsobjekte**		462
	9.2.1	SAP-HANA-Datenbank	462
	9.2.2	SAP-HANA-Konfiguration	465
	9.2.3	Betriebssystem und SAP-HANA-Datenbanksoftware	466

9.3	Sicherungsmethoden		467
	9.3.1	Datenexport	468
	9.3.2	Offlinedatensicherung	469
	9.3.3	Onlinedatensicherung	472
9.4	Wiederherstellungsmethoden		481
	9.4.1	Restore versus Recovery	482
	9.4.2	Schritte der Wiederherstellung	483
9.5	Sicherungsstrategien		489
9.6	Anwendung der Backup- und Recovery-Werkzeuge		492
	9.6.1	Die Apps »Backup« und »Backup Configuration«	492
	9.6.2	Dateibasierte Datensicherung erstellen	494
	9.6.3	Sicherungsvorgänge überwachen	498
	9.6.4	Laufende Datensicherungen abbrechen	499
	9.6.5	Data Snapshot erstellen	500
	9.6.6	Automatisierung der Datensicherung	503
	9.6.7	Existierende Sicherungen verwalten und löschen	509
	9.6.8	Wiederherstellung der Datenbank	516
9.7	Integration von SAP HANA und Micro Focus Data Protector		523
	9.7.1	Plattform- und Integrationssupport	523
	9.7.2	SAP-HANA-Integrationskonzept	524
	9.7.3	Integration von SAP HANA und Anlegen einer Sicherungsspezifikation	527
	9.7.4	Datensicherung starten	534
	9.7.5	Wiederherstellung einer Sicherung	537

10 Hochverfügbarkeit 543

10.1	Storage-Replikation		543
10.2	System-Replikation		544
	10.2.1	Voraussetzungen	546
	10.2.2	Replikationsmodi	547
	10.2.3	Betriebsmodi	548
	10.2.4	Konfiguration der System-Replikation	549
	10.2.5	Vollziehen eines Takeovers	553
	10.2.6	Überwachen der System-Replikation	557
10.3	Host-Auto-Failover		559

11 Datenbankobjekte 563

11.1 Benutzer und Schemata 563
11.2 Tabellen und Views 567
    11.2.1 Zeilen- und spaltenorientierte Tabellen 567
    11.2.2 Speicherverhalten von Tabellen 570
    11.2.3 Tabellenpartitionierung 573
    11.2.4 Tabellenplatzierung 579
    11.2.5 Views 581
11.3 Sequenzen 582
11.4 Stored Procedures und Trigger 584

12 Sicherheit für SAP HANA 587

12.1 Sicherheit in verschiedenen Implementierungsszenarien 587
    12.1.1 Traditionelle Drei-Schichten-Architektur 588
    12.1.2 Native Zwei-Schichten-Anwendung 589
12.2 Netzwerk- und Kommunikationssicherheit 590
    12.2.1 Spezielle Sicherheitsanforderungen in verschiedenen Einsatzszenarien 591
    12.2.2 Sicherheitseinstellungen im SAP HANA Cockpit 594
    12.2.3 Interne Netzwerkverbindungen 595
    12.2.4 Externe Netzwerkverbindungen 596
12.3 Sicherheit bei der Datenspeicherung 598
    12.3.1 Secure Stores in the File System (SSFS) 598
    12.3.2 Verwaltung von Schlüsseln 599
    12.3.3 Verschlüsselung von Data Volume, Redo Log und Backup 602
    12.3.4 Sicheres Speichern der Passwörter 604
12.4 Authentifizierung und Single Sign-on 605
    12.4.1 Single Sign-on mit Kerberos 605
    12.4.2 Single Sign-on mit SAML 2.0 607
    12.4.3 Single Sign-on mit SAP Logon und Assertion-Tickets 608
    12.4.4 JSON Web Tokens (JWT) 609
12.5 Auditing eines SAP-HANA-Systems 610
    12.5.1 Audit-Richtlinien 611
    12.5.2 Standardmäßig auditierte Vorgänge 613

	12.5.3	Audit-Konfiguration und Audit-Richtlinienverwaltung	614
	12.5.4	Audit-Zielpfade	616

13 Benutzer- und Berechtigungsverwaltung — 621

13.1	Benutzerverwaltung mit dem SAP HANA Cockpit		624
	13.1.1	Benutzer anlegen	625
	13.1.2	Benutzergruppen anlegen	629
	13.1.3	Benutzer »SYSTEM« deaktivieren	631
	13.1.4	Passwort für Benutzer »SYSTEM« ändern	632
13.2	Autorisierung und Berechtigungsverwaltung		633
	13.2.1	Systemberechtigungen (System Privileges)	633
	13.2.2	Objektberechtigungen (Object Privileges)	634
	13.2.3	Analyseberechtigungen (Analytic Privileges)	634
	13.2.4	Paketberechtigungen (Package Privileges) und Anwendungsberechtigungen (Application Privileges)	635
	13.2.5	Tenant-übergreifende Lesezugriffe (Cross-Database Access)	636
	13.2.6	Rollen	636

14 Performance-Optimierung — 641

14.1	Datenbank-Performance		643
	14.1.1	Die App »Performance Monitor«	644
	14.1.2	Die App »Workload Analysis«	650
	14.1.3	Indikatoren für Performance-Probleme	654
14.2	Performance von SQL-Anweisungen		655
	14.2.1	Ausführungsplan	656
	14.2.2	Die App »SQL Analyzer«	658
	14.2.3	Expensive Statements Trace	665
14.3	Capture and Replay		669
	14.3.1	Capture Management	670
	14.3.2	App »Replay Management«	674
14.4	Verschiedene SAP-HANA-Systeme abgrenzen		680
	14.4.1	Speichergrenze für SAP HANA	681
	14.4.2	Speichergrenze für SAP-HANA-Prozesse	682

		14.4.3	Limitierung von CPU-Kernen für SAP HANA	682
		14.4.4	Fortgeschrittene CPU-Konfiguration mit SAP HANA	684
	14.5	**Workload Management**		686

15 Monitoring 691

	15.1	**Der Statistics Service**		691
		15.1.1	Technische Implementierung	692
		15.1.2	Fehlerhafte Ausführung von Checks	693
	15.2	**Alerts**		693
		15.2.1	Alert-Kategorien	694
		15.2.2	Thresholds	696
		15.2.3	Überwachung der Alerts mit dem SAP HANA Cockpit	698
		15.2.4	Konfiguration der Alerts mit dem SAP HANA Cockpit	701
		15.2.5	Konfiguration des E-Mail-Versands für Alarme	703
	15.3	**Das »Resource Directory«**		704
	15.4	**Checkliste für das Monitoring von SAP-HANA-Systemen**		707
		15.4.1	Systemverfügbarkeit	707
		15.4.2	Speicherverbrauch	711
		15.4.3	CPU-Verbrauch	713
		15.4.4	Festplattennutzung	714
		15.4.5	Backups	718
		15.4.6	Crash-Dump-Dateien und Threads	718

16 Fehleranalyse und -behebung 721

	16.1	**Fehlersituationen**		722
	16.2	**Beispiele für Fehler und deren Behebung**		728
		16.2.1	Fehlende oder abgelaufene Lizenz	728
		16.2.2	Keine Reaktion der SAP-HANA-Datenbank	730
		16.2.3	Volles Verzeichnis für das Log-Backup oder Log Volume	732
		16.2.4	Plan Cache Evictions	733
		16.2.5	Blockierte Transaktionen	736
		16.2.6	Column Store Unloads	738
		16.2.7	Out-of-Memory Dumps	739
		16.2.8	Sessions beenden	741

17 Service und Support — 745

17.1	SAP Support Portal	745
17.2	SAP ONE Support Launchpad	749
	17.2.1 Suche	750
	17.2.2 SAP Software Download Center	754
	17.2.3 Systemdatenverwaltung	756
	17.2.4 Eine Meldung beim SAP-Support eröffnen	757
	17.2.5 Benutzerverwaltung	762
	17.2.6 Weitere Anwendungen im SAP ONE Support Launchpad	765
17.3	SAP Help Portal	766
17.4	SAP Community	770

Anhang — 773

A	SAP-Hinweise	775
B	Parameter für die Konfiguration der Installation	783
C	Alerts	795
D	Die Autoren	817

Index 819

Einleitung

Mit diesem Buch halten Sie nun die zweite Auflage des Titels »SAP HANA – Datenbankadministration« in der Hand oder lesen die elektronische Ausgabe davon.

Zu Beginn der Arbeit an diesem Buch war es unser Ziel, ein weiteres Buch für die Administration einer Datenbank im Umfeld von SAP-Systemen zu schreiben. Schnell wurde uns jedoch klar, dass wir hier kein klassisches Datenbankadministrationsbuch schreiben. Mit der *SAP-HANA-Plattform* stellt SAP mehr als nur eine reine Datenbank zur Verfügung. Über die klassischen Funktionen einer Datenbank hinaus bietet SAP HANA umfangreiche zusätzliche Funktionen.

Dennoch liegt der Fokus dieses Buches auf der Funktion von SAP HANA als Datenbank. An einzelnen Stellen blicken wir auch über den Tellerrand hinaus, indem wir zusätzliche Einsatzszenarien beschreiben oder Einblick in Bereiche geben, die über reine Datenbankfunktionen hinausgehen. Unsere Themenauswahl spiegelt einerseits unsere Erfahrungen wider und wurde andererseits getroffen, um Einsteigern in dieses Gebiet eine möglichst nützliche Zusammenstellung zu bieten. Wir möchten mit diesem Buch interessierten Lesern einen umfassenden Überblick über SAP HANA und Administratoren ein Nachschlagewerk für die tägliche Arbeit an die Hand geben.

Mit SAP HANA stellt SAP eine Lösung bereit, die in der Lage ist, das Potenzial des *In-Memory Computings* zu nutzen. Die direkte oder vollständige Bereitstellung der Daten zur Verarbeitung im Hauptspeicher eines physischen oder virtuellen Rechners bringt nicht nur große Performance-Vorteile gegenüber zuvor verwendeten Technologien. Durch die Nutzung neuer Paradigmen und Algorithmen lassen sich nun auch neue Szenarien zur Datenverarbeitung sinnvoll umsetzen, die zuvor entweder gar nicht, nur mit zu langsamen Berechnungszeiten oder nur mit unverhältnismäßig hohem Aufwand realisierbar waren.

In-Memory Computing

Wir nutzen inzwischen seit mehreren Jahren SAP HANA mit ihren Datenbankfunktionen und verschiedene darauf basierende Produkte und sind immer wieder beeindruckt von den Möglichkeiten und der Verarbeitungsgeschwindigkeit. Auch wenn wir selbst von SAP HANA überzeugt sind, verfolgen wir mit diesem Buch nicht das Ziel, Sie von dem Produkt SAP HANA und all seinen Facetten zu überzeugen. Darum ziehen wir auch keine Vergleiche zu anderen Datenbanktechnologien oder den Produkten anderer

Mitbewerber am Markt. Wir gehen davon aus, dass Sie oder Ihr Unternehmen bereits SAP HANA nutzen oder zumindest erworben haben und nun für den Einstieg eine Unterstützung bei der Arbeit mit der Lösung suchen.

Schwerpunkt auf On-Premise-Installation

Die in diesem Buch zusammengestellten Themen halten wir für die tägliche Arbeit für relevant und hoffen, Ihnen damit einen guten Überblick geben zu können. Anhand der Inhaltsübersicht in dieser Einleitung werden Sie erkennen, dass wir uns auf die Ausprägung von SAP HANA konzentrieren, die Ihnen zum Download und zur Installation in Ihrer Unternehmenssystemlandschaft angeboten wird – die *On-Premise-Version*. Die gleichen oder zumindest ähnliche Werkzeuge und Vorgehens- bzw. Funktionsweisen finden Sie auch bei den *Cloud-Services* für SAP HANA, die SAP selbst anbietet – wir fokussieren uns hier aber auf die On-Premise-Welt, d. h. die SAP-HANA-Installationen, die Sie selbst bzw. in Kooperation mit Ihrem SAP-Dienstleister in eigener Verantwortung betreiben.

Geschichte von SAP HANA

Erste Anwendungen, die im Umfeld von SAP mit In-Memory-Technologie – oder zumindest einem Vorläufer davon – arbeiteten, gab es schon vor über zehn Jahren. Zu nennen sind hier z. B. *SAP Advanced Planning and Optimization*, *SAP NetWeaver Enterprise Search* oder auch der *SAP NetWeaver Business Warehouse Accelerator* (heute *SAP Business Warehouse Accelerator*).

SAP HANA 2.0 SPS03

Die *SAP HANA Platform Edition 2.0* steht seit dem 01.12.2016 (General Availability) für Kunden bereit. Die Version 2.0 haben wir mit dem Package Level 3 für dieses Buch installiert und genutzt. Dem Produkt liegt eine Architektur zugrunde, die bereits einige Jahre zuvor entwickelt wurde. In den darauffolgenden Jahren wurden weitere Produkte auf dieser Technologieplattform entwickelt und angeboten. SAPs zentrale Anwendungen der *SAP Business Suite* werden seit 2013 auf Basis von SAP HANA unterstützt. Daneben existieren inzwischen auch Anwendungen, die ausschließlich für SAP HANA bereitgestellt werden. Hier sind neben anderen Applikationen z. B. *SAP Marketing*, *SAP BW/4HANA*, vor allem aber *SAP S/4HANA* als zentrale Unternehmenssoftware zu nennen.

Bezeichnungen in diesem Buch

Wenn Sie sich mit SAP HANA beschäftigen, werden Ihnen verschiedene Bezeichnungen begegnen, dies können z. B. die verschiedenen Editionen sein:

- *SAP HANA Platform Edition*
- *SAP HANA Enterprise Edition*
- *SAP HANA Enterprise Extended Edition*

Die SAP HANA Platform Edition bildet dabei den Kern der Plattform und stellt die Datenbankfunktionen mit der SAP-HANA-Datenbank, der Client-Software und dem SAP HANA Studio bereit. Die darauf aufbauenden Editionen stellen zusätzliche Komponenten wie z. B. *SAP HANA Extended Application Services* (SAP HANA XS) zur Verfügung. Unser Fokus richtet sich auf die SAP HANA Platform Edition und die damit verbundenen administrativen Anforderungen und Möglichkeiten.

In diesem Buch verwenden wir anstelle der vollständigen Bezeichnungen jeweils entweder *SAP-HANA-Instanz*, *SAP-HANA-Datenbank* bzw. *SAP-HANA-System* oder einfach nur *SAP HANA*, je nachdem, worauf wir uns im jeweiligen Kontext beziehen und wie wir es für den Lesefluss als sinnvoll erachten.

> **Release-Stände in diesem Buch**
>
> Wir möchten in diesem Buch Informationen aus verschiedenen Informationsquellen und unsere Erfahrungen zusammentragen, um Ihnen einen möglichst guten Überblick über SAP HANA zu geben. Die Beispiele aus diesem Buch haben wir mit den Release-Ständen SAP HANA 2.0 SPS03 erarbeitet.
>
> Auch wenn sich inzwischen ein recht stabiler Kern entwickelt hat, werden SAP HANA und alle damit verbundenen Produkte von SAP noch immer sehr schnell weiterentwickelt. Wir bemühen uns in diesem Buch, stets die relevanten Informationen zusammenzustellen und fehlerfrei zu arbeiten. Aktuelle und letztlich bindende Informationen zu diesen und höheren Release-Ständen finden Sie jedoch jeweils in den offiziellen SAP-Leitfäden und Dokumentationen. Auf diese Quellen weisen wir in den einzelnen Kapiteln jeweils hin. Eine Übersicht finden Sie auch in Kapitel 17, »Service und Support«, sowie in Anhang A, »SAP-Hinweise«.

Aufbau dieses Buches

In den Kapiteln dieses Buches möchten wir Ihnen einen möglichst vollständigen Überblick über die Themen geben, die Ihnen im Alltag bei der Administration der SAP-HANA-Plattform begegnen werden.

In **Kapitel 1**, »Einführung«, führen wir Sie in die In-Memory-Technologie und die wichtigsten technologischen Konzepte von SAP HANA ein.

In **Kapitel 2**, »Architektur«, widmen wir uns der Architektur der SAP-HANA-Plattform. Wir vermitteln Ihnen hier eine Übersicht über die Komponenten und Datenbankprozesse, die Ihnen in diesem Umfeld begegnen. Auch die Speicherverwaltung und die Persistenzschicht thematisieren wir in diesem Kapitel. Zusätzlich widmen wir uns der grundlegenden Konfiguration der SAP-HANA-Plattform sowie der Netzwerkkonfiguration. Den Abschluss des Kapitels bildet eine Übersicht der wichtigsten Aktionen – etwa das Starten und Stoppen der Datenbank.

Dem Sizing von SAP HANA widmen wir uns in **Kapitel 3**, »Sizing«. Die Abschätzung der notwendigen Ressourcen für den Betrieb der SAP-HANA-Plattform ist ein weites und schwieriges Feld. Wir möchten Ihnen hier Hilfestellung dabei geben, selbst ein Sizing durchzuführen, und tragen dazu wichtige Informationsquellen, Regeln, SAP-Hinweise und Werkzeuge zusammen.

Kapitel 4, »Betriebskonzepte«, thematisiert den Betrieb einer SAP-HANA-Plattform. Wir stellen hier verschiedene Betriebsweisen vor und zeigen Ihnen, wie Sie dieses SAP-Produkt innerhalb Ihrer Landschaft betreiben können. Wir beleuchten dazu den Betrieb von SAP HANA Appliances sowie die Nutzung virtueller Server bzw. die Virtualisierung in diesem Bereich. Zusätzlich gehen wir darauf ein, welche Betriebskonzepte eine Partitionierung und Hochverfügbarkeitsszenarien ermöglichen.

Mit dem *SAP HANA Cockpit 2.0* hat SAP ein umfangreiches zentralisiertes Werkzeug zur Verwaltung und Administration Ihrer SAP-HANA-Installationen bereitgestellt. **Kapitel 5**, »SAP HANA Cockpit 2.0«, widmet sich diesem Thema, beschreibt den Umgang mit dem Cockpit und stellt dar, wie Sie administrative Aufgaben damit erledigen können.

Weitere Administrationswerkzeuge beschreiben wir in **Kapitel 6**, »DBA Cockpit und SAP HANA HDBSQL«. Wir gehen hier detailliert auf das *DBA Cockpit* und das Kommandozeilenwerkzeug *SAP HANA HDBSQL* ein.

Kapitel 7, »Lebenszyklusverwaltung«, dient der Darstellung des Lebenszyklus einer SAP-HANA-Plattform. Wir beschreiben ausgehend von der Installation über das Update bis hin zur Deinstallation die Aufgaben, die für Sie als Administrator über den Lebenszyklus hinweg anfallen.

Die Migration auf die SAP-HANA-Plattform wird in den kommenden Jahren viele Administratoren beschäftigen. In **Kapitel 8**, »SAP-Lösungen auf SAP HANA migrieren«, teilen wir unsere Erfahrungen aus diesem Bereich mit Ihnen und beschreiben Vorgehensweisen zur Portierung von SAP-Systemen auf SAP HANA.

Auch für SAP HANA sind die Themen Backup und Recovery unumgänglich. Wir beschreiben in **Kapitel 9**, »Backup und Recovery«, die von SAP empfohlenen Vorgehensweisen und teilen auch hier unsere Erfahrungen der letzten Jahre mit Ihnen.

Das Thema der Hochverfügbarkeit für SAP-HANA-Installationen umreißen wir in **Kapitel 10**, »Hochverfügbarkeit«. Die Replikation einer SAP-HANA-Datenbank sowie Failover-Mechanismen werden hier beleuchtet.

In **Kapitel 11**, »Datenbankobjekte«, widmen wir uns den Objekten, die Sie in der SAP-HANA-Datenbank in der Regel vorfinden. Wir schauen dazu auf die Schemata, Tabellen, Views, Sequenzen, Stored Procedures und weitere Datenbankobjekte, die Ihnen bei der Arbeit mit SAP HANA als Datenbankplattform begegnen.

Das Thema Sicherheit steht auch bei SAP HANA hoch im Kurs. Während in der Vergangenheit der Zugriff auf die Datenbankschicht und ihre Funktionen oftmals dem Administrator und dem SAP-System selbst vorbehalten war, finden bei SAP HANA aufgrund des großen Funktionsumfangs oftmals auch Zugriffe anderer Art statt. Wir erläutern in **Kapitel 12**, »Sicherheit für SAP HANA«, wie Sie die SAP-HANA-Plattform absichern können.

Die Benutzer- und Berechtigungsverwaltung ist aus den gleichen Gründen bei SAP HANA ein ebenfalls sehr wichtiges Thema: Technische Benutzer und Endanwender greifen unter Umständen gleichzeitig direkt auf Funktionen und Daten zu. Wir erläutern Ihnen daher in **Kapitel 13**, »Benutzer- und Berechtigungsverwaltung«, die in diesem Kontext wichtigen Funktionen.

Grundsätzlich sollte SAP HANA schon sehr schnell sein. Trotzdem finden Sie in **Kapitel 14**, »Performance-Optimierung«, einige Hinweise, wie Sie die Performance von SAP HANA überwachen und positiv beeinflussen können.

Zur Fehlererkennung und zur Vermeidung von Störungen im Betrieb ist die Überwachung Ihrer SAP-HANA-Landschaften wichtig. Wie Sie dazu vorgehen, erläutern wir in **Kapitel 15**, »Monitoring«.

Sollte es trotz guter Systemadministration zu Fehlern, Fehlverhalten oder der Beeinträchtigung der Performance im SAP-HANA-System kommen, benötigen Sie Hinweise dazu, wie Sie Fehlerquellen aufspüren und Informationen zu deren Beseitigung finden können. Hier hilft Ihnen **Kapitel 16**, »Fehleranalyse und -behebung«, weiter. Exemplarisch gehen wir auf einige Fehlersituationen ein, die wir als relevant betrachten und die uns schon begegnet sind, um Ihnen für Ihre eigene Arbeit Ideen für Herangehensweisen im Fehlerfall zu geben.

Wie geht es weiter, wenn nichts mehr geht? Wenn Sie sich nicht mehr selbst helfen können und fremde Hilfe benötigen, stehen Ihnen verschiedene Informations- und Hilfequellen zur Verfügung. Welche das sind, beschreiben wir in **Kapitel 17**, »Service und Support«.

Im **Anhang** dieses Buches finden Sie schließlich eine Übersicht hilfreicher SAP-Hinweise, wichtige Parameter für die Installation von SAP HANA sowie eine Übersicht der Alerts für die Systemüberwachung.

Informationskästen in diesem Buch

In hervorgehobenen Informationskästen sind in diesem Buch Inhalte zu finden, die wissenswert und hilfreich sind, aber etwas außerhalb der eigentlichen Erläuterung stehen. Damit Sie die Informationen in den Kästen sofort einordnen können, haben wir die Kästen mit Symbolen gekennzeichnet:

[»] In Kästen, die mit diesem Symbol gekennzeichnet sind, finden Sie Informationen zu *weiterführenden Themen* oder wichtigen Inhalten, die Sie sich merken sollten.

[!] Dieses Symbol weist Sie auf *Besonderheiten* hin, *die Sie beachten sollten*. Es *warnt Sie* außerdem vor häufig gemachten Fehlern oder Problemen, die auftreten können.

[zB] *Beispiele*, durch dieses Symbol kenntlich gemacht, weisen auf Einsatzbeispiele aus der Praxis hin.

[+] Kästen mit diesem Icon geben Ihnen *Empfehlungen* zu Einstellungen oder *Tipps* aus der Berufspraxis.

Danksagung

Die Entscheidung, ein weiteres Buch zu schreiben, ist uns nicht leichtgefallen. Aus den vorangegangenen Buchprojekten wissen wir, wie schwer es ist, neben der normalen Arbeit die Zeit für das Schreiben zu finden und zu versuchen, Zeitpläne und Fristen einzuhalten. Dieses Buch ist in vielen Abend- und Wochenendstunden entstanden und war gleichzeitig auch ein Wettlauf mit der Zeit, da wir uns hier mit einem sich schnell weiterentwickelnden Thema befassen. An dieser Stelle möchten wir uns kurz die Zeit nehmen, um den direkt oder indirekt am Projekt beteiligten Personen zu danken.

An erster Stelle möchten wir unseren Familien und Freunden danken, die mit Verständnis, Geduld und koffeinhaltigen Heißgetränken die zusätzlichen Wochenend- und Nachtschichten begleiteten.

Ein Dank gilt auch Ann Rosenberg und Michael Nürnberg sowie den weiteren Kollegen des Teams des Programms *SAP Next-Gen for Universities*, die uns durch die Bereitstellung der Lizenzen für die Testumgebungen rund um SAP HANA unterstützten und dies noch immer tun.

Darüber hinaus hat auch unsere Zusammenarbeit mit unseren Partnern von Hewlett Packard Enterprise, von Fujitsu – und hier speziell dem Global Fujitsu SAP Competence Center – sowie von T-Systems in Magdeburg zum Projekterfolg beigetragen. Zu nennen sind hier auch – last but not least! – Jörg Hoffmeister und sein Team von SAP, die uns in interessanten Gesprächen gerade rund um Neuerungen immer wieder wertvolle Informationen bereitgestellt haben.

Zusätzlich bedanken wir uns an dieser Stelle noch bei Herrn Professor Dr.-Ing. habil. Jens Strackeljahn, Rektor der Otto-von-Guericke-Universität Magdeburg, und bei Herrn Professor Dr. rer. nat. habil. Klaus Turowski, wissenschaftlicher Leiter des SAP UCC Magdeburg, die mit der Schaffung eines produktiven Arbeitsumfelds indirekt ebenfalls an der Fertigstellung des vorliegenden Buches beteiligt waren.

Kapitel 1
Einführung

Bevor wir uns in diesem Buch mit der Administration von SAP HANA beschäftigen, bringen wir Ihnen in diesem Kapitel zunächst die technologischen Grundlagen und einige weitere Facetten von SAP HANA näher.

Bevor wir uns in diesem Buch auf die Administration und den Betrieb von SAP HANA konzentrieren und im Detail auf die Technologie der Plattform eingehen, werfen wir in diesem Kapitel zunächst einen Blick auf einige Aspekte des *In-Memory Computings* als technologischer Grundlage von SAP HANA. Dieser Begriff wird oft in einem Atemzug mit SAP HANA genannt. Außerdem stellen wir Ihnen einige grundlegende Eigenschaften von SAP HANA in diesem Kapitel vor.

Wenn Sie sich mit diesen Themen bereits beschäftigt haben, können Sie dieses Grundlagen-Kapitel auch überspringen und mit dem folgenden Kapitel direkt tiefer in die Architektur von SAP HANA einsteigen.

Primär besagt In-Memory Computing, dass die Datenverarbeitung zu einem großen Teil bzw. vollständig im Hauptspeicher eines Computers durchgeführt wird. Nicht außer Acht zu lassen ist dabei natürlich auch, dass letztlich in der Regel auch eine persistente Speicherung der Daten notwendig ist. Es bei dieser Definition zu belassen würde die Merkmale des In-Memory Computings jedoch nicht ausreichend erfassen. Wie bei vielen Begriffen in der Informationstechnologie gibt es aber auch hier keine eindeutige Beschreibung.

<small>Was ist In-Memory Computing?</small>

Eines der wesentlichen Merkmale von Datenverarbeitungssoftware im Umfeld des In-Memory Computings ist die in der Regel höhere Verarbeitungsgeschwindigkeit im Vergleich zu anderen Implementierungen. Einer der wesentlichen Gründe dafür ist, dass die zu verarbeitenden Daten im Primärspeicher, bzw. dem Hauptspeicher für die der Datenverarbeitung zugrunde liegenden Daten im Primärspeicher, also dem Haputspeicher, vorgehalten werden.

<small>Hohe Verarbeitungsgeschwindigkeit</small>

Die wichtigste Voraussetzung dafür, der Hauptspeicher, wurde in den letzten Jahren einerseits wesentlich günstiger und andererseits je Server in größeren Mengen verfügbar. Auch die Ausstattung der Server bezüglich des

<small>Voraussetzungen</small>

Hauptspeichers in Rechenzentren stieg – über einen längeren Zeitraum betrachtet – stark an.

Damit ist zwar nicht automatisch jeder Rechner für In-Memory Computing geeignet, aber doch eine wesentliche Voraussetzung erfüllt. Die notwendige Hardware ist einerseits technisch und andererseits günstiger als zuvor verfügbar.

Durch die Datenhaltung im Hauptspeicher verringern sich, verglichen mit der Datenverarbeitung und dem Zugriff auf den Festplattenspeicher, die Zugriffszeiten auf die Daten in der Regel von Milli- auf Nanosekunden. Das bedeutet, dass im gleichen Zeitraum ein Vielfaches mehr Daten abgerufen und verarbeitet werden kann.

Spaltenorientierte Datenspeicherung

Die In-Memory-Technologie darauf zu reduzieren reicht aber, wie eingangs erwähnt, nicht aus. Mit dem Performance-Gewinn durch die primäre Nutzung des Hauptspeichers gehen auch wesentliche andere Paradigmenwechsel einher. Beschäftigt man sich mit dem In-Memory Computing und legt wie wir einen speziellen Fokus auf SAP HANA, trifft man schnell auf den Begriff *Column-oriented Storage Layout*, also die spaltenorientierte Speicherung von Daten. Im Gegensatz zu relationalen Datenbanken, die ihre Daten in Tabellen und zeilenweise organisieren und speichern, werden die Daten bei diesem Layout spaltenweise abgelegt. Grundsätzlich sind die Daten sowohl bei der zeilen- als auch bei der spaltenorientierten Datenhaltung logisch in Tabellen organisiert. Tabelle 1.1 verdeutlich das anhand eines Beispiels.

Die Tabelle zeigt eine beispielhafte Kundenliste. Die zeilenorientierte Speicherung der Daten würde nach diesem Beispiel dem folgenden Muster folgen:

400;Müller;DE;414;Martineau;FR;428;Voncken;NL;432;Bédard;CA

Bei einer spaltenorientierten Speicherung werden die Daten dagegen nach ihren Spalten abgelegt:

400;414;428;432;Müller;Martineau;Voncken;Bédard;DE;FR;NL;CA

Kundennummer	Name	Land
400	Müller	DE
414	Martineau	FR
428	Voncken	NL
432	Bédard	CA

Tabelle 1.1 Beispielhafte Kundenliste

Gerade bei einem lesenden und insbesondere bei einem analytischen Zugriff auf die Daten zeigt die spaltenorientierte Speicherung ihre Stärken. Dies hängt unter anderem damit zusammen, dass die in Blöcken gespeicherten Daten bei einer Abfrage zusammenhängend im Cache eines Prozessors des Rechners zur Verfügung gestellt und vom Prozessor selbst verarbeitet werden können.

Die Trefferrate der Daten, die so schon im Cache des Prozessors vorhanden und für die weitere Verarbeitung relevant sind, ist oft höher. Es müssen also insgesamt weniger Blöcke aus dem Hauptspeicher geladen werden, was in der Regel insgesamt eine schnellere Datenverarbeitung ermöglicht.

Die Art der Datenspeicherung begünstigt auch die effiziente Speicherung von Daten. Einen wesentlichen Effekt erzielt SAP HANA bei der Datenspeicherung durch das sogenannte *Dictionary Encoding*, das auch SAP HANA nutzt. Die Werte in einer Spalte werden durch eindeutige Nummern ersetzt, die in der Regel mit weniger Speicherverbrauch abgelegt werden können. Die Darstellung von Tabelle 1.1 würde sich also dahingehend ändern, dass Werte der Spalten **Name** und **Land** durch eindeutige Zahlen ersetzt werden und zu jeder Spalte sozusagen eine Legende gepflegt wird. Als Beispiel ziehen wir in Tabelle 1.2 dazu eine Erweiterung von Tabelle 1.1 hinzu:

Dictionary Encoding

Kundennummer	Name	Land	Kundennummer	Name	Land
400	Müller	DE	446	Müller	DE
414	Martineau	FR	450	Müller	NL
428	Voncken	NL	464	Voncken	FR
432	Bédard	CA	478	Bédard	CA

Tabelle 1.2 Erweiterte Beispieltabelle mit Kunden

Im Rahmen der Codierung werden die Werte der Spalten ersetzt, wie beschrieben (siehe Tabelle 1.3), und die zugehörigen Werte werden zusätzlich gespeichert (siehe Tabelle 1.4 und Tabelle 1.5).

Kundennummer	Name	Land
400	1	1
414	2	2

Tabelle 1.3 Codierte Tabelle

Kundennummer	Name	Land
428	3	3
432	4	4
446	1	1
450	1	3
464	3	2
478	4	4

Tabelle 1.3 Codierte Tabelle (Forts.)

Nummer	Name
1	Müller
2	Martineau
3	Voncken
4	Bédard

Tabelle 1.4 Werte der Spalte »Name«

Nummer	Land
1	DE
2	FR
3	NL
4	CA

Tabelle 1.5 Werte der Spalte »Land«

Warum SAP HANA? SAP HANA wuchs im Laufe der letzten Jahre von einer reinen Datenbank zu einer Plattform heran, die mit zusätzlichen Funktionen, Komponenten und Anwendungen vielseitige Szenarien ermöglicht. Auch ist SAP HANA inzwischen eine Basis für die SAP-Kernanwendungen der SAP Business Suite und die neue Unternehmenssoftware SAP S/4HANA.

Die Abkürzung HANA stand ursprünglich für *High Performance Analytic Appliance*. Mit SAP HANA können Szenarien umgesetzt werden, die zuvor entweder nicht möglich oder nicht sinnvoll umsetzbar waren. Die Verarbeitung und Analyse von Datenmengen, die dem Bereich *Big Data* zuzuordnen sind, in Sekundenbruchteilen, Sekunden oder Minuten anstelle von Minuten, Stunden oder Tagen lässt neue Denkansätze und Softwareanwendungen zu.

Mit prominenten Beispielen zeigte SAP gemeinsam mit ihren Partnern die Möglichkeiten dieser neuen Plattform, z. B. im Umfeld der Gesundheitsbranche. Die individuelle Analyse von bis zu zwei Terabyte Daten pro Patient hilft Krankenhäusern und Ärzten z. B., Krankheiten besser zu diagnostizieren und die Behandlung besser auf den jeweiligen Patienten abzustimmen.

Ein weiteres Schlagwort in diesem Zusammenhang ist die Datenverarbeitung in Echtzeit (*Realtime*). Durch einen direkten Blick auf die aktuellen Daten eines Unternehmens können Unternehmen direkt und schneller reagieren. Das Berichtswesen kann so beschleunigt werden und liefert einen Blick auf den Ist-Zustand des jeweiligen Unternehmens ohne Wartezeiten auf Aggregate. Damit ergeben sich neue Möglichkeiten für die Unternehmenssteuerung und die Gestaltung von Prozessen.

<small>Echtzeitdatenverarbeitung</small>

Der Bericht »The Forrester Wave« des Forschungsinstituts Forrester stellte im dritten Quartal 2015 SAP HANA als eine der führenden – wenn nicht sogar die führende – In-Memory-Plattformen dar. Seit der Markteinführung im Jahr 2011 kann SAP inzwischen über 7.000 Kunden für SAP HANA zählen. Die Nutzung von SAP HANA erfolgt hier nicht nur für SAP Business Warehouse, die SAP Business Suite oder SAP S/4HANA, sondern auch neue Nicht-SAP-Anwendungen kommen verstärkt ins Spiel.

In den letzten Jahren sind, aufbauend auf der SAP-HANA-Plattform, verschiedene zusätzliche Anwendungen entstanden. Neben den reinen Datenbankfunktionen bietet SAP im Umfeld von Datenverarbeitung und -analyse weitere Anwendungen für SAP HANA an. Die Plattform ermöglicht es, mit Textanalyse- und Text-Mining-Funktionen auch unstrukturierte Daten für Analysen bereitzustellen, die vorher nur schwer oder gar nicht nutzbar waren. Es lassen sich neue Informationen gewinnen, die wiederum einen wesentlichen Einfluss auf Unternehmen haben können. Im Internet stehen große Mengen solcher Daten zur Verfügung. Äußerungen von den Nutzern sozialer Netzwerke können z. B. Rückschlüsse auf die Wahrnehmung eines Unternehmens, einer Marke oder von Produkten zulassen, die vorher nicht

<small>Datenverarbeitung und -analyse</small>

wahrgenommen wurden. SAP HANA und darauf aufbauende Produkte unterstützten hier z. B. die direkte Messung von Marketing-Erfolgen, erlauben es, auf Lob oder Beschwerden zu reagieren und die Benutzerinteraktionen automatisch zu bewerten und zu kategorisieren. Auch unternehmensintern finden sich viele solcher Datenschätze, die bisher unentdeckt oder zumindest ungehoben sind. Mit SAP HANA und ihren Anwendungen können diese Informationen für Unternehmen ggf. nutzbar gemacht werden.

Mit *SAP HANA Smart Data Streaming* lassen sich beständig Daten sammeln, filtern, anreichern oder aggregieren und letztlich sammeln. Durch die Anbindung einer Vielzahl von Datenquellen wie etwa Sensoren, deren Daten bisher vielleicht überwacht, aber nicht gesammelt werden, lässt sich mit dem Smart Data Streaming eine Basis für Datenanalysen schaffen.

SAP HANA Spatial wurde gezielt dafür geschaffen, geographische Daten zu verarbeiten. Die Echtzeitverarbeitung räumlicher Daten gewinnt an Bedeutung, um z. B. auf Basis geographischer Auswertungen Fahrtenrouten zu optimieren oder Kundengruppen geographisch zu segmentieren, und wurde mit in die SAP-HANA-Produktpalette integriert.

Aufbauende Analysewerkzeuge

Weitere Werkzeuge erweitern zusätzlich den Funktionsumfang. Mit *SAP Lumira* lassen sich z. B. Daten einfach visualisieren. Mit dieser Software kann auf Daten vieler Datenquellen und speziell aus SAP HANA einfach zugegriffen und diese Daten können einfach dargestellt werden. *SAP Predictive Analytics* ist eine Software zur Datenanalyse bzw. für das Data Mining. Sie erlaubt Prognosen auf Basis des Big Data Minings und ebenfalls die Visualisierung der Daten und Ergebnisse.

SAP-HANA-Ökosystem

Diese Anwendungsbeispiele und zusätzlichen Werkzeuge sind nur ein Ausschnitt aus der Liste der für SAP HANA verfügbaren Software. Mit diesen Beispielen wollen wir Ihnen lediglich zeigen, dass SAP HANA wesentlich mehr als nur eine Datenbank ist. Mit den Möglichkeiten einer In-Memory-Plattform und den in ihrem Umfeld entstandenen Lösungen entsteht ein Ökosystem an Produkten, die Unternehmen neue Anwendungsmöglichkeiten erschließen.

Abbildung 1.1 zeigt, wie SAP dieses Ökosystem sieht. Wir möchten Sie ermuntern, sich für mehr als nur die reine Datenbankfunktion von SAP HANA zu interessieren und auch nach weiteren Anwendungsfällen Ausschau zu halten.

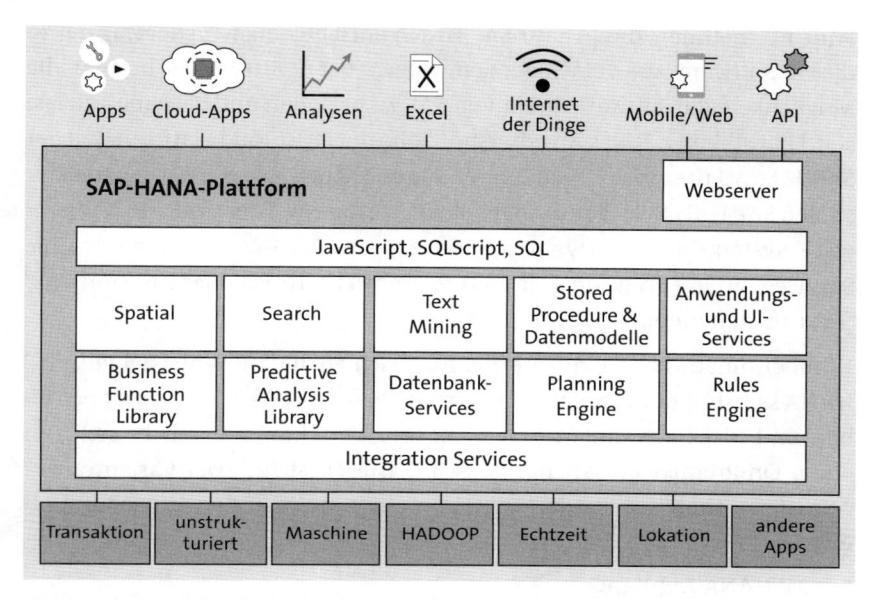

Abbildung 1.1 SAP-HANA-Plattform und zusätzliche Komponenten (Quelle: SAP)

Einige der Anwendungen und Funktionen, die von und mit SAP HANA angeboten werden, sind nicht neu und werden bereits von unterschiedlichen Anbietern zur Verfügung gestellt. Mit SAP HANA als In-Memory-Plattform und der direkten Integration solcher Werkzeuge entsteht jedoch ein Baukasten, der die Umsetzung neuer Anwendungsszenarien auf einer einheitlichen Basis bei gleichzeitiger Nutzung einer integrierten Datenbasis ermöglicht. Die Stärken von SAP HANA erlauben die gleichzeitige Nutzung transaktionaler und analytischer Funktionen auf dieser Datenbasis. Redundante Datenhaltung wird reduziert. Durch die in diesem Kapitel umrissenen Vorteile und Stärken kann außerdem die Struktur der Daten stark vereinfacht werden, womit auch die Komplexität der Datenbasis reduziert werden kann. In Verbindung mit zentralen Unternehmensanwendungen wie SAP S/4HANA oder auch anderen Anwendungen der SAP Business Suite kann diese Plattform ihre Stärken ausspielen. Darüber hinaus können zukünftig auch neue Anwendungsbereiche erschlossen werden, die bisher außerhalb des Fokus von SAP-Software lagen.

Einheitliche Basis

Dabei ist SAP HANA längst keine Zukunftsmusik mehr. Es ist inzwischen ein wichtiger Bestandteil vieler SAP-Systemlandschaften und gewinnt eine immer größer werdende Bedeutung für klassische und viele neue Unternehmensanwendungen und Einsatzgebiete.

Zugang zu SAP HANA

Für Unternehmen, die sich für SAP HANA entscheiden, wird der Zugang zu dieser Software auf verschiedenen Wegen bereitgestellt. Es besteht die Möglichkeit, die Software direkt von SAP zu beziehen und betreiben zu lassen. Hier stehen z. B. das Angebotsportfolio der SAP Cloud Platform und der SAP HANA Enterprise Cloud zur Verfügung. Auch andere IT-Dienstleister stellen SAP HANA als Cloud-Angebot zur Verfügung. Hier sind z. B. Anbieter wie T-Systems mit den Dynamic Services for SAP HANA bzw. den Dynamic Services for SAP Solutions, Hewlett Packard Enterprise oder Amazon Web Services zu nennen.

Darüber hinaus kann ein Unternehmen sich auch dafür entscheiden, SAP HANA selbst zu betreiben und zu warten. Wenn Sie SAP HANA selbst betreiben und nicht aus einem Cloud-Angebot beziehen, handelt es sich um einen On-Premise-Einsatz der Software. Dieser ist für zwei Varianten zugelassen. Generell sollte der Betrieb in einer zertifizierten Umgebung erfolgen.

- **SAP HANA Appliance**
  Der Einsatz einer Appliance kombiniert die SAP-HANA-Software mit einem von SAP gemeinsam mit den Hardwarepartnern speziell für diesen Einsatz getesteten Server. So vertreiben mehrere Hardwarepartner eigene Appliances unter verschiedenen Namen, z. B. Hewlett Packard Enterprise mit dem HP ConvergedSystem for SAP HANA.

- **Tailored Data Center Integration**
  Neben dem Appliance-Ansatz gibt es auch die Möglichkeit, SAP HANA auf anderer Hardware bzw. auf virtuellen Servern zu betreiben. Dies wird als *Tailored Data Center Integration* bezeichnet. Auch hier möchte SAP aus verschiedenen Gründen aber zumindest gewisse Parameter und Komponenten der zugrunde liegenden Infrastruktur eingrenzen. Gegenüber dem reinen Appliance-Konzept bietet sich hier eine größere Flexibilität, Sie können aber trotzdem nicht völlig frei entscheiden. Die Server und der angebundene Storage müssen seitens SAP ebenfalls vorher zertifiziert werden. Hinzu kommt, dass die Installation der SAP-HANA-Software dann ebenfalls von einem zertifizierten Partner bzw. einer zertifizierten Person durchgeführt werden soll.

Auf das Appliance-Konzept und das Konzept der Tailored Data Center Integration gehen wir in Kapitel 4, »Betriebskonzepte«, ausführlicher ein. Dort finden Sie auch einen Verweis zu den von SAP unterstützten Appliances.

> **Cloud-Angebot vs. Outsourcing**
>
> In den letzten Jahren wurde der Begriff der *Cloud* im Umfeld von IT-Dienstleistungen sehr präsent. Generell ist es aber schwer, eine eindeutige und generell gültige Definition für diesen Begriff zu finden. Darüber hinaus ist es auch schwer, genau zu differenzieren, an welcher Stelle sich ein Cloud-Angebot und das klassische Outsourcing unterscheiden. Am stärksten treten die Unterschiede vermutlich bei der Einbeziehung des Kaufens oder des Mietens von Software in Erscheinung. Betrachtet man die Tätigkeiten der Inbetriebnahme, Wartung und Aktualisierung, die Sicherstellung der Verfügbarkeit, des Supports bei Problemmeldungen bzw. Serviceanfragen oder ähnlichen Aufgaben, verschwimmen die Grenzen zwischen Cloud und klassischem Outsourcing.

Mit unseren Ausführungen in diesem Kapitel wollten wir Ihnen zeigen, dass SAP HANA einerseits eine hochperformante Datenbank auf Basis der In-Memory-Technologie ist und andererseits ein großer Funktionsumfang im Umfeld von SAP HANA existiert. Die Fähigkeiten der Technologie, die Liste der Funktionen und die Möglichkeiten mit und um SAP HANA sind umfangreich, und wir haben hier nur einige markante Punkte als »Appetithäppchen« angeführt.

Aufgaben der Systemadministration

Falls Sie bereits mit Datenbanken im SAP-Umfeld gearbeitet haben und insbesondere, wenn Sie bereits SAP-Business-Suite-Systeme betreut haben, werden Sie feststellen, dass nahezu alle Aufgabenbereiche eines normalen Datenbankadministrators für SAP-Anwendungen auch im Kontext von SAP HANA bestehen bleiben: Sie sind vermutlich weiterhin verantwortlich für Installation, Upgrade und Löschen von SAP-HANA-Installationen oder Komponenten. Die Wartung umfasst ähnliche Aufgaben. Sie werden in der Regel konfrontiert mit Problemanalysen bezüglich der Performance und der Verfügbarkeit der Datenbasis. Auch die Überwachung des Wachstums von Datenmengen sowie Migrationen in neue physische oder virtuelle Serverumgebungen erfordern ähnliche Vorgehensweisen im Vergleich zu anderen Projekten, die Sie vielleicht schon durchgeführt haben. Die Liste gleicher oder zumindest ähnlicher Aufgaben und Vorgehensweisen ließe sich noch weiter verlängern.

Darüber hinaus werden Sie aber auch mit Änderungen und neuen Sichtweisen konfrontiert: Sie werden vermutlich feststellen, dass Funktionen, die Sie bisher in dedizierten Applikationsservern vorgefunden haben, nun direkt in SAP HANA integriert wurden, um die neuen Möglichkeiten und vor allem die Performance-Vorteile auszunutzen. Auch bezüglich des Benutzermanagements werden wahrscheinlich zusätzliche Anforderungen an Sie und die Benutzerverwaltung gestellt. Der Betrieb von Anwendungen direkt auf der SAP-HANA-Plattform und der Zugriff von nicht mehr nur einem SAP-System aus, sondern von verschiedenen Anwendungen direkt auf die Daten ohne die vorgeschaltete Instanz eines zentralen Applikationsservers sorgen dafür, dass Sie die bisher stark abgeschottete Datenbank auch über zusätzliche Wege zugänglich machen müssen, ohne die Anforderungen an die Sicherheit senken zu dürfen.

Unserer Erfahrung nach können Datenbankadministratoren, die bereits im Umgang mit Produkten anderer Hersteller erfahren sind, sich schnell auch in SAP HANA einarbeiten. Sie sollten jedoch auch offen sein, neue Kenntnisse zu erwerben und an der einen oder anderen Stelle bisher Erlerntes gänzlich über Bord zu werfen und ihr Wissen zu erneuern. Wir wünschen Ihnen viel Spaß und Erfolg beim Lesen dieses Buches und hoffen, Ihnen einen guten Überblick über SAP HANA und seine Administration zu geben.

Kapitel 2
Architektur

Dieses Kapitel vermittelt Ihnen einen ersten Überblick über alle Aspekte der SAP-HANA-Systemarchitektur. Das in diesem Kapitel erworbene Wissen zu Basiskomponenten, Prozessen, Speicherverwaltung und administrativen Vorgängen bereitet Sie auf die Lektüre der folgenden Kapitel gut vor.

SAP HANA umfasst als Plattform zugleich eine In-Memory-Datenbank, eine Entwicklungsplattform und einen Applikationsserver. Bis 2014 wurde SAP HANA ausschließlich als vorinstallierte *Appliance* ausgeliefert, die aus wohldefinierten Hardwarekomponenten, einem vorkonfigurierten Betriebssystem und der SAP-HANA-Software bestand. Inzwischen haben Sie zusätzlich die Möglichkeit, SAP HANA in Ihre bestehende Infrastruktur zu integrieren, dieser Ansatz heißt *Tailored Data Center Integration* (TDI). In diesem Buch beziehen wir uns mit dem Begriff SAP HANA in den meisten Kapiteln vorrangig auf die Software. Das heißt, auf den folgenden Seiten beschreiben wir keine Serverarchitekturen, sondern vielmehr die Datenbankprozesse und deren Zusammenspiel.

SAP HANA hat den Anspruch, einen Großteil der Daten spaltenorientiert und im Arbeitsspeicher vorzuhalten, unter anderem, um sehr schnelle Lesezugriffe zu ermöglichen. Auf der anderen Seite gilt es, alle Eigenschaften eines verlässlichen Datenbanksystems zu erfüllen: die *Atomarität* einer Operation, die *Konsistenzerhaltung* des Datenbestands, die *Isolation* von Transaktionen sowie die *Dauerhaftigkeit* der Datenspeicherung auch nach einem Ausfall der Stromversorgung. Aus diesen vier unter dem Akronym *ACID* bekannten Eigenschaften ergeben sich besondere Anforderungen an die Architektur einer In-Memory-Datenbank. In einigen Bereichen werden Sie hier altbewährte Prinzipien der Datenbanktechnologie wiederfinden, andere Mechanismen wurden von Grund auf neu konzipiert und erfordern in diesem Kapitel daher unsere besondere Aufmerksamkeit.

ACID-Kriterien

Wir beginnen mit den wesentlichen Komponenten eines *SAP-HANA-Systems* und nähern uns schrittweise den darin laufenden Prozessen und Threads. Sie können diese Prozesse unterschiedlich auf die zur Verfügung stehende Hardware verteilen. Den jeweils daraus resultierenden Systemaufbau erläutern wir in Abschnitt 2.2. Besondere Anforderungen stellt eine

In-Memory-Datenbank wie SAP HANA an die Persistenzsicherung. In Abschnitt 2.3 widmen wir uns daher detailliert der Speicherverwaltung von SAP HANA und behandeln die Schreibvorgänge in Data und Log Volumes. Dieses Wissen bildet die Grundlage für das Verständnis der weiteren Kapitel dieses Buches. In Abschnitt 2.4 behandeln wir schließlich Basisvorgänge wie das Starten und Konfigurieren der Datenbank. Nicht zuletzt müssen Sie wissen, welche Arten des Zugriffs auf SAP HANA existieren, z. B. um die richtigen Ports weiterzuleiten, über die Ihre Anwender das *System* erreichen können.

2.1 Komponenten der SAP-HANA-Plattform

Wir nähern uns der Technologie von SAP HANA in den folgenden Abschnitten schrittweise von außen nach innen. Wir beginnen mit dem Versuch, SAP HANA in die aus dem SAP-Umfeld bekannte dreistufige Client-Server-Architektur einzuordnen. In diesem Zusammenhang sprechen wir von einem Versuch, da insbesondere für die Applikations- und Datenbankebene eine zunehmende Verflechtung zu beobachten ist, die nicht zuletzt von SAP HANA selbst angetrieben wird. Daran anschließend geben wir Ihnen eine Übersicht über die SAP-HANA-Basiskomponenten und widmen uns schließlich den Datenbankprozessen und ihren jeweiligen Aufgaben. Jeder SAP-HANA-Prozess kann wiederum über eine Menge von Threads verfügen, die wir am Ende dieses Abschnitts behandeln.

2.1.1 Einordnung in die dreistufige Client-Server-Architektur

Bestandteile der Plattform

SAP HANA ist die Bezeichnung für eine Plattform, die sich aus unterschiedlichen Komponenten und Schnittstellen zusammensetzt. Neben dem wohl bekanntesten Bestandteil, der In-Memory-Datenbank, verfügt die SAP-HANA-Plattform auch über einen Webapplikationsserver und eine Entwicklungsplattform. Auf diese Weise kann Applikationslogik in der Datenbank entwickelt, gespeichert und gewartet werden. SAP-HANA-Applikationen profitieren somit von einem direkten Zugriff auf die im Arbeitsspeicher gehaltenen Daten und können diese über den integrierten Webserver verfügbar machen. Dies verdeutlicht sehr gut die zu beobachtende Symbiose der klassischen Applikations- und der Datenbankebene. In Abbildung 2.1 unternehmen wir dennoch den Versuch, die Komponenten von SAP HANA in die klassische dreistufige Client-Server-Architektur aus Präsentationsebene, Applikationsebene und Datenbankebene einzuordnen.

2.1 Komponenten der SAP-HANA-Plattform

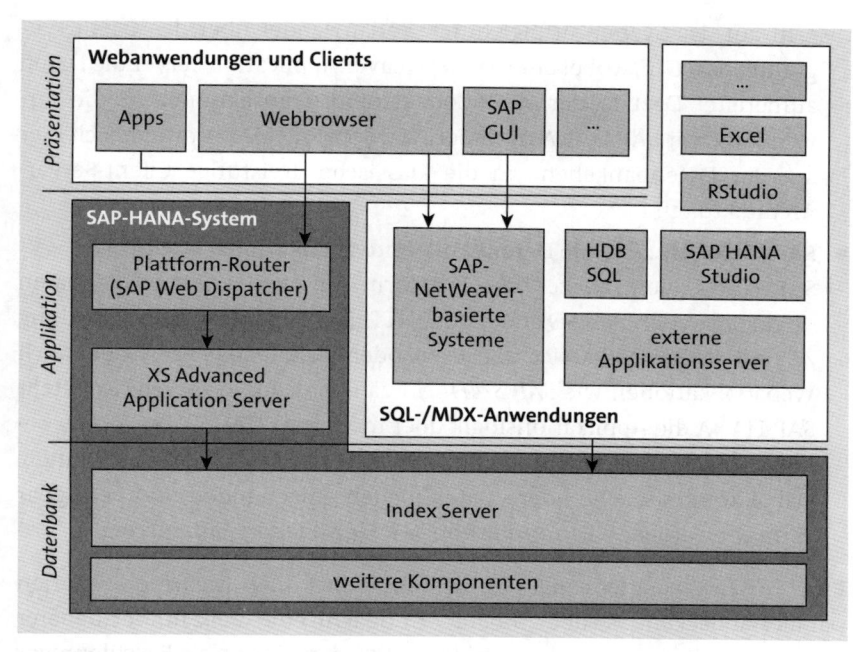

Abbildung 2.1 Einordnung der SAP-HANA-Plattform in die dreistufige Client-Server-Architektur

Der wesentliche Teil des Datenbankmanagementsystems (DBMS) wird in SAP HANA durch den *Index Server* bereitgestellt. Die bereits erwähnte Entwicklungsplattform sowie der integrierte Webserver sind Teil der *SAP HANA Extended Application Services* (XS). Diese und alle anderen Prozesse eines SAP-HANA-Systems erläutern wir in Abschnitt 2.1.3, »SAP-HANA-Prozesse und -Threads«, genauer.

Index Server

> **Prozesse einer SAP-HANA-Instanz**
>
> Die Komposition der SAP-HANA-Prozesse auf einem oder mehreren *Hosts* eines verteilten Systems sowie deren Zweck und Umfang können sich je nach *Systemtyp* unterscheiden. Auf diese Varianten gehen wir in Abschnitt 2.2, »Systemaufbau«, ein.

Die in Abbildung 2.1 dargestellten Elemente ermöglichen grundsätzlich die folgenden beiden Einsatzszenarien für SAP HANA:

Einsatzszenarien

- **SAP HANA als Datenbank**
  Im Rahmen eines SAP-NetWeaver-basierten SAP-Systems wie *SAP Business Warehouse* oder *SAP Business Suite* hält SAP HANA die Stamm- und Bewegungsdaten im Arbeitsspeicher des Datenbankservers vor. Der Zu-

37

griff auf das System erfolgt durch Endanwender über das Client-Programm *SAP GUI*, wobei ein SAP NetWeaver Application Server die Daten aufbereitet. Dazu ist der ABAP-Code der SAP-Transaktionen für die Verwendung mit SAP HANA optimiert worden. SAP HANA ordnet sich hier auf der Datenbankebene in die klassische dreistufige Client-Server-Architektur ein.

- **SAP HANA als zentrale Datenbank- und Applikationsplattform**
  SAP HANA dient als zentrale Plattform für Applikationen, die Daten direkt entweder über SQL oder über HTTP(S) konsumieren. In Abbildung 2.1 sind die Beispiele Microsoft Excel oder RStudio angeführt, aber auch Webapplikationen wie *SAP S/4HANA* zählen dazu. In diesem Fall stellt SAP HANA die Applikationslogik über moderne *HTML5-Oberflächen* bereit, auf die Anwender direkt über einen Webbrowser zugreifen können. Dabei können auch andere Datenquellen eingebunden und verfügbar gemacht werden, z. B. mithilfe von *SAP HANA Smart Data Access*.

Eine *SAP-HANA-Datenbank* kann grundsätzlich auch mehrere Szenarien parallel abdecken. Darüber hinaus ermöglicht eine Vielzahl verfügbarer Optionen weitere Anwendungsfelder – etwa den Einsatz als Beschleuniger (*Accelerator*) datenintensiver Operationen der klassischen SAP Business Suite oder das *Smart Data Streaming* im Kontext von Big-Data-Anwendungen. Je nach Einsatzzweck sind unterschiedliche Betriebskonzepte (auch *Technical Deployment Options* genannt) für SAP HANA denkbar, die wir Ihnen in Kapitel 4, »Betriebskonzepte«, vorstellen.

[»]

System, Instanz, Host und Tenant

Bevor wir uns den Komponenten eines SAP-HANA-Systems widmen, wollen wir eine gemeinsame begriffliche Basis schaffen, indem wir die Begriffe *System*, *Instanz*, *Host* und *Tenant* definieren. Um Ihnen den Zugang zu unseren Ausführungen zu erleichtern, orientieren wir uns in diesem Buch an der offiziellen SAP-HANA-Dokumentation:

- **Host**
  Ein Host bildet die Betriebsumgebung von SAP HANA. Dazu zählen wir die Hardwareressourcen wie Arbeitsspeicher und CPUs und das installierte Betriebssystem. Der Festplattenspeicher muss nicht Teil eines Hosts sein, sondern kann z. B. zentral bereitgestellt werden. Im Falle verteilter Systeme muss dieser für alle Hosts erreichbar sein. Jeder Host erhält eine *Storage Partition*, über die er zur Laufzeit einer SAP-HANA-Instanz eindeutig identifizierbar ist.

- **Instanz**
  Eine Instanz umfasst alle SAP-HANA-Systemkomponenten, die auf einem Host installiert sind. Ein System kann aus mehreren SAP-HANA-Instanzen bestehen, die über mehrere Hosts verteilt sind. Für ein SAP-HANA-System existiert immer genau eine Instanz pro Host. Beachten Sie, dass Instanzen nicht über die zweistellige Instanznummer identifiziert werden, da diese für das gesamte System gilt. Daher muss jede Instanz eines SAP-HANA-Systems dieselbe Instanznummer haben.

- **System**
  Ein System umfasst alle SAP-HANA-Instanzen mit derselben Nummer. Jedes SAP-HANA-System wird über eine System-ID (*SID*) und über eine Instanznummer eindeutig identifiziert. Die Begriffe SAP-HANA-System und SAP-HANA-Datenbank werden häufig synonym verwendet, wir zählen allerdings auch zusätzliche Serverkomponenten wie den *SAP HANA Client* zu den Komponenten eines SAP-HANA-Systems. Darüber hinaus referenzieren wir mit dem Begriff SAP-HANA-Datenbank nur eine von möglicherweise mehreren Tenant-Datenbanken, die innerhalb des SAP-HANA-Systems betrieben werden.

- **Tenant-Datenbank**
  In SAP HANA 2.0 betreiben Sie mehrere, voneinander isolierte Datenbanken innerhalb eines Systems. Während der Installation erstellen Sie genau eine *Systemdatenbank*, die administrativen Zwecken dient, sowie eine Anzahl von *Tenant-Datenbanken*, die jeweils über eigene Datenbankkataloge und -prozesse verfügen. Applikationen verbinden sich direkt mit einer Tenant-Datenbank.

2.1.2 SAP-HANA-Komponenten im Überblick

Die SAP-HANA-Plattform umfasst je nach Einsatzszenario und den dafür installierten Optionen eine Vielzahl von Komponenten. In diesem Abschnitt stellen wir Ihnen zunächst nur die Bestandteile der Basisedition vor, die Sie im SAP Software Download Center unter dem Begriff *SAP HANA Platform Edition* wiederfinden.

Komponenten der SAP HANA Platform Edition

Aus physischer Sicht besteht ein SAP-HANA-System aus einem oder mehreren Hosts, daran angebundenen Speichermedien und einem internen sowie externen Netzwerk. Aus logischer Sicht empfehlen wir die folgenden Komponenten, wobei nur die SAP-HANA-Datenbank zwingend erforderlich ist:

Physische und logische Komponenten

2 Architektur

- **SAP-HANA-Datenbank (HANA DB)**
  Diese Komponente beinhaltet das eigentliche Datenbankmanagementsystem. Sie umfasst alle ausführbaren Programme, die zum Betrieb der SAP-HANA-Prozesse notwendig sind. Jedes SAP-HANA-2.0-System verfügt über eine Systemdatenbank zu administrativen Zwecken sowie über eine beliebige Anzahl voneinander isolierter Tenant-Datenbanken, die die eigentlichen Datenquellen für Ihre Applikationen repräsentieren.

- **SAP HANA Client**
  Der SAP HANA Client beinhaltet Werkzeuge, die Sie für den Zugriff auf die Datenbank benötigen, darunter den kommandozeilenbasierten SQL-Client `hdbsql` sowie Treiber für JDBC- (*Java Database Connectivity*) und ODBC-Verbindungen (*Open Database Connectivity*).

- **SAP HANA Database Lifecycle Manager (HDBLCM)**
  Aufgaben zur Verwaltung des SAP-HANA-Lebenszyklus, wie Installationen und Updates, können Sie mithilfe des HDBLCM sowohl grafisch als auch kommandozeilenbasiert erledigen.

In Abbildung 2.2 zeigen wir die physischen Komponenten Host und zentraler Speicher und veranschaulichen in einer stark vereinfachten Darstellung, wie sich die logischen Komponenten darauf verteilen.

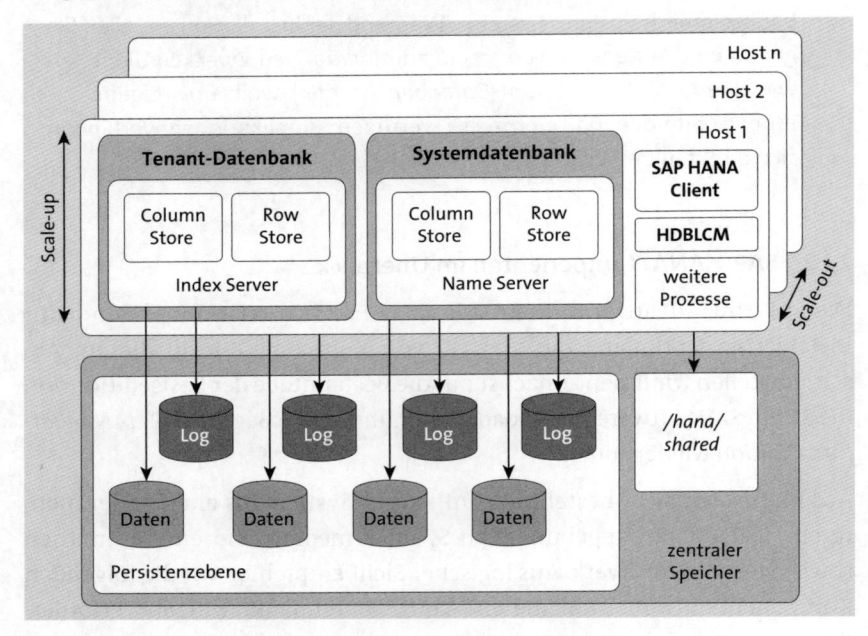

Abbildung 2.2 Vereinfachte Darstellung der SAP-HANA-Komponenten

Nicht Teil der SAP HANA Platform Edition, aber eine weitere wichtige Komponente der SAP-HANA-Landschaft ist das *SAP HANA Cockpit*. Es dient als zentrales, webbasiertes Administrationswerkzeug für alle SAP-HANA-Systeme Ihrer Umgebung und stellt Ihnen über unterschiedliche Apps eine Reihe wichtiger Funktionen zur Verfügung, darunter Basisvorgänge wie das Starten, Stoppen, Überwachen und Konfigurieren Ihrer Datenbanken, wie wir sie in Abschnitt 2.4 vorstellen. Darüber hinaus bietet es über den *SAP HANA Database Explorer* einen grafischen und einen SQL-Zugriff auf den Datenbankkatalog. Das SAP HANA Cockpit wird separat als Teil einer SAP-HANA-Express-Edition installiert. Weitere Informationen zum Cockpit finden Sie in Kapitel 5, »SAP HANA Cockpit 2.0«.

In Abbildung 2.2 haben wir die Basiskomponenten SAP HANA Client, HDBLCM und die SAP-HANA-Datenbanken fett gedruckt. Die SAP-HANA-Datenbanken umfassen mehrere Prozesse, darunter den *Name Server* oder den *Index Server*, die wir Ihnen in Abschnitt 2.1.3, »SAP-HANA-Prozesse und -Threads«, vorstellen. Einige der Prozesse sind in der Lage, Datenänderungen vorzunehmen. Diese heißen *persistierende Prozesse* und verfügen über eigene Data und Log Volumes auf der Persistenzebene. In diesem Sinne unterliegt SAP HANA einer sogenannten *Shared-Nothing-Architektur*, da die Prozesse nicht auf gemeinsame Datendateien zugreifen, sondern diese separat pflegen. Im Normalfall stellt der Index Server die eigentliche Datenbank bereit. Diese verfügt über einen *Column Store* und einen *Row Store*, sodass Sie für jede Tabelle wählen können, ob deren Einträge in einem spaltenbasierten oder in einem zeilenbasierten Format gespeichert werden sollen.

SAP-HANA-Prozesse

Ein SAP-HANA-System erlaubt es Ihnen, mehrere voneinander isolierte Datenbanken zu betreiben. Diese werden *Tenant-Datenbanken* genannt und verfügen jeweils über einen eigenen Index Server. Neben 0-n Tenant-Datenbanken existiert immer genau eine Systemdatenbank, die Informationen über das Gesamtsystem enthält und für zentrale Administrationsaufgaben verwendet wird. Ihre Datenbankfunktionen übernimmt, anders als bei den Tenant-Datenbanken, der Name Server.

Datenbanktypen

Sie können das SAP-HANA-System entweder auf einem einzigen Host betreiben oder die Prozesse auf mehrere Hosts verteilen. In ersterem Fall skalieren Sie vertikal durch Hinzufügen weiterer Serverkomponenten (*Scale-up*). Verteilte Systeme, auch *Multiple-Host-Systeme* genannt, skalieren Sie horizontal (*Scale-out*), indem Sie bei Bedarf weitere Hosts integrieren. Dies ermöglicht einerseits eine effizientere Lastverteilung, da große Tabellen über die Grenzen eines Hosts hinweg partitioniert und parallel abgefragt

Systemtypen

werden können. Andererseits erhöhen Sie auf diese Weise die Verfügbarkeit des Systems, da ausgewählte Hosts als Stand-by-Hosts fungieren und somit im Fehlerfall ausgefallene Prozesse übernehmen können. Diese Funktion wird als *Host-Auto-Failover* bezeichnet.

Shared Storage

Da Sie jeden Host als Stand-by-Host konfigurieren können, müssen die *Data Volumes* und *Log Volumes* innerhalb des gesamten Systems verfügbar sein (zur Bedeutung von Data und Log Volumes lesen Sie auch Abschnitt 2.3.1, »Datenhaltung in SAP HANA«). Diese Anforderung wird entweder durch ein *Shared-Storage-System* oder mithilfe von *Storage-Konnektoren* umgesetzt, die eine Neuzuordnung von Volumes und Hosts ermöglichen. Die ausführbaren Dateien der SAP-HANA-Datenbank sowie weitere Komponenten wie der SAP HANA Client befinden sich ebenfalls auf einem zentral erreichbaren Dateisystem im Verzeichnis **/hana/shared**. Darin finden Sie z. B. das *Trace Volume*, das Dateien beinhaltet, die von den Datenbankprozessen mit Diagnoseinformationen beschrieben werden.

Den SAP HANA Client beschreiben wir in Abschnitt 2.4.3, »Zugriff auf SAP HANA«. Die Komponenten der SAP-HANA-Datenbank behandeln wir im folgenden Abschnitt.

2.1.3 SAP-HANA-Prozesse und -Threads

Eine der wesentlichen Komponenten von SAP HANA ist das Datenbankmanagementsystem selbst. Es umfasst, je nach Datenbanktyp, eine Reihe von Prozessen, denen wir uns auf den folgenden Seiten widmen.

Serviceübersicht im SAP HANA Cockpit

Sie können die Prozesse Ihres SAP-HANA-Systems unter anderem im SAP HANA Cockpit in der App **System Overview** im Bereich **Overall Database Status** überwachen. Darin werden die Prozesse der jeweils ausgewählten Tenant-Datenbank sowie der Systemdatenbank angeführt. Abbildung 2.3 zeigt alle standardmäßig aktiven Prozesse eines *Single-Host-Systems*. Es handelt sich dabei um Betriebssystemprozesse, die Sie auch mit Werkzeugen wie ps -ef oder top sehen können, wobei der eigentliche Prozessname meist zusätzlich das Präfix hdb trägt. Im Kontext von SAP HANA wird für die Prozesse auch der Begriff *Services* verwendet. Dabei ist es auch möglich, dass mehrere Services durch einen Prozess bereitgestellt werden. Beispiele sind die SAP HANA XS des *Classic Model*, die in den Index Server eingebettet sein können, oder der Statistics Service, den Sie möglicherweise noch aus SAP HANA 1.0 als separaten Prozess kennen und der nun immer in den Master Index Server einer Tenant-Datenbank eingebettet ist.

2.1 Komponenten der SAP-HANA-Plattform

Service (11)									Search Kill Service
Service	Status	Role	Port	Process ID	CPU	Memory	SQL Port	Action	
daemon	Running		30000	68919			0		
nameserver	Running	master	30001	68936	▬	▬▬▬	0	Stop Service	
preprocessor	Running		30002	69167	▬	▬	0	Stop Service	
webdispatcher	Running		30006	69810	▬	▬	0	Stop Service	
compileserver	Running		30010	69165	▬	▬	0	Stop Service	
xscontroller	Running		30029	69812			0	Stop Service	
xsuaaserver	Running		30031	69821			0	Stop Service	
xsexecagent	Running		38025	69815			0	Stop Service	
indexserver	Running	master	30003	69274	▬	▬▬	30015	Stop Service	
xsengine	Running		30007	69276	▬	▬	0	Stop Service	
diserver	Running		30025	69808	▬	▬	0	Stop Service	

Abbildung 2.3 Prozesse der SAP-HANA-Datenbank

Da in unserem Beispiel alle Prozesse auf demselben Host laufen, haben wir in Abbildung 2.3 die Spalte **Host** ausgeblendet. Die Spalte **Port** gibt an, über welche Ports die Prozesse intern kommunizieren. Der Index Server und der Name Server sind darüber hinaus von außen über eine SQL-Verbindung erreichbar (Spalte **SQL Port**). In der Spalte **Status** werden die Status **Running** (□), **Running with Issues** (△) und **Not Running** (○) unterschieden. Eine Übersicht der gestarteten Prozesse stellt Ihnen auch das Programm HDB bereit, wenn Sie es auf dem SAP HANA Server mit dem Befehl HDB info starten. Die Spalte **Process ID** zeigt Ihnen die Prozess-ID (PID) des zugehörigen Betriebssystemprozesses an. Darüber hinaus indizieren die Spalten **CPU** und **Memory** den Ressourcenverbrauch des jeweiligen Prozesses. Über die Spalte **Action** können Sie laufende Prozesse stoppen. Die angezeigten Spalten lassen sich über das ⚙-Icon konfigurieren.

Bevor wir uns den weiteren Eigenschaften der SAP-HANA-Services widmen, fassen wir kurz deren jeweilige Aufgaben zusammen:

Aufgaben der Prozesse

- **HDB Daemon**
  Der Prozess hdbdaemon ist der Vaterprozess aller SAP-HANA-Prozesse. Demzufolge ist er in der Lage, die übrigen Prozesse zu überwachen und bei einem Ausfall neu zu starten. Sollten Sie das SAP-HANA-System also in bestehende Monitoring-Werkzeuge einbinden, die in definierten Si-

tuationen eingreifen, ist es ratsam, mindestens den HDB Daemon zu überwachen, der wiederum die übrigen Prozesse am Leben erhält.

- **Index Server**
Der Prozess `hdbindexserver` stellt die eigentliche Datenbank, bestehend aus Column Store und Row Store, bereit. Dazu zählen auch die unterschiedlichen Engines, mit denen die Daten verarbeitet werden. Zu den Aufgaben des Index Servers gehören neben der Verarbeitung von SQL- und MDX-Befehlen (Multidimensional Expressions) die Kontrolle der Benutzerauthentifizierung, die Transaktionskontrolle und die Datenhaltung. Dazu zählt auch die Pflege der Topologie Ihrer Datenbankobjekte, d. h., der Index Server kennt z. B. den Speicherort von Tabellenpartitionen. Einzelne Unteraufgaben werden dabei ggf. an andere Prozesse wie den Compile Server oder den Script Server delegiert. Sämtliche Informationen zur System-Performance werden wiederum vom eingebetteten *Statistics Service* gesammelt und im Schema _SYS_STATISTICS gespeichert.

- **Name Server**
Der Prozess `hdbnameserver` hält sämtliche Informationen zur Topologie des SAP-HANA-Systems vor und existiert ausschließlich für die Systemdatenbank. In verteilten Systemen, die wir in Abschnitt 2.2.3, »Multiple-Host-Systeme«, beschreiben, können Tenant-Datenbanken und weitere Systemkomponenten unterschiedlich auf die zur Verfügung stehenden Hosts verteilt werden. Der Name Server kennt dabei immer die aktuelle Position eines Prozesses sowie alle Hosts und deren Rollen. Die gesammelten Informationen können Sie in der Datei **nameserver_topology_hdbzdb.json** im Trace-Verzeichnis (siehe Abschnitt 2.2.4, »Verzeichnisstruktur«) nachvollziehen. Alle Hosts eines Systems werden außerdem vom Name Server durch regelmäßige *Pings* überwacht, damit bei einem Ausfall der Failover-Prozess auf einen Stand-by-Host durch den Name Server initiiert werden kann. Darüber hinaus übernimmt der Name Server für die Systemdatenbank die Funktion eines Index Servers, darauf gehen wir in Abschnitt 2.2.1, »Tenant-Datenbanken«, genauer ein.

- **Preprocessor**
Der Prozess `hdbpreprocessor` unterstützt den Index Server bei der Textsuche und Textanalyse. Dazu extrahiert er z. B. Suchbegriffe aus Textspalten und hält somit Volltext-Indizes aktuell. Er übernimmt in diesem Sinne eine Vorverarbeitung (*Preprocessing*) sowohl strukturierter als auch unstrukturierter Daten. Der Preprocessor läuft in der Systemdatenbank und bedient alle Tenant-Datenbanken.

- **Compile Server**
  Der Prozess `hdbcompileserver` läuft auf jedem Host eines SAP-HANA-Systems und dient der Kompilierung von Stored Procedures und SQLScript-Prozeduren. Der Compile Server läuft in der Systemdatenbank und bedient alle Tenant-Datenbanken.

- **SAP HANA XS, Classic Model**
  SAP HANA XS (früher auch *XS Engine*) ermöglichen Ihnen den HTTP(S)-Zugriff auf die Datenbank. Der Prozess `hdbxsengine` stellt dazu einen integrierten Webserver bereit und wird daher auch *XS Server* genannt. Mithilfe der SAP HANA Web-based Development Workbench können Sie moderne Webapplikationen entwickeln und direkt für Anwender verfügbar machen. Mit der Einführung des SAP HANA XS, *Advanced Model* wurden die bestehenden SAP HANA XS in SAP HANA XS, Classic Model umbenannt.

- **SAP HANA XS, Advanced Model**
  Die SAP HANA Extended Application Services, Advanced Model (XS Advanced), sind eine optionale Komponente und stellen eine Weiterentwicklung der klassischen SAP HANA XS dar. Sie dienen der Entwicklung und Ausführung datenintensiver Applikationen und basieren technisch auf der Open-Source-Plattform *Cloud Foundry*. Zu den wesentlichen Neuerungen gehören somit unter anderem die Unterstützung unterschiedlicher Laufzeitumgebungen wie Java oder Python sowie eine stärkere Isolation von Anwendungen. Weitere Informationen finden Sie im *SAP HANA Developer Guide for SAP HANA XS Advanced Model*. Die zugehörigen Services heißen *XS Controller*, *XS Execution Agent* und *XS User Authentication and Authorization (UAA)*. Der XS Controller verwaltet Konfigurationen und Status zu allen bereitgestellten und laufenden Applikationen. Er verwaltet auch den Plattform-Router, der HTTP(S)-Verbindungen für das gesamte SAP-HANA-System entweder URL- oder portbasiert an die entsprechenden Applikationen weiterleitet (siehe Abschnitt 2.4.3, »Zugriff auf SAP HANA«). Während der Execution Agent die Prozesssteuerung übernimmt, bearbeitet der UAA Service Anfragen zur An- und Abmeldung in XS Advanced. Die XS-Advanced-Services steuern Sie über den Kommandozeilen-Client XSA als Benutzer `<sid>adm`.

- **SAP Web Dispatcher**
  Der Prozess `hdbwebdispatcher` leitet eingehende HTTP(S)-Verbindungen zu XS-Classic-Applikationen weiter. Der SAP Web Dispatcher wird außerdem zu Realisierung des Plattform-Routers von XS Advanced genutzt.

- **Weitere optionale Prozesse**
  Je nach Nutzungsszenario sind weitere Komponenten optional erhältlich, von denen einige einer zusätzlichen Lizenzierung unterliegen können. Wenn Sie z. B. die *SAP HANA Application Function Library* (AFL) nutzen, benötigen Sie den Prozess scriptserver. Zur Speicherung und Verarbeitung von JSON-Dokumenten bietet SAP HANA den *Document Store Server*, der den Prozess hdbdocstore betreibt. Nutzen Sie XS Advanced, ist der *SAP HANA Deployment Infrastructure (HDI) Server* automatisch aktiviert. Der zugehörige Prozess hdbdiserver stellt Funktionen bereit, die Sie für das Deployment von Entwicklungsobjekten benötigen. Für *SAP HANA Smart Data Integration* kommt der *Data Provisioning Server* zum Einsatz, dessen Prozess hdbdpserver Adapter für verschiedene Datenquellen bereithält und eine Datenprovisionierung ermöglicht. Diese und weitere optionale Komponenten sind standardmäßig deaktiviert und müssen manuell gestartet werden, d. h., sie werden auch nicht vom HDB Daemon überwacht.

> **[»] Verwenden Sie SAP HANA XS Advanced**
>
> SAP HANA XS Classic ist seit SAP HANA 2.0 SPS02 abgekündigt. SAP empfiehlt daher, neue Applikationen unter Verwendung von XS Advanced zu entwickeln. Bestehende Applikationen können Sie, sofern XS Advanced Ihre Anforderungen erfüllt, unter Zuhilfenahme des *SAP HANA XS Advanced Migration Guide* in die neue Applikationsumgebung überführen. In diesem Zusammenhang empfehlen wir auch SAP-Hinweis 2465027.

Ports

Die genannten Prozesse kommunizieren intern über das TCP/IP-Protokoll miteinander. Einige der Prozesse sind zusätzlich von außerhalb erreichbar. Dazu zählen im Regelfall der Index Server und die XS Services, sodass Anwender über SQL oder über eine Webanwendung auf die Datenbank zugreifen können. Um dabei mehrere SAP-HANA-Installationen innerhalb desselben Netzwerks unterscheiden zu können, beinhalten die systemspezifischen Ports immer die jeweilige Instanznummer des Systems. SQL-Clients stellen z. B. eine Verbindung zum Index Server der initialen Tenant-Datenbank eines SAP-HANA-Systems mit der Instanznummer 10 über den Port 31015 her.

Externe und interne Ports

Tabelle 2.1 zeigt eine Übersicht der Prozesse sowie ihrer internen und externen Ports, wobei nn durch die jeweilige Instanznummer ersetzt werden muss.

2.1 Komponenten der SAP-HANA-Plattform

Prozess	Interner Port	Externer Port	Eigene Persistenz
HDB Daemon	3nn00	N/A	nein
Name Server	3nn01	3nn13/3nn17	ja
Preprocessor	3nn02	N/A	nein
Index Server (initiale Tenant-Datenbank)	3nn03/ 3nn40 bis 3nn97	3nn15/ 3nn41 bis 3nn99	ja
Index Server (weitere Tenant-Datenbanken)	3nn40 bis 3nn97	3nn41 bis 3nn99	ja
Script Server (initiale Tenant-Datenbank)	3nn04	N/A	ja
Script Server (weitere Tenant-Datenbanken)	3nn40 bis 3nn97	N/A	ja
XS Classic (über Web Dispatcher)	3nn07	80nn (HTTP) 43nn (HTTPS)	ja
Compile Server	3nn10	N/A	nein

Tabelle 2.1 SAP-HANA-Prozesse und -Ports

Auf Ebene eines Tenants oder der Systemdatenbank können Sie die internen und die SQL-Ports Ihrer Services durch Abfrage des Views M_SERVICES im Schema SYS ermitteln. Um konfigurierte Services, deren Status und Ports für die Systemdatenbank sowie alle Tenant-Datenbanken anzuzeigen, führen Sie auf der Systemdatenbank die folgende SQL-Anweisung aus:

Ports ermitteln

```
SELECT DATABASE_NAME, HOST, SERVICE_NAME, PROCESS_ID, PORT, SQL_PORT,
COORDINATOR_TYPE, ACTIVE_STATUS FROM SYS_DATABASES.M_SERVICES;
```

Der Name Server und der Index Server können, abhängig vom Host, auf dem sie laufen, unterschiedliche Rollen annehmen. Dazu gibt Ihnen die Spalte COORDINATOR_TYPE im View M_SERVICES Auskunft. Da dieses Konzept vorrangig in verteilten Systemen relevant ist, gehen wir in Abschnitt 2.2.3, »Multiple-Host-Systeme«, näher auf die konfigurierbaren Rollen ein.

2 Architektur

> **[»] Ports für den Zugriff auf SAP HANA**
>
> Für den administrativen Zugriff auf SAP HANA, etwa mithilfe des SAP HANA Cockpits, sind weitere Ports erforderlich, da auch Dienste des Host Agents und des Instance Agents erreichbar sein müssen, um die Datenbank starten und stoppen und Updates durchführen zu können. In Abschnitt 2.4.3, »Zugriff auf SAP HANA«, stellen wir Ihnen alle eingehenden Verbindungen genauer vor.

Persistierende Prozesse

Neben ihren Funktionen, Ports und Rollen unterscheiden wir die Prozesse hinsichtlich der Frage, ob sie innerhalb der Datenbank Manipulationen vornehmen können oder nicht. Ist dies der Fall, greifen sie auf Komponenten zur Sicherstellung einer persistenten Datenhaltung zu, dazu gehören unter anderem ein dediziertes Data und Log Volume. Auf diese und weitere Komponenten der Persistenzebene gehen wir in Abschnitt 2.3, »Persistenz und Speicherverwaltung«, genauer ein.

Prozesse in Tenant-Systemen

Aufgrund der starken Anforderungen an die Isolierung der Tenant-Datenbanken existiert für jede Tenant-Datenbank ein eigener Index Server, in den standardmäßig die SAP HANA XS (Classic Model) eingebettet ist. Infolgedessen ist der Index Server einer Tenant-Datenbank über drei Ports erreichbar (interne Kommunikation, SQL und HTTP). Auf die daraus resultierenden Portbereiche gehen wir in Abschnitt 2.4.3, »Zugriff auf SAP HANA«, detaillierter ein. Hier behandeln wir auch die Ports der zu SAP HANA XS Advanced gehörenden Services, da Sie eine über Tabelle 2.1 hinausgehende Betrachtung erfordern. Für die administrative Systemdatenbank gibt es dagegen keinen separaten Index Server. Dessen Funktion wird hier vom Name Server übernommen. Weitere Besonderheiten der SAP-HANA-Prozesse ergeben sich jeweils aus dem gewählten Betriebskonzept. Diese Betriebskonzepte werden in den SAP-HANA-Dokumentationen, unter anderem im »SAP HANA Master Guide«, als *Technical Deployment Options* bezeichnet.

Unterstützende Prozesse

Neben den beschriebenen SAP-HANA-Prozessen finden Sie auf dem SAP HANA Server weitere Standardprozesse eines SAP-Systems, die wir der Vollständigkeit halber an dieser Stelle nennen:

- **»sapstartsrv«**
  Der *SAP Start Service* sapstartsrv wird verwendet, um jede Art von SAP-System zu starten. Der Dienst wird im Normalfall als Teil des Host Agents beim Booten des Servers gestartet und befindet sich im Verzeichnis **/usr/sap/hostctrl/exe/sapstartsrv**. Nach dem Start von SAP HANA steht der Dienst weiterhin für jede Instanz zur Verfügung und stellt ver-

schiedene administrative Funktionen über den Webservice SAPControl bereit, auf den Sie z. B. zum Stoppen des Systems zugreifen (siehe Abschnitt 2.4.1, »Systemstart und -stopp«).

- **»saphostctrl«**
  Um auf die Funktionen des SAP HANA Database Lifecycle Managers (HDBLCM) zugreifen zu können, stellen Sie eine Verbindung zum Dienst saphostctrl her, der über den Port 1128 bzw. 1129 (bei aktivierter SSL-Verschlüsselung) erreichbar ist.

- **»saposcol«**
  Der Betriebssystemkollektor saposcol existiert einmal pro Host und sammelt im Hintergrund Auslastungs- und Verbrauchsinformationen zu Betriebssystemressourcen wie der CPU und dem Arbeitsspeicher.

- **SMD Agent**
  Der Diagnostics Agent des SAP Solution Managers (SMD Agent) erlaubt eine Verbindung zwischen dem SAP-HANA-System als zu überwachendem System und dem SAP Solution Manager. Mehr zur Integration von SAP HANA und dem SAP Solution Manager erfahren Sie im SAP Support Portal unter *http://s-prs.de/v685000*.

Jeder SAP-HANA-Prozess erstellt eine Menge an Threads unterschiedlicher Typen zur Erledigung seiner Aufgaben. Zum Beispiel ruft der Index Server zur Verarbeitung einer SQL-Abfrage einen Thread vom Typ SqlExecutor auf, der die Ausführung kontrolliert und wiederum weitere Threads vom Typ JobWorker aufruft, die ggf. parallelisiert auf den Column Store zugreifen. Dabei kann ein JobWorker-Thread wiederum weitere JobWorker-Threads aufrufen.	Threads
Sie können die Threads Ihrer SAP-HANA-Prozesse überwachen, indem Sie im SAP HANA Cockpit die App **System Overview • Threads** öffnen. Diese Sicht steht Ihnen ebenfalls im DBA Cockpit zur Verfügung. Die Informationen stammen dabei aus Tabellen, die Sie auch durch Abfrage des System-Views M_SERVICE_THREADS sehen können. Abbildung 2.4 zeigt die App **Threads** im SAP HANA Cockpit.	Threads überwachen
Jeder Thread hat einen *Caller Thread*, dessen ID in der Spalte **Caller** angezeigt wird. Wenn kein Caller angezeigt wird, ist der Thread normalerweise direkt von einem der SAP-HANA-Prozesse aufgerufen worden. In Abbildung 2.4 können Sie unter anderem die Threads sehen, die erforderlich sind, um die **Thread**-Ansicht im SAP HANA Cockpit anzuzeigen. Den SQL-Befehl finden Sie immer in der Spalte **Thread Detail** des jeweiligen Threads vom Typ SqlExecutor. Dieser Thread (ID 54123) hat in unserem Beispiel einen weiteren Thread vom Typ JobWorker aufgerufen (ID 50175). Durch die-	Caller Thread

ses mehrstufige Konzept können komplexe Anweisungen über mehrere Ebenen hinweg delegiert und parallelisiert werden.

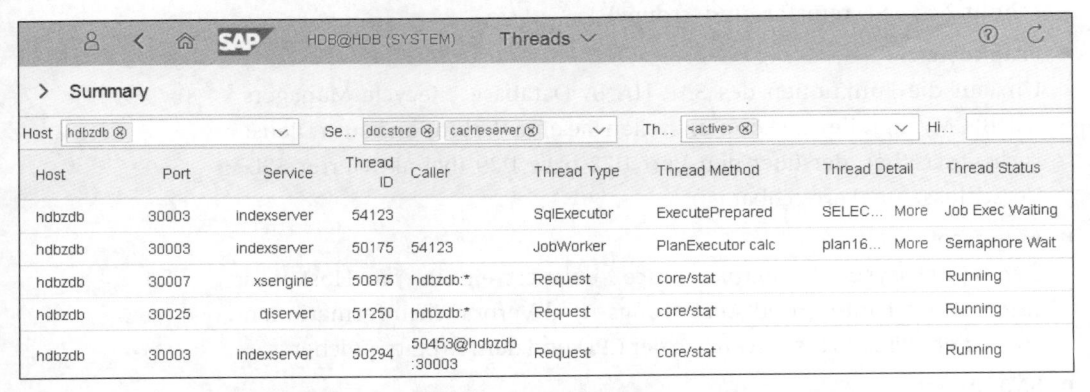

Host	Port	Service	Thread ID	Caller	Thread Type	Thread Method	Thread Detail		Thread Status
hdbzdb	30003	indexserver	54123		SqlExecutor	ExecutePrepared	SELEC...	More	Job Exec Waiting
hdbzdb	30003	indexserver	50175	54123	JobWorker	PlanExecutor calc	plan16...	More	Semaphore Wait
hdbzdb	30007	xsengine	50875	hdbzdb:*	Request	core/stat			Running
hdbzdb	30025	diserver	51250	hdbzdb:*	Request	core/stat			Running
hdbzdb	30003	indexserver	50294	50453@hdbzdb :30003	Request	core/stat			Running

Abbildung 2.4 Threads im SAP HANA Cockpit überwachen

Thread-Status Die Spalte **Thread Status** zeigt Ihnen, ob ein Thread gerade arbeitet oder wartet. Sich die laufenden und inaktiven Threads anzeigen zu lassen ist häufig ein erster Schritt der Performance-Analyse, da Sie auf diese Weise Aktivitäten identifizieren können, die z. B. für hohe CPU-Verbräuche oder für Lock-Situationen verantwortlich sind. Weitere nützliche Informationen zu Threads fasst SAP-Hinweis 2114710 (FAQ: SAP HANA Threads and Thread Samples) zusammen. In diesem Hinweis finden Sie auch eine Liste der häufigsten Thread-Typen und -Methoden.

2.2 Systemaufbau

Systemtypen Die im vorangegangenen Abschnitt beschriebenen SAP-HANA-Prozesse lassen sich je nach Systemtyp unterschiedlich auf die zur Verfügung stehenden Hosts verteilen. Der am wenigsten komplexe Systemtyp umfasst einen einzigen Host, auf dem sämtliche SAP-HANA-Prozesse laufen, ist also ein Single-Host-System. Da die Skalierbarkeit eines solchen Systems auf die Hardwarekomponenten des gewählten Hosts limitiert ist, wird in diesem Fall auch von einem *Scale-up-System* gesprochen.

Die SAP-HANA-Plattform und ihre Shared-Nothing-Architektur wurden insbesondere im Hinblick auf den Betrieb verteilter Systeme konzipiert. Daher ist es ebenso möglich, die genannten Prozesse auf mehrere Hosts zu verteilen. Ein solches Multiple-Host-System bietet durch Hinzufügen weiterer Hosts die Möglichkeit der horizontalen Skalierung, sodass verteilte Systeme auch als *Scale-out-Systeme* bezeichnet werden.

In den neueren SAP-Dokumentationen ist aber vorrangig von den Systemtypen Single-Host und Multiple-Host die Rede. Multiple-Host-Systeme bieten neben der Lastverteilung die Möglichkeit, Stand-by-Hosts in das System zu integrieren, um Anforderungen im Bereich der Hochverfügbarkeit zu erfüllen. Darauf gehen wir in Kapitel 10, »Hochverfügbarkeit«, näher ein. Neben diesen Systemtypen werden mehrere Technical Deployment Options unterschieden, die wir Ihnen in Kapitel 4, »Betriebskonzepte«, vorstellen. Dazu zählt auch die in SAP HANA SPS09 eingeführte Mandantenfähigkeit durch Unterstützung sogenannter *Multi-Tenant-Database-Container* (MDC). Da dieses Konzept seit SAP HANA 2.0 SPS02 die einzig zulässige Betriebsform darstellt, fassen wir im Folgenden zunächst einige Besonderheiten dieser Architektur zusammen, bevor wir uns in Abschnitt 2.2.2 und Abschnitt 2.2.3 der Systemarchitektur von Single- und Multiple-Host-Systemen widmen.

2.2.1 Tenant-Datenbanken

In SAP HANA können Sie mehrere voneinander isolierte Datenbanken innerhalb eines Systems betreiben, um die Effizienz gemeinsam verwendeter Ressourcen mit der Datensicherheit separater Datenbankkataloge zu kombinieren. SAP HANA 2.0 schafft damit wichtige Voraussetzungen für die Anforderungen des Cloud-Geschäfts. Die voneinander isolierten Datenbanken heißen Tenant-Datenbanken (kurz: Tenant) und das zugehörige System wird folglich als Multi-Tenant-Database-Container-System (MDC-System) bezeichnet. Aus diesem obligatorischen Konzept leiten sich im Vergleich zu klassischen Datenbanken architektonische Besonderheiten ab, die wir im folgenden Abschnitt kurz behandeln.

Alle Tenant-Datenbanken eines Systems teilen dieselbe Installation, d. h., es existieren nach wie vor nur eine System-ID (SID) und eine Instanznummer pro SAP-HANA-System. Die Tenant-Datenbanken werden über die Kombination aus der SID des Systems und ihrem individuellen Datenbanknamen identifiziert. Zu jeder Tenant-Datenbank existieren ein eigener Index Server und ggf. weitere Prozesse, sodass separate Datenbankkataloge (inklusive Datenbankbenutzer) sowie separate Persistenzebenen (inklusive Backups) und Trace-Dateien erstellt werden.

Tenant-Datenbanken

Neben den Tenant-Datenbanken ist in jedem MDC-System eine Systemdatenbank mit dem Namen `SYSTEMDB` vorhanden. Die Systemdatenbank fungiert als eine Art Administrationszugang für das Gesamtsystem. Darin nehmen Sie systemweite Konfigurationen vor, die von den Tenant-Datenbanken geerbt werden. Zugleich können Sie von hier aus Tenant-Datenbanken konfigurieren, erstellen oder löschen.

Systemdatenbank

Datenbank-isolierung	Während der Installation eines MDC-Systems können Sie für den Grad der Datenbankisolierung zwischen **low** und **high** wählen. Standardmäßig werden alle Datenbankprozesse, unabhängig davon, zu welchem Tenant sie gehören, mit demselben Betriebssystembenutzer <SID>adm gestartet. Wenn Sie sich stattdessen für einen hohen Isolierungsgrad entscheiden, werden zu jeder Datenbank unterschiedliche Betriebssystembenutzer und -gruppen erstellt, um Zugriffe auf fremde Datenbanken von der Betriebssystemebene aus zu verhindern. Infolgedessen sind auch die datenbankspezifischen Verzeichnisse innerhalb des Dateisystems durch das Berechtigungskonzept des Betriebssystems geschützt.
Verbindung zu Tenant-Datenbanken	Client-Applikationen wie das SAP HANA Cockpit oder SAP HANA Studio verbinden sich direkt mit einer Tenant-Datenbank oder mit der Systemdatenbank. Dies wird realisiert, indem der SQL-Port neben der Instanznummer, die das Gesamtsystem identifiziert, auch eine tenant-spezifische Nummer enthält. In Abschnitt 2.4.3 gehen wir näher auf den Zugriff auf SAP HANA ein.
Monitoring	Da jede Tenant-Datenbank ihren eigenen Datenbankkatalog pflegt, sind darin auch tenant-spezifisch die für das Monitoring interessanten Schemata SYS und _SYS_STATISTICS zu finden (zu den darin enthaltenen System-Views lesen Sie auch Kapitel 15, »Monitoring«). Auf Systemebene sind diese Informationen im Schema SYS_DATABASES einsehbar, wobei die System-Views darin verschiedene Einträge für jede Tenant-Datenbank sowie für die Systemdatenbank vorhalten. Im Schema SYS der Systemdatenbank finden Sie außerdem einen View M_DATABASES, der Ihnen zu jeder Datenbank anzeigt, ob diese zurzeit aktiv ist und wie der Betriebssystembenutzer und die -gruppe lauten. Im SAP HANA Cockpit werden Ihnen bei der Administration der Systemdatenbank auch Warnungen (Alerts) von Tenant-Datenbanken angezeigt, sofern diese einen potenziell systemweiten Einfluss haben. Andere Warnungen und solche, die Daten wie etwa Tabellennamen preisgeben, sind dagegen nur auf Tenant-Ebene sichtbar.
Tenant-Administration	Die Tenant-Datenbanken Ihres Systems können Sie per SQL oder – seit SAP HANA SPS10 – über das SAP HANA Cockpit administrieren. Dazu zählt auch, neue Tenants zu erstellen oder existierende Tenants zu löschen. Wie Sie dabei vorgehen, beschreiben wir in Abschnitt 7.3, »Verwaltung von Multi-Tenant-Systemen«.
Cross Database Access	Trotz starker Isolierung der Tenant-Datenbanken innerhalb Ihres Gesamtsystems können Sie einzelnen Tenant-Datenbanken einen lesenden Zugriff auf definierte andere Tenant-Datenbanken gewähren. Diesen tenant-übergreifenden Datenbankzugriff beschreiben wir ebenfalls in Abschnitt 6.3.

Aus dem beschriebenen Konzept ergeben sich besondere Anforderungen an die Verteilung der Datenbankprozesse, die wir in den folgenden Abschnitten vorstellen: in Abschnitt 2.2.2 für Single-Host-Systeme und in Abschnitt 2.2.3 für Multiple-Host-Systeme.

Prozesse in Tenant-Systemen

2.2.2 Single-Host-Systeme

Beim Erstkontakt mit SAP HANA haben Sie es häufig mit einem Single-Host-System zu tun, da in den meisten Fällen die Empfehlung gilt, zunächst die Ressourcen eines Hosts zu erweitern (Scale-up), bevor Sie weitere Hosts hinzufügen und ein verteiltes System aufbauen. Zudem werden Multiple-Host-Systeme derzeit nur mit Einschränkungen für den produktiven Einsatz der SAP Business Suite unterstützt.

In Single-Host-Systemen laufen alle in Abschnitt 2.1.3, »SAP-HANA-Prozesse und -Threads«, beschriebenen Prozesse auf einem Host, wie in Abbildung 2.5 dargestellt.

Prozesse

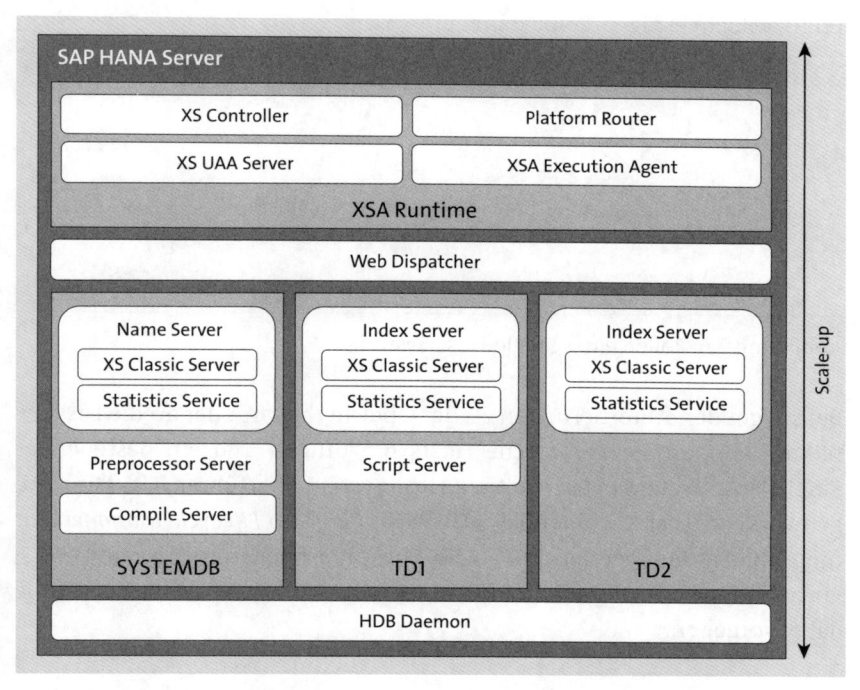

Abbildung 2.5 Typischer Aufbau eines Single-Host-Systems

Genau wie Multiple-Host-Systeme basieren auch Single-Host-Systeme auf einer Shared-Nothing-Architektur, sodass die dargestellten Prozesse, sofern sie Daten manipulieren können, jeweils über eine eigene Persistenzschicht verfügen. In unserem Beispiel aus Abbildung 2.5 verfügen demnach der Name Server, der Script Server sowie jeder Index Server einer Tenant-Datenbank über eigene Data und Log Volumes. Die interne Kommunikation der Prozesse erfolgt auch in Single-Host-Systemen über das TCP/IP-Protokoll. Während Sie in verteilten Systemen eine Storage-Lösung einsetzen müssen, die von allen Hosts erreichbar ist, also z. B. ein zentrales *Storage Area Network* (SAN) oder *Network-attached Storage* (NAS), können Sie für Single-Host-Systeme direkt angebundenen Storage wie lokale *Solid State Disks* (SSDs) verwenden.

Rollen der Services

In verteilten Systemen übernehmen der Name Server und der Index Server eine zuvor konfigurierte Rolle. Dies gilt auch in einem Single-Host-System, wobei diese Prozesse hier immer in der eigentlichen Rolle des *Masters* laufen, wie Abbildung 2.6 zeigt. Die Konfiguration der Rollen kann für jede Tenant-Datenbank individuell vorgenommen werden. Da kein Stand-by-Host verfügbar ist, unterstützen Single-Host-Systeme bei einem Ausfall keinen *Host-Auto-Failover-Prozess*. Auf diese Thematik gehen wir in Kapitel 10, »Hochverfügbarkeit«, näher ein.

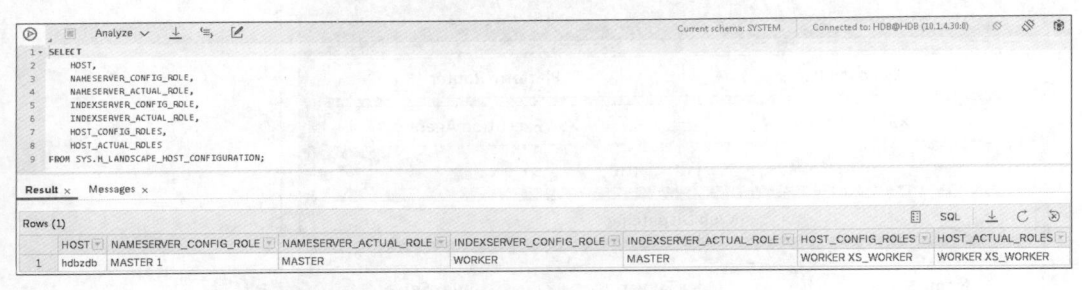

Abbildung 2.6 Rollen eines Single-Host-Systems

Hinzufügen von Hosts

Bei steigenden Anforderungen an den Speicherbedarf oder an die Lastverteilung können Sie zusätzliche Hosts hinzufügen und ein bestehendes Single-Host-System in ein Multiple-Host-System überführen. Das Hinzufügen von Hosts ist z. B. über das *SAP HANA Platform Lifecycle Management* möglich, das Sie über das SAP HANA Cockpit erreichen. In Abschnitt 7.2.3, »Installation mit der grafischen Benutzeroberfläche«, erfahren Sie, wie Sie dabei vorgehen.

2.2.3 Multiple-Host-Systeme

Wenn ein einzelner Host den Anforderungen Ihres Systems nicht gerecht wird, können Sie Ihr SAP-HANA-System und die zu erwartende Last auf mehrere Hosts verteilen. Ein solches Multiple-Host-System bietet durch die

Möglichkeit des Host-Auto-Failovers außerdem eine erhöhte Verfügbarkeit.

Da Sie für ein Multiple-Host-System mehrere Index Server und mehrere Name Server auf die zur Verfügung stehenden Hosts verteilen, erhalten diese Prozesse je nach Aufgabe innerhalb des Systems unterschiedliche Rollen, die Sie bei der Installation definieren (*konfigurierte Rollen*). Daraus leitet sich dann die eigentliche Rolle ab, die dieser Prozess zurzeit innehat (*aktuelle Rolle*). Sie können z. B. je Tenant den Index Server eines Hosts als WORKER oder als STANDBY konfigurieren. Innerhalb der Gruppe der Index Server mit der konfigurierten Rolle WORKER erhält ein Index Server die aktuelle Rolle MASTER. Die übrigen Worker erhalten die aktuelle Rolle SLAVE. Abbildung 2.7 zeigt die möglichen Rollen für die Index Server und die Name Server eines Multiple-Host-Systems.

Rollen

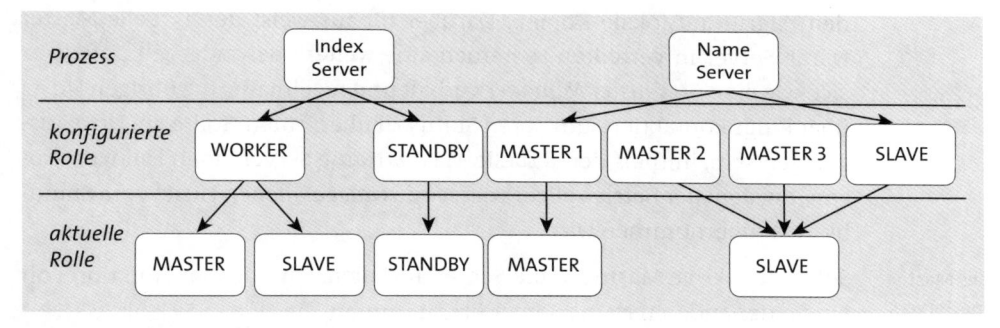

Abbildung 2.7 Rollen der Name und Index Server

Innerhalb einer Tenant-Datenbank können Sie sich mithilfe des SQL-Kommandos aus Abbildung 2.6 für jeden Host die konfigurierte (**configured**) und aktuelle (**actual**) Rolle des jeweiligen Index und Name Servers anzeigen lassen.

Index Server können entweder als WORKER oder STANDBY konfiguriert werden. Daraus leitet sich auch die aktuelle Rolle des zugehörigen Hosts ab. Worker-Hosts, also sowohl Master- als auch Slave-Hosts, verarbeiten Daten, während Stand-by-Hosts niemals eigene Data Volumes besitzen, sondern in eingeschaltetem Zustand und mit laufenden Prozessen für den Fehlerfall zur Verfügung stehen. Ein Stand-by-Host übernimmt bei Ausfall eines Worker-Hosts automatisch dessen Funktion. Dieser Vorgang wird als *Host-Auto-Failover* bezeichnet.

Rollen des Index Servers

Pro SAP-HANA-System und pro Tenant-Datenbank existiert immer genau ein Master Index Server. Dieser stellt Metadaten für die Slave Index Server zur Verfügung und kontrolliert im Normalfall den Row Store. Datenbankobjekte des Column Stores können hingegen auf die zur Verfügung stehenden Worker-Hosts, also auf den Master und auf die Slave Index Server, verteilt werden, um eine effiziente Lastverteilung zu erzielen.

Rollen des Name Servers

Den Name Server konfigurieren Sie hingegen als MASTER 1 bis 3 oder als SLAVE. Einer der konfigurierten Master Name Server übernimmt beim Systemstart die Rolle des aktuell aktiven Masters und damit den Betrieb der Systemdatenbank. Die übrigen Name Server (also MASTER 2 bis 3 sowie alle als SLAVE konfigurierten Name Server) erhalten die aktuelle Rolle SLAVE und verfügen jeweils über Replika der Systemdatenbank.

Name Server verwalten in SAP HANA die Topologie des Systems. Dazu pflegt der aktive Master Name Server Informationen zur Systemlandschaft, den darin enthaltenen Hosts und ihren Rollen. Während der Master Name Server die Topologie aktuell hält, haben die Slave Name Server nur lesenden Zugriff auf lokale Kopien. Darüber hinaus weist der aktuelle Master Name Server in verteilten Systemen eine weitere Besonderheit auf, da er sich wie eine Art *Cluster Manager* verhält und regelmäßig die übrigen Hosts über Pings kontaktiert, um deren Status zu überprüfen. Sollte ein Host ausgefallen sein, initiiert der aktuelle Master Name Server einen Failover-Prozess, bei dem der Betrieb aller Prozesse des ausgefallenen Hosts vom Standby-Host übernommen wird.

Ausfall des Master Name Servers

Sollte der aktive Master Name Server ausfallen, wird dessen Funktion von einem der anderen Name Server übernommen, die als MASTER 1 bis MASTER 3 konfiguriert wurden und derzeit mit der Rolle SLAVE laufen. Die Überprüfung der Funktion des Master Name Servers erfolgt dabei unter anderem mithilfe der Datei **nameserver.lck**, die sich in der Storage Partition des Master Nodes, also normalerweise im Verzeichnis **/hana/data/<SID>/mnt00001**, befindet. Wie Abbildung 2.8 zeigt, befindet sich darin eine Zeile, die den Hostnamen des aktuellen Master Name Servers und eine bis zu zehnstellige Nummer enthält.

```
vm06:/hana/data/HDB/mnt00001 # date +%T; more nameserver.lck
20:22:06
hdbzdb:2085635563
vm06:/hana/data/HDB/mnt00001 # date +%T; more nameserver.lck
20:22:17
hdbzdb:1181739319
```

Abbildung 2.8 Die Datei »nameserver.lck«

Der aktuelle Master Name Server generiert an dieser Stelle alle zehn Sekunden eine neue Zufallszahl, sodass davon ausgegangen werden kann, dass der aktuelle Master Name Server ausgefallen ist, wenn dieser nicht über das

Netzwerk erreichbar ist und seit der letzten Prüfung keine neue Zufallszahl generiert wurde. In diesem Fall übernimmt einer der anderen als MASTER konfigurierten Name Server dessen Funktion.

Zuordnung von Rollen

Die konfigurierten Rollen einzelner Hosts können Sie mithilfe des SAP HANA Platform Lifecycle Managements verändern, das Sie u. a. über das SAP HANA Cockpit erreichen.

Abbildung 2.9 fasst die Besonderheiten bei der Verteilung von Prozessen und bei der Zuordnung von deren Rollen beispielhaft anhand eines typischen Systems mit den beiden Tenant-Datenbanken TD1 und TD2 zusammen.

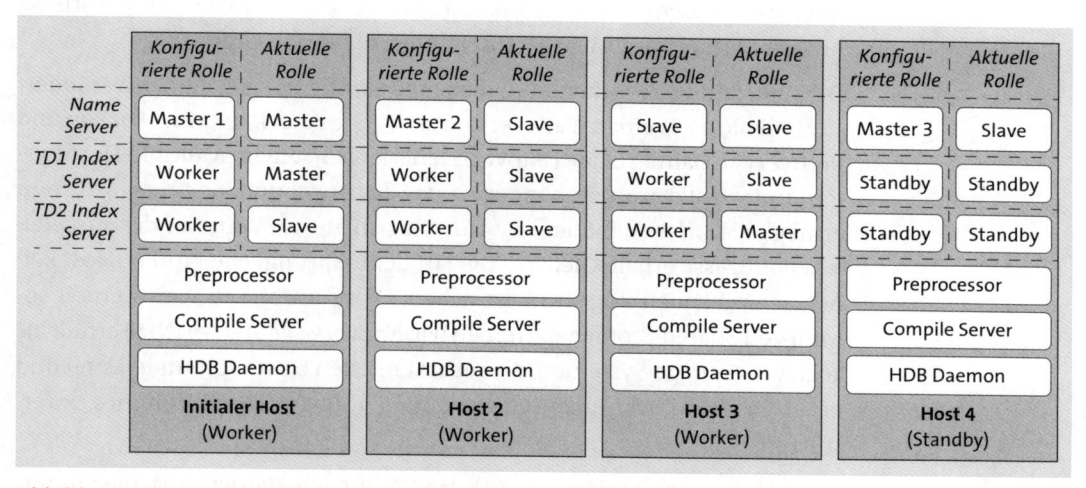

	Konfigurierte Rolle	Aktuelle Rolle	Konfigurierte Rolle	Aktuelle Rolle	Konfigurierte Rolle	Aktuelle Rolle	Konfigurierte Rolle	Aktuelle Rolle
Name Server	Master 1	Master	Master 2	Slave	Slave	Slave	Master 3	Slave
TD1 Index Server	Worker	Master	Worker	Slave	Worker	Slave	Standby	Standby
TD2 Index Server	Worker	Slave	Worker	Slave	Worker	Master	Standby	Standby
	Preprocessor		Preprocessor		Preprocessor		Preprocessor	
	Compile Server		Compile Server		Compile Server		Compile Server	
	HDB Daemon		HDB Daemon		HDB Daemon		HDB Daemon	
	Initialer Host (Worker)		**Host 2 (Worker)**		**Host 3 (Worker)**		**Host 4 (Standby)**	

Abbildung 2.9 Beispielhafter Aufbau eines Multiple-Host-Systems

Weitere Services skalieren

Neben Name Server und Index Server können Sie auch weitere SAP-HANA-Prozesse über mehrere Hosts skalieren. Der Preprocessor und der Compile Server existieren dabei stets auf jedem Host. Wenn Sie den Script Server aktivieren, gilt auch dies für jeden Host Ihres Systems. Der HDB Daemon überwacht die Prozesse einer SAP-HANA-Instanz, demnach ist auch dieser auf jedem Host vorhanden, um die Prozesse ggf. neu starten zu können.

XS-Advanced-Applikationen skalieren

Wenn Sie innerhalb Ihres Systems eine Webapplikation basierend auf SAP HANA XS Advanced betreiben, können Sie diese ebenfalls auf mehrere Hosts verteilen. Die Vorteile bestehen in der Lastverteilung und der Hochverfügbarkeit im Falle eines Serverausfalls. Standardmäßig sind in einem Multiple-Host-System, das XS Advanced nutzt, alle Worker-Hosts auch XS-Worker-Hosts. Das heißt, sie besitzen die zusätzliche Rolle `xs_worker`, die Sie auch in unserem Beispiel aus Abbildung 2.6 sehen können. Die XS-Prozesse sind dabei in das Host-Auto-Fail-Over-Konzept von SAP HANA integriert.

Wenn also ein Worker-Host ausfällt, der gleichzeitig XS-Worker ist, übernimmt der Stand-by-Host auch die ausgefallenen XS-Prozesse.

Die Verteilung der Rollen können Sie während der Installation individuell konfigurieren und dabei auch dedizierte XS-Worker-Hosts erstellen. Beachten Sie jedoch, dass ein XS-Worker-Host, der nicht gleichzeitig Worker-Host ist, auch einen dedizierten XS-Stand-by-Host benötigt, damit ein Failover möglich ist. Diesem müssen Sie die Rolle xs_standby zuweisen. Eine weitere Voraussetzung für den Failover-Prozess ist die Konfiguration eines externen Routers, z. B. des SAP Web Dispatchers, um sicherzustellen, dass eingehende Anfragen nach dem Failover den richtigen Host adressieren. Ein Beispiel dazu beschreibt der Abschnitt »Host Auto-Failover Setup with XS Advanced Runtime« im »SAP HANA Administration Guide«.

Storage-Optionen

Die Zuordnung zwischen aktuellen und konfigurierten Rollen verändert sich, sobald es zu einem Failover kommt (siehe auch Kapitel 9, »Backup und Recovery«). Damit solche Failover-Szenarien von einem Multiple-Host-System unterstützt werden können, muss das angebundene Storage-System ermöglichen, dass der Stand-by-Host Zugriff auf die Volumes der ausgefallenen Prozesse erhält. Gleichzeitig darf der ursprüngliche Worker-Host keinen schreibenden Zugriff mehr haben. Diese Anforderungen werden sowohl von Shared-Storage-Systemen wie *Network File System* (NFS) erfüllt als auch von Storage-Systemen, die separat mit den Hosts verbunden sind und nach einem Failover eine Neuzuordnung von Hosts und Volumes unterstützen.

Beide Varianten werden von SAP HANA je nach Hardwarepartner unterstützt und variieren in ihrem Aufbau. Für Storage-Systeme, die separat mit den Hosts verbunden sind, bietet SAP HANA eine *Storage Connector API*, über die das *Mounting* von Data und Log Volumes an einen Stand-by-Host ausgelöst werden kann. Der Storage Connector selbst wird dabei von den jeweiligen Hardwarepartnern bereitgestellt. Weitere Informationen zur Storage Connector API finden Sie im »SAP Fiber Channel Storage Connector Admin Guide« sowie im »Storage Whitepaper«. Beide Dokumente sind als Anhang in SAP-Hinweis 1900823 (SAP-HANA-Storage-Connector-APIs) verknüpft.

2.2.4 Verzeichnisstruktur

SAP empfiehlt eine Standardverzeichnisstruktur für jedes SAP-HANA-System, die wir Ihnen in diesem Abschnitt vorstellen möchten. Das Wissen über die Dateisysteme hilft Ihnen einerseits dabei, den Aufbau von SAP-

HANA-Systemen zu verstehen. Andererseits können Sie sich auf diese Weise gezielt auf der Betriebssystemebene der jeweiligen Hosts bewegen.

Die in diesem Buch behandelte SAP-HANA-Version (SAP HANA 2.0 SPS03) unterstützt die folgenden Betriebssysteme:

Betriebssysteme

- SUSE Linux Enterprise Server (SLES) 15 (GA) und 12 (SP1-3)
- Red Hat Enterprise Linux (RHEL) 7.3–7.5 (auf Intel-basierten Hardwareplattformen wird zusätzlich RHEL 7.2 unterstützt)

In beiden Fällen werden auf die Anforderungen des SAP-Betriebs abgestimmte Versionen angeboten, die zusätzliche Softwarekomponenten beinhalten. Wir empfehlen daher die Verwendung von *SLES for SAP Applications* bzw. *RHEL for SAP Solutions* in den oben genannten Versionsständen.

Zu jedem SAP-HANA-System existieren mindestens die folgenden Betriebssystembenutzer:

Betriebssystembenutzer

- **»Root«**
  Der root-Benutzer muss auf allen Hosts Ihres SAP-HANA-Systems denselben Namen und dasselbe Passwort besitzen. Er muss allerdings nicht zwangsläufig root heißen, andere Bezeichnungen können bei der Installation von SAP HANA definiert werden.

- **»<sid>adm«**
  Der Benutzer <sid>adm wird für administrative Aufgaben – etwa zum Starten und Stoppen des Systems – verwendet und ist Besitzer aller zum System gehörenden Dateien und Verzeichnisse. Dessen Name, ID und Gruppen-ID müssen auf allen Hosts Ihres Systems identisch sein. Je nach Datenbankisolierungsgrad ist es zusätzlich möglich, für jede Tenant-Datenbank eigene administrative Betriebssystembenutzer und -gruppen zu erstellen. In diesem Fall ist dem Benutzer <sid>adm die Administration der Systemdatenbank vorbehalten. Auf Betriebssystemebene werden die Linux-Standardmechanismen für die Benutzerverwaltung und Zugriffskontrolle angewandt, um die Datendateien der Tenants voneinander zu isolieren.

- **»sapadm«**
  Unter diesem Benutzer läuft der SAP Host Agent. Falls bei der Installation kein SAP Host Agent auf Ihrem System gefunden wird, wird er inklusive des zugehörigen Benutzers sapadm installiert. Sollten Sie den SAP Host Agent bereits installiert haben, werden dessen Benutzer und sein Passwort nicht verändert.

2 Architektur

> **[»] Betriebssystembenutzer für XS Advanced**
>
> Wenn Sie SAP HANA XS Advanced verwenden, finden Sie außerdem die Benutzer sap<sid>xsa und <sid>xsa, die für den Betrieb von XS-Applikationen verwendet werden. Weil darin kundenspezifischer Code ausgeführt wird, ist es im Interesse der Sicherheit sinnvoll, deren Prozesse nicht als <sid>adm auszuführen, sondern von den eigentlichen Datenbankprozessen zu trennen.

Standardverzeichnisse

Sofern bei der Installation von SAP HANA Standardpfade definiert wurden, werden Sie auf der Betriebssystemebene die in Abbildung 2.10 dargestellte Struktur wiederfinden. Die gestrichelten Pfeile stellen dabei symbolische Links dar.

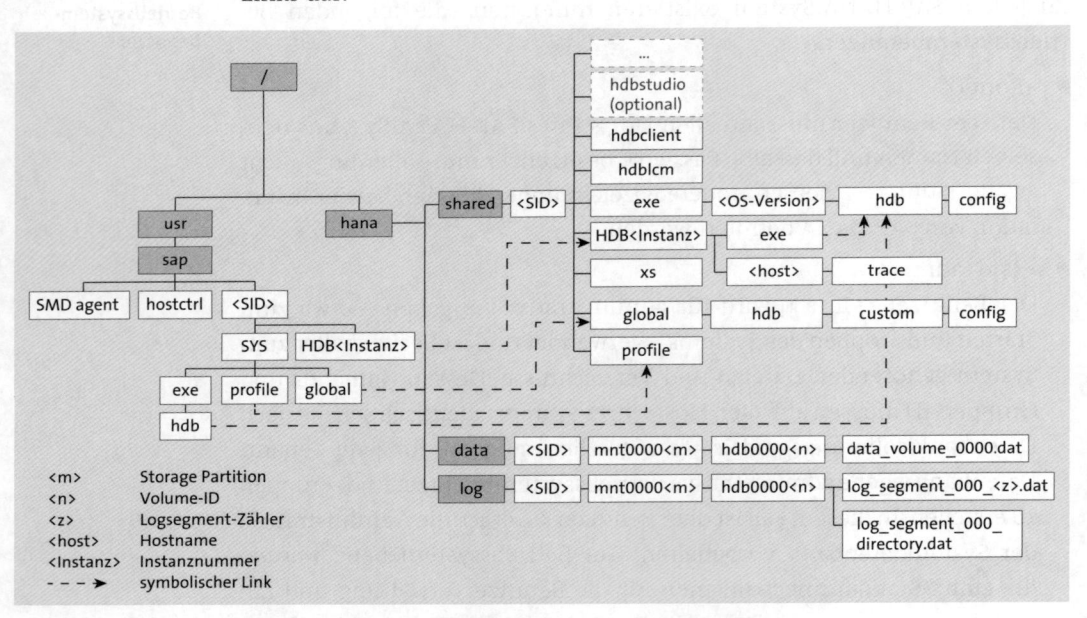

Abbildung 2.10 Standardverzeichnisstruktur für SAP HANA

Die gemeinsamen Verzeichnisse **hana/shared**, **hana/data** und **hana/log** müssen von allen Hosts erreichbar sein, während das Verzeichnis **usr/sap** ausschließlich der lokalen Instanz eines Hosts zugehörig ist. Die gemeinsamen Verzeichnisse müssen vor der Installation manuell erstellt und an jedem Host gemountet werden. Darauf gehen wir in Abschnitt 7.2, »Installation«, näher ein.

Im Folgenden zählen wir die für Sie als Datenbankadministrator wichtigsten Verzeichnisse auf und erwähnen darin enthaltene, relevante Dateien.

Wichtige Verzeichnisse und Dateien

- **»/hana/shared«**

  Das Verzeichnis **/hana/shared** wird auch **sapmnt** genannt und durch den gleichnamigen Parameter bei der Installation definiert. In diesem Verzeichnis wird das eigentliche DBMS installiert, daher muss das Verzeichnis von allen Hosts des SAP-HANA-Systems erreichbar sein. Das Verzeichnis **/hana/shared/<SID>** enthält ausführbare Kernel-Programme (**exe** und **HDB<Instanz>**), Instanzprofile (**profile**), globale Daten wie Konfigurationsdateien und (De)installationsdateien (**hdblcm**). Je nach Einsatzszenario werden darin weitere Unterverzeichnisse angelegt, die systemweit verfügbar sein müssen. Außerdem sind die folgenden Unterverzeichnisse relevant:

  - **<SID>/hdbclient**: Installationspfad des SAP HANA Clients
  - **<SID>/hdbstudio**: Installationspfad des SAP HANA Studios
  - **<SID>/hdbstudio_update**: Installationspfad des SAP HANA Studio Repositorys. Dieses wird bei einem Update der lokalen SAP-HANA-Studio-Installation verwendet.
  - **<SID>/xs**: Installationspfad von SAP HANA XS Advanced. Darin existieren u. a. Unterverzeichnisse für den XS UAA Server und den XS Platform Router. Außerdem wird ein Unterverzeichnis **app_working** angelegt, das als Arbeitsverzeichnis für XS-Applikationen dient. Letzteres können Sie, etwa aus Gründen der Performance, über den Parameter `basepath_xsa_appworkspace` in der Datei **global.ini** ändern. Anschließend ist ein Neustart der XS-Advanced-Services über den Befehl `XSA restart` erforderlich.
  - **<SID>/global/hdb/custom/config**: In diesem Verzeichnis befindet sich der Teil Ihrer Konfigurationsdateien, der systemweit gültig ist. Zu jeder Tenant-Datenbank finden Sie darin Unterverzeichnisse für deren spezifische Konfigurationen, die nach dem Schema **DB_<Tenant-Datenbank>** benannt sind.
  - **<SID>/HDB<Instanz>/<host>**: Darin befinden sich die jeweils hostspezifischen Konfigurationsdateien.
  - **<SID>/HDB<Instanz>/exe/config**: Dieses Verzeichnis enthält Standardwerte für alle Konfigurationsparameter. Nehmen Sie in diesem Verzeichnis keine Änderungen vor, sondern folgen Sie der in Abschnitt 2.4.2, »Konfiguration«, beschriebenen Vorgehensweise.

– **<SID>/HDB<Instanz>/<host>/trace**: In diesem Trace-Verzeichnis protokollieren die Datenbankprozesse ihre Aktivitäten. Auch darin finden Sie Unterverzeichnisse je Tenant mit den tenant-spezifischen Prozess-Traces.

- **»/usr/sap«**
  Als SAP-Basis-Administrator sind Sie mit diesem Verzeichnis vertraut. Es umfasst Dateien zu jeder lokalen SAP-Instanz, was natürlich auch für SAP-HANA-Instanzen gilt. Es enthält den Installationspfad des SAP Host Agents (**hostctrl**) und ggf. des Diagnostics Agents des SAP Solution Managers (SMD). Wie Sie in Abbildung 2.10 sehen können, verweisen viele Instanzverzeichnisse unter dem Pfad **/usr/sap/<SID>** mithilfe symbolischer Links auf systemweite Inhalte in dem Verzeichnis **/hana/shared/<SID>**.

- **»/hana/data«**
  In diesem Verzeichnis befinden sich die Data Volumes aller persistierenden Prozesse Ihres SAP-HANA-Systems (siehe Abschnitt 2.3.2, »Prozesse und Volumes«). Die Volumes (**hdb0000<n>.<DBID>**) werden darin nach Host bzw. Storage Partition (**mnt0000<m>**) gruppiert, wobei DBID hier für eine ID der Tenant-Datenbank steht.

- **»/hana/log«**
  Jeder persistierende Prozess hält Datenänderungen in *Log-Segmenten* fest. Diese befinden sich im Log Volume unter **/hana/log/<SID>/mnt0000<m>/hdb0000<n>.<DBID>**. Je nach Log-Modus werden die Segmente regelmäßig überschrieben. Jedes neue Log-Segment ist mit einem eindeutigen achtstelligen Zähler **<z>** nummeriert.

Separate Dateisysteme
Die Verzeichnisse **/hana/data** und **/hana/log** müssen von separaten Dateisystemen bereitgestellt werden, die für jeden Host verfügbar sind. Dazu werden die Dateisysteme entweder innerhalb der Systemlandschaft geteilt (etwa mittels NFS) oder über Storage-Konnektoren den jeweils zugreifenden Hosts zugeordnet.

Backup-Verzeichnis
Backups können ebenfalls ausschließlich in Verzeichnissen erstellt werden, auf die jeder Host des Systems Zugriff hat, da deren jeweilige Prozesse während der Sicherung parallel in das Backup-Verzeichnis schreiben. Standardmäßig handelt es sich dabei um das Verzeichnis **/hana/shared**, Sie sollten dies aber individuell konfigurieren und Ihren Speicherort für dateibasierte Backups vor dem Hintergrund der Betriebskontinuität planen sowie das Sizing Ihrer Datenbankgröße angemessen vornehmen. Nähere Informationen zu den Arten von Backups in SAP HANA finden Sie in Kapitel 9, »Backup und Recovery«.

2.3 Persistenz und Speicherverwaltung

In den folgenden Abschnitten befassen wir uns mit grundlegenden Mechanismen, die in SAP HANA eine persistente, konsistente und dauerhafte Datenhaltung ermöglichen. Sie lernen dazu die Speicherorte kennen, in denen sowohl Daten als auch Datenänderungen abgelegt werden. Außerdem gehen wir auf die Besonderheiten des spalten- und zeilenorientierten Speichers ein.

2.3.1 Datenhaltung in SAP HANA

Während die Zugriffszeiten klassischer Festplatten häufig im Bereich weniger Millisekunden liegen, kann auf Arbeitsspeicher innerhalb von Nanosekunden zugegriffen werden. Daher hält SAP HANA häufig verwendete Daten dauerhaft im Arbeitsspeicher. Dabei handelt es sich allerdings in der Regel um ein flüchtiges Speichermedium, sodass darauf gespeicherte Daten bei einem Neustart oder im Falle eines Stromausfalls verloren gehen. Damit SAP HANA trotzdem in der Lage ist, den Zustand vor dem Ausfall wiederherzustellen, müssen die Daten während des Betriebs zusätzlich auf einem nicht-flüchtigen Medium gespeichert, also persistiert werden. Diese Operation legt einen sogenannten *Savepoint* an und wird von SAP-HANA-Prozessen standardmäßig alle fünf Minuten durchgeführt. Dabei legt der jeweilige Prozess ein konsistentes Abbild der Datenbank auf einem sogenannten Data Volume ab.

Dauerhaftigkeit

Datenänderungen, die nach einem Savepoint eintreffen, fließen erst in den nächsten Savepoint ein. Sie müssen also in der Zwischenzeit ebenfalls persistiert werden. Aus diesem Grund werden zu jeder Transaktion, die Daten verändert oder löscht, Log-Informationen erfasst und synchron in ein Log Volume geschrieben, das sich ebenfalls auf einem nicht-flüchtigen Speichermedium befindet. Mithilfe eines Savepoints und der seitdem gespeicherten Log-Informationen lässt sich ein konsistenter Stand der Datenbank wiederherstellen, ohne auf die Informationen im flüchtigen Arbeitsspeicher angewiesen zu sein.

Savepoints

Die Erfahrung lehrt uns jedoch, dass auch nicht-flüchtige Speicher nicht frei von Ausfällen oder Fehlern sind. Daher stellt SAP HANA, wie jede andere geschäftskritische Datenbank, Backup-Mechanismen bereit, um die persistierten Daten in den Log und Data Volumes auf zusätzlichen Speichermedien zu sichern. Die Wiederherstellung einer Datenbank aus einem bestehenden Backup erfordert allerdings eine Downtime. Um auch dies zu verhindern, werden im Rahmen unterschiedlicher Hochverfügbarkeitssze-

Backup-Mechanismen

narien Failover-Prozesse unterstützt, die eine Systemreplikation erfordern können. Auf Backups und Replikationen sowie die Systemwiederherstellung gehen wir in Kapitel 9, »Backup und Recovery«, ein.

> **Persistenter Speicher**
>
> Mit SAP HANA 2.0 SPS03 wurde die Unterstützung von nicht-flüchtigem Arbeitsspeicher eingeführt. Dieser wird auch als *Non-Volatile Random-Access Memory* (*NVRAM* oder als *Storage Class Memory*) bezeichnet. Dieses Speichermedium ist jedoch noch wenig verbreitet und erfordert, dass das Dateisystem direkt auf die Daten im NVRAM zugreift (*Direct Access*, kurz *DAX*), ohne Kopien im Page Cache des Kernels vorzuhalten. Diese Funktion wird aktuell von SLES 12 SP3 sowie RHEL 7.4 angeboten. Nähere Informationen erhalten Sie in SAP-Hinweis 2618154 oder von Ihrem Hardwarepartner. Besonderheiten der Systemkonfiguration, die sich aus dem Einsatz von persistentem Speicher ableiten, finden Sie im »SAP HANA Administration Guide« im Abschnitt »Persistent Memory«: *http://s-prs.de/v685001*.

Datenspeicher Tabellen im Arbeitsspeicher werden außerdem in zwei Bereiche unterteilt: den zeilenorientierten Row Store und den spaltenorientierten Column Store. Während Datenbankobjekte generell zur Sicherstellung der Ausfallsicherheit sowohl im Arbeitsspeicher als auch auf Data Volumes gespeichert sind, werden Tabellen immer entweder im Row Store oder im Column Store vorgehalten. Abbildung 2.11 zeigt eine Übersicht der Datenspeicher in SAP HANA, denen wir uns im Folgenden detailliert widmen werden.

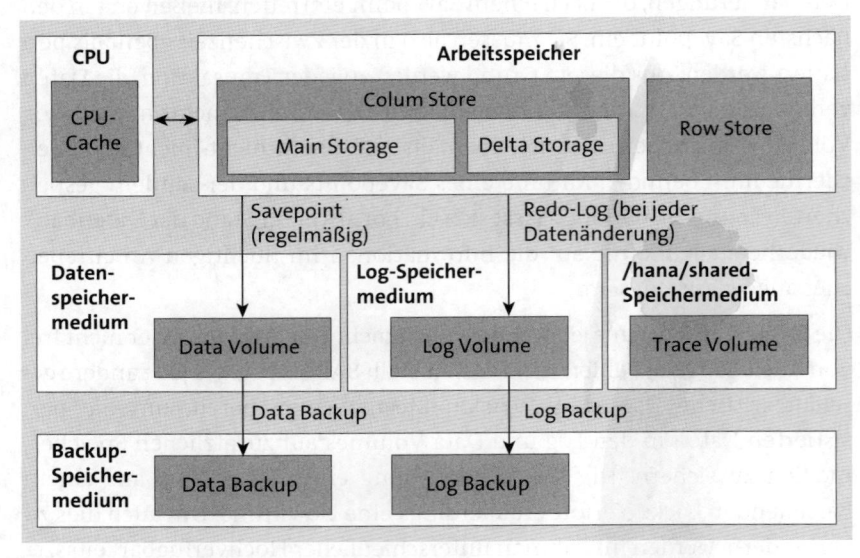

Abbildung 2.11 Datenspeicher in SAP HANA

Um das beschriebene Prinzip aus regelmäßigen Savepoints und fortschreibenden Log-Informationen sicherstellen zu können, pflegt jeder Prozess, der Datenbankobjekte in SAP HANA modifiziert, auf seinem jeweiligen Host ein eigenes Data Volume sowie ein eigenes Log Volume. Dieser Ansatz wird als *Shared-Nothing-Architektur* bezeichnet, da kein zentrales Volume existiert, das von allen Prozessen geteilt wird. Auf die persistierenden Prozesse und ihre Volumes gehen wir im folgenden Abschnitt ein.

2.3.2 Prozesse und Volumes

Prozesse, die Daten in SAP HANA manipulieren können, werden als *persistierende Prozesse* bezeichnet. Sie schreiben also in eigene Data und Log Volumes. Tabelle 2.2 listet diese Prozesse und jeweils ergänzende Anmerkungen auf.

Persistierende Prozesse

Prozess	Anmerkung
Index Server	auf allen aktiven Hosts persistierend
Name Server	nur auf Master Host persistierend
SAP HANA XS	persistierend auf jedem Host, auf dem dieser Prozess läuft
Script Server	persistierend auf jedem Host, auf dem dieser Prozess läuft

Tabelle 2.2 Persistierende Prozesse in SAP HANA

Die in Tabelle 2.2 genannten Prozesse persistieren Daten, indem sie Savepoints in Data Volumes und Log-Informationen in Log Volumes schreiben. In Tabelle 2.3 finden Sie die standardmäßigen Verzeichnisse zu diesen Volumes sowie die Konfigurationsparameter, mit denen diese Pfade verändert werden können. Der Vollständigkeit halber listen wir hier außerdem das Trace Volume auf, da auch dieses von jedem Prozess eigenständig beschrieben wird. Der Platzhalter `<nn>` steht dabei für die Instanznummer.

Volumes

Volume	Standardpfad	Konfigurationsparameter
Data	/hana/data/<SID>	global.ini • persistence • basepath_datavolumes
Log	/hana/log/<SID>	global.ini • persistence • basepath_logvolumes

Tabelle 2.3 Volumes in SAP HANA

Volume	Standardpfad	Konfigurationsparameter
Trace	/usr/sap/<SID>/HDB<nn>/<hostname>/trace	Pfad nicht konfigurierbar

Tabelle 2.3 Volumes in SAP HANA (Forts.)

Trace-Dateien enthalten Diagnoseinformationen zu den Operationen, die von den jeweiligen Prozessen durchgeführt wurden. Im Folgenden beschränken wir uns auf die Persistenzebene, also auf Volumes für Daten- und Log-Dateien.

> [!]
> **Standardverzeichnisse für Data und Log Volumes**
>
> Der Standardpfad für das Data und Log Volume lautet **/usr/sap/<SID>/SYS/global/hdb/data** bzw. **/usr/sap/<SID>/SYS/global/hdb/log**, jedoch werden diese Werte während der Installation mit den systemweiten Werten **/hana/data/<SID>** und **/hana/log/<SID>** überschrieben. Obwohl in einigen SAP-Dokumentationen wie dem »SAP HANA Administration Guide« teilweise auf die zuerst genannten Standardverzeichnisse verwiesen wird, werden diese in der Regel nicht verwendet.

Storage Partition Jeder Host des SAP-HANA-Systems erhält eine eigene Storage Partition. Innerhalb der in Tabelle 2.3 genannten Data- und Log-Verzeichnisse existiert ein Unterverzeichnis für jede Storage Partition, das nach dem Schema **mnt<Storage_Partition>** benannt ist. Darin besitzt jeder persistierende Prozess ein eigenes Verzeichnis **hdb<Volume_ID>.<DBID>**, das das eigentliche Volume repräsentiert. Die DBID identifiziert dabei jeweils die Tenant-Datenbank, zu der der persistierende Prozess gehört. Das Volume des Name Servers besitzt kein entsprechendes Suffix, da dieses nur einmalig für die Systemdatenbank existiert. Abbildung 2.12 zeigt beispielhaft anhand eines Single-Host-Systems, wie eine solche Struktur von Volumes für die einzelnen Prozesse aussehen kann.

Mit Ausnahme des Name Servers kann die Zuordnung der Volume-IDs und Prozesse je nach System variieren.

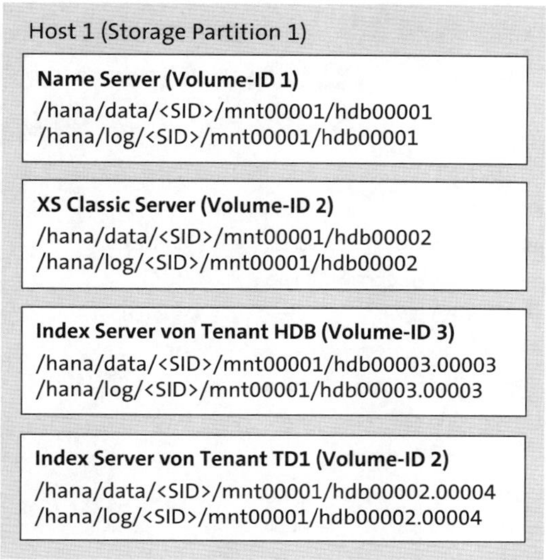

```
Host 1 (Storage Partition 1)

  Name Server (Volume-ID 1)
  /hana/data/<SID>/mnt00001/hdb00001
  /hana/log/<SID>/mnt00001/hdb00001

  XS Classic Server (Volume-ID 2)
  /hana/data/<SID>/mnt00001/hdb00002
  /hana/log/<SID>/mnt00001/hdb00002

  Index Server von Tenant HDB (Volume-ID 3)
  /hana/data/<SID>/mnt00001/hdb00003.00003
  /hana/log/<SID>/mnt00001/hdb00003.00003

  Index Server von Tenant TD1 (Volume-ID 2)
  /hana/data/<SID>/mnt00001/hdb00002.00004
  /hana/log/<SID>/mnt00001/hdb00002.00004
```

Abbildung 2.12 Beispielstruktur von Volumes einer Storage Partition

Die Volume-IDs Ihrer persistierenden Prozesse können Sie entweder der App **Disk Volume Monitor** im SAP HANA Cockpit (siehe Abbildung 2.13) oder einer Abfrage des Views M_VOLUMES entnehmen:

Volume-ID

```
SELECT HOST, SERVICE_NAME, VOLUME_ID FROM M_VOLUMES;
```

Über diese Abfrage erhalten Sie direkt die Volume-ID pro Prozess und Host. Beachten Sie, dass sich die Abfrage standardmäßig nur auf die Volumes des jeweils abgefragten Datenbankkatalogs erstreckt. Für alle Volumes des gesamten Systems fragen Sie diesen View im Schema SYS_DATABASES der Systemdatenbank ab.

> **Storage Partition, Storage-ID, Storage Device**
>
> Die Begriffe *Storage Partition*, *Storage-ID* und *Storage-Device-ID* bieten Verwechslungspotenzial. Pro Host existiert immer nur eine Storage Partition. Darin erhält jeder Volume-Typ, also Data, Log und Trace, eine Storage-ID, die in den System-Views auch *Disk_ID* genannt wird. Ein Volume-Typ kann auf unterschiedlichen physischen Volumes abgelegt sein. Diese werden durch die Storage-Device-ID identifiziert.

[«]

2 Architektur

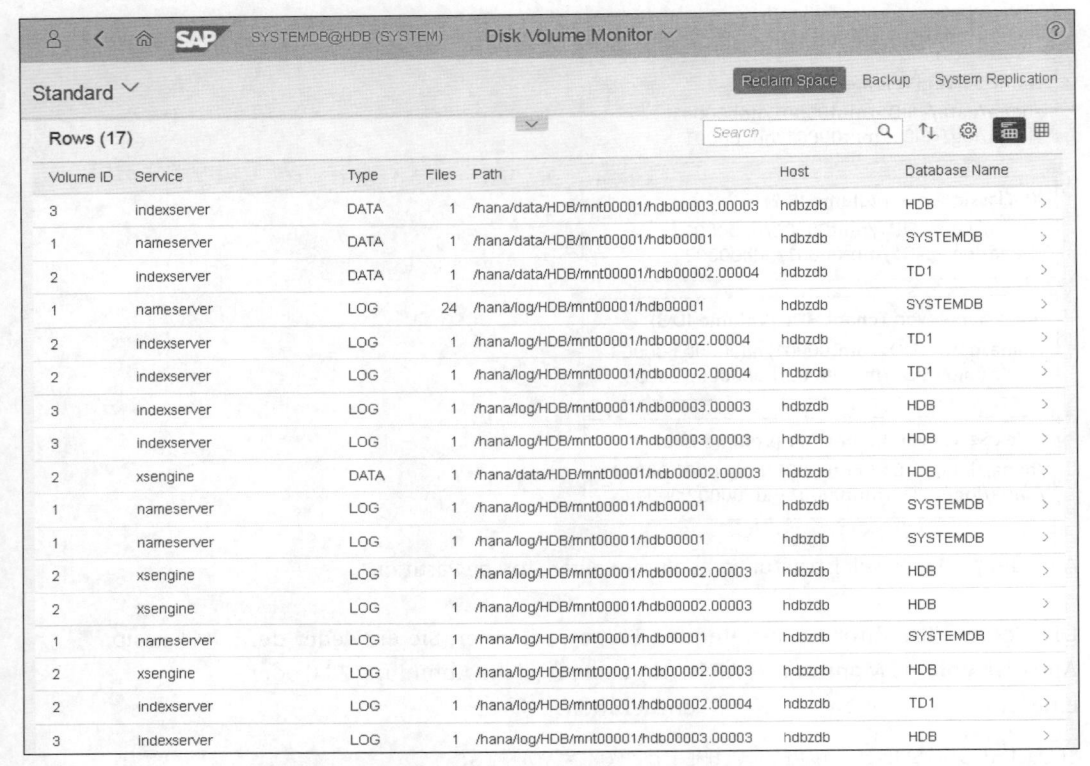

Volume ID	Service	Type	Files	Path	Host	Database Name
3	indexserver	DATA	1	/hana/data/HDB/mnt00001/hdb00003.00003	hdbzdb	HDB
1	nameserver	DATA	1	/hana/data/HDB/mnt00001/hdb00001	hdbzdb	SYSTEMDB
2	indexserver	DATA	1	/hana/data/HDB/mnt00001/hdb00002.00004	hdbzdb	TD1
1	nameserver	LOG	24	/hana/log/HDB/mnt00001/hdb00001	hdbzdb	SYSTEMDB
2	indexserver	LOG	1	/hana/log/HDB/mnt00001/hdb00002.00004	hdbzdb	TD1
2	indexserver	LOG	1	/hana/log/HDB/mnt00001/hdb00002.00004	hdbzdb	TD1
3	indexserver	LOG	1	/hana/log/HDB/mnt00001/hdb00003.00003	hdbzdb	HDB
3	indexserver	LOG	1	/hana/log/HDB/mnt00001/hdb00003.00003	hdbzdb	HDB
2	xsengine	DATA	1	/hana/data/HDB/mnt00001/hdb00002.00003	hdbzdb	HDB
1	nameserver	LOG	1	/hana/log/HDB/mnt00001/hdb00001	hdbzdb	SYSTEMDB
1	nameserver	LOG	1	/hana/log/HDB/mnt00001/hdb00001	hdbzdb	SYSTEMDB
2	xsengine	LOG	1	/hana/log/HDB/mnt00001/hdb00002.00003	hdbzdb	HDB
2	xsengine	LOG	1	/hana/log/HDB/mnt00001/hdb00002.00003	hdbzdb	HDB
1	nameserver	LOG	1	/hana/log/HDB/mnt00001/hdb00001	hdbzdb	SYSTEMDB
2	xsengine	LOG	1	/hana/log/HDB/mnt00001/hdb00002.00003	hdbzdb	HDB
2	indexserver	LOG	1	/hana/log/HDB/mnt00001/hdb00002.00004	hdbzdb	TD1
3	indexserver	LOG	1	/hana/log/HDB/mnt00001/hdb00003.00003	hdbzdb	HDB

Abbildung 2.13 Volumes und deren Prozesse im SAP HANA Cockpit

Data Volume
Wie bereits erwähnt, hat der persistierende Name Server als einziger Prozess in jedem System dieselbe Volume-ID, diese lautet immer 1. Dessen Data Volume befindet sich daher immer im Verzeichnis **/hana/data/<SID>/mnt00001/hdb00001**. In diesem Verzeichnis existiert außerdem eine Datei mit dem Namen **landscape.id**, die eine das Datenbanksystem eindeutig identifizierende ID enthält. In allen anderen Data Volumes befinden sich nach der Systeminstallation lediglich eine Datendatei mit der Bezeichnung **datavolume_0000.dat** und eine leere Datei, die den Hinweis **__DO_NOT_TOUCH_FILES_IN_THIS_DIRECTORY__** in ihrem Namen trägt, den wir hiermit bekräftigen möchten. Änderungen an Data oder Log Volumes werden stattdessen ausschließlich über SQL-Befehle vorgenommen, die wir Ihnen am Ende dieses Abschnitts vorstellen.

Data Volumes partitionieren
Seit SAP HANA 2.0 SPS03 haben Sie die Möglichkeit, Data Volumes zu partitionieren, um Schreib- und Lesevorgänge zu parallelisieren. Sofern nicht das Netzwerk den Flaschenhals Ihres Systems darstellt, lässt sich dadurch der Durchsatz erhöhen. Diese Option steht für alle Index Server Ihrer Tenant-Datenbanken sowie für den Name Server der Systemdatenbank zur

Verfügung. Führen Sie innerhalb der jeweiligen Tenant-Datenbank den folgenden Befehl aus, um allen Index Servern dieser Tenant-Datenbank eine weitere Partition hinzuzufügen:

```
ALTER SYSTEM ALTER DATAVOLUME ADD PARTITION;
```

Der neuen Partition wird automatisch eine neue ID zugewiesen. Wenn Sie den Befehl erstmalig ausführen, wird eine zusätzliche Datei **datavolume_0001.dat** in den Data-Volume-Verzeichnissen der Index Server erstellt. Diese bleibt zunächst leer und wird erst zur Ausführung des nächsten Save Points verwendet. Möchten Sie die zuvor erstellte Partition wieder löschen, verwenden Sie den folgenden Befehl, der in unserem Fall auf die Partitions-ID 1 verweist:

```
ALTER SYSTEM ALTER DATAVOLUME DROP PARTITION 1;
```

Daraufhin werden die Daten aus der Datei **datavolume_0001.dat** in die verbleibende Datei verschoben, sodass die Partition und damit auch die zugehörige Datendatei gelöscht werden kann. Die Dauer des Vorgangs ist abhängig von der Größe der zu löschenden Partition. Die initiale Partition mit der ID 0 ist nicht löschbar.

Im Hauptverzeichnis der Storage Partition für die Data Volumes des Master Nodes finden Sie neben den Volume-Verzeichnissen **hdb<Volume ID>** außerdem eine Datei **nameserver.lck**, deren Funktion wir in Abschnitt 2.2.3, »Multiple-Host-Systeme«, bereits beschrieben haben.

> **[«] Data Volumes in Ext3-Dateisystemen**
>
> Sollte Ihr Data Volume das Ext3-Dateisystem verwenden, finden Sie unter Umständen mehrere Datendateien im Verzeichnis eines Data Volumes, da SAP HANA aufgrund der maximalen Dateigröße von 2 TB ggf. weitere Datendateien erzeugt. Für das empfohlene Dateisystem XFS gilt diese Besonderheit nicht.

Um anzuzeigen, welcher Prozess in welche Datei schreibt, können Sie die Abfrage in Listing 2.1 verwenden.

Datendateien ermitteln

```
SELECT M_VOLUME_FILES.HOST, SERVICE_NAME,
   M_VOLUME_FILES.PORT, FILE_TYPE, FILE_NAME,
   ROUND(USED_SIZE/1024/1024/1024,2) USED_SIZE_GB,
   ROUND(TOTAL_SIZE/1024/1024/1024,2) ALLOCATED_SIZE_GB,
   ROUND((USED_SIZE*100/TOTAL_SIZE),2) FILL_LEVEL_PERCENTAGE
FROM M_VOLUME_FILES, M_VOLUMES
```

```
                WHERE M_VOLUME_FILES.PORT = M_VOLUMES.PORT
                ORDER BY FILE_TYPE ASC;
```

Listing 2.1 Informationen zu Prozessen und ihren Datendateien abfragen

Volume-Füllstand
Wenn Sie ein Multiple-Host-System administrieren, hilft Ihnen die SQL-Abfrage in Listing 2.2 dabei, die Daten-, Log- und Trace-Hauptverzeichnisse für jeden Host, d. h. für jede Storage Partition, anzuzeigen. Außerdem gibt Ihnen die Abfrage Auskunft über die Rolle des Hosts (MASTER, SLAVE oder STANDBY) und den Füllstand der jeweiligen Storage Partition.

```
SELECT INDEXSERVER_ACTUAL_ROLE, M_DISKS.HOST, USAGE_TYPE,
    PATH, SUBPATH,
    ROUND(TOTAL_SIZE/1024/1024/1024,2) AS TOTAL_SIZE_GB,
    ROUND(USED_SIZE/1024/1024/1024,2) AS USED_SIZE_GB,
    ROUND((TOTAL_SIZE-USED_SIZE)/1024/1024/1024,2) AS
    FREE_SPACE_GB, DEVICE_ID
FROM M_DISKS, M_LANDSCAPE_HOST_CONFIGURATION
WHERE M_DISKS.HOST = M_LANDSCAPE_HOST_CONFIGURATION.HOST;
```

Listing 2.2 Übersicht der Hosts und Volumes Ihrer Systemlandschaft abfragen

Pages
Die Datendateien der Volumes sind in *Pages* (Seiten) organisiert, deren Größe zwischen 4 KB und 16 MB variieren kann. Daher werden Daten auch seitenweise aus den Datendateien geladen oder in sie geschrieben. Mit der Zeit werden also immer wieder bestehende Pages überschrieben oder gelöscht sowie weitere Pages erstellt. Während die Datendatei, falls nötig, automatisch vergrößert wird, um weitere Pages erstellen zu können, wird beim Löschen von Pages kein Speicherplatz freigegeben. Normalerweise ist dieses Verhalten auch ausdrücklich erwünscht, da davon ausgegangen werden kann, dass neue Pages die freigegebenen Bereiche wieder nutzen werden.

Datendateien verkleinern
Sollten Sie jedoch, z. B. unter Verwendung des Joins in Listing 2.2, feststellen, dass der verbleibende Speicherplatz für Ihre Data Volumes eine kritische Grenze unterschreitet, können Sie einzelne Datendateien verkleinern. Dies kann erforderlich sein, wenn mehrere SAP-HANA-Instanzen denselben physischen Speicher für ihre Data Volumes teilen und Sie z. B. Platz für das zu priorisierende System schaffen müssen. Dazu nutzen Sie den Befehl ALTER SYSTEM RECLAIM DATAVOLUME, wobei Sie eine Zielgröße abhängig vom aktuellen Füllstand sowie optional einen Prozess übergeben können, auf dessen Data Volume Sie die Operation einschränken. Den Prozess definieren Sie über die Kombination aus Host und Port. Beide Informationen können Sie dem Ergebnis der Abfrage aus Listing 2.1 entnehmen. Die

Zielgröße der Datendatei wird in Prozent, gemessen an der aktuell genutzten Datengröße innerhalb dieser Datei, angegeben. Wollen Sie also etwa 20 % der aktuell genutzten Größe als freien Platz innerhalb der Datendatei des Index Servers behalten, verwenden Sie den folgenden Befehl:

```
ALTER SYSTEM RECLAIM DATAVOLUME 'hdbzdb:31003' 120 DEFRAGMENT
```

Da gleichzeitig eine Defragmentierung der Datendatei vorgenommen wird, handelt es sich um eine I/O-intensive Operation, die, sollten Sie auf die Angabe 'host:port' verzichten, für sämtliche Datendateien aller persistierenden Prozesse auf allen Hosts Ihres Systems durchgeführt wird. Es kann also sinnvoll sein, diese Operation nur zu Zeiten einer geringen Systemlast und nur für ausgewählte Datendateien durchzuführen. Die Prozedur in Listing 2.3 zeigt beispielhaft, wie Sie SQLScript verwenden können, um die Operation zu automatisieren und auf Datendateien eines bestimmten Hosts einzuschränken, die einen definierten Füllstand unterschreiten.

Defragmentierung

```
CREATE PROCEDURE "SHRINK_DATAFILES"(
in hostname varchar(100), in min_fill_level double,
in perc int) LANGUAGE SQLSCRIPT
AS
   host_port varchar(106);
   command varchar(200);
   m int;
   n int;
BEGIN
   SELECT COUNT(*) INTO m FROM M_VOLUME_FILES
   WHERE HOST = hostname AND FILE_TYPE = 'DATA' AND
   (USED_SIZE*100/TOTAL_SIZE) <= min_fill_level;
   FOR n IN 1 .. m DO
      SELECT HOST_PORT INTO host_port FROM
         (SELECT ROW_NUMBER() OVER(ORDER BY HOST asc) AS ID,
         CONCAT(CONCAT(HOST,':'),PORT) AS HOST_PORT
         FROM M_VOLUME_FILES
         WHERE HOST = hostname
            AND FILE_TYPE = 'DATA'
            AND (USED_SIZE*100/TOTAL_SIZE) <= min_fill_level)
      WHERE ID = n;
      EXEC 'ALTER SYSTEM RECLAIM DATAVOLUME ''' || host_port
      || ''' ' || perc || ' DEFRAGMENT;';
   END FOR;
END;
```

Listing 2.3 Beispielprozedur zur Automatisierung von Defragmentierungen der Datendateien

Nachdem Sie diese Prozedur angelegt haben, übergeben Sie ihr beim Aufruf den Hostnamen, auf den Sie den Befehl ALTER SYSTEM RECLAIM DATAVOLUME einschränken möchten. Außerdem erwartet die Prozedur einen maximalen aktuellen Füllstand in Prozent. Die Operation wird nur für Datendateien durchgeführt, die diesen Füllstand unterschreiten. Der zuvor genannte Zielfüllstand bildet schließlich den dritten Eingabeparameter. In folgendem Beispiel verkleinern und defragmentieren wir alle Datendateien des Hosts hdbzdb, deren Größe zu weniger als 60 % genutzt wird, und entscheiden uns für den bewährten Puffer von 20 % freiem Speicherplatz innerhalb der Zieldatei:

```
CALL SHRINK_DATAFILES ('hdbzdb', 60, 120);
```

Log-Segmente

Während die Data Volumes immer aus je einer Datendatei bestehen, sind Log Volumes in einer oder mehreren Dateien, sogenannten *Log-Segmenten*, organisiert. Diese Log-Segmente befinden sich in jedem Log Volume und sind nach dem Schema **logsegment_000_<Segmentnummer>.dat** benannt, wobei die Segmentnummer mit 00000001 beginnt und fortlaufend ist. Die Zahlenfolge 000 ist für die Partition-ID vorgesehen, momentan unterstützt SAP HANA aber nur eine Log Partition, sodass wir diesen Wert im Benennungsschema vorbelegen können. Außerdem befindet sich im Log Volume eine Datei **logsegment_000_directory.dat** und, sofern es sich um das Log Volume des Name Servers handelt, die Datei **landscape.id**, die wir auch in dessen Data Volumes vorfinden.

Log Volume verkleinern

Log-Segmente werden zyklisch überschrieben. Je nach Log-Modus (siehe Abschnitt 2.3.4, »In Log-Dateien schreiben«) kann ein Log-Segment überschrieben werden, wenn davon ein Backup erstellt worden ist und das Segment nicht mehr für die Wiederherstellung benötigt wird, etwa weil ein neuer Savepoint die darin enthaltenen Änderungen nun ebenfalls beinhaltet. Ähnlich wie bei den Datendateien können Sie auch im Log Volume Speicherplatz freigeben, indem Sie alle Log-Segmente, die zum Überschreiben freigegeben sind, löschen. Dies kann sinnvoll sein, wenn sich die Datenänderungsrate Ihres Systems, etwa durch Importvorgänge, temporär stark erhöht hat, in der Zukunft aber vorrangig Lesevorgänge zu erwarten sind. Ein weiterer Anlass kann ein Fehler beim Sichern der Log-Segmente sein, der zur Folge hat, dass die ungesicherten Log-Segmente nicht überschrieben werden, sondern stattdessen immer wieder neue Segmente erstellt werden, um aktuelle Datenänderungen persistieren zu können. In diesem Fall sollten Sie allerdings vor dem Freigeben der Log-Segmente das Problem beseitigt und die anstehenden Log-Backups durchgeführt haben. Der Befehl, um die Anzahl der Log-Segmente wieder auf ein Minimum herabzusetzen, lautet ALTER SYSTEM RECLAIM LOG.

Im Gegensatz zum Log und Trace Volume können Sie Data Volumes verschlüsseln, um die darin enthaltenen Daten vor unberechtigtem Zugriff auf Betriebssystemebene zu schützen. Nähere Informationen dazu finden Sie in Abschnitt 12.3.3, »Verschlüsselung von Data Volume, Redo Log und Backup«.

2.3.3 In Datendateien schreiben

Als In-Memory-Datenbank löst SAP HANA nicht bei jeder Datenmanipulation einen Schreibvorgang auf dem Data Volume aus. Änderungen werden stattdessen in Log-Segmenten festgehalten und können bei einem Neustart auf eine bestehende Datenbasis appliziert werden. Diese Datenbasis heißt *Savepoint*, wobei der Begriff häufig sowohl den jeweiligen Datenbestand, den Zeitpunkt der Erstellung als auch den Erstellvorgang selbst meint. Während einer Savepoint-Operation werden alle Daten, die sich seit dem letzten Savepoint verändert haben, persistiert, d. h., die Datendatei des Prozesses, der den Savepoint ausgelöst hat, wird mit den veränderten Pages aus dem Arbeitsspeicher aktualisiert. Auf diese Weise repräsentieren die Daten, die zu einem Savepoint gehören, einen konsistenten Stand. Grundsätzlich unterscheiden wir zwischen Schreibvorgängen, die während eines Savepoints entstehen, und solchen, die zwischen zwei Savepoints durchgeführt werden. Auf beide Szenarien gehen wir in diesem Abschnitt ein.

Savepoints

Savepoint-Operation

Jeder persistierende Prozess erstellt eigene Savepoints innerhalb seines Data Volumes. Standardmäßig geschieht dies alle 300 Sekunden (fünf Minuten), diese Einstellung können Sie über den Konfigurationsparameter `savepoint_interval_s` in der Sektion `[persistence]` der Datei **global.ini** verändern.

Zu Beginn einer Savepoint-Operation werden alle Pages, deren Inhalt sich seit dem letzten Savepoint verändert hat, in das Data Volume geschrieben. Die Information darüber, welche Pages sich geändert haben, stammt aus der *Converter-Tabelle*, die für jeden Savepoint eine Zuordnung von logischen zu physischen Pages enthält. Wird der Inhalt einer Page verändert, etwa durch einen UPDATE-Befehl, ist diese Zuordnung nicht mehr gültig, und der Eintrag für die physische Page wird aus der Converter-Tabelle, die dem nächsten Savepoint zugeordnet ist, gelöscht. Im Rahmen der Savepoint-Operation werden dann für solche veränderten logischen Pages neue physische Pages im Data Volume erzeugt, um in diesen Pages die Datenänderungen abzuspeichern. Das heißt, physische Pages werden nicht einfach

Ablauf

mit neuen Informationen aktualisiert, sondern bleiben als *Shadow Page* bestehen. Auf dieses Konzept gehen wir am Ende dieses Abschnitts näher ein.

Kritische Phase eines Savepoints

Da während dieser ersten Phase einer Savepoint-Operation weitere Änderungen erfolgen können, werden auch diese als Teil dieses Savepoints erfasst und später asynchron persistiert. Um jedoch einen konsistenten Stand zu gewährleisten, muss es eine kurze Phase geben, in der keine Änderungen zulässig sind. Diese Phase heißt kritische Phase (*Critical Phase*), und der Datenbestand zu diesem Zeitpunkt wird durch eine bestimmte Log-Position identifiziert. An genau dieser Position kann nach einer Datenbankwiederherstellung das Applizieren von Log-Segmenten beginnen, denn alle vorangegangenen Änderungen sind Teil des Savepoints.

Da theoretisch immer wieder neue und parallele Änderungen an unterschiedlichen Datenbankobjekten möglich wären, muss eine prozessweite Zugriffssperre für alle Datenbankobjekte erworben werden, um diese Log-Position bestimmen zu können. Während dieser Sperre können keine Pages verändert werden, d. h., alle DML- und DDL-Befehle werden blockiert. Der jeweilige SAP-HANA-Prozess schreibt während der kritischen Phase die ermittelte Log-Position sowie eine Liste der geöffneten Transaktionen in die Datendatei. Außerdem wird eine Liste der Pages ermittelt, die zwischen dem Beginn des Savepoints und der Zugriffssperre verändert worden sind. Wie schon erwähnt, sind diese Pages ebenfalls Teil des Savepoints und werden jetzt asynchron persistiert. Währenddessen kann die Sperre wieder freigegeben werden, sodass UPDATE-, INSERT-, DELETE- und DDL-Befehle wieder möglich sind. Alle Pages, die während dieses asynchronen Schreibvorgangs verändert werden, sind dann erst wieder Teil des nächsten Savepoints.

Die Dauer der kritischen Phase sollte im Normalfall im Bereich weniger Mikrosekunden, jedoch nicht höher als im einstelligen Sekundenbereich liegen, sodass die Anwender davon nichts bemerken. SAP HANA optimiert zudem die Dauer der kritischen Phase, indem diese nur dann eingeleitet wird, wenn aufgrund der aktuellen Datenänderungsrate ein annehmbares Zeitfenster eingehalten werden kann. Ist dies aufgrund vieler Page-Änderungen nicht absehbar, dauert der Savepoint an, und die voraussichtliche Dauer der kritischen Phase wird erneut überprüft. Der Spalte PREPARE_FLUSH_RETRY_COUNT des System-Views M_SAVEPOINTS können Sie für jeden Savepoint entnehmen, wie oft ein Prozess diese Prüfung durchgeführt hat, bis die kritische Phase eingeleitet wurde.

Zeitlimit für kritische Phase

Über den Konfigurationsparameter savepoint_pre_critical_flush_retry_threshold in der Sektion [persistence] der Datei **global.ini** legen Sie das Zeitlimit fest, das SAP HANA zu unterschreiten versucht, indem ggf. ein neuer Zeitpunkt für die kritische Phase gesucht wird. Die Standardeinstellung entspricht einem Zielwert von drei Sekunden. Um hier das Risiko einer Endlosschleife zu vermeiden, existiert außerdem der Parameter savepoint_max_pre_critical_flush_duration, dessen Wert die Dauer für diese Optimierung der kritischen Phase begrenzt.

Standardmäßig wird nach maximal 15 Minuten (900 Sekunden) zwangsweise die kritische Phase eingeleitet, auch wenn das dafür angestrebte Zeitfenster nicht eingehalten werden kann. Wir raten davon ab, den Wert auf 0 zu setzen, da der Optimierungsphase in diesem Fall keine Grenze gesetzt ist und die Gefahr sehr lange andauernder Savepoint-Operationen besteht, ohne dass diese durch Einleiten der kritischen Phase abgeschlossen werden können. Dies hätte zur Folge, dass Log-Segmente nicht überschrieben, sondern neu angelegt werden, bis schließlich die Speichergrenze des Log Volumes erreicht ist und die Datenbank stillsteht. Nach Beseitigung des Problems käme es außerdem zu einer ungewöhnlich langen Startphase der Datenbank, da eine hohe Anzahl von Redo-Logs appliziert werden müsste, bevor der Anwenderzugriff möglich wäre.

Der Monitoring-View M_SAVEPOINTS enthält Informationen zu den letzten 128 Savepoints seit Systemstart. Aggregierte Informationen, darunter auch die durchschnittliche Dauer der kritischen Phase, finden Sie im View M_SAVEPOINT_STATISTICS.

Überwachen von Savepoints

Die Spalten INITIATION und PURPOSE des Views M_SAVEPOINTS zeigen Ihnen zu jedem Savepoint, wie und warum er ausgelöst worden ist. Wir haben schon erwähnt, dass dies für gewöhnlich im Rahmen eines 5-Minuten-Intervalls geschieht (Wert TRIGGERED_TIMEBASED in der Spalte INITIATION), es gibt aber auch weitere Vorgänge, die einen Savepoint herbeiführen. Diese fassen wir in Tabelle 2.4 zusammen.

Szenario	Wert in Spalte PURPOSE	Beschreibung
Periodischer Savepoint	NORMAL	Savepoints werden von den jeweiligen Prozessen regelmäßig im konfigurierten Intervall erstellt.
Manueller Savepoint	NORMAL	Über den Befehl ALTER SYSTEM SAVEPOINT wird für jeden persistierenden Prozess, also global, ein Savepoint angestoßen. Dabei wird auch das Intervall für den periodischen Savepoint zurückgesetzt.

Tabelle 2.4 Szenarien, die einen Savepoint auslösen

Szenario	Wert in Spalte PURPOSE	Beschreibung
Snapshots	SNAPSHOT_FOR_BACKUP bzw. DROP_SNAPSHOT	Die Vorbereitung eines Snapshots löst einen globalen Savepoint aus. Die persistierten Daten haben dabei die Besonderheit, dass sie nicht von anderen Savepoints überschrieben werden, solange der Snapshot aktiv ist. Bei Deaktivierung des Snapshots wird ein weiterer Savepoint ausgelöst.
Daten-Backup	SNAPSHOT_FOR_BACKUP bzw. DROP_SNAPSHOT	Ein Daten-Backup löst intern einen Snapshot aus. Deshalb wird auch hier sowohl zu Beginn als auch nach Abschluss des Backup-Vorgangs je ein Savepoint erstellt.
Soft Shutdown	keine Angabe, da immer nur Savepoints seit dem Systemstart angezeigt werden	Um nach dem Systemstart die Zeit für das Applizieren von Redo-Logs zu sparen, löst SAP HANA für jeden persistierenden Prozess einen Savepoint aus, bevor dieser beendet wird. Bei einem *Hard Shutdown* ist dies nicht der Fall, was ggf. die Startzeit erhöht.
Startup	NORMAL	Nach jedem Datenbankstart wird ein Savepoint ausgelöst, dessen Log-Position für daraufhin anfallende Redo-Logs die Datenbasis kennzeichnet.

Tabelle 2.4 Szenarien, die einen Savepoint auslösen (Forts.)

Grundsätzlich erhalten alle Savepoints, die außerhalb des regulären Intervalls ausgelöst wurden, den Wert EXCECUTED_EXPLICITLY in der Spalte INITIATION. Da die Spalte PURPOSE demnach eine höhere Granularität bei der Filterung bietet, haben wir die möglichen Werte dafür in Tabelle 2.4 mit aufgeführt.

Seit SAP HANA 1.0 SPS10 wird mit jedem Savepoint außerdem die Existenz der Daten und Verzeichnisse des Data und Log Volumes überprüft. Sollte der Zugriff auf eine dieser Komponenten fehlschlagen, wird eine Warnung (*Alert*) ausgegeben. In diesem Fall ist es empfehlenswert, sofern möglich, ein Daten-Backup zu erstellen, mit dem die Datenbank nach einem Neustart wiederhergestellt werden kann.

> **Zu lang dauernde kritische Phase**
> Wenn eine Savepoint-Operation oder die kritische Phase eines Savepoints für Ihre Anforderungen zu lange andauert, deutet dies möglicherweise auf eine ungenügende I/O-Performance des Speichermediums hin, auf dem sich Ihre Data Volumes befinden. Informationen zum durchschnittlichen Durchsatz Ihrer Savepoint-Operationen erhalten Sie über die SQL-Anweisung HANA_IO_Savepoints_2.00.020+, die der Sammlung von SQL-Anweisungen in SAP-Hinweis 1969700 anhängt. Die Ausgabe enthält unter anderem die Spalte MB_PER_S, die für jeden Savepoint den Schreibdurchsatz in Megabyte pro Sekunde angibt.

Neben den Daten- und Converter-Pages werden auch *Undo-Logs* als Teil eines Savepoints in den Data Volumes abgelegt. Undo-Informationen ermöglichen es, Datenänderungen rückgängig zu machen und einen früheren Stand wiederherzustellen. Da ein Savepoint auch Datenänderungen aus offenen Transaktionen enthält, die nicht durch ein commit bestätigt worden sind, werden die Undo-Informationen benötigt, um diese Transaktionen bei der Wiederherstellung aus einem Savepoint zurückzurollen. Es handelt sich dabei um alle Datenänderungen, für die kein Redo-Log-Eintrag existiert.

Undo-Logs

Weitere Schreiboperationen

Damit sich auf einem Data Volume nicht intervallartig I/O-intensive Schreiboperationen und ein fünfminütiger Leerlauf abwechseln, kommt es auch außerhalb der Savepoints dazu, dass in die Datendateien der Data Volumes geschrieben wird. Ein Beispiel sind *Delta-Merge-Operationen*, die wir Ihnen in Abschnitt 2.3.5, »Daten im Arbeitsspeicher«, vorstellen. Vereinfacht ausgedrückt, führt ein Delta Merge zu einer neuen internen Repräsentation einer Tabelle im Column Store, deren Pages es im Data Volume zu persistieren gilt. Je nach Größe der Tabelle kann dies eine hohe Anzahl von Schreiboperationen nach sich ziehen, die am Ende eines Delta Merges direkt ausgeführt werden, ohne auf den nächsten Savepoint zu warten.

Delta Merge

Außerdem werden Änderungen an Tabellen oder Tabellenspalten immer dann direkt in die Datendateien geschrieben, ohne auf den nächsten Savepoint zu warten, wenn es zu einem *Unload* kommt. Dabei wird Arbeitsspeicher freigegeben, indem einzelne Objekte oder Teile von Objekten gezielt aus dem Column Store entfernt werden. Dabei wird überprüft, ob sich Inhalte von Pages seit dem letzten Savepoint verändert haben. Diese werden dann in neue physische Pages persistiert.

Unload

Shadow Pages   Wann immer eine solche Persistierung veränderter, logischer Pages stattfindet, wird nicht einfach die zugehörige physische Page mit dem neuen Wert überschrieben, sondern diese wird als Shadow Page weitergeführt. Für die neuen Page-Inhalte wird stattdessen eine neue physische Daten-Page innerhalb des allokierten Speicherplatzes der Datendatei erzeugt und in der aktuellen Version der Converter-Tabelle mit der logischen Page verknüpft.

Die Converter-Tabelle ist übrigens ebenfalls als sogenannte *Converter Page* in dieser Datei gespeichert, sodass auch die Mapping-Informationen persistent sind und dem Shadow-Paging-Konzept unterliegen. Shadow Pages ermöglichen es unter anderem, nicht mit einem `commit` abgeschlossene Transaktionen zurückzurollen. Im Rahmen eines Savepoints werden für diesen Zweck Undo-Informationen gespeichert. Wenn jedoch in der Zeit zwischen zwei Savepoints, wie zu Beginn dieses Abschnitts beschrieben, Datenänderungen persistiert werden und die Datenbank anschließend ausfällt, wird bei der Wiederherstellung die Converter-Tabelle des letzten Savepoints verwendet. Darin ist nach wie vor die Verknüpfung mit der Shadow Page enthalten, sodass zunächst alle neueren Änderungen verworfen sind. Durch Applizieren der Redo-Logs wird anschließend sichergestellt, dass die Datenänderungen aus mit einem `commit` abgeschlossenen Transaktionen ebenfalls Teil des wiederhergestellten Zustands sind.

2.3.4 In Log-Dateien schreiben

Auch Änderungen, die zwischen den Savepoints am Datenbestand vorgenommen werden, sind erst dann erfolgreich und bestätigt, wenn sie auf einem nicht-flüchtigen Speichermedium erfasst worden sind. Auf einem solchen Medium legt SAP HANA die Log Volumes ab. Darin befinden sich die Log-Segmente, die Informationen zu sämtlichen Datenänderungen enthalten, die seit dem letzten Savepoint vorgenommen wurden.

Dieser Mechanismus stellt die Dauerhaftigkeit als Teil der ACID-Prinzipien sicher und führt zu dem interessanten Nebeneffekt, dass insbesondere In-Memory-Datenbanken wie SAP HANA sehr hohe Anforderungen an die I/O-Performance klassischer Speichermedien stellen. Denn jede DML- oder DDL-Operation erfordert neben den Änderungen im Column oder Row Store auch einen Zugriff auf das Log Volume. Dies ist erforderlich, um beim Start der Datenbank in Verbindung mit dem Data Volume den letzten konsistenten Stand wiederherstellen zu können. Welche Log-Segmente dabei jeweils verwendet werden sollen, hält die Datei **logsegment_000_directory.dat** fest, die sich ebenfalls in jedem Log Volume befindet.

Log-Segmente

Wie schon erwähnt, werden Log-Segmente regelmäßig überschrieben. Dies ist allerdings erst dann möglich, wenn ein Savepoint die in den Log-Segmenten enthaltenen Änderungen aus dem Arbeitsspeicher in das Data Volume übertragen hat. Jedes Log-Segment hat eine definierte Größe, die über den Parameter `log_segment_size_mb` für jeden Prozess separat konfiguriert wird. Ist diese Größe erreicht, wird das nächste Log-Segment verwendet.

Größe und Anzahl von Log-Segmenten

SAP HANA sorgt dafür, dass immer ein nächstes Log-Segment zur Verfügung steht, indem ggf. neue Log-Segmente vorbereitet werden, d. h., eine Datei allokiert Speicherplatz in Höhe des angegebenen Wertes für den Konfigurationsparameter `log_segment_size_mb`. Die Anzahl der Log-Segmente auf Ihrem System wird also durch die folgenden Eigenschaften beeinflusst:

- Datenänderungsrate Ihrer Datenbankobjekte
- Konfiguration Ihres Savepoint-Intervalls
- konfigurierte Größe pro Log-Segment
- Konfiguration von Log-Modus und Log-Backup

Je mehr Datenänderungen nach einem Savepoint eintreffen, desto mehr Speicherplatz benötigt Ihr Log Volume. Tabelle 2.5 führt die standardmäßig verwendeten Log-Segment-Größen für die persistierenden Prozesse und die Konfigurationsdateien auf, in denen Sie den Wert des Parameters `log_segment_size_mb` ändern können.

Standard-Log-Segment-Größen

Prozess	Konfigurationsdatei	Log-Segment-Größe
Name Server	nameserver.ini	64 MB
Index Server	global.ini	1.024 MB
SAP HANA XS	xsengine.ini	8 MB
Script Server	scriptserver.ini	8 MB
Data Provisioning Server	dpserver.ini	8 MB

Tabelle 2.5 Standardmäßige Log-Segment-Größen

Für den Index Server existiert kein eigener Parameter `log_segment_size_mb`, daher erbt er die Konfiguration aus der Datei **global.ini**. Dies ist kein Problem, da Sie für alle weiteren Prozesse separate Einstellungen vornehmen können. Die für jeden Prozess existierenden Log Volumes können Sie sich analog zu den Data Volumes im SAP HANA Cockpit mithilfe der App **Disk**

2 Architektur

Volume Monitor anzeigen lassen, indem Sie die Spalte **Type** nach **LOG** filtern. In Abbildung 2.14 haben wir dies auf einer Systemdatenbank getan.

Service	Type	Size (MB)	Used (MB)	Used (%)	State	Files	Path	Host	Database Name
indexserver	LOG	1,024.0	1,024.0	100.0	Writing	1	/hana/log/HDB/mnt00001/hdb00002.00004	hdbzdb	TD1
indexserver	LOG	1,024.0	1,024.0	100.0	Free	1	/hana/log/HDB/mnt00001/hdb00002.00004	hdbzdb	TD1
indexserver	LOG	1,024.0	1,024.0	100.0	BackedUp	1	/hana/log/HDB/mnt00001/hdb00003.00003	hdbzdb	HDB
indexserver	LOG	1,024.0	1,024.0	100.0	Writing	1	/hana/log/HDB/mnt00001/hdb00003.00003	hdbzdb	HDB
nameserver	LOG	128.0	128.0	100.0	Free	2	/hana/log/HDB/mnt00001/hdb00001	hdbzdb	SYSTEMDB
nameserver	LOG	64.0	64.0	100.0	Writing	1	/hana/log/HDB/mnt00001/hdb00001	hdbzdb	SYSTEMDB
nameserver	LOG	1.2	1.2	100.0		1	/hana/log/HDB/mnt00001/hdb00001	hdbzdb	SYSTEMDB
indexserver	LOG	1.2	1.2	100.0		1	/hana/log/HDB/mnt00001/hdb00002.00004	hdbzdb	TD1
indexserver	LOG	1.2	1.2	100.0		1	/hana/log/HDB/mnt00001/hdb00003.00003	hdbzdb	HDB

Abbildung 2.14 Log Volumes im SAP HANA Cockpit

Tatsächlicher Füllstand

Beachten Sie, dass die Spalte **Used (%)** dabei nicht, wie eigentlich naheliegend, den Füllstand der Log-Segmente anzeigt, sondern die allokierte Größe der Dateien. Da Log-Segmente vorallokiert bzw. formatiert werden, bevor sie zum Einsatz kommen, steht der Wert in dieser Spalte immer auf 100 %. Den tatsächlichen Füllstand erhalten Sie über den System-View M_LOG_SEGMENT, z. B. über die in Abbildung 2.15 dargestellte SQL-Abfrage. Unter Zuhilfenahme des internen Ports (siehe Tabelle 2.1) können Sie die angezeigten Log-Segmente für bestimmte Prozesse filtern.

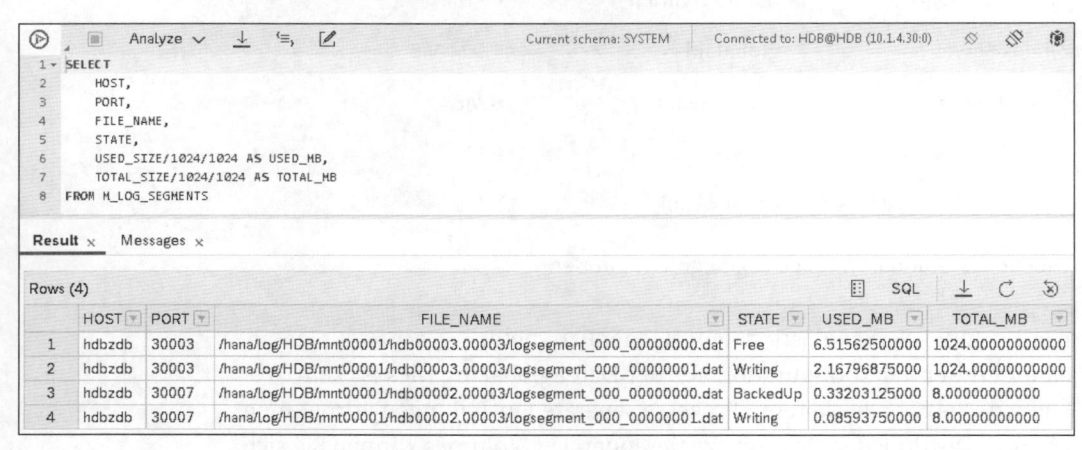

```
1  SELECT
2      HOST,
3      PORT,
4      FILE_NAME,
5      STATE,
6      USED_SIZE/1024/1024 AS USED_MB,
7      TOTAL_SIZE/1024/1024 AS TOTAL_MB
8  FROM M_LOG_SEGMENTS
```

	HOST	PORT	FILE_NAME	STATE	USED_MB	TOTAL_MB
1	hdbzdb	30003	/hana/log/HDB/mnt00001/hdb00003.00003/logsegment_000_00000000.dat	Free	6.51562500000	1024.00000000000
2	hdbzdb	30003	/hana/log/HDB/mnt00001/hdb00003.00003/logsegment_000_00000001.dat	Writing	2.16796875000	1024.00000000000
3	hdbzdb	30007	/hana/log/HDB/mnt00001/hdb00002.00004/logsegment_000_00000000.dat	BackedUp	0.33203125000	8.00000000000
4	hdbzdb	30007	/hana/log/HDB/mnt00001/hdb00002.00004/logsegment_000_00000001.dat	Writing	0.08593750000	8.00000000000

Abbildung 2.15 Log-Segmente abfragen

2.3 Persistenz und Speicherverwaltung

Die Spalte **STATE** zeigt Ihnen zu jedem Log-Segment, in welchem Status es sich aktuell befindet. Der Status kann dabei die in Tabelle 2.6 aufgeführten Werte annehmen.

Status von Log-Segmenten

Status	Bedeutung
Formatting	Das Log-Segment wird gerade formatiert.
Preallocated	Das Log-Segment ist erstellt, aber nie verwendet worden.
Writing	Das Log-Segment wird aktuell verwendet.
Closed	Das Log-Segment ist geschlossen, wird aber bei einem Neustart noch benötigt. Es ist außerdem noch nicht gesichert worden.
Truncated	Das Log-Segment ist geschlossen und wird nicht mehr für einen Neustart benötigt. Es ist aber noch nicht gesichert worden.
BackedUp	Das Log-Segment wurde gesichert, wird aber noch für einen Neustart benötigt.
Free	Das Log-Segment wird nicht mehr benötigt.

Tabelle 2.6 Mögliche Status von Log-Segmenten

Der Status BackedUp wird nur dann verwendet, wenn sich Ihr System, wie für den Produktivbetrieb empfohlen, im Log-Modus normal befindet. Wir führen die Log-Modi im folgenden Abschnitt auf. Wenn Sie einen Savepoint auslösen, wird der Status aller Log-Segmente, die bereits gesichert worden sind (Status: BackedUp) auf Free wechseln. Aufgrund des Savepoints werden diese Log-Segmente im Falle eines Neustarts nicht mehr benötigt, da sämtliche Änderungen aus dem Data Volume wiederhergestellt werden können. Savepoints führen jedoch nicht dazu, dass das derzeit aktive Log-Segment (Status: Writing) geschlossen wird. Stattdessen werden Log-Segmente so lange verwendet, bis deren allokierte Größe erreicht ist oder sie gesichert worden sind.

Log-Modus

Die Verwendung von Log-Segmenten können Sie über die Parameter log_mode und enable_auto_log_backup beeinflussen. In diesem Kontext ist außerdem der Parameter log_backup_timeout_s von Bedeutung. Der zuerst genannte Parameter bestimmt den Log-Modus, wobei zwei Modi unterschieden werden:

Backup von Log-Segmenten

- **»overwrite«**
  Im Log-Modus overwrite wird ein Segment nur dann geschlossen, wenn es voll ist. Sobald die Änderungen, die in einem geschlossenen Log-Segment vorgehalten werden, durch eine Savepoint-Operation in das Data Volume geschrieben wurden, kann dieses Log-Segment überschrieben werden. Es erhält also den Status Free. In diesem Modus werden keine Backups der Log-Segmente erstellt. Daher ist es nicht möglich, einen definierten Stand der Datenbank wiederherzustellen, wie es die Option **Point in Time Recovery** ermöglicht, die wir Ihnen in Kapitel 9, »Backup und Recovery«, vorstellen.

- **»normal«**
  Im Log-Modus normal werden Log-Segmente geschlossen, sobald sie voll sind oder sobald die Zeit abgelaufen ist, die im Konfigurationsparameter log_backup_timeout_s definiert ist. Dieser Wert steht standardmäßig auf 900 Sekunden, d. h., spätestens alle 15 Minuten wird ein neues Log-Segment beschrieben. Wenn Sie das automatische Backup von Log-Segmenten (Konfigurationsparameter enable_auto_log_backup) aktiviert haben, wird daraufhin das vorherige Log-Segment gesichert und, sofern es nicht mehr für den Systemstart benötigt wird, als Free markiert. Log-Segmente mit dem Status Free werden dann auch im Log-Modus normal automatisch überschrieben. Sollten Sie jedoch das automatische Backup von Log-Segmenten deaktiviert haben, geht SAP HANA davon aus, dass Sie als Datenbankadministrator manuell oder durch andere Automatismen selbstständig dafür sorgen, Log-Segmente zu sichern und anschließend zu löschen. Daher werden Log-Segmente niemals überschrieben, wenn die Datenbank im Log-Modus normal läuft und der Parameter enable_auto_log_backup auf no gesetzt ist. Stattdessen legt SAP HANA kontinuierlich neue Log-Segmente an.

Wenn SAP HANA also im Log-Modus normal operiert und der Parameter enable_auto_log_backup auf yes steht, werden Log-Segmente immer zuerst gesichert, bevor sie überschrieben werden können. Den Pfad für diese automatischen Backups können Sie über den Konfigurationsparameter basepath_logbackup in der Sektion [persistence] der Datei **global.ini** wählen. Aufgrund der dauerhaften Sicherung aller Datenänderungen ist eine *Point-in-Time Recovery* möglich, sodass dieser Log-Modus für den Produktivbetrieb empfohlen wird.

[!] **Daten-Backup erforderlich**
Log-Backups werden im Log-Modus normal erst dann automatisch erstellt, wenn zusätzlich eine vollständige Datensicherung existiert. Wenn Sie also

> noch kein Daten-Backup durchgeführt haben, operiert Ihre SAP-HANA-Datenbank faktisch im Log-Modus `overwrite`, auch wenn der Log-Modus `normal` konfiguriert wurde.

Unabhängig von den genannten Log-Modi können Sie das Logging auch temporär für die gesamte Datenbank ein- oder ausschalten:

Logging deaktivieren

```
ALTER SYSTEM LOGGING {ON | OFF};
```

Während des normalen Anwenderbetriebs raten wir jedoch ausdrücklich davon ab, das Logging auszuschalten, da in diesem Fall nur im Rahmen eines Savepoints Daten aus dem flüchtigen Arbeitsspeicher persistiert werden. Alle Änderungen, die zwischen zwei Savepoints erfolgen, gehen bei einem Systemausfall verloren. Nachdem Sie das Logging wieder eingeschaltet haben, müssen Sie außerdem einen Savepoint initiieren, damit neue Datenänderungen wieder persistiert werden. Zusätzlich ist ein Daten-Backup erforderlich, um mithilfe der persistierten Daten die Datenbank wiederherstellen zu können.

Alle zuvor beschriebenen Einstellungen des Log-Verhaltens beziehen sich auf die gesamte Datenbank. Was aber, wenn Sie kurzfristig den Performance-Gewinn eines deaktivierten Loggings für eine einzelne Tabelle nutzen wollen, ohne dabei die Datensicherheit des Gesamtsystems zu gefährden? SAP HANA bietet innerhalb des Column Stores die Möglichkeit, das Logging gezielt für bestimmte Tabellen ein- oder auszuschalten:

```
ALTER TABLE "<Schemaname>"."<Tabellenname>" {ENABLE |
  DISABLE} DELTA LOG;
```

Von dieser Option können z. B. Importvorgänge profitieren. In Abschnitt 11.2.2, »Speicherverhalten von Tabellen«, beschreiben wir diese und weitere Optionen, mit denen Sie das Speicherverhalten einzelner Tabellen anpassen können.

2.3.5 Daten im Arbeitsspeicher

SAP HANA ist eine In-Memory-Datenbank, deren Algorithmen auf eine Datenhaltung im Arbeitsspeicher ausgelegt sind. Während des Betriebs kommen daher immer wieder Mechanismen zur Anwendung, die Daten in den Arbeitsspeicher laden, deren Struktur verändern oder sie wieder aus dem flüchtigen Speicher entfernen. Diese Mechanismen leiten wir im Verlauf dieses Abschnitts ein.

Row und Column Store

Wie in Abbildung 2.11 dargestellt, können Tabellen entweder zeilenorientiert oder spaltenorientiert im Arbeitsspeicher vorliegen, wir unterscheiden demnach den Row Store und den Column Store. Für jede anzulegende Tabelle können Sie den passenden Speichertyp wählen oder nachträglich ändern. In Abschnitt 11.2.1, »Zeilen- und spaltenorientierte Tabellen«, verweisen wir auf die Unterschiede der beiden Speichertypen, die Sie bei der Entscheidung berücksichtigen sollten.

Größe des Row Stores

Alle Tabellen, die Sie im Row Store ablegen, werden beim Systemstart in den Arbeitsspeicher geladen und verweilen dort für die gesamte Dauer des Datenbankbetriebs. Der Row Store ist in Pages innerhalb von 64 MB großen Segmenten organisiert. Sobald weiterer Speicher benötigt wird, der durch freie Pages nicht bedient werden kann, allokiert der Index Server weitere Segmente. Dabei ist die Gesamtgröße des Row Stores auf 1.945 GB begrenzt. Laufzeitinformationen zum Row Store finden Sie im System-View M_RS_MEMORY. So können Sie z. B. über die Anweisung in Listing 2.4 die aktuelle Größe des Row Stores für jeden Host Ihrer initialen Tenant-Datenbank abfragen.

```
SELECT HOST, PORT,
ROUND(SUM(ALLOCATED_SIZE)/1024/1024, 2) ALLOCATED_SIZE_MB
FROM M_RS_MEMORY
WHERE (CATEGORY = 'TABLE' OR CATEGORY = 'CATALOG')
AND PORT LIKE '3__03'
GROUP BY HOST, PORT;
```

Listing 2.4 Abfrage der Größe des Row Stores für den Index Server der initialen Tenant-Datenbank

In unserem Beispiel haben wir die Abfrage auf den Port des Index Servers für die initiale Tenant-Datenbank beschränkt. Wenn Sie die Größe des Row Stores auf der Systemdatenbank analysieren wollen, müssen Sie in der WHERE-Klausel aus Listing 2.4 den Port durch '3__01' ersetzen, da hier der Name Server die Funktion des Index Servers übernimmt.

Detailliertere Informationen zu einzelnen Tabellen des Row Stores stellen Ihnen die Views M_RS_TABLES sowie M_TABLES bereit. So identifizieren Sie z. B. mithilfe der Abfrage in Listing 2.5 die zehn größten Tabellen des Row Stores und deren jeweilige Zeilenanzahl:

```
SELECT TOP 10 SCHEMA_NAME, TABLE_NAME, RECORD_COUNT,
TABLE_SIZE/1024/1024 TABLE_SIZE_MB
FROM M_TABLES
```

```
WHERE TABLE_TYPE = 'ROW'
ORDER BY TABLE_SIZE_MB DESC;
```

Listing 2.5 Identifizieren der größten Tabellen des Row Stores

Wenn Sie die `WHERE`-Klausel durch `WHERE TABLE_TYPE = 'COLUMN'` ersetzen, können Sie die Abfrage aus Listing 2.5 auch für den Column Store verwenden. Die Größe des Column Stores ist nicht, wie es für den Row Store der Fall ist, durch ein hartes Limit begrenzt, sondern wird durch die Kapazität Ihres Storage-Systems limitiert. Weitere System-Views, die zur Laufzeitüberwachung des Column Views relevant sein können, sind `M_CS_TABLES`, `M_CS_COLUMNS` und `M_CS_PARTITIONS`.

Größe des Column Stores

Jede Tabelle oder Tabellenpartition innerhalb des Column Stores verfügt über einen *Main Storage* und einen *Delta Storage*, wobei Datenänderungen im schreiboptimierten Delta Storage erfasst werden. Der Main Storage ist dagegen leseoptimiert, sodass Änderungen aus dem Delta Storage regelmäßig in den Main Storage übernommen werden. Dieser Prozess heißt *Delta Merge* (siehe Abschnitt »Delta-Merge-Operationen«). Mithilfe der Abfragen in Listing 2.6 lassen sich jeweils die zwanzig Tabellen anzeigen, die über den größten Main bzw. Delta Storage verfügen.

Main und Delta Storage

```
-- Informationen zu den 20 größten Tabellen im Main Storage:
SELECT TOP 20 * FROM M_CS_TABLES
ORDER BY MEMORY_SIZE_IN_MAIN DESC;
-- Informationen zu den 20 größten Tabellen im Delta Storage:
SELECT TOP 20 * FROM M_CS_TABLES
ORDER BY MEMORY_SIZE_IN_DELTA DESC;
```

Listing 2.6 Anzeige der Tabellen mit größtem Main bzw. Delta Storage

Die Größe des Delta Storages einer Tabelle ist ein wichtiges Kriterium bei der Entscheidung, ob für diese Tabelle ein Delta Merge erforderlich ist. Im Normalfall trifft SAP HANA diese Entscheidung für Sie, ein manueller Eingriff ist aber möglich, wie wir im Abschnitt »Delta-Merge-Operationen« beschreiben. Auch die folgenden Ausführungen beziehen sich ausschließlich auf den Column Store.

Load- und Unload-Operationen

Es ist keineswegs ungewöhnlich, wenn die Größe Ihrer Datenbank die zur Verfügung stehende Menge an Arbeitsspeicher überschreitet. Daher gibt es in SAP HANA Mechanismen, mit denen Daten in den Column Store des Arbeitsspeichers geladen (*Load*) oder aus diesem entfernt (Unload) werden können. Während Unloads immer auf Tabellen- oder Spaltenebene erfolgen, sind Loads je nach Anwendungsfall und *Load Unit* mit folgenden Granularitäten möglich:

- vollständige Tabelle
- Partitionen einer Tabelle
- Spalten einer Tabelle oder Partition
- Pages einer Spalte
- Menge von Werten einer Spalte

Ladestatus von Tabellen und Partitionen

Für Tabellen und Partitionen werden daher in der Spalte LOADED des System-Views M_CS_TABLES die Status FULL, PARTIALLY und NO unterschieden. Wann immer nur einzelne Teile einer Tabelle oder Partition im Arbeitsspeicher vorgehalten werden, erhält der zugehörige Eintrag im View M_CS_TABLES den Status PARTIALLY. Dies kann auch bedeuten, dass aufgrund von Datenänderungen nur der Delta Storage einer Tabelle geladen ist, nicht aber deren Main Storage.

Load Unit

SAP HANA lädt standardmäßig beim erstmaligen Lesezugriff auf eine Tabelle oder Partition die jeweils abgefragten Spalten vollständig in den Arbeitsspeicher, genauer gesagt, in den Main Storage. Dieses Verhalten können Sie beim Erstellen oder Ändern einer Tabelle durch Angabe der Load Unit für jede Spalte beeinflussen, wobei Sie entweder Spalten (COLUMN LOADABLE) oder Pages (PAGE LOADABLE) als Load Unit wählen können. Die Option PAGE LOADABLE ist dabei auf Spalten beschränkt, die einen Wert auch mehrfach zulassen, die also keinen *Unique Constraint* besitzen, da die Prüfung auf Einmaligkeit eines Wertes die Existenz der gesamten Spalte im Arbeitsspeicher erfordert. Demzufolge gilt dies auch für Spalten, die den Primärschlüssel einer Tabelle bilden. Außerdem ist die Option PAGE LOADABLE nicht für partitionierte Tabellen möglich. In Abschnitt 11.2.2, »Speicherverhalten von Tabellen«, gehen wir näher auf die Load Unit ein.

Ladestatus von Spalten

Zwar können die Spalten partitionierter Tabellen nicht seitenweise geladen werden, die Hash- und die Range-Partitionierung (oder deren Multi-Level-Partitionierung) ermöglichen es allerdings, vor dem Laden der Spalte die entsprechende Partition zu ermitteln. So ist es möglich, nur die Werte der Spalte zu laden, die sich in der abgefragten Partition befinden. So kann der Speicherbedarf von Tabellen reduziert werden. Sie können den Ladestatus von Spalten, gruppiert nach ihrer Partition, mit der SQL-Anweisung in Listing 2.7 ermitteln.

```
SELECT PART_ID, TABLE_NAME, COLUMN_NAME, LOADED
FROM M_CS_COLUMNS
WHERE SCHEMA_NAME = '<Spaltenname>'
AND TABLE_NAME = '<Tabellenname>';
```

Listing 2.7 Abfrage des Load-Status von Spalten

> **Ladestatus von Spalten und Tabellen**
>
> Auch wenn die Spalte LOADED des Views M_CS_COLUMNS für jede Spalte einer Tabelle den Wert FALSE aufweist, kann der Wert für LOADED im View M_CS_TABLES für die gesamte Tabelle PARTIALLY lauten. In diesem Fall gingen seit dem letzten Unload dieser Tabelle zwar Datenänderungen, aber keine Lesezugriffe ein, sodass nur der Delta Storage geladen ist. Die Spalte IS_DELTA_LOADED im View M_CS_TABLES weist dann den Wert TRUE auf.

Eine weitere Abweichung vom Standardladeverhalten bilden *Large-Object-Datentypen* (LOBs). Mithilfe der Datentypen *Binary Large Object* (BLOB), *Character Large Object* (CLOB) und *National Character Large Object* (NCLOB) ist es möglich, größere Datenobjekte, wie etwa Bilder oder Videos, in einer Tabelle abzuspeichern.

Hybride LOBs

Da eine Spalte dieses Datentyps für jeden Eintrag größere Datenmengen enthalten kann, ist es häufig nicht wünschenswert, die gesamte Spalte in den Arbeitsspeicher zu laden, obwohl nur wenige Einträge abgefragt werden. Um den Speicherbedarf von LOB-Spalten zu reduzieren, verwendet SAP HANA seit SAP HANA 1.0 SPS07 sogenannte *hybride LOBs*. Dabei können Sie für jede Spalte einen Schwellenwert (*Threshold*) in Bytes definieren, ab dem ein LOB-Wert bei Zugriff auf diese Spalte nicht automatisch mitgeladen wird. Wenn Sie noch LOB-Datentypen aus älteren Releases verwenden, können Sie deren Konfiguration zu Hybrid-LOBs konvertieren. Nähere Informationen sowie ein Skript, das die dazu nötigen ALTER-TABLE-Befehle für Ihre Datenbank generiert, finden Sie in SAP-Hinweis 1994962.

Neben den zugriffsabhängigen Ladevorgängen können Sie Tabellen oder einzelne Spalten auch manuell in den Column Store laden, um zu erwartende Zugriffe darauf zu verkürzen. Für eine komplette Tabelle können Sie den Ladevorgang über den SAP HANA Database Explorer auslösen, wie in Abbildung 2.16 gezeigt.

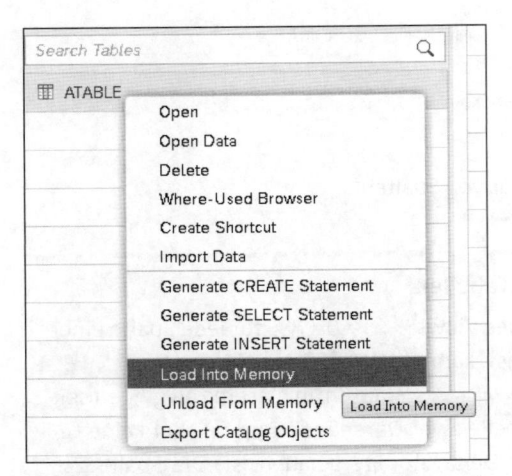

Abbildung 2.16 Tabellen über den SAP HANA Database Explorer explizit laden

Manuelle Loads

Für das Laden einer oder mehrerer Spalten steht der LOAD-Befehl wie folgt zur Verfügung:

LOAD "Schemaname"."Tabellenname" ("Spaltenname_1", "Spaltenname_n");

Zu Testzwecken ist es außerdem möglich, alle Tabellen eines Schemas vollständig in den Arbeitsspeicher zu laden. Dazu stellt Ihr SAP-HANA-System ein Python-Skript bereit. Nähere Informationen zu dessen Ausführung finden Sie in SAP-Hinweis 2066313.

Reload

Wie schon erwähnt, werden beim Start von SAP HANA alle zeilenorientierten Tabellen in den Row Store geladen, noch bevor ein SQL-Zugriff auf die Datenbank möglich ist. Spaltenorientierte Tabellen oder deren einzelne Spalten werden dagegen nur in den Column Store geladen, sofern sie sich vor dem Neustart auch schon darin befanden. Dieser Vorgang heißt *Reload* und erfolgt asynchron, die Datenbank ist also zu dieser Zeit schon für weitere Anfragen verfügbar. Für den Reload sammelt SAP HANA standardmäßig alle 24 Stunden Load-Informationen zu allen Tabellen und Spalten. Sollten sich die Zugriffsmuster auf die Tabellen Ihres Systems in kürzeren oder längeren Intervallen signifikant ändern, können Sie diese Frequenz anpassen, indem Sie den Konfigurationsparameter tablepreload_write_interval in der Sektion [persistence] der Datei **global.ini** hinzufügen und diesem einen entsprechenden Wert in Sekunden zuweisen. Außerdem lässt sich der Reload auch vollständig ein- oder ausschalten. Setzen Sie dazu den Parameter reload_table in der Sektion [SQL] der Datei **indexserver.ini** auf true bzw. false.

2.3 Persistenz und Speicherverwaltung

Darüber hinaus lassen sich Tabellen oder Spalten markieren, die immer beim Start der Datenbank in den Column Store geladen werden sollen, unabhängig davon, ob sie sich auch vor dem Neustart bereits im Speicher befanden. In diesem Fall sprechen wir von einem *Preload*, für den Sie eine Tabelle wie folgt markieren können:

Preload

```
ALTER TABLE "<Schema>"."<Tabelle>" PRELOAD ALL;
```

Den Preload können Sie außerdem für einzelne Spalten einer Tabelle definieren:

```
ALTER TABLE "<Schema>"."<Tabelle>"
PRELOAD ("Spalte_1", "Spalte_n");
```

Preloads haben beim Startvorgang von SAP HANA gegenüber den Reloads Vorrang. Standardmäßig werden maximal fünf Tabellen parallel geladen. Diese Anzahl können Sie über den Parameter tables_preloaded_in_parallel in der Sektion [parallel] der Datei **indexserver.ini** konfigurieren. Bedenken Sie bei Erhöhung des Wertes, dass zu diesem Zeitpunkt bereits Anwender auf andere Tabellen zugreifen können und dafür ebenfalls CPU-Ressourcen in Anspruch nehmen. Es gilt also, deren Zugriffszeiten nur minimal durch Preloads und Reloads zu beeinträchtigen.

Eine Auflistung der Spalten, die in Ihrem System für einen Preload markiert sind, erhalten Sie über die folgende SQL-Abfrage:

```
SELECT SCHEMA_NAME, TABLE_NAME, COLUMN_NAME, PRELOAD
FROM TABLE_COLUMNS WHERE PRELOAD = 'TRUE';
```

Während Ladevorgänge beim Starten der Datenbank und während des Betriebs gewöhnliche Vorgänge darstellen, indizieren *Unloads* eine potenzielle Speicherknappheit und bedürfen daher Ihrer Aufmerksamkeit. Ein Unload einer Tabelle führt dazu, dass diese aus dem Column Store entfernt und Speicherplatz für andere Tabellen oder Operationen freigegeben wird. Das heißt aber auch, dass der nächste Zugriff auf diese Tabelle wieder einen Load verursacht. So entsteht Overhead, der durch angemessenes Sizing und geeignete System- und Tabellenkonfiguration vermieden werden muss.

Unloads

> **Speicherüberwachung**
>
> Die Freigabe von Speicher nach einem Unload erfolgt innerhalb des jeweiligen SAP-HANA-Prozesses. Der frei gewordene Speicher steht der Datenbank also für andere Objekte oder Operationen zur Verfügung und wird nicht auf Betriebssystemebene freigegeben. Die Auswirkungen von Loads

> und Unloads können Sie demnach nicht mit Linux-Programmen wie `top` oder `free` überwachen. Nutzen Sie stattdessen System-Views oder die App **Performance Monitor** im SAP HANA Cockpit.

Unloads überwachen

Sie können Unloads über den System-View `M_CS_UNLOADS` nachvollziehen, wie in Abbildung 2.17 dargestellt.

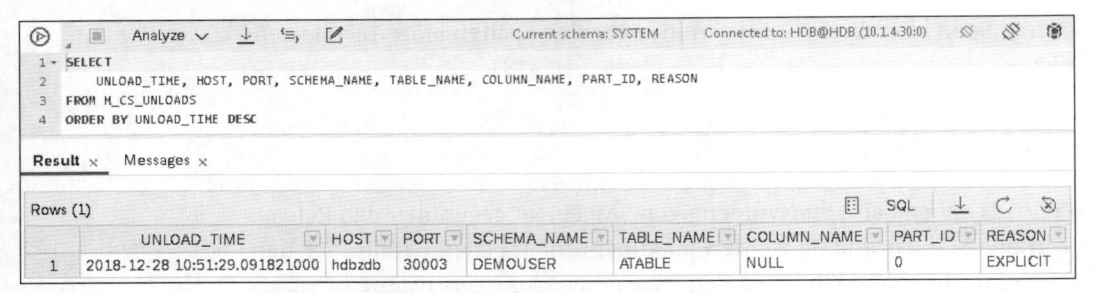

```
SELECT
    UNLOAD_TIME, HOST, PORT, SCHEMA_NAME, TABLE_NAME, COLUMN_NAME, PART_ID, REASON
FROM M_CS_UNLOADS
ORDER BY UNLOAD_TIME DESC
```

UNLOAD_TIME	HOST	PORT	SCHEMA_NAME	TABLE_NAME	COLUMN_NAME	PART_ID	REASON
2018-12-28 10:51:29.091821000	hdbzdb	30003	DEMOUSER	ATABLE	NULL	0	EXPLICIT

Abbildung 2.17 Manuelle und automatische Unloads anzeigen

Der View basiert auf Trace-Dateien, die im Trace-Verzeichnis abgelegt und in der Form **indexserver_<Host>.<Port>.unloads.nnn.trc** benannt sind, wobei nnn eine mit 000 beginnende und fortlaufende Nummer ist, die für jede neu zu erstellende Datei erhöht wird, sobald die maximale Dateigröße (Parameter `maxfilesize` in der Sektion `[unload_trace]` der Datei **indexserver.ini**) erreicht ist. Sollte außerdem die maximale Anzahl solcher Trace-Dateien erreicht sein, werden die Unload-Informationen überschrieben. In diesem Fall nutzen Sie stattdessen die vom Statistics Server gepflegte Tabelle `_SYS_STATISTICS.HOST_CS_UNLOADS`. Die in Abbildung 2.17 dargestellten Informationen werden nur dann gesammelt, wenn der Parameter `enable` in der Sektion `[unload_trace]` der Datei **indexserver.ini** auf `true` steht. Dies ist standardmäßig der Fall.

Die Spalte `REASON` im View `M_CS_UNLOADS` gibt den Grund für den Unload an und ist von besonderer Bedeutung, insbesondere wenn Sie darin den Eintrag `LOW MEMORY` finden. Dieser Grund wird immer dann angegeben, wenn SAP HANA automatisch Spalten aus dem Column Store entfernen musste, weil nicht genügend Speicher für andere Vorgänge verfügbar war. Dies kann ein Indiz für ein Speicher-Sizing sein, das nicht mehr den Anforderungen der (seitdem gewachsenen) Datenbankgröße entspricht. Möglich sind aber auch eine ungünstige Tabellenverteilung auf die zur Verfügung stehenden Index Server Ihrer Hosts oder eine temporäre Last durch außergewöhnliche Aktivitäten. In den SAP-Hinweisen 1977207 und 1993128 finden Sie weitere Informationen zur Vermeidung von Unloads.

Wenn ein Unload aufgrund zu knappen Speichers erforderlich ist, entscheidet zunächst der Wert des Parameters UNLOAD PRIORITY darüber, welche Tabellen dafür in Betracht gezogen werden. Diese Priorität kann Integer-Werte zwischen 0 und 9 annehmen und lässt sich für jede Tabelle beim Anlegen oder Ändern definieren, etwa über folgenden Befehl:

Unload Priority

```
ALTER TABLE "<Schema>"."<Tabelle>" UNLOAD PRIORITY <0..9>;
```

Tabellen mit höherer Priorität werden frühzeitiger für einen Unload in Betracht gezogen als solche mit niedrigerer Priorität. Der Wert 0 hat zur Folge, dass eine Tabelle niemals aus dem Speicher entfernt wird. Dies trifft z. B. auf alle Tabellen des Row Stores zu. Standardmäßig erhält jede Tabelle im Column Store die UNLOAD PRIORITY 5.

Eine Ausnahme bilden temporäre Tabellen (*Temporary Tables*). Da diese nicht persistiert werden, würden sie durch einen Unload unwiderruflich gelöscht. Sie erhalten also, genau wie Systemtabellen, die UNLOAD PRIORITY 0. In BW-Systemen finden Sie zudem für einige ausgewählte Tabellen die UNLOAD PRIORITY 7. Innerhalb der Tabellen mit den höchsten relativen Unload-Prioritäten entscheidet ein *Least-Recently-Used-Algorithmus* (LRU) darüber, welche Spalten tatsächlich aus dem Speicher entfernt werden. Es werden also die Spalten gewählt, für die seit dem letzten Zugriff die längste Zeit vergangen ist.

Neben dem Wert LOW MEMORY können EXPLICIT oder UNUSED RESOURCE weitere Werte für die Spalte REASON in M_CS_UNLOADS sein (siehe Abbildung 2.17). Ein expliziter Unload kann durch einen Benutzer manuell über folgenden Befehl initiiert werden, wobei der Befehl seit SAP HANA 2.0 auch auf einzelne Partitionen limitierbar ist:

Manuelle Unloads

```
UNLOAD "<Schema>"."<Tabelle>" [PARTITION (<Partition-ID>)];
```

Der Vorgang kann außerdem, wie in Abbildung 2.16 dargestellt, über das SAP HANA Cockpit erfolgen. Explizite Unloads sind nicht für einzelne Spalten, sondern immer nur für die gesamte Tabelle möglich. Aus diesem Grund sind in Abbildung 2.17 für die Unloads unserer partitionierten Tabelle CUSTOMER keine Spalten oder Partitionen aufgeführt. Der vorangegangene UNLOAD-Befehl hat die Tabelle vollständig aus dem Column Store entfernt.

Delta-Merge-Operationen

Jede Tabelle im Column Store besitzt einen leseoptimierten Main Storage und einen schreiboptimierten Delta Storage. Der Main Storage ist stark komprimiert, wobei immer eine Wörterbuchkomprimierung (*Dictionary*

Compression) und ggf. erweiterte Komprimierungen zum Einsatz kommen. Auf diese Weise wird zum einen der Speicherbedarf klein gehalten und zum anderen ein effizienter Datenaustausch zwischen CPU-Cache und Arbeitsspeicher sichergestellt. Dies führt zu einer starken Lese-Performance. Schreiboperationen wären dagegen sehr aufwendig, da die komprimierten Spalten bei jeder Datenänderung einer Reorganisation unterzogen werden müssten, was etwa bei aktiver Lauflängencodierung (*Run Length Encoding*) schnell sehr teuer werden kann. Für eine umfassendere Betrachtung der Komprimierungsverfahren können wir Ihnen den kostenfreien Onlinekurs »In-Memory Data Management« auf *https://open.hpi.de/courses* empfehlen.

Schreiboperationen im Delta Storage

Aus diesem Grund werden Schreiboperationen, in diesem Fall Inserts und Updates, nicht im Main Storage durchgeführt, sondern legen den neuen oder veränderten Datensatz im Delta Storage ab. Gleichzeitig wird der ursprüngliche Datensatz im Main Storage invalidiert, sodass ein konsistenter Datenbestand gewahrt wird. Leseoperationen berücksichtigen sowohl Main als auch Delta Storage, da diese gemeinsam den aktuellen Datenbestand einer Tabelle repräsentieren.

Delta Merge

Mit der Zeit führen Datenänderungen zu einem wachsenden Delta Storage, was eine durchschnittlich schlechtere Lese-Performance und ineffiziente Speichernutzung zur Folge hat. SAP HANA führt daher regelmäßig die Datensätze des Delta Storages und die des Main Storages in einem neuen Main Storage zusammen und evaluiert im Anschluss das darin verwendete Komprimierungsverfahren. Diese Operation heißt *Delta Merge*. Da schon während des Delta Merges weitere Datenänderungen auftreten können, wird zu Beginn der Operation auch ein neuer Delta Storage angelegt, der diese und zukünftige Änderungen erfasst. Abbildung 2.18 stellt den Ablauf eines Delta Merges dar und skizziert dabei für jeden Zeitpunkt die von allen Schreib- und Leseoperationen adressierten Speicherbereiche.

Ablauf des Delta Merges

Wie Sie in Abbildung 2.18 sehen, herrscht vor und nach der Delta-Merge-Operation der beschriebene Normalzustand, in dem alle Schreiboperationen eine Veränderung des Delta Storages bewirken und alle Leseoperationen sowohl die Daten im Main Storage als auch solche im Delta Storage berücksichtigen.

1. Zu Beginn der in Abbildung 2.18 dargestellten Delta-Merge-Operation wird ein neuer Delta Storage, Delta 2, aufgebaut. Alle Datenänderungen, die während des Delta Merges auftreten, werden in diesem Delta Storage gespeichert. Leseoperationen erfassen fortan neben dem Main Storage (Main 1) und den bestätigten Änderungen in Delta 1 auch das neue Delta 2.

2.3 Persistenz und Speicherverwaltung

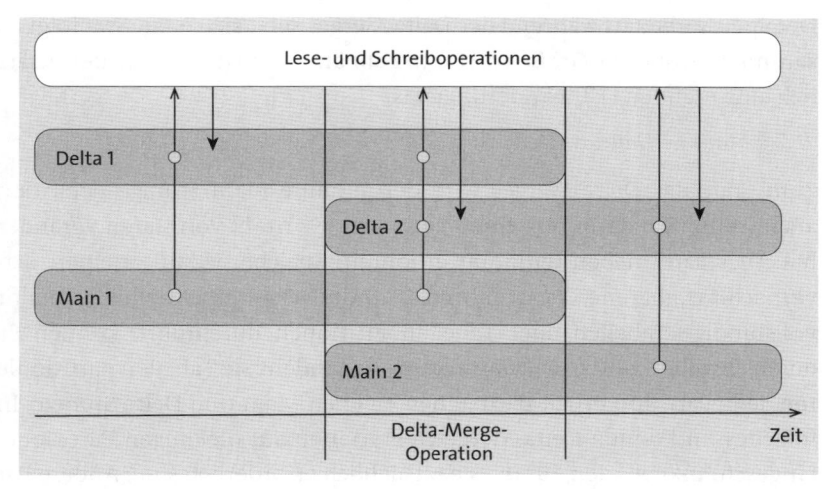

Abbildung 2.18 Lese- und Schreiboperationen während des Delta Merges

2. Da es zu diesem Zeitpunkt möglich ist, dass noch offene Transaktionen gerade Änderungen in Delta 1 vornehmen, wird die Tabelle nun kurz gesperrt, und alle nicht durch einen commit bestätigten Datenänderungen aus Delta 1 werden in Delta 2 kopiert.
3. Anschließend erfolgt der eigentliche Merge. Dabei werden der Inhalt von Main 1 und die bestätigten Änderungen in Delta 1 zusammengeführt und in Main 2 gespeichert.
4. Beim Wechsel des Storages für alle Leseoperationen von Main 1 nach Main 2 erfolgt eine weitere kurze Sperrung der Tabelle.
5. Nach erfolgreichem Abschluss der Delta-Merge-Operation können Main 1 und Delta 1 gelöscht werden.

Je nach Konfiguration und Datenänderungsrate sind dann weitere Nacharbeiten erforderlich: Im Falle eines *Auto Merges* wird das aktuell verwendete Komprimierungsverfahren des Main Storages evaluiert und ggf. optimiert (es sei denn, der Parameter active in der Sektion [optimize_compression] der Datei **indexserver.ini** hat den Wert no). Wenn der Delta Merge nicht mit der Option **Memory Merge** initiiert wurde, wird Main 2 im Data Volume persistiert. Beachten Sie, dass das System dafür nicht auf den nächsten Savepoint wartet, sodass sich die notwendigen I/O-Operationen besser auf die Laufzeit verteilen können.

Für die Dauer der Delta-Merge-Operation muss die gesamte Tabelle in den Arbeitsspeicher geladen werden, auch wenn sie den Ladestatus PARTIALLY oder NO hat. Da der aktuelle Main und Delta Storage in einen neuen Main Storage überführt werden, existieren Main 1 und Main 2 kurzzeitig parallel.

Speicherbedarf des Delta Merges

Der Speicherbedarf während des Delta Merges setzt sich daher wie folgt zusammen – wobei die Größe von Delta 2 abhängig von der Anzahl der zusätzlich eintretenden Datenänderungen ist:

2 × Main 1 + Delta 1 + Delta 2

Zum Ende des Delta Merges wird der gesamte Main Storage persistiert, auch wenn sich darin nur eine relativ kleine Anzahl von Daten verändert hat. Dies kann neben temporär erhöhtem Speicherbedarf zu einer nicht vernachlässigbaren I/O-Last führen. Da SAP HANA Delta Merges immer für vollständige Tabellen oder Tabellenpartitionen durchführt, können Sie deren Speicher- und I/O-Bedarf reduzieren, indem Sie Tabellen partitionieren. Jede Partition erhält dann einen eigenen Main und Delta Storage. Infolgedessen können Delta-Merge-Operationen auf diejenigen Partitionen eingeschränkt werden, für die sie tatsächlich erforderlich sind. Andere Partitionen mit verhältnismäßig kleinerem oder leerem Delta Storage bleiben dann davon unberührt. Wir verdeutlichen dies im weiteren Verlauf dieses Abschnitts anhand einer Tabelle CUSTOMER, die wir mithilfe einer Range-Partitionierung auf der Spalte BIRTHDAY partitioniert haben.

[»]   **Partitionierung erfordert Delta Merge**
Wenn Sie eine große Tabelle partitionieren, etwa um den Speicherbedarf von Delta Merges einzuschränken, bedenken Sie, dass der Partitionierung selbst ein Delta Merge dieser Tabelle vorangeht. Dieser ist erforderlich, um den gesamten Datenbestand inklusive der Änderungen aus dem Delta Storage partitionieren zu können. Wählen Sie also, wenn möglich, einen Zeitpunkt geringer Last für die Partitionierung größerer Tabellen.

Merge Monitor   Da Delta-Merge-Operationen speicherintensiv sein können, muss deren Ausführung gesteuert werden. Ob ein Delta Merge zu einem gegebenen Zeitpunkt stattfinden kann, hängt u. a. von der aktuellen Systemlast und von dem Ergebnis unterschiedlicher Kostenfunktionen ab. Die Schritte, die dabei zu einer Entscheidung führen, werden in SAP HANA unter dem Begriff *Merge Monitor* zusammengefasst; es handelt sich dabei aber nicht um einen Prozess oder Thread. Der Merge Monitor nimmt Anfragen entgegen und genehmigt diese durch Erteilung von *Merge Tokens*. Die Anzahl verfügbarer Merge Tokens wird stetig der Verfügbarkeit von Systemressourcen angepasst. Dazu dient eine Kostenfunktion, die Sie über den Parameter load_balancing_func anpassen können. Diesen und alle weiteren Konfigurationsparameter, die wir im Zusammenhang mit Delta Merges erwähnen, finden Sie in der Sektion [mergedog] der Konfigurationsdatei **indexserver.ini**.

2.3 Persistenz und Speicherverwaltung

Die Anzahl der Tokens, die für eine einzelne Merge-Anfrage benötigt werden, wird dabei von SAP HANA für jede Tabelle individuell berechnet. Wenn dies nicht möglich ist, greift der Merge Monitor auf einen Standardwert zurück, den Sie über den Parameter token_per_table definieren können. Aufgrund der Kostenfunktion kann es vorkommen, dass Merge-Anfragen blockiert werden, etwa weil die erforderlichen Ressourcen nicht zur Verfügung stehen oder weil für die betroffene Tabelle bereits ein Merge erfolgt. Da mehrere Merge-Anfragen unterschiedlicher Tabellen parallel auftreten können, entscheidet der Merge Monitor auch über die Reihenfolge der angefragten Merge-Operationen. In verteilten Systemen besitzt dabei jeder Index Server einen eigenen Merge Monitor. Die eigentlichen Delta Merges werden dann von Threads mit dem Namen MergeAttributeThread durchgeführt.

Merge Tokens

Grundsätzlich können Delta Merges in SAP HANA hinsichtlich ihres auslösenden Ereignisses unterschieden werden:

Arten von Delta Merges

- von SAP HANA ausgelöst (*Auto Merge* und *Critical Merge*)
- durch Applikation ausgelöst (*Smart Merge*)
- durch Benutzer ausgelöst (*Hard Merge* und *Forced Merge*)

Von Applikation und Benutzer ausgelöste Delta Merges können darüber hinaus in standardmäßige Merges und *Memory Merges* unterteilt werden. Im Folgenden gehen wir auf die Besonderheiten der unterschiedlichen Merges ein.

Die Durchführung der automatisch von SAP HANA ausgelösten Delta Merges (Auto Merge) wird von einem Thread mit dem Namen mergedogMonitor sichergestellt (siehe Abbildung 2.19). Dieser überprüft standardmäßig alle 60 Sekunden für sämtliche Tabellen oder Partitionen des Column Stores, ob ein Delta Merge erforderlich ist. Dies betrifft auch Tabellen, für deren Spalten nur der Delta Storage, nicht aber der Main Storage geladen ist (d. h., der Ladestatus im View M_CS_COLUMNS kann den Wert FALSE haben).

Auto Merge

Der mergedogMonitor legt dabei die Größe des Delta Storages, den verfügbaren Arbeitsspeicher und die Dauer seit dem letzten Delta Merge zugrunde. Diese Funktion können Sie über den Parameter auto_merge_decision_func in der Sektion [mergedog] der Datei **indexserver.ini** anpassen. Wenn die Funktion zugunsten einer Merge-Anfrage an eine Tabelle entscheidet, werden ggf. mehrere Threads des Typs MergeAttributeThread gestartet, die den Delta Merge durchführen. Über die Durchführung entscheidet aber, wie zuvor beschrieben, zunächst die Kostenfunktion des Merge Monitors.

Beteiligte Threads

Auto Merge aktivieren

Den Auto Merge können Sie sowohl für einen ganzen Index Server als auch auf Tabellenebene deaktivieren und wieder aktivieren. Der Parameter active der Sektion [mergedog] in der Datei **indexserver.ini** entscheidet über die Aktivität des Threads mergedogMonitor für alle Tabellen Ihres Index Servers. Mit dem folgenden Befehl können Sie den Auto Merge hingegen für einzelne Tabellen des Column Stores ein- bzw. ausschalten:

```
ALTER TABLE "<Schema>"."<Tabelle>" {DISABLE | ENABLE} AUTOMERGE;
```

Entsprechend lässt sich der Auto-Merge-Status einer Tabelle über die Spalte AUTO_MERGE_ON des System-Views TABLES abfragen. Das Ausschalten des Auto Merges kann temporär sinnvoll sein, um Delta Merges während größerer geplanter Datenänderungen zu unterbinden und erst nach erfolgreichem Abschluss der Änderungen einen einmaligen Delta Merge zu initiieren. Außerdem sollten Sie den Auto Merge deaktivieren, wenn Sie stattdessen Smart Merges verwenden. Nach jedem Auto Merge überprüft SAP HANA für die betroffene Tabelle, ob das verwendete Komprimierungsverfahren auch für den neu entstandenen Main Storage der optimalen Methode entspricht. Unter Umständen werden daraufhin die Komprimierungsparameter angepasst und die Spalten entsprechend der aktualisierten Komprimierung neu geladen.

Überwachen von Delta Merges

Den Thread MergedogMonitor können Sie mithilfe der App **Threads** im SAP HANA Cockpit überwachen, indem Sie die Ansicht auf dessen Thread-Typ filtern, wie in Abbildung 2.19 gezeigt.

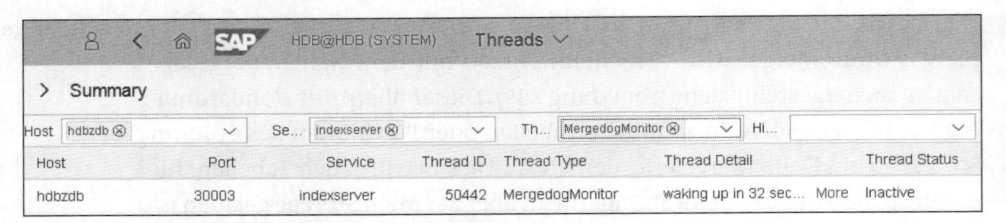

Host	Port	Service	Thread ID	Thread Type	Thread Detail		Thread Status
hdbzdb	30003	indexserver	50442	MergedogMonitor	waking up in 32 sec...	More	Inactive

Abbildung 2.19 Den Thread »MergedogMonitor« überwachen

In der Spalte **Thread Detail** sehen Sie die verbleibende Zeit, bis der Thread erneut alle Tabellen und Partitionen des Column Stores daraufhin überprüft, ob Delta Merges erforderlich sind. Direkt nach Abruf dieser Information haben wir 500 Zeilen in eine Tabelle CUSTOMER importiert, die wir mithilfe einer Range-Partitionierung auf der Spalte BIRTHDAY partitioniert haben. Nach Ablauf der 32 Sekunden (siehe Spalte **Thread Detail** in Abbildung 2.19) entschied der MergeDogMonitor aufgrund der 500 neuen Datensätze im Delta Storage der Tabelle CUSTOMER, dass eine Delta-Merge-Operation erforderlich ist.

2.3 Persistenz und Speicherverwaltung

Da alle der 500 neuen Zeilen Geburtsjahre aufweisen, die genau einer der vier Partitionen zugeordnet werden können, wurde nur in eine Partition der Tabelle importiert, und der Auto Merge muss nur diese Partition berücksichtigen. Der fünfte Eintrag in Abbildung 2.20 zeigt den Auto Merge, der vom `MergedogMonitor` nach Ablauf der 32 Sekunden ausgelöst wurde. Dazu fragen wir den System-View `M_DELTA_MERGE_STATISTICS` ab.

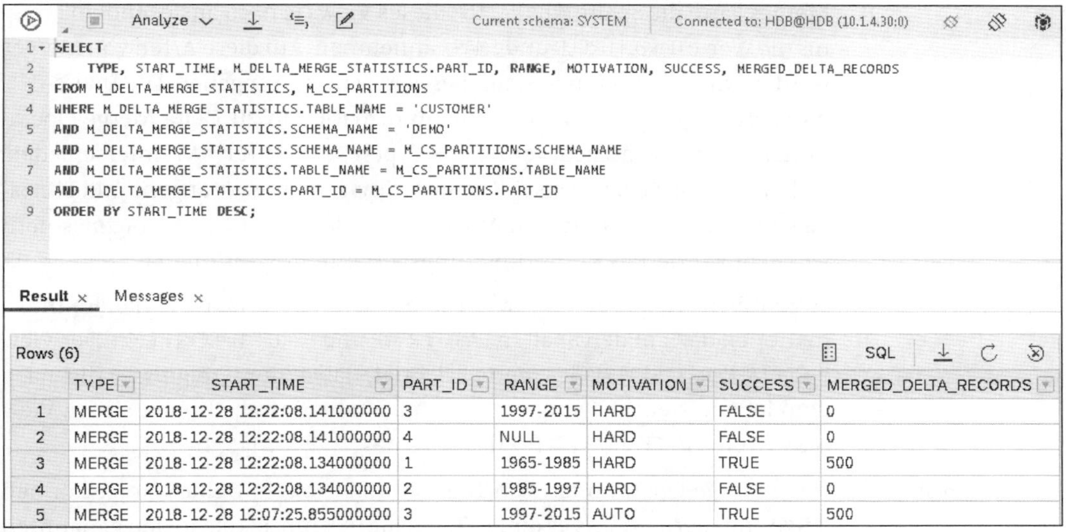

```
SELECT
    TYPE, START_TIME, M_DELTA_MERGE_STATISTICS.PART_ID, RANGE, MOTIVATION, SUCCESS, MERGED_DELTA_RECORDS
FROM M_DELTA_MERGE_STATISTICS, M_CS_PARTITIONS
WHERE M_DELTA_MERGE_STATISTICS.TABLE_NAME = 'CUSTOMER'
AND M_DELTA_MERGE_STATISTICS.SCHEMA_NAME = 'DEMO'
AND M_DELTA_MERGE_STATISTICS.SCHEMA_NAME = M_CS_PARTITIONS.SCHEMA_NAME
AND M_DELTA_MERGE_STATISTICS.TABLE_NAME = M_CS_PARTITIONS.TABLE_NAME
AND M_DELTA_MERGE_STATISTICS.PART_ID = M_CS_PARTITIONS.PART_ID
ORDER BY START_TIME DESC;
```

	TYPE	START_TIME	PART_ID	RANGE	MOTIVATION	SUCCESS	MERGED_DELTA_RECORDS
1	MERGE	2018-12-28 12:22:08.141000000	3	1997-2015	HARD	FALSE	0
2	MERGE	2018-12-28 12:22:08.141000000	4	NULL	HARD	FALSE	0
3	MERGE	2018-12-28 12:22:08.134000000	1	1965-1985	HARD	TRUE	500
4	MERGE	2018-12-28 12:22:08.134000000	2	1985-1997	HARD	FALSE	0
5	MERGE	2018-12-28 12:07:25.855000000	3	1997-2015	AUTO	TRUE	500

Abbildung 2.20 Delta-Merge-Operationen anzeigen

Die Spalte `MERGED_DELTA_RECORDS` zeigt Ihnen für jeden Delta Merge, wie viele Zeilen sich im Delta Storage befanden. Abbildung 2.20 zeigt, dass für unser Beispiel nur Partition 3 einem Auto Merge unterzogen wurde. Anschließend importierten wir weitere 500 Einträge, dieses Mal in Partition 1, und initiierten manuell einen Delta Merge (Spalte `MOTIVATION` = `HARD`) für die gesamte Tabelle `CUSTOMER`. In diesem Fall werden sämtliche Partitionen berücksichtigt. Da sich aber lediglich im Delta Storage von Partition 1 neue oder veränderte Datensätze befanden, verlief nur der Delta Merge für Partition 1 erfolgreich. Für die Partitionen 2–4 konnten keine Delta Merges durchgeführt werden (Spalte `SUCCESS` = `FALSE`). Die Spalte `MERGED_DELTA_RECORDS` weist dabei auf eine häufige Fehlerursache manuell initiierter Delta Merges hin. Daher ist es bei der Suche nach Fehlern sinnvoll, die Filterung zu erweitern, wie in Listing 2.8 dargestellt.

Delta-Merge-Statistik

```
SELECT * FROM M_DELTA_MERGE_STATISTICS
WHERE TYPE = 'MERGE'
AND SUCCESS = 'FALSE'
```

```
AND MERGED_DELTA_RECORDS > 0
ORDER BY START_TIME DESC;
```

Listing 2.8 Suche nach fehlgeschlagenen Delta-Merge-Operationen

Das Beispiel zeigt, wie Sie Delta Merges mithilfe des System-Views `M_DELTA_MERGE_STATISTICS` überwachen können. Neben dem Wert `AUTO` für Auto Merges kann die Spalte `MOTIVATION` dieses Views je nach auslösendem Ereignis die Werte `HARD`, `FORCED` und `SMART` annehmen. Auf diese Arten von Merges werden wir im weiteren Verlauf dieses Abschnitts eingehen. Die Spalte `TYPE` indiziert, dass der View nicht nur Informationen zu Delta-Merge-Operationen liefert. Zusätzlich werden die Typen `SPARSE` und `HINT` unterschieden, wobei ein Eintrag des Typs `HINT` einem Smart Merge vorangeht und Einträge vom Typ `SPARSE` auf einen Auto Merge oder Smart Merge folgen, sofern versucht wurde, das Komprimierungsverfahren zu optimieren.

Sollten bei einem der Vorgänge Fehler auftreten, finden Sie nähere Informationen dazu in den Spalten `LAST_ERROR` und `ERROR_DESCRIPTION`. Der View `M_DELTA_MERGE_STATISTICS` berücksichtigt dabei nur Ereignisse, die nach dem letzten Neustart aufgetreten sind, ältere Einträge finden Sie im View `HOST_DELTA_MERGE_STATISTICS` des Schemas `_SYS_STATISTICS`.

Monitoring Delta-Merge-Operationen von Tabellen mit großem Delta Storage können lange andauern, sodass es einige Zeit dauern kann, bis sie in den genannten Views der Merge-Statistik auftauchen. Das SAP HANA Studio stellt Ihnen außerdem ein Monitoring-Statement mit stündlich aggregierten Informationen wie der durchschnittlichen Ausführungszeit zu allen Delta Merges zur Verfügung. Dieses finden Sie auf der Registerkarte **Administration • System Information** unter dem Namen **Delta Merge Analysis**. Wenn Sie darin auf **Show Log** klicken, können Sie auch das zugehörige SQL-Statement einsehen und es z. B. zur weiteren Nutzung im SAP HANA Database Explorer kopieren. Das Ergebnis wird Ihnen allerdings etwas unglücklich formatiert in einer großen Spalte mit dem Titel **LINE** angezeigt. Kopieren Sie den Inhalt dieser Spalte in einen Texteditor, um die Lesbarkeit zu erhöhen.

Hard Merge Manuelle Merges einer Tabelle oder Partition können sinnvoll sein, um z. B. vor einem Performance-Test sicherzustellen, dass sich alle importierten Zeilen im Main Storage befinden. Bei dem manuellen Merge, der in Abbildung 2.20 aufgeführt wird, handelt es sich um einen *Hard Merge*, für den Sie über den folgenden Befehl eine Anfrage auslösen können:

```
MERGE DELTA OF "<Schema>"."<Tabelle>";
```

Durch Hinzufügen der Klausel PART <n> lässt sich die Merge-Anfrage dabei optional auf nur eine Partition der Tabelle begrenzen, wobei n für die *Part-ID* der Partition steht. Hard Merges werden der Kostenfunktion des Merge Monitors unterzogen und somit nur dann durchgeführt, wenn gemäß dieser Definition ausreichend Ressourcen zur Verfügung stehen. Wenn mehrere Hard Merges parallel angefragt werden, entscheidet eine weitere Funktion hard_merge_priority_func über deren Reihenfolge.

Diese Funktionen können Sie mithilfe eines *Forced Merges* umgehen. Dazu fügen Sie dem Befehl MERGE DELTA eine weitere Option hinzu:

Forced Merge

```
MERGE DELTA OF "Schema"."Tabelle" [PART <n>]
WITH PARAMETERS ('FORCED_MERGE' = 'ON');
```

Beim Forced Merge handelt es sich um einen erzwungenen Delta Merge. Er erscheint unmittelbar als neuer Eintrag im View M_DELTA_MERGE_STATISTICS mit dem Wert FORCED im Feld **Motivation**. Wenn Sie in der Vergangenheit Delta Merges über die grafische Oberfläche des SAP HANA Studios auslösten, handelte es sich dabei um Hard Merges.

Bei anhaltenden Datenänderungen, etwa während eines Datenimports, können Sie mithilfe von Delta Merges die Lese-Performance für die bereits importierten Zeilen verbessern, indem diese während des Importvorgangs sukzessiv in den Main Storage überführt werden. Eine Persistierung des vollständigen Main Storages am Ende jedes Delta Merges wäre dann jedoch unnötig, da der zuletzt persistierte Stand die vorangegangenen Zustände beinhaltet. In solchen Fällen können Sie mithilfe eines *Memory Merges* das Persistieren des Main Storages aussparen:

Memory Merge

```
MERGE DELTA OF "<Schema>"."<Tabelle>" [PART <n>]
WITH PARAMETERS ( 'MEMORY_MERGE' = 'ON');
```

Während des beispielhaft genannten Importvorgangs können Memory Merges den Delta Storage und damit den Speicherbedarf klein halten und gleichzeitig die Lese-Performance verbessern. Auf der anderen Seite kann aufgrund der fehlenden Persistierung das Delta Log nicht geleert werden. Das heißt, beim Neustart nach einem Systemausfall kann nicht auf einen persistierten, aktuellen Stand des Main Storages im Data Volume zurückgegriffen werden. Stattdessen müssen unter Umständen sehr viele Log-Segmente auf einen älteren Datenbestand appliziert werden, was den Startvorgang verzögert. Nach erfolgreichem Abschluss von Phasen einer erhöhten Datenänderungsrate sollten Sie daher einen vollständigen Hard Merge durchführen, der standardmäßig den Main Storage persistiert.

2 Architektur

Komprimierung optimieren

Beachten Sie außerdem, dass bei manuell initiierten Delta Merges standardmäßig keine Optimierung der aktuell verwendeten Komprimierungsverfahren erfolgt. Daher sollten Sie dies bei größerem Delta Storage für Hard, Forced und Memory Merges wie folgt veranlassen:

```
MERGE DELTA OF "<Schema>"."<Tabelle>"
WITH PARAMETERS ('OPTIMIZE_COMPRESSION' = 'ON');
```

> **[»] Berechtigung zur Initiierung von Delta Merges**
> Unabhängig von der Art des Delta Merges benötigen Sie zur Initiierung das System Privilege TABLE ADMIN.

Smart Merge

Das angesprochene Beispiel von Delta Merges während und nach Importvorgängen verdeutlicht die Abhängigkeit zwischen einem effizienten Merge-Verhalten auf Datenbankebene und den aktuellen sowie geplanten Aktivitäten auf Applikationsebene. Die dritte Gruppe der Delta Merges nutzt diesen Zusammenhang für sogenannte *Smart Merges*. Anstatt – wie im Falle von Auto Merges – in regelmäßigen Intervallen die Notwendigkeit eines Delta Merges auf Datenbankebene zu überprüfen, kann diese Information auch direkt von der Applikationsebene an die Datenbank weitergegeben werden. Denn der Applikation ist in vielen Anwendungsfällen bekannt, wann ein Delta Merge durchgeführt werden sollte, und vor allem, wann er zu negativen Effekten führen kann. Die finale Entscheidung muss aber dennoch der Datenbank obliegen, da nur hier alle erforderlichen Gegebenheiten zur Durchführung eines Delta Merges überprüft werden können. Dazu zählt vor allem der Speicherbedarf, der auch für andere Applikationen und SAP HANA selbst gedeckt sein muss.

Smart Merges bei SAP BW auf SAP HANA

Ein Beispiel für die Verwendung von Smart Merges ist der Betrieb von SAP BW auf SAP HANA. Sobald die Applikation eine Delta-Merge-Operation für erforderlich hält, sendet diese einen *Hint* an SAP HANA. Es handelt sich dabei standardmäßig also nicht um einen Befehl für den Forced Merge, sondern um eine Anfrage, die der Merge Monitor mithilfe der Kostenfunktion `smart_merge_decision_func` evaluiert. Sollte der Merge Monitor die Anfrage verwerfen, führt erst ein neuer Hint durch die Applikation zu einer erneuten Anfrage. Sie können Smart Merges in Ihrem SAP-HANA-System aktivieren, indem Sie dem Parameter `smart_merge_enabled` den Wert yes zuweisen. Gleichzeitig sollten Sie für die Tabellen, die Sie über Smart Merges verwalten wollen, den Auto Merge ausschalten:

```
ALTER TABLE "Schema"."Tabelle" DISABLE AUTOMERGE;
```

2.3 Persistenz und Speicherverwaltung

Anschließend kann die Applikation über den folgenden Befehl Smart Merges auslösen:

```
MERGE DELTA OF "Schema"."Tabelle"
WITH PARAMETERS ('SMART_MERGE' = 'ON');
```

Der Smart Merge lässt sich dabei auch mit den Parametern für Memory Merges und Forced Merges kombinieren. Mithilfe des in Abbildung 2.21 dargestellten System-Views M_DELTA_MERGE_STATISTICS können Sie nachvollziehen, wann Smart Merges angefragt oder durchgeführt wurden.

Smart Merges überwachen

Dabei zeigt Ihnen die Spalte SUCCESS zu jedem Hint (TYPE = 'HINT'), ob dieser verworfen oder akzeptiert worden ist, also tatsächlich einen Delta Merge zur Folge hatte. In letzterem Fall finden Sie in dem View einen weiteren Eintrag vom Typ MERGE, dessen Spalte MOTIVATION den Wert SMART hat. Für erfolglose Hints existiert kein MERGE-Eintrag.

```sql
SELECT
    TYPE, START_TIME, M_DELTA_MERGE_STATISTICS.PART_ID, RANGE, MOTIVATION, SUCCESS, MERGED_DELTA_RECORDS
FROM M_DELTA_MERGE_STATISTICS, M_CS_PARTITIONS
WHERE M_DELTA_MERGE_STATISTICS.TABLE_NAME = 'CUSTOMER'
AND M_DELTA_MERGE_STATISTICS.SCHEMA_NAME = 'DEMO'
AND M_DELTA_MERGE_STATISTICS.SCHEMA_NAME = M_CS_PARTITIONS.SCHEMA_NAME
AND M_DELTA_MERGE_STATISTICS.TABLE_NAME = M_CS_PARTITIONS.TABLE_NAME
AND M_DELTA_MERGE_STATISTICS.PART_ID = M_CS_PARTITIONS.PART_ID
AND (MOTIVATION = 'SMART' OR TYPE = 'HINT')
ORDER BY START_TIME DESC;
```

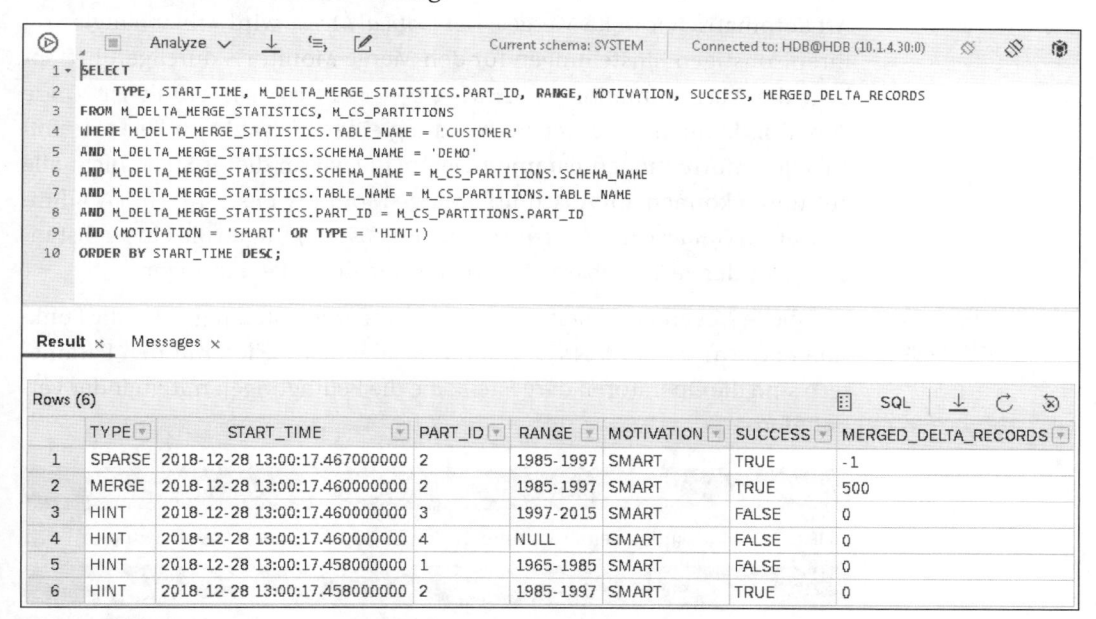

	TYPE	START_TIME	PART_ID	RANGE	MOTIVATION	SUCCESS	MERGED_DELTA_RECORDS
1	SPARSE	2018-12-28 13:00:17.467000000	2	1985-1997	SMART	TRUE	-1
2	MERGE	2018-12-28 13:00:17.460000000	2	1985-1997	SMART	TRUE	500
3	HINT	2018-12-28 13:00:17.460000000	3	1997-2015	SMART	FALSE	0
4	HINT	2018-12-28 13:00:17.460000000	4	NULL	SMART	FALSE	0
5	HINT	2018-12-28 13:00:17.458000000	1	1965-1985	SMART	FALSE	0
6	HINT	2018-12-28 13:00:17.458000000	2	1985-1997	SMART	TRUE	0

Abbildung 2.21 Hints und Smart Merges überwachen

In unserem Beispiel aus Abbildung 2.21 wurde ein Hint für die partitionierte Tabelle CUSTOMER gesendet. Nur für Partition 2 hatte der Hint auch einen Smart Merge zur Folge, da sich im Delta Storage dieser Partition 500 neue Einträge befanden (siehe Spalte MERGED_DELTA_RECORDS). Der Smart Merge verlief erfolgreich.

[!] **Erfolgreiche Smart Merges**
Ein erfolgreicher Hint (TYPE = 'HINT' AND SUCCESS = 'TRUE') heißt nicht, dass der ausgelöste Delta Merge ebenfalls erfolgreich verlief. Dazu muss zusätzlich die Spalte SUCCESS des zugehörigen Eintrags vom Typ MERGE überprüft werden.

Bei Einträgen vom Typ HINT finden Sie in der Spalte PASSPORT ggf. Informationen zur Applikation, die diesen Hint auslöste.

Critical Merge Wenn Sie Auto Merges in Ihrem System deaktiviert haben und weder Hard Merges noch Smart Merges initiiert werden, besteht die Gefahr, dass der Delta Storage Ihrer Tabellen zu stark anwächst und Delta Merges deshalb unter Umständen nicht mehr möglich sind. Um dies zu verhindern, existiert seit SAP HANA 1.0 SPS04 zugunsten der Systemstabilität eine weitere Art automatischer Delta Merges: Der *Critical Merge* wird – unabhängig von Ihren sonstigen Einstellungen für den Merge Monitor – durchgeführt, sobald die Kostenfunktion critical_merge_decision_func erfüllt ist. Diese Funktion können Sie unter Verwendung einer Vielzahl von System- und Tabelleninformationen parametrisieren, die wir an dieser Stelle nicht alle aufführen können. Im Abschnitt »Merge Monitor« des »SAP HANA Administration Guides« (siehe *http://s-prs.de/v685002*) finden Sie eine vollständige Liste der verwendbaren Parameter und deren Bedeutungen.

Standardbedingungen In Tabelle 2.7 verdeutlichen wir nur die Standardeinstellungen für die Funktion critical_merge_decision_func. Zwischen den Zeilen mit den Parametern sind die Operatoren dargestellt, die die Bedingungen miteinander verknüpfen.

Parameter	Bedeutung	Standardeinstellung
UPT	Index Server Uptime	> 43.200 Sekunden (zwölf Stunden)
AND ((		
MMS	Main Memory Size	< 10.000 MB (10 GB)
AND		
DMS	Delta Memory Size	> 1.000 MB (1 GB)
AND		
TMD	Table Merge Delay	> 86.400 Sekunden (24 Stunden)

Tabelle 2.7 Standardbedingungen für einen Critical Merge

Parameter	Bedeutung	Standardeinstellung
	) OR	
TMD	Table Merge Delay	> 604.800 Sekunden (sieben Tage)
	)	

Tabelle 2.7 Standardbedingungen für einen Critical Merge (Forts.)

Aus Tabelle 2.7 geht hervor, dass Critical Merges standardmäßig nur dann durchgeführt werden, wenn der Index Server seit mindestens zwölf Stunden läuft. Zusätzlich muss eine der beiden folgenden Bedingungen erfüllt sein:

- Für die betreffende Tabelle wurde seit sieben Tagen kein Delta Merge durchgeführt (Table Merge Delay > 604.800 Sekunden).
- Der Delta Storage der Tabelle übersteigt eine Größe von 1 GB, während der Main Storage kleiner als 10 GB ist und seit 24 Stunden kein Delta Merge für diese Tabelle stattgefunden hat.

> [!] **Standardbedingungen anpassen**
> Da diese Kostenfunktion zur Stabilität Ihres Systems beiträgt, empfehlen wir Ihnen, die Standardeinstellungen nur dann zu verändern, wenn Sie vom SAP-Support darum gebeten werden.

Wie schon erwähnt, sind Delta-Merge-Operationen in SAP HANA ausschließlich im komprimierten Column Store erforderlich. Wir wollen aber an dieser Stelle nicht unerwähnt lassen, dass mit der Zeit auch im Row Store eine Reorganisation notwendig sein kann, um die Fragmentierungsrate zu verringern. Nähere Informationen dazu finden Sie in SAP-Hinweis 1813245 (SAP-HANA-Datenbank: Reorganisation des Zeilenspeichers). In diesem Hinweis finden Sie auch eine Abfrage, mit deren Hilfe Sie überprüfen können, ob der Row Store Ihres Systems reorganisiert werden muss.

Reorganisation des Row Stores

2.4 Basisvorgänge

In diesem Abschnitt zeigen wir Ihnen, wie Sie eine SAP-HANA-Datenbank starten, stoppen und konfigurieren. Dabei gehen wir auch auf Besonderheiten ein, die sich im Zusammenhang mit diesen Vorgängen für Tenant-Datenbanken ergeben. Außerdem erfahren Sie alles Wichtige, um Anwendern und Administratoren den Zugang zu Ihrem System einzurichten.

2.4.1 Systemstart und -stopp

In Abschnitt 2.1.3, »SAP-HANA-Prozesse und -Threads«, haben wir die Prozesse eines SAP-HANA-Systems beschrieben. Wenn alle Prozesse verfügbar sind, zeigt Ihnen das SAP HANA Cockpit im Bereich **Overall Database Status** ein grünes Icon mit dem Hinweis **Running** an. In diesem Abschnitt widmen wir uns dem Starten und Stoppen dieser Prozesse sowie den Aufgaben, die notwendig sind, damit der letzte konsistente Stand der Datenbank wiederhergestellt werden kann.

Werkzeuge

Es existieren verschiedene Möglichkeiten, die Prozesse von SAP HANA zu starten und zu stoppen. Wir beschränken uns in diesem Fall auf die Kommandozeile und das Administrationswerkzeug SAP HANA Cockpit. In jedem Fall benötigen Sie Zugang zum Betriebssystembenutzer <SID>adm.

Start/Stopp über »HDB«

Auf Betriebssystemebene können Sie zum Starten bzw. Stoppen einer lokalen SAP-HANA-Instanz auf einem Host das Programm HDB verwenden, das sich im Verzeichnis **/hana/shared/<SID>/HDB <Instanznr.>** befindet und Ihnen unter anderem die folgenden Befehle bereitstellt:

```
HDB start | stop | restart | kill[-<Signal>] <Prozess>
```

Letztere Option ermöglicht es, einzelne SAP-HANA-Prozesse gezielt zu beenden, sollte aber niemals in produktiven Systemen verwendet werden. Wenn Sie ein Single-Host-System einsetzen, werden diese Befehle höchstwahrscheinlich ausreichen. In Multiple-Host-Systemen führen diese Befehle hingegen nur zum Start bzw. Stopp lokaler Instanzbestandteile des jeweiligen Hosts. Verwenden Sie daher die Befehle aus Listing 2.9, um das gesamte System, bestehend aus allen Prozessen auf allen Hosts, zu starten und anschließend für jeden Host den Status zu kontrollieren.

```
/usr/sap/hostctrl/exe/sapcontrol -nr <Instanznummer>
-function StartSystem HDB
/usr/sap/hostctrl/exe/sapcontrol -nr <Instanznummer>
-function GetSystemInstanceList
```

Listing 2.9 Starten und Überwachen eines Multiple-Host-Systems

Start/Stopp über »sapcontrol«

Natürlich können Sie Ihr System auch mithilfe des Programms sapcontrol stoppen:

```
/usr/sap/hostctrl/exe/sapcontrol -nr <Instanznummer>
-function StopSystem HDB
```

Start/Stopp über das SAP HANA Cockpit

Etwas komfortabler ist der Weg über das SAP HANA Cockpit. Hier können Sie in der App **System Overview** im Bereich **Overall Database Status** auf

2.4 Basisvorgänge

Start System bzw. **Stop System** klicken. Zur Durchführung einer dieser Operationen werden Sie aufgefordert, sich als `<sid>adm` zu authentifizieren.

Zum Stoppen des Systems werden die folgenden beiden Modi unterschieden, die Sie auch dem Dialog in Abbildung 2.22 entnehmen können:

Stoppmodi

- **Soft Shutdown**
  Ein Soft Shutdown wartet auf den Abschluss laufender Transaktionen. Anschließend wird eine Savepoint-Operation durchgeführt, um den nächsten Startvorgang zu beschleunigen. Wenn der Soft Shutdown nicht zum Stoppen des Systems führt, wird das Herunterfahren von SAP HANA nach Ablauf einer definierten Zeitspanne erzwungen, die Sie, wie in Abbildung 2.22 dargestellt, individuell auswählen können.

- **Hard Shutdown (Immediately)**
  Entscheiden Sie sich für einen Hard Shutdown, wenn Sie laufende Transaktionen abbrechen und zurückrollen möchten. Hier wird keine Savepoint-Operation ausgelöst, sodass beim nächsten Systemstart die seit dem letzten Savepoint generierten Log-Segmente appliziert werden müssen. Die Dauer des Startvorgangs wird daher abhängig von der Datenänderungsrate Ihres Systems verzögert.

Den Status aller Prozesse Ihres Systems überwachen Sie, wie in Abbildung 2.22 zu sehen, in der App **Manage Services** des SAP HANA Cockpits. Hier sehen Sie auch jeweils deren Startzeitpunkte, wenn Sie die Spalte **Start Time** einblenden.

Prozessstatus

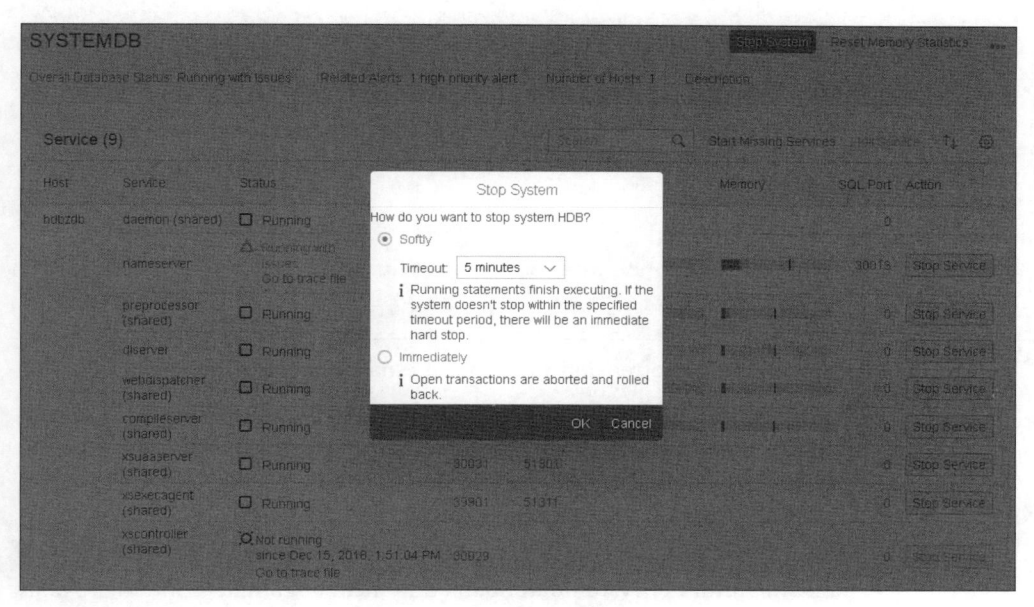

Abbildung 2.22 Statusüberwachung und Stoppen des Systems

2 Architektur

Einzelne Prozesse stoppen

Über die Spalte **Action** ist es möglich, einzelne Prozesse zu stoppen. Alternativ steht Ihnen dazu der folgende SQL-Befehl zur Verfügung, wobei Sie den Hostnamen und die Portnummer angeben müssen. Die Informationen können Sie ebenfalls der App **Manage Services** (siehe Abbildung 2.22) entnehmen:

```
ALTER SYSTEM STOP SERVICE <hostname:Port> [immediate];
```

Der HDB Daemon sorgt allerdings als Vaterprozess dafür, dass ein gestoppter Prozess sofort wieder neu gestartet wird, sodass der Befehl einem Serviceneustart gleichkommt. Ein Stoppen des Daemon-Prozesses selbst ist auf diesem Wege nicht möglich. Zum Stoppen einzelner Prozesse benötigen Sie das System Privilege `SERVICE ADMIN`. Sollte der HDB Daemon nicht reagieren, können Sie in der App **Manage Services** über den Button **Start Missing Services** fehlende Prozesse manuell starten. Starten und Stoppen des Systems sowie das Starten fehlender Services sind ausschließlich über die Administration der Systemdatenbank im SAP HANA Cockpit möglich.

Tenant-Datenbanken starten und stoppen

Für das Starten und Stoppen von Tenant-Datenbanken bietet das SAP HANA Cockpit ebenfalls eine Option. Klicken Sie dazu im **Resource Directory** unterhalb der Systemdatenbank auf **Manage Databases**. Diese App zeigt Ihnen Informationen zur Systemdatenbank sowie zu allen Tenant-Datenbanken. Letztere können Sie über die Spalte **Action** starten und stoppen, wie in Abbildung 2.23 dargestellt.

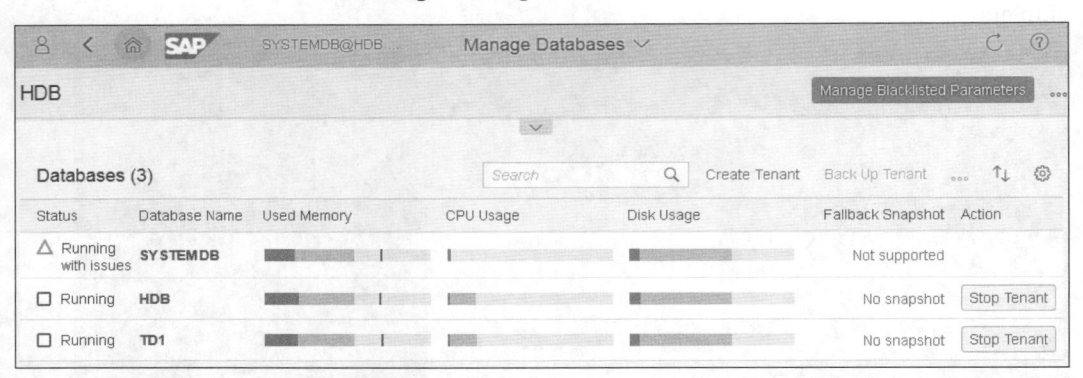

Abbildung 2.23 Starten und Stoppen von Tenant-Datenbanken

Alternativ lassen sich Tenant-Datenbanken über SQL starten und stoppen. Ausschließlich für Tenant-Datenbanken existiert der folgende SQL-Befehl:

```
ALTER SYSTEM START | STOP DATABASE <Tenant-Datenbank>;
```

Er ist nicht für die Systemdatenbank und nicht auf Single-Container-Systemen anwendbar und kann ausschließlich von der Systemdatenbank ausge-

2.4 Basisvorgänge

führt werden, sofern Sie das System Privilege DATABASE ADMIN besitzen. Dieses beinhaltet die System Privileges DATABASE START und DATABASE STOP.

Ein Stoppen des SAP-HANA-Systems bewirkt gleichzeitig das Stoppen aller Tenant-Datenbanken. Beachten Sie aber, dass beim anschließenden Start des Systems nur die Tenant-Datenbanken gestartet werden, die zuvor aktiv waren. Alle übrigen Tenant-Datenbanken müssen ggf. über den genannten Befehl manuell gestartet werden. Wenn Sie verhindern möchten, dass eine zuvor aktive Tenant-Datenbank beim Systemstart mitgestartet wird, finden Sie in der App **Manage Databases** des SAP HANA Cockpits die Option **Set Restart Mode**, oder Sie verwenden die folgende SQL-Anweisung:

```
ALTER DATABASE <Datenbankname> NO RESTART
```

Nachdem Sie über einen der vorgestellten Wege den Start Ihres SAP-HANA-Systems ausgelöst haben, durchläuft dieses System eine definierte Sequenz, um schließlich einen betriebsfähigen und konsistenten Datenbankstand bereitzustellen. Im Folgenden betrachten wir zunächst die Startsequenz, die zur Verfügbarkeit der SAP-HANA-Prozesse führt. Anschließend werden wir uns dem Zugriff einiger dieser Prozesse auf die Data Volumes widmen, bis schließlich zum Ende des Systemstarts ein SQL-Zugang zur Datenbank bereitgestellt wird.

Startsequenz

SAP HANA wird, wie jede andere SAP-Instanz auch, mithilfe eines Startprofils und eines Startservices hochgefahren, der sapstartsrv heißt. Im Regelfall stellt das sapinit-Skript sicher, dass dieser Service nach dem Hochfahren des Servers verfügbar ist. sapstartsrv stellt verschiedene administrative Funktionen über den Webservice SAPControl bereit, auf den Sie, wie in Abbildung 2.24 dargestellt, zum Starten des Systems zugreifen.

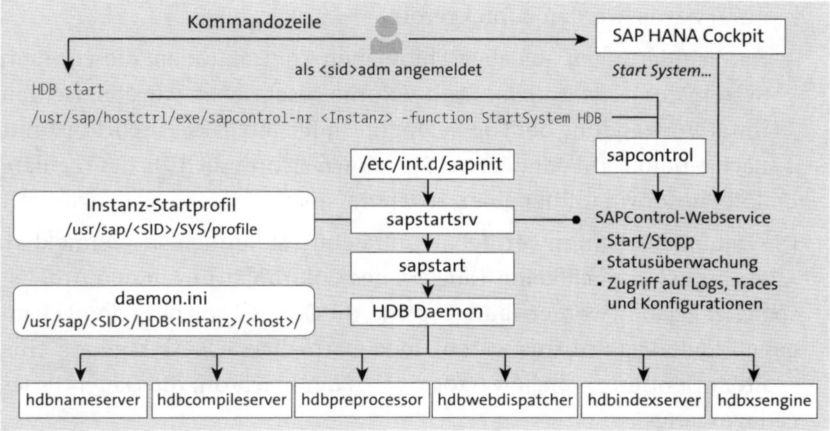

»sapstartsrv«

Abbildung 2.24 Startsequenz von SAP HANA

»sapstart« Von der Kommandozeile können Sie über das Programm sapcontrol auf die Funktionen der Webservice-Schnittstelle zugreifen, z. B. über die Befehle aus Listing 2.9. Auch das Programm HDB nutzt im Hintergrund sapcontrol. Der eigentliche Start der SAP-HANA-Instanz wird dann vom Prozess sapstart angestoßen, wobei dieser nur den HDB Daemon startet, der wiederum die übrigen SAP-HANA-Prozesse startet und überwacht. Der Parameter instances in der Datei **daemon.ini** definiert dabei für jeden Prozess, ob und wie viele dieser Prozesse gestartet werden müssen. Über den Befehl HDB info können Sie sich die laufenden Prozesse anzeigen lassen. Dabei werden Sie feststellen, dass der HDB Daemon der Vaterprozess aller SAP-HANA-Prozesse und sapstart der Vaterprozess von HDB Daemon ist.

Verbindung zur Datenbank
Obwohl zu diesem Zeitpunkt alle SAP-HANA-Prozesse laufen, kann noch keine Verbindung zur Datenbank aufgebaut werden. Dazu muss zuerst jeder persistierende Prozess die folgenden Schritte vornehmen:

1. Der Prozess greift auf sein Data Volume zu und liest Informationen aus einem Restart-Eintrag innerhalb der Datei ein.

2. Die Liste der offenen Transaktionen wird in den Speicher geladen, damit nicht durch einen commit bestätigte Änderungen zurückgerollt werden können.

3. Alle zeilenorientierten Tabellen werden in den Row Store geladen. Da zu diesem Zeitpunkt noch kein SQL-Zugriff möglich ist, beeinflusst die Größe des Row Stores den Systemstart und damit auch die Verfügbarkeit in Failover-Szenarien.

4. Redo-Log-Informationen werden auf das Data Volume appliziert. Dies beinhaltet die folgenden Schritte:
   – Schreibende Transaktionen, die zum Zeitpunkt des Datenbankstopps offen waren, werden zurückgerollt.
   – Datenänderungen aus abgeschlossenen Transaktionen, die vor dem Systemstopp nicht in das Data Volume geschrieben wurden, werden unter Verwendung der Log-Segmente appliziert. Dieser Schritt ist nur nach einem Hard oder Forced Shutdown erforderlich, da der reguläre Soft Shutdown immer einen Savepoint auslöst.

Die Datenbank ist nun verfügbar, und Benutzer können sich anmelden. Allerdings sind noch keine Tabellen des Column Stores in den Arbeitsspeicher geladen worden (außer solche, die Gegenstand des vorangegangenen Redo-Log-Streams waren). Jede erstmalige SQL-Abfrage auf eine spaltenorientierte Tabelle verzögert sich demnach um die Dauer dieses Ladevorgangs.

5. Abgebrochene Transaktionen werden identifiziert und zurückgerollt. Dies umfasst alle Transaktionen, für die kein `commit`-Eintrag vorhanden ist.
6. Der wiederhergestellte, konsistente Stand der Daten wird mittels eines Savepoints im Data Volume persistiert.
7. Tabellen des Column Stores, die für den Preload markiert sind, werden in den Speicher geladen. Informationen zu Preload und Reload finden Sie in Abschnitt 2.3.5, »Daten im Arbeitsspeicher«.
8. Spaltenorientierte Tabellen, die sich vor dem Datenbankstopp im Speicher befanden, werden erneut geladen (*Table Reload*). Wenn der Konfigurationsparameter `reload_tables` den Wert `false` hat, wird dieser Schritt übersprungen.

Solange kein SQL-Zugriff auf das System möglich ist, also während des Startvorgangs vor Schritt 5 sowie bei gestoppten Systemen, sammeln das SAP HANA Cockpit sowie ggf. das SAP HANA Studio Informationen zur Datenbank und deren Prozessen über den Webservice des SAP-Startservices `sapstartsrv` und zeigen diese an, sofern Sie sich als Benutzer `<SID>adm` authentifizieren konnten. Sind alle Prozesse verfügbar, wird das System in der App **System Overview** mit einem grünen Icon versehen.

2.4.2 Konfiguration

Das Verhalten Ihres SAP-HANA-Systems wird durch eine Reihe von Parametern bestimmt. Sie können diesen Parametern neue Werte zuweisen, um z. B. Sicherheitseinstellungen vorzunehmen, den Speicherverbrauch anzupassen oder individuelle Verzeichnisstrukturen zu definieren. Grundsätzlich empfiehlt der SAP-Kundenservice jedoch, die Standardeinstellungen beizubehalten, es sei denn, es wurde ausdrücklich zu Änderungen geraten.

Obwohl Sie Parameter und deren Werte per SQL abfragen und verändern können, sind diese nicht im Datenbankkatalog gespeichert, sondern auf dem Dateisystem in mehrere Dateien gruppiert. So ist sichergestellt, dass die Einstellungen auch Anwendung finden können, wenn die Datenbank nicht verfügbar ist, also z. B. während des Systemstarts. Sie können Parameter auf unterschiedlichen Ebenen setzen, die einander überschreiben. Neben den Standard-, systemweiten und host-spezifischen Parametern sind seit Einführung der Multi-Tenant-Database-Container auch Datenbank- bzw. tenant-spezifische Parameter möglich. Die folgenden Ebenen und zugehörigen Konfigurationsverzeichnisse werden unterschieden:

Parameterdateien

- **Standardkonfiguration**
  Zu jedem Parameter gibt es einen Standardwert. Alle Standardeinstellungen finden Sie im Verzeichnis **/usr/sap/<sid>/HDB<inst>/exe/config**. Diese Einstellungen werden für alle Parameter verwendet, für die Sie keine anderen Werte definiert haben.

- **Systemweite Konfiguration**
  Systemweite Parameter gelten zunächst für alle Hosts und Tenant-Datenbanken Ihres Systems, sie befinden sich im Verzeichnis **/usr/sap/<sid>/SYS/global/hdb/custom/config**.

- **Tenant-spezifische Konfiguration**
  Im Verzeichnis für die systemweite Konfiguration befinden sich zusätzliche Verzeichnisse mit der Bezeichnung **DB_<Tenant-Datenbankname>**, die tenant-spezifische Parameterdateien beinhalten. Deren Werte überschreiben die systemweiten Einstellungen.

- **Host-spezifische Konfiguration**
  Host-spezifische Parameter finden Sie im Verzeichnis **/usr/sap/<sid>/HDB<inst>/<host>**. Sie überschreiben für den jeweiligen Host, in dessen Verzeichnis die Dateien gespeichert sind, alle Standard-, systemweiten und tenant-spezifischen Einstellungen.

Demnach überschreibt der Wert eines Parameters den Wert auf der darüberliegenden Ebene in der folgenden Reihenfolge: Standard, System, Datenbank, Host.

[!] **Überschreiben Sie nicht die Standardkonfiguration**
Bei einem Update Ihres Systems werden die Standardeinstellungen mit neuen Werten überschrieben. Nehmen Sie deshalb niemals Änderungen in dem Verzeichnis **/usr/sap/<sid>/HDB<inst>/exe/config** vor, sondern speichern Sie die erwünschten Abweichungen von der Standardeinstellung immer innerhalb der zuvor genannten Verzeichnisse für systemweite, Tenant-spezifische oder Host-spezifische Parameter.

Sektionen und Ebenen

Die Parameter sind gruppiert, sodass Sie häufig für einen SAP-HANA-Prozess eine eigene Parameterdatei **<service>.ini** finden. Innerhalb einer solchen Datei sind die Parameter darüber hinaus in Sektionen sortiert, die in eckigen Klammern stehen. Ergänzende Kommentare werden mit einer Raute eingeleitet. Abbildung 2.25 zeigt einen Auszug der Parameterdatei **indexserver.ini**.

Es werden Offline- und Onlineparameter unterschieden, wobei Letztere auch ohne Neustart Ihres SAP-HANA-Systems wirksam sein können.

```
[communication]
listenport =3$(SAPSYSTEM)03
maxchannels =4000
maxendpoints =4000
default_read_timeout = -1 #millisecs
default_read_timeout_override = yes

[calcengine]
optimize_guidednavigation_multiprovider = yes

[debug]
symbol_cache_size=2048
```

Abbildung 2.25 Auszug der Datei »indexserver.ini«

Dies ist jedoch auch davon abhängig, auf welche Art Sie die Änderungen vornehmen. Wir haben die zur Verfügung stehenden Möglichkeiten in Tabelle 2.8 zusammengefasst:

Konfigurationswerkzeuge

Werkzeug	Wirksamkeit
SAP HANA Cockpit (**System Overview** • **Configure system properties**)	sofort
SAP HANA Studio (**Administration Console** • **Configuration**)	sofort
DBA Cockpit (Transaktion ST04 oder **DBACOCKPIT** • **Konfiguration** • **INI-Dateien**)	sofort
SQL-Befehl ALTER SYSTEM ALTER CONFIGURATION <Konfiguration> WITH RECONFIGURE	sofort
SQL-Befehl ALTER SYSTEM ALTER CONFIGURATION <Konfiguration>	nach Neustart
Texteditor auf Dateiebene	nach Neustart

Tabelle 2.8 Werkzeuge zur Änderung von Parametern

In Listing 2.10 verdeutlichen wir die SQL-Syntax zum Setzen von Parametern, die Sie Tabelle 2.8 entnehmen können. Dazu ändern wir beispielhaft die Systembeschreibung in »test«.

Konfiguration per SQL

```
ALTER SYSTEM ALTER CONFIGURATION
('global.ini', 'SYSTEM')
SET ('system_information', 'usage') = 'Beispielsystem SAP HANA
  Administration'
WITH RECONFIGURE;
```

Listing 2.10 Systemweite Änderung eines Parameters

Die in Listing 2.10 gezeigte Einstellung wird sofort und systemweit wirksam, da wir das Level SYSTEM angegeben und die Option WITH RECONFIGURE verwendet haben. Der betroffene Parameter wird in der Konfigurationsdatei **global.ini** geführt, d. h., er betrifft alle Prozesse des SAP-HANA-Systems. Da es sich um eine systemweite Änderung handelt, muss die gewählte Ebene nicht näher spezifiziert werden. Wenn Sie Parameter host- oder datenbankspezifisch ändern wollen, verändert sich die Syntax, wie wir an dem Beispiel in Listing 2.11 zeigen.

```
ALTER SYSTEM ALTER CONFIGURATION
('global.ini', 'HOST', 'hdbzdb')
SET ('memorymanager', 'allocationlimit') = '500000' WITH RECONFIGURE;
```

Listing 2.11 Host-spezifische Änderung eines Parameters

In Listing 2.11 haben wir eine Allokationsgrenze für den Arbeitsspeicher auf dem Host hdbzdb gesetzt. Wenn Sie den Befehl SET durch UNSET ersetzen und den Parameterwert entfernen, können Sie Parameter auf der angegebenen Ebene wieder zurücksetzen, sodass der Wert auf der darüberliegenden Ebene angewandt wird. Wenn Sie weder host- noch datenbankspezifische noch systemweite Werte für einen Parameter definiert haben, ist die Standardeinstellung aktiv. Für den Fall, dass Sie Parameter ohne Verwendung der Option WITH RECONFIGURE gesetzt haben, können Sie den folgenden SQL-Befehl verwenden, um dies nachzuholen:

```
ALTER SYSTEM RECONFIGURE SERVICE
(<service_name>, <hostname>, <port_number>)
```

Die Angabe von Hostname und Port reicht dabei aus, um einen konkreten Service, etwa den Index Server einer bestimmten Tenant-Datenbank, zu spezifizieren. Möchten Sie den Befehl auf alle Services eines Typs, z. B. auf alle Index Server, anwenden, verzichten Sie auf die Angabe von Hostname und Port, stattdessen übergeben Sie 'indexserver' als Parameter.

Konfiguration über das SAP HANA Cockpit

Die bereits angesprochenen Ebenen, auf denen Sie einem Parameter unterschiedliche Werte zuweisen können, finden Sie auch in der App **Configuration of System Properties** im SAP HANA Cockpit, wie in Abbildung 2.26 gezeigt.

In Abbildung 2.26 können Sie den von uns zuvor auf Systemebene veränderten Parameter usage erkennen. Dessen Wert Beispielsystem SAP HANA Administration überschreibt somit den Standardwert custom. Per Klick auf den Button **Edit Specific Value** können Sie Änderungen vornehmen oder den Standard wiederherstellen. Letzteres kommt einem Löschen der Werte

2.4 Basisvorgänge

auf Systemdatenbank-, Host- und Tenant-Ebene gleich. Über den Button **Change Layer** lassen sich andere Werte für einen Parameter festlegen. Wie in Abbildung 2.26 dargestellt, können Sie dies auf System-, Tenant- oder Hostebene tun. Nützlich ist außerdem die Filterfunktion im oberen Bereich der App **Configuration of System Properties**, um gezielt existierende Parameter zu finden.

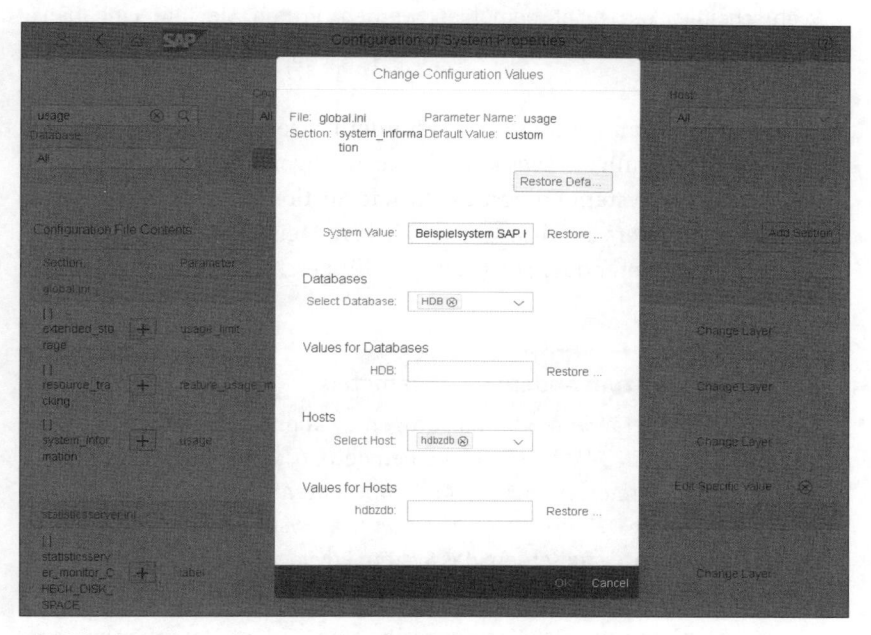

Abbildung 2.26 Konfiguration im SAP HANA Cockpit

Für die Namen der Konfigurationsdateien, der Sektionen und der Parameter spielt Groß- und Kleinschreibung keine Rolle, für die Werte in den meisten Fällen ebenfalls nicht. Eine Ausnahme bilden Dateipfade oder Verzeichnisse. SAP empfiehlt grundsätzlich, die Parameterwerte kleinzuschreiben.

Gültige Parameterwerte

Beachten Sie, dass für vermeintlich boolesche Parameter nicht in jedem Fall die Werte `true` und `false` verwendet werden dürfen. In einigen Fällen müssen Sie stattdessen `on` oder `off` bzw. `yes` oder `no` vergeben. Vergewissern Sie sich zu erlaubten Werten einzelner Parameter etwa unter Zuhilfenahme des Dokuments »Frequently Used Configuration Parameters in SAP HANA«, das als Anhang zu SAP-Hinweis 2036111 zu finden ist. Neben den erlaubten Werten finden Sie in diesem Dokument eine Beschreibung der am häufigsten verwendeten Parameter sowie jeweils den Standardwert, die Versionsgültigkeit und die Information, ob es sich um einen Offline- oder Onlineparameter handelt.

> **[!] Eingaben werden nicht validiert**
>
> Wenn Sie einem Parameter irrtümlich einen ungültigen Wert zuweisen, ignoriert SAP HANA diese individuelle Einstellung und verwendet stattdessen den Standardwert. Der ungültige Wert erscheint allerdings wie gewöhnlich in der Konfigurationsansicht, sodass Sie den Fehler mit hoher Wahrscheinlichkeit nicht bemerken werden. Prüfen Sie Ihre Eingaben daher immer auf korrekte Schreibweise und Gültigkeit.

In einigen Fällen kann es außerdem erforderlich sein, neue Sektionen und Parameter hinzuzufügen. Dies können Sie erledigen, indem Sie in der App **Configuration of System Properties** auf **Add Section** bzw. für das Hinzufügen eines Parameters auf das ⚙-Icon klicken. Meist handelt es sich dabei um interne Parameter oder solche, die Sie für bestimmte Einsatzszenarien benötigen.

> **[»] Berechtigungen zum Ändern der Parameter**
>
> Um Parameter verändern oder hinzufügen zu können, benötigen Sie das System Privilege INIFILE ADMIN oder einen Betriebssystemzugang mit entsprechenden Schreibrechten. Zur Änderung datenbankspezifischer Parameter von Tenant-Datenbanken, die Sie von der Systemdatenbank aus initiieren, benötigen Sie außerdem das System Privilege DATABASE ADMIN.

Tenant-Datenbanken konfigurieren

Im Zusammenhang mit der Konfiguration von Tenant-Datenbanken sind außerdem zwei besondere Parameter zu beachten. Da die Vorgehensweise zur Belegung dieser Parameter von der gewohnten Konfiguration abweicht, gehen wir an dieser Stelle explizit darauf ein.

- **Funktionen für Tenant-Datenbanken definieren**
  Aus Sicherheitsgründen wollen Sie möglicherweise einige Funktionen, die direkten Zugang zum Dateisystem oder zum Netzwerk bereitstellen, für ausgewählte oder alle Tenant-Datenbanken deaktivieren. Wechseln Sie dazu in die Sektion [customizable_functionalities] der Datei **global.ini**, und wählen Sie für die zu ändernde Funktion den Eintrag **Change Layer**. Geben Sie nach Auswahl der betreffenden Tenant-Datenbank den Wert »false« ein. Alternativ stellt Ihnen das SAP HANA Cockpit in der App **Manage Databases** die Funktion **Manage Restricted Features** bereit, über die Sie mithilfe von Checkboxen bestehende Funktionen für einzelne Tenant-Datenbanken deaktivieren können. Die Änderungen werden erst nach dem Neustart der jeweiligen Tenant-Datenbanken wirksam (siehe Abschnitt 2.4.1, »Systemstart und -stopp«).

- **Read-only-Parameter für Tenant-Datenbanken definieren**

  Auch in Bezug auf den zuvor genannten Parameter ist es wichtig, die Schreibrechte auf Konfigurationsparameter für Tenant-Datenbanken einzuschränken. Diese Parameter sammeln Sie in der Sektion [readonly_ parameters] der Datei **multidb.ini**. Fügen Sie hier einen neuen Parameter ein, und benennen Sie ihn nach der Sektion oder der gesamten Datei, die die gewünschten Read-only-Parameter enthält.

  Als Parameterwert weisen Sie dann den Namen des Parameters zu, der von einzelnen Tenant-Datenbanken nicht überschrieben werden darf. Wenn es sich dabei um mehrere Parameter innerhalb dieser Sektion oder Datei handelt, trennen Sie diese mit einem Komma. Beziehen Sie sich auf alle Parameter, geben Sie das Sternchen (*) ein. Auch dazu bietet Ihnen das SAP HANA Cockpit eine vereinfachte Oberfläche. Wählen Sie in der App **Manage Databases** den Button **Manage Blacklisted Parameters** (siehe Abbildung 2.23), um ausgewählten Tenant-Datenbanken weitere Read-only-Parameter hinzuzufügen oder diese wieder zu löschen.

Abbildung 2.27 zeigt die Standardkonfiguration dieser Sektion, wobei die Read-only-Parameter für alle Tenant-Datenbanken definiert sind (Spalte **Layer**).

Section	Parameter	Layer	Specific Value	
multidb.ini				
[ ] readonly_par ameters +	auditing configuration	DEFAULT	default_audit_trail_ty ...	Change Layer
	communication	DEFAULT	*	Change Layer
	execution	DEFAULT	max_concurrency	Change Layer
	global.ini/customizable_f...	DEFAULT	*	Change Layer
	global.ini/extended_stor...	DEFAULT	*	Change Layer
	global.ini/persistence	DEFAULT	basepath_datavolum ...	Change Layer
	global.ini/system_replica...	DEFAULT	keep_old_style_alert, ...	Change Layer
	global.ini/system_replica...	DEFAULT	*	Change Layer
	global.ini/system_replica...	DEFAULT	*	Change Layer
	global.ini/xb_messaging	DEFAULT	*	Change Layer
	indexserver.ini/authentic...	DEFAULT	SapLogonTicketTrust ...	Change Layer
	memorymanager	DEFAULT	allocationlimit,minallo ...	Change Layer
	multidb.ini/readonly_par...	DEFAULT	*	Change Layer
	session	DEFAULT	maximum_connection ...	Change Layer
	sql	DEFAULT	sql_executors	Change Layer

Abbildung 2.27 Konfigurationsberechtigungen für Tenant-Datenbanken

Wie Sie hier sehen können, sind auch die Sektionen [customizable_functionalities] und [readonly_parameters] selbst aufgeführt, damit innerhalb der betroffenen Tenant-Datenbanken keine Änderungen daran vorgenommen werden können.

> **Weitere Informationen zur Konfiguration von Tenant-Datenbanken**
>
> Weiterführende Informationen zur Konfiguration von Tenant-Datenbanken finden Sie im »SAP HANA Administration Guide« (*http://s-prs.de/v685003*) im Abschnitt »System Properties in Multiple Container Systems«.

Änderungen nachvollziehen

Zur Anzeige von Parametern per SQL gibt es zwei System-Views. M_INIFILES zeigt Ihnen zu jeder Konfigurationsdatei an, auf welcher Ebene spezifische Parameter gesetzt wurden. M_INIFILE_CONTENTS zeigt Ihnen außerdem die jeweiligen Parameternamen mit den zugehörigen Werten an. Hier können Sie mithilfe der Spalten KEY und VALUE filtern. Seit SAP HANA 1.0 SPS10 werden alle Parameteränderungen außerdem in der Trace-Datei des Index Servers protokolliert, sodass Sie nachvollziehen können, welcher Benutzer oder welche Applikation Änderungen vorgenommen hat. Seit SAP HANA 2.0 SPS03 werden außerdem alle Parameteränderungen im View M_INIFILE_CONTENT_HISTORY dargestellt. Nutzen Sie z. B. das SQL-Skript aus der Datei **HANA_Configuration_Parameters_Changes_2.00.030+.txt**, die dem SAP-Hinweis 1969700 beiliegt, um den View abzufragen. Beachten Sie, dass Parameteränderungen nicht automatisch in ein Replikationssystem propagiert werden, sondern dort ggf. manuell vorgenommen werden müssen. Bearbeiten Sie dazu die jeweiligen *ini*-Dateien, und erwirken Sie die Änderungen mithilfe des Befehls hdbnsutil -reconfig.

> **Vom Standard abweichende Einstellungen prüfen**
>
> SAP bietet die Möglichkeit zu überprüfen, ob Sie empfohlene Einstellungen überschrieben haben oder explizit Einstellungen gewählt haben, die typischerweise nicht empfohlen werden. Dazu finden Sie einen SQL-Befehl in der Datei **HANA_Configuration_Parameters_1.00.90+.txt**, die dem SAP-Hinweis 1969700 beiliegt. Die Ausgabe beinhaltet eine Reihe von Systeminformationen sowie Empfehlungen zu einzelnen Parametern Ihres Systems. Diesen sollten Sie allerdings nicht uneingeschränkt folgen, da Abweichungen durchaus gute Gründe haben können.

2.4.3 Zugriff auf SAP HANA

Die SAP-HANA-Plattform ist über verschiedene Protokolle und Ports erreichbar. In diesem Abschnitt behandeln wir die eingehenden Verbindungen und stellen Ihnen die verwendeten Ports und Clients vor, die benötigt werden, damit sowohl Sie als Administrator als auch die Endanwender auf Ihr SAP-HANA-System zugreifen können.

Abbildung 2.28 stellt eine Übersicht der eingehenden Verbindungen und ihrer jeweils verwendeten Ports bereit, wobei nn für die Instanznummer des Systems steht.

Eingehende Verbindungen

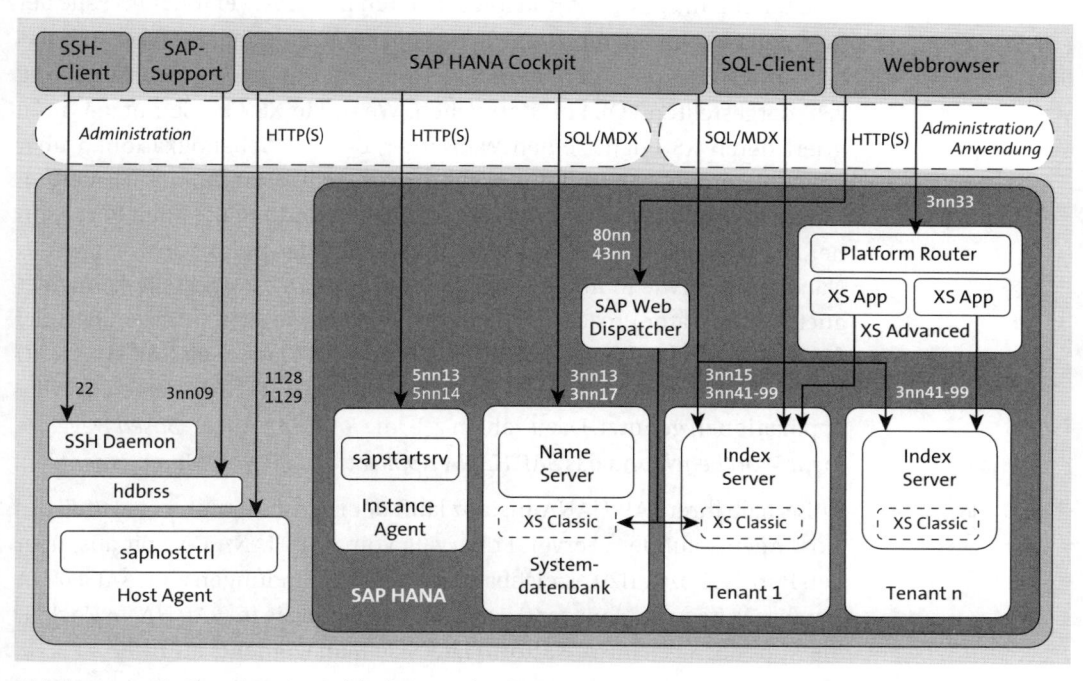

Abbildung 2.28 Eingehende Verbindungen des SAP HANA Servers

Wir unterscheiden in Abbildung 2.28 zwischen rein administrativen Zugängen (linke Seite) und Zugängen für Administration und Anwendung (rechte Seite). Diese unscharfe Trennung ergibt sich aus den Möglichkeiten, die Ihnen z. B. das Administrationswerkzeug SAP HANA Cockpit über einen Webbrowser bereitstellt, sowie aus der SQL-basierten Systemkonfiguration und Benutzerverwaltung.

Da Sie für bestimmte administrative Tätigkeiten, etwa zur Installation von SAP HANA, einen root-Zugang zum Server benötigen, haben wir die SSH-

Clients und Ports

Verbindung (Secure Shell), die Sie z. B. über den SSH-Client *Putty* herstellen, ebenfalls in das Bild aufgenommen. Standardmäßig muss dafür Port 22 erreichbar sein. Das SAP HANA Cockpit stellt Ihnen Funktionen zum Starten und Stoppen des Systems zur Verfügung. Dazu greift es auf einen von `sapstartsrv` bereitgestellten Webservice zu, den es über den Port 5nn13 bzw. bei aktivierter SSL-Verschlüsselung über 5nn14 erreicht.

SAP HANA 2.0 erlaubt es Ihnen, mehrere voneinander isolierte Datenbanken innerhalb eines Systems zu betreiben – folglich können Sie deren Datenbankprozesse auch über separate Verbindungen ansprechen. Wenn eine Datenbank gestartet und folglich deren Index Server (oder im Falle der Systemdatenbank deren Name Server) per SQL erreichbar ist, können das SAP HANA Cockpit und andere SQL-Clients diesen über die in Abbildung 2.28 dargestellten SQL-Ports erreichen. Wenn Sie XS Classic nutzen, integriert deren XS Engine einen Webserver, dessen Webapplikationen über eine URL erreichbar sind. Ihr Webbrowser stellt dazu eine HTTP-Verbindung über den Port 80nn bzw. eine HTTPS-Verbindung über den Port 43nn her. Die XS Engine läuft standardmäßig als Teil des Index Servers bzw. des Name Servers, wie in Abbildung 2.28 für die Tenants dargestellt, kann aber auch als separater Prozess konfiguriert werden, wie es in unserem Beispiel für die Systemdatenbank der Fall ist. Obwohl XS Classic seit SAP HANA 2.0 SPS02 abgekündigt ist, wird es noch von einigen SAP-HANA-eigenen Webapplikationen genutzt. Dazu zählen z. B. die *SAP HANA Web-Based Development Workbench* und das *SAP HANA Application Lifecycle Management*.

Host Agent Außerhalb Ihrer SAP-HANA-Instanz läuft der Dienst `saphostctrl` als Teil des Host Agents auf dem Server. Er ist, z. B. vom SAP HANA Cockpit aus, über den Port 1128 bzw. 1129 erreichbar und stellt Verbindungen zum SAP HANA Database Lifecycle Manager (HDBLCM) her, wenn Sie im SAP HANA Cockpit die Apps des SAP HANA Platform Lifecycle Managements aufrufen.

»hdbrss« Der Dienst `hdbrss` ermöglicht eingehende Verbindungen durch den SAP-Support auf Port 3nn09. Die Verbindung ist standardmäßig nicht aktiv und kann bei Bedarf temporär für eine definierte Dauer über das SAP Support Portal geöffnet werden. Dies erfordert unter anderem eine Änderung der Konfiguration des SAProuters. Dazu finden Sie nähere Informationen in SAP-Hinweis 1058533 (TREX-/BWA-/SAP-HANA-Serviceverbindung zu Kundensystemen).

Systemdatenbank Die Systemdatenbank ist per SQL immer über den Port 3nn13 erreichbar. Beachten Sie, dass hier der Name Server die Funktionen des Index Servers übernimmt. Da der Port 3nn13 auch genutzt wird, um eine Verbindung zu Tenant-Datenbanken herzustellen, können Sie für den SQL-Zugriff auf die Systemdatenbank alternativ den Port 3nn17 konfigurieren und diesen nicht nach außen freigeben. Auf diese Weise wird der SQL-Zugang von einem externen Netzwerk auf die Systemdatenbank geschützt (*Restricted SQL Access*). Dazu setzen Sie den Parameter `systemdb_separated_sql_port` der Sektion `multidb` in der Datei *global.ini* auf den Wert `true`. Die SAP HANA XS (Classic) der Systemdatenbank werden intern über Port 3nn14 erreicht, und die interne Kommunikation erfolgt über Port 3nn01.

Für alle Tenant-Datenbanken einer SAP-HANA-Instanz ist standardmäßig der Portbereich 3nn40 bis 3nn99 reserviert, wobei pro Tenant drei Ports verwendet werden (interne Kommunikation, SQL und SAP HANA XS). Betreiben Sie etwa ein SAP-HANA-System mit drei Tenant-Datenbanken, könnten z. B. die Ports 3nn40, 3nn43 und 3nn46 jeweils der internen Kommunikation dienen, während über die Ports 3nn41, 3nn44 und 3nn47 jeweils der SQL-Zugang möglich wäre. Die Standardinstallation resultiert in einem SAP-HANA-System mit einer Systemdatenbank und einer Tenant-Datenbank (*Single-Tenant-System*). In diesem Fall verwendet der Tenant den Port 3nn03 für die interne Kommunikation, 3nn15 für SQL und 3nn08 für XS Classic. Weil dies von dem genannten Portbereich für Tenant-Datenbanken (3nn40 bis 3nn99) abweicht, unterscheiden wir in Abbildung 2.28 zwischen Tenant 1 und Tenant n. Die zu verwendenden Ports werden den weiteren Tenant-Datenbanken je nach Verfügbarkeit zum Zeitpunkt der Erstellung automatisch von SAP HANA zugewiesen. Um den Portbereich einer Tenant-Datenbank zu ermitteln, verwenden Sie von der Systemdatenbank aus die SQL-Anweisung aus Listing 2.12.

Tenant-Datenbanken

```
SELECT DATABASE_NAME, SERVICE_NAME, PORT, SQL_PORT, (PORT + 2)
HTTP_PORT FROM SYS_DATABASES.M_SERVICES WHERE
DATABASE_NAME='<Datenbankname>' and
((SERVICE_NAME='indexserver' and COORDINATOR_TYPE= 'MASTER') or
(SERVICE_NAME='xsengine'))
```

Listing 2.12 Ermitteln der verwendeten Ports einer Tenant-Datenbank

Der Portbereich 3<nn>40 bis 3<nn>99 kann bis zu 20 Tenant-Datenbanken abdecken. Wenn Sie darüber hinaus weitere Tenant-Datenbanken anlegen möchten, können Sie den reservierten Portbereich vergrößern. Nutzen Sie dazu den Konfigurationsparameter `reserved_instance_numbers` in der Sektion [multidb] der Datei **global.ini**, der standardmäßig den Wert 0 hat. Er gibt die Anzahl zusätzlicher SAP-HANA-Instanzen an, deren Portbereiche Sie für Ihre Instanz nutzen möchten. Setzen Sie Ihn also auf 1, um die Ports 3<nn>40 bis 3<nn+1>99 für Tenant-Datenbanken zu reservieren. Weitere Informationen und Beispiele zur Portreservierung für Tenant-Datenban-

Portbereich vergrößern

ken finden Sie im »SAP HANA Administration Guide« (*http://s-prs.de/v685004*) im Abschnitt »Port Assignment in Tenant Databases«.

Wenn die beschriebenen Ports erreichbar sind und über ein ggf. vorhandenes Gateway weitergeleitet werden, können Sie die SAP-HANA-Datenbank unter anderem über die in Abbildung 2.28 dargestellten Clients ansprechen.

Zugriff über »hdbsql«

Für einen kommandozeilenbasierten SQL-Zugriff steht Ihnen auf dem Server im Verzeichnis **/usr/sap/<SID>/HDB<Instanznr>/exe** das Programm hdbsql zur Verfügung. Es ist Teil des SAP HANA Clients, den Sie ebenso auf lokalen Client-PCs installieren können. Die Befehle in Listing 2.13 ermöglichen einen SQL-Zugriff auf Ihr System:

```
hdbsql
\c -i <Instanznummer> -u <Benutzer> -p <Passwort>
[-d <Datenbank>]
```

Listing 2.13 SQL-Verbindung mittels »hdbsql«

Sie können das Programm hdbsql auch direkt mit den Zugangsparametern aufrufen. Aus Sicherheitsgründen empfehlen wir dies aber nicht, da die Parameter dann in der Linux-Prozessliste mittels ps -ef einsehbar wären.

Zugriff über den Webbrowser in XS Advanced

Für den webbasierten Zugriff mittels SAP HANA XS Advanced oder XS Classic benötigen Sie den SAP HANA Client nicht. Während der Installation von XS Advanced definieren Sie eine Standard-Domain, unter der Sie Ihre Anwendungen und die API des XS Controllers erreichen. Damit die Weiterleitung dieser URL an den SAP HANA Host, auf dem die Services xscontroller und xsuaaserver laufen, funktioniert, benötigen Sie außerdem einen Eintrag in Ihrem Domain Name System (DNS) wie in folgendem Beispiel für die Standard-Domain example.org und den Host 10.10.10.10:

```
example.org IN A 10.10.10.10
```

Die Standard-Domain ist auch nach der Installation von XS Advanced über den Parameter default_domain in der Datei **xscontroller.ini** (Sektion communication) änderbar. Beachten Sie, dass nach Änderung der Standard-Domain ein Neustart der XS-Advanced-Services erforderlich ist. Dazu führen Sie als <sid>adm den Befehl XSA restart aus.

Der SAP HANA XS Advanced Server unterstützt zwei Routing-Verfahren:

- **Portbasiertes Routing**
  Beim portbasierten Routing verwenden alle Applikationen dieselbe Domain, aber unterschiedliche Ports aus dem Bereich 51000 bis 51500. Zwei

verschiedene XS-Advanced-Applikationen wären z. B. wie folgt erreichbar:

- https://example.org:51000
- https://example.org:51001

Dieses Routing-Verfahren erfordert keinen zusätzlichen DNS-Eintrag, ist allerdings aufgrund der fehlenden Identifizierung der jeweiligen Applikation über die URL nicht benutzerfreundlich. Darüber hinaus werden Cookies des Browsers innerhalb der Domain geteilt, sodass diese über Applikationsgrenzen hinweg sichtbar sind. Dies stellt ein Sicherheitsrisiko dar, daher wird das portbasierte Routing für den Produktivbetrieb nicht empfohlen.

- **Hostnamen-basiertes Routing**
  Bei einem auf Hostnamen basierenden Routing verwenden alle Applikationen denselben Port, aber unterschiedliche Sub-Domains. Zwei verschiedene XS-Advanced-Applikationen wären demnach wie folgt erreichbar:

  - https://application1.example.org
  - https://application2.example.org

  Dabei leitet der Plattform-Router von XS Advanced eingehende Anfragen, basierend auf der Sub-Domain, an die jeweilige Zielapplikation weiter. Dies erfordert einen Wildcard-DNS-Eintrag der Form `*.example.org IN CNAME example.org` für die XS-Advanced-Standard-Domain. Aufgrund der benutzerfreundlichen URLs und dedizierter Browser-Cookies wird dieses Routing-Verfahren für den Produktivbetrieb empfohlen.

> **Routing-Modus nicht änderbar**
>
> Legen Sie den Routing-Modus während der Installation von SAP HANA XS Advanced wohlüberlegt fest. Derzeit ist es nicht möglich, den Routing-Modus nachträglich zu ändern. Aktuellere Informationen finden Sie ggf. in SAP-Hinweis 2245631.

Im portbasierten Routing-Modus lautet der Port für den XS Controller 3nn30 und für den XS UAA Server 3nn32. Im auf Hostnamen basierenden Routing-Modus, den wir auch in Abbildung 2.28 darstellen, verwenden Sie dagegen nur einen einzigen Port: 3nn33. In diesem Fall erreichen Sie die API des XS Controllers unter der URL *https://api.<Standarddomain>:3nn33* und den XS UAA Server unter der URL *https://uaa-server.<Standarddomain>:3nn33*. Dieser Port ist über den Konfigurationsparameter `router_port` in der Sektion `communication` der Datei **xscontroller.ini** änderbar. Beachten Sie auch hier, dass Sie anschließend mittels XSA restart die XS-Advanced-Services neu starten müssen, damit die Änderungen wirksam werden. Für diese und weitere Informationen zum Routing-Modus in XS Advanced verweisen wir auf SAP-Hinweis 2245631.

Zugriff über den Webbrowser in XS Classic

Wenn Sie XS Classic verwenden, werden die Ports 80nn für eine unverschlüsselte Verbindung sowie 43nn für eine verschlüsselte Verbindung genutzt. Sie können überprüfen, ob die SAP HANA XS erreichbar sind, indem Sie die URL *http://<Hostname>:80<Instanznummer>* mit Ihrem Browser aufrufen. Die Meldung »XSEngine is up and running« bestätigt Ihnen eine erfolgreiche Verbindung (siehe Abbildung 2.29).

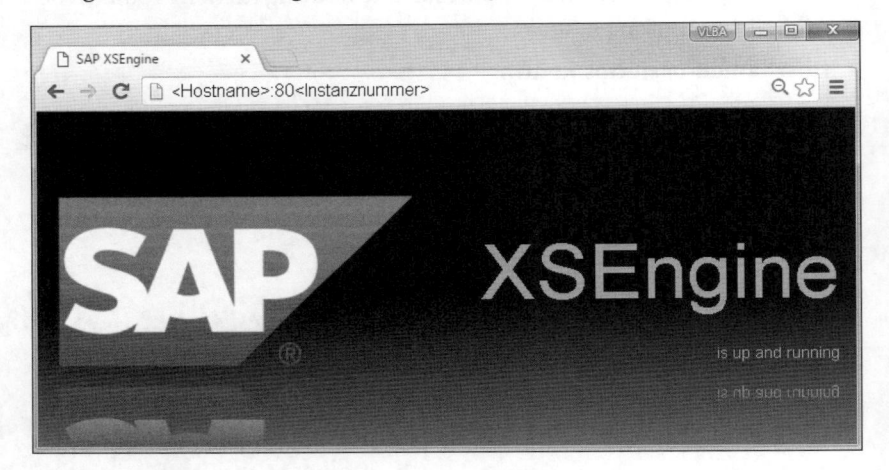

Abbildung 2.29 Meldung »XS Engine is up and running«

Zugriff über das SAP HANA Cockpit und SAP HANA Studio

Den SAP HANA Client benötigen Sie auf jedem Client-PC, der eine JDBC- bzw. ODBC-Verbindung zur Datenbank aufbauen möchte, da er die erforderlichen Treiber beinhaltet. Eine Ausnahme bilden das auf Eclipse basierende SAP HANA Studio, das nativ eine JDBC-Verbindung zur Datenbank herstellt, ohne dabei den SAP HANA Client zu verwenden, sowie das SAP HANA Cockpit. Nach der Installation des SAP HANA Studios können Sie im View **Systems** unterschiedliche Verbindungen zu Ihren SAP-HANA-Systemen erstellen. Dazu benötigen Sie den Hostnamen, die Instanznummer und den Datenbanknamen. Da jede Verbindung, die Sie im SAP HANA Studio anlegen, einem Datenbankbenutzer zugeordnet ist, müssen Sie außerdem Ihren Benutzernamen und Ihr Passwort angeben. Diese und weitere Funktionen des SAP HANA Studios stellen wir Ihnen im Kapitel »SAP HANA Studio« ausführlich vor, das Sie auf der Webseite zum Buch unter *http://www.sap-press.de/4841* über den Kasten **Materialien zum Buch** herunterladen können. Da jedoch mittlerweile für die meisten Administrationsaufgaben das webbasierte SAP HANA Cockpit das empfohlene und modernere Werkzeug darstellt, illustrieren wir unsere Beschreibungen in diesem Buch unter Verwendung des SAP HANA Cockpits. Dieses wird als Teil einer SAP-HANA-Express-Edition installiert und dient als zentrales Werkzeug zur Administration aller in Ihrer Umgebung betriebenen SAP-HANA-Systeme und deren Tenant-Datenbanken. Wie Sie das SAP HANA Cockpit konfigurieren, um damit auf bestehende SAP-HANA-Systeme zuzugreifen, beschreiben wir in Abschnitt 5.2, »Konfiguration des SAP HANA Cockpits«.

Alle anderen SQL-Clients, darunter auch SAP-NetWeaver-basierte Applikationsserver, benötigen den SAP HANA Client und die darin enthaltenen Treiber (**ngdbc.jar** für JDBC und **libodbcHDB** für ODBC) für den Verbindungsaufbau. Standardmäßig finden Sie diese Dateien in den folgenden Verzeichnissen:

Zugriff mittels SAP HANA Client

- Microsoft Windows: **C:\Programme\sap\hdbclient**
- Linux und Unix: **/usr/sap/hdbclient/**

Im Folgenden beschreiben wir je ein Beispiel für die Verbindung über JDBC und ODBC. In beiden Fällen ist es sinnvoll, zunächst einen Datenbankbenutzer vom Typ RESTRICTED USER anzulegen, dem ausschließlich die Rollen RESTRICTED_USER_JDBC_ACCESS bzw. RESTRICTED_USER_ODBC_ACCESS sowie die benötigten Object Privileges zugeordnet sind. Somit sind ausschließlich diese Verbindungsarten erlaubt.

Um aus einer Java-Applikation auf die SAP-HANA-Datenbank zugreifen zu können, müssen Sie zunächst den Pfad zu der Datei **ngdbc.jar** zu Ihrer Umgebungsvariablen CLASSPATH hinzufügen. Eine Java-Klasse, deren main-Methode eine Verbindung mit der Bezeichnung connection zu SAP HANA definiert, kann anschließend wie in Listing 2.14 aussehen.

JDBC-Zugriff

```
import java.sql.*;
public class jdemo {
public static void main(String[] argv) {
      Connection connection = null;
      try {
          connection = DriverManager.getConnection(
"jdbc:sap://<hostname>:3<Instanznummer>15/?autocommit=false",<Benutzer>,<Passwort>);
      } catch (SQLException e) {
         System.err.println("Connection Failed");
         return;
```

```
            }
        }
}
```

Listing 2.14 Erstellen einer JDBC-Verbindung zu SAP HANA

Wie in Listing 2.14 zu sehen ist, verwendet die erstellte Verbindung den Port 3<nn>15, also die SQL-Verbindung für Tenant 1. Ersetzen Sie den Port entsprechend Ihrer Portkonfiguration für weitere Tenant-Datenbanken. In unserem Beispiel geben wir nur einen Hostnamen und einen Port an. Wenn Sie ein Multiple-Host-System verwenden, können Sie aber auch mehrere durch ein Semikolon getrennte Host-Port-Kombinationen angeben. Für den Fall, dass ein Host nicht verfügbar ist, kann dann eine Verbindung zum Index Server des bzw. der alternativen Hosts aufgebaut werden.

Unter Verwendung dieser Verbindung können Sie innerhalb der main-Methode SQL-Anweisungen absetzen und deren Ergebnis in Variablen abspeichern.

Im Beispiel aus Listing 2.15 lesen wir die Instanznummer des SAP-HANA-Systems aus und speichern sie in der Variablen inst_num, die wir anschließend ausgeben.

```
if (connection != null) {
      try {
          Statement stmt = connection.createStatement();
          ResultSet resultSet = stmt.executeQuery(
      "SELECT VALUE FROM M_SYSTEM_OVERVIEW
       WHERE NAME = 'Instance Number' ");
          resultSet.next();
          String inst_num = resultSet.getString(1);
          System.out.println(inst_num);
    } catch (SQLException e) {
        System.err.println("Query execution failed!");
    }
}
```

Listing 2.15 SQL-Abfrage mittels JDBC-Verbindung

ODBC-Zugriff Damit Applikationen eine ODBC-Verbindung zur SAP-HANA-Datenbank herstellen können, müssen Sie zunächst eine ODBC-Benutzerdatenquelle erstellen. In Windows nutzen Sie dazu – nach Installation des SAP HANA Clients – den **ODBC-Datenquellen-Administrator**, den Sie unter **Systemsteuerung** • **System und Sicherheit** • **Verwaltung** finden.

Klicken Sie hier, wie in Abbildung 2.30 gezeigt, auf der Registerkarte **Benutzer-DSN** auf **Hinzufügen**, wählen Sie **HDBODBC**, und geben Sie einen Namen für Ihre Datenquelle sowie Server und Port des SAP-HANA-Systems ein. Auch hier stammt der Port – je nach Tenant-Datenbank, die Sie erreichen möchten – aus dem Bereich 3<nn>41 bis 3<nn>99. Für den initialen Tenant eines neu installierten Systems lautet er 3<nn>15.

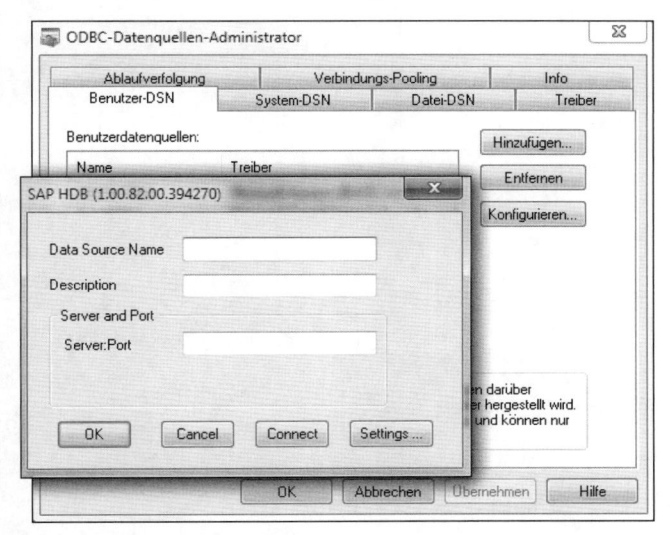

Abbildung 2.30 ODBC-Datenquelle anlegen

Da Sie hier nur den Hostnamen und den Port Ihrer SAP-HANA-Datenbank angeben können, erfolgt die Authentifizierung über einen Datenbankbenutzer innerhalb der jeweiligen Applikation. Allerdings unterstützt nicht jede Applikation eine solche Eingabemöglichkeit für Benutzernamen und Passwort. In dem Fall können Sie diese Informationen samt Server und Port im hdbuserstore speichern und beim Anlegen einer ODBC-Datenquelle dann auf den entsprechenden Eintrag referenzieren. Fügen Sie dazu dem hdbuserstore über die Kommandozeile wie folgt einen neuen Eintrag hinzu (hier am Beispiel einer initialen Tenant-Datenbank, die über den SQL-Port 3nn15 erreichbar ist):

Authentifizierung

```
hdbuserstore SET <Name des Eintrags>
<Server>:3<Instanznummer>15 <Benutzer> <Passwort>
```

Anschließend erstellen Sie, wie in Abbildung 2.30 gezeigt, eine neue ODBC-Datenquelle und geben im Feld **Server:Port** den Wert @<Name des hdbuserstore-Eintrags> ein. Jetzt können Sie die Datenquelle in Ihrer ODBC-Applikation ohne Angabe von Benutzernamen und Passwort verwenden.

Kapitel 3
Sizing

Um alle Vorteile von SAP HANA nutzen zu können, müssen Sie den Hardwarebedarf für jeden Anwendungsfall korrekt einschätzen. In diesem Kapitel erfahren Sie, wie Sie den Quick Sizer und die Sizing-Reports dazu nutzen.

Das *Sizing* Ihres SAP-HANA-Systems ist einer der kritischen Punkte bei der Einführung von SAP HANA in Ihrem Unternehmen. Bevor Sie sich für ein bestimmtes Setup entscheiden, sollten Sie zunächst die Größe des Hauptspeichers Ihres SAP-HANA-Systems kalkulieren. Auch die Anzahl der CPUs und die Größe des festplattenbasierten Speichers spielen eine Rolle bei der Auswahl der Hardware. Wenn Sie die Größe des Servers, auf dem Ihr SAP-HANA-System läuft, zu niedrig wählen, entstehen Performance-Probleme. Wenn Sie die Größe dagegen zu groß wählen, bezahlen Sie für zusätzliche Kapazität, die Sie nicht benötigen. Wir möchten Ihnen mit diesem Kapitel einen Überblick über die wichtigsten Informationsquellen zum Thema Sizing geben und Ihnen ein paar unserer Erfahrungen weitergeben. Beachten Sie jedoch, dass Sie für den Aufbau einer komplexen Landschaft immer den Rat eines SAP-Sizing-Experten einholen sollten.

3.1 Grundlagen

Generell unterscheiden wir das Sizing für neue Systeme (*Greenfield Sizing*) und das Sizing für die Migration bestehender SAP-Systeme. Das Sizing für ein neues SAP-System, d. h. für eine Implementierung ohne den vorherigen Einsatz von SAP-Software für den jeweiligen Bereich in Ihrem Unternehmen, erfolgt mit dem *Quick Sizer* von SAP. Für das Migrations-Sizing stellt Ihnen SAP für jeden Systemtyp passende Reports zur Verfügung.

Sizing-Arten

Tabelle 3.1 gibt Ihnen einen Überblick über Informationsquellen, die Sie als Einstiegspunkte für das Sizing der verschiedenen Einsatzszenarien »SAP Business Suite auf SAP HANA«, »SAP BW auf SAP HANA« und »Stand-alone-SAP-HANA-System« verwenden können. Im weiteren Verlauf dieses Kapitels gehen wir genauer auf die Informationsquellen in den einzelnen Tabellenzellen ein.

Einstiegspunkte für das Sizing

Sizing-Typ	SAP BW auf SAP HANA und SAP BW/4HANA	SAP Business Suite auf SAP HANA/ SAP S/4HANA	Stand-alone-/Nicht-SAP-NetWeaver-System
Greenfield	Quick-Sizer-Fragebogen für SAP BW auf SAP HANA und SAP BW/4HANA	Quick-Sizer-Fragebogen für die SAP Business Suite auf SAP HANA bzw. SAP S/4HANA	Quick-Sizer-Fragebogen für Stand-alone-SAP-HANA-Datenbanken
Migration	SAP-Hinweis 1736976	SAP-Hinweis 1872170	SAP-Hinweis 1514966

Tabelle 3.1 Einstiegspunkte für das SAP-HANA-Sizing

Sizing-Prozess

Der Sizing-Prozess läuft im Allgemeinen wie folgt ab:

1. Um eine erste Einschätzung vornehmen zu können, bestimmen Sie eine Startgröße für Hauptspeicher und Festplatte. Dafür verwenden Sie die Daten, die bereits verfügbar sind, z. B. Daten aus Ihrem SAP-BW-System. Für diesen Schritt können Sie den Quick Sizer oder einen Sizing-Report verwenden. Auf diese Werkzeuge gehen wir in Abschnitt 3.2, »Greenfield-Sizing mit dem Quick Sizer«, und Abschnitt 3.3, »Datenbankunabhängige Sizing-Reports verwenden«, ausführlicher ein.

2. Im zweiten Schritt finden Sie heraus, welche Daten Sie in Ihrem zukünftigen System nicht mehr brauchen. Dies können Daten sein, die vor der Migration archiviert werden können, oder Daten, die Sie bei der Nutzung von SAP HANA nicht mehr benötigen.

3. Kalkulieren Sie das zukünftige Wachstum Ihrer Daten mit in die Berechnung ein. Informationen über das zukünftige Wachstum und mögliche Datenbereinigungsschritte kann Ihnen ebenfalls der Sizing-Report liefern.

4. Wenn Sie eine Einschätzung haben, welche Speichergröße Sie benötigen, können Sie die passende Hardware auswählen. Sie müssen sich entscheiden, ob Sie eine Scale-up- oder eine Scale-out-Lösung einsetzen möchten. Auf die Bedeutung dieser beiden Systemtypen sind wir in Abschnitt 2.2, »Systemaufbau«, bereits eingegangen. Wie Sie die richtige Hardware finden, beschreiben wir in Abschnitt 7.2.1, »Voraussetzungen für die Installation von SAP HANA«.

5. Der fünfte Schritt ist optional. Wenn Sie sich für den Kauf einer *SAP HANA Appliance* entscheiden, in der bereits Server, Netzwerk und Storage als Paket bei Ihnen angeliefert werden, können Sie diesen Schritt überspringen. Falls Sie sich aber entschieden haben, SAP HANA auf Ihrer bestehenden Hardware zu deployen und z. B. einen *SAP-HANA-Tailored-Data-Center-Integration-Ansatz* (TDI) zu fahren, müssen Sie die Größe der benötigten Festplatten kalkulieren. Darauf gehen wir in Abschnitt 3.4, »Einschätzung des benötigten Festplattenspeichers«, ein.

6. Der sechste Schritt ist ebenfalls optional. Wenn Sie den Funktionsumfang sowie die Data und Log Volumes Ihres SAP-HANA-Systems beibehalten und keine Veränderungen vornehmen, können Sie die Applikationsserver so lassen, wie sie sind. Falls Sie Änderungen an Funktionen und Volumes vornehmen, müssen Sie auch das Sizing für diese Komponenten neu erstellen.

Das Sizing eines SAP-HANA-Systems beinhaltet nicht nur die Abschätzung des benötigten Hauptspeichers. Auch die Größe der Festplatten sowie die Anzahl und Performance der CPUs und die Netzwerkanbindung haben Einfluss auf die Gesamt-Performance Ihres SAP-HANA-Systems. Im Folgenden erfahren Sie, worauf Sie Ihr Augenmerk legen sollten, bevor Sie sich für eine bestimmte Hardware entscheiden.

Sizing-relevante Hardwarekomponenten

- **Hauptspeicher**
  Die wichtigste Triebfeder beim Sizing eines SAP-HANA-Systems ist das Memory, d. h. der Hauptspeicher. In diesem sind die Tabellen Ihres Systems enthalten. Zusätzlich müssen Sie Kapazität für Berechnungen einplanen, also z. B. Speicherplatz für temporäre Objekte, die während der Ausführung von Queries erstellt werden.

  Die Herausforderung beim Sizing von In-Memory-Datenbanken im Gegensatz zu einem CPU-basierten Sizing ist, dass die Auslastung des Hauptspeichers nicht 1 zu 1 mit der Nutzung des Speichers in Verbindung gebracht werden kann, wie es bei anderen Hardwarekomponenten der Fall ist. In In-Memory-Datenbanken wird der Hauptspeicher allokiert und über die Zeit wieder freigegeben. Bei festplattenbasierten Datenbanken wird die CPU-Kapazität freigegeben, sobald sie nicht mehr benötigt wird. Dadurch ist z. B. während der Mittagszeit nicht so viel Last auf der CPU wie eine Stunde vor der Mittagspause. Beim Hauptspeicher hat man hingegen in der Regel eine konstante Last über den gesamten Tag.

- **CPU**
  Wenn Sie die Auslastung der CPUs einer herkömmlichen Datenbank mit der Auslastung der CPUs einer SAP-HANA-Datenbank vergleichen, wer-

den Sie feststellen, dass sich diese grundlegend unterscheiden. Bei einer SAP-HANA-Datenbank werden die CPUs weitaus häufiger zu 100 % ausgelastet als bei einer traditionellen Datenbank. Dies geschieht immer nur über sehr kurze Zeiträume, in denen z. B. CPU-intensive Berechnungen stattfinden. SAP HANA ist so konzipiert, dass alle CPU-Ressourcen ausgenutzt werden, um Berechnungen zu beschleunigen. In Abbildung 3.1 sehen Sie einen Beispielverlauf der CPU-Nutzung für eine SAP-HANA-Datenbank.

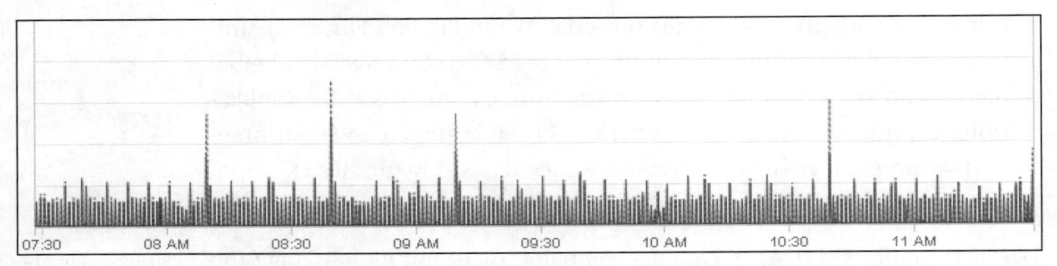

Abbildung 3.1 CPU-Auslastung einer SAP-HANA-Datenbank

Bei herkömmlichen Datenbanken liegt die CPU-Auslastung dagegen meistens zwischen 50 und 60 % und bewegt sich im gesamten Zeitraum in diesem Bereich. In Abbildung 3.2 sehen Sie den CPU-Verbrauch einer solchen Datenbank im gleichen Zeitraum.

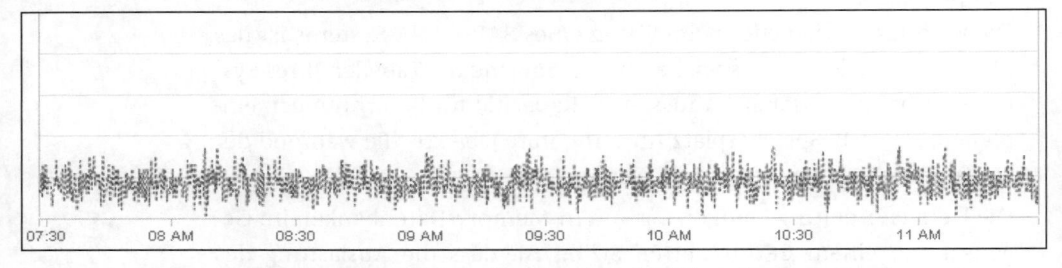

Abbildung 3.2 CPU-Auslastung einer traditionellen Datenbank

- **Festplatte**
  Um sicherzustellen, dass die Daten einer SAP-HANA-Datenbank bei einem Ausfall jederzeit wiederhergestellt werden können, werden die Daten regelmäßig auf die Festplatte gesichert. Sie müssen, wie auch bei traditionellen Datenbanken, immer gewährleisten, dass genügend Festplattenspeicher für die Ablage von Data und Log Volumes vorhanden ist. Tun Sie das nicht, wird die Datenbank in absehbarer Zeit stehenbleiben.

  Wenn Sie eine SAP HANA Appliance nutzen, ist der Festplattenspeicher bereits im Gesamtpaket enthalten und ausreichend groß gewählt, um

Ihre Daten ablegen zu können. Wenn Sie allerdings den TDI-Ansatz verfolgen, müssen Sie sich selbst um die Verwaltung des Storages kümmern. Bei SAP HANA wird etwa zwei- bis dreimal so viel Festplattenspeicher für Data und Log Volumes wie Hauptspeicher benötigt. Das heißt, wenn Sie eine SAP-HANA-Datenbank mit 2 TB betreiben, benötigen Sie etwa 4 bis 6 TB Festplattenspeicher für Data und Log Volumes. Zusätzlich wird Speicher für die ausführbaren Dateien (Executables) des Systems sowie für eventuelle Update-Dateien benötigt. Wie Sie den Festplattenspeicher im Detail kalkulieren, erfahren Sie in Abschnitt 3.4, »Einschätzung des benötigten Festplattenspeichers«.

- **Netzwerk**
Das Netzwerk einer SAP-HANA-Installation unterteilt sich in insgesamt vier Schichten:
  - die interne Schicht
  - die Administratorenschicht
  - die Storage-Schicht
  - die Client-Schicht

  Mehr Informationen zu den ein- und ausgehenden Netzwerkverbindungen bei SAP HANA finden Sie in Abschnitt 12.2, »Netzwerk- und Kommunikationssicherheit«. SAP empfiehlt eine Bandbreite von mindestens 10 GBit/s zwischen den unterschiedlichen Schichten. Mehr Informationen zum Thema Netzwerk-Sizing finden Sie auch unter *http://s-prs.de/v685005*.

3.2 Greenfield-Sizing mit dem Quick Sizer

Wie bereits erwähnt, verwenden Sie für das Sizing eines neuen SAP-HANA-Systems den Quick Sizer. Dieser kann für verschiedene Szenarien verwendet werden:

- Stand-alone-SAP-HANA-System
- SAP BW auf SAP HANA
- SAP Business Suite auf SAP HANA (SAP S/4HANA, ERP, CRM, SCM etc.)
- SAP HANA Rapid Deployment Solutions

Sie rufen den Quick Sizer unter der folgenden URL auf: *http://s-prs.de/v685006*. Er steht in einer klassischen Version und einer Version speziell für SAP HANA zur Verfügung. Um die SAP-HANA-Version zu starten, öffnen Sie

Quick Sizer starten

die angegebene URL und klicken dann auf den Link **HANA version** (siehe Abbildung 3.3).

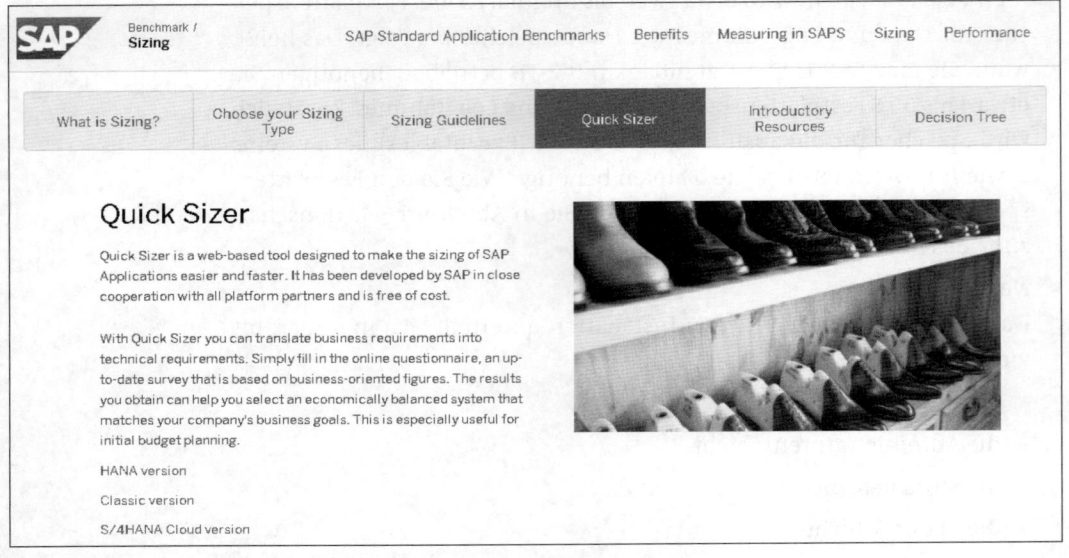

Abbildung 3.3 Startseite des Quick Sizers

Quick-Sizer-Projekt anlegen
Es öffnet sich eine neue Oberfläche, in der Sie ein Projekt anlegen können (siehe Abbildung 3.4). Geben Sie einen Namen für das Projekt in das entsprechende Eingabefeld ein, z. B. »SAP HANA«. Klicken Sie anschließend auf **Create Project**.

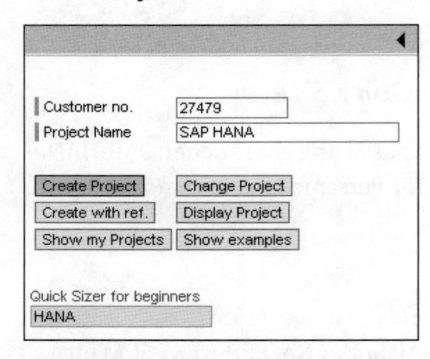

Abbildung 3.4 Ein Projekt im Quick Sizer erstellen

Unterstützte Produkte
Der Bildschirm, der sich öffnet, zeigt auf der linken Seite alle Produkte, für die Sie ein Sizing vornehmen können (siehe Abbildung 3.5).

3.2 Greenfield-Sizing mit dem Quick Sizer

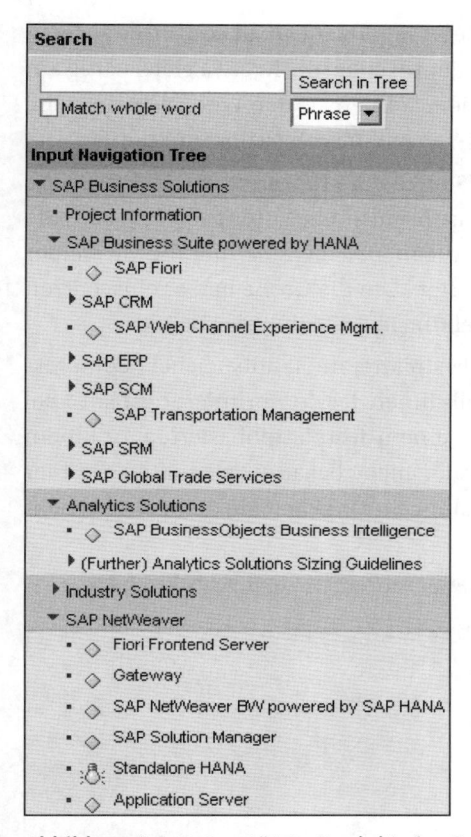

Abbildung 3.5 Unterstützte Produkte im Quick Sizer für SAP HANA

Wenn Sie in dieser Liste ein Produkt auswählen, werden auf der rechten Seite des Bildschirms die Eigenschaften angezeigt, die Sie für das Sizing dieses Produkts konfigurieren müssen. Wir zeigen Ihnen in diesem Abschnitt exemplarisch das Sizing für ein Stand-alone-SAP-HANA-System:

Konfiguration der Eigenschaften für die Berechnung

1. In Abbildung 3.6 sehen Sie die Konfigurationsansicht für ein solches System. Im oberen Bereich geben Sie die Anzahl der Arbeitstage ein, an denen das SAP-HANA-System genutzt werden soll (Feld **Workdays**).

2. In der zweiten Box geben Sie die Start- und Endzeit eines normalen Arbeitstages ein – also die Zeiten, zu denen das System genutzt werden soll (Feld **Avg. workday**).

3. Die **Table 1: Throughput – Standalone HANA** dient dazu, den Durchsatz des SAP-HANA-Systems anzugeben, damit die benötigte Performance beim Sizing besser eingeschätzt werden kann. Sie müssen die folgenden Angaben in der Tabelle vornehmen:

3 Sizing

- Anzahl gleichzeitig angemeldeter Benutzer (**No. of concurrent users**): Hier geben Sie die Anzahl der Benutzer an, die in etwa gleichzeitig am System angemeldet sein werden. Wählen Sie den Wert nicht zu klein, damit das System auch zu Spitzenzeiten problemlos funktioniert.
- Größe der Quelldaten in GB (**Source data footprint in GB**): Die Größe der Quelldaten müssen Sie aus Ihrem alten System ablesen. Falls Sie ein komplett neues System aufbauen, geben Sie hier die Größe der Daten an, die Sie in etwa erwarten. Um die Größe besser einschätzen zu können, finden Sie Hilfestellung in SAP-Hinweis 1514966.
- Komprimierungsfaktor von Festplatte zu Hauptspeicher (**Compression factor Disk · memory**): Falls Ihnen der Komprimierungsfaktor bei der Migration der Daten von einem festplattenbasierten zu einem hauptspeicherbasierten Speicher nicht bekannt ist, sollten Sie hier den Default-Wert »7« beibehalten. Sonst geben Sie den entsprechenden Wert in das Feld ein.
- Kurztext (**Your short text**): Hier beschreiben Sie Ihr System kurz.

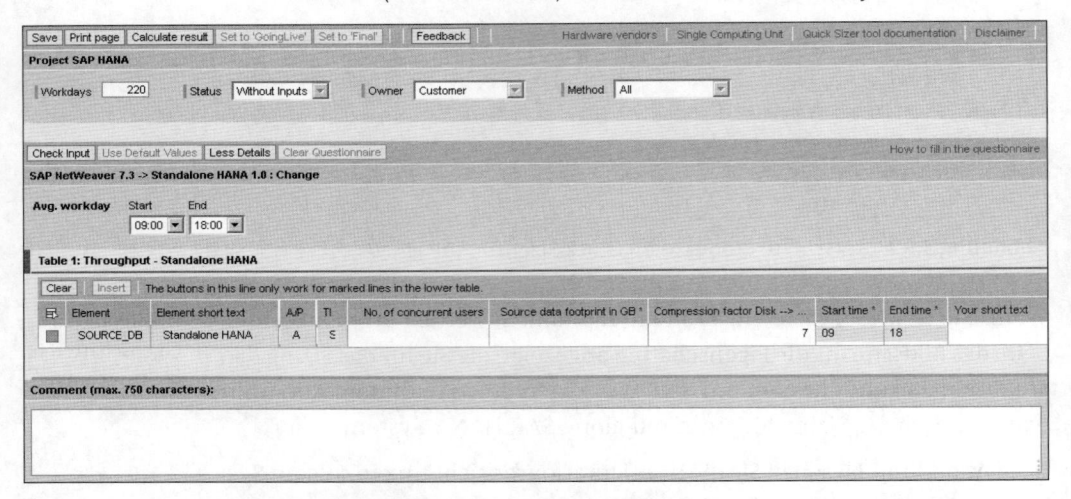

Abbildung 3.6 Konfiguration für ein Stand-alone-SAP-HANA-System

4. Klicken Sie nach Eingabe aller Informationen auf **Check Input**, um Ihre Eingaben zu überprüfen.
5. Anschließend können Sie die Kalkulation mit dem Button **Calculate result** starten. Sie erhalten dann das Ergebnis im unteren Bereich des Bildschirms (siehe Abbildung 3.7).

3.2 Greenfield-Sizing mit dem Quick Sizer

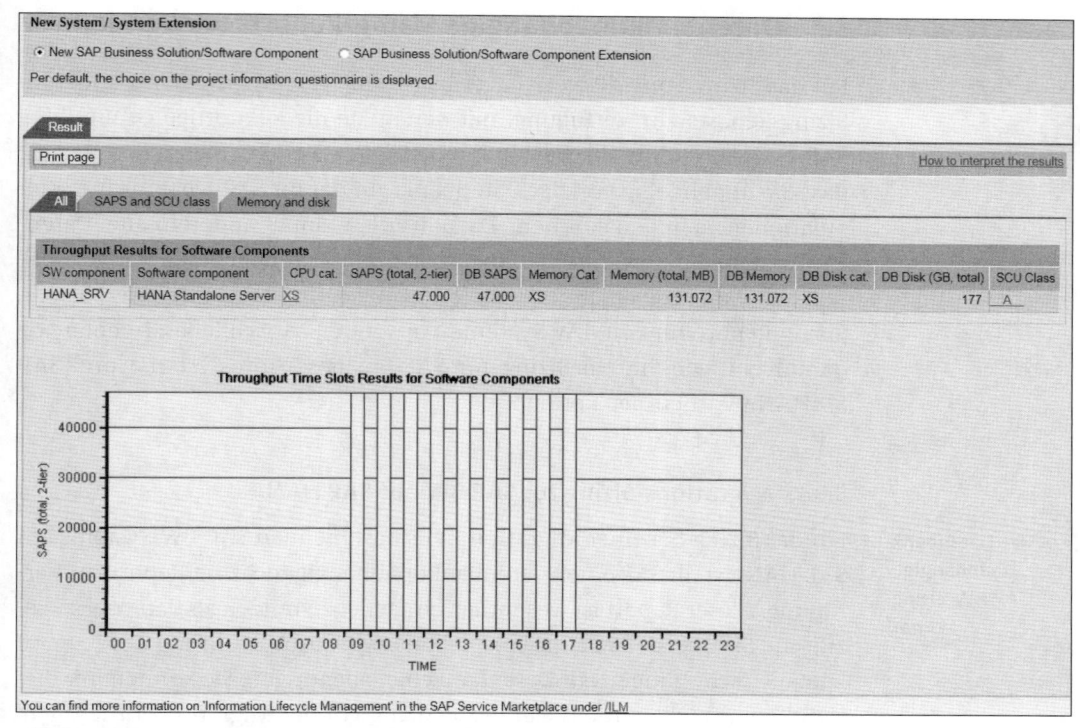

Abbildung 3.7 Ergebnisanzeige im Quick Sizer

In unserem Beispiel wurden bei einer Eingabe von 275 GB Daten, 100 gleichzeitig angemeldeten Benutzern, 220 Arbeitstagen im Jahr sowie einer Arbeitszeit von 8 bis 18 Uhr 47.000 SAPS berechnet. SAPS steht für *SAP Application Performance Standard*. Es handelt sich um eine hardwareunabhängige Maßeinheit, die die Performance eines Systems in der SAP-Umgebung beschreibt. Diese Maßeinheit kommt aus dem SD-Benchmark (Sales and Distribution). 100 SAPS entsprechen dabei 2.000 vollständig verarbeiteten Business Items pro Stunde. Ein *Business Item* ist dabei ein Teil eines Dokuments, das Informationen über eine Einzelposition wie Menge, Kontonummer, Kreditwürdigkeit und weitere Eigenschaften, die von der Position abhängig sind, enthält. Im technischen Sinne entsprechen 100 SAPS etwa 256 MB Hauptspeicher oder 1.000 MB Festplattenspeicher. Die 47.000 SAPS in unserem Beispiel erfordern also 120.320 MB Hauptspeicher. Der Quick Sizer rundet in diesem Fall auf den Wert 131.072 MB, was 128 GB Hauptspeicher entspricht und eine übliche Größe für eine SAP HANA Appliance darstellt.

Ergebnis auswerten

3.3 Datenbankunabhängige Sizing-Reports verwenden

Für das Sizing von SAP-NetWeaver-basierten Systemen stellt SAP mehrere Sizing-Reports zur Verfügung, mit denen Sie die zukünftige Größe Ihres SAP-HANA-Systems abschätzen können. Diese Reports bieten den Vorteil, dass Sie unabhängig von der Datenbank, auf der Ihr SAP-System läuft, Kalkulationen erstellen können. Dazu werden unter anderem die Datenbankstatistiken sowie Beispieldaten aus den Datenbanktabellen verwendet. Wir beschreiben Ihnen in diesem Abschnitt zunächst, wie Sie den Sizing-Report für SAP-BW-Systeme verwenden. Anschließend gehen wir darauf ein, wie Sie ein Sizing für SAP-Business-Suite-Systeme und SAP S/4HANA vornehmen können.

3.3.1 Migrations-Sizing für SAP BW auf SAP HANA

Datenbankunabhängiger SAP-BW-Sizing-Report

Für das Sizing bei einer Migration Ihres bestehenden SAP-BW-Systems auf SAP HANA stellt SAP einen datenbankunabhängigen Sizing-Report zur Verfügung. Dieser Report ist wesentlich einfacher zu nutzen als datenbankspezifische Skripte, da Sie zum Einspielen sowie zur Ausführung des Reports keine Berechtigungen auf Datenbankebene benötigen. Sie können mit diesem Report nicht nur ein Hardware-Sizing vor der Migration vornehmen, sondern das Sizing auch nach der Migration des SAP-BW-Systems überprüfen. Die wichtigsten Informationen zum Einspielen des Reports finden Sie in SAP-Hinweis 2296290.

Neben diesem Sizing-Report, der die Speicheranforderungen für eine Migration abschätzt, können Sie den SAP-Hinweis 2502280 nutzen, um die CPU-Anforderungen für die Migration zu berechnen. Da SAP Mindestanforderungen an die Anzahl der CPU-Kerne pro GB Hauptspeicher stellt, ist eine relativ hohe Mindest-Performance bereits garantiert. Daher gehen wir im Folgenden nur auf das Hauptspeicher-Sizing ein.

> **[»] Voraussetzung für die Nutzung des Reports**
>
> Für die Nutzung des SAP-BW-Sizing-Reports muss Ihr System mindestens auf dem Service-Tool-Stand ST-PI 2008_1_700 SP 12 / ST-PI 2008_1_710 SP 12 / ST-PI 740 SP 2 sein.

Sizing-Report starten

Um den Sizing-Report aufzurufen, wechseln Sie in Ihrem SAP-BW-System in Transaktion SE38 und geben in das Feld **Programm** den Namen des Reports /SDF/HANA_BW_SIZING ein. Klicken Sie dann auf **Ausführen** (🔲).

Konfiguration des Sizing-Reports

Der Sizing-Report ist derzeit nur in englischer Sprache verfügbar. Sie können auf dem Startbildschirm verschiedene Einstellungen vornehmen, um den Report Ihren Anforderungen entsprechend anzupassen. Der Startbildschirm unterteilt sich in sieben Bereiche.

Im ersten Abschnitt **General** (siehe Abbildung 3.8) können Sie allgemeine Informationen zum System konfigurieren. Setzen Sie den Wert »X« für das Feld **Store output in file**, um das Ergebnis des Reports in einer lokalen Textdatei abzuspeichern. Die Datei wird unter dem unter **File name** angegebenen Dateinamen im **work**-Verzeichnis des Applikationsservers abgelegt. Das Default-Verzeichnis dafür ist /usr/sap/<SID>/DVEBMGS<Instanznummer>/work. Dieses Verzeichnis können Sie in Transaktion AL11 ändern. Der Dateiname muss zwingend mit »HANA_Sizing« beginnen.

Allgemeine Informationen

General				
Store output in file	X	File name	HANA_Sizing.txt	
Number of parallel procs			4	
Unload inactive tables	X			
Compliant with note 2502280				
Target Release BW/4HANA				

Abbildung 3.8 Allgemeine Informationen zur Konfiguration des Reports »/SDF/HANA_BW_SIZING«

Im Feld **Number of parallel procs** können Sie die maximale Anzahl der parallel genutzten Workprozesse für die Analyse der Tabellen begrenzen. Achten Sie darauf, dass ausreichend Workprozesse in Ihrem System zur Verfügung stehen.

Die vierte Eigenschaft **Unload inactive tables** greift nur, wenn Ihr SAP-System bereits auf einer SAP-HANA-Datenbank läuft. Falls eine Tabelle vor der Analyse nicht im Speicher geladen war, wird dieser Speicher nach der Analyse der Tabelle auch wieder freigegeben. Bei diesem Prozess spricht man vom *Unload* (siehe Abschnitt 2.3.5, »Daten im Arbeitsspeicher«).

Die vierte Eigenschaft **Compliant with note 2502280** sollte nur aktiviert werden, wenn Sie neben der Berechnung des Speichers auch eine Berechnung der notwendigen CPU-Ressourcen durchführen möchten.

Setzen Sie das Feld **Target Release BW/4HANA**, wenn Sie nicht auf SAP BW auf SAP HANA, sondern direkt auf die neueste Version SAP BW/4HANA migrieren möchten. Aufgrund der ausschließlichen Verwendung von SAP-HANA-optimierten Objekten in SAP BW/4HANA ist die Größe eines SAP-BW/4HANA-Systems in der Regel kleiner als ein SAP-BW-auf-SAP-HANA-System. Beachten Sie jedoch, dass eine Migration auf SAP BW/4HANA nicht rein technisch ist, sondern eine Migration aller nicht HANA-optimierten Objekte erfolgen muss.

Genauigkeit der Kalkulation

Im nächsten Abschnitt können Sie einstellen, wie und mit welcher Genauigkeit die Beispieldaten ausgewählt werden sollen (siehe Abbildung 3.9). Die Beispieldaten werden aus den bestehenden Datenbanktabellen entnommen und als Grundlage für die Berechnung herangezogen. Wählen Sie **High** für eine sehr hohe Genauigkeit, **Medium** für eine mittlere Genauigkeit und **Low** für eine niedrige Genauigkeit. Beachten Sie dabei, dass der Report bei einer höheren Genauigkeit auch eine längere Laufzeit hat. Wir empfehlen Ihnen, es bei der Einstellung **Low** zu belassen, da der Report normalerweise auch bei einer geringen Genauigkeit verlässliche Ergebnisse liefert.

Abbildung 3.9 Auswahl der Genauigkeit des Reports

Szenario bestimmen

Im dritten Abschnitt (siehe Abbildung 3.10) wählen Sie aus, ob das gesamte System oder nur ein Teilszenario betrachtet werden soll. Setzen Sie das Häkchen im Feld **Use system subset only**, um das betrachtete Szenario einzugrenzen. Alle weiteren Felder dienen zur Konfiguration des Szenarios. Im Feld **List of top level InfoProv.** geben Sie eine Liste der technischen Namen der InfoProvider an, die in dem Szenario verwendet werden. Davon abhängige Objekte werden automatisch in die Kalkulation einbezogen. Mithilfe der Radiobuttons geben Sie an, ob das Szenario für ein neues SAP-BW-System genutzt (Button **New BW system using this subset**) oder zu einem bereits bestehenden SAP-BW-System auf SAP HANA hinzugefügt werden soll (Button **Subset for existing BW system**). Mit dem dritten Radiobutton (**Exclude listed objects**) haben Sie aber auch die Option, die angegebenen Objekte aus der Kalkulation auszuschließen.

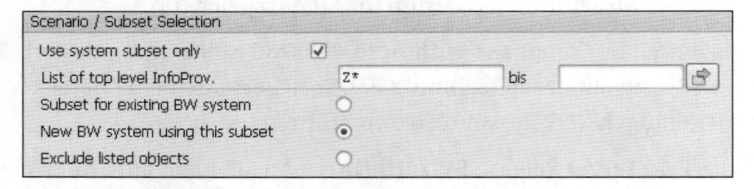

Abbildung 3.10 Eingrenzung des betrachteten Szenarios

Mit der nächsten Box (siehe Abbildung 3.11) konfigurieren Sie, dass der Report ein mögliches Wachstum des Systems in der Zukunft berücksichtigt. Um ein zukünftiges Wachstum zu betrachten, setzen Sie das Häkchen im Feld **Consider Growth**. Geben Sie die Anzahl der Jahre im Feld **Number of years** und die Wachstumsrate im Feld **Growth value** ein, die für die Berechnung angenommen werden sollen. Mit den Radiobuttons entscheiden Sie, ob die jährliche Wachstumsrate als relativer Wert in Prozent (Feld **Relative growth (in %)**) oder als absoluter Wert in GB (Feld **Absolute growth (in GB)**) ausgegeben werden soll.

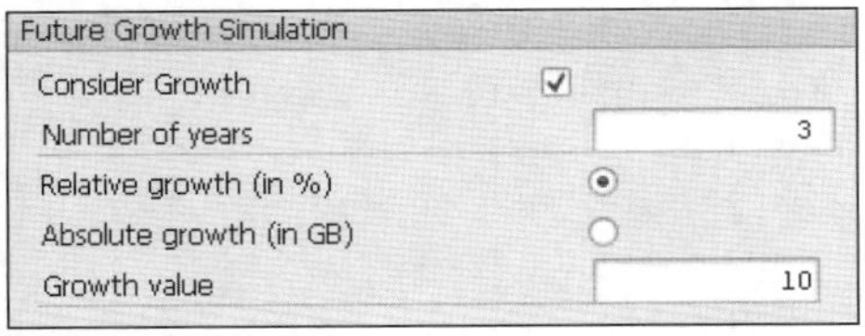

Zukünftiges Wachstum des Systems einkalkulieren

Abbildung 3.11 Zukünftiges Wachstum des Systems einbeziehen

Im nächsten Abschnitt können Sie Planungsapplikationen in die Berechnung des notwendigen Speichers mit einbeziehen. Aktivieren Sie dazu die Checkbox **Consider Planning Applications**, und geben Sie die Anzahl der Benutzer für Planungsszenarien an (siehe Abbildung 3.12).

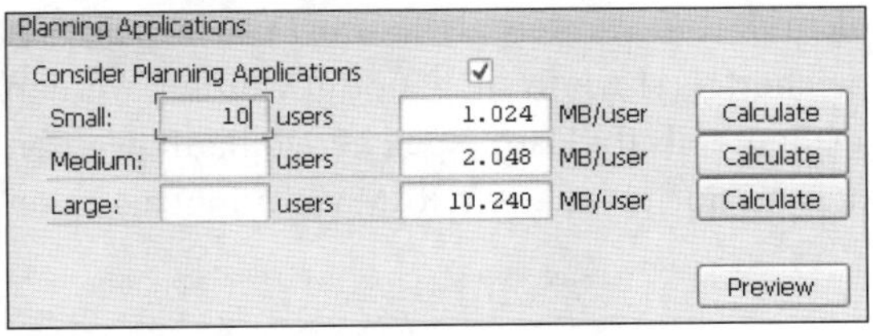

Planungsapplikationen

Abbildung 3.12 Planungsapplikationen

Anschließend haben Sie die Möglichkeit, entweder die Speichervoraussetzungen pro Benutzer über das Feld **MB/user** manuell anzugeben oder durch einen Klick auf den Button **Calculate** auf Basis von Statistikdaten berechnen zu lassen.

> **Voraussetzung für die Einbeziehung von Planungsfunktionen auf Basis von Statistiken**
>
> Um Planungsfunktionen in die Berechnung der voraussichtlichen Systemgröße mit einzubeziehen, müssen Sie den SAP-Hinweis 2367899 einspielen und bis zu drei repräsentative Planungsszenarien durchführen. Notieren

3 Sizing

> Sie die Start- und Endzeitpunkte der Durchführungen. Durch den Hinweis werden Statistiken über die Planungsszenarien gesammelt, die als Basis für die Größenberechnung dienen.

Falls Sie eine Berechnung auf Basis der Statistiken durchführen, öffnet sich ein Dialogfenster, in dem Sie sowohl den Benutzer als auch die Start- und Endzeit der von Ihnen durchgeführten, repräsentativen Planungsszenarien angeben können (siehe Abbildung 3.13).

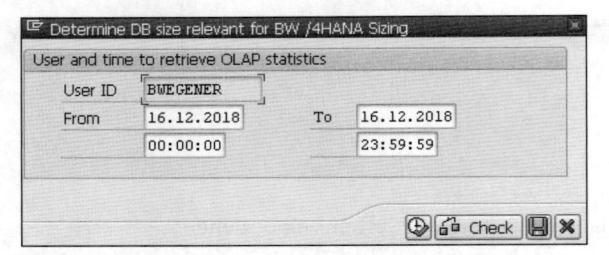

Abbildung 3.13 Berechnung auf Basis von Statistikdaten

Inaktive Daten

Im Abschnitt **Multi Temperature Data** (siehe Abbildung 3.14) können Sie angeben, ob es in Ihrem SAP-BW-System Objekte gibt, die nur unregelmäßig benötigt werden und deswegen nicht die ganze Zeit im Hauptspeicher gehalten werden müssen. Solche Daten werden als *Warm Data* bezeichnet und auf der Festplatte gespeichert. Erst wenn sie benötigt werden, werden sie in den Hauptspeicher geladen. Falls Ihr Hauptspeicher vollläuft, werden diese Objekte mit einer höheren Priorität aus dem RAM verdrängt als andere Objekte.

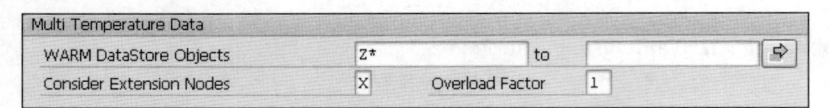

Abbildung 3.14 Inaktive Daten

Geben Sie im Feld **WARM DataStore Objects** alle (Advanced) DataStore-Objekte (A/DSOs) an, die als inaktiv markiert werden sollen. Für diese Objekte fließt nur 10 % von deren Größe in die Speicheranforderungen mit ein. Beachten Sie, dass Sie die technischen Namen angeben müssen und nicht die Tabellennamen. Das SAP-BW-System markiert automatisch, dass alle PSA-Tabellen (Persistent Staging Area) und schreiboptimierten DataStore-Objekte ersetzt werden können, ohne dass Sie dies angeben müssen.

> **[!] Vorsicht beim Hinzufügen der Objekte**
>
> Um ein aggressives Downsizing durch den Sizing-Report zu vermeiden, sollten Sie keine Objekte als inaktiv markieren, die häufig verwendet werden. Dies bewirkt eine Fehlkalkulation des benötigten Hauptspeichers und kann im schlimmsten Fall dazu führen, dass Ihre SAP-HANA-Datenbank zu klein berechnet wird.

Falls Sie SAP-HANA-Erweiterungsknoten (Extension Nodes) einsetzen möchten, tragen Sie »X« in das Feld **Consider Extension Nodes** ein. Über das Feld **Overload Factor** können Sie bestimmen, um wie viel Prozent des Hauptspeichers die Erweiterungsknoten überladen werden sollen, z. B. 2 für 200 % der zur Verfügung stehenden Hauptspeichergröße. Beachten Sie, dass Erweiterungsknoten in der Berechnung nur dann beachtet werden, wenn die Datenmenge, die für die Erweiterungsknoten bestimmt ist, nicht mehr auf die regulären Worker-Knoten passt, d. h., ein Vorhalten der Daten im Hauptspeicher wird immer bevorzugt. Falls Sie dieses Verhalten nicht wünschen, geben Sie »F« im Feld **Consider Extension Nodes** ein.

Wenn Sie die Erweiterungsknoten aktivieren, wird die gesamte Objektgröße und nicht nur 10 % von den Speicheranforderungen subtrahiert.

> **[«] SAP-HANA-Erweiterungsknoten**
>
> Allgemeine Informationen zu SAP-HANA-Erweiterungsknoten können Sie dem SAP-Hinweis 2644438 entnehmen. Er verweist auch auf weitere SAP-Hinweise, die spezielle Informationen zu SAP BW auf SAP HANA bzw. SAP BW/4HANA sowie zu nativen Applikationen, Data Lifecycle Management und Tabellenpositionierung enthalten.

Im letzten Abschnitt geben Sie an, welche Speicherkonfigurationsoptionen in Betracht gezogen werden sollen (siehe Abbildung 3.15). Aus der ausgewählten Liste erhalten Sie dann die minimale Konfiguration sowie eine empfohlene Konfiguration – abhängig von den Report-Ergebnissen. Wählen Sie hier nur die Speicherkonfigurationen aus, die Ihr Hardwarehersteller anbietet. Dadurch können Sie die perfekte Größe für Ihre Anforderungen finden.

Hauptspeicherkonfigurationen

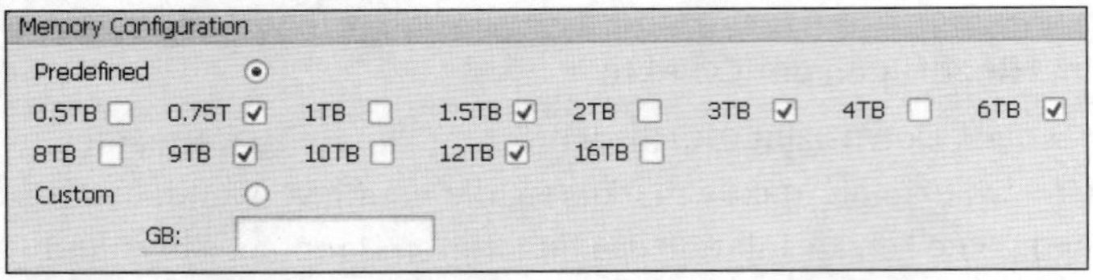

Abbildung 3.15 Speicherkonfigurationen auswählen

Ausführung des Sizing-Reports für SAP BW auf SAP HANA

Sie führen den Report aus, indem Sie in der Menüleiste auf den **Ausführen**-Button ([🔘]) klicken. Sie können den Report allerdings auch im Hintergrund starten, indem Sie im Menü **Programm • Im Hintergrund ausführen** wählen.

Ausgeführte Schritte

Der Sizing-Report nimmt die folgenden Schritte vor:

1. Als Erstes wird eine Liste aller Tabellen aus dem ABAP Dictionary (Tabelle DD02L) erstellt.

2. Aus jeder Tabelle wird ein Beispieldatensatz gewählt, und die Inhalte der Datenfelder werden analysiert. Eine Ausnahme bildet dabei die Datenbank SAP MaxDB als Quelldatenbank, da diese Datenbank kein *Data Sampling* unterstützt. Beim Data Sampling wird ein repräsentativer Beispieldatensatz genutzt, um die Größe des Gesamtdatensatzes einzuschätzen. Stattdessen werden hier die Daten aus der Datenbankstatistik genutzt. Beachten Sie, dass Sie bei MaxDB deswegen mit einer längeren Laufzeit des Reports rechnen müssen.

3. Anhand der Beispieldaten im ABAP-Speicher und der Gesamtzahl der Zeilen werden die Tabellengrößen kalkuliert. Die Kompression der Quelldatenbank wird dabei beachtet.

4. Für Nicht-Unicode-Systeme wird das Sizing-Ergebnis automatisch angehoben, da sie mehr Speicher benötigen.

5. Die Tabellen werden in Row und Column Store unterteilt.

6. Abschließend erfolgt die Berechnung des gesamten Speicherbedarfs für die SAP-HANA-Datenbank (inklusive des benötigten Laufzeitspeichers) unter Beachtung tabellenspezifischer Kompressionsfaktoren.

Statusanzeige

Den Status des Sizing-Reports können Sie bei der Ausführung im Hintergrund im Job Log (Transaktion SM37) oder bei der Ausführung im Vordergrund in der Statusleiste der SAP-GUI-Oberfläche ablesen (siehe Abbildung 3.16).

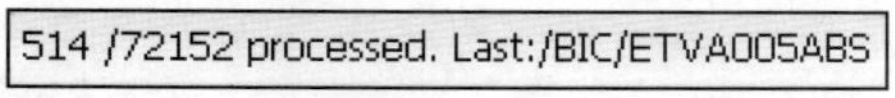

Abbildung 3.16 Statusanzeige bei Ausführung des SAP-BW-Sizing-Reports

Auswertung des Sizing-Reports

Das Ergebnis des Reports ist immer in folgende vier Abschnitte gegliedert: **Source DB Contents** (Inhalte der Quelldatenbank), **Minimum Memory Sizing Results – Current** (berechnete Speicheranforderungen), **Sizing Details**, **System Information** (Systeminformationen), **Non-Active Data** (Verteilung »warmer« Daten), **Table Details** (Detailinformationen zu Tabellen) und **RSDDSTAT Analysis Details** (BW-Statistikdaten). Abhängig von der Konfiguration, die Sie vor der Ausführung des Reports vorgenommen haben, können außerdem die Abschnitte **Sizing Recommendation – Future Growth** (zukünftiges Wachstum) und **Extended Storage Extension Nodes** (SAP-HANA-Erweiterungsknoten) enthalten sein.

Zu Beginn der Ergebnisanzeige finden Sie den Abschnitt **Source DB Contents**, der Details über die Quelldatenbank anzeigt. Hier wird aufgeschlüsselt, welche Ergebnisse die Analyse der Beispieldaten erzielt hat. Beachten Sie, dass die Ergebnisse den Werten der Tabellengrößen im ABAP Repository entsprechen und deswegen von den Werten, die Ihre Quelldatenbank ausgibt, abweichen können. Indizes und temporäre Tabellen der Quelldatenbank werden hier nicht beachtet.

Inhalt der Quelldatenbank

In Abbildung 3.17 sehen Sie ein Beispiel für eine solche Übersicht über die Quelldatenbank.

```
Determine DB size relevant for BW /4HANA Sizing

SOURCE DB CONTENTS
==================

   ABAP Size Row Store:         0.2 GB.   No. of tables:       620

   ABAP Size Column Store:     21.4 GB.   No. of tables:     26323
      Thereof:
            InfoCubes       0.0 GB                              36
             Std. DSO       0.0 GB                               8
           Change logs      0.0 GB                               4
              w/o DSO       0.0 GB                               0
                  PSA       5.9 GB                             106
          Master Data       0.0 GB                             608
      Customer Tables       0.0 GB                               0
               Others      15.5 GB                           25561

   TOTAL:                                                    26943

   Tables excluded from sizing (aggregates, etc.)               11
```

Abbildung 3.17 Auswertung der Quelldatenbank

Wir haben für dieses Beispiel als Ziel-Release SAP BW/4HANA ohne Subset mit einem Wachstum von 10 % für drei Jahre definiert. Insgesamt 620 Tabellen wurden für den Row Store und 26.323 Tabellen für den Column

3 Sizing

Store identifiziert. Die Größe des Row Stores beträgt 0,2 GB und die des Column Stores 21,4 GB. Insgesamt wurden also 26.943 Tabellen betrachtet. In der letzten Zeile dieses Abschnitts sehen Sie, dass elf Tabellen nicht für das Sizing in Betracht gezogen wurden. Dies können z. B. aggregierte Tabellen oder Dimensionstabellen sein.

Minimale Speicheranforderungen

Der zweite Abschnitt **Minimum Memory Sizing Results – Current** schlüsselt Ihnen auf, welche minimalen bzw. empfohlenen Ressourcenanforderungen das System stellt, um auf eine SAP-HANA-Datenbank migriert zu werden. Dies beinhaltet den Speicherplatz für Tabellen, Indizes und temporäre Datenbankobjekte, also etwa Zwischenergebnisse von Query-Berechnungen.

In Abbildung 3.18 sehen Sie die minimalen Ressourcenanforderungen für unser Beispielsystem. Wir haben als minimale Größe der SAP HANA Appliance in der Konfiguration 512 GB ausgewählt. Als minimale sowie optimale Größe wird vom Report eine Größe von 512 GB angegeben, da die Anforderungen weit unterschritten sind. Bei dieser Größe des SAP-BW-Systems benötigen wir nur einen Knoten für unser SAP-HANA-System. Für die gesamten Hauptspeicheranforderungen wurden 75 GB angesetzt. Für die Data Volumes unseres Systems benötigen wir 35 GB Festplattenspeicher. Für die Log Volumes benötigen wir 38 GB. Diese Werte dienen als Ausgangsbasis für die Kalkulation der genauen Festplattenspeicheranforderungen. Genauere Informationen darüber finden Sie in Abschnitt 3.4, »Einschätzung des benötigten Festplattenspeichers«.

```
MINIMUM MEMORY SIZING RESULTS - CURRENT
==========================================
                                               minimum         recomm.
                         Phys. memory per node:  512 GB         512 GB

Master / Worker Nodes:
  Memory Requirement (Minimum Total):            75  GB          75 GB
  Disk Space Requirement - data (Minimum Total): 35  GB          35 GB
  Disk Space Requirement - logs (Minimum Total): 38  GB          38 GB
  Number of Nodes  incl. master (Minimum Total):  1               1

NOTE:
- Please carefully read documentation attached to SAP NOTE 2296290
  for a detailed description of the sizing procedure and its results!

NOTE: Too much non-active data. Limit is 60%.
      RAM requirements adapted.
```

Abbildung 3.18 Minimale Ressourcenanforderungen

Detailinformationen zur Kalkulation

Im Abschnitt **Sizing Details** finden Sie Detailinformationen zur Aufteilung der einzelnen Knoten. Außerdem können Sie hier ablesen, wie die Hauptspeicheranforderungen, die Sie im Abschnitt **Minimum Memory Sizing Results – Current** ablesen konnten, berechnet wurden. In Abbildung 3.19 sehen Sie, dass wir nur einen Knoten, d. h. einen Master Column Store, in unserem System haben werden. Der Row Store nimmt etwa 2 GB und der Column Store nimmt 22 bzw. 1 GB (Master bzw. Worker) ein. Für Caches und Services, d. h. für die Speicherung von Zwischenergebnissen bei der Ausführung von Queries, sind standardmäßig 50 GB eingeplant. Dadurch ergibt sich eine Gesamtnutzung von 75 GB.

In der Spalte **util.** wird angezeigt, wie viel Prozent des zur Verfügung stehenden Hauptspeichers ausgelastet sind. Bei uns sind das nur 15 %, was keine optimale Auslastung der SAP HANA Appliance gewährleistet. In diesem Fall könnten Sie sich bei Ihrem Hardwarehersteller erkundigen, ob dieser auch eine Appliance mit einer kleineren Hauptspeichergröße (hier z. B. 128 GB) anbietet.

```
SIZING DETAILS
==============

(For    512  GB nodes)   data [GB]    total [GB]    total [GB]    util.
                                      incl. tmp.    (non-act.)
  Row Store                  1            2             2
  Master Column Store       11           22            22
  Worker Column Store        1            2             1
  Caches / Services         50           50            50

  TOTAL (All Servers)       63           76            75         15 %
```

Abbildung 3.19 Detailinformationen zu den Sizing-Ergebnissen

Falls Sie in der Konfiguration des Reports den Abschnitt **Sizing Recommendation – Future Growth** konfiguriert haben, wird Ihnen dort angezeigt, wie die Hauptspeicheranforderungen in den nächsten Jahren aussehen werden. Je nachdem, wie viele Jahre Sie angegeben haben, werden Ihnen pro Jahr jeweils die notwendige Hauptspeichergröße, die Anzahl der Knoten und die Festplattenspeicheranforderungen für Data und Log Volumes angezeigt. Dadurch können Sie z. B. schon im Voraus einplanen, eine größere SAP HANA Appliance zu kaufen, um später nicht eine erneute Migration des Systems vornehmen zu müssen. In Abbildung 3.20 sehen Sie das zukünftige Wachstum für unser System für die nächsten drei Jahre bei einer Wachstumsrate von 10 %.

Zukünftiges Wachstum der Datenbank

Im vierten Abschnitt **System Information** werden Ihnen detaillierte Informationen zum System angezeigt, auf dem der Report ausgeführt wurde. Bei uns hat die Ausführung 19 Minuten und 52 Sekunden in Anspruch genommen (siehe Abbildung 3.21).

Systeminformationen

```
SIZING RECOMMENDATION - FUTURE GROWTH
=======================================
Time considered for growth:             3 years
Assumed yearly growth rate:             10.0 %

                                              minimum        recomm.
                      Phys. memory per node:  512 GB         512 GB

Master / Worker Nodes:
  Memory Requirement (after 1 year ):         75  GB         75  GB
  Disk Space Requirement - data (after 1 year ):  35  GB     35  GB
  Disk Space Requirement - logs (after 1 year ):  38  GB     38  GB
  Number of Nodes  incl. master (after 1 year ):   1          1

Master / Worker Nodes:
  Memory Requirement (after 2 years):         75  GB         75  GB
  Disk Space Requirement - data (after 2 years):  35  GB     35  GB
  Disk Space Requirement - logs (after 2 years):  38  GB     38  GB
  Number of Nodes  incl. master (after 2 years):   1          1

Master / Worker Nodes:
  Memory Requirement (after 3 years):         75  GB         75  GB
  Disk Space Requirement - data (after 3 years):  35  GB     35  GB
  Disk Space Requirement - logs (after 3 years):  38  GB     38  GB
  Number of Nodes  incl. master (after 3 years):   1          1
```

Abbildung 3.20 Kalkulierte Wachstumsrate für die nächsten drei Jahre

```
SYSTEM INFORMATION
==================

Report version :            2.5.14
Execution date and time:    16.12.2018   15:19:52
Runtime:                    00:19:52
Parallel degree:            8
Precision settings:         L
Note 2502280 compliance:    NO
Extn. Node / Overload:      NO
Use system subset:          NO
RDBMS:                      DB6          10.05.0007
Operating System:           Linux
DB hostname:                r45z
SID:                        R45
Release:                    SAP_BW  750  SP0002
Target:                     BW/4
```

Abbildung 3.21 Systeminformationen

[+] **Ausreichend Zeit für die Ausführung einplanen**

Wie Sie bereits in den vorangegangenen Abbildungen sehen konnten, ist unser Beispielsystem ein eher kleines System, trotzdem hat die Ausführung bei diesem System bereits fast 20 Minuten gedauert. Sie sollten bei der Ausführung in einem größeren System deswegen mehr Zeit einplanen bzw. die Ausführung des Sizing-Reports am besten nachts durchführen, damit Sie keine Last im täglichen Betrieb erzeugen.

3.3 Datenbankunabhängige Sizing-Reports verwenden

In unserer Beispielkonfiguration haben wir keine Objekte angegeben, die explizit als inaktiv betrachtet werden sollen. Deswegen wird im Abschnitt **Non-Active Data** nur angezeigt, dass alle PSA- und Change-Log-Tabellen automatisch als »warm« betrachtet wurden (siehe Abbildung 3.22).

Inaktive Daten

```
NON-ACTIVE DATA
===============

All PSA and Change Log tables  are considered 'warm' by default.
```

Abbildung 3.22 Inaktive Daten

Im vorletzten Abschnitt werden Ihnen Details zu allen Tabellen mit über 1 MB Speicher angezeigt, die für die Berechnung verwendet wurden. Die Informationen sind in Row-Store- und Column-Store-Tabellen unterteilt. Falls mehrere Knoten vorgeschlagen wurden, ist diese Berechnung auch in Abschnitte für die verschiedenen Hosts unterteilt.

Detailinformationen zu den Tabellen

Für Row-Store-Tabellen werden Ihnen die geschätzte Größe im ABAP Repository, die Größe der Indizes und die Größe in der SAP-HANA-Datenbank angezeigt. Außerdem wird die ermittelte Anzahl der Einträge in der Tabelle angezeigt. Ein Beispiel dafür sehen Sie in Abbildung 3.23.

Row-Store-Tabellen

```
TABLE DETAILS
=============
                         estimated   estimated   estimated
   Type  Table Name      ABAP Size   Ind. Size   HANA Size   rec count
                         [MB]        [MB]        [MB]        [million]
   Row   RSPCPROCESSLOG  60.8        59.0        119.9       0.201
   Row   ARFCSDATA       76.5        0.0         76.5        0.000
   Row   RSREQDONE       31.7        15.4        47.1        0.062
   Row   RSSELDONE       16.2        13.2        29.4        0.040
   Row   DDTYPES         14.7        9.8         24.5        0.337
   Row   RSSTATMANPARTT  18.2        3.5         21.7        0.026
   Row   RSPCLOGCHAIN    13.3        7.8         21.1        0.072
   Row   RSREQICODS      8.4         10.0        18.5        0.076
   Row   RSSTATMANPART   10.5        5.0         15.5        0.026
   Row   RSSTATMANREQMDEL 5.1        6.8         11.9        0.018
   Row   RSMONICDP       4.9         5.3         10.2        0.043
   Row   SWNCMONI        9.4         0.2         9.7         0.004
   Row   TBTCO           5.1         4.1         9.2         0.016
   Row   FPLAYOUTT       7.3         0.0         7.3         0.000
   Row   TBTCP           5.0         1.2         6.2         0.016
   Row   DDLOADD         4.6         1.3         5.9         0.048
   Row   ENHHEADER       5.7         0.1         5.8         0.001
   Row   TST03           5.8         0.1         5.8         0.001
   Row   DDFTX           3.2         1.3         4.5         0.018
   Row   BDSCONT3        4.0         0.1         4.1         0.001
   Row   DDYTF           1.8         0.7         2.5         0.020
   Row   NRIV            1.7         0.6         2.4         0.019
   Row   TST01           1.9         0.2         2.1         0.008
```

Abbildung 3.23 Detailinformationen zu den zeilenbasierten Tabellen im Ergebnis des Sizing-Reports

Die Abbildung zeigt nur einen Ausschnitt des Ergebnisses aus unserem Report, da mehr als 100 Tabellen aufgelistet wurden.

3 Sizing

Column-Store-Tabellen

Für Column-Store-Tabellen werden Ihnen nur die Größe im ABAP Repository, die Größe in der SAP-HANA-Datenbank und die Anzahl der Einträge angezeigt (siehe Abbildung 3.24). Bei der Größe in der SAP-HANA-Datenbank ist jeweils bereits die Kompression mit berücksichtigt.

Type	Table Name	estimated ABAP Size [MB]	estimated HANA Size [MB]	rec count [million]
Col	WBCROSSGT	2729.3	1605.5	18.049
Col	BALDAT	1469.2	864.3	3.216
Col	DOKTL	1247.3	733.7	8.976
Col	OCSCMPLOBJ	1170.3	688.4	1.867
Col	REPOSRC	1093.2	643.1	1.607
Col	SMIMCONT1	961.2	565.4	0.645
Col	E071	672.6	395.6	6.909
Col	BALHDR	295.2	173.7	0.909
Col	E071K	284.5	167.4	1.328
Col	TODIR	270.4	159.1	2.369
Col	SEOSUBCOTX	243.8	143.4	1.890
Col	TF004	217.8	128.1	2.757
Col	SEOSUBCODF	207.3	122.0	1.299
Col	STERM_TEXT	182.9	107.6	1.084
Col	GLOSSARY	179.4	105.6	0.064
Col	SEOCOMPODF	174.1	102.4	1.019
Col	SOFFCONT1	163.2	96.0	0.005
Col	SEOCOMPOTX	157.0	92.3	1.438

Abbildung 3.24 Detailinformationen zu den spaltenbasierten Tabellen im Ergebnis des Sizing-Reports

Tabellen auf die Hosts verteilen

Unter den Detailinformationen zu den zeilen- bzw. spaltenbasierten Tabellen wird Ihnen außerdem eine Übersicht zur Verteilung der Tabellen auf die einzelnen Hosts angezeigt. Bei uns wurde nur ein Knoten vorgeschlagen, und deswegen wird auch nur die Verteilung für einen Worker-Host angezeigt (siehe Abbildung 3.25).

```
WORKER NODES
```

Type	Table Name		estimated ABAP Size [MB]	estimated HANA SIZE [MB]	nonact.	na.	rec count [million]
Col	/BIC/B0000039000	(P)	3233.9	404.2	153.9	(w)	16.025
Col	/BIC/B0000059000	(P)	1181.2	147.7	141.1	(w)	5.260
Col	/BIC/B0000014000	(P)	539.8	67.5	67.5	(w)	2.903
Col	/BIC/B0000038000	(P)	371.9	46.5	46.5	(w)	2.321
Col	/BIC/B0000055000	(P)	193.3	24.2	24.2	(w)	0.889
Col	/BIC/B0000058000	(P)	172.2	21.5	21.5	(w)	0.935
Col	/SSF/BTAB		28.4	16.7	16.7		0.086
Col	/BIC/B0000006000	(P)	123.3	15.4	15.4	(w)	0.779
Col	/BIO/TTCTBWOBJCT		29.6	9.9	9.9		0.204
Col	/BIC/B0000080000	(P)	52.1	6.5	6.5	(w)	0.103
Col	/BDL/BDLSADATA		8.4	4.9	4.9		0.075
Col	/BIC/B0000031000	(P)	32.1	4.0	4.0	(w)	0.138
Col	/BIO/SREQUID		9.5	3.2	3.2		0.156
Col	/BIC/B0000079000	(P)	24.1	3.0	3.0	(w)	0.082
Col	/BIO/FOTCT_C22		16.2	3.0	3.0		0.103
Col	/BIC/B0000054000	(P)	23.4	2.9	2.9	(w)	0.155
Col	/BDL/BDLSAIF		3.9	2.3	2.3		0.033
Col	/BIO/XTCTBWOBJCT		6.9	2.3	2.3		0.067
Col	/BIO/PTCTBWOBJCT		6.8	2.3	2.3		0.067
Col	/BDL/BDLFUPDEF		3.5	2.1	2.1		0.002
Col	/OSP/T_RAUI_PBHT		3.3	1.9	1.9		0.023

Abbildung 3.25 Verteilung der Tabellen auf die vorgeschlagenen Hosts

Tabellen, die inaktive Daten enthalten, sind durch den Eintrag **(w)** hinter der jeweiligen Zelle markiert.

Auch wenn Sie den entsprechenden Punkt nicht ausgewählt haben, wird eine Ausgabe der Statistiken für Planungsszenarien mit angezeigt, wie in Abbildung 3.26 zu sehen ist.

Extended Storage

```
RSDDSTAT ANALYSIS DETAILS
=========================

Start of analysis     : n/a
Distinct users        :            0
Active  users         :            0
Peak Query Load       :            0 q/s (                    )
Data Load Peak vol.   :            0 MB/s (                   )
Data Loads analyzed   :            0
Queries analyzed      :            0
Avg. query resp. time :          0.0 seconds
Avg. query DB time    :          0.0 seconds
CPU requirements      : INSUFF. DATA (Not enough queries)
```

Abbildung 3.26 Analyse von Planungsszenarien

In unserem Fall wurden keine Planungsszenarien mit in den Report einbezogen, dementsprechend sind keine Informationen enthalten.

Falls Sie Objekte für die Ablage auf einem Erweiterungsknoten ausgewählt haben, wird Ihnen als letzter Abschnitt außerdem angezeigt, welche Größe die Objekte auf diesem Host einnehmen werden.

3.3.2 Migrations-Sizing für die SAP Business Suite auf SAP HANA

Für das Sizing vor der Migration eines SAP-Business-Suite-Systems von einer beliebigen Datenbank zu SAP HANA gibt es zwei verschiedene Wege. Der erste Weg ist in SAP-Hinweis 1793345 beschrieben und beinhaltet verschiedene Formeln zur Berechnung des Hauptspeicher-, CPU- und Festplattenspeicherverbrauchs. Diese Formeln können als erste grobe Abschätzung dienen. Um sicherzugehen, dass diese Abschätzung korrekt ist, sollten Sie aber den Report /SDF/HDB_SIZING verwenden, da dieser viel genauere und detailliertere Berechnungen durchführt. Die aktuellste Version des Reports ist in SAP-Hinweis 1872170 beschrieben.

Um den Report zu installieren, prüfen Sie den SAP-Hinweis 1872170, der die neueste Version des ABAP-Reports enthält. Zum Zeitpunkt der Drucklegung dieses Buches muss der SAP-Hinweis 2700437 eingespielt werden. Je nach ST-PI-Patch-Stand kann das Implementieren des Hinweises zur automatischen Installation mehrerer weiterer SAP-Hinweise führen.

Report installieren

Wir beschreiben Ihnen in diesem Abschnitt, wie Sie den Report verwenden und welche Konfigurationen Sie vornehmen sollten, um das gewünschte Ergebnis zu erhalten.

> **Voraussetzung für die Nutzung des Reports**
>
> Um ein verlässliches Ergebnis zu bekommen, müssen die Datenbankstatistiken des Systems aktuell sein. Diese aktualisieren Sie z. B. mit Transaktion DB13.
>
> Um die aktuellste Version des Sizing-Reports /SDF/HDB_SIZING (zum Zeitpunkt der Drucklegung dieses Buches Version 78) zu verwenden, muss das SAP-Business-Suite-System mindestens den Service-Tool-Stand ST-PI 2008_1_[700-710] SP12 bzw. den Release-Stand ST-PI 740 SP02 beinhalten.
>
> Wenn das System nicht die benötigte ST-PI-Version hat, können Sie stattdessen den Report ZNEWHDB_SIZE implementieren. Voraussetzung dafür ist SAP_BASIS 620.
>
> Bei großen Systemen sollten Sie den Parameter rdisp/max_wprun_time auf mindestens 7.200 Sekunden setzen.

Konfiguration

Die Konfiguration für ein Sizing der SAP Business Suite auf SAP HANA besteht aus insgesamt fünf Abschnitten. In Abbildung 3.27 sehen Sie die Konfigurationsansicht des Sizing-Reports.

Umfang des Sizings Im ersten Abschnitt **Scope** können Sie angeben, welchen Umfang das Sizing haben soll. Für ein Sizing der gesamten Datenbank lassen Sie die Felder zur Bestimmung der **List of tables (Leave empty for full sizing)** leer. Falls Sie nur ein Sizing für bestimmte Tabellen benötigen, können Sie diese mithilfe dieser Felder eingrenzen. Falls Sie nur das Resultat eines bereits durchgeführten Sizings anzeigen möchten, wählen Sie **Display a stored sizing result**.

Szenario auswählen Im nächsten Abschnitt **Choice of the sizing scenario** können Sie angeben, ob Sie ein Sizing für ein traditionelles SAP-Business-Suite-, SAP-S/4HANA-Finance- oder SAP-S/4HANA-System erstellen möchten. In unserem Fall haben wir die Option **Perform Business Suite on HANA Sizing** gewählt, da wir ein Sizing für ein traditionelles System vornehmen möchten. Wie Sie die Ressourcen für ein SAP-S/4HANA-System richtig kalkulieren, beschreiben wir in Abschnitt 3.3.3, »Migrations-Sizing für SAP S/4HANA«.

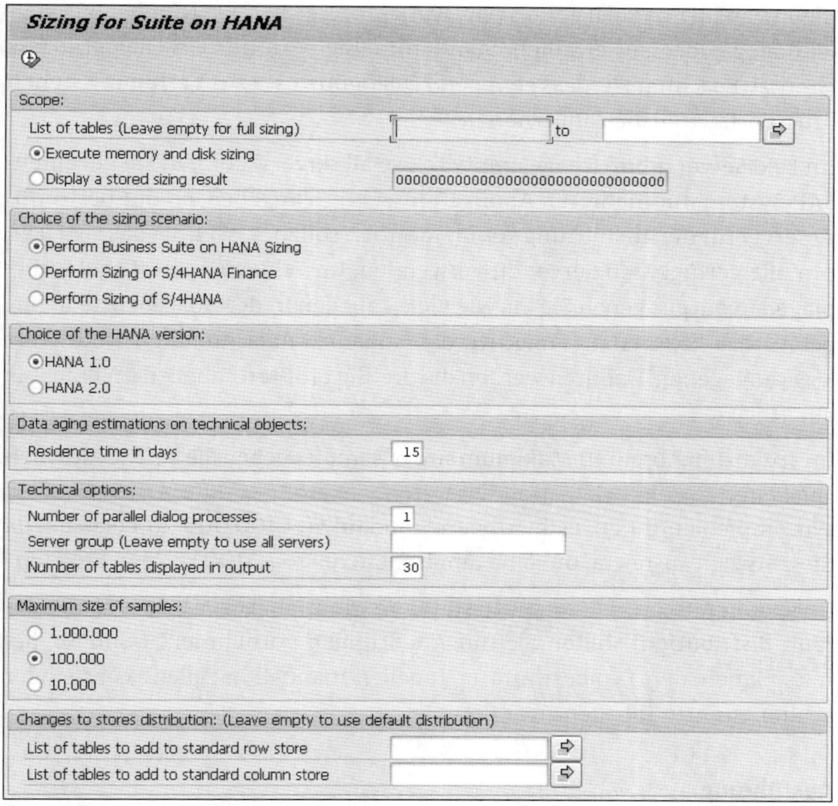

3.3 Datenbankunabhängige Sizing-Reports verwenden

Abbildung 3.27 Sizing für die SAP Business Suite auf SAP HANA konfigurieren

Im nächsten Abschnitt **Choice of the HANA version** können Sie die Zielversion der SAP-HANA-Datenbank auswählen. Da SAP HANA kontinuierlich weiterentwickelt und optimiert wird, sinkt der Speicherverbrauch des Systems durch kleineren Overhead sowie (applikationsspezifische) Optimierungen mit jeder Version.

Technische Eigenschaften konfigurieren

Im darauffolgenden Abschnitt **Data aging estimations on technical objects** können Sie das Alter von Objekten wie z. B. IDocs, Applikationslogs etc. einstellen, bevor diese aus dem Speicher geladen werden. Mittels dieses Mechanismus werden alte Daten nicht mehr im Hauptspeicher gehalten, wodurch die Speicheranforderungen sinken. Beachten Sie, dass Zugriffe auf Daten, die nicht im Hauptspeicher liegen, wesentlich länger dauern und eine zu scharfe Einstellung zu Performance-Problemen führen kann.

Im nächsten Abschnitt **Technical options** konfigurieren Sie die technischen Eigenschaften für die Ausführung des Reports. Falls gewünscht, können Sie die Anzahl der parallel genutzten Dialogprozesse im Feld **Number of parallel dialog processes** erhöhen. Standardmäßig wird nur ein Dialogprozess genutzt. Beachten Sie, dass genügend Dialogprozesse zur Verfügung stehen müssen, falls Sie die Zahl erhöhen.

Servergruppen konfigurieren

Im Feld **Server group (Leave empty to use all servers)** können Sie bei einem SAP-System mit mehreren Applikationsservern angeben, ob nur bestimmte Server für die Ausführung genutzt werden sollen. Lassen Sie das Feld leer, um alle verfügbaren Server zu verwenden. Im Feld **Number of tables displayed in output** geben Sie an, wie viele Tabellen in der Ausgabeliste im Ergebnis des Reports angezeigt werden sollen. Standardmäßig ist der Wert »30« angegeben. Dadurch werden die dreißig größten Tabellen im Ergebnis angezeigt.

Größe der genutzten Beispieldaten

Im vorletzten Abschnitt **Maximum size of samples** geben Sie an, wie viele Beispieldaten für die Kalkulation der Datenbankgröße genutzt werden sollen. Wir empfehlen Ihnen, es hier beim Standardwert 100.000 zu belassen, da diese Anzahl ausreicht, um eine repräsentative Probe der Daten zu erhalten.

Im letzten Abschnitt **Changes to stores distribution (Leave empty to use default distribution)** sollten Sie nur Änderungen vornehmen, wenn Sie bereits planen, den Typ bestimmter Tabellen manuell in zeilenbasierte oder spaltenbasierte Tabellen zu ändern.

Ausführung

Hintergrundausführung

Nachdem Sie alle Konfigurationen entsprechend Ihren Anforderungen vorgenommen haben, müssen Sie sich entscheiden, wie Sie den Report ausführen möchten. Sie können diesen im Hintergrund starten oder direkt ausführen. Wir empfehlen Ihnen, den Report im Hintergrund zu starten, wenn Sie ihn nicht auf einem Testsystem ausführen. Außerdem empfehlen wir Ihnen, den Report über Nacht laufen zu lassen, um Performance-Probleme während des Tagesbetriebs in Ihrem Unternehmen zu vermeiden. Um den Report im Hintergrund auszuführen, wählen Sie in der Menüleiste den Pfad **Programm · Im Hintergrund ausführen**. Um das Programm im Vordergrund auszuführen, wählen Sie den Pfad **Programm · Ausführen**. Die beiden Möglichkeiten zur Ausführung sehen Sie in Abbildung 3.28.

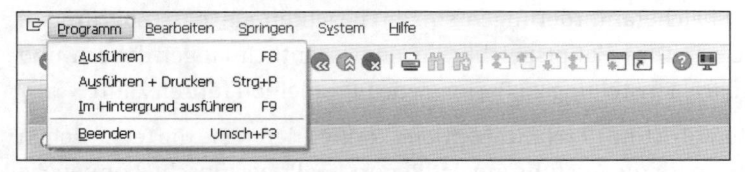

Abbildung 3.28 Den Sizing-Report für die SAP Business Suite auf SAP HANA ausführen

3.3 Datenbankunabhängige Sizing-Reports verwenden

Wenn Sie den Report direkt ausführen, sehen Sie den Status der Ausführung direkt im Fenster. Wenn Sie den Report allerdings als Hintergrundjob ausführen, können Sie den Status anschließend im Job Log verfolgen. Dazu öffnen Sie Transaktion SM37, um den Hintergrundjob zu konfigurieren. Lassen Sie dort alle Einstellungen so, wie sie sind, und klicken Sie dann auf den **Ausführen**-Button. Der Hintergrundjob wird mit dem gleichen Namen wie der Sizing-Report erstellt (siehe Abbildung 3.29).

Statusanzeige

JobName	Spool	Job doc	Job CreatedB	Status	Start date	Start Time	Duration(sec.)	Delay (sec.)
/SDF/HDB_SIZING			MASTER-ADM	Active	16.12.2018	16:13:53	2	0
*Summary							2	0

Abbildung 3.29 Hintergrundjob für die Ausführung des Sizing-Reports

Wählen Sie den Job /SDF/HDB_SIZING aus, der momentan aktiv ist, und klicken Sie auf **Job-Log anzeigen**. Es öffnet sich eine Liste mit den Ausführungsdetails zum Sizing-Report (siehe Abbildung 3.30).

Date	Time	Message text	Message class	Message no.	Message type
16.12.2018	16:13:53	Job started	00	516	S
16.12.2018	16:13:53	Step 001 started (program /SDF/HDB_SIZING, variant &0000000000000, user ID MASTER-ADM)	00	550	S
16.12.2018	16:13:56	Start of statistics collection	SADA	090	S
16.12.2018	16:13:58	0,1 % of statistics collection is done	SADA	001	S
16.12.2018	16:13:58	0,2 % of statistics collection is done	SADA	001	S
16.12.2018	16:13:58	0,3 % of statistics collection is done	SADA	001	S
16.12.2018	16:13:58	0,4 % of statistics collection is done	SADA	001	S
16.12.2018	16:13:58	0,5 % of statistics collection is done	SADA	001	S
16.12.2018	16:13:58	0,6 % of statistics collection is done	SADA	001	S
16.12.2018	16:13:58	0,7 % of statistics collection is done	SADA	001	S
16.12.2018	16:13:58	0,8 % of statistics collection is done	SADA	001	S
16.12.2018	16:13:58	0,9 % of statistics collection is done	SADA	001	S

Abbildung 3.30 Den aktuellen Ausführungsstatus im Job-Log verfolgen

Auswertung

Die Auswertung des Sizing-Reports für die SAP Business Suite ähnelt der des Sizing-Reports für SAP BW. Zu Beginn sind allgemeine Informationen über das Ergebnis aufgelistet, d. h., Sie können die erwartete Hauptspeichergröße (**Memory requirement**) und die Festplattengröße (**Net data size on disk**) ablesen. Außerdem ist angegeben, wie viel Speicher Sie durch eine Datenbereinigung noch einsparen könnten.

Allgemeine Informationen

In Abbildung 3.31 sehen Sie, dass für unser Beispielsystem der erwartete Hauptspeicher mit 89,4 GB berechnet wurde. Außerdem beträgt die erwartete Größe des Festplattenspeichers 62,6 GB.

3 Sizing

```
SIZING RESULTS IN GB

Based on the selected table(s), the anticipated maximum requirement are

for Business Suite on HANA:
- Memory requirement                                              89,4
- Net data size on disk                                           62,6

- Estimated memory requirement after data clean-up                88,9
- Estimated net data size on disk after data clean-up             62,7

Check the FAQ document attached to SAP Note 1872170 for explanations on how
to interpret the sizing terms and calculations.
```

Abbildung 3.31 Übersicht der Sizing-Ergebnisse

System und Report konfigurieren

Unter der Übersicht der erwarteten Speichergrößen werden Ihnen Detailinformationen zum System und der eingestellten Konfiguration angezeigt. In Abbildung 3.32 sehen Sie, dass wir z. B. sechs parallele Workprozesse verwendet und die Genauigkeit auf Medium eingestellt haben. 105.021 Tabellen konnten erfolgreich analysiert werden. Bei keinen Tabellen trat ein Fehler auf. Diese Tabellen werden in den Detailinformationen aufgelistet. Falls bei einer größeren Zahl von Tabellen Fehler aufgetreten sind, sollten Sie diese beseitigen und den Report anschließend erneut starten, um das Ergebnis nicht zu verfälschen.

```
Sizing report:                                            /SDF/HDB_SIZING
Version of the report:                                                 78
Date of analysis:                                              16.12.2018
Selected sample size:                                                   M
Data aging retention in days for technical objects:                   015
Number of work processes used:                                         06
Duration of the analysis in seconds:                                  617
HANA version sized:                                                   2.0

SID                                                                   T37
NW release:                                                       750 SP 1
Kernel version                                                    745_REL
Operating system on AS                                   Linux GNU SLES-11
Type of analyzed database:                                            DB6
Database version:                                              10.05.0008
Unicode system:                                                       Yes
Data used size on disk of the analysed database in GB:                 64

Number of tables successfully analyzed:                           105.021
Number of tables with error:                                            0
```

Abbildung 3.32 Detailinformationen zum SAP-System und zur Konfiguration des Reports

Erwarteter Haupt- und Festplattenspeicher

Unter den Detailinformationen finden Sie die genaue Aufschlüsselung der Kalkulation für Hauptspeicher und Festplatte. In Abbildung 3.33 sehen Sie, dass sich die 89,4 GB Hauptspeicher unseres Systems nur zum Teil aus

3.3 Datenbankunabhängige Sizing-Reports verwenden

Column und Row Store zusammensetzen und ein signifikanter Teil aus Hybrid LOBs und Work Space, also dem benötigten Speicherplatz für temporäre Objekte bei der Ausführung von Queries, besteht. Außerdem wurden 50 GB fest für den Quellcode, den Stack und andere Services eingeplant. Je nach Systemgröße und -nutzung kann die Zusammensetzung vollkommen anders aussehen. In diesem Fall ist die Zusammensetzung der geringen Größe des Ausgangssystems geschuldet.

```
MEMORY SIZING CALCULATION DETAILS                    HANA SIZE IN GB

  Column store data                                          17,8
+ Row store data                                              0,3
+ Changes in FI tables and columns                            0,1

= Anticipated memory requirement for the initial data        18,2
+ Cached Hybrid LOB (20%)                                     3,0
+ Work space                                                 18,2
+ Fixed size for code, stack and other services              50,0

= Anticipated initial memory requirement for HANA            89,4
```

Abbildung 3.33 Detailinformationen über die Kalkulation des erwarteten Hauptspeichers

Anhand dieser Informationen können Sie in unserem Beispiel abschätzen, dass Sie am besten eine SAP HANA Appliance mit mindestens 256 GB Hauptspeicher kaufen sollten, wenn Sie in Zukunft kein überdurchschnittliches Wachstum Ihrer Daten erwarten.

Unter den Detailinformationen zum Hauptspeicher finden Sie im Abschnitt **Disk Sizing Calculation Details** Informationen zur notwendigen Festplattengröße und die Zusammenstellung der verschiedenen Daten- und Objekttypen, die dazu beitragen (siehe Abbildung 3.34).

```
DISK SIZING CALCULATION DETAILS                      HANA SIZE IN GB

  Column store data                                          17,8
+ Row store data                                              0,3
+ Changes in FI tables                                        0,1
+ hybrid LOBs                                                15,2
+ Space required for merges                                   4,2
+ Metadata and statistics                                    25,0

= Initial net data size on disk                              62,6
```

Abbildung 3.34 Detailinformationen über die Kalkulation der erwarteten Festplattengröße

Die benötigte Festplattengröße bewegt sich in der Regel in einer ähnlichen Größenordnung wie die des benötigten Arbeitsspeichers.

Tabellen bereinigen

In den nächsten drei Abschnitten sind Detailinformationen dazu aufgelistet, wie viel Speicherplatz nach einer Datenbereinigung (**Data Sizing After Clean Up**) benötigt würde. In Abbildung 3.35 sehen Sie, dass bei uns nur eine geringe Datenmenge durch eine Datenbereinigung eingespart werden könnte und sich die Gesamtspeichergröße immer noch auf 88,9 GB beläuft.

```
DATA MODEL CHANGES AND CLEAN UP DETAILS                    HANA SIZE IN GB

  Anticipated memory requirement for the initial data              18,2
- Basis Data aged to disk                                           0,3

= Anticipated memory requirement of data after clean-up            17,9
+ Cached Hybrid LOB (20%)                                           3,0
+ Cached data from aged partitions (20%)                            0,1
+ work space                                                       17,9
+ Fixed size for code, stack and other services                    50,0

= Anticipated total memory requirement after clean-up              88,9


DISK SIZING AFTER CLEAN-UP                                 HANA SIZE IN GB

  Anticipated disk requirement for the data after clean-up         17,9
+ hybrid LOBs                                                      15,2
+ Space required for merges                                         4,2
+ Metadata and statistics                                          25,0

= Net data size on disk after clean-up                             62,7


CLEAN UP CALCULATION DETAILS                               HANA SIZE IN GB

Changes in FI tables and columns (Total: 0.1GB)
  New financial tables: (Total: 0.1GB)

Basis Data aged to disk: (Total: 0.3GB)
  BALDAT                                                            0,2
```

Abbildung 3.35 Informationen zur Ersparnis durch eine vorherige Datenbereinigung

SAP HANA mit NVRAM

Im nächsten Abschnitt finden Sie Informationen, die für den Einsatz von *Non-Volatile Random Access Memory* (NVRAM) im Zusammenspiel mit SAP HANA notwendig sind. Diese Technologie, auf dem Markt z. B. unter dem Namen *Intel Optane* zu finden, ermöglicht persistente Speicherriegel, die zwar in Bezug auf Geschwindigkeit und Zugriffszeiten nicht so schnell sind wie regulärer Hauptspeicher, aber mehr Performance als Flash-Speicher ermöglichen. Durch den Kosten- und Größenvorteil gegenüber regulärem RAM lassen sich so Data-Tiering-Szenarien umsetzen (»warme« vs. »kalte« Daten).

3.3 Datenbankunabhängige Sizing-Reports verwenden

```
MEMORY SIZING FOR PERSISTENT MEMORY (NVRAM)           HANA SIZE IN GB

  Column store data                                          17,8
+ Changes in FI tables and columns                            0,1

= Anticipated initial requirement for the Persistent Memory  17,9

  Row store data                                              0,3
+ Cached Hybrid LOB (20%)                                     3,0
+ Work space                                                 18,2
+ Fixed size for code, stack and other services              50,0

= Anticipated initial requirement for the DRAM              71,6

Check SAP Note 2618154 for more information on Persistent Memory.
```

Abbildung 3.36 Detailinformationen über NVRAM

Wie in Abbildung 3.36 zu sehen ist, lassen sich die Hauptspeicheranforderungen in diesem Fall auf 71,6 GB senken. Je nach Ausgangslage und Konfiguration der Data-Aging-Einstellungen kann hier viel gespart werden.

Detailinformationen je Objekttyp

Unter den Informationen zum Data Clean-up finden Sie mehrere Auflistungen zu den 30 größten Tabellen für jeden Objekttyp. Der Ausschnitt in Abbildung 3.37 enthält eine Auflistung von spaltenbasierten Tabellen. Es sind jeweils der Tabellenname, die geschätzte Hauptspeichergröße dieser Tabelle und die geschätzte Anzahl der Zeilen in der Tabelle dargestellt. Diese Auflistung können Sie für eventuelle Bereinigungsschritte im Anschluss verwenden. Sie können z. B. überprüfen, ob die größten Tabellen Daten enthalten, die Sie nicht mehr benötigen, und diese dann bereinigen.

LARGEST COLUMN STORE TABLES	ESTIMATED HANA MEMORY SIZE IN GB	ESTIMATED RECORD COUNT
DOKTL	1,9	49.799.094
WBCROSSGT	1,2	27.212.997
REPOSRC	1,1	4.927.024
SMIMCONT1	0,8	639.081
E071K	0,7	14.553.623
E071	0,6	16.894.478

Abbildung 3.37 Detailinformationen zu den analysierten spaltenbasierten Tabellen

In den darauffolgenden Abschnitten finden Sie weitere Informationen zu den Tabellen des Systems, z. B. über die größten zeilenbasierten Tabellen, Tabellen mit LOBs sowie Informationen über Tabellen im Zusammenhang mit Scale-out und Data Agent.

3.3.3 Migrations-Sizing für SAP S/4HANA

Das Sizing für SAP-S/4HANA-Systeme nehmen Sie ebenfalls mit dem Sizing-Report /SDF/HDB_SIZING vor. Die Konfiguration unterscheidet sich nur im Abschnitt **Choice of the sizing scenario** (siehe Abbildung 3.38).

```
Choice of the sizing scenario:
  ○ Perform Business Suite on HANA Sizing
  ○ Perform Sizing of S/4HANA Finance
  ⊙ Perform Sizing of S/4HANA
```

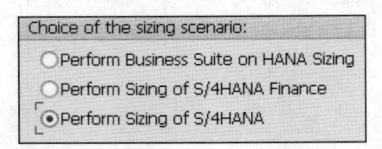

Abbildung 3.38 Szenarioauswahl für das Sizing von SAP S/4HANA

Sie haben hier zwei verschiedene Optionen:

- Sizing für SAP S/4HANA Finance durchführen
- Sizing für SAP S/4HANA durchführen

Je nachdem, welchen Umfang von SAP S/4HANA Sie einsetzen möchten, wählen Sie die entsprechende Option. Die restliche Konfiguration und die Ausführung des Reports unterscheiden sich nicht von der für SAP-Business-Suite-Systeme, die wir in Abschnitt 3.3.2, »Migrations-Sizing für die SAP Business Suite auf SAP HANA«, beschrieben haben.

Ergebnisanzeige Das Ergebnis des Reports unterscheidet sich in mehreren Punkten. Der erste Unterschied besteht in der Übersicht, wo Sizing-Informationen für SAP S/4HANA Cloud angezeigt werden, wie in Abbildung 3.39 zu sehen ist.

```
SIZING RESULTS IN GB

Based on the selected table(s), the anticipated maximum requirement are

for S/4HANA:
- Memory requirement for the initial installation                 89,3
- Net data size on disk for the initial installation              62,0

- Estimated memory requirement after data clean-up                88,8
- Estimated net data size on disk after data clean-up             62,1

for S/4HANA Cloud:
- Estimated memory size of business data                           2,9
```

Abbildung 3.39 SAP-S/4HANA-Sizing – Übersicht

Kalkulierte Einsparungen durch Datenbereinigung Darüber hinaus werden in unterschiedlichen Abschnitten mehr Informationen zu Änderungen in Tabellen und Spalten angezeigt, wie z. B. im Abschnitt **Clean Up Calculation Details** (siehe Abbildung 3.40).

Der zweite Unterschied ist die wesentlich ausführlichere Übersicht über den einzusparenden Speicherplatz nach einer Datenbereinigung. Durch die

Migration zu SAP S/4HANA werden Daten in den Tabellen aus Finanzwesen und Logistik teilweise obsolet, da diese nicht mehr benötigt werden.

```
CLEAN UP CALCULATION DETAILS                HANA SIZE IN GB

Changes in FI tables and columns (Total: 0.1GB)
  New financial tables: (Total: 0.1GB)
    ACDOCA_M_EXTRACT Upper estimation                    0,1

Basis Data aged to disk: (Total: 0.2GB)
  BALDAT                                                 0,2
```

Abbildung 3.40 Detailinformationen zur Bereinigung von Tabellen und Spalten beim Sizing für ein SAP-S/4HANA-System

Die Einsparungen fallen im hier genannten Beispiel nicht ins Gewicht, können bei größeren Systemen jedoch signifikante Einsparungen beinhalten.

3.4 Einschätzung des benötigten Festplattenspeichers

Basierend auf den Ergebnissen, die Sie bei der Verwendung des Quick Sizers oder eines Sizing-Reports erhalten haben, können Sie den benötigten Festplattenspeicher kalkulieren. Bei der Verwendung einer der beiden Sizing-Methoden erhalten Sie die folgenden beiden Werte:

Benötigte Werte für die Berechnung

- Erwartete gesamte Speicheranforderungen (`memory_size`): Der Wert für die gesamten Speicheranforderungen beinhaltet zunächst die Größe der Daten im Row Store und Column Store. Außerdem ist der benötigte Speicher für dynamisch erstellte Objekte (z. B. temporäre Objekte bei Berechnungen), Code, den Stack und andere Services und hybride Large Objects (LOBs) in diesem Wert enthalten.

- Erwartete Nettodatengröße auf der Festplatte (`net_data_size`): Der Wert für die Nettodatengröße enthält die Größe aller Datenbanktabellen inklusive der Indizes sowie den Festplattenspeicher, der für die Delta Merges benötigt wird.

Basierend auf den beiden Werten `memory_size` und `net_data_size`, berechnen Sie nun die Festplattenanforderungen Ihres SAP-HANA-Systems. Diese unterteilen sich wiederum in fünf verschiedene Bereiche:

- Festplattenspeicher für Data Volumes
- Festplattenspeicher für Log Volumes
- Festplattenspeicher für die SAP-HANA-Installation

- Festplattenspeicher für Backups
- Festplattenspeicher für weitere Daten

Eine detaillierte Beschreibung zum Festplattenspeicher beim TDI-Ansatz finden Sie unter der URL *http://s-prs.de/v685007*.

Größe des Data Volumes

Wenn ein Savepoint oder ein Snapshot erstellt wird oder ein Delta Merge stattfindet, werden die Daten in das Verzeichnis **/hana/data/<SID>** geschrieben. Die optimale Größe des Data Volumes berechnet sich durch die folgende Formel:

$$Größe_{data} = 1{,}2 \times net\_data\_size$$

Das heißt, Sie fügen der Nettodatengröße (net_data_size) 20 % zusätzlichen Speicher hinzu. Wenn das SAP-HANA-System dann später läuft, können Sie die optimale Größe des Data Volumes mit dem folgenden SQL-Befehl überprüfen:

```
ALTER SYSTEM RECLAIM DATAVOLUME;
```

Größe des Log Volumes

Die Größe des Log Volumes hängt von der Anzahl der Datenänderungen ab, die zwischen zwei Savepoints durchgeführt werden. Je mehr Datenänderungen stattfinden, desto größer sind die Redo-Log-Segmente, die in das Log Volume geschrieben werden. Das Log Volume befindet sich unterhalb des Verzeichnisses **/hana/log/<SID>**. Deswegen gibt es auch keine direkte Beziehung zwischen der Größe der Datenbank und der Größe des Log Volumes. Für eine ungefähre Abschätzung des benötigten Festplattenspeichers gibt SAP jedoch die folgenden Empfehlungen.

Für Systeme, die kleiner als 512 GB sind, gilt die Formel:

$$Größe_{redolog} = \tfrac{1}{2} \times memory\_size$$

Für Systeme, die größer als 512 GB sind, gilt die Formel:

$$Größe_{redolog} = 512\ GB$$

> [!] **Ausnahmen bei hoher Systemlast möglich**
>
> Beachten Sie, dass die angegebenen Werte auf Erfahrungswerten basieren. Bei hoher Systemlast kann es dazu kommen, dass dieser Speicher nicht ausreichend ist.

Größe der Festplatte

Alle ausführbaren Dateien, Trace- und Konfigurationsdateien eines SAP-HANA-Systems werden im Verzeichnis **/hana/shared/<SID>** abgelegt. Laut den Erfahrungen von SAP hat es sich gezeigt, dass ein System umso mehr Trace-Dateien schreibt, je größer sein Hauptspeicher ist. Deswegen ist die

Größe des Installationsverzeichnisses abhängig von der Größe des Hauptspeichers eines SAP-HANA-Systems.

Für Single-Host-Systeme berechnet sich der Festplattenspeicher für das Installationsverzeichnis wie folgt:

$Größe_{Installation} = min(1 \times memory\_size; 1\ TB)$

Falls der Hauptspeicher kleiner als 1 TB ist, ist die Größe des Installationsverzeichnisses gleich der Größe des Hauptspeichers. In allen anderen Fällen kann als Größe für das Installationsverzeichnis 1 TB angesetzt werden.

Für Multiple-Host-Systeme ist die Größe des Installationsverzeichnisses zusätzlich abhängig von der Anzahl der Worker-Hosts. Der benötigte Festplattenspeicher berechnet sich deswegen nach der folgenden Formel:

$Größe_{Installation} = 1 \times memory\_size$ pro vier Worker-Hosts

Das heißt, für vier Worker-Hosts muss einmal die Größe des Hauptspeichers (also die `memory_size`) zur Verfügung stehen. Wenn Sie z. B. vier Worker-Hosts und einen Stand-by-Host in Ihrer Landschaft zur Verfügung haben und das System eine Hauptspeichergröße (`memory_size`) von 512 GB hat, beträgt die Größe des Festplattenspeichers, der für das Installationsverzeichnis benötigt wird, 512 GB. Wenn Sie allerdings sechs Worker-Hosts und einen Stand-by-Host haben, beträgt die Größe 2 × 512 GB, d. h. 1 TB.

Ein vollständiges Backup enthält die Daten aller Data Volumes. Sie können selbst entscheiden, wie viele Backups Sie auf der Festplatte behalten und wie oft diese Backups erstellt werden. Die Größe des Backup-Verzeichnisses hängt deswegen nicht nur von der Größe der Data Volumes, sondern auch von der Erstellungshäufigkeit und der Aufbewahrungszeit des Backups ab. Wenn Sie z. B. täglich eine Sicherung durchführen und diese für eine Woche behalten, benötigen Sie siebenmal die Größe der Data Volumes als Festplattenspeicher für das Backup.

Größe des Backup-Verzeichnisses

Außerdem muss zusätzlich Speicher für die Log-Backups reserviert werden, damit bei einem Ausfall eine Point-in-Time Recovery gewährleistet werden kann. Allgemein berechnet sich die Größe des Backup-Verzeichnisses wie folgt:

$Größe_{Backup} = (Größe_{Data} + Größe_{Redolog}) \times$ Anzahl der Aufbewahrungstage × Anzahl der täglichen Sicherungen

Sie sollten in Betracht ziehen, dass Sie z. B. für die Aktualisierung Ihres SAP-HANA-Systems oder die Erstellung von Exporten ab und zu weitere Daten auf dem Storage ablegen müssen. Sie sollten deswegen zusätzlich Speicher für solche Daten einplanen.

Festplattenspeicher für weitere Dateien

[!] **Speicherung von Backups von mehreren SAP-HANA-Systemen auf derselben Festplatte**

Technisch ist es möglich, die Backups mehrerer SAP-HANA-Systeme in einem zentralen Storage abzulegen. Sie sollten dann jedoch darauf achten, dass die Performance des Storages auch dafür ausreichen muss, dass mehrere Backup-Prozesse gleichzeitig laufen. Wenn dies nicht der Fall ist, werden die Backup-Prozesse wesentlich verlangsamt – und das SAP-HANA-System wird dadurch unter Umständen ebenfalls langsamer.

Kapitel 4
Betriebskonzepte

Keine zwei Systemlandschaften sind gleich. Da die individuellen Anforderungen bestimmen, welche technischen Komponenten zum Einsatz kommen und wie diese eingesetzt werden, beschreibt dieses Kapitel die unterschiedlichen Rahmenbedingungen, unter denen SAP HANA betrieben werden kann, und welche Optionen Systemarchitekten dabei zur Verfügung stehen.

Zusammen mit der Produkteinführung von SAP HANA ist neben der Software selbst auch das sogenannte *Appliance-Konzept* von SAP eingeführt worden. Mit diesem Konzept wurde der Betrieb von SAP HANA auf Server eingeschränkt, die bestimmte Konfigurations- und Leistungsmerkmale erfüllen und nach diesen Kriterien zertifiziert sind. Neben den Hardware- und Softwarebeschränkungen hat SAP auch die unterstützten Installationsvarianten auf eine SAP-HANA-Instanz pro Server eingeschränkt, um eine gleichbleibende, hohe Performance und eine hohe Kompatibilität zu erreichen.

In den letzten Jahren hat SAP jedoch die Notwendigkeit weiterer Betriebskonzepte erkannt, um die unterschiedlichen Anforderungen der Kunden abzudecken. In diesem Rahmen wurden die Beschränkungen für verschiedene Szenarien gelockert oder aufgehoben. Zusätzlich sind weitere Konzepte wie Cloud-Services und Multi-Tenant-Architekturen hinzugekommen, um auch neuartige Szenarien abdecken zu können.

Von der Appliance zu verschiedenen Betriebskonzepten

In diesem Kapitel stellen wir die unterschiedlichen Arten von Betriebskonzepten vor und erklären, für welche Szenarien welche Konzepte sinnvoll sind. Zur besseren Übersicht gliedern wir das Kapitel in einen Abschnitt zum Aufsetzen des Landschaftsaufbaus und einen zu den Installationsvarianten. Im ersten Abschnitt beschreiben wir die unterschiedlichen Hardwaretypen, auf denen SAP-HANA-Systeme betrieben werden können, und gehen darauf ein, welche Auswirkungen diese verschiedenen Hardwaretypen haben. Im zweiten Abschnitt des Kapitels erläutern wir die verschiedenen Installationsvarianten von SAP HANA, durch die unterschiedliche Anforderungen erfüllt werden können.

4.1 Landschaftsaufbau

Der Landschaftsaufbau, d. h., welche Hardwarestruktur für den Betrieb von SAP HANA genutzt wird, ist ausschlaggebend für den Aufwand bei der Konfiguration und beim Betrieb sowie für die Flexibilität und die Wachstumsmöglichkeiten des Systems. Für den späteren Betrieb ist es daher wichtig, das für den Anwendungsfall beste Setup auszuwählen.

4.1.1 Appliances

SAP HANA in der Black Box

Der gängige Weg, eine SAP-HANA-Datenbank zu betreiben, ist eine sogenannte *SAP HANA Appliance*. Als Appliance bezeichnet SAP eine zertifizierte Kombination von Hardware und Software, die als betriebsfertige *Black Box* ausgeliefert wird, wie in Abbildung 4.1 veranschaulicht. Bei dieser Betriebsvariante wird die Konfiguration zu weiten Teilen von SAP vorgegeben. Die Vorgaben decken Hardware, Betriebssystem, die installierten SAP-HANA-Komponenten und andere Software ab, die auf dem Server installiert sein darf. Eine Anpassung der Konfiguration an spezifische Anforderungen von Kunden ist bei diesem Konzept nur in Ausnahmefällen vorgesehen; man hat ausschließlich die Wahl zwischen Servern mit unterschiedlichem Sizing. Um Änderungen durchzuführen, ist eine SAP-HANA-Zertifizierung notwendig. Pro Appliance ist nur eine SAP-HANA-Datenbank vorgesehen.

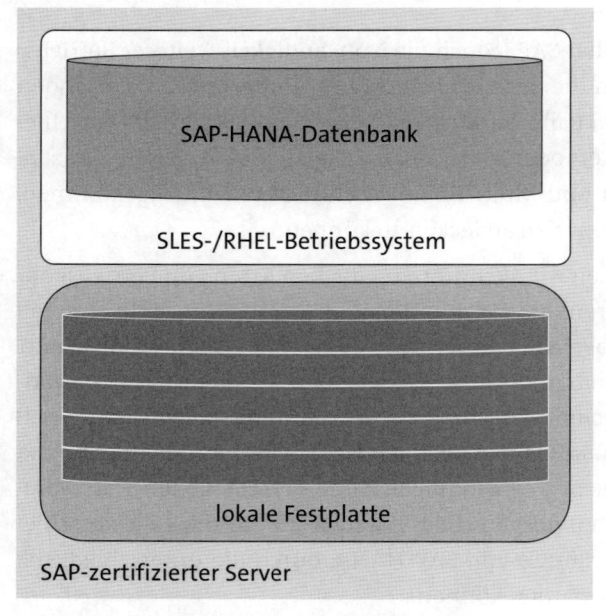

Abbildung 4.1 Single Node Appliance

Die Appliance-Server werden von den verschiedenen Hardwareherstellern anhand von festen Spezifikationen erstellt und von SAP zertifiziert. Damit wird sichergestellt, dass SAP-HANA-Systeme, die auf Appliance-Servern laufen, ein von SAP definiertes Minimum an Performance bereitstellen. Als Betriebssystemvarianten kommen angepasste Versionen von SUSE Enterprise Linux (SLES) oder Red Hat Enterprise Linux (RHEL) zum Einsatz.

> **Verfügbare SAP HANA Appliances**
>
> Eine Übersicht über alle verfügbaren SAP-HANA-Appliance-Server können Sie unter *http://s-prs.de/v685008* einsehen.

Für die Appliance-Server gelten im Wesentlichen die folgenden Vorgaben:

- **Central Processing Unit (CPU)**
  Für den produktiven Betrieb ist ein bestimmtes Verhältnis von Prozessorkernen zu Arbeitsspeicher vorgegeben, sodass eine Mindestmenge an Rechenressourcen zur Verfügung steht. Das Verhältnis hängt von der Prozessorarchitektur und dem Einsatzzweck ab. Neuere Prozessorarchitekturen arbeiten effizienter, dementsprechend setzt SAP bei diesen Architekturen weniger Prozessorkerne pro GB Arbeitsspeicher voraus. Für die SAP Business Suite auf SAP HANA (SAP S/4HANA, ERP, CRM, SRM, SCM und PLM) wird ein kleinerer Wert für das Verhältnis zwischen Prozessorkernen und Arbeitsspeicher von SAP vorgegeben, da in solchen Systemen üblicherweise viele Daten gespeichert, aber nicht alle gleichzeitig verarbeitet werden. Für SAP-Business-Suite-Systeme auf SAP HANA werden daher spezielle Appliance-Server angeboten. Diese sind in der SAP-Appliance-Übersicht am Zusatz »SoH/S4H« zu erkennen.

- **Random Access Memory (RAM)**
  Appliances, die für den produktiven Einsatz vorgesehen sind, sind mit mindestens 64 GB Arbeitsspeicher ausgestattet. Die maximale Hardwareausstattung liegt bei 20 TB pro Server, sowohl für Scale-up- (einzelner Server) als auch Scale-out-Szenarien (SAP HANA als verteilte Datenbank über mehrere Server).

Neben Prozessor und Arbeitsspeicher, die ausschlaggebend für die maximale Größe der SAP-HANA-Datenbank sind, die auf dem Server installiert werden kann, werden auch alle anderen Komponenten für die Appliance-Server vorgegeben. So verfügen diese über mehrere 10-GBit-Ethernet-Netzwerkanschlüsse für die Konnektivität sowie über Flash- und Festplattenspeicher als Persistenzschicht. Eine Anbindung an ein *Storage-Area-Net-*

Vorgaben für Appliance-Server

work-System (SAN) ist im Appliance-Konzept nicht vorgesehen, sondern dem *Tailored-Data-Center-Integration-Ansatz* (TDI) vorbehalten, den wir in Abschnitt 4.1.4 beschreiben.

Unterstützte Betriebssysteme

Zurzeit werden zwei verschiedene Linux-Distributionen als Betriebssysteme unterstützt: SUSE Enterprise Linux 11/12/15 und Red Hat Enterprise Linux 6/7. Die Auswahl hängt, wie die aller anderen Komponenten, von dem gewählten Appliance-Server sowie der Unterstützung durch den Hersteller ab.

Kompatible Installationsvarianten

Auch wenn Appliance-Server für Installationen mit einer einzigen SAP-HANA-Datenbank auf einem Server vorgesehen sind, können alle in Abschnitt 4.2 genannten Installationsvarianten auf Appliance-Servern eingesetzt werden. Es ist allerdings zu beachten, dass für die Installation eine SAP-Zertifizierung notwendig ist (siehe auch Abschnitt 4.1.4, »Tailored Data Center Integration«).

Appliance-Systeme sind unabhängig von der genutzten Installationsvariante insbesondere für mittelgroße, produktive Systeme gedacht, bei denen eine berechenbare Leistung erforderlich ist. Durch die starke Standardisierung und Zertifizierung der Systeme sind sowohl das Setup als auch der Betrieb weniger komplex als bei Lösungen, die individueller zusammengestellt werden.

Vor- und Nachteile

Das Konzept des Appliance-Servers bringt sowohl Vor- als auch Nachteile mit sich, die bei der Konzeption einer Systemlandschaft in die Planung mit einbezogen werden müssen:

- **Vorteile**:
  - Die Performance der Datenbank kann sehr genau abgeschätzt und garantiert werden.
  - Probleme oder Fehler können durch das homogene Setup leicht identifiziert werden.
  - Der Kunde muss sich nicht um das Setup und die Konfiguration der einzelnen Komponenten kümmern, sondern bekommt eine Black Box mit klar definierten Leistungsparametern.

- **Nachteile**:
  - Es gibt nur ein eingeschränktes Angebot an Appliances.
  - Kundenspezifische Anpassungen, wie z. B. eine proportionale Vergrößerung des Arbeitsspeichers, sind nicht möglich.

- Durch die notwendige Zertifizierung der verschiedenen Appliances liegt der Preis höher als für vergleichbar ausgestattete Server, die individuell konfiguriert werden.
- Eine Integration der Appliance-Systeme in bestehende Systemlandschaften ist, je nach bestehender Infrastruktur, nicht immer ohne Weiteres möglich (z. B. bei vollständig virtualisierten Systemlandschaften).

Insgesamt muss von Fall zu Fall entschieden werden, ob ein SAP-HANA-System auf einem einzelnen Appliance-Server betrieben werden soll oder ob eine individuellere Lösung besser passt. Bei der Anschaffung müssen Sie entsprechend die verschiedenen Vor- und Nachteile abwägen. Darüber hinaus sollten Sie für den Betrieb berücksichtigen, welche Komponenten der Appliance unter welchen Voraussetzungen durch SAP, den Hardwarehersteller oder Sie als Kunden geändert werden dürfen.

> **Informationen zu Rollen und Verantwortlichkeiten**
>
> Eine Übersicht über die generelle Aufteilung von Rollen und Verantwortlichkeiten einer SAP HANA Appliance finden Sie unter *http://s-prs.de/v685009*. Beachten Sie, dass sich diese abhängig von den Support-Verträgen ändern können.
>
> Um Verwirrung bezüglich der Verantwortlichkeitsbereiche zu vermeiden, sollten diese bereits bei der Anschaffung klar definiert werden.

> **Hinweise zu Konfigurationsänderungen**
>
> In den SAP-Hinweisen 1730999 und 1731000 finden Sie die empfohlenen bzw. nicht empfohlenen Konfigurationsänderungen für SAP HANA Appliances.

Auch wenn SAP HANA Appliances als einzig verfügbare Betriebskonzeptvariante zum Start von SAP HANA viel Kritik wegen ihrer fehlenden Flexibilität einstecken mussten, bietet diese Betriebsart viel Sicherheit durch Standardisierung. Insbesondere für mittelgroße SAP-Business-Suite-Systeme auf SAP HANA, wie z. B. SAP S/4HANA, bei denen ein lückenloser Support für alle Komponenten und eine garantierte Leistung wichtig sind, ist die Appliance deswegen immer noch das Mittel der Wahl. Für nicht-produktive Systeme werden Appliance-Server in Zukunft durch andere, preiswertere Systeme, wie etwa Cloud-Systeme, verdrängt werden.

4.1.2 Multi-Node Appliances

Einzelne Server, auf denen SAP HANA läuft, im einschlägigen Jargon auch *Single Node Appliances* genannt, sind gut für kleinere und mittelgroße Systeminstallationen geeignet, besitzen aber durch die begrenzte Anzahl von Prozessorsockeln auch eine begrenzte Anzahl von Prozessorkernen und Arbeitsspeicher. Damit ist auch die maximale Größe von SAP-HANA-Systemen auf Single Node Appliances begrenzt.

Appliances für größere Systeme

Für größere Systeme, wie z. B. SAP-Business-Warehouse-Systeme (SAP BW), SAP S/4HANA bei größeren Unternehmen oder für Big-Data-Anwendungen werden sogenannte *Multi-Node* oder *Scale-out Appliances* benötigt. Diese Appliances bestehen aus mehreren Servern, auf denen eine verteilte SAP-HANA-Datenbank läuft, wie in Abbildung 4.2 dargestellt.

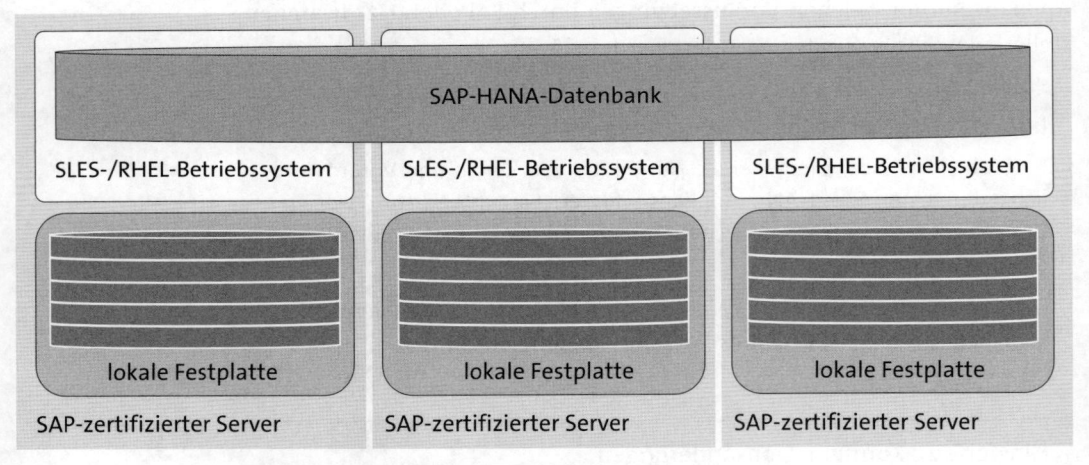

Abbildung 4.2 SAP HANA als Multi-Node Appliance

Durch das Hinzufügen von Serverknoten kann die Datenbank mit mehr Prozessorkernen und mehr Speicher vergrößert werden. Die gleiche Mechanik kann genutzt werden, um ein SAP-HANA-System hochverfügbar zu machen. Bestimmte Knoten können als Stand-by-Knoten definiert werden, die bestimmte Aufgaben von anderen aktiven Knoten übernehmen können, falls diese ausfallen (siehe auch Abschnitt 2.2.3, »Multiple-Host-Systeme«).

Die SAP-HANA-Datenbank wurde von Entwicklungsbeginn an als verteilte Datenbank konzipiert. Die Datenbank ist dabei als klassische partitionierte Datenbank gebaut, d. h., es gibt einen Master-Knoten, der für die Verwaltung der Datenbank zuständig ist, und zwei oder mehr Worker-Knoten, die die Datenhaltung und -verarbeitung übernehmen. Wie bei anderen verteilten Datenbanksystemen können auch hier Tabellen partitioniert und über mehrere Datenbankknoten verteilt werden. Wenn genug Knoten vorhanden sind, können einzelne Knoten auch im Stand-by-Modus betrieben werden, um bei Ausfall eines aktiven Knotens einzuspringen. Mithilfe dieses Mechanismus können Hochverfügbarkeitssysteme aufgebaut werden, die weitgehend gegen Ausfälle geschützt sind. Die Technik kann auch eingesetzt werden, um ein Upgrade der Datenbank mit Zero-Downtime durchzuführen.

Im Vergleich zu Single Node Appliances sind Multi-Node-Systeme vor allem für sehr große Systeme geeignet oder für solche, die in Zukunft stark wachsen. Durch die Möglichkeit, während des Betriebs neue Knoten zum SAP-HANA-System hinzuzufügen, kann man die Datenbank leicht skalieren. Doch nicht nur in großen Systemen, sondern auch in Systemen, die die Hochverfügbarkeitsfunktionalität der Datenbank nutzen, werden Multi-Node-Systeme eingesetzt.

Diese Möglichkeit zusätzlicher Funktionen bzw. die zusätzliche Flexibilität in der Skalierung werden durch eine höhere Komplexität der Systemlandschaft erkauft. Dies gilt sowohl für die Hardware bzw. die genutzte Appliance als auch für den eigentlichen Systembetrieb. Alle Administrationswerkzeuge von Backup- bis Monitoring-Werkzeugen müssen für das Zusammenspiel mit einem Multi-Node-System ausgelegt sein.

SAP HANA ist seit der ersten Version der Datenbank als Multi-Node-System verfügbar und wird kontinuierlich weiterentwickelt. Im Gegensatz zu vielen anderen Datenbanken, die Multi-Node-Funktionen besitzen, wurde SAP HANA von vornherein mit dieser Funktion entwickelt, was sich in vielen Bereichen zeigt. **Verfügbarkeit**

Wie die klassischen Single-Node-Systeme werden auch Multi-Node-Systeme für SAP HANA als Appliances ausgeliefert. Im Gegensatz zu den einfachen Systemen besteht eine Multi-Node Appliance allerdings aus einer Vielzahl von Komponenten, die in der Regel einen ganzen Serverschrank in Beschlag nehmen. **Anforderungen an die Appliances**

Multi-Node Appliances sind oft als *Blade-Systeme* ausgelegt, bei denen jeder Blade-Server (oder jeder Node) bis zu vier Prozessorsockel und bis zu 20 TB Arbeitsspeicher (bei diesen Größen nicht mehr als Blade) hat. Neben den Blade-Servern bzw. den Nodes benötigt die Appliance normalerweise noch SAN Storage, mehrere Switches und Management Server. Aufgrund der komplexen Konfiguration der verschiedenen Komponenten werden auch Multi-Node Appliances als vorinstallierte Gesamtpakete ausgeliefert.

4 Betriebskonzepte

Inzwischen ist zudem eine Integration bestehender Komponenten über den Tailored-Data-Center-Ansatz möglich (siehe Abschnitt 4.1.4).

Die verschiedenen Datenbankknoten teilen sich einen gemeinsamen Speicher, der von einem SAN-System bereitgestellt wird. Das Datenbanksystem selbst ist als *Shared-Nothing-Lösung* konzipiert, d. h., dass jeder Knoten seine eigenen Daten verwaltet und die Daten nicht mit anderen Knoten teilt.

Sizing von Multi-Node Appliances

Als sinnvolle Untergrenze beim Sizing von Multi-Node-SAP-HANA-Systemen kann man die größten Single-Node-Server angeben. Die Obergrenze liegt derzeit bei 56 TB (größtes zertifiziertes System). Bei Bedarf könnte die Obergrenze sicherlich noch nach oben verschoben werden, wie Test-Setups von SAP und verschiedenen Hardwareherstellern mit über 100 TB zeigen.

Multi-Node-Systeme aufsetzen

Wie für Single-Node-Systeme gilt auch für Multi-Node-Systeme, dass diese nur in von SAP freigegebenen Rahmen aufgesetzt werden dürfen, was in der Regel auf eine Appliance oder ein Tailored Data Center hinausläuft. Hier gelten die gleichen Regeln, wie in Abschnitt 4.1.1 für Single Node Appliances bzw. in Abschnitt 4.1.4 für Tailored Data Center beschrieben, mit wenigen Ausnahmen. Die genauen Restriktionen und die zugelassenen Systeme finden Sie auf der Webseite: *http://s-prs.de/v685010*

Bevor Sie die Umsetzung eines Multi-Node-Systems für SAP HANA angehen, sollten Sie abwägen, ob der zusätzliche Aufwand, den man bei der Administration des Systems hat, im richtigen Verhältnis zum Nutzen steht. Bei dieser Einschätzung sind insbesondere Informationen über die Daten, die auf dem System vorgehalten werden sollen, und das zu erwartende Lastprofil wertvoll. Es gibt hier die gleichen Fallstricke wie bei allen verteilten Datenbanksystemen: Wenn die Daten nicht so verteilt werden können, dass sie parallel bearbeitet werden können, ist die Gesamt-Performance des Systems durch den erhöhten Netzwerkverkehr und den Overhead für das Zusammenfügen der Daten schlechter.

Einsatzszenarien

Das typische Einsatzszenario für ein Multi-Node-System im Kontext von SAP HANA sind SAP-BW-Systeme auf SAP HANA, die über 4 TB Daten (nach Kompression) vorhalten. Bei dieser Systemart lassen sich die Daten normalerweise gut über die einzelnen Knoten verteilen, und je nach Lastprofil kann durch die erhöhte Anzahl von CPU-Kernen sogar ein Geschwindigkeitsgewinn erreicht werden. Durch die Notwendigkeit von sehr großen Speichermodulen (128 GB) für sehr große Scale-up-Systeme kann es günstiger sein, alternativ ein Multi-Node-System einzusetzen.

SAP Business Suite auf SAP HANA

Für die SAP Business Suite (SAP ERP, CRM etc.) auf SAP HANA sind Scale-out-Systeme, die nicht als reine Hochverfügbarkeitslösung genutzt werden, bisher nur eingeschränkt verfügbar, d. h., jede Implementierung muss gesondert mit SAP abgestimmt werden. Ein Grund für die Restriktionen seitens SAP hinsichtlich der Umsetzung von SAP-Business-Suite-Systemen auf SAP HANA als Scale-out-Systeme hängt mit der optimalen Verteilung der Daten zusammen. Der SAP-Hinweis 1899817 beschreibt die Tabellenverteilung (*Table Redistribution*) für die SAP Business Suite auf SAP HANA im Rahmen von Multi-Node Appliances.

> **Unterstützung von Multi-Node-Systemen für die SAP Business Suite auf SAP HANA**
>
> In SAP-Hinweis 1825774 werden die von SAP unterstützten Szenarien für Multi-Node-Systeme beschrieben. Dieser Hinweis nennt alle Restriktionen und dient als Ausgangspunkt für weitere SAP-Hinweise, die auf die verschiedenen einzelnen Produkte eingehen.

Im Gegensatz dazu wurde bei der Entwicklung von SAP S/4HANA die Möglichkeit zum Scale-out bedacht. Dies ist eine direkte Konsequenz aus Kundenfeedback und den relativ kleinen Appliance-Servern, die zu Beginn von SAP HANA zur Verfügung standen.

SAP S/4HANA

> **Hardwarevoraussetzungen für SAP S/4HANA auf einem Multi-Node-System**
>
> SAP-Hinweis 2408419 beschreibt die unterstützen Versionen, Szenarien und technischen Anforderungen für den Betrieb von SAP S/4HANA als Multi-Node-System. Er verweist auf verschiedene weitere Hinweise, die mehr Informationen zu Sizing und Tabellenverteilung bieten, und dient als guter Einstiegspunkt.

Allgemein gesprochen, kommen Multi-Node-Konfigurationen für SAP-Systeme infrage, die größer als 2 TB sind. Die größten zertifizierten, produktiven SAP-HANA-Datenbanken liegen derzeit bei 56 TB, die größten Labor-Setups haben aber bereits über 160 TB erreicht. Multi-Node-Systeme sollten Sie dann in Betracht ziehen, wenn keine ausreichend großen Appliance-Systeme zur Verfügung stehen (beachten Sie dabei auch das Datenwachstum) oder wenn Hochverfügbarkeitsanforderungen an Ihr System bestehen.

Neben der Hochverfügbarkeit und der initialen Größe sprechen noch weitere Faktoren für Multi-Node-Systeme. Bei einem kontinuierlichen Datenwachstum, wie es in allen Informationssystemen vorkommt, kann ein sol-

Vor- und Nachteile

ches System mitwachsen und ist kaum an eine obere Grenze gebunden. Zusätzlich skaliert das SAP-HANA-System fast linear mit der Anzahl der Knoten, solange die Daten über mehrere Knoten verteilt werden können.

Diese Vorteile erkauft man sich allerdings durch eine wesentlich höhere Komplexität beim Setup und Betrieb des Systems sowie bei Backup, Recovery, Restore, Monitoring, Performance-Optimierung etc. Neben dem höheren Arbeitsaufwand für den Betrieb des Systems muss auch der zusätzliche Schulungsaufwand berücksichtigt werden, der betrieben werden muss, um Administratoren und Systemarchitekten adäquat vorzubereiten. Eine unzureichende Konfiguration kann sich schnell auf die Gesamt-Performance des Systems auswirken.

Da heute nicht nur die Rechenleistung von Prozessoren steigt, sondern auch die Gesamtgröße des adressierbaren Arbeitsspeichers pro Sockel, sind in Zukunft immer größere Single Node Appliances zu erwarten (Scale-up). Diese Systeme werden Multi-Node-Konfigurationen nicht ablösen, aber in vielen Fällen über ausreichend Kapazität verfügen, um bevorzugt eingesetzt zu werden, auch wegen ihrer geringeren Komplexität. Trotzdem wird es in Zukunft weiterhin Multi-Node-Systeme im Kontext von SAP HANA geben, weshalb SAP fortlaufend Neuerungen für dieses Betriebskonzept entwickelt.

4.1.3 Virtualisierung

Virtualisierter Betrieb von SAP HANA

Das Thema Virtualisierung ist heute in den meisten Rechenzentren von Unternehmen weltweit angekommen. Das Appliance-Konzept von SAP HANA passt mit seinem einen physischen Server pro Datenbank natürlich nicht zu dieser Entwicklung. SAP hat diese Problematik erkannt und SAP HANA relativ früh für den nicht-produktiven Betrieb freigegeben, allerdings mit einigen Einschränkungen. Inzwischen ist eine Vielzahl von Virtualisierungslösungen für den SAP-HANA-Betrieb freigegeben, allerdings nicht immer in der neuesten Version, da jede neue Version einer Virtualisierungslösung von SAP zertifiziert werden muss. Gleichzeitig sind (noch) nicht alle Funktionen, die die Virtualisierung für Unternehmen attraktiv machen, freigegeben.

Unterstützung von Hardwarepartitionierung

Über die im Folgenden beschriebenen Lösungen hinaus kann SAP HANA inzwischen auch auf Systemen laufen, die über eine sogenannte *Hardwarepartitionierung* in ihren Ressourcen beschränkt sind. Unterstützt werden in diesem Bereich zurzeit die Lösungen HP nPartitions und Fujitsu PPAR.

4.1 Landschaftsaufbau

Übersicht über SAP HANA in virtuellen Maschinen

In SAP-Hinweis 1788665 finden Sie aktuelle Informationen über die unterschiedlichen Virtualisierungslösungen, die von SAP HANA unterstützt werden. Dieser SAP-Hinweis ist ein guter Einstieg, wenn Sie die Einführung einer virtualisierten SAP-HANA-Landschaft planen.

Im Unterschied zum direkten Betrieb von SAP HANA auf einem oder mehreren physischen Servern liegt bei der Virtualisierung zwischen der SAP-HANA-Datenbank und dem physischen Server ein *Hypervisor*, der die vorhandenen Hardwareressourcen abstrahiert (siehe Abbildung 4.3). Der genaue Aufbau der Landschaft ist von der eingesetzten Virtualisierungstechnologie abhängig. Die Konfiguration der virtuellen Maschinen selbst unterscheidet sich nicht essenziell von der regulärer physischer Maschinen.

Aufbau der virtualisierten Landschaft

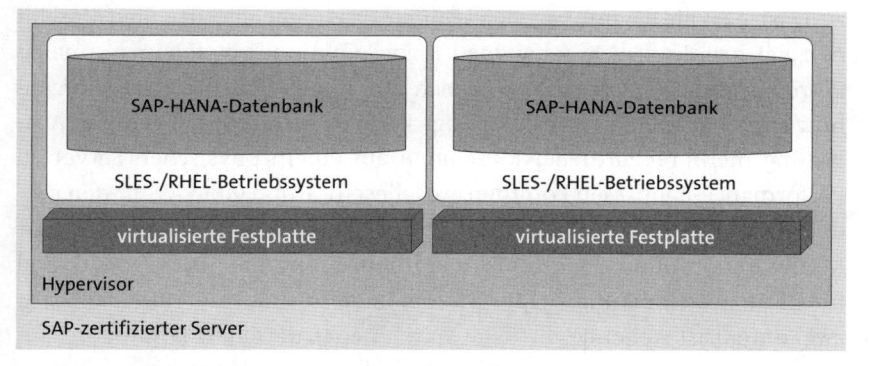

Abbildung 4.3 Virtualisierte SAP-HANA-Systeme

Die Virtualisierung von SAP HANA ist mit folgenden Technologien möglich (siehe Tabelle 4.1):

Technologien für die Virtualisierung

Technologie	SAP-Hinweis
VMware vSphere	2652670
Hitachi LPAR 2.0	2063057
Huawei-Virtualisierung	2662380
IBM PowerVM LPAR	2230704
KVM auf Redhat	2599726

Tabelle 4.1 Virtualisierungstechnologien

Technologie	SAP-Hinweis
KVM auf SLES	2607144
XEN auf SLES	2284516
Nutanix Acropolis Hypervisor	2686722

Tabelle 4.1 Virtualisierungstechnologien (Forts.)

Bei der Virtualisierung werden die Ressourcen eines physischen Servers auf mehrere virtuelle Maschinen aufgeteilt. Jede dieser virtuellen Maschinen verhält sich dabei wie ein physischer Rechner. Im Prinzip ist es hier ohne Probleme möglich, mehrere virtuelle Maschinen gleichzeitig laufen zu lassen und eine Überprovisionierung der Ressourcen vorzunehmen, d. h. mehr Ressourcen zu vergeben, als eigentlich vorhanden sind. Voraussetzung ist, dass Sie davon ausgehen können, dass nicht alle virtuellen Maschinen gleichzeitig ausgelastet werden. Beide Funktionen bieten im normalen Betrieb wesentliche Vorteile, weil sich durch die effizientere Ressourcennutzung Geld sparen lässt. Allerdings kann es bei der gleichzeitigen Auslastung mehrerer virtueller Maschinen auf einem physischen Server zu Performance-Engpässen kommen. Aus diesem Grund gibt SAP für den produktiven Betrieb von SAP HANA in virtuellen Maschinen ausschließlich die Konfiguration ohne Überprovisionierung frei. Der hauptsächliche Grund für diese Beschränkung ist der drohende Performance-Verlust, falls sich zwei unter Last stehende, virtuelle Maschinen in die Quere kommen.

Vor- und Nachteile der Virtualisierung Gegenüber dem Betrieb von SAP HANA auf physischen Servern bietet die Virtualisierung einige Vorteile. So können neue SAP-HANA-Systeme sehr leicht und schnell zurückgesetzt oder geklont werden, indem eine gesamte virtuelle Maschine geklont oder zurückgesetzt wird. Das erlaubt eine insgesamt beschleunigte Provisionierung, die bei bereits virtualisierten Landschaften keinen neuen Prozess darstellt. Natürlich bringt die Virtualisierung nicht ausschließlich Vorteile. Von SAP ausgeführte Messungen beziffern den durchschnittlichen Geschwindigkeitsverlust durch die Virtualisierung auf ungefähr 10 %. Zusätzlich muss man mit einem Leistungs-Overhead für den Betrieb von Gastbetriebssystemen und Hypervisor rechnen. Der endgültige Overhead hängt von der verwendeten Virtualisierungslösung ab.

Virtualisierung produktiver Systeme SAP HANA unterstützt die Virtualisierung nicht-produktiver Systeme bereits seit SPS05. Seit SPS07 wird auch die Virtualisierung produktiver Systeme unterstützt. Details können Sie SAP-Hinweis 1788665 entnehmen.

Für Virtualisierungslösungen gelten verschiedene Einschränkungen. Einerseits benötigen SAP-HANA-Systeme mehr oder weniger exklusiven Zugriff auf Ressourcen, weshalb sich keine parallele Nutzung von Ressourcen empfiehlt. Andererseits geben die verschiedenen Virtualisierungstechnologien selbst Grenzen vor, z. B. durch die maximalen Größen der virtuellen Maschinen.

Die maximale Größe des Arbeitsspeichers ist bei produktiven Systemen auf 6 TB, die maximale Anzahl der Prozessorkerne auf 128 beschränkt. Darüber hinaus dürfen ausschließlich zertifizierte Appliance-Server als Basis für virtualisierte Systeme eingesetzt werden. Für nicht-produktive Systeme gelten wesentlich weniger Einschränkungen.

> **Einschränkungen je nach Virtualisierungstechnologie**
> Falls Sie eine Virtualisierung von SAP-HANA-Lösungen planen, stellen Sie sicher, dass Sie die aktuellen SAP-Hinweise zu diesem Thema kennen. Aufgrund der kurzen Release-Zyklen ändern sich diese häufig.

Viele Parameter von virtuellen Maschinen, die bei physischen Servern fix sind, lassen sich leicht ändern, wie z. B. zugeordnete Ressourcen oder der Betriebszustand. Daher eignen sich virtuelle Maschinen besonders in Bereichen, in denen diese Eigenschaften ausgenutzt werden können. Prädestiniert sind hier vor allem nicht-produktive Systeme wie Qualitätssicherungs- oder Testsysteme, die oft geklont oder gestartet/gestoppt werden.

Einsatzszenarien

Hinsichtlich der auf der Virtualisierungslösung betriebenen SAP-HANA-Systeme gibt es keine Unterschiede zu Single-Node-Systemen. Dementsprechend können virtuelle SAP-HANA-Systeme auch mit verschiedenen Landschaftsarchitekturen, z. B. Multi-Node-Systemen, oder in Replikationsszenarien kombiniert werden.

Virtuelle Maschinen als Basis für SAP HANA bieten viele Vorteile, wenn es um den Betrieb von kleineren SAP-HANA-Systemen geht. Ressourcen können einfach für verschiedene SAP-HANA-Systeme unterschieden werden, die auf dem gleichen physischen Server laufen. Die Trennung der SAP-Systeme selbst wird dabei ebenfalls nach wie vor gewährleistet, da sie auch virtualisiert auf unterschiedlichen Rechnern laufen. Zusätzlich können virtuelle Maschinen relativ einfach skaliert (sowohl nach oben als auch unten) und zwischen physischen Hosts verschoben werden – vorausgesetzt, es sind noch genügend Ressourcen verfügbar. Dies hilft, SAP-HANA-Systeme an sich ändernde Lastprofile anzupassen. Gleichzeitig können Systeme durch das Klonen von virtuellen Maschinen relativ leicht kopiert werden.

4 Betriebskonzepte

Dies ist z. B. für Systemaktualisierungen in Drei-System-Landschaften von Vorteil.

Da virtualisierte Rechenzentren keine Exoten mehr darstellen, sondern in vielen Unternehmen bereits Alltag sind, hat auch SAP HANA auf diesen Trend reagiert. Für die verschiedenen Virtualisierungslösungen werden immer mehr Funktionen freigegeben, sodass SAP-HANA-Systeme sich nahtlos in bestehende virtualisierte Landschaften einfügen.

4.1.4 Tailored Data Center Integration

Nutzung bestehender Ressourcen

So gut wie jedes Unternehmen, das SAP HANA einsetzen und selbst betreiben möchte, besitzt bereits eine Landschaft von IT-Systemen und damit auch ein Rechenzentrum. In den meisten modernen Rechenzentren werden bestimmte Teile der Infrastruktur, z. B. Kühlung und Storage, zentral und nicht für jeden Server einzeln bereitgestellt. Damit Unternehmen diese zentralen Services ihrer bestehenden Rechenzentrumsinfrastruktur auch im Zusammenspiel mit SAP HANA nutzen können, hat SAP die Tailored Data Center Integration (TDI) eingeführt. Abbildung 4.4 zeigt den Aufbau einer Systemlandschaft, die nach diesem Modell aufgesetzt wurde.

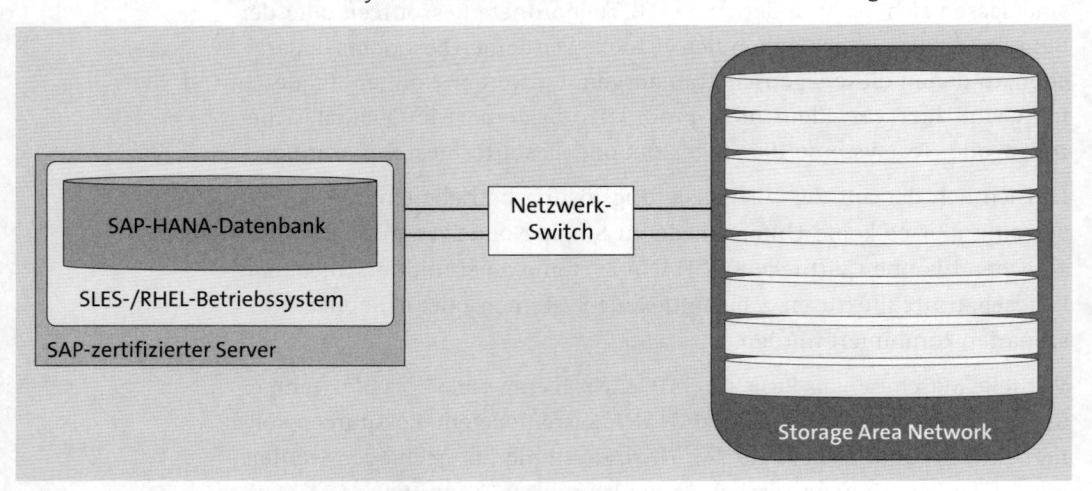

Abbildung 4.4 Tailored Data Center Integration

[»] **FAQ zur Tailored Data Center Integration**
Unter der URL *http://s-prs.de/v685011* finden Sie eine kontinuierlich aktualisierte Liste mit oft gestellten Fragen zum Thema Tailored Data Center Integration.

Dieses Modell erlaubt es Ihnen, bestehende Hardware- und Infrastrukturkomponenten für den Betrieb von SAP HANA zu nutzen. Die Rahmenparameter für die einzelnen Komponenten werden dabei von SAP vorgegeben (z. B. die minimale Bandbreite von Storage-Systemen in Megabyte), allerdings ist es möglich, die einzelnen Komponenten selbst auszusuchen, bestehende Komponenten zu nutzen und SAP-HANA-Server kostengünstiger anzuschaffen.

Vorgaben von SAP

Die Kernkomponenten für Server im TDI-Betrieb gibt dagegen weiterhin SAP vor. So darf nicht jeder Server für SAP-HANA-Installationen genutzt werden. Allerdings wurden die Beschränkungen mit der Zeit immer weiter aufgehoben. Dennoch orientieren sich die Beschränkungen für TDI-Landschaften weiterhin an den Appliance-Systemen, um bestimmte Systemparameter, wie z. B. eine Mindestgeschwindigkeit der Datenbank, garantieren zu können.

Der TDI-Ansatz ist dementsprechend weniger dafür konzipiert, komplett eigene Server für SAP HANA nutzbar zu machen, sondern, um bestehende Teile vorhandener Infrastruktur mit SAP HANA zu integrieren. Wegen der Ähnlichkeit zu regulären Appliance-Servern gelten für TDI-Server in der Regel auch ähnliche Voraussetzungen. So werden z. B. alle Installationsvarianten unterstützt, die auch für reguläre Appliance-Server gelten.

Das TDI-Programm besteht aus mehreren Phasen, die nacheinander eingeführt wurden. Mit jeder Phase wurden zusätzliche Appliance-Komponenten für eine individuelle Nutzung freigegeben.

Phase 1

In der ersten Phase wurden mit SAP HANA SPS07 bestimmte Enterprise-Storage-Systeme für den Einsatz mit SAP HANA freigegeben. Um für den Betrieb mit SAP HANA zugelassen zu werden, müssen verschiedene Systeme bei SAP zertifiziert werden. Die meisten großen Hersteller, die auch Appliances anbieten, zertifizieren ihre neuen Storage-Systeme für den TDI-Betrieb mit SAP HANA. Ältere Systeme werden meist nicht mehr zertifiziert.

> **Liste aller zertifizierten Enterprise-Storage-Systeme**
> Unter der URL *http://s-prs.de/v685012* finden Sie eine aktuelle Liste aller zertifizierten Enterprise-Storage-Systeme.

Beachten Sie, dass in der Regel mehrere Modelle desselben Storage-Systems zertifiziert sind. Normalerweise wird nur ein System aus einer Produktfamilie für die Zertifizierung getestet. Voraussetzungen für die Nutzung eines anderen Systems aus derselben Produktfamilie sind:

- Die Systeme müssen auf der gleichen Architektur aufbauen.
- Die Systeme müssen die gleichen Storage-Konnektoren nutzen.
- Die Systeme müssen vergleichbare Komponenten wie das für die Zertifizierung getestete System besitzen.
- Die für die Zertifizierung vorgegebenen Key Performance Indicators (KPIs) müssen von allen Mitgliedern der Produktfamilie erfüllt werden.

Ob und in welcher Konfiguration ein System für den TDI-Betrieb mit SAP HANA geeignet ist, erfahren Sie bei Ihrem Hardwarepartner.

Phase 2 In der zweiten Phase des TDI-Programms wurde die Möglichkeit aufgenommen, bestehende Netzwerkkomponenten in SAP-HANA- Setups zu integrieren. Dies betrifft in erster Linie Konfigurationen von Multi-Node-Systemen, die verschiedene Netzwerkkomponenten für die Verbindung der einzelnen Serverknoten benötigen.

> **Voraussetzungen für SAP-HANA-Netzwerkkomponenten**
>
> Unter der URL *https://scn.sap.com/docs/DOC-63221* finden Sie die Voraussetzungen für die Integration von bestehenden Netzwerkkomponenten in SAP-HANA-Setups. Das ausführliche Dokument enthält auch interessante Informationen zum grundsätzlichen Setup des SAP-HANA-Netzwerks, unabhängig von TDI.

Phase 3 Die mit SAP HANA SPS09 umgesetzte dritte Phase der TDI eröffnet Kunden die Möglichkeit, kleiner dimensionierte Server für den Betrieb von SAP HANA einzusetzen. Diese sogenannten *Entry-Level-Systeme* bauen auf Intel-Xeon-E5-Prozessoren auf und sind für kleinere und günstigere SAP-HANA-Installationen bestimmt. Die Einstiegssysteme unterliegen Einschränkungen, auch um sie von den großen Appliances abzugrenzen. So dürfen ausschließlich Zwei-Sockel-Systeme (zwei CPUs mit mindestens acht Kernen pro CPU) mit einer Arbeitsspeicherausstattung zwischen 128 und 1.536 GB Arbeitsspeicher im Single-Node-Betrieb genutzt werden. Größere Systeme mit mehr Arbeitsspeicher, mehr Prozessoren oder mit mehr Knoten im Multi-Node-Betrieb sind nicht erlaubt.

> **Liste aller zertifizierten Entry-Level Systeme**
>
> Unter der URL *http://s-prs.de/v685013* finden Sie eine aktuelle Liste aller zertifizierten Entry-Level-Systeme.

Um eine SAP-HANA-Datenbank nach dem TDI-Ansatz betreiben zu dürfen, müssen mehrere Bedingungen erfüllt sein. Einerseits übernehmen Sie als Kunde bestimmte Pflichten, z. B. hinsichtlich der Ausbildung des Personals, andererseits gilt es, bei der Auswahl der Hardwarekomponenten für Server und Rechenzentrumskomponenten bestimmte Dinge zu beachten. Wird ein SAP-HANA-System nach dem TDI-Ansatz betrieben, geht die Verantwortung für die Installation des SAP-HANA-Systems und der umliegenden Komponenten vom Hardwarepartner auf Sie als Kunden über.

Die obligatorische Voraussetzung, die sich aus dieser geänderten Aufgabenverteilung für die Einrichtung des Systems und den Betrieb ergibt, ist die Zertifizierung eines Mitarbeiters als *SAP Certified Technology Specialist – SAP HANA*, entweder über die Zertifizierung C_HANATEC_12 (für SAP HANA 1.0) oder C_HANATEC_15 (für SAP HANA 2.0). Bis auf die versionsabhängigen Änderungen werden bei beiden Zertifizierungen die gleichen Themenbereiche und Werkzeuge abgefragt. Die Zertifizierungen fragen breit gefächert Wissen über Konfiguration und Betrieb von SAP-HANA-Systemen ab und erstrecken sich thematisch über Landschaftsplanung, (De-)Installation, Backup und Recovery, Monitoring, Betrieb, Fehlerbehandlung, High Availability und Desaster Recovery, Migration, Scale-out und angrenzende Themengebiete. Der erfolgreiche Abschluss beider Zertifizierungen befähigt zur eigenständigen Installation und zum Betrieb von SAP-HANA-Systemen. Das für die Zertifizierungen erforderliche Wissen (in unserem Fall für SAP HANA 2.0) kann durch die SAP-Education-Kurse »SAP HANA 2.0 Installation and Administration« (HA200), »High Availability and Disaster Recovery/Tolerance Administration« (HA201), »Using Monitoring and Performance Tools« (HA215), »Authorization, Scenarios & Security Requirements« (HA240) und »Database Migration using DMO« (HA250) erworben werden. Zusätzlich empfiehlt es sich, die offiziellen Leitfäden für die SAP-HANA-Server-Installation, die Administration, die SAP-HANA-Cockpit-Installation sowie zum Thema Update und Konfiguration zu studieren. Die Zertifizierungsvoraussetzung gilt auch, wenn Betrieb und Hosting durch einen Dienstleister vorgenommen werden.

Notwendige Zertifizierungen

> **SAP-HANA-Kurse und Zertifizierungen**
>
> Unter der URL *https://training.sap.com/de/de/* können Sie die offiziellen SAP-Kurse und -Zertifizierungen für SAP HANA einsehen und buchen.
>
> Die genannten Leitfäden (für den jeweils neuesten Support Package Stack) finden Sie unter *http://help.sap.com/hana_platform*.

4 Betriebskonzepte

Prüfung der Hardwarekonfiguration

Um zu prüfen, ob ein Server für den Betrieb von SAP HANA geeignet und zugelassen ist, kann das von SAP bereitgestellte Werkzeug *SAP HANA Hardware Configuration Check Tool* genutzt werden. Es prüft Ihre Hardwarekonfiguration und ist Bestandteil des Installationspakets SAP HANA Platform Edition, Verzeichnis **DATA_UNITS/SAP_HANA_HWCCT_LINUX_X86_64**.

Sie können das Tool auch unter *https://launchpad.support.sap.com/* • **Software Downloads** • **Support Packages and Patches** • **A–Z** • **H** • **SAP HANA Platform Edition** • **SAP HANA Platform Edition 1.0** • **Entry by Component** • **HANA config check** • **SAP HANA HW CONFIG CHECK 1.0** • **Linux on x86_64_64bit** herunterladen. Achten Sie beim Herunterladen darauf, dass die Revisionsnummer im Dateinamen kompatibel zu Ihrem SAP-HANA-System ist: **HWCCT_<Revision>_xxxxxxxx.SAR**.

> [»] **Informationen zum SAP HANA Hardware Configuration Check Tool**
> In SAP-Hinweis 1943937 finden Sie die Bedienungsanleitung für das Tool sowie Beispielkonfigurationen und wichtige Hinweise für den Einsatz.

Einsatzszenarien für TDI-Ansatz

Der Einsatz des TDI-Ansatzes für den Betrieb von SAP-HANA-Systemen lohnt sich vor allem in zwei Szenarien:

- wenn bereits eine Rechenzentrumsinfrastruktur betrieben wird, in die SAP HANA mittels TDI integriert werden kann (z. B. ein SAP-HANA-zertifiziertes SAN-System)
- wenn ein (hinsichtlich des Arbeitsspeichers) kleineres SAP-HANA-System betrieben werden soll, wobei die Prozessorleistung für das Lastprofil der Applikation nicht im Vordergrund steht

Bei der Implementierung des TDI-Ansatzes muss immer darauf geachtet werden, dass sowohl zusätzliche Kosten für die Ausbildung des Personals als auch Pflichten für die Konfiguration und den Betrieb anfallen. Da zu erwarten ist, dass SAP den TDI-Ansatz weiter ausbaut, kann auch davon ausgegangen werden, dass sich weitere Einsatzmöglichkeiten ergeben.

Vor- und Nachteile

Das Konzept der Tailored Data Center Integration bietet im Vergleich zu anderen Einsatzszenarien Vor- und Nachteile. Zu den Vorteilen gehört z. B. die erhöhte Flexibilität, die sich bei der Anschaffung neuer Systeme ergibt, weil diese genauer dimensioniert werden können und die bestehende Infrastruktur weiterhin genutzt werden kann. Diese Flexibilität sorgt auch dafür, dass sowohl die Anschaffungs- als auch die Betriebskosten wesentlich geringer sind als die einer »normalen« Appliance.

Die genannten Vorteile werden durch Nachteile erkauft, die sich direkt aus positiven Faktoren ergeben. Durch die Integration bestehender Hardwarekomponenten ergibt sich ein höherer Integrationsaufwand, und die Möglichkeit, eine SAP HANA Appliance mittels Plug-and-play in Betrieb zu nehmen, entfällt. Neben der erhöhten Dauer für die Einrichtung der SAP HANA Appliance ist, je nach Konfiguration, eine geringere Performance möglich. Da bei »normalen« Appliance-Servern in der Regel nur Komponenten verbaut werden, die sich am oberen Ende des Leistungsspektrums befinden, können Änderungen an der Serverkonfiguration die Performance leicht negativ beeinflussen. Dies gilt insbesondere für die Einstiegssysteme aus Phase 3 der TDI, von denen nicht die gleiche Geschwindigkeit erwartet werden kann wie von den Standard-Appliances.

Weitere Nachteile des Betriebs eines SAP-HANA-Systems nach dem TDI-Ansatz sind die Verantwortung für das ordnungsgemäße Aufsetzen des SAP-HANA-Systems und die damit verbundenen Schulungs-, Zertifizierungs- und Personalkosten, die man als Betreiber zu tragen hat.

Das TDI-Programm wird in Zukunft sicherlich noch weiter ausgebaut, und die Anzahl der zur Verfügung stehenden Serverkonfigurationen wird dann noch erweitert. Zu erwarten ist hier eine noch breitere Palette von Appliance-Konfigurationen für unterschiedliche Anwendungszwecke.

4.1.5 Cloud

Cloud-Angebote, also virtualisierte Ressourcen, die auf einer *Pay-per-Use*-Basis, also pro Stunde, abgerechnet werden, sind heutzutage nicht mehr aus modernen IT-Landschaften wegzudenken. Ganz gleich, ob als *Private Cloud* (alle genutzten Ressourcen werden vom Unternehmen selbst betrieben und sind exklusiv) oder als *Public Cloud* (alle genutzten Ressourcen werden außerhalb des Unternehmens betrieben und werden mit anderen Benutzern geteilt) – fast jedes Unternehmen nutzt heutzutage IT-Komponenten, die in der Cloud liegen, oder plant deren Einführung.

Die dynamische Bereitstellung von Ressourcen stand anfangs im Gegensatz zur Idee der Appliance, mit der SAP die Leistung der SAP-HANA-Plattform garantieren wollte. Angesichts der Nachfrage nach einer schnellen und kostengünstigen Bereitstellung, im Zweifel auch auf Kosten der Performance, hat SAP auf den Trend zur Virtualisierung reagiert. Seit Mai 2012 (bzw. SAP HANA 1.0 SPS04) bieten SAP und Amazon die In-Memory-Datenbank aus der Public Cloud und nach dem Pay-per-Use-Modell an. Seitdem hat sich nicht nur die Liste der Cloud-Anbieter für SAP HANA wesentlich

Dynamische Bereitstellung

verlängert (unter anderem bietet SAP selbst Cloud-Dienstleitungen an), sondern auch die Möglichkeiten, wie und für welchen Zweck Systeme in der Cloud betrieben werden können, sind gewachsen.

> **Definition des Cloud-Begriffs**
>
> Da für die Begrifflichkeiten rund um die Cloud viele Definitionen im Umlauf sind, grenzen wir sie hier kurz ab, um ein gemeinsames Verständnis als Grundlage für die weiteren Erläuterungen in diesem Abschnitt zu schaffen.
>
> Als *Private Cloud* bezeichnen wir virtualisierte Ressourcen, deren Benutzerbasis vorbestimmt ist und die nicht durch andere Benutzer beeinflusst werden können. Diese Private Clouds werden in der Regel im eigenen Unternehmen betrieben und sind nach außen abgeschottet.
>
> Die sogenannte *Public Cloud* bezeichnet unserem Verständnis nach Ressourcen, die eine unbestimmte Benutzerbasis haben und auf Pay-per-Use-Basis bezogen werden können, d. h., Sie zahlen ausschließlich für die Ressourcen, die Sie auch nutzen. Bei diesem Modell muss man davon ausgehen, dass die genutzte Landschaft auch durch andere Unternehmen oder Privatpersonen genutzt wird und dass man unter Umständen – abhängig von den Vereinbarungen mit dem Cloud-Anbieter – Leistungseinbußen bei geteilt genutzten Komponenten wie z. B. dem Netzwerk hinnehmen muss. Public Clouds werden in der Regel außerhalb des eigenen Unternehmens betrieben.

In diesem Abschnitt beschäftigen wir uns in erster Linie mit Clouds, die von externen Anbietern betrieben werden. Systeme, die auf virtualisierten Ressourcen innerhalb des Unternehmens betrieben werden, haben wir in Abschnitt 4.1.3, »Virtualisierung«, behandelt.

Public-Cloud-Angebote
Ein Großteil der von diesen externen Anbietern bereitgestellten Landschaften kann unter dem Begriff Public Clouds eingeordnet werden. Dazu zählen z. B. die Angebote von Amazon Web Services (*http://aws.amazon.com/de/sap/*) oder Microsoft Azure (*http://azure.microsoft.com/de-de/campaigns/sap/*), über die SAP-HANA-Systeme in unterschiedlichen Größen betrieben werden können.

> **Unterstütze Public-Cloud-Angebote**
>
> Unter folgendem Link finden Sie eine Übersicht mit allen von SAP unterstützten Public-Cloud-Angeboten, die für SAP HANA zugelassen sind: *http://s-prs.de/v685014*.

> Stellen Sie sicher, dass Sie die Übersicht zum benötigten Zeitpunkt neu aufrufen, da sich Cloud-Angebote häufig ändern.

Neben den Public Clouds von Amazon und Microsoft existiert noch eine Vielzahl anderer Hosting-Angebote, die meist als Private Clouds ausgelegt sind und von großen Hosting-Anbietern wie z. B. Atos, HP oder T-Systems betrieben werden. Diese Angebote sind in der Regel für den produktiven Betrieb ausgelegt und erfüllen Anforderungen, die dem klassischen IT-Outsourcing entsprechen.

SAP HANA Enterprise Cloud

Neben den bekannten Hosting-Anbietern bietet auch SAP selbst einen Privat-Cloud-Service an: *SAP HANA Enterprise Cloud* (HEC). Dieser seit Anfang 2013 bestehende Service beinhaltet nicht nur das Hosting von SAP-HANA-basierten Systemen auf SAP-eigenen Rechenzentren in Deutschland, sondern, wie auch bei anderen großen Hosting-Dienstleistern üblich, eine Vielzahl von zugeschnittenen Services (*Managed Services*), wie z. B. Integration, Migration und Monitoring. Die SAP HANA Enterprise Cloud ist insbesondere für den Produktivbetrieb von SAP-HANA-basierten Lösungen wie der SAP Business Suite gedacht und dahingehend konzipiert. Neben SAP betreibt auch IBM Rechenzentren, die als SAP HANA Enterprise Cloud zertifiziert sind.

SAP Cloud Platform

Für Applikationen, die nativ auf SAP HANA laufen, bietet SAP noch eine Public-Cloud-Variante des Platform as a Service (PaaS) an: Die *SAP Cloud Platform*. Bei dieser Plattform haben Sie als Kunde keinen Zugriff auf das darunterliegende System, Sie können es jedoch für das Deployment und die Verwaltung von Applikationen verwenden. Im Gegensatz zum Vorgänger *SAP HANA Cloud Platform* stehen dort nicht nur reine SAP-HANA-Services zur Verfügung, die Sie einzeln mieten können. Sie können z. B. auch NoSQL-Datenbanken (*MongoDB*) über die SAP Cloud Platform mit SAP-HANA-Services integrieren.

Betrieb von Cloud-Lösungen

Im Gegensatz zum selbstständigen Betrieb Ihres SAP-HANA-Systems im eigenen Unternehmen entfallen in der Cloud viele Teile der Lebenszyklusverwaltung, da diese durch die Anbieter übernommen werden. Beispiele sind die Hard- und Softwarebeschaffung und -integration sowie die Installation. Je nach Anbieter und Ausprägung der Cloud-Lösung unterscheiden sich die standardmäßigen und zusätzlichen Services (z. B. hinsichtlich der Integration mit anderen Diensten). Vor der Wahl des Anbieters sollten Sie z. B. entscheiden, welche Aufgaben des IT-Betriebs Sie in die Hände des Cloud-Anbieters geben möchten. Auch sollten Sie beachten, dass die durch die

Nutzung der Cloud möglichen Kosteneinsparungen mit der hohen Standardisierung der angebotenen Lösungen zusammenhängen.

> **Literatur zu SAP-Cloud-Lösungen**
>
> Mehr Informationen zu SAP-Cloud-Lösungen und der SAP Cloud Platform finden Sie in den folgenden Büchern:
>
> - Bögelsack, A.; Baader, G., Prifti, L.; Zimmermann, R.; Krcmar, H.: SAP-Systeme in der Cloud. Implementierung und Betrieb. Bonn: SAP PRESS 2016
> - Seubert, H.: SAP Cloud Platform. Services, Nutzen, Erfolgsfaktoren. Bonn: SAP PRESS 2018
> - Friedrichs, H.: SAP S/4HANA und SAP Cloud Platform für Administratoren. Bonn: SAP PRESS 2019

Architektur der Cloud-Lösungen

Wie die Cloud-Lösungen aufgebaut sind, hängt sowohl von der Art der Cloud als auch vom Anbieter ab. So bietet Amazon stark standardisierte SAP-HANA-Lösungen an, die auf virtuellen Maschinen von Amazon Web Services laufen. Entsprechend gibt es nur bestimmte Virtual-Machine-Größen, die in unterschiedlichen Konfigurationen genutzt werden können. Darüber hinausgehende Anpassungen sind nicht vorgesehen. Das Setup der virtuellen Maschinen kann über die sogenannte *SAP Cloud Appliance Library* (CAL) erfolgen, die vorkonfigurierte Virtual Machine Images bereitstellt, die in angemietete virtuelle Maschinen von Amazon Web Services geladen werden können. Beachten Sie, dass neben den Kosten für die Amazon-Web-Services-Instanz selbst in der Regel noch weitere Gebühren für Backup-Speicher oder Datenverkehr anfallen und auch Kosten- und Ressourcenmanagement nicht zu unterschätzen sind.

> **Weitere Informationen zu SAP HANA auf Amazon Web Services und der SAP Cloud Appliance Library**
>
> In SAP-Hinweis 1964437 finden Sie weiterführende Informationen sowie Einschränkungen zum Betrieb von SAP HANA auf Amazon Web Services.
>
> Mehr Informationen zur SAP Cloud Appliance Library erhalten Sie auf der Webseite *http://scn.sap.com/docs/DOC-33673* und unter *https://cal.sap.com/*.

Unterschiede bei den Cloud-Anbietern

Für SAP-HANA-Instanzen auf Basis der Amazon Web Services oder von Microsoft Azure gibt es unterschiedliche Lizenzmodelle: von der kostenfreien Developer License für SAP HANA, mit der nicht-produktive Demoszenarien getestet werden können, bis hin zum Modell *Bring Your Own License*, bei dem eine separat erworbene, produktive SAP-HANA-Lizenz in ein vorgefertigtes Virtual Machine Image eingespielt wird. Im Gegensatz zu den Lösungen von Amazon ist die SAP HANA Enterprise Cloud als Private Cloud ausgelegt, bei der wesentlich mehr Änderungen an Systemen vorgenommen werden können. Zudem können Sie zugeschnittene Services erwerben, was Ihnen entsprechend mehr Flexibilität bietet.

> **Weitere Informationen zur SAP HANA Enterprise Cloud**
> Weitere Informationen zur SAP HANA Enterprise Cloud finden Sie unter *http://s-prs.de/v685015*.

Die SAP HANA Enterprise Cloud ist nicht nur aus den SAP-eigenen Rechenzentren verfügbar, sondern auch von IBM. Im Gegensatz dazu wird SAP HANA als PaaS bisher ausschließlich von SAP bereitgestellt. Im Vergleich zur SAP HANA Enterprise Cloud ist die SAP Cloud Platform im Funktionsumfang derzeit noch eingeschränkt, da kein vollständiger Zugriff auf die Datenbank besteht. Allerdings sind in der SAP Cloud Platform viele zusätzliche Systeme neben SAP HANA sowie Konnektoren für On-Premise-Systeme verfügbar, die für die Anwendungsentwicklung interessant sind, wie etwa SAP Adaptive Server Enterprise (früher Sybase ASE) oder Apache Tomcat.

Alle hier beschriebenen Cloud-Lösungen sind von SAP für den produktiven Einsatz zugelassen, wobei Amazon Web Services und SAP HANA Enterprise Cloud in erster Linie für den Betrieb von SAP-NetWeaver-basierten Anwendungssystemen gedacht sind, die auf SAP HANA laufen. Die SAP Cloud Platform ist dagegen für selbst entwickelte Applikationen im Stand-alone-Betrieb oder als Erweiterung für SAP-NetWeaver-basierte Systeme gedacht.

Je nach Einsatzszenario und Anforderung empfehlen sich unterschiedliche Cloud-Lösungen:

Einsatzszenarien und Cloud-Lösungen

- Für den produktiven Einsatz von SAP-HANA-basierten Systemen und wenn im eigenen Unternehmen nur wenig Know-how aufgebaut werden soll, bietet sich die SAP HANA Enterprise Cloud als Cloud-Plattform an. Hier können für die Einführung Managed Services eingekauft werden, und die Betriebsverantwortung bleibt bei SAP.

- Falls Sie kein vollständiges SAP-HANA-System benötigen, um z. B. ein SAP-Business-Suite-System darauf zu betreiben, sondern nur Applikationen auf SAP HANA entwickeln möchten, bietet sich die SAP Cloud Platform an. Über die PaaS können Sie die ganze Palette der Funktionen von SAP HANA nutzen und haben die Möglichkeit, Ihre genutzten Ressourcen zu skalieren.

- Amazon Web Services und andere Anbieter sind insbesondere dann interessant, wenn Sie neue Funktionen oder Systeme testen möchten und dafür kurzfristig Ressourcen benötigen.

Vor- und Nachteile

Allen Cloud-Systemen ist gemein, dass sie eine hohe Flexibilität bieten. Dies gilt sowohl für die Skalierung der Ressourcen nach oben und unten als auch für den Preis. Falls Sie nur Teilbereiche eines SAP-HANA-Systems nutzen möchten, nur für wenige Wochen einen Proof-of-Concept durchführen oder nicht in teure Hardware investieren möchten, kann eine Cloud-Lösung eine sinnvolle Option sein. Dabei bieten z. B. die Managed Services auch die Möglichkeit, Teile der entsprechenden Administration auszulagern. Dadurch muss kein kostenintensives Know-how aufgebaut werden.

Es gibt jedoch auch cloud-spezifische Nachteile. So ist z. B. der Kostenvorteil einer Cloud-Lösung stark von der Nutzung abhängig. Werden Systeme kontinuierlich genutzt, geht mit ihrem Betrieb in der Cloud in der Regel keine Kosteneinsparung einher. Darüber hinaus ist es oft schwer, die tatsächlichen Kosten eines Angebots abzuschätzen, da diese von vielen Faktoren abhängen, wie z. B. der verursachten Last, dem Netzwerkverkehr, Backups etc. Das genaue Abrechnungsmodell hängt dabei natürlich vom Anbieter ab.

Neben den Kosten für den eigentlichen Betrieb sollten Sie auch die Integrationskosten nicht unterschätzen, die bei der Anschaffung von Cloud-Systemen entstehen. Da in der Regel nicht alle Systeme eines Unternehmens in die Cloud ausgelagert werden, müssen die Systeme innerhalb des Unternehmens mit den Systemen in der Cloud integriert werden, was mit einem gewissen Aufwand verbunden ist.

Wägt man Vor- und Nachteile ab, kann der Gang in die Cloud für bestimmte Applikationen durchaus Vorteile bieten. Auf jeden Fall ist es sinnvoll, die Entwicklung bei SAP im Bereich der Cloud zu verfolgen. Die Cloud ist inzwischen ein fester Bestandteil der offiziellen SAP-Strategie. Dementsprechend kann man erwarten, dass die Cloud-Kapazitäten von SAP HANA noch weiter ausgebaut werden. Dies ist bereits zu erkennen, wenn man SAP S4/HANA betrachtet, bei dem eine Integration von in der Cloud laufenden Anwendungen mit On-Premise-Anwendungen vorgesehen ist.

4.2 Installationsvarianten

Neben den verschiedenen Möglichkeiten, die Landschaft aufzusetzen, gibt es für SAP HANA unterschiedliche Installationsvarianten, über die sich Applikationen auf SAP HANA betreiben lassen. Im Folgenden beschreiben wir nicht nur Multi-Tenant-Database-Systeme, die seit SAP HANA 2.0 den Standardfall darstellen, sondern gehen auch auf alle anderen von SAP unterstützten Szenarien, wie Multiple Components One Systems und Multiple Components One Databases, ein. Beachten Sie, dass nicht alle Landschafts-Setups mit allen Installationsvarianten kompatibel sind. Die zugelassenen Kombinationen nennen wir in den jeweiligen Abschnitten.

4.2.1 Multi-Tenant-Database-Container

Seit SAP HANA 2.0 SPS01 ersetzen *Multi-Tenant-Database-Container* (MDC) *Single-Database-Systeme* als Standardinstallationsvariante. Mit diesem Konzept macht SAP die SAP-HANA-Datenbank mandantenfähig. Das heißt, auf einem SAP-HANA-System werden verschiedene, voneinander unabhängige Mandanten betrieben, sogenannte *Tenants*, wodurch z. B. Applikationen gänzlich voneinander unabhängig laufen können. Ein schematischer Aufbau dieses Modells ist in Abbildung 4.5 zu sehen.

»Mandantenfähigkeit«

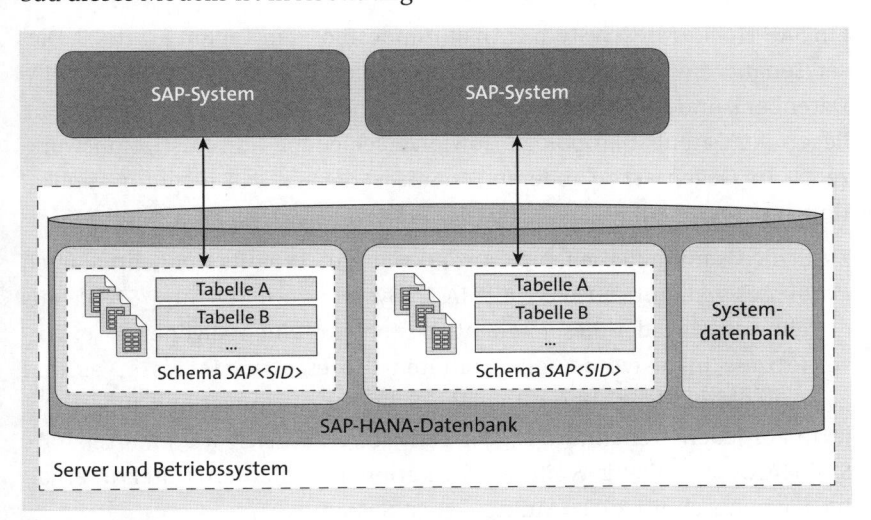

Abbildung 4.5 Multi-Tenant-Datenbanksystem

In einem Multi-Tenant-SAP-HANA-System sind die einzelnen Mandanten, Tenants, auf Ebene der Betriebssystemprozesse getrennt – wodurch ihre technische Implementierung tiefer gehende Auswirkungen hat als mandantenfähige SAP-NetWeaver-Systeme. Die einzelnen Tenants können un-

Getrennte Tenants

abhängig voneinander gestartet, gestoppt, gesichert und wiederhergestellt werden. Das Konzept ermöglicht auch, verschiedene SAP-Systeme auf unterschiedlichen Tenants der Datenbank zu betreiben und getrennt voneinander zu behandeln. Einzig grundlegende Komponenten und Funktionen teilen sich die Tenants einer Datenbank. Sie sind wiederum in einen eigenen Tenant ausgelagert, sodass eine effektive Trennung zwischen Systembetrieb und den Datenhaltungssystemen gewährleistet wird. Möchten Sie eine besonders strikte Trennung der Tenants erreichen, ist es sogar möglich, sie über unterschiedliche Betriebssystembenutzer laufen zu lassen.

Kombination mit anderen Betriebskonzepten

Das MDC-Konzept stellt weniger einen Gegenentwurf zu anderen Betriebskonzepten dar, sondern erweitert diese vielmehr. Gerade wenn Sie eine klassische Appliance ohne Virtualisierung betreiben möchten, aber mehr als ein SAP-HANA-System benötigen, ist ein MDC-System eine sinnvolle Option – vorausgesetzt, die technische Basis Ihrer SAP-HANA-Systeme kann gleich sein.

Multi-Tenant-Database-Container sind seit SAP HANA 1.0 SPS09 verfügbar, können in diesem Release zunächst jedoch nur über SQL bedient werden. Seit SPS10 stehen im SAP HANA Cockpit verschiedene Interfaces zur Verfügung, die grundlegende Operationen wie das Erstellen eines Tenants vereinfachen (siehe Kapitel 5, »SAP HANA Cockpit 2.0«).

Systemdatenbank

Ein SAP-HANA-MDC-System enthält mindestens den Tenant SYSTEMDB. Dieser Tenant, die Systemdatenbank, ist für die Verwaltung der SAP-HANA-Datenbank und aller anderen Tenants zuständig. Auf der Systemdatenbank liegen die Datenbanktopologie sowie verschiedene Administrationswerkzeuge. Im Gegensatz zu anderen Tenants ist die SYSTEMDB nicht für Applikationen vorgesehen.

Weitere Tenants

Zusätzlich kann eine beliebige Anzahl weiterer Tenants (manchmal auch *Databases* genannt) für das SAP-HANA-System vom Tenant SYSTEMDB aus erstellt werden. Jeder dieser Tenants besteht aus einem eigenen indexserver-Prozess inklusive der eingebetteten Prozesse statisticsserver und xsengine. Dadurch existieren Tabellen, Schemata, Benutzer und andere Objekte auf jedem Tenant, und jeder Tenant verhält sich wie eine separate SAP-HANA-Datenbank. Weitere Informationen zu dieser Architektur erhalten Sie in Abschnitt 2.2.3, »Multiple-Host-Systeme«.

SAP NetWeaver auf MDC

SAP HANA wird in der Regel als Datenbank für einen SAP NetWeaver Stack betrieben, und auch in diesem Szenario können Sie das Konzept des Multi-Tenant-Database-Containers einsetzen. Lassen Sie neben der obligatorischen SYSTEMDB einfach einen einzigen weiteren Tenant als Datenbank für das System laufen. Die Installation eines MDC-Systems erfolgt äquivalent zu der des früher üblichen Single-Database-Systems, da alle Technologien inzwischen auch für MDC verfügbar sind, z. B. die immer wichtiger werdende Systemreplikation für Hochverfügbarkeitsszenarien (siehe Kapitel 10, »Hochverfügbarkeit«).

Bei der Installation von mehreren SAP-NetWeaver-Systemen (z. B. einer Drei-System-Landschaft) ist es grundsätzlich möglich, eine einzige SAP-HANA-MDC-Datenbank zu nutzen – mit einem Tenant pro System. Im regulären Betrieb hat sich allerdings gezeigt, dass die Vorteile (möglicherweise geringere Administrationskosten, weniger Overhead) nicht im Verhältnis zu den Nachteilen (Single Point of Failure, Revisionsbindung) stehen.

Ein Zugriff von einem Tenant auf einen anderen (*Cross-Tenant Access*) ist möglich, muss aber explizit aktiviert und auf beiden Tenants konfiguriert werden. Im Moment ist ausschließlich ein lesender Zugriff möglich, für die Zukunft ist auch ein Schreibzugriff geplant. Die Konfiguration der Tenants erfolgt über die SYSTEMDB, kann aber zu Teilen auch an die Tenants selbst delegiert werden, um Tenant-Administratoren mehr Gestaltungsfreiheit zu geben. Dieses Setup kann sinnvoll sein, wenn von einem anderen Tenant aus auf Daten eines SAP-S/4HANA-Systems zugegriffen werden soll, um z. B. eine App zu betreiben, ohne die Ressourcentrennung aufzuheben.

Zugriff auf andere Tenants

Neue SAP-HANA-Systeme werden ab Version 2.0 SPS01 automatisch als MDC-Systeme installiert (etwa bei der Migration eines Single-Database-Systems zu einem MDC). Auch wenn Sie ein bestehendes Single-Database-System von einer niedrigeren Version auf SAP HANA 2.0 SPS01 oder höher upgraden möchten, wird automatisch eine Umwandlung zu einem MDC-System vorgenommen. Für außenstehende Applikationen, die das SAP-HANA-System nutzen (SAP NetWeaver, Datenladewerkzeuge etc.) ändert sich in diesem Fall nichts, da z. B. Ports auf den neu erstellten Tenant gemappt werden.

Beachten Sie, dass eine Umwandlung eines MDC-Systems zu einem Single-Database-System nicht möglich ist.

Für die Applikationen, die in Multi-Tenant-Database-Containern laufen, gibt es in der Regel keine Einschränkungen. Das Sizing für Ihre Tenants sollte jedoch so durchgeführt werden wie das Sizing für ein Single-Database-System, um Ressourcenkonflikte zu vermeiden. Insbesondere das Überprovisionieren von Ressourcen, z. B. von zwei Tenants mit einem Bedarf von je 128 GB RAM auf eine SAP-HANA-Datenbank mit 196 GB, ist nicht vorgesehen. Aufgrund der SAP-HANA-Architektur kann es dabei schnell zu Out-of-Memory-Dumps (Abstürzen aufgrund von Speicherknappheit) kommen, selbst wenn noch nicht der gesamte Speicher verbraucht ist.

Sizing

4 Betriebskonzepte

Vor- und Nachteile

Auch wenn solche Szenarien noch nicht uneingeschränkt für jeden Benutzer zu empfehlen sind, hat das MDC-Konzept für den Betrieb von mehr als einem SAP-HANA-System schon heute Vorteile. So muss, solange alle Applikationen auf der gleichen SAP-HANA-Revision laufen, nur ein einziges SAP-HANA-System betrieben werden. Applikationen können z. B. voneinander isoliert auf verschiedenen Tenants laufen, während Aufgaben des Systembetriebs nur noch ein einziges Mal für das gesamte System durchgeführt werden müssen. Dabei ist es auch möglich, jede Applikation unabhängig von den anderen zu sichern (Backup) und wiederherzustellen (Recovery). Dies ist ein nicht zu unterschätzender Vorteil gegenüber dem Konzept der *Multiple Components One Database* (MCOD, siehe Abschnitt 4.2.3, »Multiple Components One Database«).

Für den Betrieb gibt es jedoch auch einige Nachteile zu beachten. Zum einen bedeutet die Reduktion der Anzahl der Systeme, dass ein Single Point of Failure geschaffen wird, der vorher nicht bestand (für den MCOD-Ansatz gilt dies wiederum nicht). Wägen Sie daher das Ausfallrisiko ab. Gleichzeitig müssen Sie bei Änderungen an der SAP-HANA-Datenbank selbst, also z. B. bei der Installation von Komponenten oder einem Upgrade des Systems, darauf achten, dass sie auf keine Ihrer Applikationen negative Auswirkungen haben.

4.2.2 Multiple Components One System

Der Betrieb von mehreren SAP-Systemen erfolgt in der Regel nicht nach dem Schema »ein System pro physischer Server«. Vielmehr werden mehrere SAP-Systeme parallel auf einem physischen Server betrieben, um Ressourcen besser zu nutzen. Dies gilt insbesondere für Qualitätssicherungs- und Testsysteme, die nicht auf eine kontinuierlich hohe Performance und exklusive Ressourcen angewiesen sind.

Parallelbetrieb mehrerer Systeme

Klassische SAP-NetWeaver-Systeme sind jedoch darauf ausgelegt, nebeneinander betrieben zu werden. Mithilfe des Werkzeugs *SAP Landscape Management* (SAP LaMa) können SAP-Systeme dabei zwischen physischen Hosts verschoben werden. Die Aufteilung von Ressourcen widerspricht dagegen dem Appliance-Konzept, auf dessen Basis SAP HANA entwickelt wurde. Beim Appliance-Konzept nutzt eine SAP-HANA-Datenbank alle Ressourcen, die auf dem System zur Verfügung stehen. Zwar ist es in SAP HANA prinzipiell möglich, den Ressourcenverbrauch einzuschränken, diese Funktion war aber lange Zeit nicht für den produktiven Betrieb vorgesehen.

4.2 Installationsvarianten

Inzwischen ist der Betrieb von mehreren SAP-HANA-Datenbanken auf einem physischen Host als *Multiple Components One System* (MCOS) sowohl für Qualitätssicherungs- und Testsysteme als auch für Produktivsysteme von SAP zugelassen. Abbildung 4.6 veranschaulicht eine entsprechende Architektur. Auch das Werkzeug SAP LaMa unterstützt inzwischen verschiedene Szenarien der Verwaltung von SAP HANA, so können Systeme z. B. nicht nur verschoben, sondern auch kopiert werden.

> **Szenarien von Multiple Components One Systems**
>
> SAP-Hinweis 1681092 beschreibt die zulässigen Szenarien und die damit verbundenen Einschränkungen für den Betrieb von mehreren SAP-HANA-Datenbanken auf einem Server.

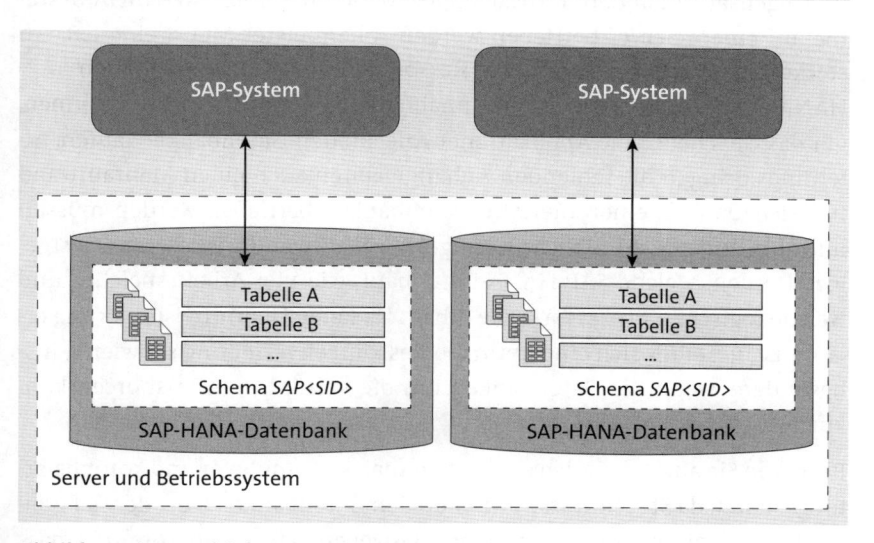

Abbildung 4.6 Multiple Components One System

Beim MCOS-Konzept, oft auch *Multi-SID-Konzept* genannt, werden mehrere SAP-HANA-Datenbanken auf einem physischen Server betrieben. Die Datenbanken laufen dabei unter verschiedenen Instanznummern und mit verschiedenen System-IDs (SIDs). Da die meisten Parameter in SAP HANA, die die Interaktion der Datenbank mit externen Entitäten beeinflussen (wie z. B. Portnummern, Verzeichnisstrukturen o. Ä.), entweder die Instanznummer oder die SID mit einbeziehen, lassen sich mehrere SAP-HANA-Datenbanken relativ leicht nebeneinander installieren, ohne dass diese sich in die Quere kommen.

Multi-SID-Konzept

4 Betriebskonzepte

> **[zB]** **Instanznummern und SIDs in Portnummern und Verzeichnisstrukturen**
>
> Die Abhängigkeit von den Instanznummern und den SIDs erkennt man z. B. an den verwendeten Portnummern von SAP HANA (*3<Instanznummer>00* bis *3<Instanznummer>99*) oder der Verzeichnisstruktur der SAP-HANA-Installation (**/usr/sap/<SID>/**... etc.).

Vor- und Nachteile Der MCOS-Betrieb bedeutet zusätzlichen Aufwand, da die zur Verfügung stehenden Ressourcen wie Arbeitsspeicher, Festplattenspeicher oder CPU-Zeit auf die verschiedenen SAP-HANA-Systeme verteilt werden müssen. Eine Überprovisionierung von Ressourcen ist nicht möglich.

Im Gegensatz zu anderen Ansätzen, bei denen mehrere SAP-HANA-Systeme auf einem Server betrieben werden sollen, bietet MCOS eine extrem starke Trennung von Daten und Ressourcen. Da die verschiedenen SAP-HANA-Datenbanken vollständig unabhängig betrieben werden können, gilt das Gleiche für die Applikationen, die auf den Datenbanken laufen. Allerdings bringen die fehlenden Abhängigkeiten auch einen Mehraufwand mit sich, da zum einen mehrere Datenbanken betrieben werden müssen und zum anderen zusätzliche Konfiguration notwendig ist. Es muss festgelegt werden, welche SAP-HANA-Datenbank wie viel Arbeitsspeicher und welche logischen Prozessorkerne erhält. Da keine Überprovisionierung erlaubt ist, gestaltet sich eine optimale Ressourcenverteilung schwierig, insbesondere, wenn die Datenbanken um die verfügbaren Ressourcen konkurrieren.

Beachten Sie auch, dass sich eine Fehleranalyse komplexer und komplizierter gestaltet, da Störeinflüsse zwischen den Datenbanken trotz der tief greifenden Trennung auftreten können. Deswegen kann es vorkommen, dass der SAP-Support Sie bei Störungen oder Performance-Problemen bittet, alle SAP-HANA-Datenbanken bis auf eine herunterzufahren, um Fehler eingrenzen zu können.

Der MCOS-Ansatz spielt seine Vorzüge vor allem aus, wenn mehrere SAP-HANA-Systeme parallel betrieben werden sollen, auf denen Applikationen mit unterschiedlichen Anforderungen laufen sollen.

Wenn ein Appliance-Server nicht vollständig von einer einzigen SAP-HANA-Datenbank ausgelastet wird, kann dieser durch den MCOS-Ansatz besser ausgenutzt werden. Wenn die unterschiedlichen Applikationen, die auf den SAP-HANA-Datenbanken laufen sollen, grundlegend verschiedene Anforderungen an die Datenbanken stellen, z. B. verschiedene Versionen erfordern, ist diese Installationsvariante alternativlos, außer Sie schaffen einen zweiten Appliance-Server an.

Das MCOS-Konzept ist seit SAP HANA 1.0 SPS05 für nicht-produktive Szenarien freigegeben. Hier wird vor allem auf das Szenario »ein Appliance-Server für das Produktivsystem und ein Appliance-Server für das Qualitätssicherungs- und das Testsystem« abgezielt. Seit SAP HANA 1.0 SPS10 wird MCOS auch für produktive Systeme unterstützt. Neue Parameter, die mit diesem Release eingeführt wurden, ermöglichen eine bessere Aufteilung der Serverressourcen.

Freigabe im Produktivbetrieb

Zur Implementierung des Konzepts werden mehrere SAP-HANA-Systeme mit unterschiedlichen SIDs und Instanznummern auf einem Server installiert. Im Anschluss müssen die einzelnen Systeme so konfiguriert werden, dass keine Ressourcen doppelt allokiert sind. Die Größe jedes Systems wird dabei wie die eines normalen Multi-Tenant-Database-Container-Systems berechnet.

Implementierung

Auf SAP-HANA-Systemen, die nach dem MCOS-Ansatz eingerichtet wurden, dürfen beliebige Applikationen installiert werden. Der MCOS-Ansatz kann mit dem Multi-Tenant-Betriebskonzept kombiniert werden, sodass auf einem physischen Server mehrere SAP-HANA-Systeme mit je mehreren Tenants installiert werden. Aufgrund der komplexen Konfiguration sollte der Ansatz nur von erfahrenen Datenbankadministratoren umgesetzt werden.

Einsatzszenarien

Der MCOS-Ansatz ist insbesondere für nicht-produktive Systeme wie Qualitätssicherungs- und Testsysteme interessant, da bei diesen die Performance in der Regel nicht kritisch ist. Sollte jedoch für eines der Systeme mehr Performance-Leistung erforderlich sein, können Sie diesem über eine Rekonfiguration mehr Ressourcen zuweisen. Dadurch können Sie leicht Kosten einsparen.

Der MCOS-Ansatz darf für alle in diesem Kapitel beschriebenen Landschaftskonzepte bis auf Multi-Node-Systeme (Scale-out-Systeme) eingesetzt werden. Auf einem Multi-Node-Server ist MCOS von SAP im Moment noch nicht für den produktiven Betrieb zugelassen.

Kompatible Landschaftskonzepte

Solange Applikationen mit verschiedenen Revisionsanforderungen an SAP HANA kostengünstig parallel betrieben werden sollen, gibt es keine Alternativen zum MCOS-Betrieb.

4.2.3 Multiple Components One Database

Wenn nur geringe Anforderungen an die Trennung der Daten zwischen Applikationen bestehen oder sogar eine anwendungsübergreifende Datenhaltung notwendig ist, sollten mehrere Applikationen auf der gleichen Datenbank installiert werden. Dieser Ansatz wird *Multiple Components One Database* (MCOD) genannt und ist in Abbildung 4.7 illustriert. Die Applikationen, die beim MCOD-Ansatz auf einer Datenbank installiert werden können, müssen aber nicht auf die Daten anderer Applikationen zugreifen.

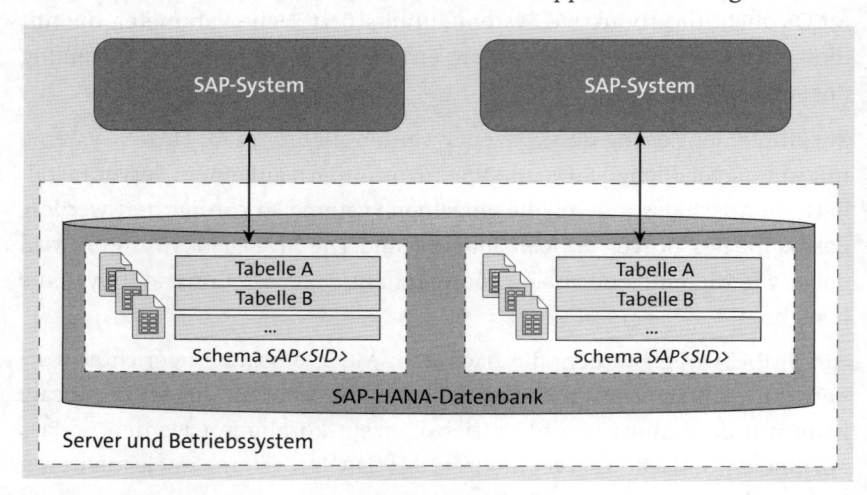

Abbildung 4.7 Multiple Components One Database

Einsatzszenarien

Der Ansatz kommt in der Regel für zwei Anwendungszwecke zum Einsatz:

- wenn mehrere Applikationen mit einem geringen Overhead nebeneinander betrieben werden sollen, aber keine Notwendigkeit für eine starke Trennung auf Datenbankebene besteht (z. B. verschiedene Webapplikationen, die SAP HANA als Datenbank nutzen und ihre Daten in verschiedenen Schemata ablegen)
- wenn mehrere Applikationen nebeneinander betrieben werden, die auf die Daten der anderen Applikationen zugreifen

Der am häufigsten auftretende Anwendungsfall ist wahrscheinlich die Kombination von SAP-NetWeaver-basierten Informationssystemen mit zusätzlichen Applikationen, die ebenfalls von SAP bereitgestellt werden. Beispiele dafür sind Systeme der SAP Business Suite auf SAP HANA, auf deren Datenbank SAP HANA Live installiert wird.

Architektur

Der Aufbau des Parallelbetriebs mehrerer Applikationen auf einer SAP-HANA-Datenbank ist von den Applikationen selbst abhängig. Grundsätzlich kann aber gesagt werden, dass in jedem Fall eine aufwendige Konfiguration vorgenommen werden muss, um sowohl die Berechtigungen für die verschiedenen Datenbankobjekte richtig zu setzen als auch das Workload-Management an die verschiedenen Lastprofile anzupassen.

Falls Sie SAP-Software auf dem SAP-HANA-System betreiben möchten und für diese Lösungen den SAP-Support nutzen möchten, gelten gewisse Einschränkungen hinsichtlich des MCOD-Betriebs. Auf einer SAP-HANA-Datenbank dürfen nur Applikationen zusammen betrieben werden, die auf einer *Whitelist* aufgeführt sind, die von SAP gepflegt wird. Die ständig aktualisierte Whitelist finden Sie in SAP-Hinweis 1661202. Der Hinweis beschreibt alle erlaubten Szenarien und Einschränkungen, die im Zusammenhang mit MCOD existieren.

Die Einsatzgebiete für den MCOD-Ansatz sind dementsprechend eingeschränkt. So ist diese Konfiguration nur dann sinnvoll, wenn SAP HANA als Applikationsplattform eingesetzt wird oder die verschiedenen zugelassenen SAP-Applikationen parallel betrieben werden. Im ersten Fall würden verschiedene Eigenentwicklungen parallel auf einem SAP-HANA-System laufen, um von dessen Funktionen zu profitieren. Da in diesem Fall der Support beim Anwendungsentwickler und nicht bei SAP liegt, gelten nur die Einschränkungen der Applikation selbst.

Einschränkungen

Der zweite Anwendungsfall, also der parallele Betrieb von mehreren SAP-Applikationen auf einem SAP-HANA-System, wird in Zukunft häufiger auftreten. Das liegt an den Vorteilen, die durch die anwendungsübergreifende Datenhaltung entstehen. Durch anwendungsübergreifende Datenhaltung entfällt die Notwendigkeit eines Datenladeprozesses und einer doppelten Datenhaltung. Darüber hinaus sind alle Daten, auf die zugegriffen wird, live. Ein Beispiel für solche Applikationen sind analytische SAP-Fiori-Analytical-Apps, die sowohl auf den Applikationsserver einer SAP Business Suite auf SAP HANA zugreifen als auch direkt auf die Daten des SAP-HANA-Systems, auf dem die SAP-Business-Suite-Anwendung läuft.

Anwendungsübergreifende Datenhaltung

Im Gegensatz zu anderen Betriebskonzepten, bei denen mehrere Applikationen auf SAP HANA betrieben werden sollen, bietet diese Lösung den geringsten Overhead, da nur eine einzige SAP-HANA-Datenbank betrieben werden muss. Allerdings sollten Sie beachten, dass der geringe Overhead und die damit verbundene Kostenersparnis durch eine höhere Betriebskomplexität erkauft werden.

Vor- und Nachteile

Falls unabhängige Anwendungen parallel betrieben werden sollen, bietet der MCOD-Ansatz im Wesentlichen zwei Vorteile: Zum einen ist das der geringe Overhead pro Applikation für das SAP-HANA-System selbst, der, je nach Revision, zwischen 6 und 20 GB betragen kann. Zum anderen wird der Administrationsaufwand reduziert, da nur eine einzige Datenbank verwaltet werden muss.

Diesen Vorteilen stehen jedoch schwerwiegende Nachteile gegenüber. Wenn unabhängige Applikationen auf einer einzigen SAP-HANA-Datenbank laufen sollen, muss zunächst einmal ein korrektes Berechtigungskonzept ausgearbeitet und implementiert werden, das dafür sorgt, dass keine Applikation Zugriff auf die Daten der anderen Applikationen hat. Falls SAP HANA als reine Datenbank genutzt wird, ist diese Aufgabe noch durchführbar, wenn auch mit hohem Aufwand verbunden. Sollen allerdings alle Funktionen von SAP HANA genutzt werden, erhöht sich die Komplexität drastisch. Dazu kommt, dass eine Ressourcentrennung zwischen den Applikationen nur über das *SAP HANA Workload Management* durchgeführt werden kann (mehr darüber erfahren Sie in Abschnitt 14.5, »Workload Management«). Das liegt daran, dass administrative Aufgaben wie etwa Monitoring, Backup und Recovery nur für die gesamte Datenbank ausgeführt werden können und nicht für jede Applikation.

Der MCOD-Ansatz wird in Zukunft weiterhin bestehen und oft eingesetzt werden, insbesondere im Kontext von Applikationen, die neben SAP-NetWeaver-basierten Informationssystemen laufen und auf die Daten dieser Informationssysteme zugreifen. Für den Betrieb mehrerer unabhängiger Applikationen rechnet sich dagegen in Zukunft immer mehr der oben beschriebene Multi-Tenant-Database-Container-Ansatz, insbesondere durch die fortlaufende Reduktion des Overheads für neue Tenants sowie durch Technologien wie Cross-Tenant Access.

Kapitel 5
SAP HANA Cockpit 2.0

Das SAP HANA Cockpit ist das zentrale Administrationswerkzeug für SAP HANA. Es stellt Werkzeuge für die Administration und Überwachung von SAP-HANA-Datenbanken bereit. Außerdem ist es mit dem SAP HANA Database Explorer möglich, selbst zu entwickeln.

Das *SAP HANA Cockpit* bietet Funktionen zur Aggregation, System- und Datenbankverwaltung, z. B. Datenbanküberwachung, Benutzerverwaltung und Datensicherung. Mit dem SAP HANA Cockpit können Sie als Administrator Dienste starten und stoppen, das System überwachen, Systemeinstellungen konfigurieren sowie Benutzer und Berechtigungen verwalten. Zudem stehen Cockpit-Funktionen zur Verfügung, mit denen Sie separate Komponenten (z. B. SAP HANA Dynamic Tiering) verwalten können – sofern Sie diese installiert haben.

Über den *SAP HANA Cockpit Manager* registrieren Sie als Cockpit-Administrator Ressourcen und legen Gruppen von Ressourcen an, auf die andere Cockpit-Benutzer mit dem SAP HANA Cockpit zugreifen können. Eine *Ressource* ist ein SAP-HANA-System, das durch einen Host und eine Instanznummer identifiziert wird. Wenn z. B. eine Abteilung ein neues SAP-HANA-System eingerichtet hat und dieses über das Cockpit verwalten möchte, besteht der erste Schritt darin, das SAP-HANA-System als Ressource im Cockpit zu registrieren. Wir stellen Ihnen den SAP HANA Cockpit Manager in Abschnitt 5.2, »Konfiguration des SAP HANA Cockpits«, vor.

Konfiguration des Cockpits

Das SAP HANA Cockpit zeigt zunächst Daten auf Landschafts- oder Unternehmensebene an. Dabei sehen Sie den Zustand von Ressourcengruppen. Weisen z. B. Ihre produktiven Systeme Fehler oder Störungen auf, werden Sie durch die entsprechende Darstellung der Kachel gleich darauf hingewiesen. Von der Startseite des Cockpits aus können Sie zur Übersichtsseite einer einzelnen Ressource wechseln. Dort stehen Ihnen verschiedene Links, Daten, Karten und Kacheln zur Verfügung und bieten Zugang zu detaillierteren Informationen und Funktionen. Auf die Verwendung des Cockpits gehen wir in Abschnitt 5.3 näher ein.

Verwendung des Cockpits

In das SAP HANA Cockpit ist der *SAP HANA Database Explorer* integriert. Mit ihm können Sie Informationen über die Datenbank mithilfe von SQL-

SAP HANA Database Explorer

und MDX-Anweisungen abfragen und sich Informationen über die Katalogobjekte Ihrer Datenbank anzeigen lassen. Ihre Möglichkeiten mit dem SAP HANA Database Explorer lernen Sie in Abschnitt 5.4 kennen.

> **Version des SAP HANA Cockpits in diesem Buch**
>
> Zum Zeitpunkt der Drucklegung dieses Buches ist die aktuelle Version des SAP HANA Cockpits 2.0 SPS08 Patch 9. Alle Beschreibungen und Screenshots beziehen sich daher auf diese Version.

Wichtige Begriffe In den folgenden Kapiteln und Abschnitten werden Ihnen einige Begriffe immer wieder begegnen. Daher geben wir Ihnen zunächst eine Übersicht der wichtigsten Termini und erläutern sie kurz.

- **Ressource**
  Eine *Ressource* ist ein SAP-HANA-System, das durch einen Hostnamen und eine Instanznummer identifiziert wird. Dabei kann es sich um eine System- oder Tenant-Datenbank handeln. Das HANA Cockpit kann auch Single-Database-Container-Systeme verwalten.

- **Ressourcengruppe**
  Eine *Ressourcengruppe* bezeichnet eine Sammlung von Ressourcen, die in einer Gruppe zusammengefasst werden. Die Einteilung in Gruppen erfolgt durch den Benutzer, der die Gruppe anlegt. Diese können z. B. nach Systemtyp, Verwendungsart oder auch Kunden sortiert werden. Hier kommt es ganz auf die Ansprüche des Benutzers/Administrators an. Wenn einem Cockpit-Benutzer Zugriff auf eine Gruppe gewährt wird, hat er auch Zugriff auf alle Ressourcen und Monitoring-Informationen der einzelnen Ressourcen der Gruppe.

- **Cockpit-Startseite**
  Bei der *Cockpit-Startseite* handelt es sich um die Startseite, die ein Benutzer sieht, wenn er sich in der Weboberfläche des SAP HANA Cockpits anmeldet. Sie kann an eigene Bedürfnisse angepasst werden und daher für jeden Benutzer verschieden aussehen.

- **Cockpit-Rolle**
  Cockpit-Rollen sind mit Berechtigungen verknüpft, die den Zugriff auf bestimmte Cockpit-Bereiche regeln. Jedem Benutzer muss mindestens eine Cockpit-Rolle zugewiesen werden, damit er sich am Cockpit anmelden kann.

- **Cockpit-Administrator**
  Der Benutzer *Cockpit-Administrator* wird bei der Installation des SAP HANA Cockpits vom Setup automatisch erzeugt. Der Administrator hat

nach der Installation Zugriff auf alle Bereiche des Cockpits. Das heißt aus technischer Sicht, dass diesem Benutzer bei der Installation alle Cockpit-Rollen zugewiesen werden, die zum Zeitpunkt der Installation existieren. Es handelt sich also um den Benutzer mit den meisten Berechtigungen. Er kann weitere Benutzer erstellen und bestimmt, wer auf welche Bereiche des Cockpits zugreifen kann.

- »Monitor Landscape«
  Monitor Landscape ist eine Kategorie der Start- und Übersichtsseite des Cockpits. In ihr finden Sie die Ressourcengruppen, den offiziellen SAP-HANA-Cockpit-Guide und das **Resource Directory**. Diese Anwendungen erlauben Ihnen die Verwaltung und das Monitoring der Ressourcen.

- »Manage Landscape«
  Auch **Manage Landscape** ist eine Kategorie der Start- und Übersichtsseite des Cockpits. Hier finden Sie Anwendungen (Apps) zur Verwaltung der gesamten oder von Teilen der Landschaft.

- »Resource Directory«
  Die Anwendung **Resource Directory** öffnet eine Übersicht aller Ressourcen, auf die der aktuell verwendete Cockpit-Benutzer Zugriff hat. Dank zahlreicher Filter- und Sortierfunktionen kann die Ansicht an die individuellen Bedürfnisse des Benutzers und die Anforderungen der aktuellen Situation angepasst werden.

- »System Overview«
  Diese Anwendung gibt eine detaillierte Übersicht einer einzelnen Ressource. Der **System Overview** erlaubt die Ausführung verschiedener administrativer Aufgaben speziell auf die ausgewählte Ressource bezogen.

- »Manage Databases«
  Die Anwendung **Manage Databases** steht Ihnen auf Systemdatenbanken zur Verfügung. Hier sehen Sie schnell, welche Tenant-Datenbanken es auf dem System gibt. Zudem können Sie einzelne Datenbanken starten, stoppen, Backups durchführen und weitere administrative Aufgaben erledigen. Sie erreichen diese aus der App **System Overview** der Systemdatenbank. Klicken Sie auf den Link **Manage Databases** in der Kopfleiste der jeweiligen Systemdatenbank. Weitere Informationen dazu finden Sie in Abschnitt 5.3.1, »Personalisierung des SAP HANA Cockpits«.

- »Configuration Manager«
  Mit der Anwendung **Configuration Manager** können Sie die Konfiguration eines Systems betrachten und verwalten. Außerdem ist es möglich, die Parameter zwischen zwei Ressourcen schnell und komfortabel zu vergleichen. Sie finden diese Anwendung im Bereich **Manage Landscape**, die Kachel heißt **Compare Configurations**. Über den **Configuration Ma-**

nager können Sie zudem Snapshots von Konfigurationen erstellen, um z. B. Parametereinstellungen auf andere Datenbanken zu übertragen.

5.1 Installation des SAP HANA Cockpits

Im folgenden Abschnitt beschreiben wir die Voraussetzungen und die Installation des SAP HANA Cockpits. Es gibt verschiedene Methoden, um die Installation des SAP HANA Cockpit durchzuführen. Alle Varianten in Einzelheiten aufzuzählen würde an dieser Stelle zu weit gehen – wir beschränken uns daher auf die Installation über die Kommandozeile. Bei der Installation mittels grafischer Oberfläche werden grundsätzlich die gleichen Informationen abgefragt, jedoch optisch aufbereitet dargestellt. Dafür muss z. B. die grafische Weiterleitung funktionieren und die Adresse erreichbar sein. Die verschiedenen Varianten haben Vor- und Nachteile, für weitergehende Informationen empfehlen wir den offiziellen SAP-Guide »SAP HANA Cockpit Installation and Update Guide« des SAP Help Portals: *http://s-prs.de/v685016*.

> **[»] Installation des Cockpits**
>
> Während das Cockpit integraler Bestandteil früherer Versionen von SAP HANA war, wird das neue SAP HANA Cockpit für SAP HANA 2.0 separat installiert. Dies bietet mehr Flexibilität, da Sie mehr als ein SAP-HANA-System in einer einzigen Administrationsumgebung verwalten können. Das SAP HANA Cockpit läuft auf einer SAP-HANA-Express-Datenbank, die in der Installation enthalten ist. Das SAP HANA Cockpit kann aber auch in einem bestehenden SAP-HANA-System in einer separaten Tenant-Datenbank (Shared Database) installiert werden.

Voraussetzungen für die Installation des SAP HANA Cockpits

Vor der Installation des SAP HANA Cockpits sollten Sie einige Punkte in Bezug auf Ihre Hardware berücksichtigen, die wir Ihnen nun vorstellen.

Das SAP HANA Cockpit ist für folgende Plattformen verfügbar:

- Intel-basierte Hardwareplattformen
- IBM-Power-Systeme

Nicht unterstützt werden IBM-Power-Systeme, die Red Hat Enterprise Linux als Betriebssystem verwenden. Weitere Informationen zu unterstützten Hardwareplattformen finden Sie in den SAP-Hinweisen 1943937, 2055470 und 2218464.

Für die Installation in einer produktiven Umgebung haben Sie folgende Optionen:

- Das SAP HANA Cockpit kann auf dedizierter Hardware in einem separaten SAP-HANA-System mit eigener XS-Advanced-Laufzeitumgebung installiert werden. Es werden mindestens 16 GB RAM und 16 GB Festplattenspeicher benötigt. Für die Daten, die während des Betriebs des Cockpits erzeugt werden, ist zusätzlicher Festplattenspeicher erforderlich. Dabei wird empfohlen, dass sich das Installationsverzeichnis nicht im Root-Dateisystem befindet.
- Das SAP HANA Cockpit kann in ein bestehendes SAP-HANA-System installiert werden. Eine Übersicht dazu finden Sie in Abschnitt 5.1.1, »Vorbereitung«.

Eine Übersicht über die unterstützen Betriebssysteme erhalten Sie für SUSE Linux Enterprise Server (SLES) in SAP-Hinweis 1944799 und SAP-Hinweis 1984787. Für Red Hat Enterprise Linux (RHEL) informieren die SAP-Hinweise 2009879 und 2002167.

5.1.1 Vorbereitung

Das SAP HANA Cockpit kann in einem bestehenden SAP-HANA-System (geteilte Datenbank, siehe Abbildung 5.1), auf geteilter Hardware (siehe Abbildung 5.2) oder auf dedizierter Hardware (siehe Abbildung 5.3) installiert werden. Alle Bereitstellungsoptionen sind für Produktivumgebungen zugelassen, beachten Sie jedoch, dass die Bereitstellung auf gemeinsam genutzter Hardware Einschränkungen unterliegt.

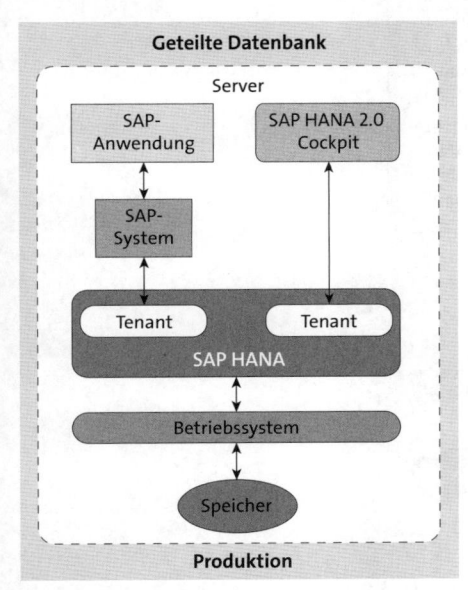

Abbildung 5.1 Installation in geteilter Datenbank

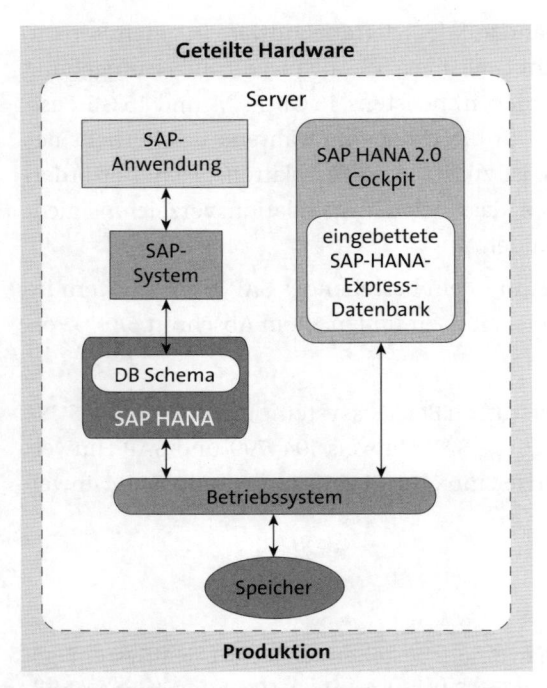

Abbildung 5.2 Installation auf geteilter Hardware

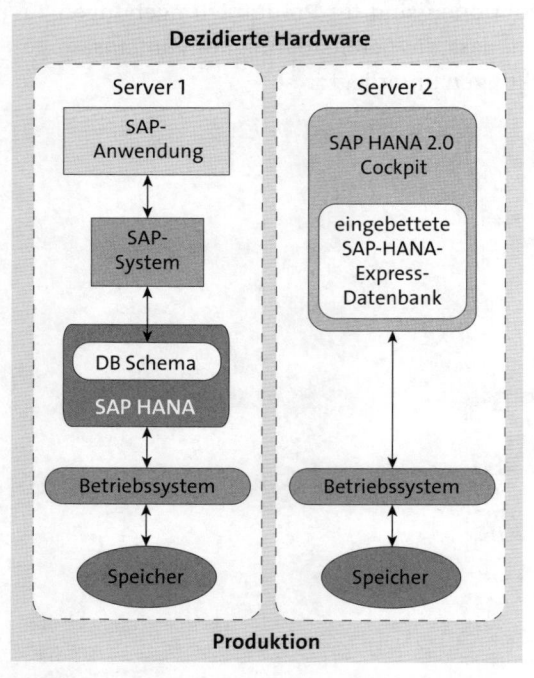

Abbildung 5.3 Installation auf dedizierter Hardware

5.1 Installation des SAP HANA Cockpits

In Tabelle 5.1 finden Sie die Vor- und Nachteile der Installationsmöglichkeiten:

Installation	Vorteile	Nachteile
geteilte Datenbank	▪ Nutzung der bestehenden Infrastruktur	▪ Das SAP-HANA-System muss richtig ausgelegt sein, um den Speicherbedarf für Ihre Anwendungen und das Cockpit zu decken. ▪ Erfordert SAP HANA 2.0 SPS02 oder höher und SAP HANA XS Advanced Runtime 1.0.86 oder höher.
geteilte Hardware	▪ Nutzung der bestehenden Infrastruktur	▪ Es kann zu Konflikten mit den vorhandenen Ressourcen kommen (CPU, RAM) ▪ Anpassung des globalen Allokationslimits der Instanzen erforderlich
dedizierte Hardware	▪ Bietet maximale Leistung. ▪ Ermöglicht die volle Kontrolle über die Installation des Cockpits.	▪ Erfordert eine zusätzliche Maschine (erhöht Wartung und Kosten).

Tabelle 5.1 Vergleich der Bereitstellungsoptionen des SAP HANA Cockpits

Das SAP HANA Cockpit kann entweder in einer dedizierten virtuellen Maschine oder in einer virtuellen Maschine installiert werden, die mit einem SAP-HANA-System gemeinsam genutzt wird. Für beste Ergebnisse sollten Sie eine dedizierte virtuelle Maschine vorziehen.

Die Installationsmedien und Komponenten für das SAP HANA Cockpit finden Sie im SAP Software Download Center (siehe Abbildung 5.4): *https://support.sap.com/en/my-support/software-downloads.html*

Download der Software

Wählen Sie folgenden Pfad:

Support Packages & Patches · By Alphabetical Index (A-Z) · H · SAP HANA Platform Edition · SAP HANA PLATFORM EDITION 2.0 · SAP HANA COCKPIT

> **Version**
> Achten Sie darauf, immer die zu Ihrer Hardware passende aktuellste Version herunterzuladen.

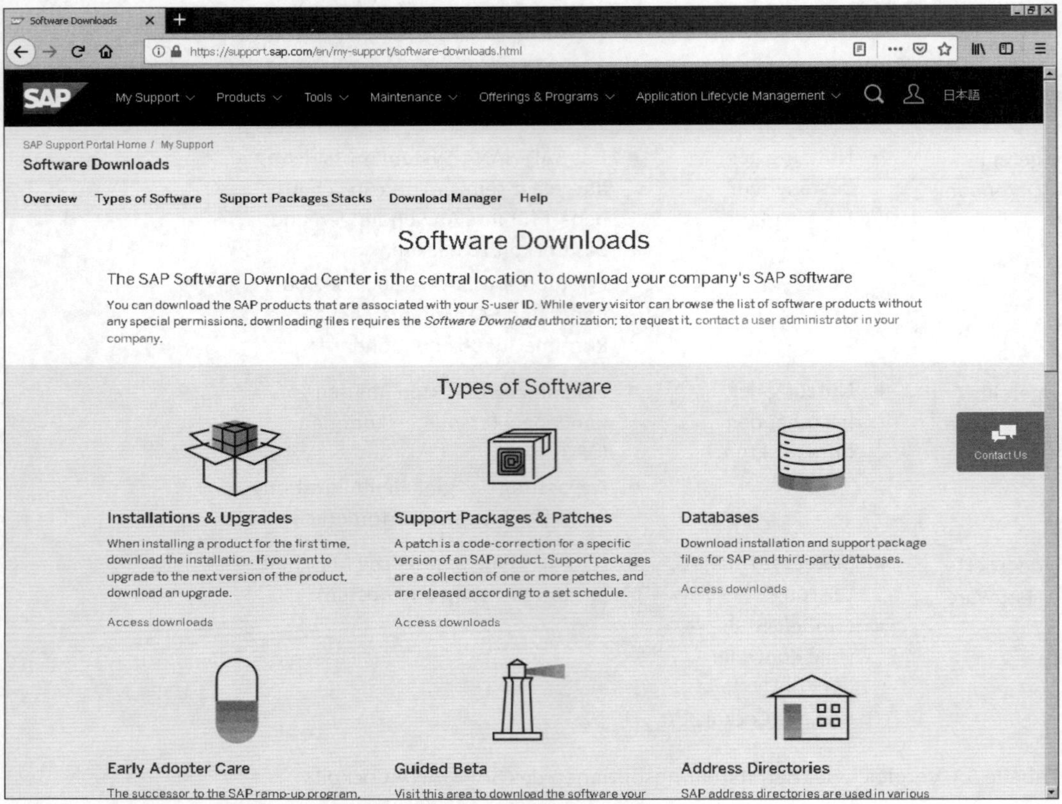

5   SAP HANA Cockpit 2.0

Abbildung 5.4 SAP-Software-Downloads

Legen Sie die heruntergeladenen Dateien auf dem Host, auf dem Sie das SAP HANA Cockpit installieren möchten, oder an einer anderen Stelle ab, die von diesem Host aus erreichbar ist.

SAPCAR   Um die Softwarekomponentenarchive (SAR-Dateien) entpacken zu können, benötigen Sie das Archivierungswerkzeug SAPCAR, das Sie ebenfalls aus dem SAP Software Download Center herunterladen können: *http://s-prs.de/v685017*. Wichtig ist, dass Sie hier das richtige Betriebssystem wählen.

Entpacken Sie das Installationsmedium mit dem folgenden Befehl:

```
SAPCAR -manifest SIGNATURE.SMF
-xvf SAPHANACOCKPIT<version number>.SAR
```

Das Ergebnis sollte in etwa aussehen wie in Abbildung 5.5.

5.1 Installation des SAP HANA Cockpits

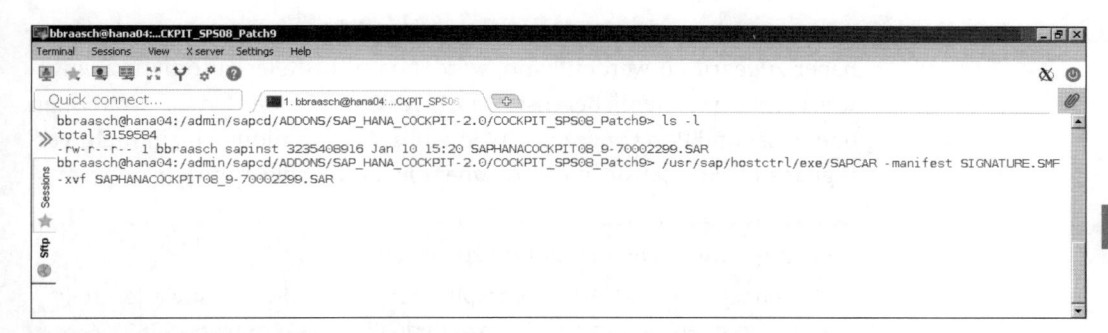

Abbildung 5.5 Entpacken des SAR-Archivs

Durch die Option -v werden während des Entpackens alle Dateien angezeigt, und am Ende der Operation erhalten Sie eine Zusammenfassung (siehe Abbildung 5.6).

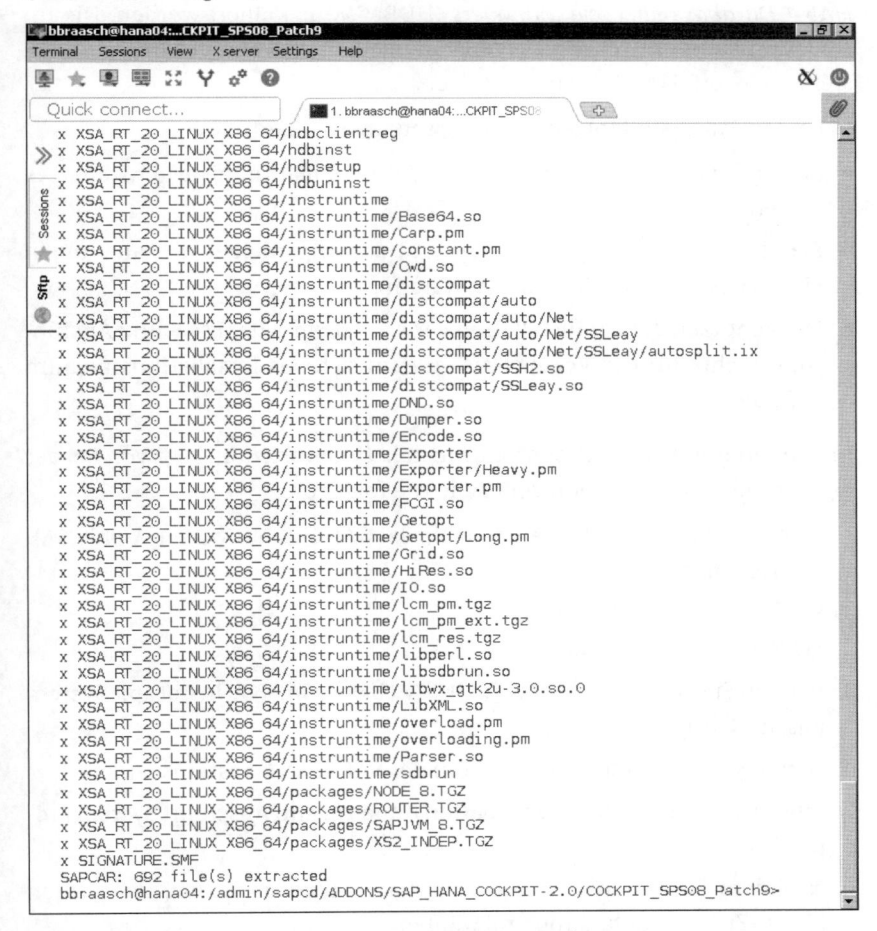

Abbildung 5.6 Zusammenfassung nach dem Entpacken

205

Ports Ports, über die auf das SAP HANA Cockpit und den SAP HANA Cockpit Manager zugegriffen werden kann, werden vom Installer automatisch zugewiesen. Nach erfolgreicher Installation des Cockpits werden Informationen über Host und Ports angezeigt. Wenn diese Informationen nicht mehr verfügbar sind, können Sie die Ports über die XS-Konsole ermitteln.

> **[»] Ports während der Installation zuweisen**
>
> Sie können dem SAP HANA Cockpit auch während der Installation freie Ports zuordnen. Informationen dazu finden Sie in SAP-Hinweis 2389709.

5.1.2 Installation des SAP HANA Cockpits

Das SAP HANA Cockpit kann über die Kommandozeilenoberfläche des *SAP HANA Database Lifecycle Managers* (HDBLCM) installiert werden. Die Installation kann entweder als eigenständige Installation oder in einem bestehenden SAP-HANA-System erfolgen.

Voraussetzungen In beiden Fällen sind folgende Voraussetzungen zu erfüllen:

- Sie sind als `root`-Benutzer angemeldet (Installation als eigenständiges System).
- Sie sind als `root`-Benutzer oder `<sid>adm` angemeldet (Installation in einem bestehenden SAP-HANA-System).
- Der Benutzer, der zur Installation verwendet wird, hat Lese- und Ausführungsrechte für das Verzeichnis, in dem sich das Installationsmedium befindet.

Eigenständige Installation Im Weiteren stellen wir Ihnen beide Installationsvarianten kurz vor. Bei der eigenständigen Installation gehen Sie wie folgt vor:

1. Wechseln Sie an den Ort, an dem Sie das SAP-HANA-Cockpit-Archiv SAR entpackt haben:
   `cd <installation medium>`.
2. Starten Sie den HDBLCM: `./hdblcm`.
3. Wählen Sie den Indexeintrag für **INSTALL New SAP HANA Cockpit System** aus, und drücken Sie ⏎.
4. Geben Sie die Systemeigenschaften des SAP-HANA-Systems an.
5. Eine Liste aller Systemeigenschaften finden Sie im Abschnitt **System Properties**.
6. Nachdem Sie alle Systemeigenschaften angegeben haben, überprüfen Sie die Zusammenfassung und wählen **y**.

Bei Cockpit-Installationen als eigenständigem System legt das Installationsprogramm während des Installationsprozesses einen einzelnen, vollständig autorisierten Administrationsbenutzer, `COCKPIT_ADMIN`, an und verknüpft ihn mit dem Master-Passwort, zu dessen Eingabe Sie aufgefordert werden. Ports, über die auf das SAP HANA Cockpit und den SAP HANA Cockpit Manager zugegriffen werden kann, werden vom Installationsassistenten automatisch zugewiesen. Für die Einrichtung des SAP HANA Cockpits werden der lokale Rechnername, die Ports und das Master-Passwort benötigt. Achten Sie darauf, dass Sie diese Informationen an den Cockpit-Administrator weitergeben.

Bei der Installation in einem bestehenden SAP-HANA-System sind folgende Schritte erforderlich:

Installation in einem bestehenden SAP-HANA-System

1. Wechseln Sie an den Ort, an dem Sie das SAP-HANA-Cockpit-Archiv SAR entpackt haben: `cd <installation medium>`.
2. Starten Sie den HDBLCM per Kommandozeile: `./hdblcm`.
3. Wählen Sie den Indexeintrag für **Install SAP HANA Cockpit on SAP HANA Database version <version number>** aus, und drücken Sie ⏎.
4. Wählen Sie die Komponenten aus, die Sie installieren möchten, und drücken Sie ⏎.
5. Geben Sie die Eigenschaften des SAP-HANA-Cockpit-Systems an.
6. Eine Liste aller Systemeigenschaften finden Sie auf den folgenden Seiten.
7. Nachdem Sie alle Systemeigenschaften angegeben haben, überprüfen Sie die Zusammenfassung, und drücken Sie [y].

Anschließend sind die ausgewählten Komponenten installiert. Zum Abschluss der Installation werden Sie noch auf eine Protokolldatei hingewiesen. Falls bei der Installation Warnungen oder Fehler aufgetreten sind, können Sie hier weiterführende Informationen finden.

Konfigurieren Sie Ihre Firewall so, dass sie Zugriff auf den Host und Port der Cockpit-Webanwendung *https://<hostname>:<port>* und *https://<hostname>:3<instance number>32* ermöglicht.

Firewall konfigurieren

Bevor andere Benutzer auf das SAP HANA Cockpit zugreifen können, gibt es noch einige Schritte, die Sie als Cockpit-Administrator durchführen müssen. Dazu gehören das Starten des SAP HANA Cockpit Managers über die bei der Installation angelegte URL, das Anmelden am SAP HANA Cockpit Manager als Benutzer `COCKPIT_ADMIN` und die Registrierung von Ressourcen. Auf diese Schritte nach der Installation gehen wir in Abschnitt 5.2, »Konfiguration des SAP HANA Cockpits«, näher ein.

System-eigenschaften

Während der Installation können Sie zudem die Systemeigenschaften des SAP HANA Cockpits definieren. Bis auf das Master-Passwort stehen für alle Eigenschaften Standardwerte bereit (siehe Tabelle 5.2). Abhängig von Ihrem Installationsszenario sind einige Parameter jedoch möglicherweise nicht anwendbar.

Parameter	Beschreibung
Installation Path	- Gibt den Pfad zum Installationsverzeichnis an. - Es wird empfohlen, dass sich das Installationsverzeichnis nicht im Root-Dateisystem befindet. - Der Standard für diesen Parameter ist /hana/shared.
Local Host Name	- Gibt den Hostnamen der Maschine an. - Für Hostnamen in SAP-HANA-Systemen gelten Einschränkungen. Alphanumerische Zeichenketten aus Kleinbuchstaben (a–z) und den Ziffern (0–9) sowie dem Plus- »+« oder Minuszeichen »–« sind erlaubt. Obwohl die neueren RFCs Hostnamen erlauben, die mit Ziffern beginnen, ist es empfehlenswert, dass Hostnamen mit einem Buchstaben beginnen. Das Punktzeichen "." darf nur Komponenten von Domain-Namen (z. B. sapc11.sap.com) abgrenzen. - Der Standardwert für diesen Parameter ist der Hostname der aktuellen Maschine.
SAP HANA System ID	- Gibt eine System-ID an. Die SAP-System-ID (SID) ist die Identifikation für das SAP-HANA-System. - Der Standardwert für diesen Parameter ist H4C. Voraussetzungen: - Die ID muss in Ihrem Unternehmen eindeutig und in Ihrer SAP-Systeminstallationslandschaft einheitlich sein. - Wenn Sie eine zusätzliche Applikationsserver-Instanz installieren möchten, stellen Sie sicher, dass in Ihrer SAP-Systemlandschaft keine Gateway-Instanz mit der gleichen SAP-SID vorhanden ist. - Die ID muss aus genau drei alphanumerischen Zeichen bestehen. Es sind nur Großbuchstaben erlaubt. Das erste Zeichen muss ein Buchstabe (keine Ziffer) sein.

Tabelle 5.2 Parameter für die Definition der Systemeigenschaften des SAP HANA Cockpits

Parameter	Beschreibung
SAP HANA System ID (Forts.)	Die folgenden IDs sind reserviert und können nicht verwendet werden: ■ ADD, ALL, AMD, AND, ANY, ARE, ASC, AUX, AVG, BIT, CDC, COM, CON, DBA, END, EPS, FOR, GET, GID, IBM, INT, KEY, LOG, LPT, MAP, MAX, MIN, MON, NIX, NOT, NUL, OFF, OLD, OMS, OUT, PAD, PRN, RAW, REF, ROW, SAP, SET, SGA, SHG, SID, SQL, SUM, SYS, TMP, TOP, UID, USE, USR und VAR.
Instance Number	■ Gibt die Instanznummer des SAP-HANA-Systems an. ■ Die Instanznummer muss eine zweistellige Zahl zwischen 00 und 97 sein. ■ Der Standardwert für diesen Parameter ist 96, oder, wenn 96 bereits verwendet wird, die nächste unbenutzte Instanznummer.
Master Password	■ Gibt das Master-Passwort für alle Benutzer an, die während der Installation angelegt wurden. ■ Das Master-Passwort muss aus mindestens acht Zeichen bestehen, darunter mindestens ein Großbuchstabe und mindestens eine Ziffer.
Cockpit Tenant Database Name	■ Gibt den Namen der Cockpit Tenant-Datenbank an (Standard: COCKPITDB).
Cockpit Tenant Database User Password	■ Gibt das Passwort für den Datenbankbenutzer des Cockpits an.

Tabelle 5.2 Parameter für die Definition der Systemeigenschaften des SAP HANA Cockpits (Forts.)

Für SAP HANA XS Advanced gibt es eigene Parameter, die Sie in Tabelle 5.3 finden:

Parameter SAP HANA XS Advanced

Parameter	Beschreibung
Automatically assign XS Advanced Runtime roles to the hosts with database roles	■ Vergibt die Rollen XS_WORKER und XS_STANDBY. Die Hostrolle XS_WORKER wird allen Worker-Hosts zugeordnet, die Hostrolle XS_STANDBY allen Stand-by-Hosts. Um ein Multi-Host-System mit dedizierten XS_WORKER- und XS_STANDBY-Hosts zu erstellen, weisen Sie jedem Host während der Installation individuell Hostrollen zu. An dieser Stelle verzichten Sie auf diese Option.

Tabelle 5.3 Parameter für SAP HANA XS Advanced

Parameter	Beschreibung
Organization Name For Space "SAP"	▪ Legt den Namen der Kundenorganisation fest. Die sogenannten *Organizations* ermöglichen Entwicklern die Zusammenarbeit durch die gemeinsame Nutzung von Ressourcen, Diensten und Anwendungen. Der Zugriff auf die gemeinsamen Ressourcen, Dienste und Anwendungen wird vom Organization Manager gesteuert.
Customer Space Name	▪ Legt den Namen des Kunden-Space für die SAP-HANA-XS-Advanced-Umgebung fest. Ein Kunden-Space ermöglicht Benutzern den Zugriff auf gemeinsame Ressourcen, die für die Entwicklung, Bereitstellung und Wartung von Anwendungen verwendet werden können.
Run Applications in Customer Space with Separate OS User	▪ Ausführen von Anwendungen im Space des Kunden mit einem separaten OS-Benutzer (Operating System, engl. für Betriebssystem)
Routing Mode	▪ Gibt den Routing-Modus an, der für die SAP-HANA-XS-Advanced-Installationen verwendet werden soll. Weitere Informationen zur Routing-Konfiguration finden Sie in SAP-Hinweis 2245631.
XS Advanced Admin User	▪ Erstellt einen SAP-HANA-XS-Advanced-Administrationsbenutzer. Ein Admin-Benutzer kann Benutzer hinzufügen und verwalten, Benutzer anzeigen, Rollen der Organization bearbeiten, das Kontingent der Organization anzeigen und andere administrative Aufgaben ausführen.
XS Advanced App Working Path	▪ Dieser Parameter gibt den Pfad an, in dem die Laufzeitdaten der Anwendungen liegen. Für eine optimale Performance geben Sie ein lokales Verzeichnis an, das dann auf allen XS_WORKER-Hosts angelegt wird.
XS Advanced Domain Name	▪ Gibt den Domain-Namen eines XS_WORKER-Hosts an. Der Domain-Name muss auf den SAP-HANA-Host, auf dem der XS-Controller und der XS-UAA-Serverdienst laufen, auflösbar sein. Der Dienst XS UAA ist für die Verwaltung der Benutzer, Berechtigungen und Anmeldungen verantwortlich (UAA = User Authentication Authorization).

Tabelle 5.3 Parameter für SAP HANA XS Advanced (Forts.)

Parameter	Beschreibung
XS Advanced SAP Space OS User ID	■ OS-Benutzer-ID, die für die Ausführung von SAP-HANA-XS-Advanced-Anwendungen im SAP-Space verwendet wird
XS Advanced Customer Space OS User ID	■ OS-Benutzer-ID, die für die Ausführung von SAP-HANA-XS-Advanced-Anwendungen im Kunden-Space verwendet wird
XS Advanced Space for Cockpit	■ Gibt den Namen des SAP-HANA-XS-Advanced-Space für das SAP HANA Cockpit an (Standard: COCKPIT).

Tabelle 5.3 Parameter für SAP HANA XS Advanced (Forts.)

5.1.3 Ports festlegen

Die Ports für das SAP HANA Cockpit und den SAP HANA Cockpit Manager können in der XS-Konsole nach der Cockpit-Installation festgelegt werden. Voraussetzungen sind:

- Sie sind als Benutzer <sid>adm angemeldet.
- Sie kennen das Benutzerkennwort für den XS Organization Manager. Das Passwort stimmt mit dem Master-Passwort überein, das bei der Installation festgelegt wird.

Sie können dem SAP HANA Cockpit während der Installation freie Ports zuordnen. Weitere Informationen finden Sie in SAP-Hinweis 2389709.

Ports zuweisen und anzeigen

Ports, über die auf das SAP HANA Cockpit und den SAP HANA Cockpit Manager zugegriffen werden kann, werden vom Installer automatisch zugewiesen. Nach erfolgreicher Installation des Cockpits werden Informationen über Host und Ports angezeigt. Wenn diese Informationen nicht mehr verfügbar sind, können Sie die folgenden Befehle in der XS-Konsole ausführen, um Ports zu bestimmen.

1. Wechseln Sie in das Verzeichnis der SAP-HANA-XS-Advanced-Installation:
   cd <sapmnt>/<SID>/xs/bin>.
   Der Standardwert für <sapmnt> ist /hana/shared.
2. Melden Sie sich an der SAP HANA XS Advanced Runtime an. Verwenden Sie dazu den folgenden Befehl: ./xs-admin-login.
3. Geben Sie das Benutzerkennwort für den XS Organization Manager ein.
4. Lassen Sie sich eine Liste der Anwendungen anzeigen, die im aktuellen Space ausgeführt werden: xs apps.

5 SAP HANA Cockpit 2.0

5. Eine Liste aller laufenden Anwendungen wird angezeigt. Informationen über Host und Ports finden Sie in der Spalte **URLs**. Das SAP HANA Cockpit wird als Cockpit-Webapplikation aufgelistet. Der SAP HANA Cockpit Manager wird als Cockpit-Admin-Webapplikation aufgelistet (siehe Abbildung 5.7).

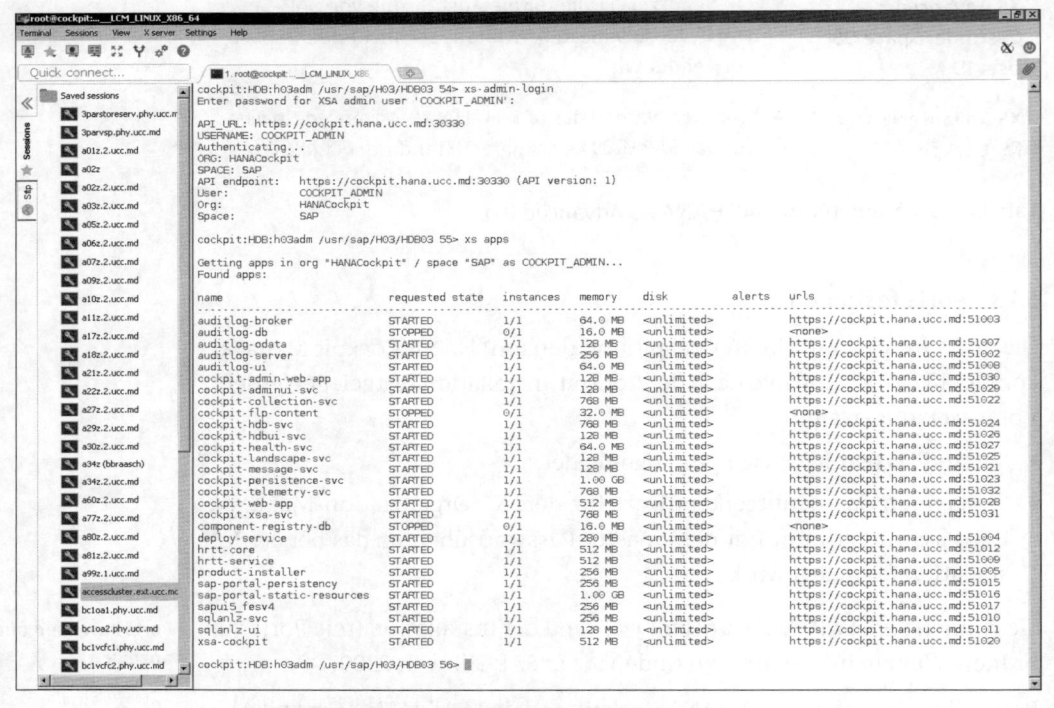

Abbildung 5.7 Auflistung der Cockpit-Apps

5.1.4 Aktualisieren des SAP HANA Cockpits 2.0

Das SAP HANA Cockpit kann mit dem SAP HANA Database Lifecycle Manager aktualisiert werden. Laden Sie dazu die Installationsdateien vom SAP Service Marketplace (SMP) herunter. Nach der Vorbereitung der Komponentenpakete kann das System-Update über den SAP HANA Database Lifecycle Manager angestoßen werden.

> **Aktualisierung**
>
> Aktualisieren Sie die Komponenten des SAP HANA Cockpits nicht einzeln. Verwenden Sie immer den SAP HANA Database Lifecycle Manager, um das Cockpit und alle seine Komponenten in einem Schritt zu aktualisieren.

5.1 Installation des SAP HANA Cockpits

Nach dem Herunterladen der Softwarekomponenten aus dem SAP Support Portal muss das Softwarearchiv für das Update vorbereitet werden. Folgende Voraussetzungen müssen dazu erfüllt sein:

Vorbereitung der Softwarearchive für das Update

- Sie sind als `root`-Benutzer angemeldet.
- Sie haben die Softwarekomponenten aus dem SAP Service Marketplace über das SAP HANA Studio oder die Weboberfläche SAP HANA Database Lifecycle Manager heruntergeladen.
- Sie haben das Download-Verzeichnis auf den SAP-HANA-Host kopiert oder, falls es sich um ein freigegebenes Dateisystem handelt, sichergestellt, dass es vom SAP-HANA-Host aus zugänglich ist.

Bei der Vorbereitung der Pakete gehen Sie wie folgt vor:

1. Wechseln Sie ins HDBLCM-Verzeichnis:
   `cd <sapmnt>/<SID>/hdblcm`.
2. Der Standardwert für `<sapmnt>` ist `/hana/shared`.
3. Starten Sie den SAP HANA Database Lifecycle Manager:
   `./hdblcm --action=extract_components`.
4. Geben Sie den Speicherort der SAP-HANA-Archive an, und geben Sie das Zielverzeichnis an, in das die Archive entpackt werden sollen.
5. Überprüfen Sie die Zusammenfassung, und drücken Sie [y], um die Konfiguration abzuschließen.

Wenn der SAP HANA Database Lifecycle Manager das Installationskit nicht erkennt, sollten Sie es mit dem Parameter `component_root` ausführen.

- in der grafischen Benutzeroberfläche mit dem Befehl `./hdblcmgui --component_root=<component root directory>`
- in der Kommandozeilenoberfläche über `./hdblcm --component_root=<component root directory>`

Das SAP HANA Cockpit kann nun über die Kommandozeilenschnittstelle SAP HANA Database Lifecycle Manager aktualisiert werden. Dafür benötigen Sie die Passwörter der Benutzer `<sid>adm`, des Datenbankadministrators (`SYSTEM`) und des XS Organization Managers. Die Passwörter dieser Benutzer stimmen mit dem Master-Passwort überein, das Sie bei der Installation festgelegt haben.

Update über Kommandozeilenschnittstelle

Gehen Sie bei der Aktualisierung anschließend wie folgt vor:

1. Wechseln Sie zu dem Ort, an dem Sie das SAR-Archiv des SAP HANA Cockpits entpackt haben: `cd <installation medium>`.
2. Starten Sie den SAP HANA Database Lifecycle Manager: `./hdblcm`.

3. Wählen Sie den Index für das zu aktualisierende System aus, und drücken Sie ⏎.
4. Geben Sie die Komponenten, die Sie aktualisieren möchten, als kommagetrennte Liste an, und drücken Sie ⏎.
5. Geben Sie die geforderten Informationen zur Autorisierung gegenüber der SAP-HANA-Datenbank an.
6. Nachdem Sie alle Systemeigenschaften angegeben haben, überprüfen Sie die Zusammenfassung und drücken [y] (siehe Abbildung 5.8).

Abbildung 5.8 Zusammenfassung der Parameter

5.1.5 Deinstallation des SAP HANA Cockpits

Sie können das SAP HANA Cockpit über die Kommandozeile des SAP HANA Database Lifecycle Managers deinstallieren. Im Folgenden werden zwei Vorgehen beschrieben, einmal die Deinstallation einer eigenständigen Installation und einmal die Deinstallation in einem SAP-HANA-System.

Voraussetzung für die Deinstallation einer eigenständigen Cockpit-Installation ist, dass Sie als `root`-Benutzer angemeldet sind. Bei der Deinstallation des Cockpits in einem SAP-HANA-System müssen Sie als `root`-Benutzer oder `<sid>adm` angemeldet sein.

Voraussetzungen

> **[!] Deinstallation des SAP HANA Cockpits**
>
> Die Deinstallation des SAP HANA Cockpits entfernt alle Data und Log Volumes, die mit der Persistenz des SAP HANA Cockpits verbunden sind. Es ist eine permanente Aktion, die nicht rückgängig gemacht werden kann. Die Persistenz der verwalteten SAP-HANA-Systeme, einschließlich des Systems, das das Cockpit hostet, ist von dieser Aktion nicht betroffen.

Wenn Sie das Cockpit als eigenständiges System installiert haben, gehen Sie bei der Deinstallation wie folgt vor:

Deinstallation einer eigenständigen Installation

1. Wechseln Sie ins HDBLCM-Verzeichnis:
   `cd <sapmnt>/<SID>/hdblcm`.
2. Der Standardwert für `<sapmnt>` ist `/hana/shared`.
3. Starten Sie den SAP HANA Database Lifecycle Manager im Kommandozeilenmodus: `./hdblcm --action=uninstall --components=all`.
4. Überprüfen Sie die Zusammenfassung, und drücken Sie `y`.

Ist das Cockpit in einem SAP-HANA-System installiert, deinstallieren Sie es folgendermaßen:

Deinstallation in ein SAP-HANA-System

1. Wechseln Sie ins HDBLCM-Verzeichnis:
   `cd <sapmnt>/<SID>/hdblcm`.
2. Der Standardwert für `<sapmnt>` ist `/hana/shared`.
3. Starten Sie den SAP HANA Database Lifecycle Manager im Kommandozeilenmodus: `./hdblcm`.
4. Wählen Sie den Indexeintrag für die Deinstallation des SAP HANA Cockpits.
5. Wählen Sie den Indexeintrag für das System, auf dem sich die SAP-HANA-Cockpit-Installation befindet.
6. Überprüfen Sie die Zusammenfassung, und wählen Sie den Indexeintrag für Deinstallation. Anschließend drücken Sie `y`.

Danach ist das SAP HANA Cockpit deinstalliert. Außerdem wurde eine Protokolldatei der Deinstallation erzeugt.

5.2 Konfiguration des SAP HANA Cockpits

SAP HANA Cockpit Manager

Zur Konfiguration des SAP HANA Cockpits steht Ihnen der SAP HANA Cockpit Manager zur Verfügung. Er erlaubt direkt nach der Installation die Einrichtung des Cockpits für weitere Benutzer. In Abschnitt 5.2.1, »Benutzer und Berechtigungen«, stellen wir mögliche Benutzertypen und Rollen vor. Die einem Benutzer zugeordneten Rollen entscheiden darüber, welche Funktionen ihm im SAP HANA Cockpit Manager angezeigt werden.

Cockpit einrichten

Sie starten den SAP HANA Cockpit Manager über die URL, die bei der Cockpit-Installation angegeben wurde. Die Schritte der Einrichtung einer neuen Cockpit-Installation sind folgende:

1. Anlegen von Cockpit-Benutzern
2. Registrieren von Ressourcen
3. Erstellen von Ressourcengruppen
4. Zuweisen von Ressourcen zu Gruppen
5. Cockpit-Benutzern den Zugriff auf Ressourcen und Ressourcengruppen ermöglichen
6. Optional können noch Einstellungen für das SAP HANA Cockpit selbst vorgenommen werden.

[»]

> **»COCKPIT_ADMIN«**
>
> Bei der Cockpit-Installation wird automatisch ein Master-Benutzer COCKPIT_ADMIN angelegt. Sein Passwort entspricht dem Master-Passwort, zu dessen Eingabe Sie während des Installationsvorgangs aufgefordert wurden. Diesem Master-Benutzer sind alle drei Administratorrollen zugeordnet, und er kann somit auf alle Aspekte des SAP HANA Cockpit Managers zugreifen und Benutzer anlegen, Ressourcen registrieren und Benutzer und Ressourcen zu Ressourcengruppen zuordnen. Sie können jedoch auch anderen Benutzern Administratorrollen zuweisen.

5.2.1 Benutzer und Berechtigungen

Im SAP HANA Cockpit Manager stehen Ihnen unterschiedliche Typen von Benutzern zur Verfügung, aus denen Sie beim Anlegen neuer Cockpit-

Benutzer wählen können (siehe Tabelle 5.4). Anschließend können Sie den Benutzern Gruppen von Ressourcen zuordnen, wodurch die Benutzer die Ressourcen der Gruppe überwachen und für die Gruppe aggregierte Daten einsehen können. Ein Benutzer, dem kein Zugriff auf Ressourcengruppen gewährt wird, kann sich am Cockpit zwar anmelden, auf der Seite **My Resources** werden ihm jedoch keine Ressourcen angezeigt. Ein Benutzer mit Zugriff auf eine Gruppe, die keine Ressourcen enthält, erhält als Anzeige »Null« Ressourcen.

Cockpit-Benutzer unterscheiden sich von Datenbankbenutzern. Während Erstere zur Anmeldung im SAP HANA Cockpit dienen, sind Letztere für den Zugriff auf SAP-HANA-Datenbanken erforderlich. Um vom Cockpit aus auf ein bestimmtes System zugreifen zu können, muss ein Cockpit-Benutzer Anmeldeinformationen für einen existierenden Datenbankbenutzer eingeben (es sei denn, Single Sign-on ist aktiv). Datenbankbenutzer werden nicht über den SAP HANA Cockpit Manager verwaltet, sondern über den Link **Manage Users** in der App **System Overview**.

Cockpit-Benutzer Datenbankbenutzer

Datenbankbenutzer benötigen Sie, um Informationen über die SAP-HANA-Datenbank anzuzeigen und auf die verschiedenen Anwendungen zur Administration und Überwachung zuzugreifen. Damit Ihnen im Cockpit alle Kacheln, Funktionen und Aktionen zur Verfügung stehen, müssen Sie sich mit einem Datenbankbenutzer mit entsprechenden Berechtigungen mit der Ressource verbinden.

Weiterführende Infos: Datenbanküberwachung und -verwaltung

In der offiziellen SAP-Dokumentation zum SAP HANA Cockpit finden Sie eine detaillierte Auflistung der Datenbankberechtigungen, die erforderlich sind, um Informationen über eine SAP-HANA-Datenbank auf der Systemübersichtsseite anzeigen zu lassen. Auch die Berechtigungen, die Sie für Überwachungs- und Verwaltungsfunktionen auf den weiterführenden Seiten benötigen, finden Sie hier: *http://s-prs.de/v685018*

Das Thema der Datenbankberechtigungen behandeln wir auch in Kapitel 13, »Benutzer- und Berechtigungsverwaltung«, noch einmal ausführlicher.

Benutzertypen und Cockpit-Rollen

Für die Verwendung des SAP HANA Cockpits und die Administration der Datenbanken stehen verschiedene Benutzertypen zur Verfügung (siehe Tabelle 5.4):

Benutzertypen

Benutzertyp	Beschreibung
COCKPIT_ADMIN	Der Master-Benutzer für das Cockpit, der während des Installationsprozesses angelegt wird. Das Passwort ist das Master-Passwort, das während des Installationsprozesses festgelegt wurde. Diesem Master-Benutzer sind alle drei Administratorrollen (siehe Tabelle 5.5) zugeordnet. Dadurch kann er auf alle Aspekte des SAP HANA Cockpit Managers zugreifen und Benutzer anlegen, Ressourcen registrieren, gruppieren und ihnen Benutzer zuordnen.
Cockpit-Benutzer	Benutzer für die Anmeldung am SAP HANA Cockpit. Jedem Cockpit-Benutzer sind eine oder mehrere Cockpit-Rollen zugeordnet (siehe Tabelle 5.5).
Technischer Benutzer	Bereits existierender Benutzer auf der Ebene der SAP-HANA-Systeme und Datenbanken. Mit ihm lassen sich Performance-Daten der Ressourcen sammeln und in regelmäßigen Intervallen an das Cockpit übermitteln. Der technische Benutzer wird außerhalb des Cockpits angelegt und bei der Registrierung einer Ressource im Cockpit angegeben. Er benötigt folgende Berechtigungen: **Systemprivileg** CATALOG READ SELECT-**Berechtigung auf** _SYS_STATISTICS
Datenbank-benutzer	Benutzer, die auf den einzelnen Datenbanken existieren. Sie werden vom Cockpit benötigt, um Informationen über die Ressource zu erhalten oder administrative Änderungen an der Ressource vorzunehmen. Der Datenbankbenutzer ist ein administrativer Benutzer, den Sie von der Systemadministration im SAP HANA Studio kennen. Die Anmeldedaten des Datenbankbenutzers werden im Cockpit verschlüsselt und für jeden Cockpit-Benutzer separat gespeichert. Sie können sie über das Ressourcenverzeichnis löschen und jedes Mal neu eingeben.
Betriebssystem-benutzer	Der Betriebssystembenutzer ist für den Zugriff auf SAP-Control-Prozesse erforderlich. Bei ihm handelt sich um einen Benutzer, der auch auf der Hostmaschine existiert. Im Normalfall heißt er <sid>adm. Auch die Anmeldedaten des Betriebssystembenutzers werden im Cockpit verschlüsselt und für jeden Cockpit-Benutzer separat gespeichert. Sie können sie über das Ressourcenverzeichnis löschen und jedes Mal neu eingeben.

Tabelle 5.4 Typen von Benutzern

5.2 Konfiguration des SAP HANA Cockpits

Jedem Benutzer muss mindestens eine Cockpit-Rolle zugeordnet sein, die bestimmt, auf welche Teile des Cockpits oder des SAP HANA Cockpit Managers er zugreifen kann.

Cockpit-Rollen

Tabelle 5.5 listet alle Rollen auf, die im Cockpit verfügbar sind, und gibt an, welche Berechtigungen mit ihr verknüpft sind.

Cockpit-Rolle	Berechtigung
Cockpit Administrator	Zugriff auf den Bereich **Cockpit-Settings** des SAP HANA Cockpit Managers, in dem Sie Cockpit-Einstellungen konfigurieren können
Cockpit Resource Administrator	Zugriff auf die Abschnitte **Registered Resource** und **Resource Groups** des SAP HANA Cockpit Managers, in denen Sie Ressourcen registrieren, Ressourcengruppen erstellen und Cockpit-Benutzer zu Ressourcen und Ressourcengruppen zuordnen können
Cockpit User Administrator	Erlaubt Zugriff auf den Abschnitt **Manage User** des SAP HANA Cockpit Managers, in dem Sie Cockpit-Benutzer anlegen und verwalten können.
Cockpit User	Rolle für das SAP HANA Cockpit, in dem Sie die Ressourcen und die Ressourcengruppen sehen können, auf die Sie Zugriff erhalten haben
Cockpit Power User	Mit dieser Rolle haben Sie Zugriff auf das SAP HANA Cockpit und den Bereich **Registered Resource** des SAP HANA Cockpit Managers.
Cockpit Template Administrator	Zugriff auf das SAP HANA Cockpit, in dem Sie die folgenden Funktionen nutzen können: - Erstellen, Löschen und Ändern von Vorlagen im Abschnitt **Configuration Templates** - Anzeigen und Überwachen aller Ressourcen der zugeordneten Ressourcengruppen Um die Rolle des Administrators für Cockpit-Vorlagen (Templates) zuzuordnen, markieren Sie in den Cockpit-Benutzerrollen die Option **Allow this user to manage system configuration templates**.

Tabelle 5.5 Cockpit-Rollen

Ein Benutzer, der nur die Rolle *Cockpit-Benutzer* hat, kann nicht auf den SAP HANA Cockpit Manager zugreifen. Umgekehrt kann ein Benutzer, der nur die Rolle *Cockpit-Benutzeradministrator* oder *Cockpit-Ressourcenadministrator* hat, nicht auf das Cockpit zugreifen.

5 SAP HANA Cockpit 2.0

> **[»] Aktualisieren des Benutzers »COCKPIT_ADMIN«**
>
> Die Cockpit-Rollen wurden bereits mit SAP HANA 2.0 SPS01 eingeführt. Es kann daher sein, dass Ihr Benutzer COCKPIT_ADMIN bei der Installation einer früheren Version angelegt wurde und daher nicht mehr alle aktuell verfügbaren Berechtigungen besitzt. Sie können ihm zusätzliche Rollen zuordnen, wenn Sie weiterhin auf alle Aspekte des Cockpits und des SAP HANA Cockpit Managers zugreifen möchten. Damit diese Änderungen wirksam werden, ist eine erneute Anmeldung nach dem Zuweisen der Rollen nötig.

Cockpit-Benutzer verwalten

Cockpit-Benutzer anlegen

Damit die Cockpit-Benutzer nun mit dem Cockpit arbeiten können, müssen Sie als Cockpit-Benutzeradministrator Login-Daten für neue Cockpit-Benutzer anlegen oder bestehenden Datenbankbenutzern Zugriff auf das SAP HANA Cockpit gewähren. Dazu sind folgende Schritte erforderlich:

1. Öffnen Sie den SAP HANA Cockpit Manager, und melden Sie sich mit einem Benutzer an, der über die Cockpit-Rolle *Cockpit User Administrator* verfügt.
2. Wählen Sie den Eintrag **Cockpit Users**.
3. Klicken Sie auf den Button **Create User**.
4. Sie können auch einen bereits bestehenden Datenbankbenutzer wählen, um diesem Zugriff auf das Cockpit zu ermöglichen. Dazu müssen Sie die Checkbox **Enable an existing user to access the cockpit** anklicken und anschließend den Benutzer aus dem Dropdown-Menü auswählen.
5. Möchten Sie einen komplett neuen Benutzer für das Cockpit anlegen, nehmen Sie die geforderten Eingaben vor. Dabei müssen Sie die Passwortrichtlinien der dem Cockpit zugrunde liegenden SAP-HANA-Datenbank beachten.
6. Klicken Sie auf **Step 2**, und wählen Sie anschließend alle Rollen aus, die dem Benutzer zugeordnet werden sollen. Eine Übersicht möglicher Rollen finden Sie in Tabelle 5.5. Klicken Sie anschließend auf **Step 3**.
7. Falls Sie bereits wissen, ob und auf welche Ressourcengruppen der Benutzer Zugriff haben soll, können Sie auch diese bereits zuweisen. Nachdem Sie alle Daten eingegeben haben, können Sie noch mal einen Blick auf alle Eingaben werfen (siehe Abbildung 5.9). Ein Klick auf **Create User** legt den Benutzer an. Tritt dabei ein Fehler auf, werden Sie mit einer Pop-up-Meldung darüber informiert.

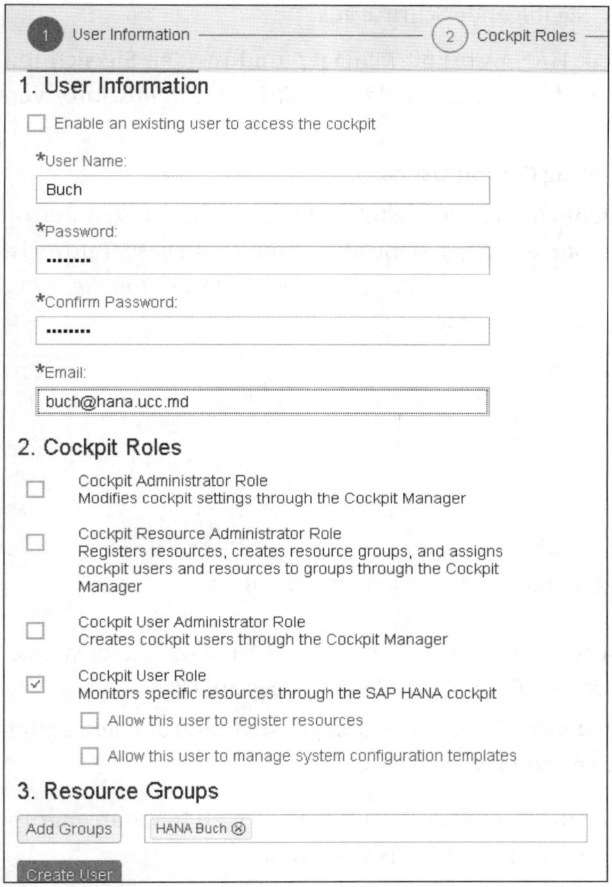

5.2 Konfiguration des SAP HANA Cockpits

Abbildung 5.9 Benutzer anlegen – Übersicht der Eingaben

> **Neuer Benutzer**
>
> Ein neuer Cockpit-Benutzer kann keine Ressourcen sehen, bis jemand mit der Rolle *Cockpit Resource Administrator* ihn mindestens einer Ressourcengruppe zuordnet, die mindestens eine registrierte Ressource enthält.

Damit ein Cockpit-Benutzer registrierte Ressourcen überwachen und verwalten kann, müssen Sie ihm die Ressourcengruppen zuordnen, zu denen die Ressourcen gehören. Dies können Sie als Benutzer, dem die Rolle *Cockpit Resource Administrator* zugeordnet ist, im Abschnitt **Resource Groups** des SAP HANA Cockpit Managers. Ist Ihnen die Rolle *Cockpit Resource Administrator* noch nicht zugewiesen, können Sie dies über den Abschnitt **Cockpit Users** nachholen.

Ressourcengruppen zuordnen

Anschließend führen Sie folgende Schritte aus:

1. Öffnen Sie den SAP HANA Cockpit Manager, und melden Sie sich mit einem Benutzer an, der über die Rolle *Cockpit User Administrator* verfügt.
2. Wählen Sie den Eintrag **Cockpit Users**.
3. Wählen Sie den Benutzer aus der Liste, und klicken Sie auf den Button **Grant Access to Resource Groups** (siehe Abbildung 5.10). Dieser Button ist nur sichtbar, wenn dem Cockpit-Benutzer die Rolle *Cockpit Resource Administrator* zugewiesen wurde.

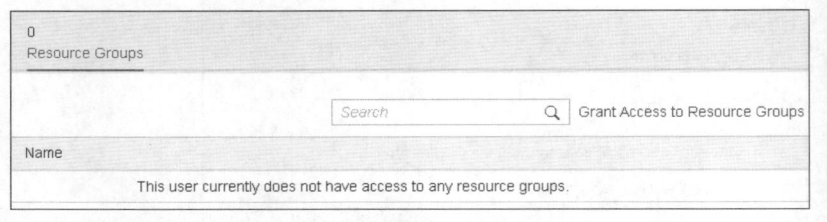

Abbildung 5.10 Zugriff auf Ressourcengruppen gewähren

4. Anschließend erscheint ein Menü mit mehreren Auswahlboxen. Markieren Sie die gewünschten Gruppen, und klicken Sie auf **OK**.
5. Die Gruppe(n), auf die der Benutzer jetzt Zugriff hat, sind auf der rechten Seite unter **Resource Groups** aufgeführt.

Alternativ können Sie die Zuordnung von Benutzern zu Ressourcengruppen auch direkt aus den Gruppen heraus vornehmen:

1. Öffnen Sie den SAP HANA Cockpit Manager, und melden sich mit einem Benutzer an, der als Cockpit Resource Administrator berechtigt ist.
2. Wählen Sie den Eintrag **Resource Groups**.
3. Wählen Sie die Gruppe aus der Liste, und klicken Sie im rechten Bereich auf **Cockpit Users** (siehe Abbildung 5.11).

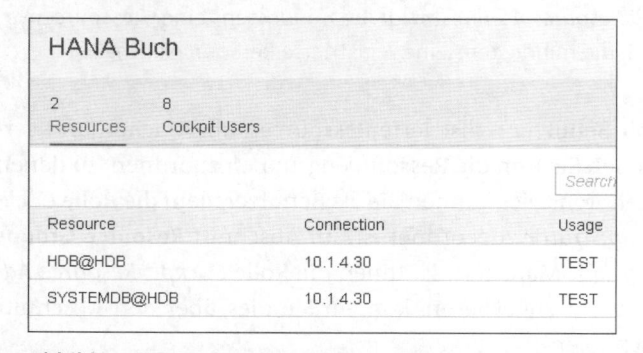

Abbildung 5.11 Benutzer zu Ressourcengruppen hinzufügen

4. Dort können Sie entweder das Suchfeld verwenden oder einen Klick auf **Add User** ausführen, um eine Auswahl zu erhalten (siehe Abbildung 5.12). Markieren Sie den gewünschten Benutzer, und klicken Sie auf **OK**.

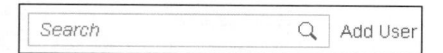

| Search   Q | Add User |

Abbildung 5.12 Suche nach Benutzern zum Hinzufügen zu einer Ressourcengruppe

5. Anschließend erscheint der Benutzer auch in der Liste der der Ressourcengruppe zugewiesenen Benutzer.

Als Cockpit-Benutzeradministrator können Sie auch die Einstellungen von Cockpit-Benutzern ändern. Verbinden Sie sich dazu mit dem SAP HANA Cockpit Manager, und melden Sie sich als Cockpit-Benutzeradministrator an.

Cockpit-Benutzer-Einstellungen ändern

1. Wählen Sie in den **Cockpit Settings** die App **Cockpit Users**.
2. Wählen Sie den gewünschten Benutzer in der Tabelle aus.
3. Klicken Sie auf **Edit**.
4. Nun können Sie dem Benutzer Rollen zuweisen, ein neues Passwort für ihn festlegen oder die hinterlegte E-Mail-Adresse ändern.

Auch das Löschen oder Sperren von Cockpit-Benutzern fällt in Ihren Aufgabenbereich als Cockpit-Benutzeradministrator. Beim Löschen sollten Sie jedoch darauf achten, wie genau Sie den Benutzer löschen wollen. Einige Cockpit-Benutzer wurden möglicherweise nicht exklusiv nur für die Verwendung des SAP HANA Cockpits angelegt – sondern auch für den Zugriff auf andere Anwendungen. Wenn Sie einen Cockpit-Benutzer löschen möchten, haben Sie daher folgende Wahl:

Cockpit-Benutzer löschen oder sperren

- Lassen Sie die zugrunde liegenden Datenbankbenutzer bestehen, und sperren Sie nur den Zugriff auf das Cockpit.
- Löschen Sie den Benutzer vollständig.

Wenn Sie den Benutzer vollständig löschen, wird dieser auch auf Datenbankebene entfernt, im anderen Fall wird nur der Zugang zum Cockpit gesperrt.

In beiden Fällen müssen Sie zunächst den SAP HANA Cockpit Manager öffnen und sich als Cockpit-Benutzeradministrator anmelden. Wählen Sie anschließend über **Cockpit Users** den Benutzer aus der Liste, den Sie sperren oder löschen wollen. Sie können auch die Suchleiste oberhalb der Liste verwenden, um den gewünschten Benutzer schneller zu finden.

Dann klicken Sie auf **Delete** und treffen Ihre Wahl im folgenden Dialog (siehe Abbildung 5.13).

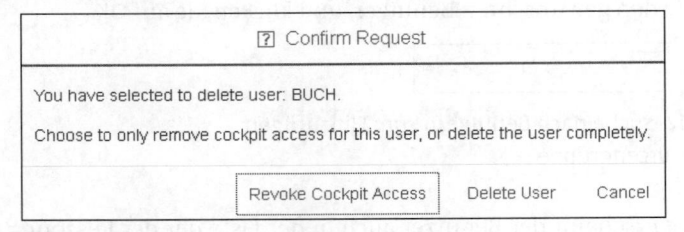

Abbildung 5.13 Benutzer sperren oder löschen

5.2.2 Cockpit-Einstellungen ändern

Als Cockpit-Administrator können Sie mithilfe des SAP HANA Cockpit Managers schließlich auch für das SAP HANA Cockpit bestimmte Einstellungen vornehmen (**Cockpit Settings**).

- »Data Collection«
  Im diesem Bereich können Sie die Anzahl der Worker-Threads festlegen und bestimmen, wie oft das Cockpit den Systemstatus und die Anzahl der Alerts der verwalteten Ressourcen sammeln und bestimmte Schlüsselwerte zur Performance der Ressourcen abfragen soll (siehe Abbildung 5.14).

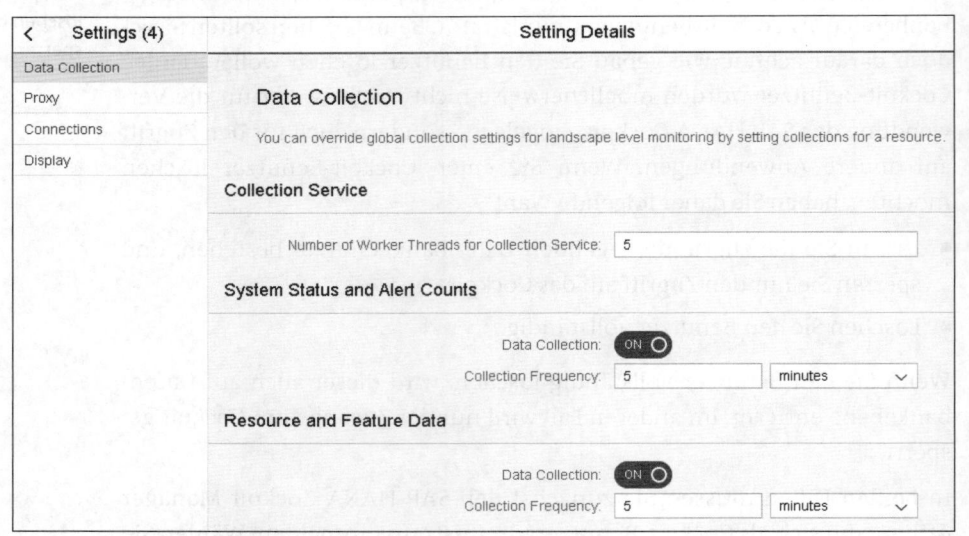

Abbildung 5.14 Einstellungen für die Data Collection

Die gewählten Einstellungen gelten zunächst global für alle Ressourcen. Es ist auch möglich, diese Einstellungen für ausgewählte Ressourcen zu überschreiben. Weitere Informationen dazu finden Sie in Abschnitt 5.2.4, »Eine Benachrichtigung an die Benutzer senden«.

- **»Proxy«**
  Hier können Sie einen Proxy-Server angeben, den das SAP HANA Cockpit verwenden soll (siehe Abbildung 5.15). Es gibt zwei Arten von Proxys: den Netzwerk-Proxy und den HTTP(S)-Proxy. In beiden Fällen müssen Sie die Host- und Portnummer angeben. Für einen HTTP(S)-Proxy können Sie über das Feld **Non Proxy Host** auch Ausnahmen angeben, die den Proxy-Host nicht verwenden sollen (Adressen, die mit den von Ihnen eingegebenen Zeichenketten beginnen, getrennt durch Semikolon).

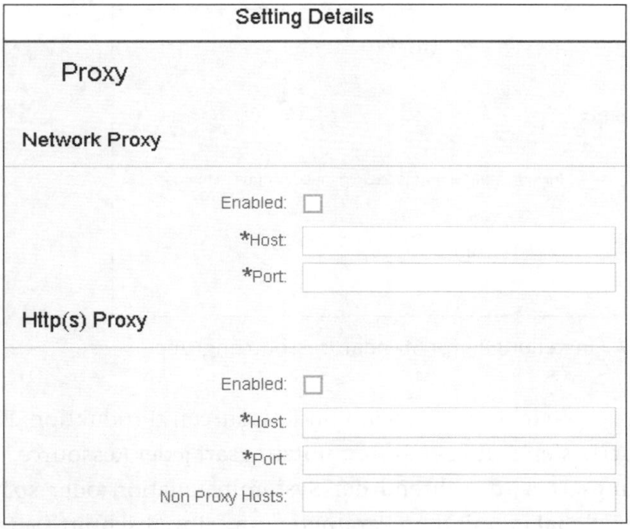

Abbildung 5.15 Einstellungen für die Verwendung von Proxys

- **»Connections«**
  Auch die Zeit, die das SAP HANA Cockpit auf eine Verbindung warten soll, bevor es ein Timeout durch den SAP HANA Cockpit Manager einleitet, können Sie einstellen (siehe Abbildung 5.16). Wenn eine Serververbindung nicht reagiert, sollten Sie sicherstellen, dass das Cockpit nicht auf unbestimmte Zeit auf eine Antwort wartet. Sie können eine Standard-Timeout-Periode und eine Timeout-Periode für lang laufende Aufgaben konfigurieren.

- **»Display«**
  Das SAP HANA Cockpit bringt bereits bei der Installation drei fertig definierte Ressourcengruppen mit. Im Display stellen Sie ein, ob eine Ressource auch in diesen drei Gruppen angezeigt werden soll oder nur in den von Ihnen selbst erstellten Gruppen (siehe Abbildung 5.17).

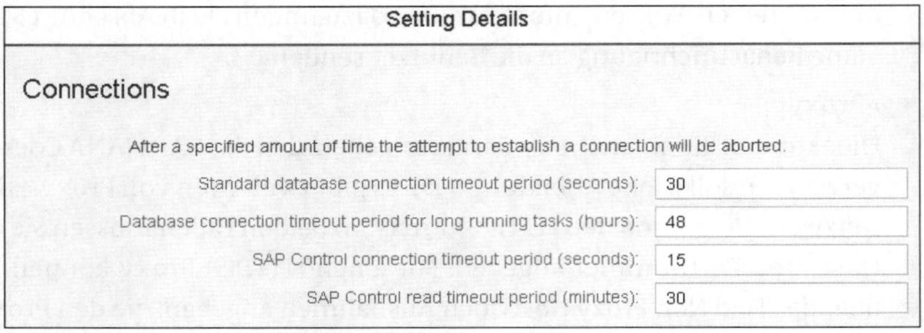

Setting Details	
Connections	
After a specified amount of time the attempt to establish a connection will be aborted.	
Standard database connection timeout period (seconds):	30
Database connection timeout period for long running tasks (hours):	48
SAP Control connection timeout period (seconds):	15
SAP Control read timeout period (minutes):	30

Abbildung 5.16 Einstellungen für Verbindungs-Timeouts

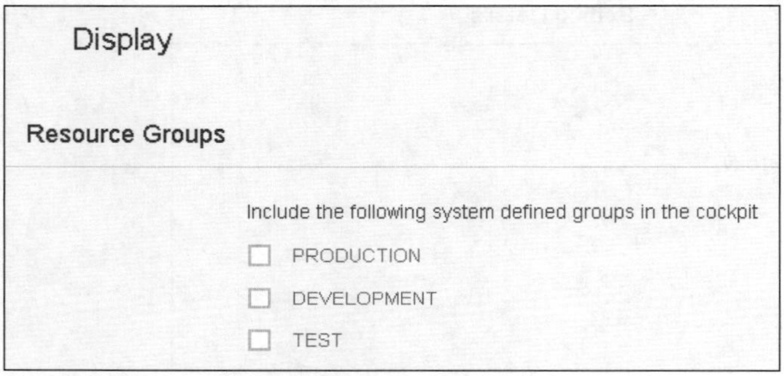

Display	
Resource Groups	
Include the following system defined groups in the cockpit	
☐ PRODUCTION	
☐ DEVELOPMENT	
☐ TEST	

Abbildung 5.17 Einstellungen für Standardressourcengruppen

Die automatisch erstellten Gruppen von Ressourcen (Produktion, Entwicklung, Test) basieren auf der Systemnutzungsart jeder Ressource. Die Systemnutzungsart wird während der Systeminstallation oder später über die Datei **global.ini** mit dem Parameter usage im Abschnitt system_information konfiguriert.

Sie können wählen, ob Sie eine oder mehrere der automatisch erstellten Gruppen über den SAP HANA Cockpit Manager ausblenden möchten. Wählen Sie dazu die entsprechenden Häkchen an oder ab. Die Option zum Ausblenden der automatisch erstellten Gruppen hat keinen Einfluss auf den Parameter usage der jeweiligen Ressource. Sie verhindert einfach, dass das Cockpit die Anzeige von Ressourcen durch die automatisch erstellten Gruppen organisiert.

5.2.3 Active Sessions verwenden

Im SAP HANA Cockpit Manager haben Sie die Möglichkeit, alle momentan angemeldeten Benutzer des Cockpits zu sehen. Öffnen Sie dazu den SAP HANA Cockpit Manager, und wählen Sie **Active Sessions**. In Abbildung 5.18

sehen Sie z. B. eine Sitzung. Jede aktive Browser-Sitzung repräsentiert einen Benutzer. Auch den Namen des Cockpit-Benutzers können Sie erkennen. Sie sehen so auf einen Blick, wer angemeldet ist, seine letzte Antwortzeit und was er sich zuletzt angeschaut hat.

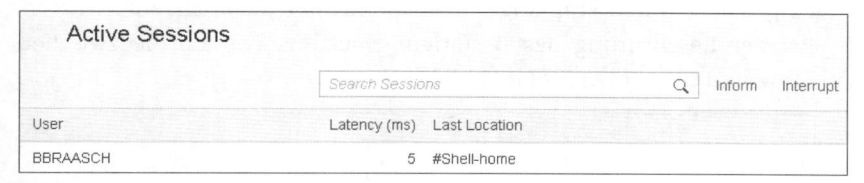

Abbildung 5.18 Übersicht aktiver Anmeldungen

> **Latenz**
>
> Die Antwortzeiten für den Benutzer werden in Millisekunden angegeben. Verzögerungen werden ab ungefähr 150–200 ms deutlich und sind für den Benutzer dann als verlangsamtes Reaktionsverhalten spürbar.

Die Spalte **Last Location** gibt Auskunft darüber, welchen Teil des Cockpits oder welche App der Benutzer zuletzt geöffnet hat. #shell-home wäre z. B. der **Home**-Bereich des Benutzers (siehe Abbildung 5.18).

5.2.4 Eine Benachrichtigung an die Benutzer senden

Über die App **Active Sessions** können Sie auch Benachrichtigungen an alle angemeldeten Benutzer versenden. Dabei werden zwei Typen unterschieden.

Benachrichtigungen versenden

1. Wählen Sie die Option **Inform**, wird eine kurze Pop-up-Nachricht an alle angemeldeten Benutzer geschickt, die für fünf Sekunden erscheint (siehe Abbildung 5.19). Der Benutzer kann mit dieser Nachricht nicht interagieren und auch nicht auf sie reagieren.

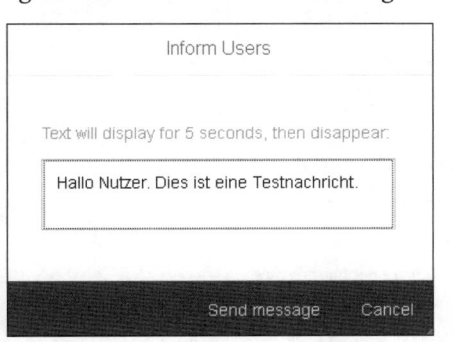

Abbildung 5.19 Informierende Benachrichtigung aktiver Benutzer

2. Eine Nachricht vom Typ **Interrupt** erzeugt eine dauerhafte Nachricht bei allen angemeldeten Benutzern. Sie bleibt so lange bestehen, bis der Benutzer die Meldung bestätigt hat. Bei diesem Benachrichtigungstyp können Sie neben dem eigentlichen Nachrichtentext auch noch einen Titel eingeben und den Empfänger über die Art der Nachricht informieren. Bei der Beschriftung des Bestätigungsbuttons können Sie zwischen **Close** und **OK** wählen (siehe Abbildung 5.20).

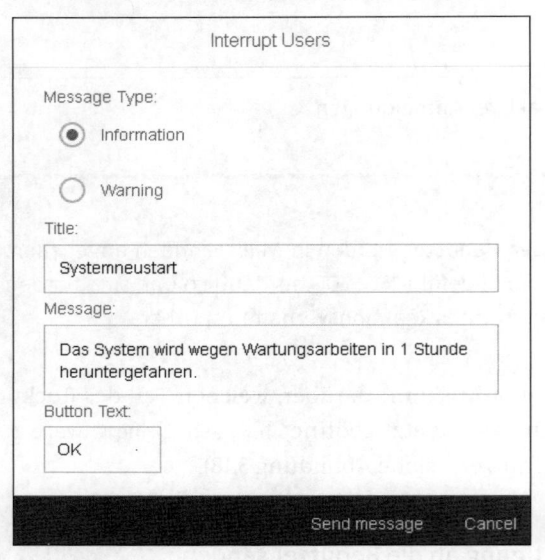

Abbildung 5.20 Unterbrechende Benachrichtigung aktiver Benutzer

Die gewählte Art der Nachricht (**Message Type**) ändert ihre Darstellung. Eine **Information** sehen Sie in Abbildung 5.21.

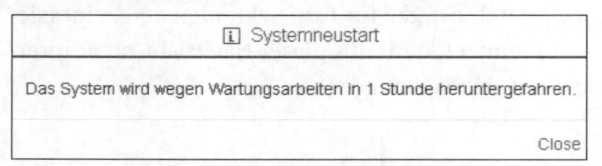

Abbildung 5.21 Unterbrechende Information

Ein **Warning** erscheint den Benutzern wie in Abbildung 5.22.

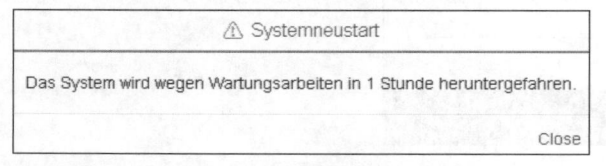

Abbildung 5.22 Unterbrechende Warnung

5.2.5 Ressourcen und Ressourcengruppen verwalten

Über den SAP HANA Cockpit Manager kann jeder Benutzer mit der Rolle *Cockpit Resource Administrator* Ressourcen registrieren und Gruppen von Ressourcen anlegen, auf die andere Cockpit-Benutzer mit dem SAP HANA Cockpit zugreifen können.

Das SAP HANA Cockpit bietet eine aggregierte Überwachung, d. h., Cockpit-Benutzer können Daten von mehreren Ressourcen gleichzeitig sehen. Ressourcengruppen regeln, welche Ressourcen von welchem Benutzer überwacht und verwaltet werden dürfen.

Unter dem Punkt **Registered Resources** können Sie sich alle registrierten Ressourcen anzeigen lassen und weitere registrieren. Wenn Sie **Resource Groups** auswählen, sehen Sie alle erstellten Gruppen sowie die Ressourcen und Cockpit-Benutzer, die jeder Gruppe zugeordnet sind. Hier können Sie auch eine neue Ressourcengruppe anlegen oder eine Ressource oder einen Cockpitbenutzer zu einer Gruppe hinzufügen.

Ressourcen verwalten

Um eine neue Ressource anzulegen, melden Sie sich am SAP HANA Cockpit Manager mit einem Benutzer an, der entweder die Rolle *Cockpit Resource Administrator* oder *Cockpit Power User* besitzt.

Ressource registrieren

Die Rolle *Cockpit Power User* ermöglicht es Ihnen, neue Ressourcen anzulegen, Sie können sie jedoch keiner Gruppen zuordnen.

1. Wählen Sie **Registered Resources** und **Register Resource**.
2. Geben Sie im folgenden Dialog die passenden Werte für Ihre neue Ressource an (siehe Abbildung 5.23). Für den Hostnamen kann es erforderlich sein, den Full-Qualified-Domain-Namen für den Wert **Host** anzugeben. Dies kommt auf Ihre Infrastruktur an, ob zum z. B. Alias-Einträge auch netzwerktechnisch aufgelöst werden können. Sie können auch noch eine Beschreibung der Ressource angeben, z. B. den Verwendungszweck.
3. Wenn Sie alle nötigen Informationen eingegeben haben, gehen Sie weiter zu **Step 2**. In diesem Schritt wählen Sie im Abschnitt **Connection** aus, ob die Verbindungen des Cockpits zum SAP-Startservice (SAP Control) und zur Datenbank verschlüsselt werden sollen (siehe Abbildung 5.24).

Abbildung 5.23 Ressource registrieren – Schritt 1

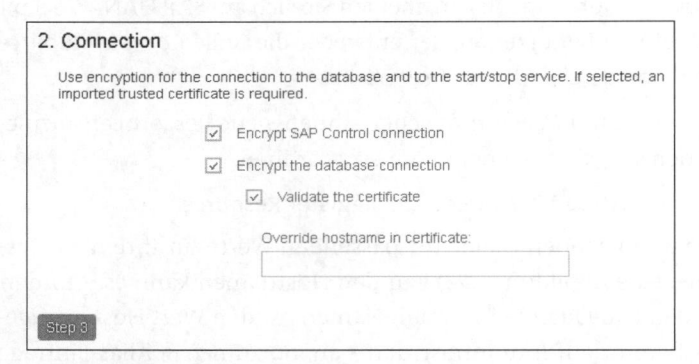

Abbildung 5.24 Ressource registrieren – Schritt 2

> **Verschlüsselte Verbindungen**
>
> Informationen zum Erhalt von Zertifikaten finden Sie auf folgender Seite: *http://s-prs.de/v685019*. Weitere Informationen über die Unterschiede der verschiedenen verschlüsselten Verbindungen finden Sie auf der Seite *http://s-prs.de/v685020* unter Schritt 6.

4. Anschließend gehen Sie zu **Step 3**, wo Sie die Daten des technischen Benutzers angeben müssen, der im Hintergrund Daten auf den Datenbanken sammelt (siehe Abbildung 5.25). Welche Berechtigungen dieser

5.2 Konfiguration des SAP HANA Cockpits

Benutzer braucht, erfahren Sie in Abschnitt 5.2.1, »Benutzer und Berechtigungen«, im Kasten »Datenbanküberwachung und -verwaltung«.

Abbildung 5.25 Ressource registrieren – Schritt 3

5. In Schritt 4 haben Sie die Möglichkeit, die Ressource bestimmten Ressourcengruppen hinzuzufügen (siehe Abbildung 5.26). Sie können die Ressourcen auch ohne Gruppe anlegen und später manuell zu Gruppen hinzufügen.

Abbildung 5.26 Ressource registrieren – Schritt 4

6. Im nächsten Abschnitt kann eine Kontaktperson hinterlegt werden, die weitere Informationen zur Ressource geben oder im Fehlerfall Fragen beantworten kann (siehe Abbildung 5.27).

Abbildung 5.27 Ressource registrieren – Schritt 5

Ein Klick auf **Review** zeigt alle eingetragenen Informationen an. Über **Edit** können Sie letzte Korrekturen eines Bereichs vornehmen (siehe Abbildung 5.28).

```
Register Resource Review
Resource
                        Host:  hdb-sys.hana.ucc.md                    Edit
             Instance Number:  01
                  Containers:  Multiple containers
               Database Type:  System
                 Description:

Connection
      Encrypt SAP connection:  No
       Encrypt db connection:  No                                     Edit

Technical User
                        User:  HANA_CONNECT                           Edit

Resource Groups
          Included in Groups:  HANA Buch                              Edit

Resource Contact
                     Contact:                                         Edit
              Contact E-Mail:
              Contact Details:

                                                      Register  Cancel
```

Abbildung 5.28 Ressource registrieren – Review

Ein Klick auf **Register** nimmt die Ressource in das **Resource Directory** auf. Sollten dabei Fehler auftreten, werden Sie in einer Pop-up-Meldung darüber informiert. Je nach Fehlermeldung können Sie sich dann auf Fehlersuche begeben. Im Beispiel wurde ein falscher Hostname eingegeben (siehe Abbildung 5.29). Wenn Sie ihn korrigiert haben, erscheint die Ressource im **Resource Directory**.

5.2 Konfiguration des SAP HANA Cockpits

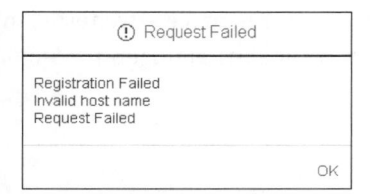

```
⚠ Request Failed

Registration Failed
Invalid host name
Request Failed

                                              OK
```

Abbildung 5.29 Fehlermeldung bei der Übernahme der Ressource ins Resource Directory

> **Softwareversion 000**
> Wenn die neu registrierte Ressource eine ungültige oder abgelaufene Lizenz hat, offline ist oder gestoppt wurde, erscheint ihre Softwareversion als **0.00.000.000.00.0 (UNKNOWN)**.

[«]

Sie haben die Möglichkeit, die Registrierungseinstellungen einer Ressource nachträglich zu bearbeiten. Zusätzlich können Sie in einer Datenbank ab SAP HANA 2.0 SPS01 die Single-Sign-on-Benutzerauthentifizierung aktivieren oder erzwingen.

Ressourceneinstellungen bearbeiten

1. Öffnen Sie dazu das **Resource Directory** im SAP HANA Cockpit Manager, und wählen Sie die gewünschte Ressource aus.
2. Sie sehen eine Übersicht der aktuellen Parameter, über **Edit** können Sie sie anpassen (siehe Abbildung 5.30).

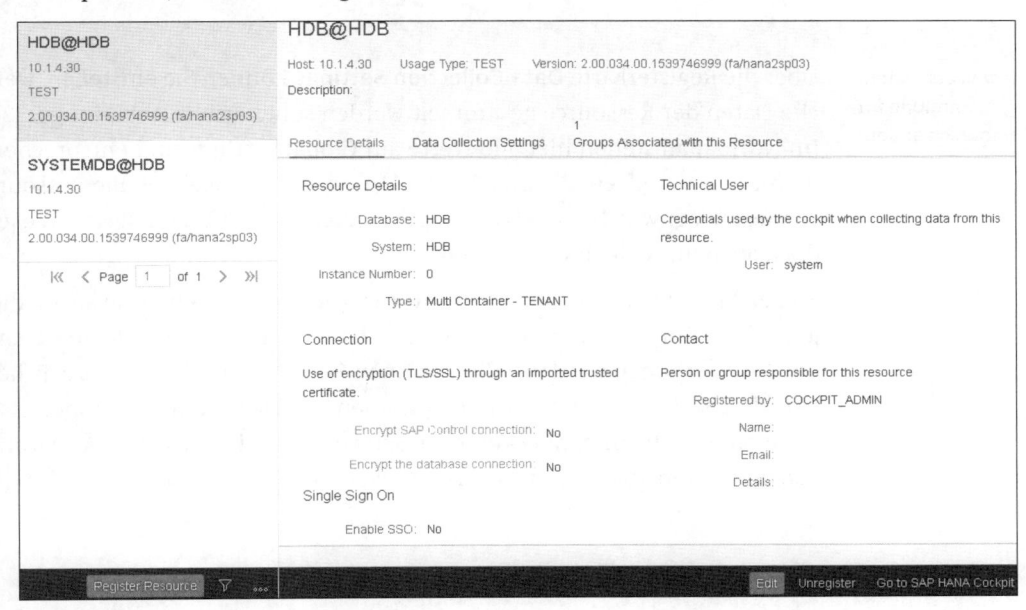

Abbildung 5.30 Ressourceneinstellungen

233

3. Scrollen Sie im rechten Abschnitt nach unten, sehen Sie erweiterte Einstellungen der Ressource und können z. B. die Einstellungen für Single Sign-on ändern.

> **Abgelaufene Anmeldedaten**
>
> Wenn die Anmeldeinformationen für den technischen Benutzer dieser Ressource (der Log-in, mit dem das Cockpit den Systemzustand und die Versionsinformationen sammelt) aktualisiert werden müssen, werden Sie durch eine Meldung auf der Seite **Ressourcendetails** auf das Problem hingewiesen. Das kann z. B. daran liegen, dass sich das Passwort des technischen Benutzers geändert hat oder die Anmeldung gelöscht wurde. Wenn Sie eine Meldung über einen fehlenden technischen Benutzer oder ein fehlendes technisches Benutzerkennwort sehen, können Sie die Ressource erst überwachen, wenn Sie die Anmeldeinformationen des technischen Benutzers aktualisiert haben (siehe Abbildung 5.31). 
>
> ```
> SYSTEMDB@HDB
> Host: 10.1.4.30    Usage Type: TEST    Version: 2.00.034.00.1539746999 (fa/hana2sp03)
> Description: Beispielsystem SAP HANA Administration
>                                       1
> Resource Details   Data Collection Settings   Groups Associated with this Resource
>
> ⚠ The technical user was removed after authentication failure in order to prevent the account from being locked.
>   The cockpit can't collect system health and version information without a valid technical user.
> ```
>
> **Abbildung 5.31** Abgelaufene Anmeldeinformationen für technischen Benutzer

Intervall der Datensammlung für Ressourcen ändern

Über die Registerkarte **Data Collection Settings** können Sie einstellen, welche Daten der Ressource gesammelt werden sollen (siehe Abbildung 5.32). Im Normalfall stehen hier alle Werte auf **Global Settings** und entsprechen damit den Vorgaben, die im SAP HANA Cockpit Manager für alle Ressourcen festgelegt wurden. Sie können die Einstellungen für eine Ressource jedoch auch individuell vornehmen.

Stellen Sie dazu den Regler auf **Resource Override**, und geben Sie an, ob die jeweiligen Daten gesammelt werden sollen. Auch die Intervalle, in denen die Daten erhoben werden sollen, können Sie festlegen. So kann es z. B. bei der Überwachung von kritischen Systemen oder bei erwarteter hoher Last sinnvoll sein, die Intervalle kürzer zu setzen, um rechtzeitig über Änderungen des Systemzustands informiert zu werden.

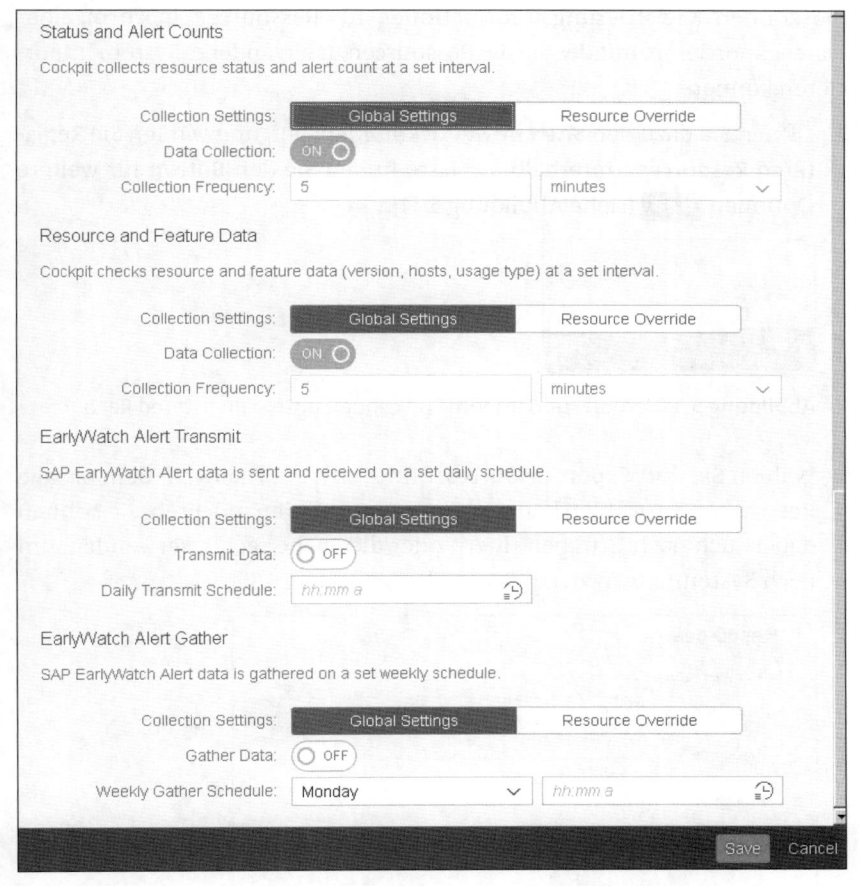

Abbildung 5.32 Datensammlung für einzelne Ressource festlegen

Schließlich können Sie Ressourcen aus dem Cockpit auch wieder entfernen.

Ressource löschen

1. Öffnen Sie dazu den SAP HANA Cockpit Manager, und wählen Sie **Registered Resources**.
2. Wählen Sie die Ressource aus, die Sie löschen möchten, und klicken Sie in der Übersicht auf der rechten Seite unten auf **Unregister**.
3. Wenn Sie die folgende Meldung bestätigen (siehe Abbildung 5.33), wird die Ressource entfernt.

Abbildung 5.33 Abfrage vor der Entfernung der Ressourcen

5 SAP HANA Cockpit 2.0

Ressourcen exportieren

Sie können Registrierungsinformationen für Ressourcen in Form einer Datei exportieren, mit der Sie die Ressourcen in ein anderes System importieren können.

1. Öffnen Sie dazu den SAP HANA Cockpit Manager, und wählen Sie **Registered Resources**. Unterhalb der Liste finden Sie den Button für weitere Optionen ⚬⚬⚬ (siehe Abbildung 5.34).

Abbildung 5.34 Export- und Import-Funktionen unter »Registered Resources«

2. Wählen Sie dort **Export resources**, öffnet sich ein Dialog, in dem Sie alle Ressourcen auswählen können, die Sie exportieren möchten. Sie können dabei auch nach Gruppen filtern oder die Suche rechts verwenden, um nach Systemnamen zu suchen (siehe Abbildung 5.35).

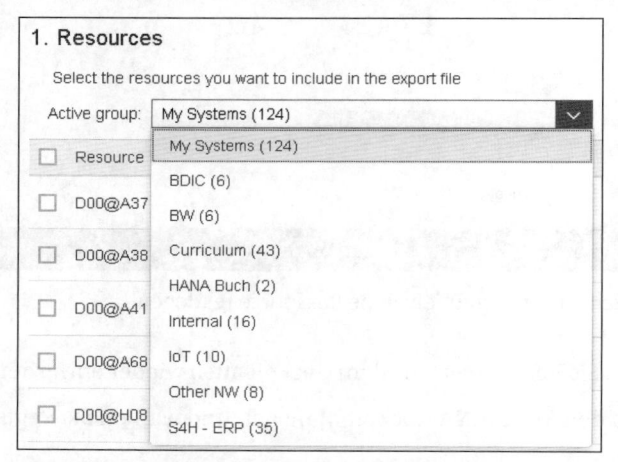

Abbildung 5.35 Ressourcen exportieren – nach Gruppen sortieren

3. Wenn Sie alle Ressourcen, die Sie exportieren wollen, markiert haben, gehen Sie zu Schritt 2 über. Hier können Sie angeben, ob Sie den technischen Benutzernamen speichern möchten, das entsprechende Passwort wird dann beim Import wieder benötigt.

4. In Schritt 3 können Sie auch die Kontaktdaten der Ressourcen speichern. Bei den Kontaktdaten kann es sich z. B. um Personen handeln, die diese Ressource im produktiven Einsatz haben und daher über Ausfälle der Ressource informiert werden müssen. Es handelt sich dabei um optionale Informationen. Ein Klick auf **save export file** öffnet – je nach Einstel-

lung Ihres Browsers – ein Download-Fenster oder startet direkt den Download in das gewählte Standardverzeichnis. Sie erhalten eine Datei mit dem Namen **ResourceList.json**.

Die erzeugte Datei können Sie nutzen, um die gespeicherten Systeme in ein SAP HANA Cockpit zu importieren.

Ressourcen importieren

1. Öffnen Sie dazu den Punkt **registered resources**. Über die erweiterten Optionen (siehe Abbildung 5.34) wählen Sie diesmal **import resources**.
2. Anschließend wählen Sie die Datei **ResourceList.json**, die die Daten Ihrer exportierten Ressourcen enthält. Dann markieren Sie alle Ressourcen, die Sie importieren möchten.
3. In Schritt 3, **Authenticate**, geben Sie die gewünschten technischen Benutzer inklusive der Passwörter ein (siehe Abbildung 5.36). Dabei können Sie auch die gleichen Anmeldedaten für alle gewählten Ressourcen verwenden, indem Sie **Use the same credentials for all selected resources** anklicken (siehe Abbildung 5.37). Dadurch werden dieselben Informationen für alle markierten Datenbanken übernommen. Dies kann den Import der Datenbanken stark beschleunigen. In Schritt 4 können Sie auch Kontaktdaten für die Ressourcen eingeben. Füllen Sie dazu die Felder **Contact Name**, **Contact E-Mail** und **Contact Details** mit den entsprechenden Angaben.

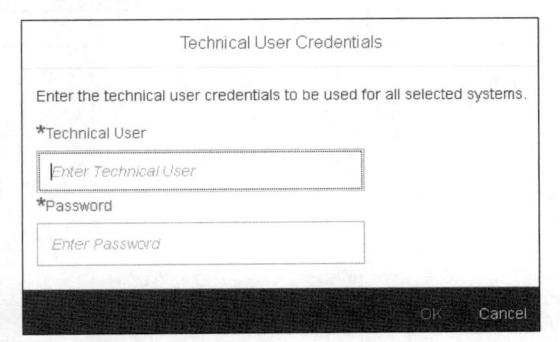

Abbildung 5.36 Ressourcenimport: Eingabe der Daten des technischen Benutzers

Abbildung 5.37 Ressourcenimport: Anmeldedaten für mehrere Ressourcen eingeben

4. In Schritt 5 haben Sie die Möglichkeit, die Ressourcen direkt Ressourcengruppen zuzuordnen.

5. Anschließend sollten Sie alle Informationen über **Review** noch einmal überprüfen und können dann **import resources** wählen.

Ressourcengruppen verwalten

Eine Ressourcengruppe bezeichnet eine Sammlung einer oder mehrerer registrierter Ressourcen. Diese steuern die Verwaltung und Überwachung von Berechtigungen. Wenn Sie einen Cockpit-Benutzer einer Ressourcengruppe zuordnen, kann er über das Cockpit alle Ressourcen dieser Gruppe überwachen und verwalten.

> **Zugriff auf Ressourcen**
>
> Ein Cockpit-Benutzer hat nur Zugriff auf Ressourcen, die sich in einer Ressourcengruppe befinden, für die der Benutzer auch die Berechtigung hat. Es ist also nicht direkt möglich, einem Benutzer nur eine Ressource zuzuordnen. Dazu müsste man eine eigene Gruppe anlegen, die nur diese Ressource enthält, und diese dann dem Benutzer zuordnen.

Ressourcengruppe anlegen Um eine neue Ressourcengruppe anzulegen, öffnen Sie den SAP HANA Cockpit Manager und wählen **Resource Groups**. Sie erhalten zunächst eine Übersicht über alle vorhandenen Gruppen (siehe Abbildung 5.38).

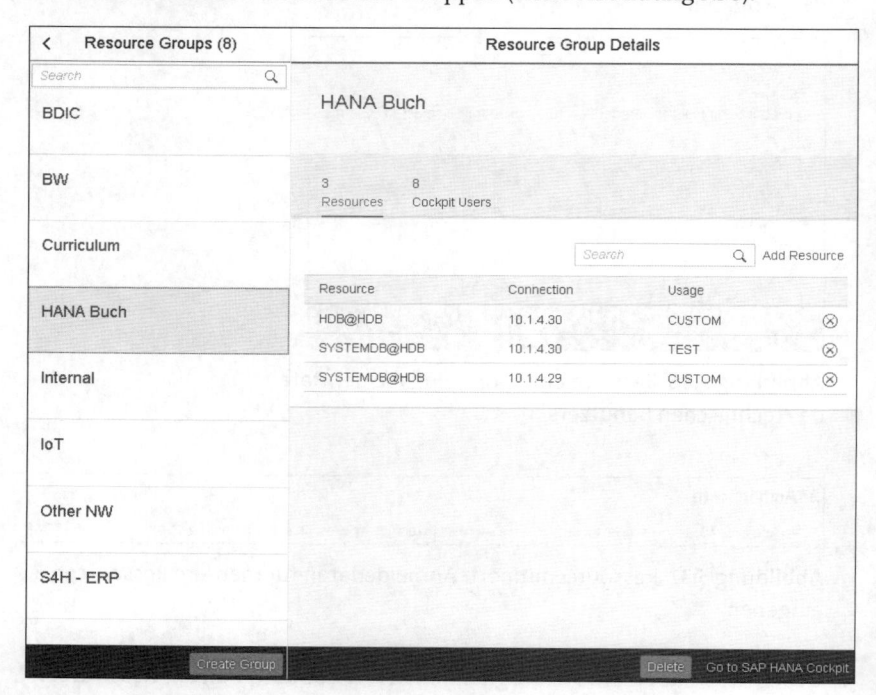

Abbildung 5.38 Übersicht über die vorhandenen Ressourcengruppen

5.2 Konfiguration des SAP HANA Cockpits

1. Klicken Sie unterhalb der Liste auf **Create Group**.
2. Anschließend müssen Sie der neuen Gruppe einen Namen und optional eine Beschreibung geben (siehe Abbildung 5.39).

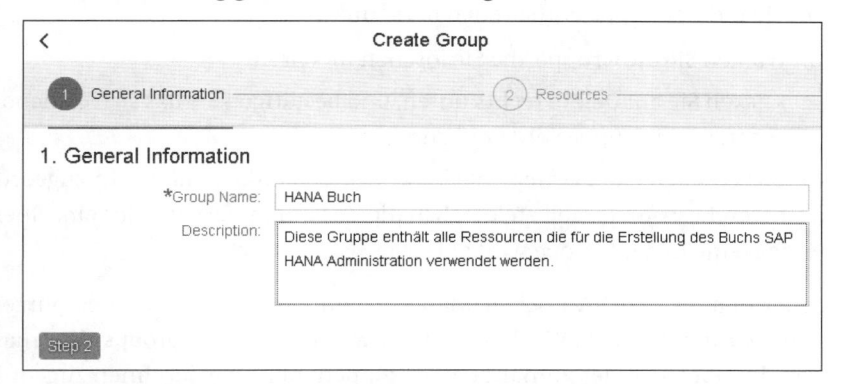

Abbildung 5.39 Ressourcengruppe erstellen – Schritt 1

3. Im nächsten Schritt können Sie die Ressourcen auswählen, die der Gruppe zugeordnet werden sollen. Sie können auch die Suchleiste verwenden: Dafür geben Sie einfach den Systemnamen ein und drücken ⏎ (siehe Abbildung 5.40).

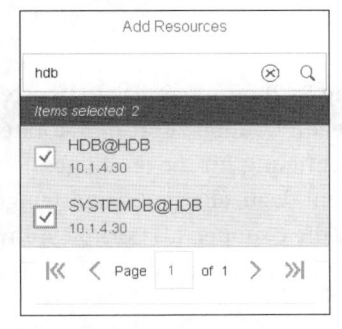

Abbildung 5.40 Ressourcengruppe erstellen – Schritt 2

4. Im letzten Schritt können Sie die Gruppe direkt Cockpit-Benutzern zuordnen (siehe Abbildung 5.41). Ein abschließender Klick auf **Create Group** legt die Gruppe mit den festgelegten Werten an.

Abbildung 5.41 Ressourcengruppe erstellen – Schritt 3

Ressourcengruppe löschen

Um eine Ressourcengruppe zu löschen, öffnen Sie erneut den SAP HANA Cockpit Manager und wählen **Resource Groups**. Sie erhalten zunächst eine Übersicht aller vorhandenen Gruppen. Im rechten Bereich sehen Sie zudem alle in dieser Gruppe enthaltenen Ressourcen.

1. Wählen Sie die Gruppe, die Sie löschen möchten.
2. Klicken Sie auf **Delete** rechts unten, und bestätigen Sie das sich öffnende Fenster. Die Gruppe wird entfernt.

Das Löschen einer Gruppe hat dabei keinen Einfluss auf die ihr zugeordneten Ressourcen selbst, lediglich die Zusammenfassung der einzelnen Systeme in der Gruppe wird entfernt.

Über den SAP HANA Cockpit Manager können Sie auch die Ressourcen einer Gruppe pflegen. Wählen Sie dafür wieder **Resource Groups**. Sie erhalten die Übersicht der vorhandenen Gruppen inklusive der ihnen zugeordneten Ressourcen. Die Suchleiste oberhalb der Auflistung der Ressourcengruppen dient dem Durchsuchen aller im Cockpit eingerichteten Ressourcengruppen.

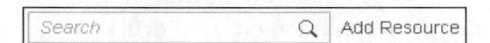

Abbildung 5.42 Ressourcengruppen – Hinzufügen von neuen Ressourcen zur Gruppe und Suchfunktion

Ein Klick auf **Add Resource** (siehe Abbildung 5.42) öffnet ein Dialogfenster, über das Sie weitere Ressourcen zur aktuellen Gruppe zuordnen können (vorausgesetzt, Sie verfügen über die Berechtigung für die jeweiligen Ressourcen). Die Suchleiste an dieser Stelle dient dazu, alle im Cockpit eingebundenen Ressourcen zu suchen. Wenn Sie die Gruppen als Cockpit-Administrator bearbeiten, sollten Sie im Normalfall Zugriff auf alle enthaltenen Ressourcen haben.

Um die Zuordnung von Ressourcen zu einer Gruppe aufzuheben, öffnen Sie die entsprechende Gruppe aus der Übersicht, die Ihnen im SAP HANA Cockpit Manager unter **Resource Groups** angezeigt wird. Klicken Sie auf den Button ⊗ hinter den Ressourcen, die Sie aus der Gruppe löschen möchten (siehe Abbildung 5.43). Bevor der Vorgang abgeschlossen wird, müssen Sie noch den sich öffnenden Dialog bestätigen.

Benutzer einer Gruppe verwalten

Wenn Sie im SAP HANA Cockpit Manager auf **Resource Groups** · **Cockpit Users** gehen (siehe Abbildung 5.44), erhalten Sie zudem eine Übersicht der Benutzer, die den Gruppen zugeordnet sind.

5.2 Konfiguration des SAP HANA Cockpits

Resource	Connection	Usage	
HDB@HDB	10.1.4.30	CUSTOM	⊗
SYSTEMDB@HDB	10.1.4.30	TEST	⊗
SYSTEMDB@HDB	10.1.4.29	CUSTOM	⊗

Abbildung 5.43 Ressource aus Gruppe entfernen

Abbildung 5.44 Wechsel zur Sicht »Cockpit Users«

Der Aufbau der Seite gestaltet sich analog der Übersicht der Ressourcen der Gruppen. Mit der Suchleiste auf der rechten Seite können Sie die Benutzer in der Liste filtern, über **Add User** öffnet sich ein neuer Dialog, über den Sie Cockpit-Benutzer zur aktuell gewählten Gruppe hinzufügen können (siehe Abbildung 5.45).

Abbildung 5.45 Neue Benutzer zu einer Ressourcengruppe hinzufügen

Um einen oder mehrere Benutzer aus einer Gruppe zu entfernen, wählen Sie die gewünschte Gruppe aus der Übersicht, die Sie über **Resource Groups • Cockpit Users** erhalten. Ein Klick auf den Button ⊗ hinter einem Benutzer entfernt ihn aus der Gruppe.

5.2.6 Fehler suchen

Über den SAP HANA Cockpit Manager können Sie auch die Log-Dateien der SAP-HANA-XS-Advanced-Umgebung betrachten. Hier finden Sie eventuell Hinweise, wenn sich das Cockpit nicht wie erwartet verhält.

1. Öffnen Sie den SAP HANA Cockpit Manager, und wählen Sie den Eintrag **XSA logs**.

> **Rolle »Space Auditor«**
>
> Um Zugriff zu erhalten, müssen Sie als Benutzer mit den Rollen *Cockpit Administrator* und *Space Auditor* angemeldet sein. Im Zusammenhang mit der Umstellung auf SAP HANA XS Advanced werden Anwendungen in sogenannte *Spaces* unterteilt. Auf diese Unterteilung soll an dieser Stelle jedoch nicht im Detail eingegangen werden. Die Rolle *Space Auditor* ist eine Rolle der SAP-HANA-XS-Advanced-Umgebung und regelt den Zugriff und die Berechtigungen für die Spaces. Verfügen Sie mit dem angemeldeten Benutzer nicht über diese Rolle, erhalten Sie beim Aufruf der XSA Logs einen Hinweis (siehe Abbildung 5.46).

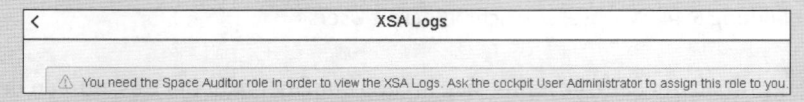

Abbildung 5.46 Zugriff auf XSA Logs ohne die XS-Rolle »Space Auditor«

Die Berechtigung *Space Auditor* erhalten Sie über einen XS-Befehl auf Kommandozeilenebene. Melden Sie sich dazu als Benutzer <sid>adm auf Betriebssystemebene an, und loggen Sie sich in der XS-Oberfläche des Systems ein. Mit den folgenden Befehlen wird dem Benutzer COCKPIT_ADMIN die Rolle *Space Auditor* zugewiesen (siehe Listing 5.1 und Abbildung 5.47):

```
sudo su - <sid>adm
xs login -s SAP
xs set-space-role COCKPIT_ADMIN HANACockpit SAP SpaceAuditor
```

Listing 5.1 Befehl zum Hinzufügen der XS-Rolle »Space Auditor«

```
cockpit:/hana/shared/H03/HDB03/cockpit.hana.ucc.md/trace # su - h03adm
cockpit:HDB:h03adm /usr/sap/H03/HDB03 51> xs login -s SAP

API_URL: https://cockpit.hana.ucc.md:30330
USERNAME: COCKPIT_ADMIN
PASSWORD>
Authenticating...
ORG: HANACockpit
SPACE: SAP
API endpoint:   https://cockpit.hana.ucc.md:30330 (API version: 1)
User:           COCKPIT_ADMIN
Org:            HANACockpit
Space:          SAP
cockpit:HDB:h03adm /usr/sap/H03/HDB03 52> xs set-space-role COCKPIT_ADMIN HANACockpit SAP SpaceAuditor
Adding role 'SpaceAuditor' to user COCKPIT_ADMIN in space "SAP" of org "HANACockpit" ...
OK
cockpit:HDB:h03adm /usr/sap/H03/HDB03 53>
```

Abbildung 5.47 Hinzufügen der XS-Rolle »Space Auditor«

Im Beispiel wird der Benutzer COCKPIT_ADMIN verwendet, da dieser vom Setup standardmäßig angelegt wird und in den meisten Fällen den Benut-

> zer mit den meisten Berechtigungen darstellt. Falls Sie eigene Benutzer mit solchen Rechten eingeführt haben, sollten Sie die Rolle natürlich auch diesen Benutzern zuweisen.

2. Wenn Sie die App **XSA Logs** erfolgreich öffnen können (siehe Abbildung 5.48), folgen die Einstellungen für die Analyse der Log-Dateien.
3. In der Kopfleiste müssen Sie festlegen, für welche Applikation Sie die Log-Dateien sehen möchten und wie viele Zeilen angezeigt werden sollen. Die Pflichtfelder sind mit einem roten Stern markiert, alle anderen Einstellungen sind optional. Darüber können Sie die Ergebnisse weiter filtern – mittels **Type** können Sie sich z. B. nur Fehlermeldungen anzeigen lassen.

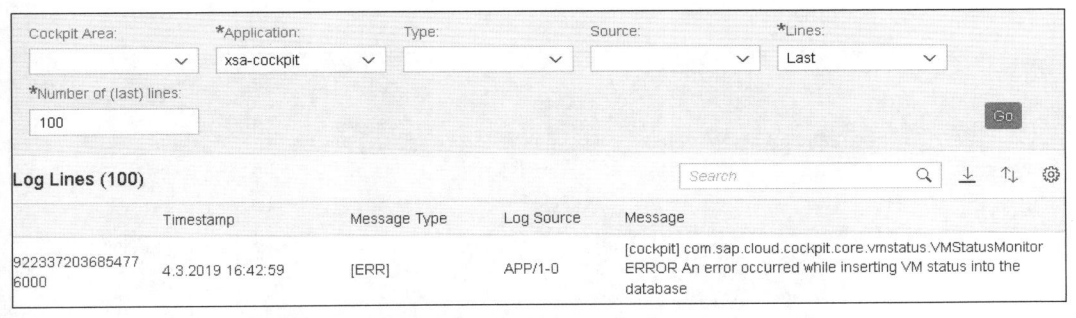

Abbildung 5.48 Beispiel für Log-Einträge der App »xsa-cockpit«

Die oben beschriebene Variante der Log-Analyse nutzt die grafische Unterstützung des SAP HANA Cockpits. Sie können Probleme jedoch auch auf Kommandozeilenebene untersuchen. Dazu benötigen Sie den Benutzer <sid>adm und Zugriff auf die Cockpit-Maschine auf Betriebssystemebene. Weitere Informationen dazu finden Sie im offiziellen Guide unter *http://s-prs.de/v685021*.

Fehlersuche auf Kommandozeilenebene

5.3 Verwendung des SAP HANA Cockpits

Wenn Sie sich am Cockpit anmelden, sehen Sie zunächst Informationen über alle Ressourcen, auf die Sie Zugriff erhalten haben. Wenn Sie beim Öffnen des Cockpits keine Ressourcen sehen, sind entweder keine Ressourcen im Cockpit registriert oder Ihr Cockpit-Ressourcenadministrator hat Ihnen keine Ressourcen zugewiesen. Dank dieser Gesamtansicht Ihrer registrierten Ressourcen können Sie schnell feststellen, wie es um Ihre Landschaft

Navigation im Cockpit

5 SAP HANA Cockpit 2.0

steht. Sie können Gruppen von Ressourcen betrachten und öffnen oder zu einzelnen Ressourcen wechseln, um Details zu erfahren.

Navigationsleiste Ganz oben auf der Seite befindet sich eine Navigationsleiste (siehe Abbildung 5.49). Ein Klick auf die Bezeichnung führt Sie zur jeweiligen Ansicht mit ihren Kacheln und Apps. Je nachdem, welche Darstellungsart der Homepage Sie gewählt haben, ist die Navigationsleiste unterschiedlich wichtig für Sie. Sollten Sie **Show one group at a time** eingestellt haben, benötigen Sie die Navigationsleiste, um zu den anderen Kategorien zu gelangen. Beim ersten Aufruf des Cockpits ist diese Option nicht aktiviert. Sollten Sie diese Einstellung nicht gewählt haben, können Sie die Navigationsleiste nutzen, um ohne Scrollen in eine andere Kategorie zu wechseln. Die Reihenfolge der Kategorien kann ebenfalls angepasst werden, darauf gehen wir in Abschnitt 5.3.1, »Personalisierung des SAP HANA Cockpits«, näher ein.

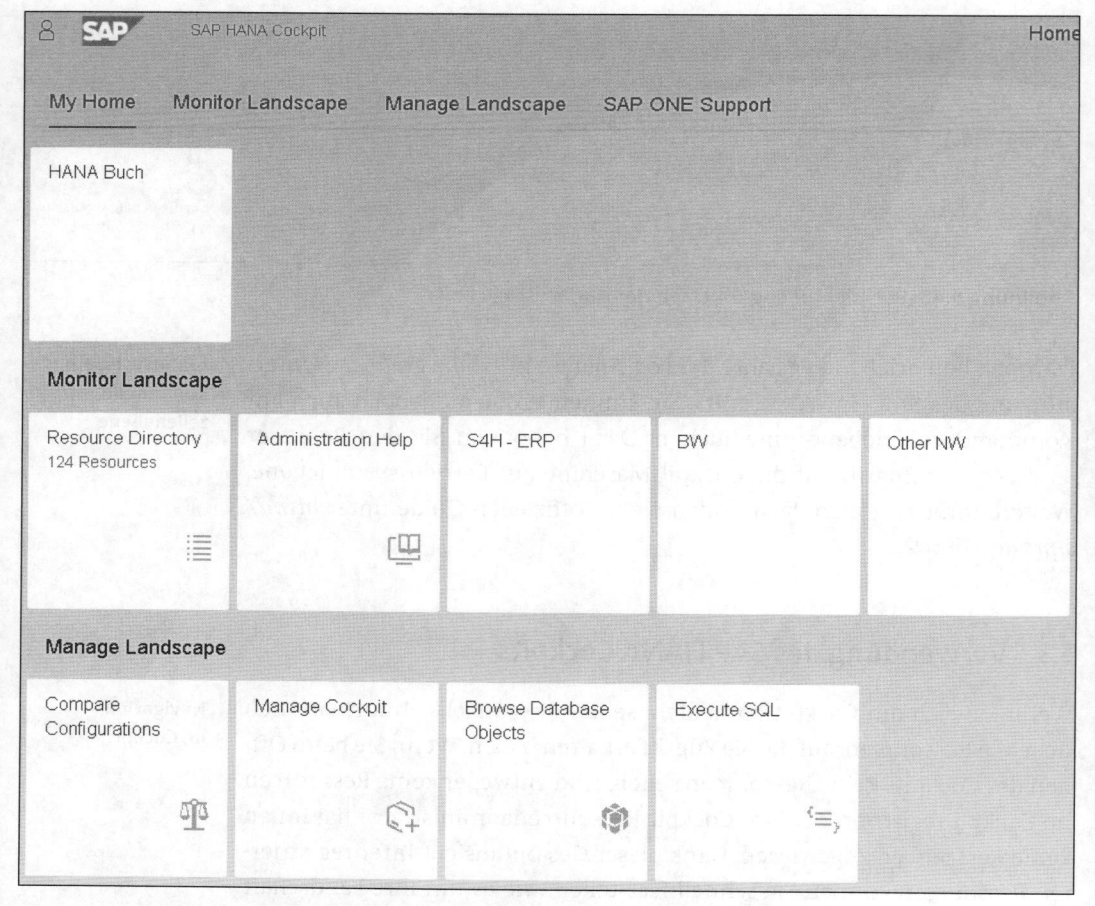

Abbildung 5.49 Cockpit-Startseite – Landschaftsebene

5.3 Verwendung des SAP HANA Cockpits

Beispielabbildung

Beachten Sie, dass es sich bei der Abbildung um ein Beispiel handelt und der verwendete Benutzer Zugriff auf mehrere Ressourcen und Gruppen besitzt. Die Abbildung entspricht also nicht dem initialen Bildschirm, den ein Cockpit-Benutzer bei der ersten Anmeldung an einer neuen Cockpit-Installation zu sehen bekommt.

Die verschiedenen Kategorien der Startseite stellen wir Ihnen im Folgenden vor.

Startseite – Kategorien

- **»My Home«**
  Unter **My Home** befinden sich Ressourcen, die Sie diesem Bereich zugewiesen haben, um direkten Zugriff auf sie zu haben. (Wie Sie Ressourcen hinzufügen, erfahren Sie in Abschnitt 5.2.5, »Ressourcen und Ressourcengruppen verwalten«).

Bereich »My Home«

Der Bereich **My Home** wird nur angezeigt, wenn ein Benutzer dort Ressourcen gespeichert oder eine Gruppe abgelegt hat. Falls dies nicht der Fall ist, wird der Bereich einfach ausgeblendet und auch nicht in der Navigationsleiste oberhalb aller Kacheln angezeigt.

- **»Monitor Landscape«**
  Hier finden sich standardmäßig alle Gruppen, auf die Sie Zugriff haben, sowie Apps zum Überwachen Ihrer Landschaft.
  - Die wichtigste Anwendung dieser Kategorie ist das **Resource Directory**. Über dieses können Sie sich jede Ressource, ihre Verbindung, Version und die Ressourcengruppen, zu denen sie gehört, anzeigen lassen.
  - Auch die offizielle Cockpit-Dokumentation finden Sie in dieser Kategorie. Sie hilft Ihnen bei Fragen zur Bedienung des Cockpits, z. B. bei administrativen Aufgaben (**Administration Help**), weiter. Der Leitfaden steht Ihnen offline zur Verfügung.
  - In unserem beispielhaften Screenshot sind zudem die Gruppen **S4H-ERP**, **BW** und **Other NW** zu sehen. Wenn Sie eine der Gruppen anwählen, werden Ihnen die Anzahl der Ressourcen der Gruppe und die Anzahl der Ressourcen, die zum Zeitpunkt der letzten Aktualisierung nicht ausgeführt wurden, angezeigt. Die Anzeige dieser Informationen funktioniert derzeit noch nicht für selbst angelegte Gruppen –

sondern nur für die drei automatisch erstellten Gruppen (siehe Abschnitt 5.2.2, »Cockpit-Einstellungen ändern«). Aktuell werden daher nur die Namen der Gruppen angezeigt.

- **»Manage Landscape«**
  Unter dieser Kategorie finden Sie Anwendungen, mit denen Sie Ihre Landschaft verwalten können. So können Sie z. B. direkt zum SAP HANA Cockpit Manager springen (**Manage Cockpit**). Auch die anderen Links führen Sie über den SAP HANA Cockpit Manager, vorher wird jedoch geprüft, ob Ihr Benutzer zur Durchführung der gewünschten Änderungen berechtigt ist. Sie können auch den SAP HANA Database Explorer (**Browse Database Objects**) aufrufen oder Konfigurationen von Ressourcen vergleichen (**Compare Configurations**) und SQL-Befehle ausführen (**Execute SQL**). Alle Apps werden im weiteren Verlauf noch näher betrachtet.

- **»SAP ONE Support«**
  Hier befindet sich der Absprungpunkt zu *SAP EarlyWatch Alert*. Als Hinweis wird an dieser Stelle noch angezeigt, dass ein S-User benötigt wird, um diesen aufzurufen. Weitere Informationen dazu finden Sie auf folgender Webseite: *https://support.sap.com/en/offerings-programs/support-services/earlywatch-alert.html*.

5.3.1 Personalisierung des SAP HANA Cockpits

Startseite personalisieren

Sie können die standardisierte Homepage des SAP HANA Cockpits und die Übersicht der einzelnen Systeme oder Datenbanken nach Ihren eigenen Wünschen anpassen. Ihre Startseite (siehe Abbildung 5.49) enthält Kacheln, mit denen Sie Apps starten und sich zusätzliche Informationen anzeigen lassen können. Sie können nach Belieben Kacheln hinzufügen, entfernen oder bündeln. Da das Cockpit rollenbasiert ist, werden nur Apps angezeigt, für die Sie die passenden Rollen besitzen und über die Sie dadurch Zugriff auf die entsprechenden Anwendungen haben. Das heißt, ein Benutzer ohne die *Rolle Cockpit Template Administrator* sieht nicht die Kachel **Configuration Templates** in der Kategorie **Manage Landscape**.

Sie können Ihre Homepage auf verschiedene Weise personalisieren:

- Auf der Homepage selbst können Sie die Reihenfolge der Kacheln ändern, Kacheln in andere Gruppen verschieben oder einzelne Ressourcen unmittelbar an Ihre Startseite anheften. Diese Möglichkeiten beleuchten wir in Abschnitt 5.3.1, »Personalisierung des SAP HANA Cockpits«, genauer. Welche Ressourcen Sie sehen und verwalten können, hängt davon ab, welche sich in den Ressourcengruppen befinden, die Ihrem Benutzer zugewiesen wurden.

- Eine umfangreichere Personalisierung können Sie über Ihren Benutzerbereich vornehmen. Dazu klicken Sie in der linken oberen Ecke auf das Icon mit der Person 🔲.

Letztere Möglichkeit stellen wir Ihnen im Folgenden näher vor.

Wenn Sie auf der Startseite des Cockpits auf das Icon mit der Person 🔲 geklickt haben, öffnet sich Ihre sogenannter *Me Area* (siehe Abbildung 5.50). Diese kann nur von Ihnen als angemeldeter Benutzer aufgerufen werden, weshalb auch nur Sie hier eine Personalisierung vornehmen können.

Me Area

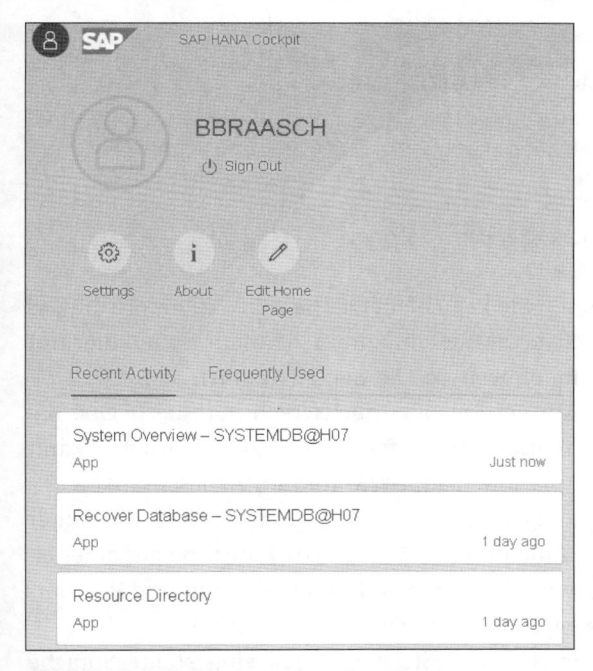

Abbildung 5.50 Me Area eines Benutzers

Zentral sehen Sie Ihren Benutzernamen und die Möglichkeit zur Abmeldung vom Cockpit mittels **Sign Out**. Darunter befinden sich die Einstellungen (**Settings**), Informationen (**About**) und Möglichkeiten zur Personalisierung (**Edit Home Page**). Darunter sehen Sie eine Auflistung Ihrer letzten Aktivitäten (**Recent Activity**). Wenn Ihr Benutzer neu angemeldet wurde und Sie noch keine Apps verwendet haben, werden hier keine Informationen dargestellt. Unter **Frequently Used** finden Sie Ressourcen und Anwendungen, die häufig genutzt werden.

- »Settings«
  Unter **User Account** können Sie die für Ihren aktuellen Benutzer hinterlegten Informationen einsehen – also Ihren Namen, Ihre E-Mail-Adresse

und Ihren Server (siehe Abbildung 5.51). Wenn kein Single Sign-on für das Cockpit aktiviert ist, können Sie sich auch ein neues Passwort zuweisen (**Change Password**).

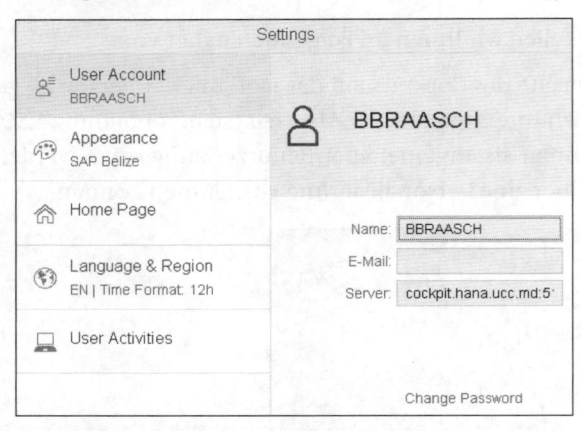

Settings	
User Account – BBRAASCH	**BBRAASCH**
Appearance – SAP Belize	
Home Page	Name: BBRAASCH
Language & Region – EN | Time Format: 12h	E-Mail: Server: cockpit.hana.ucc.md:5
User Activities	
	Change Password

Abbildung 5.51 Persönlicher Bereich: »Settings«

Über **Appearance** können Sie verschiedene Themen aktivieren, die das Aussehen Ihres Cockpits beeinflussen. Voraussichtlich werden hier mit späteren Cockpit-Versionen weitere Themen auswählbar sein. Über die Display-Einstellungen können Sie eine touchscreen-optimierte Oberfläche aktivieren und Animationseffekte festlegen. Je nach Hardware kann es sinnvoll sein, die Animationen auf ein Minimum zu beschränken.

Im Bereich **Home Page** legen Sie fest, ob der gesamte Inhalt auf einer Seite dargestellt (siehe Abbildung 5.49) oder jede Kategorie auf einer eigenen Seite angezeigt wird. Je nach Anzahl Ihrer Kacheln und Ressourcen kann eine seitenweise Darstellung übersichtlicher sein.

Unter **Language & Region** sehen Sie die aktuell eingestellte Sprache sowie das Datums- und Zeitformat.

Der letzte Punkt in den Einstellungen lautet **User Activities**. Dort können Sie bestimmen, ob Ihre letzten Aktivitäten und häufig genutzte Anwendungen verfolgt werden sollen oder nicht. Darüber hinaus können Sie hier die bisher gesammelte Historie löschen. Wenn Sie die Nachverfolgung deaktivieren und die Historie löschen, wird der gesamte Bereich in den Einstellungen ausgeblendet.

- »About«

Hier finden Sie Informationen über die Version des SAP HANA Cockpits, des SAP HANA Database Explorers und über die SAPUI5-Version (siehe Abbildung 5.52). Diese Informationen sind hilfreich, wenn Sie bei Problemen mit dem Cockpit-System ein Ticket erstellen. Fragt der SAP-Support dann diese Informationen ab, finden Sie hier alles auf einen Blick.

5.3 Verwendung des SAP HANA Cockpits

Abbildung 5.52 Persönlicher Bereich: »About«

- **»Edit Home Page«**
  Wenn Sie diesen Button wählen, wechselt die Ansicht zurück auf Ihre Startseite. Hier haben Sie nun jedoch mehr Möglichkeiten zur Personalisierung. Sie können die Reihenfolge der Kategorien ändern, z. B. **Manage Landscape** über **Monitor Landscape** platzieren. Außerdem können Sie Kategorien einfach ausblenden, wenn Sie diese nicht benötigen. Ein Klick auf **Reset** in der entsprechenden Kategorie versetzt sie in den Auslieferungszustand zurück. Dies ist z. B. nützlich, wenn Sie die Reihenfolge der Kacheln innerhalb der gewählten Kategorie versehentlich zu stark geändert haben.

»Resource Directory«

Im **Resource Directory** des SAP HANA Cockpits finden Sie detaillierte Informationen zu Ihren Ressourcen. Den Aufbau der Anwendung sehen Sie in Abbildung 5.53. Ebenso wie andere Anwendungen gliedert sie sich in Teilbereiche, die wir im Folgenden erläutern.

Informationen zu Ressourcen

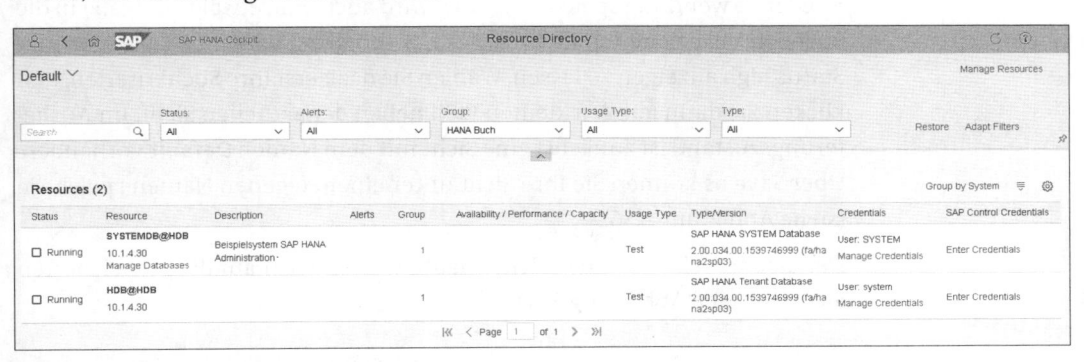

Abbildung 5.53 »Resource Directory«

Kopfleiste Ganz oben auf der Seite sehen Sie, in welcher Anwendung Sie sich gerade befinden (hier **Resource Directory**). Über den kreisförmigen Pfeil in der rechten Ecke können Sie die angezeigten Informationen aktualisieren und das Intervall festlegen, in dem die Seite automatisch aktualisiert werden soll (siehe Abbildung 5.54).

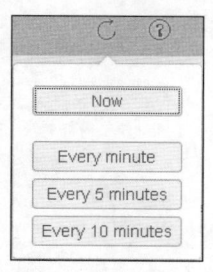

Abbildung 5.54 Aktualisierung anstoßen und Intervall festlegen

Das Fragezeichen-Icon daneben führt Sie zu einem Hilfebereich. Je nach Anwendung werden hier die entsprechenden Kapitel des mitgelieferten Guides verlinkt (siehe Abbildung 5.55).

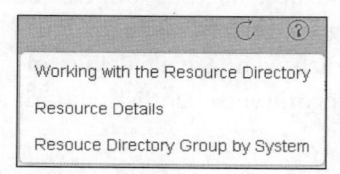

Abbildung 5.55 »Resource Directory« – Hilfebereich

Sichten Unter der Kopfleiste und über der Suchleiste befinden sich verschiedene Sichten, offiziell *Views* genannt (in Abbildung 5.53 **Default**). Wenn Sie Einstellungen in der Filterleiste vorgenommen haben, können Sie diese zur Wiederverwendung speichern. Dabei wird auch eine etwaige Eingabe in die Suchliste gespeichert. Dadurch ist es z. B. möglich, sich schnell alle Alerts im Status **high** anzeigen zu lassen. Wählen Sie dazu erst Ihre Suchkriterien, und klicken Sie dann auf den kleinen Pfeil neben der aktuellen Sicht. Im Auslieferungszustand ist zunächst eine Sicht mit dem Namen **Default** vorhanden. Über **Save as** können Sie Ihre Sicht unter einem eigenen Namen speichern (siehe Abbildung 5.56).

Der kleine Pfeil neben der Sicht erlaubt dann Zugriff auf die gespeicherten Sichten (siehe Abbildung 5.57).

5.3 Verwendung des SAP HANA Cockpits

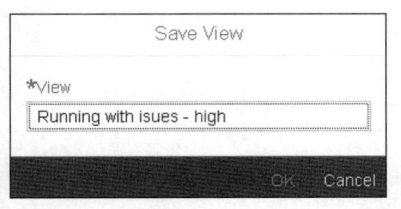

Abbildung 5.56 Speichern einer Sicht (View)

Abbildung 5.57 Auswählen einer Sicht

Über **Manage Views** können Sie die angelegten Sichten neu benennen oder löschen (siehe Abbildung 5.58).

Abbildung 5.58 Verwalten von Sichten

Unter der Kopfleiste und der aktuellen Sicht befindet sich eine Such- und Filterleiste. Darüber können Sie schnell die angezeigten Ressourcen beeinflussen, indem Sie z. B. nach **Status**, **Group** oder **Usage Type** (Nutzungsart des Systems) filtern (siehe Abbildung 5.53). In das Feld **Search** können Sie auch direkt den Systemnamen eingeben, wenn Sie genau wissen, welche Ressource Sie betrachten wollen.

Such- und Filterleiste

Am Ende der Suchleiste befinden sich noch die Buttons **Restore** und **Adapt Filters**. **Restore** setzt alle Dropdown-Listen auf die Einstellung **All** zurück, auf diese Weise werden alle Ressourcen im **Resource Directory** angezeigt, auf die Sie mit Ihrem Benutzer Zugriff haben. Über **Adapt Filters** können Sie einstellen, welche Filtermöglichkeiten Ihnen angezeigt werden (siehe Abbildung 5.59).

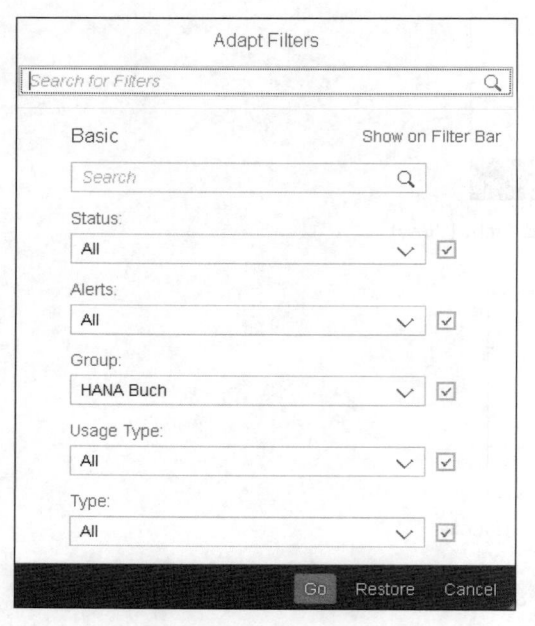

Abbildung 5.59 Einstellungen der Suchleiste im »Resource Directory«

Wenn Sie das Häkchen im Kasten (**Show on Filter Bar**) einer Filteroption entfernen, wird das entsprechende Dropdown-Menü in der Such- und Filterleiste ausgeblendet.

Die kleine Stecknadel unterhalb der Buttons **Restore** und **Adapt Filters** dient dazu, die Such- und Filterleiste auch beim Scrollen oben angepinnt zu halten. Dies ist nützlich, wenn Sie in den angezeigten Ressourcen nach unten scrollen und dennoch weiterhin Zugriff auf Filter und Suche haben möchten.

»Resources« – Übersicht

Je nach Suchbegriff oder eingestellten Filtern erhalten Sie in der Tabelle **Resources** (siehe Abbildung 5.53) schließlich einen Überblick über alle Ressourcen, die Ihren Kriterien entsprechen. Die Zahl in Klammern gibt die Anzahl der angezeigten Ressourcen an.

In der Standardeinstellung wird jede registrierte Ressource in einer eigenen Zeile aufgelistet. Wenn Sie **Group by System** anklicken, werden die Tenant-Datenbanken unter den dazugehörigen Systemdatenbanken dargestellt. Das benachbarte Icon öffnet die Sortierfunktion. Es erscheint ein eigenes Menüfenster, in dem Sie Sortierkriterien und -reihenfolge festlegen können (siehe Abbildung 5.60).

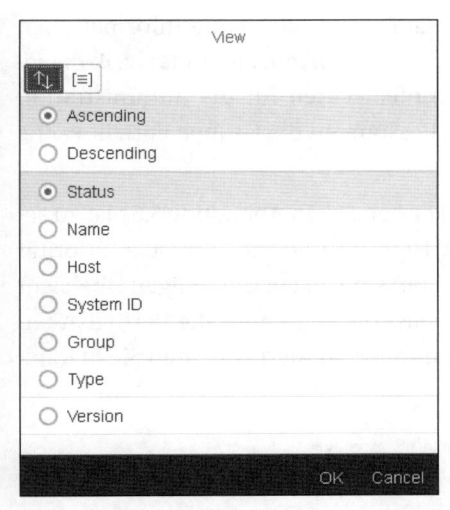

Abbildung 5.60 Sortieroptionen des »Resource Directorys«

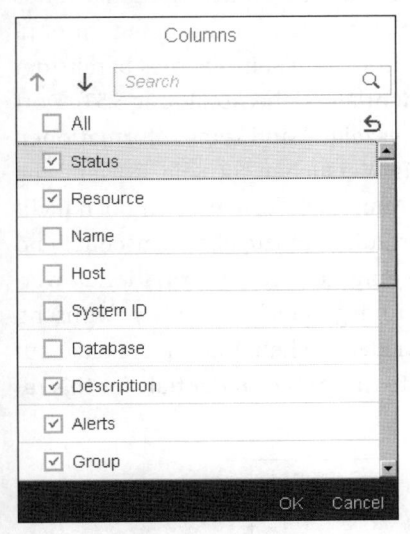

Das Zahnradicon ⚙ öffnet die Optionen zur Personalisierung der Tabelle (siehe Abbildung 5.61).

Abbildung 5.61 Personalisierung der angezeigten Spalten

Hier können Sie wählen, welche Spalten in der Tabelle angezeigt werden sollen. Das Icon des geschlungenen Pfeils rechts oben setzt alle Einstellungen zurück.

»Resources« – Details	Das **Resource Directory** bietet somit auf einen Blick erste Informationen über den Zustand Ihrer Systeme und Datenbanken. Sie finden z. B. die jeweilige Version, erfahren, ob alle Anmeldedaten für die Administration hinterlegt sind, oder auch, wie viele Ressourcen die Gruppe enthält (siehe Abbildung 5.53).
Beispiel: Alerts	Auch ob **Alerts** ausgelöst wurden, erkennen Sie. In Abbildung 5.62 ist zu sehen, dass je ein Alert der Priorität **High** und ein Alert der Priorität **Medium** in der Ressource aufgetreten sind. In der dreiteiligen Übersicht zum Systemzustand sehen Sie auch, dass der **High**-Alert die Verfügbarkeit (**Availability**) betrifft. Weitere Informationen zu Alerts erhalten Sie in Kapitel 15, »Monitoring«.

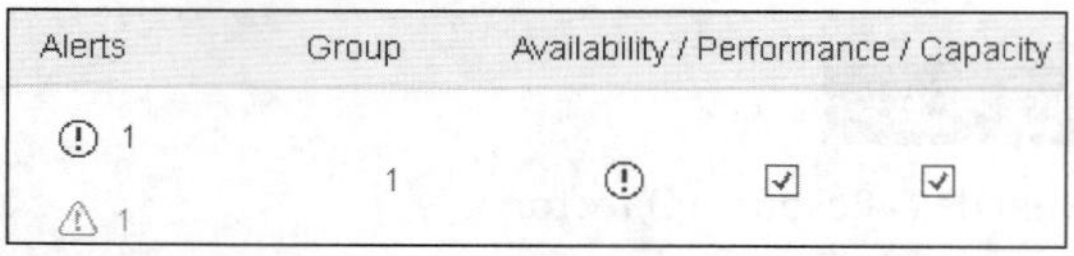

Alerts	Group	Availability / Performance / Capacity		
⚠ 1 ⚠ 1	1	⚠	✓	✓

Abbildung 5.62 »Resource Directory« – Alert-Übersicht

Weiterleitung zu Anwendungen	Über einen Klick auf die Icons in der Spalte **Alerts** oder des Systemzustands werden Sie in die Alert-Anwendung weitergeleitet. Dazu müssen Ihre Anmeldeinformationen für die Ressource hinterlegt sein. Ob dies bereits der Fall ist, erkennen Sie an der Spalte **Credentials** (siehe Abbildung 5.53). Dort wird der jeweils hinterlegte Benutzer angezeigt – sind keine Informationen hinterlegt, steht hier **Enter Credentials**. Versuchen Sie, die Anwendung einer Ressource zu öffnen, für die Ihre Anmeldeinformationen noch nicht hinterlegt sind, werden Sie aufgefordert, diese einzugeben. Anschließend wird die Anwendung geöffnet, und die eingegebenen Informationen werden im Cockpit-System verschlüsselt und gespeichert. Falls gewünscht, können Sie Ihre Anmeldedaten auch wieder löschen. Klicken Sie dazu auf **Manage Credentials** und dann auf **Delete the stored credentials for this resource** (siehe Abbildung 5.63).

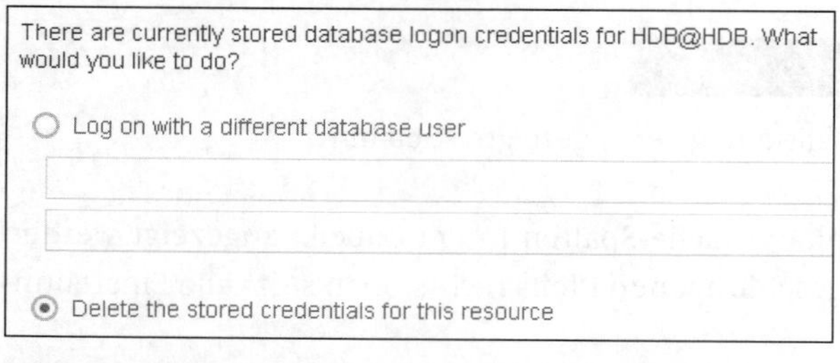

There are currently stored database logon credentials for HDB@HDB. What would you like to do?

○ Log on with a different database user

◉ Delete the stored credentials for this resource

Abbildung 5.63 Anmeldeinformationen löschen

Die Spalte **SAP Control Credentials** zeigt ebenfalls an, ob für eine Ressource Anmeldeinformationen Ihres Benutzers hinterlegt sind. Der hinterlegte Benutzer muss berechtigt sein, SAP-Control-Prozesse zu nutzen. Das gilt im Normalfall für den Benutzer `<sid>adm`, der Systeme oder einzelne Tenant-Datenbanken starten und stoppen darf.

»System Overview«

Wenn Sie sich detaillierte Informationen zu einer bestimmten Ressource anschauen möchten, etwa zu einer Tenant-Datenbank, klicken Sie auf den Namen der Ressource im **Resource Directory**. Sie werden daraufhin direkt zur App **System Overview** geleitet (siehe Abbildung 5.64). Hier sehen Sie auf einen Blick den Zustand der gewählten Datenbank, es gibt verschiedene Grafiken, die Festplattennutzung, CPU-Auslastung, Alerts, Speicherauslastung und weitere Kennzahlen zur Performance veranschaulichen. Einige der administrativen Aufgaben, die Sie mithilfe der App **System Overview** erledigen können, sind:

- Überwachen des allgemeinen Datenbankzustands
- Überwachung des Status und der Ressourcennutzung einzelner Datenbankdienste
- Analysieren der Datenbankleistung durch eine Reihe von Key Performance Indicators in Bezug auf Speicher-, Festplatten- und CPU-Auslastung
- Analyse von Speicherstatistiken der Komponenten von Datenbankdiensten
- Überwachen der in der Datenbank auftretenden Warnmeldungen
- Konfigurieren des Benachrichtigungsmechanismus, z. B. Ändern von Schwellenwerten (Thresholds), Ein- und Ausschalten von Alerts und Überprüfen auf nicht geplante Alerts

Die Anwendung enthält somit wichtige Indikatoren zum Zustand einer Ressource. Sie haben Zugriff auf Werkzeuge, mit denen Sie Datenbankverwaltungsaufgaben wie Performance-Analysen und das Ausführen von SQL-Anweisungen erledigen können.

Die dort dargestellten Kacheln sind mit verschiedenen Anwendungen verknüpft. Möchten Sie z. B. die CPU-Auslastung näher untersuchen, klicken Sie auf die Grafik der CPU-Auslastung oder den Titel dieser Kachel (**CPU Usage**).

Abbildung 5.64 »System Overview«

Kopfleiste
Der Aufbau der Kopfleiste gestaltet sich ebenso, wie im vorangegangenen Abschnitt für das **Resource Directory** beschrieben. Die Kopfleiste ist ein zentraler Bestandteil des Cockpit-Aufbaus. Im **System Overview** werden in der linken oberen Ecke der Kopfleiste jedoch auch die aktuelle Ressource und der von Ihnen verwendete Benutzer angezeigt (siehe Abbildung 5.65).

Abbildung 5.65 »System Overview« – aktuelle Ressource

Filterleiste
Unter der Kopfleiste befindet sich die Filterleiste. Hier ist zuerst die aktuelle Ressource zu erkennen (in Abbildung 5.65 **SYSTEMDB@HDB**). Dahinter befindet sich der Button **Switch Database**. Über diesen öffnen Sie ein Menü zum Durchsuchen anderer Ressourcen. Geben Sie einfach den Namen der gewünschten Ressource ein, und drücken Sie ⏎. Daraufhin wird ein Suchvorgang gestartet, und die Ergebnisse werden wie in Abbildung 5.66 angezeigt. Wählen Sie eine Ressource aus, und bestätigen Sie mit **OK**. Daraufhin öffnet sich die Anwendung **System Overview** für die gewählte Ressource, ohne dass Sie erneut über das **Resource Directory** gehen müssen.

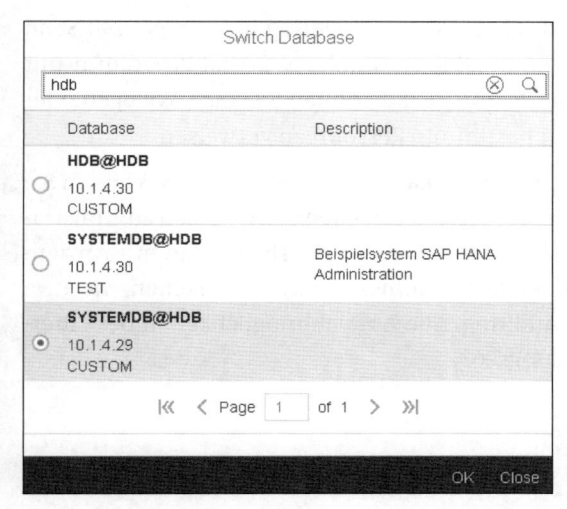

Abbildung 5.66 »System Overview« – »Switch Database«

Rechts oben im **System Overview** finden Sie zudem den Button **Open SQL Console** und, falls es sich um eine Systemdatenbank handelt, auch die Anwendung **Manage Databases**. Über **Open SQL Console** wird eine SQL-Konsole für die aktuelle Ressource geöffnet. Diese wird automatisch im SAP HANA Database Explorer eingefügt. Über **Manage Databases** können Sie die Anwendung zum Verwalten der Datenbanken öffnen.

»Open SQL Console« und »Manage Databases«

Der Button ⎘ öffnet schließlich ein kleines Auswahlmenü, über das Sie die Ressource an Ihre Startseite heften (**Save as Tile**) oder eine E-Mail versenden (**Send Email**) können. Zum Anheften geben Sie den Namen, unter dem die Ressource angezeigt werden soll, und ihre Kategorie an (siehe Abbildung 5.67).

Abbildung 5.67 »System Overview« – Ressource an Startseite heften

Wenn Sie die Ressource wie oben beschrieben als Kachel gespeichert haben, erscheint diese auf Ihrer Startseite unter der Kategorie **My Home**. Anschließend erscheint die Kachel direkt bei der Anmeldung im Cockpit. Mit **Send Email** öffnet sich Ihr standardmäßig verwendetes E-Mail-Programm mit einem Link zu genau dieser Ressource. So können Sie auch Kollegen oder andere Personen schnell auf bestimmte Ressourcen verweisen.

Dropdown-Menü »Filter by Area«

Mit dem Dropdown-Menü **Filter by Area** (siehe Abbildung 5.68) können Sie die im unteren Bereich angezeigten Kacheln entsprechend den administrativen Aufgaben filtern. Wählen Sie z. B. **Security**, erhalten Sie nur Anwendungen, die in Verbindung mit der Sicherheit der Systeme stehen, wie etwa Benutzerverwaltung oder Auditing. Alle Auswahlmöglichkeiten des Filtermenüs finden Sie in Abbildung 5.68.

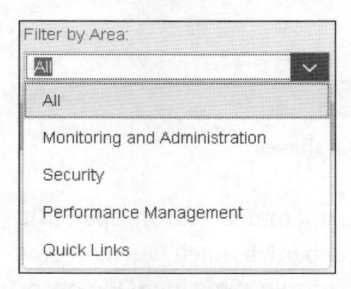

Abbildung 5.68 »System Overview« – Filtermöglichkeiten

Kacheln – Anwendungen

Das SAP HANA Cockpit bietet verschiedene Anwendungen, die Ihnen bei der Verwaltung und Überwachung Ihrer Datenbanken helfen. Diese sind über Kacheln oder Links in der Systemübersicht zugänglich. Welche Kacheln (und auch Funktionen und Aktionen) Ihnen zur Verfügung stehen, hängt von den Berechtigungen Ihres aktuellen Benutzers ab. Es gibt verschiedene Arten von Kacheln. Einige geben Ihnen einen Überblick über den aktuellen Zustand Ihrer Ressourcen. Die Kachel zur Auslastung des Arbeitsspeichers (**Memory Usage**) etwa zeigt Ihnen mit farbigen Balken die aktuelle Belegung an (siehe Abbildung 5.69).

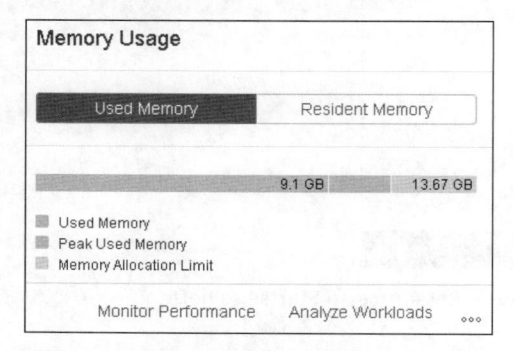

Abbildung 5.69 »System Overview« – Auslastung des Arbeitsspeichers

> **Kacheln der App »System Overview«**
> Eine Übersicht aller Kacheln der App **System Overview** – inklusive kurzer Erklärung – finden Sie im Leitfaden »SAP HANA Administration with SAP HANA Cockpit« in Abschnitt 9.1.1, »Tiles Available on the Overview« oder unter: *http://s-prs.de/v685023*.

Die angezeigten Kacheln hängen auch davon ab, ob es sich bei einer Ressource um eine Systemdatenbank oder eine Tenant-Datenbank handelt. Bei einer Systemdatenbank haben Sie mehr Möglichkeiten, manche Einstellungen können nur dort vorgenommen werden.

Die Reihenfolge der angezeigten Kacheln können Sie nach Belieben ändern. Ziehen Sie dazu einfach die Kacheln mit gedrückter linker Maustaste an die entsprechende Stelle. Ihre so festgelegte Reihenfolge im **System Overview** wird für Ihren Benutzer gespeichert.

Die Kacheln sind meistens zweiteilig aufgebaut. Bei den Namen der Kacheln handelt es sich in der Regel um Links, im unteren Teil der Kacheln finden Sie weitere, die Sie zu anderen, thematisch sinnvollen Anwendungen führen. Klicken Sie z. B. auf **Alerts** wird die entsprechende Anwendung aufgerufen. In der geöffneten Anwendung sind die Filter gleich so eingestellt, dass die offenen Alerts angezeigt werden. Sie müssen also keine weiteren Einstellungen vornehmen, um die gewünschten Informationen zu erhalten. Klicken Sie auf die Grafik unter **CPU Usage**, öffnet sich der **Performance Monitor** und ermöglicht die genaue Analyse der CPU-Auslastung.

5.3.2 Administration mit dem SAP HANA Cockpit

Wir betrachten nun einige in einer SAP-HANA-Datenbank häufig anfallende administrative Aufgaben und erklären Ihnen, wie Sie diese mithilfe des Cockpits erledigen können (siehe Tabelle 5.6).

Aufgabe	Cockpit-Lösung
Überblick über den Zustand der Landschaft bzw. bestimmter Gruppen erhalten	Öffnen Sie das **Resource Directory**, um alle Ihrem Benutzer zugeordneten Ressourcen und Ressourcengruppen anzuzeigen. Sie können auch nach bestimmten Ressourcen und Gruppen filtern.

Tabelle 5.6 Administration mit dem SAP HANA Cockpit

Aufgabe	Cockpit-Lösung
weitere Informationen über eine einzelne Ressource betrachten	Klicken Sie im **Resource Directory** auf den Namen der Ressource. Daraufhin öffnet sich der **System Overview**, der weitere Informationen bereitstellt.
den Zustand der Dienste (Services) einer Ressource in Erfahrung bringen	Klicken Sie im **System Overview** einer Ressource auf die Kachel **Overall Database Status**. Es öffnet sich die Anwendung **Manage Services**. Bei Fehlern können Sie direkt zur passenden Trace-Datei wechseln.
offene Alerts anzeigen	Klicken Sie im **System Overview** einer Ressource auf die Kachel **Alerts**. Dort können Sie mit weiteren Filtern arbeiten und auch frühere Alerts anzeigen lassen.
die Konfiguration für Alerts anzeigen und ändern oder Schwellenwerte (Thresholds) ändern	Wählen Sie im **System Overview** einer Ressource die Kachel **Alerting and Diagnostics** und anschließend den Menüpunkt **Configure Alerts**. Alternativ können Sie auch auf die Kachel **Alerts** der Ressource klicken und dann über die Kopfleiste zur Konfiguration wechseln oder unten rechts **Alert Configuration** wählen.
einen Alert erneut prüfen	Öffnen Sie die Anwendung **Alert Configuration** einer Ressource, und wählen Sie den gewünschten Alert aus. Über **Check now** wird er erneut geprüft. Das hilft Ihnen z. B., Ihr Monitoring direkt zu bereinigen, nachdem Sie ein Problem behoben haben.
Systemparameter und Einstellungen ändern	Wählen Sie die Kachel **Database Administration** und dann den Punkt **Configure System Properties**. Sie können auch nach den verschiedenen Konfigurationsdateien sortieren, um aktuelle Parameter zu betrachten, Parameter zu ändern oder hinzuzufügen.
Systemparameter mit anderen Ressourcen vergleichen	Öffnen Sie die Anwendung **Compare Configurations** aus der Kategorie **Manage Landscape**. Die Erläuterung dieser Anwendung finden Sie in Abschnitt 5.3.3, »Konfiguration von Ressourcen«.

Tabelle 5.6 Administration mit dem SAP HANA Cockpit (Forts.)

Aufgabe	Cockpit-Lösung
Lizenzen des Systems verwalten (betrachten, neue Lizenz einspielen, Lizenz löschen …)	Wählen Sie die Kacheln **Database Administration** und **Manage System Licenses**. Dieser Eintrag steht auf Tenant- und Systemdatenbanken zur Verfügung.
Komponenten installieren oder entfernen/System-Landscape-Directory-Registrierung/Systeminformationen prüfen	Die Werkzeuge zur Verwaltung der SAP-HANA-Komponenten und SAP-HANA-Add-ons stehen Ihnen über die Kachel **Platform Lifecycle Management** im **System Overview** einer Ressource zur Verfügung.
ein System/eine Ressource starten und stoppen	Öffnen Sie eine Ressource, und wählen Sie im **System Overview** die Kachel **Overall Database Status**. Oben rechts finden Sie die Buttons zum Starten und Stoppen des Systems (je nach aktuellem Zustand).
Backup des Systems prüfen und einrichten	Öffnen Sie den **System Overview** der Systemdatenbank, und wählen Sie in der Filterleiste den Eintrag **Manage Databases**. Klicken Sie auf die drei Punkte im rechten oberen Bereich, und wählen Sie **Configure Backup**. Dort sehen Sie alle aktuell gültigen Einstellungen. Über **Edit** können Sie sie bearbeiten.
Backup für eine Tenant-Datenbank starten	Öffnen Sie den **System Overview** der Systemdatenbank, und wählen Sie **Manage Databases**. Markieren Sie den Tenant, und wählen Sie **Back Up Tenant**. Daraufhin erhalten Sie zunächst eine Übersicht über alle bisher gelaufenen Backups und darüber, wie viel Speicherplatz diese beanspruchen. Außerdem können Sie ein neues Backup über **Create Backup** starten.
Backup einplanen (Scheduling)	Öffnen Sie den **System Overview** der Systemdatenbank, und wählen Sie **Manage Databases**. Klicken Sie auf das Icon mit den drei Punkten, und wählen Sie **Manage Schedules**. Sie erhalten eine Übersicht der derzeit aktiven Schedules. Zu jedem eingeplanten Backup können Sie sich über das Pluszeichen weitere Details anzeigen lassen.

Tabelle 5.6 Administration mit dem SAP HANA Cockpit (Forts.)

Aufgabe	Cockpit-Lösung
Tenant-Datenbanken anlegen oder löschen	Öffnen Sie den **System Overview** der Systemdatenbank, und wählen Sie **Manage Databases**. Sie erhalten einen Überblick über alle vorhandenen Datenbanken, die zu diesem System gehören. Um eine neue Datenbank zu erstellen, wählen Sie **Create Tenant**. Wenn Sie eine Datenbank löschen möchten, markieren Sie diese in der Liste, klicken auf die drei Punkte [ooo] und wählen **Delete Tenant**.
Tenant-Datenbanken starten und stoppen	Öffnen Sie den **System Overview** der Systemdatenbank, und wählen Sie **Manage Databases**. Um eine Tenant-Datenbank zu stoppen, klicken Sie auf **Stop Tenant** in der Zeile der jeweiligen Datenbank. Dieser Button ändert sich bei einer gestoppten Datenbank zu **Start Tenant**.
Autostart für Tenant-Datenbanken deaktivieren	Öffnen Sie den **System Overview** der Systemdatenbank, und wählen Sie **Manage Databases**. Markieren Sie den Tenant, und wählen Sie über das Icon mit den drei Punkten [ooo] **Set Restart Mode**.
Fallback Snapshot für Tenant-Datenbanken setzen	Bei den Fallback Snapshots handelt es sich um das Abbild einer Datenbank zu einem bestimmten Zeitpunkt – es ersetzt jedoch kein Backup. Um einen Snapshot zu erstellen, öffnen Sie den **System Overview** der Systemdatenbank und wählen **Manage Databases**. Markieren Sie den Tenant, und gehen Sie über das Icon mit den drei Punkten [ooo] auf **Create Fallback Snapshot**. Es kann immer nur ein Fallback Snapshot existieren.
Benutzerverwaltung (Benutzer anlegen, sperren, aktivieren, Rollen zuweisen, Rollen erstellen)	Im **System Overview** einer Ressource finden Sie auch die Kachel **User & Role Management**. Über die Links können Sie nun verschiedenen Aufgaben nachgehen. Möchten Sie Rollen zuweisen, wählen Sie z. B. **Assign role to users**, möchten Sie Änderungen des Benutzers vornehmen, ihn z. B. sperren oder anlegen, wählen Sie **Manage users**.

Tabelle 5.6 Administration mit dem SAP HANA Cockpit (Forts.)

Aufgabe	Cockpit-Lösung
Zertifikatsverwaltung	Öffnen Sie den **System Overview** der Ressource, die Kachel **Security Related Links manage** und anschließend **certificates**. Dies öffnet die Anwendung **Certificate Store**, in der Sie aktuell eingespielte Zertifikate sehen. Sie können neue Zertifikate einspielen und erhalten Informationen zu den existierenden Zertifikaten.
Fehlerbehebung einer nicht reagierenden Ressource	Öffnen Sie den **System Overview** der Ressource, und wählen Sie in der Kachel **Alerting and Diagnostics** den Link **troubleshoot unresponsive systems**. Um diese Anwendung öffnen zu können, müssen Sie die Anmeldedaten für einen Benutzer hinterlegen, der auf die SAP-Control-Prozesse zugreifen kann (siehe auch Abschnitt 5.3.1, »Personalisierung des SAP HANA Cockpits«).
Ressourcenauslastung prüfen	Je nachdem, welche Ressource Sie überwachen wollen (CPU, RAM, Festplatte), öffnen Sie einen anderen **Performance Monitor**. Klicken Sie dazu auf die Kachel **Disk Usage**, **Memory Usage** oder **CPU Usage**. Sobald der **Performance Monitor** geöffnet ist, können Sie die Ansicht auch in der linken oberen Ecke umstellen. Ausführliche Informationen über den **Performance Monitor** finden Sie in Abschnitt 14.1.1, »Die App »Performance Monitor««.

Tabelle 5.6 Administration mit dem SAP HANA Cockpit (Forts.)

Administration mit dem SAP HANA Cockpit

Wenn Sie Fragen zu weiteren Anwendungen und Themen haben, hilft Ihnen der Leitfaden »SAP HANA Administration with SAP HANA Cockpit« weiter. Er wird zusammen mit dem Cockpit installiert und ist eingebettet. Sie finden ihn auf der Cockpit-Startseite unter dem Punkt **Administration help**.

5.3.3 Konfiguration von Ressourcen

Auf der Cockpit-Startseite finden Sie in der Kategorie **Manage Landscape** auch die Kachel **Compare Configurations** (siehe Abbildung 5.49). Über diese können Sie die Konfigurationsparameter von Ressourcen vergleichen oder eine Konfigurationsvorlage verwenden. Letztere dient dazu, einen Satz von Parametern zu erfassen und auf andere Datenbanken, Systeme oder Hosts anzuwenden.

Parameter vergleichen

Um nun Konfigurationsparameter von Ressourcen zu vergleichen, gehen Sie wie folgt vor:

1. Geben Sie zunächst den Systemtyp an, den Sie betrachten möchten. Die Auswahl kann etwa so aussehen, wie in Abbildung 5.70 dargestellt. **HANA_MDB_SYSTEM** zeigt dabei die verfügbaren Systemdatenbanken, **HANA_MDB_TENANT** die Tenant-Datenbanken und **HANA_SYSTEM** Single-Container-Systeme. Ab SAP HANA 2.0 SPS01 laufen alle Systeme standardmäßig im Multi-Container-Modus.

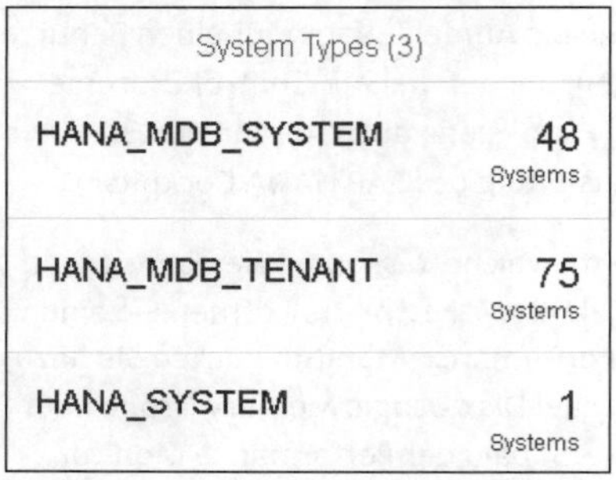

System Types (3)	
HANA_MDB_SYSTEM	48 Systems
HANA_MDB_TENANT	75 Systems
HANA_SYSTEM	1 Systems

Abbildung 5.70 »Compare Configurations« – Systemtypen

Sie können immer nur Ressourcen vom gleichen Typ miteinander vergleichen – also die Konfiguration einer Tenant-Datenbank z. B. nur mit der einer anderen Tenant-Datenbank.

2. Wählen Sie die zuerst den Ressourcentyp, den Sie vergleichen möchten (System- oder Tenant-Datenbank). Wählen Sie dann aus der sich öffnenden Liste die erste Ressource, die Sie vergleichen möchten. Sie können auch die Suchleiste oberhalb der Liste verwenden, um schnell eine Ressource zu finden. Geben Sie dazu einfach den Namen ein, und drücken Sie ⏎. Anschließend klicken Sie am Ende der Liste auf **Compare** (siehe Abbildung 5.71).

3. Im nächsten Fenster wählen Sie die zweite Ressource Ihres Vergleichs aus der Dropdown-Liste aus.

4. Sie erhalten eine Übersicht über die Parameter der beiden Ressourcen im direkten Vergleich. Durch Anwählen von **Show differences only** können Sie sich auch nur die Unterschiede anzeigen lassen (siehe Abbildung 5.72).

5.3 Verwendung des SAP HANA Cockpits

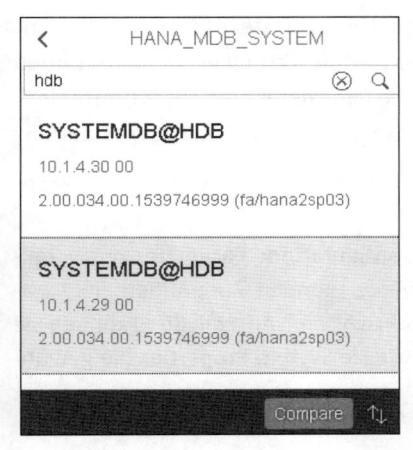

Abbildung 5.71 »Compare Configurations« – Auswahl der ersten Ressource

Abbildung 5.72 »Compare Configurations« – Vergleich der Parameter von zwei Ressourcen

Wenn Sie nur eine Ressource wählen, werden nur die Parameter dieser Ressource angezeigt. In dieser Anwendung können Sie die verschiedenen Parameter des Systems oder der Datenbank betrachten. Mit diesen Parametern können Sie das Systemverhalten steuern und verändern. Weitere Informationen dazu finden Sie in Abschnitt 2.4.2, »Konfiguration«. Die ganze Einrichtung der SAP-HANA-Datenbanken erfolgt mit diesen Werten. Da die Werte auch jeweils andere Funktionen steuern, sind diese in verschiedene Dateien unterteilt. Die einzelnen Dateien gliedern sich dabei in Bereiche (**Section**), den Namen des Parameters (**Parameter**), die betroffene Systemebene (**Layer**) und den eigentlichen Wert (**Value**) (über das Dropdown-Menü oberhalb der Parameter). Oberhalb der Auflistung aller Werte finden Sie ein Dropdown-Menü. Damit können Sie zwischen den verschiedenen

Parameter betrachten

265

Parameterdateien wechseln (im Beispiel ist die Datei **esserver.ini** geöffnet). Über die Suchleiste wird dabei immer nur die aktuell gewählte Parameterdatei durchsucht, es wird nicht über alle Parameter gesucht. Kommt der gesuchte Parameter nicht vor, erhalten Sie bei der Suche kein Ergebnis.

> [»] **Parameter ändern**
>
> Beachten Sie, dass über **Compare Configurations** Parameter nur verglichen und als Snapshot gespeichert werden können. Zum Ändern der Parameter müssen Sie die jeweilige Ressource öffnen. Anschließend können Sie über **Database Administration • Configure System Properties** die gewünschten Änderungen vornehmen.

Snapshots

Snapshots ermöglichen Ihnen eine genaue Aufzeichnung der Konfiguration der gewählten Ressource, wodurch Sie Konfigurationsänderungen verfolgen oder auch eine Vorlage erstellen und diese auf andere Datenbanken verteilen können. Der Snapshot stellt dabei nur ein Abbild der Parameter dar – er ersetzt kein Backup.

Snapshot erstellen

Wählen Sie zum Erstellen eines Snapshots eine Ressource im **Configuration Manager** und anschließend die Registerkarte **Snapshots**. Zunächst werden alle existierenden Snapshots aufgelistet. Über das Pluszeichen können Sie einen neuen Snapshot erstellen. Geben Sie optional eine Beschreibung ein, anschließend erscheint Ihr neuer Snapshot in der Liste der Snapshots (siehe Abbildung 5.73).

SYSTEMDB@HDB

10.1.4.29 00   RUNNING
2.00.034.00.1539746999 (fa/hana2sp03)
Access cockpit details

Parameters   **Snapshots**

Time Stamp	Description
2019/04/29 19:51:13	Snapshot_2019_04_29
2019/04/29 19:51:19	Test

Re-authenticate   Compare Snapshots   +   🗑

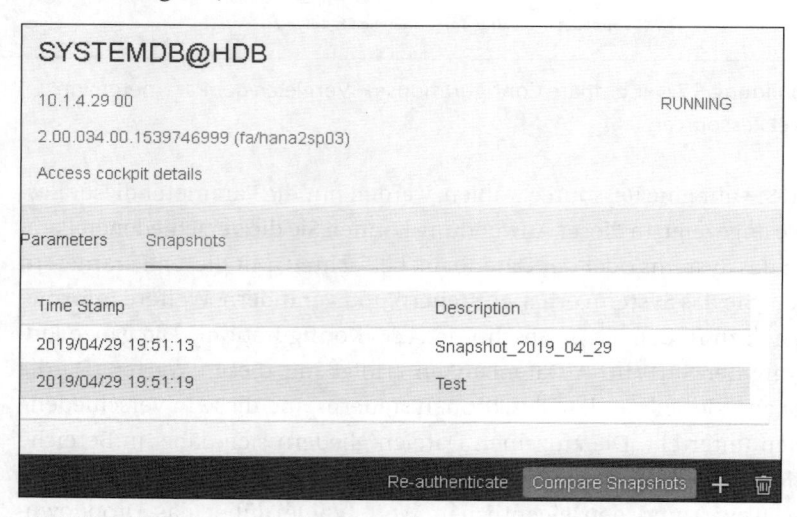

Abbildung 5.73 »Compare Configurations« – Snapshots

5.3 Verwendung des SAP HANA Cockpits

Er beinhaltet das Abbild aller Parameter zum Zeitpunkt seiner Erstellung, daher ist es sinnvoll, ihm einen Namen zu geben, der Datum und Uhrzeit enthält.

Sobald mindestens zwei Snapshots vorliegen, können diese verglichen werden. Markieren Sie dazu einen der beiden Snapshots, und klicken Sie auf **Compare Snapshots**. Im sich öffnenden Fenster können Sie dann die verschiedenen Parameterdateien vergleichen oder nach Parametern suchen. Indem Sie **Show differences only** anwählen, erhalten Sie einen schnelleren Überblick über die Unterschiede zwischen den Werten.

Snapshots vergleichen

Um einen Snapshot wieder zu löschen, markieren Sie ihn und wählen 🗑. Anschließend ist der Snapshot nicht mehr verfügbar.

Snapshots löschen

Über die Kategorie **Manage Landscape** haben Sie auch die Möglichkeit, mit Konfigurationsvorlagen zu arbeiten. Um auf die Anwendung **Configuration Templates** zugreifen zu können (siehe Abbildung 5.74), muss Ihr Benutzer die Rolle *Cockpit Template Administrator* besitzen.

Konfigurationsvorlagen

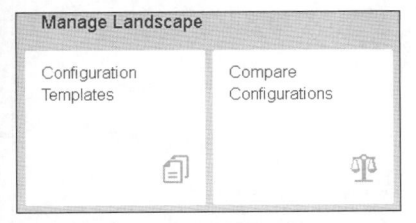

Abbildung 5.74 Zugriff auf die Anwendung »Configuration Templates«

Konfigurationsvorlagen können sich auf unterschiedliche Ebenen beziehen: Datenbank-, Host- oder Systemebene. Wenn Sie eine Vorlage für eine Datenbankebene anwenden, wirkt sie sich nur auf die von Ihnen ausgewählte Datenbank aus. Wenden Sie eine für eine Hostebene an, betrifft sie alle Datenbanken auf diesem Host, eine Vorlage für Systemebenen betrifft schließlich alle zugehörigen Mandantendatenbanken.

Nach dem Aufruf der Anwendung werden alle vorhandenen Vorlagen (Templates) mit ersten Metainformationen aufgelistet, z. B. Ersteller, Erstelldatum und die Ebene, auf die sie bezogen ist (siehe Abbildung 5.75).

Name	Description	Layer	Model Resource	Created	Created By	
Backup File Based		SYSTEM	SYSTEMDB@A95	2019/05/02 15:23:44	COCKPIT_ADMIN	>

Abbildung 5.75 Configuration Templates – Auflistung vorhandener Vorlagen

267

Vorlage erstellen Zum Erstellen einer neuen Vorlage klicken Sie auf **Create Template**.

1. Geben Sie einen Namen und optional eine Beschreibung ein.
2. Im nächsten Schritt wählen Sie die Ebene und Ressource aus.
3. Anschließend markieren Sie alle Parameter, die Sie als Vorlage sichern möchten.
4. Mit einem Klick auf **Review** erhalten Sie eine Übersicht aller festgelegten Einstellungen. Ein Beispiel dazu sehen Sie in Abbildung 5.76.
5. Über **Create Template** erstellen Sie schließlich die entsprechende Vorlage, sodass sie Ihnen in der Liste der Vorlagen zur Verfügung steht.

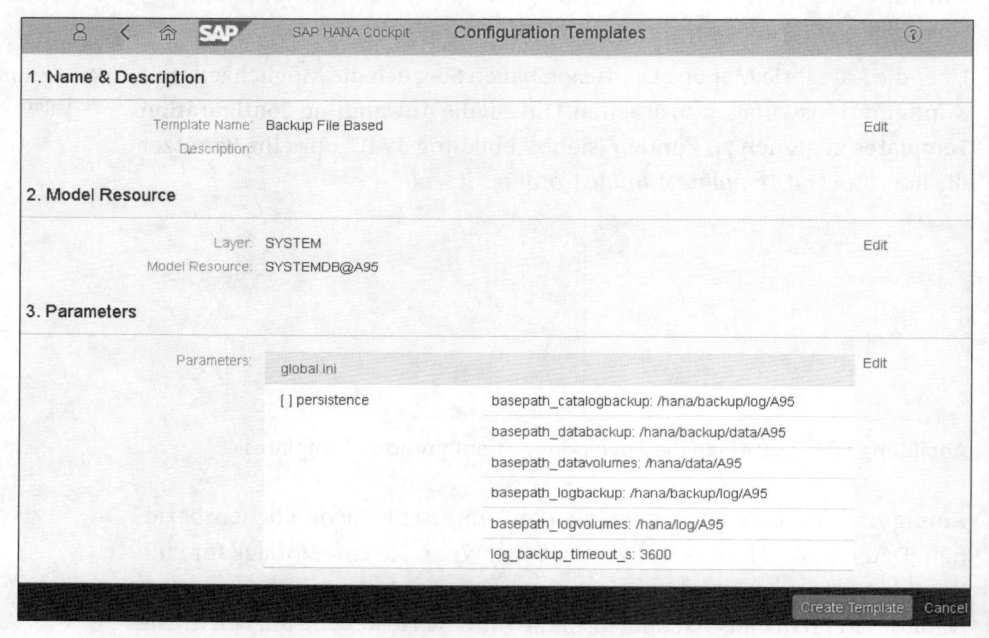

Abbildung 5.76 Vorlage erstellen – Übersicht der Angaben

Vorlage anwenden Um eine erstelle Vorlage zu verwenden, wählen Sie über die Anwendung **Configuration Templates** die gewünschte Vorlage aus der Liste Ihrer Vorlagen aus (siehe Abbildung 5.75).

1. Über **Apply to Databases** können Sie dann eine oder mehrere Ressourcen auswählen, mit **Apply Template** wenden Sie die Vorlage auf die Ressourcen an (siehe Abbildung 5.77).
2. Es erscheint ein Benachrichtigungsfenster, und Sie erfahren, dass die in der Vorlage vorgenommenen Einstellungen erfolgreich auf die in der Vorlage festgelegten Ebenen der gewählten Ressourcen angewandt wurden.

5.3 Verwendung des SAP HANA Cockpits

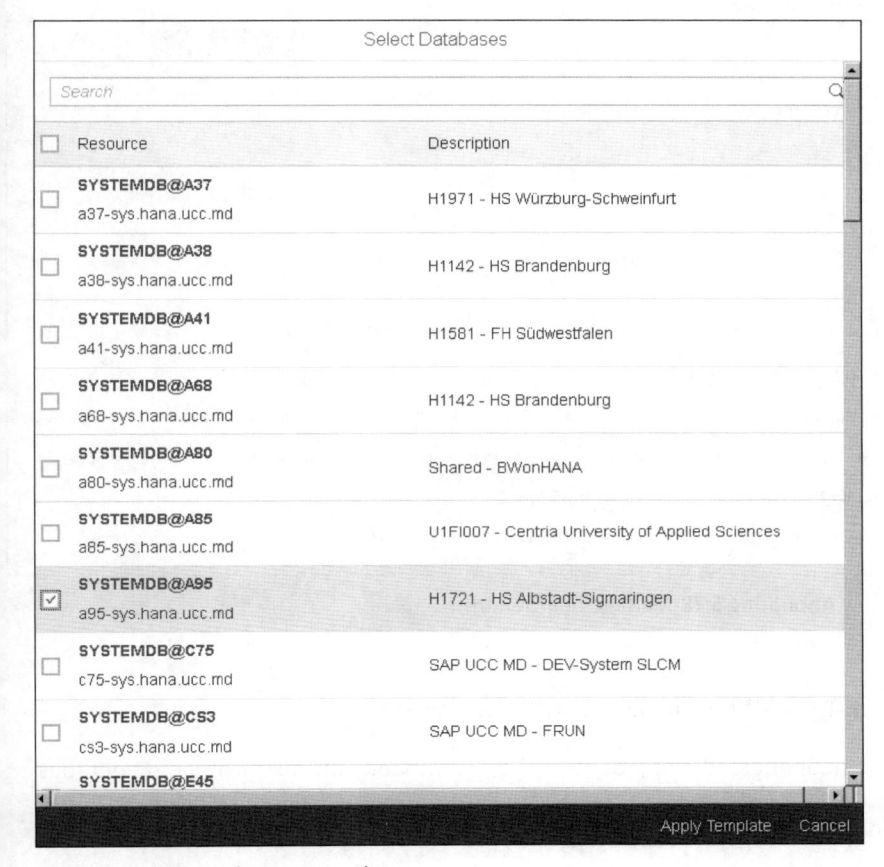

	Select Databases	
Resource	Description	
☐ SYSTEMDB@A37 a37-sys.hana.ucc.md	H1971 - HS Würzburg-Schweinfurt	
☐ SYSTEMDB@A38 a38-sys.hana.ucc.md	H1142 - HS Brandenburg	
☐ SYSTEMDB@A41 a41-sys.hana.ucc.md	H1581 - FH Südwestfalen	
☐ SYSTEMDB@A68 a68-sys.hana.ucc.md	H1142 - HS Brandenburg	
☐ SYSTEMDB@A80 a80-sys.hana.ucc.md	Shared - BWonHANA	
☐ SYSTEMDB@A85 a85-sys.hana.ucc.md	U1FI007 - Centria University of Applied Sciences	
☑ SYSTEMDB@A95 a95-sys.hana.ucc.md	H1721 - HS Albstadt-Sigmaringen	
☐ SYSTEMDB@C75 c75-sys.hana.ucc.md	SAP UCC MD - DEV-System SLCM	
☐ SYSTEMDB@CS3 cs3-sys.hana.ucc.md	SAP UCC MD - FRUN	
SYSTEMDB@E45		Apply Template Cancel

Abbildung 5.77 Vorlage anwenden

Sie können vorhandene Vorlagen auch bearbeiten, das erspart Ihnen die Erstellung einer komplett neuen Vorlage, sobald sich ein Wert ändert oder Sie Parameter ergänzen müssen. Auch dies geschieht über die Anwendung **Configuration Templates**.

Vorlage anpassen und löschen

1. Führen Sie einen Klick auf die Vorlage aus, die Sie bearbeiten möchten (wählen Sie die ganze Reihe an, nicht den vorangestellten Button).
2. Sie gelangen in die Bearbeitungsansicht (siehe Abbildung 5.78).
3. Sie können die Vorlage nun neu benennen (**Rename**) oder löschen (**Delete**). Einzelne Werte bearbeiten Sie, indem Sie auf **Edit Specific Value** klicken, weitere Parameter fügen Sie über **Include More Parameters** hinzu. **Apply to Databases** bietet Ihnen erneut die Möglichkeit, die Vorlage auf Ressourcen anzuwenden.

269

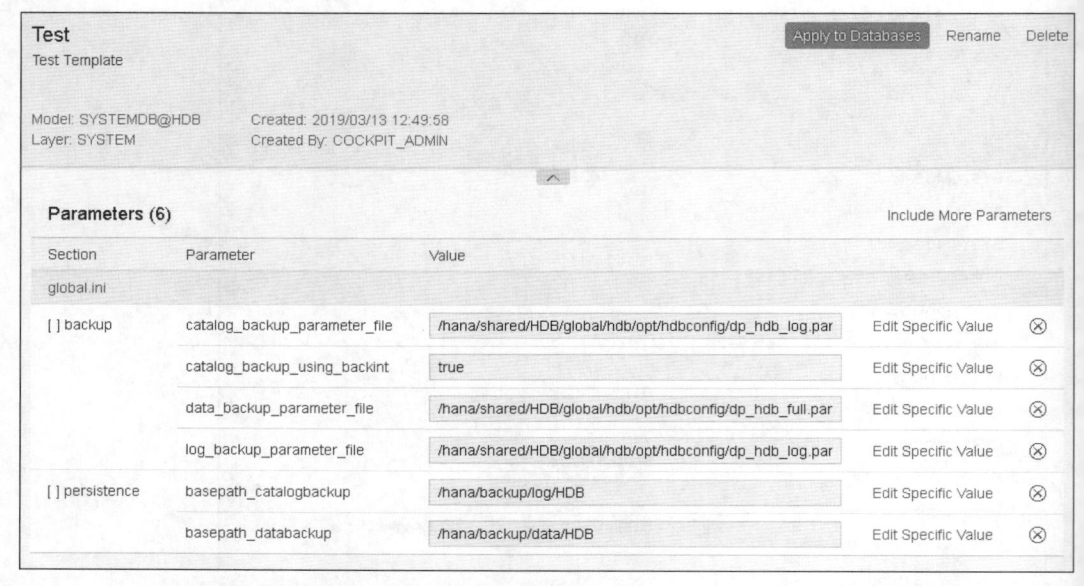

Test				Apply to Databases	Rename	Delete
Test Template						
Model: SYSTEMDB@HDB		Created: 2019/03/13 12:49:58				
Layer: SYSTEM		Created By: COCKPIT_ADMIN				

Parameters (6)					Include More Parameters	
Section	Parameter		Value			
global.ini						
[ ] backup	catalog_backup_parameter_file		/hana/shared/HDB/global/hdb/opt/hdbconfig/dp_hdb_log.par		Edit Specific Value	⊗
	catalog_backup_using_backint		true		Edit Specific Value	⊗
	data_backup_parameter_file		/hana/shared/HDB/global/hdb/opt/hdbconfig/dp_hdb_full.par		Edit Specific Value	⊗
	log_backup_parameter_file		/hana/shared/HDB/global/hdb/opt/hdbconfig/dp_hdb_log.par		Edit Specific Value	⊗
[ ] persistence	basepath_catalogbackup		/hana/backup/log/HDB		Edit Specific Value	⊗
	basepath_databackup		/hana/backup/data/HDB		Edit Specific Value	⊗

Abbildung 5.78 Vorlage bearbeiten

5.4 SAP HANA Database Explorer

Unabhängig davon, ob Sie ein Datenbankadministrator sind, der das Cockpit verwendet, oder ein Anwendungsentwickler, der mit der Web IDE arbeitet, irgendwann werden Sie auf den SAP HANA Database Explorer zugreifen. Er ermöglicht Ihnen, sowohl Verwaltungs- als auch Entwicklungsaufgaben zu erledigen.

Sie erreichen den SAP HANA Database Explorer von Ihrer Cockpit-Startseite aus. Wählen Sie dazu in der Kategorie **Manage Landscape** entweder die Kachel **Browse Database Objects** oder **Execute SQL**. Beides öffnet den SAP HANA Database Explorer, allerdings mit jeweils einer anderen Voreinstellung.

Auch bei diesem Werkzeug beschreiben wir zunächst den Aufbau (siehe Abschnitt 5.4.1), anschließend gehen wir in Abschnitt 5.4.2 darauf ein, wie Sie den SAP HANA Database Explorer für Ihre Arbeit einsetzen können.

5.4.1 Aufbau des SAP HANA Database Explorers

Kopfleiste · In der Kopfleiste befinden sich im SAP HANA Database Explorer rechts nur zwei Buttons (siehe Abbildung 5.79). Wenn Sie auf die Versionsnummer klicken, öffnet sich ein Pop-up-Fenster mit Informationen über die Version des verwendeten SAP HANA Database Explorers. Über **Help** öffnet sich der Leitfaden »SAP HANA Database Explorer«. Dort finden Sie Informationen zur Bedienung und den Aufgaben, die Sie mit dem Explorer erledigen können.

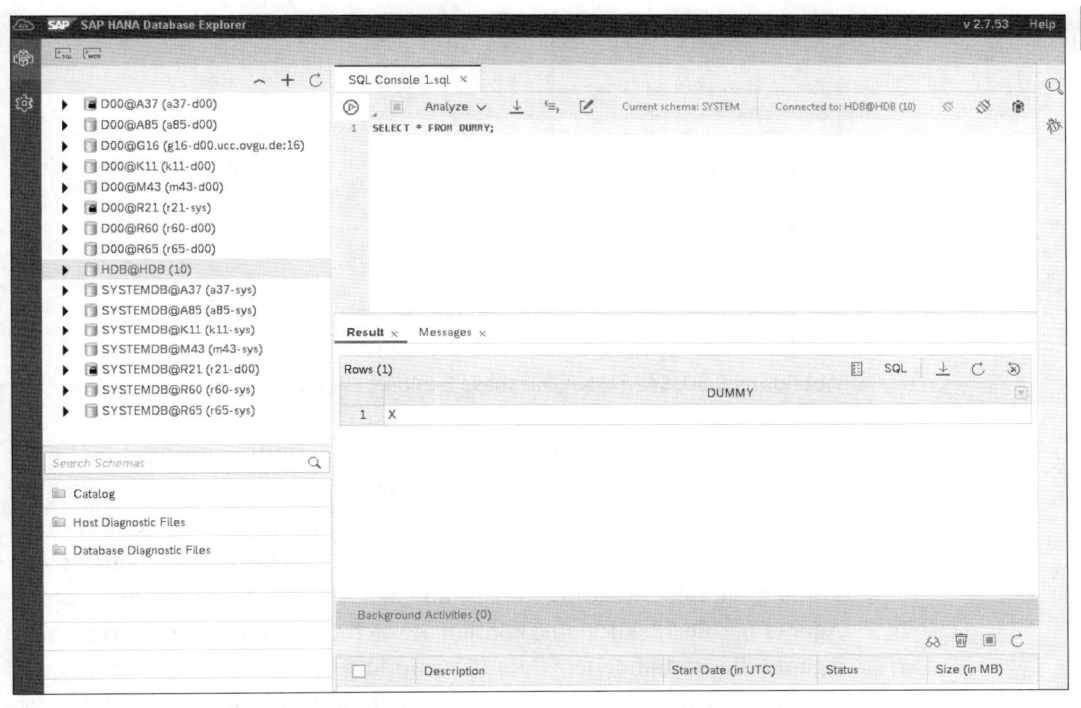

Abbildung 5.79 SAP HANA Database Explorer – Aufbau

Über das Zahnrad-Icon in der linken Funktionsleiste können Sie zu den Einstellungen des SAP HANA Database Explorers wechseln. Prüfen Sie die zur Verfügung stehenden Einstellungen. Sie können Tastaturkürzel festlegen oder die Formatierung der Konsolen anpassen. Für die meisten Anwendungsszenarien sollten jedoch auch die Standardeinstellungen ausreichen.

Linke Funktionsleiste

Rechts neben der Seitenleiste erhalten Sie im SAP HANA Database Explorer eine Übersicht aller momentan eingerichteten Datenbanken. Klicken Sie die gewünschte Ressource in der Liste an, um mit ihr zu interagieren. Wenn Sie für die Ressource eine Konsole öffnen möchten, verwenden Sie die beiden Buttons oberhalb der Liste ([SQL] [MDX]).

Ressourcenübersicht

Über das Pfeil-Icon [≈] klappen Sie alle Ordner wieder zusammen. Falls Sie viele Ressourcen und Unterordner geöffnet haben, kann so schnell Ordnung und Übersicht geschaffen werden. Mit dem Plus-Icon ⊞ fügen Sie neue Ressourcen hinzu. Das Icon des kreisförmigen Pfeils ⟳ aktualisiert die Anzeige aller Ressourcen. Schließlich können Sie die Ressourcen mit dem kleinen Pfeil vor dem Namen ausklappen, um Zugriff auf die Objekte in der Datenbank zu erhalten (siehe Abbildung 5.80).

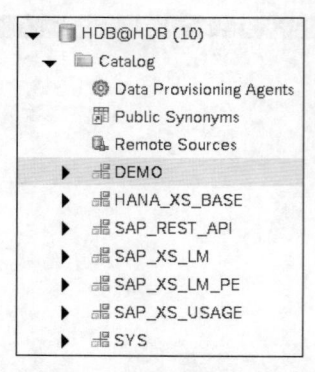

```
▼ 🗌 HDB@HDB (10)
    ▼ 📁 Catalog
        ⚙ Data Provisioning Agents
        🎴 Public Synonyms
        🔗 Remote Sources
    ▶ 🗂 DEMO
    ▶ 🗂 HANA_XS_BASE
    ▶ 🗂 SAP_REST_API
    ▶ 🗂 SAP_XS_LM
    ▶ 🗂 SAP_XS_LM_PE
    ▶ 🗂 SAP_XS_USAGE
    ▶ 🗂 SYS
```

Abbildung 5.80 SAP HANA Database Explorer – Katalogobjekte

Über einen Rechtsklick öffnen sich weitere Kontextmenüs. Welche Ihnen zur Verfügung stehen, hängt vom Element ab, dass Sie anklicken. Wählen Sie z. B. die Ressource selbst, können Sie auch dort eine neue SQL- oder MDX-Konsole öffnen. Führen Sie einen Rechtsklick auf **Remote Sources** aus, können Sie neue Remote Sources anlegen. Wählen Sie **Data Provisioning Agents** per Rechtsklick aus, können Sie sich über **Show Data Provisioning Agents** die vorhandenen Data-Provisioning-Agenten anzeigen lassen. Es empfiehlt sich, für jede Aufgabe zu prüfen, welche Optionen die Kontextmenüs bieten.

Katalog-Browser

Unterhalb der Ressourcenübersicht finden Sie den Katalog-Browser (siehe Abbildung 5.79). Hier können Sie eine Ebene tiefer in der Ansicht gehen, z. B. von einem Schema auf die zugehörigen Tabellen und schließlich die Definition einer Tabelle oder die enthaltenen Daten (per Rechtsklick, **Open Data**). Möchten Sie wieder eine Ebene höher gehen, wählen Sie den entsprechenden Navigationspunkt in der Ressourcenübersicht (siehe Abbildung 5.81). Diese erweitert sich automatisch, wenn Sie im Katalog-Browser navigieren. Im Katalog-Browser steht Ihnen auch eine Suchleiste zur Verfügung, mit der sich die jeweils aktuelle Gruppe durchsuchen lässt.

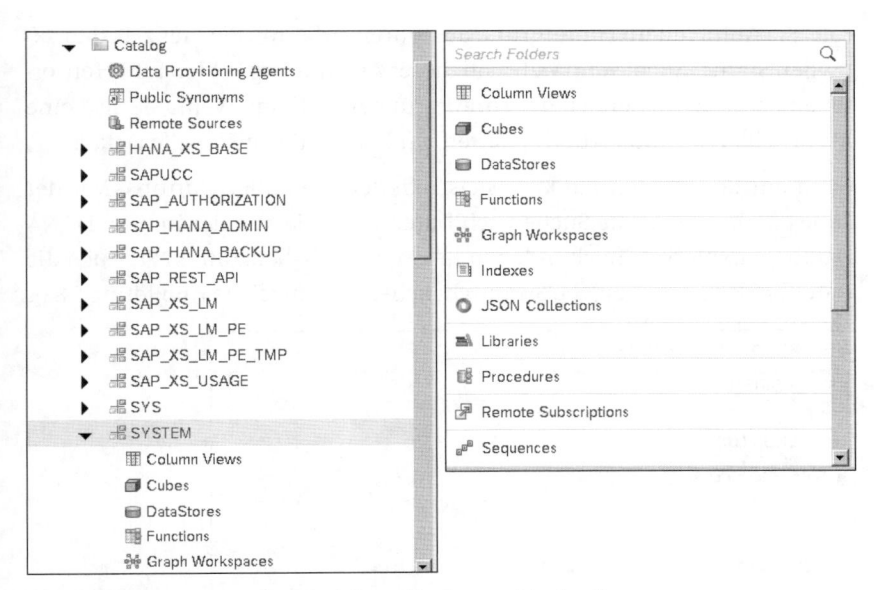

Abbildung 5.81 SAP HANA Database Explorer – Navigation

Der Konsolenbereich (siehe Abbildung 5.79, rechtes Drittel, obere Hälfte) ist in der Regel der Bereich, in dem Sie mit dem SAP HANA Database Explorer arbeiten. So öffnen sich hier z. B. neue Konsolen, Definitionen oder Daten von Tabellen. Es handelt sich dabei sozusagen um den Arbeitsbereich. Auf die SQL-Konsole und deren Bedienung gehen wir in Abschnitt 5.4.2, »Arbeiten mit dem SAP HANA Database Explorer«, noch einmal näher ein.

Konsolenbereich

Der Ergebnisbereich (siehe Abbildung 5.79, rechtes Drittel, untere Hälfte) wird nur angezeigt, wenn Sie eine Konsole öffnen. Betrachten Sie Tabellen oder andere Objekte, wird er automatisch ausgeblendet, um mehr Bildschirmplatz für andere Fenster freizugeben. Sie können zudem zwischen Resultaten (**Results**) und Nachrichten (**Messages**) umschalten. Welche Ansichten Sie benötigen, hängt von den ausgeführten Skripten ab. Das Ergebnisfenster gibt Ihnen Auskunft über das Ergebnis Ihrer Abfragen. Führen Sie z. B. SELECT-Abfragen durch, erscheint dort das Ergebnis der Abfrage. Das Nachrichtenfenster gibt Ihnen alle Informationen wieder, die während der Ausführung Ihrer Abfrage geschrieben wurden. Zum Beispiel können Warnungen oder Fehler in bestimmten Abschnitten Ihrer Abfrage auftreten, und Sie erhalten dennoch ein Ergebnis. Nutzen Sie also das Nachrichtenfenster, um die Ausführung Ihrer Abfrage zu überwachen.

Ergebnisbereich

Der Bereich **Background Activities** kann über den Button in der rechten unteren Ecke optional ein- und ausgeblendet werden.

Hintergrundaktivitäten und Fehler

Hintergrundaktivitäten	Falls Sie Abfragen im Hintergrund ausführen, erfahren Sie hier z. B. den aktuellen Status. Auch wenn während dieser Ausführung Fehler auftreten, erscheinen diese im Bereich der Hintergrundaktivitäten. Wenn Sie also eine Abfrage in den Hintergrund schicken, finden Sie hier später alle Details.
Rechte Funktionsleiste	Auch auf der rechten Funktionsleiste finden Sie einige Buttons. Mit der Lupe öffnen Sie die Suche nach Datenbankobjekten der im SAP HANA Database Explorer eingebundenen Ressourcen. Dabei können Sie auch die Datenbank bestimmen, die Sie durchsuchen wollen (siehe Abbildung 5.82).

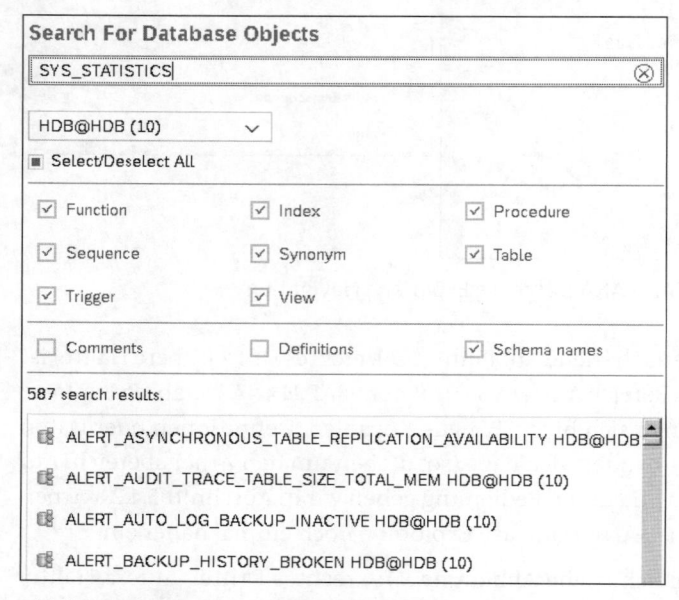

Abbildung 5.82 SAP HANA Database Explorer – Suche nach Datenbankobjekten

Das Käfer-Icon öffnet den Debugger, mit dem Sie umfangreiche Fehleranalysen vornehmen und die Ausführung von Skripten schrittweise durchführen können. Am Ende der Funktionsleiste finden Sie einen Button, mit dem Sie den Bereich für Hintergrundaktivitäten ein- oder ausblenden können.

5.4.2 Arbeiten mit dem SAP HANA Database Explorer

Beim ersten Aufruf des SAP HANA Database Explorers – über Ihre Cockpit-Startseite • **Manage Landscape** und entweder **Browse Database Objects** oder **Execute SQL** – befinden sich noch keine Ressourcen in Ihrer Auswahlliste (siehe Abbildung 5.83).

5.4 SAP HANA Database Explorer

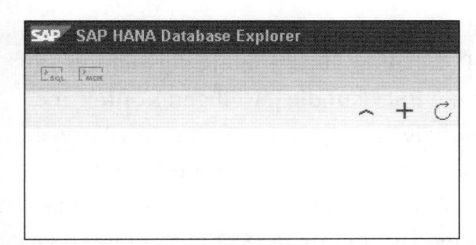

Abbildung 5.83 SAP HANA Database Explorer ohne Ressourcen

Um Ressourcen hinzuzufügen, klicken Sie auf das ⊞-Icon.

Ressourcen hinzufügen

1. Im sich öffnenden Dialog wählen Sie die gewünschte Ressource. Die Dropdown-Liste zeigt Ihnen alle im Cockpit registrierten Ressourcen an, auf die Sie mit dem angemeldeten Benutzer Zugriff haben. Wenn Sie Ihre Ressourcen also bereits registriert und Benutzern zugewiesen haben, können Sie Ihre Datenbanken oder Ihr System im SAP HANA Database Explorer einfach einbinden.

2. Je nachdem, ob schon Anmeldeinformationen für die Datenbank hinterlegt wurden oder nicht, können Sie auch auf diese zugreifen. Sollten noch keine Anmeldedaten hinterlegt sein, erkennen Sie dies an einem Schloss-Icon 🔒 vor dem Namen der Datenbank (siehe Abbildung 5.84).

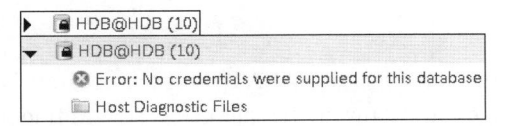

Abbildung 5.84 SAP HANA Database Explorer – Ressource ohne Anmeldeinformationen

Wenn Sie auf eine solche Datenbank zugreifen möchten, erscheint erst ein Dialog zur Eingabe Ihrer Anmeldeinformationen. Sie können auch Systeme und Datenbanken zum SAP HANA Database Explorer hinzufügen, die nicht im Cockpit verfügbar sind oder für den aktuellen Benutzer nicht zur Verfügung stehen. Wählen Sie dazu einfach einen anderen Typ im Dropdown-Menü **Database type**.

Nachdem Sie, wie oben beschrieben, eine Ressource hinzugefügt haben, können Sie verschiedene Informationen der Ressource betrachten. Die Navigation durch die Katalogobjekte der Datenbank und auch der Trace-Dateien (**Host Diagnostic Files**) erfolgt mithilfe der Ressourcen- und Katalogübersicht. Wenn Sie im Katalog-Browser einen Eintrag anklicken, wechselt die Ansicht eine Ebene tiefer, gleichzeitig wird der Pfad im Ressourcen-Explorer aufgeklappt. So können Sie später wieder eine Ebene zurückwech-

Katalog

seln. Sie haben durch diese Navigation Zugriff auf viele Bereiche direkt auf der Datenbank und können sich z. B. Tabellen, Funktionen oder Sichten anzeigen lassen. Auch hier lohnt sich ein Blick auf die jeweiligen Kontextmenüs. Führen Sie einen Rechtsklick auf die Einträge aus, und prüfen Sie, welche Optionen zur Verfügung stehen. Wählen Sie z. B. eine Tabelle aus, können Sie sich, wie in Abbildung 5.85 dargestellt, Abfragen generieren lassen, um Daten in die Tabelle einzufügen (**Generate INSERT Statement**) oder Daten aus der Tabelle abzufragen (**Generate SELECT Statement**).

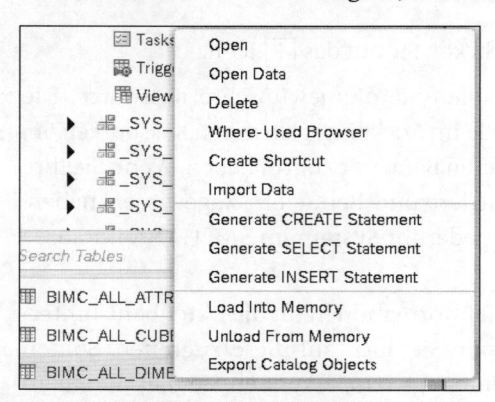

Abbildung 5.85 SAP HANA Database Explorer – Kontextmenü für Tabellen im Katalog-Browser

SQL-Konsole

Eine zentrale und wichtige Funktion des SAP HANA Database Explorers ist das Ausführen von SQL-Abfragen und Anweisungen. Mittels SQL-Abfragen können Sie Informationen über Ihre Ressourcen sammeln oder auch Konfigurationsänderungen vornehmen. Diese Funktion stellt das Äquivalent zur SQL-Konsole aus dem SAP HANA Studio dar.

Wenn Sie eine SQL- oder MDX-Konsole öffnen, erscheint diese, wie in Abschnitt 5.4.1, »Aufbau des SAP HANA Database Explorers«, beschrieben, im Konsolenbereich des SAP HANA Database Explorers. Im Folgenden beziehen wir uns auf SQL-Befehle und insofern auch auf die SQL-Konsole.

Neue SQL-Konsole starten

Sie können eine SQL-Konsole auf mehreren Wegen öffnen:

1. Führen Sie einen Rechtsklick auf die Ressource aus, und wählen Sie **Open SQL Console**, oder verwenden Sie den Button oberhalb der Ressourcenliste (siehe Abbildung 5.86).
2. Sie erhalten daraufhin ein leeres Eingabefenster, dort können Sie direkt Ihre SQL-Abfragen schreiben und ausführen. Das aktuelle Fenster ist zunächst für die Ressource gültig, für die Sie die SQL-Konsole geöffnet haben.

5.4 SAP HANA Database Explorer

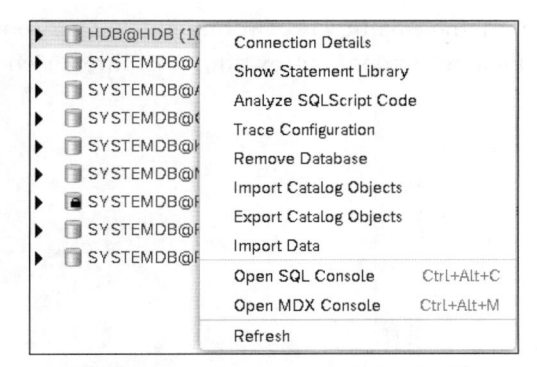

Abbildung 5.86 SAP HANA Database Explorer – SQL-Konsole öffnen

Im rechten Bereich oberhalb der Eingabe (siehe Abbildung 5.87) wird angezeigt, mit welcher Ressource die Konsole aktuell verbunden ist (**Connected to**) und mit welchem Benutzer die Verbindung hergestellt wurde (**Current schema**). Dabei handelt es sich in der Regel um den Datenbankbenutzer, den Sie im **Resource Directory** hinterlegt haben.

Datenbank wechseln

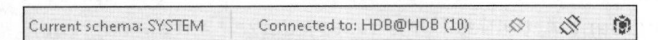

Abbildung 5.87 SAP HANA Database Explorer – Informationen über die aktuelle Konsole

Die Buttons und dienen zum Verbinden mit der Datenbank oder zum Trennen der Verbindung. Über den Button können Sie die aktuelle Konsole auf eine andere Datenbank anwenden. Sie erhalten dann eine Übersicht aller hinterlegten Datenbanken und finden über die Suche schnell die nächste gewünschte Ressource. Das erspart Ihnen, Abfragen zu kopieren oder neu zu schreiben.

Nachdem Sie Ihre SQL-Abfragen und Befehle in die Konsole eingegeben haben, können Sie diese mit einem Klick auf oder über F8 ausführen. Wenn keine bestimmte Zeile markiert ist, werden alle Befehle in der Reihenfolge ausgeführt, in der sie in der Konsole stehen. Sollten Sie nur bestimmte Zeilen oder Abfragen ausführen wollen, markieren Sie die entsprechenden Stellen und klicken dann auf **Ausführen**. Die Ergebnisse finden Sie unterhalb der Konsole in den Bereichen **Results** und **Messages**.

Ausführen von SQL-Befehlen

Sollten Sie eine gerade laufende Abfrage abbrechen wollen, verwenden Sie die den Button .

Wenn zu erwarten ist, dass eine Abfrage über einen längeren Zeitraum ausgeführt wird, z. B. beim Export eines Schemas oder dem Zusammenführen von Trace-Dateien, empfiehlt es sich, die Abfrage als Hintergrundaktivität

Abfrage als Hintergrundaktivität ausführen

277

auszuführen. Geben Sie Ihre Abfrage dafür wie gewohnt ein, und verwenden Sie dann den kleinen Pfeil neben dem Button zum Ausführen (siehe Abbildung 5.88).

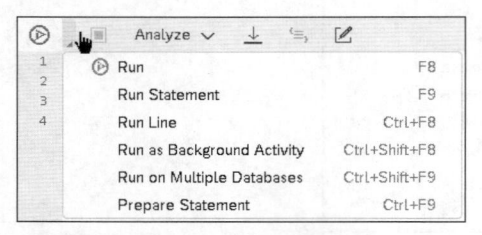

	Analyze ⌄	
1	Run	F8
2	Run Statement	F9
3	Run Line	Ctrl+F8
4	Run as Background Activity	Ctrl+Shift+F8
	Run on Multiple Databases	Ctrl+Shift+F9
	Prepare Statement	Ctrl+F9

Abbildung 5.88 SQL-Konsole – Abfrageoptionen

Darüber haben Sie Zugriff auf die weiteren Optionen für SQL-Abfragen. Über **run as background activity** verlegen Sie Ihre Abfrage in den Hintergrund. Das heißt, dass die Konsole von der aktuellen Datenbank getrennt wird, später können Sie sie wieder mit der gleichen oder einer anderen Datenbank verbinden. Während die Abfrage im Hintergrund läuft, können Sie sogar den SAP HANA Database Explorer oder das Cockpit verlassen. Über den Monitor **Background Activities** können Sie jederzeit auf sie zugreifen. Eventuell müssen Sie diesen noch mit dem Button 🕒 in der unteren rechten Ecke einblenden (siehe Abbildung 5.89).

	Description	Start Date (in UTC)	Status	Size (in MB)
	SQL Query on HDB@HDB (10): " SELECT * FROM DUMMY;..."	2019-03-17 08:26:44....	SUCCESS	0.00

Background Activities (1)

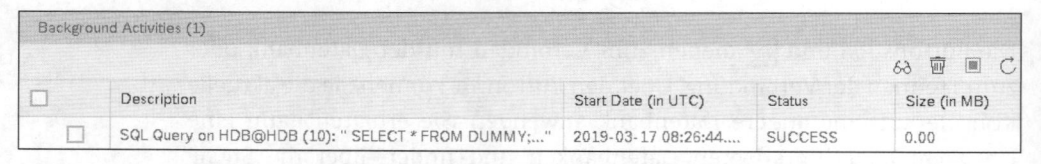

Abbildung 5.89 SQL-Konsole – Hintergrundaktivitäten

Ergebnisse durchgeführter Abfragen können Sie sich über einen Doppelklick auf die Abfrage anzeigen lassen. Sie werden dann in einer eigenen SQL-Konsole dargestellt.

Über den Monitor **Background Activities** können Sie Hintergrundaktivitäten auch steuern, also stoppen oder löschen.

Abfragen auf mehreren Datenbanken ausführen

Der SAP HANA Database Explorer bzw. die SQL-Konsole bietet auch die Möglichkeit, Abfragen auf mehreren Datenbanken gleichzeitig auszuführen. Dies kann z. B. sehr nützlich sein, wenn Sie eine neue Monitoring-Konfiguration über Ihre ganze Landschaft oder Teile der Landschaft verteilen möchten. Auch wenn Sie einen Überblick über den Zustand Ihrer Landschaft erhalten wollen, können Sie so einfach eine Abfrage erstellen, die auf bestimmte Fehler prüft. Als Voraussetzung müssen Sie die entsprechenden Ressourcen im SAP HANA Database Explorer einbinden.

1. Geben Sie dazu Ihre Abfragen wie gewohnt ein, und öffnen Sie dann die weiteren Optionen für Abfragen (siehe Abbildung 5.88).
2. Wählen Sie dort **Run on Multiple Databases**. Es öffnet sich ein Auswahlfenster (siehe Abbildung 5.90).

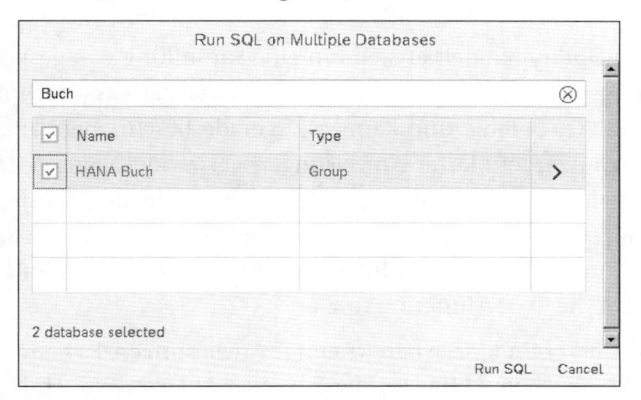

Abbildung 5.90 SQL-Konsole – Abfrage auf mehreren Datenbanken ausführen

3. Hier wählen Sie alle Datenbanken aus, auf denen die aktuellen Abfragen ausgeführt werden sollen. Sie können auch die Ressourcengruppen nutzen, die Sie im SAP HANA Cockpit Manager erstellt haben – oder einzelne Datenbanken einer Gruppe auswählen. Lassen Sie sich dafür über den kleinen Pfeil hinter einem Gruppennamen die Ressourcen der Gruppe anzeigen, und setzen Sie ein Häkchen vor den entsprechenden Namen der Datenbank. Anschließend können Sie wieder zurücknavigieren und weitere auswählen.
4. Die gesamte Anzahl der gewählten Datenbanken wird unten links neben der Liste angezeigt. In der Abbildung sind also nur die beiden Ressourcen der Gruppe **HANA Buch** betroffen (Tenant- und Systemdatenbank).
5. Mittels **Run SQL** schicken Sie die Befehle zu den Datenbanken. Die Ausführung dieser Befehle können Sie wieder im Monitor **Background Activities** überwachen. Dieser öffnet sich automatisch, wenn Sie eine Abfrage an mehrere Datenbanken schicken.

Sie haben mit der SQL-Konsole auch die Möglichkeit, Ihre Abfragen zu untersuchen. Geben Sie dazu erst alle Abfragen wie gewohnt ein, und wählen Sie dann **Analyze · Analyze SQL**. Daraufhin erhalten Sie eine detaillierte Übersicht der Zeit, die erforderlich ist, um die Abfragen zu kompilieren und auszuführen. Das ist für die Optimierung von SQL-Abfragen hilfreich. Weitere Informationen dazu finden Sie im Leitfaden unter »Analyzing Statement Performance« oder auf der Seite: *http://s-prs.de/v685022*.

Analysieren von SQL-Abfragen

Weitere Funktionen der SQL-Konsole

Sie können sich die Abfrage(n) der aktuellen Konsole über den Button ⬇) herunterladen und für die spätere Verwendung speichern. Über ≡, können Sie eingegebenen Code zudem automatisch formatieren. **Add to Statement Library** (✏) ermöglicht es Ihnen, ein Statement dauerhaft in der Cockpit-Bibliothek zu speichern.

»Statement Library«

Bei der **Statement Library** handelt es sich um eine Sammlung von gespeicherten SQL-Abfragen und Befehlen. Der SAP HANA Database Explorer enthält bereits einige SQL-Befehle und kann, wie gerade beschrieben, auch zum Speichern benutzerdefinierter Anweisungen verwendet werden. Da die Bibliothek dabei benutzerspezifisch ist, stehen Ihre individuell gespeicherten Abfragen zunächst nur Ihrem Benutzer zur Verfügung. Wenn Sie nützliche Anweisungen mit anderen Benutzern teilen möchten, können Sie dies jedoch über die Exportfunktion tun.

In der **Statement Library** finden Sie bereits einige Anweisungen. Es handelt sich dabei um die gleichen Abfragen, die Sie auch auf den SAP-HANA-Datenbanken selbst finden können. Diese liegen unter dem Schema SYS • Views • M_SYSTEM_INFORMATION_STATEMENTS. Außerdem finden Sie in der **Statement Library** alle Anweisungen, die in SAP-Hinweis 1969700 enthalten sind. Darunter sind auch die sehr nützlichen SAP HANA Mini Checks, die Ihnen einen schnellen Überblick über den Zustand von Datenbanken geben.

> [+] **SAP HANA Mini Checks**
>
> Mini Checks geben Ihnen einen schnellen Überblick über den Zustand einer Datenbank oder eines Systems. Suchen Sie in der **Statement Library** einfach nach »Mini«.
>
> In der Regel verfügen Mini Checks auch über einen Bereich zum Anpassen der Abfrage. Dabei können Sie Ergebnisse formatieren oder die abgefragten Werte anpassen. Öffnen Sie dazu die jeweilige Abfrage in der SQL-Konsole, und suchen Sie nach dem Kommentar /* Modification section */. Wie die jeweiligen Ergebnisse der Mini Checks zu interpretieren sind, lesen Sie in SAP-Hinweis 1999993.
>
> Falls es mehrere Versionen einer Abfrage gibt, verwenden Sie immer die am besten zur Datenbank passende Version. Möchten Sie z. B. die Abfrage »Configuration | MiniChecks« für eine Datenbank der Version HANA 2.0 SPS03 und höher ausführen, wählen Sie »Configuration | MiniChecks | 2.00.030+«. Ist Ihre Version eine ältere, wählen Sie vielleicht die Version 2.00.010+.
>
> Mini Checks werden regelmäßig aktualisiert, teils wöchentlich. Wenn Sie eine aktuelle Cockpit-Version verwenden, kann leider nicht genau gesagt

5.4 SAP HANA Database Explorer

> werden, in welcher Version die Mini Checks vorliegen. Um ganz sicher zu sein, dass alle Abfragen auf dem neuesten Stand sind, laden Sie also am besten immer die neueste Version unter SAP-Hinweis 1969700 herunter. Für einen generellen Überblick sind die mitgelieferten Abfragen aber dennoch sehr nützlich und schnell verfügbar.

Um der Bibliothek eigene Anweisungen hinzuzufügen, erstellen Sie Ihre SQL-Abfragen zunächst in der SQL-Konsole und fügen sie dann der **Statement Library** hinzu. Alternativ können Sie Anweisungen, die als ZIP-Dateien, SQL-Dateien oder TXT-Dateien gespeichert sind, von Ihrem lokalen Computer importieren. Der Inhalt der in der Bibliothek gespeicherten Anweisungen ist verschlüsselt, mit Ausnahme der Beschreibung (**Description**), Sie sollten darin also keine sensiblen Informationen preisgeben.

Um die Statement Library zu öffnen, führen Sie einen Rechtsklick auf eine Ressource aus und wählen **Show Statement Library** aus dem Kontextmenü. Daraufhin öffnet sich die Bibliothek mit Ihren Inhalten (siehe Abbildung 5.91).

Öffnen der »Statement Library«

Name	Description	Type
User	Users	USER
Backup Catalog	Backup catalog - Shows most recent data ar	SYSTEM
Blocked Transactions	Shows a list of transactions waiting for a rec	SYSTEM
Caches	Shows caches	SYSTEM
Component Memory Usage	Shows memory consumption of components	SYSTEM
Connection Attempts and Status	Shows connection attempts and status	SYSTEM
Connection Statistics	Shows connection statistics including networ	SYSTEM
Connections	Shows a list of connections	SYSTEM
Database Information	Basic configuration of the database	SYSTEM
Delta Merge Analysis	Detailed information about the Delta Merge	SYSTEM
Expensive Statements Analysis	Shows a quick analysis over the recorded E	SYSTEM
Failed Backups	Backup catalog - Shows failed data and log	SYSTEM
Lock Waiting History	Shows summary of occurred lock waits	SYSTEM

Abbildung 5.91 SQL-Konsole – »Statement Library«

Sie sehen dort alle Abfragen, auf die Ihr aktuell verwendeter Benutzer Zugriff hat. Alle vom SAP HANA Cockpit mitgelieferten Abfragen haben den

Typ **SYSTEM**. Selbst erstellte Abfragen haben den Typ **USER**. Indem Sie eine Abfrage markieren, können Sie diese entweder über den Pfeil-Button ▶ direkt ausführen oder erst in der SQL-Konsole anzeigen lassen (⌧). Letzteres kann sinnvoll sein, wenn Sie zunächst sehen wollen, was die Abfrage genau macht, sie ggf. noch anpassen möchten oder eine Abfrage in die Konsole laden und anschließend auf mehreren Datenbanken ausführen wollen. Darüber hinaus können Sie an dieser Stelle selbst erstellte Abfragen löschen, umbenennen oder die Beschreibung anpassen (über einen Rechtsklick auf die Abfrage, siehe Abbildung 5.92).

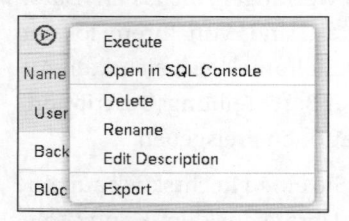

Abbildung 5.92 SQL-Konsole – Abfrage in der Bibliothek bearbeiten (Benutzer erstellt)

Zur schnelleren Navigation steht Ihnen eine Suchleiste zur Verfügung. Geben Sie einfach ein Schlagwort ein, es werden auch die Beschreibungen durchsucht. Da durch die **Statement Library** viele nützliche Abfragen direkt mitgeliefert und in das Cockpit integriert sind, empfehlen wir Ihnen, sich ausführlich mit ihr zu beschäftigen.

Kapitel 6
DBA Cockpit und SAP HANA HDBSQL

Als Administrator begegnen Sie verschiedenen Werkzeugen zur Administration von SAP HANA. Wir stellen Ihnen in diesem Kapitel zwei weitere Werkzeuge vor, die Sie neben dem SAP HANA Cockpit bei Ihrer Arbeit als Administrator unterstützen.

Neben dem SAP HANA Cockpit als zentralem Administrationswerkzeug für die SAP-HANA-Plattform steht Ihnen auf einem System, das auf dem SAP NetWeaver Application Server (AS) for ABAP basiert, z. B. auch das *DBA Cockpit* als umfangreiches Werkzeug zur Verfügung. Im folgenden Kapitel zeigen wir Ihnen, wie Sie das Werkzeug für Ihre Arbeit als Administrator einsetzen können. Da für bestimmte Aufgaben weitere Werkzeuge hilfreich sein können, stellen wir anschließend beispielhaft das Kommandozeilenwerkzeug *SAP HANA HDBSQL* vor.

6.1 Funktionen des DBA Cockpits

SAP HANA kann die Grundlage vieler Einsatzszenarien sein. In vielen Fällen werden Ihnen hier auch Systemlandschaften begegnen, in denen Sie SAP HANA basierend auf dem SAP NetWeaver AS ABAP administrieren. Dies ist z. B. der Fall, wenn Sie SAP-S/4HANA-Systeme, die SAP Business Suite, SAP Business Warehouse (BW) oder andere Anwendungen wie etwa die SAP-Marketing-Systeme auf SAP HANA betreiben. Mit dem Werkzeug DBA Cockpit (Transaktion DBACOCKPIT) steht Ihnen ein Datenbankadministrationswerkzeug zur Verfügung, das seit vielen Jahren für Datenbanken verschiedener Hersteller angeboten wird.

Nachdem Sie sich in einem solchen Szenario über das SAP GUI angemeldet haben, steht Ihnen Transaktion DBACOCKPIT zur Verfügung. Hier können Sie sich einen Überblick über Ihre SAP-HANA-Instanz verschaffen, diese administrieren und überwachen. Abbildung 6.1 zeigt den Bildschirm nach dem Starten der Transaktion und der Auswahl des Überblicksbildschirms. Wir arbeiten in diesem Kapitel mit einem SAP NetWeaver AS for ABAP im Release 7.52. Je nach Release können die angegebenen Funktionen variieren.

Zugriff über das SAP GUI

6 DBA Cockpit und SAP HANA HDBSQL

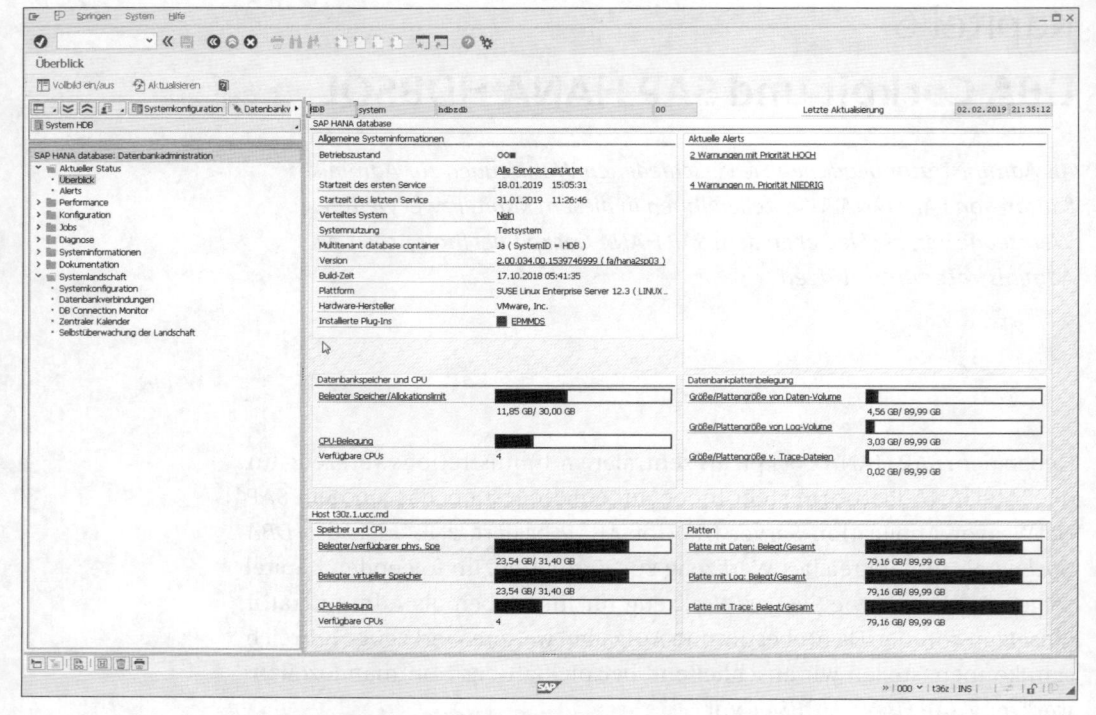

Abbildung 6.1 Transaktion DBACOCKPIT in einem SAP-S/4HANA-System

Administrationsfunktionen

Auf der linken Seite sehen Sie dort in einer Baumstruktur die verschiedenen zur Verfügung stehenden Bereiche:

- Aktueller Status
- Performance
- Konfiguration
- Jobs
- Diagnostics
- Systeminformationen
- Dokumentation
- Systemlandschaft

Diese Bereiche stellen wir Ihnen in den folgenden Abschnitten vor.

6.1.1 »Aktueller Status«

»Überblick«

Im Bereich **Aktueller Status** finden Sie zwei Bildschirmmasken: **Überblick** und **Alerts**. Den Überblick haben Sie bereits in Abbildung 6.1 gesehen. Sie erhalten hier einige grundlegende Informationen zu Ihrer SAP-HANA-Datenbank wie z. B. den letzten Startzeitpunkt, das Release oder die System-ID. Darüber hinaus werden Sie über den aktuellen Verbrauch von Ressourcen wie CPU, Arbeitsspeicher und Festplattenplatz Ihrer SAP-HANA-Instanz bzw. des Hosts informiert.

Mit einem Doppelklick auf **Alerts** gelangen Sie zur Übersicht der Alerts. Sie sehen dort im oberen Bereich, welche Alarme gerade aktiv sind bzw. welche Probleme aufgetreten sind. Im unteren Bereich werden Ihnen alle konfigurierten Alerts als Liste angezeigt (siehe auch Anwendung **Alerts** im SAP HANA Cockpit).

Alert-Übersicht

Sehr komfortabel ist die Verwaltung der Schwellenwerte im DBA Cockpit. Wenn Sie die Alerts anpassen möchten, klicken Sie auf den Button **Alerts konfigurieren** (siehe Abbildung 6.2). Sie erhalten dann eine Tabelle, in der Sie je nach Alert die möglichen Schwellenwerte (*Thresholds*) anpassen können. Wechseln Sie dafür in den **Bearbeitungsmodus**. Sie können dann in der dargestellten Tabelle die Werte eintragen und zum Sichern den Bearbeitungsmodus wieder verlassen, indem Sie erneut auf diesen Button klicken. Sollten Sie Werte verstellt haben und diese wieder zurücksetzen wollen, steht Ihnen der Button **Standard wiederherstellen** zur Verfügung.

Schwellenwerte verwalten

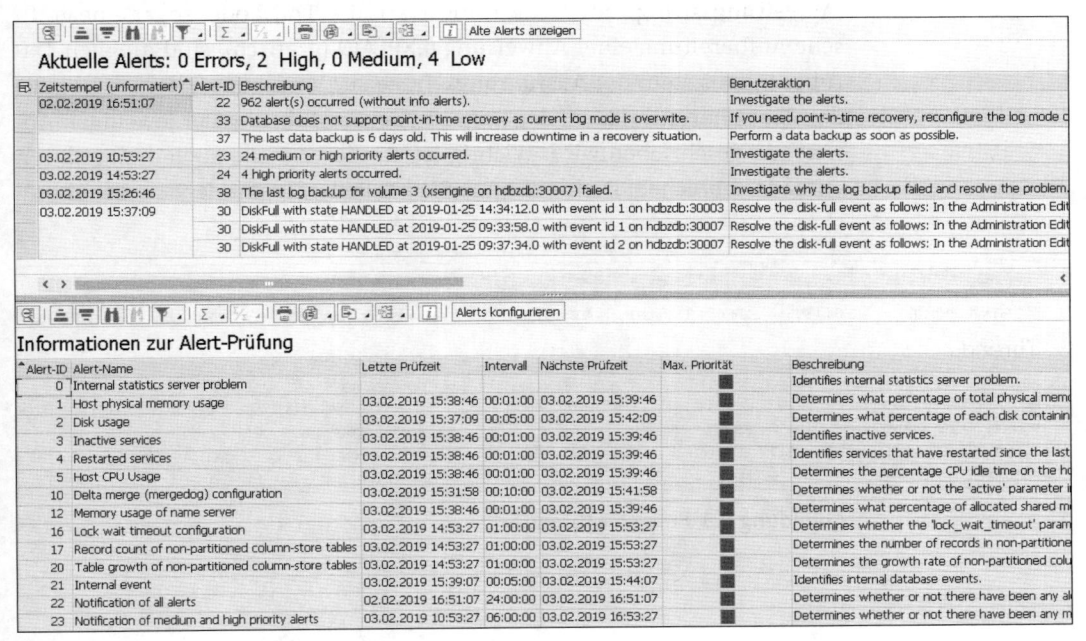

Abbildung 6.2 Alerts im DBA Cockpit

6 DBA Cockpit und SAP HANA HDBSQL

> **[»]** **Berechtigungen zur Alert-Konfiguration**
>
> Der für diese Transaktion im Hintergrund verwendete Datenbankbenutzer muss über die notwendigen Berechtigungen verfügen. Wichtig ist an dieser Stelle der Zugriff auf die Tabellen und Views des Schemas _SYS_STATISTICS mit den Anweisungen (Statements) SELECT, UPDATE, DELETE und EXECUTE.

6.1.2 »Performance«

Der Bereich **Performance** des DBA Cockpits (siehe Abbildung 6.1) beschäftigt sich mit der Leistung der SAP-HANA-Instanz. Er ist in mehrere Teilbereiche untergliedert, die wir in den folgenden Abschnitten vorstellen.

»Threads«

Funktionen in der Funktionsleiste

Im Bereich **Threads** können Sie die aktiven Threads überwachen (siehe Abbildung 6.3). Von hier aus haben Sie Zugriff auf viele verschiedene Informationen. Sie können sich z. B. Informationen zu den jeweils bearbeiteten Anweisungen anzeigen lassen; auch die vollständige Anzeige einer Anweisung (**Anweisungsstring**), des Ausführungsplans (**EXPLAIN**) oder sogar eine grafische Aufbereitung einer Anweisung (**EXPLAIN (grafisch)**) sind möglich. Darüber hinaus steht der **Ausführungs-Trace** zur Verfügung. Hier können Sie den Trace herunterladen, der während der Ausführung der jeweiligen Anweisung geschrieben wird. Wichtig ist an dieser Stelle auch die Funktion **Threads abbrechen**. Damit können Sie bei Bedarf laufende Prozesse abbrechen.

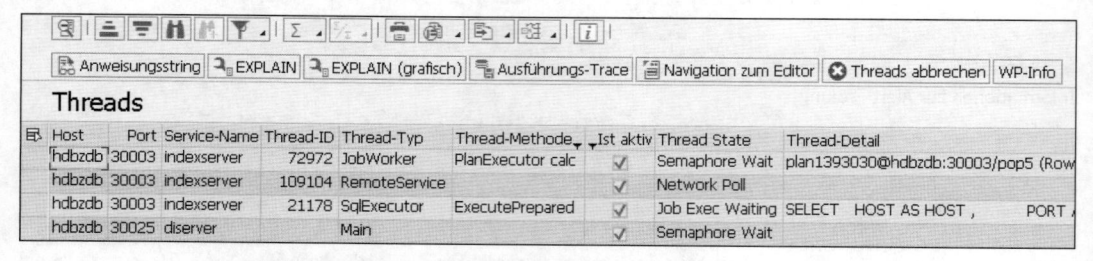

Host	Port	Service-Name	Thread-ID	Thread-Typ	Thread-Methode	Ist aktiv	Thread State	Thread-Detail
hdbzdb	30003	indexserver	72972	JobWorker	PlanExecutor calc	✓	Semaphore Wait	plan1393030@hdbzdb:30003/pop5 (Row
hdbzdb	30003	indexserver	109104	RemoteService		✓	Network Poll	
hdbzdb	30003	indexserver	21178	SqlExecutor	ExecutePrepared	✓	Job Exec Waiting	SELECT HOST AS HOST , PORT
hdbzdb	30025	diserver		Main		✓	Semaphore Wait	

Abbildung 6.3 Bereich »Threads«

> **Berechtigungen**
>
> Sollte Ihnen die Funktion **Threads abbrechen** nicht angezeigt werden, prüfen Sie Ihre Berechtigungen. Die Rolle SAP_BC_S_DBCON_ADMIN wird dafür benötigt.

»Teure Anweisungen«

Bestimmte SQL-Anweisungen benötigen mehr Ressourcen als andere. Insbesondere die als **Teure Anweisungen** (Expensive Statements) bezeichneten Anfragen benötigen ggf. besondere Aufmerksamkeit. Hier werden im Standardfall alle Anfragen betrachtet, die mit mehr als 1.000.000 Mikrosekunden Bearbeitungsdauer vermerkt werden. Dieser Wert kann bei der Aktivierung des Traces angepasst werden. Der zugrunde liegende Trace ist im Standardfall deaktiviert. Klicken Sie auf den Button **Konfiguration**, um den Schwellenwert an Ihre individuellen Anforderungen anzupassen und den Trace zu aktivieren.

Expensive Statements

»Aktive Anweisungen«

SQL-Anweisungen, die sich gerade in Ausführung befinden, können in **Aktive Anweisungen** aufgelistet werden. Neben einigen grundlegenden Informationen zu den hier angezeigten Statements und anderen Funktionen kann insbesondere der Button **Anweisungsstring anzeigen** von Bedeutung sein. Gerade bei länger laufenden und aktiven Anweisungen ist es ggf. von besonderer Bedeutung, dass Sie sich das Statement vollständig anzeigen lassen, was mit diesem Button möglich ist. In der Detailanzeige haben Sie wiederum über den **Edit**-Button die Möglichkeit, das jeweilige Statement anzupassen und erneut auszuführen.

»SQL Plan Cache«

Der **SQL-Plan-Cache** zeigt Informationen zur Ausführung wiederholt genutzter SQL-Anfragen (siehe Abbildung 6.4). Sie können hier detaillierte Informationen zur Analyse einer Anfrage abrufen, indem Sie eine Zeile markieren und sich über die Buttons **EXPLAIN** oder **EXPLAIN (grafisch)** die Ausführungspläne anzeigen lassen. Insbesondere für Anwendungsentwickler und selbst erstellte Anweisungen ergeben sich hier unter Umständen wertvolle Hinweise, die dabei helfen, die Ursachen schlechter Performance aufzuspüren.

Ausführungspläne von SQL-Anweisungen

6 DBA Cockpit und SAP HANA HDBSQL

Host	Port	Plan ID	Anweisungsstring
hdbzdb	30.003	3.540.002	call _SYS_STATISTICS.STATISTICS_SCHEDULABLEWRAPPER('Timer', ?, ?, ?, ?)
hdbzdb	30.003	4.050.002	/* procedure: "_SYS_STATISTICS"."SHARED_FOLLOW_UP_ACTIONS" variable: RESULT line: 18 col: 1 (at pos 796) */ select leave_action,
hdbzdb	30.003	3.490.002	call _SYS_STATISTICS.STATISTICS_PREPARE_CALL_TIMER(?, ?, ?)
hdbzdb	30.003	16.220.002	SELECT REPLAY_ID FROM SYS.M_WORKLOAD_REPLAYS WHERE STATUS='FAILED' OR STATUS='REPLAYED' OR STATUS='UNKNOWN' OR STATUS='CANCEL
hdbzdb	30.003	4.020.002	select ifnull(max(alert_rating),0) from _SYS_STATISTICS.statistics_alerts where alert_id = __typed_Integer__($1) and snapshot_i
hdbzdb	30.003	3.530.002	SELECT DISTINCT TRANS_ID, TCB_INDEX FROM SYS.RS_LOB_GARBAGE_2_
hdbzdb	30.003	3.670.002	/* procedure: "_SYS_STATISTICS"."ALERT_CHECK_RESTARTED_SERVICES" variable: BASE_SERVICES line: 15 col: 341 (at pos 1363) */ SELE
hdbzdb	30.003	15.110.002	select RI.ResourceName, AVAIL.Indicator as Availability, PERF.Indicator as Performance, CAP.Indicator as Capacity, AH.Count as A
hdbzdb	30.003	3.710.002	SELECT alert_rating,count(*) FROM _sys_statistics.statistics_current_alerts GROUP BY alert_rating ORDER BY alert_rating DESC
hdbzdb	30.003	3.680.002	select host, port from sys.m_services where coordinator_type = 'MASTER' and ((service_name = 'indexserver' and exists (select *
hdbzdb	30.003	13.170.002	/* procedure: "_SYS_STATISTICS"."COLLECTOR_HOST_SERVICE_MEMORY" variable: ::ROWCOUNT line: 10 col: 2 (at pos 819) */ insert into
hdbzdb	30.003	16.240.002	SELECT TOP 10 T.HOST, T.PORT, C.CONNECTION_ID, C.LOGICAL_CONNECTION_ID, C.CLIENT_HOST, C.CLIENT_PID, T.TRANSACTION_ID, T.UPDATE_
hdbzdb	30.003	3.370.002	SELECT id, status, case when intervallength < 20 then 20 else intervallength end intervallength, latest_start_snapshot_id, add_s
hdbzdb	30.003	13.270.002	/* procedure: "_SYS_STATISTICS"."COLLECTOR_HOST_SERVICE_STATISTICS" variable: ::ROWCOUNT line: 10 col: 2 (at pos 827) */ insert
hdbzdb	30.003	15.240.002	/* procedure: "_SYS_STATISTICS"."COLLECTOR_HOST_BLOCKED_TRANSACTIONS" variable: ::ROWCOUNT line: 10 col: 2 (at pos 831) */ inser
hdbzdb	30.003	15.210.002	/* procedure: "_SYS_STATISTICS"."COLLECTOR_HOST_LONG_RUNNING_STATEMENTS" variable: ::ROWCOUNT line: 10 col: 2 (at pos 837) */ in

Abbildung 6.4 Einstiegsbildschirm des »SQL Plan Caches«

»Ausführungs-Trace«
Klicken Sie auf den Button **Ausführungs-Trace**, wird Ihnen eine Trace-Datei zur Verfügung gestellt, die die genauen Informationen zur Ausführung einer Anweisung enthält. Es öffnet sich ein Pop-up-Fenster, über das Sie die Trace-Datei speichern können.

»Anweisungsstring«
In der Tabelle sind die SQL-Anfragen ggf. schwer oder gar nicht lesbar. Um die gesamte Anweisung zu sehen, können Sie ebenfalls wieder eine Zeile markieren und sich dann über den Button **Anweisungsstring** die gesamte Anweisung anzeigen lassen.

Über der Ergebnisliste der Anweisungen befindet sich ein Suchfeld, über das Sie Ihre Suche zu verfeinern und so ggf. problematische Anfragen identifizieren können. Beachten Sie hier besonders die Möglichkeiten der Sortierung. Abbildung 6.5 zeigt die aufgeklappte Dropdown-Liste. Hier können Sie die Ausgabe z. B. gezielt nach den am häufigsten ausgeführten Anweisungen (**Anzahl Ausführungen**), den am längsten laufenden Anweisungen (**MAX Execution Time**) oder anderen Kriterien vorselektieren.

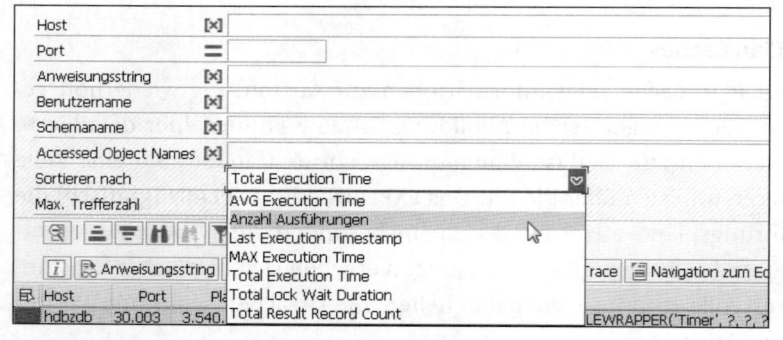

Abbildung 6.5 Suchmaske zur Filterung der Anweisungen im »SQL Plan Cache«

»Historie der Systemlast«

Es kommt häufig vor, dass sich bestimmte Fehlersituationen nicht direkt untersuchen lassen. Dies kann etwa der Fall sein, weil sich Anwender erst später über schlechte Performance oder Fehler beschweren, weil es erst später auffällt, dass ein System z. B. bei der Ausführung von Hintergrundjobs Schwierigkeiten hat, oder weil es im Moment im Vordergrund stand, das SAP-System wieder »zum Laufen« zu bringen, und die Fehleranalyse auf später verschoben wurde. Hier hilft der Bereich **Historie der Systemlast** weiter. Abbildung 6.6 zeigt einen Screenshot der Anwendung.

Nachträgliche Auswertungen

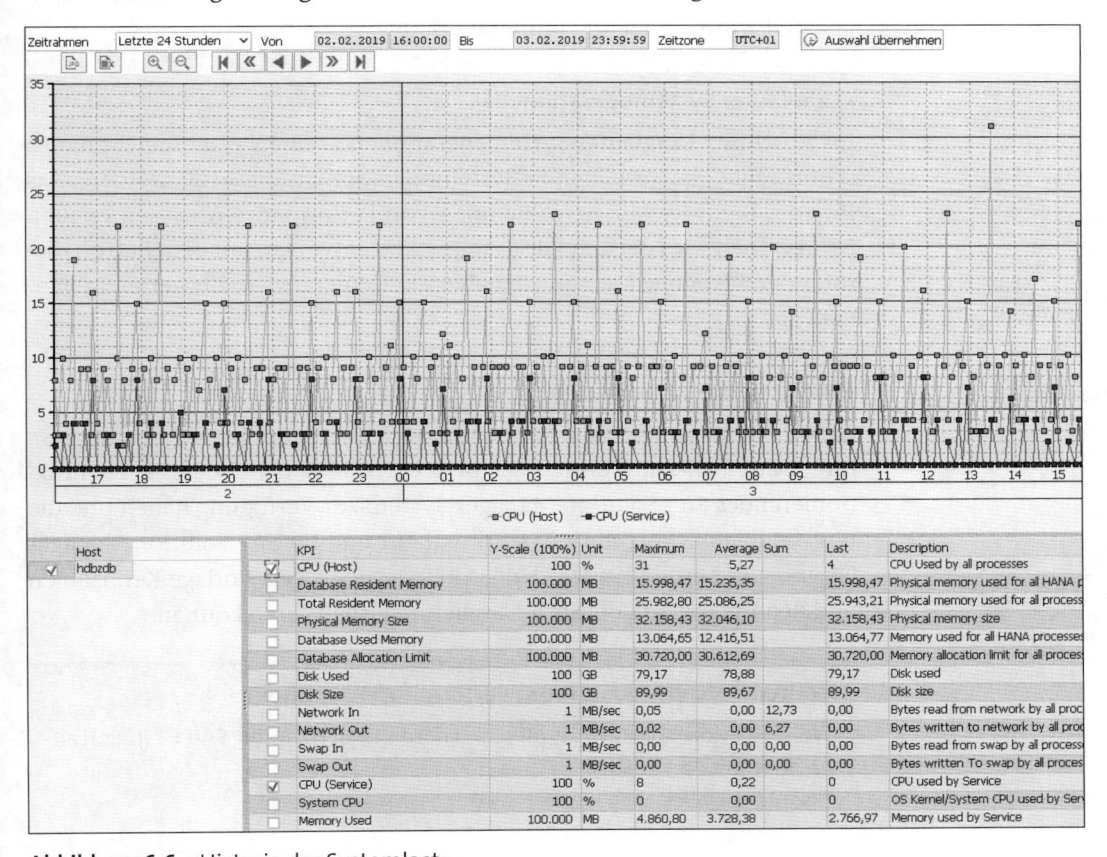

Host		KPI	Y-Scale (100%)	Unit	Maximum	Average	Sum	Last	Description
✓	hdbzdb	CPU (Host)	100	%	31	5,27		4	CPU Used by all processes
		Database Resident Memory	100.000	MB	15.998,47	15.235,35		15.998,47	Physical memory used for all HANA p
		Total Resident Memory	100.000	MB	25.982,80	25.086,25		25.943,21	Physical memory used for all process
		Physical Memory Size	100.000	MB	32.158,43	32.046,10		32.158,43	Physical memory size
		Database Used Memory	100.000	MB	13.064,65	12.416,51		13.064,77	Memory used for all HANA processes
		Database Allocation Limit	100.000	MB	30.720,00	30.612,69		30.720,00	Memory allocation limit for all proces
		Disk Used	100	GB	79,17	78,88		79,17	Disk used
		Disk Size	100	GB	89,99	89,67		89,99	Disk size
		Network In	1	MB/sec	0,05	0,00	12,73	0,00	Bytes read from network by all proc
		Network Out	1	MB/sec	0,02	0,00	6,27	0,00	Bytes written to network by all proc
		Swap In	1	MB/sec	0,00	0,00	0,00	0,00	Bytes read from swap by all processe
		Swap Out	1	MB/sec	0,00	0,00	0,00	0,00	Bytes written To swap by all proces
	✓	CPU (Service)	100	%	8	0,22		0	CPU used by Service
		System CPU	100	%		0,00		0	OS Kernel/System CPU used by Ser
		Memory Used	100.000	MB	4.860,80	3.728,38		2.766,97	Memory used by Service

Abbildung 6.6 »Historie der Systemlast«

Wenn Sie diesen Bereich öffnen, können Sie oben einen vordefinierten Zeitrahmen (z. B. die letzten 30 Minuten, die letzten zwei Stunden oder gar mehrere Tage) wählen oder diesen völlig frei definieren. Darunter wird ein Diagramm mit den Werten aus diesem Zeitraum dargestellt. Sie können einen Datenbankhost wählen (was in der Regel nur dann relevant ist, wenn

Zeitfenster, Host und Kennzahlen wählen

Ihre Datenbank auf mehrere Hosts verteilt ist) und rechts daneben Kennzahlen (*Key Performance Indicators*, KPIs) aus einer sehr umfangreichen Liste wählen. Wenn Sie diese mit einem Häkchen markieren, werden die zugehörigen Werte im Diagramm darüber dargestellt.

Sie können verschiedene Werte kombinieren. In unserem Beispiel lassen wir zwei CPU-bezogene Werte anzeigen. In der Tabelle finden Sie jeweils die Bezeichnung der KPIs, in der Spalte ganz rechts eine Beschreibung dazu und dazwischen Informationen zur Skala, zu Maximalwerten, Durchschnittswerten und Summen der angezeigten Werte (falls dies als sinnvoll erachtet wurde) im Betrachtungszeitraum.

»Langläufer Systemoperationen«

Im Abschnitt **Langläufer-Systemoperationen** können – wie der Name es schon sagt – lange laufende Systemoperationen angezeigt werden, was Ihnen z. B. Rückschlüsse im Rahmen von Performance-Analysen erlaubt. Beim Öffnen wird der aktuelle Systemstand angezeigt, mit dem Button **Historie der Systemlast** lassen sich aber auch Vergangenheitswerte einblenden.

»Performance Warehouse«

Das **Performance Warehouse** stellt Informationen und Reports zur Analyse Ihrer Datenbank zur Verfügung. Voraussetzung ist dabei, dass Sie ein funktionierendes SAP-Solution-Manager-System zur Verfügung haben und die notwendigen Konfigurationsschritte dafür und für SAP Solution Manager Diagnostics ausgeführt wurden. SAP liefert Ihnen als Vorlage Kennzahlen und Reports mit aus, die Sie auslesen und visualisieren können.

> **[»] Weitere Informationen zum Performance Warehouse**
>
> Weitere Informationen zu diesem Thema finden Sie im SAP Help Portal: *http://s-prs.de/v685024*

6.1.3 »Konfiguration«

Im Bereich **Konfiguration** des DBA Cockpits finden Sie Funktionen zur Konfiguration Ihrer SAP-HANA-Instanz. Der Bereich ist ebenfalls in mehrere Unterbereiche untergliedert, die wir Ihnen in den folgenden Abschnitten vorstellen.

»Hosts«

Im Abschnitt **Hosts** werden die zugrunde liegenden Hosts angezeigt. Klicken Sie auf den Button **DBCON-Informationen anzeigen/verbergen**, werden Ihnen hilfreiche Verbindungsinformationen bereitgestellt (siehe Abbildung 6.7).

Multiple-Host-Systeme verwalten

Bei SAP-HANA-Instanzen mit mehreren Hosts können Sie mit einem Klick auf den Button **Konfiguration** die Rollen einzelner Hosts anpassen. Als Name-Server-Rolle können Sie hier `MASTER 1`, `MASTER 2` oder `MASTER 3` sowie `SLAVE` zuordnen. Die Server mit den Rollen `MASTER 2` und `MASTER 3` dienen als Ersatz für den Server mit der Rolle `MASTER 1`, falls dieser ausfällt. Für den Index Server ist es ähnlich. Der erste Host ist hier in der Regel der Master, die anderen sind dann entweder Worker- oder Stand-by-Index-Server.

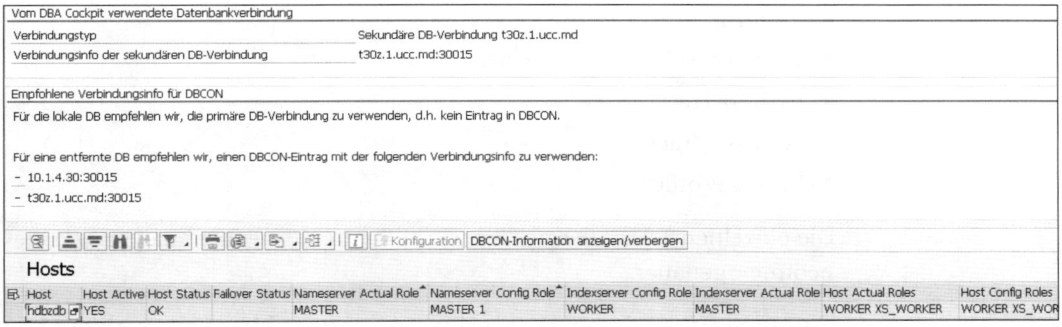

Abbildung 6.7 Hostverwaltung im DBA Cockpit

»Services«

Im Bereich **Services** finden Sie Informationen zu den einzelnen Services Ihrer SAP-HANA-Instanz bzw. eines Tenants.

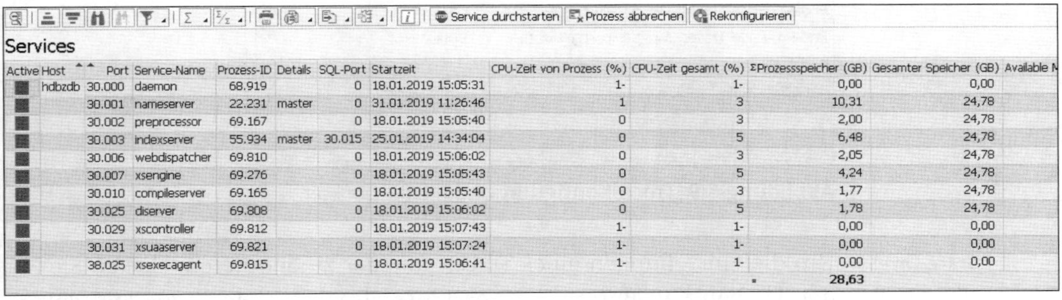

Active	Host	Port	Service-Name	Prozess-ID	Details	SQL-Port	Startzeit	CPU-Zeit von Prozess (%)	CPU-Zeit gesamt (%)	ΣProzessspeicher (GB)	Gesamter Speicher (GB)	Available M
	hdbzdb	30.000	daemon	68.919		0	18.01.2019 15:05:31	1-	1-	0,00	0,00	
		30.001	nameserver	22.231	master	0	31.01.2019 11:26:46	1	3	10,31	24,78	
		30.002	preprocessor	69.167		0	18.01.2019 15:05:40	0	3	2,00	24,78	
		30.003	indexserver	55.934	master	30.015	25.01.2019 14:34:04	0	5	6,48	24,78	
		30.006	webdispatcher	69.810		0	18.01.2019 15:06:02	0	3	2,05	24,78	
		30.007	xsengine	69.276		0	18.01.2019 15:05:43	0	5	4,24	24,78	
		30.010	compileserver	69.165		0	18.01.2019 15:05:40	0	3	1,77	24,78	
		30.025	diserver	69.808		0	18.01.2019 15:06:02	0	5	1,78	24,78	
		30.029	xscontroller	69.812		0	18.01.2019 15:07:43	1-	1-	0,00	0,00	
		30.031	xsuaaserver	69.821		0	18.01.2019 15:07:24	1-	1-	0,00	0,00	
		38.025	xsexecagent	69.815		0	18.01.2019 15:06:41	1-	1-	0,00	0,00	
										28,63		

Abbildung 6.8 Serviceübersicht im DBA Cockpit

Dazu finden Sie auch Informationen zum Ressourcenverbrauch. Die einzelnen Services können hier auch geändert, abgebrochen oder neu gestartet werden. Dies können Sie über die jeweiligen Buttons in der Menüleiste oberhalb der angezeigten Tabelle tun. Falls ein Benutzer hier Änderungen vornimmt, können Sie dies im Audit-Log nachvollziehen (siehe dazu auch Kapitel 12, »Sicherheit für SAP HANA«).

»Trace-Konfiguration«

Der Bereich **Trace-Konfiguration** ermöglicht die Arbeit mit den Traces von SAP HANA. Sie können die Traces hier aktivieren bzw. deaktivieren und Anpassungen daran vornehmen. Die folgenden Traces stehen hier zur Verfügung:

- Datenbank-Trace
- SQL-Trace
- Performance-Trace
- Teure Anweisungen (Expensive Statements)
- Python-Trace
- SQLDBC-Trace
- Kernel Profiler

Die einzelnen Traces betrachten wir in Kapitel 16, »Fehleranalyse und -behebung«, genauer.

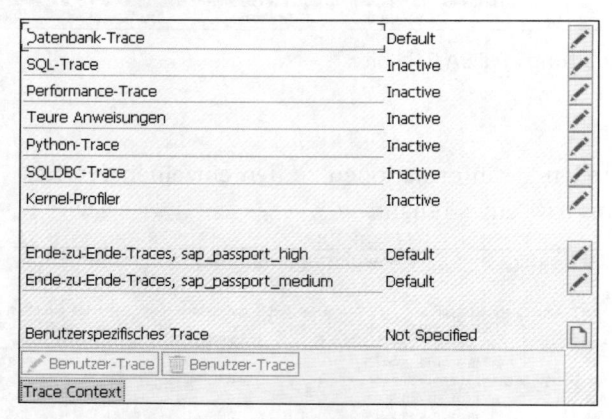

Trace	Status
Datenbank-Trace	Default
SQL-Trace	Inactive
Performance-Trace	Inactive
Teure Anweisungen	Inactive
Python-Trace	Inactive
SQLDBC-Trace	Inactive
Kernel-Profiler	Inactive
Ende-zu-Ende-Traces, sap_passport_high	Default
Ende-zu-Ende-Traces, sap_passport_medium	Default
Benutzerspezifisches Trace	Not Specified

Abbildung 6.9 Trace-Konfiguration im DBA Cockpit

Trace-Level definieren

Um die Einstellungen eines Traces genauer zu definieren, klicken Sie auf den kleinen Stift-Button. Im Anschluss öffnet sich eine neue Bildschirmmaske. Dort stehen Ihnen unterhalb des Datenbank-Traces viele einzelne Traces zur Verfügung. Sie können für Services und deren Komponenten festlegen, welcher Trace-Level gesetzt werden soll. Der Default-Trace-Level wird jeweils schwarz in einer Spalte dargestellt. Dahinter finden Sie eine

Spalte **System Trace Level**. Deren Wert ist zunächst ausgegraut. Um hier eine Änderung vornehmen zu können, klicken Sie auf die gewünschte Zeile in der Spalte. Es öffnet sich dann ein Pop-up-Fenster, in dem Sie die Trace-Level bestimmen können (siehe Abbildung 6.10). Je nach Trace stehen Ihnen dort andere Einstellungsmöglichkeiten zur Verfügung.

In Abbildung 6.10 sehen Sie auch den ausgegrauten Button **Standard wiederherstellen**. Sollten Sie die SAP-Standardeinstellungen wiederherstellen wollen, können Sie dies mit einem Klick auf diesen Button tun.

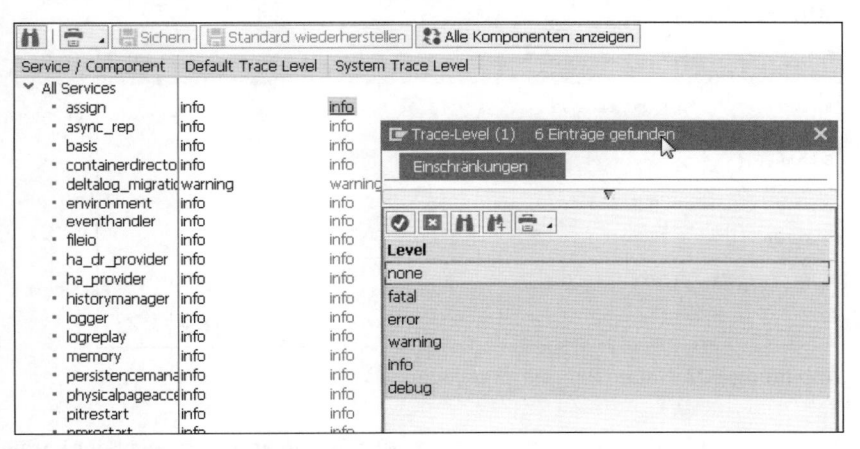

Abbildung 6.10 Trace-Level einstellen

»INI-Dateien«

Im Abschnitt **INI-Dateien** können Sie die Parameterdateien der SAP-HANA-Instanz ändern. Die Parameter finden Sie an dieser Stelle in einer Baumstruktur wieder (siehe Abbildung 6.11). Die Knoten des Baums sind jeweils die INI-Dateien. Darunter finden sich einzelne Sektionen. Wenn Sie diese aufklappen, sehen Sie die einzelnen Parameter und den jeweiligen Default- und Profilwert.

»INI-Dateien«

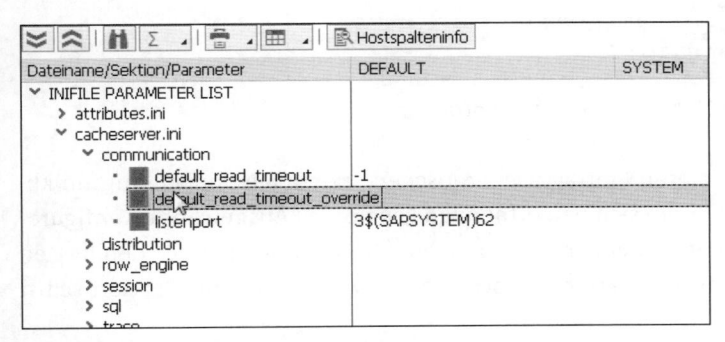

Abbildung 6.11 INI-Dateien im DBA Cockpit

293

Konfigurationen ändern

Sie können nun Änderungen vornehmen, indem Sie doppelt auf einen Parameter klicken. Danach öffnet sich ein kleines Fenster, in das Sie einen neuen Wert eingeben und mit einem Klick auf den Button **Ändern** hinterlegen können. Um diesen Wert in der Spalte **System** auch sehen zu können, kann es jedoch erforderlich sein, dass Sie die Anzeige mit einem Klick auf **Aktualisieren** auffrischen.

Neue Parameter anlegen

Sie können auch neue Parameter eintragen. Klicken Sie dazu doppelt auf eine INI-Datei (z. B. **indexserver.ini**), um das Fenster in Abbildung 6.12 zu öffnen.

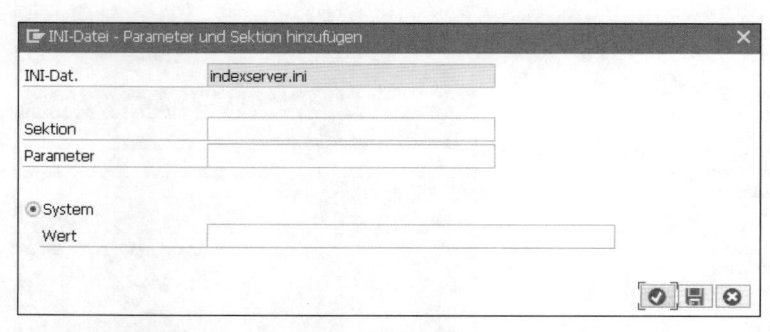

Abbildung 6.12 Neuen Parameter anlegen

Wenn Sie im Feld **Sektion** eine bestehende Sektion angeben, wird der Parameter dieser zugeordnet. Tragen Sie eine noch nicht vorhandene Sektion ein, oder vertippen Sie sich, wird eine neue Sektion erstellt. Der Parameter und der Wert werden dann darunter einsortiert.

Exemplarisch haben wir den Parameter parameter_hanabuch mit dem Wert 1 in der neuen Sektion demo_hanabuch erstellt (siehe Abbildung 6.13).

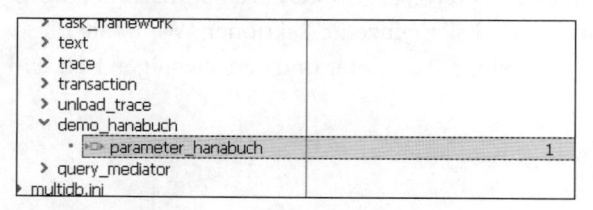

Abbildung 6.13 Neuer Parametereintrag

Parameter löschen

Sie können diesen Eintrag wieder löschen, indem Sie doppelt auf ihn klicken und dann im sich neu öffnenden Fenster auf **Ausgewählte Konfiguration löschen** (das kleine Mülleimericon) klicken. Nachdem Sie den letzten Parameter in der Sektion gelöscht haben, wurde auch die Sektion selbst entfernt.

»Volumes«

Die von SAP HANA verwendeten Volumes und Festplatten können Sie im Bereich **Volumes** untersuchen (siehe Abbildung 6.14). Die Ansicht unterscheidet zwischen Volumes (links) und Festplatten (rechts). Volumes sind die Dateien, in denen die Daten persistent auf der Festplatte gespeichert werden. Wenn Sie auf ein Volume klicken (in unserem Beispiel exemplarisch auf hdb00005 in der Spalte **Unterpfad**), erhalten Sie Detailinformationen zu diesem Volume. Dazu gehören auch die Größe und der von der Datei genutzte Speicherplatz, aber auch wichtige Informationen über die Schreib- und Lesezugriffe auf diese Dateien.

Speicher und Festplatten

Volumes

Host	Port	Service-Na	Volume-ID	Unterpfad	Platten-ID	ΣData Size [MB]	ΣLog Siz
hdbzdb	30003	indexserver	2	mnt00001/hdb00002.00003	1	4.352,00	
			2		3	0,00	3.0
	30007	xsengine	3	mnt00001/hdb00003.00003	1	320,10	
			3		3	0,00	
						4.672,10	3.0

Platten

Platten-ID	Host	Type	Service-Na	Geräte-ID	Pfad	Unterpfad	Speichergr	Gesamtgröß
1	hdbzdb	DATA	indexserver	65.024	/hana/data/HDB/	mnt00001/hdb00002.00003	4.352,00	92.146,00
1			xsengine	65.024		mnt00001/hdb00003.00003	320,10	92.146,00
3		LOG	indexserver	65.024	/hana/log/HDB/	mnt00001/hdb00002.00003	3.073,29	92.146,00
3			xsengine	65.024		mnt00001/hdb00003.00003	25,29	92.146,00
5		TRACE		65.024	/usr/sap/HDB/HDB00/hdbzdb/		0,00	92.146,00

Abbildung 6.14 Bereich »Volumes« im DBA Cockpit

Das Gleiche gilt für die anders sortierte Übersicht rechts. Sie konzentriert sich auf die Festplatten, die Sie anhand der Platten-ID in der ersten Spalte der Tabelle erkennen können. Klicken Sie auf eine Zeile, sehen Sie hier wieder die Detailinformationen im unteren Bereich der Bildschirmmaske. Diese Informationen werden über verschiedene Registerkarten verteilt bereitgestellt.

»Sicherungskonfiguration«

Der Bereich **Sicherungskonfiguration** gibt Ihnen die Möglichkeit, ein Backup für Daten- und Log-Dateien einzurichten (siehe Abbildung 6.15).

Datei-Backup

Sie können hier Sicherungen in Dateien einstellen, indem Sie einen Zielpfad angeben. Die einzelnen Services erstellen darin dann Dateien mit den Daten-Backups. Wenn Sie die Option **Limit der maximalen Dateigröße** aktivieren, können Sie diese Dateigröße bestimmen. Erreicht die Dateigröße

Sicherung in Dateien/Dateisystemen

das angegebene Limit und müssen weitere Daten gesichert werden, werden diese in weiteren Dateien gespeichert, sodass das gesamte Backup auf mehrere Dateien aufgeteilt ist.

Die Log-Dateisicherung funktioniert ähnlich. Die Log-Dateien werden als Dateisicherung in das angegebene Zielverzeichnis gespeichert, wobei die einzelnen Services wieder jeweils einzelne Dateien speichern. Die Logs werden hier in einem Standardintervall von 900 Sekunden gesichert, das Sie jedoch anpassen können. Werden die Log-Segmente gefüllt, bevor das Intervallende erreicht ist, wird ebenfalls eine Sicherung durchgeführt.

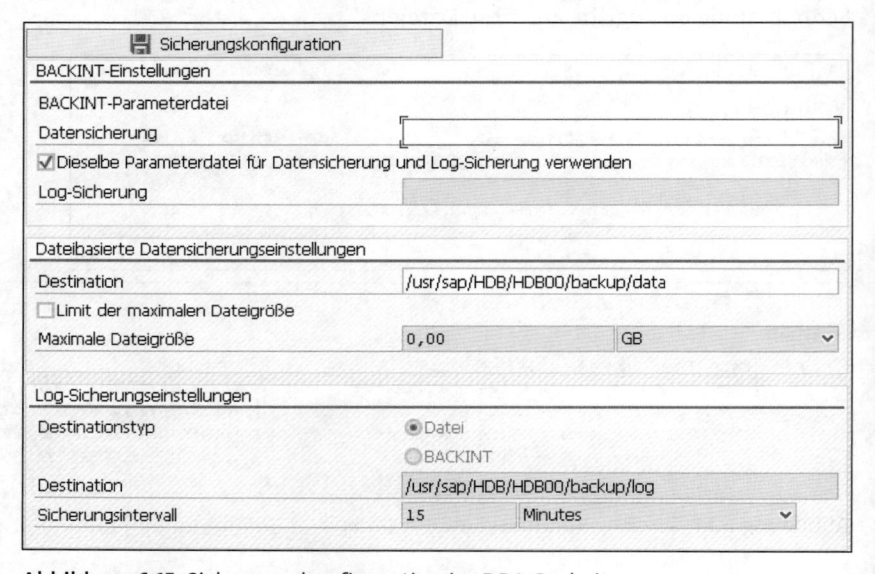

Abbildung 6.15 Sicherungskonfiguration im DBA Cockpit

Sicherung mit Drittanbietersystemen

Die Alternative zu den Sicherungen in Dateien ist die Verwendung von Backup-Systemen bzw. -Software von Drittanbietern. Dabei kann die Sicherung über die `Backint`-Schnittstelle erfolgen. Die dazugehörige Parameterdatei können Sie hier angeben. Auf die `Backint`-Schnittstelle und deren Konfiguration gehen wir ausführlicher in Kapitel 9, »Backup und Recovery«, ein.

6.1.4 »Jobs«

Im Bereich **Jobs** können verschiedene Jobs für die SAP-HANA-Datenbank eingeplant werden. Es gibt dafür einen zentralen Kalender sowie drei weitere Abschnitte, die wir Ihnen nun vorstellen.

»DBA-Einplanungskalender«

Der **DBA-Einplanungskalender** dient der Einplanung einzelner Aufgaben, die in der Regel periodisch im Hintergrund ausgeführt werden. Das kann z. B. eine Datensicherung oder eine Konsistenzprüfung sein. Seit SAP HANA SPS10 können auch SQL-Anweisungen sowie inkrementelle oder differenzielle Backups auf diese Weise eingeplant werden. Abbildung 6.16 zeigt den DBA-Einplanungskalender.

Jobübersicht

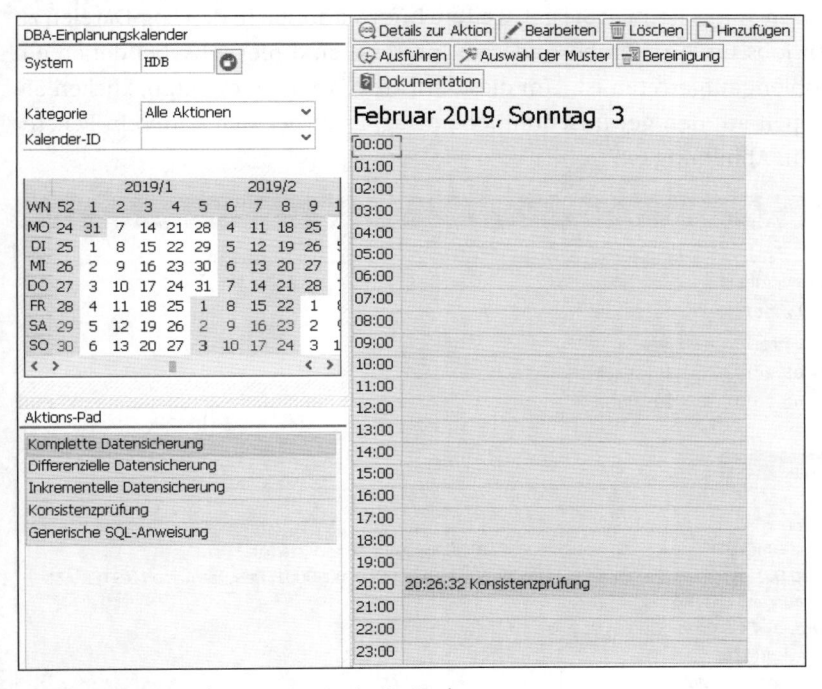

Abbildung 6.16 Jobs im DBA Cockpit einplanen

Auf der linken Seite sehen Sie eine Kalenderübersicht. Hier können Sie einen Tag auswählen, den Sie betrachten möchten. Sie können hier auch Jobs der Vergangenheit und Ihre Log-Dateien betrachten, falls diese noch vorhanden sind. Auf der rechten Seite sehen Sie den gewählten Tag. In einer in Abbildung 6.16 nicht sichtbaren, darüber angeordneten Menüleiste können Sie die Ansicht der rechten Seite auf Tage, Wochen oder Monate umstellen und so eine bessere Übersicht etwa über die periodisch eingeplanten Jobs erhalten.

Die Ansicht gibt Ihnen auch Hinweise zu den Status einzelner Jobs:

Statusübersicht

- Grün: Job wurde erfolgreich abgeschlossen.
- Rot: Ein Fehler trat auf, der Job wurde abgebrochen.

- Dunkelrot: Einplanung fehlgeschlagen/keine weiteren Informationen vorhanden/Einplanungszeitpunkt wurde überschritten.
- Gelb: Job wurde mit Warnung abgeschlossen.
- Dunkelgelb: Weitere Informationen sind nicht verfügbar.
- Blau: Job wurde noch nicht gestartet.
- Dunkelblau: Job wurde noch nicht abgeschlossen.

Jobprotokolle Je nach Status können Sie ggf. weitere Informationen in den Log-Dateien zu den Jobs finden. Von besonderem Interesse sind hier Jobs, bei denen ein Problem aufgetreten ist. Um diese Informationen zu erhalten, klicken Sie doppelt auf den gewünschten Jobeintrag. Es öffnet sich dann ein Fenster wie in Abbildung 6.17.

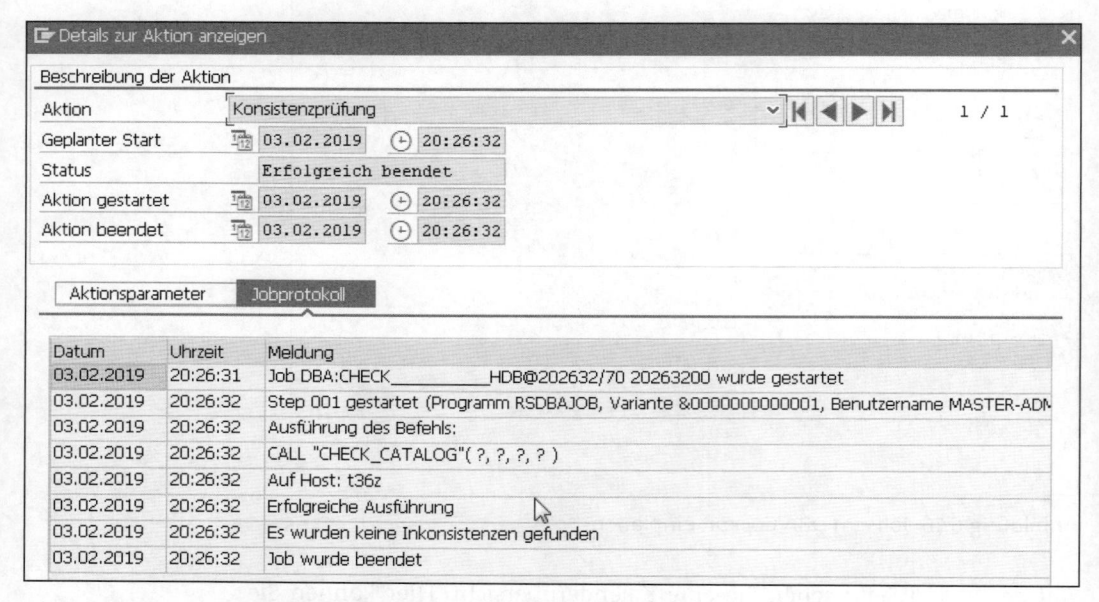

Abbildung 6.17 Detailinformationen und Jobprotokoll

Hier sehen Sie Informationen zu Ausführungen und Laufzeit der Jobs. Auf der Registerkarte **Jobprotokoll** finden Sie Informationen zu einzelnen Schritten der Jobausführung sowie ggf. zu Fehlern.

Jobs einplanen Die Einplanung, das Löschen oder die Bearbeitung von Jobs erfolgt ebenfalls in der rechten Hälfte der Bildschirmmaske (siehe Abbildung 6.16). Über den Button **Hinzufügen** können Sie einen neuen Job definieren. Es erscheint dann ein neues Fenster, in dem Sie den einzuplanenden Job wählen

6.1 Funktionen des DBA Cockpits

und einzelne Parameter einstellen können. Hier werden auch die Periodenwerte definiert. Die anderen Buttons wie z. B. **Bearbeiten** und **Löschen** bieten weitere Funktionen zur Jobbearbeitung.

Wichtig ist, dass Sie die Statuszeile weiter unten beachten. Hier finden Sie Hinweise darauf, ob Ihre Aktionen erfolgreich abgeschlossen wurden oder ob und ggf. welche Fehler aufgetreten sind.

»DBA-Log«

Im Bereich **DBA-Log** haben Sie noch eine Möglichkeit, frühere Jobs zu betrachten und zu filtern. Das DBA-Log ermöglicht einen schnellen Überblick und die einfache Filterung der jeweiligen Jobs (siehe Abbildung 6.18).

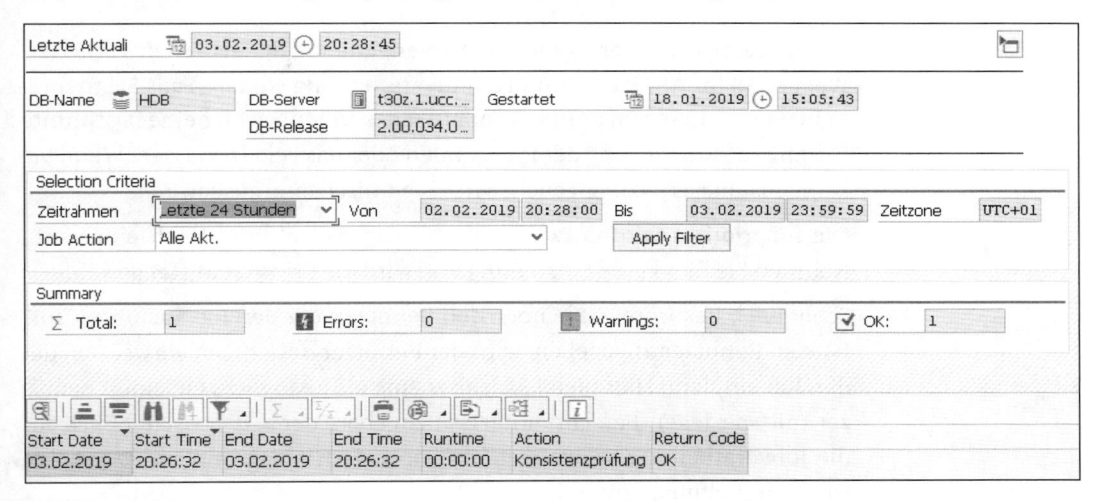

Abbildung 6.18 »DBA-Log«

»Backend-Konfiguration«

Unter **Backend-Konfiguration** können Sie allgemeine Einstellungen für die Hintergrundjobs vornehmen und die Ausführung beeinflussen. Wenn Sie mehrere Systeme im DBA Cockpit verwalten, können Sie hier Einstellungen für alle Systeme, für einzelne Datenbankplattformen bzw. -anbieter oder nur für einzelne Systeme vornehmen.

Jobs für mehrere Datenbanken einstellen

Abbildung 6.19 zeigt die dazugehörige Bildschirmmaske. Im Bereich **Gültigkeitsbereich** stellen Sie ein, für welche der genannten Datenbanken Sie die Jobs konfigurieren wollen. Im Abschnitt **Hintergrund-Dispatching** nehmen Sie dann die Einstellungen vor.

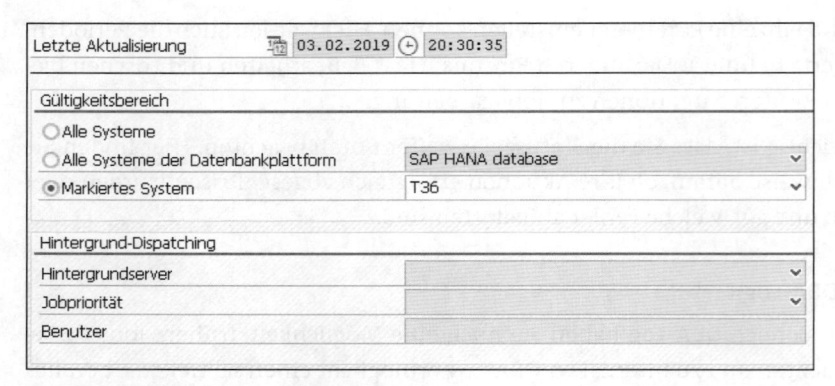

Abbildung 6.19 »Backend-Konfiguration«

Mit **Hintergrundserver** ist hier der Server gemeint, der als Teil des SAP NetWeaver AS for ABAP die Hintergrundverarbeitung steuert. Falls Sie mehrere Instanzen in Ihrem SAP-System nutzen, können Sie hier eine bestimmte Instanz zur Ausführung der Jobs wählen oder das Feld frei lassen. Wenn Sie keine Instanz explizit angeben, wird dynamisch eine ausgewählt.

Die **Jobpriorität** wird entweder als **Niedrig**, **Mittel** oder **Hoch** eingestuft. Nehmen Sie hier keine Einstellung vor, wird die Priorität **Mittel** gewählt.

Schließlich bestimmen Sie noch den Benutzer, der den Job ausführen soll. Ist kein Benutzer angegeben, wird der Benutzer desjenigen verwendet, der den Job einplant. Hier bietet sich aber eine gute Möglichkeit, einen Benutzer mit speziellen Berechtigungen anzugeben, der z. B. ausschließlich für die Jobverarbeitung verwendet wird und als Hintergrundbenutzer keine Dialoganmeldung ermöglicht.

Zentraler Kalender

Einplanungskalender für alle Datenbanken

Der zentrale Einplanungskalender bietet einen Gesamtüberblick über Ihre eingebundenen Datenbanken und die auf diesen Datenbanken geplanten Jobs (siehe Abbildung 6.20). Wichtig ist an dieser Stelle, dass die Jobs remote über das DBA Cockpit und nicht in der Datenbank selbst eingeplant wurden.

[»]

Fehlermeldung beim Starten des zentralen Kalenders

Wenn Sie den Kalender starten und die folgende Fehlermeldung erhalten, müssen Sie vorgehen, wie anschließend beschrieben:

Der Job 'Datensammler für zentralen Kalender' wurde noch nicht eingeplant

6.1 Funktionen des DBA Cockpits

> Wechseln Sie bei Erscheinen dieser Fehlermeldung zum DBA-Einplanungskalender, und fügen Sie einen neuen Job **Datenkollektor für zentralen Kalender** hinzu. Planen Sie diesen Job auf dem System ein, das Ihren SAP NetWeaver AS for ABAP beinhaltet, auf dem Sie das DBA Cockpit betreiben.

Im zentralen Einplanungskalender werden Ihnen die Daten zu verschiedenen SAP-Instanzen angezeigt, die Sie an das DBA Cockpit angebunden haben. Beachten Sie, dass nur Jobs und Status berücksichtigt werden, die vor dem letzten Lauf des im Hinweiskasten genannten Datenkollektor-Jobs schon vorhanden waren. Wählen Sie daher für die Wiederholungsrate des Jobs bei der Einplanung einen für Sie sinnvollen Periodenwert.

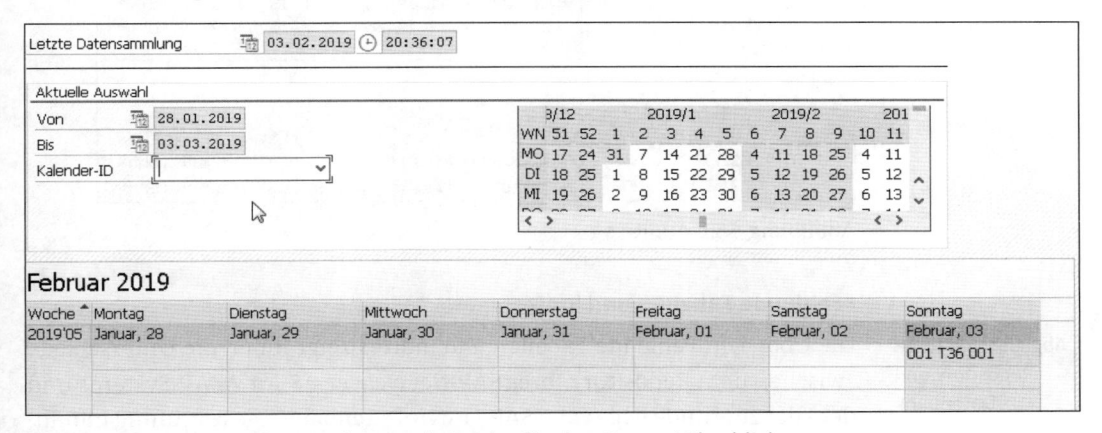

Abbildung 6.20 Zentraler Einplanungskalender für den Gesamtüberblick

In unserem Beispiel in Abbildung 6.20 sehen Sie nur wenige Einträge im zentralen Einplanungskalender, da es sich um eine Testsystemumgebung handelt. Je nach Systemlandschaft kann dieser Kalender Ihnen aber einen wertvollen Gesamtüberblick bieten.

6.1.5 »Diagnostics«

Der Bereich **Diagnostics** stellt Ihnen verschiedene Sichten auf die Datenbank zur Verfügung. Sie können hier für die Administration der Datenbank wertvolle Informationen gewinnen und die Aktionen der Benutzer überwachen.

»DBA-Audit-Log«

Wenn Sie die Datenbank über das DBA Cockpit verwalten, können Sie über das **DBA-Audit-Log** nachvollziehen, welche Aktionen ausgeführt wurden,

Datenbankaktionen

z. B. das Stoppen und Starten der Datenbank oder Änderungen an der Konfiguration. Wie in Abbildung 6.21 zu sehen ist, können Sie die Anzeige der Aktionen über einen Kalender einschränken. Sie können hier alle eingebundenen Instanzen überwachen. In unserem Beispiel haben wir die Instanz HDB gewählt. Im unteren Bereich werden dann die Ergebnisse angezeigt.

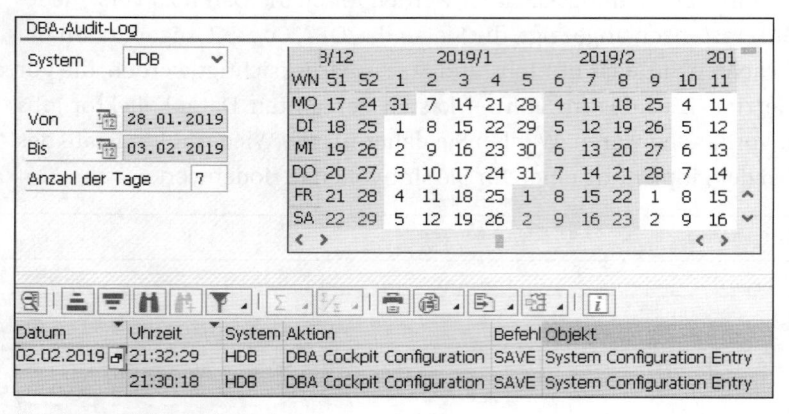

Abbildung 6.21 Audit-Log

»Fehlende Tabellen und Indizes«

Abgleich von ABAP Repository und Datenbank

Die Übersicht **Fehlende Tabellen und Indizes** zeigt Ihnen die Unterschiede zwischen dem Repository Ihres SAP-NetWeaver-AS-for-ABAP-Systems und dem der zugrunde liegenden SAP-HANA-Datenbank. Diese Prüfung hilft Ihnen, mögliche Fehlerquellen zu erkennen, die aufgrund von Diskrepanzen zwischen den vom SAP-System erwarteten und tatsächlich auf der Datenbank vorhandenen Tabellen und Indizes entstehen. Sie können sich hier Objekte anzeigen lassen, die auf der Datenbank fehlen, aber erwartet werden, oder Objekte, die auf der Datenbank existieren, dem SAP-System aber unbekannt sind. Hinzu kommen ggf. Objekte, die nicht so in der Datenbank angelegt wurden, wie sie eingeplant wurden. Dabei kann es sich ebenso um falsche oder fehlende Attribute in Tabellen handeln wie um falsche oder inkompatible Datentypen.

Button »EXPLAIN«

SQL-Abfragen analysieren

Über den Button **EXPLAIN** können Sie sich die Ausführungspläne einzelner Anfragen anzeigen lassen und so Einblick in die Arbeit des Datenbanksystems erhalten. Diese Funktion ermöglicht Ihnen die detaillierte Analyse von SQL-Anfragen. Sie können mit INSERT-, DELETE-, SELECT- und UPDATE-Anfragen arbeiten.

Unserer Erfahrung nach werden Sie dieses Werkzeug in der täglichen Arbeit eher selten verwenden. Sollten Sie jedoch Performance-Engpässe allein oder zusammen mit einem Anwendungsentwickler analysieren, können Sie durch die Ausführungspläne ggf. wertvolle Informationen gewinnen.

»Selbstüberwachung«

Im Bereich **Selbstüberwachung** werden Ihnen Informationen zu grundlegenden Prüfungen angezeigt, die SAP vorkonfiguriert bereitstellt (siehe Abbildung 6.22).

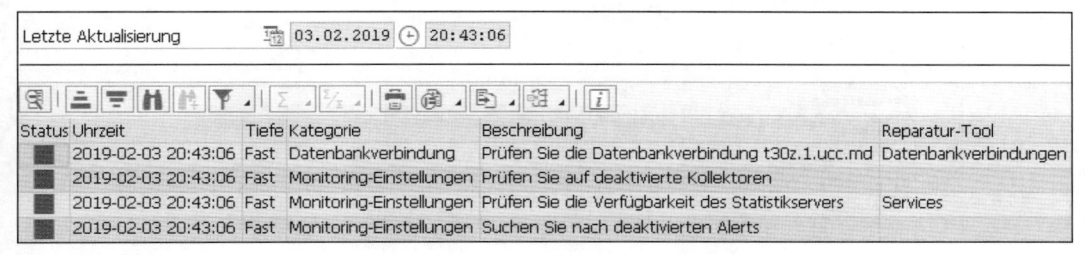

Status	Uhrzeit	Tiefe	Kategorie	Beschreibung	Reparatur-Tool
	2019-02-03 20:43:06	Fast	Datenbankverbindung	Prüfen Sie die Datenbankverbindung t30z.1.ucc.md	Datenbankverbindungen
	2019-02-03 20:43:06	Fast	Monitoring-Einstellungen	Prüfen Sie auf deaktivierte Kollektoren	
	2019-02-03 20:43:06	Fast	Monitoring-Einstellungen	Prüfen Sie die Verfügbarkeit des Statistikservers	Services
	2019-02-03 20:43:06	Fast	Monitoring-Einstellungen	Suchen Sie nach deaktivierten Alerts	

Abbildung 6.22 Bereich »Selbstüberwachung« des DBA Cockpits

Das Ziel dieser Prüfungen ist es, die Funktionsweise des DBA Cockpits selbst zu testen.

Sollte eine der Prüfungen fehlschlagen, können Sie hier mit einem Doppelklick in ein weiteres Fenster abspringen. Sie erhalten Detailinformationen zum Fehler und Hinweise zu dessen Lösung.

»SQL-Editor«

Auch im DBA Cockpit steht Ihnen ein **SQL-Editor** zur Verfügung. Sie können hier Datenbankabfragen erstellen und auf die Ergebnisse zugreifen. Wir nutzen hier ein einfaches Beispiel für den lesenden Zugriff:

Datenbankabfragen erstellen

```
SELECT * FROM SYS.M_DATABASES_
```

Die Zugriffe erfolgen mit dem Benutzer der Datenbankverbindung, die Sie verwenden (siehe Abschnitt 6.2, »Konfiguration des DBA Cockpits«). In dem Beispiel in Abbildung 6.23 schlägt dieser Zugriff fehl, da dem Benutzer SAP<SID> die Berechtigung für den Zugriff auf die gewünschte Tabelle fehlt. Nach Eingabe der Anweisung in den Editor erscheint am unteren Rand die Fehlermeldung »insufficient privilege: Not authorized«. Mit einem Doppelklick auf diese Fehlermeldung erhalten Sie detaillierte Informationen zu dieser Fehlermeldung in einem Pop-up-Fenster. Sie könnten nun eine neue Verbindung mit einem geeigneten Benutzer anlegen oder dem Benutzer

Berechtigungen für den Datenzugriff

SAP<SID> zusätzliche Berechtigungen zuweisen. Dabei müssen Sie entsprechend den Sicherheitsrichtlinien Ihres Unternehmens handeln oder einen anderen SQL-Editor wählen.

Ergebnisanzeige Führen Sie hingegen eine erfolgreiche SQL-Abfrage aus, werden Ihnen die Ergebnisse auf der Registerkarte **Ergeb.** in Tabellenform angezeigt.

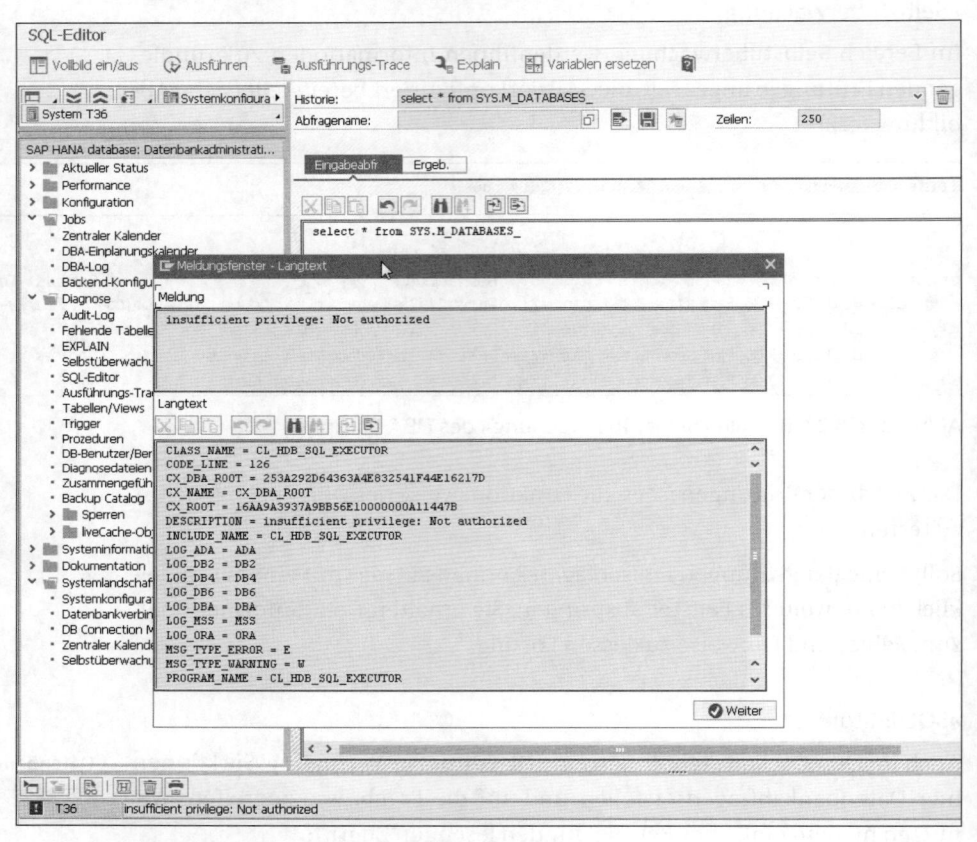

Abbildung 6.23 SQL-Editor im DBA Cockpit

> **»UPDATE«- und »DELETE«-Anweisungen**
> Bei SAP NetWeaver 7.40 sind UPDATE- und DELETE-Anweisungen erst ab SPS07 möglich.

»Ausführungs-Trace«

SQL-Abfrage aufzeichnen Ein weiteres wichtiges Werkzeug zur Analyse von SQL-Anweisungen kann der **Ausführungs-Trace** sein. Führen Sie eine Anweisung bei aktiviertem Trace aus, erhalten Sie eine PLV-Datei, die Sie anschließend analysieren können. Kopieren Sie die Anweisung dazu in den Editor-Bereich des Werkzeugs, bzw. geben Sie sie, wie im Beispiel in Abbildung 6.24 gezeigt, ein. Klicken Sie auf **Ausführen**. Beachten Sie, dass die zu testende Anweisung dabei wirklich ausgeführt wird und Daten übertragen werden. Bei erfolgreicher Ausführung des Statements öffnet sich ein Pop-up-Fenster, über das Sie die Trace-Datei lokal auf Ihrem Rechner abspeichern können.

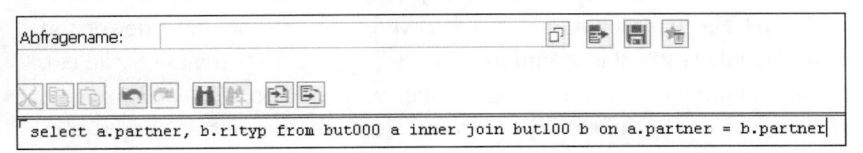

Abbildung 6.24 Editor-Fenster im Ausführungs-Trace

Anschließend können Sie die Trace-Datei im SAP HANA Studio betrachten:

Trace-Datei auswerten

1. Starten Sie dafür Ihr SAP HANA Studio, und wählen Sie im Menü oben links **File**.
2. Klicken Sie dort auf **Open File…**, um die zuvor erstellte PLV-Datei zu öffnen. Sie erhalten zunächst eine Übersicht mit Informationen zur Ausführung wie der Ausführungszeit, der SAP-HANA-Version und dem verbrauchten Speicher. Insbesondere bei komplexen Anfragen mit mehreren Joins oder bei komplexen WHERE-Klauseln kann auch die grafische Darstellung interessant sein (siehe Abbildung 6.25).

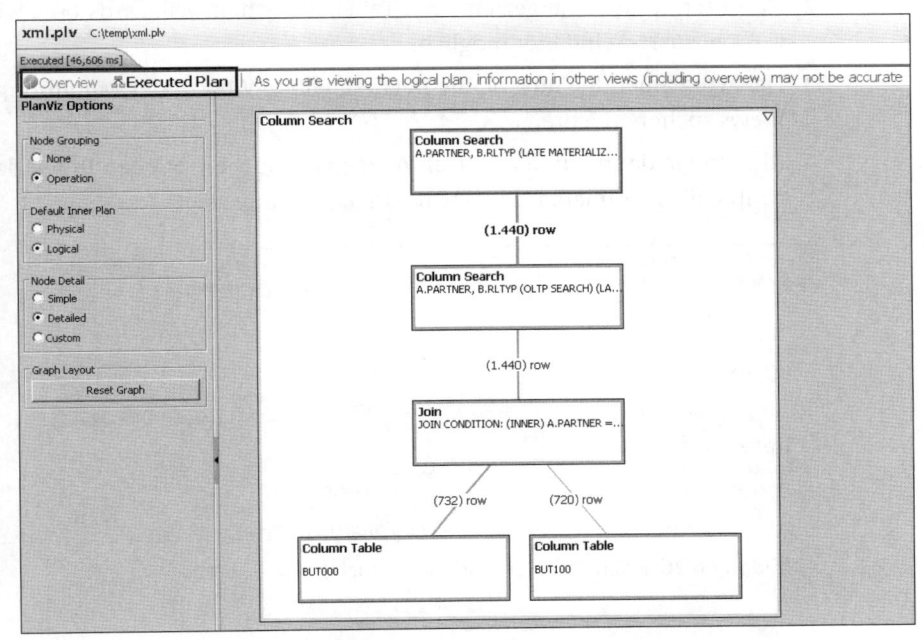

Abbildung 6.25 Grafische Darstellung eines Ausführungsplans

Um zwischen der initial angezeigten Übersichtsseite und der grafischen Übersicht zu wechseln, klicken Sie auf **Overview** (in Abbildung 6.25 grau hinterlegt) bzw. auf **Executed Plan**.

> **SAP HANA Studio**
>
> Grundsätzlich haben wir im vorangegangenen Kapitel das SAP HANA Cockpit als zentrales Administrationswerkzeug vorgestellt. In der ersten Auflage dieses Buches nahm das SAP HANA Studio noch diese Stelle ein. Eine funktionale Entsprechung des hier vorgestellten *Plan Visualizers* ist den Autoren dort noch nicht bekannt. Sie finden die Ausführungen zum SAP HANA Studio aus der ersten Auflage dieses Buches im Downloadbereich der aktuellen Auflage unter *www.sap-press.de/4841*.

»Tabellen/Views«

Tabellen und Views anzeigen

Der Abschnitt **Tabellen/Views** dient der Anzeige von Tabellen und Views in der SAP-HANA-Datenbank. Sie können hier auf die Objekte zugreifen, für die der Datenbankbenutzer, der für Ihre Verbindung mit dem DBA Cockpit genutzt wird, die Berechtigungen besitzt.

1. Wählen Sie zunächst ein **Schema** aus (z. B. SAP<SID> für das Schema Ihres SAP-Systems, siehe Abbildung 6.26).
2. Darunter können Sie gezielt nach Tabellen suchen. Wildcards (»*«, wie z. B. bei »usr*«) sind hier möglich.
3. Danach wählen Sie aus, ob Sie nach **Tabellen**, **Views** oder **Monitoring-Views** suchen möchten.
4. Klicken Sie dann auf den Button **Anzeigen / Suchen**, werden Ihnen darunter alle gefundenen Objekte in einer Liste angezeigt.

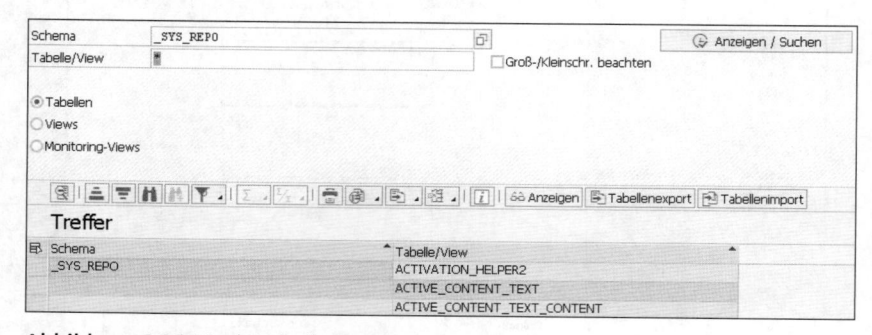

Abbildung 6.26 Nach Tabellen und Views suchen

Mit einem Doppelklick auf einen Tabellennamen werden Ihnen detaillierte Informationen zu dem Datenbankobjekt angezeigt. Sie können hier die Spalten und die zugehörigen Datendefinitionen sowie zur Tabelle gehörende Indizes einsehen. Auch Informationen zur Partitionierung inklusive einer Abschätzung des Speicherverbrauchs der Tabelle im Hauptspeicher können Sie sich über einen Klick auf die Registerkarte **Partition** anzeigen lassen.

Detailinformationen zu den Objekten

Über der Liste der gefundenen Tabellen werden die Buttons **Tabellenexport** und **Tabellenimport** angezeigt. Hier können Sie die Tabelleninhalte exportieren und ggf. auch mit externen Inhalten überschreiben (importieren).

»Prozeduren«

Im Abschnitt **Prozeduren** können Sie die in der Datenbank existierenden Prozeduren einsehen (siehe Abbildung 6.27). In der Baumstruktur auf der linken Seite können Sie anhand der Schemata zu den Prozeduren navigieren und sich diese anzeigen lassen (**Prozedurdefinition anzeigen**). Dort besteht auch die Möglichkeit, die Prozedurdefinitionen zu exportieren und auf dem eigenen Rechner zu speichern.

Prozedurdefinitionen anzeigen

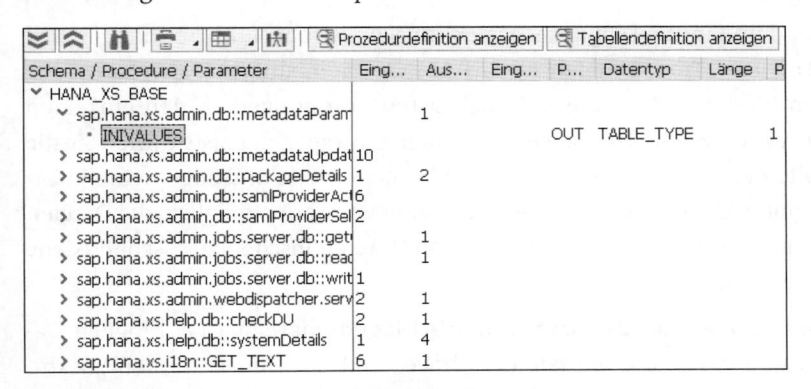

Abbildung 6.27 Prozeduren im DBA Cockpit anzeigen

»DB-Benutzer/Berechtigungen«

Mit der Anwendung **DB-Benutzer/Berechtigungen** lassen sich Datenbankbenutzer und ihre Berechtigungen auf der SAP-HANA-Datenbank auslesen. Sie können einen Datenbankbenutzer wählen und sich mit einem Klick auf **Read User** die Informationen zu seinen SQL- und Systemberechtigungen sowie den zugeordneten Rollen anzeigen lassen. Dies haben wir für den Benutzer **SYSTEM** in Abbildung 6.28 exemplarisch dargestellt.

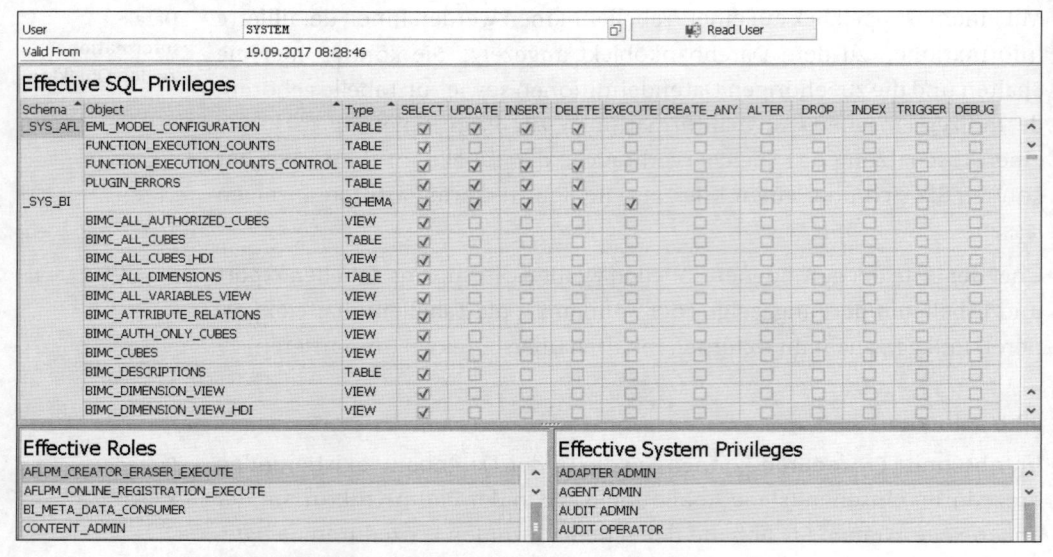

User	SYSTEM		Read User								
Valid From	19.09.2017 08:28:46										

Effective SQL Privileges

Schema	Object	Type	SELECT	UPDATE	INSERT	DELETE	EXECUTE	CREATE_ANY	ALTER	DROP	INDEX	TRIGGER	DEBUG
_SYS_AFL	EML_MODEL_CONFIGURATION	TABLE	✓	✓	✓	✓							
	FUNCTION_EXECUTION_COUNTS	TABLE	✓										
	FUNCTION_EXECUTION_COUNTS_CONTROL	TABLE	✓	✓	✓	✓							
	PLUGIN_ERRORS	TABLE	✓	✓	✓	✓							
_SYS_BI		SCHEMA	✓	✓	✓	✓	✓						
	BIMC_ALL_AUTHORIZED_CUBES	VIEW	✓										
	BIMC_ALL_CUBES	TABLE	✓										
	BIMC_ALL_CUBES_HDI	VIEW	✓										
	BIMC_ALL_DIMENSIONS	TABLE	✓										
	BIMC_ALL_VARIABLES_VIEW	VIEW	✓										
	BIMC_ATTRIBUTE_RELATIONS	VIEW	✓										
	BIMC_AUTH_ONLY_CUBES	VIEW	✓										
	BIMC_CUBES	VIEW	✓										
	BIMC_DESCRIPTIONS	TABLE	✓										
	BIMC_DIMENSION_VIEW	VIEW	✓										
	BIMC_DIMENSION_VIEW_HDI	VIEW	✓										

Effective Roles	Effective System Privileges
AFLPM_CREATOR_ERASER_EXECUTE	ADAPTER ADMIN
AFLPM_ONLINE_REGISTRATION_EXECUTE	AGENT ADMIN
BI_META_DATA_CONSUMER	AUDIT ADMIN
CONTENT_ADMIN	AUDIT OPERATOR

Abbildung 6.28 Berechtigungen des Benutzers »SYSTEM«

»Diagnosedateien«

Log- und Trace-Dateien anzeigen

Unter dem Eintrag **Diagnosedateien** im Navigationsbaum können Sie sich die Log- bzw. Trace-Dateien zur SAP-HANA-Datenbank anzeigen lassen. Sie sehen hier zunächst eine Liste der Datensammlungen zu den einzelnen Services. Mit einem Doppelklick auf einen Eintrag in der Liste öffnen Sie die Inhalte der Dateien und erhalten Fehlermeldungen und allgemeine Informationen. Über **Dateiinhalt herunterladen** ist es auch möglich, die Dateien herunterzuladen oder über den Button **Dateien löschen** zu löschen (siehe Abbildung 6.29).

Diagnosedateien zusammenführen

In der Anwendung **Zusammengeführte Diagnosedateien** ist es möglich, Dateien und damit die enthaltenen Trace- und Log-Informationen zusammenzuführen. Dies ist sinnvoll, wenn Sie verschiedene Informationsquellen auf einen Blick analysieren wollen oder Probleme untersuchen, deren Fehlermeldungen sich über verschiedene Dateien verteilen.

Sie starten den Vorgang manuell mit dem Button **Trace-Dateien in lokale DB-Tabelle zusammenführen**. Dabei erkennen Sie anhand eines Zeitstempels, welcher zuletzt gespeicherte Datensatz berücksichtigt wurde. Bei der Zusammenführung des Traces werden die Informationen in einer Datenbanktabelle gespeichert. Die Anzeige können Sie anhand verschiedener Filterkriterien beeinflussen. So ist es möglich, nur einen bestimmten Host, Port oder Service auszuwählen und gezielt nach Informationen zu einzelnen Komponenten oder Vorgängen zu suchen.

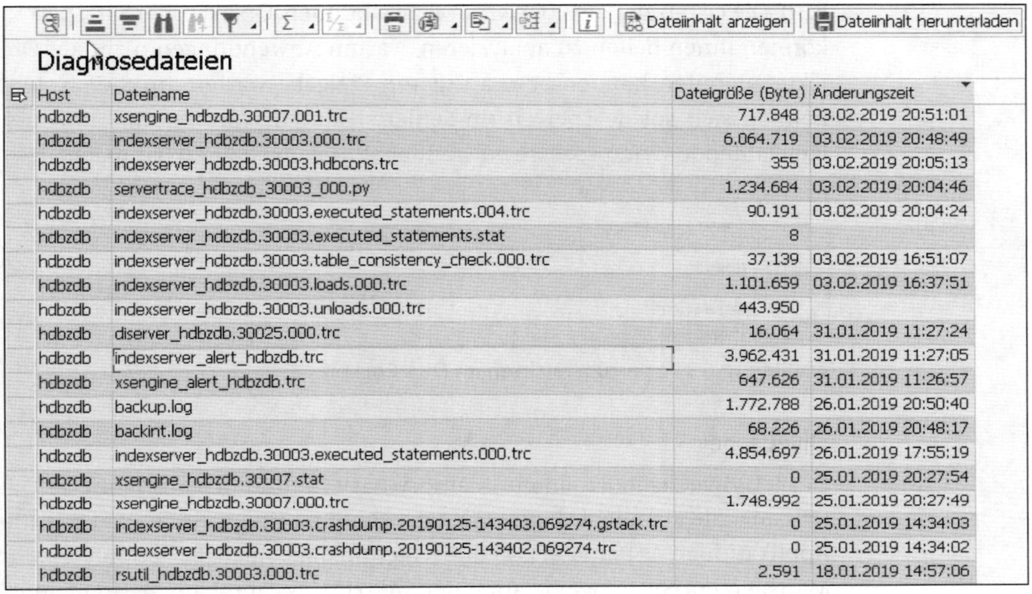

Dateiinhalt anzeigen | Dateiinhalt herunterladen

Diagnosedateien

Host	Dateiname	Dateigröße (Byte)	Änderungszeit
hdbzdb	xsengine_hdbzdb.30007.001.trc	717.848	03.02.2019 20:51:01
hdbzdb	indexserver_hdbzdb.30003.000.trc	6.064.719	03.02.2019 20:48:49
hdbzdb	indexserver_hdbzdb.30003.hdbcons.trc	355	03.02.2019 20:05:13
hdbzdb	servertrace_hdbzdb_30003_000.py	1.234.684	03.02.2019 20:04:46
hdbzdb	indexserver_hdbzdb.30003.executed_statements.004.trc	90.191	03.02.2019 20:04:24
hdbzdb	indexserver_hdbzdb.30003.executed_statements.stat	8	
hdbzdb	indexserver_hdbzdb.30003.table_consistency_check.000.trc	37.139	03.02.2019 16:51:07
hdbzdb	indexserver_hdbzdb.30003.loads.000.trc	1.101.659	03.02.2019 16:37:51
hdbzdb	indexserver_hdbzdb.30003.unloads.000.trc	443.950	
hdbzdb	diserver_hdbzdb.30025.000.trc	16.064	31.01.2019 11:27:24
hdbzdb	indexserver_alert_hdbzdb.trc	3.962.431	31.01.2019 11:27:05
hdbzdb	xsengine_alert_hdbzdb.trc	647.626	31.01.2019 11:26:57
hdbzdb	backup.log	1.772.788	26.01.2019 20:50:40
hdbzdb	backint.log	68.226	26.01.2019 20:48:17
hdbzdb	indexserver_hdbzdb.30003.executed_statements.000.trc	4.854.697	26.01.2019 17:55:19
hdbzdb	xsengine_hdbzdb.30007.stat	0	25.01.2019 20:27:54
hdbzdb	xsengine_hdbzdb.30007.000.trc	1.748.992	25.01.2019 20:27:49
hdbzdb	indexserver_hdbzdb.30003.crashdump.20190125-143403.069274.gstack.trc	0	25.01.2019 14:34:03
hdbzdb	indexserver_hdbzdb.30003.crashdump.20190125-143402.069274.trc	0	25.01.2019 14:34:02
hdbzdb	rsutil_hdbzdb.30003.000.trc	2.591	18.01.2019 14:57:06

Abbildung 6.29 Diagnosedateien im DBA Cockpit

»Backup Catalog«

Daten- und Log-Sicherungen

Im Bereich **Backup Catalog** im DBA Cockpit finden Sie eine Übersicht Ihrer Daten- und Log-Sicherungen, die Sie im DBA Cockpit oder im SAP HANA Cockpit bzw. SAP HANA Studio eingeplant haben (siehe Abbildung 6.30).

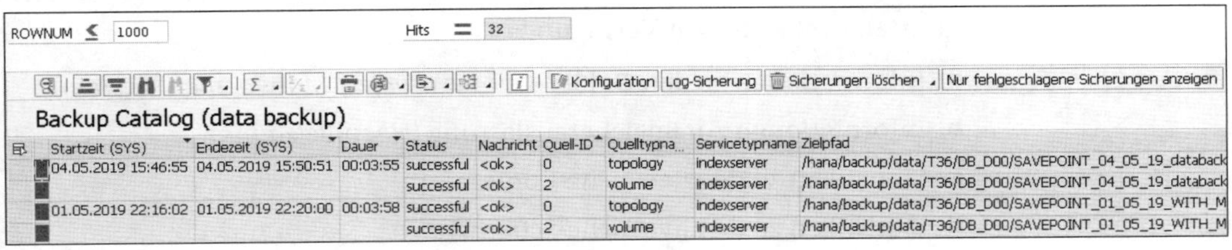

ROWNUM ≤ 1000 Hits = 32

Konfiguration | Log-Sicherung | Sicherungen löschen | Nur fehlgeschlagene Sicherungen anzeigen

Backup Catalog (data backup)

Startzeit (SYS)	Endezeit (SYS)	Dauer	Status	Nachricht	Quell-ID	Quelltypna...	Servicetypname	Zielpfad
04.05.2019 15:46:55	04.05.2019 15:50:51	00:03:55	successful	<ok>	0	topology	indexserver	/hana/backup/data/T36/DB_D00/SAVEPOINT_04_05_19_databack
			successful	<ok>	2	volume	indexserver	/hana/backup/data/T36/DB_D00/SAVEPOINT_04_05_19_databack
01.05.2019 22:16:02	01.05.2019 22:20:00	00:03:58	successful	<ok>	0	topology	indexserver	/hana/backup/data/T36/DB_D00/SAVEPOINT_01_05_19_WITH_M
			successful	<ok>	2	volume	indexserver	/hana/backup/data/T36/DB_D00/SAVEPOINT_01_05_19_WITH_M

Abbildung 6.30 Backup-Katalog im DBA Cockpit

Sie können hier auch ein laufendes Backup abbrechen, während dieses aktiv ist. Über den Button **Konfiguration** können Sie die Standardkonfiguration wie die `Backint`-Parameterdatei oder den Pfad eines Dateisystem-Backups anpassen. Genauere Informationen dazu finden Sie in Kapitel 9, »Backup und Recovery«.

»Sperren«

Lock-Übersichten

Im Bereich **Sperren** stehen Ihnen Übersichten zu verschiedenen auf der Datenbank existierenden Sperren (Locks) zur Verfügung (siehe Abbildung

6.31). Die Listen zu den blockierten Transaktionen, Objekt- oder Satzsperren können Ihnen helfen zu analysieren, warum Anwendungen nicht auf Objekte zugreifen können bzw. auf deren Freigabe warten. Im SAP-System können sich solche Sperren im Fehlerfall durch Wartezeiten, Timeouts, lang laufende Workprozesse oder andere Probleme bemerkbar machen.

```
✓ 🗀 Sperren
    • Blockierte Transaktionen
    • Objektsperren
    • Satzsperren
    • Deadlocks
    • liveCache-Sperren
    • liveCache-Sperrstatistik
```

Abbildung 6.31 Sperrübersichten im DBA Cockpit

»liveCache«

Der SAP liveCache ist eine In-Memory-basierte und objektorientierte Datenbank, die auch in SAP S/4HANA Anwendung findet. So nutzen z. B. die Applikationen ATP und PP/DS diese Technologie. Auch SAP-Supply-Chain-Management-Systeme, die auf einer SAP-HANA-Datenbank basieren, nutzen den in SAP HANA integrierten LiveCache.

Das DBA Cockpit bietet einen eigenen Bereich für diesen speziellen Anwendungsfall, auf den wir hier aber nicht im Detail eingehen. In SAP-Hinweis 2593571 »FAQ: SAP HANA Integrated liveCache« finden Sie einen guten ersten Anlaufpunkt zum Thema liveCache.

Im DBA Cockpit stehen Ihnen folgende Funktionen des in SAP HANA integrierten liveCaches zur Verfügung:

- Informationen zu den OMS-Versionen (*Object Management System*)
- Informationen zur Speicherauslastung (*Heap-Belegung*)
- Statistiken zu den liveCache-Containern
- Statistiken zu den liveCache-Schemata
- Statistiken zu den liveCache-Prozeduren

6.1.6 »Systeminformationen«

Die **Systeminformationen** des DBA Cockpits geben Ihnen Auskunft über den aktuellen Zustand Ihres jeweils ausgewählten Systems und ermöglichen es Ihnen, aktuelle Problemursachen zu erkennen.

»Verbindungen« und Verbindungsstatistik

Im Abschnitt **Verbindungen** werden alle offenen Verbindungen angezeigt. Sie sehen hier die verbundenen Clients und Anwendungen in einer Tabelle (siehe Abbildung 6.32). In den Spalten werden Informationen zu den jeweiligen Verbindungen angezeigt. Der Button **Anweisungsstring anzeigen** zeigt Ihnen eine zugehörige SQL-Anweisung an, falls diese existiert.

Verbindungen											
Host	Port	Verbindungs-ID	Transaktions-ID	Startzeit	Leerlaufzeit	Verbindungsstatus	Client-Host	Client-IP	Client-PID	Client WP	Benutzername
hdbzdb	30.003	234.551	31	03.02.2019 21:06:14	0	RUNNING	t36z	10.2.32.36	82.921	9	SYSTEM
hdbzdb	30.003	234.531	35	03.02.2019 20:58:17	391.755	IDLE	t36z	10.2.32.36	82.911	2	SYSTEM
hdbzdb	30.003	234.523	32	03.02.2019 20:55:50	623.638	IDLE	t36z	10.2.32.36	82.912	3	SYSTEM
hdbzdb	30.003	234.521	34	03.02.2019 20:54:46	687.698	IDLE	t36z	10.2.32.36	82.916	6	SYSTEM
hdbzdb	30.003	200.219	30	26.01.2019 17:06:03	0	IDLE			0		SYSTEM
hdbzdb	30.003	200.218	27		0	IDLE			0		SYSTEM
hdbzdb	30.003	200.165	24	26.01.2019 16:54:10	0	IDLE			0		SYS
hdbzdb	30.003	200.066	21	26.01.2019 16:51:07	0	IDLE			0		_SYS_STATISTICS

Abbildung 6.32 Verbindungsübersicht im DBA Cockpit

Die Verbindungsstatistik zeigt Ihnen weitere Informationen zu den einzelnen Verbindungen an. Wenn Sie gezielt nach einer Verbindung in beiden Tabellen suchen, können Sie diese anhand des Werts in der Spalte **Verbindungs-ID** eindeutig identifizieren.

»Transaktionen«

Der Abschnitt **Transaktionen** zeigt Ihnen alle offenen Transaktionen in der SAP-HANA-Datenbank an (siehe Abbildung 6.33). Die hier angezeigten Transaktionen können in Ihre Analyse im Abschnitt **Sperren** unterhalb des Knotens **Diagnose** im DBA Cockpit einfließen.

Offene Transaktionen

Transaktionen								
Host	Port	Verbindungs-ID	Transaktions-ID	Transaktionsequenz ID	Verbuchungstransaktion	Transaktionsstatus	Transaktionstyp	
hdbzdb	30003	234.531	35	5		0	ACTIVE	USER TRANSACTION
hdbzdb	30007	1-	5	91.142		0	ACTIVE	EXTERNAL TRANSACTION

Abbildung 6.33 Transaktionsübersicht im DBA Cockpit

»Caches«

Die Übersicht **Caches** bezieht sich auf die Caches der SAP-HANA-Datenbank. Hier sehen Sie u. a. die Größen der jeweiligen Caches (siehe Abbildung 6.34).

Caches						
Host	Port	Cache-ID	Gesamtgröße (MB)	Belegte Größe (...	Anzahl Einträge	Anzahl Einfügung...
r60-s...	36040	CE_ScenarioModelCache	0,000	134,588	1.449	1.652
r60-s...	36040	CS_QueryResultCache[Realtime]	0,000	0,000	0	0

Abbildung 6.34 Cache-Übersicht im DBA Cockpit

»Große Tabellen«

Speicherverbrauch analysieren

Bei der Analyse von unerwartet großem Speicherverbrauch Ihrer SAP-HANA-Datenbank kann die Ansicht **Große Tabellen** hilfreich sein. Sie können hier ein Datenbankschema wählen und sich die größten und die am schnellsten wachsenden Tabellen anzeigen lassen (siehe Abbildung 6.35).

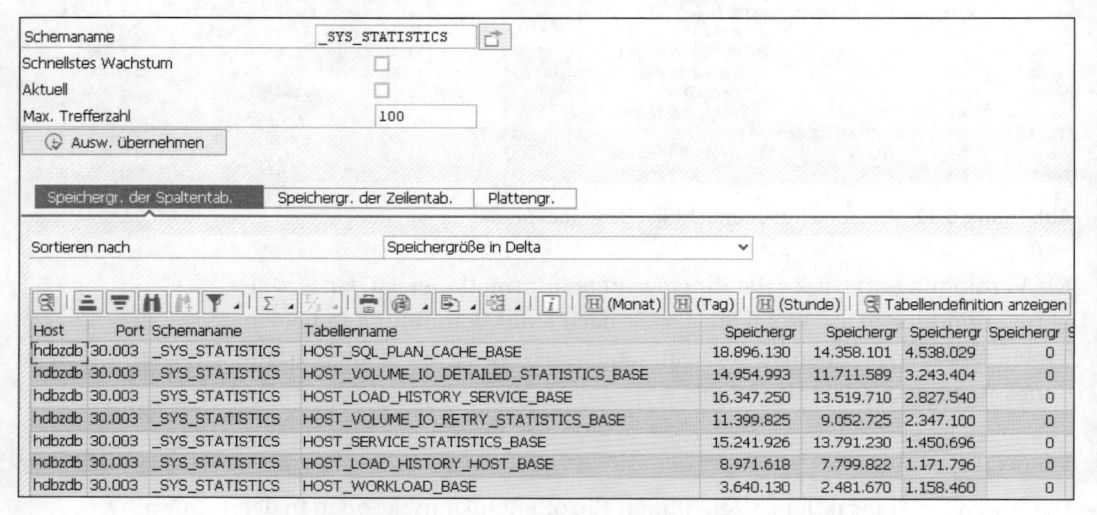

Abbildung 6.35 Ansicht »Große Tabellen« im DBA Cockpit

Sie haben verschiedene Sortierkriterien zur Auswahl und können darüber hinaus Einblick in das Wachstum einer Tabelle gewinnen, indem Sie die gewünschte Zeile markieren und dann den Button **(Monat)**, **(Tag)** oder **(Stunde)** anklicken. Für uns erwies sich diese Funktion schon oft als hilfreich, wenn es darum ging, den Verbrauchern großer Speichermengen auf die Spur zu kommen.

»DB-Größenhistorie«

Datenwachstum analysieren

Oft werden zumindest Ihre produktiv genutzten Datenbanken über einen längeren Zeitraum hinweg ein Datenwachstum aufweisen. Ein Blick auf dieses Datenwachstum kann jedoch hilfreich sein, wenn z. B. Probleme aufgrund eines plötzlichen ungewöhnlich hohen Speicherverbrauchs auftreten. Diese können sich durch einen hohen Ressourcenverbrauch im Backup-System bemerkbar machen. Die Anwendung **DB-Größenhistorie** hilft Ihnen in diesem Fall bei der Ursachensuche. In Abbildung 6.36 ist z. B. ersichtlich, dass ein starkes Wachstum der Datenmenge vom 06.03. auf den

07.03. stattfand. Damit ist zwar noch keine Ursache gefunden, im Rahmen einer umfangreichen Fehleranalyse können diese Informationen aber hilfreich sein.

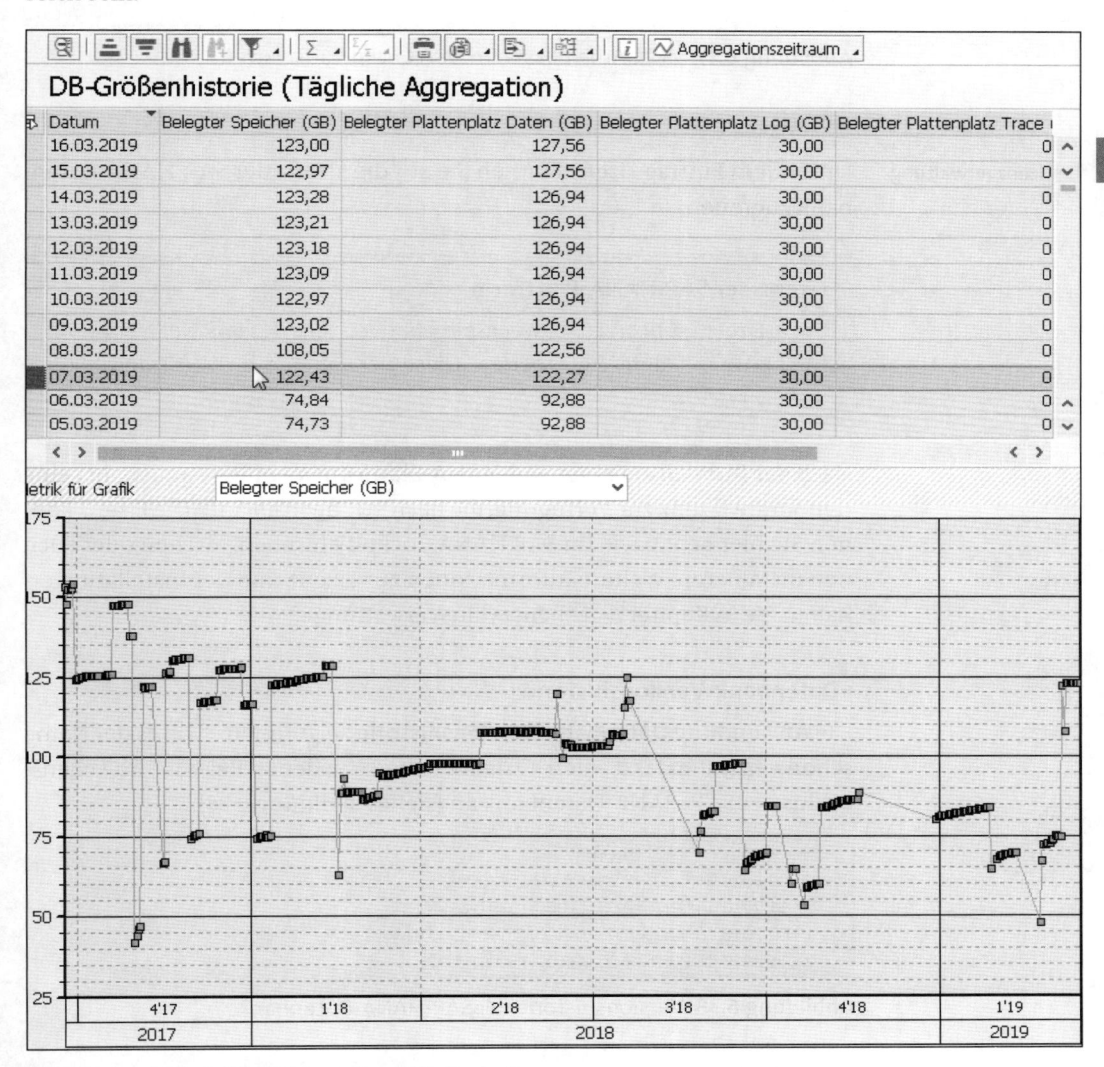

Abbildung 6.36 Größenhistorie im DBA Cockpit

»SQL-Arbeitslast«

Die Menge an SQL-Anweisungen, die Ihr Server zu verarbeiten hat, lässt sich über die Transaktion **SQL-Arbeitslast** auswerten, die Sie in Abbildung 6.37 sehen.

SQL-Arbeitslast								
Host	Port	Anzahl Ausführungen	Anzahl Kompilierungen	Anzahl Verbuchungstransaktionen	Anzahl Commits	Anzahl Rollbacks	Aktuelle Ausführungsrate
hdbzdb	30003	22.488.659	172.294	1.750.817	1.859.374	23.668	1.061

Abbildung 6.37 »SQL-Arbeitslast« im DBA Cockpit auswerten

»Lizenz«

Lizenzverwaltung

Unter dem Eintrag **Lizenz** können Sie auf die Lizenz der SAP-HANA-Datenbank zugreifen.

> **Lizenz der SAP-HANA-Plattform**
>
> Diese Lizenz ist nicht zu verwechseln mit der Lizenz des SAP NetWeaver AS for ABAP, auf dem Sie arbeiten. Diese verwalten Sie über Transaktion SLICENSE.

Nach der Installation einer SAP-HANA-Plattform steht Ihnen zunächst eine temporäre Lizenz zur Verfügung, die nach 90 Tagen abläuft. Die Lizenz können Sie hier genau wie im SAP HANA Cockpit einsehen, löschen oder auch neu installieren. Weitere Informationen zur Lizenz und der Installation erhalten Sie in Kapitel 7, »Lebenszyklusverwaltung«.

»Datenbank-Versionshistorie«

Die Anwendung **Datenbank-Versionshistorie** zeigt Ihnen – wie es der Name schon vermuten lässt – den Verlauf der verschiedenen Releases im Lebenszyklus der SAP-HANA-Datenbank an (siehe Abbildung 6.38).

Install Time	Version
08.02.2019 08:07:27	2.00.036.00.1547699771
07.11.2018 14:52:36	2.00.034.00.1539746999
13.02.2018 16:42:25	2.00.023.00.1513691289
22.11.2017 18:20:45	2.00.020.00.1500920972

Abbildung 6.38 Versionshistorie der SAP-HANA-Datenbank

»SQL-Fehlercodes«

In der Anwendung **SQL-Fehlercodes** finden Sie eine Auflistung möglicher SQL-Fehler, dokumentiert anhand ihres Nummerncodes, der Bezeichnung und einer Kurzbeschreibung (siehe Abbildung 6.39).

6.1 Funktionen des DBA Cockpits

Code	Code String	Description
1	WRN_GENERAL	general warning
2	ERR_GENERAL	general error
3	FATAL_GENERAL	fatal error
4	FATAL_OUT_OF_MEMORY	cannot allocate enough memory
5	ERR_INIT	initialization error
6	ERR_DATA	invalid data
7	ERR_FEATURE_NOT_SUPPORTED	feature not supported

Abbildung 6.39 »SQL-Fehlercodes«

»Systemverfügbarkeitsprotokoll«

Das **Systemverfügbarkeitsprotokoll** unterstützt Sie bei der Sicherstellung der Verfügbarkeit Ihrer Systeme, indem es verschiedene Ereignisse auflistet, die Einfluss auf die Systemverfügbarkeit haben können (siehe Abbildung 6.40). Dabei wird Ihnen nicht nur angezeigt, wann Ihre Datenbanken gestartet oder gestoppt wurden, sondern es wird auch aufgezeichnet, wenn eine neue Datenbank hinzugefügt wird.

Event Time	Event Name	System Active	System Status
29.12.2018 12:20:24	DATABASE_ADD	UNKNOWN	WARNING
29.12.2018 12:20:30	SERVICE_STARTING	STARTING	WARNING
29.12.2018 12:24:06	SERVICE_STARTED	YES	OK
29.12.2018 12:25:11	DATABASE_ADD	UNKNOWN	WARNING
29.12.2018 12:25:11	DATABASE_ADD	UNKNOWN	WARNING
29.12.2018 12:25:17	SERVICE_STARTING	STARTING	WARNING
29.12.2018 12:25:18	SERVICE_STARTED	YES	OK
29.12.2018 12:25:18	DATABASE_ADD	UNKNOWN	WARNING
29.12.2018 12:25:18	DATABASE_ADD	UNKNOWN	WARNING
29.12.2018 12:25:18	DATABASE_ADD	UNKNOWN	WARNING

Abbildung 6.40 »Systemverfügbarkeitsprotokoll«

»Sonstige«

Dieser sehr allgemein als **Sonstige** bezeichnete Abschnitt gruppiert eine Sammlung verschiedener Anzeigen. Ein Blick in diesen Bereich lohnt sich. Sie finden hier z. B. eine Liste mit Anmeldeversuchen und deren Status (**Connection Attempts and Status**), eine Anzeige von Tabellen mit ihrem Speicherverbrauch auf der Festplatte (**Size of Tables on Disk**), eine Liste mit aktuellen Anmeldungen (**Sessions**) und weitere Ansichten sowie jeweils eine kurze Erklärung dazu (siehe Abbildung 6.41).

Weitere Auswertungen

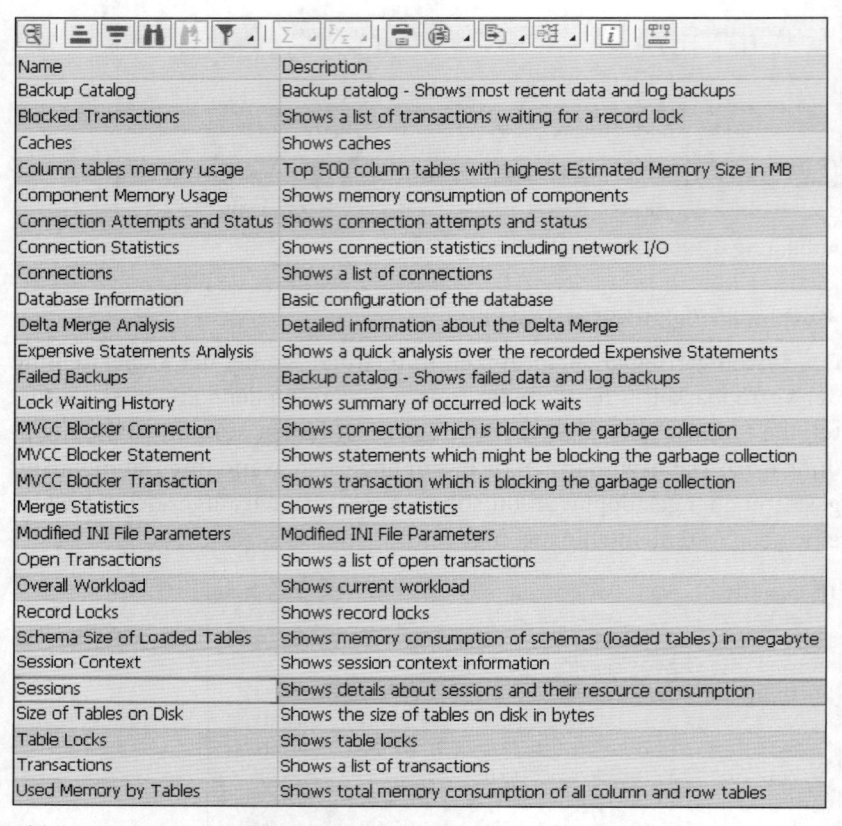

Name	Description
Backup Catalog	Backup catalog - Shows most recent data and log backups
Blocked Transactions	Shows a list of transactions waiting for a record lock
Caches	Shows caches
Column tables memory usage	Top 500 column tables with highest Estimated Memory Size in MB
Component Memory Usage	Shows memory consumption of components
Connection Attempts and Status	Shows connection attempts and status
Connection Statistics	Shows connection statistics including network I/O
Connections	Shows a list of connections
Database Information	Basic configuration of the database
Delta Merge Analysis	Detailed information about the Delta Merge
Expensive Statements Analysis	Shows a quick analysis over the recorded Expensive Statements
Failed Backups	Backup catalog - Shows failed data and log backups
Lock Waiting History	Shows summary of occurred lock waits
MVCC Blocker Connection	Shows connection which is blocking the garbage collection
MVCC Blocker Statement	Shows statements which might be blocking the garbage collection
MVCC Blocker Transaction	Shows transaction which is blocking the garbage collection
Merge Statistics	Shows merge statistics
Modified INI File Parameters	Modified INI File Parameters
Open Transactions	Shows a list of open transactions
Overall Workload	Shows current workload
Record Locks	Shows record locks
Schema Size of Loaded Tables	Shows memory consumption of schemas (loaded tables) in megabyte
Session Context	Shows session context information
Sessions	Shows details about sessions and their resource consumption
Size of Tables on Disk	Shows the size of tables on disk in bytes
Table Locks	Shows table locks
Transactions	Shows a list of transactions
Used Memory by Tables	Shows total memory consumption of all column and row tables

Abbildung 6.41 Auswertungen unter dem Bereich »Sonstige«

»Data Browser für Systemtabellen«

Datenbankschema direkt analysieren

Wenn Sie direkt auf Informationen aus den Datenbankschemata SYS und _SYS_STATISTICS zugreifen möchten, können Sie dies im Abschnitt **Data Browser für Systemtabellen** tun. Mit einem Doppelklick auf ein Schema werden Ihnen jeweils die dazugehörigen Views und Tabellen angezeigt. Wiederum mit einem Doppelklick auf einen Eintrag der Ergebnisliste können Sie sich die Inhalte anzeigen lassen. Für das Schema _SYS_STATISTICS steht Ihnen auch noch ein Zeitfilter (siehe Abbildung 6.42) zur Verfügung. Sie können sich also Einträge eines bestimmten Zeitraums anzeigen lassen.

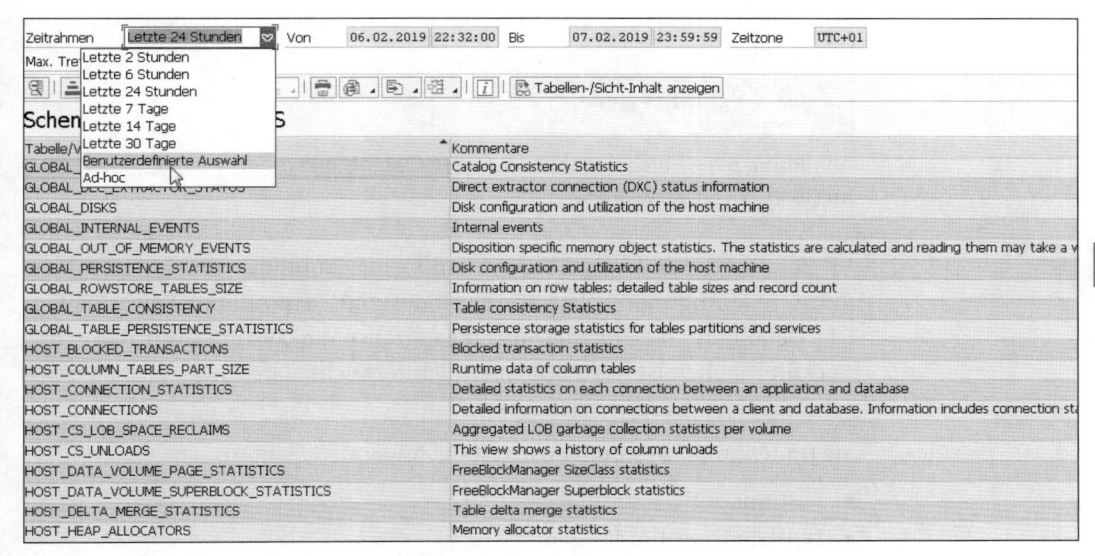

Abbildung 6.42 Anzeige des Schemas »_SYS_STATISTICS«

6.1.7 »Dokumentation«

Unter dem Knoten **Dokumentation** finden Sie zwei externe Verlinkungen:

- **SAP HANA database in SAP-Bibliothek**
- **SAP HANA database in SDN**

Links zu externen Dokumentationen

Dabei handelt es sich einerseits um die Dokumentation zu SAP HANA im SAP Help Portal (*http://help.sap.com*) und andererseits um den Verweis auf die SAP Community mit vielen Inhalten und Bereichen, auch zum Thema SAP HANA. Genauere Informationen erhalten Sie auch in Abschnitt 17.4, »SAP Community«.

6.1.8 »Systemlandschaft«

Der letzte Abschnitt im DBA Cockpit, auf den wir hier eingehen, ist mit **Systemlandschaft** überschrieben. Die bisher beschriebenen Analysemöglichkeiten bezogen sich in der Regel auf die jeweils ausgewählte SAP-HANA-Datenbank. Diese Auswahl nehmen Sie, wie in Abbildung 6.43 gezeigt, im oberen linken Bereich des DBA Cockpits vor.

Komplette Landschaften verwalten

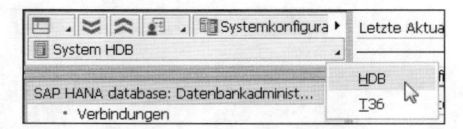

Abbildung 6.43 Verschiedene SAP-HANA-Datenbanken im DBA Cockpit verwalten

Im Bereich **Systemlandschaft** können Sie die Anbindungen der einzelnen Systeme konfigurieren bzw. prüfen oder eine Gesamtübersicht erhalten. Die Detailtiefe, die für die Verwaltung einzelner Systeme mit dem DBA Cockpit möglich ist, wird hier aber nicht erreicht, dafür sind die bisher beschriebenen Sichten vorgesehen.

Sichten Sie finden unter **Systemlandschaft** die folgenden Sichten:

- Systemkonfiguration
- Datenbankverbindungen
- DB Connection Monitor
- Zentraler Kalender
- Selbstüberwachung

Diese Werkzeuge dienen dazu, zu prüfen, ob das DBA Cockpit ordnungsgemäß funktioniert, und um die angebundenen Systeme zu konfigurieren. So können Sie z. B. im Bereich **Systemkonfiguration** andere Datenbanken anbinden. In den Screenshots dieses Kapitels ist Ihnen bereits die SAP-HANA-Instanz T36 begegnet, die zu dem zugrunde liegenden SAP NetWeaver AS for ABAP gehört, auf dem wir das DBA Cockpit verwenden, und dazu HDB als zusätzliche SAP-HANA-Instanz, wie auch in Abbildung 6.44 zu sehen ist. Wie Sie weitere Anbindungen einrichten, sehen wir uns in Abschnitt 6.2, »Konfiguration des DBA Cockpits«, unter der Überschrift »Zusätzliche SAP-HANA-Instanzen anbinden« an.

Abbildung 6.44 Systemkonfiguration im DBA Cockpit

6.2 Konfiguration des DBA Cockpits

Bisher haben wir beschrieben, wie das DBA Cockpit Ihnen hilft, die SAP-HANA-Funktionen und die Daten zu nutzen und zu überwachen. Nun gehen wir auf die Einrichtung des DBA Cockpits ein.

6.2.1 Rollen und Berechtigungen für das DBA Cockpit

Bei der folgenden Beschreibung der Rollen und Berechtigungen beziehen wir uns auf die Objekte, die Sie auf dem SAP NetWeaver Application Server finden. Für die Arbeit mit dem DBA Cockpit benötigen Sie bestimmte Berechtigungen. Dazu wurden die Berechtigungsobjekte S_RZL_ADM und S_DBCON bereitgestellt.

Berechtigungsobjekte

Das Berechtigungsobjekt S_RZL_ADM kann für die Verwaltung von SAP-HANA-Systemen im DBA Cockpit verwendet werden und stellt das Feld ACTVT bereit. In dieses Feld können die folgenden Werte eingetragen werden:

»S_RZL_ADM«

- 01: Mit der Berechtigung DBA-Cockpit-Administrator können Instanzen gestoppt, gestartet und andere Administrationsfunktionen ausgeführt werden.
- 03: Dieser Wert führt dazu, dass dem Benutzer Anzeigefunktionen zur Verfügung stehen. Administrative Aufgaben können damit nicht ausführt werden.

Das Berechtigungsobjekt S_DBCON wird für jedes im DBA Cockpit verwaltete SAP-HANA-System zugewiesen. Es beinhaltet weitere Felder, die Verbindungsinformationen zum SAP-HANA-System enthalten. Diese heißen DBA_DBHOST (Hostname des Servers der SAP-HANA-Instanz), DBA_DBSID (Datenbank-ID bzw. Datenbankname) und DBA_DBUSER (Datenbankbenutzer für die Anmeldung). Darüber hinaus werden die erlaubten Aktionen über das Feld ACTVT gesteuert:

»S_DBCON«

- 03: Berechtigung für Anzeigefunktionen für nicht oder wenig sicherheitsrelevante Daten
- 23: Berechtigung zur Anpassung von Datenbankparametern und Einstellungen
- 36: Berechtigung für erweiterte Wartungsfunktionen. Mit dieser Berechtigung können alle SQL-Anweisungen ausgeführt werden. Diese umfassende Berechtigung sollte vorsichtig genutzt und verteilt werden.

SAP stellt zwei Rollen zur Verfügung, die zur Arbeit mit dem DBA Cockpit genutzt werden können:

Rollen

- Die Rolle SAP_BC_DBCON_USER stellt Anzeigefunktionen für das DBA Cockpit bereit.
- Die Rolle SAP_BC_S_DBCON_ADMIN bündelt die Berechtigungen für die Administrationsfunktionen.

Eigene Rollen anlegen

Im Folgenden zeigen wir Ihnen, wie Sie eine eigene Rolle für das DBA Cockpit pflegen und einem Benutzer zuweisen können. Als Beispiel legen wir eine Rolle an, mit der es möglich ist, den SQL-Editor im DBA Cockpit zu nutzen. Unser Ziel ist es also, eine Rolle zu erstellen, die das Berechtigungsobjekt S_DBCON mit dem Feld ACTVT und dem Wert 36 enthält. Dazu gehen Sie wie folgt vor:

1. Melden Sie sich über das SAP GUI am SAP-System an.
2. Geben Sie im Transaktionsfeld (oben links) »PFCG« ein, und drücken Sie die ⏎-Taste. Sie gelangen dadurch in die Anwendung **Rollenpflege** und können dort Ihre eigene Rolle anlegen.
3. Vergeben Sie einen Namen (z. B. »Z_DBACOCKPIT_SQL«) für die Rolle, und klicken Sie auf den Button **Einzelrolle** (siehe Abbildung 6.45).

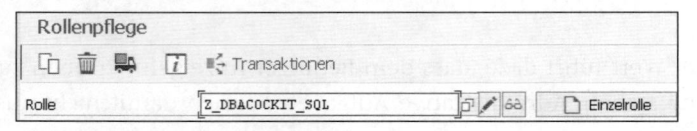

Abbildung 6.45 Rolle anlegen

4. Im Folgebildschirm geben Sie nun zunächst eine Beschreibung ein und klicken dann auf die Registerkarte **Berechtigungen**. Bestätigen Sie das Pop-up-Fenster, das Sie zum Speichern der Rolle auffordert.
5. Im Bereich **Berechtigungen** können Sie nun ein Profil anlegen, das die eigentlichen Berechtigungen beinhaltet. Klicken Sie dazu auf **Berechtigungsdaten ändern**, wodurch Sie in die Bildschirmmaske **Rolle ändern: Berechtigungen** gelangen (siehe Abbildung 6.46).

Abbildung 6.46 Profil erstellen

6. Hier können Sie nun Berechtigungsobjekte hinzufügen und die Felder mit Werten versehen (siehe Abbildung 6.47). Klicken Sie dafür auf den Button **Manuelle Auswahl Berechtigungen**, und geben Sie die beiden Objekte in dem kleinen Suchfenster ein, das sich durch den Klick auf den Button geöffnet hat.

6.2 Konfiguration des DBA Cockpits

Abbildung 6.47 Berechtigungsobjekte hinzufügen

7. Danach finden Sie die Berechtigungsobjekte und deren Felder in einer Baumstruktur wieder und können sie dort füllen (siehe Abbildung 6.48).

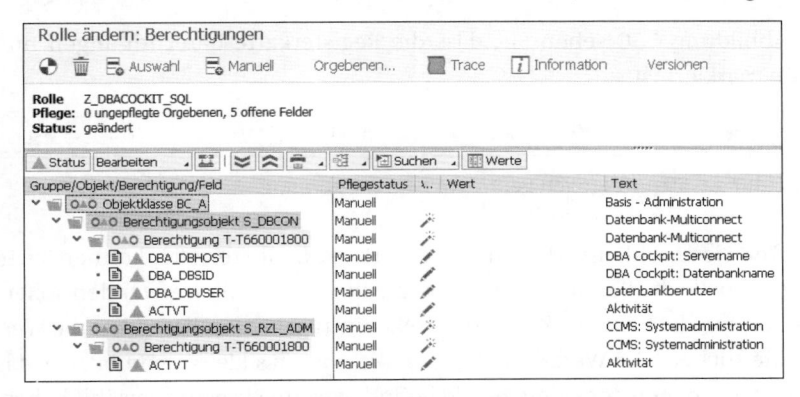

Abbildung 6.48 Eingefügte Berechtigungsobjekte

8. Füllen Sie nun die Baumstruktur mit den Werten, indem Sie jeweils auf das Stifticon klicken und im sich öffnenden Fenster die entsprechende Berechtigung aus der Liste pflegen bzw. den gewünschten Wert eintragen. Wichtig ist hier der Wert 36 bei **Aktivität** für das Berechtigungsobjekt S_DBCON. Fertig ausgefüllt sieht Ihre Übersicht für unser Beispiel wie in Abbildung 6.49 aus. Beachten Sie hier die grün hinterlegten Ampelicons. Sie zeigen an, dass alles vollständig gepflegt wurde.

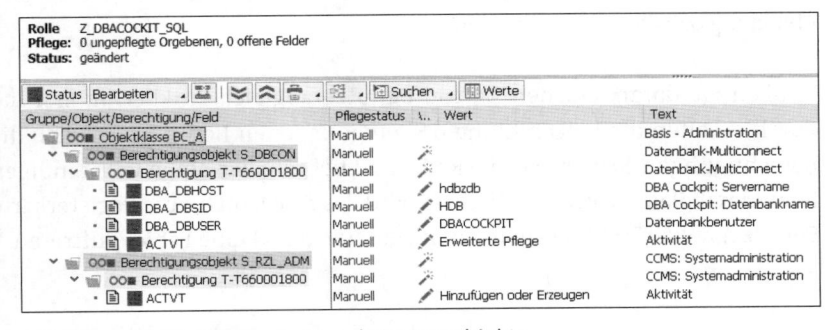

Abbildung 6.49 Gepflegte Berechtigungsobjekte

9. Nun ist es zunächst wichtig, dass Sie die Eingaben sichern. Klicken Sie dazu auf **Sichern** in der oberen Menüleiste. Beim erstmaligen Sichern erhalten Sie nun noch die Möglichkeit, einen Namen für das Profil anzugeben. Zusätzlich müssen Sie aber auch das Profil generieren, in dem dann alle Ihre Eingaben hinterlegt wurden.

10. Klicken Sie dafür auf das Icon **Generieren** ([🔄]). Der Status sollte dann auf **generiert** stehen. Dies sehen Sie in der ersten Zeile der Anzeige unterhalb der Menüleiste im Fenster **Rolle ändern: Berechtigungen**. Wenn Sie alle Einstellungen vorgenommen haben, können Sie mit dem **Zurück**-Button wieder zur Rollenpflege zurückkehren.

In Abbildung 6.50 sehen Sie, dass die Registerkarte **Berechtigungen** nun grün markiert ist.

Abbildung 6.50 Erfolgreich gepflegte Berechtigungen

Rollen den Benutzern zuordnen

Klicken Sie anschließend auf die Registerkarte **Benutzer**. Hier können Sie in einer Tabelle die Benutzer eintragen, die Ihre neue Rolle verwenden sollen. Sie können die Benutzerkennung direkt eintragen oder diese über die Wertehilfe suchen. Die Wertehilfe können Sie über das kleine Icon öffnen, das sich rechts neben dem Eingabefeld befindet, wenn Sie es ausgewählt haben. In unserem Fall verwenden wir hier den neu angelegten Benutzer DBACOCKPIT (siehe Abbildung 6.51).

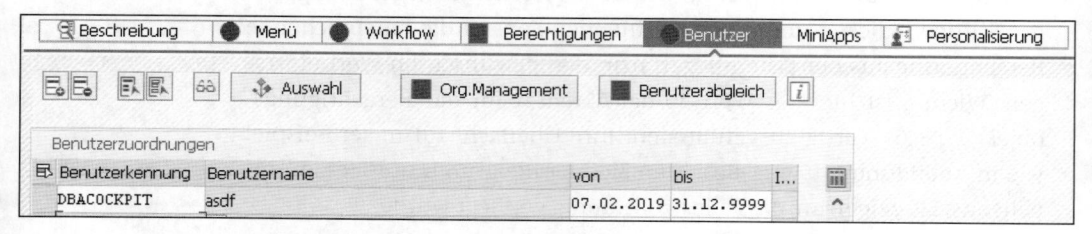

Abbildung 6.51 Benutzer eintragen

Denken Sie daran, auf den Button **Benutzerabgleich** zu klicken. Erst dadurch erhalten die in Abbildung 6.51 eingetragenen Benutzer letztlich die Berechtigungen. Sichern Sie die Rolle, und nehmen Sie einen vollständigen Benutzerabgleich vor. Anschließend wird das rote Icon für die Registerkarte **Benutzer** auf Grün umgestellt, vorausgesetzt, dass keine Fehler auftreten.

6.2 Konfiguration des DBA Cockpits

> **Anlegen von Benutzern**
>
> Wir gehen an dieser Stelle davon aus, dass Sie bereits über einen Benutzer im System verfügen. Sollte dies nicht der Fall sein, können Sie einen neuen Benutzer über Transaktion SU01 anlegen.

Wenn Sie sich nun mit Ihrem neuen Benutzer am SAP-NetWeaver-System anmelden, sollten Sie den SQL-Editor nutzen, um Abfragen an die Datenbank zu senden. Sie finden ihn im Menübaum unter **Diagnose • SQL-Editor**. Die SQL-Abfrage SELECT * FROM T000 ergibt dann dort exemplarisch die Ergebnisanzeige aus Abbildung 6.52.

Benutzer verwenden

Historie:	select * from T000										
Abfragename:				Zeilen:	250						

Eingabeabfr / Ergeb.

MANDT	MTEXT	ORT01	MWAER	ADRNR	CCCATEGORY	CCCORACTIV	CCNOCLIIND	CCCOPYLOCK	CCNOCASCAD	CCSOFTLOCK	CCORIGCONT
800	S4HANA BW Client	Magdeburg	EUR		C	1					

Abbildung 6.52 Benutzer im SQL-Editor testen

Abbildung 6.52 zeigt das Ergebnis der Abfrage. Wenn Sie auf die Registerkarte **Eingabeabfr** wechseln, können Sie dort eine Abfrage eingeben. Es ist auch möglich, Abfragen zu speichern und später wiederzuverwenden.

> **Standardbenutzer**
>
> Wenn Sie über das DBA Cockpit auf die dem SAP NetWeaver AS for ABAP zugrunde liegende Datenbank (diese wird in diesem Kontext auch als *lokale Datenbank* bezeichnet) zugreifen, wird in der Regel die Standarddatenbankverbindung und damit der Standardbenutzer SAP<SID> genutzt. Möchten Sie weitere Datenbanken an das DBA Cockpit anschließen, müssen Sie ggf. die dafür notwendigen Berechtigungen selbst zusammenstellen und einem Benutzer in SAP HANA zuweisen.

In Abbildung 6.49 haben wir exemplarisch den Benutzer DBACOCKPIT als Benutzer in der SAP-HANA-Datenbank angegeben. Dieser wird in der Regel mit in einer SAP-HANA-Datenbank angelegt, wenn Sie ein System installieren, das auf dem SAP NetWeaver AS for ABAP basiert. Bei Multi-Tenant-Systemen ist dieser Benutzer dann in dem Tenant vorhanden, auf dem auch das SAP-System installiert wurde.

Weitere Berechtigungen für Datenbankbenutzer

Damit der Benutzer, der für die Arbeit im DBA Cockpit auf die Objekte in der SAP-HANA-Datenbank zugreift, auch die notwendigen Zugriffsmöglichkeiten hat, ist das Zuweisen weiterer Berechtigungen für den Datenbankverbindungsbenutzer direkt in der SAP-HANA-Instanz notwendig. Die erforderlichen Berechtigungen sind in Tabelle 6.1 und Tabelle 6.2 aufgelistet.

SAP HANA Privilege	Beschreibung
BACKUP ADMIN	Einplanen von Backups im DBA-Einplanungskalender
CATALOG READ	Anzeigen von System- und Monitoring-Views
INITFILE ADMIN	Anzeigen und Anpassen der INI-Dateien und Alert-Schwellenwerte
SERVICE ADMIN	Anzeigen, Stoppen, Abbrechen und Konfigurieren von Services
TRACE ADMIN	Anzeigen, Löschen und Bereinigen von Traces

Tabelle 6.1 SAP HANA Privileges für Datenbankbenutzer

Rolle »DBA_COCKPIT« Die in Tabelle 6.1 aufgeführten Berechtigungen sind im SAP-HANA-System in der Rolle DBA_COCKPIT zusammengefasst (siehe Abbildung 6.53).

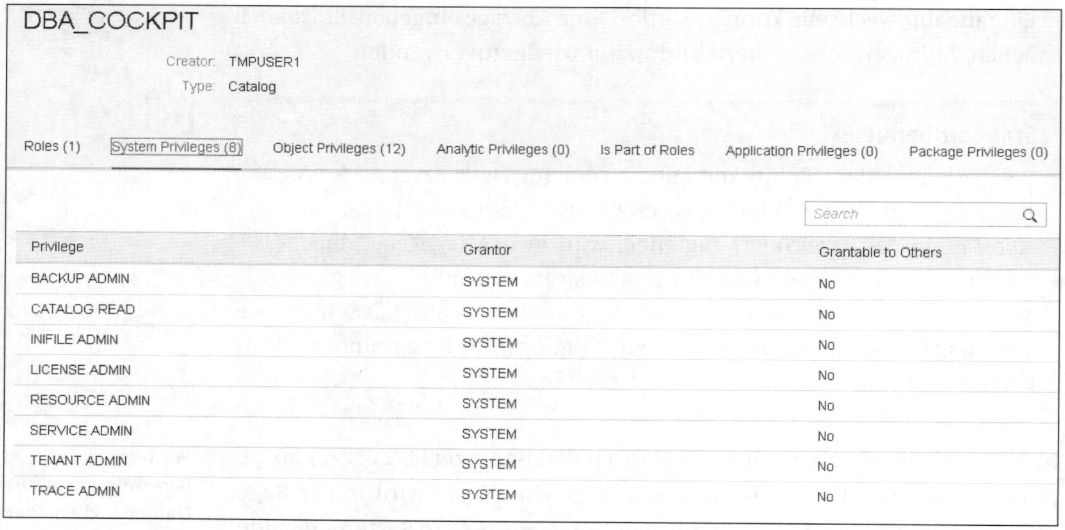

DBA_COCKPIT

Creator: TMPUSER1
Type: Catalog

Roles (1) | System Privileges (8) | Object Privileges (12) | Analytic Privileges (0) | Is Part of Roles | Application Privileges (0) | Package Privileges (0)

Privilege	Grantor	Grantable to Others
BACKUP ADMIN	SYSTEM	No
CATALOG READ	SYSTEM	No
INIFILE ADMIN	SYSTEM	No
LICENSE ADMIN	SYSTEM	No
RESOURCE ADMIN	SYSTEM	No
SERVICE ADMIN	SYSTEM	No
TENANT ADMIN	SYSTEM	No
TRACE ADMIN	SYSTEM	No

Abbildung 6.53 Anzeige der Rolle »DBA_COCKPIT« im SAP HANA Cockpit

Diese Rolle existiert jedoch nur, wenn Sie auf Basis einer SAP-HANA-Instanz einen SAP NetWeaver AS for ABAP installiert haben. Beachten Sie auch, dass Sie die Rolle bei einem Multi-Tenant-System dann nur in dem

Tenant finden, in dem die Daten des SAP-NetWeaver-AS-for-ABAP-Systems installiert wurden.

Wenn Sie keinen eigenen Benutzer oder vorhandene Rollen für den Zugriff über das DBA Cockpit verwenden können, können Sie einen eigenen Benutzer in SAP HANA anlegen und anhand unserer Ausführungen in diesem Abschnitt die notwendigen Berechtigungen zuweisen (siehe Tabelle 6.2).

SQL-Berechtigungen	Beschreibung
SELECT, UPDATE, DELETE und EXECUTE für alle Tabellen und Views des Schemas _SYS_STATISTICS	Anzeigen aktueller Alerts und Alert-Informationen
SELECT für Tabelle SAP<SID>.SVERS	Lesen des SAP-Releases
EXECUTE auf Prozedur MANAGEMENT-CONSOLE-PROC	Aktivieren des Kernel-Profils
SELECT für Tabelle SAP <SID>.LCAALERTS	Lesen SAP-liveCache-spezifischer Alerts

Tabelle 6.2 SQL-Berechtigungen für den SAP-HANA-Datenbankbenutzer

6.2.2 Zusätzliche SAP-HANA-Instanzen anbinden

Es ist auch möglich, weitere SAP-HANA-Instanzen mit im DBA Cockpit zu überwachen. Dafür müssen Sie das DBA Cockpit entsprechend konfigurieren:

Konfiguration für die Anbindung weiterer Instanzen

1. Klicken Sie im Menü des DBA Cockpits auf den Button **Systemkonfiguration** (siehe Abbildung 6.54).

Abbildung 6.54 »Systemkonfiguration« im DBA Cockpit aufrufen

2. Klicken Sie auf den Button **Hinzufügen** (siehe Abbildung 6.55).

Abbildung 6.55 System im DBA Cockpit hinzufügen

3. Daraufhin öffnet sich eine neue Bildschirmmaske namens **Konfiguration: Systemadministration – Systemeintrag hinzufügen**, in die Sie die notwendigen Daten eingeben können. Exemplarisch binden wir hier ein

SAP-HANA-System ein, auf dem ebenfalls ein SAP NetWeaver AS for ABAP installiert ist. Die System-ID lautet HDB, und wir fügen die SAP-HANA-Datenbank als entfernte Datenbank über eine Datenbankverbindung ein.

4. Da wir zu diesem System noch keine Datenbankverbindung definiert haben, erstellen wir sie mit einem Klick auf den Button **Anlegen** rechts neben dem Eingabefeld (siehe Abbildung 6.56).

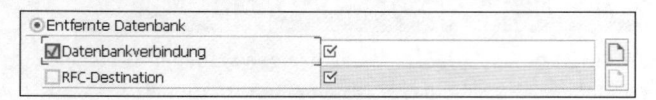

Abbildung 6.56 Eine neue Datenbankverbindung anlegen

5. Mit einem Klick auf diesen Button öffnet sich eine neue Bildschirmmaske, in der Sie verschiedene Daten eingeben müssen:
   – **Name der Verbindung**: Der Name der Verbindung ist frei wählbar. Exemplarisch entscheiden wir uns hier für »DBACOCKPIT@HDB«, so sehen wir gleich den Benutzer und die SAP-HANA-Instanz, die gewählt werden soll.
   – **Datenbanksystem**: Wählen Sie hier **SAP HANA database**.
   – **Verbindungen Maximal, Optimal**: Diese beiden Werte können Sie frei wählen. Sie sollten Ihrer Situation angepasst sein. Exemplarisch wählen wir hier »5« und »2«.
   – **Benutzername**: In unserem Beispiel wählen wir »DBACOCKPIT«. Wählen Sie ansonsten den Benutzer, den Sie dafür angelegt haben.
   – **Kennwort/Bestätigen**: Tragen Sie hier das Passwort Ihres Datenbankbenutzers ein.
   – **Datenbankhost**: Tragen Sie hier den Hostnamen Ihres SAP HANA Servers ein.
   – **SQL-Port**: Wie Sie den SQL-Port herausfinden, haben wir in Abschnitt 2.1.3, »SAP-HANA-Prozesse und -Threads«, beschrieben.

6. Speichern Sie Ihre Daten.

> **[»] Datenbankverbindungen anlegen**
>
> Eine Datenbankverbindung können Sie auch vorher anlegen oder später bearbeiten. In die entsprechenden Anwendungen gelangen Sie über den Button **Datenbankverbindungen** im DBA Cockpit (siehe Abbildung 6.57).

6.2 Konfiguration des DBA Cockpits

Abbildung 6.57 Datenbankverbindungen anlegen

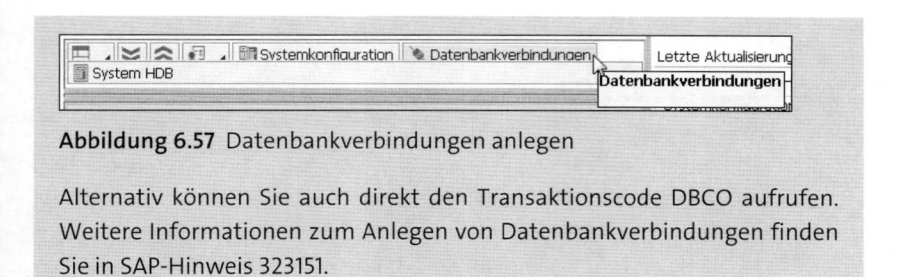

Alternativ können Sie auch direkt den Transaktionscode DBCO aufrufen. Weitere Informationen zum Anlegen von Datenbankverbindungen finden Sie in SAP-Hinweis 323151.

Nach dem erfolgreichen Speichern gelangen Sie zurück zur ursprünglichen Maske. Dort können Sie schon die Systemdaten der neu eingebundenen Instanz sehen (siehe Abbildung 6.58).

Systemdaten der neu eingebundenen Instanz

Abbildung 6.58 Gesamtübersicht zur neu eingebundenen SAP-HANA-Instanz

Im DBA Cockpit steht Ihnen nun eine zweite Instanz zur Verfügung. Sie können sich über den Bereich **Systemlandschaft** (siehe Abschnitt 6.1.8) eine Übersicht über mehrere Instanzen und Verbindungen gleichzeitig verschaffen. Außerdem können Sie nun zwischen den eingebundenen SAP-HANA-Instanzen hin- und herschalten. Dazu nutzen Sie das kleine Drop-down-Menü, das standardmäßig mit **System <SID>** beschriftet ist und in der Regel Ihren SAP NetWeaver AS for ABAP zuerst anzeigt.

Übersicht über mehrere Instanzen

Wie in Abbildung 6.59 gezeigt, können Sie hier die neu erstellte Instanz wählen. Anschließend beziehen sich die Anzeigen, die Sie im Menübaum auswählen, dann jeweils auf diese gewählte Instanz.

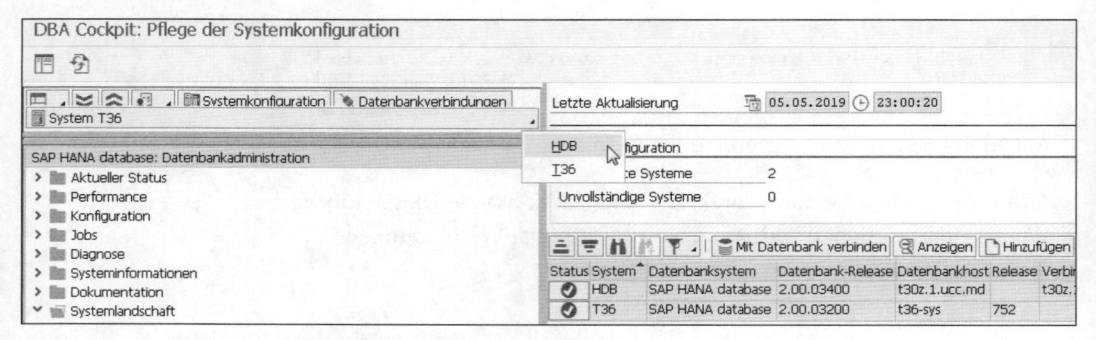

Abbildung 6.59 Wechsel zu einer anderen SAP-HANA-Instanz

> **Mehrere Datenbanken mit dem DBA Cockpit überwachen**
>
> Sie können auch mehrere SAP-HANA-Instanzen einbinden. Dabei ist es auch möglich, verschiedene Datenbanktypen bzw. Datenbanken verschiedener Hersteller zu überwachen (seit SAP-R/3-Release 4.5B). Lesen Sie dazu SAP-Hinweis 323151.

6.3 Kommandozeilenwerkzeug SAP HANA HDBSQL

Mit dem bisher beschriebenen DBA Cockpit können Sie eine Reihe administrativer Tätgkeiten vornehmen, wenn Sie Ihre SAP-HANA-Datenbank angebunden haben. Darüber hinaus gibt es eine Reihe von Werkzeugen, die sich für spezielle Fälle besonders eignen. Im Rahmen der Einrichtung einer Systemreplikation können Sie z. B. dem Werkzeug *hdbnsutil* begegnen. Ein anderes Beispiel ist das Werkzeug *hdbcons*. Es wird im Rahmen der Problembehebung verwendet – die Dokumentation empfiehlt jedoch, es nur unter Anleitung des SAP HANA Development Supports zu verwenden. Wir haben uns entschieden, an dieser Stelle beispielhaft das Werkzeug SAP HANA HDBSQL detaillierter zu beschreiben.

Mit diesem Werkzeug können Sie über die Kommandozeile Befehle an die SAP-HANA-Datenbank weitergeben. Wir erläutern Ihnen im Folgenden, wie Sie es aufrufen, sich anmelden und Befehle eingeben. HDBSQL bietet sich an, wenn Sie direkt über die Kommandozeile arbeiten möchten – oder müssen, da z. B. andere Werkzeuge nicht zur Verfügung stehen.

6.3 Kommandozeilenwerkzeug SAP HANA HDBSQL

6.3.1 Erste Schritte bei der Arbeit mit SAP HANA HDBSQL

Sie können HDBSQL im Standardfall über das Verzeichnis **/usr/sap/HDB/ HDB<Instanznummer>/exe** starten. Aufgerufen wird es dann mit dem Befehl `hdbsql` und ggf. weiteren Parametern. Den Start ohne Parameter zeigt Abbildung 6.60:

Starten von HDBSQL

```
hdbadm@t30z:/usr/sap/HDB/HDB00/exe> hdbsql
Welcome to the SAP HANA Database interactive terminal.
Type:  \h for help with commands
       \q to quit
hdbsql=>
```

Abbildung 6.60 Starten von HDBSQL

Sie befinden sich nun direkt in der HDBSQL-Konsole. Von hier aus können Sie weitere Befehle eingeben. Melden Sie sich dafür an der SAP-HANA-Instanz mit einem Benutzer und entsprechendem Passwort an.

Die folgenden Informationen benötigen Sie für die Anmeldung:

Anmelden an SAP HANA

- Hostname der Datenbank
- Instanznummer
- Benutzername
- Datenbankname

Daraus ergibt sich dann der folgende Befehl:

```
\c -n <host> -i <Instanznummer> -u <database_user> -d <database_name>
```

In Abbildung 6.61 sehen Sie ein Beispiel. Nach dem Eingeben des Logon-Befehls erscheint direkt die Passwortabfrage.

```
hdbsql=> \c -n localhost -i 00 -u system -d HDB
Password:
Connected to HDB@localhost:30013
hdbsql HDB=>
```

Abbildung 6.61 Anmeldung in HDBSQL

Es ist auch möglich, HDBSQL direkt mit den notwendigen Daten zur Verbindung auf eine Datenbank zu starten:

```
hdbsql -n localhost -i 00 -u system -d HDB
```

Darüber hinaus ist es möglich, das Passwort ebenfalls über die Befehlszeile als Parameter im Klartext mit zu nennen, dies kann im Einzelfall notwendig sein, ist aber keine von uns bevorzugte Lösung. Unser Beispiel würde dann wie folgt aussehen:

329

```
hdbsql -n localhost -i 00 -u system -p <PASSWORT> -d HDB
```

Den Wert <PASSWORT> müssen Sie hier durch Ihr Passwort ersetzen. Sie werden dann ohne weitere Rückfrage verbunden.

Trennen der Verbindung

Die Anmeldung an der Datenbank ist gewöhnlich Voraussetzung für das Ausführen weiterer Befehle. Sie verlassen den Anmeldemodus über exit, über /q oder quit können Sie die Verbindung zudem trennen.

Eingeben von Befehlen

Nachdem Sie sich wie beschrieben angemeldet haben, können Sie einzelne Kommandos eingeben. Wichtig sind zunächst die Befehle \? oder \h bzw. \help, mit denen Sie eine Übersicht über alle möglichen Befehle der jeweiligen HDBSQL-Version erhalten. Wir verzichten hier auf eine vollständige Auflistung möglicher Befehle, da je nach Version der Software die Möglichkeiten ein wenig variieren können.

```
Welcome to the SAP HANA Database interactive terminal.

Type:   \h for help with commands
        \q to quit

hdbsql=> \h
\? or \h[elp]       show help on internal slash commands
\q[uit]             quit HDBSQL
\c[onnect]          -i <instance number>
                    -n <host>[:<port>]
                    -d <database name>
                    -u <user_name>
                    -p <password>
                    -U <user_store_key>
                    connecting to the database
\di[sconnect]       disconnecting from the database

\mu[ltiline]        [ON|OFF] toggle the multiline mode on or off
\a[utocommit]       [ON|OFF] switch autocommit mode on or off
\m[ode]             [INTERNAL|SAPR3] change SQL mode
\cl[ientinfo]       [property=value[;...]] send client info
\ps                 [ON|OFF] toggle the usage of prepared statements on or off
\es                 [ON|OFF] toggle the escape output format on or off
\o[utput]           <filename> send all query results to file, double quotes around filename are allowed
\i[nput]            <filename> read input from file, double quotes around filename are allowed
\ie[ncoding]        <encoding> force input encoding, one of "ASCII", "UCS2", "UTF8"

\p[rint]            print out the current query buffer (only multiline mode)
\r[eset]            reset (clear) the query buffer (only multiline mode)
\e[dit]             <filename>  edit the query buffer (or file) with external editor (only multiline mode)
\g[o]               send query buffer to server and print out the results (only multiline mode)
;                   send query buffer to server and print out the results (only multiline mode)

\al[ign]            [ON|OFF] toggle the aligned output on or off
\pa[ger]            [ON|OFF] toggle page by page scroll output on or off
\f[ieldsep]         <separator> use <separator> as the field separator
\s[tatus]           print out host, database, user etc.

\dc [PATTERN]       list columns
\de [PATTERN]       list indices
\dp [PATTERN]       list procedures
\ds [NAME]          list schemas
\dt [PATTERN]       list tables
\du [NAME]          list users
\dv [PATTERN]       list views
[PATTERN] = [OWNER.][OBJECT NAME] eg. <username>.%A%
```

Abbildung 6.62 Anzeige der verfügbaren Befehle in HDBSQL

6.3.2 Mit SQL-Statements arbeiten

Wie es der Name schon vermuten lässt, können Sie über HDBSQL auch SQL-Anfragen an die Datenbank senden. Geben Sie dafür nach dem Aufbau der Verbindung zur Datenbank die gewünschten SQL-Statements ein, direkt im Anschluss erhalten Sie die Ausgabe auf dem Bildschirm. Exemplarisch lassen wir uns die in der Tabelle DELIVERY_UNITS hinterlegten Delivery Units einer SAP-HANA-Instanz (siehe Abbildung 6.63) mit dem SQL-Befehl select DELIVERY_UNIT from _SYS_REPO.DELIVERY_UNITS anzeigen.

SQL-Statements mit HDBSQL

```
DELIVERY_UNIT
"HANA_BACKUP"
"HANA_DT_BASE"
"HANA_HDBLCM"
"HANA_SEC_BASE"
"HANA_SEC_CP"
"HANA_TA_CONFIG"
"HANA_UI_INTEGRATION_CONTENT"
"HANA_UI_INTEGRATION_SVC"
"HANA_WKLD_ANLZ"
"HANA_XS_BASE"
"HANA_XS_DBUTILS"
"HANA_XS_EDITOR"
"HANA_XS_IDE"
"HDC_ADMIN"
"HDC_BACKUP"
"HDC_IDE_CORE"
"HDC_SEC_CP"
"HDC_XS_BASE"
"HDC_XS_LM"
"SAP_WATT"
"HANA_ADMIN"
"HANA_IDE_CORE"
"HANA_XS_LM"
"HCO_INA_SERVICE"
"SAPUI5_1"
lines 1-26/26 (END)
```

Abbildung 6.63 Beispiel eines SQL-Statements – Spalte »DELIVERY_UNIT«

Im in Abbildung 6.63 gezeigten Beispiel haben wir uns nur die Spalte DELIVERY_UNIT anzeigen lassen. Dies ist noch recht übersichtlich. Wählt man für die Anzeige keine einzelne Spalte im SQL-Statement aus, sondern allgemeiner select * from _SYS_REPO.DELIVERY_UNITS, kann die Anzeige, wie in Abbildung 6.64 angedeutet, schnell unübersichtlich werden.

```
DELIVERY_UNIT,RESPONSIBLE,VERSION,VENDOR,VERSION_SP,VERSION_PATCH,PPMS_ID,CAPTION,LAST_UPDATE,SP_PPMS_ID,ACH
"HANA_BACKUP","SAP","2","sap.com","0","0","73555000100200002841","SAP HANA Backup","2019-01-13 18:17:11.867000000","","HA
N-CPT-BAC"
"HANA_DT_BASE","SAP","1","sap.com","3","27","67838200100200022645","","2019-01-13 18:17:11.923000000","","HAN-AS-RST"
"HANA_HDBLCM","SAP","2","sap.com","0","0","73555000100200002745","SAP HANA HDBLCM","2019-01-13 18:17:11.925000000","","HA
N-LM-PLT"
"HANA_SEC_BASE","SAP","1","sap.com","3","9","73555000100200002716","HANA Security (Foundation)","2019-01-13 18:17:11.9270
00000","","HAN-CPT-UM"
"HANA_SEC_CP","SAP","1","sap.com","3","9","73555000100200002717","HANA Security (Cockpit Integration)","2019-01-13 18:17:
11.928000000","","HAN-CPT-UM"
"HANA_TA_CONFIG","SAP","2","sap.com","0","3","67838200100200020097","SAP HANA TA CONFIGURATION","2019-01-13 18:17:11.9300
00000","","HAN-DB-ENG-TXT"
"HANA_UI_INTEGRATION_CONTENT","SAP","1","sap.com","11","1","67837800100200025009","","2019-01-13 18:17:11.932000000","","
HAN-STD-DEV-UIS"
"HANA_UI_INTEGRATION_SVC","SAP","1","sap.com","11","1","67838200100200020617","","2019-01-13 18:17:11.933000000","","HAN-
STD-DEV-UIS"
"HANA_WKLD_ANLZ","SAP","1","sap.com","1","1","73555000100200004374","SAP HANA Workload Analyzer","2019-01-13 18:17:11.934
000000","","HAN-CPT"
"HANA_XS_BASE","SAP","2","sap.com","0","3","67838200100200025710","","2019-01-13 18:17:11.936000000","","HAN-AS-XS-ADM"
"HANA_XS_DBUTILS","SAP","1","sap.com","11","9","67838200100200023568","","2019-01-13 18:17:11.936000000","","HAN-AS-XSA"
"HANA_XS_EDITOR","SAP","1","sap.com","0","1","","","2019-01-13 18:17:11.937000000","",""
```

Abbildung 6.64 Beispiel eines unformatierten SQL-Statements »select * from«

6 DBA Cockpit und SAP HANA HDBSQL

Formatierte Ausgabe von SQL-Statements

Um eine übersichtlichere Anzeige zu erhalten, verwenden Sie den Befehl \al ON, der die formatierte Ausgabe von SQL-Statements aktiviert (Sie deaktivieren die formatierte Ausgabe über \al OFF). Abbildung 6.65 zeigt die formatierte Ausgabe der SQL-Anfrage aus Abbildung 6.64.

```
| DELIVERY_UNIT              | RES | V | VENDOR  | VER | VER | PPMS_ID             | CAPTION                           | LAST_UPDATE         |
| -------------------------- | --- | - | ------- | --- | --- | ------------------- | --------------------------------- | ------------------- |
| HANA_BACKUP                | SAP | 2 | sap.com | 0   | 0   | 7355500010020002841 | SAP HANA Backup                   | 2019-01-13 18:17:11 |
| HANA_DT_BASE               | SAP | 1 | sap.com | 3   | 27  | 6783820010020002645 |                                   | 2019-01-13 18:17:11 |
| HANA_HDBLCM                | SAP | 2 | sap.com | 0   | 0   | 7355500010020002745 | SAP HANA HDBLCM                   | 2019-01-13 18:17:11 |
| HANA_SEC_BASE              | SAP | 1 | sap.com | 3   | 9   | 7355500010020002716 | HANA Security (Foundation)        | 2019-01-13 18:17:11 |
| HANA_SEC_CP                | SAP | 1 | sap.com | 3   | 9   | 7355500010020002717 | HANA Security (Cockpit Integration)| 2019-01-13 18:17:11 |
| HANA_TA_CONFIG             | SAP | 2 | sap.com | 0   | 3   | 6783820010020026097 | SAP HANA TA CONFIGURATION         | 2019-01-13 18:17:11 |
| HANA_UI_INTEGRATION_CONTENT| SAP | 1 | sap.com | 11  | 1   | 6783780010020025009 |                                   | 2019-01-13 18:17:11 |
| HANA_UI_INTEGRATION_SVC    | SAP | 1 | sap.com | 11  | 1   | 6783820010020020617 |                                   | 2019-01-13 18:17:11 |
| HANA_WKLD_ANLZ             | SAP | 1 | sap.com | 1   | 1   | 7355500010020004374 | SAP HANA Workload Analyzer        | 2019-01-13 18:17:11 |
| HANA_XS_BASE               | SAP | 2 | sap.com | 0   | 3   | 6783780010020025710 |                                   | 2019-01-13 18:17:11 |
| HANA_XS_DBUTILS            | SAP | 1 | sap.com | 11  | 9   | 6783820010020023568 |                                   | 2019-01-13 18:17:11 |
```

Abbildung 6.65 Formatierte Ausgabe des SQL-Statements

Spalten einer Tabelle abfragen

Eine noch übersichtlichere Darstellung erhalten Sie schließlich, wenn Sie die Anfrageergebnisse auf wenige Spalten reduzieren (wie in Abbildung 6.65 gezeigt). Welche Spalten zu einer Tabelle gehören, können Sie über SQL-Statements wie z. B. DESCRIBE oder SHOW TABLE in Erfahrung bringen – in HDBSQL steht Ihnen dafür das Kommando \dc zur Verfügung. Als Ergebnis werden Ihnen alle Spalten, für die Ihr Benutzer über die erforderlichen Berechtigungen verfügt, mit einer kurzen Beschreibung aufgelistet:

\dc <Schema>.<Objektname>

Die Angabe <Schema>.<Objektname> entspricht dabei in unserem obigen Beispiel _SYS_REPO (Schema) und DELIVERY_UNITS (Objekt- bzw. Tabellenname). Der Befehl \dc _SYS_REPO.DELIVERY_UNITS ergibt damit die in Abbildung 6.66 dargestellte Ausgabe. Dabei war die formatierte Ausgabe über \al ON aktiviert.

```
Table "_SYS_REPO.DELIVERY_UNITS"
| Column Name    | Type      | Leng | Nul | Key |
| -------------- | --------- | ---- | --- | --- |
| DELIVERY_UNIT  | NVARCHAR  | 256  | NO  | n/a |
| RESPONSIBLE    | NVARCHAR  | 256  | YES | n/a |
| VERSION        | NVARCHAR  | 256  | YES | n/a |
| VENDOR         | NVARCHAR  | 256  | NO  | n/a |
| VERSION_SP     | NVARCHAR  | 16   | YES | n/a |
| VERSION_PATCH  | NVARCHAR  | 16   | YES | n/a |
| PPMS_ID        | VARCHAR   | 20   | YES | n/a |
| CAPTION        | NVARCHAR  | 256  | YES | n/a |
| LAST_UPDATE    | TIMESTAMP | 27,7 | YES | n/a |
| SP_PPMS_ID     | VARCHAR   | 20   | YES | n/a |
| ACH            | NVARCHAR  | 64   | YES | n/a |
```

Abbildung 6.66 Beschreibung von Spalten in Tabellen

Ergebnisse exportieren

Mit dem Kommandozeilenwerkzeug HDBSQL können Sie schließlich nicht nur Daten auf dem Bildschirm anzeigen lassen, sondern auch Ergebnisse in eine Datei exportieren. Leiten Sie dafür die Ausgabe eines SQL-Statements mittels des Kommandos /o <Dateiname> auf eine Datei um. Abbildung 6.67 zeigt als Ziel der Ausgabe die Datei **myOutput.csv** (das Beispiel entstammt einer älteren HDBSQL-Version, da die Ausgabe hier noch etwas übersichtlicher war).

```
hdbsql SYSTEMDB=> \o myOutput.csv
hdbsql SYSTEMDB=> select * from _SYS_REPO.DELIVERY_UNITS
17 rows selected (overall time 2114 usec; server time 494 usec)

hdbsql SYSTEMDB=> exit
vm06:/demo> ll
total 4
-rw-r----- 1 hdbadm sapsys 1986 Oct 17 22:22 myOutput.csv
vm06:/demo> tail myOutput.csv
"HANA_XS_EDITOR","SAP","1","sap.com","0","1","","","2015-07-10 17:45:54.829000000","",""
"HANA_XS_IDE","SAP","1","sap.com","90","8","","","2015-07-10 17:45:55.208000000","",""
"HANA_XS_LM","SAP","1","sap.com","3","17","67837800100200025709","HANA XS LM 1.00\\¢|2073243","2015-07-10
```

Abbildung 6.67 Umleiten der Bildschirmausgabe in eine Datei

Wenn Sie HDBSQL über exit verlassen, können Sie sich die Daten aus der soeben erzeugten CSV-Datei anzeigen lassen. Zusammenfassend lässt sich sagen, dass sich mithilfe des Kommandozeilenwerkzeugs HDBSQL leicht Daten aus der Datenbank exportieren und in anderen Editoren (z. B. MS Excel) anzeigen und bearbeiten lassen.

Gerade bei der Arbeit mit Daten, die sich über mehrere Tabellen hinweg erstrecken, kann es vorkommen, dass Ihre SQL-Statements über mehr als eine Zeile hinweg gehen. Um SQL-Statements über mehrere Zeilen einzugeben, aktivieren Sie den *Multiple Line Mode* (\mu ON). Dadurch wird Ihre Eingabe erst mit dem Kommando \g abgeschlossen und ausgeführt. In Abbildung 6.68 sehen Sie dies wieder exemplarisch anhand unseres einfachen Beispiels aus Abbildung 6.67.

Multiple Line Mode

```
hdbsql SYSTEMDB=> \mu ON
Multiline mode switched ON
hdbsql SYSTEMDB=> select
> *
> from
> _SYS_REPO.DELIVERY_UNITS
> \g
DELIVERY_UNIT,RESPONSIBLE,VERSION,VENDOR,VERSIO
CH
"HANA_DT_BASE","SAP","1","sap.com","2","42","67
HAN-AS-RST"
"HANA_IDE_CORE","SAP","1","sap.com","96","0","6
```

Abbildung 6.68 Multiple Line Mode

Für unser einfaches Beispiel ist die Eingabe von SQL-Statements über mehrere Zeilen noch nicht notwendig, komplexere SQL-Statements, z. B. mit Joins oder ausführlichen WHERE-Klauseln, können so aber besser lesbar eingegeben werden.

Damit schließen wir unsere Ausführungen zu SAP HANA HDBSQL. Die denkbaren Einsatzmöglichkeiten sind vielfältig, und wenn grafische Benutzeroberflächen nicht zur Verfügung stehen, können Sie mit diesem einfachen Werkzeug gegebenenfalls weiterarbeiten. Wir haben gezeigt, wie Sie das Werkzeug öffnen und sich an der Datenbank anmelden. Danach sind wir auf die praktische Arbeit rund um SQL-Statements zur Datenabfrage eingegangen, und haben gezeigt, wie Sie die Ausgabe beeinflussen können. Die Ausführungen waren exemplarisch, da wir an dieser Stelle die Verwendung nicht allumfassend beschreiben können. Zudem können neue Möglichkeiten hinzukommen oder bestehende nicht mehr zur Verfügung stehen bzw. sich ändern. Sie sollten das Kommandozeilenwerkzeug HDBSQL grundlegend kennenlernen und wir wollten Ihnen ein Gefühl für den Umgang mit ihm geben.

Kapitel 7
Lebenszyklusverwaltung

Der SAP HANA Database Lifecycle Manager begleitet Sie über den gesamten Lebenszyklus Ihres SAP-HANA-Systems hinweg. In diesem Kapitel lernen Sie die wichtigsten Techniken, die Sie im Umgang mit diesem Werkzeug beherrschen sollten.

Wenn Sie eine zertifizierte SAP HANA Appliance bei Ihrem Hardwarehersteller bestellen, wird diese bereits mit einem installierten und für Ihre Bedürfnisse vorkonfigurierten SAP-HANA-System ausgeliefert. Falls Sie allerdings Ihre eigene Hardware einsetzen und z. B. einen Tailored-Data-Center-Ansatz fahren (siehe Abschnitt 4.1.4, »Tailored Data Center Integration«), müssen Sie sich nicht nur mit der Administration, sondern auch mit der Installation und Aktualisierung von SAP-HANA-Systemen auskennen. SAP bietet für diese Fälle die Zertifizierung C_HANATEC_15 an. In diesem Kapitel können Sie Ihre Kenntnisse aus der Zertifizierung auffrischen bzw. die wichtigsten Aufgaben der Lebenszyklusverwaltung, wie z. B. die Installation, Aktualisierung und das Löschen von SAP-HANA-Systemen, nachlesen.

Das wichtigste Werkzeug ist dabei der *SAP HANA Database Lifecycle Manager* (kurz HDBLCM). Unter dieser Bezeichnung werden zwei verschiedene Versionen ausgeliefert:

SAP HANA Database Lifecycle Manager

- Die erste Version des SAP HANA Database Lifecycle Managers ist im Installationsmedium enthalten. Diese wird für die Installation und das Update des gesamten SAP-HANA-Systems verwendet.
- Die zweite Version wird während der Installation entpackt und kann ebenfalls für die Aktualisierung, aber auch für die Konfiguration der einzelnen Komponenten von SAP HANA verwendet werden.

Der SAP HANA Database Lifecycle Manager ist im beschriebenen Umfang ab SAP HANA 1.0 SPS08 verfügbar.

7.1 Release-Strategie von SAP

In diesem Abschnitt erhalten Sie einen Überblick, wie die Release-Strategie von SAP zu SAP HANA aussieht. Sie lernen die wichtigsten Begriffe kennen und erfahren, was Sie bei der Planung von Aktualisierungen Ihres SAP-HANA-Systems beachten sollten.

7.1.1 Wichtige Begriffe für das Release-Management

Neuerungen und Korrekturen

Korrekturen für SAP HANA werden in Form von *Revisionen* und *Support Packages* geliefert. Neue Funktionen werden einmal pro Jahr im Rahmen eines *SAP HANA Support Package Stacks* (SPS) veröffentlicht. Die Nummern der SPS und Revisionen für SAP HANA sind aufeinander abgestimmt. Revision 30 ist z. B. die erste Revision des SAP HANA 2.0 SPS03.

Revisionen, Support Packages und Co.

Im Folgenden erklären wir Ihnen die wichtigsten Begriffe im Zusammenhang mit SAP-HANA-Releases:

- **Revision**
  Eine Revision enthält Pakete mit Fehlerbehebungen für die Kernkomponenten von SAP HANA. Dies sind u. a. die SAP-HANA-Datenbank, das SAP HANA Studio, der SAP HANA Client, die SAP HANA Application Function Library (AFL), SAP-LiveCache-Anwendungen (LCApps), Smart Data Access (SDA) und das SAP HANA Hardware Configuration Check Tool (HWCC).

- **Support Package (SP)**
  Alle anderen Teile der SAP-HANA-Plattform, die nicht als Revision ausgeliefert werden, werden als Support Packages (SP) im SAP Support Portal veröffentlicht. Dies betrifft z. B. den SAP Host Agent, das SAP HANA Cockpit 2.0, das SAP HANA Info Access Toolkit und weitere Komponenten.

- **Support Package Stack (SPS)**
  Ein Support Package Stack markiert den Zeitpunkt, wenn neue Funktionen veröffentlicht werden. Es besteht aus Revisionen und Support Packages für die einzelnen Komponenten.

- **Maintenance-Revision**
  Eine *Maintenance-Revision* ist der letzten SAP-HANA-Revision eines Support Package Stacks untergeordnet. Sie kann z. B. die Nummer 224.07 oder 211.01 haben und bezieht sich dann auf die Revision 224 oder 211. Maintenance-Revisionen enthalten die folgenden Fehlerbehebungen:

- Behebungen ernster Fehler, die kritische Funktionen in Kernszenarien betreffen (z. B. SAP Business Suite auf SAP HANA, SAP BW auf SAP HANA oder SAP HANA Data Marts)
- Fehler, die Produktivsysteme betreffen oder Go-Lives innerhalb der nächsten sechs Wochen gefährden
- Fehler, für die es keinen Workaround gibt
- Änderungen mit geringen Quelltextabhängigkeiten oder Quelltextänderungen bzw. -auswirkungen

7.1.2 Wartungsstrategie

Wie bereits erwähnt, werden neue Funktionen für die SAP-HANA-Plattform einmal im Jahr im April veröffentlicht. Die Aktualisierungen sind laut SAP vollständig abwärtskompatibel. Es kann vorkommen, dass aus rechtlichen oder Sicherheitsgründen inkompatible Änderungen veröffentlicht werden. Diese unterliegen dann aber einem sehr strengen Genehmigungsprozess und werden in SAP-Hinweisen dokumentiert.

Die Produkte der SAP-HANA-Plattform werden so lange gewartet, wie sich eine SAP-Geschäftsanwendung in der kundenspezifischen Maintenance-Phase oder erweiterten Maintenance-Phase befindet oder wenn ein Priority-One-Support-Vertrag abgeschlossen wurde.

Sorgfältig planen und testen

Sie sollten immer überprüfen, ob neue Revisionen für Sie relevante Fehlerbehebungen enthalten, und ein produktives SAP-HANA-System ggf. auf den Stand der aktuellen Revision bringen. Wenn Sie eine neue Version einspielen möchten, sollten Sie diese vorher auf einem nicht produktiven System testen. Außerdem empfehlen wir Ihnen, zusätzlich aktuelle Maintenance-Revisionen einzuspielen. Dadurch können Sie Ihr System länger auf einem älteren Release-Stand behalten, ohne Gefahr zu laufen, den Produktivbetrieb zu gefährden. Planen Sie eine Wartung sehr genau und sorgfältig.

7.2 Installation

In den sehr frühen SAP HANA Service Pack Stacks mussten die einzelnen Komponenten (SAP HANA Server, SAP HANA Client, SAP HANA Studio etc.) noch manuell installiert werden, was meist sehr zeitaufwendig und kompliziert war. Die Einführung des *SAP HANA Unified Installers* ermöglichte es später, alle Komponenten auf einmal zu installieren.

SAP HANA Database Lifecycle Manager

Seit SAP HANA 1.0 SPS07 kann der SAP HANA Database Lifecycle Manager für die Installation, die Aktualisierung und die Deinstallation eines SAP-HANA-Systems verwendet werden. Mit der Einführung dieses Werkzeugs wird nicht nur die Installation wesentlich erleichtert, sondern es ist auch möglich, SAP HANA den Anforderungen entsprechend zu konfigurieren. Dieses Werkzeug ist für Sie als Systemadministrator sehr komfortabel zu bedienen und sollte deswegen Ihr Werkzeug der Wahl sein.

In diesem Abschnitt erläutern wir zunächst, welche Voraussetzungen für die Nutzung des SAP HANA Database Lifecycle Managers erfüllt sein müssen. Anschließend zeigen wir Ihnen, wie Sie das Werkzeug bedienen und effizient nutzen können.

7.2.1 Voraussetzungen für die Installation von SAP HANA

Um den SAP HANA Database Lifecycle Manager für die Installation von SAP HANA nutzen zu können, müssen zunächst einige Voraussetzungen erfüllt sein: die Lizenz, die Bereitstellung der Software, das Betriebssystem und die Hardware. Diese Voraussetzungen erläutern wir in diesem Abschnitt.

[!] **Installation nur mit Zertifizierung**

Die Komponenten von SAP HANA dürfen nur durch zertifizierte Hardwarepartner oder Personen installiert werden, die die Zertifizierung C_HANA-TEC_15 bestanden haben. Die Installation darf außerdem nur auf validierter Hardware und bestätigten Betriebssystemen erfolgen.

Lizenzen

Verschiedene Lizenztypen für SAP HANA

Für die SAP-HANA-Plattform bietet SAP verschiedene Lizenzmodelle an (siehe Abbildung 7.1). Die *SAP HANA Standard Edition* ist die Basisversion, die alle grundlegenden Funktionen enthält. Mit der *SAP HANA Enterprise Edition* können Sie auf alle Engines der SAP-HANA-Plattform zugreifen, was Ihnen Zugriff auf vielfältige Funktionen bietet. Mit der Lizenz *SAP HANA Active/Active Read-Enabled* können Sie in einem Hochverfügbarkeitsszenario zusätzlich den sekundären Serverknoten für die Verteilung von Reporting-Zugriffen freischalten.

7.2 Installation

SAP HANA Active/Active Read-enabled			
SAP HANA, Enterprise Edition	Streaming Analytics		Real-time Replication
	Enterprise Information Management		Predictive Analysis Library und R
	Data Privacy		Search, Text Analysis und Text Mining
	Spatial und Graph		
SAP HANA, Standard Edition			
Series Data	Operational Process Intelligence		Data Warehousing Foundation
Dynamic Tiering	Accelerator für ASE		Enterprise Architecture Designer
Database Services	Integration Services		Application Services

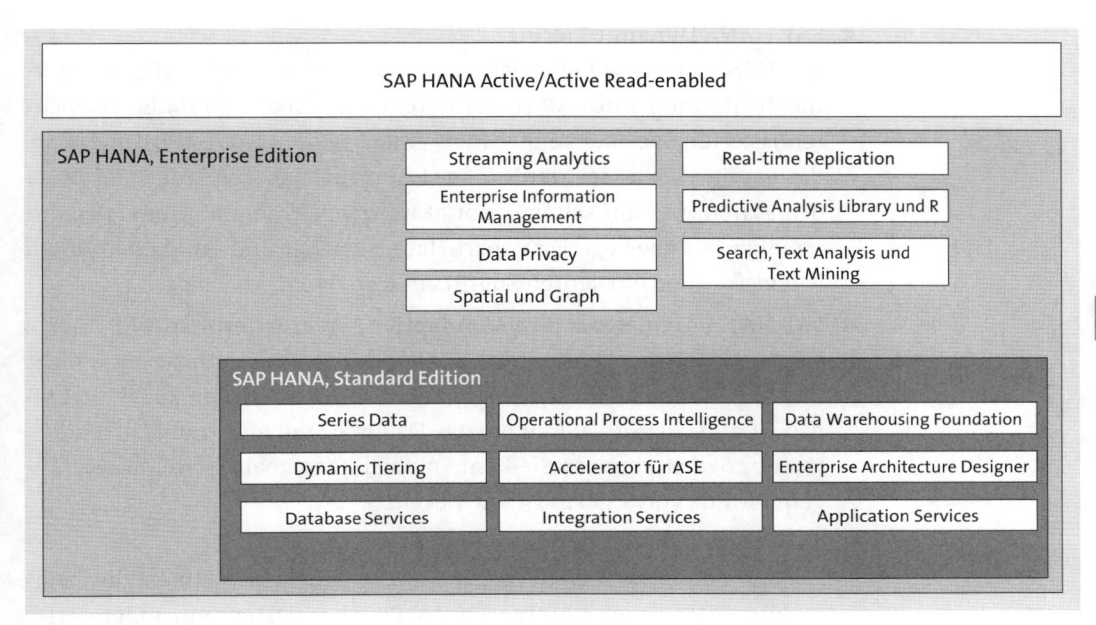

Abbildung 7.1 Übersicht über Lizenzmodelle der SAP-HANA-Plattform

Die Standard Edition beinhaltet neben den Komponenten SAP-HANA-Datenbank, SAP HANA Client und SAP HANA Studio die folgenden Funktionen:

Standard Edition

- **SAP HANA Database Services**
  Die *SAP HANA Database Services* enthalten die Standardfunktionen einer Datenbank. Damit können Sie z. B. Daten spaltenbasiert speichern und bei Bedarf auf sie zugreifen. Auch Skalierung, Hochverfügbarkeit und Disaster Recovery lassen sich mithilfe der SAP HANA Database Services sicherstellen, Sie können die Datenbank selbst überwachen, Fehler beheben sowie Workloads testen.

- **SAP HANA Integration Services**
  Mit den *SAP HANA Integration Services* können Sie Daten über Smart Data Access in die Datenbank laden. Damit können Sie einfache Dateiformate wie CSV oder XLS laden, aber auch Datenquellen wie andere SAP-HANA-Datenbanken oder Apache Hadoop virtuell einbinden.

- **SAP HANA Application Services**
  Mithilfe der *SAP HANA Application Services* haben Sie die Möglichkeit, eigene Applikationen zu entwickeln. Es werden dazu Sprachen wie JavaScript (XS JS oder Node.js), Java (JavaEE) oder Python angeboten. Darüber hinaus können Sie die entwickelten Applikationen direkt auf der SAP-HANA-Datenbank ausführen.

- **SAP HANA Dynamic Tiering**
  SAP HANA Dynamic Tiering ist die Big-Data-Lösung für SAP HANA. Sie ermöglicht Ihnen, Ihre SAP-HANA-Datenbank um einen großen, festplattenbasierten Speicher zu erweitern. Dabei werden *Hot Data*, d. h. Daten, die häufig verwendet werden, im Hauptspeicher abgelegt. *Cold Data*, d. h. Daten, die sehr selten benötigt werden, werden in Ihrem erweiterten Speicher abgelegt. Dies spart Hauptspeicher und ermöglicht Ihnen trotzdem einen effizienten Zugriff auf Ihre Daten.

- **SAP HANA Accelerator für SAP Adaptive Server Enterprise (SAP ASE)**
  Der *SAP HANA Accelerator* für *SAP Adaptive Server Enterprise* ermöglicht Ihnen, Reports und Analysen direkt in SAP HANA laufen zu lassen und dabei Daten aus SAP ASE zu nutzen. Dadurch sind nicht nur Echtzeitanalysen möglich, sondern Sie können auch neue analytische Anwendungen mithilfe von SAP HANA entwickeln.

- **SAP Enterprise Architecture Designer**
  Der *SAP Enterprise Architecture Designer* ermöglicht es Ihnen, die Landschaften, Strategien, Anforderungen, Prozesse, Daten und andere Artefakte Ihres Unternehmens in einer gemeinsamen Umgebung zu erfassen, zu analysieren und zu präsentieren.

- **Series Data in SAP HANA**
  Series Data sind Daten, die in einem messbaren Intervall, wie z. B. der Zeit, gesammelt werden. Mit SAP HANA haben Sie die Möglichkeit, solche Daten strukturiert abzulegen und mithilfe verschiedener SQL-Anweisungen Trends zu erkennen oder vorherzusagen.

- **SAP Operational Process Intelligence**
  SAP Operational Process Intelligence ermöglicht es Ihnen, Transparenz über Ihre Geschäftsabläufe zu gewinnen. Dadurch können Sie Ihre betriebliche Effizienz verbessern und erhalten Echtzeitunterstützung bei taktischen und strategischen Entscheidungen. Mithilfe des *SAP HANA Rules Frameworks* können Sie z. B. Lösungen für automatisierte Entscheidungsdienste unter Verwendung eines Regelwerks erstellen.

- **SAP HANA Data Warehousing Foundation**
  Die *SAP HANA Data Warehousing Foundation* stellt Ihnen ein Paket von Werkzeugen zur Verwaltung sehr großer und umfangreicher SAP-HANA-Installationen zur Verfügung. Dazu gehören Funktionen des Datenmanagements, die Sie u. a. bei der Optimierung des Speicherbedarfs und der Reduzierung Ihrer *Total Cost of Ownership* (TCO) unterstützen, indem der Speicherbedarf reduziert wird.

Zusätzlich zu den Basiskomponenten können weitere Optionen erworben werden, für deren Einsatz auch zusätzliche Lizenzen benötigt werden. Informieren Sie sich daher vor der Installation genau, welche Lizenzen Sie für Ihre Zwecke benötigen. Mit SAP HANA 2.0 SPS03 sind die folgenden Optionen verfügbar:

Enterprise Edition

- **SAP HANA Spatial und Graph**
  Die Option *SAP HANA Spatial* bietet Ihnen die Möglichkeit, geografische Informationen zu verarbeiten und zu analysieren. Die SAP-HANA-Datenbank stellt eigene Methoden und Datentypen zur Verfügung, um auf solche Daten zuzugreifen und diese effizient zu verarbeiten bzw. zu analysieren.
  Mit *SAP HANA Graph* können Sie Ihre SAP-HANA-Datenbank als Graph-Datenbank verwenden. Das bedeutet, dass Sie z. B. Graphen ablegen, verarbeiten und visualisieren können.

- **SAP HANA Data Privacy**
  Die Option *SAP HANA Data Privacy* bietet Ihnen zusätzlichen Schutz für sensible und vertrauliche Daten. Sie können in Ihren Datenbanktabellen einzelne Spalten maskieren, um eine zusätzliche Kontrollinstanz für den Zugriff auf Ihre Daten zu erhalten. Auch die Anonymisierung und Verschlüsselung Ihrer Daten ist mit dieser Option möglich.

- **SAP HANA Advanced Data Processing**
  SAP HANA Advanced Data Processing bietet Ihnen verschiedene native Textanalyse-Funktionen, mit denen Sie sowohl Ihre strukturierten als auch Ihre unstrukturierten Textdaten ablegen, verarbeiten, durchsuchen und analysieren können. SAP HANA gibt Ihnen die Möglichkeit zur Volltextsuche und liefert erweiterte Analysefunktionen wie *Natural Language Processing* oder *Sentiment-Analyse*. Außerdem werden verschiedene *Text-Mining-Algorithmen* zur Identifikation relevanter Texte und Dokumente bereitgestellt.

- **SAP HANA Enterprise Information Management (EIM)**
  Mit der Option *Enterprise Information Management* können Sie Ihre Daten erweitern, bereinigen und transformieren, um mehr Nutzen daraus zu generieren. EIM kann mit jeder beliebigen Quelle verbunden werden, um Daten in die SAP-HANA-Datenbank zu laden (*Smart Data Integration*). Dabei können die Daten direkt beim Ladevorgang bereinigt oder mit Informationen angereichert werden (*Smart Data Quality*).

- **SAP HANA Predictive Analysis Library, R und Machine Learning**
  Die Option *SAP HANA Predictive Analysis Library, R und Machine Learning* fasst alle optionalen Komponenten für Predictive Analysis von SAP HANA zusammen. Dazu gehören die *Business Function Library* (BFL) und

die *Predictive Analysis Library* (PAL). Die BFL enthält vorbereitete Funktionen für den Finanzbereich, etwa für Forecast-Szenarien oder zur Berechnung ausstehender Zahlungen für einen bestimmten Zeitraum. Die PAL enthält verschiedene Data-Mining-Algorithmen wie z. B. Clustering-, Classification- und Social-Network-Analysis-Algorithmen.

Außerdem lassen sich mit dieser Option externe Machine Learning Frameworks oder ein R-Server an die SAP-HANA-Datenbank anbinden.

- **SAP HANA Streaming Analytics**
  Mit *SAP HANA Streaming Analytics* können Sie hochfrequente, datenintensive Streams aus einer Vielzahl von Datenquellen in Echtzeit in die SAP-HANA-Datenbank laden. Dabei ist es möglich, diese Daten während des Streamings zu filtern, zu aggregieren und mit Rohdaten anzureichern, bevor sie in der Datenbank gespeichert werden. Datenquellen können z. B. Sensoren, Geschäftsanwendungen, Daten-Feeds oder auch Ihre IT-Monitoring-Infrastruktur sein.

- **SAP HANA Replication**
  SAP HANA Replication bietet Ihnen schließlich die Möglichkeit, Daten aus beliebigen Quellen in Echtzeit in die SAP-HANA-Datenbank zu replizieren. Um die Daten zu replizieren, können Sie verschiedene Methoden anwenden. Dazu gehören die triggerbasierte Datenreplikation mit dem *SAP Landscape Transformation Replication Server* und die logbasierte Replikation mit dem *SAP Replication Server*.

Unterstützte Betriebssysteme

Folgende Betriebssysteme werden für SAP HANA 2.0 unterstützt:

- SUSE Linux Enterprise Server (SLES)
- Red Hat Enterprise Linux (RHEL)

Informationen darüber, welches SP des jeweiligen Betriebssystems unterstützt wird, finden Sie in SAP-Hinweis 2235581.

Erkundigen Sie sich bei Ihrem Hardwarepartner, welches Betriebssystem auf der SAP HANA Appliance installiert ist und ob die benötigten Lizenzen dafür in Ihrem erworbenen Paket enthalten sind.

Hardwareanforderungen

Vor dem Start der Installation wird durch den SAP HANA Database Lifecycle Manager eine Hardwareüberprüfung durchgeführt, um zu verifizieren, ob die Hardware zertifiziert ist. Dies ist notwendig, um Probleme durch falsche

Hardwarekonfigurationen oder nicht zertifizierte Hardware ausschließen zu können. Falls die Überprüfung fehlschlägt, wird die Installation abgebrochen.

Um zu überprüfen, ob Ihre Hardware geeignet und zertifiziert ist, können Sie das Certified and Supported SAP HANA Hardware Directory unter *http://s-prs.de/v685025* nutzen. Dieses Verzeichnis listet u. a. alle zertifizierten Appliances, Enterprise-Storage-Systeme, IaaS-Plattformen (Infrastructure as a Service) und Hyper-Converged-Infrastructure-Lösungen (HCI) auf, die Sie für den Betrieb von SAP HANA einsetzen können. Sie können z. B. nach einem Hardwarehersteller oder der Größe des Hauptspeichers bzw. anderen hardwarespezifischen Eigenschaften filtern, um die für Sie passende Konfiguration zu finden.

Certified and Supported SAP HANA Hardware Directory

Es ist auch möglich, die Hardwareüberprüfung manuell auszuführen. Das Skript **HanaHWCheck.py** finden Sie nach der Installation unter dem Pfad **/usr/sap/<SID>/HDB<Instanznummer>/exe/python_support.** Beachten Sie aber, dass dieses Skript nur verfügbar ist, falls Sie auf der zu testenden Hardware bereits eine SAP-HANA-Datenbank installiert haben.

Manuell überprüfen

Download der Software

Die benötigte Software für die SAP HANA Standard Edition können Sie im SAP Software Download Center unter *http://s-prs.de/v685026* herunterladen. Wählen Sie hier den folgenden Pfad:
Installations and Upgrades • By Alphabetical Index (A-Z) • H • SAP In-Memory (SAP HANA) • HANA Platform Edition • SAP HANA PLATFORM EDITION • SAP HANA PLATFORM EDITION 2.0 • Installation

SAP Software Download Center

Die einzelnen SAP-HANA-Optionen finden Sie unter folgenden Pfaden:

- **Installations and Upgrades • By Alphabetical Index (A-Z) • H • SAP In-Memory (SAP HANA) • HANA PLATFORM EDITION**
- **Installations and Upgrades • By Alphabetical Index (A-Z) • H • SAP In-Memory (SAP HANA) • SAP HANA ENTERPRISE EDITION, ADDITIONAL COMPONENTS**
- **Installations and Upgrades • By Alphabetical Index (A-Z) • H • SAP In-Memory (SAP HANA) • SAP HANA ADD-ONS**

Achten Sie darauf, immer die aktuellste Version herunterzuladen. Legen Sie die heruntergeladenen Dateien auf dem Host ab, auf dem Sie das SAP-HANA-System bzw. die Komponenten installieren möchten.

Systemtypen

Single-Host-System Ein produktives SAP-HANA-System kann entweder als Single-Host- oder als Multiple-Host-System installiert werden. Vor der Installation müssen Sie sich entscheiden, welchen Systemtyp Sie einsetzen möchten. Dies hängt z. B. vom Setup und der Größe Ihrer Landschaft ab. Eine detaillierte Beschreibung von Single- und Multiple-Host-Systemen finden Sie in Abschnitt 2.2.2, »Single-Host-Systeme«, und Abschnitt 2.2.3, »Multiple-Host-Systeme«.

Aufbau des Dateisystems

Das Dateisystem sollte vor der ersten Installation entworfen und anschließend erstellt werden. Eine detaillierte Beschreibung der von SAP empfohlenen Verzeichnisstruktur finden Sie in Abschnitt 2.2.4, »Verzeichnisstruktur«.

7.2.2 Installation mit dem SAP HANA Database Lifecycle Manager

Sie können SAP HANA mithilfe des SAP HANA Database Lifecycle Managers über zwei verschiedene Benutzeroberflächen installieren: entweder über eine grafische Oberfläche oder über eine Konsole. Beide Varianten erläutern wir in den folgenden Abschnitten.

7.2.3 Installation mit der grafischen Benutzeroberfläche

Server und Komponenten installieren Die erste Oberfläche ist eine grafische Benutzeroberfläche (GUI). Mit dieser lässt sich die Installation des SAP HANA Servers komfortabel und einfach konfigurieren.

1. Um die Installation mit der GUI-Methode zu starten, wechseln Sie in das Verzeichnis, in das Sie das Installationsmedium abgelegt haben.

2. Wechseln Sie anschließend in den Ordner **/DATA_UNITS/HDB_LCM_LINUX_X86_64**, und starten Sie die grafische Benutzeroberfläche (hdblcmgui) mit dem folgenden Befehl:

   ```
   ./hdblcmgui
   ```

3. Anschließend öffnet sich das Installationsfenster. Wenn Sie auf **Next** klicken, werden im nächsten Bildschirm alle Komponenten angezeigt, die vom SAP HANA Database Lifecycle Manager gefunden wurden (siehe Abbildung 7.2).

   Falls Sie weitere Komponenten hinzufügen möchten, klicken Sie auf **Add Component Location...** und geben das Verzeichnis an, in dem sich die weiteren Installationsdateien befinden.

7.2 Installation

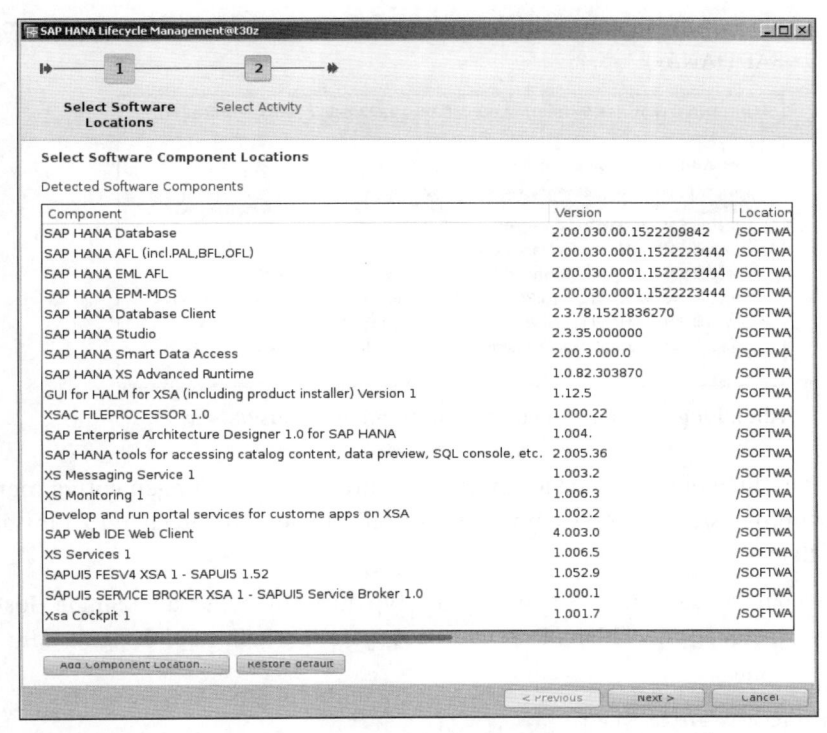

Abbildung 7.2 Nach zu installierenden Softwarekomponenten suchen

4. Auf dem nächsten Bildschirm können Sie wählen, welche Aktion ausgeführt werden soll. Wählen Sie **Install new System,** wie in Abbildung 7.3 gezeigt, um ein neues SAP-HANA-System zu installieren.

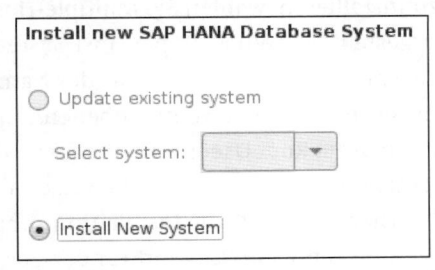

Abbildung 7.3 Ein neues SAP-HANA-System installieren

5. Auf dem nächsten Bildschirm können Sie auswählen, welche SAP-HANA-Komponenten installiert werden sollen (siehe Abbildung 7.4). Außerdem wird Ihnen angezeigt, welche Version der SAP-HANA-Datenbank installiert wird. Beachten Sie, dass für zusätzliche SAP-HANA-Komponenten eventuell auch eine zusätzliche Lizenz benötigt wird (siehe Abschnitt

345

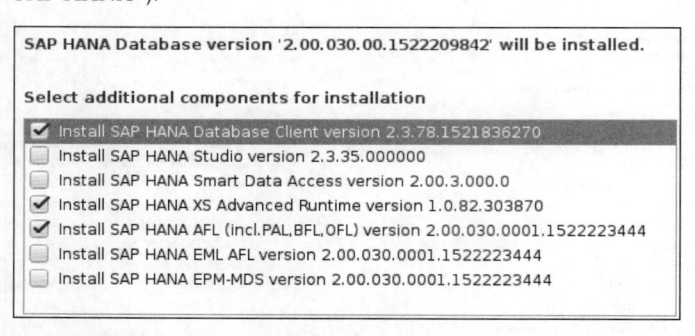

»Lizenzen« in Abschnitt 7.2.1, »Voraussetzungen für die Installation von SAP HANA«).

Abbildung 7.4 Zu installierende Komponenten auswählen

Systemtyp wählen

Anschließend können Sie einige Konfigurationseinstellungen vornehmen, um das SAP-HANA-System Ihren Anforderungen entsprechend zu installieren:

1. Zunächst können Sie den Systemtyp auswählen. Für eine Single-Host-Installation wählen Sie **Single-Host System**, wie in Abbildung 7.5 dargestellt.

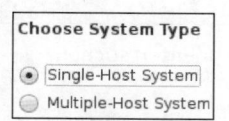

Abbildung 7.5 Single-Host-System als Systemtyp auswählen

2. Um ein Multiple-Host-System zu installieren, wählen Sie **Multiple-Host System**, wie in Abbildung 7.6 dargestellt. Für ein Multiple-Host-System können Sie noch zusätzliche Einstellungen vornehmen. Falls der Name des root-Benutzers auf dem Hostsystem von der Standardbenennung abweicht, können Sie dessen Namen unter **Root User Name** angeben. Als Default-Wert ist **root** gesetzt. Achten Sie darauf, dass der Benutzer auf allen Hosts gleich benannt und vorhanden ist, da die Installation sonst nicht erfolgreich durchgeführt werden kann. Ein Passwort für den root-Benutzer muss nur angegeben werden, falls die Hosts nicht für den SSH-Zugang (Secure Shell) konfiguriert wurden.

Außerdem können Sie unter **Installation Path** den Installationspfad angeben, der von allen Hosts geteilt wird. Der Default-Wert für diesen Parameter lautet **/hana/shared**. Falls Sie einen vom Standard abweichenden Pfad für die Installation nutzen möchten, geben Sie diesen unter **Nonstandard Shared File System** an.

7.2 Installation

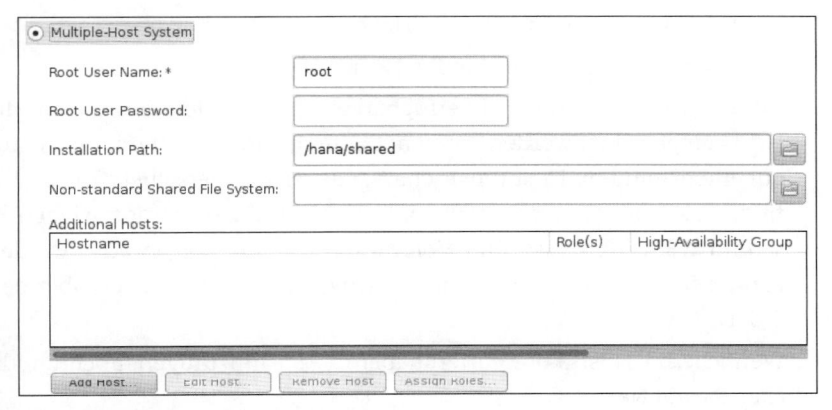

Abbildung 7.6 Ein Multiple-Host-System konfigurieren

3. Wenn Sie ein Multiple-Host-System installieren wollen, müssen Sie mindestens einen zusätzlichen Host angeben, damit Sie mit der Installation fortfahren können. Wenn Sie auf **Add Host...** klicken, öffnet sich das Konfigurationsfenster für zusätzliche Hosts (siehe Abbildung 7.7).

Abbildung 7.7 Einen zusätzlichen Host für ein Multiple-Host-System konfigurieren

Sie müssen den Hostnamen sowie die Rolle des zusätzlichen Hosts angeben. Folgende Rollen können dabei ausgewählt werden:

- zusätzlicher Worker-Host für die SAP-HANA-Datenbank (worker)
- zusätzlicher Stand-by-Host für die SAP-HANA-Datenbank (standby)
- Extended Storage Worker Host für Dynamic Tiering
- Extended Storage Standby Host für Dynamic Tiering
- ETS Worker Host für SAP HANA Accelerator für SAP ASE
- ETS Standby Host für SAP HANA Accelerator für SAP ASE
- SAP HANA Streaming Analytics Host
- Remote Data Sync Host

- XS Advanced Runtime Worker Host
- XS Advanced Runtime Standby Host

Außerdem können Sie Hochverfügbarkeitsgruppen definieren, in die die Hosts eingeordnet werden können. Dadurch wird bei einem Ausfall nur auf einen Stand-by-Host umgeschaltet, der sich in derselben Gruppe befindet. Sie können auch angeben, welcher Storage Partition (siehe Abschnitt 2.3.2, »Prozesse und Volumes«) der Host zugeordnet werden kann. Die Zuweisung der Partition erfolgt sonst automatisch über den SAP HANA Server.

4. Wenn Sie alle Hosts konfiguriert haben, die Sie hinzufügen möchten, klicken Sie auf **Next**.

Systemeigenschaften konfigurieren

Im nächsten Schritt können Sie die Systemeigenschaften definieren. Dazu gehören unter anderem der lokale Hostname, der Installationspfad, die System-ID und die Instanznummer des Systems.

[!] **Vorgaben für die System-ID**

Bei der Vergabe der System-ID sollten Sie Folgendes beachten:

- Die ID sollte in der Organisation einzigartig und konsistent sein.
- Wenn eine zusätzliche Applikationsserver-Instanz installiert werden soll, sollten Sie darauf achten, dass keine Gateway-Instanz mit derselben ID existiert.
- Die ID sollte aus drei alphanumerischen Zeichen bestehen und nur Großbuchstaben enthalten. Das erste Zeichen sollte ein Buchstabe sein.
- Der »SAP HANA Server Installation Guide« enthält eine Liste mit IDs, die nicht verwendet werden sollten.

Datenbankmodus

Seit SPS09 existiert der Multi-Container-Datenbankmodus. Ab SAP HANA 2.0 SPS01 ist dies der Standardmodus. Ein Single-Container-System kann nicht mehr installiert werden. Standardmäßig wird bei der Installation ein Tenant mit demselben Namen wie dem der gewählten System-ID erstellt. Weitere Informationen zu diesem Thema finden Sie in Abschnitt 2.2.3, »Multiple-Host-Systeme«.

Weitere Systemeinstellungen, die Sie vornehmen können, sind der maximale Speicherverbrauch der SAP-HANA-Datenbank und ob die Instanz neu gestartet werden soll, nachdem die Maschine, auf der diese läuft, neu gestartet wurde oder fehlerhaft ist. Abbildung 7.8 zeigt alle Systemeigenschaften, die Sie konfigurieren können. In unserem Beispiel installieren wir ein System mit der System-ID HDB und der Instanznummer 00.

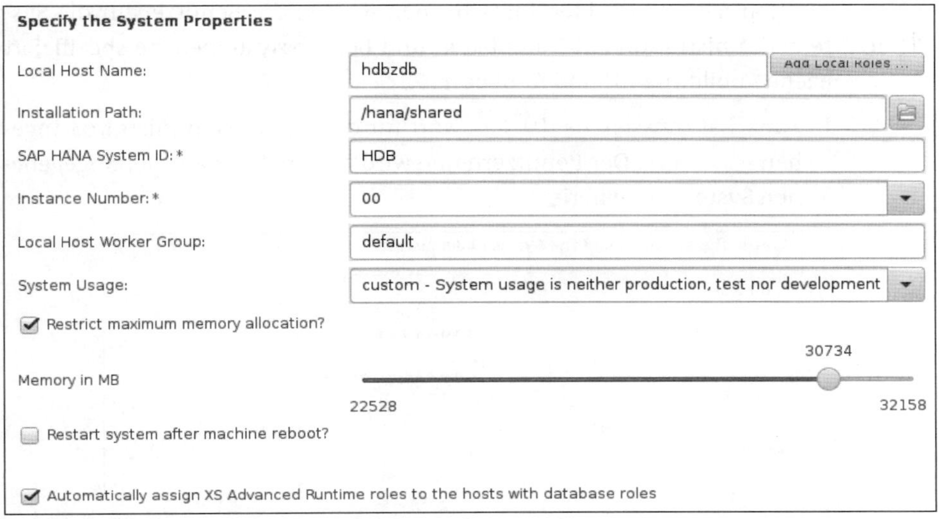

7.2 Installation

Specify the System Properties

Local Host Name:	hdbzdb [Add Local Roles...]
Installation Path:	/hana/shared
SAP HANA System ID: *	HDB
Instance Number: *	00
Local Host Worker Group:	default
System Usage:	custom - System usage is neither production, test nor development

☑ Restrict maximum memory allocation?

Memory in MB: 30734 (22528 – 32158)

☐ Restart system after machine reboot?

☑ Automatically assign XS Advanced Runtime roles to the hosts with database roles

Abbildung 7.8 Konfigurierbare Systemeigenschaften

Auf dem nächsten Bildschirm können Sie die Verzeichnisse definieren, in denen die Data bzw. Log Volumes der SAP-HANA-Datenbank angelegt werden (siehe Abbildung 7.9). Als Default-Wert sind dabei immer die empfohlenen Verzeichnisse **/hana/data/<SID>** und **/hana/log/<SID>** gesetzt (siehe Abschnitt 7.2.6, »Einen zusätzlichen Host hinzufügen«). Die Verzeichnisse werden bei Multiple-Host-Systemen von jedem Host verwendet.

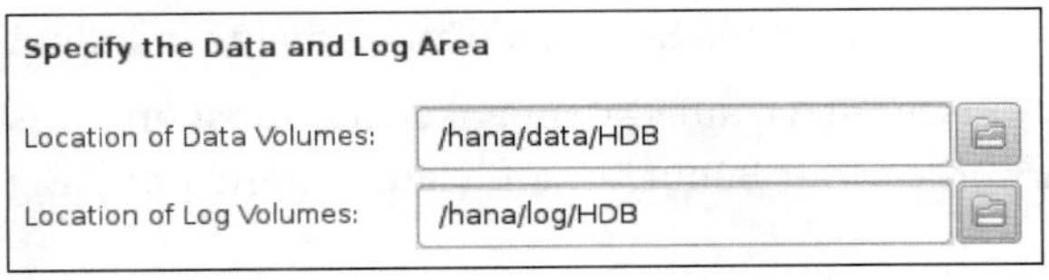

Verzeichnisse definieren

Specify the Data and Log Area

Location of Data Volumes:	/hana/data/HDB
Location of Log Volumes:	/hana/log/HDB

Abbildung 7.9 Verzeichnisse für die Ablage der Daten und Log-Dateien

Im nächsten Fenster kann der Zertifikatshost angegeben werden, der verwendet wird, um Zertifikate zu signieren (siehe Abbildung 7.10). Um den Host zu ändern, klicken Sie auf **Edit Certificate Host...**.

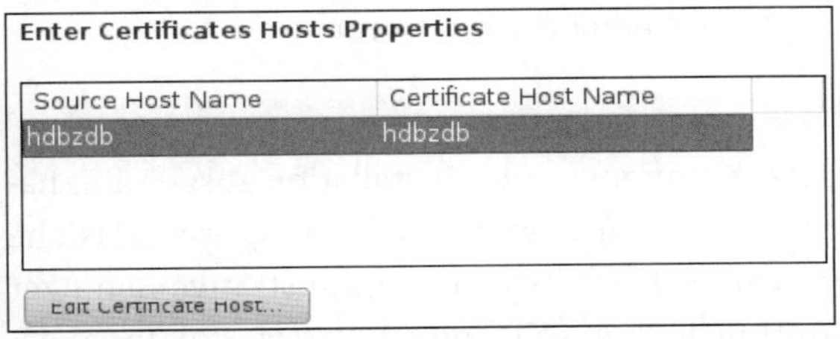

Zertifikatshost

Enter Certificates Hosts Properties

Source Host Name	Certificate Host Name
hdbzdb	hdbzdb

[Edit Certificate Host...]

Abbildung 7.10 Host zum Signieren von Zertifikaten

7 Lebenszyklusverwaltung

Administrations-benutzer definieren

Auf den nächsten beiden Bildschirmen werden die Benutzer für die Systemadministration auf Datenbank- und Betriebssystemebene spezifiziert (siehe Abbildung 7.11 und Abbildung 7.12):

1. Zunächst müssen Sie das Passwort für den Systemadministrator angeben (<sid>adm). Der Benutzername wird automatisch aus der angegebenen System-ID generiert.

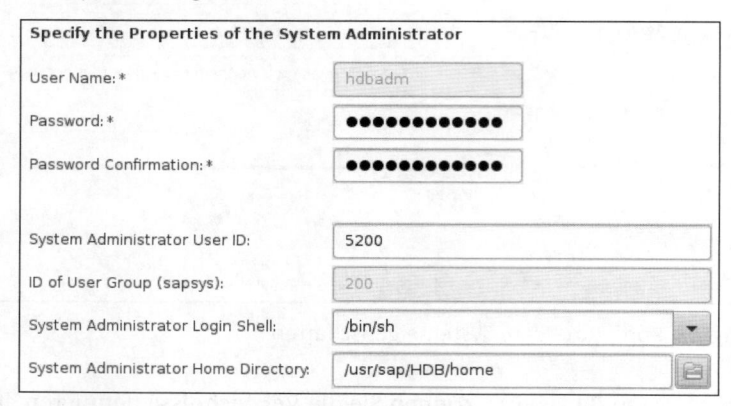

Abbildung 7.11 Einstellungen für den Systemadministratorbenutzer »<sid>adm«

2. Außerdem können Sie die Gruppen-ID, die Login-Shell und das Home-Verzeichnis dieses Benutzers angeben. Die Eigenschaften werden während der Installation nur beachtet, wenn der Benutzer auf dem Host noch nicht vorhanden ist. Bestehende Benutzer werden nicht verändert.

3. Für den Administrationsbenutzer auf Datenbankebene muss nur das Passwort angegeben werden. Der Benutzername lautet standardmäßig SYSTEM.

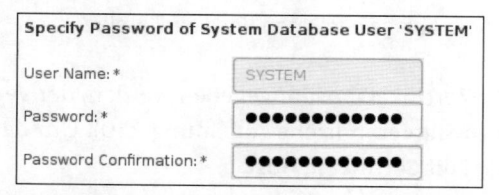

Abbildung 7.12 Einstellung für den Administrationsbenutzer auf Datenbankebene

XS Advanced Runtime konfigurieren

4. Wenn Sie die XS-Advanced-Komponente zur Installation ausgewählt haben, müssen Sie außerdem die Parameter für diese konfigurieren (siehe Abbildung 7.13). Sie müssen festlegen, wie der administrative Benutzer für die XS Advanced Runtime heißen soll, und ein Passwort dafür ange-

ben. Als Standard ist hier der Name XSA_ADMIN gesetzt. Außerdem können Sie den Organisationsnamen und Ihren produktiven Spacenamen angeben. Bei uns wählen wir dafür HANABUCH als Organisationsnamen und belassen den produktiven Spacenamen auf dem Standard PROD. Darüber hinaus müssen Sie den Routing-Modus und den Standard-Domain-Namen wählen.

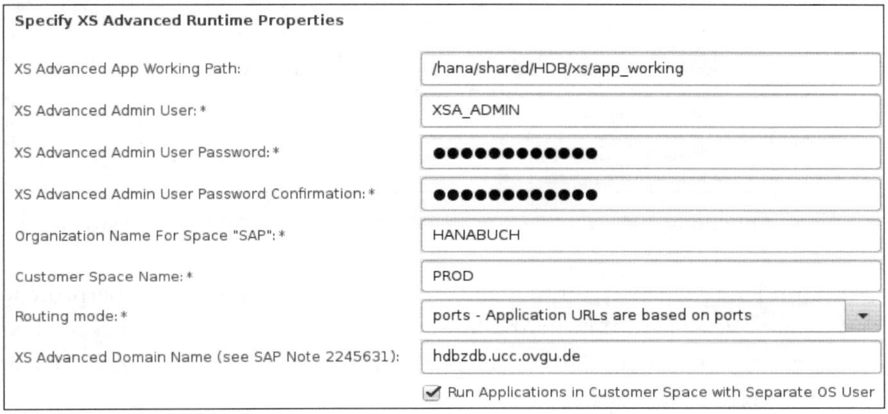

Specify XS Advanced Runtime Properties	
XS Advanced App Working Path:	/hana/shared/HDB/xs/app_working
XS Advanced Admin User: *	XSA_ADMIN
XS Advanced Admin User Password: *	••••••••••••••
XS Advanced Admin User Password Confirmation: *	••••••••••••••
Organization Name For Space "SAP": *	HANABUCH
Customer Space Name: *	PROD
Routing mode: *	ports - Application URLs are based on ports
XS Advanced Domain Name (see SAP Note 2245631):	hdbzdb.ucc.ovgu.de
	☑ Run Applications in Customer Space with Separate OS User

Abbildung 7.13 Konfiguration der Parameter der XS Advanced Runtime

> **[!] Wahl des Routing-Modus für die XS Advanced Runtime**
>
> Als Routing-Modus für die XS Advanced Runtime können Sie entweder das portbasierte Routing oder das auf Hostnamen basierende Routing wählen. Da derzeit nach der Installation keine Änderung des Routing-Modus mehr möglich ist, sollten Sie ihn gut überlegt wählen.
>
> Beim portbasierten Routing werden Ihre Anwendungen mit der XS-Advanced-Standard-Domain exponiert. Unterschiedliche Anwendungen sind dabei anhand ihrer TCP-Ports erkennbar. In unserem Fall ist die Standard-Domain z. B. **hdbzdb.ucc.ovgu.de**, d. h., die URLs unserer Apps haben dann folgendes Format: *hdbzdb.ucc.ovgu.de:50000*, *hdbzdb.ucc.ovgu.de:50001* etc.
>
> Beim auf Hostnamen basierenden Routing werden Ihre Anwendungen durch eine Sub-Domain der XS-Advanced-Standard-Domain exponiert. In diesem Fall verwenden alle Applikationen denselben TCP-Port. Die URLs unserer Apps wären dann z. B. *myapp1.hdbzdb.ucc.ovgu.de*, *myapp2.hdbzdb.ucc.ovgu.de* etc.
>
> Mehr Informationen zur Standard-Domain und dem Routing-Modus finden Sie auch in SAP-Hinweis 2245631.

5. Im nächsten Schritt müssen Sie wählen, welche Komponenten auf der XS Advanced Runtime installiert werden sollen. In Abbildung 7.14 haben wir nur die Standardkomponenten ausgewählt.

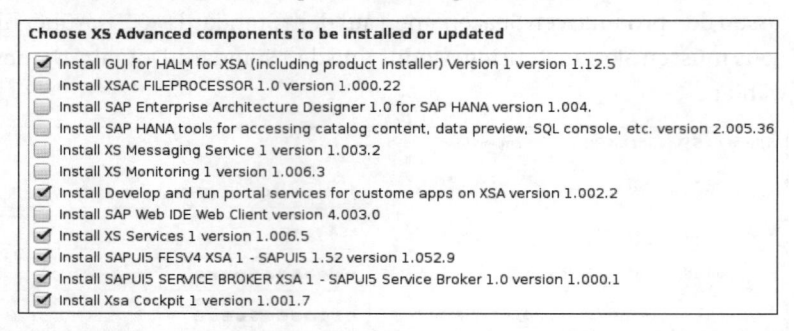

Choose XS Advanced components to be installed or updated

- ☑ Install GUI for HALM for XSA (including product installer) Version 1 version 1.12.5
- ☐ Install XSAC FILEPROCESSOR 1.0 version 1.000.22
- ☐ Install SAP Enterprise Architecture Designer 1.0 for SAP HANA version 1.004.
- ☐ Install SAP HANA tools for accessing catalog content, data preview, SQL console, etc. version 2.005.36
- ☐ Install XS Messaging Service 1 version 1.003.2
- ☐ Install XS Monitoring 1 version 1.006.3
- ☑ Install Develop and run portal services for custome apps on XSA version 1.002.2
- ☐ Install SAP Web IDE Web Client version 4.003.0
- ☑ Install XS Services 1 version 1.006.5
- ☑ Install SAPUI5 FESV4 XSA 1 - SAPUI5 1.52 version 1.052.9
- ☑ Install SAPUI5 SERVICE BROKER XSA 1 - SAPUI5 Service Broker 1.0 version 1.000.1
- ☑ Install Xsa Cockpit 1 version 1.001.7

Abbildung 7.14 Wahl der Komponenten für die XS-Advanced-Installation

Einstellungen prüfen Im letzten Schritt können alle Einstellungen noch einmal überprüft werden. Dieser Schritt ist in Abbildung 7.15 zu sehen. Mit einem Klick auf **Install** starten Sie die Installation des SAP-HANA-Systems und der eventuell eingerichteten zusätzlichen Hosts.

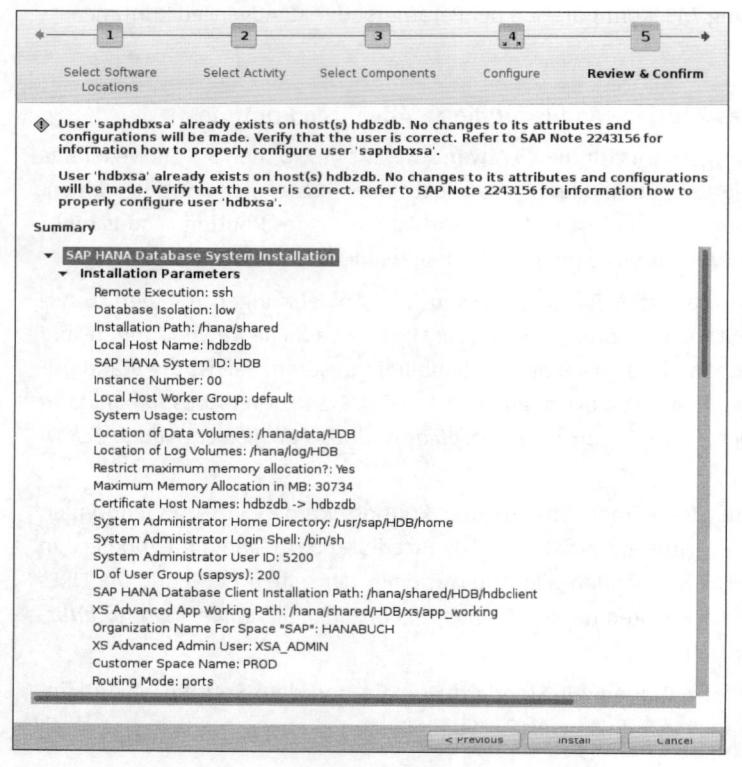

Abbildung 7.15 Überblick über alle konfigurierten Parameter

7.2 Installation

Abschließend startet die Installation des SAP-HANA-Systems. Der nächste Bildschirm zeigt Ihnen den aktuellen Status der Installation an, während diese läuft (siehe Abbildung 7.16).

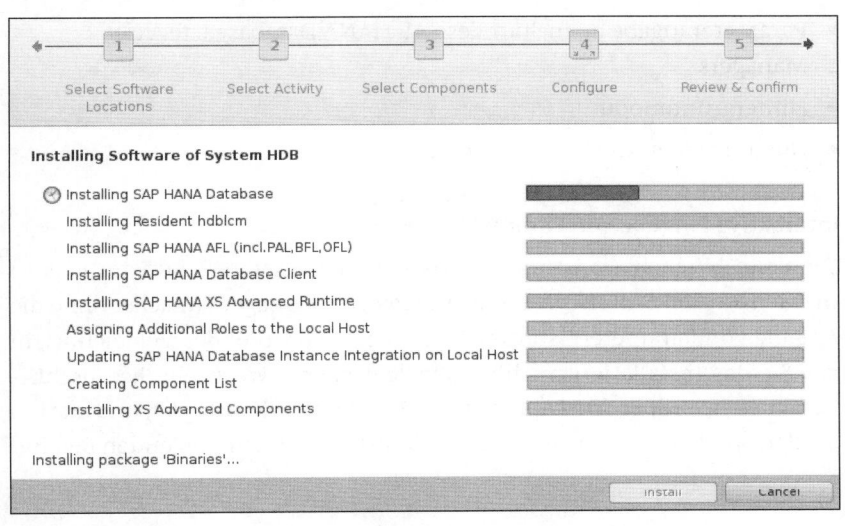

Abbildung 7.16 Statusanzeige während der Installation

Im letzten Schritt erhalten Sie eine Bestätigung, dass die Installation erfolgreich abgeschlossen wurde. Zudem können Sie sich durch einen Klick auf den Button **View Log** die Log-Dateien anschauen, die während der Installation erstellt wurden (siehe Abbildung 7.17). Diese finden Sie auch im Verzeichnis **/var/tmp**.

Log-Dateien der Installation

Abbildung 7.17 Bestätigung einer erfolgreichen Installation

7.2.4 Installation mithilfe der Konsole

Die zweite Möglichkeit, ein SAP-HANA-System mithilfe des SAP HANA Database Lifecycle Managers zu installieren, ist die Nutzung der Konsole.

Interaktionsmodi

353

7 Lebenszyklusverwaltung

Dabei gibt es verschiedene Interaktionsmodi, wie Sie Parameter für die Konfiguration eingeben können:

- interaktive Eingabe von Parametern
- Parameterangabe beim Start des SAP HANA Database Lifecycle Managers
- Hintergrundmodus
- Nutzung einer Konfigurationsdatei

Interaktive Eingabe von Parametern

Ohne Angabe von Parametern starten

Die erste Möglichkeit ist die interaktive Eingabe von Parametern. Dazu müssen Sie den SAP HANA Database Lifecycle Manager zunächst ohne die Angabe von Parametern starten. Wechseln Sie dazu in das Verzeichnis, in das Sie das Installationsmedium abgelegt haben. Wechseln Sie anschließend in den Ordner **/DATA_UNITS/HDB_LCM_LINUX_X86_64**, und starten Sie den SAP HANA Database Lifecycle Manager mit dem folgenden Befehl:

```
./hdblcm
```

Interaktive Eingabe

Anschließend können Sie die Installation über die Konsole beginnen:

1. Zunächst wird im übergeordneten Ordner geprüft, welche Komponenten verfügbar sind. Dann müssen Sie durch die Eingabe »1« bestätigen, dass Sie ein neues System installieren möchten (siehe Abbildung 7.18).

```
t30z:/SOFTWARE_ARCHIVE/REVISION_230/DATA_UNITS/HDB_LCM_LINUX_X86_64 # ./hdblcm

SAP HANA Lifecycle Management - SAP HANA Database 2.00.030.00.1522209842
************************************************************************
Scanning software locations...
Detected components:
    SAP HANA Database (2.00.030.00.1522209842) in /SOFTWARE_ARCHIVE/REVISION_230/DATA_UNITS/HDB_SERVER_LINUX_X86_64/server
    SAP HANA AFL (incl.PAL,BFL,OFL) (2.00.030.0001.1522223444) in /SOFTWARE_ARCHIVE/REVISION_230/DATA_UNITS/HDB_AFL_LINUX_X86_
    SAP HANA EML AFL (2.00.030.0001.1522223444) in /SOFTWARE_ARCHIVE/REVISION_230/DATA_UNITS/HDB_EML_AFL_10_LINUX_X86_64/packa
    SAP HANA EPM-MDS (2.00.030.0001.1522223444) in /SOFTWARE_ARCHIVE/REVISION_230/DATA_UNITS/SAP_HANA_EPM-MDS_10/packages
    SAP HANA Database Client (2.3.78.1521836270) in /SOFTWARE_ARCHIVE/REVISION_230/DATA_UNITS/HDB_CLIENT_LINUX_X86_64/client
    SAP HANA Studio (2.3.35.000000) in /SOFTWARE_ARCHIVE/REVISION_230/DATA_UNITS/HDB_STUDIO_LINUX_X86_64/studio
    SAP HANA Smart Data Access (2.00.3.000.0) in /SOFTWARE_ARCHIVE/REVISION_230/DATA_UNITS/SAP_HANA_SDA_20_LINUX_X86_64/packag
    SAP HANA XS Advanced Runtime (1.0.82.303870) in /SOFTWARE_ARCHIVE/REVISION_230/DATA_UNITS/XSA_RT_10_LINUX_X86_64/packages
    GUI for HALM for XSA (including product installer) Version 1 (1.12.5) in /SOFTWARE_ARCHIVE/REVISION_230/DATA_UNITS/XSA_CON
    XSAC FILEPROCESSOR 1.0 (1.000.22) in /SOFTWARE_ARCHIVE/REVISION_230/DATA_UNITS/XSA_CONTENT_10/XSACFILEPROC00_22.zip
    SAP Enterprise Architecture Designer 1.0 for SAP HANA (1.004.) in /SOFTWARE_ARCHIVE/REVISION_230/DATA_UNITS/XSA_CONTENT_10
    SAP HANA tools for accessing catalog content, data preview, SQL console, etc. (2.005.36) in /SOFTWARE_ARCHIVE/REVISION_230
    XS Messaging Service 1 (1.003.2) in /SOFTWARE_ARCHIVE/REVISION_230/DATA_UNITS/XSA_CONTENT_10/XSACMESSSRV03_2.zip
    XS Monitoring 1 (1.006.3) in /SOFTWARE_ARCHIVE/REVISION_230/DATA_UNITS/XSA_CONTENT_10/XSACMONITORING06_3.zip
    Develop and run portal services for custome apps on XSA (1.002.2) in /SOFTWARE_ARCHIVE/REVISION_230/DATA_UNITS/XSA_CONTENT
    SAP Web IDE Web Client (4.003.0) in /SOFTWARE_ARCHIVE/REVISION_230/DATA_UNITS/XSAC_SAP_WEB_IDE_20/XSACSAPWEBIDE03_0.zip
    XS Services 1 (1.006.5) in /SOFTWARE_ARCHIVE/REVISION_230/DATA_UNITS/XSA_CONTENT_10/XSACSERVICES06_5.zip
    SAPUI5 FESV4 XSA 1 - SAPUI5 1.52 (1.052.9) in /SOFTWARE_ARCHIVE/REVISION_230/DATA_UNITS/XSA_CONTENT_10/XSACUI5FESV452_9.zi
    SAPUI5 SERVICE BROKER XSA 1 - SAPUI5 Service Broker 1.0 (1.000.1) in /SOFTWARE_ARCHIVE/REVISION_230/DATA_UNITS/XSA_CONTENT
    Xsa Cockpit 1 (1.001.7) in /SOFTWARE_ARCHIVE/REVISION_230/DATA_UNITS/XSA_CONTENT_10/XSACXSACOCKPIT01_7.zip

Choose an action

  Index | Action             | Description
  ---------------------------------------------------
    1   | install            | Install new system
    2   | extract_components | Extract components
    3   | Exit (do nothing)  |

Enter selected action index [3]:
```

Abbildung 7.18 Die Installationsoption im Konsolenmodus auswählen

Falls schon SAP-HANA-Systeme auf dem Host installiert sind, haben Sie bei dieser Abfrage auch die Option, ein Update durchzuführen. Darauf gehen wir in Abschnitt 7.4, »Update«, ein.

2. Anschließend können Sie auswählen, welche Komponenten Sie installieren möchten. In Abbildung 7.19 wurden beispielhaft der SAP HANA Server, der SAP HANA Client, das SAP HANA Studio und die SAP HANA XS Advanced Runtime durch Angabe der Werte 2, 3, 4 und 6 zur Installation ausgewählt.

```
SAP HANA Database version '2.00.030.00.1522209842' will be installed.
Select additional components for installation:

  Index | Components | Description
  -----------------------------------------------------------------------------------------
   1    | all        | All components
   2    | server     | No additional components
   3    | client     | Install SAP HANA Database Client version 2.3.78.1521836270
   4    | studio     | Install SAP HANA Studio version 2.3.35.000000
   5    | smartda    | Install SAP HANA Smart Data Access version 2.00.3.000.0
   6    | xs         | Install SAP HANA XS Advanced Runtime version 1.0.82.303870
   7    | afl        | Install SAP HANA AFL (incl.PAL,BFL,OFL) version 2.00.030.0001.1522223444
   8    | eml        | Install SAP HANA EML AFL version 2.00.030.0001.1522223444
   9    | epmmds     | Install SAP HANA EPM-MDS version 2.00.030.0001.1522223444

Enter comma-separated list of the selected indices [3]: 2,3,4,6,9
```

Abbildung 7.19 Zu installierende Komponenten auswählen

3. Im nächsten Schritt fragt der SAP HANA Database Lifecycle Manager alle notwendigen Parameter ab. In Abbildung 7.20 sehen Sie die Konfiguration für ein System mit dem Hostnamen hdbzdb, der System-ID HDB und der Instanznummer 00.

```
Enter Installation Path [/hana/shared]:
Enter Local Host Name [t30z]: hdbzdb
Do you want to add hosts to the system? (y/n) [n]:
Automatically assign XS Advanced Runtime roles to the hosts with database roles (y/n) [y]:
Enter SAP HANA System ID: HDB
Enter Instance Number [00]:
Enter Local Host Worker Group [default]:

  Index | System Usage | Description
  -----------------------------------------------------------------------------
   1    | production   | System is used in a production environment
   2    | test         | System is used for testing, not production
   3    | development  | System is used for development, not production
   4    | custom       | System usage is neither production, test nor development

Select System Usage / Enter Index [4]: 2
Enter Location of Data Volumes [/hana/data/HDB]:
Enter Location of Log Volumes [/hana/log/HDB]:
Restrict maximum memory allocation? [n]: y
Enter Maximum Memory Allocation in MB [32158]: 30720
Enter Certificate Host Name For Host 'hdbzdb' [hdbzdb]:
Enter System Administrator (hdbadm) Password:
Enter System Database User (SYSTEM) Password:
Confirm System Database User (SYSTEM) Password:
Restart system after machine reboot? [n]:
```

Abbildung 7.20 Installation im Konsolenmodus konfigurieren

7 Lebenszyklusverwaltung

Das System ist ein Testsystem und hat ein maximales Allokationslimit von 30 GB RAM. Als Pfade für die Installation wurden die Standardpfade beibehalten.

4. Als Nächstes fragt die Installationsroutine noch alle Parameter für die Installation der XS Advanced Runtime ab. Hier müssen z. B. ein Organisationsname, der Namensraum für die produktiven Kundenentwicklungen (*Customer Space Name*) und der Routing-Modus angegeben werden. Außerdem müssen alle XS-Advanced-Applikationen ausgewählt werden, die installiert werden sollen (siehe Abbildung 7.21).

```
Enter XS Advanced App Working Path [/hana/shared/HDB/xs/app_working]:
Enter Organization Name For Space "SAP" [orgname]: HANABUCH
Enter XS Advanced Admin User [XSA_ADMIN]:
Enter XS Advanced Admin User Password:
Confirm XS Advanced Admin User Password:
Enter Customer Space Name [PROD]:

Select Routing Mode:

 Index | Routing Mode | Description
 ---------------------------------------
   1   | ports        | Application URLs are based on ports
   2   | hostnames    | Application URLs are based on hostnames

Select Routing Mode / Enter Index [1]:
Enter XS Advanced Domain Name (see SAP Note 2245631) [hdb2db]:
Run Applications in Customer Space with Separate OS User (y/n) [y]: n

Choose XS Advanced components to be installed or updated:

 Index | XS Advanced Components | Description
 ------------------------------------------------
   1   | all                    | All components
   2   | none                   | No components
   3   | xsac_alm_pi_ui         | Install GUI for HALM for XSA (including product installer) Version 1 version 1.12.5
   4   | xsac_file_proc         | Install XSAC FILEPROCESSOR 1.0 version 1.000.22
   5   | xsac_hana_ea_d         | Install SAP Enterprise Architecture Designer 1.0 for SAP HANA version 1.004.
   6   | xsac_hrtt              | Install SAP HANA tools for accessing catalog content, data preview, SQL console, etc. version 2.005.36
   7   | xsac_mess_srv          | Install XS Messaging Service 1 version 1.003.2
   8   | xsac_monitoring        | Install XS Monitoring 1 version 1.006.3
   9   | xsac_portal_serv       | Install Develop and run portal services for custome apps on XSA version 1.002.2
  10   | xsac_sap_web_ide       | Install SAP Web IDE Web Client version 4.003.0
  11   | xsac_services          | Install XS Services 1 version 1.006.5
  12   | xsac_ui5_fesv4         | Install SAPUI5 FESV4 XSA 1 - SAPUI5 1.52 version 1.052.9
  13   | xsac_ui5_sb            | Install SAPUI5 SERVICE BROKER XSA 1 - SAPUI5 Service Broker 1.0 version 1.000.1
  14   | xsac_xsa_cockpit       | Install Xsa Cockpit 1 version 1.001.7

Enter comma-separated list of the selected indices [3,9,11,12,13,14]: 3,6,9,10,11,12,13,14
```

Abbildung 7.21 Auswahl der Parameter für XS Advanced Runtime

5. Zum Abschluss werden noch einmal alle Parameter angezeigt, sodass Sie diese überprüfen können. Diese Übersicht ist in Abbildung 7.22 dargestellt.

6. Sie starten die Installation durch die Eingabe von »y« oder brechen diese durch die Eingabe von »n« ab.

7.2 Installation

```
Summary before execution:
========================

SAP HANA Database System Installation
   Installation Parameters
      Remote Execution: ssh
      Database Isolation: low
      Installation Path: /hana/shared
      Local Host Name: hdbzdb
      SAP HANA System ID: HDB
      Instance Number: 00
      Local Host Worker Group: default
      System Usage: test
      Location of Data Volumes: /hana/data/HDB
      Location of Log Volumes: /hana/log/HDB
      Restrict maximum memory allocation?: Yes
      Maximum Memory Allocation in MB: 30720
      Certificate Host Names: hdbzdb -> hdbzdb
      System Administrator Home Directory: /home/hdbadm
      System Administrator Login Shell: /bin/bash
      System Administrator User ID: 5200
      ID of User Group (sapsys): 200
      SAP HANA Database Client Installation Path: /hana/shared/HDB/hdbclient
      SAP HANA Studio Installation Path: /hana/shared/HDB/hdbstudio
      XS Advanced App Working Path: /hana/shared/HDB/xs/app_working
      Organization Name For Space "SAP": HANABUCH
      XS Advanced Admin User: XSA_ADMIN
      Customer Space Name: PROD
      Routing Mode: ports
      XS Advanced Domain Name (see SAP Note 2245631): hdbzdb
      Run Applications in Customer Space with Separate OS User (y/n): No
      XS Advanced Components: xsac_alm_pi_ui,xsac_hrtt,xsac_portal_serv,xsac_sap_web_ide,xsac_services,xsac_ui5_fesv4,xsac_ui5_sb,xsac_xsa_cockpit
      Do not start the selected XS Advanced components after installation: none
   Software Components
      SAP HANA Database
         Install version 2.00.030.00.1522209842
         Location: /SOFTWARE_ARCHIVE/REVISION_230/DATA_UNITS/HDB_SERVER_LINUX_X86_64/server
      SAP HANA AFL (incl.PAL,BFL,OFL)
         Do not install
      SAP HANA EML AFL
         Do not install
      SAP HANA EPM-MDS
         Install version 2.00.030.0001.1522223444
         Location: /SOFTWARE_ARCHIVE/REVISION_230/DATA_UNITS/SAP_HANA_EPM-MDS_10/packages
      SAP HANA Database Client
         Install version 2.3.78.1521836270
         Location: /SOFTWARE_ARCHIVE/REVISION_230/DATA_UNITS/HDB_CLIENT_LINUX_X86_64/client
      SAP HANA Studio
         Install version 2.3.35.000000
         Location: /SOFTWARE_ARCHIVE/REVISION_230/DATA_UNITS/HDB_STUDIO_LINUX_X86_64/studio
      SAP HANA Smart Data Access
         Do not install
      SAP HANA XS Advanced Runtime
         Install version 1.0.82.303870
         Location: /SOFTWARE_ARCHIVE/REVISION_230/DATA_UNITS/XSA_RT_10_LINUX_X86_64/packages
   XS Advanced Components
      GUI for HALM for XSA (including product installer) Version 1
         Install version 1.12.5
         Location: /SOFTWARE_ARCHIVE/REVISION_230/DATA_UNITS/XSA_CONTENT_10/XSACALMPIUI12_5.zip
      XSAC FILEPROCESSOR 1.0
         Do not install
      SAP Enterprise Architecture Designer 1.0 for SAP HANA
         Do not install
      SAP HANA tools for accessing catalog content, data preview, SQL console, etc.
         Install version 2.005.36
         Location: /SOFTWARE_ARCHIVE/REVISION_230/DATA_UNITS/XSAC_HRTT_20/XSACHRTT05_36.zip
      XS Messaging Service 1
         Do not install
      XS Monitoring 1
         Do not install
      Develop and run portal services for custome apps on XSA
         Install version 1.002.2
         Location: /SOFTWARE_ARCHIVE/REVISION_230/DATA_UNITS/XSAC_CONTENT_10/XSACPORTALSERVO2_2.zip
      SAP Web IDE Web Client
         Install version 4.003.0
         Location: /SOFTWARE_ARCHIVE/REVISION_230/DATA_UNITS/XSAC_SAP_WEB_IDE_20/XSACSAPWEBIDE03_0.zip
      XS Services 1
         Install version 1.006.5
         Location: /SOFTWARE_ARCHIVE/REVISION_230/DATA_UNITS/XSA_CONTENT_10/XSACSERVICES06_5.zip
      SAPUI5 FESV4 XSA 1 - SAPUI5 1.52
         Install version 1.052.9
         Location: /SOFTWARE_ARCHIVE/REVISION_230/DATA_UNITS/XSA_CONTENT_10/XSACUI5FESV452_9.zip
      SAPUI5 SERVICE BROKER XSA 1 - SAPUI5 Service Broker 1.0
         Install version 1.000.1
         Location: /SOFTWARE_ARCHIVE/REVISION_230/DATA_UNITS/XSA_CONTENT_10/XSACUI5SB00_1.zip
      Xsa Cockpit 1
         Install version 1.001.7
         Location: /SOFTWARE_ARCHIVE/REVISION_230/DATA_UNITS/XSA_CONTENT_10/XSACXSACOCKPIT01_7.zip
   Automatically Assigned Roles
      Host: hdbzdb Role: XS Advanced Runtime Worker (xs_worker)

Note: The defined user 'hdbadm' already exists on the system. Neither the password, nor any other attribute of the user will be changed.
Verify that the user is correct.
Note: User 'saphdbxsa' already exists on host(s) hdbzdb. No changes to its attributes and configurations will be made. Verify that the user is correct. Refer to SAP Note 22431
56 for information how to properly configure user 'saphdbxsa'.

Do you want to continue: (y/n):
```

Abbildung 7.22 Parameter vor der Ausführung der Installation anzeigen

Nach Abschluss der Installation erhalten Sie eine Bestätigung, dass diese erfolgreich war. Unter dieser Bestätigung finden Sie eine URL, die Sie in einem beliebigen Browser aufrufen können, um Ihr Benutzer-Feedback an SAP weiterzugeben. Außerdem wird Ihnen angezeigt, wo die Log-Dateien zur Installation abgelegt wurden (siehe Abbildung 7.23).

Die Installation abschließen

```
SAP HANA Database System installed
You can send feedback to SAP with this form: https://hdbzdb:1129/lmsl/HDBLCM/HDB/feedback/feedback.html
Log file written to '/var/tmp/hdb_HDB_hdblcm_install_2019-01-13_15.09.16/hdblcm.log' on host 't30z'.
```

Abbildung 7.23 Eine erfolgreiche Installation im Konsolenmodus bestätigen

Bei der Installation im interaktiven Modus ist es nach dem Start des SAP HANA Database Lifecycle Managers nicht mehr möglich, ein Verzeichnis anzugeben, in dem weitere Komponenten gefunden werden können. Dieses Verzeichnis müssen Sie, falls gewünscht, als Parameter beim Aufruf des SAP HANA Database Lifecycle Managers angeben. Der entsprechende Befehl dafür lautet:

```
./hdblcm --component_root=<Dateipfad>
```

Parameterangabe beim Start des SAP HANA Database Lifecycle Managers

Parameter direkt übergeben

Die zweite Möglichkeit der Installation mit der Konsole ist es, Parameter direkt beim Start des SAP HANA Database Lifecycle Managers anzugeben. Wie auch bei der ersten Möglichkeit startet der SAP HANA Database Lifecycle Manager im interaktiven Modus und fragt alle fehlenden Parameter ab, die beim Aufruf noch nicht übergeben wurden. Eine Übersicht über alle möglichen Parameter und deren Beschreibung finden Sie in Anhang B, »Parameter für die Konfiguration der Installation«.

In Abbildung 7.24 wird der Start des SAP HANA Database Lifecycle Managers mit verschiedenen Parametern dargestellt. Dieser Befehl führt dazu, dass das Werkzeug im Installationsmodus gestartet wird. Es wird ein SAP-HANA-System mit der System-ID HDB, dem Hostnamen hdbzdb und der Instanznummer 00 installiert. Der maximale Speicherverbrauch ist auf 30 GB limitiert.

```
t30z:/SOFTWARE_ARCHIVE/REVISION_230/DATA_UNITS/HDB_LCM_LINUX_X86_64 # ./hdblcm --action=install --sid=HDB --hostname=hdbzdb --number=00 --restrict_max_mem=y --max_mem=30720
```

Abbildung 7.24 SAP HANA Database Lifecycle Manager mit der Angabe von Parametern starten

[!] **Nachteile der Parameterübergabe beim Start des SAP HANA Database Lifecycle Managers**

Wie Sie in Abbildung 7.24 sehen können, kann diese Methode zu einem sehr langen Startbefehl führen. Das erhöht die Wahrscheinlichkeit, dass sich Tippfehler einschleichen. Obwohl bereits viele Parameter angegeben wurden, muss der SAP HANA Database Lifecycle Manager im interaktiven Modus trotzdem noch weitere Parameter abfragen. Deswegen sollten Sie bei Verwendung dieser Methode genau überprüfen, ob Ihre Eingabe korrekt war und ob sich der Aufwand zur Erstellung des Befehls lohnt.

Hintergrundmodus

Eine weitere Möglichkeit, den SAP HANA Database Lifecycle Manager über die Konsole zu starten, besteht darin, diesen im Hintergrund zu aktivieren. Dazu müssen Sie beim Start des SAP HANA Database Lifecycle Managers den Parameter -batch angeben. Außerdem müssen alle obligatorischen Parameter über die Konsole angegeben werden, da die Installation sonst fehlschlägt.

Wir empfehlen Ihnen, den Hintergrundmodus immer in Kombination mit einer Konfigurationsdatei zu verwenden, um lange Eingaben von Parametern zu vermeiden. Eine Übersicht über alle möglichen Parameter und deren Beschreibung finden Sie in Anhang B, »Parameter für die Konfiguration der Installation«.

Nutzung einer Konfigurationsdatei

Die vierte Möglichkeit, den SAP HANA Database Lifecycle Manager über die Konsole zu starten, ist die Nutzung einer Konfigurationsdatei zur Übergabe der Parameter. Diese Methode ist empfehlenswert, wenn Sie viele SAP-HANA-Systeme installieren. Sie müssen die gesamte Konfiguration nur beim ersten Mal vornehmen. Bei weiteren Installationen müssen nur noch die System-ID, die Instanznummer sowie die Benutzer-IDs und Passwörter in der Konfigurationsdatei geändert werden.

Vorlage für weitere Installationen

Auch bei dieser Möglichkeit startet der SAP HANA Database Lifecycle Manager im interaktiven Modus und fragt alle Parameter ab, die nicht in der Konfigurationsdatei angegeben wurden.

Um eine Konfigurationsdatei zu generieren, wechseln Sie in das Verzeichnis, in das Sie das Installationsmedium abgelegt haben. Gehen Sie anschließend in den Ordner **/DATA_UNITS/HDB_LCM_LINUX_X86_64**, und starten Sie den HDBLCM mit dem folgenden Befehl:

Konfigurationsdatei generieren

```
./hdblcm --action=<LCM-Aktion>
--dump_configfile_template=<Dateipfad>
```

Ein Beispiel ist in Abbildung 7.25 dargestellt. Hier wird die Konfigurationsdatei generiert und anschließend im Verzeichnis **/tmp** unter dem Namen **hanainst_config** abgelegt.

```
t30z:/SOFTWARE_ARCHIVE/REVISION_230/DATA_UNITS/HDB_LCM_LINUX_X86_64 # ./hdblcm --action=install --dump_config
file_template=/tmp/hanainst_config

SAP HANA Lifecycle Management - SAP HANA Database 2.00.030.00.1522209842
**********************************************************************
Scanning software locations...
Detected components:
    SAP HANA Database (2.00.030.00.1522209842) in /SOFTWARE_ARCHIVE/REVISION_230/DATA_UNITS/HDB_SERVER_LINUX_
X86_64/server
    SAP HANA AFL (incl.PAL,BFL,OFL) (2.00.030.0001.1522223444) in /SOFTWARE_ARCHIVE/REVISION_230/DATA_UNITS/H
DB_AFL_LINUX_X86_64/packages
    SAP HANA EML AFL (2.00.030.0001.1522223444) in /SOFTWARE_ARCHIVE/REVISION_230/DATA_UNITS/HDB_EML_AFL_10_L
INUX_X86_64/packages
    SAP HANA EPM-MDS (2.00.030.0001.1522223444) in /SOFTWARE_ARCHIVE/REVISION_230/DATA_UNITS/SAP_HANA_EPM-MDS
_10/packages
    SAP HANA Database Client (2.3.78.1521836270) in /SOFTWARE_ARCHIVE/REVISION_230/DATA_UNITS/HDB_CLIENT_LINU
X_X86_64/client
    SAP HANA Studio (2.3.35.000000) in /SOFTWARE_ARCHIVE/REVISION_230/DATA_UNITS/HDB_STUDIO_LINUX_X86_64/stud
io
    SAP HANA Smart Data Access (2.00.3.000.0) in /SOFTWARE_ARCHIVE/REVISION_230/DATA_UNITS/SAP_HANA_SDA_20_LI
NUX_X86_64/packages
    SAP HANA XS Advanced Runtime (1.0.82.303870) in /SOFTWARE_ARCHIVE/REVISION_230/DATA_UNITS/XSA_RT_10_LINUX
_X86_64/packages
    GUI for HALM for XSA (including product installer) Version 1 (1.12.5) in /SOFTWARE_ARCHIVE/REVISION_230/D
ATA_UNITS/XSA_CONTENT_10/XSACALMPIUI12_5.zip
    XSAC FILEPROCESSOR 1.0 (1.000.22) in /SOFTWARE_ARCHIVE/REVISION_230/DATA_UNITS/XSA_CONTENT_10/XSACFILEPRO
C00_22.zip
    SAP Enterprise Architecture Designer 1.0 for SAP HANA (1.004.) in /SOFTWARE_ARCHIVE/REVISION_230/DATA_UNI
TS/XSA_CONTENT_10/XSAC_HANA_EADESIGNER-1.4.0.zip
    SAP HANA tools for accessing catalog content, data preview, SQL console, etc. (2.005.36) in /SOFTWARE_ARC
HIVE/REVISION_230/DATA_UNITS/XSAC_HRTT_20/XSACHRTT05_36.zip
    XS Messaging Service 1 (1.003.2) in /SOFTWARE_ARCHIVE/REVISION_230/DATA_UNITS/XSA_CONTENT_10/XSACMESSSRV0
3_2.zip
    XS Monitoring 1 (1.006.3) in /SOFTWARE_ARCHIVE/REVISION_230/DATA_UNITS/XSA_CONTENT_10/XSACMONITORING06_3.
zip
    Develop and run portal services for custome apps on XSA (1.002.2) in /SOFTWARE_ARCHIVE/REVISION_230/DATA_
UNITS/XSA_CONTENT_10/XSACPORTALSERV02_2.zip
    SAP Web IDE Web Client (4.003.0) in /SOFTWARE_ARCHIVE/REVISION_230/DATA_UNITS/XSAC_SAP_WEB_IDE_20/XSACSAP
WEBIDE03_0.zip
    XS Services 1 (1.006.5) in /SOFTWARE_ARCHIVE/REVISION_230/DATA_UNITS/XSA_CONTENT_10/XSACSERVICES06_5.zip
    SAPUI5 FESV4 XSA 1 - SAPUI5 1.52 (1.052.9) in /SOFTWARE_ARCHIVE/REVISION_230/DATA_UNITS/XSA_CONTENT_10/XS
ACUI5FESV452_9.zip
    SAPUI5 SERVICE BROKER XSA 1 - SAPUI5 Service Broker 1.0 (1.000.1) in /SOFTWARE_ARCHIVE/REVISION_230/DATA_
UNITS/XSA_CONTENT_10/XSACUI5SB00_1.zip
    Xsa Cockpit 1 (1.001.7) in /SOFTWARE_ARCHIVE/REVISION_230/DATA_UNITS/XSA_CONTENT_10/XSACXSACOCKPIT01_7.zi
p
Config file template '/tmp/hanainst_config' written
Password file template '/tmp/hanainst_config.xml' written
Configuration file template created
```

Abbildung 7.25 Konfigurationsdatei erstellen

Obligatorische Parameter

Anschließend können Sie die Konfigurationsdatei öffnen. Manche Parameter substituieren andere Parameter, d. h., Sie müssen den Parameter nur einmal angeben, und dieser wird in der restlichen Konfigurationsdatei automatisch ersetzt. Solche Parameter sind unter anderem sid und sapmnt. Falls Sie für einen obligatorischen Parameter keinen Wert angeben, wird der Default-Wert verwendet.

Alle Default-Parameter und eine Beispielkonfiguration sind in Tabelle 7.1 dargestellt.

Parameter	Beschreibung	Beispiel-konfiguration
components	Komponenten, die installiert werden sollen: - Angabe mehrerer Komponenten, getrennt durch Kommata - SAP HANA Server muss immer installiert werden. - Parameter action muss gesetzt sein.	client, server, afl
action	Aktion, die vom SAP HANA Database Lifecycle Manager ausgeführt werden soll	install
sapmnt	Pfad zum Installationsverzeichnis (Angabe wird durch die gesamte Konfigurationsdatei durchpropagiert)	/hana/shared
number	Instanznummer des SAP-HANA-Systems (muss zwischen 00 und 97 liegen)	00
system_usage	Art der Nutzung des Systems (Einstellung wird in der Datei **global.ini** gespeichert)	custom
datapath	Pfad des Verzeichnisses, in dem die Data Volumes der SAP-HANA-Datenbank abgelegt werden	/hana/data/$(sid)
logpath	Pfad des Verzeichnisses, in dem die Log Volumes der SAP-HANA-Datenbank abgelegt werden	/hana/log/$(sid)
restrict_max_mem	Angabe, ob der Speicherverbrauch der SAP-HANA-Datenbank limitiert werden soll	n
hostname	Hostname der Datenbank	hdbzdb
certificates_hostmap	Hostname, der für die Signierung von Zertifikaten durch den SAP Host Agent genutzt wird	hdbzdb=hdbzdb
sapadm_password	Passwort des Benutzers für den SAP Host Agent (sapadm)	Passwort

Tabelle 7.1 Wichtige Parameter für die Installation eines SAP-HANA-Systems

Parameter	Beschreibung	Beispielkonfiguration
password	Passwort des Systemadministratorbenutzers (<sid>adm)	Passwort
home	Home-Verzeichnis des Benutzers für die Systemadministration	/usr/sap/$(sid)/home
shell	Definiert die Login-Shell des Systemadministratorbenutzers (<sid>adm)	/bin/sh
userid	Benutzer-ID des Systemadministrators	6001
system_user_password	Passwort des Datenbankadministratorbenutzers (SYSTEM)	Passwort
autostart	Angabe, ob die Instanz nach dem Neustart der Maschine automatisch wieder hochgefahren werden soll	0

Tabelle 7.1 Wichtige Parameter für die Installation eines SAP-HANA-Systems (Forts.)

Installation starten

Um die Installation mit Übergabe einer Konfigurationsdatei zu starten, wechseln Sie in das Verzeichnis, in das Sie das Installationsmedium abgelegt haben. Wechseln Sie anschließend in den Ordner **/DATA_UNITS/HDB_LCM_LINUX_X86_64**, und starten Sie den SAP HANA Database Lifecycle Manager mit dem folgenden Befehl:

```
./hdblcm --configfile=<Dateipfad>
```

Wenn Sie alle obligatorischen Parameter angegeben haben, wird Ihnen eine Übersicht angezeigt, und Sie können die Installation durch Eingabe von »y« starten.

[!] **Überschreiben von Parametern**

Wenn Sie beim Start des SAP HANA Database Lifecycle Managers zusätzlich zur Konfigurationsdatei weitere Parameter angeben, werden die Einstellungen aus der Konfigurationsdatei mit diesen Parametern überschrieben.

Konfigurationsdatei im grafischen Modus

Auch bei der Verwendung des grafischen Modus kann eine Konfigurationsdatei beim Start des SAP HANA Database Lifecycle Managers angegeben werden. Erstellen Sie dazu die Konfigurationsdatei wie beschrieben, und wechseln Sie dann in den Ordner des Installationsmediums. Starten Sie die grafische Benutzeroberfläche des SAP HANA Database Lifecycle Managers mit dem folgenden Befehl:

```
./hdblcmgui --configfile=<Dateipfad>
```

7.2.5 Nachbereitung der Installation

In diesem Abschnitt beschreiben wir die wichtigsten Schritte, die Sie nach der Installation eines SAP-HANA-Systems durchführen sollten. Dazu gehören unter anderem die Einrichtung des Backups und Monitorings und das Einspielen einer Lizenz. Falls Sie ein *System Landscape Directory* (SLD) betreiben, finden Sie in diesem Abschnitt ebenfalls Informationen darüber, wie Sie dieses einrichten.

Direkt nach der Installation eines neuen SAP-HANA-Systems sollten Sie ein Backup erstellen, damit Sie Ihr System im Notfall wiederherstellen können. Wie Sie dazu vorgehen, erklären wir in Kapitel 9, »Backup und Recovery«.

Backup erstellen

Um zu vermeiden, dass in Ihrem System Fehlersituationen auftreten, ohne dass Sie es bemerken, sollten Sie außerdem das Monitoring für Ihr SAP-HANA-System einrichten. Welche Möglichkeiten es dafür gibt und was Sie beachten sollten, erfahren Sie in Kapitel 15, »Monitoring«.

Monitoring einrichten

Eine Lizenz einspielen

Ein SAP-HANA-System wird mit einer Testlizenz installiert, die drei Monate lang gültig ist. Ohne Lizenz können Sie das System z. B. nicht aktualisieren. Deswegen sollten Sie nach der Installation eine dauerhafte Lizenz einspielen. Sie können Ihre Lizenz unter der folgenden URL beantragen: *http://s-prs.de/v685027*.

Sie benötigen dazu Ihre Kundennummer, Ihre Installationsnummer und den Hardware Key der SAP-HANA-Datenbank. Außerdem muss Ihr S-User die notwendigen Berechtigungen besitzen, um Lizenzen anzulegen.

1. Geben Sie auf dem ersten Bildschirm Ihre Kundennummer, das Produkt und Ihre Installationsnummer an. Sie werden anschließend zur Registerkarte **2 – Systeme** weitergeleitet, auf der alle Systeme angezeigt werden, die Sie bereits angelegt haben.

2. Klicken Sie auf das Pluszeichen über der Tabelle, um ein neues System hinzuzufügen (siehe Abbildung 7.26).

7 Lebenszyklusverwaltung

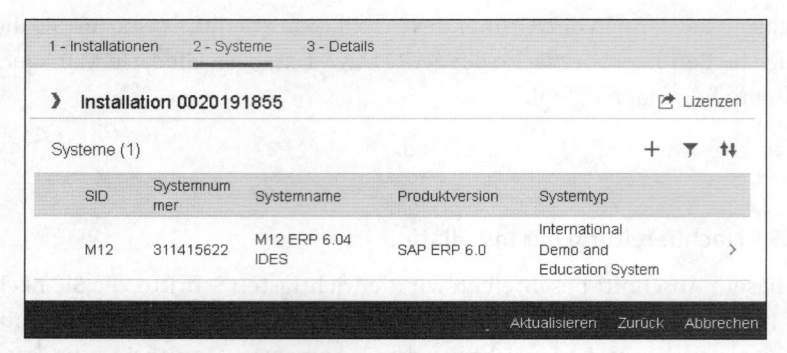

Abbildung 7.26 Ein neues System hinzufügen

3. Es öffnet sich ein weiteres Fenster, in dem Sie das Produkt und die Version des Produkts auswählen können. Geben Sie in das Eingabefeld **Produkt** »HANA« ein, und klicken Sie auf einen der angezeigten Einträge. In Abbildung 7.27 sehen Sie, wie eine Lizenz für das Produkt SAP HANA, Platform Edition, angelegt wird.

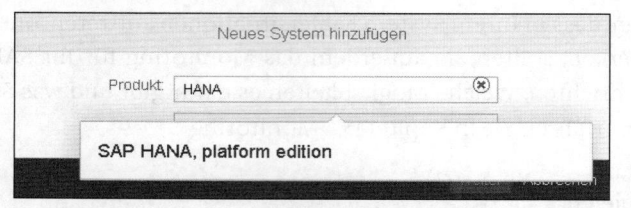

Abbildung 7.27 Das Produkt SAP HANA, Platform Edition, auswählen

4. Anschließend wählen Sie im Feld **Version** die Version des SAP-HANA-Systems aus. Wählen Sie hier **SAP HANA, platform edition 2.0**, um eine Lizenz für ein SAP-HANA-2.0-System zu beantragen (siehe Abbildung 7.28).

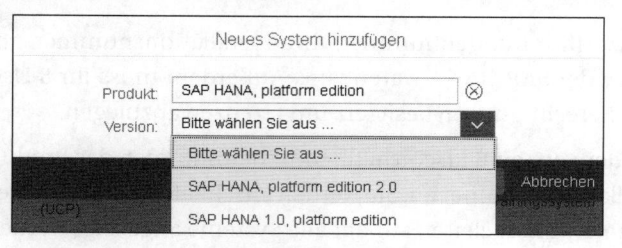

Abbildung 7.28 Version 2.0 auswählen

5. Geben Sie eine System-ID und eine Beschreibung (Feld **System Name**) ein. Im Feld **System Type** wählen Sie den Systemtyp aus. Für ein Testsystem wählen Sie z. B. **Test system**, für ein Produktivsystem **Production**

system. Im Feld **Operating System** wählen Sie das Betriebssystem Ihrer SAP HANA Appliance aus.

In Abbildung 7.29 erstellen wir eine Lizenz für die SAP-HANA-Datenbank mit der System-ID HDB. Dieses System ist ein Testsystem, das auf einer SAP HANA Appliance mit dem Betriebssystem SUSE Linux installiert ist.

Abbildung 7.29 Ein neues SAP-HANA-System im SAP Support Portal hinzufügen

6. Wenn Sie alle Eingaben vorgenommen haben, klicken Sie auf **Fortfahren**. Sie gelangen zur Registerkarte **3 – Details**. Klicken Sie hier auf das Pluszeichen über der Tabelle **Lizenzschlüssel** (siehe Abbildung 7.30).

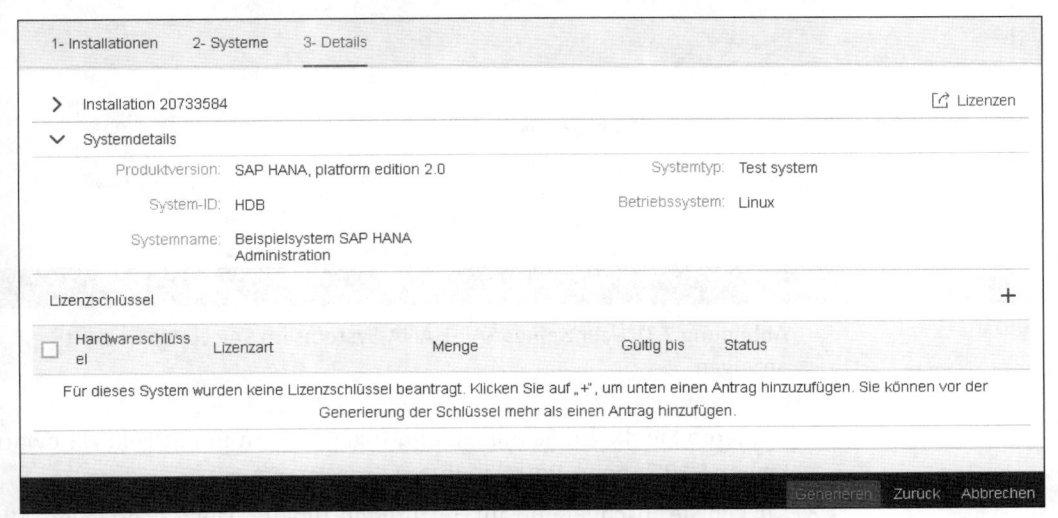

Abbildung 7.30 Ein neues SAP-HANA-System in der Lizenzverwaltung anlegen (Details)

7. Es öffnet sich erneut ein Pop-up-Fenster, in das Sie weitere Informationen eingeben müssen. Die Lizenzart ist bereits ausgewählt. Außerdem benötigen Sie den Hardwareschlüssel (**Hardware Key**), die Zielgröße des Hauptspeichers in GB (**Quantity**) und das Gültigkeitsdatum der Lizenz (**Valid until**).

Den Hardwareschlüssel Ihres Systems finden Sie im SAP HANA Cockpit 2.0. Öffnen Sie den **System Overview** Ihres SAP-HANA-Systems, und wählen Sie **Manage System Licenses** auf der Kachel **Database Administration**. Es öffnet sich ein neuer View. Auf der rechten Seite finden Sie nun den Hardwareschlüssel Ihres Systems. In Abbildung 7.31 sehen Sie, dass O0798159402 der Hardwareschlüssel für unser Beispielsystem HDB ist.

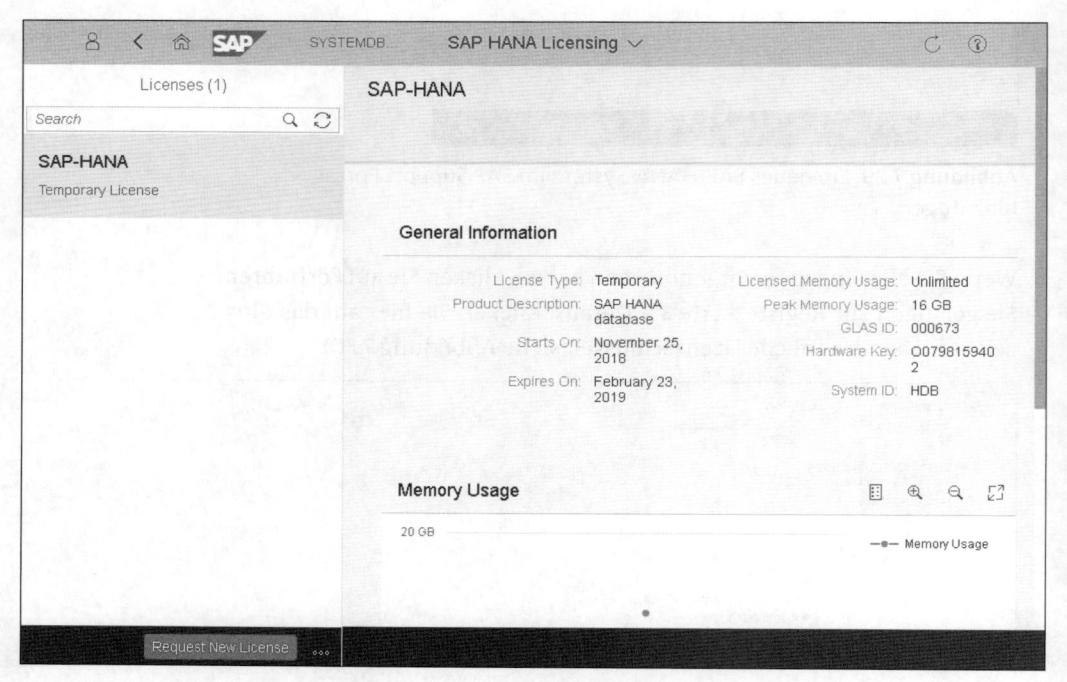

Abbildung 7.31 Lizenz eines SAP-HANA-Systems im SAP HANA Cockpit anzeigen

Kopieren Sie diesen Schlüssel, und fügen Sie ihn in das Feld **Hardware Key** im SAP Support Portal in Ihrem Browser ein.

8. Klicken Sie anschließend auf **Hinzufügen**, um die Lizenz zu erstellen. Alle ausgefüllten Felder für unser System HDB sehen Sie in Abbildung 7.32.

Abbildung 7.32 Lizenzschlüsselantrag anlegen

9. Der Lizenzschlüssel wird nun in der Tabelle **Lizenzschlüssel** angezeigt (siehe Abbildung 7.33). Klicken Sie auf **Generieren**, um die Erstellung der Lizenz abzuschließen.

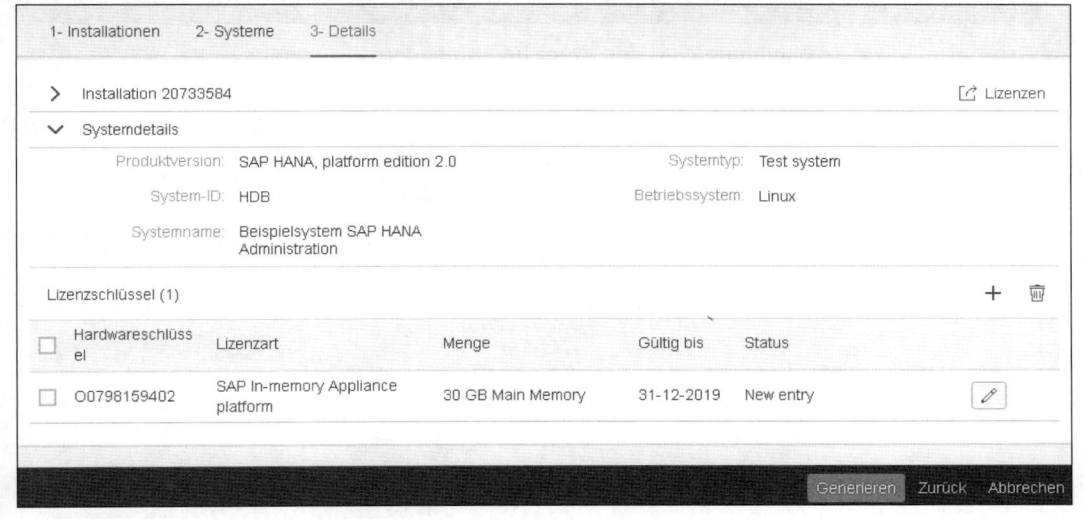

Abbildung 7.33 Die neue Lizenz generieren

Die Lizenz wird nun generiert und ist anschließend zum Download verfügbar. Um die Lizenz herunterzuladen, setzen Sie zunächst das Häkchen in der Tabelle **Lizenzschlüssel** in der Zeile mit dem generierten Lizenzschlüssel. Danach klicken Sie auf das Download-Icon oben rechts über der Tabelle (⬇, siehe Abbildung 7.34). Alternativ können Sie sich den Lizenzschlüssel auch per E-Mail zusenden lassen. Dazu klicken Sie auf das Nachrichtenicon oben rechts über der Tabelle (✉). Speichern Sie die Datei lokal für den Import.

Lizenz herunterladen

7   Lebenszyklusverwaltung

| 1- Installationen | 2- Systeme | 3- Details |

> Installation 20733584   ⌐ Lizenzen

> System HDB (Beispielsystem SAP HANA Administration) ☆

Ihre Lizenzschlüssel sind unten aufgeführt. Sie können die Schlüssel herunterladen oder eine E-Mail mit Lizenzschlüsseln anfordern, indem Sie die relevanten Schlüssel auswählen und weiter unten auf die E-Mail-Drucktaste klicken.

Wenn Sie bestehende Lizenzschlüssel bearbeiten oder dem System zusätzliche Lizenzschlüssel hinzufügen möchten, wählen Sie die Drucktaste "Bearbeiten" unten auf dem Bild, prüfen Sie anschließend die Details Ihres Systems und wählen Sie auf dem nächsten Bild "Weiter".

Zur Löschung des Systems wechseln Sie zur Systemdatenanwendung in Ihrem Launchpad.

Lizenzschlüssel (1)

☐	Hardwareschlüssel	Lizenzart	Menge	Gültig bis	Lizenzschlüssel
☐	O0798159402	SAP In-memory Appliance platform	30 GB Main Memory	31-12-2019	Digital Signature

[Bearbeiten] Zurück Abbrechen

Abbildung 7.34 Eine Lizenz herunterladen

Wechseln Sie zurück in das SAP HANA Cockpit 2.0 zu den Lizenzinformationen Ihres Systems. Klicken Sie auf **Upload New License** (siehe Abbildung 7.35), und wählen Sie die gespeicherte Datei aus.

| 8 < 🏠 SAP | SYSTEMDB | SAP HANA Licensing ∨ | | C ⓘ |

Licenses (1)   **SAP-HANA**

SAP-HANA
Temporary License

General Information

License Type:	Temporary	Licensed Memory Usage:	Unlimited
Product Description:	SAP HANA database	Peak Memory Usage:	16 GB
Starts On:	November 25, 2018	GLAS ID:	000673
Expires On:	February 23, 2019	Hardware Key:	O0798159402
		System ID:	HDB

Memory Usage

20 GB ─────────────────── ──●── Memory Usage

[Upload New License]
Delete All Licenses

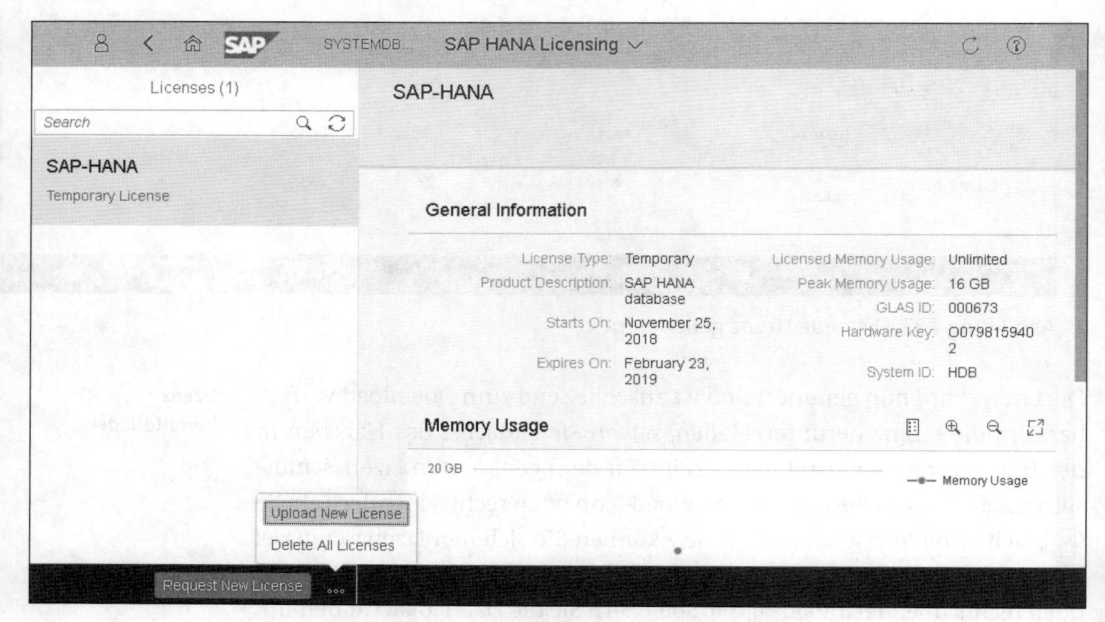

[Request New License] …

Abbildung 7.35 Die Lizenz des SAP-HANA-Systems »HDB« anzeigen

Klicken Sie auf **Upload License**, um zu bestätigen. Sie erhalten die Bestätigung, dass der Lizenzschlüssel erfolgreich installiert wurde. In Abbildung 7.36 können Sie sehen, dass sich der Lizenztyp (**License Type**) von einer temporären Lizenz (**Temporary**) zu einer permanenten Lizenz (**Permanent**) geändert hat.

Außerdem können Sie das Start- und Enddatum der Lizenz, den lizenzierten Hauptspeicher und die höchste gemessene Speicherauslastung ablesen.

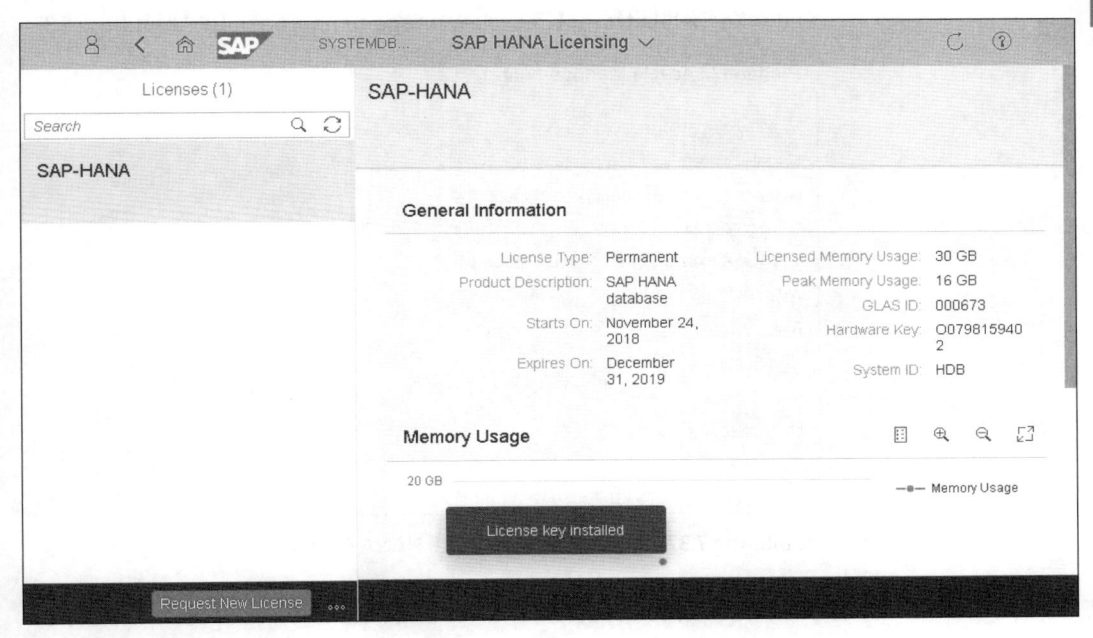

Abbildung 7.36 Permanente Lizenz installiert

System Landscape Directory konfigurieren

Das *System Landscape Directory* (SLD) dient als zentrales Repository für Systemlandschaften. Falls Sie ein SLD in Ihrer Landschaft einsetzen, erfahren Sie in diesem Abschnitt, wie Sie dieses für Ihr SAP-HANA-System konfigurieren. Der *SLD Data Supplier*, der die Daten an das SLD liefert, ist bei SAP HANA in den Name Server integriert. Mit dem SAP HANA Database Lifecycle Manager können Sie die Verbindung zum SLD konfigurieren. Der SLD Data Supplier nimmt die Registrierung dann automatisch vor. Wenn das System mit dem SLD verbunden ist, liefert es stetig Detailinformationen an dieses. Ausführlichere Informationen dazu können Sie den SAP-Hinweisen 1673424 und 1649323 entnehmen.

7 Lebenszyklusverwaltung

Verbindungs-konfiguration

Sie können die Konfiguration mit der grafischen Benutzeroberfläche, dem Konsolenmodus oder dem Web Interface des SAP HANA Database Lifecycle Managers vornehmen. Die einfachste Methode ist jedoch, das Web Interface über das SAP HANA Cockpit 2.0 zu starten. Dies beschreiben wir Ihnen im Folgenden.

1. Öffnen Sie SAP HANA Cockpit 2.0, und navigieren Sie zum **System Overview** Ihres SAP-HANA-Systems.
2. Wählen Sie die Option **Configure system landscape directory registration** in der Kachel **Platform Lifecycle Management** aus (siehe Abbildung 7.37).

Platform Lifecycle Management

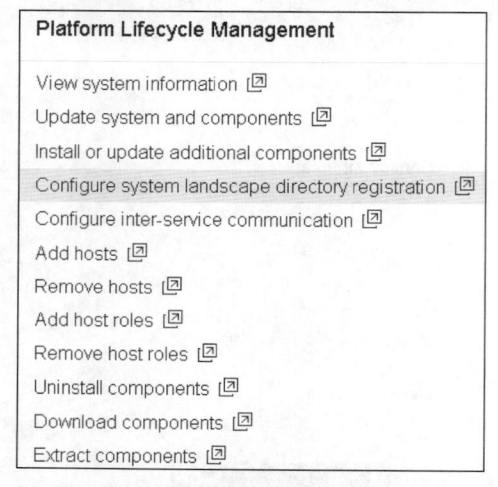

View system information
Update system and components
Install or update additional components
Configure system landscape directory registration
Configure inter-service communication
Add hosts
Remove hosts
Add host roles
Remove host roles
Uninstall components
Download components
Extract components

Abbildung 7.37 Einstiegsseite des SAP HANA Cockpits

3. Sie werden aufgefordert, Benutzer und Passwort einzugeben. Melden Sie sich hier als `<sid>adm` an.
4. Geben Sie auf dem nächsten Bildschirm (siehe Abbildung 7.38) die Informationen aus Tabelle 7.2 an.

Feldname	Beschreibung
SLD Host Name	Hostname des Systems, auf dem Ihr SLD installiert ist
SLD Port	Standard-HTTP-Port des Systems, auf dem Ihr SLD installiert ist
SLD User Name	Benutzername im SLD-System
SLD Password	Passwort des Benutzers
Use HTTPS	Gibt an, ob für die Übermittlung HTTPS oder HTTP genutzt werden soll.

Tabelle 7.2 Eigenschaften zur Konfiguration der SLD-Registrierung

5. Klicken Sie anschließend auf **Next**, um so zur Zusammenfassung zu gelangen.

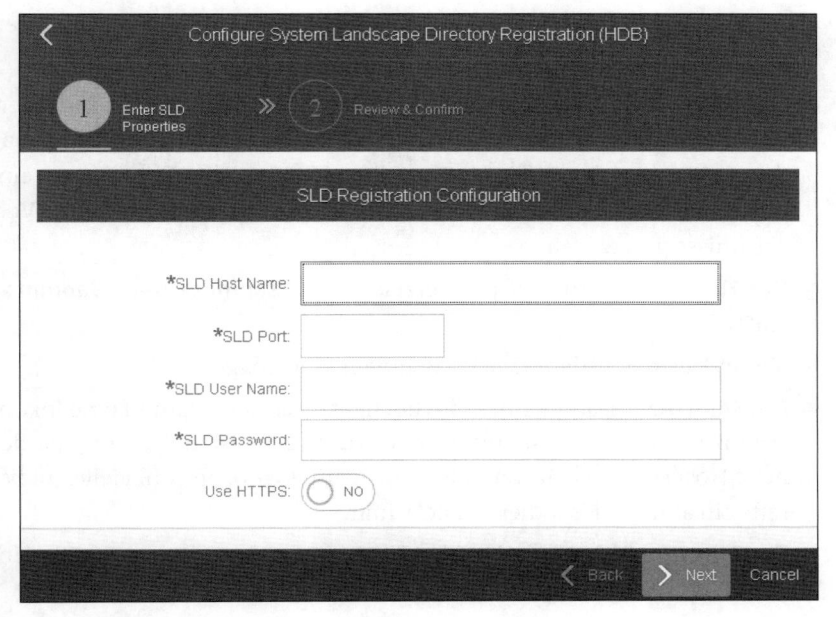

Abbildung 7.38 Die SLD-Registrierung konfigurieren

6. Nach der Überprüfung der Eingaben in der Zusammenfassung klicken Sie auf **Run**, um die Konfiguration zu vervollständigen.

> **Manuelles Triggern der Registrierung**
>
> Nach der Konfiguration der Verbindungsdaten registriert sich das SAP-HANA-System zeitversetzt an Ihrem SLD. Wenn Sie diesen Prozess sofort starten möchten, loggen Sie sich mit dem Systemadministratorbenutzer <sid>adm auf Ihrer SAP HANA Appliance ein, und führen Sie den folgenden Befehl aus:
>
> ```
> /usr/sap/hostctrl/exe/saposcol -b | sldreg -connectfile /usr/sap/<SID>/SYS/global/slddest.cfg -stdin -oldtransferdtd
> ```

7.2.6 Einen zusätzlichen Host hinzufügen

Wenn Sie Ihr System z. B. für ein Hochverfügbarkeitsszenario oder die Integration von Streaming Analytics vorbereiten möchten, müssen Sie weitere Hosts hinzufügen. In diesem Abschnitt beschreiben wir beispielhaft, wie

Sie einen weiteren Worker-Host im Konsolenmodus des SAP HANA Database Lifecycle Managers zu einem System hinzufügen.

Voraussetzungen Die folgenden Voraussetzungen sollten erfüllt sein, um den zusätzlichen Host einzurichten:

- Das SAP-HANA-System muss in einem Shared File System installiert sein, d. h., insbesondere die Verzeichnisse **/hana/shared/<SID>**, **/hana/data/<SID>** und **/hana/log/<SID>** sollten in ein solches Dateisystem eingebunden sein. Die Optionen rw und no_root_squash müssen für die Verzeichnisse gesetzt sein.
- Der Host hat Zugriff auf die Verzeichnisse **<sapmnt>** und **<sapmnt>/<SID>**.
- Sie sind als root- oder <sid>adm-Benutzer eingeloggt.
- Die SAP-HANA-Datenbank sollte hochgefahren sein, damit keine Inkonsistenzen in der Konfiguration entstehen. Dies ist notwendig, da der neue Host sonst als Master-Host hinzugefügt wird, obwohl vielleicht bereits ein anderer Host diese Rolle erfüllt.
- Der Zeitunterschied zwischen den Hosts darf nicht größer als 180 Sekunden sein.
- Falls der <sid>adm-Benutzer bereits auf dem hinzuzufügenden Host existiert, stellen Sie sicher, dass dieser die richtigen Berechtigungen hat und dass Sie das Passwort des Benutzers zur Hand haben.

Host mit der Konsole hinzufügen Um einen zusätzlichen Host zu einem Single-Host-System hinzuzufügen, können Sie entweder die grafische Benutzeroberfläche (hdblcmgui), die Konsole (hdblcm) oder die Weboberfläche (hdblcmweb) verwenden. Wir fügen im folgenden Beispiel dem SAP-HANA-System mit der System-ID HDB und dem virtuellen Hostnamen hdbzdb einen weiteren Worker-Host namens t29z hinzu.

1. Wechseln Sie zunächst zum Verzeichnis des SAP HANA Database Lifecycle Managers:

   cd <sapmnt>/<SID>/hdblcm

   In unserem Beispiel heißt dieses Verzeichnis **/hana/shared/HDB/hdblcm**.

2. Anschließend starten Sie den Konsolenmodus des SAP HANA Database Lifecycle Managers mit dem folgenden Befehl:

   ./hdblcm

3. Der SAP HANA Database Lifecycle Manager zeigt Ihnen verschiedene Aktionen, die Sie ausführen können. Indem Sie den Wert »2« eingeben,

wählen Sie die Aktion **add_hosts** aus, um den Dialog für das Hinzufügen eines neuen Hosts zu starten (siehe Abbildung 7.39).

```
SAP HANA Lifecycle Management - SAP HANA Database 2.00.034.00.1539746999
************************************************************************
Choose an action

  Index | Action                     | Description
  ---------------------------------------------------------------------------
  1     | add_host_roles             | Add Host Roles
  2     | add_hosts                  | Add Hosts to the SAP HANA Database System
  3     | check_installation         | Check SAP HANA Database Installation
  4     | configure_internal_network | Configure Inter-Service Communication
  5     | configure_sld              | Configure System Landscape Directory Registration
  6     | extract_components         | Extract Components
  7     | print_component_list       | Print Component List
  8     | remove_host_roles          | Remove Host Roles
  9     | rename_system              | Rename the SAP HANA Database System
  10    | uninstall                  | Uninstall SAP HANA Database Components
  11    | unregister_system          | Unregister the SAP HANA Database System
  12    | update_component_list      | Update Component List
  13    | update_components          | Install or Update Additional Components
  14    | update_host                | Update the SAP HANA Database Instance Host integration
  15    | update                     | Update the SAP HANA Database System
  16    | exit                       | Exit (do nothing)

Enter selected action index [16]: 2
```

Abbildung 7.39 Den SAP HANA Database Lifecycle Manager zum Hinzufügen eines neuen Hosts starten

4. Im nächsten Schritt lädt der SAP HANA Database Lifecycle Manager die Eigenschaften des Systems und fragt Sie als Erstes nach dem Hostnamen des hinzuzufügenden Hosts. Wir geben in unserem Fall den virtuellen Hostnamen unseres Hosts t29z ein.

5. Anschließend müssen Sie den Namen eines Benutzers mit root-Berechtigungen auf diesem Host angeben. Falls das Passwort dieses Benutzers nicht dem Passwort des Benutzers auf dem aktuellen Host entspricht, werden Sie außerdem nach dem Passwort gefragt.

6. Der SAP HANA Database Lifecycle Manager sammelt nun alle Informationen vom neuen Host, die benötigt werden, um ihn hinzuzufügen. Unsere Einstellungen sehen Sie in Abbildung 7.40.

```
System Properties:
HDB /hana/shared/HDB HDB_ALONE
      HDB00
      version: 2.00.034.00.1539746999
      host: hdbzdb (Database Worker (worker), XS Advanced Runtime Worker (xs_worker))
      edition: SAP HANA Database
      plugins: epmmds

Enter comma-separated host names to add: t29z
Enter Root User Name [root]:
Enter Root User Password:
Collecting information from host 't29z'...
Information collected from host 't29z'.
```

Abbildung 7.40 Einstellungen zum Erkennen des zusätzlichen Hosts mit dem Hostnamen »vm02«

7. Anschließend müssen Sie angeben, welche Rolle der neue Host haben soll. Unser Host t29z soll die Hostrolle Database Worker haben. Wir wählen deswegen die Option **1** mit der Rolle **worker** aus (siehe Abbildung 7.41).

```
Select roles for host 't29z':

 Index | Host Role                | Description
-------|--------------------------|-------------------------------
   1   | worker                   | Database Worker
   2   | standby                  | Database Standby
   3   | extended_storage_worker  | Dynamic Tiering Worker
   4   | extended_storage_standby | Dynamic Tiering Standby
   5   | ets_worker               | Accelerator for SAP ASE Worker
   6   | ets_standby              | Accelerator for SAP ASE Standby
   7   | streaming                | Streaming Analytics
   8   | rdsync                   | Remote Data Sync
   9   | xs_worker                | XS Advanced Runtime Worker
  10   | xs_standby               | XS Advanced Runtime Standby
Enter comma-separated list of selected indices [1]: 1
```

Abbildung 7.41 Hostrolle auswählen

8. Anschließend können Sie weitere Einstellungen für den zusätzlichen Host vornehmen. Zunächst können Sie eine Host-Failover-Gruppe (**Host Failover Group**) erstellen, die bei Failover-Szenarien verwendet wird. Wir belassen die Einstellung default, da dieses Vorgehen erst bei einer Anzahl von mindestens vier Hosts sinnvoll wäre.

9. Außerdem können Sie angeben, welche Speicherpartition verwendet werden soll. Dies ist eine logische Nummer, die bei Storage Connector APIs genutzt wird.

10. Als Nächstes wählen Sie die Worker-Gruppe für den neuen Knoten.

11. Außerdem müssen Sie angeben, ob die XS-Advanced-Services auf diesem Host auch verwendet werden soll.

12. Dann werden Sie gefragt, welches Netzwerk-Interface für die Verbindung verwendet werden soll und auf welche Netzwerk-Interfaces das System reagieren soll. Die empfohlene Einstellung internal kann hier verwendet werden, da unsere beiden Hosts t29z und t30z auf demselben Netzwerk-Interface laufen.

13. Als Nächstes geben Sie das Passwort für den Benutzer <sid>adm des SAP-HANA-Systems an.

14. Zuletzt können Sie den Zertifikatshost angeben. Wir empfehlen Ihnen, hier einen zentralen Host zu nutzen, der auch als Master-Host eingestellt ist. In Abbildung 7.42 sehen Sie, dass wir alle Einstellungen auf dem Default-Wert belassen haben.

```
Enter Host Failover Group for host 't29z' [default]:
Enter Storage Partition Number for host 't29z' [<<assign automatically>>]:
Enter Worker Group for host 't29z' [default]:
Automatically assign XS Advanced Runtime roles to the hosts with database roles (y/n) [y]: n

Index | Listen Interface | Description
---------------------------------------------------------------------------------
  1   | global           | The HANA services will listen on all network interfaces
  2   | internal         | The HANA services will only listen on a specific network interface

The recommended value for multiple-host system is 'internal'
Select Listen Interface / Enter Index [1]: 2

Index | Internal Network Address
---------------------------------
  1   | 10.1.4/24

It is recommended to select network address, which is part of an internal network
Select Internal Network Address / Enter Index [1]:
Enter System Administrator (hdbadm) Password:
Enter Certificate Host Name For Host 't29z' [t29z]:
```

Abbildung 7.42 Weitere Einstellungen zur Konfiguration des zusätzlichen Hosts

15. Im letzten Schritt werden Ihnen noch einmal alle Einstellungen angezeigt, und Sie können das Hinzufügen des Hosts durch Eingabe von »y« starten (siehe Abbildung 7.43). Wenn Sie »n« eingeben, wird der SAP HANA Database Lifecycle Manager beendet und der Host nicht hinzugefügt.

```
Summary before execution:
=========================

Add Hosts to SAP HANA Database System
   Add Hosts Parameters
      Skip all SAP Host Agent calls: No
      Remote Execution: ssh
      Enable the installation or upgrade of the SAP Host Agent: Yes
      Auto Initialize Services: Yes
      Install SSH Key: Yes
      Root User Name: root
      Do not start added hosts and do not start SAP HANA Database System: No
      Automatically assign XS Advanced Runtime roles to the hosts with database roles (y/n): No
      Listen Interface: internal
      Internal Network Address: 10.1.4/24
      Certificate Host Names: t29z -> t29z
      Do not Modify '/etc/sudoers' File: No
   Additional Hosts
      t29z
         Role: Database Worker (worker)
         High-Availability Group: default
         Worker Group: default
         Storage Partition: <<assign automatically>>

Do you want to continue? (y/n): y
```

Abbildung 7.43 Übersicht der Einstellungen vor dem Hinzufügen des Hosts

Der Host wird nun zur SAP-HANA-Instanz 00 hinzugefügt. Die Datenbank wird anschließend neu gestartet. Je nach Größe des Systems kann das Hinzufügen dadurch unterschiedlich lange dauern (siehe Abbildung 7.44).

```
Adding Remote Hosts to the SAP HANA Database System
  Starting system HDB (HDB00)...
    Adding additional host...
    Adding host 't29z'...
        t29z:   Adding host 't29z' to instance '00'...
        t29z:   Starting SAP HANA Database...
        t29z:   Starting 4 processes on host 't29z' (worker):
        t29z:       Starting on 't29z' (worker): hdbcompileserver, hdbdaemon, hdbnameserver, hdbprepr
ocessor
        t29z:   Starting 5 processes on host 't29z' (worker):
        t29z:       Starting on 't29z' (worker): hdbcompileserver, hdbdaemon, hdbindexserver, hdbprep
rocessor, hdbwebdispatcher
        t29z:       Starting on 't29z' (worker): hdbdaemon, hdbindexserver, hdbpreprocessor, hdbwebdi
spatcher
        t29z:       Starting on 't29z' (worker): hdbdaemon, hdbindexserver, hdbwebdispatcher
```

Abbildung 7.44 Durchgeführte Schritte, während der zusätzliche Host hinzugefügt wird

System-einstellungen prüfen

Wenn Sie anschließend das SAP HANA Cockpit und darin die Systemübersicht Ihres SAP-HANA-Systems öffnen, ist diese Anzeige nun leicht verändert. Zunächst ist angegeben, dass es sich um ein System mit zwei Hosts, also ein Multiple-Host-System, handelt. In Abbildung 7.45 sehen Sie die Systemübersicht für das SAP-HANA-System HDB, zu dem wir den weiteren Host t29z hinzugefügt haben.

Overall Database Status
10.1.4.30 0

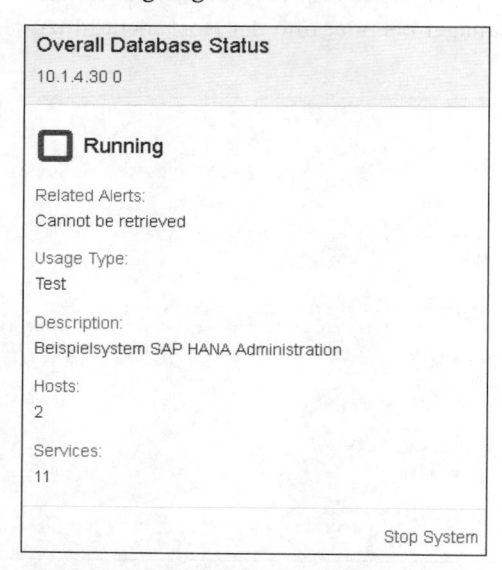

☐ Running

Related Alerts:
Cannot be retrieved

Usage Type:
Test

Description:
Beispielsystem SAP HANA Administration

Hosts:
2

Services:
11

Stop System

Abbildung 7.45 Systemübersicht für ein Multiple-Host-System

Hostübersicht

Wenn Sie auf die Kachel **Overall Database Status** klicken, finden Sie genauere Informationen zu den beiden Hosts. In Abbildung 7.46 sehen Sie die Übersicht für das System HDB mit den beiden Hosts t30z und t29z.

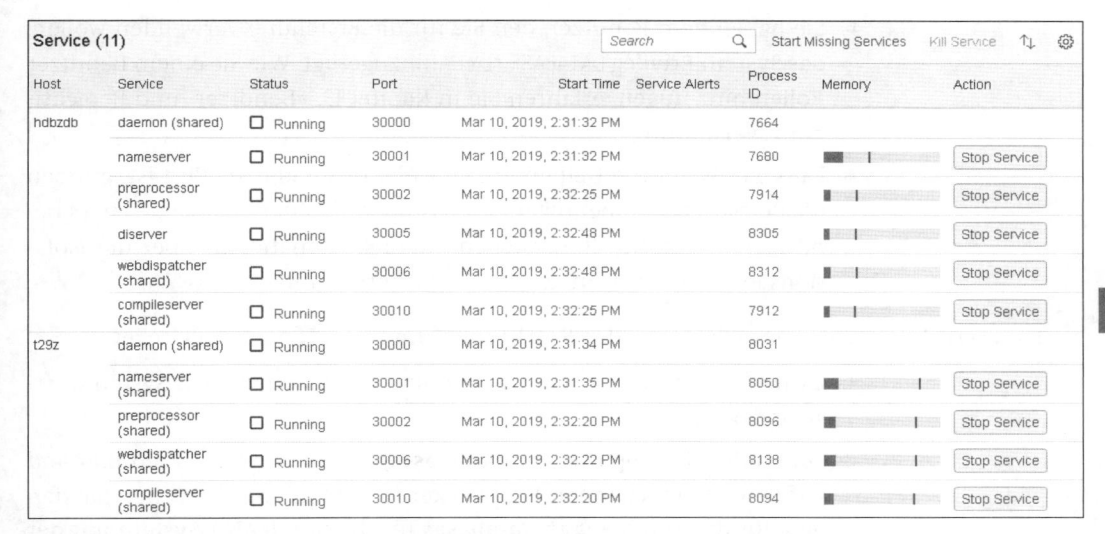

Service (11)									Search	Start Missing Services	Kill Service
Host	Service	Status	Port	Start Time	Service Alerts	Process ID	Memory	Action
hdbzdb	daemon (shared)	☐ Running	30000	Mar 10, 2019, 2:31:32 PM		7664		
	nameserver	☐ Running	30001	Mar 10, 2019, 2:31:32 PM		7680	▬▬	Stop Service
	preprocessor (shared)	☐ Running	30002	Mar 10, 2019, 2:32:25 PM		7914	▬	Stop Service
	diserver	☐ Running	30005	Mar 10, 2019, 2:32:48 PM		8305	▬	Stop Service
	webdispatcher (shared)	☐ Running	30006	Mar 10, 2019, 2:32:48 PM		8312	▬	Stop Service
	compileserver (shared)	☐ Running	30010	Mar 10, 2019, 2:32:25 PM		7912	▬	Stop Service
t29z	daemon (shared)	☐ Running	30000	Mar 10, 2019, 2:31:34 PM		8031		
	nameserver (shared)	☐ Running	30001	Mar 10, 2019, 2:31:35 PM		8050	▬▬	Stop Service
	preprocessor (shared)	☐ Running	30002	Mar 10, 2019, 2:32:20 PM		8096	▬	Stop Service
	webdispatcher (shared)	☐ Running	30006	Mar 10, 2019, 2:32:22 PM		8138	▬	Stop Service
	compileserver (shared)	☐ Running	30010	Mar 10, 2019, 2:32:20 PM		8094	▬	Stop Service

Abbildung 7.46 Hostübersicht im SAP HANA Cockpit

7.3 Verwaltung von Multi-Tenant-Systemen

Eine wesentliche neue Funktion seit SAP HANA SPS09 ist die Möglichkeit, eine SAP-HANA-Datenbank als Multi-Tenant-System zu betreiben. In diesem Abschnitt beschreiben wir, wie Sie einen Tenant erstellen, aktualisieren und löschen. Außerdem zeigen wir Ihnen, wie Sie Services zu einem Tenant hinzufügen oder löschen können.

7.3.1 Einen neuen Tenant anlegen

Wenn Sie ein Multi-Tenant-System installieren, wird initial nur der Tenant SYSTEMDB erstellt. Falls bei der Installation außerdem der Parameter create_initial_tenant auf den Wert y gesetzt wird, wird bei der Istallation ein weiterer Tenant mit demselben Namen wie die System-ID angelegt. Weitere Tenants müssen Sie anschließend manuell anlegen und konfigurieren.

Einen neuen Tenant erstellen Sie vom Tenant SYSTEMDB aus. Es gibt zwei Wege, um einen neuen Tenant zu erstellen. Sie können entweder das SAP HANA Cockpit 2.0 oder eine SQL-Konsole verwenden.

Einen Tenant mit dem SAP HANA Cockpit anlegen

Für die Erstellung eines Tenants mit dem SAP HANA Cockpit müssen die folgenden Voraussetzungen erfüllt sein:

Voraussetzungen

7 Lebenszyklusverwaltung

- Sie haben dem Benutzer, den Sie für die Erstellung verwenden wollen, das System Privileg DATABASE ADMIN hinzugefügt. Wie Sie einem Benutzer Rollen hinzufügen, erfahren Sie in Kapitel 13, »Benutzer- und Berechtigungsverwaltung«.
- Falls das System mit einen hohen Isolationsgrad installiert ist, müssen die Betriebssystembenutzer und -gruppen, die für den neuen Tenant benötigt werden, bereits bestehen. Mehr Informationen über die Isolationslevel finden Sie in Kapitel 12, »Sicherheit für SAP HANA«.

Tenant erstellen

Führen Sie die folgenden Schritte aus, um einen Tenant zu erstellen:

1. Öffnen Sie das SAP HANA Cockpit, und navigieren Sie zur Systemübersicht der SYSTEMDB.
2. Öffnen Sie die App **Manage Databases**, indem Sie am oberen Bildrand auf den entsprechenden Link klicken. In Abbildung 7.47 sehen Sie den Link für die App **Manage Databases** für das SAP-HANA-System mit der System-ID HDB.

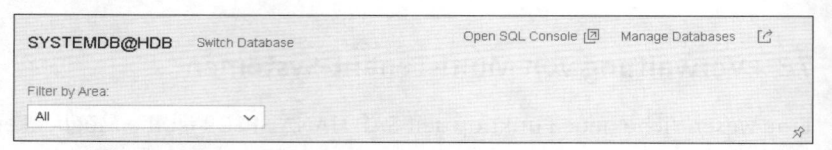

Abbildung 7.47 App »Manage Databases« im SAP HANA Cockpit 2.0

3. Sie befinden sich nun in der Übersicht der Tenants, in der Sie alle Tenants des Systems verwalten können. Um einen neuen Tenant zu erstellen, wählen Sie **Create Tenant** über der Tabelle aus. Wählen Sie dann im Menü **Create Empty Tenant** (siehe Abbildung 7.48), um einen leeren Tenant zu erstellen. Mit der zweiten Option **Create Tenant using Replication** können Sie einen Tenant mithilfe der Funktion **Copy Tenant** erstellen.

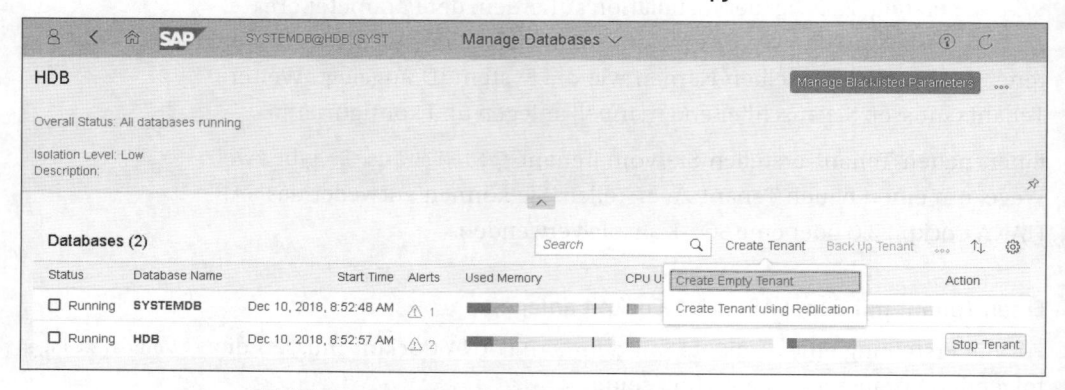

Abbildung 7.48 Menüpunkt »Create Tenant«

7.3 Verwaltung von Multi-Tenant-Systemen

4. Auf dem folgenden Bildschirm (siehe Abbildung 7.49) müssen Sie einen Namen für den Tenant und das Passwort des Benutzers SYSTEM für diesen Tenant angeben. Hier können Sie außerdem angeben, ob der Tenant beim Starten der SAP-HANA-Datenbank automatisch mitgestartet werden soll oder nicht (Option **Start Automatically**).

5. Wenn Sie den Bereich für die erweiterten Einstellungen (**Advanced Settings**) ausklappen, können Sie auch angeben, auf welchem Port der Service indexserver laufen soll. Die Services eines SAP-HANA-Systems beschreiben wir in Abschnitt 2.1.3, »SAP-HANA-Prozesse und -Threads«. Falls die SAP-HANA-Datenbank über mehrere Hosts verteilt ist, können Sie mithilfe des Dropdown-Feldes angeben, auf welchem Host der Master Index Server gestartet werden soll.

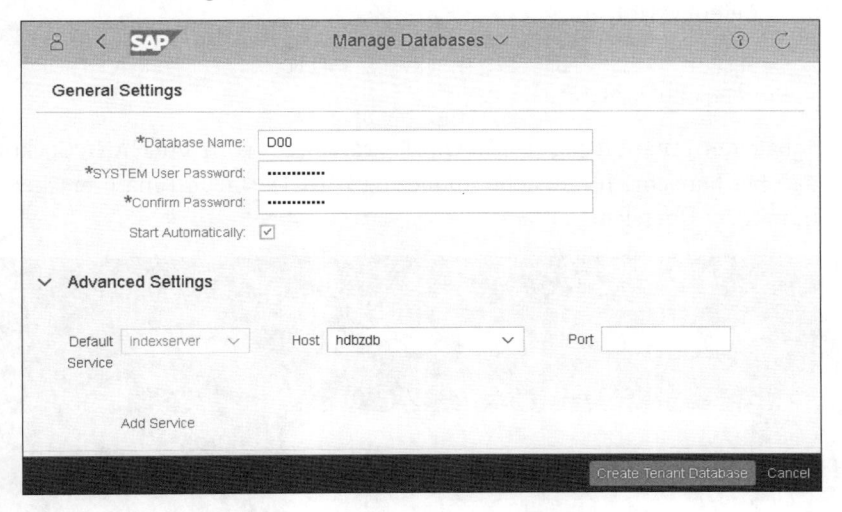

Abbildung 7.49 Einstellungen für die Erstellung des Tenants

6. Wenn Sie auf **Add Service** klicken, können Sie weitere Services, wie z. B. einen scriptserver oder dpserver, zum Tenant hinzufügen.

7. Klicken Sie auf den Button **Create Tenant Database** am rechten unteren Bildrand, um den Tenant zu erstellen. Je nach Leistungsstärke der SAP HANA Appliance kann die Erstellung eines neuen Tenants unserer Erfahrung nach bis zu einer Minute dauern. Im Rahmen der Tenant-Erstellung werden die folgenden Schritte durchgeführt:
   - Der Datenbank wird eine einzigartige systemweite ID zugewiesen.
   - Falls bei einem Multiple-Host-System nicht angegeben wurde, auf welchem Host die Services gestartet werden sollen, wird mithilfe der Load-Balancing-Algorithmen der optimale Host bestimmt.

- Wenn Sie keine Portnummer für den internen Kommunikationsport (**Port**) angegeben haben, wird automatisch ein freier Port zugewiesen.
- Die notwendigen Data und Log Volumes werden auf dem Host erstellt.
- Der Tenant wird dem System-View M_DATABASES hinzugefügt.
- Die Konfigurationsdatei **daemon.ini** wird aktualisiert. Der daemon-Prozess wird angestoßen, um den Service indexserver und alle weiteren Services zu starten.
- Das Passwort für den Benutzer SYSTEM im neuen Tenant wird gesetzt.
- Das Einspielen der Delivery Units, die den Auto Content enthalten, wird gestartet. Sie können den Fortschritt mit dem folgenden SQL-Befehl verfolgen:

```
SELECT * FROM "PUBLIC"."M_SERVICE_THREADS" WHERE THREAD_TYPE =
   'ImportOrUpdateContent';
```

Sobald der Tenant fertig erstellt wurde, werden Sie vom SAP HANA Cockpit darüber benachrichtigt (siehe Abbildung 7.50). Der neue Tenant erscheint nun in der Übersicht.

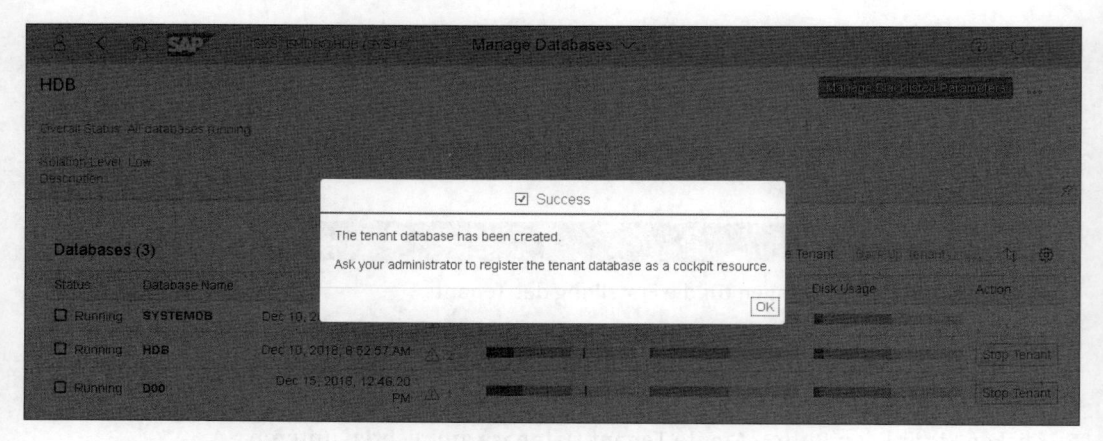

Abbildung 7.50 Ein neuer Tenant wurde angelegt.

Einen Tenant mit der SQL-Konsole anlegen

Einen neuen Tenant können Sie ebenfalls mit der SQL-Konsole erstellen. Sie müssen sich dazu auf dem Tenant SYSTEMDB befinden. Öffnen Sie die SQL-Konsole im SAP HANA Cockpit, oder öffnen Sie das Programm HDB-SQL mit der Konsole. Geben Sie anschließend den folgenden Befehl ein:

```
CREATE DATABASE <Tenant-Name> SYSTEM USER PASSWORD <Passwort>;
```

7.3 Verwaltung von Multi-Tenant-Systemen

Bei der Erstellung mit der Konsole werden dieselben Schritte wie bei der Erstellung mit dem SAP HANA Cockpit ausgeführt.

7.3.2 Services zu einem Tenant hinzufügen und löschen

Um einen Tenant über mehrere Hosts zu verteilen oder um neue Softwarekomponenten für einen Tenant zu installieren, können Sie zusätzliche Services, wie z. B. indexserver oder dpserver, zu einem Tenant hinzufügen. Um einen neuen Service hinzuzufügen, müssen Sie sich im Tenant SYSTEMDB befinden und die Berechtigung DATABASE ADMIN zugewiesen haben.

Einen Service mit dem SAP HANA Cockpit hinzufügen

Um einen Service mit dem SAP HANA Cockpit hinzuzufügen, gehen Sie wie folgt vor:

Service hinzufügen

1. Öffnen Sie das SAP HANA Cockpit, und navigieren Sie zur Systemübersicht der SYSTEMDB.
2. Öffnen Sie die App **Manage Databases**, indem Sie am oberen Bildrand auf den entsprechenden Link klicken.
3. Klicken Sie nun auf den Status des Tenants (z. B. **Running**), um zur App **Manage Services** zu gelangen. Die App **Manage Services** ist in Abbildung 7.51 zu sehen.

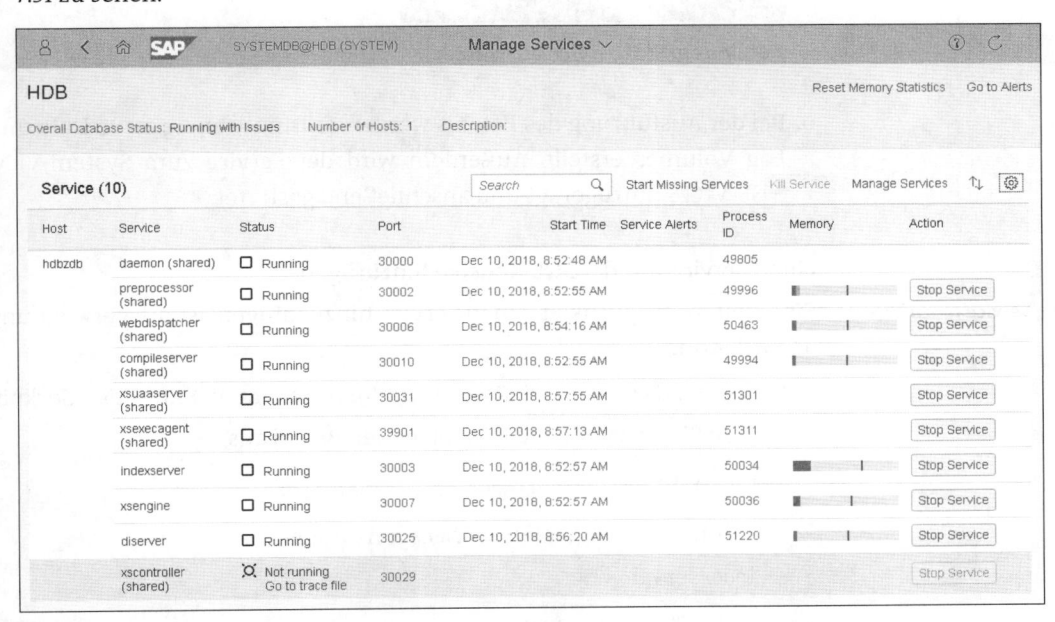

Abbildung 7.51 Die App »Manage Services« im SAP HANA Cockpit

4. Klicken Sie auf Höhe der Suchleiste im rechten Bereich auf **Manage Services**, und wählen Sie **Add Service**, um einen weiteren Service hinzuzufügen (siehe Abbildung 7.52).

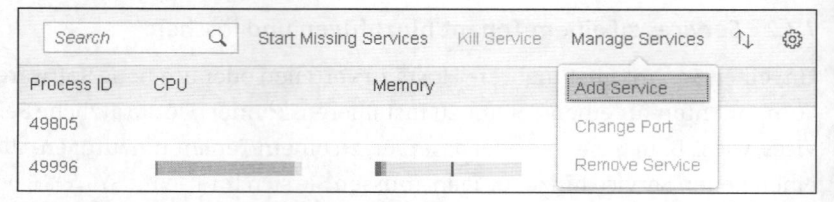

Abbildung 7.52 Einen neuen Service hinzufügen

5. Es öffnet sich ein Pop-up-Fenster, in dem Sie den hinzuzufügenden Service und den Host, zu dem der Service hinzugefügt werden soll, auswählen können. In Abbildung 7.53 fügen wir einen Service **dpserver** zum Tenant hinzu und lassen den Host automatisch zuordnen, da es sich um ein Single-Host-System handelt.

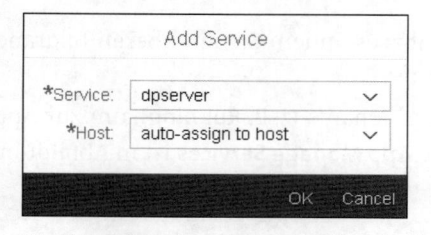

Abbildung 7.53 Service auswählen

6. Bei der Ausführung des Befehls werden, falls notwendig, neue Data und Log Volumes erstellt. Außerdem wird der Service zum System-View `M_SERVICES` hinzugefügt und anschließend gestartet.

Einen Service mit der SQL-Konsole hinzufügen

Service hinzufügen

Eine weitere Möglichkeit, einen Service hinzuzufügen, ist die Verwendung der SQL-Konsole.

1. Öffnen Sie dazu eine SQL-Konsole für Ihren Tenant im SAP HANA Cockpit.
2. Führen Sie anschließend den folgenden Befehl aus:

```
ALTER DATABASE <Tenant-Name> ADD '<Service>';
```

Sie können die folgenden Services hinzufügen:

– `indexserver`
– `xsengine`

- scriptserver
- dpserver
- diserver

Der angegebene Befehl erzeugt einen Service und weist automatisch einen Host und einen freien Port zu. Sie können innerhalb der Anweisung ALTER DATABASE mit dem Zusatz AT LOCATION '<Host>:<Port>' auch angeben, auf welchem Host der Service gestartet und welcher Port verwendet werden soll.

Um z. B. den Service dpserver zum Tenant D00 hinzuzufügen, führen Sie den folgenden Befehl aus:

ALTER DATABASE D00 ADD 'dpserver';

3. Bei der Ausführung des Befehls werden, falls notwendig, neue Data und Log Volumes erstellt. Außerdem wird der Service zum System-View M_SERVICES hinzugefügt und anschließend gestartet.

> **[!] Unterbrechung des Backups**
>
> Das Hinzufügen eines neuen Services führt zur Unterbrechung der Backup-Historie der Datenbank. Starten Sie nach dem Erstellen des Services sofort ein vollständiges Backup, um sicherzustellen, dass Ihre Datenbank wiederherstellbar ist.

Einen Service mithilfe des SAP HANA Cockpits löschen

Wenn Sie einen Service nicht länger benötigen, können Sie ihn entfernen. Wie beim Erstellen eines Services müssen Sie dazu auf dem Tenant SYSTEMDB eingeloggt sein und die Berechtigung DATABASE ADMIN besitzen.

Service löschen

1. Öffnen Sie im SAP HANA Cockpit die App **Manage Services** eines Tenants (siehe Abschnitt 7.3.1, »Einen neuen Tenant anlegen«, und dort »Einen Tenant mit dem SAP HANA Cockpit anlegen«).

2. Klicken Sie nun auf den Service, den Sie löschen möchten. Wählen Sie erneut (auf Höhe der Suchleiste rechts) **Manage Services** und im sich öffnenden Menü **Remove Service**, um den Service zu löschen (siehe Abbildung 7.54).

3. Sie werden noch einmal gefragt, ob Sie den Service wirklich löschen wollen. Bestätigen Sie den Dialog, wie in Abbildung 7.55 gezeigt.

7 Lebenszyklusverwaltung

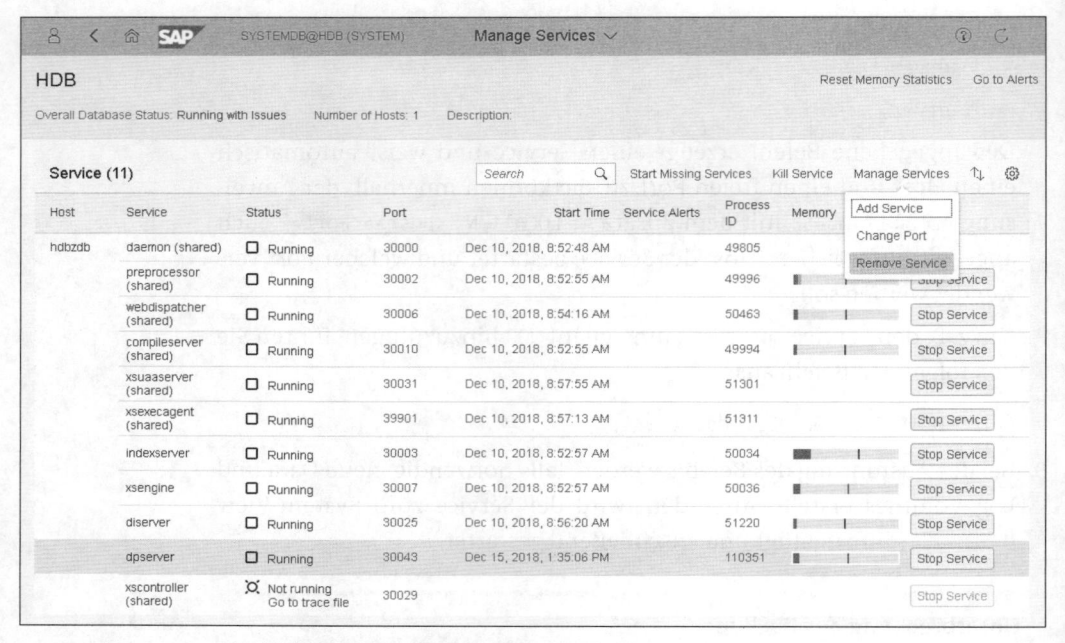

Abbildung 7.54 Einen Service löschen

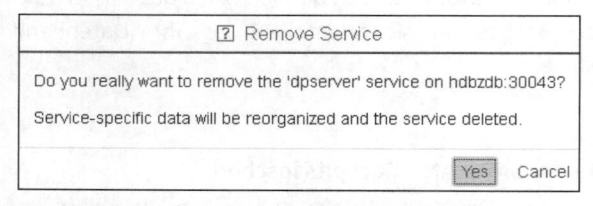

Abbildung 7.55 Löschen des Services bestätigen

Der Service wird anschließend gestoppt und aus der Topologie des SAP-HANA-Systems entfernt. Der Service wird aus dem System-View M_SERVICES entfernt. Außerdem werden alle Data Volumes und Trace-Dateien des Services gelöscht.

Einen Service mithilfe der SQL-Konsole löschen

Service löschen

Eine zweite Möglichkeit zum Löschen eines Services ist die Verwendung der SQL-Konsole.

1. Öffnen Sie die SQL-Konsole für den Tenant SYSTEMDB im SAP HANA Cockpit.

2. Führen Sie den folgenden Befehl aus:

```
ALTER DATABASE <Tenant-
Name> REMOVE '<service>' AT LOCATION '<Host>:<Port>';
```

Anders als bei der Erstellung eines Services ist der Zusatz AT LOCATION '<Host>:<Port>' obligatorisch.

3. Beim Ausführen des Befehls wird der Service aus der Topologie der Systemdatenbank gelöscht. Außerdem wird er aus dem System-View M_SERVICES entfernt. Falls notwendig, werden alle Data Volumes und Trace-Dateien gelöscht.

7.3.3 Tenant aktualisieren

Es ist nicht möglich, einen einzelnen Tenant zu aktualisieren. Wenn Sie eine Komponente aktualisieren möchten, müssen Sie diese für das gesamte SAP-HANA-System aktualisieren. Folgen Sie dazu den Schritten in Abschnitt 7.4, »Update«.

> **Start der Tenant-Aktualisierung**
>
> Der SAP HANA Auto Content wird bei der Installation eines neuen Tenants automatisch von der Systemdatenbank importiert. Wenn Sie ein SAP-HANA-System aktualisieren, werden die bereits installierten Tenants nicht automatisch aktualisiert. Starten Sie die Tenants neu, um das Deployment des Contents anzustoßen. Sie können den Fortschritt des Deployments der Delivery Unit verfolgen, indem Sie den folgenden Befehl in der SQL-Konsole des SAP HANA Cockpits ausführen:
>
> ```
> SELECT * FROM "PUBLIC"."M_SERVICE_THREADS"
>   WHERE THREAD_TYPE = 'ImportOrUpdateContent';
> ```

7.3.4 Tenant löschen

Sie können einen Tenant mithilfe des SAP HANA Cockpits oder der SQL-Konsole schließlich auch löschen.

Führen Sie die folgenden Schritte aus, um einen Tenant mit dem SAP HANA Cockpit zu löschen:

Tenant mit dem SAP HANA Cockpit löschen

1. Öffnen Sie im SAP HANA Cockpit die Systemübersicht der SYSTEMDB.
2. Öffnen Sie die App **Manage Databases**, indem Sie auf den entsprechenden Link klicken (siehe auch Abschnitt 7.3.1, »Einen neuen Tenant anlegen«).

3. Um einen Tenant zu löschen, muss dieser zunächst heruntergefahren werden. Klicken Sie dazu auf **Stop Tenant** in der Tabelle neben dem entsprechenden Tenant. Im sich öffnenden Dialogfeld legen Sie fest, wie Sie den Tenant stoppen möchten, und bestätigen dann mit **OK** (siehe Abbildung 7.56). Wenn Sie hier **Softly** wählen, werden die Prozesse der Datenbank »soft« gestoppt. Das heißt, es wird eine gewisse Zeit gewartet und falls die Prozesse dann nicht gestoppt wurden, werden sie abrupt abgebrochen. Wenn Sie **Immediately** wählen, geschieht dies sofort.

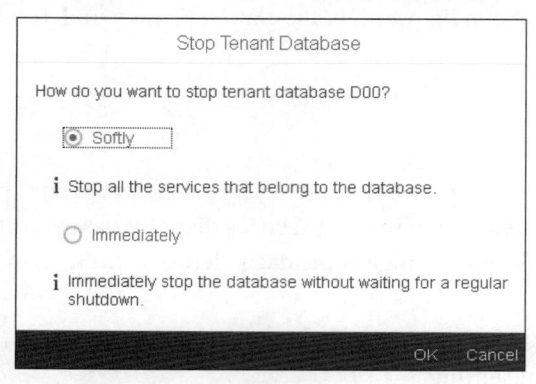

Abbildung 7.56 Tenant stoppen

4. Sobald der Tenant den Status **Stopped** hat, kann er gelöscht werden. Wählen Sie dazu den Tenant in der Übersicht der installierten Tenants aus (siehe Abbildung 7.57).

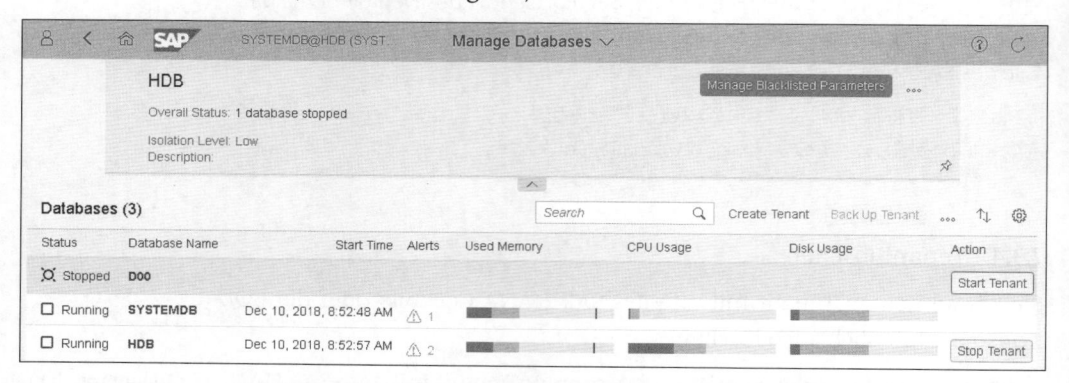

Abbildung 7.57 Einen Tenant in der Übersicht auswählen

5. Wählen Sie nun in der Menüleiste die drei Punkte und anschließend **Delete Tenant** (siehe Abbildung 7.58).

7.3 Verwaltung von Multi-Tenant-Systemen

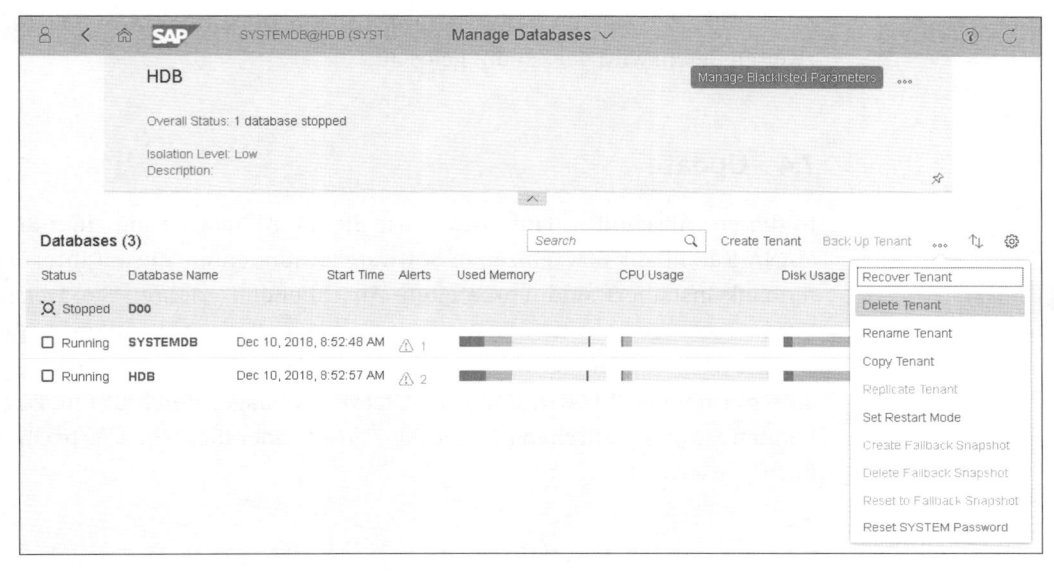

Abbildung 7.58 Einen Tenant löschen

6. Im Pop-up-Fenster (siehe Abbildung 7.59) müssen Sie entscheiden, ob Sie die Backup-Verzeichnisse des Tenants behalten wollen (Option **Keep Backup Directories**) oder diese löschen möchten (Option **Delete Directories**). Bestätigen Sie das Fenster mit einer der Optionen, wird der Tenant sofort gelöscht.

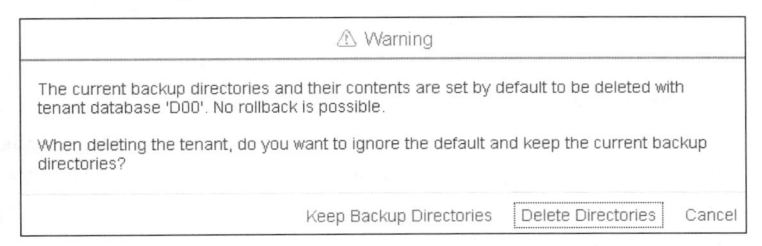

Abbildung 7.59 Löschvorgang bestätigen

Nach erfolgreichem Abschluss des Löschvorgangs wird die Ansicht aktualisiert, und der Tenant ist nicht mehr in der Übersicht aufgeführt.

Sie können einen Tenant auch mit der SQL-Konsole löschen. Öffnen Sie dazu die SQL-Konsole im SAP HANA Cockpit, oder öffnen Sie das Programm HDBSQL mit der Konsole.

Tenant mit der SQL-Konsole löschen

Geben Sie anschließend die folgenden Befehle ein:

```
ALTER SYSTEM STOP DATABASE <Tenant-Name>;
DROP DATABASE <Tenant-Name>;
```

7 Lebenszyklusverwaltung

Mit dem ersten Befehl fahren Sie zunächst den Tenant herunter. Mit dem zweiten Befehl wird der Tenant gelöscht.

7.4 Update

In diesem Abschnitt erläutern wir, wie Sie die Aktualisierung einer SAP-HANA-Datenbank bzw. einzelner Softwarekomponenten, die auf Ihrer Datenbank installiert sind, vorbereiten. Anschließend erfahren Sie, welche Voraussetzungen vor dem Start eines Updates erfüllt sein sollten. In Abschnitt 7.4.2, »Update ausführen«, finden Sie Anleitungen, wie Sie ein Update mit dem SAP HANA Database Lifecycle Manager durchführen. Dazu können Sie den grafischen Modus, die Konsole oder die webbasierte Oberfläche verwenden.

7.4.1 Update vorbereiten

Um ein Update durchführen zu können, sind einige Vorbereitungsschritte erforderlich, die vor Beginn des eigentlichen Updates erfolgen müssen. Dazu gehören der Download und das Entpacken der notwendigen Installationsmedien. Dies kann auf zwei Arten erfolgen:

- Download und Vorbereitung mithilfe des SAP HANA Cockpits
- manueller Download und Vorbereitung der zu aktualisierenden Komponenten

Download und Vorbereitung mit dem SAP HANA Cockpit

Schritte im SAP HANA Cockpit

Um zu überprüfen, ob aktuellere Versionen für Ihr SAP-HANA-System oder die installierten Komponenten vorhanden sind, können Sie das SAP HANA Cockpit nutzen. Mit diesem können Sie alle Dateien auch direkt auf den SAP HANA Host herunterladen.

Um den Download der Softwarekomponenten über das SAP HANA Cockpit zu starten, müssen Sie zunächst überprüfen, ob es aktuellere Versionen für die installierten Komponenten gibt. Die Komponenten können entweder im lokalen Dateisystem des SAP-HANA-Systems abgelegt werden oder auf einem Shared File System, das an Ihren SAP HANA Server angebunden ist. Um die Überprüfung der Systemkomponenten zu starten, nehmen Sie die folgenden Schritte vor:

1. Öffnen Sie zunächst das SAP HANA Cockpit, und wechseln Sie zur Systemübersicht der SYSTEMDB.

7.4 Update

2. Klicken Sie in der Kachel **Platform Lifecycle Management** auf **Download components** (siehe Abbildung 7.60).

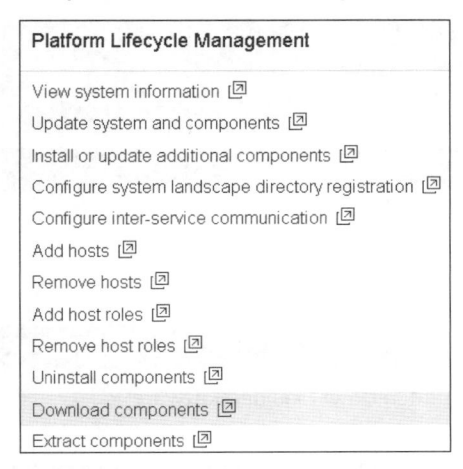

```
Platform Lifecycle Management

View system information
Update system and components
Install or update additional components
Configure system landscape directory registration
Configure inter-service communication
Add hosts
Remove hosts
Add host roles
Remove host roles
Uninstall components
Download components
Extract components
```

Abbildung 7.60 Installierte Softwarekomponenten daraufhin überprüfen, ob eine aktuellere Version verfügbar ist

3. Falls Sie nicht mit dem Benutzer <sid>adm angemeldet sind, werden Sie aufgefordert, das Passwort dieses Benutzers einzugeben, da die Überprüfung auf aktuellere Versionen nur mit diesem Benutzer erfolgen kann.

4. Zunächst müssen Sie wählen, ob Sie die Dateien direkt auf den SAP HANA Host oder den lokalen Rechner herunterladen möchten. In unserem Fall möchten wir die Dateien auf dem SAP HANA Host ablegen und wählen deswegen die Option **Download Archives on the SAP HANA Host** (siehe Abbildung 7.61).

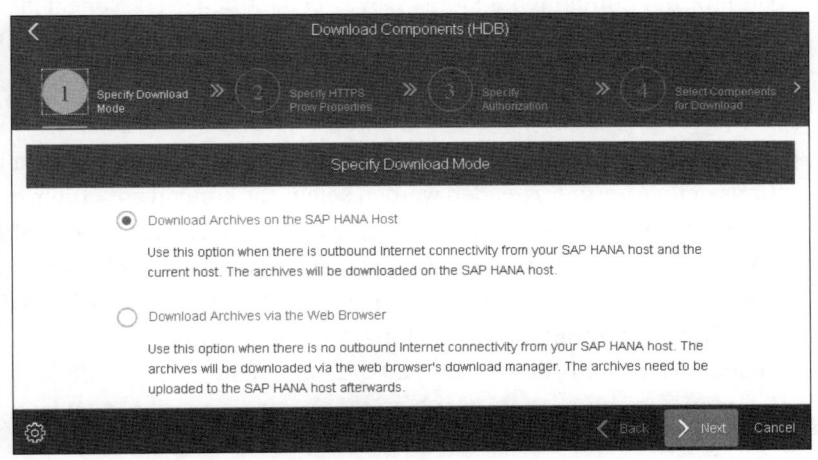

Abbildung 7.61 Download-Option auswählen

5. Im nächsten Schritt müssen Sie Ihren S-User und das Passwort eingeben (siehe Abbildung 7.62).

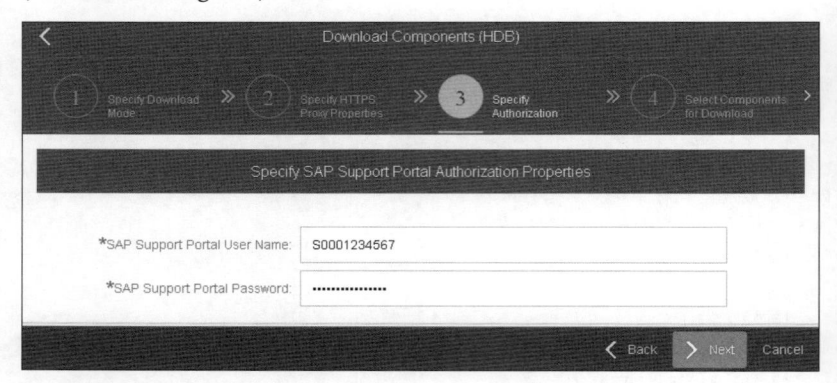

Abbildung 7.62 Anmeldedaten für den Download der Software

6. Dann wird überprüft, welche Komponenten in dem SAP-HANA-System installiert sind. Anschließend wird eine Verbindung zum SAP Support Portal hergestellt und überprüft, ob aktuellere Versionen für diese Komponenten verfügbar sind.

7. Nach der Überprüfung öffnet sich ein Fenster, das Ihnen alle Softwarekomponenten anzeigt, die Sie im SAP Support Portal herunterladen können. In Abbildung 7.63 sehen Sie ein Beispielergebnis für eine Überprüfung auf aktuellere Komponenten. In der ersten Spalte der Tabelle ist die jeweilige Komponente angegeben. Darunter finden Sie die derzeitige Version dieser Komponente. Die zweite Spalte enthält entweder die aktuellste Version, die verfügbar ist (in der Abbildung z. B. eine neue Version für die Komponente SAP HANA AFL) oder den Wert **None**, falls es keine aktuellere Version gibt bzw. keine Version erkannt werden konnte.

8. Wählen Sie alle Komponenten aus, die Sie herunterladen wollen. Klicken Sie anschließend auf **Next**.

9. Im nächsten Fenster wählen Sie die Verzeichnisse aus, in die die Installationsarchive heruntergeladen werden sollen. Sie können außerdem entscheiden, ob die Dateien nach dem Download extrahiert werden sollen (Option **Extract Archives After Download**) und ob die Verzeichnisse vor dem Download geleert werden sollen (Option **Delete Existing Files in the Specified Directories**). In Abbildung 7.64 haben wir das Verzeichnis **/hana/shared/HDB/downloads** gewählt, um die heruntergeladenen Dateien zu speichern. Diese werden in das Unterverzeichnis **/extracted** extrahiert.

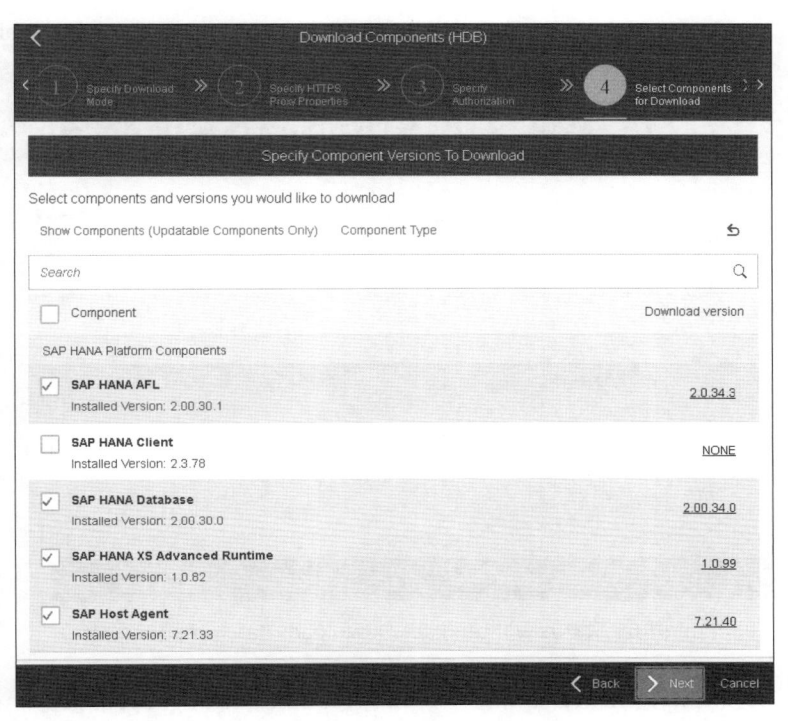

Abbildung 7.63 Das SAP-HANA-System und die installierten Komponenten auf aktuellere Versionen überprüfen

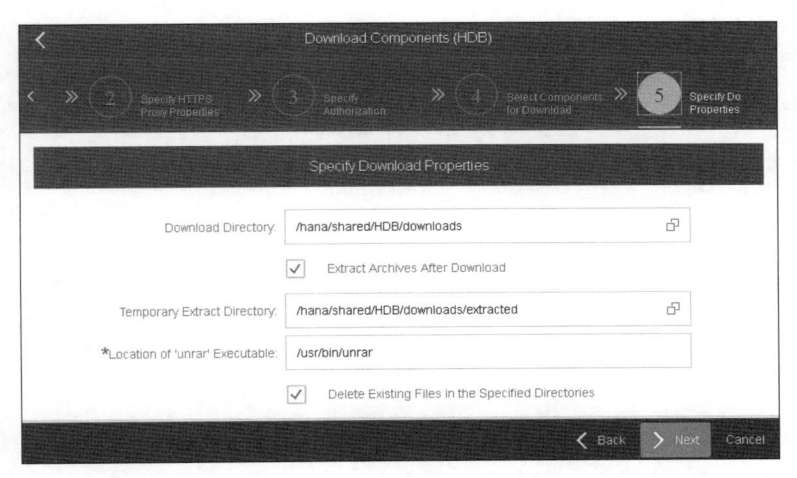

Abbildung 7.64 Ausgewählte Systemkomponenten und Versionen anzeigen

10. Wenn Sie auf **Next** klicken, wird Ihnen noch einmal eine Übersicht angezeigt. Klicken Sie dann auf **Download**, um den Download zu starten.

Während des Downloads wird Ihnen der Status angezeigt (siehe Abbildung 7.65).

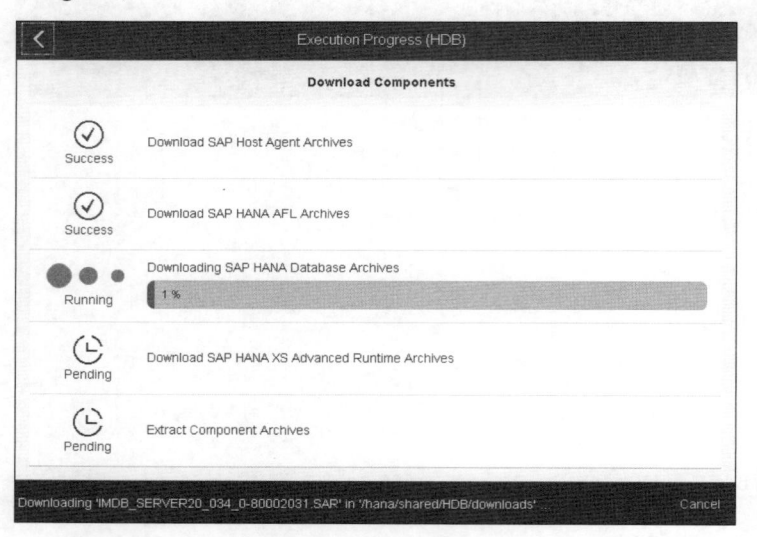

Abbildung 7.65 Status während des Downloads der Komponenten

11. Bei erfolgreichem Abschluss erhalten Sie eine Bestätigung, dass die Archive in den angegebenen Ordner heruntergeladen wurden (siehe Abbildung 7.66). Die Softwarearchive wurden außerdem automatisch entpackt, d. h., Sie können nach diesem Schritt direkt mit der Aktualisierung der Datenbank starten.

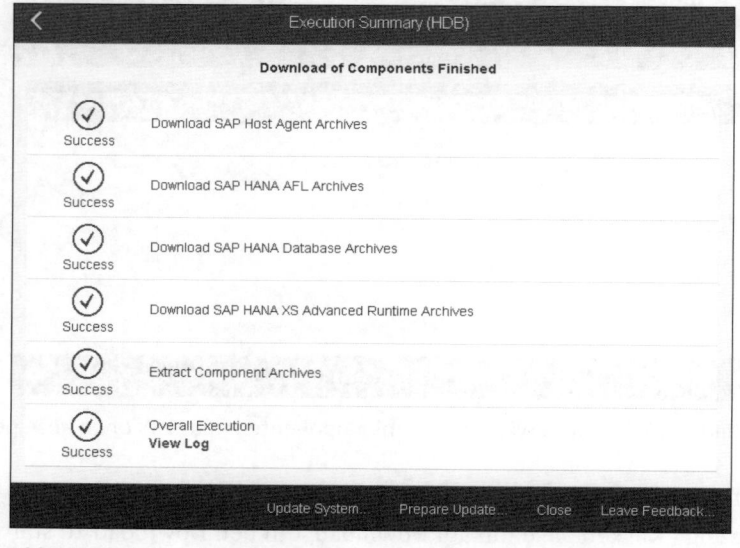

Abbildung 7.66 Erfolgreicher Download über das SAP HANA Cockpit

In Abbildung 7.67 sehen Sie die beiden Verzeichnisse und welche Dateien vom SAP HANA Database Lifecycle Manager heruntergeladen bzw. extrahiert wurden.

```
t30z:/hana/shared/HDB/downloads # ll
total 4205676
-rw-r----- 1 hdbadm sapsys 1186004768 Dec 15 19:55 EXTAPPSER00P_99-70001316.SAR
-rw-r----- 1 hdbadm sapsys   54701448 Dec 15 19:43 IMDB_AFL20_034_3-80001894.SAR
-rw-r----- 1 hdbadm sapsys 2918089411 Dec 15 19:52 IMDB_SERVER20_034_0-80002031.SAR
-rw-r----- 1 hdbadm sapsys   79603200 Dec 15 19:43 SAPHOSTAGENT40_40-20009394.SAR
drwxr-xr-x 6 hdbadm sapsys        114 Dec 15 19:56 extracted
-rw-r----- 1 hdbadm sapsys   68205422 Dec 15 19:43 saphostagentrpm_40-20009394.rpm
t30z:/hana/shared/HDB/downloads # cd extracted/
t30z:/hana/shared/HDB/downloads/extracted # ll
total 8
drwxr-xr-x 4 hdbadm sapsys   77 Dec 15 19:55 SAP_HANA_AFL
drwxr-xr-x 8 hdbadm sapsys 4096 Dec 15 19:56 SAP_HANA_DATABASE
drwxr-xr-x 4 hdbadm sapsys  130 Dec 15 19:56 SAP_HANA_EXTAPPSER00P_99-70001316
drwxr-x--- 2 hdbadm sapsys 4096 Dec 15 19:55 SAP_HOST_AGENT
```

Abbildung 7.67 Heruntergeladene Komponenten

Download der Komponenten vom SAP Support Portal

Statt mit dem SAP HANA Cockpit können Sie die Dateien auch manuell aus dem SAP Support Portal herunterladen. Dazu sind folgende Schritte erforderlich:

Manuell herunterladen

1. Erstellen Sie ein Verzeichnis zur Ablage der Dateien auf dem SAP-HANA-Host, z. B. **/SOFTWARE_ARCHIVE/REVISION_2XX**.

2. Laden Sie die benötigten Pakete vom SAP Support Portal herunter, und speichern Sie diese im angelegten Verzeichnis. Die Pakete zur Aktualisierung Ihres SAP-HANA-Systems finden Sie unter folgendem Pfad im SAP Support Portal:

   Support Packages and Patches • Nach alphabetischem Index (A-Z) • H • SAP HANA Platform Edition • SAP HANA PLATFORM EDITION 2.0

3. Wählen Sie anschließend die Softwarekomponenten aus, die Sie aktualisieren möchten. Wählen Sie z. B. **HANA database**, um den SAP HANA Server zu aktualisieren. Achten Sie darauf, immer die passende Version für Ihr Betriebssystem herunterzuladen.

4. Wählen Sie aus der Liste unter **Für Download verfügbare Positionen** die entsprechende Version zum Download aus. In Abbildung 7.68 wäre die neueste Version für SAP HANA 2.0 SPS03 das Download-Objekt **IMDB_SERVER20_034_0-80002031.SAR** mit dem Titel **Revision 2.00.034.0 (SPS03) for HANA DB 2.0** vom 19.10.2018.

5. Wenn Sie in der Tabelle hinter einem Download-Objekt auf **Zugehörige Info** klicken, erhalten Sie noch genauere Informationen zum Objekt. Zum Beispiel werden Ihnen SAP-Hinweise angezeigt, die für das Update relevant sind oder genauere Informationen zur Kompatibilität mit anderen Softwarekomponenten enthalten.

7 Lebenszyklusverwaltung

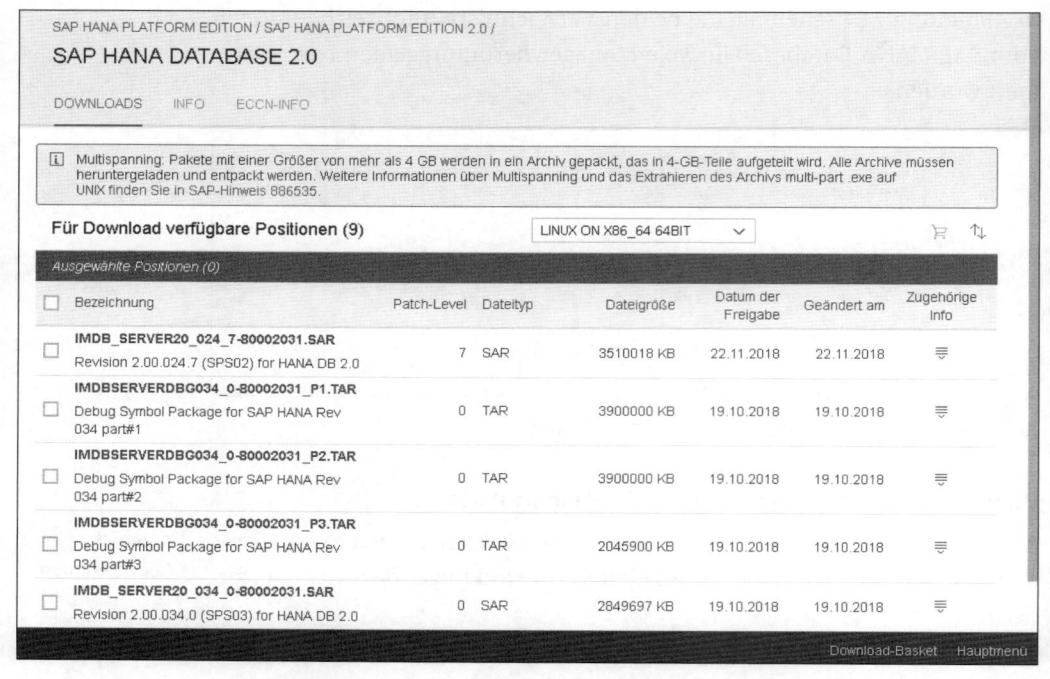

Abbildung 7.68 Die Download-Objekte zum SAP HANA Server im SAP Support Portal anzeigen

6. Legen Sie die heruntergeladenen Dateien im erstellten Ordner **/SOFTWARE_ARCHIVE/REVISION_2XX** ab.

7. Entpacken Sie die Archive in das erstellte Verzeichnis. Dazu führen Sie für das Paket des SAP HANA Servers z. B. den folgenden Befehl aus:

```
/usr/sap/hostctrl/exe/SAPCAR -manifest SIGNATURE-SMF
-xvf IMDB_SERVER<Versionsnummer>.SAR
```

> **Entpacken mehrerer Verzeichnisse**
>
> Wenn Sie mehr als eine Komponente in ein Verzeichnis entpacken, müssen Sie vor jedem Entpacken die Datei **SIGNATURE.SMF** in den Unterordner (z. B. **SAP_HANA_DATABASE** bzw. **SAP_HANA_CLIENT**) kopieren, bevor Sie das nächste Archiv entpacken. Genauere Informationen dazu finden Sie in SAP-Hinweis 2178665.

7.4.2 Update ausführen

Voraussetzungen Um ein Update durchführen zu können, müssen die folgenden Bedingungen erfüllt sein:

- Wenn Sie ein Update auf ein neues SPS durchführen, haben Sie das Installationsmedium heruntergeladen. Wenn Sie ein Update auf eine neuere Revision des gleichen SPS durchführen, haben Sie das Update entweder manuell oder über das Web-Interface des SAP HANA Cockpits vorbereitet.
- Wenn Sie die Datenreplikation für Ihr System eingeschaltet haben, müssen Sie das sekundäre System vor dem primären System aktualisiert haben. Die Version des sekundären Systems muss gleich oder höher der Version des primären Systems sein.
- Sie haben ein Backup erstellt, falls die Aktualisierung fehlschlägt.
- Sie kennen die Passwörter des Datenbankadministrators (SYSTEM) und des Benutzers <sid>adm.
- Der Benutzer <sid>adm hat Berechtigungen zum Schreiben und Ausführen in dem Verzeichnis, in dem Sie das Installationsmedium abgelegt haben.
- Ihre SAP-HANA-Datenbank enthält einen gültigen Lizenzschlüssel.

Das Update können Sie, wie auch die Installation, mit dem SAP HANA Database Lifecycle Manager durchführen. Es gibt drei verschiedene Möglichkeiten, ein Update zu starten:

Update-Optionen

- Update mit der grafischen Benutzeroberfläche
- Update mit der Konsole
- Update mit der Benutzeroberfläche im Browser

Genau wie bei der Installation haben Sie auch beim Update die Möglichkeit, den interaktiven Modus, den erweiterten interaktiven Modus oder eine Konfigurationsdatei zu nutzen. Diese Interaktionsmöglichkeiten sind jedoch nur bei der Aktualisierung mithilfe der Konsole oder der grafischen Benutzeroberfläche verfügbar.

Seit SAP HANA Database Lifecycle Manager 1.0 SPS10 kann ein Update von SAP-HANA-Systemen in zwei Phasen erfolgen:

Update-Phasen

1. In der ersten Phase (*Update Preparation*) wird das Update vorbereitet. Alle Pakete, die für die Aktualisierung der Komponenten benötigt werden, werden entpackt. Außerdem werden Abhängigkeiten geprüft, um sicherzustellen, dass durch das Update keine Inkompatibilitäten zwischen verschiedenen Komponenten entstehen.

2. In der zweiten Phase (*Resume*) wird das Update fortgesetzt. Die bereits entpackten Pakete werden in das System eingespielt, und das System wird auf die neue Version gehoben.

Die Aufteilung des Updates in diese zwei Phasen ermöglicht Ihnen vor allem, die Downtime Ihres Systems deutlich zu verringern. Außerdem werden bereits in der ersten Phase alle Abhängigkeiten überprüft. Dadurch wird verhindert, dass etwa benötigte Archive fehlen oder Kompatibilitätsverletzungen erst bei der Durchführung des Updates, d. h. während der Downtime, erkannt werden.

Um dem SAP HANA Database Lifecycle Manager mitzuteilen, dass Sie das Update in zwei Phasen aufteilen möchten, verwenden Sie den Parameter prepare_update. Dieser kann sowohl im grafischen Modus als auch im Konsolenmodus verwendet werden.

Update Preparation starten

Um die erste Phase des Updates zu starten, nehmen Sie folgende Schritte vor:

1. Wechseln Sie in das Verzeichnis, in dem das Installationsmedium für Ihr Update abgelegt ist:

   ```
   cd /SOFTWARE_ARCHIVE/REVISION_2XX
   ```

   Für unser Beispielsystem HDB lautet der entsprechende Befehl etwa:

   ```
   cd /SOFTWARE_ARCHIVE/REVISION_234
   ```

2. In diesem Verzeichnis finden Sie einen Ordner **SAP_HANA_DATABASE**. Wechseln Sie in diesen Ordner.

   ```
   cd /SAP_HANA_DATABASE
   ```

3. Starten Sie das Update mit dem folgenden Befehl im Konsolenmodus:

   ```
   ./hdblcm --action=update --prepare_update --component_root=
   "<Verzeichnis der Update-Komponenten>"
   ```

   Das Verzeichnis der heruntergeladenen Update-Komponenten ist bei uns z. B. **/SOFTWARE_ARCHIVE/REVISION_234** (siehe Abschnitt 7.4.1, »Update vorbereiten«).

   Um die erste Phase des Updates stattdessen im grafischen Modus zu starten, führen Sie den folgenden Befehl aus:

   ```
   ./hdblcmgui --action=update --prepare_update
   --component_root="<Verzeichnis der Update-Komponenten>"
   ```

4. Wählen Sie dann das System aus, das Sie aktualisieren wollen. Bei uns ist das das System HDB, und wir geben deshalb »1« ein (siehe Abbildung 7.69).

5. Anschließend müssen Sie auswählen, welche Komponenten aktualisiert werden sollen (siehe Abbildung 7.70). Sie können auch zusätzliche Komponenten zur Installation auswählen, die noch nicht auf dem SAP-HANA-System vorhanden sind.

7.4 Update

```
SAP HANA Lifecycle Management - SAP HANA Database 2.00.034.00.1539746999
************************************************************************

Scanning software locations...
Detected components:
    SAP HANA Database (2.00.034.00.1539746999) in /SOFTWARE_ARCHIVE/REVISION_234/SAP_HANA_DATABASE/server
    SAP HANA AFL (incl.PAL,BFL,OFL) (2.00.034.0000.1539760533) in /SOFTWARE_ARCHIVE/REVISION_234/SAP_HANA_AFL
/packages
    SAP HANA EPM-MDS (2.00.034.0002.1542129352) in /SOFTWARE_ARCHIVE/REVISION_234/SAP_HANA_EPM_MDS/packages
    SAP HANA Database Client (2.3.123.1537559908) in /SOFTWARE_ARCHIVE/REVISION_234/SAP_HANA_CLIENT/client
    GUI for HALM for XSA (including product installer) Version 1 (1.12.6) in /SOFTWARE_ARCHIVE/REVISION_234/X
SACALMPIUI12_6-80002271.ZIP
    SAP Enterprise Architecture Designer 1.0 for SAP HANA (1.004.02) in /SOFTWARE_ARCHIVE/REVISION_234/XSACHA
NAEAD04P_2-70002231.ZIP
    SAP HANA tools for accessing catalog content, data preview, SQL console, etc. (2.007.42) in /SOFTWARE_ARC
HIVE/REVISION_234/XSACHRTT07_42-70002322.ZIP
    XS Monitoring 1 (1.006.5) in /SOFTWARE_ARCHIVE/REVISION_234/XSACMONITORING06_5-70002324.ZIP
    Develop and run portal services for customer apps on XSA (1.002.4) in /SOFTWARE_ARCHIVE/REVISION_234/XSAC
PORTALSERV02_4-80002098.ZIP
    SAP Web IDE Web Client (4.003.57) in /SOFTWARE_ARCHIVE/REVISION_234/XSACSAPWEBIDE03_57-80002257.ZIP
    XS Services 1 (1.006.11) in /SOFTWARE_ARCHIVE/REVISION_234/XSACSERVICES06_11-70002361.ZIP
    SAPUI5 FESV4 XSA 1 - SAPUI5 1.52 (1.052.22) in /SOFTWARE_ARCHIVE/REVISION_234/XSACUI5FESV452_22-70003351.
ZIP
    Xsa Cockpit 1 (1.001.8) in /SOFTWARE_ARCHIVE/REVISION_234/XSACXSACOCKPIT01_8-80002644.ZIP


Choose system to update
  Index | Action            | System Properties
  ---------------------------------------------------------------------------
    1   | HDB (update)      | 2.00.030.00.1522209842
        |                   | hdb2db (Database Worker (worker), XS Advanced Runtime Worker (xs_worker))
        |                   | plugins: epmmds
    2   | Exit (do nothing) |
Enter selected action index [2]: 1
```

Abbildung 7.69 Auswahl des zu aktualisierenden Systems

```
Choose components to be installed or updated:
  Index | Components | Description
  -----------------------------------------------------------------------------------------------------
    1   | all        | All components
    2   | server     | Update SAP HANA Database from version 2.00.030.00.1522209842 to version 2.00.034.00.15
39746999
    3   | client     | Update SAP HANA Database Client from version 2.3.78.1521836270 to version 2.3.123.1537
559908
    4   | xs         | Update SAP HANA XS Advanced Runtime from version 1.0.82.303870 to version 1.0.82.30387
0
    5   | afl        | Install SAP HANA AFL (incl.PAL,BFL,OFL) version 2.00.034.0000.1539760533
    6   | epmmds     | Update SAP HANA EPM-MDS from version 2.00.030.0001.1522223444 to version 2.00.034.0002
.1542129352
Enter comma-separated list of the selected indices [2,3,4,6]:
```

Abbildung 7.70 Komponenten auswählen, die aktualisiert oder hinzugefügt werden sollen

6. Danach werden Sie aufgefordert, die Passwörter der administrativen Benutzer sowie ein paar zusätzliche Informationen zur XS Advanced Runtime einzugeben (siehe Abbildung 7.71). In unserem Fall haben wir gewählt, dass wir keine Komponenten der XS Advanced Runtime aktualisieren möchten. Trotzdem müssen wir die XS Advanced Runtime als zu aktualisierende Komponente mit auswählen, damit keine Inkonsistenzen zwischen Objekten der XS Advanced Runtime und der SAP-HANA-Datenbank entstehen.

7 Lebenszyklusverwaltung

```
Enter System Database User Name [SYSTEM]:
Enter System Database User (SYSTEM) Password:
Enter Organization Name For Space "SAP" [HANABUCH]:
Enter XS Advanced Admin User [XSA_ADMIN]:
Enter XS Advanced Admin User Password:

Choose XS Advanced components to be installed or updated:

 Index  | XS Advanced Components  | Description
 ----------------------------------------------
   1    | all                     | All components
   2    | none                    | No components
   3    | xsac_alm_pi_ui          | Update GUI for HALM for XSA (including product installer) Version 1 from v
ersion 1.12.5 to version 1.12.6
   4    | xsac_hana_ea_d          | Install SAP Enterprise Architecture Designer 1.0 for SAP HANA version 1.00
 4.02
   5    | xsac_hrtt               | Update SAP HANA tools for accessing catalog content, data preview, SQL con
sole, etc. from version 2.5.36 to version 2.007.42
   6    | xsac_monitoring         | Install XS Monitoring 1 version 1.006.5
   7    | xsac_portal_serv        | Update Develop and run portal services for customer apps on XSA from versi
on 1.2.2 to version 1.002.4
   8    | xsac_sap_web_ide        | Update SAP Web IDE Web Client from version 4.3.0 to version 4.003.57
   9    | xsac_services           | Update XS Services 1 from version 1.6.5 to version 1.006.11
  10    | xsac_ui5_fesv4          | Update SAPUI5 FESV4 XSA 1 - SAPUI5 1.52 from version 1.52.9 to version 1.0
 52.22
  11    | xsac_xsa_cockpit        | Update Xsa Cockpit 1 from version 1.1.7 to version 1.001.8
Enter comma-separated list of the selected indices [3,5,7,8,9,10,11]:
```

Abbildung 7.71 Passwörter der Administrationsbenutzer angeben

7. Achten Sie darauf, dass in der Zusammenfassung der Option **Stop update before software version switch, resumable** der Wert **Yes** zugewiesen ist (siehe Abbildung 7.72).

```
Summary before execution:
=========================

SAP HANA Database
    Update Parameters
        Stop update before software version switch, resumable: Yes
        SAP HANA System ID: HDB
        Remote Execution: ssh
        Update Execution Mode: optimized
        System Database User Name: SYSTEM
        Organization Name For Space "SAP": HANABUCH
        XS Advanced Admin User: XSA_ADMIN
        XS Advanced Components: none
        Do not start the selected XS Advanced components after installation: none
    Software Components
        SAP HANA AFL (incl.PAL,BFL,OFL)
            Do not install
        SAP HANA EPM-MDS
            Update from version 2.00.030.0001.1522223444 to 2.00.034.0002.1542129352
            Location: /SOFTWARE_ARCHIVE/REVISION_234/SAP_HANA_EPM-MDS/packages
        SAP HANA Database
            Update from version 2.00.030.00.1522209842 to 2.00.034.00.1539746999
            Location: /SOFTWARE_ARCHIVE/REVISION_234/SAP_HANA_DATABASE/server
        SAP HANA Database Client
            Update from version 2.3.78.1521836270 to 2.3.123.1537559908
            Location: /SOFTWARE_ARCHIVE/REVISION_234/SAP_HANA_CLIENT/client
        SAP HANA XS Advanced Runtime
            Update from version 1.0.82.303870 to 1.0.82.303870
            Location: /SOFTWARE_ARCHIVE/REVISION_234/XSA_RT_10_LINUX_X86_64/packages
    XS Advanced Components
        GUI for HALM for XSA (including product installer) Version 1
            Version 1.12.5 , do not update
        SAP Enterprise Architecture Designer 1.0 for SAP HANA
            Do not install
        SAP HANA tools for accessing catalog content, data preview, SQL console, etc.
            Version 2.5.36 , do not update
        XS Monitoring 1
            Do not install
        Develop and run portal services for customer apps on XSA
            Version 1.2.2 , do not update
        SAP Web IDE Web Client
            Version 4.3.0 , do not update
        XS Services 1
            Version 1.6.5 , do not update
        SAPUI5 FESV4 XSA 1 - SAPUI5 1.52
            Version 1.52.9 , do not update
        Xsa Cockpit 1
            Version 1.1.7 , do not update

Do you want to continue: (y/n):
```

Abbildung 7.72 Übersicht der Konfiguration der Vorbereitungsphase

Sie können die Vorbereitung des Updates durch Eingabe von »y« starten und durch Eingabe von »n« abbrechen.

8. Während der Vorbereitungsphase des Updates wird Ihnen der aktuelle Status angezeigt (siehe Abbildung 7.73).

```
Preparing update of components...
Preparing update of SAP HANA Database...
  Preparing package 'Saphostagent Setup'...
  Preparing package 'Python Support'...
  Preparing package 'Python Runtime'...
  Preparing package 'Product Manifest'...
  Preparing package 'Binaries'...
  Preparing package 'Data Quality'...
  Preparing package 'Krb5 Runtime'...
  Preparing package 'Installer'...
  Preparing package 'Ini Files'...
  Preparing package 'HWCCT'...
  Preparing package 'Documentation'...
  Preparing package 'Delivery Units'...
  Preparing package 'Offline Cockpit'...
  Preparing package 'DAT Languages (EN, DE)'...
  Preparing package 'DAT Languages (other)'...
  Preparing package 'DAT Configfiles (EN, DE)'...
  Preparing package 'DAT Configfiles (other)'...
Extracting software...
Extracting package 'Saphostagent Setup'...
```

Abbildung 7.73 Ausschnitt der Statusanzeige während der Vorbereitungsphase

Wenn Sie die Update-Funktion des SAP HANA Database Lifecycle Managers erneut starten, können Sie die zweite Phase des Updates beginnen. Diese beschreiben wir im Abschnitt »Update im Konsolenmodus«.

Update mit der grafischen Benutzeroberfläche ohne vorbereitetes Update

Das Update mithilfe der grafischen Benutzeroberfläche (hdblcmgui) starten Sie, indem Sie den SAP HANA Database Lifecycle Manager ausführen.

Update starten

1. Dazu wechseln Sie in das Verzeichnis **SAP_HANA_DATABASE**, das in dem Verzeichnis liegt, das Sie für die Aktualisierung vorbereitet haben. In unserem Beispiel ist dies das Verzeichnis **/SOFTWARE_ARCHIVE/REVISION_234/SAP_HANA_DATABASE**.

2. Anschließend starten Sie den SAP HANA Database Lifecycle Manager mit dem folgenden Befehl:

   ./hdblcmgui

3. Die grafische Benutzeroberfläche des SAP HANA Database Lifecycle Managers wird geöffnet und zeigt Ihnen eine Liste der Komponenten, die im SAP-HANA-System erkannt wurden (siehe Abbildung 7.74). Klicken Sie auf **Next**.

4. Im nächsten Bildschirm müssen Sie die Aktion wählen, die Sie durchführen möchten. Wählen Sie **Update existing system** (siehe Abbildung 7.75).

7   Lebenszyklusverwaltung

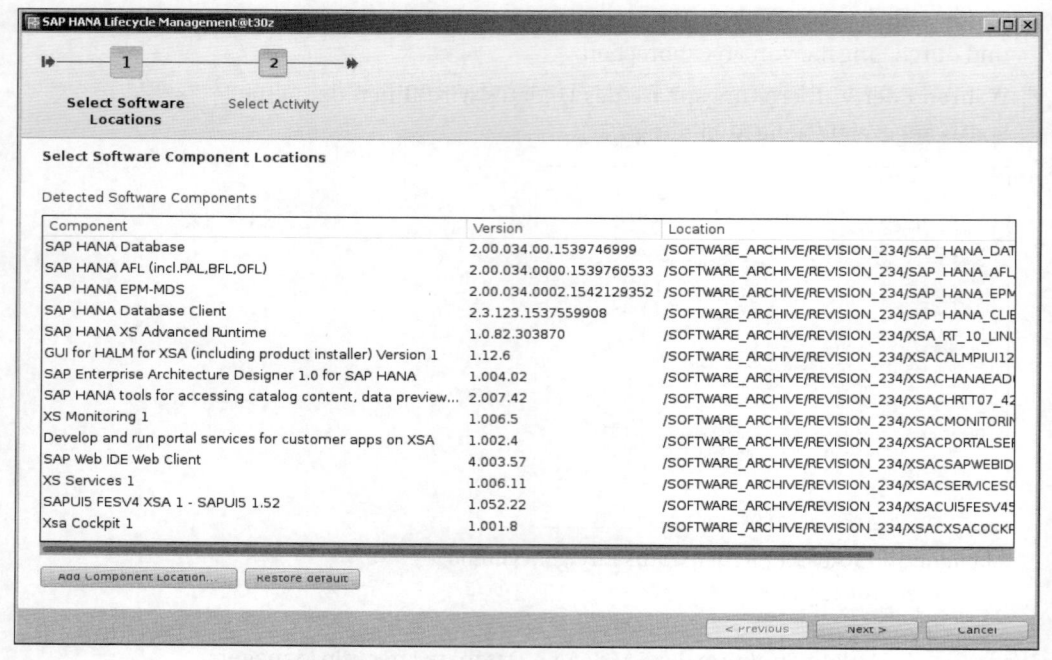

Abbildung 7.74 Erkannte Softwarekomponenten anzeigen

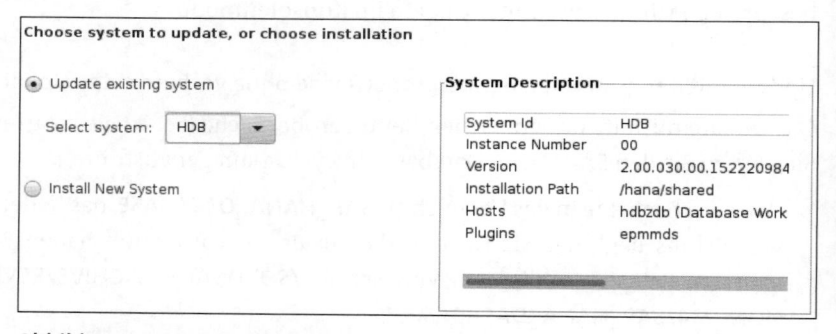

Abbildung 7.75 Auszuführende Aktion auswählen

5. Anschließend wählen Sie aus der Dropdown-Liste das System, das Sie aktualisieren möchten. Falls nur ein System auf dem Host installiert ist, wird dieses automatisch ausgewählt.

6. Wenn Sie auf **Weiter** klicken, gelangen Sie zum nächsten Bildschirm, wo Ihnen erneut alle Softwarekomponenten angezeigt werden. Wählen Sie alle Komponenten aus, die Sie aktualisieren möchten. Anhand der

Schlüsselwörter **Install** (Installation) oder **Update** können Sie erkennen, ob eine Komponente bereits auf Ihrem System installiert ist. In Abbildung 7.76 wurden die Komponenten SAP-HANA-Datenbank, SAP HANA Client und SAP HANA Studio für das Update ausgewählt.

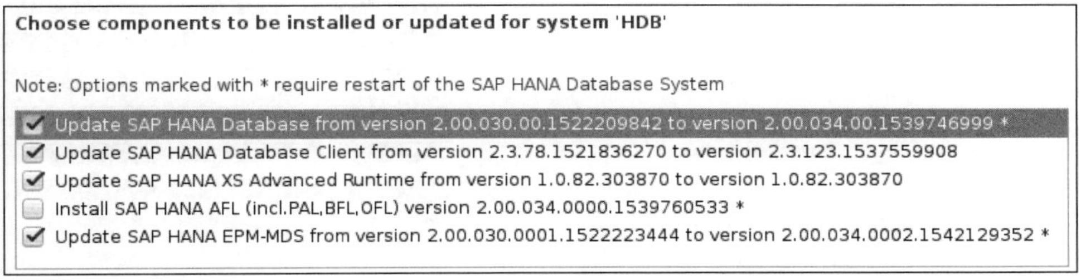

```
Choose components to be installed or updated for system 'HDB'

Note: Options marked with * require restart of the SAP HANA Database System

☑ Update SAP HANA Database from version 2.00.030.00.1522209842 to version 2.00.034.00.1539746999 *
☑ Update SAP HANA Database Client from version 2.3.78.1521836270 to version 2.3.123.1537559908
☑ Update SAP HANA XS Advanced Runtime from version 1.0.82.303870 to version 1.0.82.303870
☐ Install SAP HANA AFL (incl.PAL,BFL,OFL) version 2.00.034.0000.1539760533 *
☑ Update SAP HANA EPM-MDS from version 2.00.030.0001.1522223444 to version 2.00.034.0002.1542129352 *
```

Abbildung 7.76 Zu aktualisierende Komponenten auswählen

Wie Sie in Abbildung 7.76 sehen, können Sie die Update-Funktion auch nutzen, um einzelne Softwarekomponenten später nachträglich zu installieren (hier z. B. SAP HANA AFL). Dazu wählen Sie einfach die jeweilige Komponente aus der Liste aus und folgen den Schritten, die in diesem Abschnitt beschrieben sind.

7. Auf dem nächsten Bildschirm werden Sie aufgefordert, das Passwort für den Datenbankbenutzer (Default-Wert: SYSTEM) anzugeben (siehe Abbildung 7.77).

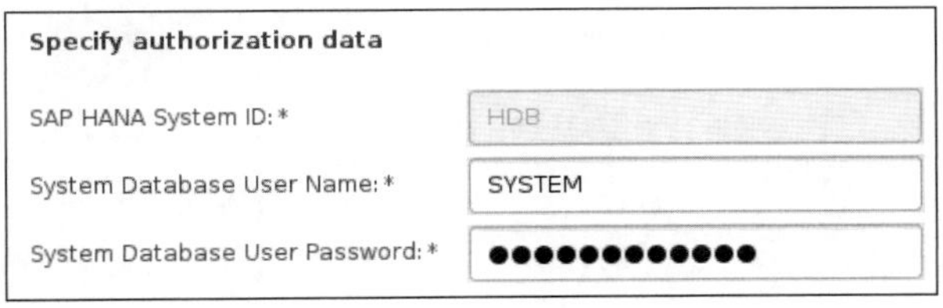

```
Specify authorization data

SAP HANA System ID: *            HDB
System Database User Name: *     SYSTEM
System Database User Password: * ••••••••••••••
```

Abbildung 7.77 Passwörter für die administrativen Benutzer angeben

8. Im letzten Schritt erhalten Sie eine Übersicht über alle Konfigurationen, die Sie in den vorangegangenen Schritten eingegeben haben. Wenn Sie diese Auswahl bestätigen, startet das Update. Die grafische Benutzeroberfläche des SAP HANA Database Lifecycle Managers zeigt Ihnen währenddessen den Status des Updates an (siehe Abbildung 7.78).

9. Zuletzt erhalten Sie noch eine Bestätigung, dass das Update erfolgreich war, und können sich die Log-Dateien des Updates anschauen (siehe Abbildung 7.79).

7 Lebenszyklusverwaltung

Updating Software of System HDB

- ✓ Preparing update of SAP HANA Database
- ✓ Stopping services
- ✓ Stopping system
- ✓ Updating SAP HANA Database
- ✓ Updating SAP HANA EPM-MDS
- ✓ Updating Resident hdblcm
- ✓ Updating SAP HANA XS Advanced Runtime
- ✓ Starting instances
- ⟳ Finalizing update of SAP HANA Database
- Updating SAP HANA Database Client
- Finalizing update of SAP HANA XS Advanced Runtime
- Enabling services
- Starting services
- Updating content of SAP HANA XS Advanced Runtime
- Updating SAP HANA Database Instance Integration on Local Host
- Updating Component List
- Installing XS Advanced Components

Finalizing update of SAP HANA Database...

Abbildung 7.78 Statusanzeige während des Updates

SAP HANA Database components updated

You can send feedback to SAP with this form: feedback

Status	Execution Step	Logs
✓ Successful	Prepare update of SAP HANA Database	View Log
✓ Successful	Update SAP HANA Database	View Log
✓ Successful	Update SAP HANA EPM-MDS	View Log
✓ Successful	Update Resident hdblcm	Not available
✓ Successful	Update SAP HANA XS Advanced Runtime	View Log
✓ Successful	Finalize update of SAP HANA Database	View Log
✓ Successful	Update SAP HANA Database Client	View Log
✓ Successful	Finalize update of SAP HANA XS Advanced Runtime	View Log
✓ Successful	Update content of SAP HANA XS Advanced Runtime	View Log
✓ Successful	Install XS Advanced Components	Not available

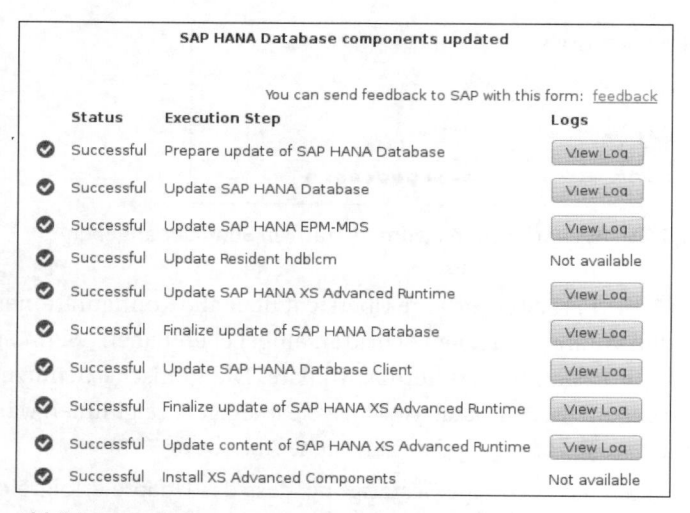

Abbildung 7.79 Bestätigung des erfolgreichen Updates

Update im Konsolenmodus

Über die Konsole starten

Das Update im Konsolenmodus starten Sie ebenfalls mithilfe des SAP HANA Database Lifecycle Managers.

1. Dazu wechseln Sie in das Verzeichnis **SAP_HANA_DATABASE**, das in dem Verzeichnis liegt, das Sie für die Aktualisierung vorbereitet haben.

2. Anschließend starten Sie den SAP HANA Database Lifecycle Manager mit dem folgenden Befehl:

   `./hdblcm`

   Danach können Sie genau wie im grafischen Modus entscheiden, ob Sie eine Installation oder ein Update durchführen möchten. Alternativ können Sie die Installation auch mit dem folgenden Befehl starten:

   `./hdblcm --action=update --component_root="<Verzeichnis>"`

   Dadurch geben Sie bereits beim Start des SAP HANA Database Lifecycle Managers an, dass Sie ein Update durchführen möchten und in welchem Verzeichnis nach neueren Versionen der Softwarekomponenten gesucht werden soll.

3. Der SAP HANA Database Lifecycle Manager listet Ihnen zunächst auf, welche Komponenten im angegebenen Verzeichnis gefunden wurden (siehe Abbildung 7.80).

```
SAP HANA Lifecycle Management - SAP HANA Database 2.00.034.00.1539746999
************************************************************************

Scanning software locations...
Detected components:
    SAP HANA Database (2.00.034.00.1539746999) in /SOFTWARE_ARCHIVE/REVISION_234/SAP_HANA_DATABASE/server
    SAP HANA AFL (incl.PAL,BFL,OFL) (2.00.034.0000.1539760533) in /SOFTWARE_ARCHIVE/REVISION_234/SAP_HANA_AFL
/packages
    SAP HANA EPM-MDS (2.00.034.0002.1542129352) in /SOFTWARE_ARCHIVE/REVISION_234/SAP_HANA_EPM-MDS/packages
    SAP HANA Database Client (2.3.123.1537559908) in /SOFTWARE_ARCHIVE/REVISION_234/SAP_HANA_CLIENT/client
    SAP HANA XS Advanced Runtime (1.0.82.303870) in /SOFTWARE_ARCHIVE/REVISION_234/XSA_RT_10_LINUX_X86_64/pac
kages
    GUI for HALM for XSA (including product installer) Version 1 (1.12.6) in /SOFTWARE_ARCHIVE/REVISION_234/X
SACALMPIUI12_6-80002271.ZIP
    SAP Enterprise Architecture Designer 1.0 for SAP HANA (1.004.02) in /SOFTWARE_ARCHIVE/REVISION_234/XSACHA
NAEAD04P_2-70002231.ZIP
    SAP HANA tools for accessing catalog content, data preview, SQL console, etc. (2.007.42) in /SOFTWARE_ARC
HIVE/REVISION_234/XSACHRTT07_42-70002322.ZIP
    XS Monitoring 1 (1.006.5) in /SOFTWARE_ARCHIVE/REVISION_234/XSACMONITORING06_5-70002324.ZIP
    Develop and run portal services for customer apps on XSA (1.002.4) in /SOFTWARE_ARCHIVE/REVISION_234/XSAC
PORTALSERV02_4-80002098.ZIP
    SAP Web IDE Web Client (4.003.57) in /SOFTWARE_ARCHIVE/REVISION_234/XSACSAPWEBIDE03_57-80002257.ZIP
    XS Services 1 (1.006.11) in /SOFTWARE_ARCHIVE/REVISION_234/XSACSERVICES06_11-70002361.ZIP
    SAPUI5 FESV4 XSA 1 - SAPUI5 1.52 (1.052.22) in /SOFTWARE_ARCHIVE/REVISION_234/XSACUI5FESV452_22-70003351.
ZIP
    Xsa Cockpit 1 (1.001.8) in /SOFTWARE_ARCHIVE/REVISION_234/XSACXSACOCKPIT01_8-80002644.ZIP
```

Abbildung 7.80 Erkannte Softwarekomponenten

4. Anschließend können Sie das System auswählen, das Sie aktualisieren möchten, oder den SAP HANA Database Lifecycle Manager verlassen. Falls mehrere Systeme auf dem Host installiert sind, erhalten Sie mehrere Systeme zur Auswahl.

   In Abbildung 7.81 wurde das SAP-HANA-System mit der System-ID HDB ausgewählt. Für dieses System wurde das Update bereits vorbereitet. Sie

7 Lebenszyklusverwaltung

können dies daran erkennen, dass unter dem Hostnamen **Update is pending** (Update steht aus) angegeben ist. Sie können hier auch sehen, wann die Vorbereitung durchgeführt wurde.

```
Choose system to update

 Index | Action        | System Properties
-----------------------------------------------------------------------------
   1   | HDB (update)  | 2.00.030.00.1522209842
       |               | hdbzdb (Database Worker (worker), XS Advanced Runtime Worker (xs_worker))
       |               | plugins: epmmds
       |               | Update is pending (prepared at 2019-01-13T17:27:19+0100)
       |               | SAP HANA Database: Update to version 2.00.034.00.1539746999 is pending (prepare
d at 2019-01-13T17:27:19+0100)
       |               |
   2   | Exit (do nothing) |
Enter selected action index [2]:
```

Abbildung 7.81 Zu aktualisierendes System auswählen

5. Anschließend wird Ihnen angezeigt, dass das Update beim Schritt **Prepare update of SAP HANA Database** (Vorbereitung der Aktualisierung der SAP-HANA-Datenbank) fortgeführt wird. Sie werden dann dazu aufgefordert, die Passwörter des XS-Advanced-Administrators (XSA_ADMIN) und des Datenbankbenutzers (SYSTEM) einzugeben (siehe Abbildung 7.82).

```
Do you want to continue using these parameters? If you choose not to continue, you will be asked for all upda
te parameters again. (y/n) [y]:
Enter System Database User (SYSTEM) Password:
Enter XS Advanced Admin User Password:
```

Abbildung 7.82 Passwörter der administrativen Benutzer eingeben

6. Im letzten Schritt werden Ihnen noch einmal alle Konfigurationsoptionen angezeigt. Sie können das Update durch Eingabe von »y« starten oder durch Eingabe von »n« abbrechen.

> [!] **Ein vorbereitetes Update weiterführen**
>
> Wenn Sie ein Update im Vorhinein vorbereitet haben, muss bei der Zusammenfassung die Info stehen, dass ein vorbereitetes Update durchgeführt wird (**Info: Execute prepared SAP HANA System update**).

Update abschließen Während des Updates wird Ihnen der Status in der Konsole angezeigt. Anschließend erhalten Sie wie bei der Installation eine Bestätigung, dass die Komponenten aktualisiert wurden. Sie erhalten auch die Information, wie Sie Feedback an SAP senden können und wo Sie die Log-Dateien des Updates finden (siehe Abbildung 7.83).

```
[37] [DEPLOY_SERVICE] Starting process xs2-deploy...
[37] [DEPLOY_SERVICE] Deleting unused reserved routes...
[37] [DEPLOY_SERVICE] Creating or updating services...
[37] [DEPLOY_SERVICE] Uploading application "auditlog-odata"...
[37] [DEPLOY_SERVICE] Starting application "auditlog-odata"...
[37] [DEPLOY_SERVICE] Deleting discontinued configuration entries for application "auditlog-odata"...
[37] [DEPLOY_SERVICE] Uploading application "auditlog-ui"...
[37] [DEPLOY_SERVICE] Starting application "auditlog-ui"...
[37] [DEPLOY_SERVICE] Deleting discontinued configuration entries for application "auditlog-ui"...
[37] [DEPLOY_SERVICE] Creating subscriptions...
[37] [DEPLOY_SERVICE] Deleting discontinued subscriptions...
[37] [DEPLOY_SERVICE] Deleting discontinued published dependencies...
[37] [DEPLOY_SERVICE] Creating service brokers...
[37] [DEPLOY_SERVICE] Starting application "xsa-cockpit"...
[40] XS Controller API available at 'https://hdbzdb:30030'. Creating a connection to this URL using the X
S Commandline Client should get you started.
Updating SAP HANA Database Instance Integration on Local Host...
  Deploying SAP Host Agent configurations...
Updating Component List...
SAP HANA Database components updated
You can send feedback to SAP with this form: https://hdbzdb:1129/lmsl/HDBLCM/HDB/feedback/feedback.html
Log file written to '/var/tmp/hdb_HDB_hdblcm_update_2019-01-13_17.27.51/hdblcm.log' on host 't30z'.
```

Abbildung 7.83 Statusanzeige während des Updates und Bestätigung der erfolgreichen Durchführung

Update mit der webbasierten Oberfläche ohne vorbereitetes Update

Seit SAP HANA 1.0 SPS09 kann der SAP HANA Database Lifecycle Manager zusätzlich in einer webbasierten Benutzeroberfläche aufgerufen werden, um das SAP-HANA-System zu aktualisieren. Zusätzlich zu den bereits genannten Voraussetzungen müssen dafür folgende Voraussetzungen erfüllt sein:

Zusätzliche Voraussetzungen für die Weboberfläche

- Der Kommunikationsport muss geöffnet sein. Standardmäßig ist dafür der Port 1129 eingestellt. Dieser Port wird für die Kommunikation zwischen dem SAP Host Agent und dem Browser genutzt.
- Sie müssen einen HTML5-fähigen Browser auf dem Client installiert haben, von dem aus Sie das Update starten möchten. Welche Browser unterstützt werden, können Sie in SAP-Hinweis 1716423 nachlesen.
- Sie sind mit dem Benutzer <sid>adm eingeloggt.
- Der Besitzer des Installationsmediums oder der heruntergeladenen Softwarearchive muss der root-Benutzer sein.

Um eine Aktualisierung mit der webbasierten Oberfläche durchzuführen, sind die folgenden Schritte notwendig:

Update starten

1. Öffnen Sie das SAP HANA Cockpit 2.0, und wählen Sie das zu aktualisierende System aus.
2. Wählen Sie dort den Link **Update System and Components** unter **Platform Lifecycle Management** aus, um das SAP-HANA-System zu aktualisieren.

7 Lebenszyklusverwaltung

Platform Lifecycle Management

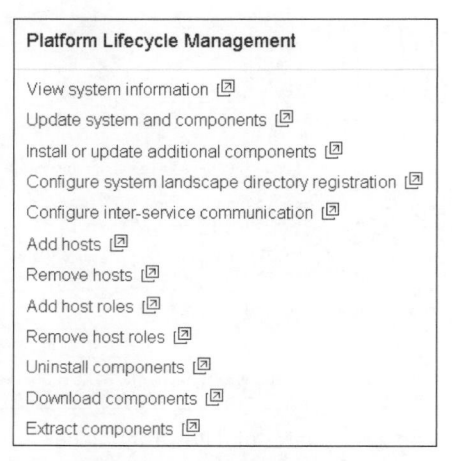

View system information
Update system and components
Install or update additional components
Configure system landscape directory registration
Configure inter-service communication
Add hosts
Remove hosts
Add host roles
Remove host roles
Uninstall components
Download components
Extract components

Abbildung 7.84 Startbildschirm des SAP HANA Database Lifecycle Managers im Browser

3. Melden Sie sich mit dem Benutzer <sid>adm an.

4. Auf dem ersten Bildschirm zur Aktualisierung von Komponenten können Sie zunächst das Verzeichnis angeben, in das Sie die Dateien für die SAP-HANA-Datenbank abgelegt haben. Dazu klicken Sie in das Eingabefeld **SAP HANA Database Installation Kit Location** und geben den Pfad auf dem Server an, wo die Installationsdateien liegen (siehe Abbildung 7.85). Der Pfad lautet in unserem Beispiel: **/SOFTWARE_ARCHIVE/REVISION_235/SAP_HANA_DATABASE**.

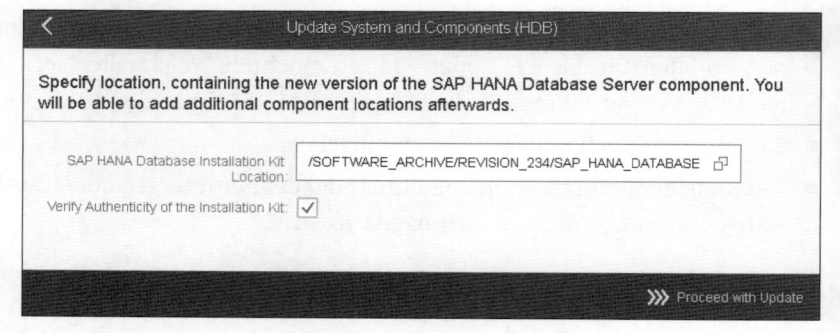

Abbildung 7.85 Dateipfad auswählen, der das Installationsmedium enthält

5. Klicken Sie auf **Proceed with Update**, um alle Softwarekomponenten zu laden. Die erkannten Komponenten und ihre Version werden anschließend in der Übersicht angezeigt (siehe Abbildung 7.86). Klicken Sie auf **Next**, um zum nächsten Schritt der Aktualisierung zu gelangen.

7.4 Update

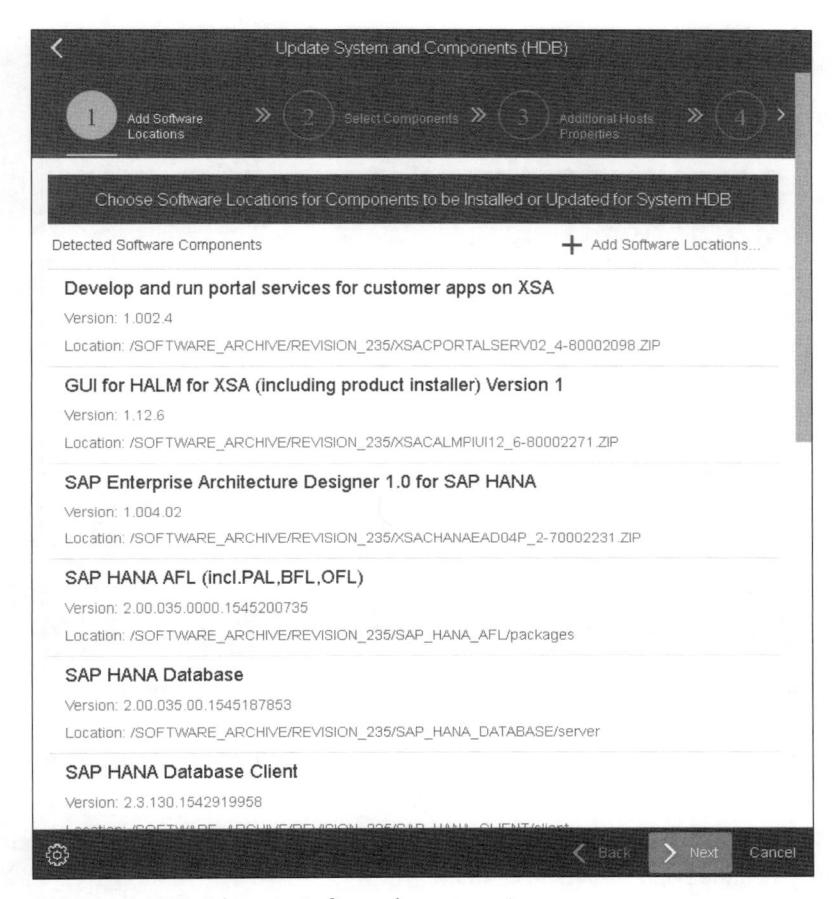

Abbildung 7.86 Erkannte Softwarekomponenten

6. Auf dem nächsten Bildschirm wählen Sie die zu aktualisierenden Komponenten aus, indem Sie ein Häkchen in der jeweiligen Checkbox setzen. Anschließend klicken Sie auf **Next**, um mit dem nächsten Schritt fortzufahren (siehe Abbildung 7.87).

7. Im vierten Schritt werden Sie dazu aufgefordert, das Passwort des Systemadministratorbenutzers (`<sid>adm`) und den Benutzernamen sowie das Passwort des administrativen Datenbankbenutzers anzugeben. Klicken Sie auf **Next**, um zum nächsten Schritt zu gelangen.

8. Falls Sie keine zusätzlichen Hosts, wie z. B. einen Smart-Data-Streaming-Host oder einen Dynamic-Tiering-Server, zur Aktualisierung ausgewählt haben, gelangen Sie direkt zur abschließenden Übersicht.

    Sie können alle eingegebenen Parameter überprüfen und, falls notwendig, durch Klicken auf **Back** zum jeweiligen Schritt zurückspringen und diese anpassen. Um das Update zu starten, klicken Sie auf **Update**.

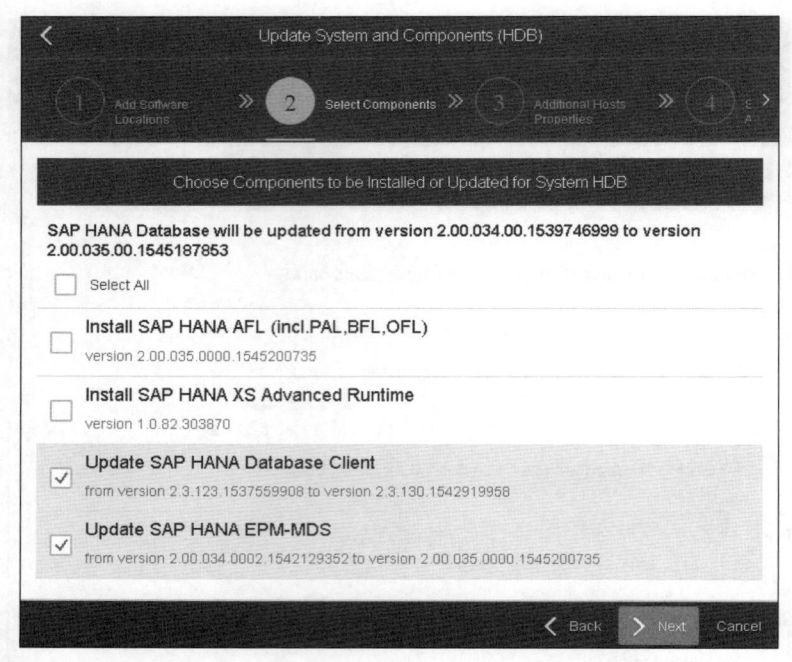

Abbildung 7.87 Passwörter der administrativen Benutzer angeben

Update abschließen

Während der Aktualisierung der Komponenten wird Ihnen wie bei allen anderen Modi der Status der Ausführung angezeigt.

Nach Abschluss der Aktualisierung erhalten Sie eine Bestätigung und können sich die Log-Dateien anschauen.

7.5 Deinstallation

In diesem Abschnitt beschreiben wir zunächst, wie Sie eine SAP-HANA-Datenbank mit allen Komponenten vollständig deinstallieren. Diese Funktion benötigen Sie z. B., wenn Sie ein Testsystem für weitere Tests neu aufsetzen möchten. Anschließend erklären wir Ihnen, wie Sie bei einem Multiple-Host-System einen Host entfernen bzw. löschen können.

7.5.1 Vollständige Deinstallation der SAP-HANA-Datenbank

Optionen für die Deinstallation

Die Deinstallation eines SAP-HANA-Systems erfolgt ebenfalls mit dem SAP HANA Database Lifecycle Manager. Sie können die Deinstallation im grafischen Modus oder mithilfe der Konsole starten.

7.5 Deinstallation

> [!] **Deinstallationen können nicht rückgängig gemacht werden**
> Bei der Deinstallation eines SAP-HANA-Systems werden alle Data und Log Volumes gelöscht. Dies ist eine permanente Aktion, die nicht rückgängig gemacht werden kann.

Deinstallation mit der grafischen Benutzeroberfläche

Um die Deinstallation mit der grafischen Benutzeroberfläche durchzuführen, führen Sie die folgenden Schritte aus:

Deinstallation durchführen

1. Wechseln Sie in das Verzeichnis des SAP HANA Database Lifecycle Managers, das bei der Installation des SAP-HANA-Systems angelegt wurde.

   `cd <sapmnt>/<SID>/hdblcm`

   Für die Deinstallation unseres SAP-HANA-Systems mit der System-ID HDB führen wir z. B. den folgenden Befehl aus:

   `cd /hana/shared/HDB/hdblcm`

2. Starten Sie das GUI des SAP HANA Database Lifecycle Managers mit dem folgenden Befehl:

   `./hdblcmgui`

3. Wählen Sie **Uninstall SAP HANA Database Components** aus der Liste der Aktivitäten aus (siehe Abbildung 7.88), und klicken Sie auf **Next**.

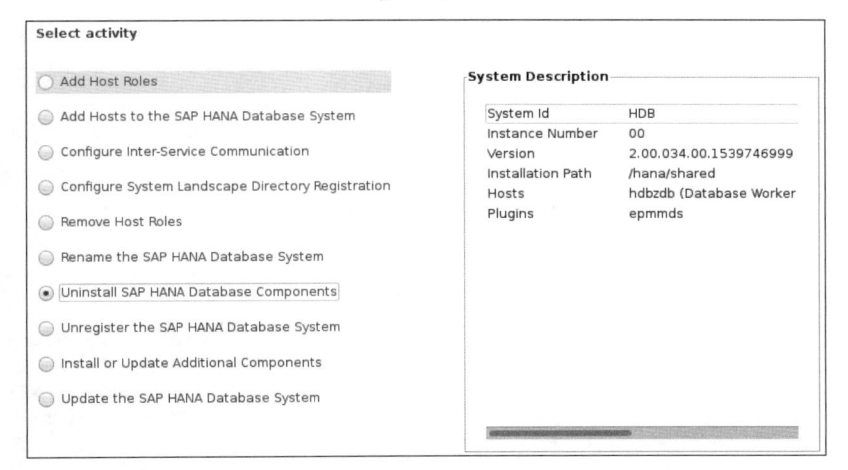

Abbildung 7.88 Deinstallation im grafischen Modus starten

4. Wählen Sie im nächsten Bildschirm die Option **Uninstall SAP HANA Database version 2.00.<Versionsnummer> and all other components** aus, um

alle Komponenten inklusive der SAP-HANA-Datenbank zu deinstallieren (siehe Abbildung 7.89). Wählen Sie alternativ die Option **Uninstall separate components** aus, um nur bestimmte Komponenten (nicht den SAP HANA Server) zu deinstallieren. Klicken Sie anschließend auf **Next**.

Abbildung 7.89 Eine vollständige Deinstallation auswählen

5. Im nächsten Schritt werden Ihnen alle Komponenten angezeigt, die deinstalliert werden (siehe Abbildung 7.90). Bestätigen Sie die Übersicht mit **Finish**. Die Deinstallation startet dann sofort.

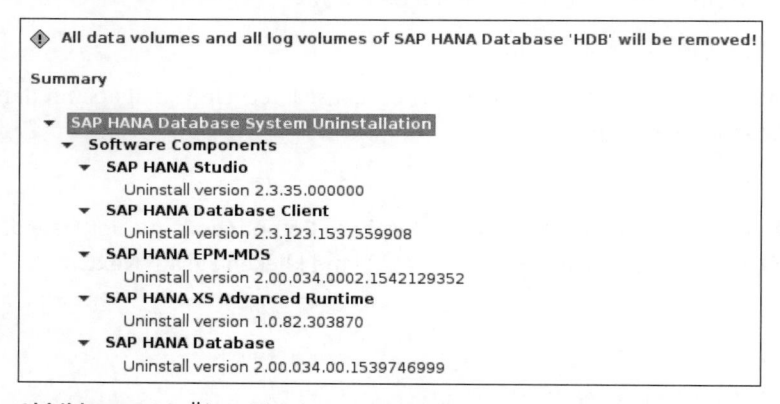

Abbildung 7.90 Übersicht der zu deinstallierenden Komponenten

6. Während der Deinstallation wird Ihnen der aktuelle Fortschritt angezeigt (siehe Abbildung 7.91).

Abbildung 7.91 Statusanzeige während der Deinstallation

Nach Abschluss der Deinstallation erhalten Sie eine Bestätigung, dass diese erfolgreich war, und können sich die Log-Dateien der Deinstallation der einzelnen Komponenten durch Klicken auf **View Log** anschauen (siehe Abbildung 7.92).

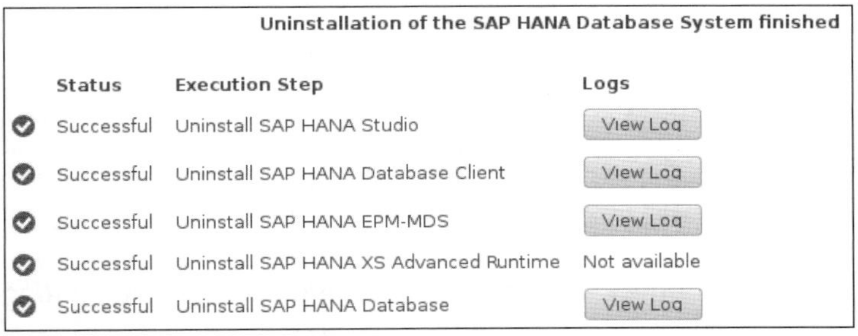

Deinstallation abschließen

	Status	Execution Step	Logs
		Uninstallation of the SAP HANA Database System finished	
✓	Successful	Uninstall SAP HANA Studio	View Log
✓	Successful	Uninstall SAP HANA Database Client	View Log
✓	Successful	Uninstall SAP HANA EPM-MDS	View Log
✓	Successful	Uninstall SAP HANA XS Advanced Runtime	Not available
✓	Successful	Uninstall SAP HANA Database	View Log

Abbildung 7.92 Die erfolgreiche Deinstallation wird bestätigt.

Deinstallation mithilfe der Konsole

Der einfachste Weg, eine SAP-HANA-Datenbank und alle darauf installierten Komponenten vollständig zu deinstallieren, ist die Nutzung der Konsole.

Einfache Deinstallation

1. Wechseln Sie zunächst in das Verzeichnis der zu deinstallierenden Komponenten, das bei der Installation des SAP-HANA-Systems angelegt wurde.

   ```
   cd <sapmnt>/<SID>/hdblcm
   ```

2. Starten Sie anschließend die Deinstallation mit dem folgenden Befehl:

   ```
   ./hdblcm --uninstall
   ```

3. Der interaktive Modus für die Deinstallation startet. Sie werden aufgefordert, die Komponenten auszuwählen, die Sie deinstallieren möchten. Geben Sie »1« ein, um das SAP-HANA-System inklusive aller installierten Komponenten vollständig zu deinstallieren.

   In Abbildung 7.93 sehen Sie den Start der Deinstallation für das SAP-HANA-System mit der System-ID HDB. Sie können als Liste auch nur einzelne Komponenten angeben, die Sie deinstallieren möchten.

4. Bevor die Deinstallation startet, werden Ihnen noch einmal alle Komponenten angezeigt, die deinstalliert werden sollen. Sie werden auch darauf hingewiesen, dass alle Data und Log Volumes der SAP-HANA-Datenbank entfernt werden.

```
t30z:/hana/shared/HDB/hdblcm # ./hdblcm --uninstall

SAP HANA Lifecycle Management - SAP HANA Database 2.00.030.00.1522209842
************************************************************************

Choose components to be uninstalled for system 'HDB':
  Index | Components | Description
  ---------------------------------------------------------------------
    1   | all        | SAP HANA Database version 2.00.030.00.1522209842 and all other components
    2   | client     | Uninstall SAP HANA Database Client version 2.3.78.1521836270
    3   | xs         | Uninstall SAP HANA XS Advanced Runtime version 1.0.82.303870
    4   | afl        | Uninstall SAP HANA AFL (incl.PAL,BFL,OFL) version 2.00.030.0001.1522223444

Enter comma-separated list of the selected indices [1]: 1
```

Abbildung 7.93 Deinstallation im Konsolenmodus starten

5. Um die Deinstallation zu starten, geben Sie »y« ein (siehe Abbildung 7.94). Wenn Sie die Deinstallation abbrechen möchten, geben Sie »n« ein.

```
Summary before execution:
=========================

SAP HANA Database System Uninstallation
    Software Components
        SAP HANA Database Client
            Uninstall version 2.3.78.1521836270
        SAP HANA AFL (incl.PAL,BFL,OFL)
            Uninstall version 2.00.030.0001.1522223444
        SAP HANA XS Advanced Runtime
            Uninstall version 1.0.82.303870
        SAP HANA Database
            Uninstall version 2.00.030.00.1522209842

Note: All data volumes and all log volumes of SAP HANA Database 'HDB' will be removed!

Do you want to continue? (y/n):
```

Abbildung 7.94 Übersicht der zu deinstallierenden Komponenten

6. Während der Deinstallation wird Ihnen der Status angezeigt. Außerdem erhalten Sie die Benachrichtigung, wo die Log-Dateien abgelegt wurden (siehe Abbildung 7.95).

Backup-Dateien löschen Bei der Deinstallation werden noch vorhandene Backup-Dateien nicht gelöscht. Wechseln Sie nach Abschluss des SAP HANA Database Lifecycle Managers daher in das Verzeichnis **<sapmnt>** Ihres SAP-HANA-Systems, das Sie deinstalliert haben. Durchsuchen Sie dieses nach Ordnern, die noch vorhanden sind, und löschen Sie diese ggf. manuell.

```
Uninstalling SAP HANA Database System
Unregistering SAP HANA Database Components on Local Host...
   Uninstalling SAP HANA Database Client...
      Uninstalling SAP HANA Database Client...
         Uninstalling package Client Installer...
         Uninstalling package CommonCryptoLib...
         Uninstalling package Ruby Client...
         Uninstalling package golang Client...
         Uninstalling package node.js Client...
         Uninstalling package DBCAPI...
         Uninstalling package HALM Client...
         Uninstalling package JDBC...
         Uninstalling package ODBC...
         Uninstalling package Python DB API...
         Uninstalling package REPOTOOLS...
         Uninstalling package SQLDBC...
         Uninstalling package Product Manifest...
   Uninstalling SAP HANA AFL (incl.PAL,BFL,OFL)...
      Uninstalling SAP Application Function Libraries...
      Uninstalling package AFL...
   Uninstalling SAP HANA XS Advanced Runtime...
   Uninstalling SAP HANA Database...
      Uninstalling SAP HANA Database...
      Removing SAP HANA Database instance...
         Uninstalling package DAT Configfiles (other)...
         Uninstalling package DAT Configfiles (EN, DE)...
         Uninstalling package DAT Languages (other)...
         Uninstalling package DAT Languages (EN, DE)...
         Uninstalling package Offline Cockpit...
         Uninstalling package Delivery Units...
         Uninstalling package Documentation...
         Uninstalling package HWCCT...
         Uninstalling package Ini Files...
         Uninstalling package Installer...
         Uninstalling package Krb5 Runtime...
         Uninstalling package Data Quality...
         Uninstalling package Binaries...
         Uninstalling package Product Manifest...
         Uninstalling package Python Runtime...
         Uninstalling package Python Support...
         Uninstalling package Saphostagent Setup...
Uninstallation of the SAP HANA Database System finished
Log file written to '/var/tmp/hdb_HDB_hdblcm_uninstall_2019-01-13_14.00.32/hdblcm.log' on host 't
30z'.
```

Abbildung 7.95 Statusanzeige bei der Deinstallation

7.5.2 Hosts löschen

Falls Sie einen Host nicht mehr benötigen, können Sie diesen mithilfe einiger SQL-Befehle und des SAP HANA Database Lifecycle Managers entfernen. Sie können dazu die grafische Benutzeroberfläche, den Konsolenmodus oder die Weboberfläche verwenden. In diesem Abschnitt beschreiben wir Ihnen, wie wir den Host t29z, den wir in Abschnitt 7.2.6, »Einen zusätzlichen Host hinzufügen«, zu unserem SAP-HANA-System HDB hinzugefügt haben, mithilfe der Konsole wieder entfernen.

Das Entfernen eines Hosts unterteilt sich in zwei Schritte. Im ersten Schritt müssen Sie den Host zum Löschen markieren. Dadurch werden alle Inhalte (*Content*), die sich auf diesem Host befinden, auf einen anderen Host verschoben. Im zweiten Schritt entfernen Sie den Host mithilfe des SAP HANA Database Lifecycle Managers.

Schritte zum Löschen eines Hosts

Host zum Löschen markieren

Gehen Sie wie folgt vor, um den Host zum Löschen zu markieren:

1. Öffnen Sie eine SQL-Konsole im SAP HANA Database Explorer. Wie Sie eine SQL-Konsole öffnen, beschreiben wir in Kapitel 5, »SAP HANA Cockpit 2.0«. Führen Sie folgenden SQL-Befehl aus:

```
CALL SYS.UPDATE_LANDSCAPE_
CONFIGURATION('SET REMOVE','<hostname>');
```

Wenn wir unseren Host t29z zum Löschen markieren wollen, kann der Befehl dazu aussehen, wie in Abbildung 7.96 gezeigt.

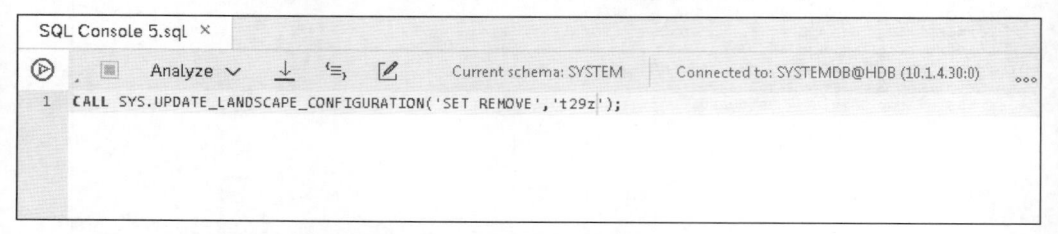

Abbildung 7.96 Markieren eines Hosts zum Löschen

2. Im nächsten Schritt müssen nun die Tabellen reorganisiert werden, d. h., diese werden vom zu löschenden Host auf einen anderen Host verschoben. Öffnen Sie eine weitere SQL-Konsole, und führen Sie folgenden Befehl aus:

```
CALL REORG_GENERATE(2,'');
CALL REORG_EXECUTE(?);
```

Der erste Befehl generiert den Reorganisationsplan, den Sie im View SYS.REORG_STEPS betrachten können. Der zweite Befehl führt die notwendigen Schritte zur Reorganisation aus.

[!] **Die Reorganisation kann nicht rückgängig gemacht werden**

Eine Reorganisation ist eine kritische Operation. Wenn Tabellen erst einmal verschoben wurden, kann dieser Schritt nicht rückgängig gemacht werden. Führen Sie daher vor einer Reorganisation in jedem Fall ein Backup durch.

Host löschen

Nachdem Sie den Host reorganisiert und das System zum Löschen markiert haben, müssen Sie den Host mit dem SAP HANA Database Lifecycle Manager entfernen.

1. Öffnen Sie den Konsolenmodus des SAP HANA Database Lifecycle Managers.

2. Wählen Sie **remove_hosts** aus (siehe Abbildung 7.97).

```
SAP HANA Lifecycle Management - SAP HANA Database 2.00.034.00.1539746999
************************************************************************

Choose an action

  Index | Action                    | Description
  --------------------------------------------------------------------------------
   1    | add_host_roles            | Add Host Roles
   2    | add_hosts                 | Add Hosts to the SAP HANA Database System
   3    | check_installation        | Check SAP HANA Database Installation
   4    | configure_internal_network| Configure Inter-Service Communication
   5    | configure_sld             | Configure System Landscape Directory Registration
   6    | extract_components        | Extract Components
   7    | print_component_list      | Print Component List
   8    | remove_host_roles         | Remove Host Roles
   9    | remove_hosts              | Remove Hosts from the SAP HANA Database System
  10    | rename_system             | Rename the SAP HANA Database System
  11    | uninstall                 | Uninstall SAP HANA Database Components
  12    | unregister_instance       | Unregister the SAP HANA Database Instance
  13    | unregister_system         | Unregister the SAP HANA Database System
  14    | update_component_list     | Update Component List
  15    | update_components         | Install or Update Additional Components
  16    | update_host               | Update the SAP HANA Database Instance Host integration
  17    | update                    | Update the SAP HANA Database System
  18    | exit                      | Exit (do nothing)

Enter selected action index [18]: 9
```

Abbildung 7.97 Übersichtsseite des SAP HANA Database Lifecycle Managers

3. Anschließend müssen Sie den Host auswählen, den Sie entfernen möchten (siehe Abbildung 7.98). Außerdem können Sie auswählen, ob der Benutzer `<sid>adm` vom Host gelöscht werden soll und, falls nein, ob sein Home-Verzeichnis gelöscht werden soll.

```
Specify hosts to remove from SAP HANA Database System

  Index | Host Name | Host Roles
  -------------------------------------------
   1    | hdbzdb    | Database Worker (worker)
   2    | t29z      | Database Worker (worker)

Enter comma-separated list of selected indices: 2
Enter Root User Name [root]:
Keep System Administrator User [n]: y
```

Abbildung 7.98 Den zu löschenden Host auswählen

4. Im letzten Schritt wird Ihnen eine Übersicht angezeigt. Durch die Auswahl von »y« starten Sie das Löschen des Hosts.

> **[!] Backup durchführen**
>
> Führen Sie sofort nach dem Löschen des Hosts ein Backup durch. Das System kann durch die veränderte Topologie im Fehlerfall sonst nicht mehr wiederhergestellt werden.

7.6 Änderungen an einem SAP-HANA-System vornehmen

In diesem Abschnitt beschreiben wir, wie Sie Änderungen an Ihrem SAP-HANA-System vornehmen. Wenn Sie z. B. eine zweite Instanz für Testfälle aufbauen möchten, können Sie das produktive System klonen, um dieses originalgetreu nachzubauen. Im Anschluss müssen Sie dann die System-ID oder die Instanznummer ändern, um keine Inkonsistenzen in Ihrer Systemlandschaft entstehen zu lassen. In diesem Abschnitt lesen Sie zunächst, wie Sie die Systemkennung, d. h. die System-ID, die Instanznummer oder den Hostnamen des Systems, ändern. Anschließend erfahren Sie, wie Sie ein System klonen können.

7.6.1 Systemkennung ändern

Bei der Einführung einer neueren, leistungsstärkeren Hardware kann es z. B. erforderlich sein, die Systemkennung eines SAP-HANA-Systems zu ändern. In diesem Abschnitt erfahren Sie, wie Sie den Hostnamen, die System-ID und die Instanznummer ändern können. Für die Änderung verwenden Sie den SAP HANA Database Lifecycle Manager im grafischen Modus oder im Konsolenmodus.

Voraussetzungen Um die Systemkennung zu ändern, müssen Sie als `root`-Benutzer auf Ihrer SAP HANA Appliance eingeloggt sein. Alle Hosts des SAP-HANA-Systems müssen hochgefahren sein, um Inkonsistenzen in der Topologie zu vermeiden.

[!] **Ungültige Lizenz**
Wenn Sie die Systemkennung eines SAP-HANA-Systems ändern, wird die Lizenz ungültig und durch eine temporäre Lizenz ersetzt, die 28 Tage lang gültig ist. Spielen Sie daher nach der Änderung eine neue Lizenz in das System ein.

Hostnamen ändern Befolgen Sie diese Schritte, um den Hostnamen zu ändern:

1. Wechseln Sie zunächst in das Verzeichnis des SAP HANA Database Lifecycle Managers, das bei der Installation des SAP-HANA-Systems angelegt wurde:

```
cd <sapmnt>/<SID>/hdblcm
```

7.6 Änderungen an einem SAP-HANA-System vornehmen

Um unser SAP-HANA-System mit der System-ID HDB umzubenennen, führen Sie z. B. den folgenden Befehl aus:

`cd /hana/shared/HDB/hdblcm`

2. Starten Sie anschließend den Konsolenmodus des SAP HANA Database Lifecycle Managers:

`./hdblcm`

3. Wählen Sie den Eintrag **Rename the SAP HANA Database System** aus (siehe Abbildung 7.99).

```
SAP HANA Lifecycle Management - SAP HANA Database 2.00.034.00.1539746999
************************************************************************

Choose an action

  Index | Action                     | Description
  ------+----------------------------+------------------------------------------------------
   1    | add_host_roles             | Add Host Roles
   2    | add_hosts                  | Add Hosts to the SAP HANA Database System
   3    | check_installation         | Check SAP HANA Database Installation
   4    | configure_internal_network | Configure Inter-Service Communication
   5    | configure_sld              | Configure System Landscape Directory Registration
   6    | extract_components         | Extract Components
   7    | print_component_list       | Print Component List
   8    | remove_host_roles          | Remove Host Roles
   9    | rename_system              | Rename the SAP HANA Database System
   10   | uninstall                  | Uninstall SAP HANA Database Components
   11   | unregister_system          | Unregister the SAP HANA Database System
   12   | update_component_list      | Update Component List
   13   | update_components          | Install or Update Additional Components
   14   | update_host                | Update the SAP HANA Database Instance Host integration
   15   | update                     | Update the SAP HANA Database System
   16   | exit                       | Exit (do nothing)

Enter selected action index [16]: 9
```

Abbildung 7.99 Aktion zum Ändern der Systemkennung auswählen

4. Die Änderungsroutine fragt anschließend alle Parameter ab, die auch bei der Installation abgefragt werden. Sie können z. B. einen neuen Zielhostnamen, eine neue System-ID oder eine neue Instanznummer für das System eingeben. Anschließend werden auch alle Pfadnamen für Data und Log Volumes sowie das Backup angepasst. Auch ein neuer Systemadministratorbenutzer (<sid>adm), passend zum neuen Hostnamen, wird dann angelegt. In Abbildung 7.100 sehen Sie, wie wir das System HDB in ein System H01 mit derselben Instanznummer und gleichbleibendem Hostnamen umbenannt haben.

5. Zuletzt werden noch einmal alle Änderungen angezeigt (siehe Abbildung 7.101). Überprüfen Sie diese gewissenhaft, und wählen Sie anschließend »y« zum Umbenennen des Systems.

7   Lebenszyklusverwaltung

```
Enter Target Host Name for Source Host 'hdbzdb' [hdbzdb]:

Index | System Usage | Description
-------------------------------------------------------------------------
  1   | production  | System is used in a production environment
  2   | test        | System is used for testing, not production
  3   | development | System is used for development, not production
  4   | custom      | System usage is neither production, test nor development

Select System Usage / Enter Index [2]:
Enter Certificate Host Name For Host 'hdbzdb' [hdbzdb]:
Enter Source System Administrator (hdbadm) Password:
Enter Target System ID [HDB]: H01
Enter Target Instance Number [00]:
Enter Location of Data Volumes [/hana/data/H01]:
Enter Location of Log Volumes [/hana/log/H01]:
Enter Location of Data Backups [/usr/sap/H01/HDB00/backup/data]:
Enter Location of Log Backups [/usr/sap/H01/HDB00/backup/log]:
Enter Location of Catalog Backups [/hana/shared/H01/HDB00/backup/log]:
Enter Target System Administrator (h01adm) Password:
Confirm Target System Administrator (h01adm) Password:
Enter System Administrator (h01adm) Home Directory [/usr/sap/H01/home]:
Enter System Administrator (h01adm) Login Shell [/bin/bash]:
Enter System Administrator (h01adm) User ID [1000]:
Keep Source System Administrator User (hdbadm) [n]:
Keep Home Directory of Source System Administrator (hdbadm) [n]:
Change the password of the System Database user [n]:
Restart system after machine reboot? [n]:
```

Abbildung 7.100 Änderung der Systemkennung konfigurieren

```
Summary before execution:
=========================

SAP HANA Database
   Rename Parameters
      Installation Path: /hana/shared
      Source System ID: HDB
      Target System ID: H01
      Target Instance Number: 00
      Remote Execution: ssh
      Host Name: hdbzdb
      System Usage: test
      Listen Interface: local
      Certificate Host Names: hdbzdb -> hdbzdb
      Location of Data Volumes: the path will be set automatically
      Location of Log Volumes: the path will be set automatically
      System Administrator (h01adm) Home Directory: /usr/sap/H01/home
      System Administrator (h01adm) Login Shell: /bin/bash
      System Administrator (h01adm) User ID: 1000
      Keep Source System Administrator User (hdbadm): No
      Keep Home Directory of Source System Administrator (hdbadm): No

Note: SAP HANA Database System will be restarted

Do you want to continue? (y/n): y
```

Abbildung 7.101 Übersicht der Konfiguration zur Änderung der Systemkennung

Ändern und neu starten

Das System wird heruntergefahren, um die Änderungen vorzunehmen. Anschließend wird es wieder neu gestartet, und die Topologie des Systems wird aktualisiert. Sie können sich, wie bei allen anderen Aktionen mit dem SAP HANA Database Lifecycle Manager, die Log-Dateien anschauen und Feedback an SAP senden.

7.6.2 Umzug eines SAP-HANA-Systems auf einen anderen Host

Falls Sie Ihr SAP-HANA-System auf eine andere Hardware verschieben müssen, können Sie dies ebenfalls mit dem SAP HANA Database Lifecycle Manager tun. Dazu muss zunächst die Registrierung des Systems auf dem Host entfernt werden. Anschließend registrieren Sie das System wieder auf der neuen Hardware.

Sie können entweder das gesamte System oder nur eine Instanz verschieben. So können Sie etwa in einem Scale-up-Szenario das gesamte System verschieben oder nur bestimmte Hosts bzw. alle Hosts in einem Scale-out-Szenario.

Einen oder mehrere Hosts verschieben

1. Im ersten Schritt müssen Sie die Registrierung des Systems entfernen. Wenn Sie die Registrierung des gesamten Systems entfernen möchten, loggen Sie sich auf einem beliebigen Host des Systems ein. Wenn Sie nur bestimmte Hosts entfernen möchten, müssen Sie sich auf jedem Host einzeln einloggen und diese Schritte für jeden Host durchführen.

2. Wechseln Sie in das Verzeichnis des SAP HANA Database Lifecycle Managers Ihres SAP-HANA-Systems:

   cd <sapmnt>/<SID>/hdblcm

3. Wir empfehlen Ihnen, für diese Aktion den Konsolenmodus des SAP HANA Database Lifecycle Managers zu verwenden. Starten Sie diesen also:

   ./hdblcm

4. Wählen Sie aus der Liste der möglichen Aktionen **unregister_system** aus (siehe Abbildung 7.102).

```
SAP HANA Lifecycle Management - SAP HANA Database 2.00.034.00.1539746999
************************************************************************

Choose an action

  Index | Action                   | Description
  ------|--------------------------|------------------------------------------------
   1    | add_host_roles           | Add Host Roles
   2    | add_hosts                | Add Hosts to the SAP HANA Database System
   3    | check_installation       | Check SAP HANA Database Installation
   4    | configure_internal_network | Configure Inter-Service Communication
   5    | configure_sld            | Configure System Landscape Directory Registration
   6    | extract_components       | Extract Components
   7    | print_component_list     | Print Component List
   8    | remove_host_roles        | Remove Host Roles
   9    | rename_system            | Rename the SAP HANA Database System
  10    | uninstall                | Uninstall SAP HANA Database Components
  11    | unregister_system        | Unregister the SAP HANA Database System
  12    | update_component_list    | Update Component List
  13    | update_components        | Install or Update Additional Components
  14    | update_host              | Update the SAP HANA Database Instance Host integration
  15    | update                   | Update the SAP HANA Database System
  16    | exit                     | Exit (do nothing)

Enter selected action index [16]: 11
```

Abbildung 7.102 Aktion auswählen, um die Registrierung eines SAP-HANA-Systems zu entfernen

5. Geben Sie das Passwort des Systemadministrators <sid>adm ein. Wenn Sie den Benutzer bzw. dessen Home-Verzeichnis auf dem Host behalten möchten, wählen Sie dementsprechend den Wert »y« aus (siehe Abbildung 7.103).

```
Enter System Administrator Password (hdbadm):
Keep hdbadm System Administrator User [n]: y
```

Abbildung 7.103 Passwörter beim Entfernen der Registrierung abfragen

6. Bestätigen Sie mit »y«, wenn Sie die Registrierung des Systems entfernen möchten (siehe Abbildung 7.104).

```
Summary before execution:
=========================

SAP HANA Database
   Unregister System Parameters
      Keep hdbadm System Administrator User: Yes
      Keep Home Directory of hdbadm System Administrator: Yes

Note: Data, log and installation directories will not be deleted, because they are required to r
egister the system again later.

Do you want to continue? (y/n): y
```

Abbildung 7.104 Entfernungsprozess abschließen

7. Der Prozess startet nun. Währenddessen wird Ihnen der Status angezeigt. Die Verzeichnisse mit den Data und Log Volumes sowie das Installationsverzeichnis Ihrer SAP-HANA-Datenbank werden dabei nicht gelöscht, da Sie diese für die spätere Registrierung auf dem neuen Host benötigen.
8. Verbinden Sie den Installationspfad (**<sapmnt>**) sowie den Data- und den Log-Volume-Pfad mit dem Zielhost. Bei Bedarf benennen Sie die Pfade um. In unserem Beispiel ändern wir sie in **/hana/shared/TST**, **/hana/data/TST** und **/hana/log/TST**, da wir »TST« als neue System-ID definieren möchten.

Neuen Host registrieren

Anschließend müssen Sie den neuen Host registrieren.

1. Loggen Sie sich dazu auf dem Zielhost ein, und wechseln Sie in das Verzeichnis des SAP HANA Database Lifecycle Managers Ihres SAP-HANA-Systems:

   cd <sapmnt>/<SID>/hdblcm

   Für unser neues System lautet das Verzeichnis nun **/hana/shared/TST/hdblcm**.

2. Wir empfehlen Ihnen, für diese Aktion ebenfalls den Konsolenmodus des SAP HANA Database Lifecycle Managers zu verwenden. Starten Sie diesen:

   ./hdblcm

7.6 Änderungen an einem SAP-HANA-System vornehmen

3. Wählen Sie aus der Liste der Aktionen **Register and Rename SAP HANA Database System** aus (siehe Abbildung 7.105).

```
SAP HANA Lifecycle Management - SAP HANA Database 2.3.65.0
**********************************************************


Choose an action

  Index | Action                 | Description
  ---------------------------------------------------------------------
    1   | add_hosts              | Add Hosts to the SAP HANA Database System
    2   | register_rename_system | Register and Rename SAP HANA Database System
    3   | exit                   | Exit (do nothing)

Enter selected action index [3]: 2
```

Abbildung 7.105 Aktion zum Registrieren eines SAP-HANA-Systems auswählen

4. Im Folgenden können Sie, falls gewünscht, die Systemkennung ändern. Da wir das System HDB nun mit der System-ID TST registrieren möchten, ändern wir die Ziel-System-ID (**Target System ID**) in »TST«. Außerdem geben wir als Zielhostnamen (**Target Host Name**) ein. Die Instanznummer (**Target Instance Number**) ändern wir auf 02 (siehe Abbildung 7.106).

```
Enter Target Host Name for Source Host 'hdbzdb' [hdbzdb]:

  Index | System Usage | Description
  ---------------------------------------------------------------------
    1   | production   | System is used in a production environment
    2   | test         | System is used for testing, not production
    3   | development  | System is used for development, not production
    4   | custom       | System usage is neither production, test nor development

Select System Usage / Enter Index [2]:
Enter Certificate Host Name For Host 'hdbzdb' [hdbzdb]:
Enter Target System ID [HDB]: TST
Enter Target Instance Number [00]: 02
```

Abbildung 7.106 Anpassen der Systemparameter

5. Die Pfade für Data und Log Volumes werden automatisch anhand der System-ID und Instanznummer geändert. Außerdem werden alle weiteren Parameter für die Umbenennung abgefragt (siehe Abbildung 7.107).

```
Enter Location of Data Volumes [/hana/data/TST]:
Enter Location of Log Volumes [/hana/log/TST]:
Enter Location of Data Backups [/usr/sap/TST/HDB02/backup/data]:
Enter Location of Log Backups [/usr/sap/TST/HDB02/backup/log]:
Enter Location of Catalog Backups [/hana/shared/TST/HDB02/backup/log]:
Enter Target System Administrator (tstadm) Password:
Confirm Target System Administrator (tstadm) Password:
Enter System Administrator (tstadm) Home Directory [/usr/sap/TST/home]:
Enter System Administrator (tstadm) Login Shell [/bin/bash]:
Enter System Administrator (tstadm) User ID [1000]:
Keep Source System Administrator User (hdbadm) [n]:
Keep Home Directory of Source System Administrator (hdbadm) [n]:
Change the password of the System Database user [n]:
Restart system after machine reboot? [n]:
```

Abbildung 7.107 Weitere Parameter für die Umbenennung des Systems

6. Zuletzt erhalten Sie eine Übersicht der eingestellten Parameter und können den Prozess mit »y« starten. Das System wird anschließend umbenannt und auf dem Host registriert.

7.6.3 Systemkopie erstellen

Einsatzzwecke

Eine Systemkopie kann für verschiedene Einsatzszenarien sinnvoll sein. Wenn Sie z. B. eine Drei-System-Landschaft mit Produktiv-, Qualitätssicherungs- und Testsystem für Ihre SAP-HANA-Systeme aufbauen möchten, können Sie diesen Mechanismus verwenden. Auch für kurzfristige Testzwecke, wie etwa den Test eines neuen Support Package Stacks, kann das Klonen eines SAP-HANA-Systems genutzt werden.

Sie können ein SAP-HANA-System mithilfe des SAP HANA Database Lifecycle Managers kopieren. Das Dateisystem der SAP-HANA-Datenbank wird dabei von einer alten Storage-Lösung zu einer neuen Storage-Lösung kopiert. So erschaffen Sie eine exakte Kopie des vorhandenen SAP-HANA-Systems. Eine Ausnahme bilden dabei die Systemparameter, die Sie beim Kopieren des Systems neu eingeben. Diese werden bei der Registrierung des Systems auf dem neuen Host entsprechend Ihren Eingaben gesetzt und können dadurch vom Originalsystem abweichen. So können Sie z. B. für Testzwecke den Systemtyp von einem Produktivsystem in ein Testsystem ändern.

SAP-HANA-System klonen

Nutzen Sie die folgende Anleitung, um ein SAP-HANA-System zu klonen:

1. Kopieren Sie das Dateisystem, das Ihre SAP-HANA-Installation enthält, vollständig auf den Zielhost.
2. Binden Sie den Installationspfad (`<sapmnt>`) sowie die Data- und Log-Volume-Verzeichnisse in ein Mount-Verzeichnis ein, falls Sie dem System mehrere Hosts hinzufügen möchten.
3. Anschließend müssen Sie das System auf dem Zielhost registrieren. Führen Sie dazu die Schritte durch, die in Abschnitt 7.6.2, »Umzug eines SAP-HANA-Systems auf einen anderen Host«, aufgeführt sind.

Kapitel 8
SAP-Lösungen auf SAP HANA migrieren

Damit Ihre bestehenden SAP-Lösungen die Stärken der In-Memory-Technologie nutzen und von neuen Möglichkeiten wie dem Code-Pushdown auf die Datenbankebene, neuen Funktionen und Anwendungen profitieren können, müssen Sie diese zur SAP-HANA-Plattform migrieren.

In diesem Kapitel beschäftigen wir uns mit der Migration bestehender SAP-Lösungen auf SAP HANA. Mit *SAP-Lösungen* meinen wir SAP-NetWeaver-basierte SAP-Systeme, die bisher auf einer relationalen Datenbank laufen. Unter *Migration* verstehen wir, vereinfacht gesprochen, den Austausch der relationalen Datenbank mit der SAP-HANA-Plattform. SAP bezeichnet seit geraumer Zeit die unterstützten relationalen Datenbanksysteme als *anyDB*. Wenn Sie also in White Papers, Installations- und Upgrade-Leitfäden, Marketingunterlagen und sonstigen Dokumentationen den Begriff anyDB im Zusammenhang mit SAP-NetWeaver-basierten SAP-Lösungen finden, meint dies immer die von SAP unterstützten relationalen Datenbanksysteme aus dem eigenen Haus oder von Drittherstellern.

Wenn Sie SAP-Lösungen auf relationalen Datenbanksystemen in Ihrem Hause im Einsatz haben und Sie, Ihre Abteilung oder Ihr Management über einen Wechsel der Datenbankplattform hin zu SAP HANA nachdenken, werden mit Sicherheit viele Fragen aufgeworfen. Welche Kosten für Lizenzen, Hardware, Aus- und Weiterbildung von Mitarbeitern, Betrieb und Migration der Lösung werden entstehen? Welche anwendungsseitigen und funktionalen Erweiterungen müssen durchgeführt werden, um die Mächtigkeit von SAP HANA nutzen zu können? Welche betriebswirtschaftlichen Prozesse müssen geändert werden? Welchen Nutzen hat der Wechsel für das Unternehmen? Das sind alles Fragestellungen, die wir an dieser Stelle nicht beantworten können und wollen.

Eine entscheidende Frage, die früher oder später im Entscheidungsprozess gestellt wird, ist die nach den unterschiedlichen Möglichkeiten bzw. Wegen, die es gibt, um die Systeme auf SAP HANA umzustellen. Dies sind:

Migrationswege

8 SAP-Lösungen auf SAP HANA migrieren

- der *Greenfield-Ansatz* oder die Neuinstallation
- die klassische Migration
- die Kombination aus Upgrade und Migration – *Database Migration Option* (DMO)

Greenfield Beim Greenfield-Ansatz wird zunächst eine neue SAP-Umgebung installiert, z. B. ein SAP-S/4HANA-System, SAP Business Warehouse (BW) in Form von SAP BW/4HANA oder SAP BW on HANA oder die SAP Business Suite auf SAP HANA – wobei das System keinerlei Daten enthält. Bei diesem Vorgehen bestehen dieselben Phasen und Aufwände, die mit einem typischen SAP-Einführungsprojekt verbunden sind. Wenn Daten aus den bestehenden Systemen, seien es SAP- oder Nicht-SAP-Lösungen, übernommen werden sollen, werden diese in einem zweiten Schritt über Datenlademechanismen in das neue System überführt.

Klassische Migration Bei der klassischen Migration nutzen Sie Werkzeuge von SAP, um Ihr bestehendes SAP-Produkt durch Updates bzw. ein Upgrade auf einen Release-Stand zu heben, der SAP-HANA-fähig ist. Dieser Schritt ist natürlich nur dann erforderlich, wenn für Ihren Release-Stand keine Unterstützung durch SAP HANA gegeben ist. Danach findet eine Migration von der relationalen Datenbank hin zu SAP HANA mithilfe eines anderen Werkzeugs statt. Sie haben hier im schlechtesten Fall eine zweifache Downtime bei der Umstellung des Systems.

Database Migration Option Die Kombination aus Upgrade bzw. Update des Systems und der Migration der relationalen Datenbank hin zu SAP HANA in einem einzigen Schritt wird unter dem Begriff *Database Migration Option* (DMO) zusammengefasst. Bei diesem Weg wird der Umstieg in einem Prozess mit einem einzigen Werkzeug durchgeführt. Es erfolgt eine einmalige Downtime.

Die drei verschiedenen Migrationswege stellen wir Ihnen in diesem Kapitel vor.

8.1 Der Greenfield-Ansatz

Abbildung 8.1 zeigt schematisch den Greenfield-Ansatz im Laufe des Migrationszeitraums. Anfangs wird im Rechenzentrum ein SAP-NetWeaver-basiertes ABAP-System, hier z. B. SAP ERP 6.0, auf einer traditionellen Datenbank betrieben. Während der Transformationsphase wird ein neues System SAP S/4HANA 1809 auf der SAP-HANA-Datenbank installiert. Falls kein Wechsel auf SAP S/4HANA stattfinden soll, kann natürlich auch ein

SAP ERP 6.0 Enhancement Package (EHP) 7 oder 8 auf der SAP-HANA-Datenbank installiert werden. Entwicklungen und Customizing müssen nun wie in einem herkömmlichen Implementationsprojekt vorgenommen werden. Üblicherweise finden diese Arbeiten in einem Entwicklungssystem statt und werden über die aufgebaute Systemlandschaft bis in das produktive System transportiert. Ist die produktive Umgebung nun aufgebaut, können die Daten aus dem bestehenden SAP-ERP-6.0-System (oder anderen SAP- und Nicht-SAP-Anwendungssystemen) mittels Datenmigrationstechniken in das neue SAP-S/4HANA-System geladen werden.

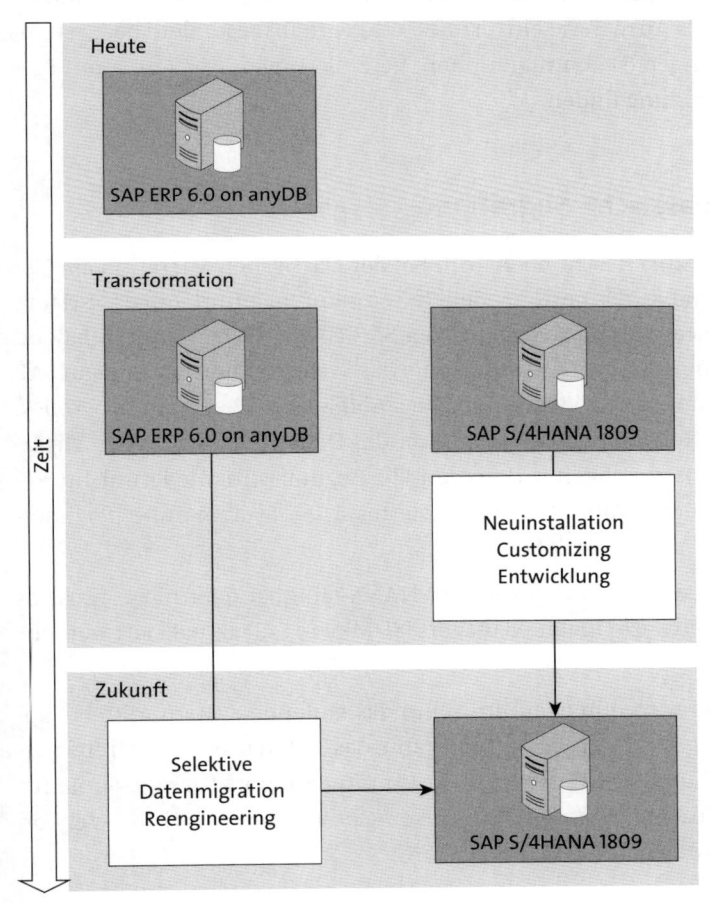

Abbildung 8.1 Der Greenfield-Ansatz

Dieser Ansatz hat den Vorteil, dass bestehende Systeme bzw. Systemlandschaften konsolidiert werden und gerade auch eine Harmonisierung der Daten ein wesentlicher Bestandteil der Migration ist. Gerade die selektive

Vor- und Nachteile

Datenmigration ermöglicht, dass nur spezifische Daten (etwa die der letzten fünf Jahre) übernommen werden. Zudem ist es möglich, eine Datenbereinigung durchzuführen, d. h., Sie übernehmen nicht mehr verwendete Stammdaten nicht in das neue System. Außerdem können relativ reibungslos neue Geschäftsprozesse eingeführt werden.

Dennoch besteht die Herausforderung in einem erhöhten Aufwand bei der selektiven Datenmigration und dem Reengineering, bei einem Wechsel zu S/4HANA können sich aufgrund der Vereinfachung zudem Funktionen ändern oder wegfallen. Insgesamt ist dieser Ansatz unter den Migrationswegen eher als Ausnahme einzustufen und wird insbesondere bei Systemkonsolidierungen, Datenmigrationen, Veräußerungen und Carve-out-Szenarien Anwendung finden.

8.2 Die klassische Migration

Wie eingangs kurz beschrieben, wird bei der klassischen Migration ein Upgrade oder Update des bestehenden Systems durchgeführt, um das System auf einen Release-Stand zu bringen, der SAP-HANA-fähig ist. Anschließend wird über eine heterogene Systemkopie das System exportiert und auf SAP HANA als Datenbank wieder importiert. Abbildung 8.2 zeigt im Überblick, welche Schritte während der Migration des Systems im Laufe des Migrationszeitraums durchgeführt werden. Zu Beginn wird wiederum im Rechenzentrum ein SAP-NetWeaver-basiertes ABAP-System auf einer traditionellen Datenbank betrieben.

Update vs. Upgrade Abhängig davon, ob das System SAP-HANA-fähig ist oder nicht, muss es mittels des Software Update Managers (SUM) von SAP aktualisiert werden:

- **Update**
  Ein Update wird durchgeführt, wenn das laufende System mittels Support Packages aktualisiert werden kann, das Ziel-Release also bereits passend ist. Zum Beispiel muss ein bestimmter Support-Package-Stand für SAP NetWeaver eingespielt sein, um eine bestimmte SAP-HANA-Version zu unterstützen.

- **Upgrade**
  Ein Upgrade wird ausgeführt, wenn das laufende System sich auf einem Release-Stand befindet, der SAP HANA noch nicht unterstützt. Dieses Szenario ist in Abbildung 8.2 dargestellt. Das Ausgangs-Release SAP ERP 6.0 läuft zwar auf einer traditionellen Datenbank, kann aber nicht auf SAP HANA betrieben werden. Darum wird ein Upgrade auf SAP ERP 6.0 mit Enhancement Package 8 durchgeführt.

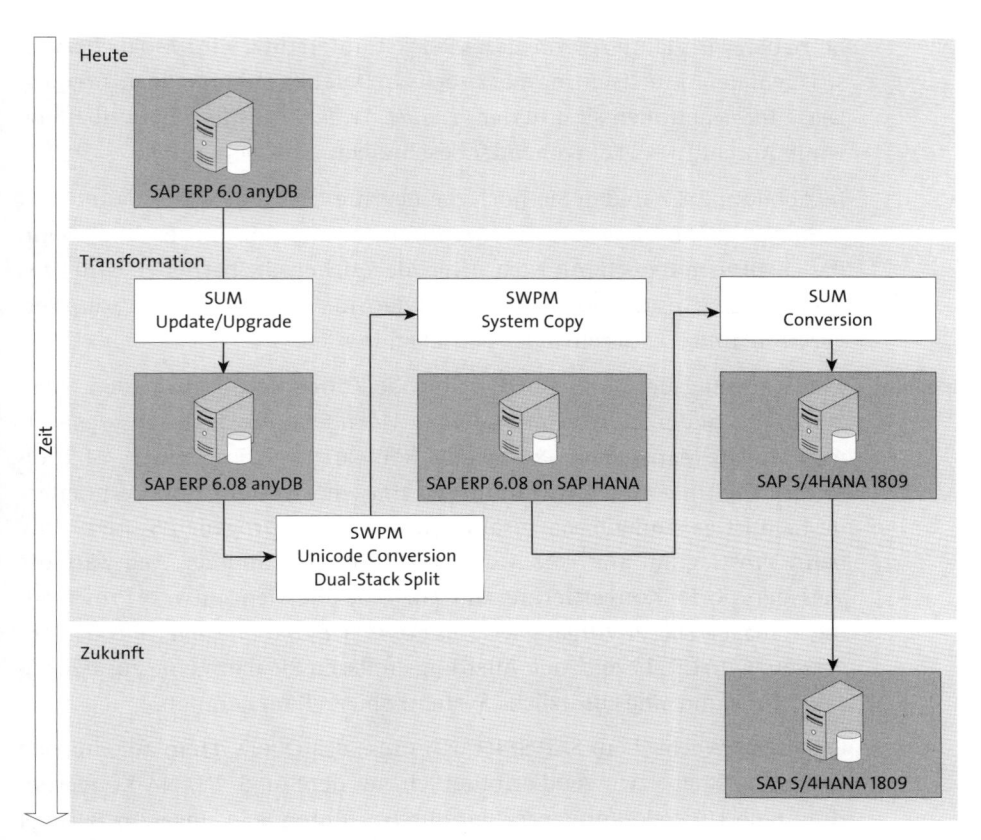

Abbildung 8.2 Klassische Migration mittels Software Update Manager und Software Provisioning Manager

Um den Wechsel vom SAP-ERP- zum SAP-S/4HANA-System zu verdeutlichen, haben wir eine Konvertierung des Systems SAP ERP 6.08 on HANA mittels des *Software Update Managers* (SUM) angeschlossen. Dies ist nicht der direkteste Weg von einem SAP-ERP-System mit traditioneller Datenbank hin zu SAP S/4HANA. In Abschnitt 8.3 beschreiben wir, wie Sie den Prozess über die Database Migration Option vereinfachen. Es gibt aber durchaus Argumente, den Transformationsprozess wie in Abbildung 8.2 durchzuführen, etwa wenn Sie den Wechsel Ihrer Datenbank und Applikationssoftware zeitlich entzerren wollen oder eine Unicode-Konvertierung erforderlich ist.

Software Update Manager

Kommen wir nun jedoch noch einmal zurück zum Anfang des Migrationsprozesses. Nach der Aktualisierung läuft das System auf dem SAP-HANA-fähigen Release zunächst noch auf einer relationalen Datenbank. Vor einer Aktualisierung des SAP-Releases auf anyDB müssen Sie untersuchen, ob das neue Release auf der Version der Datenbank, auf der das Quellsystem betrieben wird, läuft bzw. ob dieses Release unterstützt wird. Möglicherweise ist vor der Aktualisierung auch noch ein Datenbank-Upgrade notwendig. Diese Informationen sind in der *Product Availability Matrix* abrufbar, die wir in Abschnitt 8.2.1 eingehender beschreiben.

In Abbildung 8.2 finden Sie noch die Begriffe *Unicode-Konvertierung* und *Dual-Stack Split*. Diese beiden Prozeduren kommen zur Anwendung, wenn das Quellsystem noch mit Nicht-Unicode-Zeichensatz betrieben wird bzw. wenn Sie eine Installation haben, in der der SAP NetWeaver Application Server ABAP und Java als ein Stack betrieben werden.

Unicode-Konvertierung

Das Werkzeug der Wahl für die Unicode-Konvertierung bzw. den Dual-Stack Split ist der *Software Provisioning Manager* (SWPM), der wie der Software Update Manager ein Produkt des Software Logistics Toolsets (SL Toolset) ist. Die Unicode-Konvertierung ist mit einer Systemkopie verbunden, deshalb ist es sinnvoll, sie zusammen mit der heterogenen Systemkopie beim Umstieg auf SAP HANA durchzuführen. Ein anderer Weg wäre die Verlagerung der Konvertierung zum Upgrade über den Software Provisioning Manager. Dieser Vorgang wird als *Combined Upgrade and Unicode Conversion* (CU&UC) bezeichnet. Allerdings müssen Sie dann eine zusätzliche Downtime und eine zusätzliche Systemkopie in Kauf nehmen.

Bei einem Wechsel auf SAP S/4HANA muss das Quellsystem auf Unicode laufen. Es ist also zwingend erforderlich, vor der SAP-S/4HANA-Konvertierung eine Unicode-Konvertierung durchzuführen – in unserem Beispiel beim Wechsel der Datenbank hin zu SAP HANA.

[»]
Unicode-Konvertierung

Eine Unicode-Konvertierung ist ein Projekt, das sehr gründlich geplant und vorbereitet werden muss. Es gibt einige Schritte, die bereits viele Wochen und Monate vor der eigentlichen Konvertierung durchgeführt werden können. Weitere Informationen finden Sie in den SAP-Hinweisen 548016 (Konvertierung in Unicode), 1051576 (Konvertierung von Single-Codepage-Systemen in Unicode), 1319517 (Unicode Collection Note) und 928729 (Kombiniertes Upgrade und Unicode-Konvertierung (CU&UC)).

In der SAP Community sind zudem Sammlungen unterschiedlicher Dokumente zur Unicode-Konvertierung gepflegt. Gute Einstiegspunkte sind der »Unicode Conversion Overview Guide« (*http://s-prs.de/v685066*), »Overview of Unicode« (*http://s-prs.de/v685067*), »Basic Steps of a Unicode Conversion« (*http://s-prs.de/v685068*) sowie »Combining Upgrade and Unicode Conversion« (*http://s-prs.de/v685069*).

8.2 Die klassische Migration

Hinsichtlich des Dual-Stack Splits müssen Sie wissen, dass die SAP Business Suite 7i2011 das letzte Release ist, das den Dual-Stack, also die gemeinsame Installation von SAP NetWeaver AS ABAP und Java in einem System, ermöglicht. Ein Upgrade von SAP Business Suite 7i2011, die als Dual-Stack betrieben wird, hin zu einem höheren SAP-Business-Suite-Release oder SAP S/4HANA ist nicht möglich. Die Installation von Dual-Stack ist bereits ab SAP Business Suite 7 nicht mehr möglich.

Dual-Stack Split

Für SAP-NetWeaver-Systeme gilt, dass ab Release 7.31 keine Möglichkeit mehr besteht, ein Dual-Stack-System auf ein höheres SAP-NetWeaver-Release zu migrieren, auch ist eine Installation bereits ab SAP NetWeaver 7.01 nicht mehr möglich. Wenn Ihr SAP-System auf einer traditionellen Datenbank als Dual-Stack installiert ist und Sie auf eine SAP-Lösung mit SAP HANA als Datenbank migrieren wollen, bedeutet das für Ihr Migrationsprojekt, dass Sie definitiv einen Dual-Stack Split durchführen müssen. Dieser wird über den Software Provisioning Manager unterstützt.

> **[«]**
>
> **Dual-Stack Split**
>
> Weitere Informationen erhalten Sie im Leitfaden »Dual-Stack Split for SAP Systems Based on SAP NetWeaver«, den Sie vom SAP Support Portal herunterladen können, im ergänzenden SAP-Hinweis 1797362 (Dual-Stack Split for Systems Based on SAP NetWeaver), in SAP-Hinweis 1816819 (Dual Stack support for Business Suite systems) sowie in den Dokumentsammlungen »Dual-Stack Split« (*http://s-prs.de/v685070*) und »SAP NetWeaver Discontinues Dual Stack« (*http://s-prs.de/v685071*), die Sie unter den angegebenen Links in der SAP Community finden. Ein guter Einstiegspunkt, um den Leitfaden für den Dual-Stack Split aufzurufen, ist die URL *http://s-prs.de/v685072*. Scrollen Sie zum Bereich **System Provisioning Scenarios**. Dort finden Sie den Leitfaden unter **Split a System using Software Provisioning Manager 1.0**.

Der nächste Schritt nach der optionalen Durchführung von Dual-Stack-Split und Unicode-Konvertierung ist die eigentliche Systemkopie, die mithilfe des Software Provisioning Managers durchgeführt wird. Hier exportieren Sie Ihr SAP-System, das auf anyDB läuft, mittels SAP-Werkzeugen und erzeugen einen heterogenen Systemexport (bestehend aus unterschiedlich vielen und großen Dateien auf dem Betriebssystem). Diesen Export verwenden Sie schließlich, um eine Installation des Zielsystems mit Import der Daten in eine SAP-HANA-Datenbank durchzuführen. Nach dem Import und den erforderlichen Nachbearbeitungsschritten ist das System einsatzbereit.

Systemkopie

8.2.1 Product Availability Matrix

SAP-HANA-kompatible Lösungen

Eine grundlegende Frage im Migrationsprozess ist, ob die SAP-Lösungen auf anyDB, die Sie in Ihrem eigenen Rechenzentrum betreiben, auf SAP HANA umgestellt werden können. Generell lässt sich die Aussage treffen, dass nahezu alle neuen SAP-Lösungen auch auf SAP HANA installiert und betrieben werden können. Die Folgerung, dass alle neueren SAP-Lösungen, die auf anyDB laufen, auch auf SAP HANA migriert werden können, ist durchaus gültig. So ist das erste Release von SAP ERP, das auf SAP HANA betrieben werden konnte, EHP 6 für SAP ERP 6.0 gewesen. Dieses war im Mai 2013 für die Kunden generell verfügbar. SAP BW konnte bereits mit Release 7.3 auf SAP HANA installiert werden. Sollten Sie sich also mit Ihrer bestehenden anyDB-Lösung in dem Umfeld ab SAP BW 7.30 oder im SAP-ERP-Umfeld ab SAP NetWeaver 7.40 befinden, ist eine Migration zu SAP HANA technisch möglich. Falls Sie sich auf einem Release-Stand befinden, der kleiner als die genannten ist, ist zuvor die beschriebene Aktualisierung des Systems notwendig.

PAM im SAP Support Portal

Ein sehr umfangreiches und mächtiges Informationssystem, um herauszufinden, ob die von Ihnen betriebene anyDB-Lösung bereits SAP-HANA-fähig ist, ist die sogenannte Product Availability Matrix (PAM). Diese ist im SAP Support Portal zu finden. Sie können die PAM über die URL *http://s-prs.de/v685029* aufrufen. Zur Authentifizierung benötigen Sie einen sogenannten *S-User*, den Sie mit Erstellung Ihrer SAP-Lizenz, durch Registrierung oder über Ihren Superadministrator erhalten.

Einstiegsbildschirm

In Abbildung 8.3 sehen Sie den Einstiegsbildschirm der PAM, der Ihnen immer angezeigt wird, wenn Sie sich anmelden. Sie können in der rechten oberen Ecke im Suchfeld direkt nach bestimmten SAP-Produkten bzw. Produktversionen suchen. Sie sehen im Register Links, die Sie zu Ihren Favoriten führen, zu allen SAP-Produktversionen, zu SAP-Produkten, die in den nächsten beiden kommenden Quartalen (hier Q1 und Q2 2019) veröffentlicht werden oder zu Produkten, deren Wartungsende demnächst ansteht. Weiter darunter finden Sie Neuigkeiten, die von Ihnen am häufigsten angesehenen Produkte, Produkte, die in den kommenden beiden Quartalen verfügbar sein werden, und eine Liste nützlicher weiterführender Links. Allein am Einstiegsbildschirm zur PAM sehen Sie schon, dass Ihnen hier ein sehr umfangreiches Informationssystem zur Verfügung steht.

8.2 Die klassische Migration

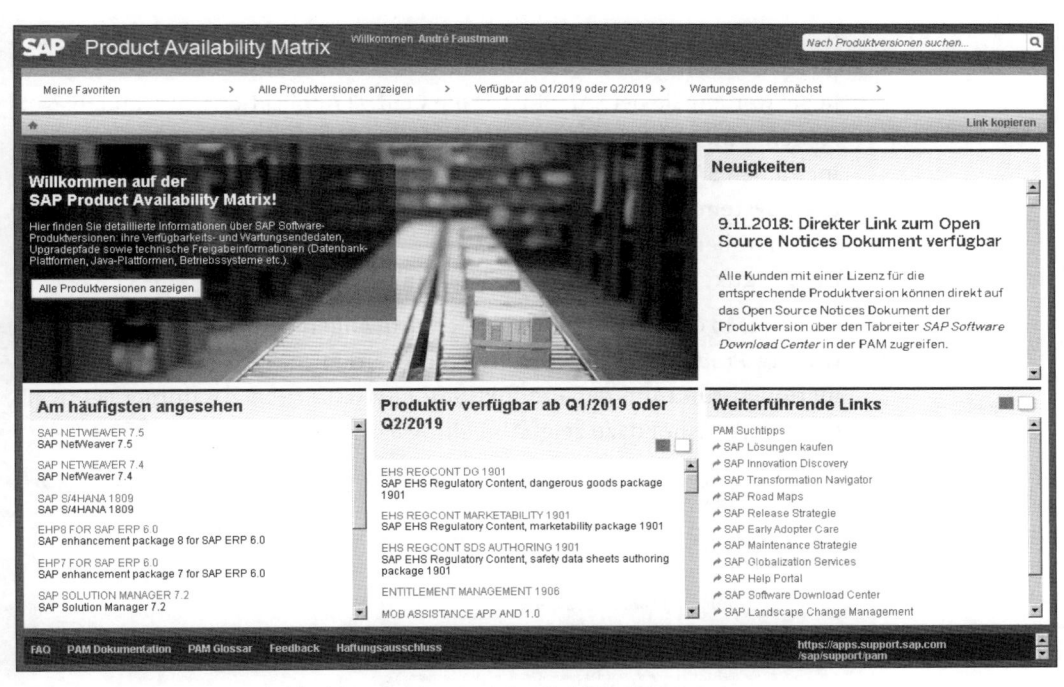

Abbildung 8.3 Einstiegsbildschirm der Product Availability Matrix

Nehmen wir beispielhaft an, dass Sie im Moment ein SAP-ERP-6.0-System mit EHP 4 auf SAP NetWeaver 7.0 EHP 1 mit einer IBM-Datenbank DB2 LUW 9.7 betreiben. Sie wollen herausfinden, ob Sie diese Produktversion auf SAP HANA betreiben können. Geben Sie im oberen Suchfeld den Suchbegriff »EHP 4 for SAP ERP 6.0« ein. Es öffnet sich eine Ergebnisliste, und Sie klicken auf den Link **EHP4 FOR SAP ERP 6.0/NW 7.01**. Daraufhin werden Ihnen Details zur Produktversion angezeigt. So können Sie allgemeine Informationen, wie etwa Details und Termine, verwandte Produktversionen und Informationen über Support Package Stacks, abrufen. Es gibt eine Registerkarte **Technische Freigabeinformationen**, auf der alle technischen Details zu Sprachen, Datenbankplattformen, Betriebssystemen und vieles mehr zusammengefasst sind. Über die Registerkarte **SAP Software Download Center** springen Sie direkt in den Download-Bereich für Installationen und Upgrades bzw. Support Packages und Patches des SAP Support Portal für die ausgewählte Produktversion. Die Registerkarte **Systemdaten** zeigt Ihnen alle lizenzierten SAP-Systeme für die ausgewählte Produktversion an.

Beispiel 1: SAP ERP 6.0 EHP 4

Die Information, die für die SAP-HANA-Fähigkeit des Releases SAP ERP 6 EHP 4 wichtig ist, finden Sie unter **Technische Freigabeinformationen • Datenbank-Plattform**. Wenn Sie diesen Pfad aufrufen, öffnet sich ein Fenster,

Technische Freigabeinformationen

8 SAP-Lösungen auf SAP HANA migrieren

in dem Sie unterschiedlichste Filteroptionen setzen können. Setzen Sie zunächst den Filter auf die **Produktinstanz**, die Sie installiert haben. In der Regel werden Sie bei SAP ERP 6.0 die **Central Applications** verwenden. Nun stehen Ihnen drei weitere Filter zur Verfügung: **Geltungsbereich** (dies meint den SAP-Kernel), die eingesetzte **Datenbank** und das verwendete **Betriebssystem**. Wenn Sie nun den Filter **Datenbank** auf **SAP HANA DATABASE** setzen wollen, stellen Sie fest, dass Sie SAP HANA nicht selektieren können: Das Produkt ist also nicht SAP-HANA-fähig.

Verwandte Produktversionen | Wenn Sie in der PAM auf die Registerkarte **Allgemeine Informationen** • **Verwandte Produktversionen** navigieren, werden Ihnen verschiedene Informationen rund um das Produkt SAP ERP 6.0 EHP 4 zusammengetragen. Einen Screenshot dazu zeigt Abbildung 8.4.

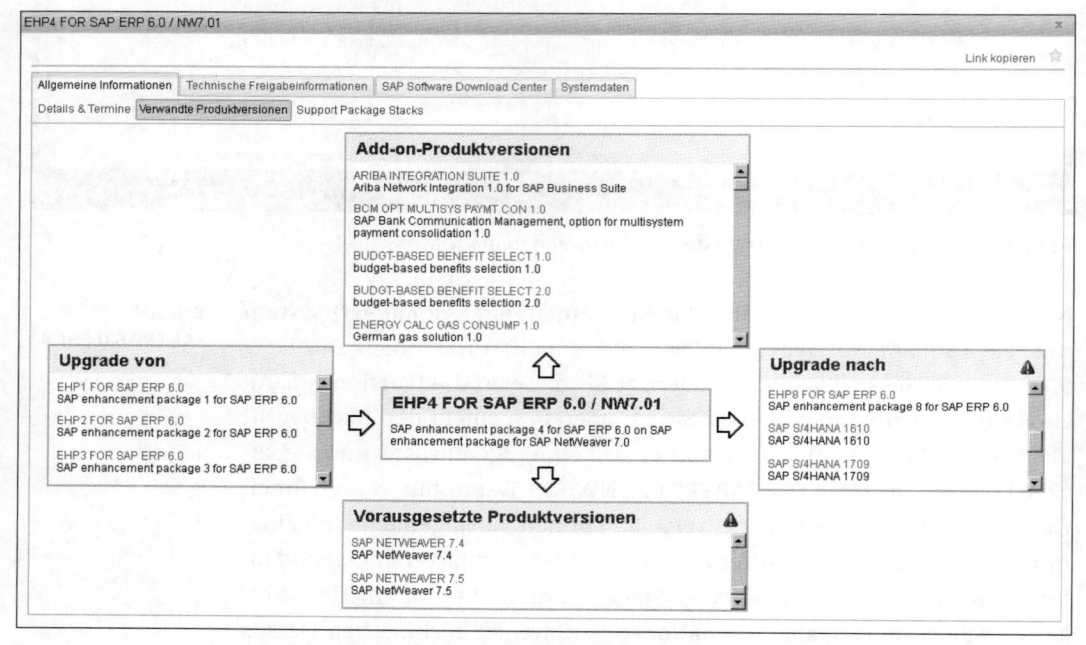

Abbildung 8.4 Verwandte Produktversionen SAP ERP 6.0 EHP 4

In der Mitte sehen Sie das selektierte Produkt SAP ERP 6.0 EHP 4. Der Informationskasten auf der linken Seite zeigt Ihnen alle Vorgängerproduktversionen, von denen Sie auf das Release SAP ERP 6.0 EHP 4 upgraden konnten bzw. können. Darüber finden Sie Informationen zu Add-ons, die kompatibel mit dem Release sind und in das System eingespielt werden können. Darunter sehen Sie vorausgesetzte Produktversionen. SAP NetWeaver 7.4

8.2 Die klassische Migration

und 7.5 sind hier aufgelistet, da dies unterstützte Releases für Hub-Systeme sind. Spannend wird nun allerdings der rechte Informationskasten. Hier sehen Sie die Produktversionen, zu denen Sie vom Produkt SAP ERP 6.0 EHP 4 migrieren können. In unserem Beispiel sehen Sie das Enhancement Package 8 für SAP ERP 6.0 und SAP S/4HANA 1610 und 1709. Sie können hier auf das entsprechende Release verzweigen und wiederum über die Datenbankplattform die SAP-HANA-Fähigkeit des Produkts abfragen.

Ein weiteres Beispiel, das wir Ihnen geben wollen, ist SAP NetWeaver BW 7.4. Geben Sie im Suchfeld der PAM den Begriff »NetWeaver 7.4« ein, und klicken Sie in den Ergebnissen auf den passenden Link. Unter **Technische Freigabeinformationen** • **Datenbank-Plattform** filtern Sie nach der Produktinstanz **Business Intelligence** und selektieren als Datenbank **SAP HANA DATABASE**. In der Ausgabe erscheinen die Kombinationen aus Betriebssystemen und Datenbank, auf denen die Produktinstanz betrieben werden kann. Sie sehen in Abbildung 8.5, dass der Status bei allen mit einem grünen Kästchen als freigegeben gekennzeichnet ist.

Beispiel 2: SAP BW 7.4

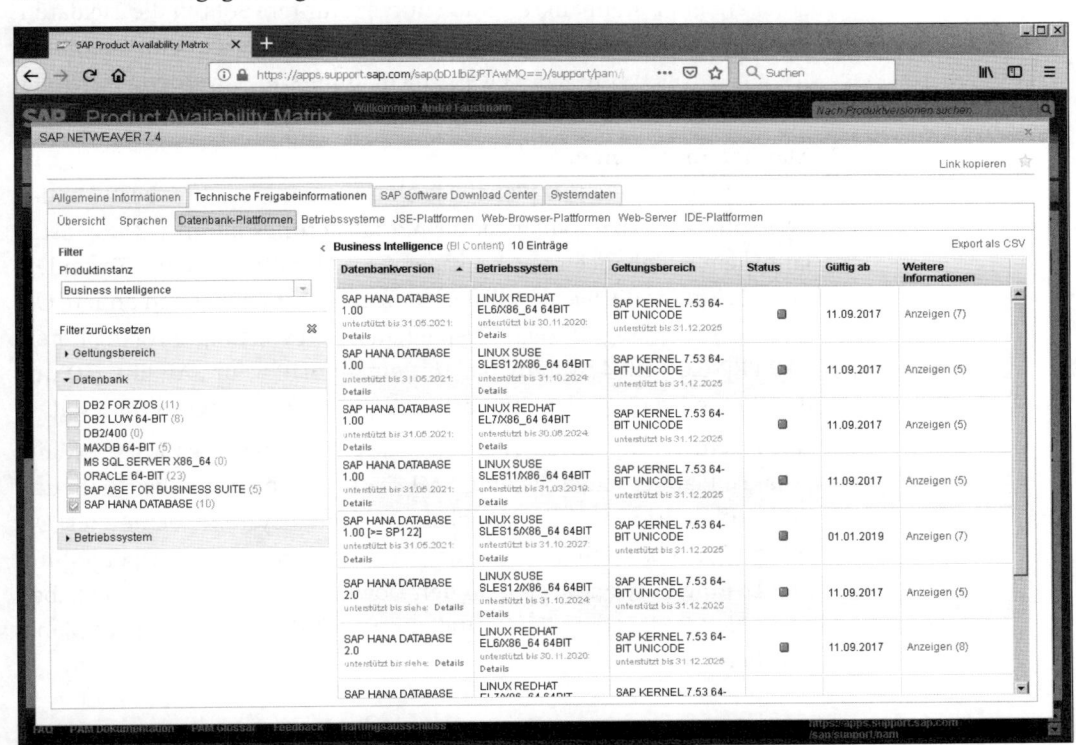

Abbildung 8.5 Datenbankplattform für SAP NetWeaver BW 7.4

8.2.2 Software Update Manager

Sie haben nun über die PAM festgestellt, ob die SAP-Lösung, die Sie einsetzen, bereits SAP-HANA-fähig ist oder nicht. Sollte dies nicht der Fall sein, müssen Sie bei der klassischen Migration, die wir hier beschreiben, nun mit der Planung der Aktualisierung Ihrer SAP-Lösungen hin zu einem Release, das SAP-HANA-fähig ist, beginnen. Auch dieses Aktualisierungsprojekt muss sehr sorgfältig und mit entsprechenden Personal- und genügend Zeitressourcen geplant werden.

Upgrade- bzw. Updateschritte

Technisch gesehen, müssen für das Upgrade bzw. Update die folgenden Schritte ausgeführt werden:

1. **Datenbank-Release prüfen**
   Prüfen Sie zunächst, ob Ihr aktuell eingesetztes Datenbank-Release Ihrer relationalen Datenbankversion auch gültig für das aktualisierte SAP-Release ist. Diese Information können Sie über die PAM abfragen. In einigen Konstellationen kann es notwendig sein, vor dem Update der SAP-Software ein Datenbank-Upgrade durchzuführen. Sollten die Zieldatenbank im aktuellen niedrigeren SAP-Release und die aktuelle Datenbank im zukünftigen SAP-Ziel-Release nicht unterstützt werden, benötigen Sie eine Sonderfreigabe von SAP.

2. **Maintenance Planner**
   Im *Maintenance Planner* planen Sie eine Änderung an Ihrer bestehenden SAP-Software. Dazu wählen Sie als Aktualisierungsoption z. B. die Installation eines Enhancement Packages für SAP ERP aus (oder für andere SAP-Lösungen, die Sie aktualisieren möchten, entsprechend andere Optionen). Abbildung 8.6 zeigt beispielhaft einen Wartungsvorgang für ein SAP-ERP-6.0-EHP-4-System, das mit einem EHP 8 für SAP ERP 6.0 und dem aktuell verfügbaren Support Package Stack versorgt werden soll.

   Nach dem erfolgreichen Abschluss des Wartungsvorgangs im Maintenance Planner laden Sie eine XML-Datei herunter, die die Quell- und Zielkonfiguration für die Aktualisierung Ihres Systems beinhaltet. Darüber hinaus werden alle Dateien, die zum Upgrade bzw. Update Ihrer SAP-Lösung notwendig sind, in den Download Basket gelegt. Sie haben dann die Möglichkeit, diese Dateien mithilfe des SAP Download Managers herunterzuladen.

8.2 Die klassische Migration

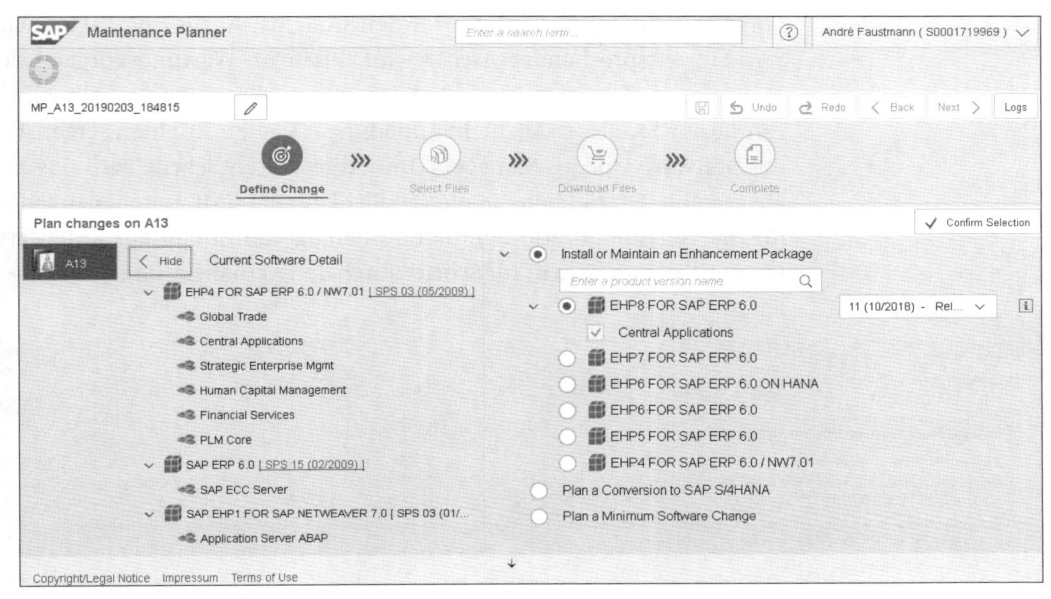

Abbildung 8.6 Maintenance Planner – Softwareänderung

> **Maintenance Planner**
>
> Der Maintenance Planner ist eine Lösung, die von SAP selbst betrieben wird und als Nachfolger des Maintenance Optimizers, des Landscape Planners und der Landscape Management Database (LMDB) eingeführt wurde. Informationen zur initialen Einrichtung, Konfiguration und Handhabung des Maintenance Planners finden Sie in der SAP Community im Dokument *http://s-prs.de/v685073*. Der Start des Maintenance Planners erfolgt über die URL *http://s-prs.de/v685030*. Für den Zugriff wird ein S-User benötigt, den Sie mit Erstellung Ihrer SAP-Lizenz, durch Registrierung oder über Ihren Superadministrator erhalten.

3. **Software Update Manager**
   Im nächsten Schritt geht es an die eigentliche Aktualisierung Ihrer SAP-Systemlandschaft. Dazu verwenden Sie den in Schritt 2 zusammen mit den Dateien heruntergeladenen Software Update Manager. Dieser liegt als gepacktes SAR-Archiv vor und wird vom Administrationsbenutzer des SAP-Systems, das aktualisiert werden soll, entpackt. Mit dem Start dieses Werkzeugs wird der auf dem SAP-Applikationsserver installierte SAP-Host-Agent umkonfiguriert, wodurch Sie sich über Ihren Webbrowser mit dem Software Update Manager verbinden können. Letzterer führt Sie dann über eine SAPUI5-Oberfläche durch den Aktualisierungs-

435

vorgang. Grundsätzlich sollten Sie den SAP-Host-Agent zuvor aktualisieren. Ein entsprechendes Archiv wird Ihnen im Wartungsvorgang des Maintenance Planners angeboten, laden Sie es herunter, und aktualisieren Sie den SAP-Host-Agent. In Abbildung 8.7 sehen Sie einen Screenshot des Software Update Managers. Im dargestellten Schritt wird das Ziel ausgewählt. Hier haben Sie die Möglichkeit, die XML-Datei anzugeben, die die Zielkonfiguration enthält. Abhängig vom Inhalt der XML-Datei werden Sie dann Schritt für Schritt durch den Aktualisierungsprozess geleitet.

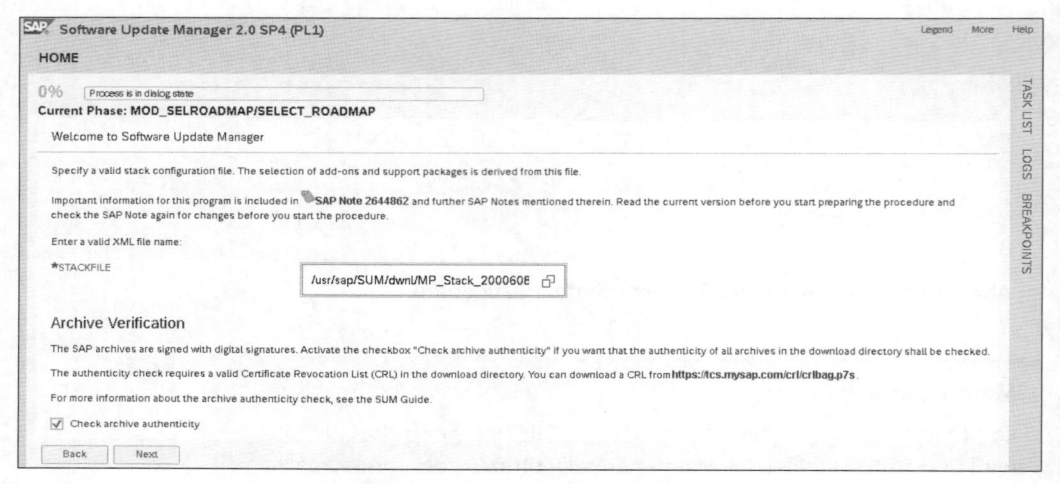

Abbildung 8.7 Abfrage der XML-Datei im Software Update Manager

Support Packages für den Software Update Manager

Es sind zwei verschiedene Versionen des Software Update Managers verfügbar. Mit der Version SUM 1.0 aktualisieren Sie Dual-Stack-Systeme, reine Java-Systeme oder Systeme, deren ABAP-Ziel-Stack auf der Basis von SAP NetWeaver 7.4 oder kleiner basiert. Der SUM 2.0 wird für ABAP-Systeme verwendet, deren Ziel-Stack SAP NetWeaver 7.5 oder höher ist. Eine Ausnahme bildet die Zero-Downtime-Option (ZDO): Hier verwenden Sie SUM 2.0 auch für Ziel-Releases SAP NetWeaver 7.4 oder kleiner. Informationen dazu finden Sie im Dokument *http://s-prs.de/v685031* und in SAP-Hinweis 2519516 (SUM 2.0: »Introducing the new Software Update Manager family member«).

Software Update Manager In Abbildung 8.8 sehen Sie einen Screenshot während der Ausführungsphase des Software Update Managers. Die Ausführung wird in sechs verschiedene Hauptphasen unterteilt, wobei jede dieser Phasen wieder einzelne

Schritte beinhaltet. Diverse Hinweise und Dokumentationen leiten Sie durch den gesamten Vorgang.

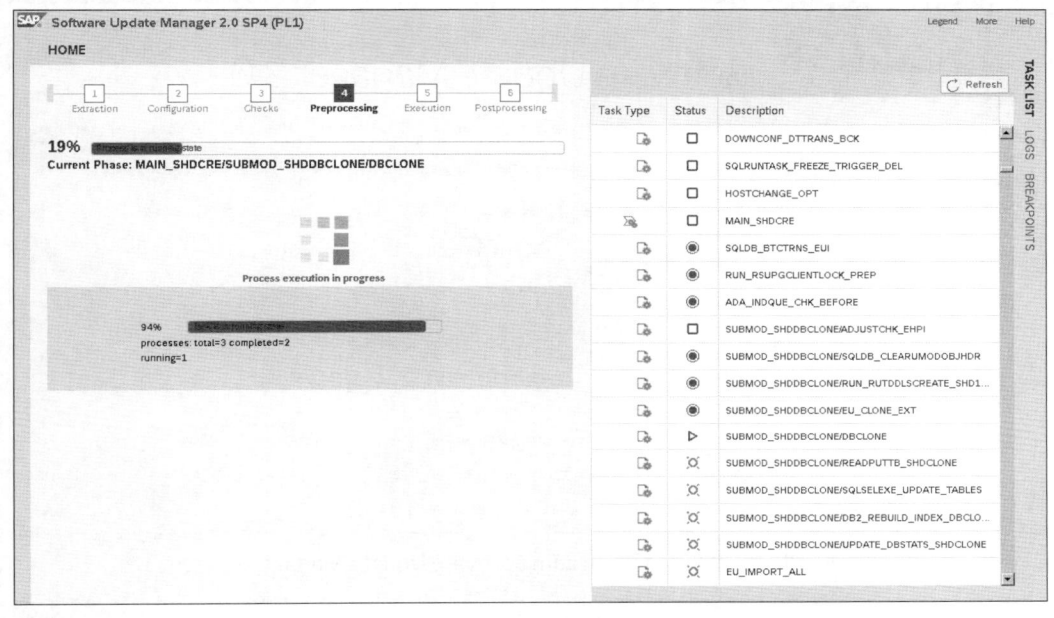

Abbildung 8.8 Phase »Preprocessing« im Software Update Manager

Für das SAP-ERP-System finden Sie z. B. unter der URL *http://help.sap.com/ erp* Informationen und Dokumentationen zusammengefasst. Wählen Sie im rechten oberen Bereich die korrekte Version Ihres ERP-Systems aus. Im Abschnitt **Installation and Upgrade** finden Sie einen Link zum PDF-Dokument **Upgrade Guide**. Dieses beinhaltet neben wichtigen applikationsspezifischen Dokumentationen zur Aktualisierung Ihres SAP-ERP-Systems auch Informationen, wie Sie den SUM-Leitfaden für Ihre Datenbank und Ihre Betriebssystemversion herunterladen können.

Dokumentation zum SUM

Abbildung 8.9 zeigt die Seite mit den unterschiedlichen SUM-Leitfäden. Diese sind gültig für alle Releases und Produkte. Falls Sie ein anderes Produkt als SAP ERP aktualisieren wollen, können Sie die Hauptseite des SAP-Hilfe-Portals *http://help.sap.com* verwenden. Alternativ finden Sie die SUM-Leitfäden auch über die Hilfeseiten des SL Toolsets, zu dem der Software Update Manager gehört. Die URL lautet *http://s-prs.de/v685032*. Scrollen Sie zum Bereich **System Maintenance Scenarios**, und folgen Sie den entsprechenden Links zu den SUM-Leitfäden, um diese aufzurufen. Eine weitere komfortable Variante ist, die Übersichtsseite zu den Leitfäden über den Link **More • SUM Guide** in der Oberfläche des Software Update Managers aufzurufen.

8 SAP-Lösungen auf SAP HANA migrieren

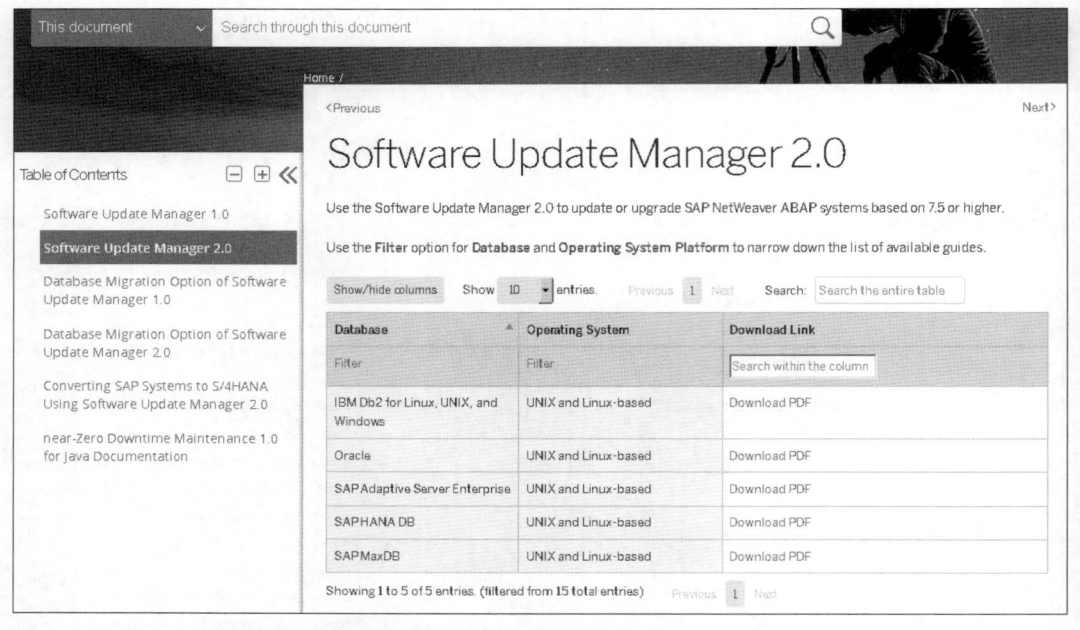

Abbildung 8.9 Leitfäden zum Software Update Manager

Downtime planen Die zuvor genannten Schritte müssen Sie für alle Systeme Ihrer SAP-Systemlandschaft ausführen. Wie eingangs schon erwähnt, muss dieses Projekt sehr sorgfältig und mit entsprechenden Personal- und genügend Zeitressourcen geplant werden. Außerdem müssen Sie beachten, dass mindestens eine Downtime für jedes System eingeplant werden muss. Sollte ein Upgrade Ihrer Datenbank notwendig sein, muss eine zweite Downtime eingeplant werden.

Near-Zero Downtime Maintenance Der Software Update Manager bietet zudem die Möglichkeit, die Downtime während der Aktualisierung des SAP-Systems zu minimieren. Dieses Feature wird *Near-Zero Downtime Maintenance* (nZDM) genannt. Um nZDM zu nutzen, müssen Sie keine zusätzliche Software lizenzieren und dafür Gebühren zahlen. nZDM ist Bestandteil des SUM. Wichtig ist, dass Sie immer die aktuellste Version verwenden, da nZDM stetig weiterentwickelt wird.

Wenn Sie den SUM ausführen, werden Sie in der Phase **Configuration** gefragt, mit welcher Konfiguration Sie die Aktualisierung des SAP-Systems durchführen wollen (siehe Abbildung 8.10). SAP bietet folgende Konfigurationen an:

- Single System
- Standard
- Advanced

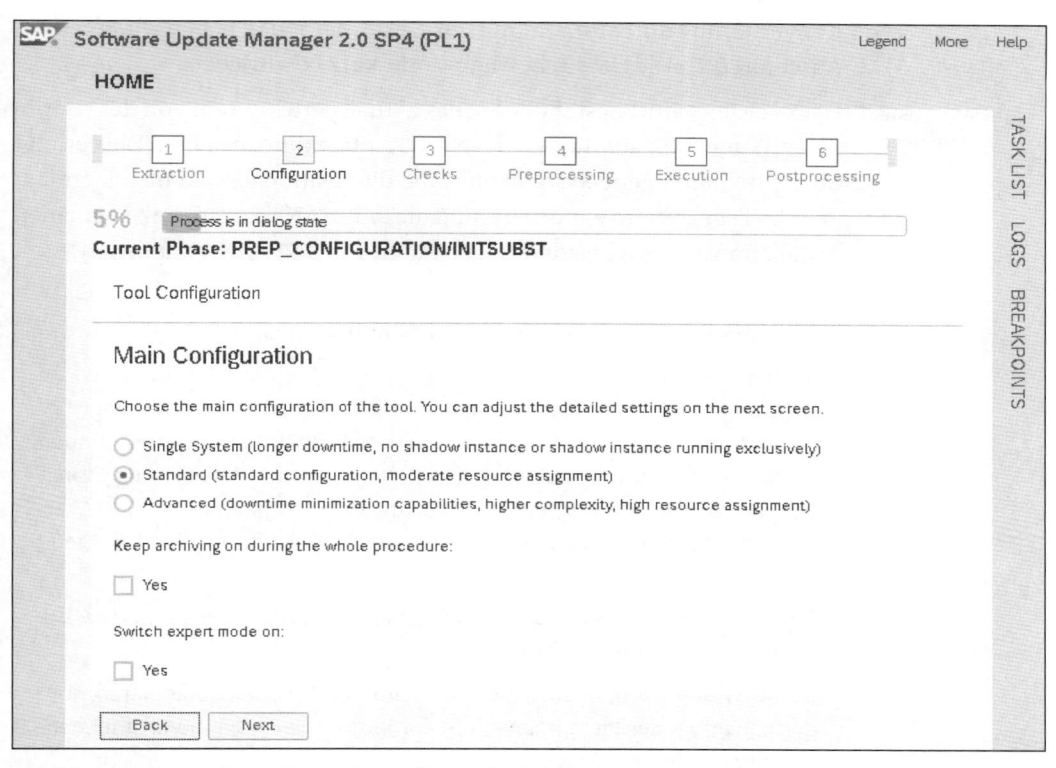

Abbildung 8.10 Konfigurationen im Software Update Manager

Die einfachste, langsamste und natürlich auch mit einer langen Downtime verbundene Variante ist die der Verwendung eines einzelnen Systems – **Single System**. Hier wird kein Schattensystem mit dem Release aufgebaut, bzw. das Schattensystem läuft nicht parallel zum alten System. Die Variante **Standard** baut ein Schattensystem auf, und dieses läuft auch parallel zum produktiven System. Sie erreichen damit eine Verlängerung der Phase, in der Sie das zu aktualisierende System nutzen können; der Fokus liegt aber nicht darauf, die Downtime auf ein Minimum zu reduzieren. Mit der Variante **Advanced** wird hingegen die Downtime auf ein Minimum reduziert, und dafür ist ein erhöhter Einsatz an Rechen- und Infrastrukturressourcen notwendig. Weitere Informationen dazu finden Sie unter der URL http://scn.sap.com/docs/DOC-32544.

Konfigurationsarten

8.2.3 Software Provisioning Manager

Nach der Aktualisierung der gesamten Systemlandschaft sind Sie mit Ihren SAP-Systemen auf einem Release-Stand, der SAP-HANA-fähig ist. Sie müssen nun prüfen, ob Sie einen Dual-Stack Split und bzw. oder eine Unicode-

8 SAP-Lösungen auf SAP HANA migrieren

Konvertierung durchführen müssen. Beide Methoden haben wir bereits in Abschnitt 8.2, »Die klassische Migration«, kurz beschrieben.

Heterogene Systemkopie

Der nächste Schritt besteht darin, das aktualisierte System von der relationalen Datenbank auf die SAP-HANA-Datenbank umzuziehen. Dies erfolgt über eine heterogene Systemkopie, die die relationale Datenbank entlädt (auf das Dateisystem exportiert) und die SAP-HANA-Datenbank über einen Installationsprozess belädt (also die Dateien in SAP HANA importiert).

[»] **Dokumentation zum Software Provisioning Manager**

Idealer Einstiegspunkt, um die Dokumentation für den SAP Software Provisioning Manager zu finden, sind die Hilfeseiten des Software Logistics Toolset, die Sie über die URL *http://s-prs.de/v685033* aufrufen. Sie finden im Bereich **System Provisioning** den Punkt **Software Provisioning Manager** ganz prominent an oberster Stelle. An der Beschreibung zum SWPM erkennen Sie bereits, wie mächtig dieses von SAP bereitgestellte Werkzeug ist:

»Install, copy, transform, split, rename, and uninstall products based on SAP NetWeaver AS ABAP and AS Java«

Den SWPM nutzen Sie also nicht nur, um SAP-Systeme zu kopieren, sondern auch bei der Installation, Transformation, Deinstallation, Umbenennung und dem Dual-Stack Split.

An der Reihe der Links zu Dokumenten, weiterführenden Webseiten und SAP-Hinweisen auf der Hilfeseite zum SWPM sind die reichhaltigen Funktionen erkennbar. Die Dokumentationen zur Systemkopie finden Sie im unteren Teil des Bereichs **System Provisioning Scenarios**.

Es sind zwei verschiedene Versionen des Software Provisioning Managers verfügbar:

- Software Provisioning Manager 1.0 – für alle verfügbaren Produkte und alle Datenbanken
- Software Provisioning Manager 2.0 – für SAP S/4HANA 1809 und höher sowie SAP BW/4HANA 1.0 SR1 oder höher

Für den Software Provisioning Manager 1.0 sind zudem drei verschiedene Leitfäden vorhanden:

- »System Copy for SAP Systems Based on the Application Server ABAP of SAP NetWeaver 7.0 to 7.03«
- »System Copy for SAP Systems Based on the Application Server ABAP of SAP NetWeaver 7.1 to 7.52« mit Zieldatenbank anyDB
- »System Copy for SAP Systems Based on the Application Server ABAP of SAP NetWeaver 7.1 to 7.52« mit Zieldatenbank SAP HANA

8.2 Die klassische Migration

Neben den Leitfäden finden Sie einführende und weitergehende Informationen zum SWPM auch in der SAP Community im Dokument *http://scn.sap.com/docs/DOC-30236*. Der SAP-Hinweis 1680045 fasst nicht nur Release-Informationen zum SWPM zusammen, sondern dokumentiert auch bekannte Fehler und deren Lösungen. Die Produktversionen, die der SWPM 1.0 unterstützt, sind in SAP-Hinweis 1738258 beschrieben. Probleme und Tipps bei der Systemkopie eines SAP-Systems mit bzw. nach SAP HANA werden in SAP-Hinweis 1775293 beschrieben.

Da Sie sich in unserem Beispiel nun auf einem Release befinden, das SAP-HANA-fähig ist und Ihr Ziel der Wechsel der Datenbank auf SAP HANA ist, kommen für Sie nur die Leitfäden für die Systemkopie, basierend auf SAP NetWeaver 7.1 und höher, infrage: **System Copy Guides – Software Provisioning Manager 1.0** (siehe Abbildung 8.11).

Beispiel: Leitfaden auswählen

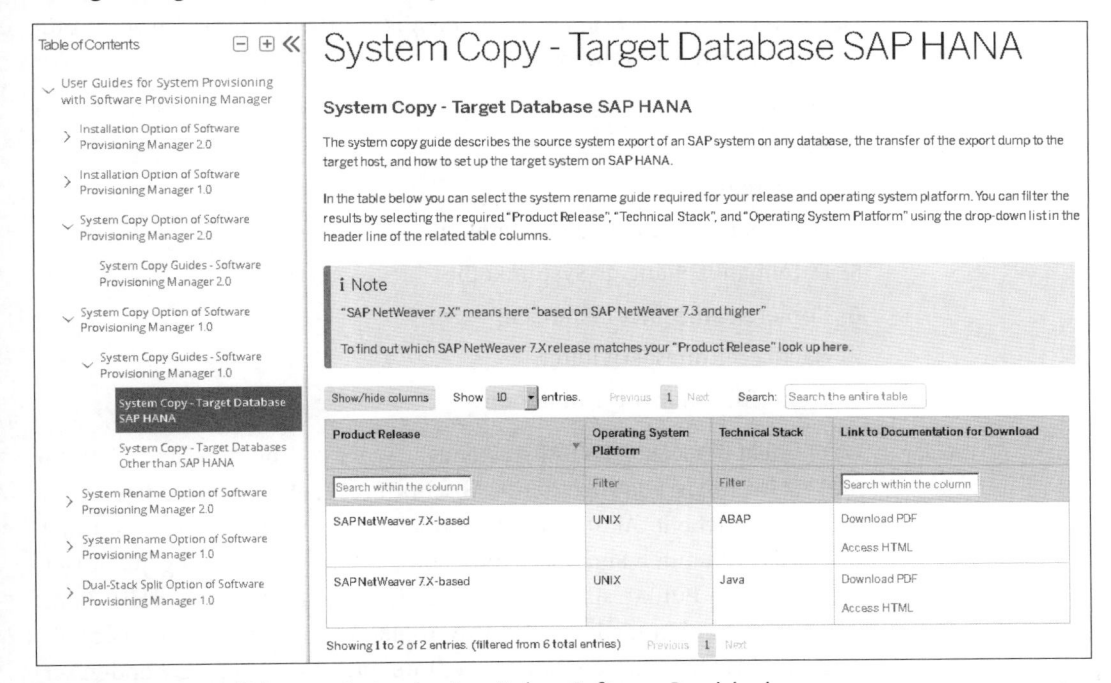

Abbildung 8.11 Leitfäden zur Systemkopie mit dem Software Provisioning Manager

Sie sehen die verfügbaren Leitfäden für Systemkopien von SAP-Systemen, die auf SAP NetWeaver 7.1 oder höher basieren (**Product Release**), auf einem UNIX-Betriebssystem laufen (**Operating System Platform**) und als Zieldatenbank SAP HANA haben. An dieser Stelle sind wir für unser Beispielprojekt richtig. Nun müssen Sie noch entscheiden, ob Ihr umzuziehendes SAP-System ein ABAP- oder Java-Stack (**Technical Stack**) ist und über den Klick auf den Link öffnet sich der entsprechende Leitfaden als **PDF** oder **HTML**-Dokument.

Im linken Teil der Abbildung sehen Sie, dass es unterhalb der Markierung **System Copy – Target Database SAP HANA** einen Bereich gibt, der Systemkopieleitfäden zusammenfasst, die als Zieldatenbank eine relationale Datenbank (anyDB) haben: **System Copy – Target Databases Other than SAP HANA**. Dies schließt alle von SAP unterstützten relationalen Datenbanken ein, auch SAP MaxDB und Sybase ASE. Darüber sehen Sie die Leitfäden für den SWPM 2.0, der als Zieldatenbank nur SAP HANA erlaubt und im Moment ausschließlich für die Produkte SAP S/4HANA 1809 oder höher sowie SAP BW/4HANA 1.0 SR1 oder höher verwendet wird: **System Copy Guides – Software Provisioning Manager 2.0**.

Aufbau des Leitfadens

Der Leitfaden gliedert sich in folgende Abschnitte und leitet Sie Schritt für Schritt durch die Systemkopie:

1. Einführung
2. Planung
3. Vorbereitung
4. Datenbankunabhängige Systemkopie
5. Datenbankabhängige Systemkopie
6. Kopieren einzelner Instanzen
7. Nachbereitungsaktivitäten
8. Weiterführende Informationen

Planung

Das Projekt der Kopie des SAP-Systems bzw. der kompletten Landschaft für SAP HANA muss, wie auch das in Abschnitt 8.2.2, »Software Update Manager«, beschriebene Aktualisierungsprojekt, sehr sorgfältig und natürlich mit entsprechenden Personal- und genügend Zeitressourcen geplant werden. Wichtige Punkte sind auch das rechtzeitige Bestellen und die damit verbundene Lieferung der SAP HANA Appliances bzw. bei Nutzung des Ansatzes SAP HANA Tailored Data Center Integration der entsprechenden zertifizierten Hardware und Infrastruktur. Wir sehen uns an dieser Stelle die Schritte an, die notwendig und sinnvoll sind, um eine solche Systemkopie auf SAP HANA auszuführen. Auf alle in dem Systemkopieleitfaden beschriebenen Schritte werden wir hier nicht oder nicht sehr detailliert eingehen.

Vorbereitung: Housekeeping im Quellsystem

Ein sehr wichtiger Punkt ist das *Housekeeping*, also das Aufräumen des Quellsystems. Bevor die Systemkopie durchgeführt wird, sollten Sie obsolete Daten, also Daten, die Sie für den Geschäftsbetrieb nicht mehr benötigen und die nicht mehr abgerufen werden, identifizieren. Diese Daten können aus dem Quellsystem gelöscht bzw. archiviert werden. Sie räumen nicht nur Ihr System auf, sondern verkleinern damit auch Ihr Quell- und Ihr Zielsystem.

Quellsystem aufräumen

> **Weitere Informationen zum Housekeeping**
>
> Das *Data Volume Management* beschäftigt sich mit der Optimierung des Datenvolumens in Systemen, indem das Datenwachstum überwacht, kontrolliert und analysiert sowie das Datenvolumen minimiert und effizient gespeichert wird. Über den Link *https://support.sap.com/dvm* finden Sie umfassendere Informationen.
>
> Der »Data Management Guide« ist ein Best-Practices-Dokument, das Ansätze, Methoden und SAP-Werkzeuge zum Datenmanagement diskutiert. Eine aktuelle Version des Leitfadens ist unter der URL *http://s-prs.de/v685034* zu finden.
>
> SAP-Hinweis 679456 beschreibt zwar die Reduktion von Datenvolumen vor einer Unicode-Konvertierung, das Kapitel »Reducing Data Volume« des Unicode-Konvertierungsleitfadens zeigt Ihnen jedoch auch Möglichkeiten zur Minimierung des Datenvolumens.
>
> Sehr große Tabellen, die für den Row Store vorgesehen sind, verursachen lange Ladezeiten und einen großen Speicherbedarf. Im Quellsystem können Sie den ABAP-Report `SMIGR_BIG_ROW_STORE_TABS` ausführen. Dieser ermittelt alle Tabellen, die bei der Systemkopie für den Row Store vorgesehen sind, prüft diese hinsichtlich ihrer Größe und gibt beim Überschreiten einer bestimmten Grenze eine Warnung aus. Sie sollten prüfen, ob Sie die identifizierten Tabellen archivieren bzw. verkleinern können. Hilfreich ist dabei auch der SAP-Hinweis 2388483 (How-To: Data Management for Technical Tables).
>
> Bei SAP-BW-Systemen profitieren Sie vom automatischen Housekeeping. Weitere Informationen dazu finden Sie in SAP-Hinweis 1829728 (Aufgabenliste zum BW-Housekeeping).

Vorbereitung: Hardwareprüfung und Sizing

Vor der Systemkopie sollten Sie eine *Hardwareprüfung* durchführen. Dies können Sie mithilfe des Skripts **HanaHwCheck.py** erledigen. Sowohl bei der

Hardwareprüfung

Installation von SAP HANA als auch beim Upgrade ist diese Prüfung obligatorisch. Ziel ist es, Probleme aufgrund falscher oder nicht unterstützter Hardwarekonfigurationen in Verbindung mit der SAP HANA Appliance zu beseitigen. Weitere Informationen zur möglichen Hardware finden Sie in Kapitel 4, »Betriebskonzepte«.

Sizing

Neben dem Hardwarecheck ist das Sizing von SAP HANA für SAP S/4HANA, SAP Business Suite bzw. SAP BW ein wichtiger Schritt. Über das *Sizing*, das wir in Kapitel 3 näher beleuchten, können Sie abschätzen, wie viel Speicher und Festplattenplatz Sie bei der Überführung zu SAP HANA ungefähr für die bestehenden Datenbanktabellen einplanen müssen. Ausführliche Informationen zum Thema Sizing von SAP HANA für SAP-BW-Systeme erhalten Sie in Abschnitt 3.3.1, »Migrations-Sizing für SAP BW auf SAP HANA«. In Abschnitt 3.3.2, »Migrations-Sizing für die SAP Business Suite auf SAP HANA«, finden Sie Informationen zum Sizing von SAP HANA für SAP-Business-Suite-Systeme. Abschnitt 3.3.3 befasst sich mit dem Migrations-Sizing für SAP-S/4HANA-Systeme.

> **Hardwareprüfung und Sizing**
>
> SAP-Hinweis 1652078 enthält FAQ zur Hardwareprüfung. SAP-Hinweis 1872170 beschreibt den Sizing-Report für die SAP Business Suite auf SAP HANA und SAP-S/4HANA-Systeme. Für SAP BW auf SAP HANA ist der SAP-Hinweis 1736976 relevant.

Vorbereitung: Patch-Level der SAP-Basis und des Kernels im Quellsystem

Aktualität der SAP-Basis

Ein wesentlicher Schritt bei der Systemkopie ist die Ausführung des ABAP-Reports SMIGR_CREATE_DDL. Dieser Schritt ist unabhängig davon, ob Sie ein SAP-BW-, ein SAP-Business-Suite- oder SAP-S/4HANA-System migrieren wollen. Der Report generiert DDL-Anweisungen (Data Definition Language), die in Dateien der Form <Tabellenart>.SQL im Exportverzeichnis abgelegt werden, um Datenbankobjekte migrieren zu können, die nicht zum SAP-Standard gehören. Da der Report SMIGR_CREATE_DDL ständig weiterentwickelt wird, ist es wichtig, dass Sie einen aktuellen Support-Level-Stand für die *SAP-Basis* in dem Quellsystem eingespielt haben bzw. dass Sie alle SAP-Hinweise, die im Sammelhinweis 1921023 referenziert sind, in dem Quellsystem einspielen. Je höher der Support-Level-Stand der SAP-Basis, desto weniger SAP-Hinweise müssen eingebaut werden.

Aktualität des SAP-Kernels

Ein weiterer wichtiger Punkt ist die Aktualität des *SAP-Kernels* Ihres Quellsystems. Selbst wenn Sie das System über den Software Update Manager bereits aktualisiert haben, sollten Sie sicherstellen, dass Sie die letzte verfügbare Version des SAP-Kernels einsetzen, um von vornherein Fehler bei der Migration zu vermeiden. Die Aktualisierung des Kernels kann ebenfalls über den Software Update Manager oder aber auch manuell ausgeführt werden. Der manuelle Kernel-Tausch ist in SAP-Hinweis 19466 über Verweise auf andere SAP-Hinweise sehr gut beschrieben. Sollten Sie aus diversen Gründen nicht den kompletten SAP-Kernel tauschen können, sollten Sie zumindest die Binärdateien R3load, R3ldctl, R3ta und R3szchk aktualisieren. Diese sind an der Systemkopie beteiligt. Alternativ haben Sie die Möglichkeit, für den Vorgang der Systemkopie einen separaten Kernel im Software Provisioning Manager anzugeben, ohne Ihren laufenden Kernel des Systems modifizieren zu müssen.

Vorbereitung: Release der SAP-HANA-Datenbank für das Zielsystem

Ein ganz wichtiger Aspekt für das Zielsystem ist die Revision der SAP-HANA-Datenbank. Die Empfehlung von SAP ist es, möglichst die aktuellste Revision einzusetzen. In Kapitel 7, »Lebenszyklusverwaltung«, beschreiben wir den Aktualisierungsprozess der SAP-HANA-Datenbank sowie der SAP-HANA-Client-Software im Detail.

Revision der SAP-HANA-Datenbank

In SAP-Hinweis 2115815 werden unterschiedliche Fragen im Zusammenhang mit SAP-HANA-Datenbank-Patches und -Upgrades beantwortet. Sie finden hier auch die Frage, ob es bestimmte Einschränkungen in Sachen SAP-HANA-Patch-Level für die darauf aufbauenden SAP-Anwendungen gibt. Typischerweise werden nur spezifische SAP-HANA-Patch-Level im Kontext der SAP-Produkte unterstützt. Über die SAP-Hinweise in Tabelle 8.1 können Sie herausfinden, ob Sie die Revision Ihrer SAP-HANA-Datenbank vor dem Start der Systemmigration noch aktualisieren müssen.

SAP-Hinweisnummer	Beschreibung
1600929	SAP BW powered by SAP HANA DB: Information
1774566	SAP Business Suite – Restrictions
1914052	Minimale SAP-HANA- und MaxDB-Plattform-Anforderungen für SAP NetWeaver 7.40 Support Packages
2029252	Kompatibilitätsinformationen für SAP HANA und SAP Operational Process Intelligence
2029400	HANA SPS Minor Versions Support for SAP BusinessObjects BI 4.x

Tabelle 8.1 SAP-Hinweise zum SAP-HANA-Patch-Level

8 SAP-Lösungen auf SAP HANA migrieren

SAP-Hinweisnummer	Beschreibung
2103585	Produkt-Komponenten-Matrix für SAP Business Planning and Consolidation 10.1, Version für SAP NetWeaver 7.4
2158828	DB-Systemplattform: Mindestanforderungen für SAP NetWeaver 7.5
2329005	Mindestanforderungen der DB-Systemplattform für NW AS ABAP 7.51 INNOVATION PKG
2427814	Datenbanksystem: Mindestanforderungen für SAP NetWeaver 7.52
2524661	SAP S/4HANA 1709 – SAP HANA Database Requirements
2625407	SAP S/4HANA 1809: Release Information Note
2708827	DB-Systemplattform-Mindestanforderungen für SAP-S/4HANA-Java-Instanzen

Tabelle 8.1 SAP-Hinweise zum SAP-HANA-Patch-Level (Forts.)

Vorbereitung: allgemein und produktspezifisch

Weitere Vorbereitungsschritte

Im Systemkopieleitfaden finden Sie in Kapitel 3, »Sizing«, weitere Vorbereitungsarbeiten, die Sie Schritt für Schritt ausführen sollten. Dazu gehören allgemeine technische Vorbereitungen wie das Überprüfen der Verbuchung, das Stoppen der Hintergrundjobs, das Anpassen der Betriebsarten im SAP-System oder das Löschen sogenannter *QCM-Tabellen*. Daten von umzusetzenden Tabellen werden temporär in Tabellen mit dem Namen QCM<Tabellenname> gespeichert. Da jedoch diese Umsetzungstabellen nicht im ABAP Dictionary verzeichnet sind, kann ihre Existenz bei der Systemkopie Probleme bereiten. Darüber hinaus werden produktspezifische Vorbereitungen für FI, CO und SAP BW beschrieben. Hinsichtlich der Migration zur SAP-HANA-Datenbank sind neben den einzelnen Vorbereitungsschritten, auf die wir bereits in diesem Abschnitt eingegangen sind, Punkte wie Unicode-Konvertierung, Tabellen-Splitting und Informationen zu den SAP-Business-Suite-Applikationen und zu SAP BW beschrieben. Abschließend finden Sie noch eine Anleitung, wie Sie den Software Provisioning Manager herunterladen und entpacken. Sie sollten alle hier genannten Schritte sorgfältig lesen und ausführen.

8.2 Die klassische Migration

Ausführung: Exportverzeichnis anlegen

Legen Sie ein leeres Verzeichnis mit genügend Speicherplatz auf dem Host an, auf dem Sie den Export des Quellsystems ausführen wollen. Stellen Sie sicher, dass keine Dateien eines vorherigen Exportlaufs in dem Verzeichnis vorhanden sind.

Ausführung: Generierung der DDL-Anweisungen

Wie bereits im Abschnitt »Vorbereitung: Patch-Level der SAP-Basis und des Kernels im Quellsystem« beschrieben, muss der ABAP-Report SMIGR_CREATE_DDL ausgeführt werden, damit DDL-Anweisungen erzeugt werden. Diese sind erforderlich, wenn Datenbankobjekte migriert werden sollen, die nicht zum SAP-Standard gehören.

Report »SMIGR_CREATE_DDL«

1. Melden Sie sich dazu im produktiven Mandanten des SAP-Systems an, und rufen Sie den ABAP-Report SMIGR_CREATE_DDL über Transaktion SE38 auf. In Abbildung 8.12 sehen Sie die Eingabe- und Selektionsfelder des Reports.

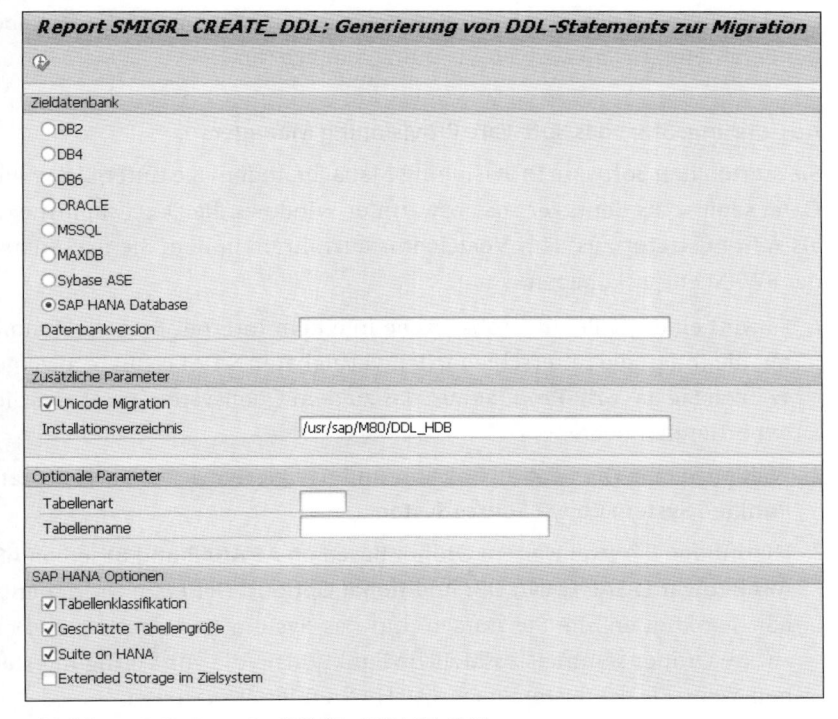

Abbildung 8.12 Report »SMIGR_CREATE_DDL«

2. Wählen Sie die **Zieldatenbank** und – sofern über die Wertehilfe Werte verfügbar sind – die **Datenbankversion**.
3. Wählen Sie den Parameter **Unicode Migration**, und geben Sie ein **Installationsverzeichnis** an, in dem die SQL-Dateien generiert werden sollen. Der SAP-Administrationsbenutzer <sid>adm muss Schreibzugriff auf dieses Verzeichnis haben.
4. Unter **SAP HANA Optionen** selektieren Sie das Feld **Suite on HANA**, wenn Sie eine Migration einer SAP Business Suite durchführen wollen. Die Optionen **Tabellenklassifikation** und **Geschätzte Tabellengröße** sind standardmäßig selektiert und sollten nicht geändert werden.
5. Führen Sie das Programm aus.

Wichtig ist, dass keine Änderungen mehr an den Datenbankobjekten ausgeführt werden. Deshalb sollten Sie den Report kurz vor dem Export des Systems laufen lassen. Sind keine datenbankspezifischen Objekte in der Datenbank vorhanden, werden keine SQL-Dateien erzeugt. Solange der Report mit dem Status **Successfully** beendet wird, ist dies auch kein Fehler. Das Verzeichnis mit den erzeugten SQL-Dateien geben Sie während der Eingabe der Parameter im Software Provisioning Manager an.

Ausführung: Start des Software Provisioning Managers

Sie starten den Software Provisioning Manager, indem Sie unter Linux die Datei **sapinst** als Benutzer root bzw. unter Windows die Datei **sapinst.exe** als Administrator aus dem Verzeichnis ausführen, in dem Sie das Archiv des SWPM entpackt haben.

1. Es wird eine UI5-Benutzeroberfläche in einem Internet-Browser gestartet, die Ihnen die unterschiedlichen verfügbaren SAP-Produkte anzeigt. Wählen Sie das SAP-Produkt aus, das zu dem Quellsystem passt, das Sie exportieren möchten.
2. Wählen Sie die Quelldatenbank aus, und navigieren Sie darunter zu den Punkten **System Copy • Source System**.
3. Hier finden Sie zwei weitere Ordner **Based on AS ABAP** und **Based on AS ABAP towards SAP HANA DB: Additional Options**. Der erste Ordner enthält Funktionen, die Sie nutzen, um das System zu exportieren. Der zweite Ordner sammelt zusätzliche Funktionen, die zur Verfügung stehen, wenn Sie das System nach SAP HANA migrieren wollen.

Exportoptionen In Abbildung 8.13 sehen Sie die Optionen, die für den Export eines SAP-ERP-6.0-Systems mit EHP 8 basierend auf IBM DB2 for LUW existieren.

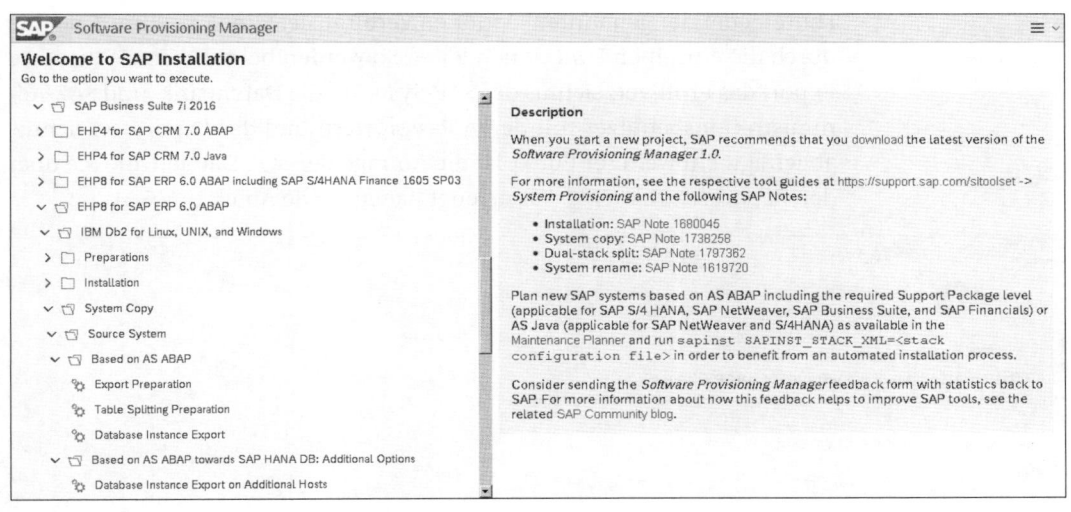

Abbildung 8.13 Systemkopieoptionen des Software Provisioning Managers

- **Export Preparation**: Dies ist ein optionaler Schritt, der die Verzeichnisstruktur in Ihrem Exportverzeichnis anlegt, die Größe des Zielsystems berechnet und die Datei **DBSIZE.xml** generiert. Dieser Schritt ist notwendig, wenn Sie einen parallelen Export-Import-Prozess durchführen wollen. Wollen Sie das System zunächst exportieren und dann importieren, ist dieser Schritt optional.

- **Table Splitting Preparation**: Sie können die Downtime des Systems reduzieren, indem Sie große Tabellen der Datenbank in kleine Pakete splitten und diese dann parallel laufen lassen. Gerade bei sehr großen Quelldatenbanken ist diese Funktion von Vorteil. Die Voraussetzungen, Restriktionen und die Prozedur dafür sind im Systemkopieleitfaden unter dem Punkt **Preparing the Table Split** beschrieben. Dieser Punkt ist für die Durchführung der Systemkopie optional.

- **Database Instance Export**: Dieser Schritt legt, sofern nicht im Schritt **Export Preparation** bereits erfolgt, die Verzeichnisstruktur im Exportverzeichnis an, berechnet die Größe des Zielsystems und generiert die Datei **DBSIZE.xml**. Schließlich findet der eigentliche Export in das Exportverzeichnis statt. SAP empfiehlt, den Export auf der Datenbankmaschine zu starten.

- **Database Instance Export on Additional Hosts**: Sie können diese Funktion nutzen, um mehrere Applikationsserver für den Export der Datenbankinstanz zu verwenden. Um die Option einzusetzen, müssen Sie die entsprechende Option **Split Predefined Tables** im Schritt **Database Instance Export** selektiert haben.

8   SAP-Lösungen auf SAP HANA migrieren

Hinter jeder der genannten Optionen verbirgt sich eine Art Wizard, der Sie durch die einzelnen Funktionen leitet. So werden beim Database Instance Export das Profilverzeichnis des SAP-Systems, die Datenbank- und SAP-Administrationsbenutzer mit deren Passwörtern und das Exportverzeichnis abgefragt. Ein weiterer Punkt ist die Abfrage der SQL-Dateien, die Sie über den Report SMIGR_CREATE_DDL erzeugt haben (siehe Abbildung 8.14).

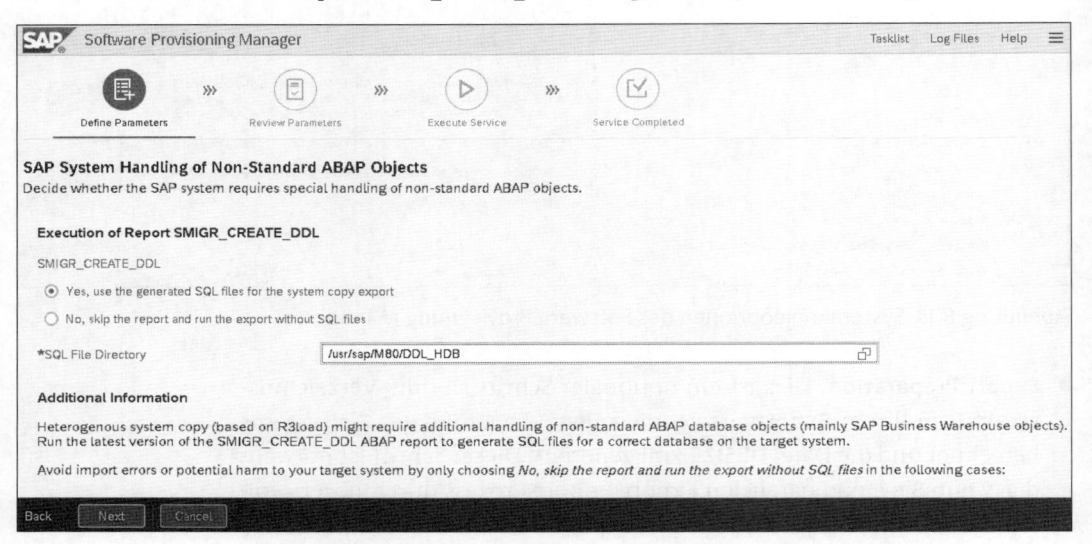

Abbildung 8.14 Abfrage der mit »SMIGR_CREATE_DDL« erzeugten SQL-Dateien

Zieldatenbank, Prozesse und Split-Optionen

In den nächsten Schritten geben Sie die Zieldatenbank, also **SAP HANA Database**, an, definieren, über welche Methode die Größe der Quelldaten ermittelt werden soll, und haben dann die Möglichkeit, über die Angabe diverser Split-Optionen den Prozess des Exports je nach Datenbankgröße zu beschleunigen. Die Standardeinstellungen sind in Abbildung 8.15 dargestellt. So werden die zehn größten Tabellen der Datenbank in separate Pakete exportiert, Pakete, die größer als rund 1 GB sind, werden aufgeteilt. Darüber hinaus haben Sie die Möglichkeit, bei einer definierten Anzahl von Tabellen ein Paket-Split durchführen zu lassen, um eine noch größere Parallelisierung beim Export- und Importprozess zu erreichen. Tabellen mit einer Größe von mehr als 300 MB werden in der Standardoption in einzelne Pakete exportiert. Über die Option **Split Predefined Tables** können Sie ein Tabellen-Splitting einbinden, das zuvor in einem gesonderten SPWM-Lauf über die Option **Table Splitting Preparation** vorbereitet werden und vor dem eigentlichen Export laufen muss, damit die so erzeugte Datei im Feld **Table Input File** eingebunden werden kann (siehe hierzu auch Abbildung 8.13).

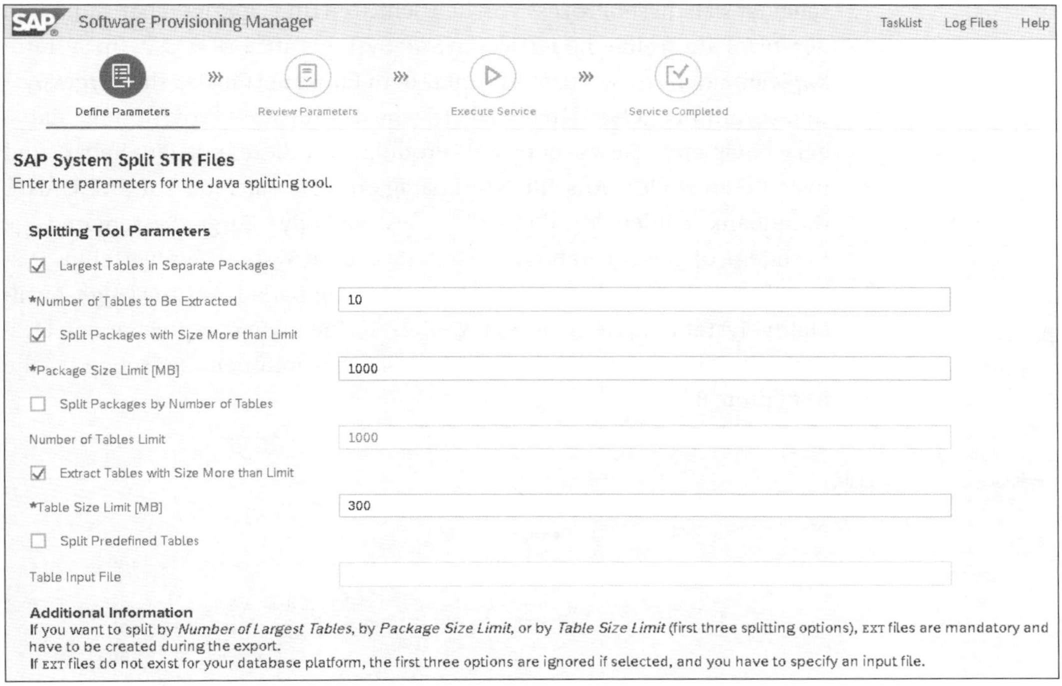

8.2 Die klassische Migration

Abbildung 8.15 Split-Optionen beim Datenbankexport

Im nächsten Schritt haben Sie dann die Möglichkeit, allgemeine Unload-Einstellungen und erweiterte Konfigurationen vorzunehmen. Interessant ist hier die Anzahl der parallelen Jobs, die ausgeführt werden sollen, um die Datenbank zu exportieren. SAP empfiehlt, nicht mehr als zwei bis drei parallele `R3load`-Prozesse pro CPU zu verwenden. Unter den erweiterten Konfigurationen finden Sie z. B. die Möglichkeit des parallelen Exports und Imports und der Nutzung zusätzlicher Exportserver. Für den parallelen Export und Import sind, wie bereits angesprochen, noch einige Vorbereitungen notwendig, die im Systemkopieleitfaden beschrieben sind. Schließlich haben Sie die Möglichkeit, die Reihenfolge anzugeben, nach der die Tabellen exportiert werden, und eine Anzahl von Jobgruppen zu definieren, die die Pakete sortiert nach der Größe zusammenfasst.

Unload-Einstellungen und erweiterte Konfigurationen

Eine Zusammenfassung zeigt Ihnen alle vorgenommenen Eingaben an. Mit Bestätigung dieser Eingaben starten Sie den Export.

Installation des Zielsystems und Import der Daten

Nachdem der Export des Systems abgeschlossen ist, muss das Zielsystem installiert und der Import der Daten gestartet werden. Im Prinzip unterscheidet sich dieser Prozess von den Schritten und Optionen her kaum von der Installation eines neuen leeren SAP-Systems auf SAP HANA. Im Systemkopieleitfaden ist die Prozedur unter dem Punkt **Setting Up the Target System** zusammengefasst. In der Oberfläche des Software Provisioning Managers navigieren Sie zu dem SAP-Produkt, das Sie exportiert haben und installieren wollen. Anschließend navigieren Sie darunter zur SAP-HANA-Datenbank, wählen dort den Ordner **System Copy** • **Target System** und – je nachdem, ob Sie ein Standardsystem (**Standard System**), ein verteiltes System (**Distributed System**) oder eine Hochverfügbarkeitslösung (**High-Availability-System**) implementieren wollen – öffnen den entsprechenden Ordner, um die unterschiedlichen Installationsoptionen zu sehen (siehe Abbildung 8.16).

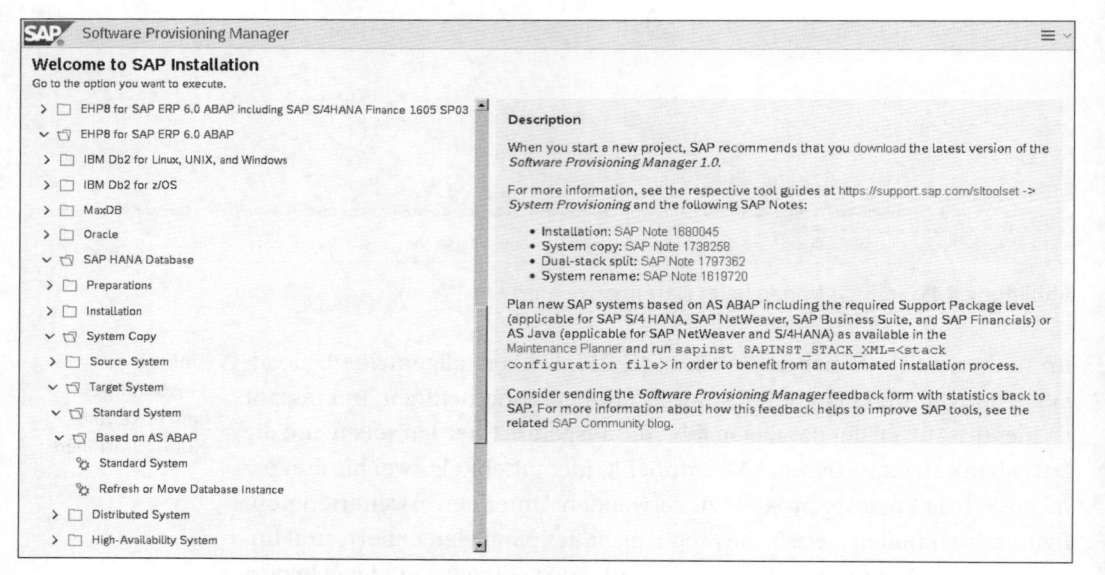

Abbildung 8.16 Importoptionen im Software Provisioning Manager

Starten Sie die gewünschte Option, folgen Sie den Instruktionen des Software Provisioning Managers, und geben Sie die benötigten Parameter ein.

Verteilte SAP-HANA-Datenbanken

Sollten Sie verteilte SAP-HANA-Datenbanken einsetzen, verwenden Sie die Datei **TABLE_PLACEMENT**, um die zu ladenden Tabellen entsprechend den SAP-Empfehlungen durch die *SAP HANA Landscape Redistribution* verteilen zu lassen. Der Software Provisioning Manager wird Sie dazu auffordern, diese Datei zur Verfügung zu stellen. Über den SAP-Hinweis 1900822 verzweigen Sie mittels Kombination aus Produkt und SAP-HANA-Revision in andere produktspezifische SAP-Hinweise, in denen allgemeine Schritte zum Vorgehen bei der Datenverteilung beschrieben und denen die revisionsabhängige Datei **TABLE_PLACEMENT** angehängt ist. Weitere Informationen zur SAP HANA Landscape Redistribution finden Sie in der SAP Community unter dem Link *http://s-prs.de/v685035*.

Der Migrationsmonitor startet automatisch ein Add-on namens **migmonctrl.jar**. Dieses ändert dynamisch die Anzahl der R3load-Prozesse, die während des Importvorgangs gestartet werden. Dazu nutzt das Add-on eine Datei **ORDER_BY.TXT**, die alle erzeugten Pakete des Exports in die Gruppen **Large**, **Small** und **Rowstore** unterteilt. Sie haben die Möglichkeit, das Verhalten des Add-ons **migmonctrl.jar** über die Parameterdatei **MIGMONCTRL_CMD.PROPERTIES** abhängig von der Situation Ihres Systems zu beeinflussen. Die Parameterdatei wird alle fünf Sekunden gelesen. Die wichtigsten Parameter finden Sie im Systemkopieleitfaden beschrieben.

Migrationsmonitor

Aktivitäten nach dem Import

Nachdem der Import der Daten in die SAP-HANA-Datenbank und die Installation des SAP-Applikationsservers erfolgreich abgeschlossen sind, sind diverse Nachbearbeitungsschritte notwendig. Diese lassen sich in die folgenden Bereiche aufteilen:

Follow-up-Aktivitäten

- **Änderungen im System Landscape Directory (SLD) und in der Landscape Management Database des SAP Solution Managers**
  Hier müssen Sie insbesondere darauf achten, dass im SLD durch den möglichen Umzug auf neue Hardware und einen neuen Hostnamen sowie die gleichbleibende SID des SAP-Systems doppelte Einträge angelegt werden. Die SAP-Hinweise 1052122 und 1727294 sind hier relevant. Änderungen an der LMDB müssen in der Regel nur bei Systemkopien vom SAP Solution Manager beachtet werden.

- **Aktivitäten auf Betriebssystemebene**
  Dazu gehören unter anderem Anpassungen der Konfigurationsdateien des Betriebssystems und zusätzlicher SAP-Komponenten wie RFC oder Archive Link sowie Nicht-SAP-Komponenten. Außerdem muss die Sicherungssoftware angepasst werden, und das Default- und Instanzprofil des SAP-Systems müssen kontrolliert werden.

- **Aktivitäten auf Ebene der Datenbank**
  Eine wichtige Aktion besteht darin, sicherzustellen, dass der Logging-Mechanismus der Datenbank aktiv gesetzt ist, damit auch alle Änderungen protokolliert werden. Außerdem müssen die Einträge unterschiedlicher Datenbanktabellen gelöscht werden.

- **Aktivitäten im SAP-System**
  Hier sind zahlreiche Schritte im Bereich der SAP-Basis erforderlich. So müssen Sie Systemchecks ausführen, die SAP-Profile importieren, die CCMS-Monitoring-Einstellungen anpassen sowie Spool Server, Hintergrundjobs, Datenbankjobs und das Transport Management System rekonfigurieren. Zudem müssen Sie die Einträge im ABAP Secure Store kontrollieren und ggf. migrieren.

- **Produktspezifische Aktivitäten und weitere Checks**
  Unter Umständen müssen Sie auch produktspezifische Aktivitäten durchführen. Dies gilt insbesondere für SAP BW und für die integrierte Suche. Weitere Prüfungen, wie der initiale Konsistenzcheck, ein Check der Datenbankkonsistenz und der SAP-Server, sind angebracht.

- **Aktivitäten aufseiten von SAP HANA**
  Während des Imports der Tabellen in die SAP-HANA-Datenbank erfolgt automatisch eine Überprüfung, ob die Daten erfolgreich geladen wurden. Sie können natürlich einen solchen Check auch manuell ausführen. So überprüft ein *Package Checker*, ob der Import aller Pakete gestartet wurde, ein *Object Checker* verifiziert, ob alle Objekte erfolgreich in die Datenbank geladen wurden, und ein *Table Checker* kontrolliert, ob die Anzahl der Zeilen, die aus einer Tabelle exportiert wurden, auch mit denen übereinstimmt, die in die Datenbank importiert wurden. Weitere Informationen zu diesen manuellen Checks finden Sie in SAP-Hinweis 784118.

BW-spezifische Aktivitäten

Haben Sie eine Migration eines SAP-BW-Systems nach SAP HANA vorgenommen, müssen Sie einige Nacharbeiten durchführen. Prüfen Sie, ob alle in der in SAP-Hinweis 1908075 angehängten Datei **REQUIRED_CORRECTION_NOTES.TXT** enthaltenen SAP-Hinweise in Ihrem System eingebaut sind. Danach müssen die Reports RS_BW_POST_MIGRATION und RSDU_TABLE_CONSISTENCY ausgeführt werden. Der Report RS_BW_POST_MIGRATION nimmt alle notwendigen Einstellungen, etwa die Anpassung datenbankspezifischer Dictionary-Objekte in ABAP oder die Migration von PSA-Tabellen (Persistent Staging Area), nach einer Systemkopie im BW-Bereich vor (siehe auch SAP-Hinweis 1695112).

Der Report RSDU_TABLE_CONSISTENCY identifiziert mögliche Probleme mit Datenbankindizes sowie der Tabellenpartitionierung und -verteilung. Weitere Informationen finden Sie auch in SAP-Hinweis 1937062. Für die Migration von SAP BW 7.3 oder 7.31 auf SAP HANA finden Sie verschiedenste SAP-Hinweise über den Sammelhinweis 1846493. Für SAP NetWeaver 7.40 können Sie SAP-Hinweis 1949273 zu Rate ziehen.

Die hier beschriebenen Nachbearbeitungsschritte sind natürlich sehr verkürzt und nicht vollständig dargestellt. Sie finden diese ausführlich und mit Verweisen auf diverse SAP-Hinweise im Kapitel »Follow-Up Activities« des Systemkopieleitfadens.

8.3 Database Migration Option

Die Database Migration Option (DMO) ist eine Kombination aus der in Abschnitt 8.2, »Die klassische Migration«, beschriebenen Aktualisierung des Systems auf ein SAP-HANA-fähiges Release mit dem Software Update Manager und dem anschließenden Export des Systems aus der relationalen Datenbank sowie dem Import in SAP HANA mit dem Software Provisioning Manager.

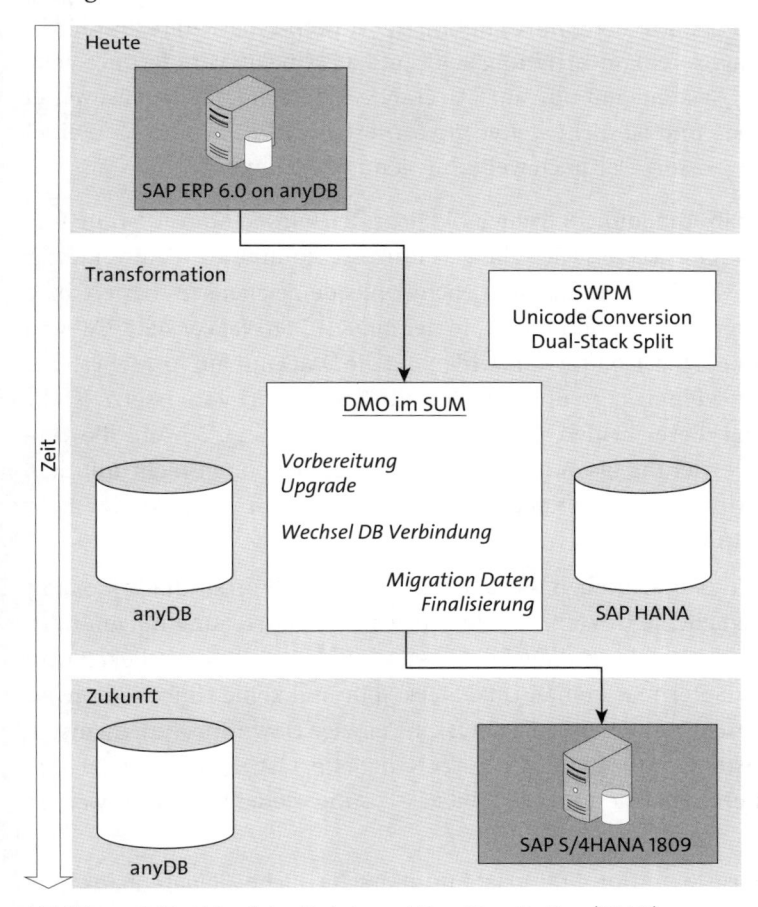

Abbildung 8.17 Ablauf der Database Migration Option (DMO)

8 SAP-Lösungen auf SAP HANA migrieren

Ablauf der Database Migration Option

In Abbildung 8.17 sehen Sie die Schritte, die bei der Migration des Systems im Laufe des Migrationszeitraums durchgeführt werden:

1. Anfangs wird ein SAP-NetWeaver-basiertes ABAP-System auf einer traditionellen Datenbank betrieben.

2. Während der Transformationsphase wird zunächst mithilfe der DMO im Software Update Manager ein Schattensystem in der relationalen Datenbank des Quellsystems aufgebaut. Dieses enthält das Repository des Ziel-Releases. Gleichzeitig werden die SAP-HANA-Datenbank und der Zugriff darauf eingerichtet.

3. Ist die Erstellung des Schattensystems abgeschlossen, beginnt die eigentliche Downtime. In dieser Zeit wird das Schatten-Repository in die SAP-HANA-Datenbank kopiert, und die Datenbankverbindung wird von der relationalen Datenbank auf die SAP-HANA-Datenbank umgestellt.

4. Anschließend findet eine Migration der Anwendungsdaten zusammen mit einer Datenkonvertierung statt, und das Update wird fertiggestellt. Das SAP-System läuft nun auf SAP HANA. Die Quelldatenbank ist weiter in Betrieb und ist nicht weiter modifiziert worden. Sie könnte in einer Fallback-Lösung also auch weiterhin genutzt werden.

Unicode-Konvertierung und Dual-Stack Split

Sie finden in Abbildung 8.17 auch die Begriffe *Unicode-Konvertierung* und *Dual-Stack Split* wieder. Diese beiden Prozesse kommen zur Anwendung, wenn das Quellsystem auf dem Nicht-Unicode-Zeichensatz basiert bzw. wenn Sie eine Installation haben, in der ein SAP NetWeaver AS ABAP und AS Java als ein Stack betrieben werden. Da die DMO nur auf ABAP-Systeme angewandt werden kann und den Unicode-Zeichensatz voraussetzt, ist die Umsetzung dieser beiden Schritte eine Voraussetzung. Sowohl die Unicode-Konvertierung als auch der Dual-Stack Split können nicht mit dem Software Update Manager ausgeführt werden. Dazu nutzen Sie den Software Provisioning Manager.

Vorteile

Wie eingangs beschrieben, ist der entscheidende Vorteil dieser Lösung, dass Sie lediglich ein Werkzeug für die gesamte Umstellung nutzen müssen. Dies reduziert den manuellen Aufwand, und die Fehleranfälligkeit wird verringert. Sofern Sie keinen Dual-Stack Split und keine Unicode-Konvertierung durchführen müssen, ist nur eine einzige Downtime des umzustellenden Systems erforderlich. Ein guter Nebeneffekt ist, dass die Quelldatenbank weiterhin existiert und als Fallback-Lösung wieder reaktiviert werden könnte.

Dokumentation der DMO

Die Database Migration Option ist für unterschiedliche Zieldatenbanken in verschiedenen umfangreichen Leitfäden dokumentiert. Sie finden diese Leitfäden im SAP Support Portal. Als Einstieg können Sie das SAP Help Portal für das SL Toolset nutzen, das Sie unter der URL *http://s-prs.de/v685036* finden. Scrollen Sie hier zum Bereich **System Maintenance Scenarios**. Dort finden Sie unter **Database Migration Option (DMO) using SUM** Links zu den DMO-Leitfäden für den Software Update Manager 1.0 (Systeme mit dem Ziel-Release SAP NetWeaver unter 7.5) und für den Software Update Manager 2.0 (Systeme mit dem Ziel-Release SAP NetWeaver 7.5 oder höher). Abbildung 8.18 zeigt die Auswahl von DMO-Leitfäden für den Software Update Manager 2.0. Sie sehen auf der linken Seite der Abbildung, dass es für die Konvertierung eines SAP-ERP-Systems zu SAP S/4HANA einen gesonderten Leitfaden gibt, der die Schritte des Software Update Managers 2.0 und der Database Migration Option zusammen behandelt.

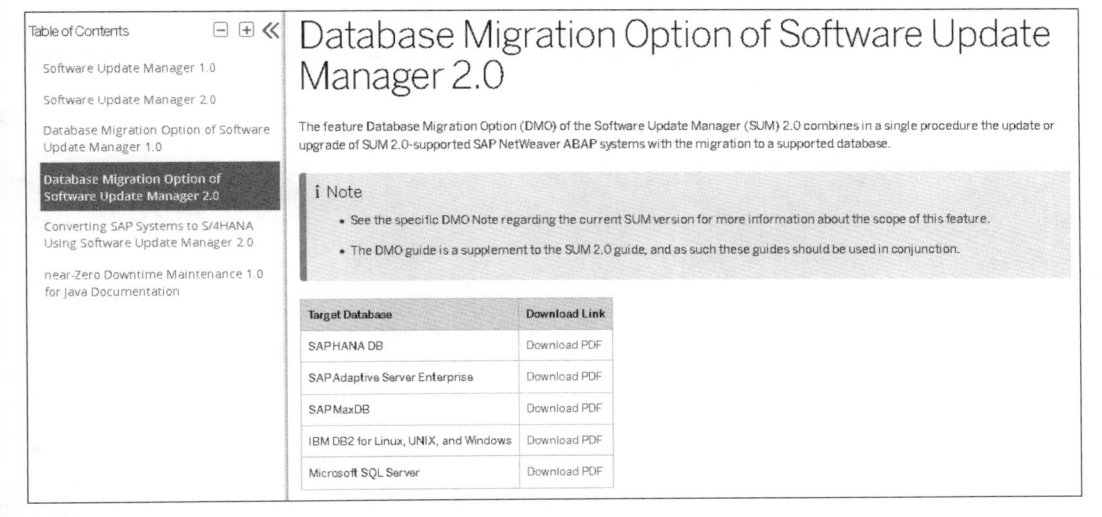

Abbildung 8.18 Übersicht über die DMO-Leitfäden

Die DMO ist Bestandteil des Software Update Managers (SUM), und Sie sollten den für Sie relevanten Leitfaden immer in Kombination mit den Unterlagen zum SUM verwenden. Die Funktionsweise und die Nutzung des SUM haben wir in Abschnitt 8.2.2, »Software Update Manager«, beschrieben. Beachten Sie hier auch die Informationen zu den verfügbaren Versionen des SUM. Die Leitfäden zum Software Update Manager finden Sie an gleicher Stelle wie die zur DMO. Da die DMO den SUM verwendet, sind viele Schritte innerhalb des Werkzeugs sowie in der Vorbereitung (Nutzung des Maintenance Planners) identisch.

Weitere Informationen

Eine Einführung in die DMO können Sie in der SAP Community unter der URL *http://scn.sap.com/docs/DOC-49580* abrufen. Hier finden Sie neben der Einführung in die Thematik zahlreiche interessante Links zu Blogs rund um die Database Migration Option.

Die SAP-Hinweise 2631098 (Database Migration Option (DMO) of SUM 1.0 SP23) und 2644872 (Database Migration Option (DMO) of SUM 2.0 SP04) enthalten eine Fülle von Informationen zur DMO:

- die unterstützten Releases von SAP NetWeaver BW bzw. SAP Business Suite inklusive des notwendigen Support-Package-Level-Stands
- die unterstützten Quelldatenbanken mit Angabe des Releases und des Support Packages abhängig von der Zieldatenbank
- die unterstützen Zieldatenbanken mit Angabe des Releases und der Version
- wichtige allgemeine Informationen und weitere Einschränkungen
- erfasste Korrekturen zum DMO-Leitfaden
- Vorbereitungen und Probleme während und nach der Aktualisierung der DMO

Kapitel 9
Backup und Recovery

Eine der wichtigsten Routineaufgaben ist die Sicherung der SAP-HANA-Datenbank. Tritt ein Fehlerfall ein und wird die Wiederherstellung der Datenbank notwendig, muss jeder Handgriff sitzen. Mit diesem Kapitel wollen wir Sie bestmöglich auf ungeplante Ausfälle vorbereiten, damit Sie einen möglichen Datenverlust und damit einhergehende Ausfallzeiten vermeiden können.

Die Sicherheit der Daten ist für ein Unternehmen unabdingbar. Beim Verlust der Daten kann einem Unternehmen im schlimmsten Fall der Konkurs drohen. Probleme im Hardwarebereich, wie etwa der Defekt der SAP HANA Appliance oder des Storage-Systems, können zu einem Datenverlust führen. Verbunden damit können ein Ausfall und damit die Nichtverfügbarkeit der SAP-HANA-Datenbank sein, was die darauf laufenden Anwendungen oder SAP-Systeme für Produktion, Verkauf sowie interne und externe Dienstleistungen betrifft. Diese sogenannte *System-Downtime* kann ein Unternehmen jede Stunde, die sie andauert, viel Geld kosten – in Bereichen des E-Commerce gar jede Minute.

Darüber hinaus sind im Bereich der Datensicherung gesetzliche Vorschriften zu beachten, die z. B. eine Langzeitdatenhaltung vorschreiben. Im Falle eines – wenn auch nur temporären – Datenverlusts können Unternehmen dieser gesetzlichen Anforderung nicht mehr nachkommen.

Wir beschäftigen uns in diesem Kapitel eingehend mit der Sicherung und der Wiederherstellung Ihrer SAP-HANA-Datenbank. Dabei betrachten wir folgende Fragestellungen:

- Welche Objekte müssen gesichert werden?
- Welche Sicherungs- und Wiederherstellungsmethoden stehen zur Verfügung?
- Wie funktionieren die Werkzeuge und Anwendungen, die SAP HANA für die Datensicherung und Wiederherstellung bereitstellt?

Außerdem stellen wir Ihnen als Drittanbieterwerkzeug den *Micro Focus Data Protector* vor und zeigen seine Integration mit der SAP-HANA-Landschaft.

9.1 Infrastrukturplanung

Beginnen wir zunächst mit der Planung der Infrastruktur und Hardware Ihres Rechenzentrums, auf der unter anderem die SAP-HANA-Datenbanken betrieben werden. Sowohl technisch als auch baulich sollte getan werden, was möglich ist, um die Wahrscheinlichkeit eines Ausfalls oder einer Havarie auf nahezu null zu senken. Wenn weder die Rechenzentrumsinfrastruktur noch die Hardware bereits vorhanden sind, Sie das Rechenzentrum also auf dem Reißbrett planen, ist dies sicherlich wesentlich einfacher zu realisieren. Neben der redundanten Auslegung von Klimasystemen und der Stromversorgung, die einen durchgehenden Betrieb der Hardware gewährleisten, ist eine Absicherung gegen Brand, Wasser, Erdbeben, Einbruch und andere von außen kommende Kräfte, die eine Zerstörung des Rechnerraums oder des Gebäudes zur Folge haben könnten, ein unbedingtes Muss. Redundant meint in diesem Fall das zusätzliche Vorhandensein funktional gleicher oder vergleichbarer Ressourcen eines technischen Systems. Die Hardware selbst sollte zumindest für die produktiv genutzten Systeme redundante Komponenten beinhalten. So können z. B. bei einem Ausfall eines Netzteils die Maschine und das darauf laufende SAP-System weiterbetrieben werden.

Räumliche Trennung

Vor allem im Bereich der Datensicherung stellt sich die Frage der Abschottung bzw. der räumlichen Trennung des Datensicherungssystems von der eigentlichen Hardware und den darauf laufenden Anwendungssystemen und Datenbanken. Es ist auf keinen Fall sinnvoll, die Sicherungen im selben Raum, in dem die SAP-HANA-Datenbanken und andere Anwendungen selbst betrieben werden, aufzubewahren. Entweder man lagert die Sicherungen, die im gleichen Raum erstellt werden, physisch aus, oder die Sicherungen werden von vornherein an einem separaten Ort erstellt und aufbewahrt. Nur so ist sichergestellt, dass die vorgenommenen Datensicherungen noch vorhanden sind, um im Falle einer Havarie die Systeme wiederherzustellen.

Voraussetzungen für die Systemwiederherstellung

Dennoch können, trotz aller vorgenommen Sicherheitsvorkehrungen und eingebauten Redundanzen, Ausfälle nie ausgeschlossen werden. Für eine Wiederherstellung der SAP-HANA-Datenbank müssen die folgenden Voraussetzungen erfüllt sein:

- Die SAP-HANA-Datenbank sowie alle benötigten Softwarekomponenten müssen in fest definierten Abständen gesichert werden. Im Anschluss muss geprüft werden, ob diese Sicherungen erfolgreich verlaufen sind.
- Die SAP-HANA-Datenbank muss auf Basis einer solchen Sicherung wiederhergestellt werden können.

Der zuletzt genannte Punkt klingt recht selbstverständlich, erfordert aber von Ihnen als Systemadministrator neben den theoretischen Kenntnissen praktische Vorbereitungen in Form regelmäßiger Wiederherstellungsübungen. Diese sollten Sie an verschiedensten Fehlerszenarien üben.

Fehler, die das SAP-HANA-System beschädigen und damit zu einem Ausfall führen, können in vier verschiedene Klassen zusammengefasst werden.

Arten von Fehlern

- **Softwarefehler**
  Fehler, die im Betriebssystem, in der SAP-HANA-Datenbanksoftware oder in der darauf aufbauenden SAP- oder anderer Anwendungssoftware auftreten, werden als *Softwarefehler* bezeichnet. Durch das Einspielen von Software-Updates können z. B. Folgefehler auftreten, und dadurch können bestehende Daten im System manipuliert und gelöscht werden.

- **Hardwarefehler**
  Treten Fehler oder Defekte in der SAP HANA Appliance oder – allgemeiner gesprochen – in der Rechentechnik, dem Storage Area Network (SAN) und der Netzinfrastruktur, den Controllern oder den Festplatten auf und führen diese Hardwareausfälle zu Datenverlusten, spricht man von *Hardwarefehlern*. Eine redundante Auslegung der Komponenten und der Datenspeicher kann die Auswirkungen eines solchen Ausfalls so weit reduzieren, dass die Funktionalität des Systems nicht beeinflusst wird. Wichtig und sinnvoll zugleich ist zudem, dass ein auf die Bedürfnisse Ihres Unternehmens zugeschnittener Service- und Support-Vertrag mit dem Hardwarehersteller Ihrer Wahl abgeschlossen wird, um bei größeren Ausfällen die System-Downtime weiter zu minimieren.

- **Bedienfehler**
  Durch fehlerhafte Administration können Daten manipuliert oder gelöscht werden. Dies ist z. B. bei einer fehlerhaften Berechtigungsvergabe für die Benutzer des Betriebssystems, des SAP-HANA-Systems und der darauf laufenden Anwendungen sowie bei fehlerhaften Eigenentwicklungen der Fall. Sogenannte *Bedienfehler* treten eindeutig häufiger auf als die in den beiden zuerst genannten Klassen. Durch ein ausgereiftes Sicherheitskonzept für die Systemlandschaft und die Softwarelogistik können sie zwar nie ganz verhindert, aber ihre Auswirkungen minimiert werden.

- **Externe Einflussfaktoren**
  Zu den genannten Fehlern gibt es externe Einflussfaktoren, die ein Risiko darstellen. So können Havarien durch Feuer, Wassereinbruch, Erdbeben oder einen Einbruch in den Rechnerraum oder in das Gebäude, in dem die Hardware untergebracht ist, ausgelöst werden. Wie bereits erwähnt, sollte die Datensicherung auf Hardware durchgeführt werden, die räumlich oder besser noch örtlich getrennt von der produktiv genutzten Rechentechnik betrieben wird. Auch an den Abschluss einer Versicherung, die die genannten externen Einflussfaktoren absichert, sollte gedacht werden.

Die beschriebenen Fehler können im kompletten Lebenszyklus Ihres SAP-HANA-Systems auftreten. Umso wichtiger ist es, dass Sie ein durchdachtes Sicherungskonzept besitzen, das Sie vor dem Verlust Ihrer Daten schützt. Regelmäßige Übungen, in denen Sie das Wiederherstellen Ihrer SAP-HANA-Systeme an den unterschiedlichsten Fehlerszenarien trainieren, können im Ernstfall die Zeit, in der das System nicht zur Nutzung verfügbar ist, erheblich reduzieren. Im Fall des Falls sitzt so jeder Handgriff.

9.2 Sicherungsobjekte

Um den Systembetrieb nach einem Ausfall möglichst schnell wiederherstellen zu können, benötigen Sie zu jeder Zeit aktuelle Sicherungen der wichtigsten Objekte Ihrer SAP-HANA-Systemlandschaft. Wir unterteilen diese Objekte in drei verschiedene Kategorien:

- SAP-HANA-Datenbank
- SAP-HANA-Konfiguration
- Betriebssystem und SAP-HANA-Datenbanksoftware

Im Folgenden beschreiben wir kurz, welche Objekte wir den jeweiligen Kategorien zuordnen und was Sie bei deren Sicherung beachten sollten.

9.2.1 SAP-HANA-Datenbank

Diese Kategorie beinhaltet ein konsistentes Abbild Ihrer gesamten Datenbank mit allen darin enthaltenen Datenbankobjekten sowie Daten, die zum Zeitpunkt der Erstellung des Backups existierten. Mithilfe dieser Sicherung können Sie den Datenbestand wiederherstellen, sofern das Datenbankmanagementsystem, also die SAP-HANA-Instanz, noch lauffähig ist.

Zu einer Sicherung der Datenbank gehören *Daten-Backups* (ein Backup für jeden persistierenden Service) sowie eine variierende Anzahl von *Log-Backups*, die ebenfalls von jedem Service separat erstellt werden. Log-Backups sind Sicherungen Ihrer Log-Segmente (siehe Abschnitt 2.3.1, »Datenhaltung in SAP HANA«) und werden benötigt, um auch Datenänderungen zu erfassen, die erst nach Erstellung des Daten-Backups durchgeführt wurden. Während SAP HANA standardmäßig so konfiguriert ist, dass Log-Backups automatisch angelegt werden, müssen Daten-Backups entweder manuell durchgeführt oder für eine automatisierte Sicherung eingeplant werden.

Bestandteile der Datenbanksicherung

Voraussetzung für das automatische Log-Backup ist, dass der Parameter `log_mode` den Wert `normal` hat und der Parameter `enable_auto_log_backup` auf `true` steht. Diese und weitere im Folgenden genannte Parameter finden Sie in der Sektion [Persistence] der Konfigurationsdatei **global.ini**.

Automatische Log-Backups

Außerdem muss seit dem Start der Datenbank mindestens ein Daten-Backup erstellt worden sein, das bei der Wiederherstellung als Fundament dient. Darauf können dann die Datenänderungen aus den gesicherten Log-Segmenten appliziert werden. Sind diese Voraussetzungen erfüllt, sichert SAP HANA jedes geschlossene Log-Segment, bevor es überschrieben werden kann. Log-Segmente werden geschlossen, sobald sie voll sind oder die Zeit abgelaufen ist, die Sie mit dem Parameter `log_backup_timeout_s` einstellen können. Standardmäßig ist für diesen Parameter der Wert 900 Sekunden eingestellt, d. h., jedes Log-Segment wird spätestens nach 15 Minuten geschlossen und gesichert. Je nach Datenänderungsrate und konfigurierter Größe der Log-Segmente kann es unterschiedlich lange dauern, bis ein Log-Segment voll ist. Daher sollten Sie das Backup-Timeout auch abhängig vom Wert des Parameters `log_segment_size_mb` wählen und dabei abwägen, wie lang ein Zeitraum andauern darf, für den ein Datenverlust theoretisch möglich wäre.

Da der maximale Füllstand eines Log-Segments zum Zeitpunkt des Log-Backups häufig noch nicht erreicht ist, wird die entsprechende Datei nicht einfach aus dem Log Volume kopiert. Vielmehr werden die darin protokollierten Änderungen in das Log-Backup überführt, sodass Log-Backups häufig deutlich kleiner sind als die zu sichernden Log-Segmente.

Daten-Backups enthalten einen konsistenten Datenbestand. Dieser wird zum Zeitpunkt der Erstellung des Daten-Backups eingefroren und gesichert. Dabei sichert jeder persistierende Prozess (siehe Abschnitt 2.1.3, »SAP-HANA-Prozesse und -Threads«) sein Data Volume separat, sodass der Sicherungsprozess parallelisiert abläuft und eine Datensicherung aus mehreren Backup-Dateien besteht. Das Konzept der *Shadow Pages* (siehe Abschnitt 2.3.3, »In Datendateien schreiben«) stellt sicher, dass die Datenbank

Daten-Backups

9 Backup und Recovery

auch während des Backup-Vorgangs weiterhin für Lese- und Schreiboperationen verfügbar ist. Genau wie bei der Sicherung von Log-Segmenten entspricht die Größe eines Daten-Backups nur dem tatsächlichen Füllstand der Datendateien und nicht der Gesamtgröße des Data Volumes. Das Daten-Backup muss jeweils von jeder in der SAP-HANA-Datenbank installierten Tenant-Datenbank und der Systemdatenbank angefertigt werden.

»Backint«
Sowohl Daten- als auch Log-Backups können entweder dateibasiert oder über die Schnittstelle Backint realisiert werden. Diese Schnittstelle sendet die zu sichernden Daten über Pipes an einen *Backup Agent*, der von einem externen Anbieter bereitgestellt wird. Pipes dienen in Linux als Kommunikationskanäle zwischen zwei Prozessen.

Backup Agent und Backup-Server
Der Backup Agent leitet die Backups an einen *Backup-Server* weiter, der ebenfalls im Verantwortungsbereich des Anbieters der jeweiligen Backup-Lösung liegt. Eine Übersicht zertifizierter Sicherungswerkzeuge von Drittanbietern und den zugehörigen Support-Prozess finden Sie im regelmäßig aktualisierten SAP-Hinweis 2031547.

Backup-Zielsysteme
Die Integration externer Backup-Lösungen ermöglicht Ihnen eine einheitliche Verwaltung von Sicherungsaufgaben auch für heterogene Systemlandschaften. Da die meisten Infrastrukturen heterogen sind, demonstrieren wir die Verwendung von Backint in Abschnitt 9.7, »Integration von SAP HANA und Micro Focus Data Protector«, detailliert anhand eines zertifizierten Werkzeugs. Wenn Sie stattdessen dateibasierte Sicherungen verwenden, können Sie die Zielverzeichnisse für Daten- und Log-Backups über die Parameter basepath_databackup bzw. basepath_logbackup definieren. Verwenden Sie für die angegebenen Verzeichnisse *Mount-Punkte* zu einem externen Speicherbereich, damit Ihre Backups nicht durch eine mögliche Beschädigung Ihres lokalen Dateisystems unbrauchbar gemacht werden.

[»]
Wahl des Dateisystems
SAP gibt keine Empfehlung für die zu nutzenden Netzwerk-Dateisysteme. Sie finden aber in SAP-Hinweis 1820529 eine Liste von Dateisystemen, bei deren Nutzung in der Vergangenheit Probleme aufgetreten sind.

Backup-Katalog
Unabhängig von Ihrem Backup-Ziel werden alle durchgeführten Sicherungen im Backup-Katalog protokolliert. In diesem Katalog sind unter anderem die Startzeitpunkte, Laufzeiten, Größen, Ziele und IDs zu jedem Daten- und Log-Backup enthalten. Am Ende jeder Sicherung wird auch die aktuelle Version des Backup-Katalogs gesichert. Dies ermöglicht es, alle Dateien zu identifizieren, die für eine Wiederherstellung benötigt werden, auch wenn

die Datenbank nicht mehr erreichbar ist. Über den Parameter catalog_backup_using_backint in der Sektion [Backup] legen Sie fest, ob die Sicherung des Backup-Katalogs über die Backint-Schnittstelle oder das Dateisystem geschrieben werden soll. Standardmäßig wird das Dateisystem verwendet. Der Parameter catalog_backup_parameter_file ermöglicht die Angabe einer Parameterdatei für die Backint-Integration. Für die dateibasierte Sicherung des Backup-Katalogs kann mittels des Parameters base-path_catalogbackup in der Sektion [Persistence] ein spezifischer Pfad eingestellt werden. Standardmäßig ist der Pfad identisch mit dem des Log-Backups, und die Sicherung erfolgt in die Datei **log_backup_0_0_0_0.<Backup-ID>**, wobei immer die Datei mit der höchsten Backup-ID die aktuelle Version des Katalogs enthält.

9.2.2 SAP-HANA-Konfiguration

Die Sicherung Ihrer Datenbank, die Sie im Rahmen der Daten- und Log-Backups vornehmen, sichert keinerlei Informationen zu den existierenden Konfigurationsparametern oder deren Werten. Es ist daher ratsam, die Konfigurationsdateien zusätzlich zu sichern, damit Sie Ihr SAP-HANA-System nicht vollständig neu konfigurieren müssen, falls eine Neuinstallation notwendig wird. Nähere Informationen zur Konfiguration von SAP HANA finden Sie in Abschnitt 2.4.2, »Konfiguration«.

Konfigurationsparameter und -werte sichern

Demnach sollten Sie die folgenden Dateien sichern:

- Standardkonfigurationsdateien:
  /usr/sap/<SID>/HDB<inst>/exe/config
- systemweite Konfigurationsdateien:
  /usr/sap/<sid>/SYS/global/hdb/custom/config/*.ini
- tenant-spezifische Konfigurationsdateien:
  /usr/sap/<sid>/SYS/global/hdb/custom/config/DB_<Tenant-Datenbankname>/*.ini
- host-spezifische Konfigurationsdateien:
  /usr/sap/<sid>/HDB<inst>/<host>/*.ini

Sie können einerseits diese Dateien immer dann auf ein externes Backup-Medium kopieren, wenn Sie Änderungen an der SAP-HANA-Konfiguration vorgenommen haben. Einfacher und sicherer ist es, die Dateien in die automatisierte regelmäßige Sicherung des Betriebssystems und der SAP-HANA-Datenbanksoftware einzubinden. So geht auf keinen Fall eine Änderung an der Konfiguration verloren, und es liegt immer ein aktuelles Set an Konfigurationsdateien vor. Weil es sich dabei um kleinere Textdateien handelt, beträgt die Gesamtgröße der Konfigurationssicherung in den meisten Fällen nur wenige Kilobyte.

9.2.3 Betriebssystem und SAP-HANA-Datenbanksoftware

Datenbanksoftware

Natürlich können Sie das Betriebssystem sowie die SAP-HANA-Datenbanksoftware nach einem Verlust neu installieren. Dadurch verlieren Sie jedoch wertvolle Zeit, die sich direkt auf die Dauer der Downtime auswirkt. Aus diesem Grund empfehlen wir, regelmäßig eine Sicherung der Datenbankinstallation, d. h. der ausführbaren Dateien und Bibliotheken der Datenbank, sowie der Dateien des Betriebssystems durchzuführen. Die ausführbaren Dateien von SAP HANA sind im Verzeichnis **/hana/shared/<SID>** abgelegt. Schließen Sie dieses Verzeichnis in Ihre regulären Sicherungen des Dateisystems ein.

Betriebssystem

Für die Sicherung des Betriebssystems sollten Sie Produkte des Herstellers oder einer Drittfirma einsetzen, die ein Abbild des Betriebssystems sichern. Von diesem gesicherten Abbild können Sie das System dann bootfähig wiederherstellen.

Installationsarchive

Falls dennoch eine Neuinstallation des SAP-HANA-Systems erforderlich wird, ist es außerdem ratsam, die Installationsarchive der SAP-HANA-Plattform für die von Ihnen eingesetzte Softwarerevision aufzubewahren. Aufgrund der verhältnismäßig kurzen Release-Zyklen von SAP HANA ist es möglich, dass diese Revision nicht mehr im SAP Software Download Center verfügbar ist. Zwar können Sie existierende Datenbanksicherungen grundsätzlich in einem höheren Revisionsstand wiederherstellen. Jedoch können andere Kompatibilitätsgründe existieren, die eine Wiederherstellung der Datenbank zum zuletzt verwendeten Revisionsstand erfordern.

[+] **Verbindungseinträge im SAP HANA Cockpit**

Wenn Sie eine größere SAP-HANA-Systemlandschaft über das *SAP HANA Cockpit* administrieren, können Sie die Landschaft auch mit den registrierten Ressourcen sichern. Obwohl es sich beim SAP HANA Cockpit um eine Serverinstallation handelt und auch dafür eine automatisierte Datensicherung existieren sollte, kann es sinnvoll sein, die Ressourcen zu exportieren. So können sie in eine neue SAP-HANA-Cockpit-Installation eingefügt werden. Auch bei versehentlichem Löschen von Einträgen lassen sich diese schnell wiederherstellen. Sie können Ihre Systemeinträge aus dem SAP HANA Cockpit exportieren, indem Sie im Cockpit Manager in die Ansicht der registrierten Ressourcen wechseln und dort im erweiterten Menü **Export Resources** wählen. Es öffnet sich ein Wizard, der eine Auswahl der zu exportierenden Ressourcen, von Benutzern und Kontaktdaten ermöglicht. Diese werden dann in eine JSON-Datei exportiert.

9.3 Sicherungsmethoden

In diesem Abschnitt setzen wir uns mit den unterschiedlichen Datensicherungsmethoden auseinander. In Abbildung 9.1 haben wir diese Methoden hierarchisch angeordnet.

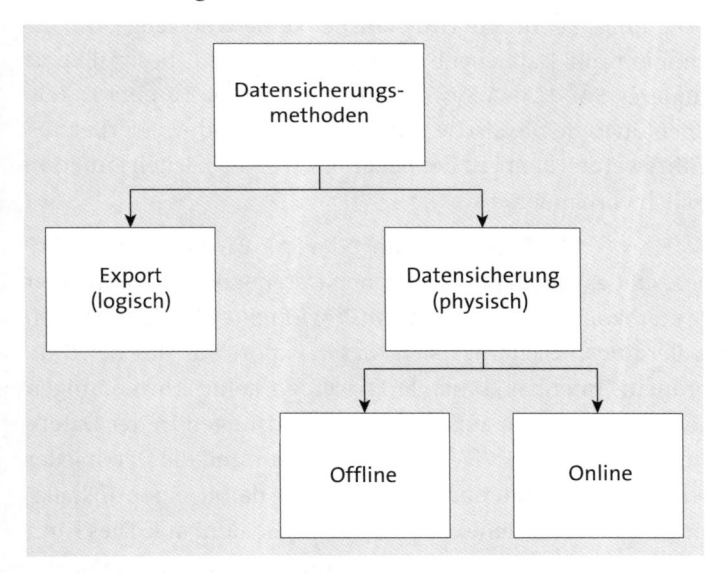

Abbildung 9.1 Datensicherungsmethoden

Es wird zwischen *logischen* und *physischen* Methoden unterschieden. Zu den logischen Methoden zählt der Export der Daten aus einer Datenbank. Die Speicherung der Daten auf ein beliebiges Sicherungsmedium wird den physischen Methoden zugeordnet. Die physische Methode unterscheidet man wiederum hinsichtlich des Zustands einer Datenbank. Ist die Datenbank heruntergefahren und wird gesichert, spricht man von einer *Offlinedatensicherung*. Eine *Onlinedatensicherung* wird von einer geöffneten, den Benutzern zur Verfügung stehenden Datenbank durchgeführt.

Logische vs. physische Methoden

In den folgenden Abschnitten gehen wir auf die einzelnen Methoden genauer ein.

9.3.1 Datenexport

Bei einem Datenexport werden Werkzeuge und Funktionen der Datenbank genutzt, um Datenbankstrukturen, Indizes und natürlich die Inhalte aus der Datenbank in Dateien zu exportieren. Mithilfe des Datenexports kann die gleiche oder eine andere Datenbank mit dem gleichem Dateninhalt per Importmechanismus wieder aufgebaut werden.

Daten exportieren

Um einzelne Tabellen aus der SAP-HANA-Datenbank zu exportieren und diese dann z. B. in eine andere SAP-HANA-Datenbank zu importieren, stehen die SQL-Anweisung EXPORT und das SAP HANA Cockpit mit seinen Funktionen zur Verfügung. Auch ist es über diese Funktion möglich, Schemata zu exportieren. Weitere Informationen dazu finden Sie in SAP-Hinweis 1785797. Allerdings kennt SAP HANA bisher keine Werkzeuge, um die Datenbank komplett auf Dateiebene zu exportieren und diesen Export dann in ein anderes SAP-HANA-System zu importieren. Da eine Datenbankkopie jedoch über die physische Datensicherung und -wiederherstellung durchgeführt werden kann, ist der Bedarf nach einer solchen Funktion auch nicht wirklich vorhanden.

Software Provisioning Manager

Werden SAP-S/4HANA-, SAP-Business-Suite- oder SAP-BW-Systeme auf SAP HANA betrieben, gibt es die Möglichkeit, einen Datenexport in Form einer heterogenen Systemkopie mit dem *Software Provisioning Manager* (SWPM) umzusetzen. Allerdings beschränkt sich dieser Export auf das der SAP-Lösung zugeordnete Datenbankschema. Es werden keine Anwendungen und Funktionen exportiert, die außerhalb dieser Lösungen in der Datenbank implementiert sind. Der SWPM liest die Struktur und die Daten jeder Tabelle aus der SAP-HANA-Datenbank und erstellt damit einen installationsfähigen heterogenen Systemexport für eine Zieldatenbank. Dies kann SAP HANA oder (wenn möglich) jede beliebige andere Datenbank sein.

Der SWPM ist der Nachfolger verschiedener produkt- und release-spezifischer SAP-Werkzeuge. Er stellt auch die aktuellste Version der Anwendung SAPinst zur Verfügung, mit der unterschiedliche Bereitstellungsservices für Produkte und Releases aller Plattformen angeboten werden.

> **Homogene Systemkopien ab SAP NetWeaver 7.52**
>
> Ab dem Release SAP NetWeaver AS for ABAP 7.52 auf SAP HANA werden nur noch homogene Systemkopien vom SWPM unterstützt. Die hier beschriebene heterogene Systemkopie als Variante des Datenexports kann nur für Systeme bis Release SAP NetWeaver AS for ABAP 7.51 auf SAP HANA

verwendet werden. Das liegt daran, dass das Release 7.52 bereits diverse Artefakte in SAP HANA 2.0 nutzt, die von dem Werkzeug *R3load* nicht mehr unterstützt und somit nicht exportiert werden.

Ein Datenexport, sei es von einzelnen Tabellen, von mehreren Tabellen über Datenbankschemata oder von Datenbankschemata mithilfe des SWPM, ersetzt jedoch in keinem Fall die physischen Methoden der Datensicherung, die Sie im weiteren Verlauf dieses Abschnitts noch kennenlernen. Ein wesentlicher Nachteil des Datenexports gegenüber einer physischen Sicherung besteht darin, dass mit der Wiederherstellungsmethode »Import« lediglich der Zustand einer Tabelle oder der Datenbank wiederhergestellt werden kann, der mit dem Schreiben des Exports festgehalten wurde. Alle Änderungen, die nach einem Export durchgeführt wurden, gehen so unweigerlich verloren. Zudem eignet sich ein logischer Export aufgrund der höheren Sicherungszeit und des umständlicheren Handlings keinesfalls für die regelmäßige Datensicherung Ihrer SAP-HANA-Datenbank.

Kein Ersatz für eine physische Sicherung

Exporte von Tabellen werden z. B. für den unkonventionellen Datentransport zwischen zwei SAP-HANA-Systemen verwendet. Über den SWPM kann ein installationsfähiger Abzug einer SAP-Lösung, die auf SAP HANA betrieben wird, erstellt werden. Dieser Export kann dann verwendet werden, um Schulungs- und Testsysteme einer Systemlandschaft aufzubauen. Mit der Einschränkung auf das oben bereits beschriebene SAP-NetWeaver-Release liegt der Vorteil dieser Art von SAP-Systemkopien darin, dass Sie den erstellten Export auf jeder von SAP unterstützen Hardware-, Betriebssystem- und Datenbankplattform installieren können. Er ist unabhängig von der zuvor verwendeten Plattform und macht einen Umstieg auf andere Plattformen möglich.

Anwendungsgebiete logischer Exporte

Unter Komplexitätsgesichtspunkten wird im Bereich von SAP HANA bzw. der auf SAP HANA betriebenen SAP-Lösungen jedoch die homogene Systemkopie eher zum Tragen kommen. Dabei wird eine Datenbankkopie über eine physische Datensicherung und anschließende Wiederherstellung erzeugt. Der SWPM unterstützt den Prozess der homogenen Systemkopie vollständig.

9.3.2 Offlinedatensicherung

Die Offlinedatensicherung, auch als *Cold Backup* bezeichnet, sichert eine Datenbank, wenn diese gestoppt ist, die Speicherbereiche freigegeben und alle Prozesse beendet sind. Die SAP-HANA-Datenbank unterstützt keine

Cold Backup

Offlinedatensicherung in der Art und Weise, dass ein Image der heruntergefahrenen Datenbank mithilfe von Werkzeugen erstellt und dieses Image dann auf ein Sicherungsmedium geschrieben wird. Eine Sicherung kann nur durchgeführt werden, während alle konfigurierten Services, etwa Index und Statistics Server, laufen. Eine direkte Sicherung der Daten- und Log-Bereiche ist also nur möglich, wenn die SAP-HANA-Datenbank online ist.

Trotzdem kann eine SAP-HANA-Datenbank vollständig offline genommen werden. Sie residiert damit nicht mehr im RAM. Ihre Daten wurden vielmehr auf die Data und Log Volumes der Festplatte geschrieben. Diese Dateibereiche können auf Dateiebene unter Zuhilfenahme von Kommandos des Betriebssystems, wie etwa dd oder cpio unter Linux, offline gesichert werden. Es werden also die einzelnen Dateien der Datenbank auf das Sicherungsmedium geschrieben.

Unabhängig von der Frage, in welchen Situationen eine solche Sicherung angewandt werden könnte, ist der entscheidende Nachteil dieser Methode, dass Sie die SAP-HANA-Datenbank und damit alle Anwendungen und Funktionen, die auf der Datenbank laufen, offline nehmen müssen. Damit steht den Anwendern das System nicht mehr zur Verfügung. Für Systeme, die 24 Stunden, 7 Tage die Woche in Betrieb sein müssen, ist diese Sicherungsmethode daher keine Option. Zu diesem gravierenden Nachteil kommt hinzu, dass die Daten Ihrer SAP-HANA-Datenbank bei einem Stopp aus dem RAM auf die Festplatte geschrieben und natürlich nach einer solchen Sicherung beim Start wiederum von der Festplatte in den RAM geladen werden müssten. Dieser Vorgang dauert länger, je größer die Datenbank ist, auch werden Daten erst geladen, wenn sie angefordert werden. Insgesamt bringt also eine Offlinesicherung neben der Nichtverfügbarkeit des Systems erhebliche Performance-Einbußen mit sich.

Ablauf der Offlinesicherung

Wie läuft eine Offlinedatensicherung auf Dateiebene ab?

1. Zunächst müssen Anwendungen, wie etwa ein auf der SAP-HANA-Datenbank laufendes SAP-System, gestoppt werden.

2. Anschließend muss die SAP-HANA-Datenbank heruntergefahren werden. Dies bewirkt, dass die Daten aus dem RAM auf die Datenbereiche auf der Festplatte geschrieben werden und die Services sowie Prozesse der SAP-HANA-Datenbank beendet werden. Es erfolgen keine Zugriffe mehr auf das Dateisystem.

3. Im nächsten Schritt kann damit begonnen werden, die einzelnen Dateien aus den Data und Log Volumes auf ein Sicherungsmedium zu schreiben.

4. Nachdem die Sicherung erfolgreich durchlaufen ist, können die SAP-HANA-Datenbank und darauf laufende Anwendungen wieder gestartet werden.

Durch das Kopieren der Dateien auf ein Sicherungsmedium erstellen Sie mit einer Offlinedatensicherung in gewisser Weise ein konsistentes Backup Ihrer SAP-HANA-Datenbank. Konsistent heißt, dass Sie mit der Wiederherstellung dieser Offlinedatensicherung eine lauffähige Datenbank erhalten. Sobald Sie allerdings mit der SAP-HANA-Datenbank arbeiten, ist die vorgenommene Sicherung nicht mehr aktuell. Je weiter Sie sich zeitlich von dieser Sicherung entfernen, desto mehr unterscheidet sich der Datenbestand zwischen der laufenden SAP-HANA-Datenbank und Ihrer Sicherung auf dem Medium. Sollte aus diversen Gründen nun eine Wiederherstellung notwendig werden, können Sie nur auf die letzte vollständige Datensicherung zurückgreifen. Alle Änderungen zwischen der letzten Sicherung und dem Ausfall gehen unweigerlich verloren. Die Situation verschlechtert sich, wenn Sie feststellen sollten, dass Ihr letztes Offline-Backup nicht mehr bzw. nicht mehr fehlerfrei vom Sicherungsmedium gelesen werden kann.

Vor- und Nachteile

Sehr nachteilig an der Offlinedatensicherung ist die eingangs beschriebene Nichtverfügbarkeit Ihrer SAP-HANA-Datenbank und der darauf laufenden Anwendungen und SAP-Systeme in den Zeiten, in denen ein Backup durchgeführt wird. Dies ist für die meisten Anwender inakzeptabel. Von Vorteil insbesondere für die Systemadministration ist, dass die Sicherung eine konsistente Kopie des Systems ist.

Wie eingangs beschrieben, wird die Offlinedatensicherung von SAP HANA nicht unterstützt. Die SAP-HANA-Datenbank bietet gute Möglichkeiten der Sicherung und Wiederherstellung im Onlinemodus an, auf die wir im folgenden Abschnitt 9.3.3, »Onlinedatensicherung«, eingehen. Ein Kopieren der entsprechenden Dateien, d. h. die hier beschriebene Offlinedatensicherung, ist z. B. dann sinnvoll, wenn die SAP-HANA-Datenbank nach einem Hardwareausfall und anschließender Reparatur wieder hochgefahren werden soll. Wenn unbekannt ist, wie sich eine Hardwarereparatur auf das Wiederhochfahren der SAP-HANA-Datenbank auswirkt, kann vorher eine Offlinesicherung durchgeführt werden, sodass Sie im Fehlerfall eine Wiederherstellung der Datenbank vornehmen können. Eine von SAP-HANA-Werkzeugen unterstützte Sicherung wäre nur bei einer gestarteten Datenbank möglich.

9.3.3 Onlinedatensicherung

Anders als bei der Offlinedatensicherung steht die SAP-HANA-Datenbank bei der in diesem Abschnitt beschriebenen Onlinedatensicherung den Anwendern mit den Anwendungen und Funktionen, die darauf laufen, während der Datensicherung zur Verfügung. Die SAP-HANA-Datenbank bleibt also während des Sicherungslaufs weiter geöffnet und ist damit online, sodass die Anwender ihrer normalen Arbeit nachgehen können. Diese Sicherungsmethode wird auch als *Hot Backup* bezeichnet.

Sicherungsfenster Hot Backups werden ausgeführt, während die Datenbank läuft. Laut SAP sind die Auswirkungen von Sicherungen auf die Systemleistung von SAP HANA zu vernachlässigen, sodass die Anwender ganz normal auf dem System weiterarbeiten können, während die Onlinesicherung läuft. Dennoch sollten Sie das Zeitfenster, in dem die Onlinedatensicherung stattfindet, in eine lastarme Zeit legen, denn das Sichern der Daten beeinflusst die Performance der genutzten Hardwarekomponenten wie Server, Storage Area Networks (SAN) und Netzwerk. Diese lastarme Phase wird in den meisten Fällen nachts sein.

Wir besprechen in diesem Abschnitt folgende Aspekte:

- Log-Informationen und deren Sicherung mittels Log-Backup
- Data Snapshots als Grundlage für eine Datensicherung
- Sicherung von Daten mittels Daten-Backup

Die erforderlichen Grundlagen, wie das Zusammenspiel von Prozessen und Volumes, das Schreiben in die Data und Log Volumes sowie die Datenhaltung, haben wir bereits in Abschnitt 2.3, »Persistenz und Speicherverwaltung«, erklärt.

Log-Backups

Die Wiederherstellung der SAP-HANA-Datenbank aus einem Daten-Backup stellt einen konsistenten nutzbaren Zustand her. Sind zwischen dem Daten-Backup und dem Ausfall allerdings viele Änderungen in die Datenbank gelaufen, wollen Sie sicherlich nicht auf den Stand des Daten-Backups zurückgehen, sondern vielmehr die Änderungen, die in den Log-Informationen gesichert wurden, zurückholen und auf die Datenbank applizieren. Ihr Ziel ist es, den Datenverlust zu minimieren.

Um die SAP-HANA-Datenbank in einen solchen Zustand konsistent wiederherzustellen, sind alle Log-Informationen notwendig, die während der Datensicherung bis zu dem Punkt angefallen sind, zu dem die Wiederherstellung durchgeführt werden soll. Sind die Log-Informationen nicht mehr vorhanden, kann die Datenbank nur bis zum letzten Daten-Backup wiederhergestellt werden. Fehlen Log-Informationen, kann ein konsistenter Zustand nur bis zu den verfügbaren aufgezeichneten Änderungen erreicht werden. Es besteht die Gefahr eines Datenverlusts.

Abhängig von der Anzahl der Änderungen und damit von der Last auf dem Datenbanksystem werden unterschiedlich viele Log-Informationen in das Log-Segment geschrieben. Wenn die Log-Informationen den verfügbaren Speicherplatz im Log Volume überschreiten und auch nicht mehr für einen möglichen Systemneustart benötigt werden, können sie mithilfe eines sogenannten Log-Backups aus den Log Volumes entfernt werden. Das ordentliche Backup der Log-Informationen stellt sicher, dass immer noch auf die aufgezeichneten Änderungen der SAP-HANA-Datenbank zugegriffen werden kann. Wenn das Log-Backup aktiviert ist, wird dieses eigenständig von allen Datenbankprozessen ausgeführt, sobald ein Log-Segment voll ist oder die Zeit abgelaufen ist, die über den Parameter `log_backup_timeout_s` definiert wird.

Ist ein Log-Segment abgeschlossen, legt SAP HANA eine Log-Sicherungsdatei an und kopiert die Änderungsinformationen aus dem Log-Segment in diese Sicherungsdatei. SAP HANA ist standardmäßig so konfiguriert, dass Log-Backups automatisch angelegt werden. Die Voraussetzungen für das automatische Log-Backup sind, dass der Parameter `log_mode` den Wert `normal` hat und der Parameter `enable_auto_log_backup` auf `true` steht. Diese Parameter finden Sie in der Sektion `[Persistence]` der Datei **global.ini**.

Automatisches Schreiben in Sicherungsdatei

Für Log-Backups werden eine Dateisicherung sowie eine Sicherung über die Schnittstelle `Backint` angeboten. Den Ablauf der Sicherung über `Backint` haben wir bereits in Abschnitt 9.2.1, »SAP-HANA-Datenbank«, beschrieben. Bei der dateibasierten Sicherung werden die Dateien zu dem Verzeichnis kopiert, das über den Parameter `basepath_logbackup` definiert ist. Standardmäßig zeigt dieser Pfad auf das Verzeichnis **/usr/sap/<SID>/HDB<Instanz>/backup/log**. Sie können den Pfad natürlich ändern, ihn z. B. als Mount-Punkt für Ihr Sicherungslaufwerk nutzen oder einen symbolischen Link auf den Mount-Punkt des Sicherungslaufwerks Ihres Backup-Systems setzen. Beachten Sie, dass in Scale-out-Systemen der Pfad auf allen Hosts angelegt sein muss. Die Verzeichnisse sollten auf allen genutzten Hosts identisch heißen.

Dateibasierte oder »Backint«-basierte Sicherung

Auch das Verzeichnis, in das Sie die Log-Sicherungsdateien schreiben, hat eine begrenzte Größe und ist, wenn Sie nicht darauf achten, zu einem bestimmten Zeitpunkt voll. Ist diese Situation eingetreten, können keine automatischen Log-Sicherungen mehr durchgeführt werden, was dann dazu führt, dass das Log Volume volläuft und als Konsequenz nicht mehr ver-

Log-Backup-Verzeichnis bereinigen

wendet werden kann. Mit der Datenbank kann dann so lange nicht mehr gearbeitet werden, bis Änderungen wieder in das Log Volume geschrieben werden können. Die Lösung liegt darin, die Log-Backups aus dem Log-Backup-Verzeichnis zu löschen, sodass die Datenbank wieder genügend Platz hat, um Log-Segmente aus dem Log Volume zu schreiben.

Ziel Beim Löschen der Log-Backups müssen Sie allerdings vorsichtig agieren: Eliminieren Sie keine Dateien, die Sie benötigen, um die Datenbank in einen für Sie zeitlich akzeptablen und konsistenten Zustand zu überführen. Im Zweifelsfall schieben Sie Dateien in ein anderes Verzeichnis, das Sie bei der Wiederherstellung angeben können. Wenn Sie Log-Backups löschen, können Sie die Datenbank mithilfe der Datensicherung zwar in einen konsistenten Zustand wiederherstellen, aber Ihnen fehlen womöglich Änderungen, die nach der letzten Datensicherung angefallen sind. Ziel sollte sein, die Datenbank bis zur letzten abgeschlossenen Transaktion wiederherstellen zu können.

Im betriebswirtschaftlichen Umfeld kann es schließlich schwierig sein, zu einem beliebigen früheren Zeitpunkt zurückzukehren. Stellen Sie sich vor, Sie produzieren ein Auto, es läuft vom Band, das System stürzt ab, und Sie können Ihr System nur zu einem Zeitpunkt wiederherstellen, zu dem das Auto noch nicht produziert war. Dann passen die Informationen Ihres Systems nicht mehr zu den Tatsachen der realen Welt. Die Log-Backups sind daher von enormer Wichtigkeit.

SAP HANA bietet auch die Möglichkeit, existierende Sicherungen zu verwalten und zu löschen. Weitere Informationen finden Sie in Abschnitt 9.6.7.

Data Snapshots

Das Konzept der *Data Snapshots* in SAP HANA ist ein wichtiges und grundlegendes Konzept im Zusammenhang mit der Datensicherung. Ein Snapshot einer Datenbank ist ein in sich konsistenter Zustand des gesamten Systems, eingefroren in den Datendateien der Datenbank. Physische Pages, die zu diesem Zustand gehören, können weder gelöscht noch überschrieben oder geändert werden. Dieser Zustand bleibt so lange erhalten, wie der Snapshot existiert.

[»]
Umbenennung in Data Snapshot
Ab SAP HANA 2.0 SPS02 sprechen wir von Data Snapshots, in den früheren Versionen hingegen von *Storage Snapshots*. Sie finden die Bezeichnung in der SAP-HANA-Dokumentation, den SAP-Hinweisen und auch im SAP HANA Cockpit. Im SAP HANA Studio wird weiterhin der Begriff Storage

> Snapshot verwendet. Insgesamt soll mit der Umbenennung der Unterschied zwischen Data Snapshots der SAP-HANA-Datenbank und Storage Snapshots mit Funktionen von Sicherungswerkzeugen und Storage-Systemen klar herausgestellt werden.

Data Snapshots werden bei der Datensicherung implizit eingesetzt und müssen nicht von Ihnen angelegt werden. Sie können jedoch auch Data Snapshots über SQL-Kommandos im SAP HANA Database Explorer des SAP HANA Cockpits oder die Konsole HDBSQL anlegen lassen. Dies ist z. B. sinnvoll, wenn Sie einen Storage Snapshot der Data Volumes anlegen wollen, um die Datenbank von diesem Storage Snapshot aus wiederherstellen oder kopieren zu können. Ein Storage Snapshot kann nur dann eine konsistente Datenbankkopie beinhalten, wenn zuvor ein Data Snapshot erstellt wurde. **Snapshots manuell anstoßen**

Ein Data Snapshot bietet auch die Möglichkeit, die Datenbank auf einen definierten Stand zurückzusetzen. Dies ist z. B. für Schulungssysteme nützlich, die nach einem Training immer wieder auf den Initialzustand gesetzt werden sollen.

> **Data Snapshots ersetzen nicht die Datensicherung**
> Da die interne Konsistenz von Data Snapshots bei ihrer Erzeugung nicht durch den Datenbank-Kernel geprüft wird, sollten Sie Data Snapshots immer nur als einen Bestandteil Ihres Datensicherungskonzepts verstehen, als Ergänzung zu Datensicherungen.

Abbildung 9.2 zeigt vereinfacht dargestellt die Funktionsweise eines Data Snapshots. Wenn ein Data Snapshot erstellt werden soll, wird zunächst ein synchronisierter Savepoint angestoßen. Diese Savepoint-Operation wird von allen laufenden Datenbankprozessen ausgeführt und betrifft diejenigen Pages, die seit dem letzten Savepoint modifiziert wurden. Diese Pages werden in die Datendatei geschrieben, um den Data Snapshot anlegen zu können. Der ganze Prozess dauert in der Regel den Bruchteil einer Sekunde. In die Converter-Tabelle für den Data Snapshot werden alle zugehörigen logischen und physischen Pages geschrieben. In Abbildung 9.2 ist dieser Schritt durch die Strichpunktlinie dargestellt. **Funktionsweise**

Die Datenbank steht den Anwendern weiter zur Verfügung, sodass Änderungen in die Tabellen geschrieben werden. Diese Änderungen bewirken, dass Pages überschrieben werden. In Abbildung 9.2 sehen Sie, dass die logische Page L1 der Tabelle T1 geändert wurde und nun zur besseren Verdeutlichung den Namen L1' trägt. Beim nächsten Savepoint (dargestellt durch die gestrichelte Linie) wird die Änderung an der logischen Page L1' in die Datendatei geschrieben. Die originale Page P1 bleibt unverändert, wird aber in die Schatten-Page S1 gewandelt. Die logische Page L1' wird in eine neue physische Page P1' geschrieben. Der Savepoint enthält also alle unveränderten physischen Pages und die veränderte Page P1', aber nicht die Schatten-Page S1. Diese gehört zum Data Snapshot, zusammen mit den anderen unveränderten physischen Pages.

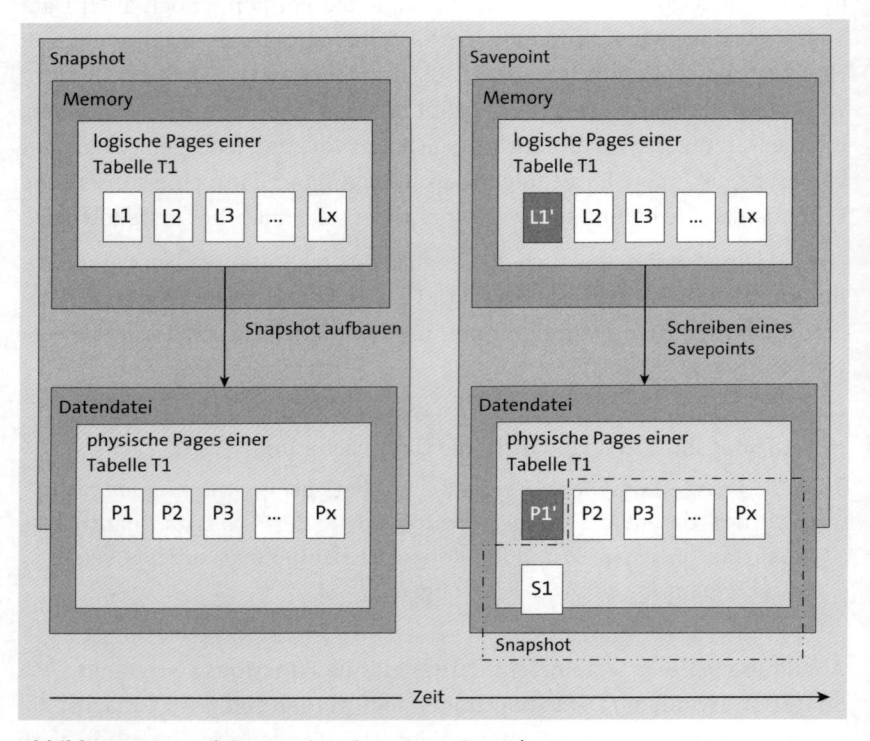

Abbildung 9.2 Funktionsweise eines Data Snapshots

Anschließender Storage Snapshot

Sollte der Data Snapshot angelegt worden sein, um darauf aufbauend einen Storage Snapshot anzulegen, kann nun das Data Volume kopiert werden. Sobald dieser Vorgang abgeschlossen ist, sollte der Data Snapshot freigegeben werden. Sie können dem System mitteilen, dass ein Storage Snapshot durchgeführt wurde, in dem Fall würde dem Backup-Katalog der SAP-HANA-Datenbank automatisch ein entsprechender Eintrag hinzugefügt, sodass eine Wiederherstellung ausgeführt werden kann. Der andere Weg ist, den Data Snapshot zu beenden und damit der Datenbank zu signalisieren, dass kein Storage Snapshot vorgenommen wurde. Bei der Freigabe des

Data Snapshots werden alle Schattentabellen als frei gekennzeichnet und können nun wiederverwendet werden.

> **Invalidierung von Data Snapshots**
>
> Data Snapshots werden invalidiert, sobald einer der Prozesse mit eigener Persistenz durchgestartet wird. Soll also ein Data Snapshot für eine Kopie oder eine Wiederherstellung genutzt werden, sollten Sie einen Storage Snapshot anlegen. Wenn ein Data Snapshot invalidiert ist, können Sie ihn nicht wiederherstellen. Storage Snapshots, die nicht wiederhergestellt werden können, beinhalten möglicherweise einen defekten Data Snapshot.

Daten-Backup

Eingangs haben wir bereits erwähnt, dass die Log-Informationen und die damit verbundenen Log-Sicherungen für die konsistente Wiederherstellung der Datenbank zu einem bestimmten Zeitpunkt unablässig sind. Eine weitere Voraussetzung sind die Sicherungen der Daten selbst. Die sogenannten *Daten-Backups* beinhalten ein Abbild der Datenbank zu einem bestimmten Zeitpunkt. Auf ein wiederhergestelltes Daten-Backup werden Log-Informationen aus den Log-Backups und aus den Log-Segmenten appliziert, um die Datenbank zu jedem Zeitpunkt zwischen der Sicherung und der letzten abgeschlossenen Transaktion wiederherstellen zu können. Auch können, wie in Abschnitt 9.3.1, »Datenexport«, bereits erwähnt, Sicherungen der Datenbank genutzt werden, um diese in einer anderen Datenbankinstanz wiederherzustellen und so Kopien von Systemen zu erzeugen.

Wie für Log-Backups werden für Daten-Backups die dateibasierte und die auf der Schnittstelle `Backint` basierende Sicherung angeboten (siehe Abschnitt 9.2.1, »SAP-HANA-Datenbank«). Beachten Sie, dass Data Snapshots nicht über die `Backint`-Schnittstelle verwaltet werden können. Das Zielverzeichnis bei der dateibasierten Sicherung wird über den Parameter `basepath_databackup` definiert. Standardmäßig ist hier das Verzeichnis **/usr/sap/<SID>/HDB<Instanz>/backup/data** hinterlegt.

Dateibasierte und »Backint«-basierte Sicherung

Ein Daten-Backup ist eine Kopie eines bestimmten konsistenten Zustands der gesamten SAP-HANA-Datenbank, die in dedizierte Sicherungsdateien geschrieben wurde. Der Zustand, der vom Daten-Backup festgehalten wird, wird über die Log-Position zum Zeitpunkt der Ausführung der Sicherung definiert. Die Sicherung ähnelt sehr einem Data Snapshot. Der Hauptunterschied ist, dass alle physischen Pages in ein Backup Image geschrieben wer-

Ablauf des dateibasierten Backups

den, anstatt den Zustand lediglich in einem Data Snapshot im Datenbereich der Datenbank einzufrieren.

Intern wird bei einer Datensicherung also ein Data Snapshot angelegt, um alle relevanten Pages mappen zu können. Dann werden alle physischen Pages aus der Converter-Tabelle des Data Snapshots in die Datensicherungsdateien geschrieben. Der Data Snapshot wird automatisch aufgelöst, sobald alle Pages weggeschrieben wurden. Die Position des Logs, an dem eine prozessweite Zugriffssperre für alle Datenbankobjekte gesetzt wird, wird vermerkt. An genau dieser Position kann nach einer Datenbankwiederherstellung das Applizieren von Log-Segmenten beginnen. Alle Änderungen, die nach diesem Zeitpunkt durchgeführt werden, sind nicht mehr Teil des Daten-Backups.

Abbildung 9.3 zeigt schematisch und sehr abstrakt den soeben beschriebenen Prozess der dateibasierten Sicherung am Beispiel einer Tabelle T1.

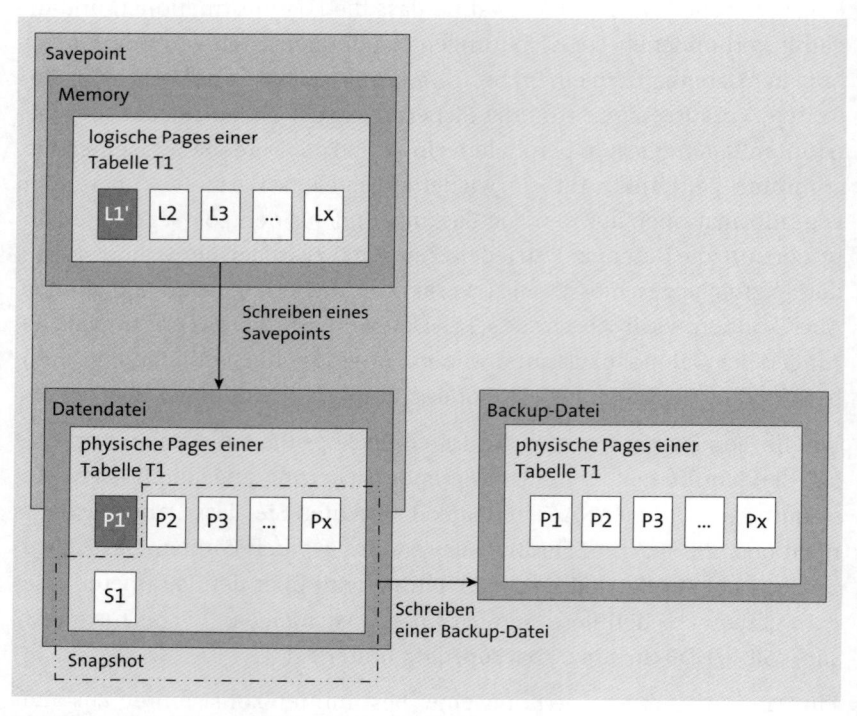

Abbildung 9.3 Ablauf des Daten-Backup-Prozesses

Die Tabelle T1 hat eine bestimmte Anzahl logischer Pages und residiert im Memory der SAP-HANA-Datenbank. Über einen Savepoint werden die Informationen in eine Datendatei des Data Volumes geschrieben. Dies sind die physischen Pages. Wird nun ein Daten-Backup angestoßen, wird zunächst ein Data Snapshot gesetzt. Schreibende Änderungen an der Datenbank sind erlaubt. In Abbildung 9.3 sehen Sie, dass die logische Page L1 verändert wurde (jetzt als L1' gekennzeichnet). Nach dem nächsten Savepoint, der ausgeführt wird, liegt diese Änderung auch in der Datendatei vor. Dabei wird die Page P1 als Schatten-Page S1 markiert, und die neue physische Page P1' enthält den Inhalt der logischen Page L1'. Der Schreibprozess der Datensicherung sichert lediglich den Inhalt des Data Snapshots, also die Schatten-Page S1 (entspricht der originalen physischen Page P1) sowie die anderen noch unveränderten Pages. Durch den Data Snapshot, der einen konsistenten Abzug der Datenbank bildet, und die darauffolgende Sicherung aller physischen Pages erhalten Sie einen konsistenten Abzug der SAP-HANA-Datenbank.

SAP HANA unterscheidet drei verschiedene Arten von Daten-Backups:

- vollständiges Daten-Backup
- inkrementelles Daten-Backup
- differenzielles Daten-Backup

Arten von Daten-Backups

Beim vollständigen Daten-Backup wird die gesamte Datenbank mit allen physischen Pages gesichert.

Das inkrementelle Backup speichert die Änderungen, die seit dem letzten Daten-Backup erfolgt sind. Dazu zählen sowohl das letzte volle Daten-Backup als auch das letzte inkrementelle oder differenzielle Backup. Sowohl unveränderte Daten als auch veränderte Daten, die bereits in einem inkrementellen oder differenziellen Backup gesichert wurden, werden bei dieser Variante nur ein einziges Mal gesichert. Damit sind inkrementelle Sicherungen die kleinsten. In Abbildung 9.4 ist das inkrementelle Backup im unteren Teil dargestellt. Jeweils an einem Sonntag wird in diesem Beispiel ein vollständiges und an allen anderen Tagen ein inkrementelles Backup durchgeführt. Die Größe der Sicherungen, also die Größe der Daten, variiert von Tag zu Tag, weil die Auslastung der SAP-HANA-Datenbank und die Änderungen, die geschrieben werden, unterschiedlich sein können.

Inkrementelles Backup

Das differenzielle Backup speichert die Änderungen, die seit dem letzten vollen Daten-Backup erfolgten. In Abbildung 9.4 ist das differenzielle Backup im oberen Bereich dargestellt. An jedem Sonntag wird ein vollständiges Daten-Backup durchgeführt. An allen anderen Tagen findet immer ein differenzielles Backup statt. Die Menge der zu sichernden Daten wächst von Tag zu Tag, da immer alle veränderten Pages seit dem letzten vollen Daten-Backup unabhängig von zwischenzeitlich durchgeführten inkrementellen oder differenziellen Backups gespeichert werden.

Differenzielles Backup

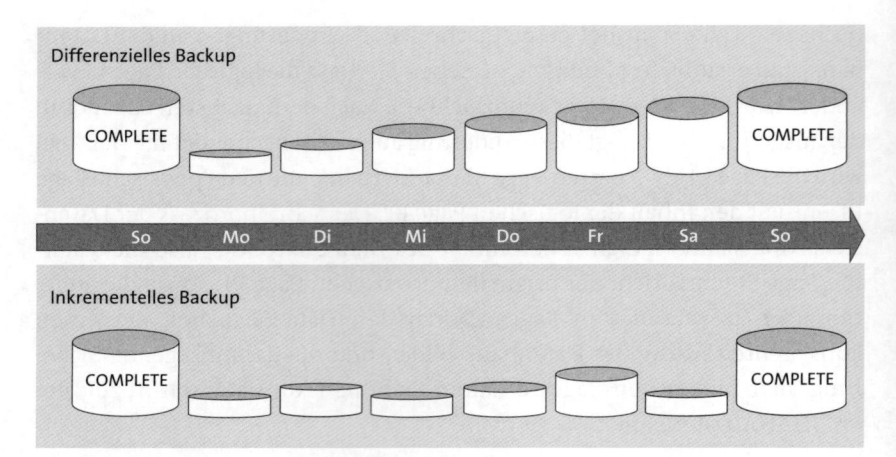

Abbildung 9.4 Unterschied zwischen inkrementellen und differenziellen Backups

Wiederherstellung
Bei einer Wiederherstellung werden beim differenziellen Backup zunächst das vollständige Daten-Backup, dann das letzte differenzielle Backup, die Log-Backups und schließlich die Log-Informationen aus dem Log-Segment herangezogen. Anders ist das bei inkrementellen Backups. Hier werden nacheinander das vollständige Daten-Backup, alle inkrementellen Backups, die Log-Backups und schließlich die Log-Informationen aus dem Log-Segment verwendet.

Delta-Backups
Der Begriff *Delta-Backup*s fasst die zuvor beschriebenen inkrementellen und differenziellen Backups zusammen. Sie werden sowohl von der dateibasierten Methode als auch von der `Backint`-Schnittstelle unterstützt. Bei Verwendung der Schnittstelle müssen Sie natürlich sicherstellen, dass der Drittanbieter des Sicherungswerkzeugs diese Backups ebenfalls unterstützt.

[!] **Inkrementell versus differenziell**

Bei anderen Datenbanksystemen werden die Begriffe der inkrementellen und differenziellen Sicherung genau andersherum verwendet. So ist die inkrementelle Sicherung bei IBM DB2 eine kumulative Sicherung, die alle Änderungen seit der letzten vollen Sicherung sichert. Dagegen sichert die differenzielle (nicht kumulative) Sicherung die Änderungen, die seit der letzten Datensicherung (voll und Delta) geschrieben wurden. Wenn Sie also andere Datenbanksysteme im Einsatz haben, achten Sie genau darauf, was die jeweilige Delta-Sicherung beinhaltet, und lassen Sie sich nicht von den Begrifflichkeiten verwirren.

Wenn Sie feststellen, dass die aktuellen Daten- und Log-Sicherungen fehlerhaft sind, sollten Sie, nachdem Sie den auslösenden Fehler identifiziert und eliminiert haben, so schnell wie möglich eine neue Sicherung anstoßen. Stellen Sie zudem sicher, dass niemand die fehlerhaften Sicherungen für eine Wiederherstellung verwendet, indem Sie diese aus dem Backup-Katalog und vom Sicherungsmedium entfernen.

Die Vorteile der Onlinedatensicherung liegen auf der Hand: Sie können zum einem die SAP-HANA-Datenbank laufen lassen und gewährleisten somit, dass das System rund um die Uhr verwendet werden kann. Zum anderen haben Sie über die Sicherung der Log-Informationen die Möglichkeit, die Datenbank bis zur letzten gesicherten Transaktion wiederherzustellen. Nachteilig ist, dass bei der Wiederherstellung das Applizieren von etlichen Log-Backup-Dateien auf die Datenbank sehr zeitaufwendig werden kann.

Vor- und Nachteile

9.4 Wiederherstellungsmethoden

Wenn das System wiederhergestellt werden muss, sollten Sie zunächst ergründen, was der Grund des Systemausfalls bzw. des Datenverlusts war und in welchem Zustand sich Ihre SAP-HANA-Datenbank, das Dateisystem Ihrer Datenbank und das Betriebssystem befinden. Danach können Sie entscheiden, welche Methode am besten geeignet ist, um Ihre SAP-HANA-Datenbank am schnellsten wieder in einen nutzbaren Zustand zurückzuversetzen.

[+]

> **Lassen Sie sich im Zweifel beraten**
>
> Wenn Sie sich im Unklaren darüber sind, wie der Zustand der SAP-HANA-Datenbank und der darauf laufenden Anwendungen ist, wie Sie die Ursachensuche durchführen müssen oder wie das System wiederhergestellt werden kann, sollten Sie sich Unterstützung holen. Meist liegen die Kosten, die durch den Ausfall eines solchen Systems in Folge eines falsch durchgeführten und/oder verzögerten Wiederherstellens entstehen, höher als die Beratungskosten, die Ihnen in Rechnung gestellt werden. Die Wiederherstellung kann ein kompliziertes Verfahren sein, das von SAP-Werkzeugen oder von Drittsoftware- und Hardwareherstellern unterstützt wird.

Bei einer Wiederherstellung sind Kenntnisse in den unterschiedlichsten Bereichen gefragt. Regelmäßig durchgeführte Wiederherstellungsübungen

Wiederherstellung üben

an einem Testsystem oder in einem Sandbox-System sind sehr hilfreich, um das erforderliche Wissen aufzubauen und zu festigen. Das Übungssystem sollte möglichst auf der gleichen Hardware und dem gleichen SAP-HANA-Datenbank-Release- und -Versionsstand laufen wie das produktive System. Sobald sich Änderungen in dieser Landschaft ergeben, z. B. durch eine Hardware- oder Datenbankmigration oder durch einen Release-Wechsel, raten wir Ihnen, die Wiederherstellungsübung schnellstmöglich im Anschluss an diese Umstellungsarbeiten zu wiederholen.

9.4.1 Restore versus Recovery

Im SAP-HANA-Umfeld wird bei der Wiederherstellung der Datenbank grundsätzlich von *Recovery* gesprochen. Diese Bezeichnung finden Sie sowohl in den Benutzeroberflächen des SAP HANA Cockpits, des SAP HANA Studios als auch in den Dokumentationen und SAP-Hinweisen. Es findet also begrifflich keine Unterscheidung zwischen dem eigentlichen Wiederherstellen der Datenbank und dem Applizieren der Log-Informationen statt. Für Administratoren anderer Datenbanken ist das Fehlen dieser Unterscheidung im ersten Moment gewöhnungsbedürftig. Der Begriff des *Restores* meint eigentlich die Wiederherstellung der gesamten Datenbank oder von Teilen der Datenbank (*Full* oder *Partial Restore*) von einer Datensicherung. Eine Recovery wird immer dann notwendig, wenn entweder kein Restore möglich ist oder wenn durch ein zuvor durchgeführtes Restore ein inakzeptabler Datenverlust aufgrund veralteter Daten entsteht, der nur durch einen Recovery-Lauf wettgemacht werden kann.

Instance Recovery

Im allgemeinen Datenbankumfeld spricht man von einer *Instance Recovery*, wenn die Änderungen aus dem Log-Bereich beim Hochfahren der Datenbank nachgeführt werden müssen. Dies kann notwendig werden, wenn z. B. durch den Ausfall der Energieversorgung die Änderungen zwar in den Log-Bereich geschrieben wurden, aber nicht mehr in den Datendateien angekommen sind. Müssen nach der Wiederherstellung der Datenbank über eine anschließende Recovery Änderungen nachgeführt werden, unterscheidet man zwischen einer vollständigen (*Complete*) und einer unvollständigen (*Incomplete*) Recovery.

Wir werden diese Unterscheidung in diesem Kapitel nicht weiterverwenden, um mit den Begriffen der SAP-HANA-Werkzeuge und der SAP-Dokumentationen im Einklang zu stehen.

9.4.2 Schritte der Wiederherstellung

Im allerersten Schritt sollten Sie die verschiedenen Fehlerprotokolle, in denen Systemmeldungen und signifikante Fehlernachrichten gespeichert werden, sowie die Trace-Dateien (der Hintergrund- und Benutzerprozesse der Hardware, des Betriebssystems und der Datenbank) kontrollieren und analysieren. Wo sich die Protokolle befinden, hängt von der verwendeten Hardware und dem Betriebssystem ab. Die Protokolldateien der SAP-HANA-Datenbank haben wir in Kapitel 16, »Fehleranalyse und -behebung«, beschrieben.

Fehlerprotokolle und Trace-Dateien analysieren

Grundvoraussetzung für den erfolgreichen Abschluss dieses Schritts ist natürlich, dass Sie noch auf den Server und die genannten Protokolle zugreifen können. Sollte dies nicht der Fall sein, müssen Sie die Hardware und das Betriebssystem zunächst in einen funktionsfähigen Zustand versetzen.

Im zweiten Schritt sollten Sie sich folgende Fragen stellen und beantworten:

Fragen für das weitere Vorgehen

- Wie ist der Status meiner SAP-HANA-Datenbank, der Systemdatenbank, der Tenant-Datenbanken und meines Dateisystems? Sind beide noch verfügbar?
- Welche Art von Fehler ist aufgetreten? Liegt ein Hardware- oder ein Bedienfehler vor?
- Sind Dateien der Data oder Log Volumes der SAP-HANA-Datenbank oder des restlichen Dateisystems beschädigt?
- Welcher Typ von Dateien ist betroffen (Data oder Log, Konfiguration)?
- Wenn ein Hardwarefehler im Bereich der Medien aufgetreten ist, ist das Redundant Array of Independent Disks (RAID) verfügbar? Welchen Status hat der RAID-Verbund?
- Stehen Hochverfügbarkeitslösungen wie Host-Auto-Failover, Systemreplikation oder Storage-Replikation zur Verfügung?

Wurde der Fehler durch einen Anwender verursacht, sind die SAP-HANA-Datenbank und das Dateisystem in den meisten Fällen weiterhin verfügbar und in der Regel auch funktionsfähig. Bevor Sie mit einer Wiederherstellung der Datenbank beginnen, sollten Sie eine vollständige Datensicherung von dem System ziehen. Läuft die Datenbank nicht mehr, führen Sie an dieser Stelle eine komplette Offlinedatensicherung der Datenbank und ggf. des kompletten Dateisystems durch.

Vorgehen bei Bedienfehlern

Im Falle des Medienfehlers müssen Sie die betroffene defekte Hardware austauschen, sofern Sie dies nicht bereits getan haben, um überhaupt wieder auf den Server zugreifen zu können. Anschließend müssen Sie die

Vorgehen bei Hardwarefehlern

neuen Dateisysteme so anlegen, wie diese vor dem Auftreten des Fehlers aussahen. Wenn möglich, sichern Sie vor dem Austausch der Hardware die Datenbankverzeichnisse und -dateien, auf die Sie noch zugreifen können. Diese können Sie, wenn die Datenbank später wiederhergestellt ist und läuft, immer noch löschen. Die Sicherung der defekten Datenbank und des Dateisystems benötigen Sie dann, wenn ein Recovery-Lauf fehlerhaft ist und Sie von vorn beginnen müssen.

Wiederherstellungsszenarien
Im dritten Schritt können Sie schließlich die Wiederherstellung starten. SAP HANA kennt die folgenden Szenarien:

- Recovery der Datenbank zum letzten Stand (*Complete Database Recovery*)
- Recovery der Datenbank zu einem bestimmten Zeitpunkt (*Point-in-Time Recovery*)
- Recovery der Datenbank zu einem bestimmten Backup (*Database Reset*)

In Tabelle 9.1 haben wir die unterschiedlichen von SAP HANA unterstützten Wiederherstellungsszenarien in Zusammenhang mit möglichen Fehlerquellen gestellt. So können Sie anhand der Fehlerquelle und des Ziels der Wiederherstellung ein geeignetes Szenario für die Recovery Ihrer Datenbank auswählen.

Fehler	Ziel	Szenario
Hardwarefehler	Wiederherstellen bis zum Zeitpunkt des Ausfalls	Recovery der Datenbank zum letzten Stand
Bedien- oder Softwarefehler	Wiederherstellen zu einem bestimmten Zeitpunkt vor dem Auftreten des Fehlers	Recovery der Datenbank zu einem bestimmten Zeitpunkt
Hardwarefehler, Bedien- oder Softwarefehler. Alle Kopien der Log-Informationen sind unwiderruflich verloren, jedoch ist die Sicherung aus dem Daten-Backup vorhanden, oder die Sicherung wurde unmittelbar vor dem Ausfall der Datenbank durchgeführt.	Wiederherstellen der gesamten Datenbank auf einen Zustand, wie er bei der letzten Datensicherung bestand.	Recovery der Datenbank zu einem bestimmten Backup

Tabelle 9.1 Wiederherstellungsszenarien

Wenn wir aus technischer Sicht auf die unterschiedlichen Situationen schauen, die eine Wiederherstellung der SAP-HANA-Datenbank erfordern, lassen sich die folgenden Situationen abbilden:

Dateisystemsicht

- **Die Data Volumes sind unbrauchbar.**
  Wenn die Daten aus den Datendateien z. B. aufgrund von Dateisystemfehlern nicht mehr verwendbar sind, kann die Datenbank bis zur letzten abgeschlossenen Transaktion in einen konsistenten Stand wiederhergestellt werden. Benötigt werden dafür ein Daten-Backup oder ein Storage Snapshot und alle Log-Informationen.

- **Das Log Volume ist unbrauchbar.**
  Falls der Log-Bereich unbrauchbar ist, hat das zur Folge, dass die Datenbank nicht mehr bis zur letzten abgeschlossenen Transaktion wiederherstellt werden kann. Es ist in dieser Situation nur möglich, einen Stand aus den gesicherten Log-Backups wiederherzustellen. Über eine Systemreplikation (siehe Abschnitt 9.1) oder über das Spiegeln des Log-Bereichs mit Hardwaretechnologie könnte eine solche Situation vermieden werden.

- **Das Data und Log Volume sind unbrauchbar.**
  Hier liegt derselbe Fall vor wie beim zuvor beschriebenen Verlust des Log Volumes.

Wiederherstellung einer offline gesicherten Datenbank

Auch wenn die SAP-HANA-Datenbank selbst keine Mechanismen anbietet, um eine Offlinedatensicherung durchzuführen, haben wir in Abschnitt 9.3.2 beschrieben, dass in bestimmten Situationen ein Sichern der Data und Log Volumes einer SAP-HANA-Datenbank, die heruntergefahren ist, über Betriebssystemkommandos sinnvoll ist. Eine Wiederherstellung einer solchen Sicherung erfolgt über ein Zurückkopieren der entsprechenden Dateien auf den Server. Alle Änderungen, die seit dieser Sicherung und der Wiederherstellung an den Daten der Datenbank im produktiven Betrieb vorgenommen wurden, gehen unwiderruflich verloren. Darin liegt der gravierende Nachteil der Offlinedatensicherung: Diese Methode führt zu einem Datenverlust. Ihre SAP-HANA-Datenbank kann nur bis zum Zeitpunkt der letzten erfolgreichen Sicherung zurückgespielt werden. Ein Applizieren der Änderungen ist nicht möglich.

Wiederherstellung einer online gesicherten Datenbank

Über eine Onlinedatensicherung erhalten Sie die Möglichkeit, die Datenbank bis zur letzten abgeschlossenen Transaktion wiederherzustellen.

Grundvoraussetzung dafür ist, dass neben dem Daten-Backup alle Log-Informationen in Form von Log-Backups oder in den Log-Segmenten des Log Volumes vorhanden sind bzw. dass auf diese noch zugegriffen werden kann. Ohne die Log-Informationen können Sie zwar eine Datenbanksicherung wiederherstellen, aber die Änderungen, die seit der Sicherung im Laufe des produktiven Betriebs angefallen sind und in den Logs protokolliert wurden, können nicht appliziert werden. Damit besteht unweigerlich die Gefahr eines Datenverlusts.

Wiederherstellungsszenarien

An dieser Stelle gehen wir detailliert auf die von SAP HANA angebotenen Wiederherstellungsszenarien ein:

- **Recovery der Datenbank zum letzten Stand (Complete Database Recovery)**
  In diesem Szenario kann die Datenbank bis zur letzten abgeschlossenen Transaktion vor dem Ausfall wiederhergestellt werden. Dabei benötigt der Wiederherstellungsprozess ein Daten-Backup oder einen validen Storage Snapshot sowie alle Log-Informationen von der Log-Position des Daten-Backups bis hin zur letzten abgeschlossenen Transaktion. Die Log-Informationen werden aus den Log-Backups und aus dem Log-Segment wiederhergestellt. Dieses Szenario ist das am häufigsten verwendete Szenario im Fall eines Hardware- oder Medienfehlers, denn das Ziel der Wiederherstellung ist es, den Datenverlust zu minimieren.

- **Recovery der Datenbank zu einem bestimmten Zeitpunkt (Point-in-Time Recovery)**
  Dieses Szenario stellt die SAP-HANA-Datenbank zu einem ganz bestimmten Zeitpunkt wieder her. Ähnlich wie beim ersten Wiederherstellungsszenario werden für die Wiederherstellung ein Daten-Backup oder ein valider Storage Snapshot sowie alle Log-Informationen von der Log-Position des Daten-Backups bis hin zum von Ihnen angegebenen Zeitpunkt benötigt. Die Log-Informationen werden dabei wieder aus den Log-Backups und dem Log-Segment wiederhergestellt.

  Anwendung findet dieses Szenario, wenn Sie genau wissen, wann ein Fehler aufgetreten ist. Beispiele sind Bedien- oder Softwarefehler. Über die Angabe des Zeitpunkts können Sie genau den Datenbankzustand vor dem Fehlerzeitpunkt zurückholen.

  Üblicherweise nehmen Sie bei der Verwendung dieses Szenarios einen Datenverlust hin, da alle Änderungen, die zwischen dem gewählten Zeitpunkt für die Recovery und der letzten abgeschlossenen Transaktion liegen, verloren gehen. Deshalb sollten Sie mit diesem Szenario sehr vorsichtig umgehen, insbesondere, wenn ein Datenaustausch aus Ihren Anwendungen mit anderen Systemen Ihrer Systemlandschaft erfolgt.

Hier müssen Sie überlegen, ob diese Systeme nicht auch zurückgesetzt werden müssen, da sie Informationen enthalten, die in der wiederhergestellten SAP-HANA-Datenbank dann nicht mehr vorhanden sind. Denken Sie an das eingangs erwähnte Beispiel: Sie produzieren ein Auto, es läuft vom Band, es tritt ein Fehler auf, und Sie stellen die Datenbank zu einem Zeitpunkt wieder her, zu dem das Auto noch nicht produziert war. Sie haben dann zwar eine lauffähige Datenbank, die in ihr enthaltenen Informationen stimmen jedoch nicht mit der realen Welt überein.

> **Mögliche Probleme bei diesem Wiederherstellungsszenario** [«]
>
> Die beiden SAP-Hinweise 434647 (Point-in-Time Recovery in einem Systemverbund) und 434645 (Point-in-Time Recovery: Was ist zu beachten?) zeigen mögliche Probleme bei der Recovery der Datenbank zu einem bestimmten Zeitpunkt auf.

- **Recovery der Datenbank zu einem bestimmten Backup (Database Reset)**
  Die Recovery wird in diesem Szenario von einem Daten-Backup oder einem Storage Snapshot durchgeführt, und es werden keine Log-Informationen aus den Log-Backups oder den Log-Segmenten appliziert. Der Zustand der SAP-HANA-Datenbank entspricht dann exakt dem Zustand zum Zeitpunkt der Sicherung. Alle Änderungen, die seit dem Zeitpunkt der Sicherung erfolgt sind, gehen verloren. Damit kann der Datenverlust in diesem Szenario entsprechend hoch sein. Das Wiederherstellen des Systems mit dieser Methode ist insbesondere für Systemkopien sinnvoll. Im produktiven Einsatz wird sie kaum Anwendung finden, außer die Sicherung, die wiederhergestellt werden soll, ist unmittelbar vor dem Ausfall der Datenbank durchgeführt worden.

Die Wahl des Wiederherstellungsszenarios hängt maßgeblich von der Fehlersituation ab. Sie sollten das Szenario mit viel Bedacht auswählen und insbesondere die Implikationen einer Wiederherstellung im Bereich eines Systemverbunds in Ihre Entscheidung mit einfließen lassen.

Die Wiederherstellung der Datenbank lässt sich in die folgenden drei Schritte einteilen: *Ablauf der Wiederherstellung*

1. Neue Datendateien werden im Data Volume angelegt. Anschließend werden physische Pages aus der Datensicherung oder vom Storage Snapshot in die Datendateien kopiert.

2. Im zweiten Schritt werden die Log-Informationen appliziert. Dazu stellt das System zunächst die Log-Position der Datensicherung bzw. des Stor-

age Snapshots fest. Danach werden alle Änderungen bis zur letzten abgeschlossenen Transaktion, bis zu einem bestimmten Zeitpunkt oder bis zu einer bestimmten Log-Position appliziert. Die Log-Informationen werden dabei aus den Log-Backups und aus den Log-Segmenten gelesen. Sollte ein Database Reset ausgeführt werden, müssen keine Log-Informationen nachgeführt werden.

3. Es findet ein Neustart der SAP-HANA-Datenbank statt.

Voraussetzungen Um eine Wiederherstellung fehlerfrei starten zu können, müssen einige Voraussetzungen erfüllt sein, insbesondere dann, wenn die Zieldatenbank ein anderes System ist als das Quellsystem oder die Software der Zieldatenbank aufgrund eines Ausfalls der Hardware verloren gegangen ist:

- **Datenbankversion**
  Die Version der Software der Zieldatenbank muss mindestens so groß sein wie die der Quelldatenbank. Sie können keine Wiederherstellung in ein System ausführen, das auf einer kleineren Revisionsnummer läuft als das Quellsystem. Es gibt Ausnahmen, wenn die Sicherung auf einer Wartungsrevision stattgefunden hat und die Wiederherstellung auf einer Support-Package-Revision durchgeführt werden soll. Informieren Sie sich dazu in SAP-Hinweis 1948334.

- **Zugänge**
  Im ersten Moment ein scheinbar trivialer Punkt, aber dennoch wichtig: Der Wiederherstellende muss das Passwort des SAP-Systemadministrationsbenutzers <sid>adm für das Zielsystem kennen.

- **Prozesstypen und Prozessanzahl**
  Das Zielsystem muss die exakt gleiche Anzahl von Prozesstypen haben wie das Quellsystem, in dem die Sicherung gelaufen ist. Die Anzahl der Hosts ist dabei allerdings nicht ausschlaggebend.

Initialisierung des Log-Bereichs Bei der Wiederherstellung der Datenbank mittels Complete Database Recovery oder Point-in-Time Recovery haben Sie die Möglichkeit, den Log-Bereich zu initialisieren (siehe Abbildung 9.5, **Initialize Log Area**). Wenn Sie diese Option wählen, werden aus den bestehenden Log-Segmenten keine Log-Informationen zur Wiederherstellung verwendet. Zudem werden am Ende des gesamten Wiederherstellungsprozesses die bestehenden Log-Segmente im Log Volume gelöscht und danach wieder neu angelegt.

Sie sollten die Initialisierung des Log-Bereichs nur anwenden, wenn das Log Volume unbrauchbar ist oder die Wiederherstellung der Datenbank in einem anderen System stattfindet. Bedenken Sie, dass mit einer Initialisierung noch im Log-Segment vorhandene Log-Informationen verloren gehen und demzufolge keine Wiederherstellung bis zur letzten abgeschlossenen Transaktion möglich ist. Bei Anwendung des Database-Reset-Szenarios wird der Log-Bereich immer automatisch initialisiert.

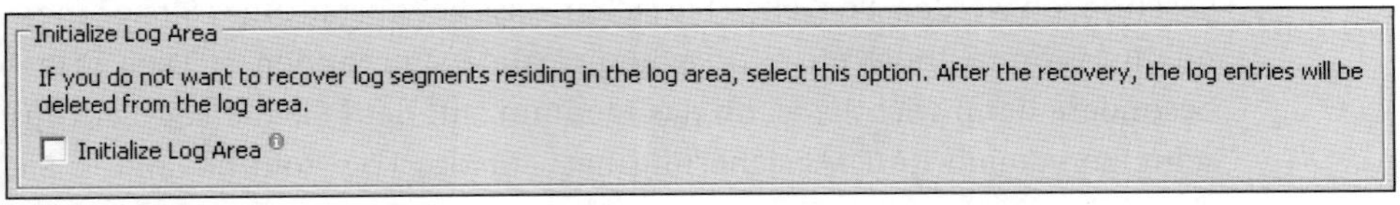

Initialize Log Area

If you do not want to recover log segments residing in the log area, select this option. After the recovery, the log entries will be deleted from the log area.

☐ Initialize Log Area

Abbildung 9.5 Log-Bereich initialisieren

Nehmen Sie eine Wiederherstellung von Sicherungen in das gleiche System vor, sollten Sie den Log-Bereich nie initialisieren. Der Inhalt der Log-Segmente kann dann für die Recovery genutzt werden. Sobald diese abgeschlossen ist, werden die Log-Informationen nicht mehr benötigt. Die eingesetzten Log-Segmente werden als frei gekennzeichnet und vom System für das Schreiben von Log-Informationen wiederverwendet.

9.5 Sicherungsstrategien

In diesem Abschnitt sprechen wir grundlegende Hinweise, Konzepte und Strategien bei der Datensicherung an. Zuallererst wollen wir diskutieren, wie oft eine vollständige Sicherung der Datenbank durchgeführt werden sollte. Diese *Frequenz* einer vollständigen Datensicherung Ihrer SAP-HANA-Datenbank ist abhängig vom Aktivitätsgrad der Datenbank. Wenn viele Datensätze eingefügt und viele Änderungen vorgenommen werden, wird eine sehr große Anzahl von Log-Informationen geschrieben. Dies hat zur Folge, dass im Falle eines Fehlers und einer damit verbundenen Wiederherstellung mehr Zeit benötigt wird, um die Log-Backups wiederherzustellen und zu applizieren. Werden also viele vollständige Sicherungen durchgeführt, wird die Anzahl der wiederherzustellenden Log-Backups und der zu applizierenden Log-Informationen verringert. Darüber hinaus reduziert ein häufigeres Sichern das Risiko des Datenverlusts, der durch ein Fehlen bzw. den Verlust von Log-Backups auftreten könnte.

Sicherungsfrequenz

Je größer allerdings das Datenvolumen der zu sichernden Datenbank wird, desto schwieriger kann es sein, die vollständigen Sicherungen in einem Zeitfenster (dem sogenannten *Backup Window*) unterzubringen, das für die Durchführung einer Sicherung festgelegt wurde.

Wenn Sie ein Log-Backup oder ein Log-Segment verlieren, können Sie die SAP-HANA-Datenbank keiner Complete Database Recovery unterziehen. Dann besteht lediglich die Möglichkeit, die Datenbank bis zur »Lücke« in

Zweifachsicherung der Logs

der Sequenz der Log-Informationen wiederherzustellen. Es tritt Datenverlust ein. Sie sollten daher Maßnahmen treffen, dass die Log-Backups zweifach auf unterschiedlichen voneinander unabhängigen Sicherungsmedien geschrieben werden. So stellen Sie sicher, dass bei Ausfall eines Sicherungsmediums immer noch eine Kopie dieser Dateien vorhanden ist. Dies ist insbesondere dann wichtig, wenn das Medium, auf dem Sie die Log-Backups schreiben, keine RAID-Absicherung hat. Für das Log Volume sollten Sie ebenfalls überlegen, ob Sie eine Spiegelung einrichten, um zumindest bei einem Medienausfall weiterhin auf den Log-Bereich und damit auf die Log-Informationen zugreifen zu können.

Volles Verzeichnis der Log-Backups

An dieser Stelle sei zudem auf die Möglichkeit hingewiesen, dass der Speicherplatz für die dateibasierte Sicherung der Log-Backups und auch der Log-Bereich vollläuft. Die Konsequenz ist, dass mit der Datenbank nicht mehr gearbeitet werden kann. Daher ist eine kontinuierliche Überwachung der Lokationen, auf denen die Log-Backups geschrieben werden, wichtig. Je nach Füllstand sollten die Log-Backups aus dem Log-Backup-Verzeichnis archiviert oder gelöscht werden, sodass die Datenbank wieder genügend Platz hat, um Log-Segmente aus dem Log Volume zu schreiben.

Eine Archivierung der Log-Backups ist einem Löschen vorzuziehen. Beim Löschen muss mit einer gewissen Vorsicht agiert werden, da Sie unter Umständen die Dateien für eine Wiederherstellung Ihrer ältesten Datensicherung benötigen. Besser ist, die Dateien in ein anderes Verzeichnis, das Sie bei der Wiederherstellung wieder angeben können, zu verschieben oder eine entsprechende Archivierung auf ein Backup-System vorzunehmen. Wenn Sie die Log-Backups löschen, können Sie die Datenbank nach der Wiederherstellung der Datensicherung nicht wieder bis zur letzten abgeschlossenen Transaktion überführen. Wie oft ein Archivieren oder Löschen von Log-Backups aus dem Log-Backup-Verzeichnis notwendig wird, hängt von der Anzahl der Änderungen auf der SAP-HANA-Datenbank ab. Werden viele Log-Informationen geschrieben, fallen quantitativ mehr Log-Backups an. Je größer das Zielverzeichnis ist, desto später tritt bei hoher Last der beschriebene Zustand auf. Die Zahl hängt also von der konkreten Auslastung der Datenbank ab.

Log-Backups und »Backint«

Sollten Sie zur Sicherung der Log-Backups die `Backint`-Schnittstelle verwenden oder eine Archivierung der dateibasierten Log-Backups aus dem Log-Backup-Verzeichnis über eine Backup-Lösung durchführen, ist ein nicht unwesentlicher Aspekt die Sicherstellung der Exklusivität des Laufwerks, das diese Sicherung ausführt. Damit verhindern Sie, dass das Laufwerk, das die Log-Backups sichert, z. B. durch ein Backup der Daten mehrere Stunden blockiert ist. Auch müssen Sie bei der `Backint`-Lösung sicherstellen und überwachen, dass die kontinuierliche Sicherung der Logs funktioniert. Das Resultat einer Nichtverfügbarkeit ist bei diesen Möglichkeiten das gleiche wie bei der Sicherung auf ein Zielverzeichnis auf der Festplatte.

Sie sollten mehrere vollständige Sicherungen der SAP-HANA-Datenbank sowie die dazugehörigen Sicherungen der Logs aufbewahren. Damit stellen Sie sicher, dass Sie die Datenbank auch dann wiederherstellen können, wenn z. B. die letzte vollständige Sicherung verloren gegangen ist. Es besteht dann für die SAP-HANA-Datenbank die Möglichkeit, die Daten aus der vorletzten Sicherung wiederherzustellen und alle Log-Informationen zu applizieren:

Aufbewahrungszeitraum

- die Log-Informationen aus dem Zeitraum zwischen der vorletzten und der verloren gegangenen Sicherung
- die Log-Informationen aus dem Zeitraum ab der verloren gegangenen Sicherung

Ein *Sicherungszyklus* definiert den Zeitraum, in dem eine Sicherung, die auf ein Sicherungsmedium geschrieben wurde, aufbewahrt wird. Nach Ablauf dieses Zeitraums wird die Sicherung im Backup-Katalog entfernt und auf dem Sicherungsmedium gelöscht, bzw. das Medium steht zum Überschreiben mit einer neuen Sicherung zur Verfügung. In der Regel ist ein Rhythmus von mindestens 14, besser jedoch von 28 Tagen, also vier Wochen, sinnvoll. In diesem Zyklus sollten Sie Folgendes durchführen:

Sicherungszyklus

- täglich eine Onlinedatensicherung der SAP-HANA-Datenbank
- die Log-Backups von der Datenbank automatisch in ein Verzeichnis kopieren oder über die `Backint`-Schnittstelle sichern. Es muss eine Überwachung des Füllstands der dateibasierten Log-Backup-Lokation stattfinden und eine ständige Archivierung möglich sein. Beachten Sie zudem, dass die Sicherung auf zwei separaten Sicherungsmedien durchgeführt wird, sofern diese nicht über RAID oder Spiegelungstechnologien abgesichert sind.
- Auch wenn bereits bei der Sicherung eine Integritätsprüfung erfolgt, sollte einmal im Zyklus eine manuelle Überprüfung der Sicherung über das Werkzeug `hdbbackupcheck` stattfinden (weitere Informationen finden Sie in SAP-Hinweis 1869119).
- Wenn physische Sicherungsmedien vorhanden sind und die Möglichkeit der Entnahme existiert, sollten sie mit der verifizierten Sicherung aus dem normalen Sicherungszyklus entnommen und für eine Langzeitspeicherung gesondert aufbewahrt werden. Die herausgenommenen Medien müssen durch neue ersetzt werden, damit es nicht zu einem Engpass kommt.

9 Backup und Recovery

> [»] **Gesetzliche Vorschriften berücksichtigen**
>
> Der Gesetzgeber schreibt mitunter vor, wie lange Sicherungen in einem sogenannten *Langzeitpool* gespeichert werden. Dies muss bei der Projektierung und dem Kauf von technischem Equipment für die Aufbewahrung der Sicherungen berücksichtigt werden.

9.6 Anwendung der Backup- und Recovery-Werkzeuge

In diesem Abschnitt zeigen wir anhand praktischer Beispiele, wie Sie die Backup-Strategien, die wir in den vorangegangenen Abschnitten diskutiert haben, mithilfe von SAP-HANA-Werkzeugen umsetzen. Wir beziehen uns dabei vorrangig auf dateibasierte Backups. Ein praktisches Beispiel für die Verwendung von Backint finden Sie in Abschnitt 9.7, »Integration von SAP HANA und Micro Focus Data Protector«.

9.6.1 Die Apps »Backup« und »Backup Configuration«

Im SAP HANA Cockpit finden Sie zwei Apps, die sich zentral mit dem Backup und der einhergehenden Konfiguration beschäftigen: **Backup** und **Backup Configuration**.

Beim Aufruf der App **Backup**, die in der Systemübersicht zur Tenant- oder Systemdatenbank über den Link **Manage database backups** aufgerufen werden kann, wird standardmäßig der Backup-Katalog (**Backup Catalog**) angezeigt, der einen Überblick über die aktuell laufenden und jeweils zuletzt durchgeführten Daten-Backups liefert. Zudem können Sie ein Backup anstoßen und einplanen oder die bereits bestehende Planung prüfen (Abbildung 9.6).

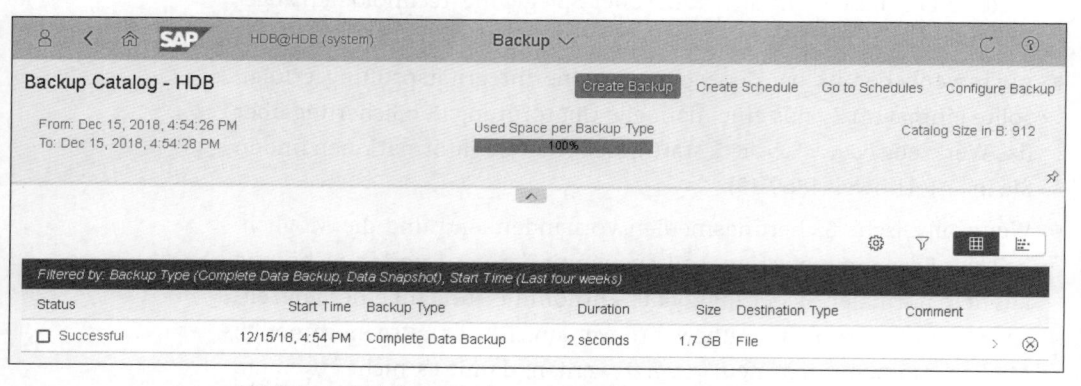

Abbildung 9.6 App »Backup« mit Backup-Katalog

Darüber hinaus haben Sie die Möglichkeit, direkt in die Backup-Konfiguration für den gewählten Tenant bzw. die Systemdatenbank zu wechseln.

In den folgenden Abschnitten zeigen wir Ihnen, wie Sie die beiden Apps **Backup** und **Backup Configuration** verwenden, um Datensicherungen zu erstellen, zu überwachen und schließlich wieder zu löschen.

Für die Konfiguration der Backups steht Ihnen die App **Backup Configuration** zur Verfügung. Abbildung 9.7 zeigt das Startbild der App, die eine grafische Benutzeroberfläche zur Konfiguration backup-relevanter Parameter anbietet. Alternativ können Sie die Parameter auch über die App **Configuration of System Properties** konfigurieren. Sie finden die meisten der hier konfigurierbaren Parameter im Bereich [persistence] der Konfigurationsdatei **global.ini**. Die systemweiten Einstellungen der SAP-HANA-Datenbank zur Backup-Konfiguration erreichen Sie über **Manage Databases • Configure Backup**, während Sie die spezifischen Einstellungen zur Tenant-Datenbank bzw. zur Systemdatenbank direkt aus der App **Backup** über den Button **Configure Backup** vornehmen können.

Backup-Konfiguration

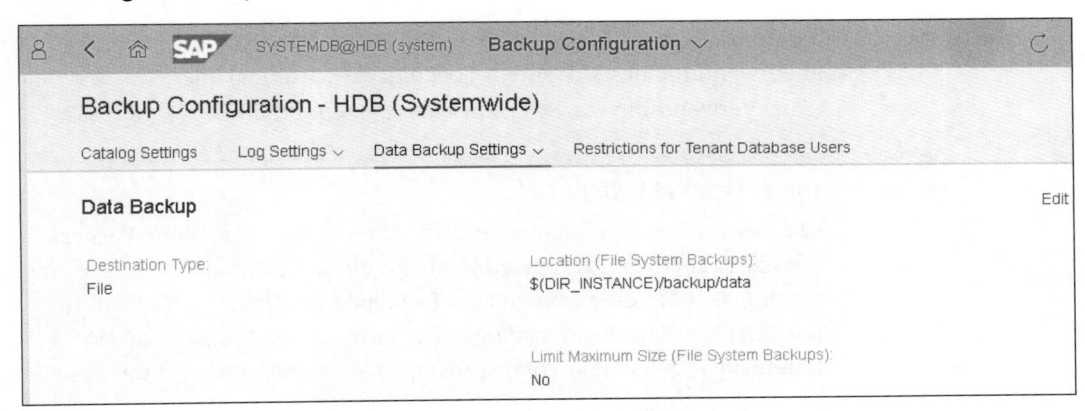

Abbildung 9.7 App »Backup Configuration« mit systemweiten Einstellungen

Die App ermöglicht das Einstellen von systemweiten Parametern zum Backup-Katalog, dem Log- und Daten-Backup sowie von spezifischen Parametern mit Regeln zur Aufbewahrung von Sicherungen und der Einschränkung von Benutzern, die Zugriff auf die SAP-HANA-Datenbank haben. So zeigen die Felder **Location (File System Backups)** im Bereich **Data Backup Settings** bzw. **Location** in den **Log Settings** die Verzeichnisse an, die durch die Werte der Parameter basepath_databackup bzw. basepath_logbackup hinterlegt sind. Wenn Sie dateibasierte Backups verwenden, können Sie deren Zielverzeichnisse hier ändern.

Über das Feld **Time Limit** in den **Log Settings** können Sie hingegen den Wert des Parameters `log_backup_timeout_s` verändern, den wir in Abschnitt 9.2.1, »SAP-HANA-Datenbank«, angesprochen haben. Schließlich lässt sich über das Feld **Limit Maximum Size (File System Backups)** im Bereich **Data Backup Settings** einstellen, ob das Daten-Backup eines Services bei Überschreitung einer definierten Größe auf mehrere Dateien verteilt werden soll. Diese maximale Größe pro Datei können Sie ebenso mithilfe des Parameters `data_backup_max_chunk_size` in der Sektion [backup] der Konfigurationsdatei **global.ini** konfigurieren.

9.6.2 Dateibasierte Datensicherung erstellen

In Abschnitt 9.2.1, »SAP-HANA-Datenbank«, haben wir Backup-Ziele für die Sicherung Ihrer Datenbank beschrieben. Demnach können Sie Ihre Datensicherung in Dateien ablegen oder über die `Backint`-Schnittstelle an einen Backup-Server weiterleiten. Die zuerst genannte Möglichkeit stellen wir Ihnen in diesem Abschnitt vor.

System Privileges

Für dateibasierte Backups benötigen Sie die System Privileges BACKUP ADMIN (bei Verwendung des SAP HANA Cockpits bzw. Studios) oder BACKUP OPERATOR (bei Verwendung von SQL) sowie das System Privilege CATALOG READ.

> **Log-Backups aktivieren**
>
> Wir beschreiben in diesem Abschnitt das Erstellen von Daten-Backups. Zusätzlich sind Log-Backups erforderlich, um auch Datenänderungen zu sichern, die nach oder während der Erstellung des Daten-Backups auftreten. Schaffen Sie daher unbedingt auch die in Abschnitt 9.2.1, »SAP-HANA-Datenbank«, genannten Voraussetzungen, damit SAP HANA automatisch Log-Backups anlegt.

Werkzeuge

Sie erstellen ein dateibasiertes Daten-Backup über die App **Backup**. Möchten Sie, wie in Abschnitt 9.6.6 beschrieben, Sicherungsaufgaben automatisieren, können Sie auch einen SQL-Befehl verwenden.

Verwendung des SAP HANA Cockpits

Im SAP HANA Cockpit wählen Sie im **Resource Directory** zunächst den Tenant oder die Systemdatenbank aus, die Sie sichern wollen. Navigieren Sie im entsprechenden **System Overview** dann zur Kachel **Database Administration** (siehe Abbildung 9.8), und wählen Sie dort **Manage database backups**. Es öffnet sich die App **Backup**.

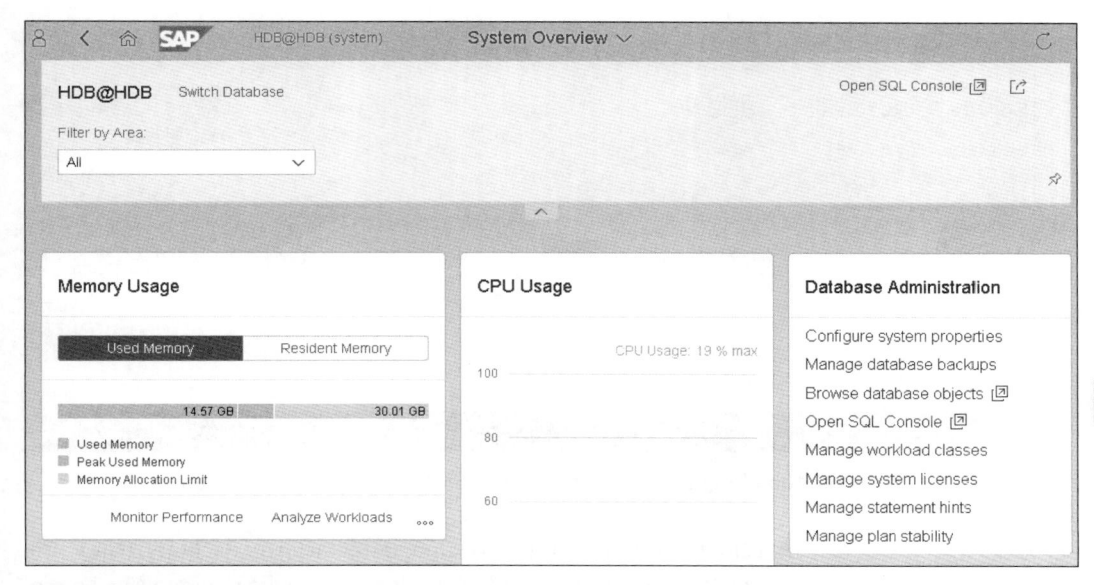

9.6 Anwendung der Backup- und Recovery-Werkzeuge

Abbildung 9.8 Kachel »Database Administration« im »System Overview«

In der App können Sie dann über den Button **Create Backup** eine Sicherung des ausgewählten Tenants vornehmen. Im SAP HANA Studio bestand über die ausgewählte Verbindung zur Systemdatenbank die Möglichkeit, diese selbst oder eine bzw. mehrere der Tenant-Datenbanken zu sichern. Dies ist im SAP HANA Cockpit im aktuellen Stand leider nicht mehr möglich.

In folgendem Beispiel erstellen wir ein vollständiges Daten-Backup einer Tenant-Datenbank:

Daten-Backup einer Tenant-Datenbank

1. Über den oben beschriebenen Weg befinden Sie sich bereits in der App **Backup**.
2. Prüfen Sie zunächst, ob die zu sichernde Tenant-Datenbank korrekt ausgewählt ist, indem Sie die in der oberen Navigationsleiste der App angezeigte Datenbank verifizieren.
3. Klicken Sie anschließend auf den Button **Create Backup**.
4. Daraufhin gelangen Sie auf einen Bildschirm, wie in Abbildung 9.9 dargestellt, der verschiedene Backup-Einstellungen abfragt.
5. Definieren Sie zunächst den Backup-Typ. Dabei können Sie zwischen **Complete**, **Differential** und **Incremental** wählen. Diese Backup-Typen haben wir in Abschnitt 9.3.3, »Onlinedatensicherung«, genauer beschrieben.

495

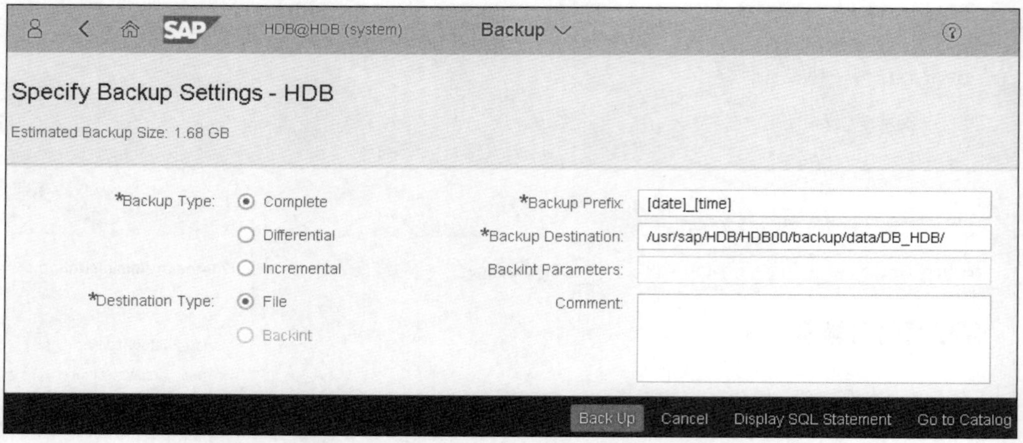

9 Backup und Recovery

Abbildung 9.9 Daten-Backup im SAP HANA Cockpit erstellen

6. Im Feld **Destination Type** werden dateibasierte Backups (**File**) und **Backint**-Backups unterschieden. Auch wenn Sie die regelmäßige Durchführung von Sicherungen über die `Backint`-Schnittstelle automatisiert haben, können Sie, wie in Abbildung 9.9 gezeigt, zusätzliche dateibasierte Backups erstellen.

7. Das angegebene Zielverzeichnis (**Backup Destination**) gibt der Parameter `basepath_databackup` vor. Sie können es aber für das aktuelle Daten-Backup individuell ändern.

8. Zuletzt sollten Sie ein aussagekräftiges Präfix für die Dateinamen vergeben. Wir empfehlen, hier das Erstellungsdatum des Backups und ggf. die Uhrzeit zu integrieren. Beachten Sie, dass bestehende Daten-Backups mit demselben Namen überschrieben werden. Außerdem können Sie das Präfix eines Backups im Nachhinein nicht mehr verändern. In Abbildung 9.9 sehen Sie den standardmäßigen Eintrag **[date]_[time]**, der das Datum, gefolgt von der Uhrzeit der Sicherung, als Präfix verwendet.

9. Im Feld **Comment** können Sie einen aussagekräftigen Kommentar für das Backup hinterlegen.

10. Mit einem Klick auf **Back Up** lösen Sie die Sicherung aus.

Die Sicherung der Systemdatenbank unterscheidet sich nicht von der der hier beschriebenen Tenant-Datenbank.

Fortschrittsanzeige Wie schon erwähnt, sichert jeder Service seine Data Volumes separat, sodass der Sicherungsvorgang parallelisiert abläuft. Während des Backups werden Ihnen Fortschrittsinformationen für jeden Service angezeigt (siehe

Abbildung 9.10). Nach erfolgreichem Abschluss des Sicherungsvorgangs erhalten Sie eine Übersicht über das aktuell durchgeführte Backup und den erreichten Status. In Abbildung 9.10 sehen Sie weitere Möglichkeiten zur Navigation. Zum Beispiel können Sie die Sicherung in den Hintergrund schicken (**Run in Background**), um andere Aufgaben im SAP HANA Cockpit zu bearbeiten, oder das Backup über den Button **Cancel Backup** abbrechen.

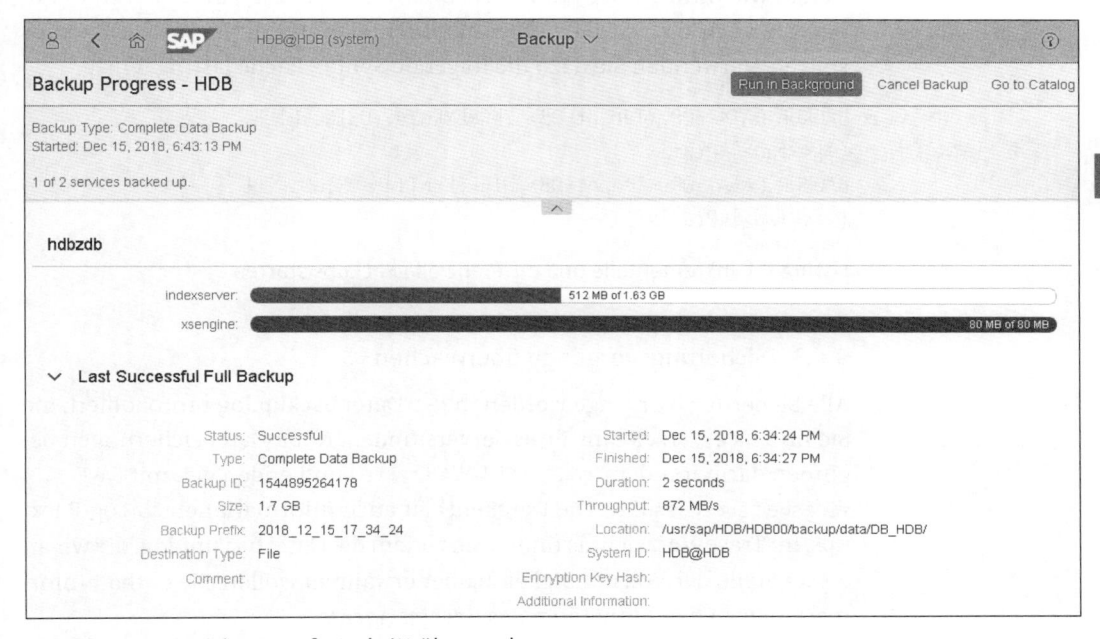

Abbildung 9.10 Sicherungsfortschritt überwachen

Verwendung von SQL

Alternativ können Sie Daten-Backups über den folgenden SQL-Befehl anlegen, wobei Sie auch hier ein Präfix und optional einen Dateipfad angeben können:

```
BACKUP DATA FOR <Tenant-DB> USING FILE ('[<Pfad>]<Präfix>');
```

Über die Angabe der Tenant-Datenbank geben Sie den Namen einer Tenant-Datenbank bzw. die Systemdatenbank an, auf die Sie das Backup eingrenzen möchten. Wir haben den SQL-Befehl für die Tenant-Datenbank HDB und unter Verwendung des Präfixes 2018_12_15_19_15_00_HDB_COMPLETE_DATA_BACKUP ausgeführt. Abbildung 9.11 zeigt die vom System angelegten Sicherungsdateien im standardmäßigen Verzeichnis für Daten-Backups der Tenant-Datenbank HDB.

Multi-Database-Container-Systeme

```
hdbadm@t30z:/usr/sap/HDB/HDB00/backup/data/DB_HDB> ls
2018_12_15_19_15_00_HDB_COMPLETE_DATA_BACKUP_databackup_0_1
2018_12_15_19_15_00_HDB_COMPLETE_DATA_BACKUP_databackup_2_1
2018_12_15_19_15_00_HDB_COMPLETE_DATA_BACKUP_databackup_3_1
hdbadm@t30z:/usr/sap/HDB/HDB00/backup/data/DB_HDB>
```

Abbildung 9.11 Dateien des Daten-Backups

Backup-Typ Genau wie mithilfe der grafischen Oberfläche im SAP HANA Cockpit können Sie auch über SQL-Befehle inkrementelle und differenzielle Backups starten. Verwenden Sie dazu die folgende Syntax (siehe Listing 9.1):

```
BACKUP DATA FOR <Tenant-DB> INCREMENTAL USING FILE
('[<Pfad>]<Präfix>');
BACKUP DATA FOR <Tenant-DB> DIFFERENTIAL USING FILE
('[<Pfad>]<Präfix>');
```

Listing 9.1 Inkrementelle und differenzielle Backups starten

9.6.3 Sicherungsvorgänge überwachen

Alle Sicherungsvorgänge werden in der Datei **backup.log** protokolliert, die Sie im Trace-Verzeichnis Ihres Servers finden. Neue Datensicherungen beginnen darin mit dem Text SAVE DATA started und enden ggf. mit SAVE DATA finished successfully. Die Datei enthält auch Informationen zu Log-Backups. Im Trace-Verzeichnis finden Sie zudem die Datei **backint.log**, die wir an dieser Stelle der Vollständigkeit halber erwähnen wollen. Sie enthält Informationen zu den Aktivitäten des *Backint Agents*.

Auf Datenbankebene zeigt Ihnen der System-View M_BACKUP_PROGRESS Informationen zum zuletzt gestarteten Backup. Hier finden Sie unter anderem Start- und Endzeitpunkt für jeden gesicherten Service sowie die Backup-Größe. Informationen zu allen existierenden Backups zeigt Ihnen dagegen der Backup-Katalog, den wir in Abschnitt 9.6.7, »Existierende Sicherungen verwalten und löschen«, genauer vorstellen.

[+] **Größe der Dateien »backup.log« und »backint.log«**

Die Dateien **backup.log** und **backint.log** wachsen in ihrer Größe natürlich mit jeder Sicherung, die ausgeführt wird. Die Größe der Dateien hat grundsätzlich erst einmal keine Auswirkungen auf die Datenbank-Performance. Sollten die Dateien zu groß und der Speicherplatz auf dem Laufwerk entsprechend gering werden, können Sie die Dateien einfach löschen.

9.6.4 Laufende Datensicherungen abbrechen

Sie können laufende Sicherungsvorgänge entweder mithilfe des SAP HANA Cockpits oder über einen SQL-Befehl abbrechen. In ersterem Fall benötigen Sie die System Privileges BACKUP ADMIN und CATALOG READ, in letzterem Fall das System Privilege BACKUP OPERATOR. Unabhängig davon, auf welche Art ein Daten-Backup gestartet wurde, finden Sie Statusinformationen direkt beim Aufruf der App **Backup** (siehe Abbildung 9.12).

System Privileges

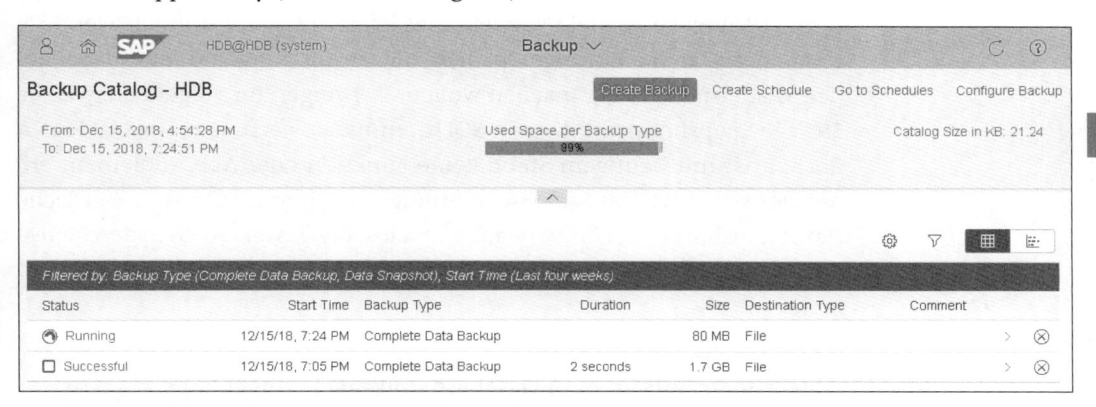

Abbildung 9.12 Statusinformationen zu laufenden Sicherungsvorgängen

Zum Abbrechen des Sicherungsvorgangs klicken Sie die laufende Sicherung an und verwenden dann den im nächsten Bild erscheinenden Button **Cancel Backup**. Alternativ lässt sich jede laufende Sicherung per SQL beenden. Dazu benötigen Sie die Backup-ID einer Sicherung, die Sie mithilfe des folgenden SQL-Befehls ermitteln (siehe Listing 9.2):

Abbruch per SQL

```
SELECT BACKUP_ID FROM "M_BACKUP_CATALOG"
WHERE ENTRY_TYPE_NAME = 'complete data backup'
AND STATE_NAME = 'running' ORDER BY SYS_START_TIME DESC;
```

Listing 9.2 Laufende Sicherung per SQL beenden

Fügen Sie die Backup-ID in den folgenden SQL-Befehl ein, um die Datensicherung abzubrechen:

Backup-ID

```
BACKUP CANCEL <BACKUP_ID>;
```

Alle bis zu diesem Zeitpunkt angelegten Sicherungsdateien, die zu diesem Backup gehören, werden dadurch gelöscht. Im Backup-Katalog wird das Daten-Backup mit dem Status **Cancelled** geführt.

9.6.5 Data Snapshot erstellen

Data Snapshots

Zur Erstellung von Daten-Backups verwendet SAP HANA interne Data Snapshots. Auf diese Weise wird ein konsistenter Stand der Datenbank eingefroren, der anschließend in die Sicherungsdateien kopiert wird. Auch zur Vorbereitung von Storage Snapshots wird ein interner Data Snapshot erstellt. In Abschnitt 9.3.3, »Onlinedatensicherung«, haben wir dies genauer beschrieben. Data Snapshots können aber auch unabhängig von diesen Sicherungsaufgaben erstellt werden. Dies ist immer dann sinnvoll, wenn Sie temporäre Datenänderungen planen, die Sie anschließend unter Umständen wieder rückgängig machen wollen. Wir zeigen im Folgenden, wie Sie Storage Snapshots mithilfe von SQL-Kommandos erstellen. Im SAP HANA Cockpit ist mit heutigem Stand keine Funktion oder App implementiert, mit der sich – wie im SAP HANA Studio – in einer grafischen Oberfläche Data Snapshots erstellen, verwalten und löschen lassen. Auch in den neuesten Versionen des SAP HANA Studios finden Sie diese Optionen nicht mehr.

[»]

> **Data Snapshots in Multi-Database-Container-Umgebungen**
>
> Data Snapshots können nur dann angelegt werden, wenn Ihre SAP-HANA-Datenbank eine einzige Tenant-Datenbank beinhaltet. SAP-HANA-Datenbanken mit mehr als einer Tenant-Datenbank werden bisher nicht unterstützt. Dazu müssen Sie auf das normale Daten-Backup zurückgreifen. Wenn Sie versuchen, einen Data Snapshot in einem System durchzuführen, das mehrere Tenants beinhaltet, erhalten Sie die Meldung »Snapshot operations are supported for single tenant systems only«. Diese ist ein wenig irreführend, da Data Snapshots – wie beschrieben – in Multi-Database-Container-Systemen (MDC) mit einer Tenant-Datenbank möglich sind.

Storage Snapshots

Wenn der Hersteller Ihres Speichersystems Funktionen zur Erstellung von Storage Snapshots bereithält, können Sie diese auch in Zusammenhang mit SAP HANA nutzen. Damit Sie auf Speicherebene mithilfe des Data Snapshots einen konsistenten Stand festhalten können, muss auf Datenbankebene sichergestellt werden, dass keine Datenänderungen diesen Stand manipulieren. Sie bereiten den Storage Snapshot daher mit einem internen Data Snapshot vor. Dazu benötigen Sie die System Privileges BACKUP ADMIN und CATALOG READ.

Storage Snapshots vorbereiten

Im ersten Schritt bereiten Sie die Datenbank für einen Storage Snapshot vor, d. h., es wird ein interner Data Snapshot gesetzt. Dazu wählen Sie im

9.6 Anwendung der Backup- und Recovery-Werkzeuge

Resource Directory des SAP HANA Cockpits die Systemdatenbank der SAP-HANA-Datenbank aus und öffnen Sie über den Button **Open SQL Console** den SAP HANA Database Explorer. Alternativ können Sie natürlich auch über die Kommandozeile mittels HDBSQL arbeiten. Setzen Sie nun den folgenden Befehl ab, dabei können Sie dem Data Snapshot auch einen Kommentar hinzufügen:

```
BACKUP DATA FOR FULL SYSTEM CREATE SNAPSHOT [COMMENT <Kommentar>];
```

Nun wird ein Data Snapshot gesetzt. In der App **Backup** sehen Sie, wie in Abbildung 9.13 dargestellt, beim Aufruf im angezeigten Backup-Katalog, dass die Datenbank nun für einen Data Snapshot vorbereitet ist.

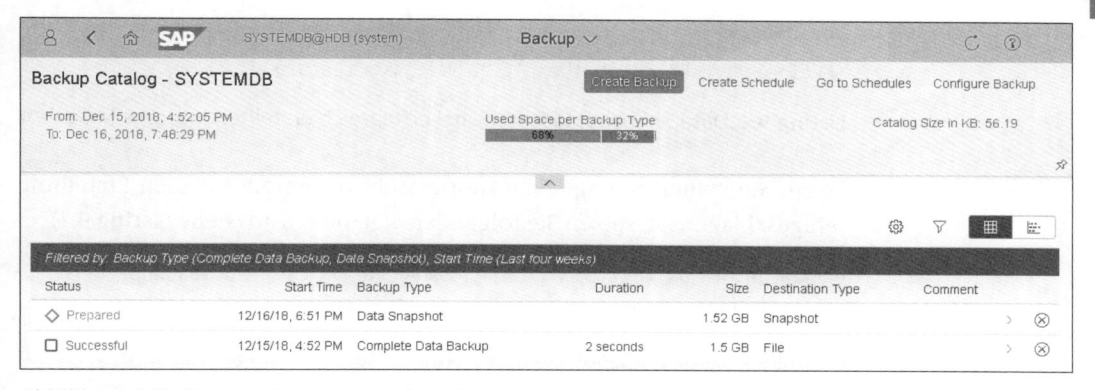

Abbildung 9.13 Storage Snapshot vorbereiten

Sie können Data Snapshots immer nur von der Systemdatenbank aus erstellen. Setzen Sie den SQL-Befehl in einer Tenant-Datenbank ab, erhalten Sie die Fehlermeldung, dass dies nicht unterstützt wird. Beachten Sie dazu SAP-Hinweis 2661916.

> **Data Snapshots ohne Datenbankangabe**
>
> In der Vorgängerversion SAP HANA 1.0 konnte der Befehl BACKUP DATA SYSTEM CREATE SNAPSHOT abgesetzt werden, um einen Data Snapshot zu setzen. In SAP HANA 2.0 SPS00 ist dies nur noch bei Single-Database-Container-Systemen (SDC) möglich. Bei MDC-Systemen, die ab SAP HANA 2.0 SPS01 obligatorisch sind, erhalten Sie die Meldung »Snapshot backup without database definition not supported on MDC system«. Verwenden Sie für Data Snapshots in MDC-Systemen daher den oben beschriebenen Befehl BACKUP DATA FOR FULL SYSTEM CREATE SNAPSHOT. Das Gleiche gilt für das Löschen von Data Snapshots.

9 Backup und Recovery

Starten von Storage Snapshots

Jetzt können Sie mit den Werkzeugen Ihres Speicherherstellers einen Storage Snapshot der Data Volumes erstellen. Es sollte also das gesamte Verzeichnis, das über den Parameter basepath_datavolumes der Datei **global.ini** definiert ist, Teil des Storage Snapshots sein. Nehmen Sie nicht die Log Volumes in Ihren Storage Snapshot auf, da eine Wiederherstellung nur mithilfe der Data Volumes möglich ist.

Löschen von Data Snapshots

Nachdem Sie einen Storage Snapshot erstellt haben, kann SAP HANA den eingefrorenen Speicherbereich innerhalb der Data Volumes wieder freigeben. Dazu löschen Sie den Data Snapshot, indem Sie, vorausgesetzt, der Storage Snapshot war erfolgreich, den folgenden SQL-Befehl absetzen (siehe Listing 9.3):

```
BACKUP DATA FOR FULL SYSTEM CLOSE SNAPSHOT BACKUP_ID <BACKUP_ID>
SUCCESSFUL '<EXTERNAL_ID>' [COMMENT '<Kommentar>'];
```

Listing 9.3 Data Snapshot löschen – bei erfolgreich erstelltem Storage Snapshot

Wenn Sie keinen Storage Snapshot erstellt haben oder dessen Erstellung fehlgeschlagen ist, setzen Sie folgenden SQL-Befehl ab (siehe Listing 9.4):

```
BACKUP DATA FOR FULL SYSTEM CLOSE SNAPSHOT BACKUP_ID <Backup-ID>
UNSUCCESSFUL ['<ggf. externe Backup-ID oder Kommentar>']
```

Listing 9.4 Data Snapshot löschen – ohne erstellten Storage Snapshot

Ist der Löschvorgang erfolgreich, wird im Backup-Katalog die Sicherung mit dem Status **Successful** geführt.

[!] **Rechtzeitiges Beenden von Data Snapshots**

Vergessen Sie nicht, den Data Snapshot durch die SQL-Befehle BACKUP DATA FOR FULL SYSTEM CLOSE SNAPSHOT SUCCESSFUL bzw. BACKUP DATA FOR FULL SYSTEM CLOSE BACKUP UNSUCCESSFUL zu beenden, da die Data Volumes der persistierenden Prozesse andernfalls je nach Datenänderungsrate unerwartet stark anwachsen. Darüber hinaus können keine Daten-Backups oder weitere Data Snapshots erstellt werden, solange ein Data Snapshot aktiv ist.

Backup-ID

Obwohl derzeit nur ein Data Snapshot parallel aktiv sein kann, benötigen Sie für dessen Beendigung seine Backup-ID. Sie finden diese im System-View M_BACKUP_CATALOG, wobei Sie die Spalte ENTRY_TYPE_NAME nach dem Wert data_snapshot und die Spalte STATE_NAME nach prepared filtern müssen. Mit dem Parameter EXTERNAL_ID innerhalb des in Listing 9.3 gezeigten Befehls übergeben Sie hingegen die Identifikationsnummer, die Sie von Ihrem Speichersystem erhalten haben. Diese ist maximal 64 Zeichen lang.

Sie können den Prozess zur Bestätigung von Data Snapshots automatisieren, indem Sie die SQLScript-Prozedur aus Listing 9.5 erstellen.

```
CREATE PROCEDURE "CONFIRM_SNAPSHOT"(in ext_backup_id
varchar(64))
LANGUAGE SQLSCRIPT
AS
      int_backup_id bigint;
BEGIN
      SELECT BACKUP_ID INTO int_backup_id
      FROM "PUBLIC"."M_BACKUP_CATALOG"
      WHERE ENTRY_TYPE_NAME = 'data snapshot'
      AND STATE_NAME='prepared';
      EXEC 'BACKUP DATA CLOSE SNAPSHOT BACKUP_ID ' ||
            int_backup_id || ' SUCCESSFUL ''' ||
            ext_backup_id || ''';';
END;
```

Listing 9.5 Prozedur zur Bestätigung von Storage Snapshots

Immer wenn ein Data Snapshot aktiv ist und Sie erfolgreich einen Storage Snapshot erstellt haben, können Sie die Prozedur aus Listing 9.5 wie folgt aufrufen, wobei Sie die externe Backup-ID übergeben müssen:

```
CALL CONFIRM_SNAPSHOT (<Externe Backup-ID>);
```

Dadurch wird der Storage Snapshot bestätigt und zugleich der Data Snapshot gelöscht.

Eine FAQ-Liste mit weiterführenden Informationen zu Data Snapshots und zu Storage Snapshots finden Sie in SAP-Hinweis 2039883.

9.6.6 Automatisierung der Datensicherung

Regelmäßige Backups sind für produktive Systeme obligatorisch und für andere Systemtypen meist ebenfalls empfehlenswert. Datenänderungen können von SAP HANA automatisch mithilfe von Log-Backups gesichert werden. Zusätzlich benötigen Sie jedoch eine Datensicherung, also ein Daten-Backup, das bei der Wiederherstellung Ihrer Datenbank als Fundament für das Applizieren der Log-Backups und Log-Segmente dient. In Abschnitt 9.6.2, »Dateibasierte Datensicherung erstellen«, haben wir beschrie-

Daten-Backups einplanen

ben, wie Sie Daten-Backups manuell erstellen. Es gibt verschiedene Methoden, um diesen Vorgang zu automatisieren.

Die folgenden Werkzeuge werden für diese Aufgabe häufig verwendet:

- *Cronjob* zur Einplanung auf Linux-Ebene
- **Create Backup Schedule** im SAP HANA Cockpit über die App **Backup**
- *Einplanungskalender* im *Datenbankadministrations-Cockpit* (DBA) bei Verwendung eines SAP-NetWeaver-basierten Systems (Transaktionscode DB13)
- externe Backup-Lösungen bei Verwendung der `Backint`-Schnittstelle

Cronjob

Die zuerst genannte Option ist für jedes SAP-HANA-System verfügbar. Anhand eines einfachen Beispiels stellen wir Ihnen vor, wie mithilfe eines automatisierten Aufrufs einer SQLScript-Prozedur tägliche, vollständige Daten-Backups eingeplant werden können.

Datenbankbenutzer für Backup-Aufgaben

Im ersten Schritt erstellen Sie einen Datenbankbenutzer, der berechtigt ist, Backup-Aufgaben über SQL-Befehle zu initiieren. Dazu nutzen Sie die folgenden Befehle (siehe Listing 9.6):

```
CREATE USER AUTO_BACKUP PASSWORD My_Secure_Password1;
GRANT BACKUP OPERATOR TO AUTO_BACKUP;
ALTER USER AUTO_BACKUP DISABLE PASSWORD LIFETIME;
```

Listing 9.6 Datenbankbenutzer erstellen, der berechtigt ist, Backup-Aufgaben über SQL-Befehle zu initiieren

Der letzte Befehl stellt sicher, dass der Benutzer nicht regelmäßig aufgefordert wird, sein Passwort zu ändern, da dies für die Ausführung automatisierter Aufgaben hinderlich wäre.

SQLScript-Prozedur

Melden Sie sich nun mit diesem Benutzer an der Datenbank an, und erstellen Sie eine SQLScript-Prozedur, mit der ein vollständiges Daten-Backup initiiert werden kann. Wie in Listing 9.7 gezeigt, verwenden Sie darin das aktuelle Datum als Präfix für den Dateinamen. Dabei werden Punkte durch Bindestriche ersetzt.

```
CREATE PROCEDURE FULL_BACKUP
LANGUAGE SQLSCRIPT AS ts date;
BEGIN
SELECT REPLACE(CURRENT_DATE, '.', '-') INTO ts FROM DUMMY;
EXEC 'BACKUP DATA USING FILE (''' || ts || ''');';
END;
```

Listing 9.7 Prozedur zur Erstellung vollständiger Daten-Backups

Anschließend melden Sie sich als Benutzer <sid>adm auf dem SAP HANA Server an und hinterlegen die Anmeldeinformationen des zuvor erstellten Benutzers AUTO_BACKUP im sicheren Benutzerspeicher des SAP HANA Clients hdbuserstore. Dazu erstellen Sie einen Eintrag mit der Bezeichnung AUTO-BACKUP:

»hdbuserstore«

```
hdbuserstore SET AUTOBACKUP <Server>:<Port> AUTO_BACKUP
My_Secure_Password1
```

Der Datenbankbenutzer AUTO_BACKUP ist nun in der Lage, passwortlos eine SQL-Verbindung zu SAP HANA aufzubauen, indem dabei der Eintrag des hdbuserstore referenziert wird. Dazu kann das Werkzeug hdbsql verwendet werden, dem wir als SQL-Befehl den Aufruf der Prozedur FULL_BACKUP im Schema AUTO_BACKUP übergeben. Dieses Kommando legen wir in einem Shell-Skript ab, das anschließend den Inhalt aus Listing 9.8 hat:

Shell-Skript

```
#!/bin/bash
su - <sid>adm -c "/usr/sap/<SID>/HDB<Instanznummer>/exe/hdbsql
-U AUTOBACKUP \"CALL AUTO_BACKUP.FULL_BACKUP\""
```

Listing 9.8 Shell-Skript zum Aufruf der Backup-Prozedur

Schließlich speichern Sie das Skript in dem Verzeichnis **/etc/cron.daily**, um es für die tägliche Ausführung einzuplanen, und machen es mithilfe des folgenden Kommandos ausführbar:

```
chmod +x <Name des Skripts>
```

SAP HANA wird nun täglich ein vollständiges Daten-Backup erstellen, dessen Dateien die Bezeichnung **<Jahr>-<Monat>-<Tag>_<Suffix>** erhalten, wobei das Suffix stets von SAP HANA selbst definiert wird.

Wir haben anhand eines sehr einfachen Beispiels die grundsätzliche Vorgehensweise für die Automatisierung von Sicherungsaufgaben mithilfe von Cronjobs verdeutlicht. Ein wesentlich komplexeres Beispiel für ein solches Skript finden Sie in SAP-Hinweis 1651055. Dazu gibt es eine Dokumentation und eine Konfigurationsdatei, sodass Sie das Skript an Ihre Bedürfnisse anpassen können. Beachten Sie jedoch, dass SAP dafür keinen Support übernimmt.

Backup-Skript

Eine elegantere Möglichkeit der Automatisierung von Sicherungen ist die Verwendung des SAP HANA Cockpits und der App **Backup**. Über **Create Schedule** können Sie die Sicherung des ausgewählten Tenants einplanen.

SAP HANA Cockpit – Backup Schedule

9   Backup und Recovery

Automatisierung eines Daten-Backups

In folgendem Beispiel planen wir ein vollständiges Daten-Backup einer Tenant-Datenbank, das sich in einer gewünschten Periodizität wiederholt:

1. Im SAP HANA Cockpit wählen Sie im **Resource Directory** zunächst den Tenant (oder die Systemdatenbank) aus, für den eine automatisierte Sicherung eingeplant werden soll.

2. Navigieren Sie dann zur Kachel **Database Administration**, und wählen Sie dort den Eintrag **Manage database backups** aus. Es öffnet sich die App **Backup**.

3. Prüfen Sie zunächst, ob die zu sichernde Tenant-Datenbank korrekt ausgewählt ist, indem Sie die in der App angezeigte Datenbank in der oberen Navigationsleiste verifizieren.

4. Klicken Sie anschließend auf den Button **Create Schedule**.

5. Daraufhin wird ein Wizard gestartet, der verschiedene Optionen hinsichtlich der Automatisierung des Daten-Backups abfragt. Im ersten Schritt wird gefragt, welchen Typ von Zeitplan Sie erstellen möchten. Zur Auswahl steht derzeit ausschließlich **Schedule a Series of Backups**. Klicken Sie auf den Button **Step 2**.

6. Im zweiten Schritt geben Sie einen Namen für den Zeitplan an und klicken anschließend auf den Button **Step 3**. Der Bildschirm erweitert sich um die Sicherungseinstellungen (siehe Abbildung 9.14).

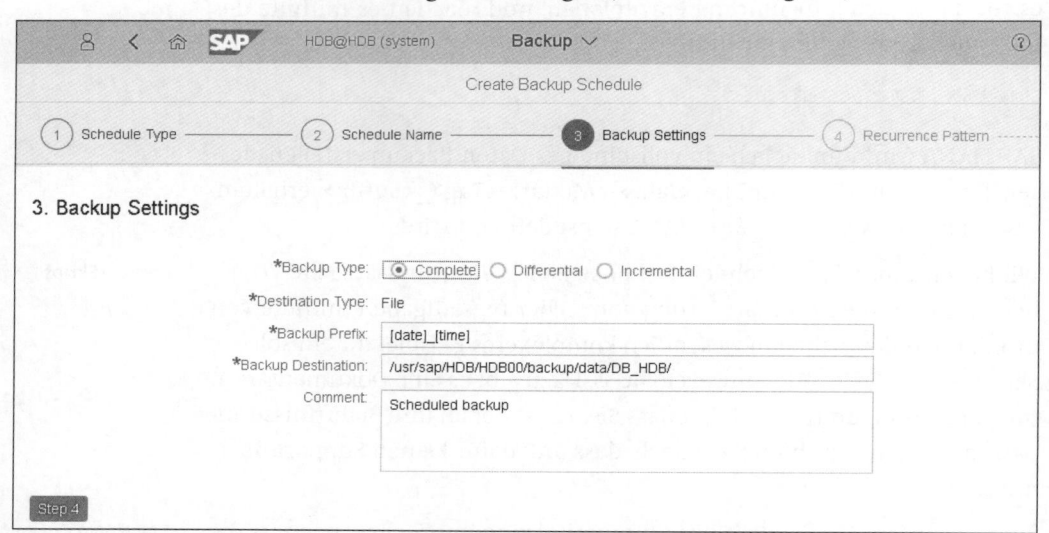

Abbildung 9.14 Sicherungseinstellungen im Backup Schedule

Diese sind identisch mit denen, die wir sehr detailliert bereits in Abschnitt 9.6.2, »Dateibasierte Datensicherung erstellen«, beschrieben ha-

9.6 Anwendung der Backup- und Recovery-Werkzeuge

ben. Neben der Art des Backups (**Backup Type**) und einem **Backup Prefix** geben Sie das Sicherungsziel (**Backup Destination**) und optional einen Kommentar an. Klicken Sie auf den Button **Step 4**.

7. Nun haben Sie die Möglichkeit, das Wiederholungsmuster für die Sicherung auszuwählen. Es stehen Ihnen die Optionen wöchentlich, monatlich, alle zwei Monate, vierteljährlich, halbjährlich und jährlich zur Verfügung. Wählen Sie den Button **Step 5**.

Wiederholungsmuster

8. Geben Sie anschließend die Details für die gewählte Periodizität ein (siehe Abbildung 9.15).

Details zur Einplanung

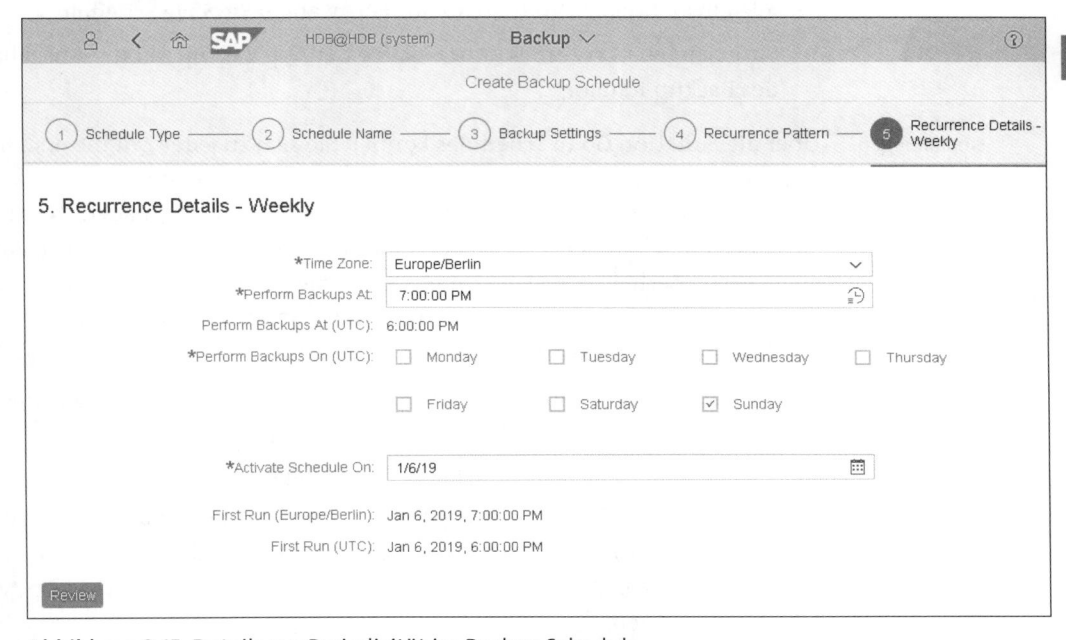

Abbildung 9.15 Details zur Periodizität im Backup Schedule

Zunächst wählen Sie die Zeitzone aus, zu der die Einplanung erfolgt. Neben der Kombination aus Kontinenten und Städten haben Sie die Möglichkeit, Zeitzonenkürzel zu verwenden. Im Feld **Perform Backups At** geben Sie ein, wann die Sicherung üblicherweise gestartet werden soll. Das Zeitformat ist abhängig von den Einstellungen zur Sprache und Region Ihres SAP-HANA-Cockpit-Benutzers. Das Feld **Perform Backups At (UTC)** zeigt Ihnen an, wann die Sicherung umgerechnet auf die koordinierte Weltzeit (UTC) starten wird. Unter **Perform Backups On (UTC)** wählen Sie nun die Wochentage aus, an denen die wöchentliche Sicherung durchgeführt werden soll. Sie können einen Tag oder mehrere Tage in der Woche auswählen. Achten Sie hier auf die Zeitzoneneinstellung.

Wenn Sie z. B. eine Sicherung am Sonntag um 00:00 Uhr für die Zeitzone Europa/Berlin, also die mitteleuropäische Zeit (CET), planen, müssen Sie im Feld **Perform Backups On (UTC)** den Samstag auswählen. Sie finden Informationen zum ersten Lauf der Sicherung sowohl für Ihre Zeitzone als auch für die koordinierte Weltzeit. Im Feld **Activate Schedule On** geben Sie das Datum an, zu dem die erste Sicherung laufen soll. Wählen Sie anschließend **Review**.

Review
9. Sie haben nun die Möglichkeit, die vorgenommenen Einstellungen zu verifizieren und nach Belieben noch einmal zu ändern. Entsprechen alle Einstellungen Ihren Vorstellungen, wählen Sie **Save Schedule**.

10. Sie gelangen nun zurück zum Einstieg der App **Backup** mit der Ausgabe des Backup-Katalogs.

Einplanungen einsehen und bearbeiten
Über die Funktion **Go to Schedules** können Sie sich zu jeder Zeit die erstellten Schedules in einer Kalenderübersicht anschauen, bei der Sie die Wahl zwischen einer monatlichen oder wöchentlichen Ansicht haben. Neben einem Überblick über die einzelnen Planungen, den Sie mit dem Klick auf einen Eintrag erhalten und der Ihnen den Namen, Status, die Wiederholung und den Sicherungstyp anzeigt, können Sie weitere Details zu den Einplanungen über den Button **More Details** aufrufen.

Hier sehen Sie dann weitere Informationen zu den gewählten Sicherungseinstellungen. Außerdem haben Sie die Möglichkeit, die eingeplante Sicherung zu pausieren (**Pause**) oder zu löschen (**Delete**).

Voraussetzungen
Damit eingeplante Backups durchgeführt werden können, muss der Scheduler aktiviert sein. Andernfalls erhalten Sie die Warnmeldung »The schedule job is not enabled«, sobald Sie die zuvor beschriebene Funktion **Go to Schedules** aufrufen.

Um den Scheduler zu aktivieren, wechseln Sie in die App **Backup Configuration** und navigieren über die Daten-Backup-Einstellungen zum Bereich **Data Backup Scheduler**. Klicken Sie auf **Edit**, um in den Änderungsmodus zu gelangen, und schieben Sie den Regler für die Aktivierung des Schedulers auf **YES** (siehe Abbildung 9.16). Ihr Datenbankbenutzer wird automatisch auf **SYSTEM** gesetzt und für alle geplanten Datensicherungen verwendet.

Klicken Sie anschließend auf den Button **Save**, um Ihre Einstellungen zu sichern. Sie müssen die Einstellungen für jeden Tenant vornehmen, für den die Sicherung automatisch eingeplant werden soll.

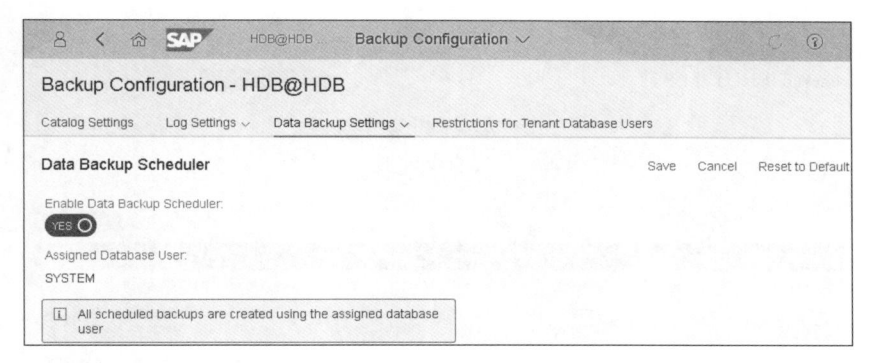

9.6 Anwendung der Backup- und Recovery-Werkzeuge

Abbildung 9.16 Aktivierung des Schedulers für Daten-Backups

> **SAP HANA XS Job und XS Engine**
>
> Unter Umständen müssen der Scheduler von *SAP HANA XS Job* und die *SAP HANA XS Engine* manuell eingerichtet werden, damit der Scheduler für die Datensicherung eingesetzt werden kann. Weitere Informationen zur Einrichtung finden Sie im Leitfaden »SAP HANA Administration with SAP HANA Cockpit«.

9.6.7 Existierende Sicherungen verwalten und löschen

Ein vollständiges Daten-Backup beinhaltet ein konsistentes Abbild der gesamten Datenbank, also auch die Daten aller vorangegangenen Daten-Backups. Daher sind regelmäßige Sicherungen genauso wichtig wie das Verwalten und Löschen älterer Backups, die nicht mehr benötigt werden. Diese Aufgaben werden unter dem Begriff *Housekeeping* zusammengefasst. Insbesondere für die automatischen Log-Backups kann eine Vernachlässigung dieses Aufgabenbereichs im schlimmsten Fall zu einer Downtime des SAP-HANA-Systems führen. Um Daten- und Log-Backups löschen zu können, benötigen Sie das System Privilege BACKUP ADMIN. Benutzer, die nur über das System Privilege BACKUP OPERATOR verfügen, dürfen lediglich Backups mithilfe von SQL erstellen, aber nicht löschen.

Verwaltung über den Backup-Katalog

Ein zentrales Werkzeug für die Verwaltung von Daten- und Log-Backups ist der Backup-Katalog, den Sie im SAP HANA Cockpit im Einstiegsbild finden. Abbildung 9.17 zeigt beispielhaft den Backup-Katalog der Tenant-Datenbank HDB.

9 Backup und Recovery

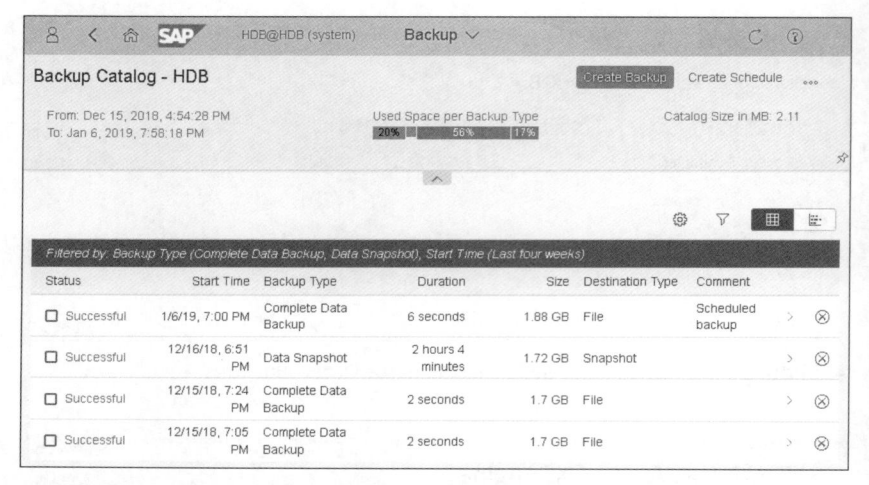

Abbildung 9.17 Backup-Katalog im SAP HANA Cockpit

Standardmäßig ist die Oberfläche so eingerichtet, dass Ihnen alle vollständigen Daten-Backups und Data Snapshots der letzten vier Wochen in einer Tabelle angezeigt werden. So sehen Sie den Status, die Startzeit, den Sicherungstyp, die Dauer und die Größe des Backups. Darüber hinaus können Sie über den Button **Personalize**, der als Zahnrad dargestellt ist, weitere Details, wie Start und Endzeit des Backups einblenden. Die Option **Show Log Backups**, die Sie unter Umständen aus dem SAP HANA Studio kennen und die Ihnen neben den Daten-Backups auch Log-Backups anzeigt, ist derzeit nicht verfügbar. Zwar wird die Liste dadurch schnell unübersichtlich lang, da die Information jedoch hilfreich sein kann, gibt es Überlegungen, sie auch im SAP HANA Cockpit zu implementieren (siehe SAP-Hinweis 2249911).

Mit einem Klick auf ein Backup werden Ihnen detaillierte Informationen angezeigt, darunter der während der Sicherung gemessene Durchsatz und die Dateien, die gesichert werden. Pro Backup werden für jeden persistierenden Prozess (Service) eigene Sicherungsdateien angelegt.

Daten-Backups löschen Sie können ein existierendes Backup aus dem Backup-Katalog löschen. Dazu klicken Sie bei der Sicherung, die Sie löschen möchten, auf den Button mit dem X. Es erscheint ein Pop-up-Fenster, in dem Sie wählen können, ob Sie die Sicherung lediglich aus dem Backup-Katalog entfernen möchten (**Remove from backup catalog only**). Alternativ können Sie auch die Sicherungsdateien auf dem Server bzw. mit dem Werkzeug eines Drittanbieters über die `Backint`-Schnittstelle physisch löschen (**Also delete physically**). Ersteres ist sinnvoll, wenn Sie Daten- oder Log-Backups bereits auf Dateisystemebene entfernt haben. Beachten Sie, dass immer mindestens ein vollständiges Daten-Backup im Backup-Katalog verbleiben muss.

9.6 Anwendung der Backup- und Recovery-Werkzeuge

Da für Data Snapshots keine Sicherungsdateien existieren, steht hier nur die Option **Remove from backup catalog only** zur Verfügung. Verwenden Sie die Werkzeuge Ihres Speichersystems, um Snapshots auch physisch zu löschen.

Data Snapshots löschen

Mit dem SAP HANA Cockpit wurde der Begriff der *Backup-Generationen* eingeführt. Eine Backup-Generation besteht aus einer erfolgreich erstellten vollständigen Sicherung (also entweder ein vollständiges Daten-Backup oder ein Data Snapshot) und den folgenden Sicherungen, die bis zur nächsten – erfolgreich verlaufenden und vollständigen – Sicherung erstellt werden:

Backup-Generationen

- Delta Backups (differenzielle oder inkrementelle Backups)
- Log-Backups
- Backups des Backup-Katalogs

Im SAP HANA Cockpit können Sie sich die Backup-Generationen anzeigen lassen, indem Sie im Einstiegsbild die Ansicht des Backup-Katalogs von der Tabellenansicht auf die Diagrammansicht umstellen. Sie sehen standardmäßig in der Ansicht die Backup-Generationen der letzten vier Wochen, gefiltert nach der Startzeit der Sicherung, in einem Balkendiagramm (siehe Abbildung 9.18).

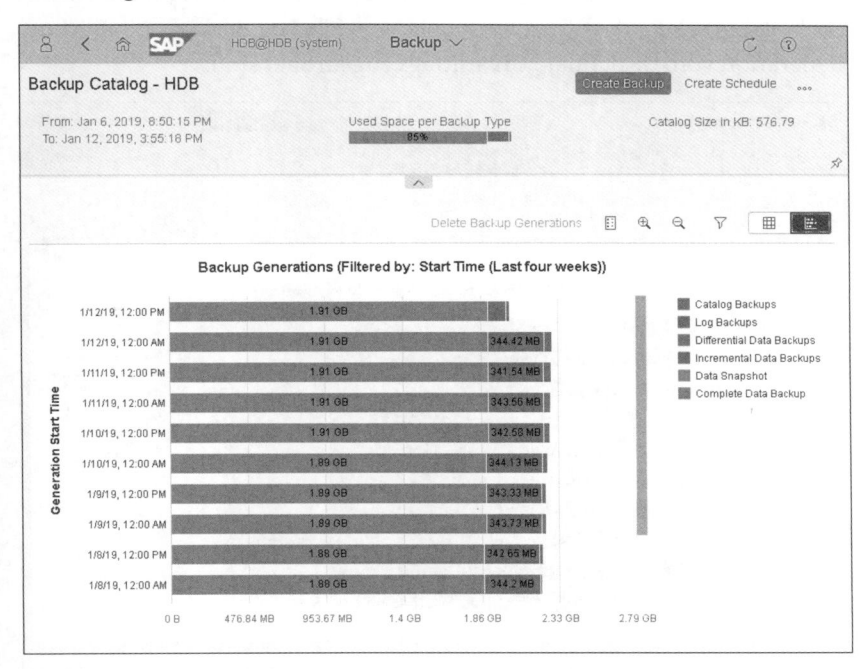

Abbildung 9.18 Backup-Generationen

9 Backup und Recovery

Die Balken sind farblich unterteilt nach den unterschiedlichen Sicherungstypen. Durch Klick auf eine Backup-Generation erhalten Sie die Informationen in einer grafischen Darstellung, in der die Sicherungstypen in einem Balkendiagramm untereinander dargestellt und in ein Verhältnis hinsichtlich der gesicherten Datenbank gebracht sind. Zudem haben Sie die Möglichkeit, über die Funktion **Delete Backup Generations** alle Backup-Generationen, die vor der ausgewählten angelegt wurden, zu löschen.

Löschen einer Backup-Generation Mit dem Löschen einer Backup-Generation werden alle Delta- und Log-Backups sowie alle vollständigen Daten-Backups gelöscht, die zu einem früheren Zeitpunkt als die ausgewählte Backup-Generation erstellt wurden. Wenn Sie dagegen das älteste Daten-Backup löschen, werden nicht automatisch die Log-Backups für das Zeitfenster bis zum zweitältesten Daten-Backup gelöscht.

Löschen von Daten-Backups Das anfangs beschriebene Löschen von Daten-Backups entfernt lediglich das Daten-Backup, jedoch nicht die Log-Backups oder differenzielle Backups. Löschen wir z. B. das Daten-Backup, das am 09. Januar 2019 um Mitternacht erstellt wurde, werden die Log-Backups und die Delta-Backups, die nach diesem gelöschten Backup erstellt wurden, in der Backup-Generation der Sicherung vom 08. Januar 2019 mittags zugeordnet. Abbildung 9.19 zeigt die grafische Änderung an den Backup-Generationen im SAP HANA Cockpit. Sie sehen, dass in etwa doppelt so viele Log-Backups der Backup-Generation vom 08. Januar 2019 mittags zugeordnet sind.

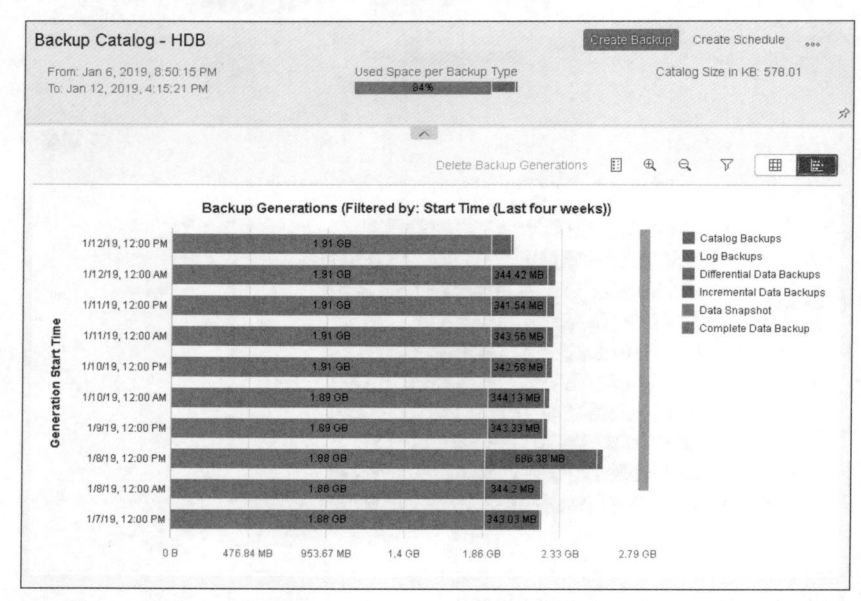

Abbildung 9.19 Backup-Generationen nach gelöschtem Daten-Backup

9.6 Anwendung der Backup- und Recovery-Werkzeuge

Automatisierung im SAP HANA Cockpit

Im SAP HANA Cockpit können Sie in der App **Backup Configuration** sowohl für Ihre Systemdatenbank als auch für Ihre Tenant-Datenbanken Regeln zur Aufbewahrung der Backups definieren. Standardmäßig ist diese Funktion abgeschaltet. Sie können sie nutzen, um den Backup-Katalog zu bereinigen und um bei Sicherungen, die dateibasiert sind, zusätzlich auch die physischen Dateien zu löschen.

Um den dafür zur Verfügung stehenden *Retention Policy Scheduler* zu aktivieren, wechseln Sie in die App **Backup Configuration** und klicken auf **Retention Policy**. Über **Edit** gelangen Sie in den Änderungsmodus, wo Sie den Regler für die Aktivierung des Schedulers auf **YES** setzen können. Ihr Datenbankbenutzer wird erneut automatisch auf **SYSTEM** gesetzt und wird für alle geplanten Datensicherungen verwendet. Im nächsten Schritt stellen Sie ein, dass die Backup-Generationen automatisch gelöscht werden sollen. Dazu setzen Sie **Delete Backup Generations Automatically** auf **YES**.

Retention Policy Scheduler

Nun haben Sie die Möglichkeit, individuelle Einstellungen hinsichtlich der Aufbewahrung der Sicherungen vorzunehmen (siehe Abbildung 9.20).

Individuelle Einstellungen

- Im Feld **Retain Backup Generations Younger Than:** können Sie angeben, wie viele Tage Backup-Generationen aufbewahrt werden sollen, bevor sie entfernt werden. Der Standardwert ist 30 Tage. Diesen Wert sollten Sie natürlich mit Ihrer unternehmensweiten Sicherungsstrategie abgleichen.

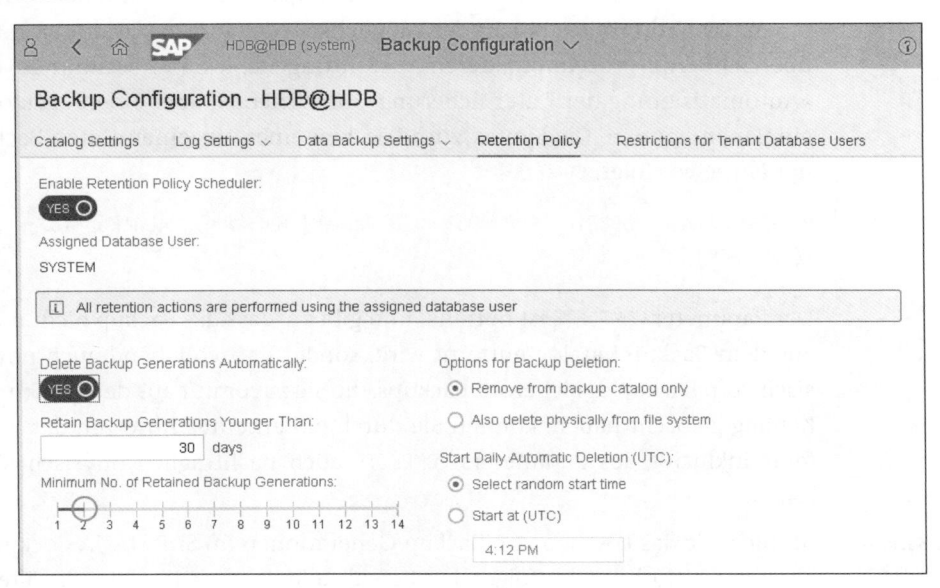

Abbildung 9.20 Einstellungen zur Aufbewahrung von Sicherungen

513

- Die minimale Anzahl der aufzubewahrenden Backup-Generationen geben Sie im Feld **Minimum No. Of Retained Backup Generations** an. Der Standardwert lautet zwei Generationen. Damit wird sichergestellt, dass immer zwei Backup-Generationen vorhanden sind, auch wenn die Aufbewahrungszeit von 30 Tagen bereits überschritten ist.
- Mittels der Einstellungen **Options for Backup Deletion** können Sie festlegen, ob nur die Einträge aus dem Backup-Katalog (z. B. bei Backint- oder Snapshot-Sicherungen) oder auch die Dateien physisch vom Dateisystem entfernt werden sollen. Das Löschen aus dem Backup-Katalog ist standardmäßig aktiviert.
- Schließlich können Sie festlegen, wann das automatische Löschen ausgeführt werden soll: **Start Daily Automatic Deletion (UTC)**. Standardmäßig wird das Löschen per Zufall gestartet, was sich in der Option **Select random start time** widerspiegelt. Es wird dann ein beliebiger Zufallswert gewählt. Sie können auch festlegen, dass das Löschen zu einer bestimmten Zeit durchgeführt werden soll. Beachten Sie, dass die Angabe der Zeit in der koordinierten Weltzeit (UTC) erfolgt.

Nachdem Sie die Einstellungen vorgenommen haben, wählen Sie **Save**. Über **Reset to Default** können Sie jederzeit die Standardwerte zurückholen.

Verwaltung per SQL

Alternativ können Sie existierende Sicherungen auch per SQL-Befehl löschen. Der Vorteil besteht in der Möglichkeit der Automatisierung, z. B. über SQLScript-Prozeduren, deren Ausführung Sie, wie in Abschnitt 9.6.6, »Automatisierung der Datensicherung«, beschrieben, über einen Cronjob einplanen können. Die Syntax zum Löschen eines einzelnen Daten-Backups lautet wie folgt:

```
BACKUP CATALOG DELETE [FOR <Database Name>] BACKUP_ID <backup_id>
[COMPLETE]
```

Der Parameter COMPLETE ist optional und gibt an, dass das Backup nicht nur aus dem Backup-Katalog entfernt wird, sondern anschließend auch physisch vom Backup-Speicherort. Backups, die Sie zuvor nur aus dem Backup-Katalog gelöscht haben, können Sie durch ein erneutes Absetzen des Befehls inklusive des Parameters COMPLETE auch nachträglich physisch löschen.

Ältere Backups löschen

Ähnlich wie das Löschen von Backup-Generationen im SAP HANA Cockpit können Sie mithilfe des folgenden Befehls alle Backups löschen, die älter sind als das Backup mit der angegebenen Backup-ID:

```
BACKUP CATALOG DELETE [FOR <Database Name>] ALL BEFORE BACKUP_ID
<backup_id> [WITH FILE | WITH BACKINT | COMPLETE]
```

Da diese Operation unter Umständen mehrere Backups, darunter auch Log- und Delta-Backups, betrifft, können Sie den optionalen physischen Löschvorgang entweder auf einen Backup-Speicherort eingrenzen (WITH FILE oder WITH BACKINT) oder die Dateien unabhängig vom Speicherort löschen (COMPLETE).

Die Backup-ID, die Sie für den Löschvorgang angeben müssen, können Sie entweder aus der Backup-Konsole des SAP HANA Cockpits kopieren, indem Sie die Details zur spezifischen Sicherung aufrufen, oder dem System-View des Backup-Katalogs M_BACKUP_CATALOG entnehmen. Fragen Sie diesen, wie in Abbildung 9.21 gezeigt mit dem Werkzeug hdbbackupdiag ab, dessen Syntax wir im folgenden Abschnitt näher beschreiben.

Backup-ID

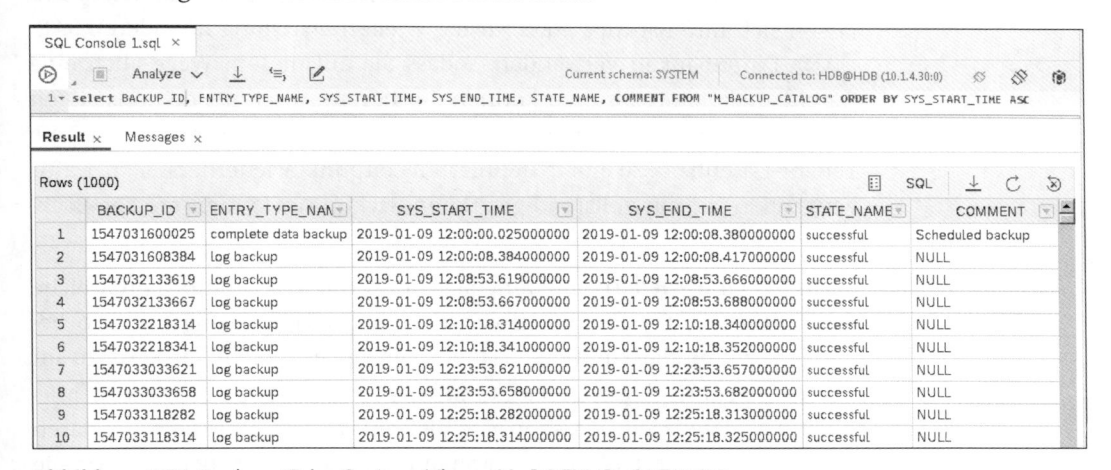

	BACKUP_ID	ENTRY_TYPE_NAME	SYS_START_TIME	SYS_END_TIME	STATE_NAME	COMMENT
1	1547031600025	complete data backup	2019-01-09 12:00:00.025000000	2019-01-09 12:00:08.380000000	successful	Scheduled backup
2	1547031608384	log backup	2019-01-09 12:00:08.384000000	2019-01-09 12:00:08.417000000	successful	NULL
3	1547032133619	log backup	2019-01-09 12:08:53.619000000	2019-01-09 12:08:53.666000000	successful	NULL
4	1547032133667	log backup	2019-01-09 12:08:53.667000000	2019-01-09 12:08:53.688000000	successful	NULL
5	1547032218314	log backup	2019-01-09 12:10:18.314000000	2019-01-09 12:10:18.340000000	successful	NULL
6	1547032218341	log backup	2019-01-09 12:10:18.341000000	2019-01-09 12:10:18.352000000	successful	NULL
7	1547033033621	log backup	2019-01-09 12:23:53.621000000	2019-01-09 12:23:53.657000000	successful	NULL
8	1547033033658	log backup	2019-01-09 12:23:53.658000000	2019-01-09 12:23:53.682000000	successful	NULL
9	1547033118282	log backup	2019-01-09 12:25:18.282000000	2019-01-09 12:25:18.313000000	successful	NULL
10	1547033118314	log backup	2019-01-09 12:25:18.314000000	2019-01-09 12:25:18.325000000	successful	NULL

Abbildung 9.21 Backup-ID im System-View »M_BACKUP_CATALOG«

Der System-View M_BACKUP_CATALOG_FILES enthält darüber hinaus zu jedem Backup die zugehörigen physischen Dateien, die nach persistierenden Prozessen (Spalte SERVICE_TYPE_NAME) gruppiert sind.

Auditing von Löschvorgängen

Ein physischer Löschvorgang wird in der Datei **backup.log**, die Sie im Trace-Verzeichnis Ihres Servers finden, mit dem folgenden Eintrag protokolliert:

```
backup file <Pfad><Dateiname> deleted
```

Darüber hinaus kann es sinnvoll sein, Backup-Löschvorgänge mithilfe der Auditing-Funktion von SAP HANA zu protokollieren. In Abschnitt 12.5, »Auditing eines SAP-HANA-Systems«, beschreiben wir dies genauer. Auditieren Sie dazu die Aktion BACKUP CATALOG DELETE.

Auditieren

> **Sicherungsdateien für die Wiederherstellung**
>
> Wenn Sie im Rahmen Ihrer Backup-Strategie Sicherungsdateien (Daten- oder Log-Backups) auf weitere Speicherorte verteilen und aus dem Verzeichnis löschen, das im Backup-Katalog hinterlegt ist, können Sie diese Sicherungen dennoch für die Wiederherstellung verwenden. Ebenso können Sie Sicherungen verwenden, die Sie manuell aus dem Backup-Katalog entfernt haben, sofern diese noch physisch vorhanden sind.

9.6.8 Wiederherstellung der Datenbank

Wenn Sie regelmäßig Datensicherungen erstellt haben, können Sie eine SAP-HANA-Datenbank entweder zum letzten verfügbaren Stand oder zu einem früheren Stand wiederherstellen. Unter gewissen Voraussetzungen lassen sich Ihre Backups auch für die Wiederherstellung in anderen SAP-HANA-Datenbanken verwenden, sodass Sie auf diesem Wege auch eine Datenbankkopie realisieren können. In diesem Abschnitt demonstrieren wir die Wiederherstellung von SAP-HANA-Datenbanken, indem wir eine Tenant-Datenbank zu einem definierten Zeitpunkt wiederherstellen. Dafür verwenden wir ein vollständiges Daten-Backup sowie mehrere Log-Backups.

Benötigte Sicherungsdateien ermitteln

Bevor Sie eine Wiederherstellung starten, können Sie überprüfen, welche Backup-Dateien Sie für das gewünschte Wiederherstellungsszenario benötigen bzw. ob alle benötigten Dateien verfügbar sind. Nutzen Sie dazu auf Ihrem SAP HANA Server das kommandozeilenbasierte Werkzeug hdbbackupdiag. Da die Syntax Ihnen eine Vielzahl von Optionen bietet, erklären wir den Einsatz des Werkzeugs anhand eines Beispiels, bei dem wir die Tenant-Datenbank HDB zu einem definierten Zeitpunkt wiederherstellen wollen. Mithilfe des Befehls aus Listing 9.9 werden alle Sicherungsdateien angezeigt, die benötigt werden, um die Datenbank zum Zeitpunkt 16:00 Uhr am 12.01.2019 wiederherzustellen:

```
hdbbackupdiag --check -d $DIR_INSTANCE/backup/log/DB_HDB
--dataDir $DIR_INSTANCE/backup/data/DB_HDB
--logDirs $DIR_INSTANCE/backup/log/DB_HDB
-u "2019-01-12 16:00:00"
```

Listing 9.9 Aufruf des Werkzeugs »hdbbackupdiag«

Zunächst sucht das Werkzeug nach der aktuellen Version des Backup-Katalogs, da es hier Informationen zu allen durchgeführten Sicherungen findet.

Da es sich bei HDB um eine Tenant-Datenbank handelt, schlägt die Suche unter dem Standardpfad für Log-Backups, der durch den Parameter base-path_logbackup definiert wird, fehl. Stattdessen befinden sich die Log-Backups in einem tenant-spezifischen Unterverzeichnis dieses Verzeichnisses. In unserem Fall lautet der Name dieses Verzeichnis **$DIR_INSTANCE/backup/log/DB_HDB** und muss mit dem Parameter -d übergeben werden. Außerdem können Sie ein Verzeichnis für Daten-Backups (--dataDir) sowie mehrere durch Kommata getrennte Verzeichnisse für Log-Backups (--logDirs) angeben. Abbildung 9.22 zeigt die Ausgabe des Befehls hdbbackupdiag.

```
hdbadm@t30z:/usr/sap/HDB/HDB00> hdbbackupdiag --check -d $DIR_INSTANCE/backup/log/DB_HDB --dataDir $DIR_INSTANCE/backup
/data/DB_HDB --logDirs $DIR_INSTANCE/backup/log/DB_HDB -u "2019-01-12 16:00:00"
found backup catalog 1547309418346 from file /usr/sap/HDB/HDB00/backup/log/DB_HDB/log_backup_0_0_0_0.1547309418346
using backup catalog 1547309418346 from file /usr/sap/HDB/HDB00/backup/log/DB_HDB/log_backup_0_0_0_0.1547309418346
Backup '/usr/sap/HDB/HDB00/backup/data/DB_HDB/2019_01_12_12_00_00_databackup_0_1' successfully checked.
Backup '/usr/sap/HDB/HDB00/backup/data/DB_HDB/2019_01_12_12_00_00_databackup_2_1' successfully checked.
Backup '/usr/sap/HDB/HDB00/backup/data/DB_HDB/2019_01_12_12_00_00_databackup_3_1' successfully checked.
Backup '/usr/sap/HDB/HDB00/backup/log/DB_HDB/log_backup_2_0_17865984_17872000.1547291418336' successfully checked.
Backup '/usr/sap/HDB/HDB00/backup/log/DB_HDB/log_backup_2_0_17872000_17877760.1547292318327' successfully checked.
Backup '/usr/sap/HDB/HDB00/backup/log/DB_HDB/log_backup_2_0_17877760_17882816.1547293218273' successfully checked.
Backup '/usr/sap/HDB/HDB00/backup/log/DB_HDB/log_backup_2_0_17882816_17889216.1547294118277' successfully checked.
Backup '/usr/sap/HDB/HDB00/backup/log/DB_HDB/log_backup_2_0_17889216_17894464.1547295018277' successfully checked.
Backup '/usr/sap/HDB/HDB00/backup/log/DB_HDB/log_backup_2_0_17894464_17899904.1547295918280' successfully checked.
Backup '/usr/sap/HDB/HDB00/backup/log/DB_HDB/log_backup_2_0_17899904_17905600.1547296818331' successfully checked.
Backup '/usr/sap/HDB/HDB00/backup/log/DB_HDB/log_backup_2_0_17905600_17911424.1547297718331' successfully checked.
Backup '/usr/sap/HDB/HDB00/backup/log/DB_HDB/log_backup_2_0_17911424_17917120.1547298618325' successfully checked.
Backup '/usr/sap/HDB/HDB00/backup/log/DB_HDB/log_backup_2_0_17917120_17922240.1547299518274' successfully checked.
Backup '/usr/sap/HDB/HDB00/backup/log/DB_HDB/log_backup_2_0_17922240_17927936.1547300418338' successfully checked.
Backup '/usr/sap/HDB/HDB00/backup/log/DB_HDB/log_backup_2_0_17927936_17933696.1547301318298' successfully checked.
Backup '/usr/sap/HDB/HDB00/backup/log/DB_HDB/log_backup_2_0_17933696_17939200.1547302218303' successfully checked.
Backup '/usr/sap/HDB/HDB00/backup/log/DB_HDB/log_backup_2_0_17939200_17945024.1547303118306' successfully checked.
Backup '/usr/sap/HDB/HDB00/backup/log/DB_HDB/log_backup_2_0_17945024_17950208.1547304018276' successfully checked.
Backup '/usr/sap/HDB/HDB00/backup/log/DB_HDB/log_backup_2_0_17950208_17956160.1547304918280' successfully checked.
Backup '/usr/sap/HDB/HDB00/backup/log/DB_HDB/log_backup_2_0_17956160_17961792.1547305818320' successfully checked.
Backup '/usr/sap/HDB/HDB00/backup/log/DB_HDB/log_backup_2_0_17961792_17967360.1547306718303' successfully checked.
Backup '/usr/sap/HDB/HDB00/backup/log/DB_HDB/log_backup_2_0_17967360_17972672.1547307618280' successfully checked.
Backup '/usr/sap/HDB/HDB00/backup/log/DB_HDB/log_backup_2_0_17972672_17979264.1547308518282' successfully checked.
Backup '/usr/sap/HDB/HDB00/backup/log/DB_HDB/log_backup_2_0_17979264_17984512.1547309418280' successfully checked.
Backup '/usr/sap/HDB/HDB00/backup/log/DB_HDB/log_backup_3_0_386664768_386772608.1547291334070' successfully checked.
Backup '/usr/sap/HDB/HDB00/backup/log/DB_HDB/log_backup_3_0_386772608_386878080.1547292234071' successfully checked.
Backup '/usr/sap/HDB/HDB00/backup/log/DB_HDB/log_backup_3_0_386878080_386982976.1547293134075' successfully checked.
Backup '/usr/sap/HDB/HDB00/backup/log/DB_HDB/log_backup_3_0_386982976_387111104.1547294034077' successfully checked.
Backup '/usr/sap/HDB/HDB00/backup/log/DB_HDB/log_backup_3_0_387111104_387217152.1547294934078' successfully checked.
Backup '/usr/sap/HDB/HDB00/backup/log/DB_HDB/log_backup_3_0_387217152_387322368.1547295834080' successfully checked.
Backup '/usr/sap/HDB/HDB00/backup/log/DB_HDB/log_backup_3_0_387322368_387427840.1547296734081' successfully checked.
Backup '/usr/sap/HDB/HDB00/backup/log/DB_HDB/log_backup_3_0_387427840_387555776.1547297634083' successfully checked.
Backup '/usr/sap/HDB/HDB00/backup/log/DB_HDB/log_backup_3_0_387555776_387661184.1547298534085' successfully checked.
Backup '/usr/sap/HDB/HDB00/backup/log/DB_HDB/log_backup_3_0_387661184_387767040.1547299434086' successfully checked.
Backup '/usr/sap/HDB/HDB00/backup/log/DB_HDB/log_backup_3_0_387767040_387872704.1547300334088' successfully checked.
Backup '/usr/sap/HDB/HDB00/backup/log/DB_HDB/log_backup_3_0_387872704_388000960.1547301234089' successfully checked.
Backup '/usr/sap/HDB/HDB00/backup/log/DB_HDB/log_backup_3_0_388000960_388107200.1547302134091' successfully checked.
Backup '/usr/sap/HDB/HDB00/backup/log/DB_HDB/log_backup_3_0_388107200_388213504.1547303034092' successfully checked.
Backup '/usr/sap/HDB/HDB00/backup/log/DB_HDB/log_backup_3_0_388213504_388318784.1547303934094' successfully checked.
Backup '/usr/sap/HDB/HDB00/backup/log/DB_HDB/log_backup_3_0_388318784_388447360.1547304834095' successfully checked.
Backup '/usr/sap/HDB/HDB00/backup/log/DB_HDB/log_backup_3_0_388447360_388556352.1547305734097' successfully checked.
Backup '/usr/sap/HDB/HDB00/backup/log/DB_HDB/log_backup_3_0_388556352_388662656.1547306634098' successfully checked.
Backup '/usr/sap/HDB/HDB00/backup/log/DB_HDB/log_backup_3_0_388662656_388782272.1547307534100' successfully checked.
Backup '/usr/sap/HDB/HDB00/backup/log/DB_HDB/log_backup_3_0_388782272_388915584.1547308434101' successfully checked.
Backup '/usr/sap/HDB/HDB00/backup/log/DB_HDB/log_backup_3_0_388915584_389021376.1547309334103' successfully checked.
hdbadm@t30z:/usr/sap/HDB/HDB00>
```

Abbildung 9.22 Beispielhafte Ausgabe des Befehls »hdbbackupdiag«

Während das Werkzeug hdbbackupdiag nur die Metadaten Ihrer Backups überprüft, können Sie die Sicherungsdateien, die Ihnen das Werkzeug als Output liefert, mithilfe des Werkzeugs hdbbackupcheck hinsichtlich ihrer Integrität überprüfen. Die Syntax dazu lautet:

Integritätsprüfung der Backup-Dateien

hdbbackupcheck <Name der Sicherungsdatei>

Ein solcher Check ist z. B. sinnvoll, nachdem Sie Backup-Dateien auf ein anderes Speichermedium kopiert haben. Leider ist es nicht möglich, diesem Werkzeug eine Liste von Dateien zu übergeben. Stattdessen müssen Sie hdbbackupcheck für jede zu überprüfende Datei erneut aufrufen. Der zu übergebende Dateiname kann auch einen anderen als den standardmäßig verwendeten Pfad aus dem Parameter basepath_databackup beinhalten. Für Tenant-Datenbanken ist dies aufgrund der tenant-spezifischen Unterverzeichnisse erforderlich.

> **Informationen zu »hdbbackupcheck« und »hdbbackupdiag«**
> Weiterführende Informationen zum Werkzeug hdbbackupcheck finden Sie in SAP-Hinweis 1869119. Die Syntax zu hdbbackupdiag ist im »SAP HANA Administration Guide« (http://s-prs.de/v685036) sowie in SAP-Hinweis 1873247 beschrieben.

Verlust des Backup-Katalogs

Das Werkzeug hdbbackupdiag ist außerdem hilfreich, wenn Ihr Backup-Katalog nicht mehr verfügbar ist und Sie ihn wiederherstellen müssen. Weitere Informationen dazu finden Sie in SAP-Hinweis 1812057.

Wiederherstellung von Tenant-Datenbanken

Im Folgenden zeigen wir zunächst, wie Sie eine Tenant-Datenbank über das SAP HANA Cockpit wiederherstellen. Dazu setzen wir unser Beispiel fort und stellen die Tenant-Datenbank HDB zum genannten Zeitpunkt wieder her.

1. Im SAP HANA Cockpit wählen Sie im **Resource Directory** zunächst die Systemdatenbank aus.
2. Auf der Übersichtsseite zur Systemdatenbank klicken Sie auf den Button **Manage Databases**. Es werden Ihnen alle auf dem SAP-HANA-System vorhandenen Datenbanken angezeigt.
3. Markieren Sie nun den Eintrag der Tenant-Datenbank, die Sie wiederherstellen möchten – in unserem Fall ist dies die Datenbank HDB. Es ist nicht möglich, mehrere Tenant-Datenbanken gleichzeitig wiederherzustellen.
4. Wählen Sie die Funktion **Recover Tenant**, um die Wiederherstellung zu starten. Es erscheint ein Pop-up Fenster, in dem Sie darauf hingewiesen werden, dass für die Wiederherstellung der Tenant gestoppt werden muss.
5. Es öffnet sich ein Wizard, der Sie durch die Wiederherstellungsoptionen leitet. Zunächst wird das Wiederherstellungsziel abgefragt. Sie können wählen, ob Sie die Datenbank zum letzten verfügbaren Stand (**Recover to the most recent state**) oder zu einem definierten Zeitpunkt (**Recover to a**

9.6 Anwendung der Backup- und Recovery-Werkzeuge

specific point in time) wiederherstellen wollen. Die Wiederherstellungsoptionen haben wir genauer in Abschnitt 9.4.2, »Schritte der Wiederherstellung«, beschrieben. Wir möchten unsere Tenant-Datenbank HDB zum Zeitpunkt 16:00 Uhr am 12.01.2019 wiederherstellen. Dazu wählen wir die Zeitzone aus und geben Datum und Uhrzeit an. Abbildung 9.23 zeigt den beschriebenen Schritt. Klicken Sie auf **Step 2**.

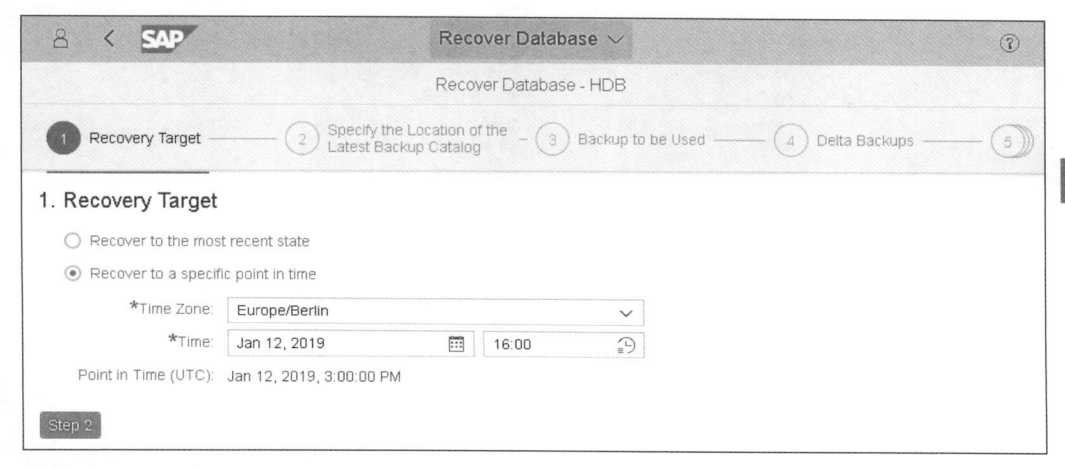

Abbildung 9.23 Wiederherstellungsziele

6. Nun wird der Ort des Backup-Katalogs abgefragt. Standardmäßig ist der Pfad zu den Log-Backups angegeben, der über den Parameter basepath_logbackup definiert ist. Sie haben hier auch die Möglichkeit, ein alternatives Verzeichnis anzugeben. Wählen Sie **Step 3**. Das System sucht über den Backup-Katalog nach passenden Daten-Backups.

7. Das Ergebnis wird im folgenden Fenster angezeigt. Wählen Sie das Daten-Backup aus, das als Grundlage für die Wiederherstellung dienen soll. Die verfügbaren Daten-Backups werden, wie in Abbildung 9.24 zu sehen, aufsteigend nach der erwarteten Wiederherstellungsdauer sortiert. Es ist empfehlenswert, das an oberster Stelle angezeigte Daten-Backup auszuwählen. Klicken Sie anschließend auf **Step 4**.

8. Im nächsten Schritt können Sie entscheiden, ob Delta-Backups für die Wiederherstellung verwendet werden sollen. Standardmäßig ist die Option ausgewählt. Wenn Sie auf Delta-Backups verzichten, werden nur Log-Backups für die Wiederherstellung herangezogen und auf unter Umständen weit zurückliegende Daten-Backups appliziert. Die Wiederherstellungszeit wird dadurch unnötig verlängert. Über **Step 5** gelangen Sie zum nächsten Schritt.

9 Backup und Recovery

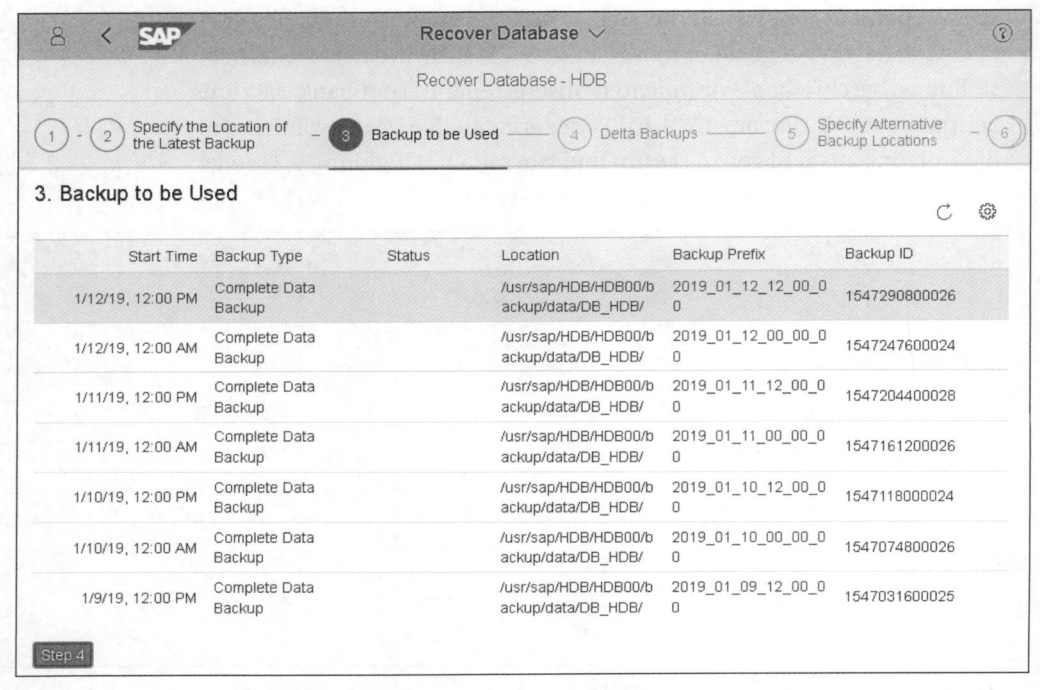

	Start Time	Backup Type	Status	Location	Backup Prefix	Backup ID
	1/12/19, 12:00 PM	Complete Data Backup		/usr/sap/HDB/HDB00/b ackup/data/DB_HDB/	2019_01_12_12_00_0 0	1547290800026
	1/12/19, 12:00 AM	Complete Data Backup		/usr/sap/HDB/HDB00/b ackup/data/DB_HDB/	2019_01_12_00_00_0 0	1547247600024
	1/11/19, 12:00 PM	Complete Data Backup		/usr/sap/HDB/HDB00/b ackup/data/DB_HDB/	2019_01_11_12_00_0 0	1547204400028
	1/11/19, 12:00 AM	Complete Data Backup		/usr/sap/HDB/HDB00/b ackup/data/DB_HDB/	2019_01_11_00_00_0 0	1547161200026
	1/10/19, 12:00 PM	Complete Data Backup		/usr/sap/HDB/HDB00/b ackup/data/DB_HDB/	2019_01_10_12_00_0 0	1547118000024
	1/10/19, 12:00 AM	Complete Data Backup		/usr/sap/HDB/HDB00/b ackup/data/DB_HDB/	2019_01_10_00_00_0 0	1547074800026
	1/9/19, 12:00 PM	Complete Data Backup		/usr/sap/HDB/HDB00/b ackup/data/DB_HDB/	2019_01_09_12_00_0 0	1547031600025

Abbildung 9.24 Daten-Backup auswählen

9. Anschließend haben Sie die Möglichkeit, alternative Verzeichnisse für Daten- und Delta-Backups und Log-Backups anzugeben. Für Log-Backups gibt es zudem die Möglichkeit, mehrere Verzeichnisse anzugeben. Da wir in unserem Beispiel die Sicherungsdateien nicht auf andere Verzeichnisse verteilt haben, lassen wir die Felder leer, sodass die im Backup-Katalog gespeicherten Verzeichnisse verwendet werden. Klicken Sie auf den Button **Step 6**.

10. Nun können Sie die Verfügbarkeit des ausgewählten Backups überprüfen lassen. Sollten die Sicherungen noch nicht verfügbar sein, können Sie durch die Abwahl des Checks Zeit sparen. Klicken Sie auf den Button **Step 7**.

11. Nun können wir entscheiden, ob das Log Volume initialisiert werden soll. Lassen wir das Log Volume initialisieren, werden alle zurzeit existierenden Log-Segmente gelöscht. Wählen Sie diese Option daher auf keinen Fall, wenn Sie den letzten verfügbaren Stand wiederherstellen, da dieser häufig nicht Bestandteil Ihrer letzten Log-Backups ist, sondern nur in den aktuellen Log-Segmenten der persistierenden Prozesse enthalten ist. Die Initialisierung der Log Volumes ist z. B. sinnvoll, wenn Sie eine Datenbankkopie durchführen, also Ihre Sicherung in einem ande-

9.6 Anwendung der Backup- und Recovery-Werkzeuge

ren SAP-HANA-System wiederherstellen. In diesem Fall werden die existierenden Log-Segmente nicht mehr benötigt. Falls Ihre Log Volumes beschädigt sind oder Sie diese zu einem Daten-Backup oder Storage Snapshot wiederherstellen, müssen Sie die Initialisierung ebenfalls vornehmen. Wir initialisieren die Log Volumes nicht und klicken auf den Button **Review**.

12. Sie haben nun die Möglichkeit, die vorgenommenen Einstellungen zu verifizieren und nach Belieben noch einmal zu ändern. Sind alle Einstellungen zu Ihrer Zufriedenheit, wählen Sie **Start Recovery**.

Nachdem Sie eine Zusammenfassung für die von Ihnen konfigurierte Wiederherstellung bestätigt haben, startet der Wiederherstellungsprozess und zeigt Ihnen im SAP HANA Cockpit die aktuelle Phase sowie den Fortschritt für jeden Datenbankprozess an.

Wiederherstellungsfortschritt

Abbildung 9.25 zeigt die erfolgreich durchgeführte Wiederherstellung unserer Tenant-Datenbank HDB mit dem Hinweis, dass der erreichte Zeitpunkt um 15:59:53 Uhr war und damit die letzte abgeschlossene und aufgezeichnete Transaktion abbildet.

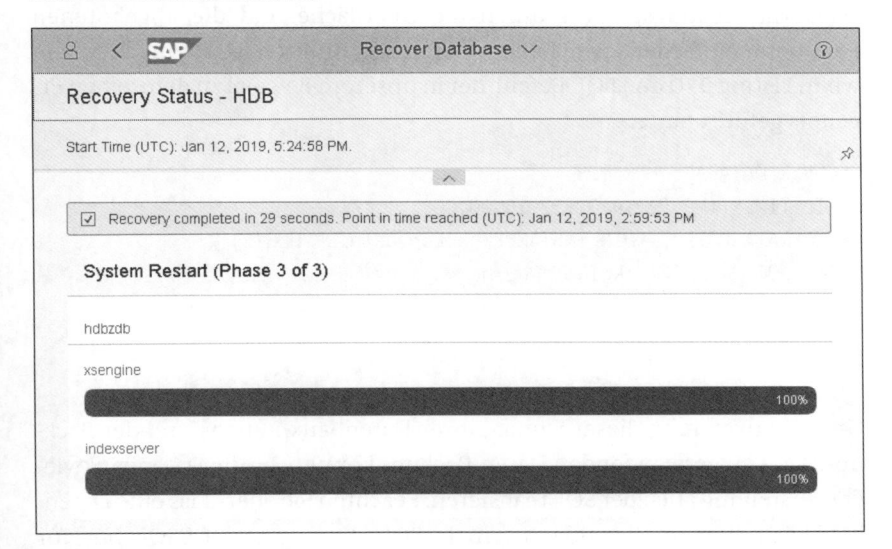

Abbildung 9.25 Erfolgreich durchgeführte Wiederherstellung

Die Wiederherstellung der Systemdatenbank erfolgt ganz ähnlich wie die beschriebene Wiederherstellung einer Tenant-Datenbank. Der Einstieg in die Wiederherstellung unterscheidet sich im SAP HANA Cockpit. Nachdem Sie im **Resource Directory** die Systemdatenbank ausgewählt haben, wählen Sie auf der Übersichtsseite zur Systemdatenbank **Recover Database**. Bei den Wiederherstellungszielen steht Ihnen lediglich die Option **Recover to the**

Wiederherstellung der Systemdatenbank

most recent state (Wiederherstellung bis zum letzten verfügbaren Stand) zur Verfügung.

> **Point-in-Time Recovery der Systemdatenbank**
>
> Im SAP HANA Cockpit kann die Systemdatenbank nur zum letzten verfügbaren Stand wiederhergestellt werden. Eine Wiederherstellung zu einem bestimmten Zeitpunkt ist nur über das Werkzeug *recoverSys.py* möglich. Weitere Informationen dazu erhalten Sie im »SAP HANA Administration Guide« (*http://s-prs.de/v685036*). Beachten Sie auch, dass bei einer Wiederherstellung der Systemdatenbank zu einem bestimmten Zeitpunkt die Tenant-Datenbanken, die nach diesem registriert wurden, verloren gehen.

Die Optionen zur Wiederherstellung im Wizard des SAP HANA Cockpits sind – bis auf die bereits angesprochene der Wiederherstellungsziele – identisch mit der beschriebenen Option der Tenant-Datenbank.

Wiederherstellung über SQL

Es wird ausdrücklich empfohlen, die Datenbankwiederherstellung ausschließlich über das SAP HANA Cockpit durchzuführen, da der gesamte Wiederherstellungsprozess durch die Oberfläche und die angebotenen Parameter einfacher sowie fehlerfreier durchzuführen ist. Dennoch zeigen wir in Listing 9.10 den SQL-Befehl, der in unserem Beispiel zu demselben Ergebnis geführt hätte.

```
RECOVER DATABASE FOR HDB
UNTIL TIMESTAMP '2019-01-12 16:00:00'
USING DATA PATH ('$DIR_INSTANCE/backup/data/DB_HDB/')
USING LOG PATH ('$DIR_INSTANCE/backup/log/DB_HDB')
USING BACKUP_ID 1547290800026 CHECK ACCESS USING FILE;
```

Listing 9.10 Datenbankwiederherstellung per SQL

Systemdatenbanken und Single-Container-Systeme

Unter Verwendung dieser Syntax, Ihres Datenbanknamens und der Backup-ID des zu verwendenden Daten-Backups können Sie die Datenbankwiederherstellung auch per SQL realisieren. Beachten Sie aber, dass eine Datenbankwiederherstellung über normale SQL-Clients wie HDBSQL nur für Tenant-Datenbanken möglich ist. Wenn Sie für die Wiederherstellung von Systemdatenbanken und Single-Container-Systemen nicht das SAP HANA Cockpit verwenden, müssen diese mithilfe eines Python-Skripts wiederhergestellt werden, das SQL-Befehle an SAP HANA weitergibt. Nähere Informationen zu dessen Verwendung finden Sie im »SAP HANA Administration Guide« im Abschnitt »Recovering a Database Using the Command Line Tool«.

Genau wie Sicherungsprozesse werden auch Wiederherstellungsprozesse in der Datei **backup.log** protokolliert. Diese befindet sich im Trace-Verzeichnis Ihres Hosts, also standardmäßig unter **/usr/sap/<SID>/HDB<Instanznummer>/<Hostname>/trace**. Für Tenant-Datenbanken existieren in diesem Verzeichnis Unterverzeichnisse mit eigenen **Backup.log**-Dateien. Suchen Sie innerhalb der jeweiligen Datei mit einem Texteditor nach der Zeichenkette RECOVERY RECOVER DATA started, um Details zu abgeschlossenen oder laufenden Wiederherstellungsprozessen einzusehen.

Wiederherstellungen überwachen

9.7 Integration von SAP HANA und Micro Focus Data Protector

In diesem Abschnitt beschäftigen wir uns speziell mit der Sicherungssoftware *Micro Focus Data Protector* (DP). Wir zeigen, wie SAP HANA mit dem Micro Focus Data Protector integriert werden kann und wie eine Sicherungsspezifikation angelegt wird. Anschließend erfahren Sie anhand eines SAP-HANA-Beispielsystems, wie Sie eine Sicherung und Wiederherstellung mit diesem Werkzeug durchführen.

9.7.1 Plattform- und Integrationssupport

Ein wichtiger Punkt, den wir gleich zu Beginn dieses Abschnitts diskutieren wollen, ist der Plattform- und Integrationssupport von Micro Focus Data Protector für Betriebssysteme, Datenbanken, Cluster und Applikationen. Wenn Sie Ihre produktive Systemlandschaft mit einer bestimmten Sicherungssoftware schützen wollen, müssen Sie sichergehen, dass die Komponenten, die Sie in Ihrer Systemlandschaft betreiben, auch von der Sicherungssoftware unterstützt werden. Klären Sie daher im Vorfeld, ob die Sicherungssoftware Ihre Betriebssysteme, Datenbanken und Applikationen integrieren kann und unterstützt. Hersteller veröffentlichen Übersichten und Dokumentationen, in denen die Eignung der Software nachgeschlagen werden kann. Für DP finden Sie diese Informationen unter *https://docs.microfocus.com*. Über die Quick Links gelangen Sie schnell zum Produkt »Data Protector«, von wo aus Sie die Dokumentationen für die unterschiedlichen Releases aufrufen können. Die Support-Matrix finden Sie in Ihrer Dokumentation unter **Install** – oder über die Suchfunktion. Da sich die unterstützen Plattformen und möglichen Integrationen sehr schnell ändern können, geben wir an dieser Stelle keine Übersicht, sondern verweisen Sie auf den angegebenen Link.

9 Backup und Recovery

Unterstützung von SAP HANA

Dennoch schauen wir kurz auf den Status der Integration von SAP HANA zum Zeitpunkt der Entstehung dieses Buches (Frühjahr 2019). Das aktuell verfügbare Release Data Protector 2018.11 (10.20) wurde im November 2018 veröffentlicht. Die Software unterstützt derzeit alle Versionen von SAP HANA 1.0 SPS12 (und früher) sowie SAP HANA 2.0 SPS03 (und früher). Es werden ausschließlich auf der x64-Architektur basierende Betriebssysteme unterstützt. Dies sind SUSE Linux Enterprise Server (SLES) 11 und 12, SLES 11 und 12 for SAP Applications und Red Hat Enterprise Linux (RHEL) 6.5, 6.6, 6.7 und 7.x. Somit sind zum derzeitigen Zeitpunkt alle SAP-HANA-Releases von SAP für Micro Focus Data Protector zertifiziert und werden vom Softwarehersteller unterstützt, und Sie erhalten bei auftretenden Schwierigkeiten Support. Wenn Sie Data Protector verwenden und ein höheres SAP-HANA-Release einsetzen wollen, als in der Support-Matrix angegeben, informieren Sie sich zuvor beim SAP- oder Micro-Focus-Support. Er kann Ihnen Auskunft geben, wann eine entsprechende Unterstützung verfügbar ist oder ob Sie eine individuelle Freigabe erhalten. Wenn Sie für die SAP-HANA-Datenbank eine neue oder alternative Sicherungssoftware suchen, sollten Sie bei der Entscheidung für oder gegen eine Software darauf achten, welche Plattformen unterstützt werden und wie der Aktualisierungszyklus aussieht.

[»] **Weitere Informationen zum Einsatz der Schnittstelle »Backint«**

Weitere Informationen zur Nutzung und Zertifizierung der `Backint`-Schnittstelle finden Sie natürlich auch bei SAP. So gibt es in der SAP Community einen Artikel: *http://scn.sap.com/docs/DOC-62799*. Darüber hinaus sei an dieser Stelle auf den SAP-Hinweis 2031547, der einen Überblick über die von SAP zertifizierten Drittanbieter für Sicherungswerkzeuge gibt, und den SAP-Hinweis 1970558 verwiesen, der den Support-Prozess für Data Protector in Zusammenhang mit SAP HANA beschreibt.

9.7.2 SAP-HANA-Integrationskonzept

Im Folgenden gehen wir zunächst auf die Integration der SAP-HANA-Datenbank mit Micro Focus Data Protector ein. Die hier beschriebene Integration ist für die Releases 10.x gültig. Mit DP werden die Daten Ihrer SAP-HANA-Datenbank online gesichert.

Arten von Backups

Es stehen die folgenden Sicherungsobjekte zur Verfügung:

- SAP-HANA-Datenbank
- SAP-HANA-Log-Dateien

9.7 Integration von SAP HANA und Micro Focus Data Protector

Bei der Sicherung der SAP-HANA-Datenbank können Sie zwischen einer Vollsicherung, einer inkrementellen und einer differenziellen Sicherung wählen. Die Sicherung Ihrer Konfiguration findet nicht statt, kann jedoch über eine Dateisystemsicherung durchgeführt werden.

Im Bereich Recovery gibt es drei Möglichkeiten:

Arten von Recovery

- Wiederherstellung der Datenbank zum letzten Stand
- Wiederherstellung der Datenbank zu einem bestimmten Zeitpunkt
- Wiederherstellung der Datenbank zu einem bestimmten Backup

Bei der ersten Option wird SAP HANA so nah wie möglich zum aktuellen Zeitpunkt wiederhergestellt – unter Zuhilfenahme der letzten Datenbanksicherung, der nachfolgenden Log-Dateien und der noch verfügbaren Einträge im Log-Bereich. Bei den anderen beiden Optionen geben Sie an, zu welchem Zeitpunkt die Datenbank wiedergestellt werden soll bzw. welche Datensicherung genau zurückgeholt werden soll, ohne dafür Log-Dateien zu applizieren.

Die derzeit verfügbare Integration von Data Protector in SAP HANA ist keine übliche, konventionelle Anwendungsintegration, wie bei den vielen anderen Plattformen, Datenbanken und Anwendungen. Sie können Data Protector im Moment für die folgenden Aktionen nutzen:

Anwendungsintegration

- Sie können definieren, welche Datenbanken wie und wohin gesichert werden sollen. Diese Konfiguration nehmen Sie über die Benutzeroberfläche des Data Protectors vor.
- Sie können den Sicherungs- und Wiederherstellungsprozess über die Benutzeroberfläche des Data Protectors überwachen.
- Zudem ist es möglich, dass Sie sich alle SAP-HANA-Objekte und die dazugehörigen Backup-Sessions anzeigen lassen.

Die Einplanung von Sicherungen und Wiederherstellungen wird dagegen über das SAP HANA Cockpit, das DBA Cockpit oder die SAP-HANA-Kommandozeile gesteuert. Dies ist direkt über die Benutzeroberfläche des Data Protectors nicht möglich.

Im Folgenden stellen wir Ihnen die Architektur der Integration von SAP HANA mit dem Data Protector vor. In Abbildung 9.26 sehen Sie eine schematische Übersicht, angelehnt an die Dokumentation zum Data Protector 2018.11 (10.20), die Sie unter *https://docs.microfocus.com* einsehen können.

Architektur

Die linke Seite des Bildes stellt sehr vereinfacht die SAP-HANA-Datenbank mit ihren Objekten dar. Zusätzlich finden Sie auf dieser Seite die Data-Protector-Komponente `saphana_backint`. Diese wird mit der Installation der

SAP-HANA-Integration auf der SAP HANA Appliance kopiert und agiert als Schnittstelle zwischen den Sicherungs- und Wiederherstellungsfunktionen von SAP HANA und dem Data Protector.

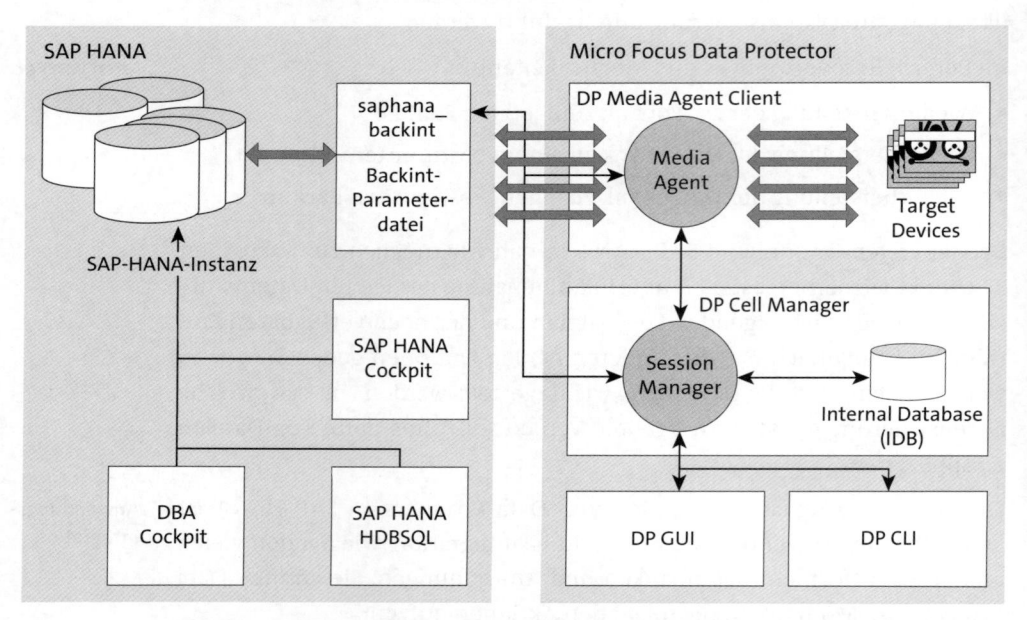

Abbildung 9.26 Architektur der Integration von SAP HANA und Micro Focus Data Protector

Die Datenbank und die Log-Dateien werden über sogenannte *Streams* gesichert und wiederhergestellt. Die Backint-Komponente finden Sie auf Ihrem Linux-Betriebssystem im Verzeichnis **/opt/omni/lbin**. Der Name des Verzeichnisses weist auf eine Zeit zurück, in der Data Protector ein Produkt von Hewlett Packard war und als HP OmniBack 2 bezeichnet wurde.

Darüber hinaus sehen Sie eine Backint-Parameterdatei. In diese Datei werden spezielle Data-Protector-Parameter eingefügt, die dann vom *Backint Agent* ausgewertet werden. Wir kommen auf diese Parameter in Abschnitt 9.7.3, »Integration von SAP HANA und Anlegen einer Sicherungsspezifikation«, noch einmal zu sprechen. Zusätzlich finden Sie das SAP HANA Cockpit, die Transaktion DBA Cockpit in SAP-NetWeaver-basierten Systemen bzw. die Kommandozeile HDBSQL als SAP-HANA-Kommandozeilenschnittstelle, über die Sie Sicherungen und Wiederherstellungen neu starten.

Im rechten Bereich sehen Sie die Komponenten des Data Protectors. Im oberen Bereich ist der *Media Agent* dargestellt. Dieser ist dafür verantwortlich, die Daten auf die angeschlossenen Zielgeräte zu schreiben bzw. von diesen zu lesen. Es können auch Geräte genutzt werden, die nicht direkt an den Server angeschlossen sind. Dazu ist eine schnelle Verbindung zwischen der SAP HANA Appliance und dem Server, an dem die Sicherungsgeräte angeschlossen sind, notwendig.

Der Media Agent wird durch den *Session Manager*, der wiederum ein Prozess des *Cell Managers* ist, kontrolliert. Sie sehen in Abbildung 9.26, dass der Session Manager ein sehr zentraler Prozess ist, der alle anderen Module der Data-Protector-Umgebung kontrolliert. Alle Informationen werden in einer zentralen Datenbank, der sogenannten *Internal Database* (IDB), gespeichert. Die Interaktionen zwischen dem Benutzer und dem Session Manager (mit den eingangs genannten Einschränkungen) bei der SAP-HANA-Integration finden über die grafische Benutzeroberfläche (GUI) oder mittels der Kommandozeile (CLI) statt.

Data Protector Cell Manager

9.7.3 Integration von SAP HANA und Anlegen einer Sicherungsspezifikation

Schauen wir uns nun die Integration der SAP-HANA-Datenbank mit dem Data Protector näher an. Exemplarisch veranschaulichen wir sie an unserem SAP-HANA-System HDB. Wir setzen an dieser Stelle die folgenden Konfigurations- und Installationsarbeiten, die auf dem SAP HANA Server und im Micro Focus Data Protector durchgeführt werden müssen, voraus:

Voraussetzungen

- Sie haben die Data Protector Agents auf Ihrer SAP HANA Appliance bzw. Ihrem SAP HANA Server installiert. Dies sind der *Disk Agent*, der *Media Agent* und der Agent für die SAP-HANA-Integration.
- Um eine Onlinesicherung von Daten mittels Data Protector durchführen zu können, benötigen Sie sogenannte *Onlinelizenzen*. Für weitere Informationen konsultieren Sie die Dokumentation unter *https://docs.microfocus.com*.
- Datensicherungsgeräte und Datensicherungsmedien müssen installiert und für die Datensicherungs- bzw. Wiederherstellungsoperationen verfügbar sein.
- Sie haben eine einfache Datensicherung auf Dateiebene mittels Data Protector durchgeführt, um zu testen, ob die generelle Kommunikation zwischen der SAP HANA Appliance und dem Cell Manager des Data Protectors funktioniert.
- Ihre Datenbank muss online sein.

Wenn alle diese Voraussetzungen erfüllt sind, können Sie mit der Integration starten. Im ersten Schritt legen Sie den involvierten SAP-HANA-

Benutzer und Gruppe

Betriebssystembenutzer, mit dem die SAP-HANA-Datensicherung und -Wiederherstellung durchgeführt wird, im Data Protector an. Der Benutzer muss der Gruppe `admin` oder `operator` angehören.

1. Um den Benutzer anzulegen, wechseln Sie auf der Benutzeroberfläche des Data Protectors in die Ansicht **Users** und dort in die Gruppe **operator**, die für die Datensicherungs- und Wiederherstellungsoperationen verantwortlich ist.
2. Für das SAP-HANA-System `HDB` benötigen wir den Benutzer **hdbadm**, wie in Abbildung 9.27 eingetragen.

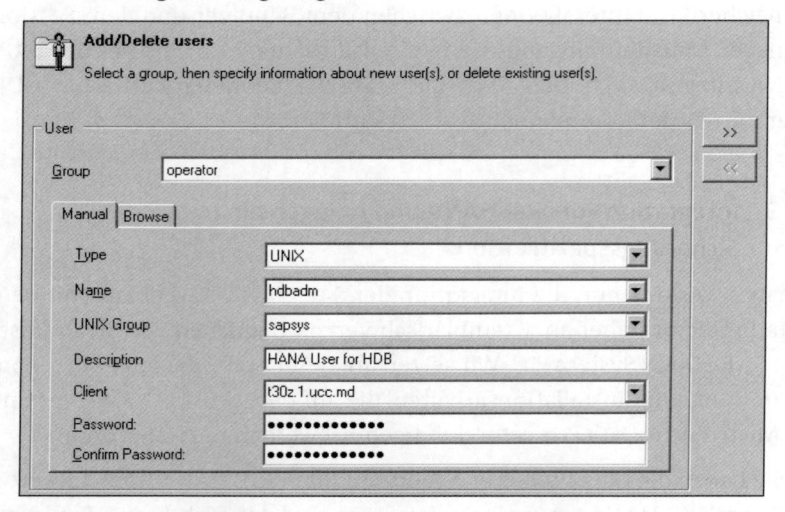

Abbildung 9.27 Benutzer »<sid>adm« zur Gruppe »operator« hinzufügen

3. Über das Feld **Type** wählen Sie als Betriebssystem **UNIX** aus.
4. Zusätzlich geben Sie die korrespondierende Betriebssystemgruppe, eine Beschreibung, das Client-System und ein Passwort an.
5. Um den Benutzer anzulegen, klicken Sie auf den doppelten Pfeil. Damit wird Ihr Benutzer der Liste der bereits angelegten Benutzer hinzugefügt, was Sie über **Finish** bestätigen können.

DP Backint Agent mit SAP HANA verbinden

Als Nächstes wird der *Data Protector Backint Agent* mit SAP HANA verbunden. Dazu führen Sie die folgenden Schritte aus:

1. Melden Sie sich als SAP-Administrationsbenutzer `<sid>adm` auf der SAP HANA Appliance bzw. dem SAP HANA Server an.
2. Wechseln Sie in das Verzeichnis **<Installationsverzeichnis>/<SID>/global/hdb**. Standardmäßig ist das Installationsverzeichnis des SAP-HANA-Systems **/hana/shared**. Im Falle unseres Systems `HDB` lautet der Befehl also `cd /hana/shared/HDB/global/hdb`.

3. Überprüfen Sie, ob es in dem Verzeichnis einen Unterordner **opt** gibt. Ist dies nicht der Fall, legen Sie ihn mit dem Befehl `mkdir opt` an.
4. Erstellen Sie einen symbolischen Link zum Backint Agent des Data Protectors. Wechseln Sie zunächst mittels `cd opt` in das Verzeichnis **opt**, und führen Sie den folgenden Befehl aus:

```
ln -s /opt/omni/lbin/saphana_backint hdbbackint
```

5. Anschließend nehmen Sie folgende Einstellung in der Konfigurationsdatei **global.ini** über die App **Configuration of System Properties** vor:
   - Für den Parameter `catalog_backup_parameter_file` geben Sie den vollen Pfadnamen zum Backint Agent an. Sollte die Einstellung in Ihrer Umgebung Probleme bei der Sicherung des Backup-Katalogs bereiten, geben Sie als Wert für den Parameter `catalog_backup_parameter_file` den kompletten Pfadnamen der Parameterdatei für die Log-Sicherung an. Wie Sie die Datei erstellen, beschreiben wir nach dem Absatz zur Integration der SAP-HANA-Datenbank mit dem Data Protector.
   - Prüfen Sie zudem, ob der Parameter `catalog_backup_using_backint` auf `true` gesetzt ist.

   Über diese beiden Parameter wird sichergestellt, dass auch der Backup-Katalog über die `Backint`-Schnittstelle gesichert wird.

   - Über den Parameter `parallel_data_backup_backint_channels` stellen Sie ein, wie viele Kanäle für das parallele Streamen von Daten aus der SAP-HANA-Datenbank genutzt werden sollen. Die Einstellungen sollten mit Blick auf Ihre Backup-Anforderungen gewählt werden. Möchten Sie den Parameterwert höher als den Standard 1 setzen, stellen Sie sicher, dass dies keinen negativen Einfluss auf den Speicherverbrauch hat. Sicherungen werden erst verteilt, wenn sie größer als 128 GB sind.
   - Im Zusammenhang mit dem Parameter `parallel_data_backup_backint_channels` müssen Sie schließlich auch den Parameter `data_backup_buffer_size` ändern. Diesen setzen Sie auf den Wert 512 multipliziert mit der Anzahl eingestellter Kanäle.

Im nächsten Schritt können Sie die Log-Einstellungen der SAP-HANA-Datenbank überprüfen und ggf. anpassen:

Log-Einstellungen anpassen

1. Gehen Sie in das SAP HANA Cockpit, und wählen Sie die systemweite Backup-Konfiguration über **Manage Databases** der Systemdatenbank aus.
2. Prüfen Sie zunächst unter **Log Settings** im Bereich **Log Mode**, ob dieser auf **Normal** gestellt ist. Sollte dies nicht der Fall sein, ändern Sie die Einstellung entsprechend.

3. Im Bereich **Log Backup** wechseln Sie über den Button **Edit** in den Änderungsmodus. Wählen Sie als Zieltyp **Backint** aus. Stellen Sie zudem sicher, dass die Option für das automatische Log-Backup **Create Log Backups** ausgewählt ist. Als Intervall für das Log-Backup sind standardmäßig 15 Minuten angegeben. Passen Sie den Eintrag Ihren Anforderungen entsprechend an, und wählen Sie **Save**. Sie können die Einstellungen in Abbildung 9.28 noch einmal nachvollziehen.

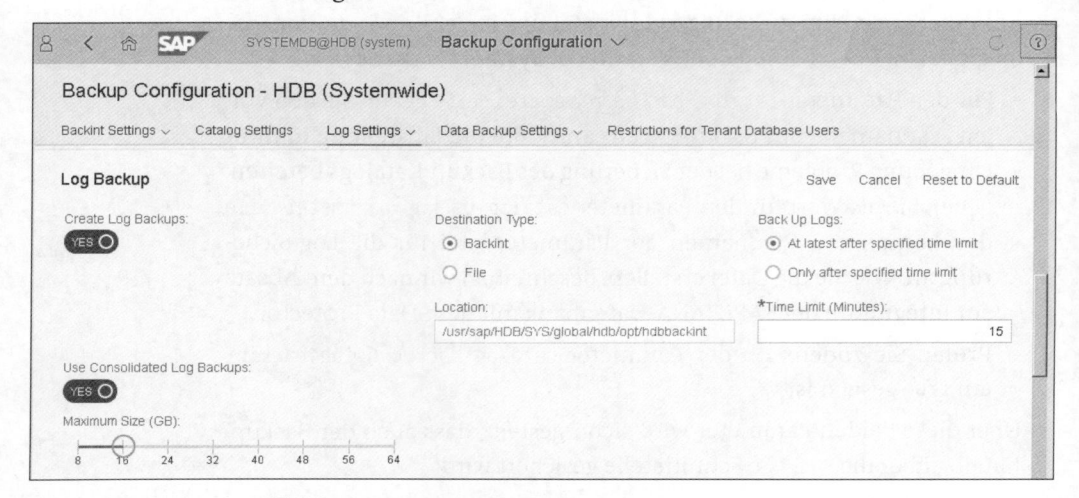

Abbildung 9.28 »Log Settings«

Backup-Spezifikation anlegen

Nun können Sie die SAP-HANA-Integration durchführen und die damit verbundene Backup-Spezifikation im Micro Focus Data Protector anlegen:

1. Rufen Sie den Data Protector auf, und wählen Sie die Sicht **Backup**.

2. Expandieren Sie die Backup-Spezifikationen, klicken Sie mit der rechten Maustaste auf den Eintrag **SAP HANA Server**, und wählen Sie den Eintrag **Add Backup**.

3. Es erscheint das Dialogfenster **Create New Backup**. Wählen Sie hier die Vorlage **Blank SAP HANA Backup** aus, und klicken Sie auf **OK**.

4. Unter **Client** wählen Sie die SAP HANA Appliance bzw. den SAP HANA Server aus. Unter **Application database** wählen Sie die SAP-HANA-Datenbank aus, die Sie integrieren wollen. Wird dort kein Eintrag angezeigt, geben Sie den Instanznamen direkt ein.

5. Im unteren Teil des Fensters werden der Benutzername des SAP-Administrationsbenutzers <sid>adm und dessen Gruppe abgefragt (siehe Abbildung 9.29). Geben Sie die Daten ein, und klicken Sie auf **Next**.

9.7 Integration von SAP HANA und Micro Focus Data Protector

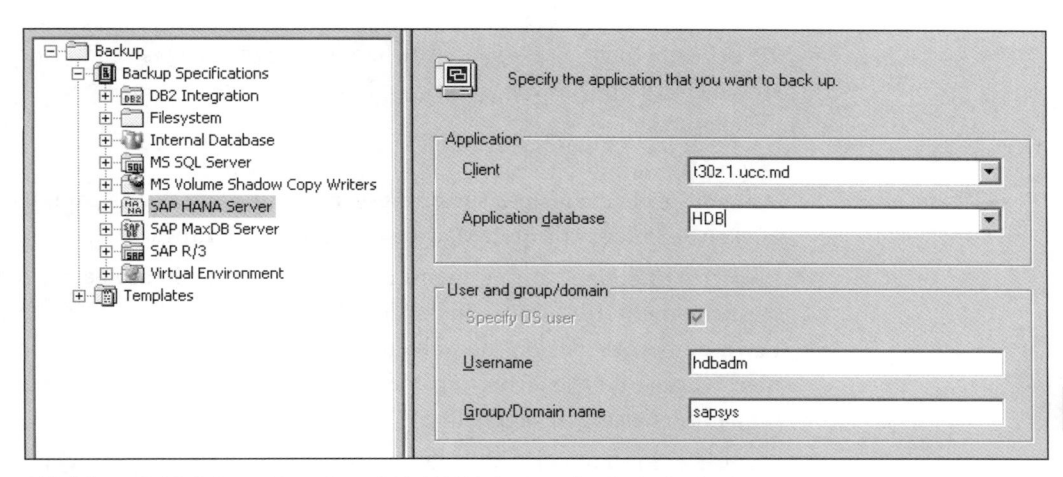

Abbildung 9.29 Integration einer SAP-HANA-Instanz im Data Protector

6. Im nächsten Dialog wird Ihnen die SAP-HANA-Instanz als einziger bereits selektierter Eintrag angezeigt. Belassen Sie es bei dieser Markierung, und klicken Sie auf **Next**. Damit ist die eigentliche Integration der SAP-HANA-Instanz abgeschlossen, und Sie können die Backup-Spezifikationen im Wizard anlegen.

Der sich öffnende Wizard führt Sie zunächst zur Auswahl der Sicherungsgeräte.

Auswahl der Sicherungsgeräte für Log-Sicherungen

7. Im Folgenden erstellen wir zunächst eine Spezifikation für die Log-Sicherungen.

Exklusivität der Sicherungsgeräte

Wie bereits in Abschnitt 9.5, »Sicherungsstrategien«, besprochen, sollten Sicherungsgräte, die die Log-Dateien der Datenbank wegschreiben, exklusiv zur Verfügung stehen und genutzt werden. Das heißt, dass keine lang laufende Datenbanksicherung der SAP-HANA-Datenbank das Gerät für die Log-Sicherungen blockieren sollte. Anders als bei der Integration anderer Datenbanken im Micro Focus Data Protector gibt es keine Unterscheidung der Sicherungsobjekte, sodass wir über die noch anzulegenden Parameterdateien manuell differenzieren, welche Geräte für welche Sicherungen genutzt werden. Das heißt aber auch, dass wir zwei Backup-Spezifikationen mit dem gleichen Sicherungsobjekt anlegen müssen. Sollten Sie Sicherungsgeräte einsetzen, die viele parallele Verbindungen und damit Sicherungssessions verarbeiten können, liegt in gewisser Weise eine Quasi-Exklusivität vor, sodass sich die getroffene Aussage wieder relativiert. Wir legen für den weiteren Verlauf dieser Beschreibung fest, dass eine Exklusivität der Sicherungsgeräte für Log-Sicherungen notwendig ist und keine parallelen Sicherungen von unterschiedlichen Sessions auf einem Gerät erfolgen sollten.

Spezifikation für Log-Sicherungen

8. Wählen Sie ein exklusives Sicherungsgerät für die Log-Dateien aus, und klicken Sie mit der rechten Maustaste auf das Sicherungsgerät.
9. Im sich öffnenden Kontextmenü können Sie die Reihenfolge bei der Nutzung mehrerer Geräte einstellen. Über den Eintrag **Properties** können Sie einen *Media Pool* auswählen, der bereits im Data Protector definiert wurde und alle Sicherungsmedien, etwa für die Log- oder die Datenbanksicherungen, beinhaltet.
10. Wenn Sie Ihre Eingaben mit dem Button **OK** bestätigen, gelangen Sie zur Auswahl der Sicherungsgeräte zurück und über den Button **Next** zur Definition der Sicherungsoptionen.

[»] **Performance bei SAP-HANA-Log-Dateien**
Um die beste Performance bei der Wiederherstellung von Log-Dateien zu erreichen, empfiehlt Micro Focus, die **Concurrency**-Option in der Backup-Spezifikation für Log-Dateien auf 1 zu setzen.

11. Im nächsten Fenster können Sie die Sicherungsoptionen einstellen. Im Detail sind die folgenden Optionen interessant:
    – Unter **Common Application Options** können Sie den Aufbewahrungszeitraum für die jeweilige Sicherung im Data Protector definieren. Während der angegebenen Zeit werden das Löschen der gespeicherten Objekte und das Überschreiben der Sicherungsmedien, auf denen diese geschrieben wurden, verhindert. Ist die Zeit verstrichen, werden das Sicherungsmedium und die darauf gesicherten Objekte dann überschrieben, wenn das Medium gebraucht wird.

    Achten Sie darauf, dass der Aufbewahrungszeitraum für die Log-Dateien identisch mit dem der Datenbanksicherung ist. Wenn Sie eine Wiederherstellung durchführen, bekommen Sie ein Problem, wenn Sie die Datenbank zurückspielen können, aber die abhängigen und notwendigen Log-Dateien nicht mehr zur Verfügung stehen.

    – In den **Backup Specific Options** können Sie Kommandos angeben, die ausgeführt werden sollen, bevor (**Pre-exec**) der Sicherungsprozess initiiert wird bzw. nachdem der Sicherungsprozess abgeschlossen (**Post-exec**) wurde. Beachten Sie, dass nur Kommandos und keine Verzeichnisangaben eingegeben werden können. Das Kommando sollte deshalb in dem Verzeichnis liegen, in dem die Datei **saphana_backint** abgelegt wurde (**/opt/omni/lbin**).

12. Klicken Sie auf den Button **Next**.
13. Nun speichern Sie die Backup-Spezifikation über einen Klick auf den Button **Save As**. Wählen Sie eine Bezeichnung, die die SID des SAP-HANA-Systems und die Objekte, die gesichert werden sollen, beinhaltet. Für die Log-Dateien des Systems HDB können Sie z. B. HDB_LOG wählen. Über die Dropdown-Liste für Gruppen können Sie zudem die Backup-Spezifikationsgruppe auswählen.

Damit ist die Integration der SAP-HANA-Datenbank mit dem Data Protector abgeschlossen, und Sie haben eine Backup-Spezifikation angelegt.

Wenn Sie, wie in unserem Fall beschrieben, zunächst eine Spezifikation für die Log-Dateien angelegt haben, sollten Sie nun eine weitere Spezifikation für die eigentliche SAP-HANA-Datenbanksicherung erstellen. Führen Sie dazu einfach die angegebenen Schritte noch einmal aus.

Spezifikation für Datenbanksicherung

Neben dem Erstellen einer Backup-Spezifikation ist es notwendig, die bereits erwähnten Parameterdateien mit speziellen Data-Protector-Parametern anzulegen und diese der SAP-HANA-Datenbank zur Verfügung zu stellen. Führen Sie dazu die folgenden Schritte aus:

Parameterdateien anlegen

1. Starten Sie als Benutzer <sid>adm einen Texteditor, und legen Sie die beiden folgenden Parameterzeilen an:
   - OB2BARLIST='<BackupSpecificationName>';
   - OB2BARHOSTNAME='SystemName';

   BackupSpecificationName ist der Name der Backup-Spezifikation, die Sie zuvor angelegt haben. Haben Sie zwei Spezifikationen, also eine für die Log-Dateien und eine für die Datenbanksicherung, angelegt, müssen Sie entsprechend zwei Parameterdateien anlegen, verwenden Sie Spezifikation, dann ist eine Parameterdatei ausreichend. Mit SystemName geben Sie das Client-System an, das Sie zu Beginn der Integration über die Dropdown-Liste ausgewählt haben. Achten Sie auf die korrekte Syntax in den Dateien.

   Für unser System HDB lauten die Einträge in der Datei für die Log-Sicherungen:
   - OB2BARLIST='HDB_LOG';
   - OB2BARHOSTNAME='t30z.1.ucc.md';

   Und in der Datei für die Datenbanksicherung:
   - OB2BARLIST='HDB_FULL';
   - OB2BARHOSTNAME='t30z.1.ucc.md';

2. Beim Speichern der Einträge vergeben Sie einen eindeutigen Namen für die anzulegenden Dateien, wie z. B. **dp_hdb_log.par** und **dp_hdb_full.par**. Speichern Sie diese im Verzeichnis **InstallationPath/InstanceID/global/hdb/opt/hdbconfig**. Für das System HDB lautet der korrekte Verzeichnisname **/hana/shared/HDB/global/hdb/opt/hdbconfig/**. Sollte das Verzeichnis **hdbconfig** nicht vorhanden sein, legen Sie es über das Kommando mkdir hdbconfig an.

3. Im folgenden Schritt müssen Sie die beiden Parameterdateien der SAP-HANA-Datenbank bekannt geben. Dazu rufen Sie das SAP HANA Cockpit auf und wechseln in die systemweite Backup-Konfiguration. Unter **Backint Settings** geben Sie den kompletten Pfadnamen der Parameterdatei für die Datenbanksicherung (**Data Backup**) und für die Log-Sicherungen (**Log Backup**) an (siehe Abbildung 9.30). Wählen Sie anschließend **Save**, um die Einstellungen zu speichern. Sollte es in Ihrer Umgebung Probleme bei der Sicherung des Backup-Katalogs über die Backint-Schnittstelle geben, ändern Sie den Wert für **Catalog Backup** auf den kompletten Pfadnamen der Parameterdatei für die Log-Sicherung ab.

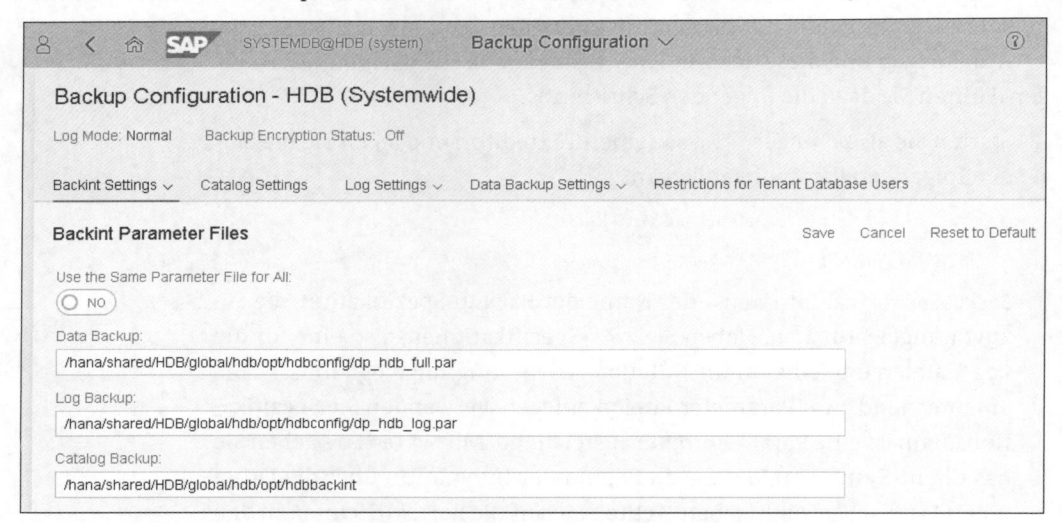

Abbildung 9.30 Parameterdateien im SAP HANA Cockpit einfügen

9.7.4 Datensicherung starten

Nachdem wir alle Einstellungen vorgenommen haben, können wir nun die erste Datensicherung anstoßen. Wie bereits beschrieben, muss die Sicherung von SAP HANA aus angestoßen werden. Dies kann entweder über das SAP HANA Cockpit oder über HDBSQL erfolgen.

Wir beschreiben zunächst das Vorgehen über das SAP HANA Cockpit:

Datensicherung über das SAP HANA Cockpit

1. Wählen Sie im **Resource Directory** den Tenant oder die Systemdatenbank aus, die Sie sichern wollen. Navigieren Sie dann zur Kachel **Database Administration**, und wählen Sie dort den Eintrag **Manage database backups** aus. Es öffnet sich die App **Backup**.
2. Prüfen Sie, ob die zu sichernde Tenant-Datenbank korrekt ausgewählt ist, indem Sie die in der App angezeigte Datenbank verifizieren.
3. Klicken Sie anschließend auf den Button **Create Backup**.
4. Daraufhin gelangen Sie zu einem Bildschirm, der verschiedene Backup-Einstellungen abfragt. Definieren Sie zunächst den Backup-Typ. Dabei können Sie zwischen **Complete**, **Differential** und **Incremental Data** wählen. Diese Backup-Typen haben wir in Abschnitt 9.3.3, »Onlinedatensicherung«, genauer beschrieben.
5. Im Feld **Destination Type** werden dateibasierte Backups und Backint-Backups unterschieden. Hier wählen Sie **Backint** aus. Wenn Sie die regelmäßige Durchführung von Sicherungen über die Backint-Schnittstelle automatisiert haben, können Sie dennoch zusätzlich dateibasierte Sicherungen erstellen.
6. Das angegebene Zielverzeichnis (**Backup Destination**) ist bei der Sicherung über Backint nicht änderbar und auf einen vorgegebenen Pfad festgelegt: **/usr/sap/<SID>/SYS/global/hdb/backint/<db_name>**
7. Sie können zudem ein aussagekräftiges Präfix für die Sicherung vergeben. Wir empfehlen Ihnen, hier das Erstellungsdatum des Backups und ggf. die Uhrzeit zu integrieren. Dies ist über den standardmäßigen Eintrag **[date]_[time]**, der das Datum, gefolgt von der Uhrzeit der Sicherung, als Präfix verwendet, bereits vorgegeben.
8. Weitere Parameter, die die Backint-Schnittstelle steuern, können im Feld **Backint Parameters** eingegeben werden.
9. Im Feld **Comment** können Sie einen aussagekräftigen Kommentar für das Backup hinterlegen.
10. Mit einem Klick auf **Back Up** starten Sie die Sicherung.

Jeder Service sichert seine Data Volumes separat, sodass der Sicherungsvorgang parallelisiert abläuft. Während des Backups werden Ihnen, wie schon bei der dateibasierten Sicherung, Fortschrittsinformationen für jeden Service angezeigt (siehe Abbildung 9.31). Nach erfolgreichem Abschluss des Sicherungsvorgangs erhalten Sie eine Übersicht über das aktuell durchgeführte Backup und den erreichten Status. In Abbildung 9.31 sehen Sie zudem weitere Möglichkeiten zur Navigation. Zum Beispiel können Sie die

Fortschrittsanzeige

Sicherung in den Hintergrund schicken (**Run in Background**), oder Sie können das Backup über den Button **Cancel Backup** abbrechen. Den Fortschritt der laufenden Sicherung können Sie auch über die Benutzeroberfläche des Micro Focus Data Protectors im Bereich **Monitor** nachvollziehen.

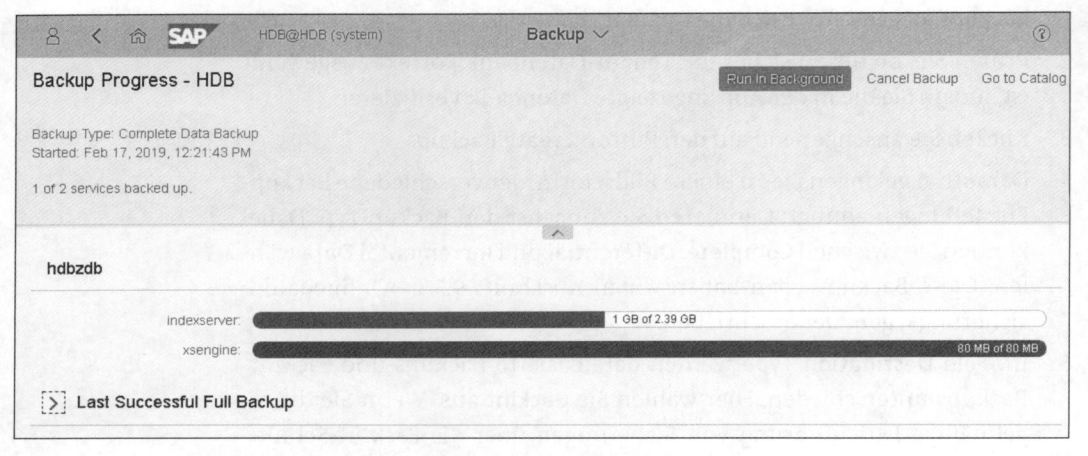

Abbildung 9.31 Fortschrittsinformation der laufenden Sicherung

Datensicherung über HDBSQL

Eine andere Möglichkeit, eine Datensicherung zu starten, ist die Verwendung von HDBSQL. Mit diesem Kommandozeilenwerkzeug haben Sie nicht nur die Möglichkeit, Sicherungen manuell zu starten, sondern können auch über Crontab ein oder mehrere Skripte periodisch einplanen. Auf Basis dieser Skripte ist auch eine Einplanung über andere Werkzeuge, etwa über den Scheduler von Micro Focus Data Protector, möglich. Die Syntax des Kommandos lautet wie folgt, wobei Sie über die Option -d die zu sichernde Tenant-Datenbank bzw. die Systemdatenbank auswählen können (siehe Listing 9.11):

```
hdbsql -i <Instanznummer> -d <db_name> -u <Benutzer> -p <Passwort>
"backup data using backint ('COMPLETE_DATA_BACKUP')"
```

Listing 9.11 Befehl zum Starten der Datensicherung mittels HDBSQL

Der in Klammern stehende Begriff COMPLETE_DATA_BACKUP ist ein eindeutiges Präfix, das Sie selbst wählen können. Um den Benutzer und das Passwort nicht angeben zu müssen, können Sie alternativ auch einen Key Store anlegen und diesen verwenden.

Protokolle und Traces

Es kann sein, dass die Integration und die Konfiguration nicht sofort funktionieren. Auch die Sicherungen und Wiederherstellungen können unter Umständen nicht auf Anhieb laufen. Data Protector schreibt Fehler und

Warnungen in zwei verschiedene Protokolldateien, **debug.log** und **saphana.log**. Sie finden diese Dateien im Verzeichnis **/var/opt/omni/log** auf dem SAP HANA Server. Die Datei **saphana.log** protokolliert alle Operationen, die im Zusammenhang mit der Sicherung und Wiederherstellung stehen. In der Datei **debug.log** werden Fehler und Warnungen vom Data Protector und der SAP-HANA-Integration aufgezeichnet. Wenn schwerwiegende Probleme auftreten, finden Sie hier erste Hinweise und können diese an den Software-Support von Micro Focus weiterleiten. Der Support wird Ihnen möglicherweise weitere Kommandos zukommen lassen, die das Trace-Level dieser Dateien erhöhen oder auch weitere Protokolle anlegen.

Im SAP HANA Cockpit können Sie sich außerdem über die App **Backup** den Backup-Katalog anzeigen lassen. Wie in Abschnitt 9.6.1, »Die Apps ›Backup‹ und ›Backup Configuration‹«, beschrieben, zeigt dieser alle erfolgreich und fehlerhaft durchgeführten Datenbank- und Log-Sicherungen an. Im Falle eines Fehlers erhalten Sie zusätzliche Informationen, die Ihnen auch bei der anschließenden Fehlersuche weiterhelfen können.

Backup-Katalog anzeigen

9.7.5 Wiederherstellung einer Sicherung

Kommen wir nun zur Wiederherstellung einer mit Micro Focus Data Protector integrierten SAP-HANA-Datenbank. Die Wiederherstellung wird, ebenso wie die Sicherung, nicht über die Benutzeroberfläche des Data Protectors ausgeführt, sondern erfolgt entweder über das SAP HANA Cockpit oder über HDBSQL. Sollte Ihre SAP HANA Appliance bzw. Ihr SAP HANA Server vollständig defekt gewesen sein und wurde von Grund auf neu aufgesetzt, müssen Sie zunächst sicherstellen, dass alle notwendigen Data Protector Agents wieder installiert sind. Dies sind der Disk Agent, der Media Agent und der Agent für die SAP-HANA-Integration (siehe Abschnitt 9.7.3, »Integration von SAP HANA und Anlegen einer Sicherungsspezifikation«).

Wir beschreiben im Folgenden die Wiederherstellung der Tenant-Datenbank HDB über das SAP HANA Cockpit. Der Prozess der Wiederherstellung ist bis auf wenige Stellen identisch mit dem der dateibasierten Variante, die wir in Abschnitt 9.6.8, »Wiederherstellung der Datenbank«, beschrieben haben:

Wiederherstellung im SAP HANA Cockpit

1. Im SAP HANA Cockpit wählen Sie im **Resource Directory** zunächst die Systemdatenbank aus.
2. Auf der Übersichtsseite zur Systemdatenbank klicken Sie auf den Button **Manage Databases**. Es werden Ihnen nun alle auf dem SAP-HANA-System vorhandenen Datenbanken angezeigt.

3. Markieren Sie den Eintrag der Tenant-Datenbank, die Sie wiederherstellen möchten. Es ist nicht möglich, mehrere Tenant-Datenbanken gleichzeitig wiederherzustellen. In unserem Fall ist dies die Datenbank HDB. Wählen Sie die Funktion **Recover Tenant**, um die Wiederherstellung zu starten. Es erscheint ein Pop-up-Fenster, in dem Sie darauf hingewiesen werden, dass für die Wiederherstellung der Tenant gestoppt werden muss.

4. Es öffnet sich ein Wizard, der Sie durch die Wiederherstellungsoptionen begleitet. Zunächst wird das Wiederherstellungsziel abgefragt. Sie können wählen, ob Sie die Datenbank zum letzten verfügbaren Stand (**Recover to the most recent state**) oder zu einem definierten Zeitpunkt (**Recover to a specific point in time**) wiederherstellen möchten. Die Wiederherstellungsoptionen haben wir genauer in Abschnitt 9.4.2, »Schritte der Wiederherstellung«, beschrieben. Wir wollen unsere Tenant-Datenbank HDB zum Zeitpunkt 13:00 Uhr am 17.02.2019 wiederherstellen. Dazu wählen wir die Zeitzone aus und geben Datum und Uhrzeit an.

5. Nun wird der Ort des Backup-Katalogs abgefragt (siehe Abbildung 9.32). Standardmäßig ist die Backint-Schnittstelle ausgewählt. Sie haben zudem die Möglichkeit, den Backup-Katalog über den Pfad zu den dateibasierten Log-Backups, der über den Parameter basepath_logbackup definiert ist, auszuwählen oder auch ein alternatives Verzeichnis anzugeben. Wählen Sie **Step 3**.

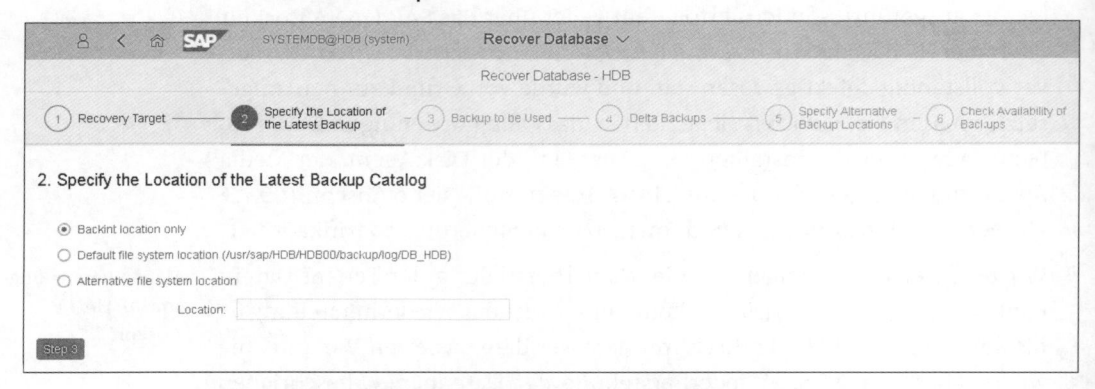

Abbildung 9.32 Selektionsmöglichkeiten zum Backup-Katalog

6. Das System wird nun den Backup-Katalog über die Backint-Schnittstelle anfordern. Dazu startet der Data Protector eine entsprechende *Restore Session*, um den letzten gesicherten Backup-Katalog wiederherzustellen.

9.7 Integration von SAP HANA und Micro Focus Data Protector

7. Zunächst werden Ihnen alle passenden Daten-Backups angezeigt. Wählen Sie ein Daten-Backup aus, das als Grundlage für die Wiederherstellung verwendet werden soll. Die verfügbaren Daten-Backups werden nach der erwarteten Wiederherstellungsdauer sortiert. Es ist daher empfehlenswert, das an oberster Stelle angezeigte Daten-Backup auszuwählen. Klicken Sie anschließend auf **Step 4**.

8. Im nächsten Schritt können Sie entscheiden, ob Delta-Backups für die Wiederherstellung verwendet werden sollen. Standardmäßig ist die Option ausgewählt. Wenn Sie auf Delta-Backups verzichten, werden nur Log-Backups für die Wiederherstellung herangezogen und auf unter Umständen weit zurückliegende Daten-Backups appliziert. Die Wiederherstellungszeit wird dadurch unnötig verlängert. Klicken Sie auf den Button **Step 5**.

9. Anschließend haben Sie die Möglichkeit, alternative Verzeichnisse für Daten- und Delta-Backups und Log-Backups anzugeben. Für Log-Backups gibt es zudem die Möglichkeit, mehrere Verzeichnisse anzugeben. Da wir in unserem Beispiel die Sicherungsdateien nicht auf andere Verzeichnisse verteilt haben, lassen wir die Felder leer, und das System nimmt die im Backup-Katalog gespeicherten Verzeichnisse. Klicken Sie auf den Button **Step 6**.

10. Nun können Sie die Verfügbarkeit des ausgewählten Backups sowohl in der Backint-Schnittstelle als auch im Dateisystem überprüfen lassen (siehe Abbildung 9.33). Sollten die Sicherungen noch nicht verfügbar sein, können Sie durch die Abwahl des Checks Zeit sparen. Wählen Sie den Button **Step 7**.

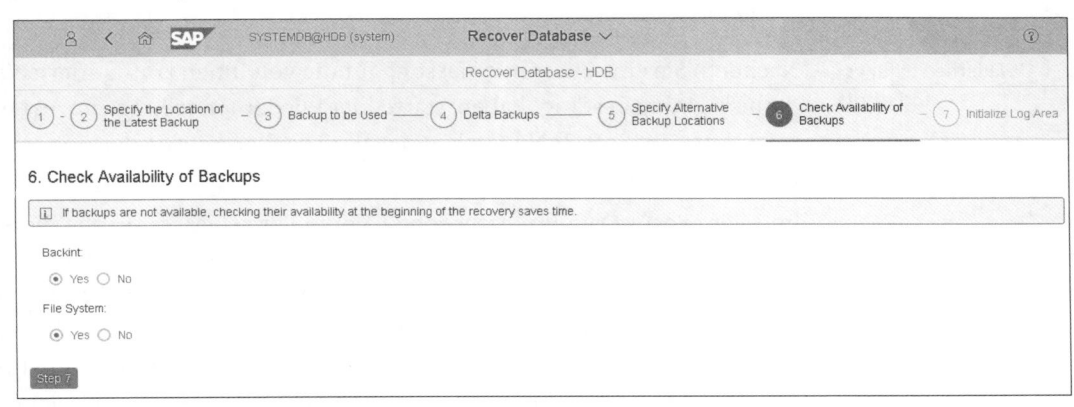

Abbildung 9.33 Prüfung der Verfügbarkeit der Backups

11. Über die Initialisierung der Log Volumes können Sie im nächsten Schritt entscheiden. Wenn Sie sich für die Initialisierung entscheiden,

werden alle aktuell existierenden Log-Segmente gelöscht. Sie sollten die Option daher auf keinen Fall wählen, wenn Sie den letzten verfügbaren Stand wiederherstellen, da dieser häufig nicht Bestandteil Ihrer letzten Log-Backups ist, sondern nur in den aktuellen Log-Segmenten der persistierenden Prozesse enthalten ist. Die Initialisierung der Log Volumes ist z. B. sinnvoll, wenn Sie eine Datenbankkopie durchführen, also Ihre Sicherung in einem anderen SAP-HANA-System wiederherstellen. In diesem Fall werden die existierenden Log-Segmente nicht mehr benötigt. Falls Ihre Log Volumes beschädigt sind oder Sie diese zu einem Daten-Backup oder Storage Snapshot wiederherstellen, müssen Sie die Initialisierung ebenfalls vornehmen. Wir initialisieren die Log Volumes nicht und wählen den Button **Review**.

12. Sie haben nun die Möglichkeit, die vorgenommenen Einstellungen zu verifizieren und nach Belieben noch einmal zu ändern. Sie können sich den kompletten SQL-Befehl, der für die Wiederherstellung erstellt wurde, über einen Klick auf den Button **Display SQL Statement** anzeigen lassen. Für unsere Tenant-Datenbank HDB lautet die SQL-Anweisung für die Wiederherstellung, wie in Listing 9.12 gezeigt:

```
RECOVER DATABASE FOR HDB
UNTIL TIMESTAMP '2019-02-17 12:00:00'
USING CATALOG BACKINT
USING BACKUP_ID 1550403834461 CHECK ACCESS ALL
```

Listing 9.12 SQL-Befehl der Datenbankwiederherstellung

13. Sind alle Einstellungen zu Ihrer Zufriedenheit, wählen Sie **Start Recovery**.

Wiederherstellungsfortschritt

Nachdem Sie eine Zusammenfassung für die von Ihnen konfigurierte Wiederherstellung bestätigt haben, startet der Wiederherstellungsprozess und zeigt Ihnen im SAP HANA Cockpit die aktuelle Phase sowie den Fortschritt für jeden Datenbankprozess an.

Im Micro Focus Data Protector sehen Sie im Bereich **Monitor**, wie die Sessions über die Backint-Schnittstelle eingeplant werden, die dann die Daten von den Sicherungsgeräten auf die SAP HANA Appliance zurückspielen. Abbildung 9.34 zeigt die erfolgreich durchgeführte Wiederherstellung unserer Tenant-Datenbank HDB mit dem Hinweis, dass der erreichte Zeitpunkt um 11:59:40 Uhr war und damit die letzte abgeschlossene und aufgezeichnete Transaktion abbildet. Der Prozess durchläuft die Phasen der Wiederherstellung der Datenbank (Phase 1), der Log-Dateien (Phase 2) und des Systemneustarts (Phase 3). Der Fortschritt in allen Phasen wird über grafische Balken dargestellt.

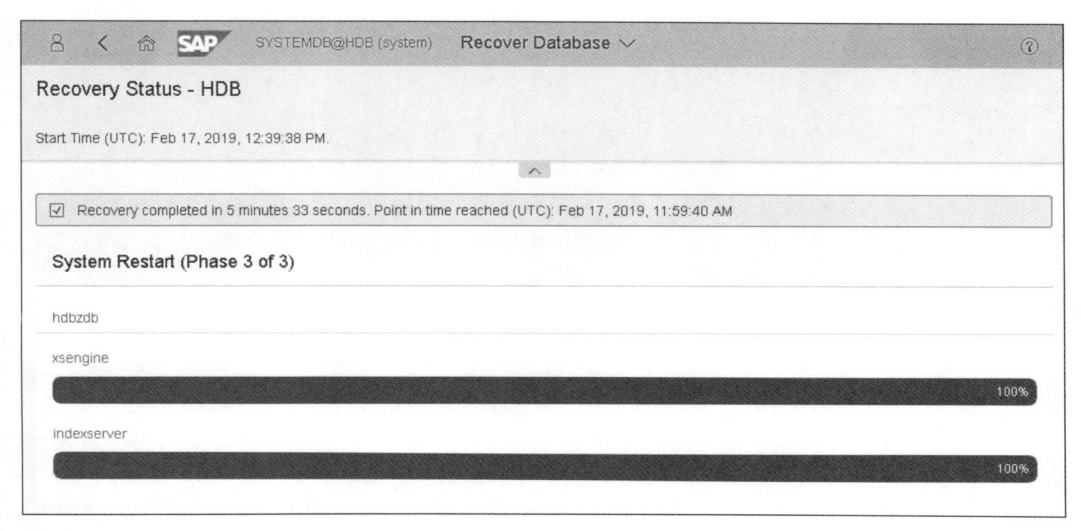

Abbildung 9.34 Erfolgreiche Wiederherstellung der Datenbank »HDB«

Die Wiederherstellung der Systemdatenbank über die Backint-Schnittstelle erfolgt ganz ähnlich wie die gerade beschriebene Wiederherstellung einer Tenant-Datenbank. Lediglich der Einstieg in die Wiederherstellung unterscheidet sich im SAP HANA Cockpit. Nachdem Sie im **Resource Directory** die Systemdatenbank ausgewählt haben, wählen Sie auf der Übersichtsseite zur Systemdatenbank **Recover Database**. Bei den Wiederherstellungszielen werden Sie bemerken, dass lediglich die Option bis zum letzten verfügbaren Stand (**Recover to the most recent state**) zur Verfügung steht.

Wiederherstellung der Systemdatenbank über »Backint«

> **Point-in-Time Recovery der Systemdatenbank**
>
> Im SAP HANA Cockpit kann die Systemdatenbank nur zum letzten verfügbaren Stand wiederhergestellt werden. Eine Wiederherstellung zu einem bestimmten Zeitpunkt ist nur über das Werkzeug *recoverSys.py* möglich. Weitere Informationen dazu erhalten Sie im »SAP HANA Administration Guide« (URL: *http://s-prs.de/v685036*). Beachten Sie auch, dass bei einer Wiederherstellung der Systemdatenbank zu einem bestimmten Zeitpunkt die Tenant-Datenbanken, die danach registriert wurden, verloren sind.

Die Optionen zur Wiederherstellung im angebotenen Wizard des SAP HANA Cockpits sind bis auf die schon vorgestellte Auswahl der Wiederherstellungsziele identisch mit denen der Tenant-Datenbanken.

Kapitel 10
Hochverfügbarkeit

Eine hohe Verfügbarkeit Ihres SAP-Systems erreichen Sie, indem Sie Single Points of Failure eliminieren und sicherstellen, dass nach einem Systemausfall der Betrieb schnell wieder aufgenommen werden kann. So vermeiden Sie im Fall der Fälle Geschäftsverluste. In diesem Kapitel zeigen wir Ihnen, wie Sie Ihre SAP-HANA-Datenbank hochverfügbar machen.

Die Verfügbarkeit Ihrer Systeme kann durch Hardwarefehler oder externe Einflussfaktoren beeinträchtigt werden. Daraus resultierende Ausfallzeiten (*Downtime*) sind insbesondere für Datenbanken kritisch, da alle darauf betriebenen Applikationen betroffen sind und diese Ihre Geschäftsprozesse nicht mehr unterstützen können.

Das Mittel, mit dem Sie den Betrieb vor derartigen Auswirkungen schützen können, heißt *Redundanz*. Je nach Risikoeinschätzung können Sie entweder redundante Komponenten innerhalb Ihres Systems oder redundante Systeme einsetzen. Im Folgenden erhalten Sie einen theoretischen Überblick über die folgenden drei Konzepte, die von SAP HANA unterstützt werden:

Redundante Komponenten und Systeme

- Storage-Replikation (*Storage Replication*)
- System-Replikation (*System Replication*)
- Host-Auto-Failover

Auf die System-Replikation werden wir etwas genauer eingehen, da dies die am häufigsten verwendete Methode ist, um die Hochverfügbarkeit eines SAP-HANA-Systems herzustellen.

10.1 Storage-Replikation

Als Alternative zur Replikation von Daten und Datenänderungen auf Systemebene bieten Hersteller von Speichersystemen häufig Technologien für die Datenspiegelung auf Storage-Ebene an (*Storage Mirroring*). Dabei halten Sie ein zweites SAP-HANA-System vor, das im Bedarfsfall den Betrieb eines Quellsystems übernimmt. Ein klarer Unterschied zur Systemreplikation

Storage Mirroring

besteht darin, dass das Zielsystem nicht aktiv ist und dementsprechend keine Daten vorgeladen werden können. Die meisten Lösungen erfordern eine synchrone Replikation, bei größeren Distanzen unterstützen einige Hardwarepartner aber auch asynchrone Verfahren.

> **Zertifizierte Lösungen**
>
> Nähere Informationen zur Storage-Replikation erhalten Sie von Ihrem Hardwarepartner. Der SAP-Hinweis 1755396 enthält eine Liste zertifizierter Lösungen der jeweiligen Hardwarepartner.

Den beispielhaften Aufbau einer Lösung mit Storage-Replikation sehen Sie in Abbildung 10.1.

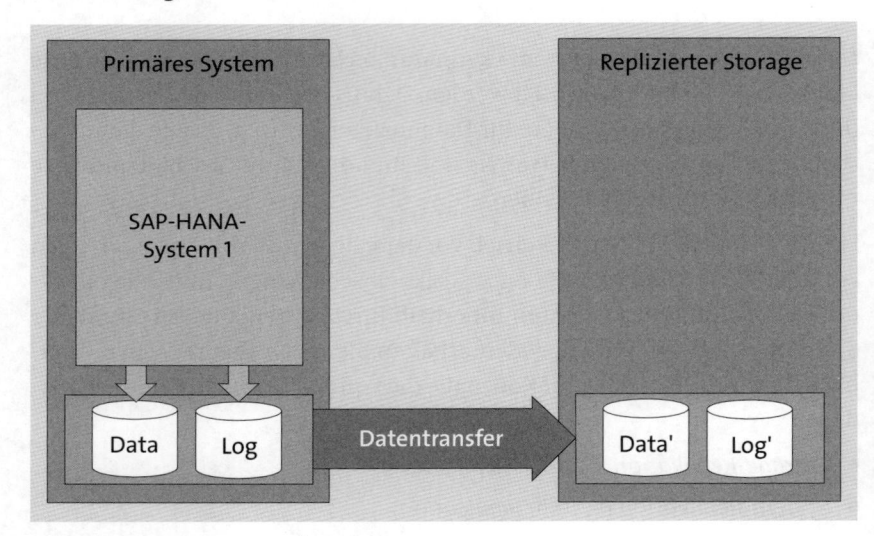

Abbildung 10.1 Storage-Replikation

10.2 System-Replikation

Primäres und sekundäres System

Auf externe Einflüsse, die nicht nur einzelne Hosts Ihres Systems betreffen, sondern Auswirkungen auf das gesamte System oder gar das gesamte Rechenzentrum haben, können Sie sich mithilfe von *Cluster-Managern* oder Host-Auto-Failover nicht vorbereiten. Um auch in diesem Fall eine hohe Verfügbarkeit zu gewährleisten, benötigen Sie ein oder mehrere zusätzliche Systeme, die die Funktion eines ausgefallenen Systems übernehmen können. Im Normalfall bauen Sie deswegen auf einem Host ein primäres System (*Primary System*) auf, das die Daten zu einem zweiten, sogenannten

Secondary System, repliziert. Das Sekundärsystem ist eine exakte Kopie des Primärsystems und kann im Fehlerfall hochgefahren werden (siehe Abbildung 10.2).

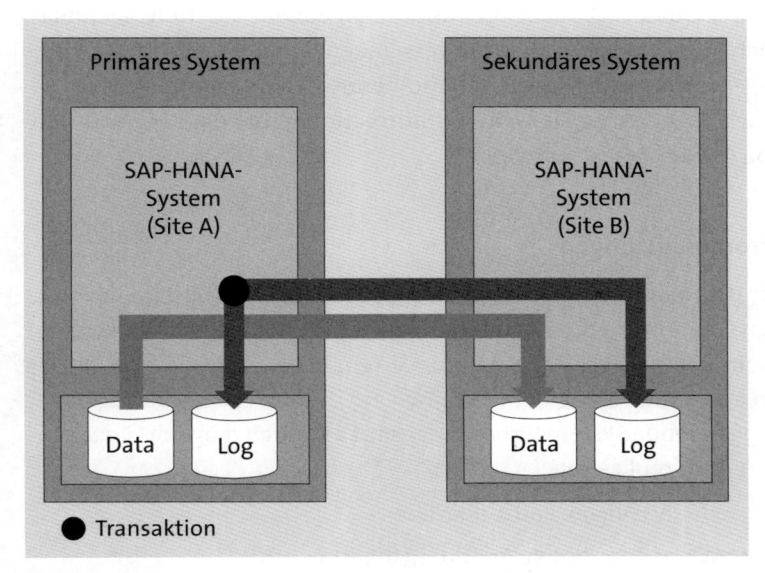

Abbildung 10.2 Systemaufbau bei der System-Replikation

Wenn die System-Replikation zwischen zwei Systemen hergestellt wurde, fährt das Sekundärsystem in einen Wiederherstellungsmodus. Als Erstes fordert es dann einen *Snapshot* vom primären System an. Sobald dieser Snapshot repliziert wurde, kommunizieren alle sekundären Systemdienste ständig mit ihren primären Kollegen, replizieren und persistieren Daten und Protokolle und laden Daten in den Speicher.

Wenn die Verbindung zum Sekundärsystem unterbrochen wird oder das Sekundärsystem abstürzt, setzt das Primärsystem nach einem kurzen, konfigurierbaren Timeout die Replikation fort. Das Sekundärsystem persistiert dann zwar weiterhin die Daten, aber spielt den erhaltenen Log nicht sofort ein. Um eine wachsende Liste von Logs (*Log Backlog*) zu vermeiden, werden regelmäßig inkrementelle Snapshots asynchron vom Primärsystem an das Sekundärsystem übertragen. Wenn das Sekundärsystem nun im Fehlerfall übernehmen muss, muss nur der Teil des Logs eingespielt werden, der Änderungen enthält, die nach dem letzten Snapshot vorgenommen wurden. Außerdem überträgt das Primärsystem auch Statusinformationen darüber, welche Tabellenspalten aktuell in den Speicher geladen wurden. Das Sekundärsystem lädt diese Spalten dann entsprechend vor. Falls dann ein Fehler auftritt, ist das Sekundärsystem sofort einsatzbereit.

Fehlerfall

Multitarget-Replikation Es ist sogar möglich, mehrere Systeme hintereinanderzuschalten, also eine Kette von replizierten Systemen aufzubauen. Dies ist die sogenannte *Multitarget-Replikation*. Mehr Informationen dazu finden Sie im »SAP HANA Administration Guide«. Darüber hinaus können Sie den oder die Sekundärhosts auch für das Lesen von Daten verwenden, um die Performance Ihres Systems zu verbessern. Dieses Szenario nennt sich *Active/Active Read Enabled*. Auch dazu finden Sie weitere Informationen im »SAP HANA Administration Guide«.

10.2.1 Voraussetzungen

Wenn Sie die Systemreplikation einsetzen, existiert jeder Service Ihres Datenbanksystems zusätzlich in einem zweiten System (Sekundärsystem). Aus diesem Grund muss das Sekundärsystem über exakt dieselbe Anzahl von Hosts (mit Ausnahme der Stand-by-Hosts) und Services verfügen wie das zu replizierende System (Primärsystem). Es ist auch möglich, ein Single-Host-System zu replizieren.

Weitere Voraussetzungen sind außerdem:

- **SAP-HANA-Version und Systemidentifikation**
  Das Sekundärsystem muss mit derselben oder einer höheren SAP-HANA-Version betrieben und über dieselbe System-ID (SID) und Instanznummer identifiziert werden wie das Primärsystem. Auch bei einem Update der Datenbank müssen Sie sicherstellen, dass die SAP-HANA-Version des Sekundärsystems immer gleich oder größer als die Version des Primärsystems ist.

- **Hosts**
  Die Systeme müssen sich auf unterschiedlichen Hosts befinden. Jedes System muss dabei einen anderen Hostnamen haben. Falls dies nicht der Fall ist, ändern Sie den Hostnamen des Sekundärsystems.

- **Konfiguration**
  Die Konfiguration der Systeme muss gleich sein. Die INI-Dateien des Primärsystems werden nicht mit repliziert. Wenn Sie also eine Änderung an der Konfiguration des Systems vornehmen, müssen Sie diese auch auf den Host des sekundären Systems übertragen.

- **Log-Modus und Backup**
  Der Log-Modus muss auf normal gesetzt sein (Parameter log_mode im Abschnitt persistence in der Datei **global.ini**). Außerdem muss bereits ein Backup des Systems (Systemdatenbank und alle Tenants) erfolgt sein, damit Log-Backups geschrieben werden.

- **System-PKI-SSFS-Key**

  Sie müssen den System-PKI-SSFS-Key austauschen. Das heißt, dass Sie das Sekundärsystem für die Authentifizierung vorbereiten müssen. Fahren Sie dazu das Sekundärsystem herunter, und kopieren Sie den System-PKI-SSFS-Key und die DAT-Datei vom Primärsystem auf das Sekundärsystem. Weitere Informationen dazu finden Sie in SAP-Hinweis 2369981.

10.2.2 Replikationsmodi

Um im Falle eines Fehlers die Downtime möglichst gering zu halten, muss der Datenbestand Ihres SAP-HANA-Systems regelmäßig in das zweite System überführt werden. Dazu werden im Primärsystem regelmäßig interne Snapshots angelegt, die den aktuellen Datenbestand einfrieren. Währenddessen können die Inhalte (*Pages*) der Data Volumes, die seit dem letzten Snapshot verändert wurden, in das Zielsystem übertragen werden.

Datenreplikation

Zusätzlich werden alle Redo-Log-Einträge, die das Primärsystem generiert, in das Sekundärsystem übertragen. Hier können die Inhalte der Data Volumes dann vorgeladen werden (*Preload*). Redo-Log-Einträge werden jedoch nur in den Log-Segmenten des Sekundärsystems gespeichert und nicht automatisch appliziert. Die Tabellen des Row Stores werden seit SAP HANA 1.0 SPS09 nicht erst während des *Failovers* in den Speicher geladen, sondern im Sekundärsystem vorgeladen.

Das Verhalten des Primärsystems bei einer Datenänderung ist abhängig vom gewählten Replikationsmodus. Die folgenden Replikationsmodi gibt es, wobei die systeminterne Kurzbezeichnung in Klammern steht:

Replikationsmodi

- **Synchrone Persistenz (SYNC)**

  Eine Datenänderung wird erst durch einen Commit bestätigt, wenn sie auch auf dem Zielsystem persistiert worden ist, also in dessen Log-Segmenten gespeichert wurde. Wenn Sie Ihr System außerdem für die *Full Sync Option* konfiguriert haben, unterbricht das Primärsystem die Verarbeitung sämtlicher Transaktionen, sobald die Netzwerkverbindung zum Sekundärsystem abbricht. In diesem Fall ist das Primärsystem praktisch nicht verfügbar, andererseits wird das Risiko eines Datenverlusts weiter reduziert.

- **Synchroner Arbeitsspeicher (SYNCMEM)**

  Eine Datenänderung wird durch einen Commit bestätigt, sobald das Sekundärsystem die Informationen zu dieser Änderung erhalten hat. Dies beinhaltet jedoch nicht die sichere Persistierung der Änderung auf einem nicht-flüchtigen Speichermedium, die in diesem Fall asynchron durchgeführt wird. Hier kann ein Datenverlust auftreten, falls Primär- und Sekundärsystem gleichzeitig ausfallen oder ein *Takeover*, d. h. ein Wechsel von der Primär- zur Sekundärseite durchgeführt wird, währenddessen das sekundäre System nicht verbunden ist. Diese Option bietet jedoch gegenüber der SYNC-Option eine bessere Performance, da es nicht notwendig ist, auf die Festplatte des Sekundärsystems zu warten.

- **Asynchrone Datenübertragung (ASYNC)**
  Jede Datenänderung wird lokal persistiert und zusätzlich in einem SAP-HANA-internen Puffer festgehalten, dessen Größe Sie konfigurieren können. Noch bevor die Änderungen aus diesem Puffer in das Sekundärsystem übertragen wurden, erfolgt ein Commit. Diese Option sorgt für die beste Performance Ihres Primärsystems, ist aber auch am anfälligsten für Datenverlust im Vergleich zu den anderen beiden Optionen.

Replikationsmodus wählen

Bei der Auswahl eines passenden Replikationsmodus müssen Sie den individuellen Schutzbedarf Ihrer Daten gegen die Performance-Anforderungen des Primärsystems abwägen. Außerdem müssen Sie die räumliche Entfernung Ihrer Systeme berücksichtigen. Für Distanzen von mehr als 100 km wird aufgrund der hohen Netzwerklatenz eine asynchrone Datenübertragung empfohlen.

Wenn Sie die im Rahmen der Snapshots übertragenen Daten im Sekundärsystem vorladen (Preload), verkürzen Sie die Dauer von System-Failover-Prozessen. Darüber hinaus sind sogenannte *Near-Zero-Downtime-Upgrades* möglich, da während der Upgrade-Vorgänge der beiden Systeme das jeweils andere System verfügbar ist.

Sekundärsystem als Test-/Entwicklungssystem

Deaktivieren Sie den Preload von Tabellen für das Sekundärsystem, wenn Sie dieses System zusätzlich für den Betrieb von Test- oder Entwicklungssystemen verwenden möchten. Solange kein Failover des Primärsystems erforderlich ist, können Sie auf diese Art die vorhandenen Ressourcen nutzen.

Replikation von Tenant-Datenbanken

Beachten Sie, dass Tenant-Datenbanken nicht separat oder gar in unterschiedliche Standorte repliziert werden können. Stattdessen wird derzeit immer das Gesamtsystem repliziert.

10.2.3 Betriebsmodi

Registrierung des Sekundärsystems

Bei der Registrierung des Sekundärsystems müssen Sie angeben, mit welchem Betriebsmodus (*Operation Mode*) die System-Replikation durchgeführt werden soll. Es existieren drei Arten:

- **»delta_datashipping«**
  Dieser Modus stellt eine System-Replikation her, bei der gelegentlich (standardmäßig alle zehn Minuten) zusätzlich zur kontinuierlichen Übertragung der Logs ein Delta versendet wird. Das übertragene Redo-Log wird bei diesem Modus auf der Sekundärseite nicht eingespielt, sondern bleibt auf der Festplatte. Beim Takeover muss das Redo-Log bis zur letzten Delta-Datenlieferung eingespielt werden.

- **»logreplay«**
  Nachdem ein initialer Snapshot des Primärsystems an das Sekundärsystem geliefert wurde, werden in diesem Modus Redo-Logs versendet. Ein Redo-Log wird vom Sekundärsystem immer sofort eingespielt. Dadurch kann ein Takeover sehr schnell durchgeführt werden. Im Vergleich zum Delta Datashipping wird die Datenmenge, die zum Sekundärsystem versendet werden muss, verringert.

- **»logreplay_readaccess«**
  Dieser Modus wird bei Active/Active-Read-Enabled-Szenarien eingesetzt. Sie können dieselben Methoden verwenden wie beim `logreplay`.

Der Standardbetriebsmodus für die System-Replikation ist `logreplay`.

Standardbetriebsmodus

10.2.4 Konfiguration der System-Replikation

Bevor Sie mit der Konfiguration beginnen, stellen Sie zunächst sicher, dass alle Voraussetzungen erfüllt sind (siehe Abschnitt 10.2.1). Anschließend wechseln Sie in die Systemübersicht (**System Overview**) Ihres Primärsystems im SAP HANA Cockpit. Dort finden Sie die Kachel **System Replication**, die anfangs den Status **System replication has not been configured.** anzeigen sollte (siehe Abbildung 10.3).

```
System Replication
System replication has not been configured.
                                               Configure
```

Abbildung 10.3 Kachel »System Replication« im SAP HANA Cockpit

Um die System-Replikation einzurichten, klicken Sie auf **Configure**. Es öffnet sich die App **System Replication**, die Ihnen anzeigt, dass die System-Replikation noch nicht aktiviert wurde (**System Replication is not yet enabled for this system.**, siehe Abbildung 10.4).

System-Replikation einrichten

10 Hochverfügbarkeit

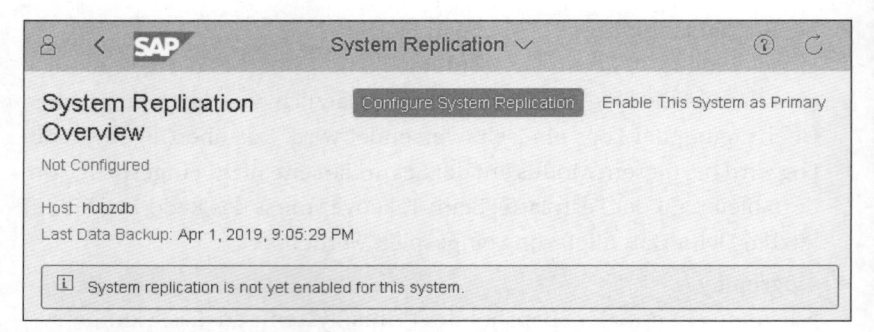

Abbildung 10.4 Die App »System Replication«

Wählen Sie **Configure System Replication**, um die System-Replikation anzuschalten und zu konfigurieren. In der sich öffnenden Ansicht, die Sie in Abbildung 10.5 sehen, müssen Sie nun alle Informationen eingeben.

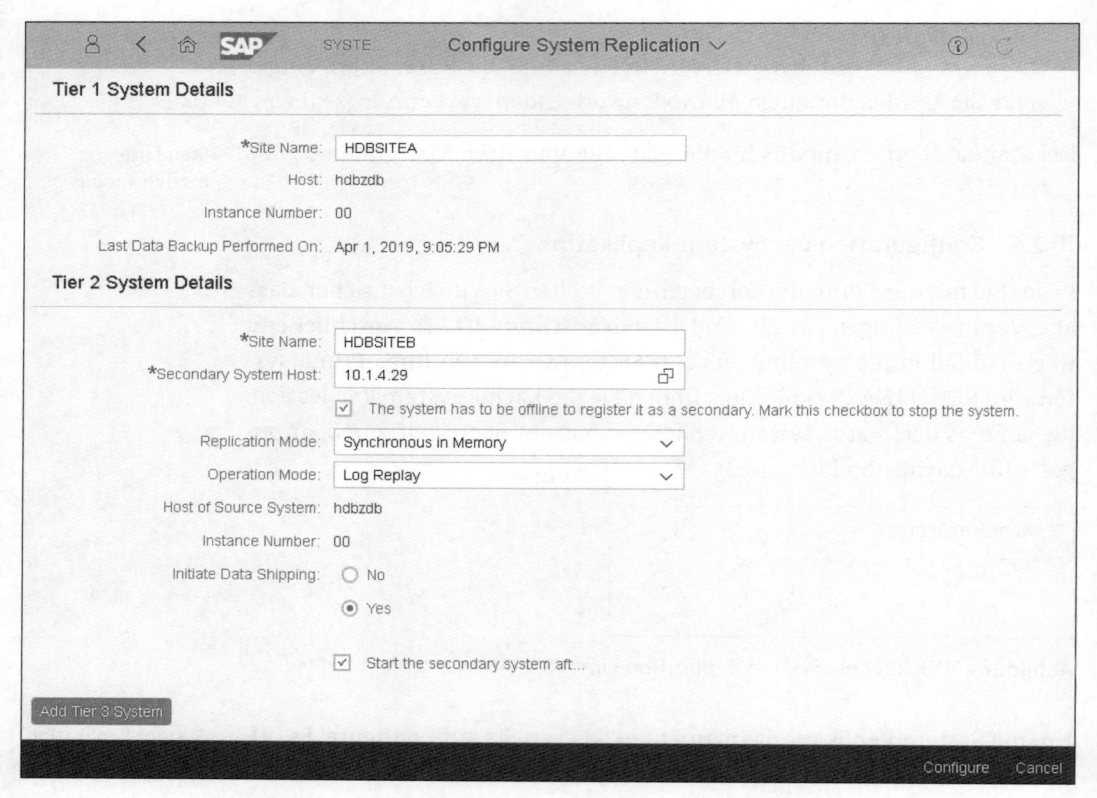

Abbildung 10.5 Konfiguration der System-Replikation mit dem SAP HANA Cockpit

Sie müssen die Primär- und die Sekundärseite konfigurieren. Geben Sie für die Primärseite zunächst einen logischen Namen an (**Site Name** im Abschnitt **Tier 1 System Details**). Wir haben z. B. **HDBSITEA** als Namen gewählt. Die Daten der Primärseite werden automatisch geladen, da Sie die Konfiguration von diesem System gestartet haben (siehe Abbildung 10.5).

Primär- und Sekundärseite konfigurieren

Im Abschnitt **Tier 2 System Details** müssen Sie außerdem die Konfigurationsoptionen für das Sekundärsystem angeben. Vergeben Sie auch hier einen logischen Namen (**Site Name**), und wählen Sie den Host des Sekundärsystems aus (**Secondary System Host**). Wir wählen hier als logischen Systemnamen **HDBSITEB** und den Host eines weiteren Systems aus, das wir vorab installiert haben. Um das System als sekundäres System zu registrieren, muss dieses offline sein. Setzen Sie das Häkchen bei **The system has to be offline to register it as a secondary. Mark this checkbox to stop the system.**, um das System automatisch stoppen zu lassen. Wählen Sie außerdem den gewünschten Replikations- sowie Betriebsmodus aus. Die System-Replikation wird dann mit den ausgewählten Modi initial konfiguriert. Mithilfe des Buttons **Initiate Data Shipping** können Sie außerdem entscheiden, ob Sie eine initiale Datenübertragung vornehmen möchten. Beachten Sie, dass dies eventuell mehr Zeit bei der Einrichtung in Anspruch nimmt, falls Sie hier **yes** wählen.

Wenn Sie alle Einstellungen vorgenommen haben, klicken Sie auf **Configure**, um die Einrichtung der System-Replikation zu starten. Sie können den Status im angezeigten Dialogfenster verfolgen (siehe Abbildung 10.6).

Aktivierung der System-Replikation

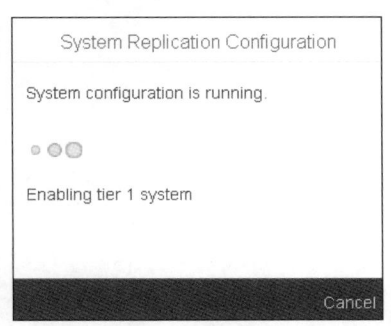

Abbildung 10.6 Status bei der Aktivierung der System-Replikation

Nachdem die Aktivierung erfolgt ist, ändert sich die Anzeige der Parameter. In Abbildung 10.7 sehen Sie, dass die System-Replikation zwischen unseren beiden Systemen nun aktiviert ist. Wir haben als Replikationsmodus **SYNCMEM** und als Operationsmodus **LOGREPLAY** gewählt. Außerdem sehen Sie, dass der Replikationsstatus **Initializing** ist, d. h., unsere Systeme synchronisieren aktuell die Daten zum ersten Mal untereinander.

10   Hochverfügbarkeit

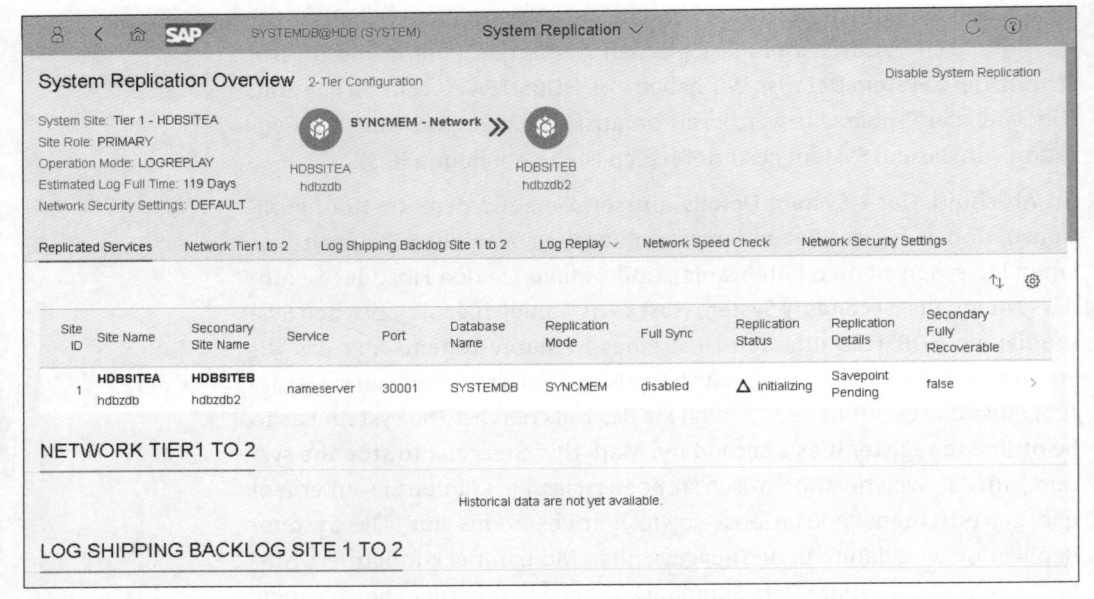

Abbildung 10.7 Anzeige nach der Aktivierung der System-Replikation

Wenn Sie zurück zur Systemübersicht wechseln, sehen Sie nun in der Kachel **System Replication**, dass das System **HDBSITEA** das Primärsystem ist und zu **HDBSITEB** repliziert (siehe Abbildung 10.8).

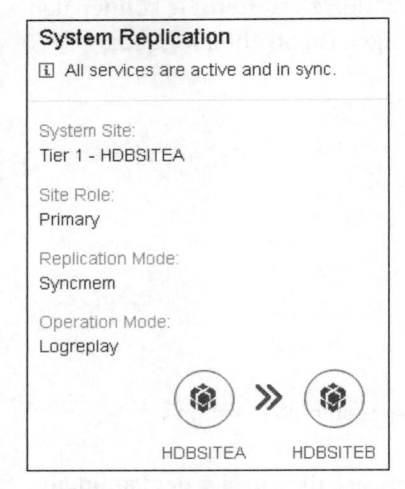

Abbildung 10.8 Kachel »System Replication« im SAP HANA Cockpit mit eingeschalteter System-Replikation

10.2.5 Vollziehen eines Takeovers

Wenn das Primärsystem aus irgendeinem Grund ausfällt, müssen Sie auf das Sekundärsystem umschalten. Das heißt, dass Sie ein sogenanntes *Takeover* durchführen.

Takeover

> [!] **Prüfung des Status des Primärsystems**
>
> Bevor Sie jedoch mit dem Umschalten starten, stellen Sie sicher, dass das Primärsystem wirklich ausgefallen oder heruntergefahren ist. Ansonsten kann es zu Inkonsistenzen oder sogar einem Datenverlust innerhalb Ihrer Datenbank kommen.
>
> SAP empfiehlt, zur Unterstützung dabei Werkzeuge von Drittanbietern einzusetzen. Diese können Ihnen helfen zu überprüfen, ob der Host, das Netzwerk oder das Rechenzentrum noch verfügbar sind oder nicht.
>
> Weitere Hilfestellung bei der Entscheidung, ob ein Takeover notwendig ist, finden Sie auch in SAP-Hinweis 2063657.

Um ein Takeover vorzunehmen, wechseln Sie im SAP HANA Cockpit in den **System Overview** des Sekundärsystems. Sie werden feststellen, dass dieses nicht mithilfe von SQL-Befehlen angesteuert werden kann und dass es aussieht, als wäre das System offline (siehe Abbildung 10.9). Dies ist jedoch nicht der Fall, da das System im Prinzip in einen Wiederherstellungsmodus geschaltet wurde, in dem es sozusagen »ruht« und darauf wartet, z. B. im Fehlerfall zum Einsatz zu kommen.

```
Overall Database Status
10.1.4.29 0

☐ Running without SQL access

Related Alerts:
Cannot be retrieved

Usage Type:
Custom

Description:

                                    Stop System
```

Abbildung 10.9 Übersicht eines SAP-HANA-Systems, das als Sekundärsystem konfiguriert wurde

Wenn Sie zur Kachel **System Replication** scrollen, sehen Sie, dass das System die Rolle **Secondary** hat und die Daten vom Primärsystem repliziert (siehe Abbildung 10.10).

System Replication
ⓘ All services are active.

System Site:
Tier 2 - HDBSITEB

Site Role:
Secondary

Replication Mode:
Syncmem

HDBSITEA » HDBSITEB

Abbildung 10.10 Kachel »System Replication« eines Sekundärsystems

Primärsystem stoppen

Um einen Takeover zu vollziehen, sollte das Primärsystem gestoppt sein. In Abbildung 10.10 sind alle Services aktiv (**All services are active.**), d. h., das Primärsystem ist verfügbar, und die Daten werden repliziert.

Wenn wir das Primärsystem herunterfahren, ändert sich der Status im **System Overview** des Primärsystems in **All services are offline.**, wie in Abbildung 10.11 zu sehen ist. Beim Herunterfahren des Primärsystems ist wichtig, dass der Service `sapstartsrv` auf dem Host des Primärsystems noch aktiv ist. Ist dies nicht der Fall, kann es passieren, dass Sie die Meldung **Cannot load data** erhalten. Das SAP HANA Cockpit ist dann nicht mehr in der Lage, sich mit dem Host zu verbinden, und kann keine Daten sammeln.

System Replication
⚠ All services are offline.

System Site:
Tier 1 - HDBSITEA

Site Role:
Primary

HDBSITEA

Abbildung 10.11 Kachel »System Replication«, wenn das Primärsystem offline ist

10.2 System-Replikation

Um den Takeover zu vollziehen, klicken Sie im **System Overview** des Sekundärsystems auf die Kachel **System Replication**. Dabei kann es zunächst so aussehen, als wäre die System-Replikation noch immer aktiv (siehe Abbildung 10.12). Prüfen Sie daher auch das Primärsystem auf seinen Status.

Sekundär- als Primärsystem einsetzen

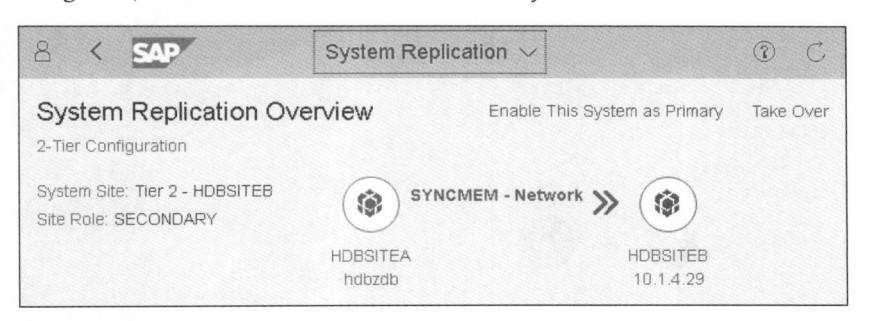

Abbildung 10.12 Übersicht der System-Replikation beim Sekundärsystem

Klicken Sie auf **Takeover**, um den Takeover zu vollziehen. Im aufkommenden Dialog müssen Sie dann noch einmal mit **OK** bestätigen, dass das gewählte System das System ist, das Sie aktivieren wollen.

Der Takeover wird dann vollzogen. Die Rolle des Systems ändert sich zu **PRIMARY** (siehe Abbildung 10.13).

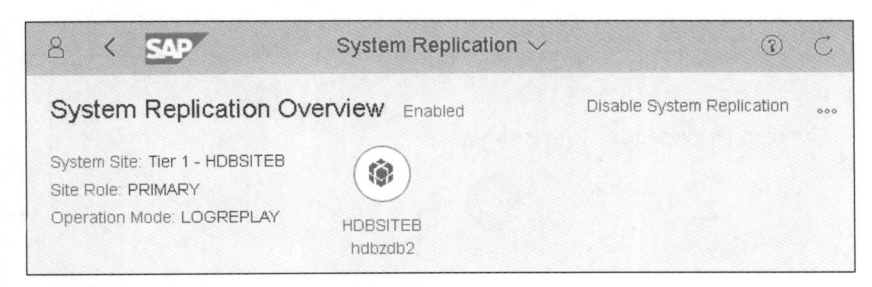

Abbildung 10.13 Zu einem Primärsystem gewordenes Sekundärsystem

Nach dem Takeover können Sie nun das Primärsystem wieder lauffähig machen. Die Systeme schalten nicht wieder automatisch die System-Replikation ein. Das heißt, dass es anschließend notwendig ist, dass Sie die System-Replikation wiederherstellen, diese muss also neu konfiguriert werden. Wenn Sie jetzt auf das Primärsystem wechseln, sehen Sie, dass dieses in den Status **The status of all services is unknown.** gewechselt ist (siehe Abbildung 10.14). Außerdem zeigt es weiterhin an, dass es die Rolle **Primary** hat.

System-Replikation wiederherstellen

555

10 Hochverfügbarkeit

System Replication
ⓘ The status of all services is unknown.

System Site:
Tier 1 - HDBSITEA

Site Role:
Primary

Replication Mode:
UNKNOWN

Operation Mode:
Logreplay

HDBSITEA » HDBSITEB

Abbildung 10.14 Status des ehemaligen Primärsystems nach einem Takeover

Um die System-Replikation wieder zu aktivieren, müssen Sie das System zunächst herunterfahren. Die Kachel **System Replication** wechselt dann automatisch zum Status **All services are offline**. Wenn Sie in diesem Status auf die Kachel klicken, schlägt Ihnen das SAP HANA Cockpit automatisch vor, dass Sie dieses System als Sekundärsystem registrieren können (siehe Abbildung 10.15).

System Replication Overview   Register as Secondary

System Site: Tier 1 - HDBSITEA
Site Role: PRIMARY

HDBSITEA
10.1.4.30

ⓘ All services are offline.

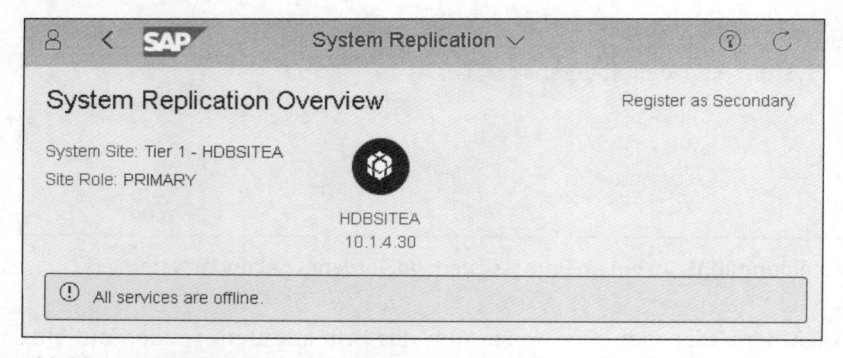

Abbildung 10.15 System-Replikation nach Takeover neu konfigurieren

Neues Primär- und Sekundärsystem

Wenn Sie auf **Register as Secondary** klicken, gelangen Sie zu einem neuen Dialog, in dem Sie den Hostnamen des anderen Systems eingeben müssen. Klicken Sie anschließend auf **Configure**. Die System-Replikation wird dann wiederhergestellt. Nun ist das System mit dem logischen Namen **HDBSITEB** das Primärsystem und das System mit dem logischen Namen **HDBSITEA** das Sekundärsystem. Dies können Sie auch in der Kachel **System Replication** auf beiden Systemen nachverfolgen (siehe Abbildung 10.16).

System Replication
ⓘ All services are active and in sync.

System Site:
Tier 1 - HDBSITEB

Site Role:
Primary

Replication Mode:
Syncmem

Operation Mode:
Logreplay

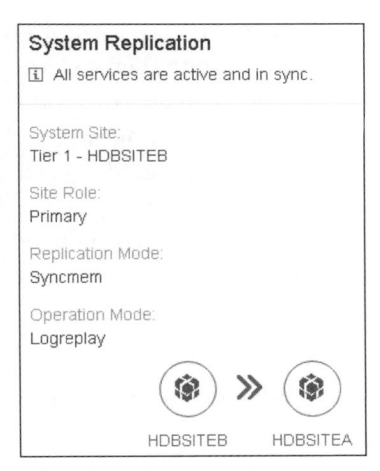

HDBSITEB » HDBSITEA

Abbildung 10.16 Kachel »System Replication« nach dem Takeover

10.2.6 Überwachen der System-Replikation

Bereits in Abschnitt 10.2.5, »Vollziehen eines Takeovers«, haben Sie gesehen, dass wir die System-Replikation mithilfe der Kachel **System Replication** in der Systemübersicht des Primär- und Sekundärsystems rudimentär überwachen können. Sie erhalten hier einen Überblick über den Replikations- und Betriebsmodus und können sehen, in welche Richtung die Daten repliziert werden.

Kachel »System Replication«

Außerdem erhalten Sie Informationen über den Status der System-Replikation. Der Status kann folgende Werte annehmen:

Status der System-Replikation

- **»Unknown«**
  Das Sekundärsystem hat sich seit dem letzten Start des Primärsystems nicht mit dem Primärsystem verbunden.

- **»Initializing«**
  Die initiale Datenübertragung wurde angestoßen. Das Sekundärsystem ist in diesem Status nicht verwendbar.

- **»Syncing«**
  Das Sekundärsystem synchronisiert sich mit dem Primärsystem. Dies kann z. B. nach einem Neustart oder einem kurzzeitigen Verbindungsabbruch der Fall sein.

- **»Active«**
  Die Initialisierung ist abgeschlossen, und das Sekundärsystem repliziert die Daten. Es gibt keine Fehlermeldungen.

- **»Error«**
  Ein Fehler ist bei der Verbindung aufgetreten.

Weitere Informationen

Wenn Sie auf die Kachel **System Replication** des Primärsystems klicken, öffnet sich eine App, die Ihnen weitere Informationen zum Status der System-Replikation anzeigt (siehe Abbildung 10.7). Zunächst werden dort die Kopfdaten angezeigt, z. B., welche Rolle das System hat (**Site Role**) und welcher Replikations- sowie Operationsmodus eingestellt wurde. **Estimated Log Full Time** ist eine Schätzung der verbleibenden Zeit, bis der Festplattenspeicher, der für die Log Area des primären Systems zur Verfügung steht, volläuft. In den weiteren Registern der App stehen Ihnen außerdem folgende Informationen zur Verfügung:

- »Related Alerts«
  Falls es Alerts für die System-Replikation gibt, erscheint ein neues Register mit einer Übersicht über diese.

- »Replicated Services«
  Dieses Register zeigt Ihnen den aktuellen Status sowie weitere Informationen zu jeder Site und jedem Service, der repliziert wird.

- »Network«
  Hier finden Sie Informationen darüber, wie lange es gedauert hat, bis die Redo-Log-Informationen an das Sekundärsystem übertragen wurden. Sie können hier eine Netzwerkverbindung auswählen, die Sie analysieren wollen.

- »Log Shipping Backlog«
  Hier erhalten Sie eine grafische Übersicht über alle verschickten Logs.

- »Log Replay«
  Dieses Register zeigt eine Verzögerung des Sekundärsystems im Vergleich zum Primärsystem an. Es wird nur beim Operationsmodus **LOG-REPLAY** angezeigt.

- »Network Speed Check«
  Mit diesem Register können Sie die Netzwerkgeschwindigkeit der System-Replikation zwischen den Hosts testen.

- »Network Security Settings«
  Hier erhalten Sie einen Überblick über die Sicherheitseinstellungen Ihrer System-Replikation.

Alertings einsetzen

Eine weitere Möglichkeit, die System-Replikation zu überwachen, ist das Einschalten des Alertings der SAP-HANA-Datenbank. Mehr darüber erfahren Sie in Kapitel 15, »Monitoring«. Es gibt folgende Alerts, die Ihnen Fehler bei der System-Replikation melden:

- Alert ID 78: Verbindung bei der System-Replikation wurde abgebrochen.
- Alert ID 79: Parameter bei der Konfiguration stimmen nicht überein.

- Alert ID 94: Liste der einzuspielenden Logs (Log Replay Backlog) auf der Seite des Sekundärsystems ist sehr lang.
- Alert ID 104: Liste der zu liefernden Logs (Log Shipping Backlog) auf der Seite des Primärsystems ist sehr lang.
- Alert ID 106: Der In-Memory-Puffer für die asynchrone Replikation (Replikationsmodus ASYNC) läuft voll, d. h., es besteht sehr wahrscheinlich ein Netzwerkproblem zwischen Primär- und Sekundärsystem.

10.3 Host-Auto-Failover

In Systemen, die aus mehreren Hosts bestehen, ist es möglich, Stand-by-Hosts zu definieren, die im Fehlerfall den Betrieb ausgefallener Hosts übernehmen können (Failover). Möglicherweise haben Sie zu diesem Zweck bereits einen Cluster-Manager implementiert, der die Hosts Ihrer Systemlandschaft überwacht und im Fehlerfall reagiert. Ist dies nicht der Fall oder nicht ausreichend, bietet ein Multiple-Host-System die Funktion, den Ausfall eines Hosts zu erkennen und automatisiert Failover-Entscheidungen einzuleiten. Diese Funktion heißt *Host-Auto-Failover* und erfordert einen oder mehrere Stand-by-Hosts, die im Fehlerfall die Services anderer Hosts betreiben. In der minimalen Konfiguration betreiben Sie einen Worker-Host und einen Stand-by-Host. In Abbildung 10.17 ist ein beispielhafter Aufbau einer Lösung mit Host-Auto-Failover dargestellt, die zwei Worker-Hosts und einen Stand-by-Host enthält.

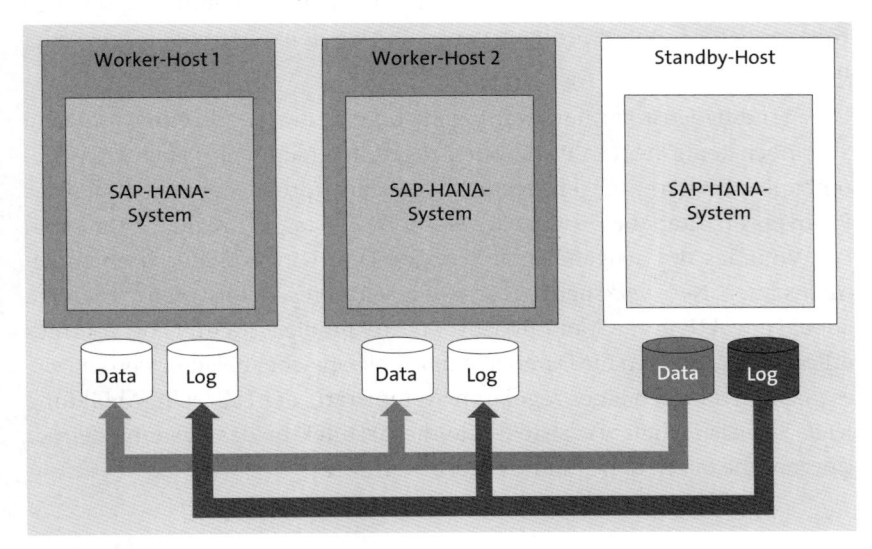

Abbildung 10.17 Host-Auto-Failover-Lösung

Ausfälle erkennen

Mechanismen zur Ausfallerkennung von Hosts sind sowohl auf Netzwerk- als auch auf Storage-Ebene implementiert. Sie basieren auf regelmäßigen *Pings* an die Name Server und – sollten diese nicht antworten – an die HDB Daemons Ihres SAP-HANA-Systems (siehe Abschnitt 2.1.3, »SAP-HANA-Prozesse und -Threads«). Zur storage-basierten Überprüfung dient die Datei **nameserver.lck**, die im regulären Betrieb alle zehn Sekunden durch den aktiven Master Name Server aktualisiert wird. Wir haben diese Mechanismen im Rahmen des Aufbaus von Multiple-Host-Systemen in Abschnitt 2.2.3 beschrieben.

Je nach Szenario vergehen im Normalfall weniger als eine Minute oder bis zu sechs Minuten, bevor ein Fehlerfall ein Failover nach sich zieht. So können kurzfristige Netzwerkausfälle überbrückt und unnötige Failover-Prozesse vermieden werden. In der Zeit zwischen dem Ausfall eines Hosts und der Wiederaufnahme des Betriebs durch den Stand-by-Host kann es für die Anwender einer Applikation zu Fehlermeldungen kommen, da ggf. nicht mehr auf abgefragte Daten zugegriffen werden kann.

Stand-by-Host auswählen

Die Entscheidung darüber, welcher Stand-by-Host den ausgefallenen Host ersetzt, trifft der Name Server basierend auf Failover-Gruppen (*Failover Groups*). Dazu teilen Sie Ihre Hosts während der Installation von SAP HANA in Gruppen ein. Dabei wird gleichwertigen Hardwarekonfigurationen in der Regel dieselbe Gruppe zugewiesen, sodass die Services ausgefallener Hosts auch nach einem Failover performant betrieben werden können. Mithilfe des Konfigurationsparameters cross_failover_group in der Sektion [failover] der Datei **nameserver.ini** lässt sich beeinflussen, ob auch Hosts anderer Failover-Gruppen verwendet werden dürfen (Wert true) oder nicht (Wert false).

Failover

Der Stand-by-Host verfügt zwar bereits über gestartete Services, ihm sind aber noch keine Storage-Partitionen zugeteilt. Er kann also auch keine Datenbankanfragen entgegennehmen oder beantworten. Erst im Rahmen des Failovers erhalten die Services des Stand-by-Hosts Zugriff auf die Data und Log Volumes der ausgefallenen Services. Dies wird z. B. durch einen gemeinsamen Netzwerkspeicher oder ein verteiltes Dateisystem realisiert. Sobald ein aktivierter Stand-by-Host Zugriff auf die Data und Log Volumes erhalten hat, müssen die Daten in den Arbeitsspeicher geladen werden, wie es auch im Rahmen eines regulären Systemstarts der Fall ist. In Abbildung 10.18 ist beispielhaft dargestellt wie die Architektur des Systems bei der Übernahme durch den Stand-by-Host aussieht.

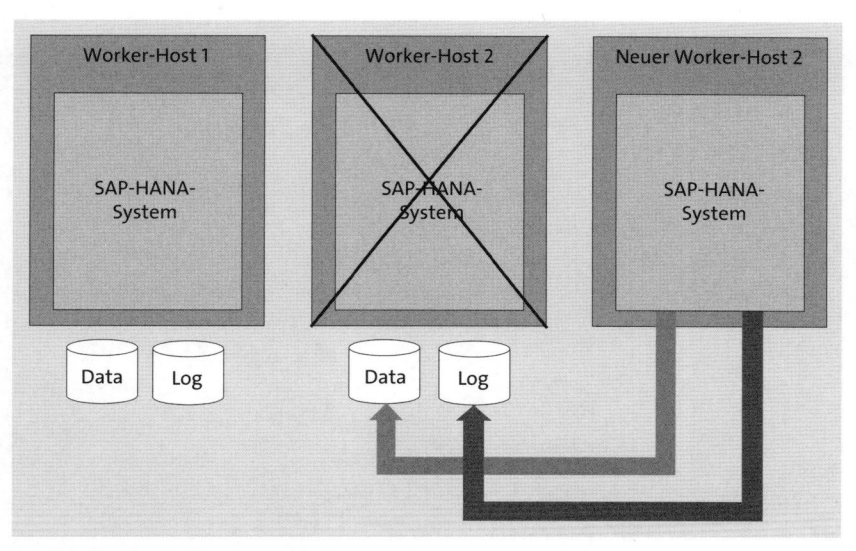

Abbildung 10.18 Übernahme durch den Stand-by-Host

> **Weitere Informationen zum Failover** [«]
>
> Weiterführende Informationen dazu enthält das Whitepaper »SAP HANA Storage Requirements«, das Sie unter der URL *http://s-prs.de/v685037* finden.

Nach erfolgreichem Abschluss des Failover-Prozesses kann der Fehler des ausgefallenen Hosts behoben und dieser wieder in die Systemlandschaft integriert werden. Es erfolgt kein automatischer *Failback*, also keine Rückkehr zur Ausgangssituation.

Failback

Kapitel 11
Datenbankobjekte

Datenbanken bestehen aus einer Vielzahl von Objekten, die der Datenhaltung dienen. In diesem Kapitel stellen wir Ihnen die wichtigsten Datenbankobjekte in SAP HANA vor und weisen auf deren Besonderheiten im Vergleich zu anderen Datenbanken hin.

Datenbankbenutzer und deren *Schemata* sowie Tabellen, *SQL Views*, *Sequenzen*, *Trigger* und *Stored Procedures* sind klassische Datenbankobjekte, die Sie auch in SAP HANA wiederfinden. In diesem Kapitel stellen wir Ihnen diese Datenbankobjekte vor und heben dabei jeweils die Besonderheiten hervor, die sich für diese Objekte auf einer SAP-HANA-Datenbank ergeben.

11.1 Benutzer und Schemata

Um sich an der Datenbank anmelden zu können, benötigen Sie einen Datenbankbenutzer. Datenbankbenutzer dienen in SAP HANA ausschließlich der Rechteverwaltung und der Protokollierung zur Nachvollziehbarkeit durchgeführter Operationen (*Auditing*).

Benutzertypen

Die folgenden Typen von Benutzern existieren in einer SAP-HANA-Umgebung:

- Standarddatenbankbenutzer
- eingeschränkter Datenbankbenutzer
- Betriebssystembenutzer

Im Folgenden betrachten wir ausschließlich die Standarddatenbankbenutzer und ihre Schemata innerhalb der Datenbank. Nähere Informationen zu anderen Benutzerarten und deren Verwaltung finden Sie in Kapitel 13, »Benutzer- und Berechtigungsverwaltung«.

Alle Datenbankobjekte sind im Datenbankkatalog verzeichnet, den Sie in der Ansicht **Catalog** des **SAP HANA Database Explorers** durchsuchen können. Diesen erreichen Sie über den Button **Open SQL Console**, z. B. aus der

Datenbankkatalog

App **System Overview** des SAP HANA Cockpits. Die Informationen zu den Datenbankobjekten werden dabei über *System-Views* zur Verfügung gestellt, die sich im Schema SYS befinden. Jeder Standarddatenbankbenutzer hat Zugriff auf diese *Views*, um mit der Datenbank arbeiten zu können. Wir werden zu jedem Objekt, das wir in diesem Kapitel beschreiben, die jeweils relevanten Views vorstellen.

Benutzerschema

Ein Standarddatenbankbenutzer wird über den Befehl CREATE USER erstellt und erhält automatisch die Rolle PUBLIC. Diese Rolle ermöglicht es ihm, auf System-Views zuzugreifen (siehe Kapitel 15, »Monitoring«). Außerdem wird jedem Standarddatenbankbenutzer ein gleichnamiger Namensraum zugeordnet, genannt *Schema*, in dem er Objekte anlegen darf. In einem Schema werden also Objekte gebündelt, sodass sie eindeutig identifizierbar sind. In SAP HANA unterliegen die Objekte Schema und Benutzer keiner 1:1-Beziehung, wie es in anderen relationalen Datenbankmanagementsystemen (RDBMS) der Fall sein kann. Einem Benutzer USER_01 kann, etwa über den folgenden DDL-Befehl, ein zusätzliches Schema zugeordnet werden (Voraussetzung ist das System Privilege CREATE SCHEMA):

```
CREATE SCHEMA NEW_SCHEMA OWNED BY USER_01;
```

Der Benutzer USER_01 verfügt damit über mehrere Schemata: NEW_SCHEMA und USER_01.

Objekte innerhalb eines Schemas gehören nicht dem Besitzer dieses Schemas, sondern immer dem Benutzer, der dieses Objekt angelegt hat. Legt also ein Benutzer USER_02 eine Tabelle im zuvor erstellten Schema an, ist er auch der Besitzer dieser Tabelle, obwohl das Schema dem Benutzer USER_01 gehört. Zuvor muss USER_02 noch das Privilege CREATE ANY für das neue Schema zugewiesen werden, damit dieser in diesem Schema Objekte erstellen kann. Listing 11.1 zeigt dies beispielhaft:

```
-- Ausführung als USER_01:
GRANT CREATE ANY ON SCHEMA NEW_SCHEMA TO USER_02;
-- Ausführung als USER_02:
CREATE COLUMN TABLE NEW_SCHEMA.MY_TABLE (A INT PRIMARY KEY,
    B INT);
```

Listing 11.1 Anlegen einer Tabelle in einem fremden Schema

Objektbesitz

Die Abfrage des Besitzers von Datenbankobjekten wie Tabellen erfolgt über die Tabelle OWNERSHIP. Das Abfrageergebnis in Abbildung 11.1 identifiziert USER_02 als Besitzer des Objekts MY_TABLE.

11.1 Benutzer und Schemata

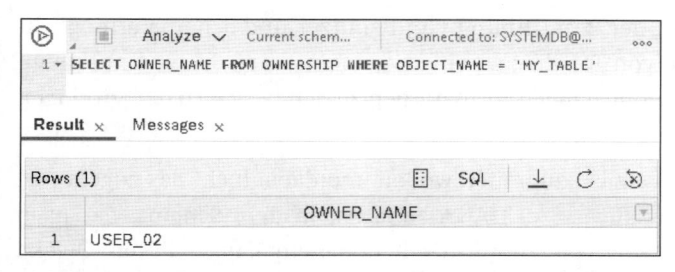

```
Analyze   Current schem...   Connected to: SYSTEMDB@...
1 ▾ SELECT OWNER_NAME FROM OWNERSHIP WHERE OBJECT_NAME = 'MY_TABLE'

Result   Messages
Rows (1)                           SQL

    OWNER_NAME
1   USER_02
```

Abbildung 11.1 Den Besitzer eines Datenbankobjekts abfragen

Objekte, die auf diese Weise in einem fremden Schema angelegt wurden, können sowohl von ihrem Besitzer (hier: USER_02) als auch vom Besitzer des zugehörigen Schemas (hier: USER_01) modifiziert oder gelöscht werden. Informationen zu den vorhandenen Schemata und ihren Besitzern werden Ihnen über den View SYS.SCHEMAS bereitgestellt. Bevor wir den View als USER_02 abfragen, weisen wir diesem noch das System Privilege CATALOG READ zu, sodass auch Schemata angezeigt werden, auf die USER_02 keine Zugriffsrechte hat:

Zugriffsrechte

```
GRANT CATALOG READ TO USER_02;
```

Anschließend können wir, wie in Abbildung 11.2 dargestellt, durch den Benutzer USER_02 Informationen zu allen Schemata der Datenbank und ihren Besitzern abfragen.

```
1 ▾ SELECT SCHEMA_NAME, SCHEMA_OWNER, HAS_PRIVILEGES FROM SCHEMAS WHERE SCHEMA_OWNER LIKE 'USER%'

Result   Messages
Rows (3)                                                        SQL
```

	SCHEMA_NAME	SCHEMA_OWNER	HAS_PRIVILEGES
1	NEW_SCHEMA	USER_01	TRUE
2	USER_02	USER_02	TRUE
3	USER_01	USER_01	FALSE

Abbildung 11.2 Der View »SYS.SCHEMAS«

Die Spalte HAS_PRIVILEGES zeigt den Wert TRUE, wenn der abfragende Benutzer Zugriffsrechte auf das Schema oder auf ein Objekt des Schemas hat. Wie Sie sehen, hat USER_02 Zugriff auf sein eigenes Schema sowie auf das Schema NEW_SCHEMA, da sich in diesem Schema das von ihm erstellte Objekt MY_TABLE befindet. Für das *Default-Schema* des Benutzers USER_01 hat USER_02 hingegen keine Zugriffsrechte. In der **Catalog**-Ansicht im SAP HANA Database Explorer werden jedem Benutzer ausschließlich die Schemata angezeigt, für die das Attribut HAS_PRIVILEGES den Wert TRUE hat.

Die Entkopplung der Bezeichnung von Benutzer und Schema ermöglicht eine Zuordnung von Tabellen zu einem gemeinsamen Schema nach logischen Kriterien, ohne dabei Informationen zu den Besitzern der jeweiligen Objekte zu verlieren.

Namensauflösung

Wenn Sie auf ein Objekt zugreifen wollen und dabei nicht das zugehörige Schema angeben, sucht SAP HANA zunächst in dem Schema, das nach Ihrem Benutzernamen benannt ist (Default-Schema), nach diesem Objekt. Ist die Suche erfolglos, werden die öffentlichen Synonyme nach dem Objektnamen durchsucht. Dabei handelt es sich um alternative Objektbezeichnungen, über die ein Objekt für jeden Benutzer erreichbar ist, sofern dieser über ausreichende Object Privileges verfügt. Die öffentlichen Synonyme finden Sie im SAP HANA Database Explorer unter **Catalog • Public Synonyms**. Um bei mehrfachen Abfragen von Objekten innerhalb fremder Schemata nicht immer den voll qualifizierten Namen `<Schemaname>.<Objektname>` angeben zu müssen, können Sie mit dem Befehl `SET SCHEMA <Schemaname>` das zu durchsuchende Schema für die aktuelle Benutzer-Session ändern.

SAP HANA Deployment Infrastructure

Das Konzept der Datenbankschemata zur Isolierung von Objekten wird in SAP HANA auch zur Umsetzung der *SAP HANA Deployment Infrastructure* (HDI) genutzt. HDI stellt Dienste zur Verfügung, um Datenbankobjekte zu definieren und in einem Container abzuspeichern. Die Vorteile von Konzepten, die auf Containern beruhen, sind Entwicklern bereits aus anderen Bereichen bekannt. Bei der Datenbankentwicklung ermöglichen HDI-Container etwa, dasselbe Datenmodell mit all seinen Objekten mehrfach in verschiedenen Versionen bereitzustellen, ohne Änderungen am Code vornehmen zu müssen. Jeder Container ist dabei einem automatisch erstellten Datenbankschema zugeordnet, in dem alle Objekte des Containers abgespeichert werden. Während in früheren SAP-HANA-Versionen der Benutzer `_SYS_REPO` sämtliche Entwicklungsobjekte besaß, gibt es in HDI containerspezifische Benutzer. Auch werden modellierte Views nicht mehr im Schema `_SYS_BIC`, sondern im jeweiligen Schema des Containers gespeichert. Das klassische SAP HANA Repository und damit auch der Benutzer `_SYS_REPO` werden aus späteren Versionen von SAP HANA entfernt. Als Entwicklungswerkzeug steht Ihnen die SAP Web IDE für SAP HANA zur Verfügung, die es Ihnen ermöglicht, Applikationen basierend auf XS Advanced zu entwickeln und komplexe Datenmodelle zu erstellen. Da dieses Buch sich vorrangig an Datenbankadministratoren wendet, verweisen wir an dieser Stelle auf das Buch »SAP HANA – Datenmodellierung« von D. Anane Adusei, I. Rötting und S. Yamada (SAP PRESS 2018) sowie auf den »SAP HANA Developer Guide for SAP HANA XS Advanced Model«, den Sie über die URL *http://s-prs.de/v685038* abrufen können.

11.2 Tabellen und Views

In relationalen Datenbanken werden Datensätze in Tabellen abgelegt, die über Schlüsselbeziehungen miteinander verknüpft werden können. In SAP HANA haben Sie unterschiedliche Möglichkeiten, eine neue Tabelle zu erstellen. Mithilfe der folgenden SQL-Befehle können Sie entweder neue Tabellen definieren oder bestehende Tabellendefinitionen wiederverwenden.

Tabellen anlegen

- Angabe der Tabellendefinition:
  `CREATE TABLE NEW_TABLE (A INT PRIMARY KEY, B VARCHAR(255))`
- Kopieren einer bestehenden Tabelle (ohne deren Inhalt):
  `CREATE TABLE NEW_TABLE LIKE OLD_TABLE WITH [NO] DATA`
- Erstellen einer Tabelle basierend auf einer Sub-Query:
  `CREATE TABLE NEW_TABLE AS (SELECT * FROM OLD_TABLE)`

Die Definition, den gesamten Inhalt oder eine Datenvorschau jeder Tabelle – egal, welchen Typs – können Sie sich im SAP HANA Database Explorer anzeigen lassen. Der View `SYS.TABLES` enthält Informationen zu allen Tabellen, die in Ihrem System existieren. Je nach Tabellentyp stehen weitere Views für Tabellen oder Spalten zur Verfügung, die typspezifische Informationen bereithalten, etwa der View `M_CS_TABLES` für Laufzeitinformationen spaltenorientierter Tabellen.

Tabelleninformationen

11.2.1 Zeilen- und spaltenorientierte Tabellen

Eine der wichtigsten Entscheidungen, die Sie vor dem Anlegen einer neuen Tabelle treffen müssen, betrifft deren Speicherstruktur. In klassischen RDBMS werden die Datensätze einer Tabelle innerhalb der Datendateien aneinandergereiht, wobei für jeden Wert eines Attributs Speicherplatz alloziert wird, unabhängig davon, ob er für den jeweiligen Datensatz tatsächlich existiert. Tabellen werden folglich zeilenorientiert gespeichert (*Row Store*). SAP HANA unterstützt zusätzlich ein spaltenorientiertes Format (*Column Store*), bei dem jeweils alle Werte einer Spalte aufeinanderfolgen. Beim Einfügen eines neuen Datensatzes werden dessen Attribute einfach an das Ende der jeweiligen Spalte angehängt, sodass keine Lücken in der physischen Tabellenstruktur entstehen. Damit dabei die Zuordnung der

Speicherstruktur

Attribute zu ihren Datensätzen nicht verloren geht, wird eine weitere Zuordnungstabelle gepflegt.

Spalten- vs. Zeilenorientierung

Die Entscheidung für das eine oder andere Layout hängt nicht zuletzt davon ab, wie auf die Tabelle zugegriffen werden soll. Spaltenorientierte Tabellen begünstigen die Performance von Lese- und Analyseoperationen, die sich auf wenige Spalten vieler Datensätze beschränken. Erwarten Sie jedoch vermehrt Abfragen weniger, aber vollständiger Datensätze sowie stark frequentierte Inserts, kommt möglicherweise das zeilenorientierte Format infrage. Auf der anderen Seite erreichen spaltenorientierte Tabellen in der Regel deutlich höhere Kompressionsraten, unter anderem weil mehrfach auftretende Werte eines Attributs nur einmalig gespeichert werden müssen (*Dictionary Compression*). Im »SAP HANA Administration Guide« (*http://s-prs.de/v685039*, unter »Managing Tables«) finden Sie eine Übersicht möglicher Szenarien für spaltenorientierte und zeilenorientierte Tabellen, die bei der Wahl eines der beiden Layouts hilfreich ist. Da neben der zu erwartenden Lese- und Schreib-Performance sowie der Kompressionsrate der jeweiligen Tabelle auch systemweite Faktoren berücksichtigt werden sollten, möchten wir diese Liste durch einige Punkte ergänzen, die auch für den Datenbankadministrator relevant sein können:

- **Speicherbedarf**
  Zeilenorientierte Tabellen werden für die gesamte Datenbanklaufzeit im Arbeitsspeicher gehalten und ausschließlich mittels Dictionary Compression komprimiert. Für spaltenorientierte Tabellen können Sie Unload-Prioritäten vergeben und damit den Speicherbedarf kontrollieren. Bei Speicherknappheit werden nach einem *Least-Recently-Used-Algorithmus* Spalten oder ganze Tabellen aus dem Arbeitsspeicher entfernt, sodass die zuletzt verwendeten Daten immer im Arbeitsspeicher verfügbar sind. Dies gilt jedoch nur für spaltenorientierte Tabellen.

- **Dauer des Systemstarts**
  Zeilenorientierte Tabellen werden grundsätzlich beim Start der Datenbank in den Arbeitsspeicher geladen. Spaltenorientierte Tabellen können so konfiguriert werden, dass sie bei erstmaligem Zugriff geladen werden.

- **Partitionierung**
  Ausschließlich spaltenorientierte Tabellen können partitioniert und damit in einer Scale-out-Umgebung (siehe Abschnitt 2.2, »Systemaufbau«) auf die zur Verfügung stehenden Hosts verteilt werden. Damit einhergehende Performance-Gewinne, die etwa aus der Lastverteilung und

dem *Partition Pruning* (siehe Abschnitt 11.2.3, »Tabellenpartitionierung«) resultieren, sind für zeilenorientierte Tabellen nicht verfügbar.

- **Time-Travel Queries**
  Die Abfrage historischer Tabellenzustände (*Time-Travel Queries*) steht nur für Tabellen des Typs *History Column Table* zur Verfügung. Für zeilenorientierte Tabellen sind derartige Abfragen nicht möglich.

- **Calculation Views**
  Calculation Views können ausschließlich auf spaltenorientierte Tabellen zugreifen. Für zeilenorientierte Tabellen müssen Sie auf einfache SQL Views zurückgreifen.

- **Limitierte Gesamtgröße des Row Stores**
  Das derzeitige Limit für den Row Store in SAP HANA liegt bei 1.945 GB.

- **SQL-Joins**
  Zwar unterstützt SAP HANA Joins über Tabellen unterschiedlichen Speichertyps, aus Performance-Gründen sollte dies aber vermieden werden.

Treffen Sie die Entscheidung zwischen Row und Column Store also nicht ausschließlich auf Tabellenebene, sondern wählen Sie, wenn möglich, für alle Tabellen desselben Datenmodells den gleichen Speichertyp (Storage Type), und berücksichtigen Sie dabei eventuelle Auswirkungen auf das Gesamtsystem.

> **[!] Erzeugung spaltenorientierter Tabellen**
> Der DDL-Befehl CREATE TABLE erstellt in SAP HANA 2.0 SPS03 standardmäßig eine spaltenorientierte Tabelle. Verwenden Sie CREATE ROW TABLE für zeilenorientierte Tabellen. In kleineren Versionsständen wurden Tabellen noch standardmäßig im Row Store abgelegt. Dies bleibt für temporäre Tabellen vorerst bestehen.

Eine Konvertierung des Speichertyps können Sie mit folgendem Befehl bewirken, auch wenn in der betroffenen Tabelle bereits Datensätze vorhanden sind:

Speichertypen konvertieren

```
ALTER TABLE <TABLE_NAME> ALTER TYPE {COLUMN | ROW};
```

In einigen Fällen kann es sinnvoll sein, die Default-Einstellungen für den Tabellentyp über den Parameter default_table_type in der Sektion [sql] der Parameterdatei **indexserver.ini** auf Row zu ändern. Anschließend erstellt jeder Datenbankbenutzer spaltenorientierte Tabellen nur noch explizit mittels CREATE COLUMN TABLE.

Standardspeichertyp ändern

Informationen zum Row Store und den zeilenorientierten Tabellen finden Sie im Schema SYS in allen Views, die mit M_RS beginnen. Views zu spaltenorientierten Tabellen und dem Column Store tragen dagegen das Präfix M_CS.

11.2.2 Speicherverhalten von Tabellen

Zeilenorientierte Tabellen werden beim Start der Datenbank in den Row Store geladen und verbleiben dort während der gesamten Laufzeit unabhängig von ihrer Nutzung. Dieses Verhalten können Sie nicht beeinflussen.

Main und Delta Storage

Spaltenorientierte Tabellen werden zugriffsabhängig in den Column Store geladen. Wie in Abschnitt 2.3.5, »Daten im Arbeitsspeicher«, beschrieben, besteht dieser aus einem *Main Storage* und einem *Delta Storage*, wobei nur der Main Storage leseoptimiert aufgebaut ist. Schreiboperationen adressieren stattdessen den schreiboptimierten Delta Storage. Dieser befindet sich ausschließlich im flüchtigen Arbeitsspeicher, daher werden für jede Änderung am Delta Storage Redo-Log-Dateien (*Delta Log*) auf ein Dateisystem geschrieben, mit deren Hilfe die Änderungen nach einem Systemausfall wiederhergestellt werden können. Leseoperationen fragen sowohl den Main als auch den Delta Storage ab, um auch Änderungen innerhalb des Delta Storages zu berücksichtigen, die noch nicht in den Main Storage übertragen wurden. Die Überführung aller neuen Datensätze aus dem Delta Storage in den Main Storage heißt *Delta Merge*. Am Ende dieser Operation wird das Delta Log geleert und der gesamte Main Storage aus dem Arbeitsspeicher auf das Dateisystem persistiert.

Außerdem wird nach jedem automatisch durchgeführten Delta Merge (*Auto Merge*) die derzeitige Komprimierungsmethode der Tabelle für den neuen Main Store evaluiert und ggf. optimiert. Standardmäßig sind alle Spalten mittels Dictionary Compression komprimiert. Zusätzlich können je nach Spalteninhalt erweiterte Methoden zum Einsatz kommen.

Speicherstatus

Spaltenorientierte Tabellen können entweder vollständig (*fully loaded*), teilweise (*partially loaded*) oder gar nicht (*unloaded*) in den Main Storage geladen sein. Standardmäßig lädt SAP HANA nur einzelne Spalten einer Tabelle, sobald darauf erstmalig zugegriffen wird. Ebenso werden Spalten oder ganze Tabellen aus dem Arbeitsspeicher entfernt, sollte dieser von anderen Prozessen beansprucht werden. Dieses Verhalten können Sie beim Anlegen oder Ändern einer spaltenorientierten Tabelle beeinflussen.

Speicherverhalten

Im Folgenden führen wir einige Optionen auf, mit denen Sie Einfluss auf das Speicherverhalten nehmen können. Dabei handelt es sich um Syntaxelemente des DDL-Befehls ALTER TABLE:

- **»Preload_Clause«**
  Mittels der Preload-Klausel können Sie eine Tabelle (PRELOAD ALL) oder eine einzelne Spalte (PRELOAD <Spaltenname>) kennzeichnen, damit sie schon beim Start des Index Servers in den Arbeitsspeicher geladen wird. Seit SAP HANA 1.0 SPS07 wurde der Systemstart (siehe Abschnitt 2.4.1, »Systemstart und -stopp«) dahingehend optimiert, dass Sie bereits während des Preloads SQL-Zugriff auf die Datenbank haben.

- **»Persistent_Merge_Option«**
  Diese Option ist standardmäßig aktiviert. Wenn Sie sie deaktivieren, wird die Delta-Merge-Operation für diese Tabelle ausschließlich im Arbeitsspeicher durchgeführt, d. h., der Main Storage wird nicht persistiert und das Delta Log nicht geleert.

- **»Delta_Log_Option«**
  Standardmäßig pflegt SAP HANA zu allen Änderungen innerhalb des Delta Storages ein Delta Log auf dem nicht-flüchtigen Dateisystem, das zu dessen Wiederherstellung verwendet werden kann. Dies können Sie für einzelne Tabellen mit dem Befehl DISABLE DELTA LOG deaktivieren. Bei einem Ausfall des Index Servers besteht dann jedoch das Risiko eines Datenverlusts. Nachdem Sie das Delta Log wieder aktiviert haben, müssen Sie zunächst einen *Savepoint* (siehe Abschnitt 2.3.3, »In Datendateien schreiben«) initiieren, um den aktuellen, nicht geloggten Delta Storage zu persistieren. Außerdem sollten Sie ein neues Backup erstellen, um eine Wiederherstellung aller Daten zu ermöglichen.

- **»Auto_Merge_Option«**
  Mithilfe des Befehls DISABLE AUTOMERGE lässt sich der automatische Delta Merge für eine Tabelle deaktivieren. Dies führt dazu, dass alle neuen oder veränderten Datensätze im schwach komprimierten Delta Storage verweilen, bis Sie manuell eine Delta-Merge-Operation initiieren. Eine Deaktivierung kann z. B. sinnvoll sein, um einen Datenimport zu beschleunigen.

- **»Unload_Priority_Clause«**
  SAP HANA kann Tabellen, auf die selten zugegriffen wird, bei Bedarf aus dem Arbeitsspeicher entfernen (*Unload*). Über die Option UNLOAD_PRIORITY können Sie eine Tabelle diesbezüglich auf einer Skala von 0–9 priorisieren, wobei 0 einen Unload verhindert und 9 im Verhältnis zu anderen Tabellen einen frühen Unload bewirkt.

- **»Load_Unit«**
  Sie können für jede Spalte die Einheit festlegen, in der angeforderte Daten in den Arbeitsspeicher geladen werden. Dabei wird zwischen spal-

tenweisem (COLUMN LOADABLE) und seitenweisem (PAGE LOADABLE) Laden unterschieden. Wenn Sie PAGE als Einheit wählen, schränken Sie allerdings die zur Verfügung stehenden Komprimierungsmethoden für diese Spalte auf NBit und Dictionary Compression ein. Nähere Informationen zur Komprimierung finden Sie im »SAP HANA Administration Guide« unter *http://s-prs.de/v685040*.

Speichereigenschaften ändern

Alle genannten Eigenschaften lassen sich für bestehende Tabellen über den Befehl ALTER TABLE ändern (siehe Listing 11.2). Beim Anlegen einer Tabelle stehen nur die Elemente Auto_Merge_Option und Unload_Priority_Clause zur Verfügung. Daher kann es erforderlich sein, dass Sie eine Tabelle sofort nach dem Anlegen ändern, um das gewünschte Speicherverhalten zu erzielen. In Listing 11.2 erstellen wir eine spaltenorientierte Tabelle CUSTOMER, deren Spalten CUSTOMER_ID, FIRST_NAME und LAST_NAME beim Start des Index Servers immer vollständig in den Arbeitsspeicher geladen werden. Außerdem soll die Tabelle bei Speicherknappheit nicht automatisch aus dem Speicher entfernt werden.

```
CREATE COLUMN TABLE CUSTOMER (CUSTOMER_ID INT PRIMARY KEY,
    FIRST_NAME VARCHAR(100), LAST_NAME VARCHAR(100), BIRTHDAY
    DATE) UNLOAD PRIORITY 0;
ALTER TABLE CUSTOMER PRELOAD (CUSTOMER_ID, FIRST_NAME,
    LAST_NAME);
```

Listing 11.2 Dauerhaft im Speicher verfügbare Tabelle erstellen

Bulk Load

Nehmen wir an, diese Tabelle soll anschließend mit einer großen Anzahl von Kundendatensätzen über einen *Bulk Load* befüllt werden. Nähere Informationen zu dieser Importmethode finden Sie im Abschnitt »IMPORT FROM« in der »SAP HANA SQL and System Views Reference« (*http://s-prs.de/v685041*) Während des Imports kann es standardmäßig zu Delta-Merge-Operationen kommen, sodass bisher importierte Datensätze in den Main Storage überführt werden, während weiterhin in einen neuen Delta Storage importiert wird. Um sicherzustellen, dass die Import-Performance nicht durch Delta-Merge-Operationen beeinträchtigt wird, verwenden wir in Listing 11.3 die Option Auto_Merge_Option, um den Delta Merge für die Tabelle CUSTOMER temporär zu deaktivieren:

```
ALTER TABLE CUSTOMER DISABLE AUTOMERGE;
IMPORT FROM '<Control File>' WITH THREADS <Number of Threads>
    BATCH <Batchsize>;
MERGE DELTA OF CUSTOMER;
```

```
UPDATE CUSTOMER WITH PARAMETERS
   ('OPTIMIZE_COMPRESSION'='YES');
ALTER TABLE CUSTOMER ENABLE AUTOMERGE;
```

Listing 11.3 Delta-Merge-Operationen zur Beschleunigung eines Datenimports temporär deaktivieren

Wie in Listing 11.3 dargestellt, ist es nach Abschluss des Imports sinnvoll, manuell einen Delta Merge zu initiieren, um alle neuen Datensätze im leseoptimierten und stärker komprimierten Main Storage verfügbar zu machen. Da bei manuell herbeigeführten Delta-Merge-Operationen die Komprimierung der Tabelle nicht automatisch für den neuen Main Storage optimiert wird, sollten Sie dies wie in Listing 11.3 zusätzlich veranlassen.

Delta Merge

Die Tabelle CUSTOMER wurde so erstellt, dass einige ihrer Spalten dauerhaft im Arbeitsspeicher gehalten werden. Mit dem Befehl LOAD bzw. UNLOAD <Tabellenname> können Sie spaltenorientierte Tabellen zur Laufzeit manuell in den Speicher laden oder daraus entfernen.

Tabellen manuell laden und entfernen

> **Manuelle Einstellungen nur in Ausnahmefällen**
>
> Alle hier erwähnten Optionen zur manuellen Speicherverwaltung von Tabellen und Spalten sollten Sie nur in Ausnahmesituationen verwenden. Grundsätzlich verwaltet SAP HANA den Column und Row Store für alle Index Server automatisch und verwendet dabei komplexe, ineinandergreifende Algorithmen. Greifen Sie nur ein, wenn Sie sich aller Auswirkungen bewusst sind.
>
> Die Preload-Markierung z. B. führt zu besseren Antwortzeiten bei erstmaligem Zugriff auf die markierte Tabelle. Verwenden Sie diese Option für einige sehr große Tabellen, führt dies zu einem erhöhten Lastaufkommen nach jedem Neustart, auch wenn auf diese Tabellen zuletzt gar nicht mehr zugegriffen wurde.

11.2.3 Tabellenpartitionierung

Spaltenorientierte Tabellen lassen sich partitionieren, etwa um sie horizontal auf mehrere Hosts einer Scale-out-Umgebung (siehe Abschnitt 2.2, »Systemaufbau«) zu verteilen. Dies ermöglicht parallele Verarbeitungen und eine Verteilung der Last, da eine Anfrage auf eine Tabelle parallel von mehreren Servern bearbeitet werden kann. Es ist außerdem möglich, SQL-Anfragen anhand der WHERE-Klausel direkt an die Partition zu leiten, auf der sich die angeforderte Teilmenge befindet (Partition Pruning), anstatt die gesamte Tabelle durchsuchen zu müssen. Aber auch in einem Scale-up-Sys-

Gründe für die Partitionierung

tem, das nur aus einem Host besteht, kann eine Partitionierung sinnvoll sein.

Jede Partition enthält eine Teilmenge von Zeilen der zugehörigen Tabelle und besitzt einen eigenen Delta und Main Storage. Auf diese Weise ist es möglich, die Delta-Merge-Operationen auf Partitionen zu beschränken, deren Daten seit dem letzten Delta Merge modifiziert wurden. Nicht partitionierte Tabellen werden in SAP HANA wie Tabellen mit nur einer Partition behandelt. Das Zeilenlimit für spaltenorientierte Tabellen liegt bei etwa 2,1 Milliarden (2^{31}) Zeilen pro Partition. Auch daraus kann sich die Notwendigkeit einer Partitionierung größerer Tabellen ableiten.

SAP HANA unterstützt unterschiedliche Methoden, um den Zeilen eine Partition zuzuordnen. Einstufige Methoden werden dabei als *Single-Level-Partitionierung* bezeichnet. Wenn Sie zwei der Methoden kombinieren, spricht man von *Multi-Level-Partitionierung*.

Single-Level-Partitionierung

Für die einstufige Partitionierung können Sie zwischen den folgenden Methoden wählen, wobei die Anzahl der anzulegenden Partitionen vorgegeben werden muss:

- Hash-Partitionierung
- Round-Robin-Partitionierung
- Range-Partitionierung

Bei der Hash-Partitionierung wird für jede Zeile die Nummer der Partition durch eine Hash-Funktion ermittelt, die die Werte der angegebenen Spalten als Input-Parameter verwendet. Dabei können Sie beliebig viele Spalten der Tabelle in die Klausel PARTITION BY HASH aufnehmen, um eine optimale Verteilung zu erreichen. Mit dem DDL-Befehl in Listing 11.4 erstellen wir eine neue Tabelle CUSTOMER, wobei für jeden Server unserer Landschaft eine eigene Partition aufgebaut wird:

```
CREATE COLUMN TABLE CUSTOMER (CUSTOMER_ID INT, FIRST_NAME
   VARCHAR(100), LAST_NAME VARCHAR(100), PRIMARY KEY
   (CUSTOMER_ID, FIRST_NAME))
   PARTITION BY HASH (CUSTOMER_ID, FIRST_NAME) PARTITIONS
   GET_NUM_SERVERS()
```

Listing 11.4 Eine hash-partitionierte Tabelle erstellen

Die Hash-Funktion wird in diesem Fall auf den Spalten CUSTOMER_ID und FIRST_NAME gebildet. Bei der Hash-Partitionierung müssen Sie darauf achten, dass diese Spalten auch Teil des Primary Keys sind. Dadurch wird ermöglicht, dass beim Einfügen neuer Zeilen die Überprüfung des Primary Keys auf Einmaligkeit (*Uniqueness Check*) nur innerhalb der errechneten Partition, d. h. auf dem lokalen Server, durchgeführt werden muss. Die Hash-Funktion stellt somit sicher, dass der in die Primary-Key-Spalte einzufügende Wert nicht bereits in einer anderen Partition vorhanden sein kann.

Bei der Partitionierung nach dem Round-Robin-Verfahren müssen Sie keine Spalten angeben. Neue Datensätze werden einfach nacheinander im Rotationsprinzip auf die Anzahl der Partitionen verteilt. Daher gelten auch keine Einschränkungen für die Wahl des Primary Keys. Mittels Round Robin partitionierte Tabellen sind zwar immer gleich verteilt, ermöglichen aber kein Pruning, weshalb bei Abfragen immer alle Partitionen berücksichtigt werden müssen. Außerdem erfolgt die Verteilung der Daten nicht, wie bei der Hash-Partitionierung, basierend auf deren Semantik, sodass eine Platzierung zusammenhängender Tabellen auf demselben Host hier nur zufällig entstehen kann.

Round-Robin-Partitionierung

Im Gegensatz zur Hash- und Round-Robin-Partitionierung erfordert die Range-Partitionierung Kenntnisse der möglichen Werte, die in die gewählten Spalten eingefügt werden. Partitionen können dabei sowohl einem definierten Bereich (*Range*) als auch Einzelwerten vorbehalten sein. Für Werte, die sich in keine der vorgesehenen Partitionen einordnen lassen, können Sie eine OTHERS-Partition erstellen. Andernfalls würde der Insert eines solchen Wertes mit einer Fehlermeldung abbrechen.

Range-Partitionierung

Im Beispiel aus Listing 11.5 erstellen wir für die Tabelle CUSTOMER vier Partitionen, in die die Kundendatensätze anhand ihres Geburtsjahres einsortiert werden:

```
CREATE COLUMN TABLE MY_CUSTOMER (CUSTOMER_ID INT, FIRST_NAME
   VARCHAR(100), LAST_NAME VARCHAR(100), BIRTHYEAR INT,
   PRIMARY KEY (CUSTOMER_ID, BIRTHYEAR))
   PARTITION BY RANGE (BIRTHYEAR) (
   PARTITION '1965' <= values < '1985',
   PARTITION '1985' <= values < '1997',
   PARTITION '1997' <= values < '2015',
   PARTITION OTHERS);
```

Listing 11.5 Eine range-partitionierte Tabelle erstellen

Beim Einfügen eines neuen Datensatzes in die Tabelle CUSTOMER wird dieser anhand des Wertes für die Spalte BIRTHDAY in die entsprechende Partition eingefügt. Sollte das Geburtsjahr des Kunden vor 1965 oder nach 2015 liegen, wird sein Datensatz der Partition OTHERS zugeordnet.

Range-Partition abfragen

Eine Abfrage aller Kunden eines bestimmten Geburtsjahres wird nun direkt an die Partition der entsprechenden Range geleitet. Um dies zu überprüfen, fügen wir einen neuen Datensatz in die Tabelle ein und initiieren anschließend eine Delta-Merge-Operation, um die Zeile in den Main Storage zu überführen. Der anschließende UNLOAD-Befehl entfernt alle Partitionen wieder aus dem Arbeitsspeicher:

```
INSERT INTO MY_CUSTOMER VALUES (1, 'Max', 'Mustermann',
    1999);
MERGE DELTA OF CUSTOMER;
UNLOAD CUSTOMER;
```

Listing 11.6 Vorbereitungen für den Test der Range-Partitionierung

Daraufhin richten wir eine SELECT-Anfrage direkt an die dritte Partition, deren Geburtsjahre zwischen 1997 und 2015 liegen:

```
SELECT * FROM MY_CUSTOMER WHERE BIRTHYEAR = 1999;
```

Aufgrund der Range-Partitionierung muss dafür weder die gesamte Tabelle noch die gesamte Spalte in den Arbeitsspeicher geladen werden. Lediglich die dritte Partition befindet sich nach Absetzen des vorangegangenen SELECT-Befehls im Main Storage. Ein Blick in den View M_CS_COLUMNS bestätigt dies (siehe Abbildung 11.3).

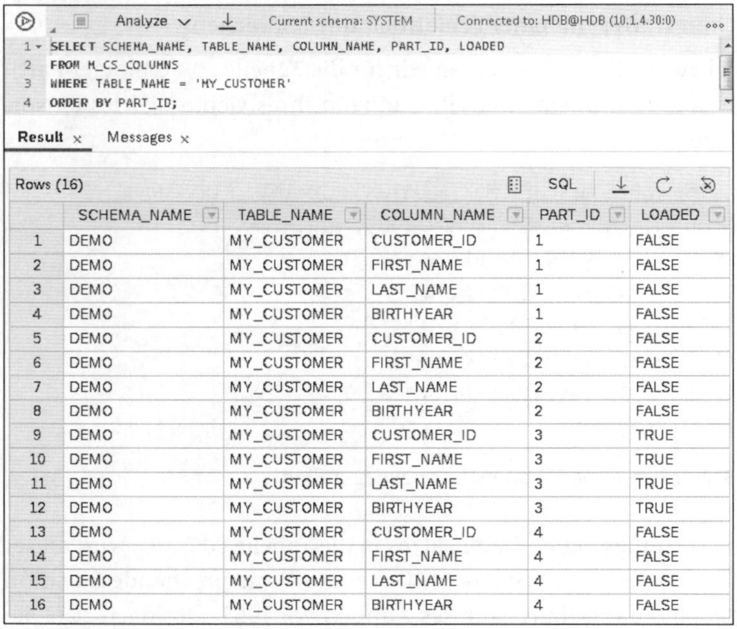

	SCHEMA_NAME	TABLE_NAME	COLUMN_NAME	PART_ID	LOADED
1	DEMO	MY_CUSTOMER	CUSTOMER_ID	1	FALSE
2	DEMO	MY_CUSTOMER	FIRST_NAME	1	FALSE
3	DEMO	MY_CUSTOMER	LAST_NAME	1	FALSE
4	DEMO	MY_CUSTOMER	BIRTHYEAR	1	FALSE
5	DEMO	MY_CUSTOMER	CUSTOMER_ID	2	FALSE
6	DEMO	MY_CUSTOMER	FIRST_NAME	2	FALSE
7	DEMO	MY_CUSTOMER	LAST_NAME	2	FALSE
8	DEMO	MY_CUSTOMER	BIRTHYEAR	2	FALSE
9	DEMO	MY_CUSTOMER	CUSTOMER_ID	3	TRUE
10	DEMO	MY_CUSTOMER	FIRST_NAME	3	TRUE
11	DEMO	MY_CUSTOMER	LAST_NAME	3	TRUE
12	DEMO	MY_CUSTOMER	BIRTHYEAR	3	TRUE
13	DEMO	MY_CUSTOMER	CUSTOMER_ID	4	FALSE
14	DEMO	MY_CUSTOMER	FIRST_NAME	4	FALSE
15	DEMO	MY_CUSTOMER	LAST_NAME	4	FALSE
16	DEMO	MY_CUSTOMER	BIRTHYEAR	4	FALSE

Abbildung 11.3 Den Ladestatus von Partitionen abfragen

Die Spalte LOADED gibt an, ob eine Partition im Main Storage gehalten wird. Das Beispiel zeigt, dass partitionierte Tabellen je nach Art und Einteilung der Partitionen sowohl Arbeitsspeicher sparen als auch die Performance von Abfragen erhöhen können.

Speicherstatus

Im vorangegangenen Beispiel konnte ein statisches Pruning-Verfahren angewandt werden, weil eine Analyse der WHERE-Klausel noch vor Ausführung der gesamten Query erkennen lässt, in welchen Partitionen sich die abgefragten Daten befinden. Seit SAP HANA 2.0 SPS02 wird zusätzlich ein dynamisches Verfahren unterstützt (*Dynamic Partition Pruning*). Dabei kann ein Pruning bereits zur Laufzeit der Query, basierend auf vorgehaltenen Statistiken, erfolgen. Das Dynamic Partition Pruning ist insbesondere für Aging-Tabellen relevant und wird derzeit nur für deren historische Partitionen unterstützt, weitere Informationen dazu finden Sie z. B. in SAP-Hinweis 2416490, FAQ: SAP HANA Data Aging in SAP S/4HANA. Informationen dazu, wie Sie das dynamische Pruning für bestimmte Tabellen aktivieren, liefert der »SAP HANA Administration Guide« unter »Static and Dynamic Partition Pruning«.

Statisches und dynamisches Pruning

Multi-Level-Partitionierung

Um die Vorteile zweier unterschiedlicher Partitionierungen zu kombinieren oder Einschränkungen zu umgehen, können Sie in SAP HANA die folgenden mehrstufigen Partitionierungen verwenden:

- *Hash-Range-Partitionierung*
- *Hash-Hash-Partitionierung*
- *Range-Range-Partitionierung*
- *Round-Robin-Range-Partitionierung*

Im Folgenden beschränken wir uns beispielhaft auf die Hash-Range-Partitionierung, da sie das wohl häufigste Szenario darstellt. Sie eignet sich, um sowohl eine Lastverteilung auf dem ersten Level als auch eine auf Wertebereichen basierende Partitionierung auf dem zweiten Level zu implementieren. Dazu verteilt die Hash-Funktion zunächst die Datensätze auf die zur Verfügung stehenden Hosts. Anschließend werden auf jedem Host Partitionen anhand der gegebenen Wertebereiche gebildet. Alle Partitionen, die sich auf demselben Host befinden, werden *Partition Group* genannt. Eine Partition Group kann nur in ihrer Gesamtheit auf andere Hosts verschoben werden. Der DDL-Befehl in Listing 11.7 erstellt die Tabelle CUSTOMER unter Verwendung der Hash-Range-Partitionierung:

Hash-Range-Partitionierung

```
CREATE COLUMN TABLE CUSTOMER (CUSTOMER_ID INT, FIRST_NAME
   VARCHAR(100), LAST_NAME VARCHAR(100), BIRTHDAY DATE,
```

```
            PRIMARY KEY (CUSTOMER_ID, FIRST_NAME))
            PARTITION BY HASH (CUSTOMER_ID, FIRST_NAME) PARTITIONS 3,
            RANGE (year(BIRTHDAY))(
            PARTITION '1965' <= values < '1985',
            PARTITION '1985' <= values < '1997',
            PARTITION '1997' <= values < '2015',
            PARTITION OTHERS);
```

Listing 11.7 Eine hash-range-partitionierte Tabelle erstellen

In diesem Beispiel haben wir drei Partitionen auf der ersten Ebene erstellt, um sie auf drei unterschiedlichen Hosts platzieren zu können. Innerhalb jeder dieser drei Partitionen definierten wir anschließend die vier Range-Partitionen anhand der Geburtsjahre. Die Hash-Range-Partitionierung hat den Vorteil, dass Sie auf der zweiten Ebene nach einer Spalte partitionieren können, die nicht Teil des Primary Keys sein muss. Der Uniqueness Check kann aber dennoch lokal stattfinden.

[!] **Besonderheit bei History-Tabellen**
Beachten Sie, dass Multi-Level-Partitionierungen, bei denen die zugrunde liegende Spalte auf der zweiten Ebene nicht Teil des Primary Keys ist, in Verbindung mit History-Tabellen leider nicht verwendet werden können.

Heterogene Partitionierung

Besonders flexible Möglichkeiten der Verteilung von Partitionen bietet die *heterogene Partitionierung*. Sie kann sowohl für die Single-Level- als auch für Multi-Level-Partitionierung genutzt werden, wir möchten sie aber am Beispiel einer Multi-Level-Range-Range-Partitionierung demonstrieren. Dabei ist es möglich, für jede Range-Partition auf der ersten Ebene jeweils verschiedene Range-Partitionierungen auf der zweiten Ebene vorzunehmen. Außerdem können Sie mithilfe der Klausel AT LOCATION für die erste Ebene der Partitionierung definieren, welcher Host eine bestimmte Partition speichern soll, die jeweiligen Subpartitionen werden jeweils auf demselben Host abgelegt. Ein Beispiel finden Sie in Listing 11.8.

```
CREATE COLUMN TABLE DEMO.CUSTOMER_H (ID INT, BIRTHYEAR INT) PARTITION
BY RANGE (BIRTHYEAR) (
(PARTITION 1970 <= VALUES < 2000 AT LOCATION 'hdbzdb1:30003',
 PARTITION 2000 <= VALUES < 2010 AT LOCATION 'hdbzdb2:30003')
```

```
        SUBPARTITION BY RANGE (ID)
        (PARTITION 0 <= VALUES < 1000),
(PARTITION 2010 <= VALUES < 2020 AT LOCATION 'hdbzdb3:30003')
        SUBPARTITION BY RANGE (ID)
        (PARTITION 1000 <= VALUES < 2000));
```

Listing 11.8 Tabelle mit heterogener Range-Range-Partitionierung

In unserem Beispiel verteilen wir die Partitionen auf der ersten Ebene nach dem Wertebereich der Spalte BIRTHYEAR auf drei unterschiedliche Server. Auf der zweiten Ebene wenden wir eine weitere Range-Partitionierung mithilfe der Spalte ID an, wobei wir definieren können, welche Subpartition zu welcher übergeordneten Partition gehören soll.

11.2.4 Tabellenplatzierung

Der vorangegangene Abschnitt beschreibt, wie Sie Tabellenpartitionen in einem verteilten System gezielt auf einem Host speichern können. Für die Platzierung ganzer Tabellen bietet SAP HANA 2.0 zudem ein Konzept, das auf der Definition sogenannter *Table Placement Rules* beruht. Ziel dabei ist es, die notwendige Kommunikation zwischen den einzelnen Nodes Ihres Scale-out-Systems, wie sie z. B. im Rahmen eines SQL-Joins entstehen kann, zu minimieren.

Dazu klassifizieren Sie die betroffenen Tabellen mithilfe der Attribute Gruppenname (*Group Name*), Gruppentyp (*Group Type*) und Gruppen-Subtyp (*Subtype*). Tabellen mit demselben Gruppennamen werden auf demselben Host gespeichert. Handelt es sich um partitionierte Tabellen, werden deren Partitionen auf der ersten Ebene jeweils gleich verteilt. Auf welchem Host eine Tabelle gespeichert wird oder wie viele Partitionen auf der ersten Ebene angelegt werden, definiert dabei die sogenannte *Leading Table*, deren Einstellungen für die anderen Tabellen derselben Gruppe übernommen werden. Das folgende Beispiel zeigt, wie Sie eine Tabelle CUSTOMER beim Anlegen klassifizieren können.

Klassifizierung von Tabellen

```
CREATE COLUMN TABLE DEMO.CUSTOMER (ID INT) GROUP TYPE DATASTORE
  GROUP SUBTYPE ACTIVE GROUP NAME SALES GROUP LEAD;
```

Die Tabelle erhält dabei den Gruppentyp DATASTORE, den Gruppensubtyp ACTIVE und den Gruppennamen SALES. Außerdem wird die Tabelle als Leading Table definiert.

11 Datenbankobjekte

Umverteilung von Tabellen — Die Regeln werden bei Erstellung der Tabelle oder bei einer Systemmigration aktiv. Außerdem werden sie im Rahmen einer manuellen Umverteilung berücksichtigt, die Sie über die App **Table Redistribution Plan Generator** im SAP HANA Cockpit initiieren können. Bei Erstellung eines solchen Plans für die Umverteilung lassen sich darüber hinaus verschiedene Optimierungsziele und weitere Parameter definieren. Weil es sich dabei um eine individuelle und komplexe Konfiguration handelt, die von vielen Merkmalen der jeweiligen Systemlandschaft abhängig ist, verweisen wir an dieser Stelle auf den Abschnitt »Redistributing Tables in a Scaleout SAP HANA System« des »SAP HANA Administration Guides«.

Regeln zur Tabellenplatzierung — Neben den Regeln zur gemeinsamen Platzierung lassen sich über die Klassifizierung von Tabellen weitere Regeln erstellen, die vorrangig die Partitionierung betreffen. Diese können Sie in der App **Table Placement Rules** des SAP HANA Cockpits definieren, wie in Abbildung 11.4 dargestellt.

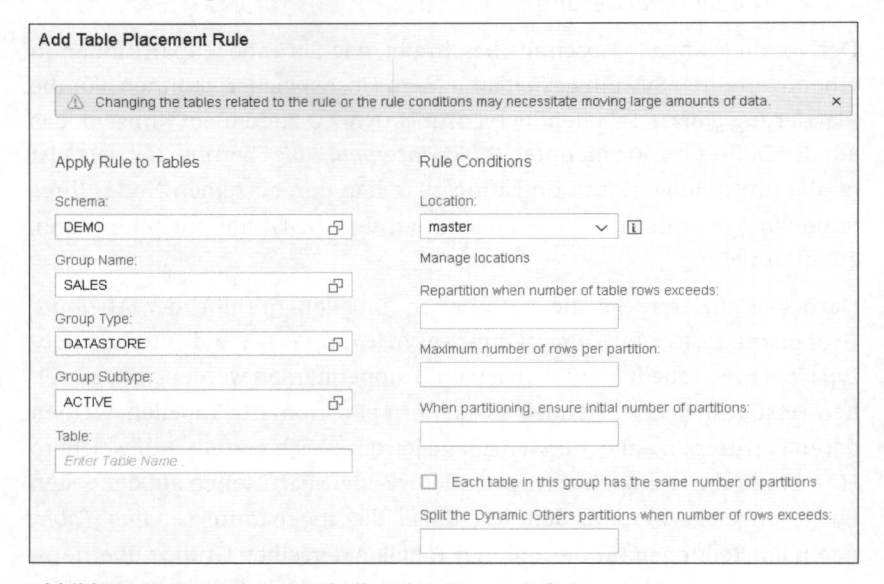

Abbildung 11.4 Regeln zur Tabellenplatzierung definieren

Monitoring-Views — Die vorgenommenen Klassifizierungen werden in der Tabelle SYS.TABLE_PLACEMENT gespeichert und sind über den gleichnamigen View einsehbar. Regeln zur Platzierung, die Sie z. B. über die App in Abbildung 11.4 definiert haben, können Sie über den View SYS.TABLE_PLACEMENT abfragen.

Das Konzept zur Klassifizierung von Tabellen wird auch von SAP BW/4HANA eingesetzt, um die Tabellenplatzierung zu optimieren. In diesem Fall sollten Sie jedoch nicht manuell in die Klassifizierung eingreifen.

11.2.5 Views

Für die Datenanalyse über mehrere größere Tabellen hinweg war es in der Vergangenheit üblich, regelmäßig *Aggregate* zu bilden und zu materialisieren. Auf diese Weise mussten ressourcenintensive Analysen nicht mehr auf den Originaldaten durchgeführt werden, sondern konnten in ein separates OLAP-System (Online Analytical Processing), etwa SAP Business Warehouse (BW), ausgelagert werden. Die Entkopplung von Online Transaction Processing (OLTP) und OLAP verhindert allerdings Echtzeitanalysen und erfordert eine redundante Datenhaltung. Mit SAP HANA können Sie Aggregate vermeiden und Ihren Analysen zu jeder Zeit die Originaldaten zugrunde legen, anstatt auf (möglicherweise veraltete) materialisierte Zwischenergebnisse zurückzugreifen. Das aus anderen relationalen Datenbanksystemen bekannte Konzept von Views als logischen Sichten auf miteinander verknüpften Tabellen steht folgerichtig in erweiterter Form zur Verfügung. In SAP HANA 2.0 werden SQL Views und grafische Calculation Views unterschieden.

SQL Views entsprechen einfachen Views zur logischen Sicht auf eine oder mehrere Tabellen. Solche Views ermöglichen es z. B., Tabellen nach bestimmten Spalten zu filtern, die für den jeweiligen Benutzer von Interesse sind. Sie werden in SAP HANA mittels `CREATE VIEW <View Name> AS <Subquery>` angelegt und stehen sofort allen Clients über SQL zur Verfügung. Beachten Sie, dass Views nur so lange gültig sind, wie die Objekte, auf die sie sich beziehen, existieren. Sobald Sie z. B. eine Spalte der zugrunde liegenden Tabellen umbenennen oder löschen, wird der View als ungültig markiert und kann nicht mehr verwendet werden.

SQL Views

> **Monitoring Views**
>
> Ein Beispiel für SQL Views sind die Monitoring Views, die im Schema `SYS` jeder SAP-HANA-Plattform bereitstehen. Sie dienen der Systemüberwachung und werden in Kapitel 15, »Monitoring«, vorgestellt. Im Monitoring View `SYS.VIEW` finden Sie übrigens Informationen zu SQL Views.

Neben den einfachen SQL Views lassen sich in SAP HANA grafische Calculation Views modellieren. Calculation Views ermöglichen neben der filterbaren Sicht auf Tabellen die Integration von Analysen und Berechnungen in das Ausgabeergebnis. Die SAP Web IDE stellt für die Modellierung von Calculation Views einen grafischen Editor bereit. Hinweise zum Vorgehen finden Sie im »SAP HANA Developer Guide for SAP HANA XS Advanced Model« (*http://s-prs.de/v685038*) unter »Create Graphical Calculation Views«.

Calculation View

> **Views von XS Classic nach XS Advanced migrieren**
>
> In früheren SAP-HANA-Versionen standen neben grafischen Calculation Views auch *Attribute Views*, *Analytic Views* und skript-basierte Calculation Views zur Verfügung. In der aktuellen SAP Web IDE können Sie ausschließlich grafische Calculation Views erstellen. Für ältere Views eines anderen Typs stellt das *SAP HANA Studio* Methoden zur Verfügung, diese in grafische Calculation Views zu überführen. Diese und weitere Entwicklungsobjekte können Sie anschließend im Zuge der Migration von XS Classic nach XS Advanced unter Verwendung des Migrationswerkzeugs in eine XS-Advanced-Zielumgebung überführen. Informationen zur Vorgehensweise stellt der »SAP HANA XS Advanced Migration Guide« bereit, den Sie unter folgender URL finden: *http://s-prs.de/v685042*

11.3 Sequenzen

Sequenzen dienen als eine Art zentraler Generator für Zahlen einer definierten Abfolge. Bei Verwendung einer Sequenz durch mehrere Benutzer wird sichergestellt, dass die nächste generierte Zahl dieser Abfolge entspricht. Sequenzen können sowohl aufsteigend als auch absteigend sein. Um den aktuellen Wert einer Sequenz abzufragen, verwenden Sie die Funktion CURRVAL, mittels NEXTVAL erhalten Sie den folgenden Wert.

Auto-Increment

Sequenzen werden in SAP HANA z. B. intern verwendet, um die ID-Spalte einer Tabelle beim Einfügen neuer Datensätze automatisch mit dem nächsthöheren Wert füllen zu können. Benutzer können auf diese Funktion zurückgreifen, indem sie die Spaltendefinition um die Angabe GENERATED BY DEFAULT AS IDENTITY ergänzen. Anhand des folgenden Beispiels zeigen wir, wie Sie mithilfe einer Sequenz ein solches *Auto-Increment-Feature* für den Primärschlüssel einer Tabelle nachbauen können. Zunächst erstellen wir eine Tabelle EVENTS, in die von unterschiedlichen Applikationen Datensätze geschrieben werden können. Anschließend erstellen wir eine Sequenz, deren Wert sich für jede neue ID der Tabelle automatisch um 1 erhöht:

```
CREATE COLUMN TABLE SYS_MON.EVENTS (ID INT, MESSAGE
    VARCHAR(255), TS TIMESTAMP);
CREATE SEQUENCE SYS_MON.INCREMENT_ID
    START WITH 1
    INCREMENT BY 1
    NO CYCLE
    CACHE 2
```

```
RESET BY SELECT IFNULL(MAX(ID), 0) + 1 FROM
   SYS_MON.EVENTS;
```

Listing 11.9 Tabelle und Sequenz anlegen

Die Sequenz `INCREMENT_ID` generiert aufeinanderfolgende Integer-Werte beginnend mit 1, wobei nach Erreichen des Maximalwertes kein Neubeginn initiiert wird. Sollte es zu einem Neustart des Index Servers kommen, wird die Sequenz automatisch mit dem Ergebnis der Abfrage `RESET BY` neu gestartet. In diesem Fall gibt die Abfrage den höchsten Wert der Spalte `ID` zurück und erhöht ihn um 1. Damit kann die Sequenz auch nach einem Neustart an der richtigen Stelle anknüpfen. Beim Einfügen in die Tabelle `EVENTS` können wir nun mittels `NEXTVAL` die von der Sequenz generierten IDs verwenden, wie in Listing 11.10 dargestellt.

Sequenzeigenschaften

```
INSERT INTO SYS_MON.EVENTS VALUES
   (SYS_MON.INCREMENT_ID.NEXTVAL,
'Message Text 01', (SELECT
   CURRENT_TIMESTAMP FROM DUMMY));
INSERT INTO SYS_MON.EVENTS VALUES
   (SYS_MON.INCREMENT_ID.NEXTVAL,
'Message Text 02', (SELECT
   CURRENT_TIMESTAMP FROM DUMMY));
```

Listing 11.10 Datensätze unter Verwendung einer Sequenz einfügen

Die Abfrage der Tabelle in Abbildung 11.5 zeigt die automatisch erstellten IDs in der Primary-Key-Spalte.

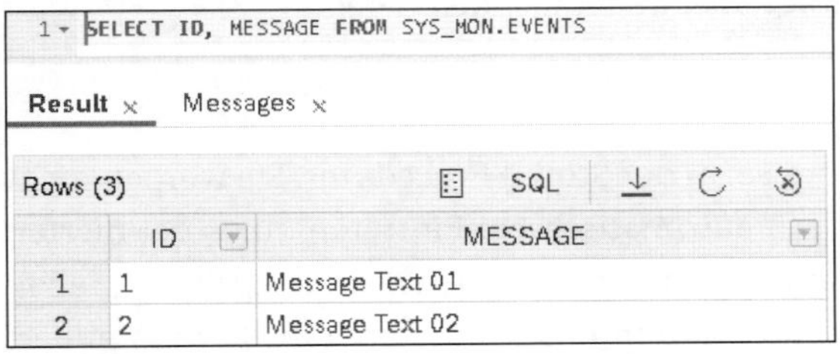

ID	MESSAGE
1	Message Text 01
2	Message Text 02

Abbildung 11.5 Durch die Sequenz generierte IDs kontrollieren

Den aktuellen und den nächsten Wert dieser Sequenz können wir mit den folgenden Befehlen abfragen:

```
SELECT SYS_MON.INCREMENT_ID.CURRVAL FROM DUMMY;
SELECT SYS_MON.INCREMENT_ID.NEXTVAL FROM DUMMY;
```

11 Datenbankobjekte

Sequenz zurücksetzen

Als Ergebnis liefern die Abfragen den Wert 2 bzw. 3 zurück. Um anschließend beim Befüllen der Tabelle EVENTS keine Lücke in der Spalte **ID** entstehen zu lassen, verwenden wir den folgenden Befehl, um den aktuellen Wert der Sequenz wieder auf 3 zurückzusetzen:

```
ALTER SEQUENCE SYS_MON.INCREMENT_ID RESTART WITH 3;
```

Unter Verwendung der NEXTVAL-Funktion können nun unterschiedliche Benutzer, Applikationen oder Trigger voneinander unabhängig in die Tabelle EVENTS schreiben, ohne dabei Fehler zu verursachen, die aus mehrfach verwendeten IDs resultieren. Der Primärschlüssel wird stattdessen zentral von der Sequenz verwaltet. Informationen zu bestehenden Sequenzen in Ihrem SAP-HANA-System enthalten die Views SYS.SEQUENCES und SYS.M_SEQUENCES.

11.4 Stored Procedures und Trigger

Stored Procedure

Stored Procedures ermöglichen es, Applikationslogik innerhalb der Datenbank zu speichern und auszuführen. Dadurch erzielen Sie ein hohes Maß an Integration zwischen Prozeduren oder Funktionen und den zu verarbeitenden Daten. Die Vorteile sind eine verbesserte Performance der datenverarbeitenden Operationen sowie die Möglichkeit, direkt über SQL-Anweisungen auf Tabellen oder andere Datenbankobjekte zuzugreifen. Sie können Stored Procedures direkt über den DDL-Befehl CREATE PROCEDURE erstellen und finden diese dann im Schema Ihres Benutzers in der **Catalog**-Ansicht des SAP HANA Database Explorers unter **Procedures** wieder. Der Aufruf einer Prozedur erfolgt über den folgenden Befehl:

```
CALL "<Paketpfad>::<Name der Prozedur>"(<Input-Parameter>)
```

Trigger

Trigger sind eine besondere Form der Stored Procedures. Sie werden nicht explizit aufgerufen, sondern automatisch bei Eintreten eines definierten Ereignisses ausgeführt. Ein Trigger kann z. B. einen Log-String in eine Tabelle schreiben, sobald ein Datensatz in einer anderen Tabelle manipuliert wurde. Die folgenden Trigger-Ereignisse werden derzeit in SAP HANA unterstützt:

- INSERT
- DELETE
- UPDATE

11.4 Stored Procedures und Trigger

Daraus ist erkennbar, dass Trigger in SAP HANA ausschließlich in Verbindung mit Tabellen verwendet werden können. Beachten Sie außerdem, dass Trigger immer nur im aktuellen Schema erstellt werden können, das Sie ggf. mittels SET SCHEMA setzen müssen. Das Code-Beispiel in Listing 11.11 erstellt einen Trigger, der einen Log-String in die Tabelle EVENTS schreibt, sobald ein Datensatz aus der Tabelle CUSTOMER gelöscht wurde. Beachten Sie, dass dazu das Object Privilege TRIGGER für die zu überwachende Tabelle (hier: CUSTOMER) erforderlich ist. Um eine einmalige ID für die EVENT-Tabelle zu generieren, verwendet der Trigger außerdem die im vorangegangenen Abschnitt erstellte Sequenz.

```
SET SCHEMA SYS_MON;
CREATE TRIGGER NEW_EVENT
    AFTER DELETE ON USER_01.CUSTOMER FOR EACH ROW
    BEGIN
    INSERT INTO SYS_MON.EVENTS
    VALUES(SYS_MON.INCREMENT_ID.NEXTVAL, 'Customer has been
    deleted', (SELECT CURRENT_TIMESTAMP "current timestamp"
    FROM DUMMY));
END;
```

Listing 11.11 Einen »DELETE«-Trigger erstellen

Um den Trigger zu testen, löschen wir einen Kundendatensatz aus unserer Tabelle CUSTOMER und überprüfen anschließend, ob die Tabelle EVENTS einen neuen Datensatz enthält, der über die Löschung informiert.

```
DELETE FROM USER_01.CUSTOMER WHERE CUSTOMER_ID = 1;
```

Vor dem Löschvorgang sah das Abfrageergebnis der Tabelle EVENTS wie in Abbildung 11.5 aus. Nach erfolgreicher Löschung sehen wir in Abbildung 11.6 einen weiteren Datensatz, der durch den Trigger unter Verwendung unserer Sequenz automatisch eingefügt wurde.

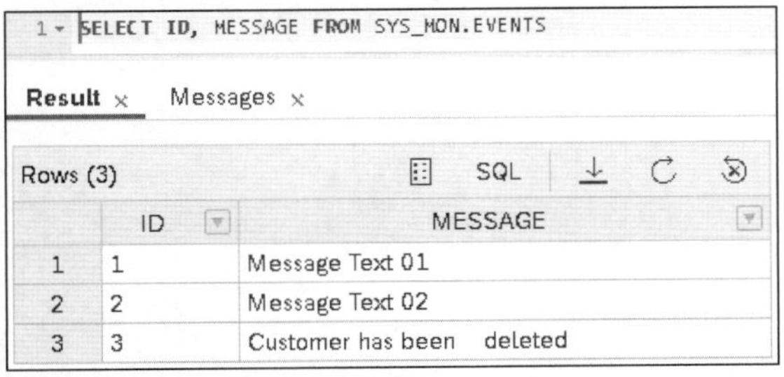

Sequenzen in Triggern

ID	MESSAGE
1	Message Text 01
2	Message Text 02
3	Customer has been deleted

SELECT ID, MESSAGE FROM SYS_MON.EVENTS — Rows (3)

Abbildung 11.6 Durch »INSERT«-Trigger erstellte Logging-Information

Trigger-Status Um einen Trigger zu deaktivieren bzw. wieder zu aktivieren, verwenden Sie folgenden Befehl:

```
ALTER TABLE <Schemaname>.<Tabellenname> DISABLE | ENABLE
    TRIGGER <Name des Triggers>;
```

Trigger-Informationen Informationen zu allen aktiven und inaktiven Triggern Ihres SAP-HANA-Systems finden Sie im View SYS.TRIGGERS. Beachten Sie, dass Trigger nicht vom System invalidiert, sondern ebenfalls vollständig gelöscht werden, wenn die durch sie überwachte Tabelle gelöscht wird.

Kapitel 12
Sicherheit für SAP HANA

Das Thema Datensicherheit spielt in der IT eine essenzielle Rolle. Dieses Kapitel gibt Ihnen einen Überblick über die grundlegenden Sicherheitsmechanismen für Datenbanken und erklärt, wie Sie diese für SAP HANA implementieren können.

SAP HANA bietet zahlreiche Möglichkeiten, Unternehmensdaten vor unbefugtem Zugriff zu schützen. Das Ziel dieses Kapitels ist es, Ihnen einen Überblick über diese Funktionen zu geben, damit Sie Ihre SAP-HANA-Implementierung sowie die darin enthaltenen Daten schützen können. Da spezialisierte IT-Sicherheitsexperten nicht die primäre Zielgruppe dieses Buches sind, können wir das Thema SAP-HANA-Sicherheit in diesem Kapitel jedoch nur anreißen. Für detaillierte Informationen rund um das Thema Sicherheit empfehlen wir Ihnen die »SAP HANA Security Guides«, die Sie unter *http://s-prs.de/v685043* finden.

Wir erläutern Ihnen in diesem Kapitel zwei grundlegende Sicherheitsszenarien: die Sicherheit der Infrastruktur des Datenbanksystems – wiederum unterteilt in die des Betriebssystems des Datenbankservers und die Netzwerksicherheit des Servers – sowie das Audit-Management.

12.1 Sicherheit in verschiedenen Implementierungsszenarien

SAP HANA kann vielseitig genutzt werden, z. B. als Datenbank für SAP Business Warehouse (BW) oder SAP S/4HANA, für die Berichtserstellung und Analyse mithilfe von Data Marts oder als Plattform für neue native Anwendungen. In diesem Abschnitt nehmen wir zwei Szenarien besonders in den Blick und fokussieren uns darauf, was Kunden bei der Implementierung dieser Szenarien unter sicherheitsspezifischen Gesichtspunkten berücksichtigen sollten. Zunächst betrachten wir die traditionelle *Drei-Schichten-Architektur*, die besonders bei SAP Business Warehouse oder SAP S/4HANA eingesetzt wird. Anschließend beschäftigen wir uns mit der nativen *Zwei-*

Sicherheitsszenarien

Schichten-Architektur, die bei der Verwendung von SAP HANA oder Data Mart zum Einsatz kommt.

12.1.1 Traditionelle Drei-Schichten-Architektur

SAP HANA kann als relationale Datenbank im Rahmen einer klassischen Drei-Schichten-Architektur, die aus Client, Applikationsserver und Datenbank besteht, eingesetzt werden. SAP HANA stellt dazu Standard-Interfaces wie *Java Database Connectivity* (JDBC) und *Open Database Connectivity* (ODBC) bereit und unterstützt Standard-SQL. Die Nutzung der SAP-HANA-Datenbank in einer solchen Architektur ändert nicht das übliche Sicherheitsmodell für Drei-Schichten-Anwendungen. Sicherheitsfunktionen wie Authentifizierung, Autorisierung, Benutzerverwaltung, Verschlüsselung und Audit-Logging sind beim Einsatz von SAP HANA in der Applikationsserverschicht untergebracht und werden auch zum größten Teil dort umgesetzt. In diesem Fall wird SAP HANA als Datenspeicher verwendet.

Anbindung des Applikationsservers

Der Applikationsserver verbindet sich mit der SAP-HANA-Datenbank über ein technisches Benutzerkonto. Ein direkter Zugriff auf SAP HANA ist nur für Datenbankadministratoren möglich. Endanwender haben keinen unmittelbaren Zugang – weder zu SAP HANA noch zum Applikationsserver, auf dem SAP HANA läuft. Dadurch sind die SAP-HANA-Sicherheitsfunktionen hauptsächlich für die Verwaltung administrativer Zugänge relevant. Beispiele für solche Drei-Schichten-Architekturen sind die SAP Business Suite und SAP BW auf SAP HANA.

Sicherheitsfunktionen

Die folgenden Sicherheitsfunktionen müssen bei einer SAP-HANA-Implementierung nach dem Drei-Schichten-Modell berücksichtigt werden:

- **Benutzer- und Rollenverwaltung**
  Benutzer und Rollen werden auf dem Applikationsserver verwaltet. Eine Benutzer- und Rollenverwaltung in der Datenbankschicht wird nur für die technischen Datenbankbenutzer und Administrationsbenutzer benötigt. Weitere Informationen zur Benutzer- und Rollenverwaltung erhalten Sie in Kapitel 13, »Benutzer- und Berechtigungsverwaltung«.

- **Authentifizierung und Single Sign-on**
  Die Authentifizierung der Endanwender erfolgt in der Applikationsserverschicht. Administratoren mit einem direkten Zugang zur Datenbank müssen sich auf der Datenbank authentifizieren.

- **Berechtigungsverwaltung**
  Die Berechtigungsverwaltung für SAP HANA betrifft nur technische und administrative Datenbankbenutzer, die direkt in der Datenbank verwaltet werden.

- **Verschlüsselung der Datenkommunikation im Netzwerk**
  Secure Sockets Layer (SSL) und *Transport Layer Security* (TLS) werden von SAP HANA unterstützt und für die Verschlüsselung der Netzwerkkommunikation empfohlen (siehe Abschnitt 12.2, »Netzwerk- und Kommunikationssicherheit«).

- **Verschlüsselung der Datenpersistenzschicht**
  Mit der Verschlüsselung der Data Volumes wird sichergestellt, dass niemand, der auf die Daten auf der Festplatte mithilfe von Betriebssystembefehlen zugreifen kann, die unverschlüsselten Daten sieht (siehe Abschnitt 12.3, »Sicherheit bei der Datenspeicherung«).

- **Audit**
  Alle Aktionen, die auf der SAP-HANA-Datenbank durchgeführt werden, können in *Audits* untersucht werden (mehr dazu erfahren Sie in Abschnitt 12.5, »Auditing eines SAP-HANA-Systems«).

12.1.2 Native Zwei-Schichten-Anwendung

In einer Zwei-Schichten-Architektur dient SAP HANA als technische Plattform für native Anwendungen. Zusätzlich zur SAP-HANA-Datenbank beinhaltet diese Architektur die *SAP HANA Extended Application Services, Classic Model* (SAP HANA XS Classic), die einen Applikationsserver, einen Webserver und eine Entwicklungsumgebung einschließen. Auch bei SAP HANA 2.0 ist diese Komponente noch installiert und muss beachtet werden.

SAP HANA XS

Die Sicherheit nativer SAP-HANA-Applikationen basiert auf den sicherheitsbezogenen Funktionen von SAP HANA. Darum müssen Anwender dieser nativen Applikationen immer entsprechende Benutzerkonten auf der SAP-HANA-Datenbank haben.

Die folgenden sicherheitsbezogenen Funktionen stellt SAP HANA für dieses Szenario bereit:

Native Sicherheitsfunktionen

- **Benutzer- und Rollenverwaltung**
  Die Benutzer und Rollen werden in diesem Szenario komplett in SAP HANA verwaltet (siehe Kapitel 13, »Benutzer- und Berechtigungsverwaltung«).

- **Authentifizierung und Single Sign-on**
  Der Datenbankbenutzer wird nicht nur verwendet, um die Benutzer, die sich mit der Datenbank verbinden, zu authentifizieren, sondern auch, um die HTTP-Clients zu authentifizieren, die sich mit SAP HANA XS Classic verbinden. Es werden mehrere Mechanismen zur Integration des

HTTP-Zugangs in die SSO-Umgebung über SAP HANA XS Classic unterstützt, wie z. B. SAML, X.509-Client-Zertifikate, Kerberos und SAP-Logon- bzw. Assertion-Tickets.

- **Berechtigungsverwaltung**
  Der Zugriff der Benutzer auf die nativen SAP-HANA-Anwendungen und deren Funktionen wird über die an den Datenbankbenutzer vergebenen Privileges bestimmt.
- **Verschlüsselung der Datenkommunikation im Netzwerk**
  SSL und TLS werden unterstützt und zur Verschlüsselung der Netzwerkkommunikation empfohlen, wo es möglich ist. Der SAP Web Dispatcher kann konfiguriert werden, um HTTPS zu nutzen und so sichere Verbindungen zwischen den HTTP-Client-Anwendungen und SAP HANA zu ermöglichen.
- **Verschlüsselung der Datenpersistenzschicht**
  Mit der Verschlüsselung der Data Volumes wird sichergestellt, dass niemand, der auf die Data Volumes auf der Disk mithilfe von Betriebssystembefehlen zugreifen kann, die echten Daten sieht.
- **Audit**
  Alle Aktionen, die auf der SAP-HANA-Datenbank durchgeführt werden, können in Audits untersucht werden.

12.2 Netzwerk- und Kommunikationssicherheit

Es gibt mehrere Möglichkeiten, die Netzwerkkommunikation innerhalb einer SAP-HANA-Landschaft sicherzustellen. Die Komponenten einer solchen Landschaft kommunizieren über verschiedene Kanäle miteinander. Wie Sie die Netzwerk- und Kommunikationssicherheit gewährleisten können, hängt stark von Ihrer Landschaft, dem Einsatzszenario und Ihren Sicherheitsanforderungen ab. Um Ihnen zu helfen, SAP HANA sicher in Ihre Netzwerklandschaft zu integrieren, geben wir Ihnen in diesem Abschnitt einige Empfehlungen.

Getrennte Netzwerkzonen

Betreiben Sie verschiedene Komponenten der SAP-HANA-Plattform in unterschiedlichen Netzwerkzonen. Verwenden Sie eine Firewall-Technologie, um diese Netzwerkzonen für verschiedene Komponenten zu definieren, und filtern Sie den Verkehr zwischen diesen Zonen.

Geschütztes Rechenzentrum

Darüber hinaus empfehlen wir Ihnen, Ihre SAP HANA Appliance in einem geschützten Rechenzentrum zu betreiben. Nur Netzwerkverkehr, der den folgenden Regeln folgt, sollte aus den anderen Netzwerkzonen auf dieses geschützte Rechenzentrum zugreifen können:

- Clients, die auf die externen Datenbankfunktionen zugreifen (z. B. über SQL), haben nur Zugriff auf den Zugangsport des SAP HANA Clients.
- Clients (z. B. Browser-Anwendungen), die über die HTTP-Funktion der SAP HANA XS Classic auf SAP HANA zugreifen, haben nur Zugriff auf die Ports der SAP HANA XS Classic.
- Einige administrative Funktionen (z. B. das Hochfahren und Herunterfahren einer SAP-HANA-Instanz) können nur auf administrative Ports zugreifen.
- Da die SAP HANA XS Classic einige administrative Anwendungen freilegen (z. B. die Verwaltung der SAML-Zertifikate (Security Assertion Markup Language) für die Benutzerauthentifizierung), empfehlen wir Ihnen, eine URL-Filterung anzuwenden, um die Preisgabe der Anwendungen für die anderen Netzwerkzonen zu überwachen.

Datenbankinterne Kommunikationskanäle sollten nur für die folgenden Zwecke verwendet werden:

Beschränkung der Kommunikationskanäle

- Kommunikation innerhalb der Datenbank
- Kommunikation zwischen Hosts in Multiple-Host-Szenarien
- standortübergreifende Kommunikation in Systemreplikationsszenarien

12.2.1 Spezielle Sicherheitsanforderungen in verschiedenen Einsatzszenarien

Es gibt wesentliche Unterschiede bei der Vorgehensweise zur Herstellung der Netzwerksicherheit für Single-Host-, Multiple-Host- und Systemreplikationsszenarien.

Im Single-Host-Szenario ist der Zugang zu den Netzwerkports für die interne Kommunikation von anderen Netzwerk-Hosts aus standardmäßig gesperrt. Wir empfehlen Ihnen, diese Einstellung nicht zu ändern. Die internen Kommunikationsports sind an den lokalen Host (`localhost`) gebunden. Abbildung 12.1 zeigt die wichtigsten Netzwerkkanäle für ein Single-Host-System, die von SAP HANA verwendet werden. Netzwerkverbindungen zwischen SAP HANA und externen Komponenten sind als Pfeile dargestellt; die Richtung der Pfeile zeigt, welche Komponente die Verbindung initiiert hat und zu welcher Komponente die Verbindung führt. Für die einzelnen Ports sind hier jeweils die Portnummern angegeben, dabei steht *xx* für Ihre SAP-HANA-Instanznummer. Verbindungen für administrative Zwecke sind durch gepunktete Pfeile gekennzeichnet.

Single-Host-Szenario

12 Sicherheit für SAP HANA

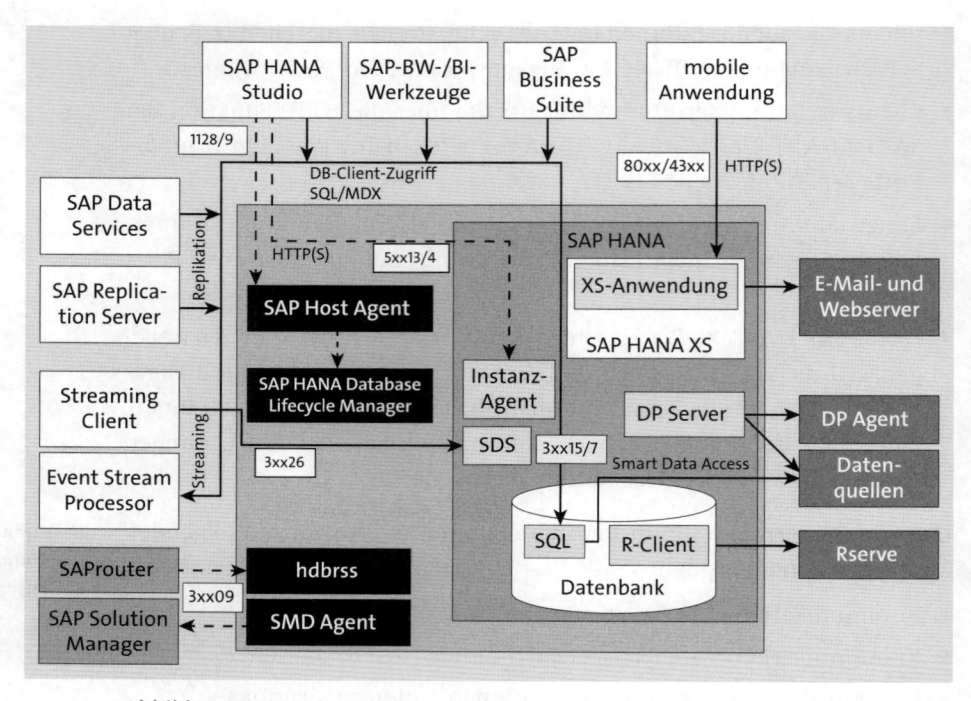

Abbildung 12.1 Verbindungen zwischen SAP HANA und externen Komponenten (Quelle: SAP)

Detaillierte Informationen über die Netzwerkverbindungen und Ports, die für die Kommunikation zwischen SAP HANA und externen Komponenten benötigt werden, finden Sie im »SAP HANA Master Guide« unter *http://s-prs.de/v685044*.

Interne Kommunikation
Zusätzlich zur Kommunikation mit externen Komponenten kommunizieren die einzelnen SAP-HANA-Komponenten über die internen Verbindungen miteinander. Die gesamte interne SAP-HANA-Kommunikation kann über SSL-Protokolle abgesichert werden. Dafür wird während der Installation eine einfache *Public-Key-Infrastruktur* (PKI) aufgebaut. SAP HANA unterstützt eine SSL-Verschlüsselung für Verbindungen zwischen den folgenden Komponenten:

- zwischen SAP HANA und Clients
- zwischen Knoten innerhalb eines Scale-out-Systems
- zwischen SAP-HANA-Systemen, die sich in verschiedenen Rechenzentren befinden und für unterschiedliche Replikationsszenarien verwendet werden
- zwischen der SAP-HANA-Datenbank und zusätzlichen Komponenten wie *SAP HANA Dynamic Tiering* oder *SAP HANA Streaming Analytics*

Eine detaillierte Anleitung zur Konfiguration der SSL-Verschlüsselung finden Sie im »SAP HANA Security Guide« unter *http://s-prs.de/v685043*.

Multiple-Host-Szenario

In einem Multiple-Host-Szenario findet die interne Netzwerkkommunikation zwischen den Hosts an einem Ort über die Ports 3<Instanz>01 bis 3<Instanz>07 statt. Zertifizierte SAP-HANA-Hosts beinhalten eine separate Netzwerkkarte, die als Teil eines privaten Netzwerks konfiguriert ist und separate IP-Adressen und Ports verwendet. Alle Hosts sollten in einem dedizierten Subnetzwerk betrieben werden. Um die Datenbank vor unbefugtem Zugang über die internen Kommunikationskanäle in verteilten Systemen zu schützen, muss der Zugang zu diesen Netzwerkkanälen und -ports von außen verhindert werden.

Es gibt mehrere Möglichkeiten, die internen Netzwerkports vom Client-Netzwerk zu isolieren:

Interne Netzwerkports isolieren

- Sie können SAP HANA so konfigurieren, dass die Kommunikation zwischen den Hosts einer verteilten Umgebung auf ein bestimmtes Netzwerk geleitet wird. Damit binden Sie die internen Netzwerkdienste ausschließlich an die Netzwerkschnittstelle.

- Sie können Betriebssystembefehle (z. B. `iptables`) verwenden, um bestimmte IP-Adressen zu sperren und/oder die Netzwerkgeräte einzurichten.

- Sie können die Firewall-Funktionen des Netzwerks verwenden, um den Zugang zu internen Ports in bestimmten Netzwerkzonen zu verhindern.

Falls Ihre Konfiguration die Isolierung der internen Netzwerkkommunikation nicht zulässt, nutzen Sie die Verschlüsselungsoption, um die interne Kommunikation zu schützen.

Systemreplikationsszenario

Ein besonderer Fall für die Sicherheit ist das Systemreplikationsszenario, bei dem die Daten an mehreren Orten gespeichert werden. Um den Datenfluss zwischen den Speicherorten zu ermöglichen, ist es oft erforderlich, mehrere Verbindungen zwischen den Speicherorten zu öffnen. Im Systemreplikationsszenario können die Kanäle wie folgt geschützt werden:

- Sie können ein separates Netzwerk für die Systemreplikation zwischen primärer und sekundärer Seite konfigurieren.

- Sie können eine sichere Kommunikation gewährleisten, indem Sie das SSL-Protokoll zur Verschlüsselung und gegenseitigen Authentifizierung zwischen den beiden Seiten verwenden.

- Sie können die IP-Adressen definieren, denen es erlaubt ist, sich mit den Systemreplikationsports zu verbinden.

Darüber hinaus können noch weitere Mechanismen zum Schutz der internen Kommunikation verwendet werden – etwa den Zugang zu Ports und Kanälen über die Firewall zu filtern, Netzwerke zu trennen, einen zusätzlichen Schutz auf der Netzwerkebene (*Virtual Private Network* (VPN), *Internet Protocol Security* (IPSec)) einzurichten oder die Verbindung zwischen den Sites über das spezielle Site-to-Site-Hochgeschwindigkeitsnetzwerk zu leiten.

12.2.2 Sicherheitseinstellungen im SAP HANA Cockpit

Das SAP HANA Cockpit bietet im **System Overview** einen Überblick über alle Sicherheitseinstellungen des SAP-HANA-Systems (siehe Abbildung 12.2). Über einen Klick auf die jeweilige Kachel oder den jeweiligen Link erhalten Sie weitere Informationen.

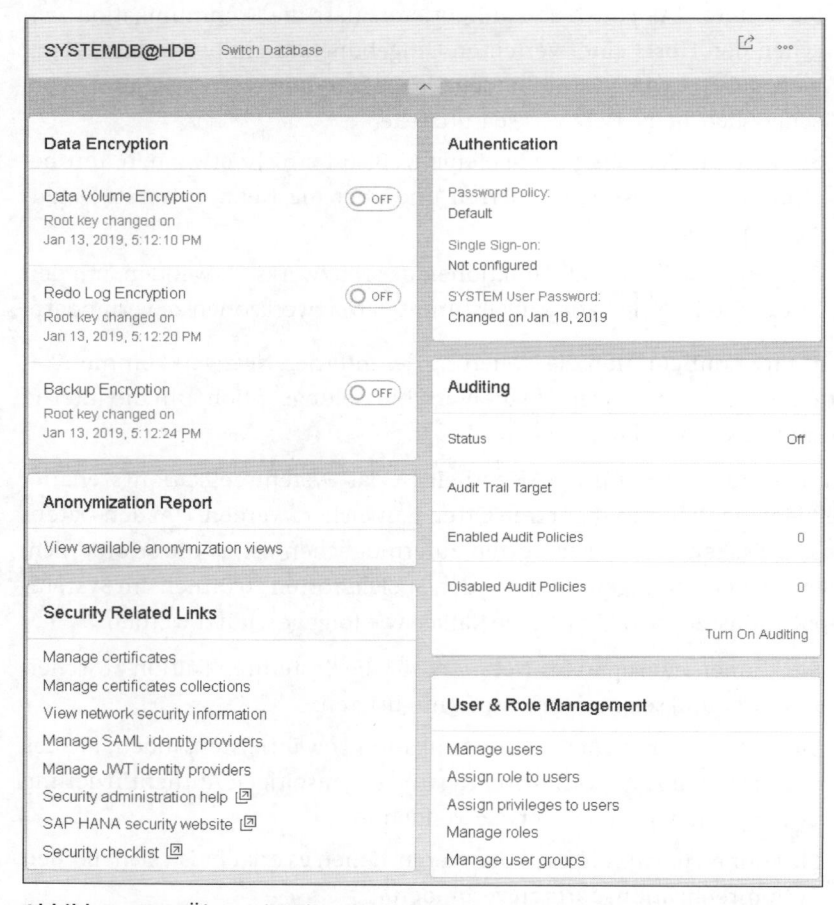

Abbildung 12.2 Übersicht über die Sicherheitseinstellungen im SAP HANA Cockpit

Um die internen und externen Kommunikationskanäle zu sichern, können *Zertifikate* im SAP HANA Cockpit verwaltet werden. Ein Zertifikat enthält Informationen über die Identität, für die das Zertifikat ausgestellt wurde, sowie darüber, wer das Zertifikat ausgestellt hat. Damit kann verifiziert werden, dass ein öffentlicher Schlüssel zur Identität eines Anwenders oder Services gehört, da diese im Zertifikat hinterlegt ist. Für die interne und externe Kommunikation gibt es verschiedene Trust und Key Stores. Diese werden verwendet, um Zertifikate und Schlüssel abzuspeichern oder Zertifikaten anderer Server zu vertrauen. Sie können Ihre Zertifikate entweder innerhalb der Datenbank speichern (sogenannte *Certificate Collections*) oder als *Personal Security Environment* (PSE) auf Ihrem Dateisystem. Tabelle 12.1 enthält eine Übersicht über die möglichen Speicherorte für diverse Zertifikate.

Zertifikatsverwaltung

Zertifikate für ...	Speicherung in der Datenbank	Speicherung im Dateisystem
Sichere Client-Server-Kommunikation über JDBC/ODBC	ja	ja
Server-Client-Server-Kommunikation über HTTP	nein	ja
Sichere interne Kommunikation	nein	ja
Benutzer-Authentifizierung (SAML Assertion, SAP Logon und Assertion-Tickets, X.509-Zertifikate)	ja	ja

Tabelle 12.1 Speicherorte für SAP-HANA-Sicherheitszertifikate

Zertifikatsverwaltung auf der Datenbank

Wir empfehlen, die Zertifikate direkt auf der Datenbank zu verwalten, da dies die Verwaltung vereinfacht. Falls Sie vorhaben, die Zertifikatsverwaltung aus dem Dateisystem in die Datenbank zu übertragen, finden Sie detaillierte Informationen in SAP-Hinweis 2175664. Außerdem empfehlen wir, bei dieser Umstellung alle mit den Zertifikaten verbundenen Dateien aus dem Dateisystem zu löschen, damit potenzielle Konflikte mit der Zertifikatsverwaltung in der Datenbank vermieden werden können.

12.2.3 Interne Netzwerkverbindungen

Bei bestimmten Implementierungsszenarien müssen interne Netzwerkverbindungen beachtet werden. Ein Beispiel dafür ist das Scale-out-Szenario. Dabei werden SAP-HANA-Services auf mehrere Serverknoten verteilt und kommunizieren über fest zugeordnete interne Ports miteinander. Die komplette Auflistung der Standardports sehen Sie in Tabelle 12.2. Beachten Sie, dass sich diese in einer Multi-Tenant-Database-Umgebung unterscheiden können. Die Zertifikate für das Sichern aller internen Kommunikationskanäle befinden sich in Dateien des Dateisystems. Eine Speicherung in der Datenbank wird für diese Kanäle nicht unterstützt. Die Dateien dürfen nicht aus dem Dateisystem gelöscht werden.

Port	Service
3xx00	daemon
3xx01	nameserver
3xx02	preprocessor
3xx03	indexserver
3xx04	scriptserver (optional)
3xx05	statisticsserver (Nur, wenn Sie den eingebetteten Statistics Server nicht verwenden. Weitere Informationen dazu finden Sie in SAP-Hinweis 1917938.)
3xx10	compileserver
3xx40 bis 3xx99	indexservers (optional)

Tabelle 12.2 Standardports für interne Netzwerkverbindungen

12.2.4 Externe Netzwerkverbindungen

Alle externen Netzwerkverbindungen können via SSL verschlüsselt werden. Es werden, außer für die SQL-Schnittstellen, unterschiedliche Ports für verschlüsselte und nicht verschlüsselte Verbindungen verwendet. Folgende externe Kommunikationskanäle können verschlüsselt werden:

- Verbindung zwischen der SAP-HANA-Datenbank und verschiedenen Clients via ODBC- oder JDBC-Verbindung
- Verbindung zwischen dem SAP-HANA-XS-Classic-/Advanced-Server und den Clients über HTTP
- Verbindung zwischen dem SAP HANA Database Lifecycle Manager und dem SAP HANA Cockpit oder SAP HANA Studio
- Verbindung zwischen dem SAP HANA Database Lifecycle Manager und dem SAP Support Portal

12.2 Netzwerk- und Kommunikationssicherheit

- Verbindung zwischen dem SAP HANA Database Lifecycle Manager und dem SAP-Host-Agent
- Verbindung zwischen der SAP-HANA-Datenbank und einem Lightweight-Directory-Access-Protocol-Server (LDAP)
- Verbindung zwischen der SAP-HANA-Datenbank und einem Rserve-Server
- Verbindung zwischen der SAP-HANA-Datenbank und einem Daten-Provider
- Verbindung zwischen dem SAP HANA Information Composer und einem Webbrowser

Um die Verschlüsselung der SQL-Verbindungen zu aktivieren, muss der Parameter sslenforce in der Sektion [communication] der Konfigurationsdatei **global.ini** auf true gesetzt werden.

Detaillierte Informationen zur Konfiguration von Trust und Key Stores im Dateisystem sowie der Datenbank finden Sie im »SAP HANA Security Guide« unter »Trust and Key Stores for Securing Communication«.

Im SAP HANA Cockpit können Sie sich Ihre Netzwerkeinstellungen auch übersichtlich anzeigen lassen. Dazu klicken Sie in der Kachel **Security Related Links** auf **View network security information**. Alle Einstellungen bezüglich der Netzwerksicherheit werden dann angezeigt. In Abbildung 12.3 sehen Sie ein System, für das noch keine Grundkonfiguration vorgenommen wurde, d. h., es beinhaltet noch die Standardkonfiguration nach der Installation.

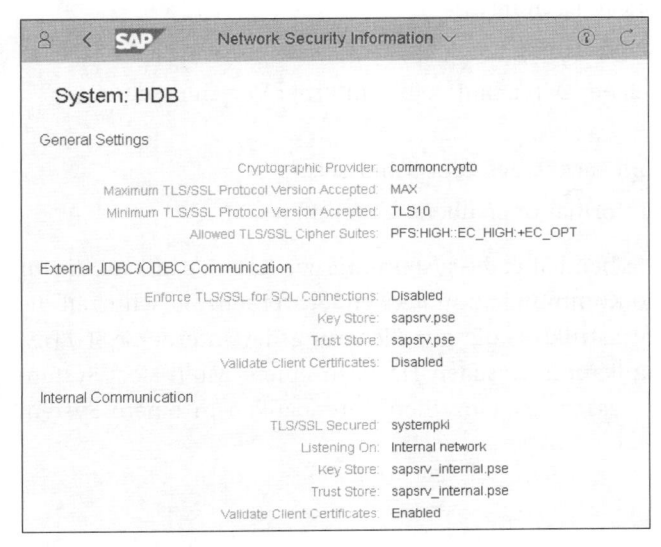

Abbildung 12.3 Netzwerksicherheitseinstellungen im SAP HANA Cockpit

12.3 Sicherheit bei der Datenspeicherung

Mehrere Mechanismen können zur Anwendung kommen, um sicherheitsrelevante Daten, die in SAP HANA verwendet werden, zu schützen. Alle Daten inklusive der Konfigurationsdaten in der SAP-HANA-Datenbank werden im Dateisystem gespeichert und sind über die Berechtigungen des Betriebssystems geschützt. Weitere Informationen dazu finden Sie im »SAP HANA Server Installation and Update Guide« unter *http://s-prs.de/v685045*. Im Folgenden werden wir die sicherheitsrelevanten Aspekte für die Datenverschlüsselung auf der Server- und der Client-Seite betrachten.

12.3.1 Secure Stores in the File System (SSFS)

SAP HANA bietet zwei Secure Stores im Dateisystem: *Instance SSFS* und *System PKI SSFS*.

Instance SSFS Instance SSFS speichert alle Root-Schlüssel, die für die Verschlüsselung interner Applikationen sowie für Data-, Log- und Backup-Verschlüsselung verwendet werden. Um zu verhindern, dass auf die Daten in der SAP-HANA-Datenbank nicht mehr zugegriffen werden kann, müssen der Inhalt des Instance SSFS und die gespeicherten Schlüsselinformationen konsistent bleiben. Sollte dies nicht mehr der Fall sein, wird der Alert mit der ID 57 ausgegeben. Das Instance SSFS beinhaltet die folgenden Informationen:

- Die Root-Schlüssel für:
  - Data-Volume-Verschlüsselung
  - Redo-Log-Verschlüsselung
  - Backup-Verschlüsselung
  - Anwendungen der Datenbank selbst (interner Verschlüsselungsservice)
- das Passwort vom Backup des Root-Schlüssels
- Konfigurationsinformationen über die Verschlüsselung

System-PKI SSFS Das System PKI SSFS beinhaltet die systeminternen Root-Zertifikate, die für die sichere interne Kommunikation verwendet werden. Sie schützen die X.509-Zertifikatsinfrastruktur, die zur Sicherung der internen SSL-/TLS-basierten Kommunikation zwischen Hosts in einem Multi-Host-System oder zwischen Prozessen der einzelnen Datenbanken in einem System dient.

12.3.2 Verwaltung von Schlüsseln

Die SAP-HANA-Datenbank generiert während der Installation eindeutige Schlüssel. Aus diversen Gründen kann es jedoch notwendig werden, dass Sie diese ändern, etwa wenn ein Externer die Installation vorgenommen hat und Sie sicherstellen möchten, dass der Schlüssel nur innerhalb Ihres Unternehmens bekannt ist. Neue Schlüssel können Sie entweder mithilfe des SAP HANA Cockpits oder mithilfe des Befehls `rsecssfx` auf Betriebssystemebene generieren. Die folgenden Schlüssel werden bei der Installation generiert und sollten geändert werden:

- Instance SSFS Master Key
- System PKI SSFS Master Key
- Data Volume Encryption Root Key
- Redo Log Encryption Root Key
- Backup Encryption Root Key
- Application Encryption Service Root Key

Wir empfehlen Ihnen, neue Schlüssel mit dem SAP HANA Cockpit zu generieren. Hier werden Sie beim Prozess der Generierung angeleitet und können leicht die passende Konfiguration vornehmen. Um die Schlüssel zu ändern, klicken Sie auf die Überschrift der Kachel **Data Encryption** in der Systemübersicht (**System Overview**; siehe Abbildung 12.4).

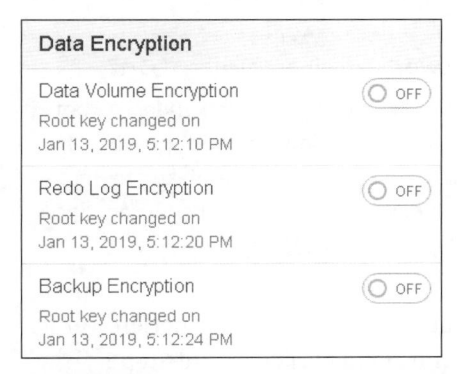

Abbildung 12.4 Encryption im SAP HANA Cockpit

Es öffnet sich eine detaillierte Übersicht über alle Verschlüsselungsmechanismen, die Sie aktivieren können. Wählen Sie **Manage Keys**, um neue Schlüssel zu generieren (siehe Abbildung 12.5).

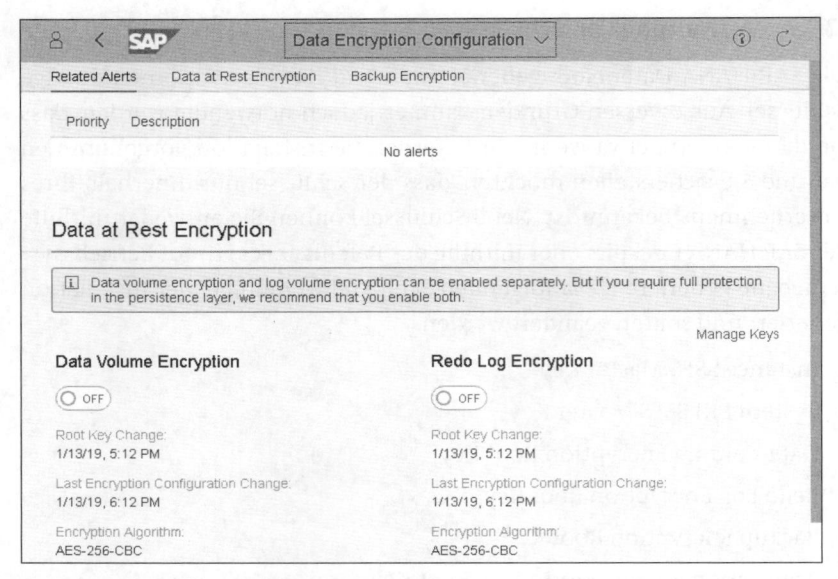

Abbildung 12.5 Übersicht über die Verschlüsselungskonfiguration des Systems

In der sich öffnenden App **Manage Keys** können Sie den Root-Schlüssel nun über **Change Root Key** anpassen. Gehen Sie anschließend wie folgt vor:

1. Falls Sie noch kein Root-Schlüssel-Passwort angegeben haben, müssen Sie dieses zunächst eingeben.

[!] **Speichern des Root-Schlüssel-Passworts an einem sicheren Ort**

Das Root-Schlüssel-Passwort wird standardmäßig mit allen anderen Root-Schlüsseln im Instance SSFS gespeichert. Da es jedoch benötigt wird, um das Instance SSFS wiederherzustellen, sollten Sie es separat an einem sicheren Ort aufbewahren. Der Verlust des Passworts kann bedeuten, dass Sie Ihre Datenbank nicht mehr wiederherstellen können.

2. Wählen Sie im nächsten Schritt die Schlüssel, die neu generiert werden sollen (siehe Abbildung 12.6). Anschließend klicken Sie auf **Step 3**.
3. Im dritten Schritt müssen Sie die Root-Schlüssel herunterladen und diese anschließend an einem sicheren Ort speichern. Klicken Sie dazu auf **Download Root Keys** (siehe Abbildung 12.7) und dann auf **Step 4**.
4. Legen Sie die Backup-Datei an einem sicheren Ort ab. Diese Datei dürfen Sie nicht verlieren, da Ihre Datenbank sonst nicht wiederherstellbar ist. Im vierten Schritt müssen Sie noch einmal bestätigen, dass Sie die Backup-Datei sicher gespeichert haben. Klicken Sie dann auf **Activate Root Keys**, um die Root-Schlüssel zu aktivieren (siehe Abbildung 12.8).

12.3 Sicherheit bei der Datenspeicherung

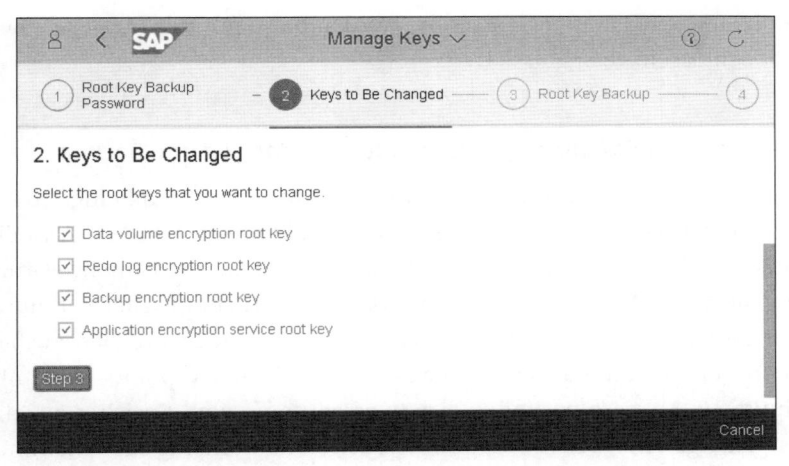

Abbildung 12.6 Auswahl der zu generierenden Root-Schlüssel

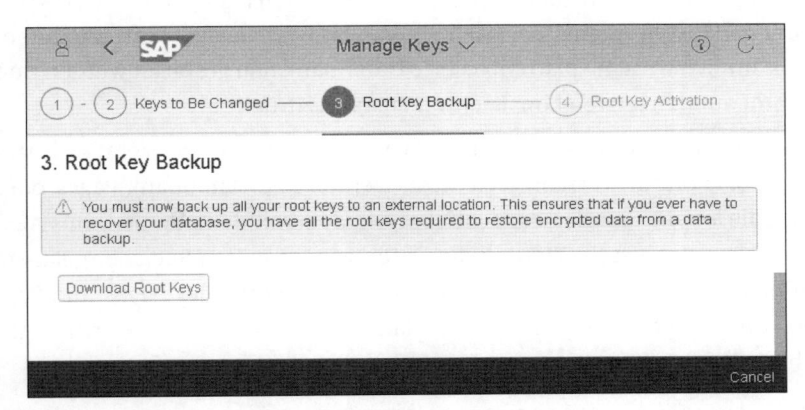

Abbildung 12.7 Download der Root-Schlüssel

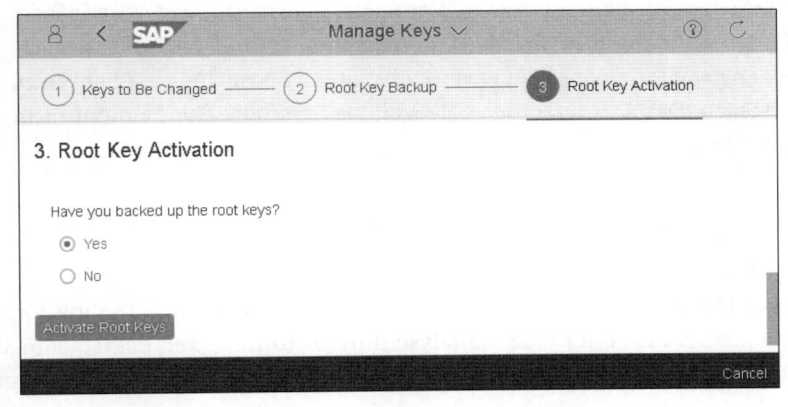

Abbildung 12.8 Aktivierung der neu generierten Schlüssel

Wenn Sie jetzt Daten verschlüsseln, werden diese mit den ausgegebenen Root-Schlüsseln verschlüsselt.

12.3.3 Verschlüsselung von Data Volume, Redo Log und Backup

Um Daten, die auf eine Festplatte geschrieben wurden, vor unbefugtem Zugriff auf der Betriebssystemebene zu schützen, unterstützt SAP HANA die Datenverschlüsselung in der persistenten Schicht. Aus Performance-Gründen hält SAP HANA den Großteil der Daten im Arbeitsspeicher vor, nutzt aber zusätzlich die persistente Speicherung für einen eventuellen Ausfall. Daten werden automatisch und nach regelmäßigen Savepoints (siehe Abschnitt 2.3, »Persistenz und Speicherverwaltung«) vom Speicher auf die Festplatte gesichert. Die Savepoints werden standardmäßig alle fünf Minuten angelegt. Die Daten, die zu einem Savepoint gehören, bilden einen konsistenten Zustand auf der Platte ab und werden bis zum nächsten Savepoint genauso festgehalten. Nach einem Hardwareausfall kann die Datenbank ähnlich wie eine plattenbasierte Datenbank neu gestartet werden und kommt auf den letzten konsistenten Zustand zurück.

Data und Log Volume können beide verschlüsselt werden. Wenn das Data oder Log Volume verschlüsselt wird, werden alle Datenbank-Pages oder Logs, die auf die Festplatte geschrieben werden, mit dem Algorithmus AES-256-CBC verschlüsselt. Werden die Daten wieder in den Speicher geladen, werden sie wieder entschlüsselt. Die Verschlüsselung der Pages und Log-Einträge erfolgt mithilfe eines 256 Bit langen Root-Schlüssels, den wir in Abschnitt 12.3.2, »Verwaltung von Schlüsseln«, generiert haben.

[»] **Aktivieren der Data-Volume-Verschlüsselung**

Aktivieren Sie die Data-Volume-Verschlüsselung nicht, wenn Sie planen, Dynamic Tiering bzw. *Extended Storage* zu nutzen. Es ist nicht möglich, einen erweiterten Speicher in verschlüsselten SAP-HANA-Datenbanken zu erstellen. Das Aktivieren der Data-Volume-Verschlüsselung erhöht nicht das Datenvolumen.

Unverschlüsselte Daten

Folgende Daten werden nicht verschlüsselt:

- **Datenbank-Traces**
  Aus Sicherheitsgründen wird empfohlen, das erweiterte Tracing nicht länger als für eine Kurzzeitanalyse durchzuführen, weil das Tracing sicherheitsrelevante Daten freilegen könnte, die in der persistenten Schicht entschlüsselt werden, aber nicht im Trace selbst. Aus diesem

12.3 Sicherheit bei der Datenspeicherung

Grund sollten Sie die Trace-Dateien nach Abschluss der eigentlichen Analyseaufgabe nicht auf der Festplatte halten.

Sie können die Data-Volume-Verschlüsselung aktivieren, indem Sie im SAP HANA Cockpit in die Systemübersicht für Ihr System wechseln und auf der Kachel **Data Encryption** den Schalter für **Data Volume Encyryption** aktivieren, wie es in Abbildung 12.9 dargestellt ist.

Verschlüsselung aktivieren

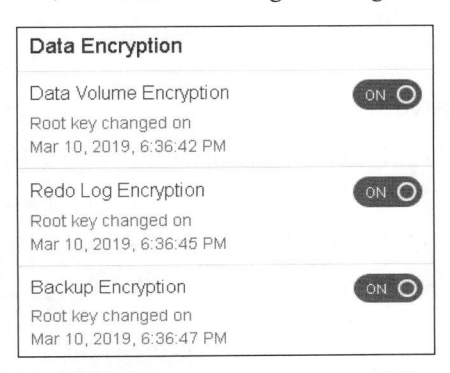

Abbildung 12.9 Data-Volume-Verschlüsselung im SAP HANA Cockpit

Sie erhalten dann die in Abbildung 12.10 dargestellte Meldung und können über **Yes** den Verschlüsselungsprozess starten.

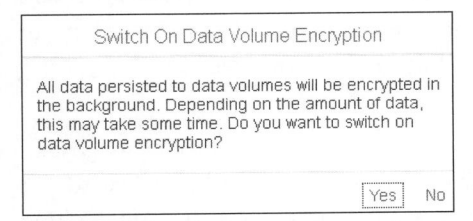

Abbildung 12.10 Einschalten der Data-Volume-Verschlüsselung

Die Redo-Log-Verschlüsselung und die Backup-Verschlüsselung können Sie ebenfalls über die Kachel **Data Encryption** durch Aktivieren der Felder **Redo Log Encryption** bzw. **Backup Encryption** einschalten (siehe Abbildung 12.9).

Die Backup-Verschlüsselung kann für alle Typen von Backups verwendet werden. Wenn Sie sich entscheiden, die Backup-Verschlüsselung zu aktivieren, müssen Sie Folgendes beachten:

- Es dauert länger, ein verschlüsseltes Backup zu erstellen als ein unverschlüsseltes.
- Die Recovery eines verschlüsselten Backups braucht ebenfalls mehr Zeit als die eines unverschlüsselten.

- Wenn die Backup-Verschlüsselung eingeschaltet wird, werden Log und Data Backup verschlüsselt. Eine separate Aktivierung ist nicht möglich. Damit muss auch derselbe Root-Schlüssel für Data und Log-Backup verwendet werden.
- Die Backup-Verschlüsselung kann nur generell aktiviert werden und nicht für ein einzelnes Backup.
- Der Backup Catalog wird nicht verschlüsselt.

12.3.4 Sicheres Speichern der Passwörter

Passwortspeicher auf Serverseite

Auf dem SAP HANA Server werden die folgenden Passwörter sicher gespeichert:

- Betriebssystembenutzerpasswörter werden durch den Standard-Betriebssystemmechanismus geschützt und befinden sich im Verzeichnis **/etc/passwd**.
- Alle Datenbankbenutzerpasswörter werden mit einem Secure-Hash-Algorithmus (SHA) gehasht, dem Algorithmus SHA-256.

Berechtigungsnachweisspeicher

Zusätzlich gibt es einen sicheren datenbankinternen Berechtigungsnachweisspeicher (*Secure Internal Credential Store*). Dieser ermöglicht ein sicheres Speichern aller Berechtigungen für eine SAP-HANA-Datenbank, die von SAP-HANA-Anwendungen für externe Verbindungen benötigt werden. Ein Berechtigungsnachweis besteht aus folgenden Elementen:

- **Benutzer**
  Dem Datenbankbenutzer, für den ein Berechtigungsnachweis gespeichert wird. Falls kein Name für den Benutzer hinterlegt ist, wird der Berechtigungsnachweis als allgemeiner Eintrag von der Anwendung genutzt, falls kein explizites Mapping für einen Datenbankbenutzer möglich ist.
- **Komponente**
  Eine Anwendung, für die ein Berechtigungsnachweis gespeichert wird. Der Wert einer Komponente wird durch die Anwendung definiert.
- **Zweck**
  Der Grund, aus dem ein Berechtigungsnachweis gespeichert wird. Der Wert für den Zweck wird ebenfalls durch die Anwendung definiert.
- **Typ**
  Typangabe des gespeicherten Berechtigungsnachweises, z. B. PASSWORD

Der Speicher für Benutzer der SAP-HANA-Datenbank (hdbuserstore) kann zum Speichern der Benutzer-Logon-Informationen verwendet werden, also der Informationen, die für die Verbindung mit einem SAP-HANA-System erforderlich sind. Damit können die Client-Anwendungen eine Verbindung zur Datenbank herstellen, ohne dass das Benutzerpasswort jedes Mal eingegeben werden muss. **Passwortspeicher auf Client-Seite**

Der Speicher hdbuserstore wird mit der Installation des SAP HANA Clients installiert. Nach der Installation finden Sie das Programm unter den folgenden Dateipfaden:

- /usr/sap/hdbclient (Linux/UNIX)
- %SystemDrive%\Program Files\sap\hdbclient (Microsoft Windows)

12.4 Authentifizierung und Single Sign-on

Die Identität der Datenbankbenutzer, die auf SAP HANA zugreifen, wird über den Authentifizierungsprozess verifiziert. Im Rahmen der Authentifizierung stellt die SAP-HANA-Plattform fest, welcher Benutzer auf Daten, Anwendungen und Funktionen zugreifen möchte. SAP HANA unterstützt mehrere Authentifizierungsmechanismen, einige davon können für die SSO-Umgebungen (Single Sign-on) verwendet werden.

In SAP HANA gibt es eine einfache Anmeldung per Benutzername und Passwort zur Authentifizierung eines Benutzers. Im Rahmen der Anmeldung am SAP-HANA-System wird die Gültigkeit des Benutzerkontos geprüft. Dies bezieht eine eventuelle Deaktivierung mit ein. Für die Authentifizierungsprüfung wird der SAP HANA View USERS genutzt. Sie finden diesen im Schema SYS unter **Views**. **Log-on-Checks für SAP HANA**

Es gibt darüber hinaus verschiedene Mechanismen der Authentifizierung, die es erlauben, die SAP-HANA-Plattform in verschiedene, ggf. bereits existierende SSO-Umgebungen einzubetten. Diese Mechanismen beschreiben wir in den folgenden Abschnitten. **Mechanismen für Single Sign-on**

12.4.1 Single Sign-on mit Kerberos

Kerberos ist ein Netzwerkauthentifizierungsprotokoll, das zur Authentifizierung von Client-Server-Anwendungen innerhalb einer ungesicherten Netzwerkverbindung geheime Schlüssel einsetzt. Es werden niemals Passwort-Hashes über das Netzwerk versandt. **Netzwerkauthentifizierungsprotokoll**

Kerberos kann für die Authentifizierung der Benutzer, die auf SAP HANA zugreifen wollen, wie folgt verwendet werden:

- direkt von ODBC- und JDBC-Datenbankmandanten innerhalb eines Netzwerks (z. B. im SAP HANA Studio oder im SAP HANA Cockpit)
- indirekt von Frontend-Anwendungen wie z. B. SAP BusinessObjects, die die Kerberos-Delegierung verwenden
- über den HTTP-Zugang unter Verwendung von SAP HANA XS Advanced und Classic, aktiviert durch den *Simple and Protected GSSAPI Negotiation Mechanism* (SPNEGO). Es hängt vom HTTP-Client ab, ob Kerberos direkt oder über SPNEGO verwendet wird.

Implementierungshinweise

SAP HANA unterstützt Kerberos-Version 5, die entweder auf dem Active Directory des Microsoft-Windows-Servers oder auf Kerberos-Authentifizierungsservern beruht. Um es den Benutzern zu ermöglichen, sich an der SAP-HANA-Datenbank über die Kerberos-Authentifizierung anzumelden, müssen als Erstes die *MIT-Kerberos-Client-Bibliotheken* auf einem oder ggf. mehreren Hosts eines der SAP-HANA-Systeme installiert werden. Der nächste Schritt besteht darin, das SAP-HANA-System für Kerberos- und/oder für die SPNEGO-Authentifizierung zu konfigurieren. Eine Anleitung dazu finden Sie in SAP-Hinweis 1837331. Anschließend kann das Mapping zwischen den SAP-HANA-Datenbankbenutzern und deren externen Identitäten vorgenommen werden, die im *Kerberos Key Distribution Center* (KDC) gespeichert sind.

Ablauf der Kerberos-Authentifizierung

Abbildung 12.11 zeigt die Schritte, die bei der Kerberos-Authentifizierung durchgeführt werden:

❶ Service-Authentifizierungsanfrage: Der Client sendet die Benutzer-ID im Klartext.

❷ Der Authentifizierungsservice (AS) antwortet und sendet einen Session-Schlüssel und ein *Ticket Granting Ticket* (TGT) an den Client bzw. den *Ticket Granting Service* (TGS).

❸ TGS-Anfrage: Der Client fragt nach dem Authentifizierungsticket.

❹ TGS-Antwort: Der TGS sendet dem Client einen Client-Session-Schlüssel und ein Client-Ticket.

❺ Authentifizierungsanfrage: Der Client sendet ein Service-Ticket und einen Client-Authentifikator an den Service.

❻ Authentifizierungsantwort: Der Service sendet einen Service-Authentifikator an den Client.

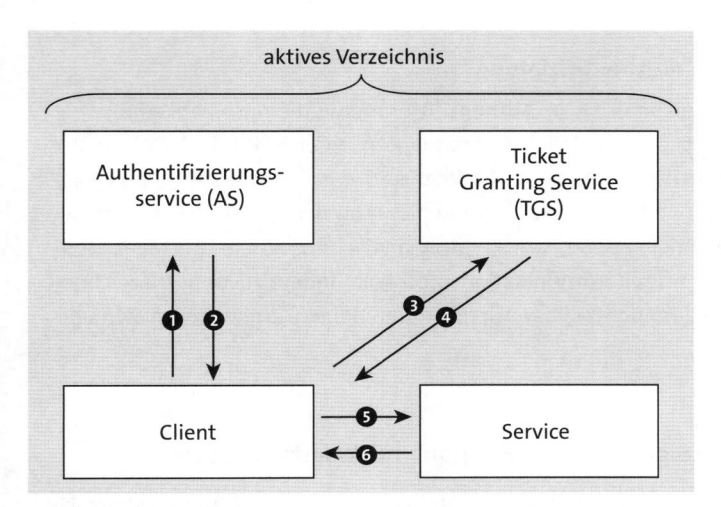

Abbildung 12.11 Protokollschritte mit Kerberos-Authentifizierung (Quelle: Pröhl, Mark: Kerberos: Single Sign-on in gemischten Linux/Windows-Umgebungen. Heidelberg: dpunkt.verlag 2011)

12.4.2 Single Sign-on mit SAML 2.0

SAP HANA unterstützt außerdem SAML für die Benutzer-Authentifizierung in SSO-Umgebungen. SAML bietet einen Mechanismus, bei dem der Benutzer über XML-basierte und von einem vertrauten Identity Provider stammende Assertions authentifiziert wird. Der Identity Provider tritt in der Rolle der *Asserting Party* auf, der Service Provider in der Rolle der *Relying Party*. Die Asserting Party, auch als *SAML Authority* bezeichnet, bescheinigt der Relying Party die Identität eines Subjekts. Dazu wird eine Erklärung übermittelt, die als *SAML Assertion* bekannt ist und über die Genehmigung eines Zugriffs entscheidet. SAML kann für die Benutzerauthentifizierung folgender Client-Anwendungen implementiert werden:

Mögliche Clients

- Datenbank-Clients, die direkt auf eine SQL-Schnittstelle einer SAP-HANA-Datenbank zugreifen. Darunter fallen die Standard-ODBC- und JDBC-Datenbank-Clients. Bei diesem Szenario wird die SAML-Assertion für die Benutzerauthentifizierung verwendet. Die Client-Anwendung ist dafür verantwortlich, die SAML-Träger-Assertion für die Anmeldung abzurufen.
- Clients, die sich über SAP HANA XS via HTTP mit SAP HANA verbinden. In diesem Fall fungiert SAP HANA als Dienstleister, der die Benutzer basierend auf deren SAML-Träger-Assertion authentifiziert.

> **SSL bei SAML-Authentifizierung**
> Beim Umsetzen einer SAML-Authentifizierung wird empfohlen, eine sichere Verbindung zwischen den Komponenten einer SAP-HANA-Datenbank und den Client-Verbindungen mithilfe des SSL-Protokolls einzurichten. Eine solche sichere Verbindung kann vor Replay-Angriffen schützen. Bei Replay-Angriffen handelt es sich um kryptoanalytische Angriffe auf die Datenauthentizität eines Kommunikationsprotokolls. Indem zuvor aufgezeichnete Daten wieder abgespielt werden, werden dabei fremde Identitäten vorgetäuscht.

12.4.3 Single Sign-on mit SAP Logon und Assertion-Tickets

Darüber hinaus können Benutzer von SAP HANA über Logon- oder Assertion-Tickets authentifiziert werden. Diese werden den Benutzern bei der Anmeldung an einem SAP-System zugewiesen, das dafür konfiguriert wurde, solche Tickets zu erstellen – z. B. der SAP NetWeaver Application Server. Wenn Sie ein SAP-HANA-System in eine Landschaft einbetten möchten, die Logon- oder Assertion-Tickets für die Benutzerauthentifizierung verwendet, muss SAP HANA so konfiguriert werden, dass es diese Tickets annimmt. Also konfigurieren Sie dafür den *Trust Store* vor.

Trust-Store-Konfiguration

SAP HANA validiert die eingehenden Logon- bzw. Assertion-Tickets gegen Zertifikate, die von einer vertrauten *Certification Authority* (CA) signiert und im dedizierten Trust Store gespeichert werden. Der Trust Store muss alle root-Zertifikate für die Validierung der Tickets enthalten.

Sie können eine Zertifikatssammlung mit »SAP Logon« als Verwendungszweck direkt in der Datenbank anlegen. Möglich ist es auch, einen Trust Store im Dateisystem zu verwenden. Der standardmäßige Speicherort des Trust Stores ist **$SECUDIR/saplogon.pse**.

> **Verwenden der SAP Cryptographic Library**
> Sie sollten darauf achten, dass Sie die *SAP Cryptographic Library* als Trust Store verwenden. Die früher genutzte OpenSSL Cryptographic Library wird mit SAP HANA 2.0 nicht mehr unterstützt. Mehr Informationen zur Migration finden Sie in SAP-Hinweis 2093286.

Den Pfad zum Trust Store können Sie mithilfe des Parameters [authentication] • saplogontickettruststore in der Konfigurationsdatei **indexserver.ini** ändern. Nach der Parameteränderung muss SAP HANA neu gestartet werden. In Multi-Tenant-Systemen kann dieser Parameter nur vom Administrator der Systemdatenbank geändert werden.

12.4.4 JSON Web Tokens (JWT)

Darüber hinaus unterstützt SAP HANA *JSON Web Tokens* (JWT) für die Benutzerauthentifizierung in Single-Sign-on-Umgebungen. JSON Web Tokens sind ein offener Standard. SAP HANA validiert die Tokens basierend auf dem IETF-Standard.

Benutzer, die von einer Client-Anwendung auf die Datenbank zugreifen, können durch Tokens, die von einem vertrauenswürdigen Identitätsanbieter ausgestellt wurden, authentifiziert werden. Ein interner Datenbankbenutzer, der mit dem externen Token gemappt wurde, wird für Berechtigungsprüfungen während der Session verwendet. JWT können insbesondere für die folgenden Clients genutzt werden:

- Datenbank-Clients, die das SQL-Interface der Datenbank direkt ansprechen
- Clients, die über den SAP-HANA-XS-Advanced-Server zugreifen

Um JWT zu aktivieren, muss innerhalb der SAP-HANA-Datenbank ein Identity Provider erstellt und dieser mit dem jeweiligen Benutzer verbunden werden. Dafür gibt es zwei Varianten:

Konfiguration von JWT

- **SAP-HANA-basiertes Benutzer-Mapping**
  Die Datenbankbenutzer werden explizit mit ihrer externen Identität im Identity Provider gemappt. Dies kann über das SAP HANA Cockpit erfolgen. Die Anwendung zum Hinzufügen eines Identity Providers erreichen Sie über den Link **Manage JWT identity providers** in der Kachel **Security Related Links** in der Systemübersicht des SAP HANA Cockpits (siehe Abbildung 12.2). Die geöffnete App für das Hinzufügen des Identity Providers sehen Sie in Abbildung 12.12.

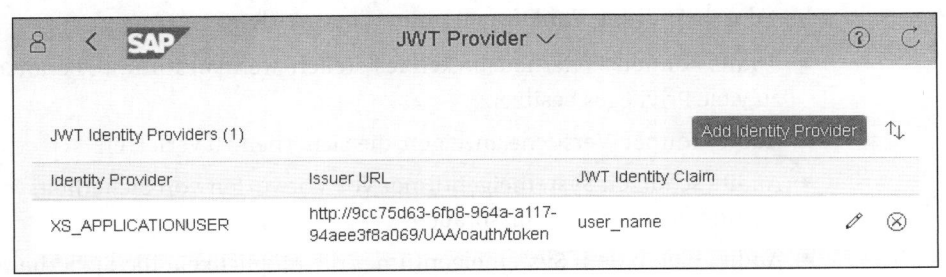

Abbildung 12.12 Hinzufügen eines Identity Providers

Anschließend können Sie den Identity Provider im Benutzermanagement des SAP HANA Cockpits mit einem SAP-HANA-Datenbankbenutzer verknüpfen (siehe Abbildung 12.13).

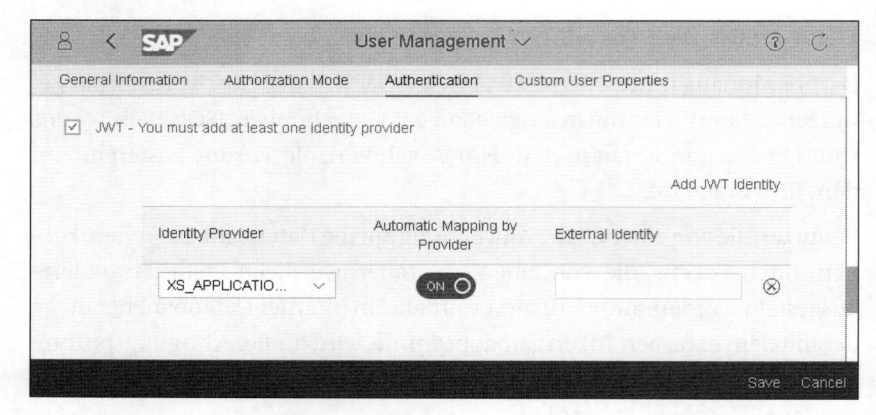

Abbildung 12.13 Verknüpfung eines Benutzers mit dem Identity Provider

- **Identity-Provider-basiertes Benutzer-Mapping**
  Der Identity Provider mappt seine Benutzer mit den Benutzern der SAP-HANA-Datenbank. Die Einstellungen für das Mapping werden dann im Identity Provider vorgenommen. Die Schritte, die Sie hier durchführen müssen hängen von Ihrem jeweiligen Identity Provider ab.

12.5 Auditing eines SAP-HANA-Systems

Audits verschaffen einen Überblick darüber, welcher Benutzer wann was auf der SAP-HANA-Datenbank gemacht hat. Audits ermöglichen damit eine Überwachung und Speicherung ausgewählter Vorgänge, die auf der SAP-HANA-Datenbank durchgeführt werden können.

Funktionen von Audits

Obwohl Audits die Sicherheit nicht direkt erhöhen, kann die Datensicherheit durch Auditing-Funktionen unterstützt werden:

- Audits können Sicherheitslücken feststellen, wenn bestimmte Benutzer zu viele Privileges besitzen.
- Audits können Versuche anzeigen, die Sicherheit zu verletzen.
- Audits schützen Systemeigentümer vor Vorwürfen von Sicherheitsverletzungen oder Datenmissbrauch.
- Audits bieten dem Systemeigentümer die Möglichkeit, die Sicherheitsstandards selbst festzulegen.

Die folgenden Vorgänge werden am häufigsten auditiert: **Häufig überwachte Vorgänge**

- Änderungen der Benutzerberechtigungen
- Erstellen oder Löschen eines Datenbankobjekts
- Anwender-Authentifizierungen
- Änderungen der Systemkonfiguration
- Zugang zu sensiblen Informationen oder deren Änderung

Es können nur die Prozesse auditiert werden, die innerhalb einer Datenbank-Engine stattfinden. Ist diese Engine während eines Vorgangs nicht online, kann dieser nicht festgestellt und folglich nicht auditiert werden. Das hat in den folgenden Situationen direkte Konsequenzen: **Beschränkungen**

- Im Fall eines Upgrades der SAP-HANA-Datenbankinstanz wird das Upgrade angestoßen, während die Instanz offline ist. Nachdem die Instanz wieder online verfügbar wird, ist es nicht möglich, festzustellen, welcher Benutzer das Upgrade wann durchgeführt hat.
- Der zweite Fall betrifft direkte Änderungen der Systemkonfigurationsdateien mithilfe von Betriebssystembefehlen. Nur die Änderungen, die über SQL erfolgen, sind für die Datenbank-Engine sichtbar. Konfigurationsdateien können jedoch ebenfalls geändert werden, während das System offline ist.
- Wenn das Passwort des Systembenutzers im Not-Modus geändert wird, kann dies nicht aufgezeichnet werden.

Aus diesem Grund empfehlen wir Ihnen, ein Audit-Logging auf dem Betriebssystem zu aktivieren, um solche Prozesse ebenfalls zu auditieren.

12.5.1 Audit-Richtlinien

Audit-Richtlinien definieren Vorgänge, die überprüft werden sollen, und Bedingungen, unter denen ein Vorgang für das Auditing relevant ist. Wenn ein solcher Vorgang eintritt, wird die Richtlinie angestoßen, und das Audit-Ereignis wird in den vordefinierten Audit-Pfad geschrieben. Audit-Richtlinien sind datenbankspezifisch.

Ein Vorgang entspricht einer SQL-Anweisung, die in der Datenbank ausgeführt wird. Wenn Sie z. B. die Benutzerverwaltung nachverfolgen möchten, erstellen Sie eine Audit-Richtlinie, die das Ausführen der SQL-Befehle CREATE USER und DROP USER verfolgt. Eine Audit-Richtlinie kann eine beliebige Anzahl zu auditierender Vorgänge beinhalten, diese können aber nicht beliebig kombiniert werden.   **Vorgänge zum Auditieren**

Gruppierung von Vorgängen

Folgende Vorgänge können gruppiert werden:

- **Alle auditierbaren Vorgänge**
  Alle Vorgänge, die von einem bestimmten Benutzer ausgeführt werden, können in einer Richtlinie zusammengefasst werden. Das umfasst nicht nur Vorgänge, die individuell nachverfolgt werden können, sondern auch Vorgänge, die sonst nicht auditiert werden können.

- **Datenmanipulierende Vorgänge**
  Beliebige Vorgänge, die Daten verändern, können in einer Richtlinie kombiniert werden wie z. B. SELECT-, INSERT-, UPDATE-, DELETE- und EXECUTE-Befehle auf den Datenbankobjekten. Als Bedingung für eine solche Richtlinie muss ein Audit-Zielobjekt angegeben werden, auf das die Befehle ausgeführt werden.

- **Datendefinierende Vorgänge**
  Vorgänge, die die Datendefinition beeinflussen, können nur kombiniert werden, wenn sie kompatibel sind. So können z. B. GRANT PRIVILEGE und REVOKE PRIVILEGE in einer Richtlinie kombiniert werden, aber der Befehl DROP USER nicht mit diesen beiden Befehlen zusammen.

Parameter für Audit-Richtlinien

In einer Audit-Richtlinie werden mehrere Parameter definiert, die die Anzahl der zu auditierenden Vorgänge beschränken. Als Parameter kann der Status eines Vorgangs dienen: ein erfolgreiches Ausführen, ein fehlgeschlagenes Ausführen oder beide Fälle – erfolgreiche und fehlgeschlagene Aufrufe.

Als weiterer Parameter muss das Zielobjekt festgelegt werden. Als Zielobjekte können Schemata, Tabellen, Sichten und Prozeduren dienen. Als Parameter können auch bestimmte Benutzer definiert werden. Es werden dann alle Vorgänge, die von diesem Benutzer ausgeführt werden, überwacht. Alternativ können auch Benutzer vom Auditing ausgeschlossen werden. Diese werden dann nicht überwacht. Die Benutzer müssen nicht existieren, während eine Richtlinie definiert wird. Falls ein in der Richtlinie definierter Benutzer erst danach erstellt wird, wird er dann überwacht.

Audit-Ebenen

Jede Audit-Richtlinie wird einer Ebene zugeordnet. Man unterscheidet die Ebenen EMERGENCY, ALERT, CRITICAL, WARNING und INFO.

Richtlinien hinzufügen und löschen

Richtlinien können mit dem folgenden SQL-Befehl erstellt werden:

```
CREATE AUDIT POLICY <Richtlinienname> AUDITING <Audit-Status>
<Audit-Vorgänge> LEVEL <Audit-Ebene> <opt_audit_trail_type>
```

Um eine Audit-Richtlinie zu löschen, führen Sie in der SQL-Konsole den folgenden Befehl aus:

```
DROP AUDIT POLICY <Richtlinienname>
```

<Richtlinienname> steht hier jeweils für den Namen einer vorhandenen Audit-Richtlinie.

12.5.2 Standardmäßig auditierte Vorgänge

Wenn das Auditing aktiviert ist, werden bestimmte Vorgänge automatisch durch die interne *Mandatory Audit Policy* auditiert und können daher nicht in die kundendefinierten Auditing-Richtlinien aufgenommen werden. Die in Tabelle 12.3 aufgeführten Vorgänge werden immer auditiert. Für diese Vorgänge werden Audit-Einträge mit der Audit-Ebene CRITICAL erstellt. Dabei werden Audit-Einträge in den Audit-Pfad geschrieben, der für das System konfiguriert wurde. Falls kein Audit-Pfad für die jeweilige Stufe gepflegt wurde, werden die Einträge in den für das System konfigurierten Pfad geschrieben.

Standard-Audit-Richtlinie

Vorgang	Beschreibung
- CREATE AUDIT POLICY - ALTER AUDIT POLICY - DROP AUDIT POLICY	Erstellen, Ändern oder Löschen von Audit-Richtlinien
- ALTER SYSTEM ALTER CONFIGURATION ('global.ini', 'SYSTEM') set ('auditing configuration', 'global_auditing_state') = <value> with reconfigure; - ALTER SYSTEM ALTER CONFIGURATION ('global.ini', 'SYSTEM') set ('auditing configuration', 'default_audit_trail_type') = '<audit_trail_type>' with reconfigure; - ALTER SYSTEM ALTER CONFIGURATION ('global.ini', 'SYSTEM') set ('auditing configuration', 'default_audit_trail_path') = '<path>' with reconfigure; - ALTER SYSTEM ALTER CONFIGURATION ('global.ini', 'SYSTEM') set ('auditing configuration','audit_statement_length') = '' with reconfigure; - ALTER SYSTEM ALTER CONFIGURATION ('global.ini', 'SYSTEM') set ('authentication','authentication_methods')= '' with reconfigure; - ALTER SYSTEM ALTER CONFIGURATION ('global.ini', 'SYSTEM') unset ('authentication','authentication_methods') with reconfigure;	Ändern der Audit-Konfiguration wie z. B.: - Ein- und Ausschalten des Auditings - Ändern des Audit-Pfadziels - Ändern der Lokation des Audit-Pfadziels, falls es sich um eine CSV-Textdatei handelt - Ändern der maximalen Länge eine Statements, das auditiert wird - Ändern der Authentifizierungsmethoden

Tabelle 12.3 Standardmäßig auditierte Vorgänge

Vorgang	Beschreibung
▪ ALTER SYSTEM CLEAR AUDIT LOG UNTIL <Zeitstempel>	Löschen von Audit-Einträgen aus dem Audit-Pfad. Dies betrifft nur den Audit-Pfad, der auf interne Datenbanktabellen geschrieben wird. Es ist nicht möglich, Audit-Einträge aus dem Systemlog-Audit-Pfadziel zu löschen.
▪ ALTER DATABASE <Datenbankname> SYSTEM USER PASSWORD <Passwort>	Ändern des Passworts des Benutzers SYSTEM auf einer Tenant-Datenbank von der System-Datenbank

Tabelle 12.3 Standardmäßig auditierte Vorgänge (Forts.)

12.5.3 Audit-Konfiguration und Audit-Richtlinienverwaltung

Um eine Aktivität zu auditieren, muss das Auditing zuerst im System aktiviert werden, und bei Bedarf müssen die Audit-Pfade konfiguriert werden. Im Anschluss ist es möglich, die gewünschten Audit-Richtlinien zu erstellen und zu aktivieren. Diese können anschließend deaktiviert, reaktiviert oder gelöscht werden.

Audit-Richtlinien konfigurieren und verwalten Sie in der Systemübersicht im SAP HANA Cockpit über die Kachel **Auditing** (siehe Abbildung 12.14). Dort können Sie auch Auditings für ein System aktivieren, indem Sie in der Kachel auf den Link **Turn On Auditing** klicken und den sich öffnenden Dialog mit **OK** bestätigen.

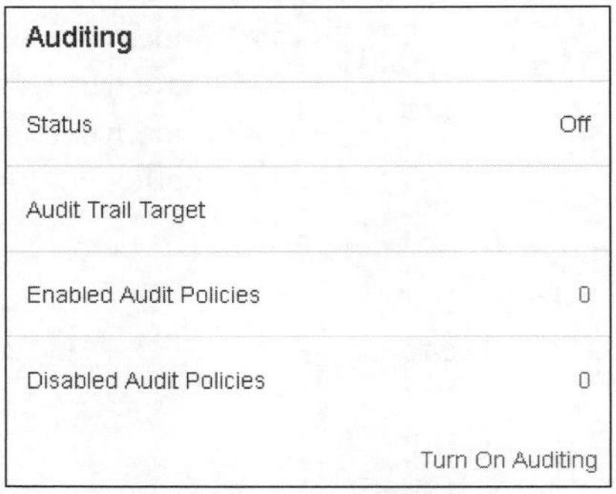

Auditing	
Status	Off
Audit Trail Target	
Enabled Audit Policies	0
Disabled Audit Policies	0
	Turn On Auditing

Abbildung 12.14 Kachel »Auditing« im SAP HANA Cockpit

Im SAP HANA Cockpit können Sie auch Richtlinien ändern. Klicken Sie dazu in der Kachel **Auditing** auf **Enabled Audit Policies** oder **Disabled Audit Policies**. Es öffnet sich dann die App **Auditing**, in der Sie neue Richtlinien festlegen können (siehe Abbildung 12.15).

12.5 Auditing eines SAP-HANA-Systems

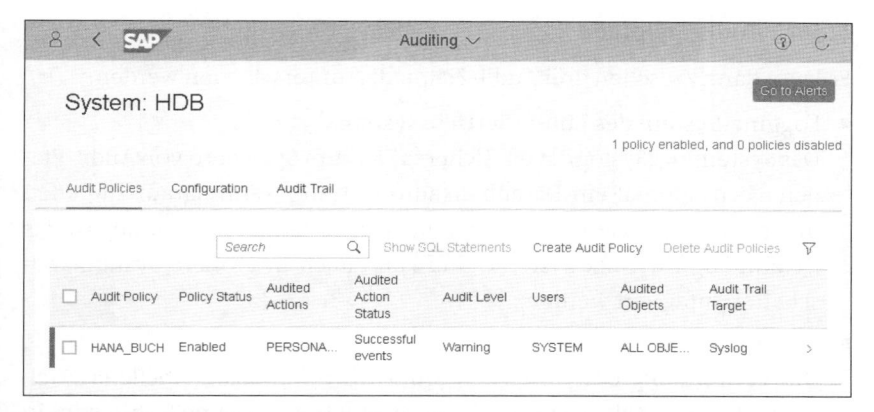

Abbildung 12.15 Auditing-Richtlinien in der App »Auditing« im SAP HANA Cockpit

Klicken Sie auf **Create Audit Policy**, um eine neue Richtlinie zu erstellen. Im darauffolgenden Dialog müssen Sie dann einige Einstellungen vornehmen, um die Richtlinie zu konfigurieren. In Abbildung 12.16 sehen Sie eine neue Richtlinie HANA_BUCH, die überwacht, ob der Benutzer SYSTEM Konfigurationsänderungen an einer Audit-Richtlinie vornimmt oder versucht, auf persönliche Daten zuzugreifen. Falls dies passiert, wird ein Eintrag in das Systemlog mit dem Level WARNING geschrieben.

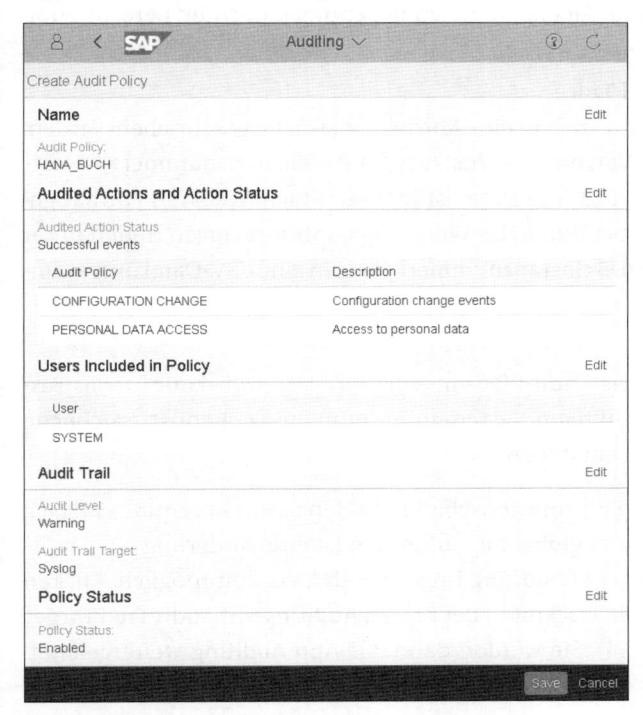

Abbildung 12.16 Erstellung einer Auditing-Richtlinie

615

12.5.4 Audit-Zielpfade

Es kann dann zwischen drei Audit-Zielpfaden unterschieden werden:

- **Logging-System des Linux-Betriebssystems**
  Das Systemlog (Syslog) ist ein sicheres Ziel zum Speichern von Audit-Pfaden. Nicht einmal ein Datenbankadministrator kann darauf zugreifen und auf diese Weise Manipulationen vornehmen. Das Systemlog ist das Default-Log für Unix-Systeme und kann auch in größere Systemlandschaften integriert werden.

- **Interne Datenbanktabelle**
  Die Verwendung einer internen SAP-HANA-Datenbanktabelle als Zielpfad ist vorteilhaft, um die Audit-Informationen schnell abfragen zu können, und ebenfalls eine sichere Speichermethode. Auf Audit-Einträge kann nur über die Systemsichten AUDIT_LOG, XSA_AUDIT_LOG oder ALL_AUDIT_LOG zugegriffen werden. Ausschließlich Benutzer mit den Berechtigungen AUDIT OPERATOR oder AUDIT ADMIN können SELECT-Befehle auf diese Sicht ausführen.

  Außerdem besteht die Möglichkeit, die Größe der Tabelle zu überwachen bzw. abzuschneiden, indem Werte mit Bezug auf ein Speicherlimit definiert werden. Wenn der vordefinierte Wert erreicht wird, wird ein Alarm ausgelöst, und die Tabelle kann vom Benutzer mit der Berechtigung AUDIT OPERATOR geleert werden.

- **SAP HANA Kernel Trace**
  Das Audit-Log kann auch in eine Kernel-Trace-Datei geschrieben werden. Diese wird im Verzeichnis **/usr/sap/<sid>/<Instanznummer>/<Hostname>/trace** abgelegt. Die Datei ist in einem nicht-lesbaren Format geschrieben, kann aber durch das Werkzeug **hdbtracediag** (zu finden unter **/usr/sap/<sid>/HDB<Instanznummer>/exe**) in eine CSV-Datei umgewandelt werden.

- **CSV-Datei**
  Das Speichern eines Audit-Pfads in einer CSV-Datei wird nur für das Testen in nicht-produktiven Systemen empfohlen, weil sonst erhebliche Sicherheitslücken entstehen.

Die entsprechenden Systemeigenschaften finden Sie im Abschnitt auditing configuration der Datei **global.ini**. Außerdem ist eine Änderung des Audit-Zielpfads über die Kachel **Auditing** im SAP HANA Cockpit möglich. Klicken Sie dazu im SAP HANA Cockpit in der Kachel **Auditing** auf **Audit Trail Target** (siehe Abbildung 12.14). Sie werden dann zur App **Auditing** weitergeleitet.

12.5 Auditing eines SAP-HANA-Systems

Dort können Sie unter **Audit Trail** sehen, wo momentan die Audit-Logs gespeichert werden (siehe Abbildung 12.17).

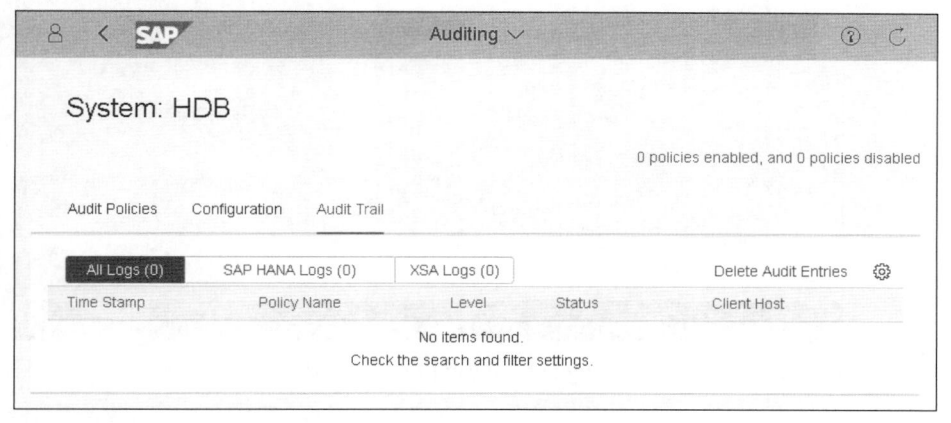

Abbildung 12.17 Audit-Zielpfade

Im Register **Configuration** (siehe Abbildung 12.18) können Sie auch Änderungen an der Konfiguration vornehmen.

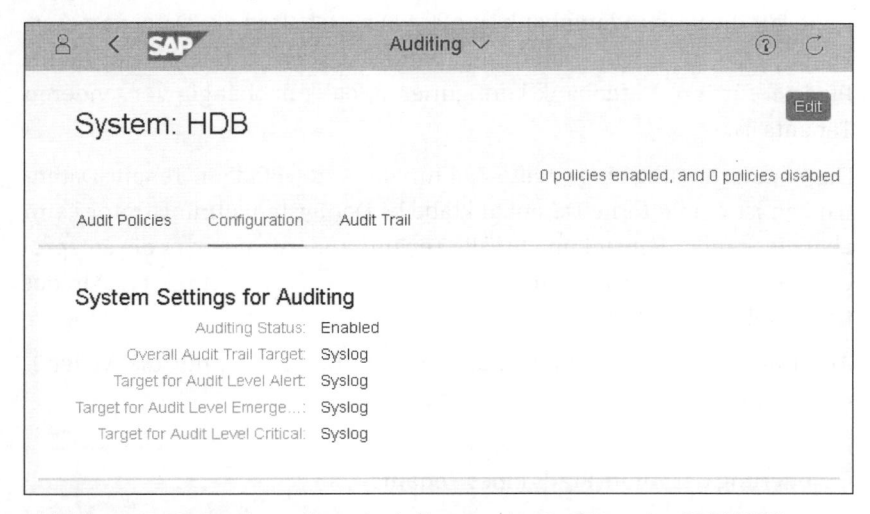

Abbildung 12.18 Konfigurationseinstellungen des Auditings im SAP HANA Cockpit

Klicken Sie dafür auf **Edit**, um zur Konfigurations-App weitergeleitet zu werden, die Sie in Abbildung 12.19 sehen. Nehmen Sie alle Einstellungen vor, und bestätigen Sie mit **Save**.

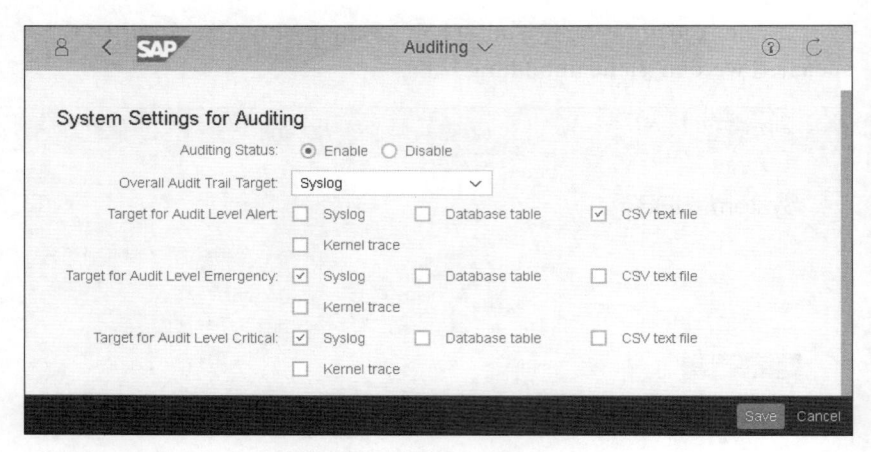

Abbildung 12.19 Änderung der Auditing-Konfiguration

Auditing in einem Multiple-Container-System

In einem Multiple-Container-System kann das Auditing für jede Datenbank individuell aktiviert bzw. deaktiviert werden. Für eine Tenant-Datenbank ist die entsprechende Systemeigenschaft ([auditing configuration] • global_auditing_state) in der Datei **global.ini** der relevanten Datenbank gesetzt. Für die Systemdatenbank ist diese Eigenschaft in der Datei **nameserver.ini** gesetzt. Tenant-Datenbankadministratoren können kein Audit-Pfadziel für ihre Datenbank konfigurieren, das unabhängig von anderen Tenants ist.

Das standardmäßig eingestellte Ziel für alle Audit-Pfade in Tenant-Datenbanken ist eine interne Datenbanktabelle. Der Systemadministrator kann aber die Standardeinstellung für alle Tenants ändern, indem er die entsprechende Eigenschaft ([auditing configuration] • *_audit_trail_type) in der Datei **global.ini** ändert.

Audit-Richtlinien sind datenbankspezifisch und können nur die Aktivitäten einer konkreten Datenbank auditieren.

> **Änderung des Audit-Pfads eines Tenants**
>
> Um den Datenschutz für die Audit-Pfade eines Tenants sicherzustellen, empfehlen wir, die Standardeinstellung für das Ziel des Audit-Pfads (interne Datenbanktabelle) der Tenant-Datenbanken nicht zu ändern.

Systemeigenschaften

Die Systemeigenschaften zur Audit-Konfiguration befinden sich im Abschnitt auditing configuration der Datei **global.ini**. Tabelle 12.4 gibt Ihnen einen Überblick über allen Systemeigenschaften, die zur Konfiguration des Auditings verwendet werden. Wir empfehlen Ihnen, diese Eigenschaften nicht direkt in der Datei zu ändern, sondern Änderungen über das SAP HANA Cockpit vorzunehmen.

Systemeigenschaft	Wert	Standardwert	Beschreibung
global_auditing_stage	<boolescher Wert>	false	Aktivierungsstatus des Auditings im System
default_audit_trail_type	{SYSLOGPROTOCOL | CSTABLE | CSVTEXTFILE}	SYSLOGPROTOCOL, wenn global_auditing_state auf true gesetzt ist	Standard-Audit-Pfadziel einer Datenbank
default_audit_trail_path	<Datei>	/usr/sap/<SID>/<Instanz>/<Host>/trace, wenn default_audit_trail_type den Wert CSVTEXTFILE hat	Dateipfad des Audit-Pfadziels CSVTEXTFILE
emergency_audit_trail_type	{SYSLOGPROTOCOL | CSTABLE | CSVTEXTFILE}	/usr/sap/<SID>/<Instanz>/<Host>/trace, wenn default_audit_trail_type den Wert CSVTEXTFILE hat	Audit-Pfadziel, auf das Audit-Einträge aus den Audit-Richtlinien mit der Audit-Ebene EMERGENCY geschrieben werden
alert_audit_trail_type	{SYSLOGPROTOCOL | CSTABLE | CSVTEXTFILE}	/usr/sap/<SID>/<Instanz>/<Host>/trace, wenn default_audit_trail_type den Wert CSVTEXTFILE hat	Audit-Pfadziel, auf das Audit-Einträge aus den Audit-Richtlinien mit der Audit-Ebene ALERT geschrieben werden

Tabelle 12.4 Systemeigenschaften zur Audit-Konfiguration

Systemeigenschaft	Wert	Standardwert	Beschreibung
critical_audit_trail_type	{SYSLOGPROTOCOL | CSTABLE | CSVTEXTFILE}	**/usr/sap/<SID>/<Instanz>/<Host>/trace**, wenn default_audit_trail_type den Wert CSVTEXTFILE hat	Audit-Pfadziel, auf das Audit-Einträge aus den Audit-Richtlinien mit der Audit-Ebene CRITICAL geschrieben werden
audit_statement_length	<Wert in bytes>	-1	die maximale Länge eines Statements, das vollständig auditiert wird

Tabelle 12.4 Systemeigenschaften zur Audit-Konfiguration (Forts.)

Außerdem empfehlen wir Ihnen, vor dem Ändern der Sicherheitseinstellungen die Checkliste zur Sicherheitskonfiguration zu lesen, die Sie unter folgender URL finden: *http://s-prs.de/v685046*. Um mehr über Sicherheitspatches zu erfahren, gehen Sie auf *http://s-prs.de/v685047* und filtern nach der Komponente HAN*.

Kapitel 13
Benutzer- und Berechtigungsverwaltung

Der Zugriff auf SAP HANA hat viele neue Facetten. Im Gegensatz zu bisher im SAP-Umfeld verwendeten Datenbanken greifen hier Endanwender verstärkt direkt auf die Datenbankschicht zu, die ihnen früher nahezu verborgen war. Dieses Kapitel vermittelt Ihnen das notwendige Wissen, um solche Zugriffe zu verwalten.

In diesem Kapitel widmen wir uns der Benutzerverwaltung. Im Kontext von SAP HANA hat dieses Thema eine etwas andere Bedeutung, als das bisher bei herkömmlichen Datenbankmanagementsystemen der Fall war. Erhielten bei anderen Datenbankmanagementsystemen in der Regel nur technische Benutzer und Datenbankadministratoren Zugriff auf die Datenbankebene, greifen bei der SAP-HANA-Plattform auch andere Benutzer aus den Anwendungen direkt auf die Daten auf Datenbankebene zu und arbeiten mit ihnen.

Die Benutzerverwaltung unterscheidet im Kontext von SAP HANA verschiedene Benutzertypen:

- **Standardbenutzer (Standard Users)**
  Die Standardbenutzer erhalten bei ihrer Anlage ein eigenes Schema in der Datenbank. Über die zugeordnete Rolle PUBLIC erhalten sie zusätzlich lesenden Zugriff auf Daten über System-Views. Diese Benutzer werden mithilfe des SQL-Befehls CREATE USER angelegt.

- **Benutzer, die zunächst ohne SQL-Berechtigungen angelegt werden (Restricted Users)**
  Restricted Users weisen zunächst keine Berechtigungen auf. Sie dienen in der Regel dazu, Anwendungen Zugriff auf Daten in der SAP-HANA-Datenbank zu gewähren. Da sie initial keine Berechtigungen aufweisen, müssen alle Zugriffsrechte einzeln oder über eine anwendungsspezifische Rolle zugeordnet werden. Durch die initial fehlenden Rechte können diese Benutzer keine Objekte neu in der Datenbank erstellen oder auf andere Objekte verweisen.

Die Anmeldung an der SAP-HANA-Datenbank erfolgt über HTTP. Die Anmeldung über Open Database Connectivity (ODBC) bzw. Java Database Connectivity (JDBC) muss explizit erlaubt werden. Dies kann z. B. im SAP HANA Cockpit über die Option **Disable ODBC/JDBC access** geschehen, wenn Sie sich im Bearbeitungsmodus des jeweiligen Benutzers befinden. Um Zugriff auf alle ODBC-/JDBC-Funktionen zu erlangen, müssen dem Benutzer jeweils noch zusätzliche Rollen zugewiesen werden:

- RESTRICTED_USER_ODBC_ACCESS
- RESTRICTED_USER_JDBC_ACCESS

Die den Rollen zugrunde liegenden Berechtigungen sind dann auch über den Zugriffsweg HTTP vorhanden.

- **Technische Benutzer**
  Die dritte Benutzergruppe sind die technischen Benutzer. Solche Benutzer werden keinen realen Anwendern von SAP HANA zugewiesen, sondern dienen administrativen Aufgaben, die meist im Hintergrund stattfinden. Zwei dieser Benutzer werden in der SAP-HANA-Datenbank in der Regel während der Installation mit angelegt: SYS und _SYS_REPO.

Standardbenutzer Nach der Installation einer SAP-HANA-Datenbank existieren bereits einige Standardbenutzer. Beispielhaft gehen wir auf folgende ein:

- **»SYSTEM«**
  Der Benutzer SYSTEM wird bereits während der Installation erstellt. Er hat umfassende Berechtigungen. Dazu gehören z. B. die zur Benutzerverwaltung erforderlichen Berechtigungen, in der System DB verfügt er über die Berechtigungen zur Erstellung weiterer Tenants und er darf andere Tenants starten und stoppen.

  Nach der Installation sollten zusätzliche Administrationsbenutzer eingerichtet werden, sodass der Benutzer SYSTEM deaktiviert werden kann. Für die normale Administration der SAP-HANA-Datenbank sollte dieser Benutzer nicht verwendet werden.

  Auch wenn dieser zentrale Benutzer viele Berechtigungen hat, ist damit nicht automatisch der Zugriff auf alle Daten innerhalb der SAP-HANA-Datenbank möglich. Es müssen ihm ebenso zuerst die erforderlichen Berechtigungen zugewiesen werden, wie dies bei anderen Benutzern auch der Fall ist.

- **»SYS«**
  Mit diesem Benutzer können Sie sich nicht an der Datenbank anmelden. Es handelt sich um einen technischen Benutzer, der zentrale Datenbankobjekte besitzt.

- »_SYS_REPO«
  Nach der Installation ist dieser Benutzer der Besitzer aller Datenbankobjekte im Repository der SAP-HANA-Datenbank. Auf die Datenbankobjekte gehen wir in Kapitel 11 gesondert ein. Eine Anmeldung an die SAP-HANA-Datenbank ist mit diesem Benutzer nicht möglich.

- »_SYS_AFL«
  Auch dieser Benutzer wird im Hintergrund verwendet. Eine Anmeldung an der SAP-HANA-Datenbank ist mit diesem Benutzer nicht möglich. Er ist der Inhaber der Datenbankobjekte der Application Function Libraries.

- »_SYS_EPM«
  Dieser technische Hintergrundbenutzer wird vom SAP HANA Performance Management genutzt. Eine Anmeldung damit ist nicht möglich.

- »_SYS_SQL_ANALYZER«
  Dieser technische Hintergrundbenutzer wird vom **SQL Analyzer** der SAP-HANA-Datenbank genutzt. Der **SQL Analyzer** dient der Untersuchung von Anfragen etwa im Rahmen einer Performance-Analyse. Das Werkzeug kann über das SAP HANA Cockpit oder über die SAP Web IDE für SAP HANA verwendet werden.

- »_SYS_STATISTICS«
  Auch dieser Benutzer arbeitet im Hintergrund, eine Anmeldung ist damit nicht möglich. Er wird intern für das Monitoring verwendet und sammelt Informationen über Performance, Status und Ressourcenverbrauch von Komponenten der SAP-HANA-Datenbank.

- »_SYS_TASK«
  Dieser Hintergrundbenutzer gehört zu *SAP HANA Smart Data Integration* und ist Besitzer der zugehörigen Anwendungsobjekte. Eine Anmeldung ist damit nicht möglich.

- »_SYS_WORKLOAD_REPLAY«
  Dieser technische Datenbankbenutzer gehört zu den Werkzeugen des SAP HANA Performance Managements. Er sammelt Informationen zu den Workloads und stellt diese für weitere Überprüfungen im Schema _SYS_WORKLOAD_REPLAY bereit. Diese können dann wiederum von internen Prozeduren verwendet werden.

Neben den hier genannten Benutzern könnten je nach Nutzungsart und Release noch weitere Standardbenutzer existieren. Sollte Ihnen hier etwas Unerwartetes begegnen, ist der »SAP HANA Security Guide« in der Regel eine gute Anlaufstelle: *http://s-prs.de/v685048*.

13.1 Benutzerverwaltung mit dem SAP HANA Cockpit

»User & Role Management«

Mit dem SAP HANA Cockpit können Datenbankbenutzer bequem verwaltet werden. In Kapitel 5, »SAP HANA Cockpit 2.0«, haben wir den allgemeinen Umgang mit dem SAP HANA Cockpit erläutert. Navigieren Sie im SAP HANA Cockpit über das **Resource Directory** zu einer Datenbank bzw. Resource, die jeweils einem Tenant entspricht. Dort finden Sie neben der allgemeinen Übersicht zu dieser Ressource auch den Bereich **User & Role Management**.

[+] **Schnelle Navigation in die Benutzer- und Rollenverwaltung**

Die Gesamtübersicht können Sie über das Dropdown-Menü oben links (**Filter by Area**) auf den Eintrag **Security** einschränken (siehe Abbildung 13.1).

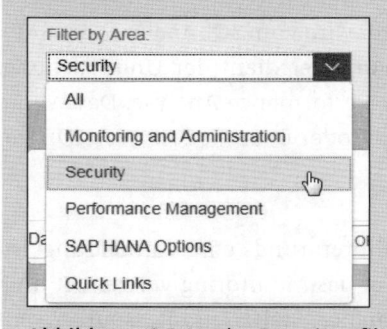

Abbildung 13.1 Nach »Security« filtern

Dadurch reduziert sich die Zahl der angezeigten Bereiche, und Sie können leichter zu **User & Role Management** navigieren.

Funktionen des »User & Role Managements«

In Abbildung 13.2 sehen Sie die wichtigsten Funktionen des **User & Role Managements**, die wir im Folgenden genauer betrachten.

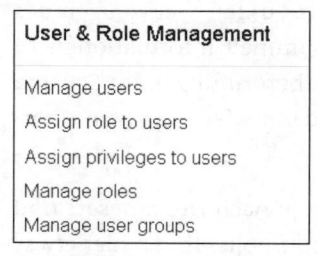

Abbildung 13.2 Funktionen zur Benutzer- und Rollenverwaltung

13.1.1 Benutzer anlegen

Über **Manage users** (siehe Abbildung 13.2) gelangen Sie zunächst in die Oberfläche zur Benutzerverwaltung (siehe Abbildung 13.3).

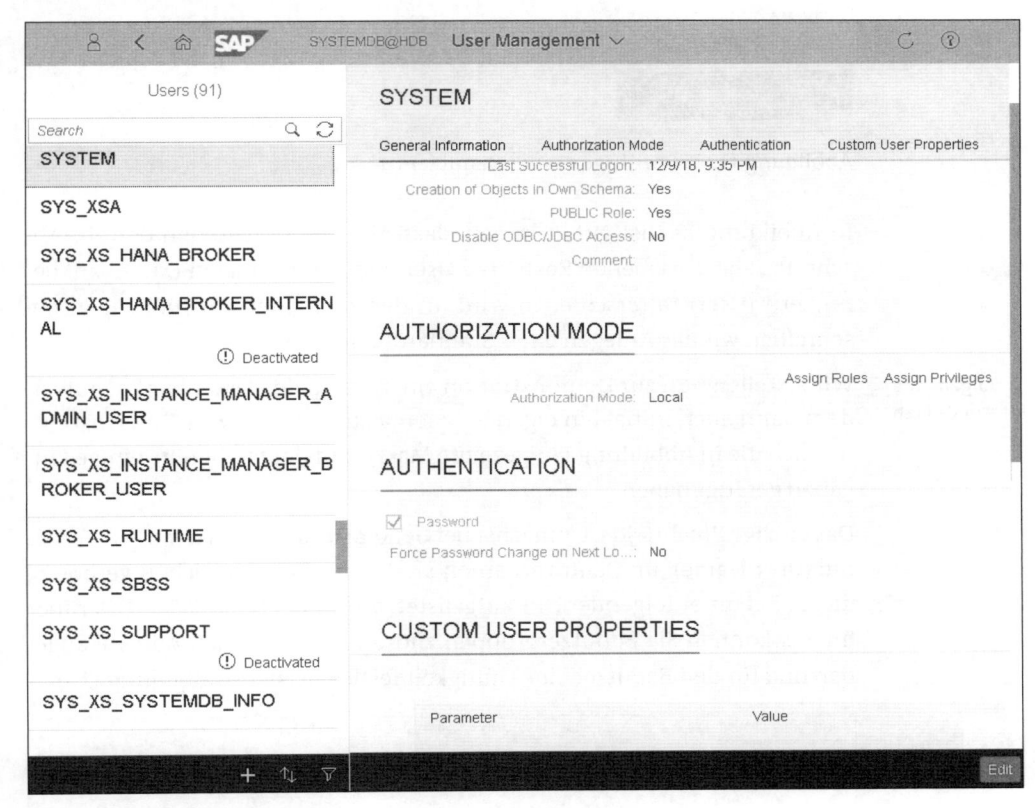

Abbildung 13.3 »Manage Users« – initialer Bildschirm

Links werden die existierenden Benutzer der Datenbank aufgelistet und ggf. als **Deactivated** gekennzeichnet. Über der Liste der Benutzer sehen Sie das Feld zur Suche innerhalb der Benutzerkonten.

Übersicht über Datenbankbenutzer

Mit einem Klick auf eines der Benutzerkonten öffnet sich im Hauptfenster die Detailsicht für den Datenbankbenutzer. Hier finden Sie Informationen aus den Bereichen **General Information**, **Authorization Mode**, **Authentication**, **Custom User Properties**.

Auf die einzelnen Bereiche gehen wir im Rahmen des Anlegens von Benutzern genauere ein. Unten rechts finden Sie zudem den Button zum Bearbeiten (**Edit**), mit dem ein Benutzerkonto angepasst werden kann.

13 Benutzer- und Berechtigungsverwaltung

Neuen Benutzer anlegen

Das Anlegen eines Benutzers erfolgt über das kleine Plus-Icon unterhalb der Benutzerliste (siehe Abbildung 13.4 bzw. Abbildung 13.3 unten links).

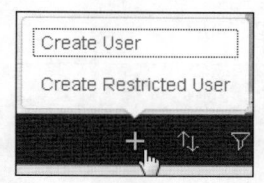

Abbildung 13.4 Hinzufügen eines Benutzers

In Abbildung 13.4 ist gut zu sehen, dass hier sofort zwischen dem in Abschnitt 13 beschriebenen **Restricted User** und den normalen Datenbankbenutzern (**User**) unterschieden wird. In den folgenden Ausführungen beschreiben wir das Anlegen eines Standardbenutzers.

Allgemeine Informationen

Wir erstellen nun zur Demonstration einen normalen Datenbankbenutzer, dem dann auch initial ein eigenes Schema zugeordnet wird. Zunächst öffnet sich die in Abbildung 13.5 gezeigte Maske, auf der wir bereits einige Eingaben getätigt haben.

Das einzige Pflichtfeld ist zunächst bei **General Information** der Benutzername (**User Name**). Im Benutzernamen sind einige Sonderzeichen verboten, diese sind unter folgender URL aufgelistet: *http://s-prs.de/v685049*. Darüber hinaus können Sie Benutzergruppen zuordnen, eine E-Mail-Adresse angeben und für den Benutzer eine Gültigkeit festlegen (siehe Abbildung 13.5).

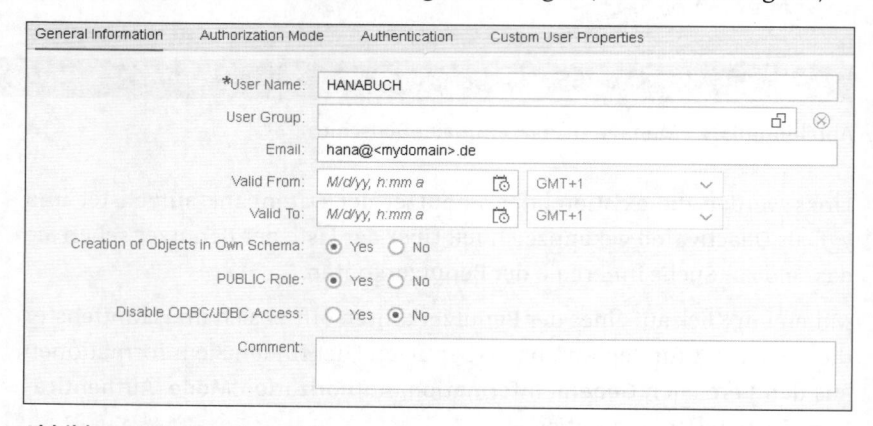

Abbildung 13.5 Benutzer anlegen

Die Einstellungen **Creation of Objects in Own Schema** (Erlaubnis, Objekte im eigenen Datenbankschema anzulegen) und **PUBLIC Role** (Erlaubnis, lesend auf ausgewählte Systemviews zuzugreifen) sind im Standard aktiviert. Der Zugriff über die ODBC-/JDBC-Schnittstelle ist in der Regel aktiviert (in unserem Fall ist die Option **Disable ODBC/JDBC Access** deaktiviert).

Im Bereich **Authorization Mode** ist es anschließend möglich, die LDAP-Authentifizierung (*Lightweight Directory Access Protocol*) für ein Benutzerkonto zu aktivieren (siehe Abbildung 13.6). SAP HANA unterstützt grundsätzlich LDAPv3-Verzeichnisse. Die abgebildeten Gruppen lassen sich auch SAP-HANA-Rollen zuordnen. Wie dies im Detail funktioniert, ist unter folgender URL beschrieben: *http://s-prs.de/v685050*

Autorisierung

```
AUTHORIZATION MODE
                    Authorization Mode:   ● Local   ○ LDAP
```

Abbildung 13.6 »Authorization Mode« im Benutzerkonto

Im Bereich **Authentication** können Sie verschiedene Anmeldeverfahren einrichten:

Authentifizierung

- Benutzername und Passwort
- Kerberos
- SAML (*Security Assertion Markup Language*)
- X.509-Zertifikate
- Logon- and Assertion-Tickets
- LDAP-Passwortspeicher

Im Rahmen des Anlegens eines Benutzerkontos muss mindestens eines dieser Verfahren aktiviert werden. Wie Sie in Abbildung 13.7 sehen, verwenden wir exemplarisch die Benutzer-Passwort-Kombination und können hier außerdem wählen, ob das Passwort lokal oder in einem konfigurierten LDAP gespeichert werden soll.

Darüber hinaus kann das Passwort als Initialkennwort gekennzeichnet werden, sodass der Benutzer bei der ersten Anmeldung das Passwort ändern muss (**Force Password Change on Next Logon**).

13   Benutzer- und Berechtigungsverwaltung

Abbildung 13.7 Authentifizierungsverfahren eines Benutzerkontos

Kundeneigene Parameter Im letzten Abschnitt (**CUSTOM USER PROPERTIES**) können dem Benutzerkonto weitere Parameter zugewiesen werden (siehe Abbildung 13.8). Hier können Sie zwischen Standardwerten wählen oder eigene Werte einrichten.

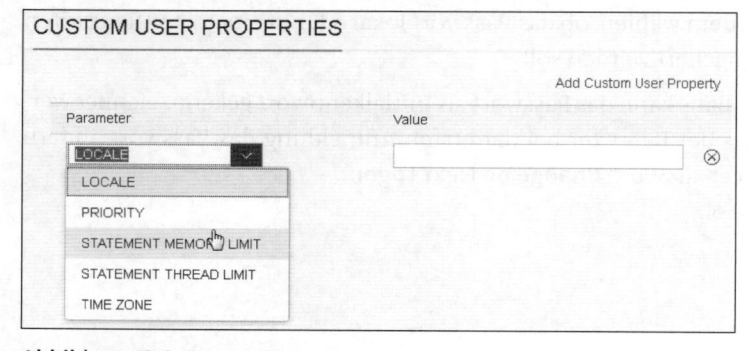

Abbildung 13.8 Parameter

Als Standardwerte stehen folgende Parameter bereit:

- »LOCALE«
  Hiermit legen Sie fest, in welche Sprache Texte ggf. übersetzt werden.
- »STATEMENT MEMORY LIMIT«
  Diese Angabe in Gigabyte legt fest, welche Menge Speicher maximal von einem Statement des Benutzers belegt werden kann. Der hier angegebene Wert ergänzt die Angaben zu den systemweit gültigen Werten in der Konfigurationsdatei **global.ini**.
- »STATEMENT THREAD LIMIT«
  Dies ist die maximal erlaubte Anzahl an Threads pro Anfrage des Benutzers.
- »TIME ZONE«
  Hier geben Sie die Zeitzone des Benutzers an.
- »CLIENT« (in Abbildung 13.8 nicht gezeigt)
  Ab SAP HANA 2.0 SPO3 (*http://s-prs.de/v685051*) verweist die Dokumentation auch auf den Session-Client-Parameter. Dieser ermöglicht in SAP HANA Calculation Views, d. h., für die Filterung von Daten können mandantenspezifische Felder von SAP-Tabellen, etwa eines SAP-S/4HANA-Systems, genutzt werden.

13.1.2 Benutzergruppen anlegen

Benutzergruppen dienen der einfachen Verwaltung zusammengehöriger Benutzer. Sie können hier gleichartige Benutzer zusammenfassen und die Verwaltung z. B. nicht nur dem globalen Benutzerverwalter (Berechtigung USER ADMIN), sondern auch dedizierten Benutzergruppenadministratoren ermöglichen.

Grundsätzlich ist die Verwaltung auch über SQL-Statements möglich, Sie können diese aber auch über das SAP HANA Cockpit verwenden.

Sie finden die Verwaltung von Gruppen (**Manage user groups**) wieder in der Kachel **User & Role Management** (siehe Abbildung 13.9).

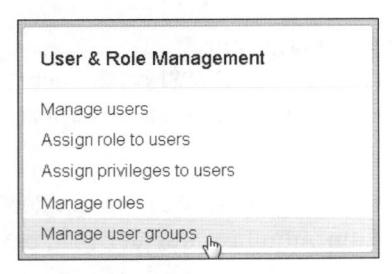

Abbildung 13.9 Benutzergruppen verwalten

13 Benutzer- und Berechtigungsverwaltung

Neue Benutzergruppe anlegen Im sich öffnenden Fenster können Sie über den Button **New User Group** eine neue Gruppe anlegen (siehe Abbildung 13.10).

User Groups (1)			Search	New User Group
User Group Name	Owner	Group Administration Mode	Comment	
HANABUCH_Nutzergruppe	SYSTEM	Group and user administrators	Dies ist eine Demonstration.	

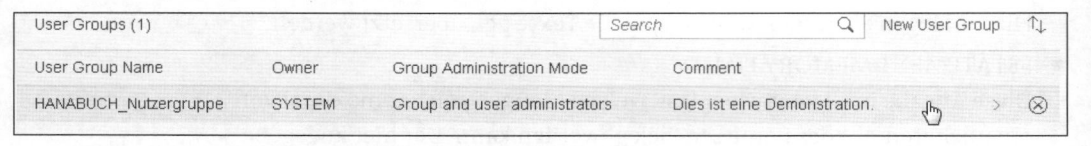

Abbildung 13.10 Benutzergruppe anlegen

Es öffnet sich ein kleines Pop-up-Fenster, in dem Sie erste Spezifikationen der anzulegenden Gruppe festlegen können (siehe Abbildung 13.11).

Abbildung 13.11 Erste Eigenschaften der Benutzergruppe festlegen

Nachdem Sie der Benutzergruppe einen Namen gegeben haben, müssen Sie Angaben zur Administration der Gruppe machen:

- »**Both group administrators and user administrators can manage this group**«
  Diese Option erlaubt sowohl Gruppenadministratoren als auch normalen Benutzeradministratoren (Berechtigung USER ADMIN), die Benutzer der Gruppe zu bearbeiten.

- »**Only a group administrator can manage this group**«
  Wählen Sie diese Option, genügt die Berechtigung USER ADMIN nicht mehr, um Benutzer dieser Gruppe zu verwalten. Dies können nur noch explizite Administratoren der Gruppe.

Mit dem Häkchen **Group creator can manage group** legen Sie fest, dass der Ersteller der Gruppe automatisch auch zum Administrator der Gruppe wird.

Nach einem Klick auf **Add** wird die Gruppe angelegt und erscheint in der Liste der bereits angelegten Gruppen (siehe Abbildung 13.10).

Mit einem Klick auf eine Gruppe gelangen Sie in die Detailansicht zur Benutzerverwaltung der Gruppe.

13.1.3 Benutzer »SYSTEM« deaktivieren

Der Benutzer SYSTEM wird mit der Installation der SAP-HANA-Plattform angelegt. Er besitzt umfassende Berechtigungen und dient primär der Administration und den Konfigurationsaufgaben zu Beginn des Lebenszyklus der SAP-HANA-Landschaft. Der Systembenutzer sollte daher nicht in der täglichen Arbeit verwendet und deshalb möglichst deaktiviert werden. Die Deaktivierung sollte erfolgen, nachdem Benutzer für die weitere administrative Arbeit mit entsprechenden Berechtigungen angelegt wurden.

Um den Systembenutzer zu deaktivieren, gehen Sie wie folgt vor:

1. Öffnen Sie das SAP HANA Cockpit.
2. Navigieren Sie zu Ihrem SAP-HANA-Tenant.
3. Melden Sie sich mit einem Benutzer an, der die Berechtigung USER ADMIN besitzt.
4. Wählen Sie dort im Bereich **Database Administration** · **Open SQL Console** (siehe Abbildung 13.12).

Systembenutzer deaktivieren

Abbildung 13.12 Die SQL-Konsole öffnen

Führen Sie das folgende SQL-Statement aus:

```
ALTER USER SYSTEM DEACTIVATE USER NOW
```

Umgekehrt ist die erneute Aktivierung des Benutzers über folgenden Befehl möglich:

```
ALTER USER SYSTEM ACTIVATE USER NOW
```

Nach der Deaktivierung ist die Anmeldung des SYSTEM-Benutzers an der SAP-HANA-Plattform nicht mehr möglich. Die Verwendung als Notfallbenutzer ist jedoch weiterhin möglich. SAP empfiehlt die Einrichtung eines Audits für den SQL-Befehl `ALTER USER`, sodass ein eventueller Missbrauch nachvollziehbar wird.

13.1.4 Passwort für Benutzer »SYSTEM« ändern

Passwort für Benutzer SYSTEM ändern

Falls Sie das Passwort für den Systembenutzer nicht mehr kennen, können Sie dieses über die Kommandozeile wiederherstellen bzw. neu vergeben.

Gehen Sie dafür wie folgt vor:

1. Melden Sie sich am Betriebssystem mit dem `<sid>adm`-Benutzer an, und öffnen Sie das Kommandozeilenfenster.
2. Stoppen Sie die Datenbankinstanz:

    ```
    /usr/sap/<SID>/HDB<instance>/exe/sapcontrol -nr <instance>
    -function StopSystem HDB
    ```

3. Starten Sie eine neue Sitzung, und setzen Sie mit den folgenden Befehlen das Passwort neu:

    ```
    /usr/sap/<SID>/HDB<instance>/hdbenv.sh
    /usr/sap/<SID>/HDB<instance>/exe/hdbnameserver -resetUserSystem
    ```

4. Geben Sie nach Aufforderung das neue Passwort ein, und bestätigen Sie mit ⏎. Sie erhalten dann einen Hinweis darauf, dass das Passwort aktiviert wird und der `SYSTEM`-Benutzer wieder aktiviert wird.
5. Starten Sie in einer neuen Sitzung die Datenbankinstanz erneut.

Sie sollten nun wieder in der Lage sein, sich an der SAP-HANA-Datenbank in der System DB anzumelden.

Passwort für Tenant-Zugriff ändern

Auch für Tenant-Datenbanken können Sie das Passwort des `SYSTEM`-Benutzers ändern.

Dies geschieht in zwei einfachen Schritten:

1. Öffnen Sie das SAP HANA Cockpit.
2. Navigieren Sie zu Ihrer SAP-HANA-System-DB.
3. Melden Sie sich mit einem Benutzer an, der die Berechtigung `DATABASE ADMIN` besitzt.
4. Wählen Sie im Bereich **Database Administration** • **Open SQL-Console**.
5. Führen Sie nun die folgenden SQL-Statements aus:

    ```
    ALTER SYSTEM STOP DATABASE <database_name>
    ALTER DATABASE <database_name> SYSTEM USER PASSWORD <new_password>
    ```

Im Rahmen dieser Prozedur wird der Systembenutzer in der Tenant DB auch gleich aktiviert. Es gilt hier auch weiterhin die Empfehlung, diesen nach Ausführung der notwendigen administrativen Aufgaben wieder zu deaktivieren.

13.2 Autorisierung und Berechtigungsverwaltung

Nach der Authentifizierung eines Benutzers erfolgt die Prüfung seiner Berechtigungen innerhalb der SAP-HANA-Plattform. Die Berechtigungen erlauben den Zugriff auf Objekte in der Datenbank.

Die Autorisierung eines Benutzers erfolgt, indem nach seiner Anmeldung geprüft wird, ob ihm alle notwendigen Berechtigungen direkt oder über Rollen zugeordnet wurden. Wurden alle Berechtigungen gefunden, wird die Prüfung beendet. Dabei werden nur Genehmigungen für den Zugriff auf Objekte gesucht. Es ist nicht möglich, den Zugriff auf ein bestimmtes Objekt explizit auszuschließen.

Berechtigungsprüfung

Die Zuordnung von Berechtigungen zu Benutzern erfolgt in der Regel über Rollen. Trotzdem können auch einzelne Berechtigungen direkt an Benutzer vergeben werden. Die Berechtigungen einer Rolle gehören in der Regel logisch zusammen und dienen einem bestimmten Zweck. Für die Arbeit eines Benutzers sind oftmals mehrere Rollen notwendig. Es ist auch möglich, eine Rolle einer anderen zuzuordnen, sodass *Sammelrollen* entstehen.

Rollen

Im Kontext von SAP HANA werden Berechtigungen *Privileges* genannt. Rollen enthalten verschiedene Arten von Berechtigungen:

Berechtigungsarten

- Systemberechtigungen (*System Privileges*)
- Objektberechtigungen (*Object Privileges*)
- analytische Berechtigungen (*Analytic Privileges*)
- Paketberechtigungen (*Package Privileges*)
- Anwendungsberechtigungen (*Application Privileges*)

Auf die Verwaltung dieser verschiedenen Berechtigungsarten gehen wir in den folgenden Abschnitten ein.

13.2.1 Systemberechtigungen (System Privileges)

System Privileges dienen der Steuerung der SAP-HANA-Datenbank. Zu den Steuerungsaktionen gehören z. B. die folgenden Aktionen:

- Erstellen und Löschen von Datenbankschemata
- Benutzerverwaltung
- Rollenverwaltung
- Verwaltung von Delivery Units
- Backups
- Monitoring

Die Berechtigungen gelten jeweils für den Datenbank-Tenant, in dem sie zugewiesen wurden. Eine Ausnahme bilden die Systemberechtigungen DATABASE ADMIN, DATABASE STOP und DATABASE START. Diese werden nur im System-DB-Tenant zugewiesen und berechtigen zu Operationen auf den Tenants.

13.2.2 Objektberechtigungen (Object Privileges)

Object Privileges dienen der Steuerung der Zugriffe auf die Datenbankobjekte. Zu den Object Privileges gehören auch die Berechtigungen zur Ausführung von SQL-Anweisungen. Ebenfalls in diese Gruppe gehören die Schema-Privileges, mit denen Sie den Zugriff auf Datenbankschemata erlauben können. Falls Sie Remote-Anwendungen über den SAP HANA Smart Data Access nutzen, sind auch die *Source Privileges* zur Definition möglicher Datenzugriffe in Zusammenhang mit dieser Gruppe für Sie von Bedeutung.

13.2.3 Analyseberechtigungen (Analytic Privileges)

Zugriff auf SAP HANA Information Views

Der Zugriff auf Daten über SAP HANA Information Views wird über Analytic Privileges gesteuert. Diese Berechtigung bezieht sich auf Lesezugriffe auf die Views. Ob sie vorhanden ist, wird während der Anfragebearbeitung geprüft. Im Vergleich zu den Object Privileges kann mit den Analytic Privileges nicht direkt auf der Ebene einer Tabelle oder eines Views gesteuert werden, ob ein Benutzer darauf Zugriff erhält oder nicht. Stattdessen werden über die Analytic Privileges Zugriffseinschränkungen abhängig von den abgefragten Werten unterschieden. So lässt sich der Zugriff auf Unternehmensdaten z. B. je nach den Zuständigkeiten eines Benutzers für bestimmte Bereiche eingrenzen. Ist ein Mitarbeiter der Personalabteilung etwa für Mitarbeiter in Europa verantwortlich, ließe sich über die Analytic Privileges ausschließen, dass er Daten zu Mitarbeitern aus Niederlassungen auf anderen Kontinenten einsehen kann.

Erstellung von Analytic Privileges

Die Berechtigungsobjekte für Analytic Privileges werden entweder direkt in SQL oder als XML-Variante zusammengestellt. Dies ist detailliert im »SAP HANA Developer Guide« beschrieben, den Sie unter der URL http://s-prs.de/v685052 aufrufen können.

13.2.4 Paketberechtigungen (Package Privileges) und Anwendungsberechtigungen (Application Privileges)

Der Zugriff auf Pakete im SAP HANA Repository wird über die Package Privileges gesteuert. Entwickler und ihre Anwendungen erhalten damit die Berechtigungen zum Zugriff auf die in Paketen bereitgestellten Funktionen (siehe Tabelle 13.1). Unterschieden wird hier zwischen *Native* und *Imported Packages*. Native Pakete wurden in der SAP-HANA-Instanz erstellt. In der Regel werden sie hier auch bearbeitet. Aus anderen SAP-HANA-Systemen importierte Pakete werden in der Regel nur genutzt, aber nicht geändert oder bearbeitet.

Package Privileges

Aktion	Berechtigung	Beschreibung
Lesezugriff	REPO.READ	lesender Zugriff auf den Inhalt eines Pakets
Editierberechtigung	REPO.EDIT_NATIVE_OBJECTS oder REPO.EDIT_IMPORTED_OBJECTS	Berechtigung zum Ändern nativer oder importierter Objekte in Paketen
Aktivierung	REPO.ACTIVATE_NATIVE_OBJECTS oder REPO.ACTIVATE_IMPORTED_OBJECTS	Berechtigung zum Aktivieren, sozusagen »Inbetriebnehmen«, von Objekten
Wartung	REPO.MAINTAIN_NATIVE_PACKAGES oder REPO.MAINTAIN_IMPORTED_PACKAGES	Bearbeitung oder Löschen von Paketen bzw. Erstellen von untergeordneten Paketen

Tabelle 13.1 Package Privileges für den Zugriff auf Pakete

Anwendungsberechtigungen erlauben den Zugriff auf Anwendungen der SAP HANA Extended Application Services. Diese werden in der Regel vom Entwickler der jeweiligen Anwendung mit definiert.

Application Privileges

13.2.5 Tenant-übergreifende Lesezugriffe (Cross-Database Access)

Cross-Database Access stellt eine Sonderform der Berechtigungen für den Zugriff von einem SAP-HANA-Tenant auf einen anderen SAP-HANA-Tenant dar. Grundsätzlich sind die SAP-HANA-Datenbanken bzw. die einzelnen Tenants gegeneinander abgegrenzt und enthalten eine eigene Benutzerverwaltung und eigene Berechtigungszuweisungen.

Diese Grenze kann durch Verwendung von Cross-Database Access zumindest für einen lesenden Zugriff auf Daten überwunden werden.

Remote Identity

Dafür wird im Ziel-Tenant ein Benutzerkonto erstellt, dem eine *Remote Identity* zugewiesen wird. Darüber hinaus wird diesem soeben erstellten Benutzer die Leseberechtigung für die gewünschten Tabellen zugewiesen.

Im Detail gehen wir auf diesen – z. B. in Monitoring- oder Reporting-Szenarien nutzbaren – Sonderfall nicht ein. Weitere Informationen dazu finden Sie hier:

- »SAP HANA Server Installation and Update Guide« (*http://s-prs.de/v685053*):
    - Abschnitt »Cross-Database Access« (*http://s-prs.de/v685054*)
- »SAP HANA Administration Guide« (*http://s-prs.de/v685055*):
    - Abschnitt »Enable and Configure Cross-Database Access« (*http://s-prs.de/v685056*)
    - Abschnitt »Cross-Database Access« (*http://s-prs.de/v685057*)

13.2.6 Rollen

Rollen fassen die in den vorangegangenen Abschnitten beschriebenen Berechtigungsobjekte zusammen. Sie dienen dazu, die verschiedenen für eine Aufgabe notwendigen Berechtigungen zu gruppieren und so die Administration bzw. die Benutzer- und Rechteverwaltung zu vereinfachen.

Auch wenn Sie einem Benutzer an vielen Stellen Berechtigungsobjekte direkt zuweisen können, ist es in der Regel üblich, für wiederkehrende Szenarien Rollen zu erstellen. Im Rahmen der Administration werden Sie häufig mit den von SAP bereitgestellten Standardrollen in Berührung kommen.

Catalog und Design Time Roles

Es wird zwischen *Catalog Roles* und *Design Time Roles* unterschieden.

Catalog Roles sind die Laufzeitobjekte (Runtime Objects), die in der SAP-HANA-Datenbank gespeichert werden. Sie sind dort mit der Endung **.hdbrole** versehen.

Design Time Roles liegen erst nach dem Deployment in eine Datenbank als Catalog Roles vor. Hier ist zu unterscheiden, in welchen SAP-HANA-Umgebungen und mit welchen Werkzeugen gearbeitet wird.

In einer Umgebung SAP HANA XS Classic werden die Design-Time-Rollen im SAP HANA Studio oder in der SAP HANA Web-Based Development Workbench erstellt. Die Speicherung erfolgt im SAP HANA Repository. Mit dem Release SAP HANA 2.0 SP02 gilt SAP HANA XS Classic und damit auch das SAP HANA Repository jedoch als veraltet. Stattdessen sollten Sie mit SAP HANA XS Advanced arbeiten. Hier werden die Rollen mit der SAP Web IDE erstellt und dann in die SAP HANA Datenbank deployed.

SAP HANA XS Classic und Advanced

SAP HANA und seine Komponenten stellen viele Standardrollen zur Verfügung. Dabei handelt es sich um *Catalog Roles* und *Repository Roles*. Im Folgenden stellen wir die wichtigsten Catalog Roles vor, die Sie auch in der SAP-HANA-Dokumentation finden:

Standardrollen

- »PUBLIC«
  Diese Rolle wird im Standardfall allen Datenbankbenutzern (gilt nicht für Restricted User) zugewiesen und ermöglicht einen lesenden Zugriff auf ausgewählte System-Views.

- »CONTENT_ADMIN«
  Diese Rolle enthält Berechtigungen für den *Information Modeler* sowie für den Zugriff auf importierte Objekte des Repositorys. Die Berechtigungen sind sehr umfassend, daher sollte diese Rolle nur als Vorlage dienen und nicht direkt Benutzern zugewiesen werden.

- »SAP_INTERNAL_HANA_SUPPORT«
  Diese Rolle erlaubt einen tiefen Einblick in SAP HANA. Die verbundenen Systemberechtigungen erlauben dem SAP HANA Development Support im Fehlerfall, ein System zu untersuchen und Incidents zu lösen. Grundsätzlich weist die Rolle lesende Berechtigungen für System-Views auf, die sonst dem SYSTEM-Benutzer vorbehalten sind.
  Diese Rolle kann nur einer begrenzten Zahl von Benutzern gleichzeitig zugeordnet werden (Parameter internal_support_user_limit in der Datei **indexserver.ini**, Abschnitt **Authorization**). Die Zuordnung der Rolle wird im Rahmen des Monitorings mit einer Metrik überwacht und kann z. B. in das Alerting des Monitorings im SAP Solution Manager mit aufgenommen werden.

- »RESTRICTED_USER_ODBC_ACCESS/RESTRICTED_USER_JDBC_ACCESS«
  Diese beiden Rollen ermöglichen die Verwendung der JDBC- oder ODBC-Schnittstelle der SAP-HANA-Datenbank. Die Berechtigungen dieser Rol-

len sollten als Untermenge der eigentlichen Rolle in die Anwendung eingehen und diese ergänzen.

- **»MONITORING«**
  Diese Rolle ermöglicht einen lesenden Zugriff auf Metadaten der SAP-HANA-Instanz, deren Status und den Monitoring-View.

Weitere Rollen

Darüber hinaus existieren noch viele weitere Rollen, die in der SAP-Dokumentation aufgelistet sind: *http://s-prs.de/v685058*.

Mit dem SAP HANA Cockpit können Sie Rollen für Ihre eingebundenen SAP-HANA-Tenants erstellen und verwalten.

Überblick über vorhandene Rollen

Mit der SAP-Fiori-Anwendung **Manage Roles** erhalten Sie einen Überblick über die vorhandenen Rollen Ihres Tenants (siehe Abbildung 13.13). Wenn Sie eine Rolle auswählen, erhalten Sie Informationen zu den zugeordneten Berechtigungen.

Zum Beispiel erfahren Sie, ob weitere Rollen dieser Rolle untergeordnet sind (Registerkarte **Roles**) oder ob diese Rolle selbst einer anderen Rolle zugewiesen wurde (Registerkarte **Is part of Roles**).

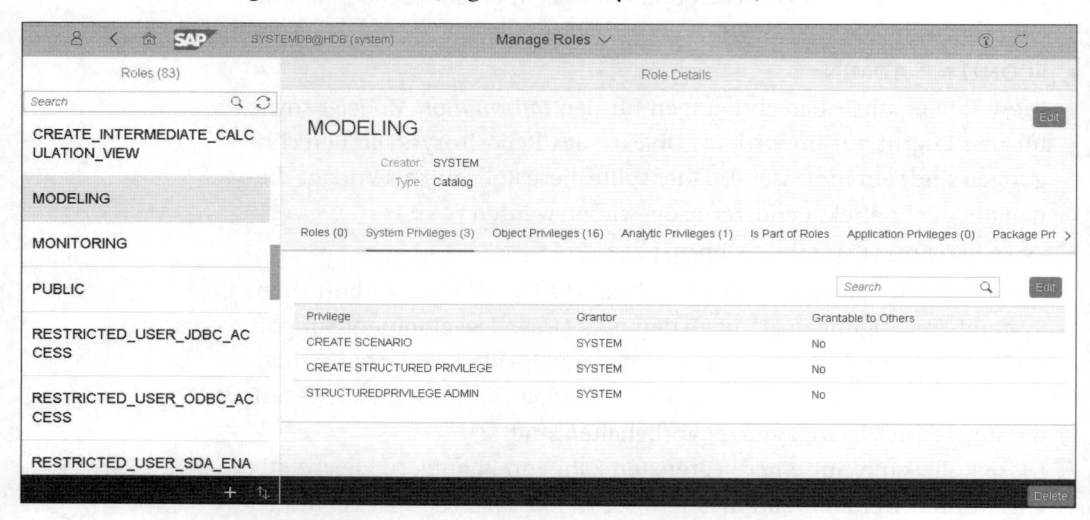

Abbildung 13.13 SAP-Fiori-Anwendung »Manage Roles«

> **»Grantable to Others«**
>
> In Abbildung 13.14 sehen Sie auf der Registerkarte **System Privileges** in der Tabelle eine Spalte, die mit **Grantable to Others** überschrieben ist. Wird eine Berechtigung zugewiesen und diese Option mit **Yes** gewählt, ist der Benutzer berechtigt, seine Berechtigung auch an andere Benutzer weiterzugeben.

13.2 Autorisierung und Berechtigungsverwaltung

Mit einem Klick auf das **+**-Icon unterhalb der links aufgelisteten Rollen können Sie eine neue Rolle erstellen. Es öffnet sich ein Eingabefenster, in dem Sie den Namen sowie eine Beschreibung der Rolle eingeben können. Mit einem Klick auf den **Save**-Button unten rechts wird die Rolle angelegt, und Sie werden in den in Abbildung 13.13 exemplarisch gezeigten Übersichtsbildschirm geleitet.

Neue Rolle anlegen

Dort wählen Sie dann die Registerkarte entsprechend der Kategorie (z. B. **System Privileges**) der gewünschten Berechtigung aus und klicken auf **Edit**.

Sie haben dann die Möglichkeit, auf **Add** zu klicken (siehe Abbildung 13.14), und können so aus einem Pop-up-Fenster die zur Verfügung stehenden Berechtigungen auswählen (siehe Abbildung 13.15).

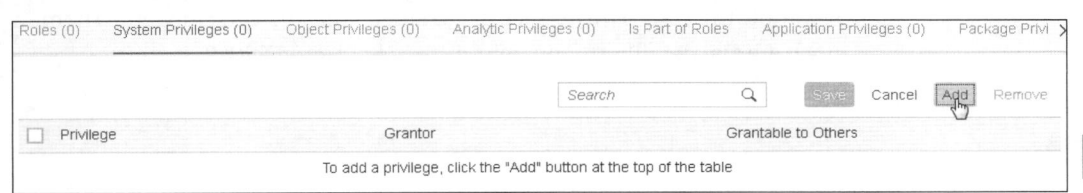

Abbildung 13.14 Hinzufügen von Berechtigungen

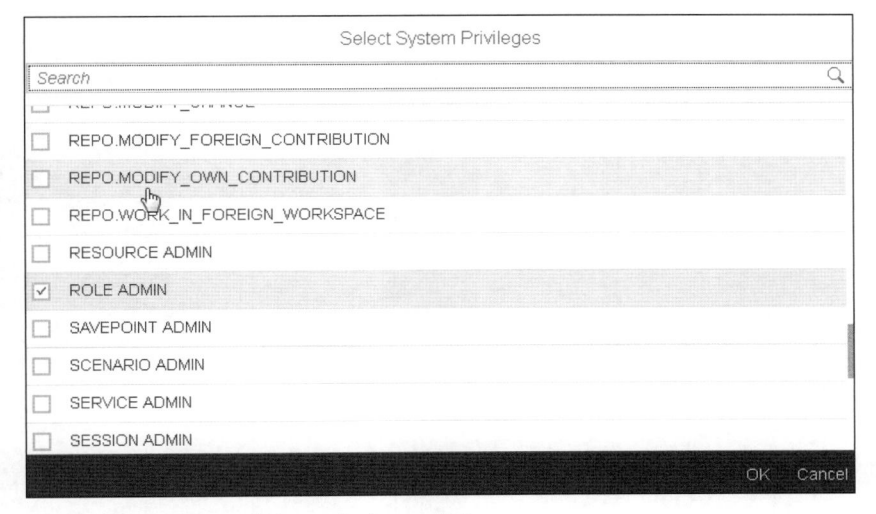

Abbildung 13.15 Berechtigung(en) auswählen

Nachdem Sie eine oder mehrere Berechtigungen ausgewählt haben, können Sie noch die Option **Grantable to Others** (siehe Infobox »Grantable to Others«) anwählen. Mit einem Klick auf den **Save**-Button beenden Sie die Zuweisung der Rollen.

639

Rollen pflegen Auch die Bearbeitung von Rollen erfolgt im in Abbildung 13.13 gezeigten Dialog. Mit dem **Edit**-Button nehmen Sie nicht nur die Zuweisung von Berechtigungen zur Rolle vor, sondern auch das Entfernen oder Anpassen erfolgt darüber.

> **[»] Berechtigung zum Erstellen von Rollen**
> Für die Erstellung von Rollen benötigt der erstellende Benutzer die Systemberechtigung ROLE_ADMIN.

Mit diesen Ausführungen schließen wir das Kapitel zur Benutzer- und Rechteverwaltung. Die vollständige Dokumentation finden Sie, wie schon erwähnt, im »SAP HANA Security Guide«, der auf verschiedene Themen noch einmal detaillierter eingeht: *http://s-prs.de/v685059*

Kapitel 14
Performance-Optimierung

Wer SAP HANA einsetzt, möchte Performance. In diesem Kapitel zeigen wir, wie Sie Performance-Analysen im SAP-HANA-System durchführen können und wie Sie Lastprobleme angehen.

Ebenso wie bei jeder anderen Datenbank hängt auch die Performance Ihres SAP-HANA-Systems von dessen Konfiguration ab. Dieses Kapitel befasst sich mit der Analyse der Performance einzelner Anweisungen an die Datenbank und der Performance der Datenbank insgesamt.

Bevor wir die verschiedenen Möglichkeiten zur Ermittlung und Optimierung der Performance betrachten, rufen wir uns kurz in Erinnerung, auf welchen Prinzipien SAP HANA gebaut wurde und welche Einsatzszenarien ursprünglich vorgesehen waren. SAP HANA ist darauf ausgelegt, ohne zusätzliche Einstellungen hinsichtlich der Performance einsetzbar zu sein. Optimierungen sind demnach eigentlich nicht notwendig; das System verwaltet und tunt sich selbst.

Selbstoptimierung

Dies ist möglich, da das ursprüngliche Betriebskonzept den Einsatz einer Datenbank auf einem oder mehreren Serverknoten vorsah (siehe auch Kapitel 4, »Betriebskonzepte«). Neben der Datenbank selbst sollten keine weiteren Applikationen auf dem Server bzw. den Servern laufen. Durch diese Exklusivität stehen der SAP-HANA-Datenbank alle Ressourcen auf einem bzw. mehreren Servern zur Verfügung, nur für das Betriebssystem muss ein kleiner Teil reserviert werden. Deshalb kann sie »gierig« sein und bei Anfragen alle Ressourcen allokieren, die auf dem System vorhanden sind.

Für eine effizientere Verwaltung nutzt die SAP-HANA-Datenbank für den Arbeitsspeicher auch ein eigenes Speichermanagement. Dabei wird Speicher allokiert und den verschiedenen Prozessen zugewiesen, die Speicher benötigen. Durch dieses Verwaltungskonzept kann die SAP-HANA-Datenbank umfassende Verwaltungsschritte ausführen, z. B. den Speicher von Prozessen erweitern und schrumpfen, ohne Gefahr zu laufen, dass dieser durch einen anderen Prozess geblockt wird.

Ressourcen-verwaltung in SAP HANA

Dieses grundlegende Konzept, also die Selbstverwaltung und gierige Nutzung von Ressourcen, gilt immer noch. Wird eine SAP-HANA-Datenbank mit einer einzigen Applikation alleine betrieben, d. h. als einzige Applikation auf einem Server(verbund), sollten deswegen keine weiteren Konfigurationen hinsichtlich der Performance vorgenommen werden. Die Datenbank läuft dann in der Regel bereits optimal.

Allerdings rütteln komplexere Applikationen und neue Betriebskonzepte an diesen Grundbedingungen. So ist inzwischen der Betrieb mehrerer Datenbanken bzw. Applikationen durch verschiedene Konzepte, z. B. durch Multiple Components One Database (MCOD), Multiple Components One System (MCOS) und Multi-Tenant-Database-Container (MDC), möglich (siehe auch Abschnitt 4.2, »Installationsvarianten«). In diesem Fall muss eine manuelle Verteilung der Ressourcen erfolgen, damit alle Datenbanken bzw. Applikationen korrekt laufen.

Ressourcen und Applikationen

Darüber hinaus werden die Applikationen selbst, die auf SAP-HANA-Systemen laufen, immer komplexer und weisen damit ein immer aufwendigeres Lastprofil auf. Dies kann z. B. durch die Integration von mehr Reporting-Funktionen erfolgen, wie das beim operationalen Reporting der Fall ist, das mit SAP S/4HANA stark ausgebaut wird. Das Lastprofil auf der Datenbank setzt sich dann aus einer Mischung aus OLTP- (*Online Transaction Processing*) und OLAP-Last (*Online Analytical Processing*) zusammen. Um gewährleisten zu können, dass einzelne Benutzer nicht alle Ressourcen für sich beanspruchen können, muss auch hier eingegriffen werden.

Workload Management

Eine entsprechende Aufteilung der Ressourcen, das sogenannte *Workload Management*, beinhaltet in erster Linie die Verteilung von Prozessorleistung (CPU) und Arbeitsspeicher (RAM), da um diese Ressourcen in der Regel die stärkste Konkurrenz besteht. Andere Systemressourcen sollten zwar auch beachtet werden, sobald ein Server für mehrere SAP-HANA-Datenbanken bzw. SAP-HANA-basierte Applikationen genutzt wird, allerdings sind diese in der Regel nicht so kritisch.

Prinzipiell gilt, dass das Sizing für mehrere SAP-HANA-Systeme bzw. mehrere Applikationen pro SAP-HANA-System dem kumulierten Sizing der Einzelsysteme entsprechen sollte (siehe Kapitel 3, »Sizing«). Da die Optimierung der Ressourcenverteilung auf mehrere SAP-HANA-Systeme bzw. Applikationen sehr komplex und abhängig von den Applikationen ist, schneiden wir die Optionen dafür nur an.

> **Nützliche SQL-Anweisungen für SAP HANA**
>
> Der SAP-Hinweis 1969700 beinhaltet eine Sammlung von SQL-Anweisungen, die für verschiedene Analysen des SAP-HANA-Systems eingesetzt werden können, unter anderem für Performance-Analysen. Diese Anweisungen werden kontinuierlich aktualisiert. Stellen Sie daher sicher, dass Ihnen immer die neueste Version vorliegt.

In diesem Kapitel beschreiben wir zuerst, wie die allgemeine Performance der Datenbank überwacht und Probleme ermittelt werden können. Anschließend zeigen wir, wie Sie die Performance einzelner Anweisungen überwachen und beschränken können. Danach erläutern wir kurz, wie Sie sowohl einzelne Systeme als auch unterschiedliche Applikationen hinsichtlich Ihrer Ressourcen beschränken können.

> **SAP HANA Performance Management Tools**
>
> Der SAP-Hinweis 2362820 bietet eine Übersicht über die verschiedenen *Performance Management Tools*, die unter SAP HANA zur Verfügung stehen. Er enthält neben nützlichen Informationen auch viele Links zu Spezialthemen und stellt einen guten Einstiegspunkt für die Informationssuche dar.

14.1 Datenbank-Performance

Wie bereits erläutert, ist SAP HANA selbstoptimierend. Dies bedeutet, dass die Datenbank sich selbstständig an das gerade auftretende Lastprofil anpasst, solange genug Ressourcen zur Verfügung stehen. Ein Eingriff durch Sie als Administrator ist an dieser Stelle nur in Ausnahmefällen vorgesehen. Änderungen an den internen Performance-Einstellungen von SAP HANA sollten nur auf Anweisung des SAP-Supports hin vorgenommen werden.

Die meisten Parameter, die durch Sie als Datenbankadministrator angepasst werden können, ändern die Rahmenbedingungen des Systems hinsichtlich der Performance, z. B. die Gesamtmenge der genutzten CPU-Kerne oder die Gesamtmenge des genutzten Arbeitsspeichers. Diese sind allerdings weniger dazu gedacht, die Performance einer einzelnen Datenbank zu beeinflussen, sondern dienen primär der Abgrenzung mehrerer Datenbanken oder Tenants auf einem Server. Die dafür notwendigen Parameter

Gesamt-Performance des Systems

beschreiben wir in Abschnitt 14.4, »Verschiedene SAP-HANA-Systeme abgrenzen«.

In diesem Abschnitt zeigen wir Ihnen nun, wie Sie verschiedene Performance-Kennzahlen der Datenbank einsehen können und welche Indikatoren es für einen Leistungsengpass gibt. Dieser Abschnitt beschäftigt sich mit der Performance der Datenbank im Allgemeinen. Die Analyse der Performance einzelner Anweisungen wird in Abschnitt 14.2, »Performance von SQL-Anweisungen«, behandelt.

Da SAP HANA einer stetigen Weiterentwicklung und Verbesserung unterliegt und wir im Rahmen dieses Kapitels nicht alle möglichen Indikatoren abdecken können, empfehlen wir Ihnen, bei Problemen immer auch den für Ihre SAP-HANA-Revision passenden »SAP HANA Troubleshooting and Performance Analysis Guide« einzusehen.

[»] **»SAP HANA Troubleshooting and Performance Analysis Guide«**

Sie finden den aktuellen »SAP HANA Troubleshooting and Performance Analysis Guide« unter *http://s-prs.de/v685060*. Beachten Sie, dass dieser jeweils auf die neueste SAP-HANA-Revision ausgelegt ist, die sich im Umfang von der von Ihnen eingesetzten Revision unterscheiden kann. Den für Ihre Revision passenden Leitfaden finden Sie in den Dokumentationspaketen unter *http://s-prs.de/v685061*.

Sollten Sie keine Lösung finden oder schwerwiegende Performance-Probleme haben, kontaktieren Sie den SAP-Support.

14.1.1 Die App »Performance Monitor«

Um eine Übersicht über den aktuellen und historischen Ressourcenverbrauch des SAP-HANA-Systems und aller seiner Dienste zu bekommen, bietet SAP zwei Werkzeuge an, den **Load Monitor** im SAP HANA Studio und den **Performance Monitor** im SAP HANA Cockpit. Beide bieten annähernd gleiche Funktionen. Da der browser-basierte **Performance Monitor** der langfristige Nachfolger des **Load Monitors** ist, konzentrieren wir uns auf dessen Beschreibung.

Eine kurze Beschreibung des Werkzeugs finden Sie auch in Abschnitt 5.3, »Verwendung des SAP HANA Cockpits«. Da der **Performance Monitor** und dessen Möglichkeiten dort nur kurz erläutert werden, beschreiben wir ihn im Folgenden ausführlich.

14.1 Datenbank-Performance

Die App **Performance Monitor** kann dazu genutzt werden, aktuelle und historische Performance-Werte einzusehen. Dazu zählen sowohl grundlegende Messwerte zu CPU-Last, Speicherverbrauch, Netzwerkdurchsatz und Input/Output (I/O) als auch detailliertere, datenbankspezifische Metriken wie offene Verbindungen oder geblockte Transaktionen. Das Werkzeug ist deswegen eine gute erste Anlaufstelle, um sich einen Überblick über die aktuelle und historische Auslastung der Datenbank zu verschaffen und bei Performance-Problemen die Ursachen einzugrenzen.

Aktuelle Last im SAP-HANA-System

Um zum **Performance Monitor** zu gelangen, öffnen Sie das SAP HANA Cockpit, navigieren über das **Ressource Directory** zum gewünschten Tenant bzw. SYSTEMDB und wählen **Monitor performance** auf der Kachel **Monitoring** (siehe Abbildung 14.1).

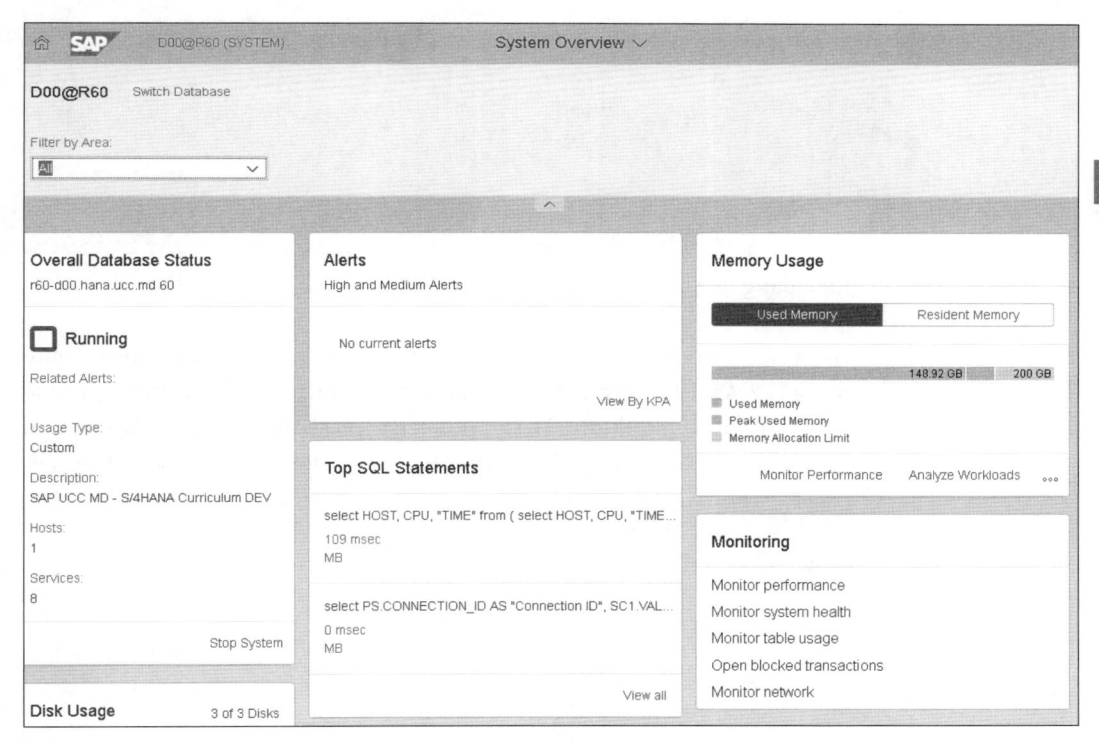

Abbildung 14.1 »Monitor Performance« im SAP HANA Cockpit

Neben diesem Link existieren noch weitere Verknüpfungen im SAP HANA Cockpit, die auf den **Performance Monitor** verweisen, z. B. **Monitor Disk Volume**, die ebenfalls den **Performance Monitor** öffnen, allerdings mit einer anderen Sicht.

14   Performance-Optimierung

»Performance Monitor« – Einstieg

In Abbildung 14.2 sehen Sie die Einstiegsseite des **Performance Monitors**, die sich in vier Teile untergliedert.

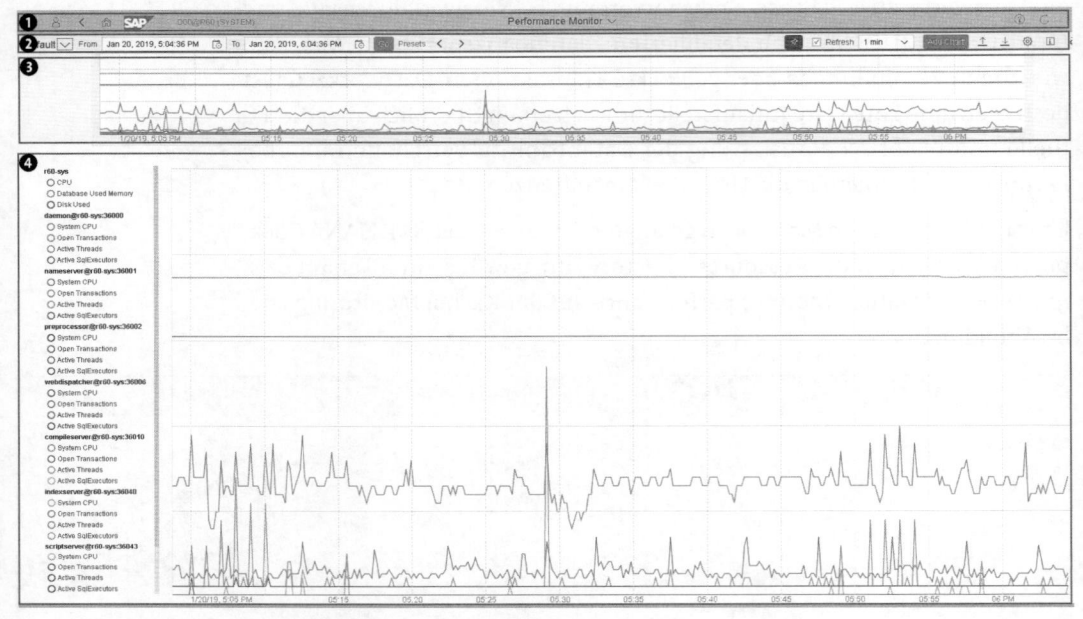

Abbildung 14.2 Übersicht »Performance Monitor«

Ganz oben finden Sie die Navigationsleiste der Applikation (siehe Abbildung 14.2, ❶). Über **Performance Monitor** können Sie zu ähnlichen Apps navigieren, wie in Abbildung 14.3 zu sehen ist. **CPU Usage**, **Memory Usage** und **Disk Usage** stellen unterschiedliche Sichten des **Performance Monitors** dar.

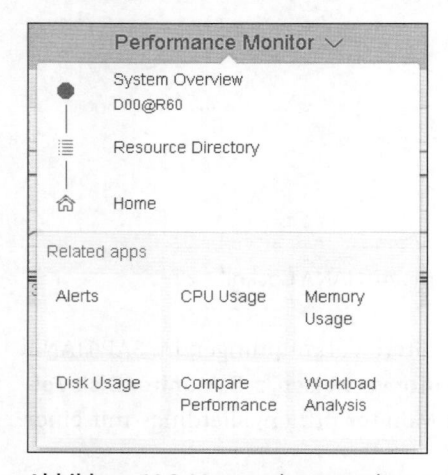

Abbildung 14.3 Verwandte Apps des »Performance Monitors«

14.1 Datenbank-Performance

Unter der Navigationsleiste (siehe Abbildung 14.2, ❷) befinden sich die eigentlichen Steuerelemente für die Applikation. Über den Pfeil neben **Default** können Sie verschiedene Sichten aufrufen, die Sie auch selbst definieren können. Die Sichten enthalten jeweils alle Charts und deren Einstellungen, die Sie im **Performance Monitor** festlegen.

Steuerelemente

Über **From** und **To** können Sie den Zeitraum festlegen, für den Sie Monitoring-Daten analysieren möchten. Beachten Sie, dass Sie **Go** anklicken müssen, um alle Charts zu aktualisieren. Für häufig genutzte Zeiträume wie z. B. die letzten sieben Tage sind verschiedene Vorlagen unter **Presets** definiert. Über den Button 📌 können Sie die Mini-Map ❸ ein- und ausblenden. Links neben der Steuerkontrolle für die automatische Aktualisierung der angezeigten Daten befinden sich drei weitere wichtige Kontrollen. Mit einem Klick auf **Add Chart** können Sie weitere Diagramme zum Chart-Bereich ❹ hinzufügen. In Abbildung 14.4 sehen Sie den Dialog zum Anlegen neuer Charts.

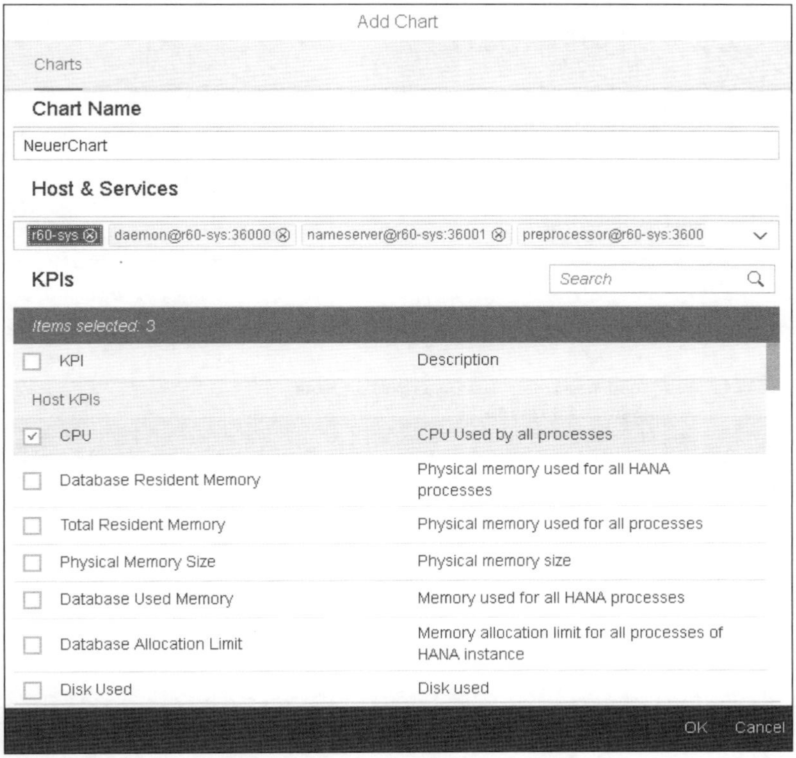

Abbildung 14.4 Neuen Chart anlegen

Sie haben dort die Möglichkeit, sowohl Hosts und Datenbankservices als auch die *Key Performance Indicators* (KPIs) auszuwählen, die in dem Chart

14 Performance-Optimierung

angezeigt werden. Stellen Sie sicher, dass Sie mindestens einen Host auswählen, ansonsten werden keine Daten im neuen Chart angezeigt.

Über den Button ⚙ (siehe Abbildung 14.2, ❷) können Sie die Einstellungen bestehender Charts anpassen, die Reihenfolge ihrer Anzeige bestimmen oder Charts aus der Übersicht löschen. Über die Buttons ⬇ und ⬆ laden Sie Monitoring-Daten herunter oder hoch.

Mini-Map   Die sogenannte *Mini-Map* (siehe Abbildung 14.2, ❸) dient schließlich als Navigationshilfe. Sie können dort über einen Klick mit der linken Maustaste den Zeitraum definieren (ziehen Sie ihn einfach auf), für den die Charts anzeigt werden sollen.

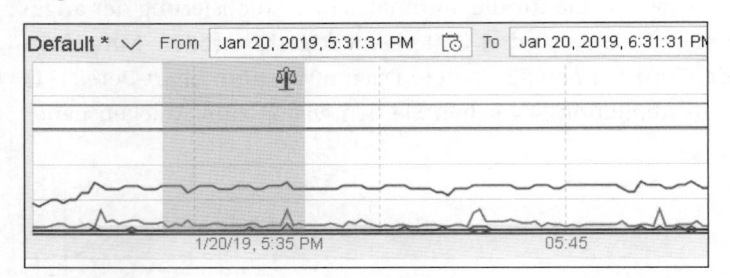

Abbildung 14.5 Mini-Map

Chart-Bereich   Abbildung 14.6 zeigt den letzten der vier Bereiche aus Abbildung 14.2, die eigentliche Chart-Ansicht ❹.

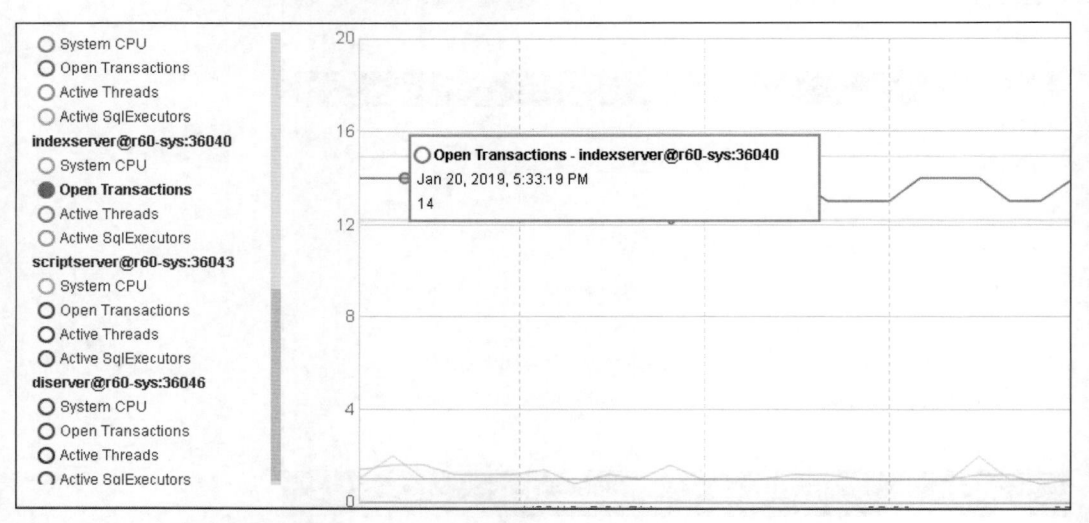

Abbildung 14.6 Chart im Detail

Dort werden von Ihnen bzw. SAP definierte Hosts und Datenbankservices sowie die KPIs angezeigt, die Sie in den Chart-Einstellungen festgelegt

648

haben – links in einer Übersicht, rechts grafisch, entsprechend ihrer Auslastung über einen bestimmten Zeitraum. Über einen Klick auf die KPIs können Sie Graphen hervorheben. In Abbildung 14.6 ist z. B. der Graph der offenen Transaktionen hervorgehoben. Wenn Sie Ihre Maus langsam über den Graphen bewegen, werden Ihnen die gemessenen Werte für den jeweiligen Zeitpunkt angezeigt.

Der **Performance Monitor** kann für eine Erstanalyse genutzt werden, um z. B. zu erfahren, welche Datenbankkomponenten zu welchen Zeitpunkten besonders stark belastet wurden. Bei Performance-Problemen ist diese Applikation deswegen einer der ersten Anlaufpunkte. Durch die Möglichkeit, Daten von mehreren Hosts bzw. Tenants anzuzeigen, können auch vergleichende Analysen vorgenommen werden.

Einsatzszenarien

> **Ressourcenauslastung zu einer bestimmten Uhrzeit analysieren**
>
> Ein Beispiel für einen praktischen Anwendungsfall ist ein Reaktionsverlust der Datenbank, der jeden Tag etwa zur gleichen Uhrzeit auftritt. Über den **Performance Monitor** können Sie in diesem Fall analysieren, wie die verschiedenen Datenbankkomponenten zu diesem Zeitpunkt in den letzten Tagen ausgelastet waren. So kann z. B. ermittelt werden, dass das Netzwerk zum Flaschenhals wird, wenn der eingehende Netzwerkverkehr (Metrik **Network In**) bei täglich stattfindenden ETL-Läufen (Extraktion, Transformation, Laden) hochschnellt.

[zB]

In der täglichen administrativen Arbeit wird dieses Werkzeug nicht genutzt, es ist aber sinnvoll, sich damit auseinanderzusetzen, bevor echte Probleme auftreten.

Neben der punktuellen Analyse von Performance-Daten ist es manchmal notwendig, Systemlasten unterschiedlicher Zeiten zu vergleichen, um Problemen auf die Spur zu kommen. Dazu gibt es die App **Performance Comparison**, die Sie über die Kachel **Compare Performance** in den mit dem **Performance Monitor** verwandten Apps (siehe Abbildung 14.3) oder durch Klick auf [Symbol] in der Mini-Map (siehe Abbildung 14.5) erreichen. In letzterem Fall wird der ausgewählte Zeitraum direkt als Vergleichszeitraum gesetzt.

Performance-Vergleich

In der App **Performance Comparison** definieren Sie zuerst über **Refine KPIs** die KPIs, deren Messwerte Sie für unterschiedliche Zeiten vergleichen möchten. Anschließend können Sie über **Add Chart** weitere Charts hinzufügen, für die Sie auch andere Zeiträume auswählen können. Die angezeigten KPIs bleiben für alle Charts gleich. In Abbildung 14.7 wurden z. B. unterschiedliche Zeiten für wenige grundlegende Performance-Metriken wie Speicher-, CPU- und Plattenauslastung angegeben.

14 Performance-Optimierung

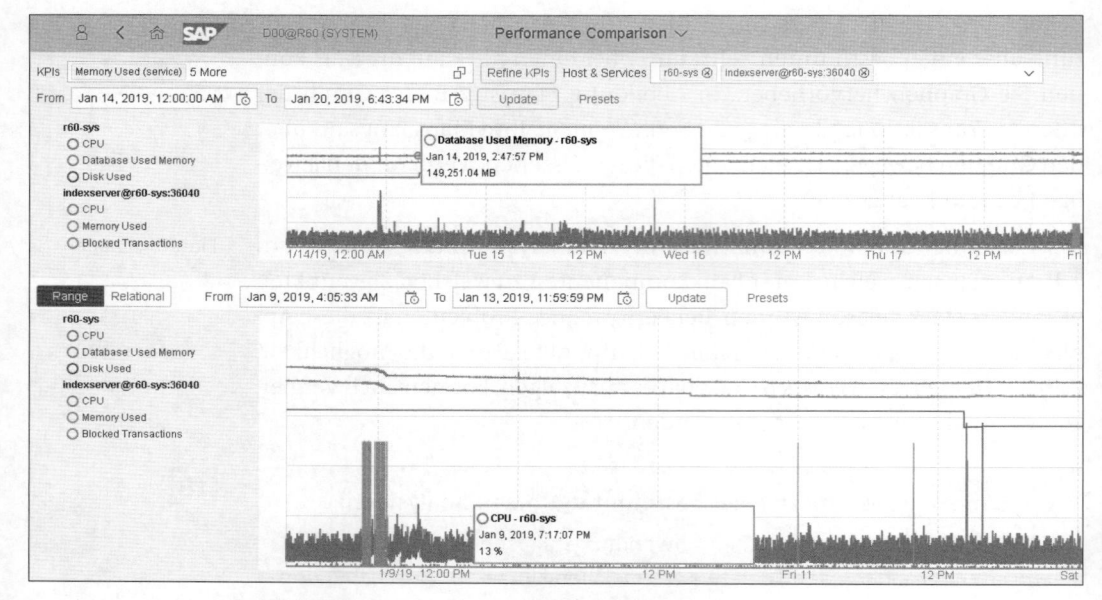

Abbildung 14.7 Performance-Vergleich

Da dieses Werkzeug in der Regel dazu genutzt wird, einen bestimmten Zeitraum, in dem ein Performance-Problem aufgetreten ist (z. B. vergangene Woche), mit weiter zurückliegenden Daten zu vergleichen, sollten sich alle angezeigten Charts auf den gleichen Zeitraum (z. B. eine Woche) beziehen. So können Sie die Daten leicht für einen Zeitpunkt (z. B. am Montagmorgen) unterschiedlicher Wochen vergleichen.

Vergleich über relationale Zeitangabe Für diesen Zweck können Sie für den anzuzeigenden Zeitraum Ihrer Charts anstelle einer absoluten Angabe (**Range**) auch eine relationale Zeitangabe (**Relational**) machen, wie in Abbildung 14.8 zu sehen.

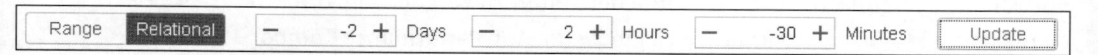

Abbildung 14.8 Relativer Vergleich

Eine genauere Analyse der Last können Sie anschließend über die App **Workload Analysis** vornehmen.

14.1.2 Die App »Workload Analysis«

Die App **Workload Analysis** stellt eine Erweiterung der App **Performance Monitor** dar, die bei der Analyse von Performance-Problemen detailliertere Informationen bereitstellt. So erhalten Sie auch Metainformationen, die weit über die statistischen Daten der einzelnen Prozesse hinausgehen – z. B.

14.1 Datenbank-Performance

erfahren Sie, welche SQL-Anweisungen von wem ausgeführt wurden und welche Last von welchen Komponenten erzeugt wurde.

Die App **Workload Analysis** erreichen Sie über zwei unterschiedliche Wege: Entweder Sie gehen in der App **Performance Monitor** über die verwandten Apps (wie in Abschnitt 14.1.1 beschrieben, über einen Klick auf **Performance Monitor**) auf **Workload Analysis** (siehe Abbildung 14.3). Oder Sie navigieren aus der Systemübersicht auf **Analyze Workloads** in den Kacheln **Memory Usage** und **CPU Usage** (siehe Abbildung 14.9).

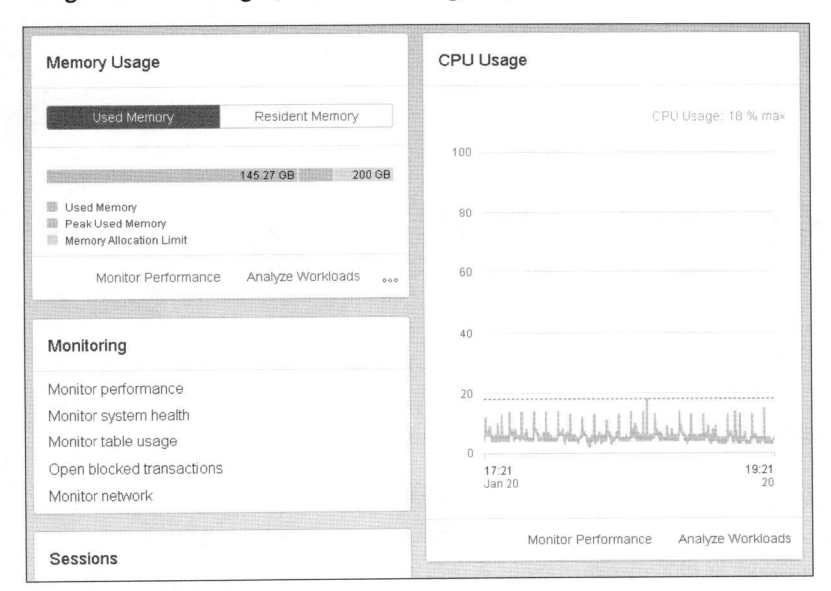

Abbildung 14.9 Systemübersicht – »Analyze Workloads«

Wie Sie in Abbildung 14.10 sehen, ist die App **Workload Analysis** in zwei Bereiche aufgeteilt.

Im oberen Teil sind Charts ausgewählter KPIs Ihrer Hosts und Datenbankservices zu sehen – der Aufbau ähnelt der Mini-Map in der App **Performance Monitor**. Dieser Teil dient primär der Orientierung und der Auswahl des gewünschten Zeitraums (siehe Abschnitt 14.1.1, »Die App ›Performance Monitor‹«), weniger der eigentlichen Analyse.

Im unteren Bereich sind die Analysewerkzeuge zu sehen, die auf die vier Registerkarten **Top SQL Statements**, **Background Jobs**, **Timeline** und **Threads** aufgeteilt sind. Die Informationen, die über die verschiedenen Register angezeigt werden, hängen vom oben gewählten Zeitraum ab.

Unter **Top SQL Statements** (siehe Abbildung 14.10) finden Sie die SQL-Anweisungen, die die meisten wartenden Threads in dem gewählten Zeit-

»Top SQL Statements«

651

14 Performance-Optimierung

raum hatten – weshalb sie für die Analyse von Performance-Problemen relevant sein können.

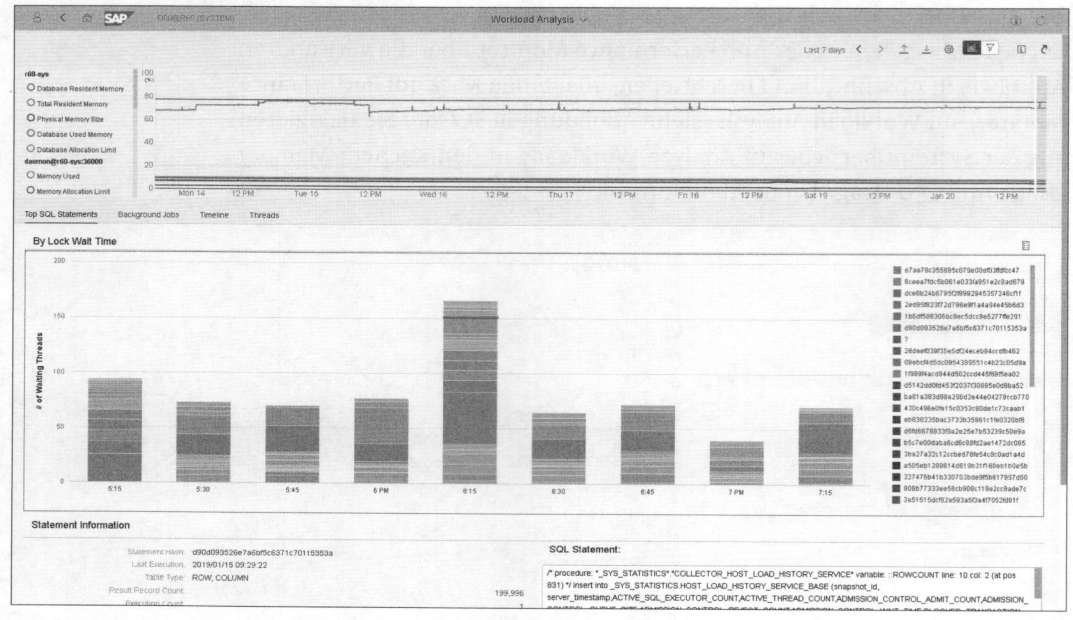

Abbildung 14.10 »Workload Analysis« – Übersicht

»Background Jobs« **Background Jobs** zeigt Ihnen sowohl alle Delta-Merge-Operationen als auch weitere Hintergrundarbeiten des SAP-HANA-Systems, wie z. B. Backups, Savepoints und Komprimierungen, an. Wie in Abbildung 14.11 zu sehen, ist es darüber einfach, Lastspitzen bzw. Ressourcenengpässe mit Hintergrundjobs zu korrelieren bzw. Hintergrundjobs als Ursache auszuschließen.

Abbildung 14.11 Hintergrundjobs

14.1 Datenbank-Performance

Gerade Backups und Delta Merges können signifikante Auswirkungen auf die Geschwindigkeit des Systems haben.

Im Register **Timeline** können Sie die Herkunft von Anweisungen analysieren. Wie in Abbildung 14.12 zu sehen ist, haben Sie hier die Möglichkeit, für einen bestimmten Zeitraum alle Statement-Hashes nach verschiedenen Dimensionen zu filtern und hierarchisch anzuordnen sowie durch einen Klick auf den jeweiligen Statement-Hash die Detailinformationen zu diesem einzusehen. Die Detailinformationen enthalten auch die vollständigen SQL-Anweisungen sowie weiterführende Informationen und Absprungpunkte zum **SQL Analyzer**. Das Register **Timeline** ist insbesondere dann hilfreich, wenn einzelne Anweisungen im Verdacht stehen, entweder nicht optimal ausgeführt zu werden oder so viele Ressourcen in Anspruch zu nehmen, dass das gesamte System verlangsamt wird.

Timeline

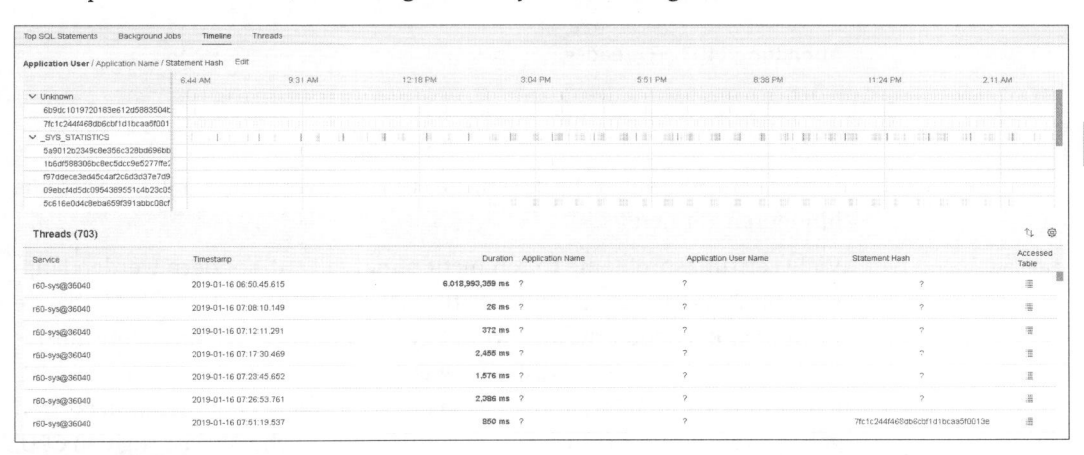

Abbildung 14.12 »Timeline«

Threads bietet schließlich eine detailliertere Einsicht, welche Benutzer, Applikationen oder Arbeitsaufgaben die Systemlast bedingen (siehe Abbildung 14.13). Wie in zu sehen ist, ist es möglich, über die Dimension Application User den Benutzer des SAP-S/4HANA-Systems, die auf dieser SAP-HANA-Instanz läuft, zu identifizieren und die erzeugten Lastentypen zu analysieren. Gerade wenn noch kein applikationsspezifisches Workload Management eingerichtet ist und viele OLAP-Funktionen des SAP-S/4HANA-Systems genutzt werden, können Sie dadurch Lastursachen identifizieren.

»Threads«

653

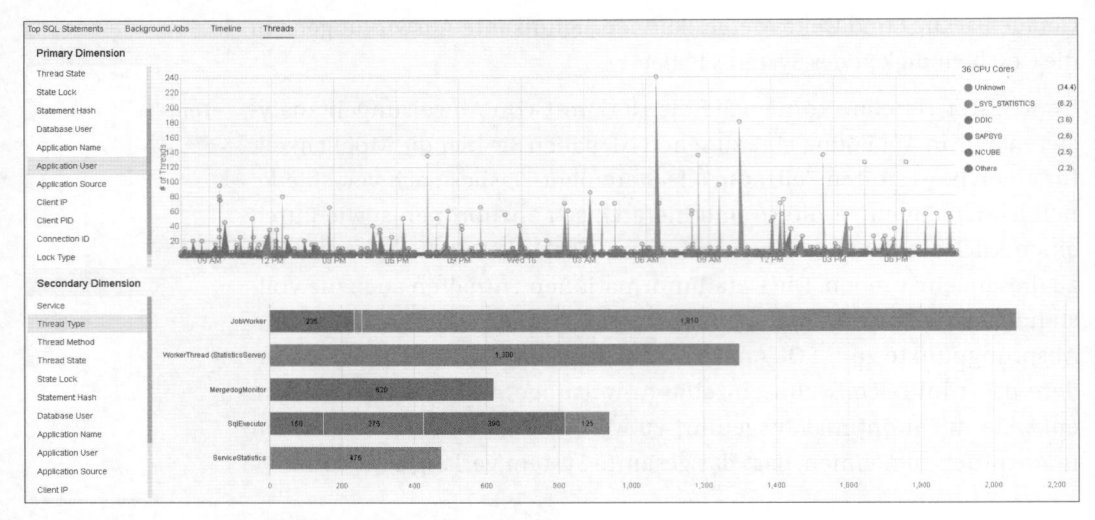

Abbildung 14.13 »Threads«

14.1.3 Indikatoren für Performance-Probleme

Es gibt verschiedene Indikatoren, die auf einen Leistungsabfall des Systems hindeuten können.

Frühindikatoren für Performance-Probleme

Viele Leistungsprobleme treten nicht punktuell auf, sondern werden langsam massiver, parallel zum Wachstum der Systemlast, wenn die Hardware nicht entsprechend erweitert wird. Bevor echte Leistungsprobleme auftreten, die die Arbeit mit dem System massiv behindern bzw. zu Systemausfällen führen, können Frühindikatoren erfasst werden. Zu diesen Indikatoren gehören z. B. kritische Werte für die durchschnittliche Auslastung von CPU, Arbeitsspeicher, I/O und Netzwerk, aber auch datenbankspezifische Indikatoren. Deswegen sollten Sie sich, bevor Sie mit einem SAP-HANA-System in den produktiven Betrieb gehen, potenzielle Problemstellungen hinsichtlich der Performance ansehen und verinnerlichen, welche Indikatoren auf diese Probleme hinweisen können. Zum Beispiel kann eine kontinuierlich wachsende Datenbank zu Knappheit beim Arbeitsspeicher führen. Unter hohem Speicherdruck wird die Datenbank vermehrt Unloads ausführen, was ein erster Indikator für Speicherknappheit sein kann.

Zu diesen Frühindikatoren zählen z. B. die folgenden Indikatoren, die wir detaillierter in Kapitel 16, »Fehleranalyse und -behebung«, beschreiben:

- *Plan Cache Evictions*
- *Blocked Transactions*
- *Column Store Unloads*
- *Out-of-Memory Dump*

Beachten Sie, dass dies nur einige beispielhafte Indikatoren sind. Da je nach Einsatzzweck noch viele andere auftreten können, sollten Sie alle Meldungen, die Sie von der Datenbank in Form von Alerts (siehe Abschnitt 15.2) und Trace-Einträgen erhalten, ernst nehmen und weiterverfolgen. Neben diesem Buch können Sie dabei auch folgende Hilfsmittel verwenden: den in Abschnitt 14.1, »Datenbank-Performance«, angesprochenen »SAP HANA Troubleshooting and Performance Analysis Guide« sowie die SAP-Hinweise und Wikis unter *https://support.sap.com*. Sollten Sie hier keine Lösung finden, können Sie eine Meldung bei SAP eröffnen, wie in Kapitel 17, »Service und Support«, beschrieben.

Zusammenfassend halten wir fest, dass ein SAP-HANA-System in der Regel ohne weitere Konfiguration performant läuft, solange ausreichend Ressourcen, d. h. insbesondere Speicher, für die Verarbeitung zur Verfügung stehen. Die meisten Parameter, die SAP HANA bereitstellt, um die Allokation und Verwendung von Ressourcen zu manipulieren, dienen in erster Linie der Beschränkung von Systemen, Tenants oder Applikationen, die parallel laufen.

> **SAP-Hinweise zur Performance-Optimierung**
>
> SAP-Hinweis 2000000 enthält eine Liste oft gestellter Fragen zum Thema Performance-Optimierung und bietet damit einen guten Einstiegspunkt in die Thematik. Darüber hinaus enthält der SAP-Hinweis eine Vielzahl von Links zu Unterthemen, die wir auch teilweise in diesem Kapitel ansprechen.

14.2 Performance von SQL-Anweisungen

Neben der Analyse der Performance der gesamten Datenbank kann auch die Performance einzelner Anweisungen analysiert werden. Dies ist z. B. nützlich, wenn die Datenbank Performance-Probleme aufweist und die Anweisungen identifiziert werden sollen, die für diese Probleme verantwortlich sind.

Normalerweise versucht SAP HANA, wenig komplexe, kurz laufende Anweisungen, also klassische OLTP-Last, zu erkennen und mit höherer Priorität auszuführen als länger laufende, komplexe Anweisungen, also klassische OLAP-Last. Durch dieses Verhalten soll die Reaktionsfähigkeit der Datenbank sichergestellt werden, auch wenn eine gemischte Last auf das System wirkt. Dies ist insbesondere dann nützlich, wenn komplexe, lang laufende SQL-Anweisungen häufiger auftreten. Dennoch kann die Perfor-

SQL-Anweisungen in SAP HANA

14 Performance-Optimierung

mance des gesamten Systems durch einzelne ressourcenintensive Queries negativ beeinflusst werden. Zur Analyse können verschiedene Werkzeuge eingesetzt werden, von denen wir Ihnen hier drei interne Werkzeuge kurz vorstellen.

14.2.1 Ausführungsplan

»EXPLAIN PLAN«

Wenn eine bereits bekannte Anweisung analysiert werden soll, kann die in vielen SQL-Dialekten bekannte Anweisung EXPLAIN PLAN genutzt werden. Wie bei den Datenbanksystemen Oracle oder IBM DB2 können Sie sich über diesen SQL-Befehl den Zugriffsplan einer Anweisung sowie die Kosten für die unterschiedlichen Schritte anzeigen lassen.

Auch über den SQL-Editor des SAP HANA Cockpits (siehe Abschnitt 5.4) können Sie sich über **Analyze** · **Explain Plan** den Ausführungsplan einer Anweisung anzeigen lassen (siehe Abbildung 14.14).

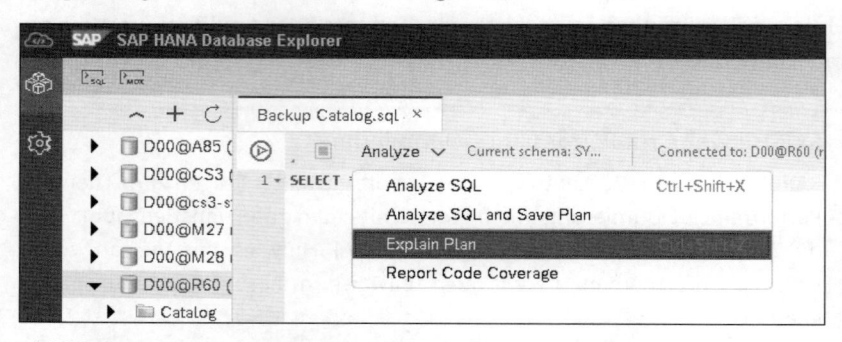

Abbildung 14.14 Ausführungsplan im SQL-Editor aufrufen

Der Aufruf des Menüpunkts macht nichts anderes, als die zu untersuchende Anweisung mit dem vorangestellten Befehl EXPLAIN PLAN auszuführen. Dies können Sie natürlich auch manuell anstoßen. Die Syntax für den Befehl sieht dann wie folgt aus:

```
EXPLAIN PLAN FOR <statement> | SQL PLAN CACHE ENTRY <plan_id>;
```

Zugriffspläne mittels SQL analysieren

Der SQL-Befehl kann entweder mittels EXPLAIN PLAN FOR <statement> direkt auf eine Anweisung angewendet werden oder mittels SQL PLAN CACHE ENTRY <plan_id> auf einen Eintrag im *SQL Plan Cache*. Mehr Informationen über die Syntax und die Optionen der SQL-Anweisung EXPLAIN PLAN können Sie dem Leitfaden »SAP HANA SQL and System View Reference« entnehmen, den Sie unter *http://s-prs.de/v6850062* finden. Beachten Sie, dass der Leitfa-

14.2 Performance von SQL-Anweisungen

den jeweils auf die neueste SAP-HANA-Revision ausgelegt ist, die sich von der von Ihnen eingesetzten Revision unterscheiden kann.

> **»EXPLAIN PLAN« im SAP HANA Cockpit**
> Im SAP HANA Cockpit unter SAP HANA 2.0 SPS3 wird die SQL-Anweisung EXPLAIN PLAN noch nicht unterstützt.

Als Ergebnis der Anweisung EXPLAIN PLAN bzw. der Ausführung von **Explain Plan** im Cockpit wird eine Tabelle ausgegeben, die nach den Operatoren und Ausführungsschritten geordnet ist, wie in Abbildung 14.15 dargestellt.

Ergebnis

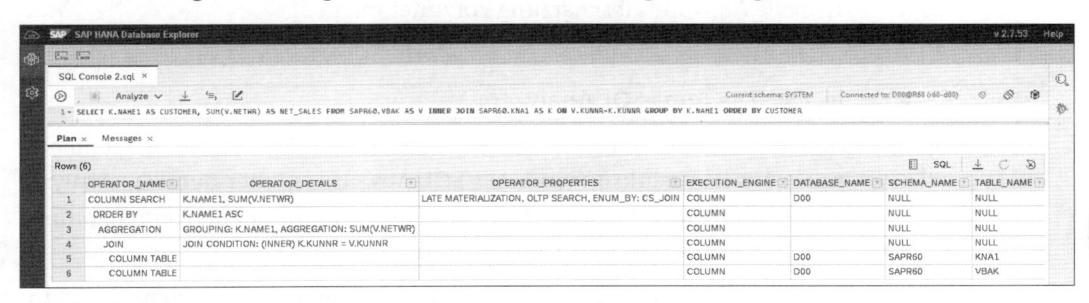

Abbildung 14.15 Ergebnis der Anweisung »EXPLAIN PLAN«

Die untersten Einträge in der Tabelle stellen dabei die Ausgangsprodukte dar, die nach und nach verarbeitet und aggregiert werden. Die zuletzt durchgeführte Operation steht als erster Eintrag in der Tabelle. Im Beispiel beginnt das SAP-HANA-System mit zwei verschiedenen Tabellen, die über eine JOIN-Anweisung zusammengefasst werden. Der jeweilige Operator und die Ausführungsdetails sind in den Spalten OPERATOR_NAME und OPERATOR_DETAILS aufgeführt. Zur Übersicht sind die wichtigsten Elemente in Abbildung 14.16 zusammengefasst.

Rows (6)	OPERATOR_NAME	OPERATOR_DETAILS	OPERATOR_PROPERTIE	EXECUT	DATA	SCHEM	TABLE
1	COLUMN SEARCH	K.NAME1, SUM(V.NETWR)	LATE MATERIALIZATION, O	COLUMN	D00	NULL	NULL
2	ORDER BY	K.NAME1 ASC		COLUMN		NULL	NULL
3	AGGREGATION	GROUPING: K.NAME1, AGGREGATION: S		COLUMN		NULL	NULL
4	JOIN	JOIN CONDITION: (INNER) K.KUNNR = V		COLUMN		NULL	NULL
5	COLUMN TABLE			COLUMN	D00	SAPR60	KNA1
6	COLUMN TABLE			COLUMN	D00	SAPR60	VBAK

Abbildung 14.16 Detailansicht des Ausführungsplans

Nach dem JOIN wurden eine AGGREGATION-Anweisung und anschließend die Anweisung COLUMN SEARCH ausgeführt, bevor das Ergebnis zurückgegeben wurde.

Bei der Analyse aufwendiger Anweisungen kann der Befehl EXPLAIN PLAN wesentlich komplexere Ausgaben generieren. Dann sind insbesondere noch die Felder OUTPUT_SIZE und SUBTREE_COST für die Analyse relevant, die die Ausgabegröße des Operators und die Kosten für seine Ausführung angeben. Über diese beiden Spalten kann für komplexe Anweisungen ermittelt werden, welche Teiloperationen der SQL-Anweisung am aufwendigsten sind. Die Anweisung EXPLAIN PLAN ist deswegen gut dafür geeignet, eine schnelle Aufwandsabschätzung vorzunehmen.

14.2.2 Die App »SQL Analyzer«

Neben der Analyse mittels EXPLAIN PLAN können Sie auch eine detaillierte Analyse der Ausführungen einer SQL-Anweisung über den **SQL Analyzer** durchführen, um genau zu verstehen, welche Komponenten einer komplexen Anweisung die lange Laufzeit verursachen.

Am einfachsten gelangen Sie zum **SQL Analyzer**, indem Sie den SQL Editor des SAP HANA Cockpits öffnen und die Anweisungen eingeben, die Sie analysieren möchten. Wie in Abbildung 14.17 zu sehen, gelangen Sie über **Analyze · Analyze SQL** in die App **SQL Analyzer**.

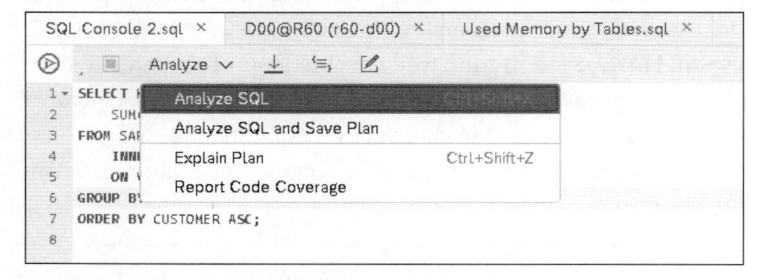

Abbildung 14.17 »SQL Analyzer« öffnen

Über den Menüpunkt **Analyze SQL and Save Plan** können Sie den Ausführungsplan der Anweisung als PLV-Datei (*PlanViz*) speichern. Diese Datei können Sie nicht nur im **SQL Analyzer**, sondern auch in anderen Werkzeugen für eine Analyse einsetzen. Das ist besonders hilfreich, wenn Sie nur eingeschränkten Zugriff auf die analysierte Quelldatenbank haben.

14.2 Performance von SQL-Anweisungen

> **PlanViz**
>
> *PlanViz* ist eine Applikation des SAP HANA Studios, die im SAP HANA Cockpit durch den **SQL Analyzer** abgelöst wird. Im Moment beinhaltet PlanViz noch mehr Funktionen als der **SQL Analyzer**, Letzterer wird aber kontinuierlich weiterentwickelt und PlanViz perspektivisch vollständig ablösen.

Der **SQL Analyzer** ist nicht nur über den SQL Editor erreichbar, sondern von überall, wo die Applikation im SAP HANA Cockpit als für eine Analyse hilfreich angesehen wird. In der Übersichtsseite einer SAP-HANA-Datenbank ist der **SQL Analyzer** z. B. über die Apps **Plan Trace** und **Saved Plans** in der Kachel **Manage SQL Performance** zu finden (siehe Abbildung 14.18). Dort können Sie den **SQL Analyzer** für eine in einem Trace gesammelte Anweisung bzw. für gespeicherte Ausführungspläne aufrufen.

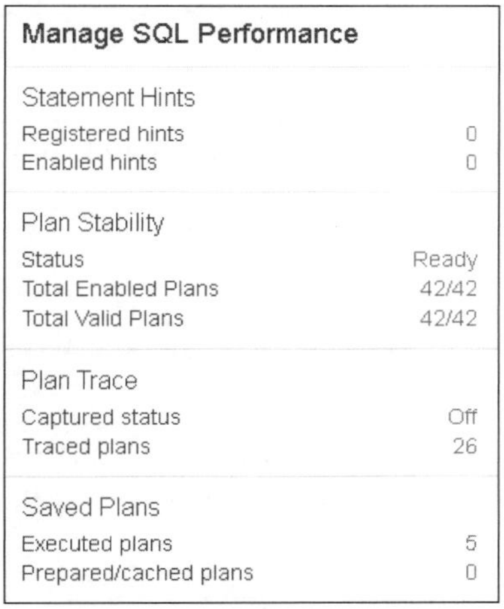

Manage SQL Performance	
Statement Hints	
Registered hints	0
Enabled hints	0
Plan Stability	
Status	Ready
Total Enabled Plans	42/42
Total Valid Plans	42/42
Plan Trace	
Captured status	Off
Traced plans	26
Saved Plans	
Executed plans	5
Prepared/cached plans	0

Abbildung 14.18 Kachel »Manage SQL Performance«

Wenn Sie den **SQL Analyzer** dagegen – wie zu Beginn des Abschnitts beschrieben – im SQL-Editor über **Analyze • Analyze SQL** öffnen (siehe Abbildung 14.17), erscheint ein neues Register mit der Übersichtsseite des **SQL Analyzers** (siehe Abbildung 14.19). Die Applikation ist in zwei Hälften unterteilt, die jeweils mehrere Registerkarten beinhalten.

Übersichtsseite des »SQL Analyzers«

In der oberen Hälfte finden Sie Übersichtsinformationen (**Overview**), eine grafische Aufbereitung des Ausführungsplans (**Plan Graph**) und die ursprüngliche SQL-Anweisung (**SQL**). Die untere Hälfte beinhaltet verschiedene Register mit Detailinformationen zur Anweisung, auf die wir im Folgenden genauer eingehen.

14 Performance-Optimierung

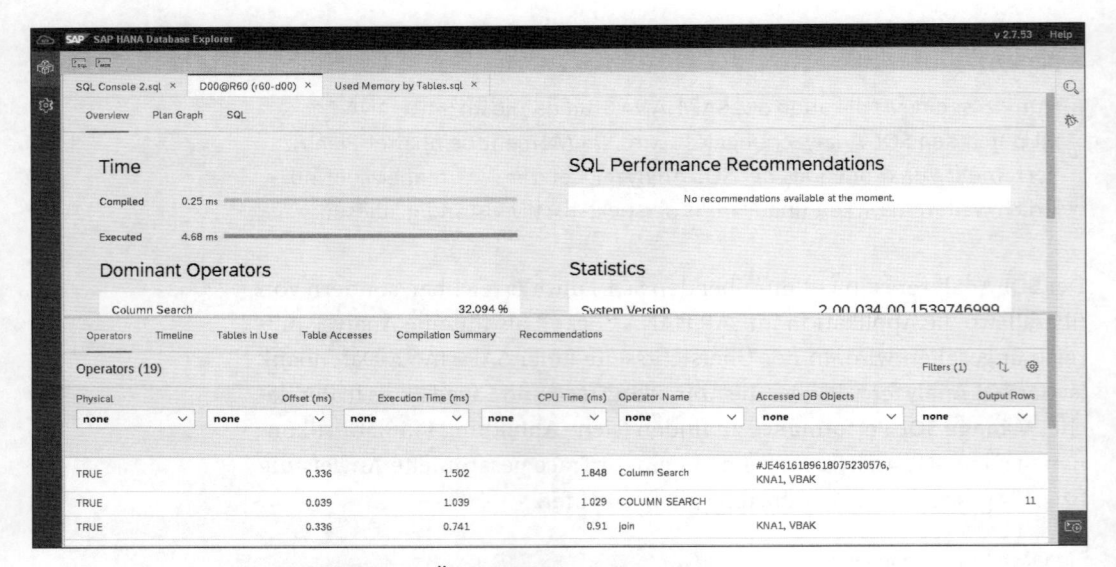

Abbildung 14.19 Übersicht des »SQL Analyzers«

Einfache SQL-Anweisung analysieren

Um nicht zu komplex zu werden, analysieren wir als Beispiel die folgende einfache SQL-Anweisung:

```
SELECT * FROM M_CONNECTIONS;
```

Die Anweisung ruft alle Einträge des Views M_CONNECTIONS auf, der die aktuellen Datenbankverbindungen beinhaltet.

Overview

Die Einstiegsseite **Overview**, die in Abbildung 14.20 zu sehen ist, beinhaltet zunächst verschiedene allgemeine Informationen über die analysierte SQL-Anweisung.

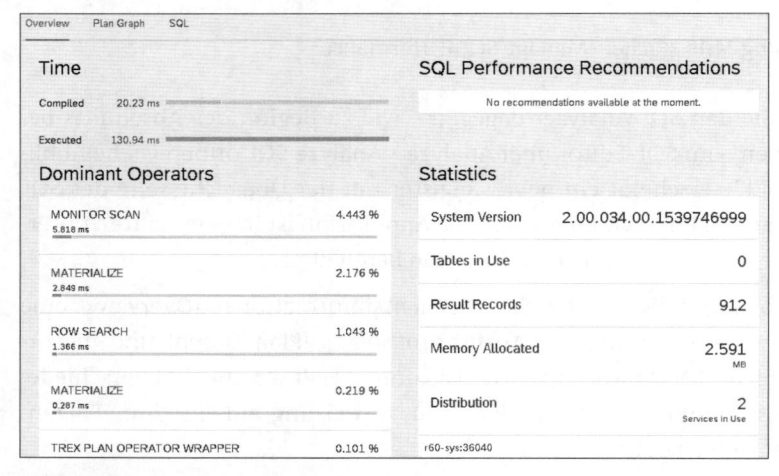

Abbildung 14.20 »Overview« des »SQL Analyzers«

14.2 Performance von SQL-Anweisungen

Dazu gehören z. B. die Ausführungszeit, der verbrauchte Speicher, am meisten genutzte Operationen, der verursachte Netzwerkverkehr und viele weitere Messwerte.

Um sich detaillierte Informationen über die Anweisung anzeigen zu lassen, müssen Sie über die Navigationszeile oben links in das Register **Plan Graph** wechseln. Wie Sie in Abbildung 14.21 sehen, werden Ihnen hier die unterschiedlichen durchgeführten Operationen in Form einer Baumstruktur angezeigt.

Register »Plan Graph«

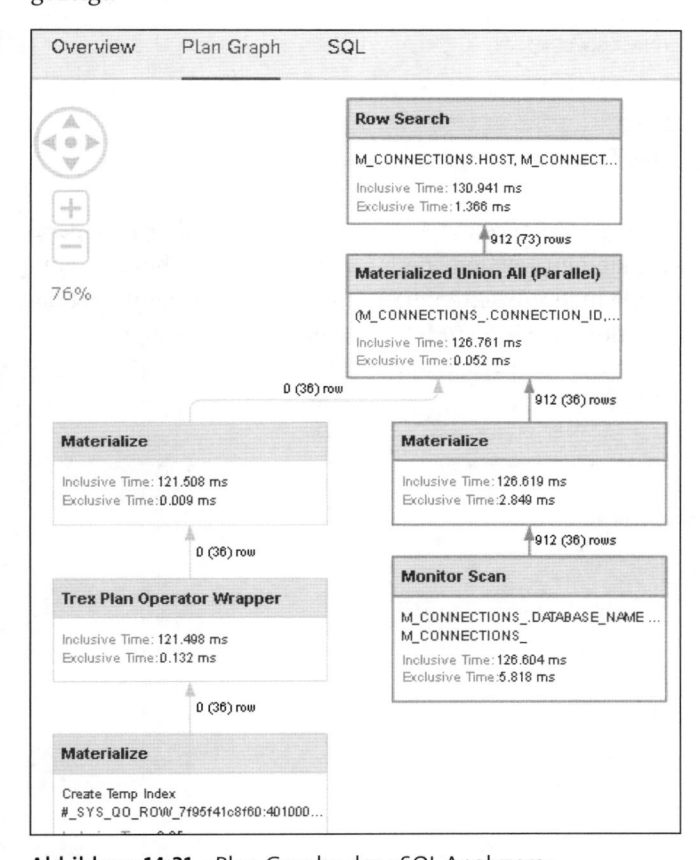

Abbildung 14.21 »Plan Graph« des »SQL Analyzers«

Bei komplexeren Anweisungen als dem hier gezeigten Beispiel werden verschiedene Schritte zur Übersichtlichkeit zusammengefasst, wie in Abbildung 14.22 zu sehen ist. Die erste Operation **Column Search**, die den größten Teil der Ausführungszeit ausmacht, wird nicht in ihren einzelnen Bestandteilen angezeigt. Durch einen Klick auf ⌵ in der unteren rechten Ecke können Sie die Anzeige der Operation expandieren.

Baumstruktur

14 Performance-Optimierung

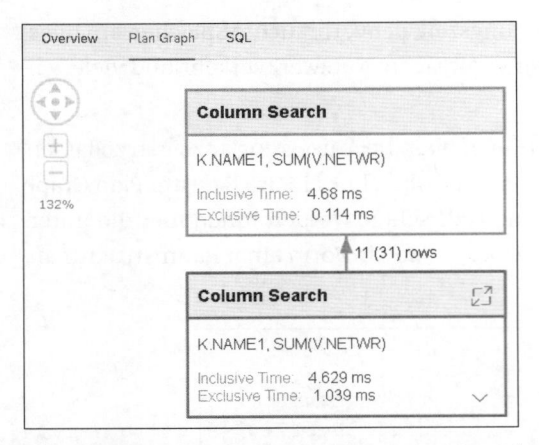

Abbildung 14.22 Komplexe Anweisungen im »Plan Graph«

Auch der in Abbildung 14.23 gezeigte Ausschnitt der expandierten Operation zeigt nur einen kleinen Teil der Operationen (ein Screenshot aller Einzeloperationen würde mehrere Seiten dieses Buches füllen), beinhaltet dafür aber alle Informationen, die Sie für eine Detailanalyse benötigen.

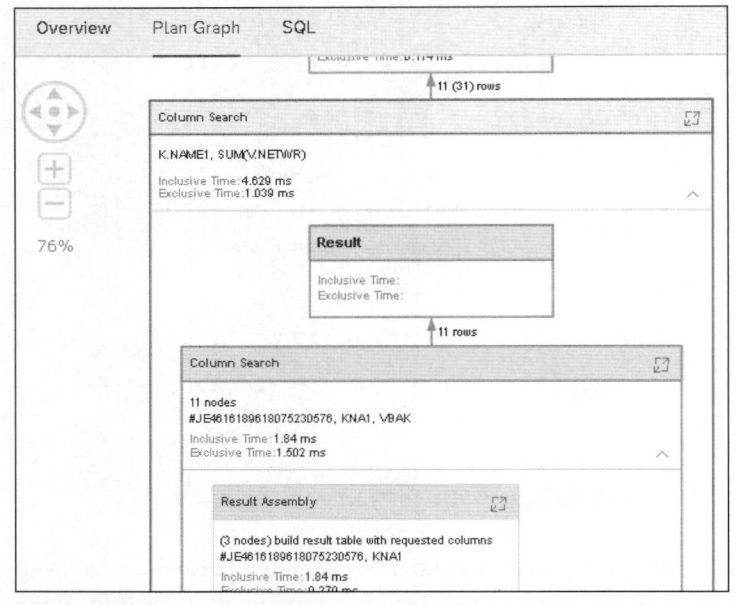

Abbildung 14.23 Komplexe Anweisungen im »Plan Graph« – expandiert

Kritischer Pfad   Der in Abbildung 14.21 gezeigte **Plan Graph** beinhaltet schließlich zwei Zweige, die am Ende des Ausführungsplans zusammengeführt werden. Der kritische Pfad der Anweisung, d. h. die Abfolge von Operationen, die die gesamte Ausführungsdauer am deutlichsten bestimmen, ist orange eingefärbt. Durch diese farbige Markierung lässt sich leicht feststellen, welche Komponenten der Anweisung für die lange Laufzeit verantwortlich sind.

Falls Sie wissen möchten, auf welchem Host (bei Multi-Host-Systemen) welche Operationen ausgeführt werden, können Sie sich weitere Informationen durch einen Klick auf die jeweilige Operation anzeigen lassen (siehe Abbildung 14.24).

Operator Name	Row Search
Operator ID	ID_3A2063C21153D742BFF36...
Location	r60-sys:36040
Summary	M_CONNECTIONS.HOST, M_CO...
Projected Cols	M_CONNECTIONS.HOST, M_CO...

Row Search

M_CONNECTIONS.HOST, M_CONNECT...

Inclusive Time: 130.941 ms
Exclusive Time: 1.366 ms

↑ 912 (73) rows

Materialized Union All (Parallel)

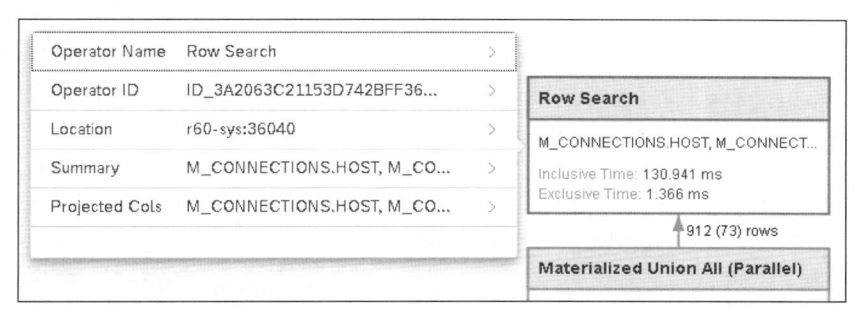

Abbildung 14.24 Weitere Informationen zur Operation

Neben der grafischen Darstellung können Sie sich die verschiedenen Operatoren auch tabellarisch anzeigen lassen (siehe Abbildung 14.25).

Tabellarische Ansicht

Physical	Offset (ms)	Execution Time (ms)	CPU Time (ms)	Operator Name	Accessed DB Objects	Output Rows
none	none	none	none	none	none	none
TRUE	0	1.366	1.337	ROW SEARCH		912
TRUE	2.713	0.287	0.279	MATERIALIZE	#_SYS_QO_ROW_7f95f41c8f6 0:4010000000013895de	0
TRUE	2.736	0.042	0.039	MONITOR SCAN	M_CONNECTIONS_	0
TRUE	4.146	0.052	0.036	MATERIALIZED UNION ALL (PARALLEL)		912
TRUE	4.151	2.849	2.834	MATERIALIZE		912
TRUE	4.153	5.818	5.813	MONITOR SCAN	M_CONNECTIONS_	912
TRUE	9.394	0.009	0.004	MATERIALIZE		0
TRUE	9.397	0.132	0.13	TREX PLAN OPERATOR WRAPPER		0

Abbildung 14.25 Register »Operators«

Wechseln Sie dazu im unteren Teil der Übersicht des **SQL Analyzers** (siehe Abbildung 14.19) auf das Register **Operators**. Dort haben Sie die Möglichkeit, die unterschiedlichen Operationen, die an der Ausführung der SQL-Anweisungen beteiligt waren, zu filtern und zu untersuchen. Insbesondere bei komplexen Queries kann diese Übersicht helfen, die kostspieligen Operatoren einfacher zu finden.

Register »Operators«

14 Performance-Optimierung

»Timeline« Neben der tabellarischen Ansicht finden Sie im Register **Timeline** den Zeitverlauf der Ausführung (siehe Abbildung 14.26). Dort sehen Sie eine zeitliche Aufschlüsselung der verschiedenen Operationen.

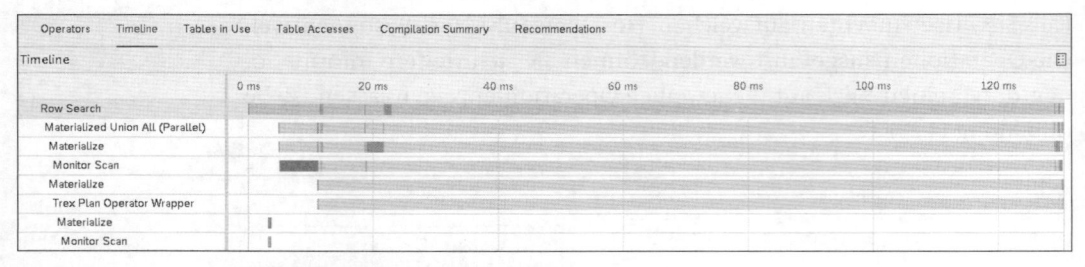

Abbildung 14.26 Register »Timeline«

»Tables in Use« Im Register **Tables in Use** findet sich eine Übersicht über alle in der Anweisung genutzten Tabellen (siehe Abbildung 14.27).

Table Name	Location	Partition	Max. Entries Processed	Number of Accesses	Max. Processing Time (ms)
SAPR60.KNA1	r60-sys:36040		80	4	0.256
SAPR60.VBAK	r60-sys:36040		11	4	0.192

Abbildung 14.27 Register »Tables in Use«

»Table Accesses« Zusammen mit den Informationen im nächsten Register **Table Accesses** (siehe Abbildung 14.28) finden Sie dort Informationen über die Anzahl der Zugriffe auf die verschiedenen Tabellen sowie Tabellenspalten und Zugriffszeiten. Diese Informationen können z. B. hilfreich sein, wenn Sie entscheiden möchten, für welche Tabellen zusätzliche Indizes angelegt werden sollen.

Offset	Object Name	Conditions	Processing Time	Entries Processed	Location	Partition
0.336 ms	SAPR60.VBAK.KUNNR	Semijoin1 (first join par... Mo...	0.192 ms	11	r60-sys:36040	
0.563 ms	SAPR60.KNA1.KUNNR	Semijoin2 (second join... Mo...	0.256 ms	80	r60-sys:36040	
0.854 ms	SAPR60.KNA1.KUNNR	Semijoin3 More	0.039 ms	11	r60-sys:36040	
0.937 ms	SAPR60.VBAK.KUNNR	Semijoin4 More	0.07 ms		r60-sys:36040	
1.035 ms	SAPR60.KNA1.NAME1	Group By NAME1 More	0.176 ms	80	r60-sys:36040	
1.457 ms	SAPR60.VBAK	Group By More	0.168 ms		r60-sys:36040	
1.655 ms	SAPR60.VBAK.NETWR	SUM (NETWR) More	0.138 ms		r60-sys:36040	
1.822 ms	SYSTEM.#JE46161896180752 30256	Split Plandata More	0.026 ms	11	r60-sys:36040	
1.874 ms	SAPR60.KNA1.NAME1	Projection of column N... Mo...	0.084 ms	11	r60-sys:36040	

Abbildung 14.28 Register »Table Accesses«

In Abbildung 14.27 und Abbildung 14.28 sind die Ausgaben der folgenden Anweisung gewählt worden, da dieses, je nach Systemgröße, eine erhebliche Laufzeit haben kann (siehe Listing 14.1):

```
SELECT K.NAME1 AS CUSTOMER,
       SUM(V.NETWR) AS NET_SALES
FROM SAPR60.VBAK AS V
     INNER JOIN SAPR60.KNA1 AS K
     ON V.KUNNR = K.KUNNR
GROUP BY K.NAME1
ORDER BY CUSTOMER ASC;
```

Listing 14.1 Komplexe Anweisung

Die Anweisung berechnet die Nettoauftragssumme je Kunde ohne Filter.

Die letzten beiden Register **Compilation Summary** und **Recommendations** (siehe Abbildung 14.19) beinhalten Detailinformationen zum Kompiliervorgang des Statements und, falls vorhanden, Vorschläge für die Verbesserung der Queries hinsichtlich der Geschwindigkeit.

14.2.3 Expensive Statements Trace

Wenn das System durch SQL-Anweisungen ausgebremst wird, aber nicht bekannt ist, welche Anweisungen dafür verantwortlich sind, kann der *Expensive Statements Trace* zur Analyse genutzt werden. Aktivieren Sie diesen Trace, werden alle SQL-Anweisungen protokolliert, die bestimmte Schwellenwerte überschreiten.

> **Weitere Informationen zum SAP HANA Expensive Statements Trace**
>
> Der SAP-Hinweis 2180165 enthält eine Liste oft gestellter Fragen im Zusammenhang mit dem Expensive Statements Trace. Der Hinweis wird kontinuierlich aktualisiert und dient als guter Einstiegspunkt in die Thematik.

Zur Messung stehen verschiedene Schwellenwertkriterien zur Verfügung. Regulär werden alle Anweisungen aufgezeichnet, deren Laufzeit einen bestimmten eingestellten Wert in Mikrosekunden überschreitet. Dieser Wert kann bei der Aktivierung der Traces eingeschaltet werden. Zusätzlich können über die Konfigurationsdateien der Datenbank auch noch zwei weitere Schwellenwerte konfiguriert werden. Der erste ist die verbrauchte CPU-Zeit, also die CPU-Ressourcen, die für die Verarbeitung der Anweisung aufgewendet werden müssen. Damit ein Aufzeichnen von SQL-Anweisungen

Schwellenwerte konfigurieren

mit diesem Schwellenwert möglich ist, muss die folgende Konfigurationseinstellung gesetzt werden:

- Datei **global.ini** • Sektion [resource_tracking] • Parameter enable_tracking = on

Tracing von CPU- und Speicherverbrauch

Alternativ können Sie auch alle Anweisungen aufzeichnen, die einen bestimmten Speicherverbrauch überschreiten. Ein solches Tracing nach Speicherverbrauch kann nur durchgeführt werden, wenn die folgenden Konfigurationseinstellungen gesetzt werden:

- Datei **global.ini** • Sektion [resource_tracking] • Parameter enable_tracking = on
- Datei **global.ini** • Sektion [resource_tracking] • Parameter memory_tracking = on

Beachten Sie, dass die Schwellenwerte nicht zu gering eingestellt sein dürfen, wenn Sie den Expensive Statements Trace aktivieren, da ansonsten sehr viele Anweisungen aufgezeichnet werden. Dies erschwert zum einen die anschließende Identifikation von Anweisungen, die sehr aufwendig sind, zum anderen führt dies zu einer zusätzlichen Last auf der Datenbank. Dies gilt immer – egal, welche Schwellenwerte für die Identifikation teurer Anweisungen eingesetzt werden. Wenn der Expensive Statements Trace korrekt konfiguriert ist, benötigt er kaum zusätzliche Ressourcen. Daher empfiehlt SAP, diesen Trace kontinuierlich aktiviert zu lassen, um bei Performance-Problemen sofort auf Daten zurückgreifen zu können.

Browser-basierte Administrationswerkzeuge

Sie können den Expensive Statements Trace mit verschiedenen Werkzeugen konfigurieren und aktivieren, sowohl über das SAP GUI als auch über das SAP HANA Studio und das SAP HANA Cockpit. Da sich die Tendenz in der strategischen Entwicklung der Administrationswerkzeuge für SAP HANA eindeutig in Richtung browser-basierte Werkzeuge bewegt, beschreiben wir im Folgenden nur diese Lösung.

Expensive Statements Trace konfigurieren

Um den Expensive Statements Trace zu konfigurieren und zu aktivieren, klicken Sie im SAP HANA Cockpit in der Systemübersicht einer SAP-HANA-Datenbank auf **Top SQL Statements**, um zur App **Monitor Statements** zu gelangen.

> **Bug für Multi-Tenant-Datenbanken**
>
> Im Moment existiert ein Bug, der verhindert, dass der Expensive Statements Trace über das SAP HANA Cockpit auf einer Tenant-Datenbank konfiguriert werden kann. Verwenden Sie alternativ das SAP HANA Studio, oder nehmen Sie die Konfiguration dateibasiert vor.

14.2 Performance von SQL-Anweisungen

Klicken Sie im Bildschirm **Monitor Statements** auf **Expensive Statement**, um zum Expensive Statements Trace zu gelangen (siehe Abbildung 14.29).

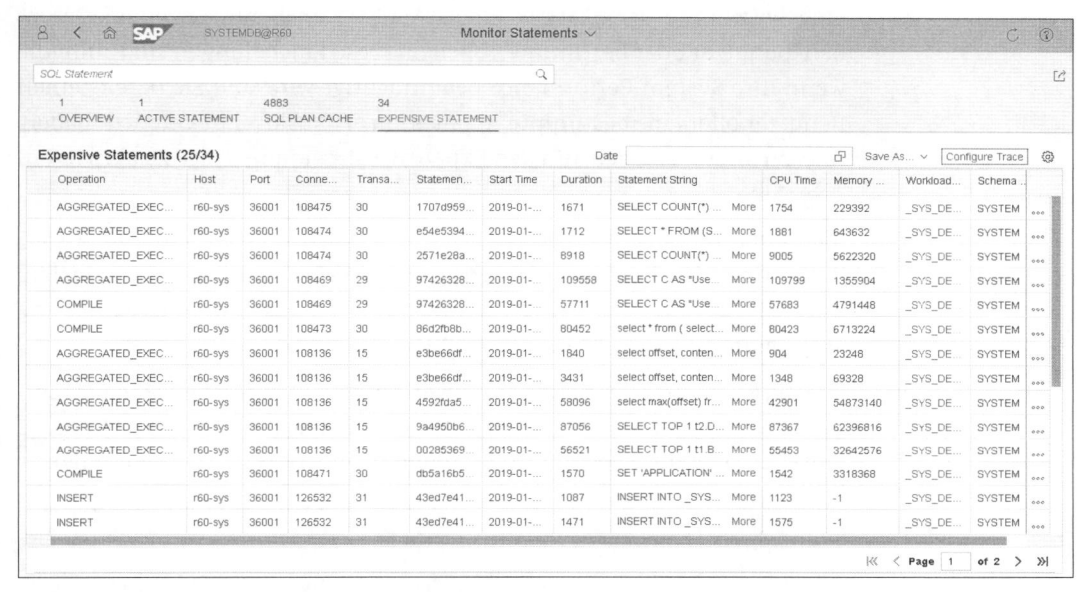

Abbildung 14.29 Expensive Statements Trace

Anschließend können Sie über **Configure Trace** die Einstellungen öffnen. Wie in Abbildung 14.30 zu sehen, haben Sie dort unterschiedliche Möglichkeiten, die Traces zu konfigurieren.

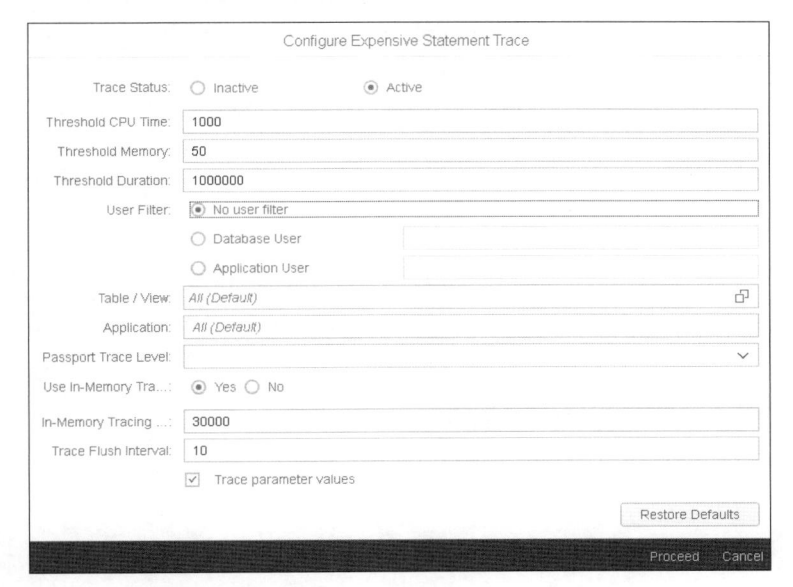

Abbildung 14.30 Expensive Statements Trace konfigurieren

14 Performance-Optimierung

In Ergänzung zur Vorgabe des Schwellenwerts für die Dauer der Anweisungen in Mikrosekunden können Sie den Trace weiter einschränken, z. B. auf eine bestimmte Applikation, einen Applikationsbenutzer, einen Datenbankbenutzer oder bestimmte Tabellen. Diese Einstellungen sind sinnvoll, wenn Ihre System-Performance beeinträchtigt wird und Sie bereits einen Benutzer oder eine bestimmte Applikation als Auslöser in Verdacht haben. Klicken Sie auf **Proceed**, um den Expensive Statements Trace zu aktivieren.

Konfiguration in INI-Dateien
Neben den Parametern, die Sie hier einstellen können, gibt es noch weitere, die in den Datenbankkonfigurationsdateien (INI-Dateien) eingestellt werden können. Die Parameter finden Sie in der Konfigurationsdatei **global.ini** unter der Sektion `expensive_statements`. Eine vollständige Beschreibung aller Parameter können Sie dem SAP-Hinweis 2180165 entnehmen.

Auswertung
Um die Ergebnisse des Traces auszuwerten, gibt es zwei Möglichkeiten. Entweder können Sie die Ergebnisse direkt im View `M_EXPENSIVE_STATEMENTS` einsehen oder die App **Monitor Statements** im SAP HANA Cockpit nutzen.

> **Anzahl der Einträge in Monitoring-Sichten begrenzen**
> SAP-Hinweis 2088971 beschreibt, wie Sie die maximale Anzahl von Elementen in SAP-HANA-Monitoring-Views im Allgemeinen und im View `M_EXPENSIVE_STATEMENTS` im Speziellen begrenzen.

Um den Expensive Statements Trace auszuwerten, können Sie direkt die Anweisungen analysieren, die als Ausgabe des Expensive Statements Traces auf dem Register **Expensive Statements** ausgegeben werden. In der Tabelle (siehe Abbildung 14.31) werden alle SQL-Anweisungen aufgeführt, die den konfigurierten Bedingungen entsprechen. Besonders interessant sind die in Tabelle 14.1 aufgeführten Felder.

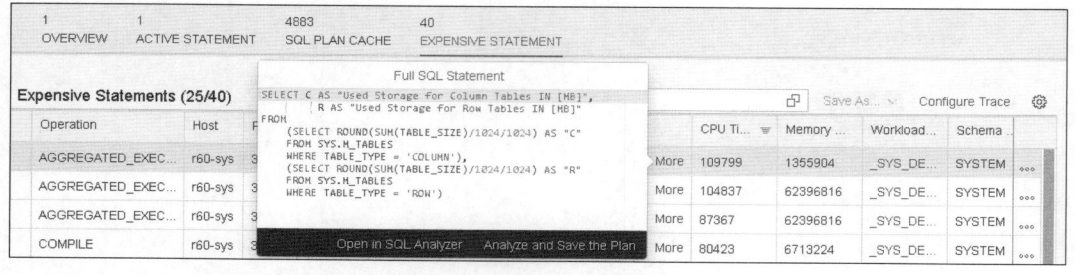

Abbildung 14.31 Expensive Statements Trace auswerten

Feld	Beschreibung
Statement String	ausgeführte SQL-Anweisung
Duration	Laufzeit der Anweisung in Mikrosekunden
LOCK_WAIT_DURATION	Zeit in Mikrosekunden, die die Anweisung auf eine Sperre warten musste (Feld wird standardmäßig nicht angezeigt)
MEMORY_SIZE	für die Anweisung aufgewendeter Speicher
CPU Time	für die Anweisung aufgewendete CPU-Ressourcen

Tabelle 14.1 Felder zur Auswertung des Expensive Statements Traces

Die gleichen Felder können Sie auch direkt dem View M_EXPENSIVE_STATEMENTS entnehmen.

Darüber hinaus können Sie von der Anweisung aus auch direkt in den **SQL Analyzer** wechseln, um eine detailliertere Analyse vorzunehmen.

Wenn Sie sich mit dem Expensive Statements Trace vertraut gemacht haben, sollten Sie ihn standardmäßig mit hohen Schwellenwerten konfigurieren, um bei Performance-Problemen sofort auf Daten zurückgreifen zu können. Die gesammelten Daten helfen, die Verursacher der Lastspitzen zu identifizieren, wenn bestimmte Benutzer oder Applikationen mit Anweisungen viel Last auf die Datenbank legen.

14.3 Capture and Replay

Mit SAP HANA 1.0 SP12 wurde die Funktion *Capture and Replay* zum System hinzugefügt. Diese erlaubt es, auf einem System ausgeführte Anweisungen, sogenannte *Workloads*, aufzuzeichnen und auf dem gleichen oder anderen Systemen noch mal auszuführen. Die aufgezeichnete Arbeitslast kann dabei in einer Datei gespeichert werden, um leichter verteilt zu werden. Dabei ist es irrelevant, wodurch die Arbeitslast erzeugt wurde (durch SAP NetWeaver, eine eigene Applikation auf SAP HANA oder durch manuelle SQL-Anweisungen), alle Anweisungen, die auf dem System ausgeführt werden, werden beachtet.

Die Technologie wurde entwickelt, um die Auswirkung von Upgrade-Prozessen genauer abschätzen zu können. Die zwei Haupteinsatzzwecke sind dabei Hardware-Upgrades, z. B. eine neue Servergeneration, sowie Software-Upgrades des SAP-HANA-Systems selbst.

Auswirkung von Upgrade-Prozessen abschätzen

> **Capture and Replay**
> SAP-Hinweis 2669621 enthält oft gestellte Fragen und Antworten zu Capture and Replay und dient als guter Startpunkt zur Information, bevor Sie anfangen, die Technologie zu verwenden.

Bei Hardware-Upgrades kann z. B. die Last des produktiven SAP-S/4HANA-Systems aufgezeichnet werden und auf der Teststellung einer neuen Servergeneration getestet werden. Dies hilft, CPU-Anforderungen besser abzuschätzen und Kosten zu sparen, da bei gleichbleibendem Lastprofil und effizienteren CPUs weniger CPU-Kerne notwendig sind, um die gleiche Leistung zu erhalten.

Der zweite Einsatzzweck ist der Test neuer SAP-HANA-Versionen. Durch die ständige Weiterentwicklung von SAP HANA werden die unterschiedlichen Komponenten des Systems verbessert und verändert. Dies hat in der Regel positive Effekte auf die Stabilität und die Performance der Datenbank, kann unter Umständen aber auch negative Auswirkungen auf die Performance des Systems haben. Durch das Aufzeichnen von Workloads auf dem produktiven System einer alten SAP-HANA-Version und die Wiedergabe auf einem Qualitätssicherungs- oder Entwicklungssystem einer aktuellen SAP-HANA-Version lassen sich die Auswirkungen des Upgrades auf die Performance gut abschätzen, da Sie echte Lastdaten erhalten.

> **Capture and Replay**
> Unter https://help.sap.com/doc/66e83120f6464044b5eff728a82234a7/2.0.00/en-US/hana20_CNR_guide_best_practice.pdf stellt SAP einen Best Practices Guide bereit, der alle Schritte der Technologie detailliert beschreibt.

Bei der initialen Integration in SAP HANA war die Bedienung von Capture and Replay nur über die Kommandozeile möglich. Inzwischen können sowohl der Capture- als auch der Replay-Prozess vollständig über das SAP HANA Cockpit ausgeführt werden, und nur ein Schritt verbleibt in der Kommandozeile. Im Folgenden beschreiben wir die Ausführung von Capture and Replay im SAP HANA Cockpit.

14.3.1 Capture Management

Öffnen Sie das SAP HANA Cockpit (siehe Kapitel 5, »SAP HANA Cockpit 2.0«), und navigieren Sie zur Übersicht Ihres Systems bzw. Tenants (**System**

Overview), für den Sie einen Workload aufzeichnen möchten. Klicken Sie auf die Kachel **Capture Workload** (siehe Abbildung 14.32), um zur App **Capture Management** zu gelangen.

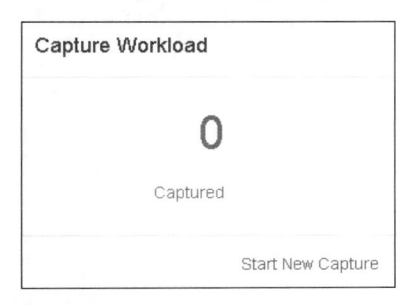

Abbildung 14.32 »Capture Workload«

Bevor Sie mit dem Aufzeichnen eines Workloads beginnen, müssen Sie allgemeine Einstellungen festlegen. Klicken Sie auf den Button **Configure Capture**. Im sich öffnenden Dialog (siehe Abbildung 14.33) können Sie sowohl das Ausgabeverzeichnis für die Workload-Datei als auch den Puffer (Datenmenge, die aufgezeichnet wird, bevor sie auf die Festplatte geschrieben wird) und die Segmentgröße für den Workload festlegen.

Allgemeine Einstellungen

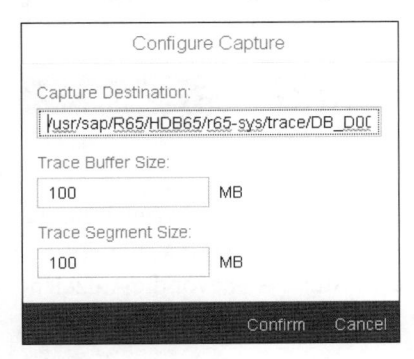

Abbildung 14.33 Capture konfigurieren

Stellen Sie zudem sicher, dass der <sid>adm-Benutzer des SAP-HANA-Systems in das Zielverzeichnis schreiben kann und dort ausreichend Speicherplatz zur Verfügung steht. Beachten Sie, dass die Größe der geschriebenen Daten stark von der Systemlast und der Länge der Aufzeichnung abhängt. Es wird empfohlen, zu Beginn eine kurze Aufzeichnung der Systemlast durchzuführen, sodass Sie abschätzen können, wie viele Daten in etwa geschrieben werden – und wie viel Speicherplatz entsprechend notwendig ist.

Klicken Sie nach der allgemeinen Konfiguration auf **Confirm**, um eine Aufzeichnung zu konfigurieren. Auf der in Abbildung 14.34 gezeigten Über-

Aufzeichnung konfigurieren

sichtsseite können Sie verschiedene Einstellungen vornehmen. Im Abschnitt **General Information** können Sie einen Namen und eine Beschreibung eingeben. Möchten Sie, dass die Aufzeichnung nicht sofort startet, planen Sie über den Button **Schedule** und die Felder **Start Time** und **End Time** den gewünschten Zeitraum.

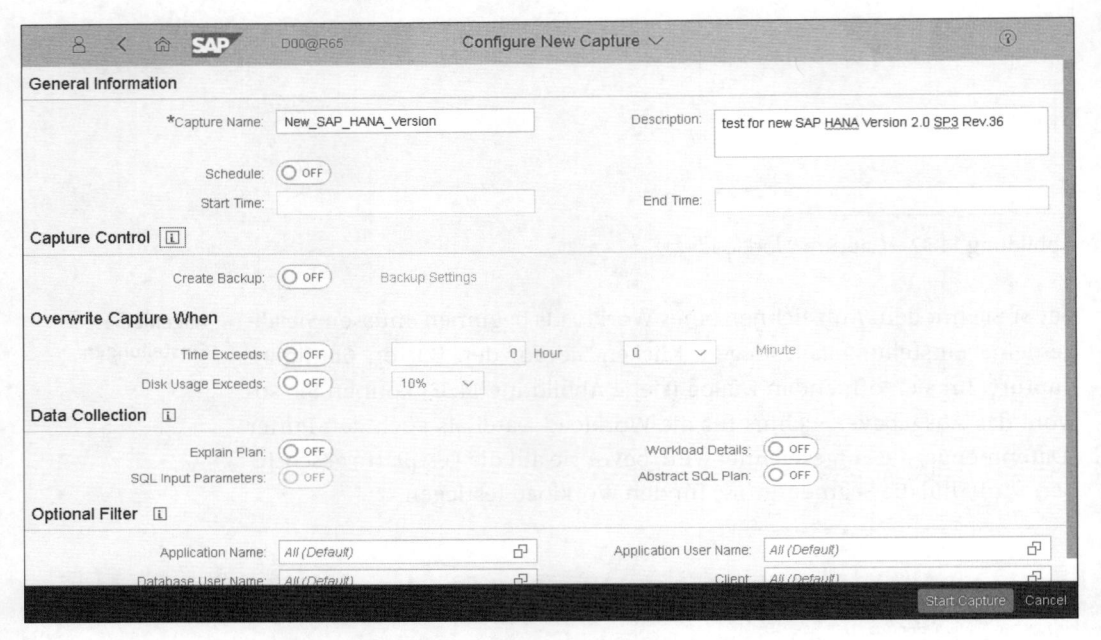

Abbildung 14.34 Neue Capture-Konfiguration

Backup — Wenn Sie **Create Backup** aktivieren, wird vor dem Start des Aufzeichnungsprozesses ein Backup der Datenbank ausgelöst. Damit wird sichergestellt, dass die Datenbank in einem konsistenten Zustand ist, bevor die Aufzeichnung beginnt.

> **Änderungen in der Zieldatenbank**
>
> Da Capture and Replay bei der Wiedergabe die Anweisungen nicht nur simuliert, sondern ausführt, kann es zu Änderungen in der Zieldatenbank kommen (z. B. bei INSERT-Operationen). Es wird deswegen empfohlen, ein Backup des Quellsystems anzufertigen und dieses ins Zielsystem einzuspielen.

Über die Optionen im Abschnitt **Overwrite Capture When** legen Sie fest, wann bereits geschriebene und abgeschlossene Aufzeichnungssegmente überschrieben werden sollen. Über diesen Mechanismus können Sie z. B.

die Aufzeichnung so lange laufen lassen, bis eine bestimmte Lastsituation eintritt, oder sicherstellen, dass die Größe der Aufzeichnungsdaten eine bestimmte Größe nicht überschreitet (und das Zielverzeichnis nicht vollläuft).

Im Abschnitt **Data Collection** können Sie den Detaillierungsgrad der Aufzeichnung bestimmen. Mithilfe von **Explain Plan** entscheiden Sie, ob der Ausführungsplan des *Datenbank-Optimizers* mit aufgezeichnet werden soll. Der Button **Workload Details** aktiviert die Sammlung statistischer Auslastungsdaten für verschiedene Metriken wie z. B. Netzwerkauslastung oder die Applikationsquellen. Falls Sie nicht nur Interesse am Ausführungsplan, sondern auch an den verwendeten SQL-Parametern haben, aktivieren Sie **SQL Input Parameters**. Über **Abstract SQL Plan** können Sie schließlich den abstrakten Ausführungsplan aufzeichnen, der insbesondere für den Vergleich unterschiedlichen Datenbankversionen notwendig ist.

Detaillierungsgrad festlegen

Über die beschriebenen Einstellungen bestimmen Sie, wie detailliert Ihre Performance-Analysen erfolgen sollen. Achten Sie darauf, nur die Optionen zu aktivieren, die Sie wirklich benötigen. So halten Sie die Systembelastung so gering wie möglich.

Im letzten Abschnitt **Optional Filter** können Sie festlegen, ob das Capture Management nur Workloads von bestimmten Applikationen, Benutzern oder Mandanten aufzeichnen soll. Dies ist z. B. hilfreich, wenn Sie sich nur für die Anweisungen interessieren, die von einem SAP-NetWeaver-Stack ausgelöst wurden, nicht aber für Operationen, die direkt auf dem SAP-HANA-System ausgeführt wurden.

Aufzuzeichnende Workloads bestimmen

Sobald Sie alle Einstellungen vorgenommen haben, klicken Sie auf **Start Capture**, um die Aufzeichnung zu starten. Sie werden zurück zur App **Capture Management** geleitet, wo Sie die (laufende) Aufzeichnung sehen (siehe Abbildung 14.35).

Workload-Aufzeichnung starten

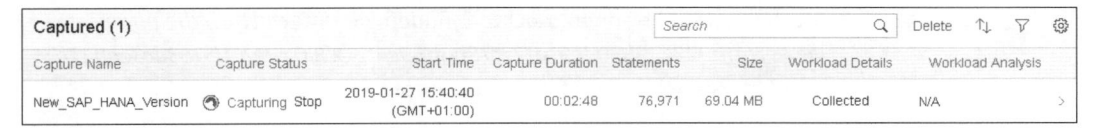

Capture Name	Capture Status	Start Time	Capture Duration	Statements	Size	Workload Details	Workload Analysis
New_SAP_HANA_Version	Capturing Stop	2019-01-27 15:40:40 (GMT+01:00)	00:02:48	76,971	69.04 MB	Collected	N/A

Abbildung 14.35 Laufende Aufzeichnung

Falls Sie kein Enddatum für die Aufzeichnung definiert haben, klicken Sie auf **Stop**, um die Aufzeichnung zu stoppen. Im Anschluss wird die Aufzeichnung abgeschlossen und steht dann für die Analyse bzw. den Transfer zu einem anderen System zur Verfügung (siehe Abbildung 14.36).

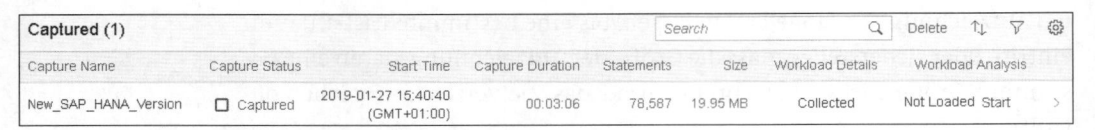

Captured (1)								
Capture Name	Capture Status	Start Time	Capture Duration	Statements	Size	Workload Details	Workload Analysis	
New_SAP_HANA_Version	☐ Captured	2019-01-27 15:40:40 (GMT+01:00)	00:03:06	78,587	19.95 MB	Collected	Not Loaded Start	>

Abbildung 14.36 Fertige Aufzeichnung

Wenn Sie in der Spalte **Workload Analysis** auf **Start** klicken, gelangen Sie direkt in die App **Workload Analysis** (siehe Abschnitt 14.1.2).

14.3.2 App »Replay Management«

Bevor Sie mit dem Replay-Prozess beginnen, spielen Sie das Backup des Quellsystems in das Zielsystem ein und kopieren die Datei mit dem aufgezeichneten Workload in ein Verzeichnis auf dem Server des Zielsystems, das vom Benutzer <sid>adm gelesen werden kann. Wie in Abbildung 14.37 zu sehen, endet die Datei mit der Endung *.cpt.

```
-rw-r----- 1 r65adm sapsys          8 Dec 18 19:19 indexserver_r65-sys.36540.unloads.stat
-rw------- 1 r65adm sapsys   20914061 Jan 27 15:43 perfanalyzer_74690586695775129.cpt
-rw-r----- 1 r65adm sapsys          8 Dec 12 14:22 scriptserver_r65-sys.36543.stat
```

Abbildung 14.37 Workload-Datei

Sobald Sie die Datei kopiert haben, steht sie Ihnen in der App **Replay Management** zur Verfügung. Wie Sie diese öffnen, erklären wir im Folgenden im Zusammenhang mit der Wiedergabe eines aufgezeichneten Workloads.

[»] **Control System und Target System**

Es ist möglich, das *Control System* (System zur Steuerung des Replay-Prozesses) und das *Target System* (System, auf dem die Anweisungen wiedergegeben werden) zu trennen. Im Folgenden beschreiben wir den Prozess für den Fall, dass Control und Target System einander entsprechen. Wenn Sie die Systeme trennen möchten, finden Sie unter *https://help.sap.com/viewer/afa922439b204e9caf22c78b6b69e4f2/2.8.0.0/en-US/63dc3eaa42f04801befa86eb7f7fad3d.html* weitere Informationen.

Nachdem die Datei kopiert wurde, müssen Sie den *Replayer* starten. Da er auf dem SAP-HANA-System läuft, muss er manuell gestartet und gestoppt werden. Der Replayer verbindet sich über den *Secure Store*, weshalb dort ein Schlüssel für die Datenbank-Credentials definiert werden muss. Führen Sie als <sid>adm folgenden Befehl aus (siehe auch Abbildung 14.38):

```
hdbuserstore SET <key name> <host name>:<tenant database SQL port>
<user name> <password>
```

14.3 Capture and Replay

```
hana03:HDB:t36adm /usr/sap/T36/HDB36 68> hdbuserstore SET REPLAYER t36-sys:33641 SYSTEM ******
```

Abbildung 14.38 Secure-Store-Schlüssel setzen

Nachdem der Secure Store Key gesetzt wurde, können Sie mittels des Befehls aus Listing 14.2 den Replayer als <sid>adm starten (siehe auch Abbildung 14.39). Um den Replayer zu beenden, drücken Sie [Strg] + [C].

```
hdbwlreplayer -controlhost <datenbankHost>
-controlinstnum <instanznummer>
-controladminkey <benutzername, secureStoreKey>
-controldbname <tenantName> -port <listenPortNummer>
```

Listing 14.2 Replayer starten

```
hana03:HDB:t36adm /usr/sap/T36/HDB36 68> hdbwlreplayer -controlhost t36-sys -controlinstnum 36 -controladminkey SYSTEM,REPLAYER -controldbname D00 -port 33699
accepting requests at 127.0.0.1:33699
Ready for running replayer(pid=74179)
```

Abbildung 14.39 Replayer starten – Beispiel

Anschließend kann die Wiedergabe des aufgezeichneten Workloads beginnen. Öffnen Sie dafür das SAP HANA Cockpit, und navigieren Sie zur Übersicht Ihres Systems bzw. Tenants (**System Overview**), für das bzw. den Sie einen Workload wiedergeben möchten. Klicken Sie auf die Kachel **Replay Workload** (siehe Abbildung 14.40), um die App **Replay Management** zu öffnen.

Workload wiedergeben

Replay Workload

0

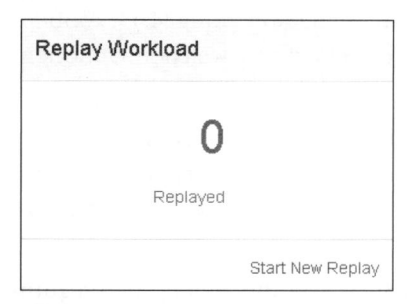

Replayed

Start New Replay

Abbildung 14.40 Kachel »Replay Workload«

Auf der sich öffnenden Übersichtsseite (siehe Abbildung 14.41) können Sie nun den aufgezeichneten Workload auf dem Register **Replay Candidate** sehen. Falls Sie die Workload-Datei unter einem anderen als dem Standardpfad abgelegt haben, müssen Sie den Ausgabepfad in der App **Capture Management** ändern.

14 Performance-Optimierung

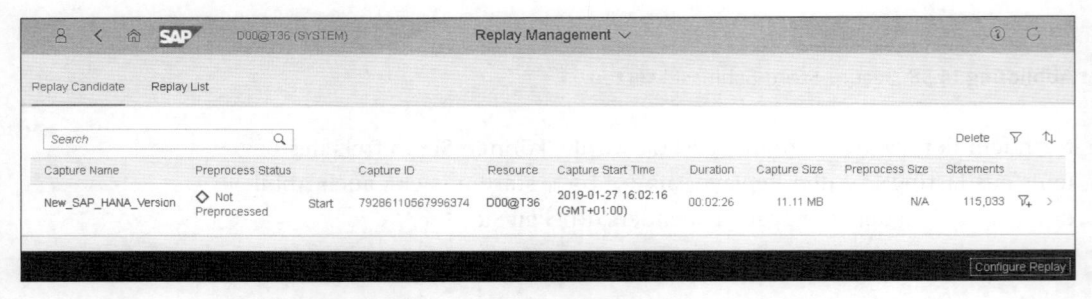

Abbildung 14.41 App »Replay Management«

Aufgezeichnete Anweisungen optimieren

Bevor Sie den Workload wiedergeben können, müssen Sie ihn vorverarbeiten, d. h., die aufgezeichneten Aufzeichnungen optimieren. Es wird empfohlen, die Operation nicht auf einem produktiven System auszuführen, da sie sehr CPU-intensiv ist.

Klicken Sie auf **Start**, um die Vorverarbeitung zu starten. Sobald die Vorverarbeitung beendet ist, springt der Status **Preprocess** auf **Preprocessed** (siehe Abbildung 14.42), und Sie können die Wiedergabe starten. Klicken Sie dazu auf den vorverarbeiteten Workload.

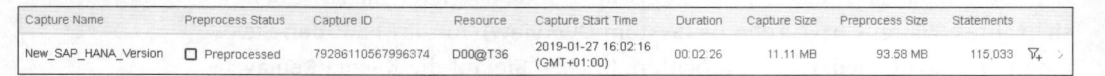

Abbildung 14.42 Vorverarbeiteter Workload

Wiedergabe konfigurieren

Auf der sich öffnenden Konfigurationsseite (siehe Abbildung 14.43) können Sie festlegen, auf welchem System der Workload mit welchen Optionen wiedergeben werden soll.

Im Abschnitt **Target System Information** können Sie über den Auswahlbutton jedes System auswählen, das in Ihrem SAP HANA Cockpit eingebunden ist; die weiteren Felder des Abschnitts werden anschließend automatisch gefüllt.

Im Abschnitt **Replayer Options** müssen Sie zuerst die Zugangsdaten zum Zielsystem festlegen. Dies ist über den *Secure Store* oder direkt über Credentials möglich. Darüber hinaus haben Sie die Möglichkeit, die Ausführungsgeschwindigkeit der Wiedergabe mit dem Regler **Request Rate** zu beschleunigen. Insbesondere bei längeren Aufzeichnungen ist es sinnvoll, diese Option zu nutzen. Mittels der Option **Synchronize Replay with Backup** lässt sich die Wiedergabe mit dem bereits eingespielten Backup synchronisieren. Dies erlaubt dem Replayer, die jeweiligen Anweisungen direkt miteinander zu vergleichen. Über die Option **Collect Explain Plan** sammelt der Replayer die Ausführungspläne des Datenbank-Optimizers, was für Performance-Analysen wichtig ist. Wenn Sie die Option **Transactional Replay** aktivieren, wird während der Wiedergabe die transaktionale Integrität sichergestellt. Beachten Sie, dass dies zu einem erhöhten Overhead und damit zu mehr Last führt.

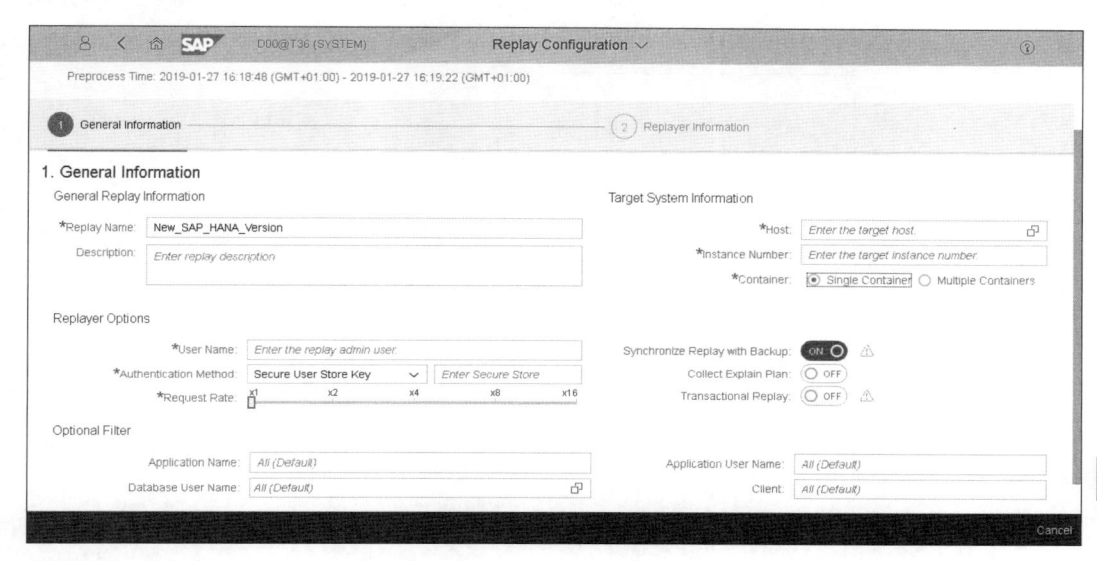

Abbildung 14.43 Replay-Konfiguration

Im Abschnitt **Optional Filter** können Sie schließlich Filter für die Wiedergabe festlegen.

Sobald Sie alle Optionen wie gewünscht eingestellt haben, klicken Sie auf den Button **Step 2**.

Unter **Replayer Information** (siehe Abbildung 14.44) müssen Sie nun den Replayer selektieren, den Sie nutzen möchten, und den Secure Store angeben, der die Credentials der Benutzer enthält, deren Workload aufgezeichnet wurde.

Replayer selektieren

Abbildung 14.44 »Replayer Information«

Falls Sie die Passwörter nicht kennen oder keinen solchen Secure Store haben bzw. anlegen möchten, können Sie auch über die Option **Reset Password** die Passwörter für die einzelnen Benutzer zurücksetzen.

Klicken Sie anschließend auf **Review**, um sich eine Übersicht anzeigen zu lassen, wie in Abbildung 14.45 dargestellt.

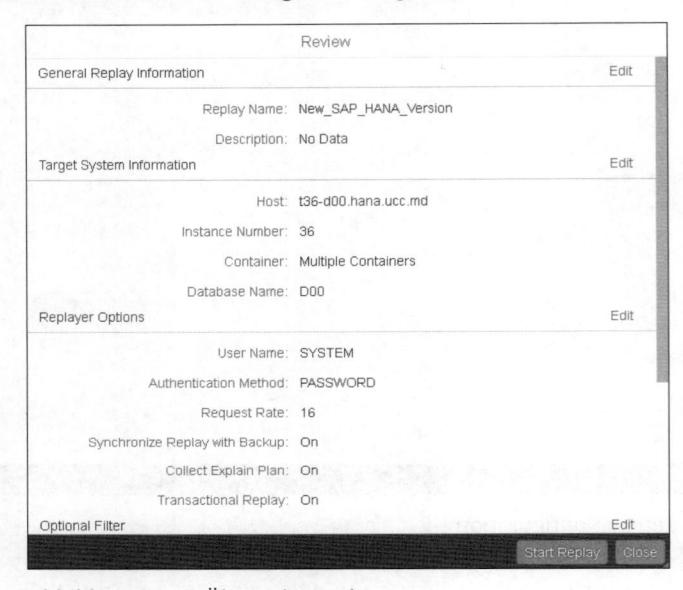

Abbildung 14.45 Übersicht Replayer

Wiedergabe starten

Klicken Sie abschließend auf **Start Replay**, um die Wiedergabe zu starten. Sie werden zur App **Replay Management** auf das Register **Replay List** zurückgeleitet, wo Sie den aktuellen Status der Wiedergabe sehen können (siehe Abbildung 14.46).

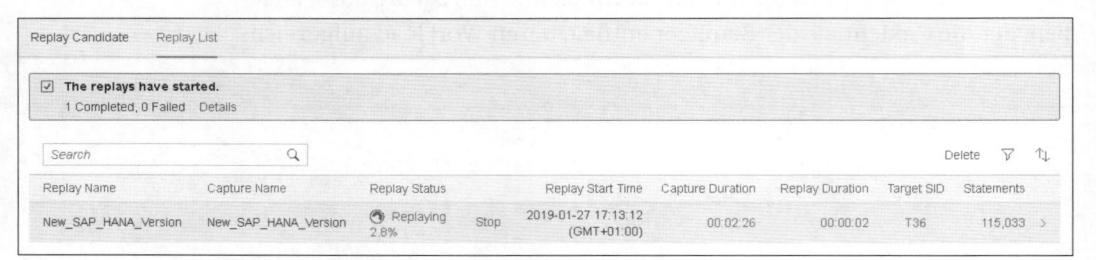

Abbildung 14.46 Laufende Wiedergabe

Sobald die Wiedergabe beendet ist, können Sie auf diese klicken, um zur Vergleichsseite **Comparison Report** zu gelangen (siehe Abbildung 14.47). Auf der Übersichtsseite im Register **Overview** finden Sie allgemeine Informationen zur Performance, zu Unterschieden und Fehlern.

14.3 Capture and Replay

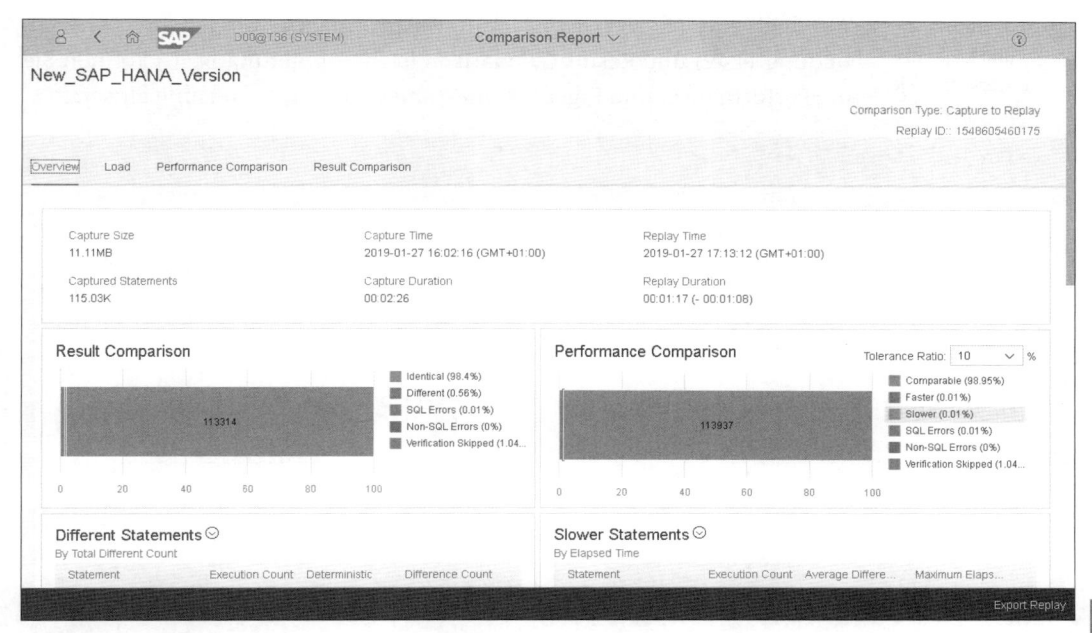

Abbildung 14.47 »Comparison Report« – Übersicht

Über **Load** können Sie die gesammelten Statistikdaten für das Quell- und Zielsystem einsehen, um zu begutachten, wie die Performance des Servers zur Ausführungszeit war (siehe Abbildung 14.48). Dieses Register ist insbesondere beim Vergleich mit neuer Hardware sowie als Überblick sinnvoll.

Statistikdaten für das Quell- und Zielsystem

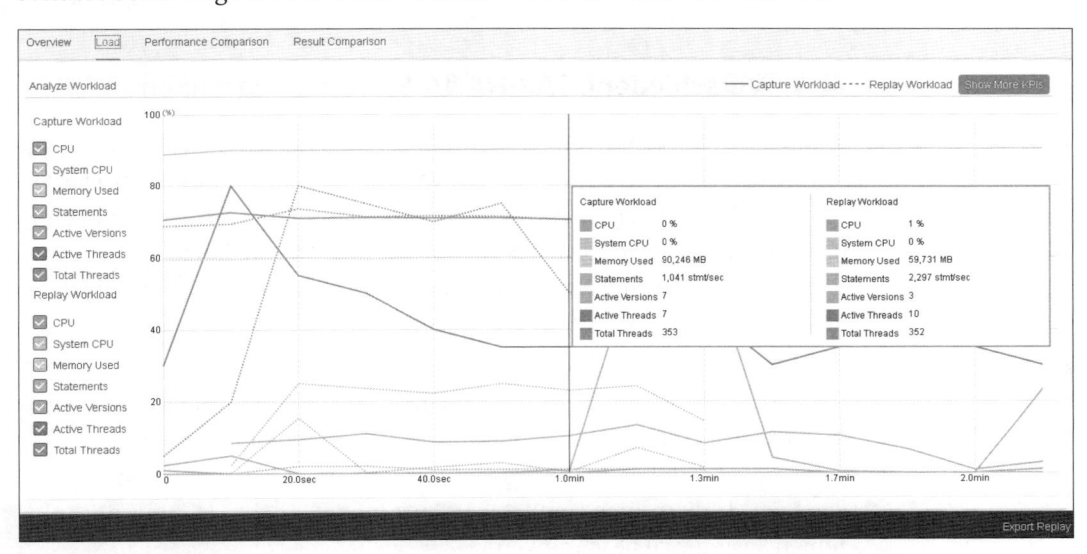

Abbildung 14.48 Comparison Report – »Load«

679

14 Performance-Optimierung

Performance- und Ergebnisunterschiede je SQL-Anweisung

Auf den beiden letzten Registerkarten **Performance Comparison** (siehe Abbildung 14.49) und **Result Comparison** (siehe Abbildung 14.50) können Sie die Performance- und Ergebnisunterschiede je SQL-Anweisung einsehen.

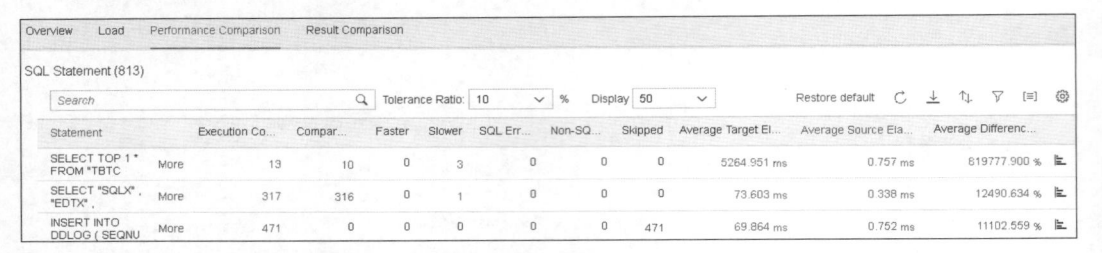

Abbildung 14.49 Comparison Report – »Performance Comparison«

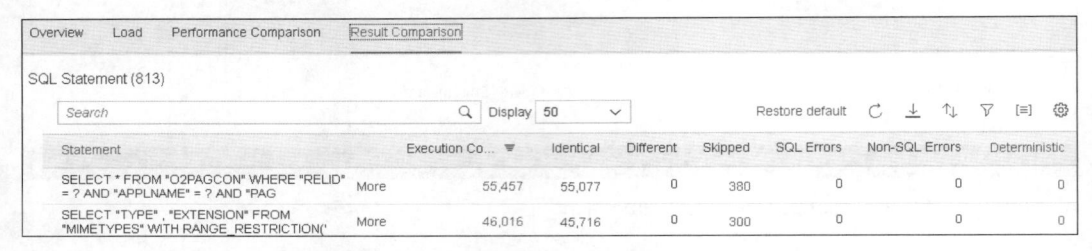

Abbildung 14.50 Comparison Report – »Result Comparison«

Beide Register sind für Detailanalysen gedacht und sollten nur von erfahrenen SAP-HANA-Administratoren genutzt werden.

14.4 Verschiedene SAP-HANA-Systeme abgrenzen

Wenn Sie mehrere SAP-HANA-Systeme auf dem gleichen Server betreiben (Multi-SID-Ansatz) oder Ihr SAP-HANA-System als MDC-System (siehe Abschnitt 4.2, »Installationsvarianten«) mit mehreren Tenants installieren, müssen Sie die Ressourcen des Servers auf die verschiedenen Systeme aufteilen. Wenn Sie keine Abgrenzung vornehmen, kann es zu Systeminstabilitäten und Abstürzen kommen.

Komplexe Szenarien

Zur Abgrenzung verschiedener Systeme und Tenants gibt es in SAP HANA eine Vielzahl von Parametern, mit denen sowohl Arbeitsspeicher als auch Prozessorkerne feingranular verschiedenen Komponenten zugewiesen werden können. Wir beschreiben die verschiedenen Möglichkeiten im Folgenden kurz, da diese auch genutzt werden können, um die Leistung eines einzelnen Systems zu beschränken.

14.4 Verschiedene SAP-HANA-Systeme abgrenzen

> **[!] Parameter nicht leichtfertig ändern**
>
> Beachten Sie, dass die verschiedenen Parameter direkt in das Ressourcenmanagement von SAP HANA eingreifen und eine Fehlkonfiguration zu massiven Problemen führen kann. Ändern Sie die im Folgenden beschriebenen Parameter daher nur, wenn Sie Erfahrung mit der Konfiguration von SAP-HANA-Systemen haben und sich der Verhaltensänderungen des Systems bewusst sind.

14.4.1 Speichergrenze für SAP HANA

Der Parameter `global_allocation_limit`, der in der Konfigurationsdatei **global.ini** unter der Sektion `memorymanager` zu finden ist, bestimmt die Größe des Speicherpools der gesamten SAP-HANA-Datenbank in Megabyte. Über diesen Parameter können Sie also steuern, wie viel Arbeitsspeicher alle Prozesse der SAP-HANA-Datenbank gemeinsam nutzen können. Dieser Parameter ist standardmäßig auf 0 gesetzt, was keine Limitierung bedeutet. Das SAP-HANA-System ist allerdings so aufgebaut, dass maximal 97 % des auf dem Server verfügbaren Speichers genutzt werden, sodass das Betriebssystem noch ausreichend Speicher für einen normalen Betrieb hat. Innerhalb des gesetzten Speicherpools organisieren sich die Prozesse selbst, d. h., das sogenannte *Interprocess Memory Management* weist den verschiedenen Prozessen je nach Bedarf Speicher aus dem Pool zu. Wenn kein freier Speicher mehr vorhanden ist, müssen einer oder mehrere Prozesse geschrumpft werden. Die Auswirkungen dieser Speicherknappheit sind detaillierter in Kapitel 16, »Fehleranalyse und -behebung«, beschrieben.

»global_allocation_limit«

Der Parameter `global_allocation_limit` muss in zwei Fällen gesetzt werden: Wenn nicht so viel Speicher lizenziert wurde, wie Arbeitsspeicher auf dem Server vorhanden ist, wird der Parameter dazu genutzt, das System zu beschränken.

Die zweite Situation, in der der Parameter genutzt wird, ist beim parallelen Betrieb mehrerer SAP-HANA-Systeme auf dem gleichen Server. In diesem Fall muss verhindert werden, dass beide Systeme um den vorhandenen Speicher konkurrieren, da SAP HANA ein eigenes Speichermanagement besitzt, das nicht auf externe Applikationen achtet (auch wenn die externe Applikation ein SAP-HANA-System ist). Die Summe der Werte der `global_allocation_limit`-Parameter der verschiedenen SAP-HANA-Systeme darf dann maximal dem zur Verfügung stehenden Speicher des Servers, abzüglich eines Overheads für das Betriebssystem, entsprechen.

14.4.2 Speichergrenze für SAP-HANA-Prozesse

»allocationlimit«

Der Parameter allocationlimit gibt, ähnlich wie der Parameter global_allocation_limit, ein Speicherlimit an, allerdings für einen einzelnen Service, also für einen einzelnen Datenbankprozess. Der Wert wird wie der des Parameters global_allocation_limit in Megabyte angegeben und kann für jeden Server in der Datei <service>.ini in der Sektion [memorymanager] gesetzt werden.

Dieser Parameter muss und sollte in der Regel nicht verändert werden, da die interne Speicherzuteilung von SAP HANA selbst vorgenommen wird. Änderungen können zu Instabilitäten und Out-of-Memory Exceptions führen (mehr darüber erfahren Sie in Abschnitt 16.2.7, »Out-of-Memory Dumps«). In zwei Ausnahmefällen müssen Sie diesen Parameter trotzdem anpassen: Wenn dies durch den SAP-Support vorgegeben wird oder wenn Sie eine SAP-HANA-Datenbank als MDC-System mit mehreren Tenants betreiben. In letzterem Fall besteht jeder Tenant initial aus einem Prozess indexserver. Da die verschiedenen indexserver-Prozesse im Interprocess Memory Management gleichbehandelt werden, können sich diese gegenseitig Speicher »wegnehmen«. Der Parameter allocationlimit sollte daher für jeden Tenant gesetzt werden. Beachten Sie dabei, dass die Summe der Werte für den Parameter allocationlimit sowie der notwendige Speicher für die SYSTEMDB kleiner oder gleich dem Wert des Parameters global_allocation_limit sein muss. Eine dynamische Lastverteilung wird zurzeit noch nicht offiziell unterstützt.

> **Informationen zum Parameter »allocationlimit«**
>
> Der SAP-Hinweis 2175606 enthält Informationen zum Konfigurationsparameter allocationlimit im Zusammenhang mit Multi-Tenant-Datenbanksystemen. Darüber hinaus können Sie dem SAP-Hinweis 2036111 auch Informationen zu diesem Parameter und zu vielen weiteren entnehmen.

Planen Sie ein, dass zusätzliche Services, wie z. B. scriptserver, zu einem Tenant hinzugefügt werden können und diese ebenfalls Speicher benötigen.

14.4.3 Limitierung von CPU-Kernen für SAP HANA

»max_concurrency«

Der Parameter max_concurrency stellt eine von zwei Beschränkungen für die maximale Anzahl der genutzten Prozessorkerne dar, äquivalent zum Parameter global_allocation_limit. Der Parameter beschränkt die maximale

Anzahl der `JobWorker`-Threads, die auf dem System ausgeführt werden. Diese behandeln komplexere Anweisungen, z. B. OLAP-Abfragen. Neben dem Parameter `max_concurrency` gibt es noch den Parameter `sql_executors`, um die maximale Anzahl der SQL Executors zu limitieren.

Weiches Limit

Beachten Sie, dass der Wert, der für den Parameter `max_concurrency` definiert wird, kein festes Limit darstellt, sondern überschritten werden kann, wenn zu viele Anfragen an die Datenbank gestellt werden und gleichzeitig alle bestehenden `JobWorker`-Threads weniger als 100 % CPU-Last erzeugen. Sollte der maximal konfigurierte Wert überschritten werden, wird die maximale Anzahl wieder auf den eingestellten Wert heruntergefahren, sobald die Situation mit hoher Last vorüber ist. Der Parameter stellt damit ein weiches Limit dar. Sie können den Wert für den Parameter `max_concurrency` sowohl für die gesamte Datenbank in der Konfigurationsdatei *global.ini* setzen als auch für einzelne Services in der Sektion [execution] der Datei **<service>.ini**. Standardmäßig ist der Wert auf 0 gesetzt, was bedeutet, dass keine Begrenzung besteht.

Anwendungsfälle

Der Parameter sollte gesetzt werden, wenn mehrere SAP-HANA-Datenbanken parallel betrieben werden (MSID-Betrieb) oder viele Tenants in einem Multi-Tenant-System eingesetzt werden. In beiden Fällen ist es sinnvoll, den Parameter zu setzen, um zu verhindern, dass ein einziges SAP-HANA-System oder ein einziger Tenant alle CPU-Ressourcen für sich beansprucht.

»sql_executors/ max_sql_ executors«

Um die Anzahl des zweiten Typs von Threads, die für die Verarbeitung von SQL-Anweisungen zuständig sind, zu beschränken, gibt es den Parameter `sql_executors`. Die SQL-Executor-Threads verarbeiten einfachere Anweisungen wie OLTP-Anfragen. Falls hohe Last auftritt, kann die Verarbeitung von Anweisungen auch an `JobWorker`-Threads abgegeben werden. Dann gilt der Parameter `max_concurrency` für die Begrenzung der CPU-Last.

Weiches/hartes Limit

Dementsprechend sollte die Begrenzung immer sowohl für `JobWorker`- als auch für SQL-Executor-Threads gesetzt werden. Wie der Wert für den Parameter `max_concurrency` stellt auch der für den Parameter `sql_executors` ein weiches Limit dar, das in hohen Lastsituationen von der SAP-HANA-Datenbank überschritten wird. Neben diesem weichen Limit kann über den Parameter `max_sql_executors` ein hartes Limit gesetzt werden. Beachten Sie, dass ein hartes Limit in Situationen, in denen zusätzliche Threads benötigt werden, zu Transaktionsabbrüchen führen kann.

Sie können beide Parameter sowohl für die gesamte Datenbank in der Konfigurationsdatei **global.ini** setzen als auch für einzelne Services in der Sektion [sql] der Datei **<service>.ini**.

Wie der Parameter `max_concurrency` sollte auch der Parameter `sql_executors` gesetzt werden, wenn mehrere SAP-HANA-Datenbanken oder -Tenants in einer SAP-HANA-Datenbank parallel betrieben werden.

14.4.4 Fortgeschrittene CPU-Konfiguration mit SAP HANA

»affinity« Über den Parameter `affinity` können die verschiedenen SAP-HANA-Prozesse an einzelne logische CPU-Kerne gebunden werden. Da SAP HANA Appliances als Mehr-Socket-Systeme ausgelegt sind, in denen jeder Prozessor seinen eigenen Arbeitsspeicher über *Non-Uniform Memory Access* (NUMA) allen anderen Prozessoren bereitstellt, profitieren Applikationen von einer lokalen Datenhaltung im Speicher. Wenn eine Applikation verschiedene Prozessoren nutzt, liegen auch entsprechend Daten in unterschiedlichen Speicherbereichen. Ist eine Applikation an Prozessorkerne eines einzigen Prozessors gebunden, müssen keine teuren Speicherzugriffe auf den Arbeitsspeicher eines anderen Prozessors erfolgen. Eine korrekte Zuweisung ist deswegen wünschenswert.

Logische CPU-Kerne Die Bindung an logische CPU-Kerne muss daher je Service erfolgen, wobei Sie beachten müssen, dass bei der Zuweisung mehrerer Kerne zu einem Service alle Kerne auf dem gleichen Prozessor untergebracht sind. Bevor diese Zuweisung erfolgen kann, müssen Sie ermitteln, welche logischen Kerne zu welchem Prozessor gehören. Um herauszufinden, wie viele logische Kerne Ihnen zur Verfügung stehen und welche IDs diese besitzen, können Sie folgenden Befehl nutzen:

```
cat /sys/devices/system/cpu/present
```

Dieser Befehl kann z. B. zu folgender Ausgabe führen:

```
0-119
```

Dies bedeutet, dass Sie die logischen Prozessorkerne `cpu0` bis `cpu119` auf dem System zur Verfügung haben. Um herauszufinden, welche logischen Prozessorkerne neben dem Kern `cpu0` auf dem Prozessor liegen, können Sie folgenden Befehl aufrufen:

```
cat /sys/devices/system/cpu/cpu0/topology/core_siblings_list
```

Dieser Befehl kann z. B. zu einer Ausgabe wie der folgenden führen:

```
0-14,60-74
```

14.4 Verschiedene SAP-HANA-Systeme abgrenzen

Nun wissen Sie, welche Prozessorkerne Sie zusammen einem Service zuweisen können. Die Zuweisung kann direkt über die Konfigurationsdatei **daemon.ini** über den Parameter affinity = '<Prozessorkerne>' in der Sektion [<services>] oder eine äquivalente SQL-Anweisung erfolgen. Ein Wert für den Parameter könnte z. B. '0-14,60-69' lauten. Beachten Sie, dass die Datenbank neu gestartet werden muss, damit die Änderungen wirksam werden.

> **SAP-Dokumentation zum Parameter »affinity«**
>
> Die offizielle SAP-Dokumentation zum Parameter affinity finden Sie im »SAP HANA Troubleshooting and Performance Analysis Guide« unter *http://s-prs.de/v685075*.

Der Parameter kann gesetzt werden, wenn mehrere Datenbanken oder Tenants parallel betrieben werden. Wenn die Services einer Datenbank den verschiedenen Prozessorkernen der SAP HANA Appliance zugewiesen sind, müssen die Parameter sql_executors und max_concurrency nicht mehr gesetzt werden.

Falls Sie eine virtualisierte SAP-HANA-Lösung nutzen, muss der Parameter nicht gesetzt werden, da virtualisierte SAP-HANA-Systeme ausschließlich auf einem NUMA-Knoten laufen dürfen – also auf einem Prozessor. Ein prozessorübergreifender Speicherzugriff wird dadurch bereits auf der Virtualisierungsebene unterbunden.

Neben der Limitierung der Datenbank selbst und ihrer Prozesse ist es auch möglich, einzelne Anweisungen in der maximal nutzbaren Menge an Speicher zu begrenzen. Anweisungen, die mehr Speicher benötigen, als konfiguriert wurde, werden dann nicht mehr ausgeführt und mit einem Out-of-Memory Dump abgebrochen (genauer: einem Composite Out-of-Memory Dump, siehe auch Abschnitt 16.2.7). Unter SAP HANA SPS10 gibt es zwei Parameter, über die der maximal nutzbare Speicher für eine Anweisung gesteuert werden kann.

Speichergrenzen für einzelne Anweisungen

Bevor ein Speicherlimit gesetzt werden kann, muss das Tracking des Speicherverbrauchs von Anweisungen aktiviert werden. Ändern Sie dazu folgende Parameter:

»statement_memory_limit«

- Datei **global.ini** · Sektion [resource_tracking] · Parameter enable_tracking = on
- Datei **global.ini** · Sektion [resource_tracking] · Parameter memory_tracking = on

14 Performance-Optimierung

Anschließend können Sie das eigentliche Speicherlimit über den Parameter `statement_memory_limit = <limit>` in der Sektion `[memorymanager]` der Datei **global.ini** einstellen.

Speicherlimit überschreiten

Beachten Sie, dass das Limit in Gigabyte angegeben wird. Sobald eine Anweisung mehr Speicher benötigt, wird diese abgebrochen und ein Dump mit dem Ausdruck `compositelimit_oom` im Namen geschrieben. Wie für reguläre Out-of-Memory Dumps wird der Parameter `oom_dump_time_delta` in der Sektion `[memorymanager]` der Datei **global.ini** als Minimum für die Zeitdifferenz zwischen zwei geschriebenen Dumps herangezogen. Mit den Standardeinstellungen wird so maximal ein Dump in 24 Stunden geschrieben.

»statement_memory_limit_threshold«

Wenn Sie ein Speicherlimit für Anweisungen konfigurieren möchten, das erst ab einer bestimmten Systemauslastung greift, können Sie dazu den Parameter `statement_memory_limit_threshold = <threshold>` in der Sektion `[memorymanager]` der Datei **global.ini** nutzen. Dieser Schwellenwert, der in Prozent angegeben wird, bestimmt das Minimum der Gesamtauslastung des Speichers, der der Datenbank zur Verfügung steht (siehe Parameter `global_allocation_limit` in Abschnitt 14.4.1, »Speichergrenze für SAP HANA«), ab wann der Parameter `statement_memory_limit` greift. Wenn Ihre SAP-HANA-Datenbank 1 TB Speicher besitzt und Sie die Parameter auf `statement_memory_limit = 5` und `statement_memory_limit_threshold = 90` setzen, werden alle Anweisungen, die mehr als 5 GB Speicher benötigten, abgebrochen, sobald die Datenbank insgesamt mehr als 90 GB Speicher belegt.

Die Konfiguration von Limitierungen für den Speicherverbrauch von Anweisungen ist der erste Schritt hin zu einem echten Workload Management, das seit SAP HANA SPS10 vorgenommen werden kann und im folgenden Abschnitt genauer beschrieben wird.

14.5 Workload Management

Das sogenannte *Workload Management* wurde mit SAP HANA SPS10 eingeführt und bietet zum ersten Mal eine Möglichkeit, detaillierte Ressourcengrenzen für unterschiedliche Benutzer, Applikationen und Clients zu setzen. Über das Workload Management ist es möglich, mehrere ressourcenintensive Benutzer und Applikationen, die parallel auf der Datenbank laufen, bezüglich der maximalen Anzahl von Threads und des genutzten Speichers einzugrenzen.

14.5 Workload Management

> **SAP HANA Workload Management – FAQ**
>
> Um eine Liste oft gestellter Fragen zum SAP-HANA-Lastmanagement abzurufen, lesen Sie SAP-Hinweis 2222250. Er enthält neben nützlichen Informationen auch viele Links zu Spezialthemen und stellt einen guten Einstiegspunkt für die Informationssuche dar.

Wie stark die Anweisungen begrenzt werden, wird über sogenannte *Workload-Klassen* definiert. Für eine Workload-Klasse können jeweils die Priorität, die maximale Anzahl von Threads, die maximale Menge von Arbeitsspeicher und die maximale Laufzeit von Queries definiert werden. Die Definition einer Workload-Klasse ist über SQL oder die SAP-HANA-Cockpit-App **Workload Classes** möglich.

Workload-Klassen

Öffnen Sie dazu die Systemübersicht für das SAP-HANA-System bzw. den Tenant, für den Sie eine Workload-Klasse anlegen oder verändern möchten, und klicken Sie auf **Manage Workload Classes** in der Kachel **Database Administration** (siehe Abbildung 14.51).

```
Database Administration
-----------------------
Configure system properties
Manage database backups
Browse database objects
Manage workload classes
Manage system licenses
Configure host failover
Manage statement hints
Manage plan stability
```

Abbildung 14.51 Kachel »Database Administration«

Klicken Sie in der Applikation auf **Create**, um eine neue Workload-Klasse anzulegen. Im sich öffnenden Dialog (siehe Abbildung 14.52) können Sie die oben genannten Restriktionen für die Klasse festlegen. Beachten Sie, dass Sie Limits sowohl für einzelne Anweisungen als auch für alle parallel laufenden Anweisungen (global) festlegen können.

14 Performance-Optimierung

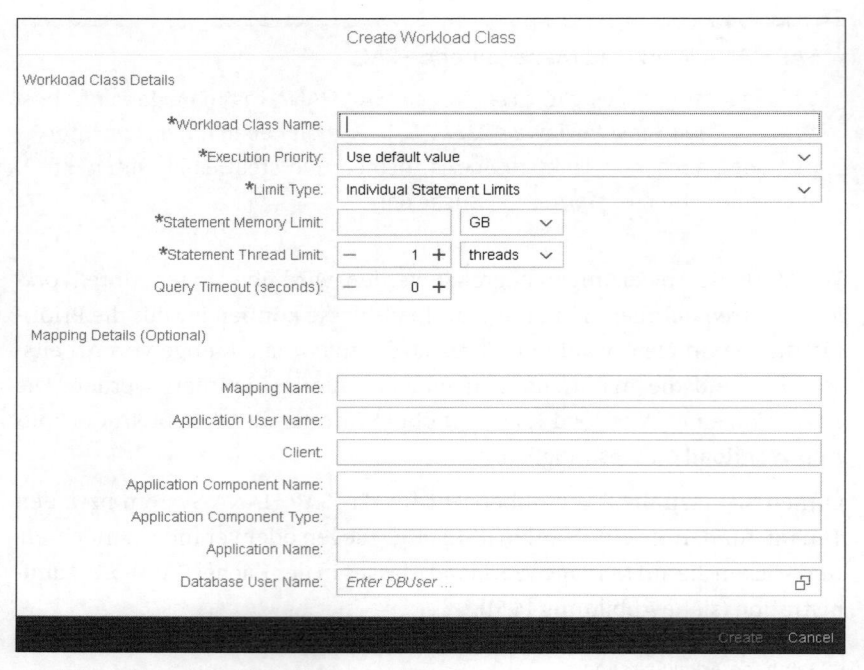

Abbildung 14.52 Workload-Klasse anlegen

Workload Mapping

Welche Anweisungen durch die Workload-Klasse begrenzt werden, definieren Sie, indem Sie die Klasse mit einem Kontext verknüpfen (*Workload Mapping*). Als Kontext stehen unterschiedliche Optionen zur Verfügung. Das Mapping einer Workload-Klasse kann mit einem Applikationsbenutzer, einem Client (in der Regel ein Mandant des SAP NetWeaver Application Servers (AS) for ABAP), der Applikationskomponente, dem Applikationskomponententyp, einem Applikationsnamen, Applikationsbenutzer oder Datenbankbenutzer erfolgen (siehe Tabelle 14.2).

Kontext	Beschreibung
Application User Name	Applikationsbenutzername, z. B. der Benutzer des SAP NetWeaver AS for ABAP oder der Microsoft-Windows-Benutzer beim SAP HANA Studio
Client	Client, normalerweise ein Mandant des SAP NetWeaver AS for ABAP
Application Component Name	Name der Applikationskomponenten einer SAP-NetWeaver-Applikation

Tabelle 14.2 Kontexte für Workload-Klassen

Kontext	Beschreibung
Application Component Type	Typ der Applikationskomponente einer SAP-NetWeaver-Applikation
Application Name	Applikationsname, z. B. ABAP:<SID> für ein SAP-NetWeaver-AS-for-ABAP-System oder HDBStudio für das SAP HANA Studio
Database User Name	Datenbankbenutzer, z. B. SAP<sid> für ein SAP-NetWeaver-AS-for-ABAP-System oder SYSTEM für den SAP-HANA-Super-User

Tabelle 14.2 Kontexte für Workload-Klassen (Forts.)

Beachten Sie, dass die Kontexte Application Component Name und Application Component Type für die feingranulare Steuerung von SAP-NetWeaver-Applikationen gedacht und von SAP bisher nur rudimentär dokumentiert sind.

> **Workload-Klassen für SAP-Anwendungen**
>
> Der SAP-Hinweis 2331857 enthält eine Liste von SAP-Applikationen, die mittels der oben genannten Kontexte identifiziert werden können.

Sobald Sie eine neue Workload-Klasse definiert haben, können Sie zusätzliche Mappings definieren. Klicken Sie dazu auf die neu erstellte Workload-Klasse. Sie gelangen in die Übersicht der Mappings, wo Sie über einen Klick auf **Create** neue Workload-Klassen definieren können.

Wenn eine Workload-Klasse geändert wird, muss das Mapping neu gesetzt werden, ansonsten werden die Änderungen nicht übernommen. Wenn mehr als eine Workload-Klasse auf einen Ausführungskontext passt, wird die Klasse genutzt, für die die meisten Eigenschaften (Client, Applikationsname etc.) übereinstimmen. Wenn beide Klassen die gleiche Anzahl von Eigenschaften besitzen, wird folgende Priorisierung angewandt:

Priorisierung

1. Application User Name
2. Client
3. Application Name
4. User Name

Eine Trennung auf Basis von Transaktionen bzw. SAP-Fiori-Apps in SAP-NetWeaver-AS-for-ABAP-Systemen (z. B. unterschiedliche Workload-Klassen für die Transaktionen VA01 und MM01) ist noch nicht möglich, aber für die Zukunft geplant, um z. B. ein Workload Management für das operative

Trennung von Transaktionen

Reporting in SAP-NetWeaver-AS-for-ABAP-Systemen zu ermöglichen. Die Verwendung von Applikationskomponenten(typen) ist hier ein Schritt in die richtige Richtung. Für die Zukunft ist zu erwarten, dass das Workload Management weiter ausgebaut wird. Dies wird vor allem dadurch getrieben, dass Applikationsserver und Datenbank immer weiter zusammenwachsen und die SAP-HANA-Datenbank immer mehr Aufgaben übernimmt bzw. immer mehr Applikationen auf ihr laufen. Ein weiterer Grund ist auch, dass Informationssysteme weitere Funktionen für OLAP erhalten, wie das z. B. bei SAP S/4HANA der Fall ist. Dieses System beinhaltet das sogenannte *operationale Reporting*, über das während der regulären Geschäftsprozesse auch Auswertungen wie in Business-Warehouse-Systemen vorgenommen werden können. Dadurch sollen die operationalen Prozesse unterstützt werden, es wird allerdings auch ein verbessertes Workload Management notwendig, um Lastengpässen durch die zusätzlichen OLAP-Abfragen vorzubeugen.

Kapitel 15
Monitoring

Um Sie auf kritische Situationen oder wichtige Ereignisse in Ihrem SAP-HANA-System aufmerksam zu machen, bietet SAP HANA eine zentrale Monitoring-Infrastruktur. In diesem Kapitel zeigen wir Ihnen, wie Sie diese konfigurieren und effektiv nutzen.

Als Datenbankadministrator müssen Sie den Status des SAP-HANA-Systems und dessen Services sowie den Verbrauch der Systemressourcen überwachen. Wenn kritische Situationen auftreten, möchten Sie auf diese hingewiesen werden, um zeitnah reagieren zu können. Außerdem wollen Sie für die Planung Ihres Rechenzentrums und deren Ressourcen auf historische Monitoring-Daten zugreifen, um diese zu analysieren. Dafür bietet Ihnen SAP HANA eine zentrale Monitoring-Infrastruktur. Ein zentraler Service dieser Infrastruktur ist der *Statistics Service*. Im ersten Abschnitt dieses Kapitels gehen wir deswegen auf diesen Service ein. Anschließend erklären wir Ihnen, wie Sie das SAP-HANA-interne *Alerting* konfigurieren und welche *Alerts* (Alarme) es gibt. Außerdem gehen wir darauf ein, welche zentralen Werkzeuge es für das Monitoring gibt. Hier spielt nicht nur das SAP HANA Studio eine Rolle, sondern auch das SAP HANA Cockpit 2.0, das Ihnen erweiterte Analysefunktionen bietet. Im letzten Abschnitt fassen wir die wichtigsten Punkte noch einmal zusammen, auf die Sie bei Ihrem System achten müssen.

15.1 Der Statistics Service

Der Statistics Service sammelt und evaluiert ständig Informationen über den Status, die Performance und den Ressourcenverbrauch des Systems. Er überwacht dabei alle Komponenten, die zum SAP-HANA-System gehören. Außerdem führt der Statistics Service regelmäßige Checks durch und sendet Alarmmeldungen, wenn er feststellt, dass einer der konfigurierten Schwellenwerte überschritten wird.

Alle Monitoring- und Alert-Informationen werden in Datenbanktabellen im Schema _SYS_STATISTICS abgelegt. Von dort können die Informationen

Schema
»_SYS_STATISTICS«

mit den verschiedenen Werkzeugen, wie z. B. SAP HANA Studio oder SAP HANA Cockpit 2.0, abgefragt werden.

15.1.1 Technische Implementierung

SQLScript-Prozeduren und Scheduler-Prozess

Monitoring und Alerting erfolgen durch den integrierten Statistics Service. Dieser ist zum einen durch verschiedene Tabellen und SQLScript-Prozeduren in den Master Index Server implementiert. Zum anderen läuft ein *Statistics-Scheduler-Prozess* innerhalb des Master Name Servers. Dieser Prozess ist dafür zuständig, die entsprechenden Prüfungen zum richtigen Zeitpunkt und in den gewählten Zeitabständen durchzuführen (Scheduling). Wenn ein Alert z. B. alle 24 Stunden stattfinden soll, ist der Scheduler-Prozess dafür zuständig, ihn alle 24 Stunden auszuführen. Die SQLScript-Prozeduren sind entweder dazu da, Daten zu sammeln (sogenannte *Data Collectors*) oder die Bedingungen von Alerts zu überprüfen (*Alert Checkers*). Die Prozeduren werden in regelmäßigen Abständen vom Scheduler-Prozess aufgerufen. Wie oft der Aufruf erfolgt, ist dabei abhängig von der jeweiligen Angabe im Data Collector oder Alert Checker.

Data Collector

Data-Collector-Prozeduren lesen System-Views und Tabellen und verarbeiten die Daten, falls notwendig. Anschließend legen sie die verarbeiteten Daten in Messwerttabellen (*Measurement Tables*) ab, die für historische Auswertungen verwendet werden.

Alert Checker

Alert-Checker-Prozeduren werden unabhängig von den Data-Collector-Prozeduren getriggert. Sie lesen Daten von den originalen Tabellen und System-Views, nicht von den historischen Messwerttabellen. Nach dem Lesen der Daten werden die konfigurierten Alert-Bedingungen überprüft. Falls eine Alert-Bedingung erfüllt ist, wird der zugehörige Alert in die Alert-Tabellen geschrieben. Es ist auch möglich, sich per E-Mail informieren zu lassen, wenn eine Bedingung erfüllt wird. Die Alert-Tabellen können Sie dann über das SAP HANA Studio, das SAP HANA Cockpit oder andere Monitoring-Werkzeuge wie etwa den *Focused Run* abrufen. Es gibt auch die Möglichkeit, die Alert-Checker-Prozeduren manuell mithilfe des SAP HANA Cockpits zu starten, um zu überprüfen, ob ein Alert erfolgreich beseitigt werden konnte.

> [»] **Statistics Service bei Multi-Tenant-Database-Containern**
>
> Bei Multiple-Container-Systemen läuft der Statistics Service als integrierter Prozess im Master Index Server jedes Tenants. Es ist nicht möglich, den Statistics Server als separaten Prozess hinzuzufügen. Jeder Tenant hat sein eigenes Schema _SYS_STATISTICS, in dem die Daten gesammelt werden.

15.1.2 Fehlerhafte Ausführung von Checks

Die Überwachungsmechanismen von SAP HANA basieren auf der regelmäßigen Ausführung der Checks. Wenn diese nicht mehr funktionieren, müssen Sie möglichst schnell die Ursache identifizieren, da Sie sonst nicht mehr auf kritische Situationen aufmerksam gemacht werden. Meistens fallen Checks aufgrund von Engpässen der Systemressourcen aus.

Wenn die Checks nicht mehr laufen, wird ein Alert ausgegeben, der Sie darauf hinweist, dass es ein internes Statistics-Service-Problem gibt. In Kapitel 5, »SAP HANA Cockpit 2.0«, beschreiben wir, wo Sie einen Überblick aller aktuellen Alerts erhalten.

Ein Check wird automatisch deaktiviert, wenn er das erste Mal fehlschlägt. Die Deaktivierung erfolgt immer für eine bestimmte Zeitspanne. Diese Zeitspanne wird basierend auf den Werten INTERVALLENGTH und SKIP_INTERVAL_ON_DISABLE in der Tabelle STATISTICS_SCHEDULE im Schema _SYS_STATISTICS berechnet. Wenn die Zeitspanne den Wert INTERVALLENGTH × SKIP_INTERVAL_ON_DISABLE überschreitet, wird der Check wieder aktiviert. In Abbildung 15.1 sehen Sie einen Auszug aus der Tabelle STATISTICS_SCHEDULE. Wenn z. B. der Alert mit der ID 5001 deaktiviert wäre, würde die Zeitspanne bis zu seiner erneuten Aktivierung 3.600 Sekunden betragen. Die Intervalllänge (INTERVALLENGTH) beträgt nämlich 3.600 Sekunden, und das Intervall soll einmal übersprungen werden (SKIP_INTERVAL_ON_DISABLE = 1).

	ID	STATUS	INTERVALLENGTH	MINIMALINTERVALLENGTH	RETENTION_DAYS_CURRENT	RETENTION_DAYS_DEFAULT	EXECUTION_TIME_OF_DAY
1	5001	Idle	3600	0	NULL	42	NULL
2	5002	Idle	3600	0	NULL	42	NULL
3	5003	Idle	60	0	NULL	42	NULL

Abbildung 15.1 Auszug aus der Tabelle »STATISTICS_SCHEDULE« im Schema »_SYS_STATISTICS«

Ob dieser Wert erreicht wird und der Check aktiviert werden muss, wird alle 60 Sekunden vom System überprüft. Der Standardwert der Zeit bis zur erneuten Aktivierung eines Checks beträgt eine Stunde. Wie Sie diesen Wert ändern, beschreiben wir in Abschnitt 15.2.4, »Konfiguration der Alerts mit dem SAP HANA Cockpit«.

15.2 Alerts

Alerts dienen im SAP-HANA-System dazu, Sie auf einen kritischen Zustand aufmerksam zu machen. Dabei sollten Sie wissen, dass es verschiedene Kategorien gibt, in die diese Alerts eingeordnet werden. Dadurch können Sie schneller erkennen, welcher Bereich von Problemen betroffen sein könnte. Auf diese Kategorien wollen wir in diesem Abschnitt näher eingehen. Außerdem werden die Alerts in verschiedene Prioritäten unterteilt. Dies gibt Ihnen in der Regel einen Hinweis auf die Dringlichkeit der Probleme. Auch auf diese wollen wir in diesem Abschnitt eingehen. Zuletzt sollten Sie wissen, wie Sie die Werte, die Ihnen die Alerts zeigen, interpretieren können. Deswegen werden wir genauer darauf eingehen, welche Einheiten die Schwellenwerte der Alerts besitzen und wie Sie diese beurteilen können. In den letzten drei Unterabschnitten gehen wir abschließend darauf ein, wie Sie Alerts mit dem SAP HANA Cockpit auswerten und konfigurieren und wie Sie die E-Mail-Benachrichtigung für Alerts einstellen können.

15.2.1 Alert-Kategorien

Organisation nach Systembereichen

Damit Sie einfacher einschätzen können, wo Sie beim Auftreten eines Alerts am besten anfangen, nach Fehlern zu suchen, werden die Alerts in unterschiedliche Kategorien aufgeteilt. Wir werden hier nur kurz die wichtigsten nennen. Eine Übersicht aller Alerts der jeweiligen Kategorien finden Sie in Anhang C, »Alerts«, dieses Buches.

- **Systemverfügbarkeit (Availability)**
  Dieser Bereich enthält Alerts zum Thema **Systemverfügbarkeit** und Verfügbarkeit der einzelnen Services. Sie werden hier nicht nur benachrichtigt, wenn Services nicht verfügbar sind (**Inactive Services**, Alert ID: 3), sondern auch, wenn Services neu gestartet wurden (**Restarted Services**, Alert ID: 4) oder der Statistics Service keine Daten mehr sammelt (**Internal statistics server problem**, Alert ID: 0). Außerdem werden Sie darauf aufmerksam gemacht, wenn die Lizenz nicht mehr gültig ist (**License expiry**, Alert ID: 31) oder die Replikation zwischen Ihren Systemen nicht mehr funktioniert (Alert IDs: 78 und 80).

- **Speicher (Memory)**
  Alerts zu Speicherproblemen werden im Bereich Speicher zusammengefasst. Wenn z. B. der physische Speicher, der Ihrem System zur Verfügung steht, zu einem bestimmten Prozentsatz ausgelastet ist (**Host physical memory usage**, Alert ID: 1) oder ein Service eine große Menge Speicher allokiert hat (**Memory usage of services**, Alert ID: 43), werden Sie darüber informiert, um ggf. eingreifen zu können. Auch wenn Tabellen plötzlich besonders groß werden und z. B. reorganisiert oder bereinigt werden müssen (Alert IDs: 17, 20, 27, 29, 40, 68 und 71), werden Sie durch einen Alert alarmiert. Außerdem werden Sie informiert, wenn viele Unloads stattfinden (**Columnstore unloads**, Alert ID: 55) oder der Plan Cache

zu klein dimensioniert ist (**Plan cache size**, Alert ID: 58), da dies zu Performance-Problemen Ihres SAP-HANA-Systems führen kann.

- **Festplatte (Disk)**
  Eine weitere wichtige Größe, die es zu beobachten gilt, ist der Festplattenspeicher. Einerseits wird natürlich der genutzte Speicherplatz überprüft (Alert IDs: 2 und 77), andererseits aber auch, ob das Schreiben und Lesen von Daten funktioniert (Alert IDs: 60 und 61).

- **CPU**
  Für den CPU-Verbrauch gibt es einen Alert, der die Leerlaufzeit der CPUs überwacht (**Host CPU Usage**, Alert ID: 5), und einen Alert, der auf die CPU-Auslastung durch Streaming-Projekte bezogen ist (**Streaming project CPU usage**, Alert ID: 603). Die Überwachung der CPU-Ressourcen ist also durch das SAP-HANA-eigene Monitoring relativ begrenzt, daher empfiehlt es sich, die Prozessorlast an anderer Stelle detaillierter zu erfassen und zu überwachen, etwa durch betriebssystemeigene Möglichkeiten oder weitere Monitoring-Werkzeuge.

- **Konfiguration (Configuration)**
  Im Bereich **Configuration** sind Checks enthalten, die die Konfiguration des Systems überprüfen. Sie achten z. B. darauf, ob wichtige Services wie der mergedog eingeschaltet sind (**Delta merge configuration**, Alert ID: 10). Auch die Konfiguration verteilter Systeme wird überwacht, z. B. Scale-out-Lösungen (**Discrepancy between host server times**, Alert ID: 76) oder Replikationsszenarien (**Configuration consistency of systems in system replication setup**, Alert ID: 79).

- **Backup**
  Falls Backups fehlschlagen (**Status of most recent data backup**, Alert ID: 36) oder längere Zeit nicht laufen (**Age of most recent data backup**, Alert ID: 37), werden Sie durch einen Alert aus dem Bereich **Backup** informiert. Außerdem gibt es Alerts, die prüfen, ob der Log-Modus passend zum Systemtyp eingestellt ist (Alert IDs: 32 und 33) und ob erfolgreich Savepoints durchgeführt werden (Alert IDs: 28 und 54).

- **Diagnosedateien**
  Auch die Entwicklung der Diagnosedateien sollten Sie im Auge behalten. Falls z. B. besonders viele Dateien in einem sehr kurzen Zeitraum erstellt werden, kann dies ein Zeichen dafür sein, dass Ihr System nicht optimal läuft (**Number of diagnosis files**, Alert ID: 50). Ein Python-Trace, der ebenfalls die Performance des Systems beeinträchtigen kann, ist ein weiterer Anlass für einen Alert (**Python trace activity**, Alert ID: 56).

- **Sessions und Transaktionen**
  In diesem Bereich gibt es Alerts, die Sie auf lang laufende Transaktionen, Verbindungen oder Statements hinweisen (Alert IDs: 39, 42, 47, 48 und 49). Außerdem werden Sie z. B. darauf aufmerksam gemacht, wenn besonders viele Transaktionen geblockt sind (**Percentage of transactions blocked**, Alert ID: 59).

- **Sicherheit (Security)**
  Das Thema Sicherheit spielt ebenfalls eine große Rolle bei der Überwachung von SAP-HANA-Systemen. Wenn z. B. das Passwort einer Ihrer Administrationsbenutzer über einen längeren Zeitraum nicht geändert wurde, werden Sie informiert (**Expiration of database user passwords**, Alert ID: 62). Außerdem erfahren Sie im Bereich **Auditing**, wenn große Teile Ihres Hauptspeichers durch Audit-Logs belegt sind (**Total memory usage of table-based audit log**, Alert ID: 64).

15.2.2 Thresholds

Damit die Alerts Sie zum gewünschten Zeitpunkt über ein Ereignis informieren, können Sie verschiedene Schwellenwerte (*Thresholds*) angeben. Dabei unterscheidet SAP HANA Prioritäten, die die Ereignisse in unterschiedliche Schweregrade unterteilen.

Prioritäten

SAP beschreibt die einzelnen Prioritäten (*Severity*) in der Dokumentation:

- **Low**: Niedrig priorisierter Alert. Mittelfristig ist eine Handlung notwendig, um einen Ausfall der SAP-HANA-Datenbank zu vermeiden.
- **Medium**: Mittel priorisierter Alert. Es muss kurzfristig reagiert werden, um einen Ausfall der SAP-HANA-Datenbank zu vermeiden. Kurzfristig meint hier einige Stunden bzw. Tage.
- **High**: Hoch priorisierter Alert. Es ist ein sofortiges Handeln notwendig, um Datenverlust oder einen SAP-HANA-Ausfall zu vermeiden.

Zusätzlich gibt es noch eine letzte Priorität:

- **Information**: Ein Handeln wird empfohlen, um die Systemstabilität oder Performance zu verbessern.

Einheiten

Je nach Typ des Alerts wird die Konfiguration dieser Schwellenwerte außerdem in unterschiedlichen Einheiten vorgenommen. Wenn Sie sich die Tabelle `STATISTICS_ALERT_THRESHOLDS` anschauen, finden Sie die Konfiguration der einzelnen Schwellenwerte für jeden Alert Ihres Systems. Wenn Sie sich in Abbildung 15.2 z. B. den Alert mit der ID 1, **Host physical memory usage**, anschauen, sehen Sie, dass für diesen drei Schwellenwerte definiert sind. Der Alert wird in der Priorität **Low** (**SEVERITY** = 2) ausgelöst, wenn 95 % des physischen Speichers genutzt werden. Dies erkennen Sie daran, dass als Einheit (Spalte **UNIT**) Prozent (**percent**) angegeben ist und der Wert (Spalte **DFAULT_VALUE**) bei 95 liegt. Der Alert wird mit der Priorität **Medium** (**SEVERITY** = 3) ausgelöst, wenn 98 % des Speichers ausgelastet sind, bzw. mit der Priorität **High** (**SEVERITY** = 4), wenn 100 % ausgelastet sind. Wenn Sie sich den Alert 21, **Internal Event**, anschauen, sehen Sie, dass für diesen nur die Priorität 4, d. h. **High**, definiert ist. Das liegt daran, dass es bei diesem Alert keine Einstufung gibt, da die Einheit **state** (Status) verwendet wird. Wir möchten in diesem Fall sofort alarmiert werden, wenn ein neues internes Event auftritt. Weitere Einheiten, die genutzt werden, können z. B. sein:

- Zeiteinheiten: Tage (**days**), Minuten (**minutes**), Sekunden (**seconds**), Mikrosekunden (**microseconds**) etc.
- Größeneinheiten: MB, GB etc.
- Anzahl von Objekten: Anzahl der Tabellen (**tables**), Einträge (**records**), Dateien (**files**), Zeilen (**rows**) oder Log-Segmente (**log segments**)
- Anzahl der Fehler (**errors**)
- Anzahl der Versionen (**versions**)
- Erstellungsrate (**ratio**)
- Benutzer (**users**)
- Zeilen pro Sekunde (**rows per sec**)
- Transaktionen pro Sekunde (**transactions per sec**)
- Anzahl der deaktivierten Tabellen (**number of deactivated tables**)
- Verstöße (**Evictions**)

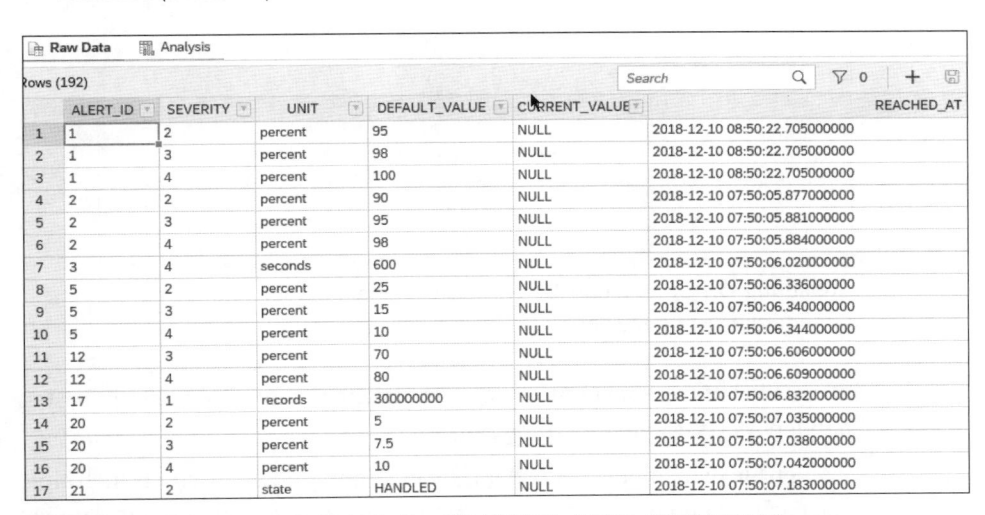

	ALERT_ID	SEVERITY	UNIT	DEFAULT_VALUE	CURRENT_VALUE	REACHED_AT
1	1	2	percent	95	NULL	2018-12-10 08:50:22.705000000
2	1	3	percent	98	NULL	2018-12-10 08:50:22.705000000
3	1	4	percent	100	NULL	2018-12-10 08:50:22.705000000
4	2	2	percent	90	NULL	2018-12-10 07:50:05.877000000
5	2	3	percent	95	NULL	2018-12-10 07:50:05.881000000
6	2	4	percent	98	NULL	2018-12-10 07:50:05.884000000
7	3	4	seconds	600	NULL	2018-12-10 07:50:06.020000000
8	5	2	percent	25	NULL	2018-12-10 07:50:06.336000000
9	5	3	percent	15	NULL	2018-12-10 07:50:06.340000000
10	5	4	percent	10	NULL	2018-12-10 07:50:06.344000000
11	12	3	percent	70	NULL	2018-12-10 07:50:06.606000000
12	12	4	percent	80	NULL	2018-12-10 07:50:06.609000000
13	17	1	records	300000000	NULL	2018-12-10 07:50:06.832000000
14	20	2	percent	5	NULL	2018-12-10 07:50:07.035000000
15	20	3	percent	7.5	NULL	2018-12-10 07:50:07.038000000
16	20	4	percent	10	NULL	2018-12-10 07:50:07.042000000
17	21	2	state	HANDLED	NULL	2018-12-10 07:50:07.183000000

Abbildung 15.2 Auszug aus der Tabelle »STATISTICS_ALERT_TRESHHOLDS« aus dem Schema »_SYS_STATISTICS«

15.2.3 Überwachung der Alerts mit dem SAP HANA Cockpit

Im SAP HANA Cockpit können Sie sich leicht über aktuelle und vergangene Alerts im SAP-HANA-System informieren. Zudem steht Ihnen hier eine Benutzeroberfläche für die Konfiguration der Alerts zur Verfügung.

Alerts einer Ressource anzeigen
Wenn Sie eine Ressource im SAP HANA Cockpit öffnen, aus dem **Resource Directory** heraus, bekommen Sie direkt einen schnellen Überblick über den Zustand der Datenbank bzw. des aktuell gewählten Tenants. Je nach den vorgenommenen Einstellungen werden Ihnen andere Daten und Kacheln angezeigt. Weitere Informationen dazu finden Sie in Kapitel 5, »SAP HANA Cockpit 2.0«. Wenn Sie jedoch keine persönlichen Anpassungen vorgenommen haben, erhalten Sie beim Öffnen einer Ressource in den ersten beiden Kacheln Informationen zum generellen Status der Datenbank (**Overall Database Status**) und zu den aktuellen **Alerts** (siehe Abbildung 15.3).

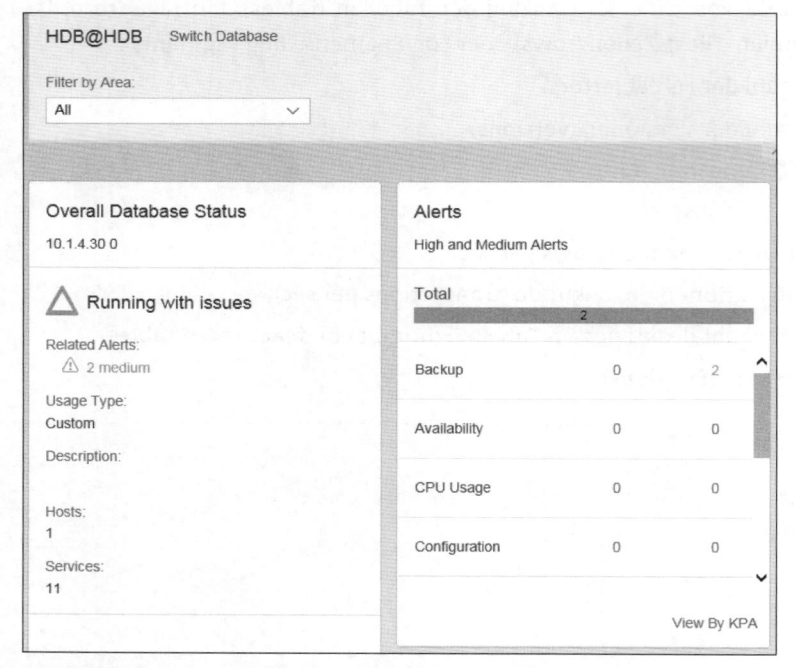

Abbildung 15.3 Status- und Alert-Übersicht einer Ressource (Standardansicht ohne Personalisierung)

Wenn Sie auf die Kachel **Alerts** klicken, gelangen Sie zu den aktuell bestehenden Alerts (siehe Abbildung 15.4).

Wählen Sie hier einen Alert in der Liste links aus, und Sie erhalten auch eine Übersicht über die zeitliche Entwicklung des Alerts. Der angezeigte Bereich kann über das Dropdown-Menü geändert werden (siehe Abbildung 15.5).

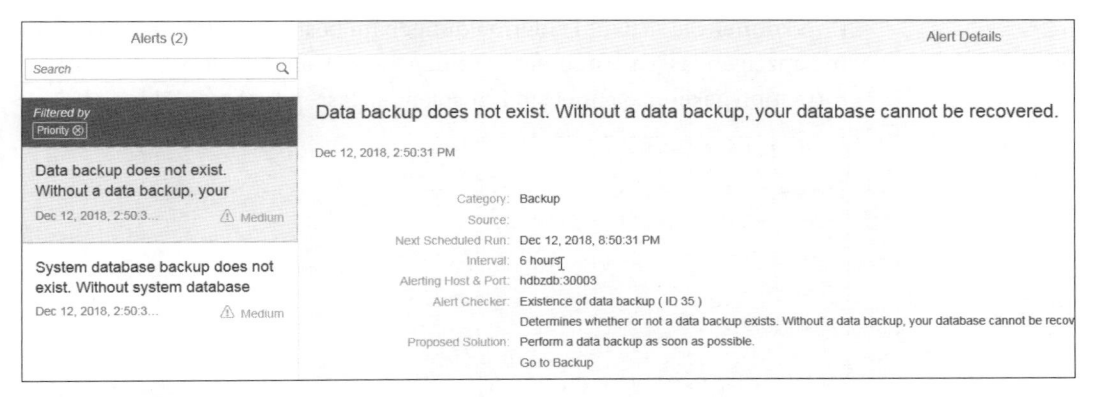

Abbildung 15.4 Aktive Alerts einer Ressource

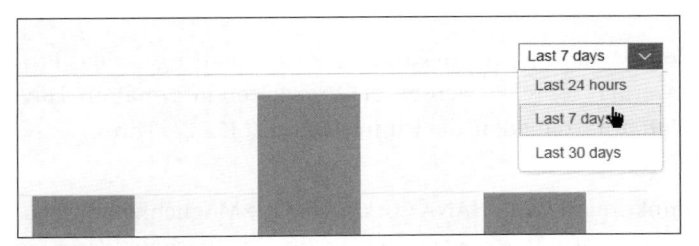

Abbildung 15.5 Angezeigten Zeitraum anpassen

Darüber hinaus werden im Cockpit zum jeweiligen Alert passende Bereiche und sinnvolle Aktionen vorgeschlagen. In Abbildung 15.4 sehen Sie, dass Ihnen der Link **Go to Backup** angeboten wird, über den Sie den Alert direkt beseitigen können.

In der Suchleiste oben links über der Liste aller Alerts können Sie auch nach bestimmten Alerts suchen. Geben Sie z. B. »Backup« ein, um eine Übersicht über alle Alerts zu erhalten, die mit dem Bereich Backup verbunden sind.

Alerts durchsuchen

Um die Auswertung der Fehlermeldungen weiter an Ihre Bedürfnisse anzupassen, können Sie auswählen, welche Meldungen in welcher Form angezeigt werden sollen. Klicken Sie dazu auf den Button **Filter** in der Fußzeile der Alert-Liste (siehe Abbildung 15.6).

Alerts filtern

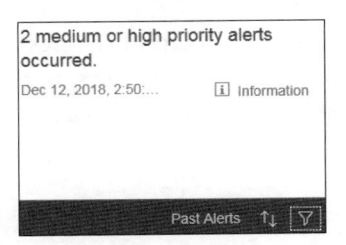

Abbildung 15.6 Button für Filter

Dort können Sie sich die Fehlermeldungen für bestimmte Tage oder Zeiträume anzeigen lassen. Außerdem können Sie z. B. alle Meldungen, die als Information gekennzeichnet sind, ausblenden lassen (siehe Abbildung 15.7).

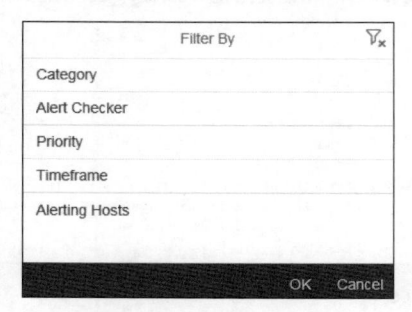

Abbildung 15.7 Filteroptionen

Prioritäten von Alerts

Die Priorität einer Meldung gibt Auskunft darüber, wie dringend das Problem behoben werden sollte. Es werden die Prioritäten **Information**, **Low**, **Medium** und **High** unterschieden, die wir in Abschnitt 15.2.2, »Thresholds«, beschrieben haben.

Alerts manuell prüfen

Eine wichtige Funktion des SAP HANA Cockpits ist die Möglichkeit der manuellen Überprüfung von Alerts, wann immer Sie es wünschen. Wenn Sie z. B. ein Backup nachgezogen haben, können Sie zugehörige Alerts einfach erneut überprüfen lassen, und sie verschwinden aus den aktiven Alerts.

> **[»] Manuelles Überprüfen von Alerts**
>
> Das Anstoßen einer manuellen Alert-Prüfung ist derzeit nur über das SAP HANA Cockpit möglich. Auch in eigens für Monitoring-Aufgaben bereitgestellten SAP-Lösungen, wie etwa dem Focused Run, gibt es diese Möglichkeit nicht.

Sie können den manuellen Check auch indirekt einrichten, etwa indem Sie das Intervall eines Alerts auf eine Minute setzen und warten, bis er erneut geprüft wird. Diese Methode ist jedoch wesentlich aufwendiger und nicht so komfortabel wie über das SAP HANA Cockpit.

Aktuelle Alerts konfigurieren

Aus der Kachel **Alerts** können Sie für aktuell bestehende Alerts auch direkt in den Konfigurationsbereich wechseln. Klicken Sie dazu auf **Alerts**, und wählen Sie im Dropdown-Menü **Configure Alerts** (siehe Abbildung 15.8).

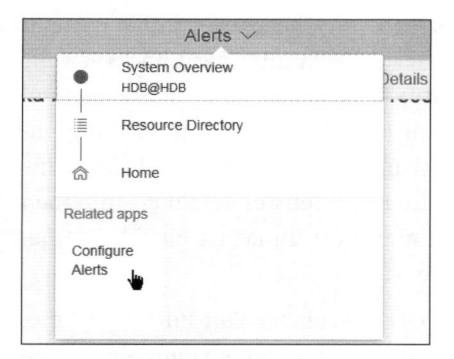

Abbildung 15.8 Navigation zur Alert-Konfiguration

15.2.4 Konfiguration der Alerts mit dem SAP HANA Cockpit

In die Einstellungen für alle Alerts gelangen Sie über **Configure Alerts** der Kachel **Alerting and Diagnostics** in der Systemübersicht (**System Overview**) der jeweiligen Datenbank. In der sich öffnenden Anwendung **Alert Checker Configuration** (siehe Abbildung 15.9) können Sie die Alerts nun entsprechend Ihren persönlichen Bedürfnissen konfigurieren.

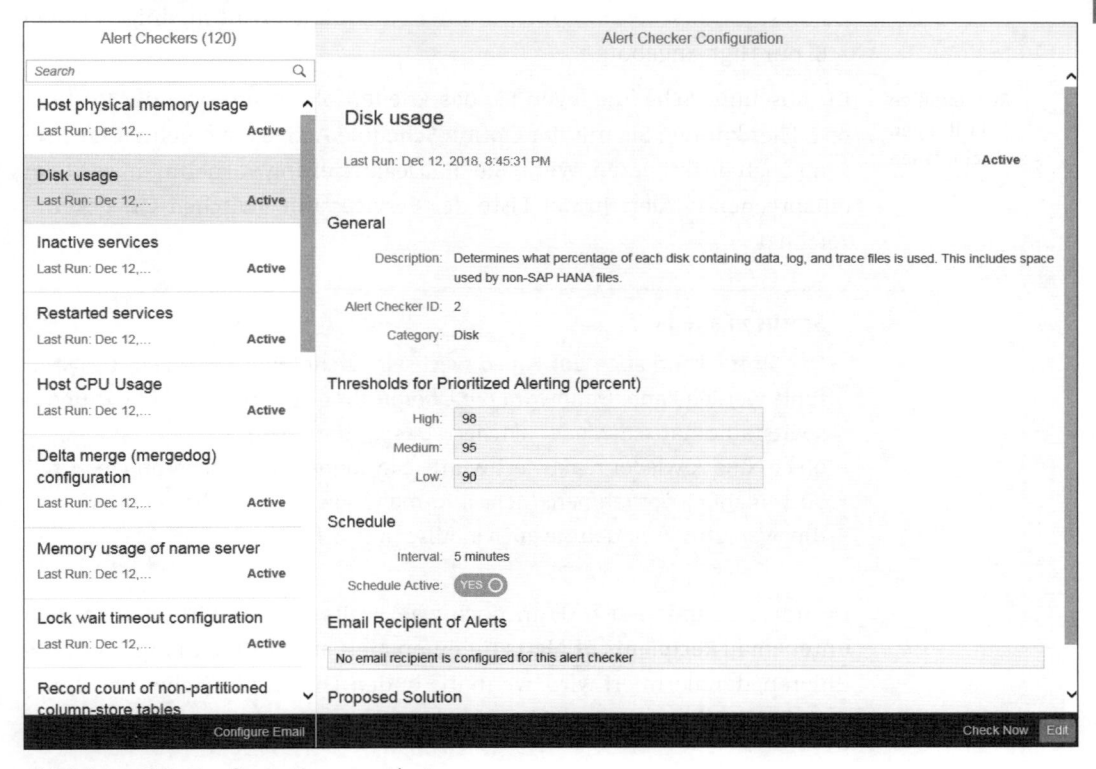

Abbildung 15.9 Konfiguration von Alerts

Checks und Alert-Einstellungen

Links sehen Sie in einer Liste die verfügbaren Checks zusammengestellt. Anhand der Liste lassen sich neben der Bezeichnung der Checks jeweils auch erste Informationen wie der Status (in Abbildung 15.9 überall **Active**) und der letzte Zeitpunkt der Ausführung (**Last Run**) erkennen. Die Konfiguration der zugehörigen Alerts erfolgt dann rechts daneben im Hauptfenster. Der links ausgewählte Check wird im Hauptfenster detailliert in seinen Alert-Einstellungen dargestellt. Sie finden dort zunächst eine kurze Beschreibung, eine ID und eine Kategorie.

Alerts sofort prüfen

Unten rechts sehen Sie in Abbildung 15.9 einen blauen **Edit**-Button. Mit diesem wechseln Sie in den Bearbeitungsmodus und können dann den jeweiligen Alert konfigurieren und Werte wie die Thresholds oder E-Mail-Empfänger anpassen. Wenn Sie in den Bearbeitungsmodus wechseln, ändert sich die Anzeige der Funktionsleiste unten rechts. Anstelle der beiden vorher sichtbaren Einträge **Check Now** und **Edit** erscheinen nun **Save** zum Speichern der geänderten Konfiguration und **Cancel** für Abbrechen.

Schwellenwerte definieren

Im Bereich **Thresholds for Prioritized Alerting** finden Sie die Schwellenwerte (Thresholds), über die Sie die Priorität des Alarms festlegen. Hier können Sie oft zwischen hoch, mittel und niedrig (**High**, **Medium** und **Low**) wählen. Da diese Unterscheidung nicht immer sinnvoll ist, wird in einigen Fällen z. B. nur **High** angeboten.

Regelmäßige Prüfungen einplanen

Im Abschnitt **Schedule** legen Sie das Wiederholungsintervall der Prüfung fest. Hier können Sie mit der Option **Schedule Active** die regelmäßige Prüfung auch deaktivieren. Wenn Sie die Deaktivierung vornehmen, wird der entsprechende Alert in der Liste der Services mit **Switched Off** gekennzeichnet.

> [»] **Status »Failed«**
>
> Der Status kann auch auf **Failed** wechseln, wenn ein Check nicht ausgeführt werden kann. Dann wird die Überprüfung zunächst deaktiviert und später automatisch wieder aktiviert. Das System überprüft selbstständig, ob ein Check wieder reaktiviert wurde. Sie können die Aktivierung jedoch auch manuell vornehmen. Mehr Informationen zur fehlerhaften Ausführung von Checks finden Sie auch in Abschnitt 15.1.2.

Darunter befinden sich dann noch zwei weitere Abschnitte. Sie können unter **Email Recipients of Alerts** für einen Alert einen E-Mail-Empfänger definieren, der alarmiert wird, wenn die in den Thresholds (Schwellenwerte) definierten Werte überschritten werden.

Unter **Proposed Solution** werden Ihnen Vorschläge zur Lösung des durch den Alert angezeigten Problems vorgeschlagen. Dies können einerseits sehr generisch gehaltene Hilfestellungen sein, andererseits gibt es detailliertere Beschreibungen z. B. zu erforderlichen Änderungen von Parametern.

Mit dem Button **Check Now** können Sie die Überprüfung eines Alerts schließlich sofort starten. Diese Option ermöglicht Ihnen das Testen Ihrer Einstellungen oder der Werte zum zugrunde liegenden Alert, ohne auf den Ablauf der im Abschnitt **Schedule** definierten Zeit zu warten.

15.2.5 Konfiguration des E-Mail-Versands für Alarme

Eine übliche Vorgehensweise bei der Überwachung von Anwendungssystemen ist das Versenden von E-Mails, wenn ein Alert auftritt. Auch das Alerting von SAP HANA bietet diese Möglichkeit. Aktivieren Sie sie einfach im SAP HANA Cockpit oder im SAP HANA Studio. Im Folgenden beschränken wir uns auf das Vorgehen im SAP HANA Cockpit.

E-Mail-Benachrichtigung bei Alerts

In der linken unteren Ecke des Bildschirms in Abbildung 15.10 sehen Sie den Button **Configure Email**.

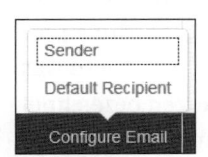

Abbildung 15.10 Einstellungen für E-Mails

Über **Sender** nehmen Sie Einstellungen zum Versand der Benachrichtigungs-E-Mails vor. Im sich öffnenden Fenster können Sie einen externen E-Mail-Server angeben, an den die E-Mails gesendet werden sollen (siehe Abbildung 15.11).

Einstellungen zum Versand

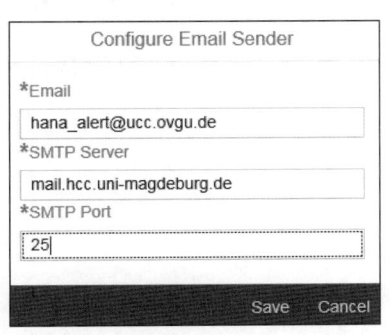

Abbildung 15.11 E-Mail Server einstellen

15 Monitoring

Empfänger angeben

Über **Default Recipient** in Abbildung 15.10 können Sie einen oder mehrere Empfänger für die Benachrichtigung beim Auftreten von Alerts eintragen. Dabei ist es möglich, für unterschiedliche Alerts auch mehrere und unterschiedliche Empfänger anzugeben. Zum Beispiel können Sie alle Alerts der SAP-HANA-Systeme an Ihr SAP-HANA-Team weiterleiten, indem Sie den Verteiler des Teams als Zieladresse unter **Default Recipient** hinterlegen. Sollen bestimmte Alerts noch zusätzlich an andere Teams weitergeleitet werden, fügen Sie einfach mit einem Klick auf **Add email** eine weitere E-Mail-Adresse hinzu. Dies kann z. B. sinnvoll sein, wenn die Infrastruktur-Abteilung zusätzlich zum SAP-HANA-Team über eine erhöhte CPU-Auslastung oder Festplattenauslastung benachrichtigt werden soll.

Sie können z. B. generell alle Alerts an Ihr SAP-HANA-Team weiterleiten, indem Sie die Team-E-Mail-Adresse als **Default Recipient** eintragen, bei betriebssystemspezifischen Alerts jedoch zusätzlich auch ein anderes Team informieren.

15.3 Das »Resource Directory«

Aufrufen des »Resource Directorys«

Das **Resource Directory** im SAP HANA Cockpit bietet Ihnen einen schnellen Überblick über alle im Cockpit registrierten Systeme und Datenbanken, auf die Sie mit dem aktuell angemeldeten Benutzer Zugriff haben. Diese werden im Rahmen des SAP HANA Cockpits jeweils als **Ressourcen** bezeichnet. Eine Systemdatenbank und eine Tenant-Datenbank wären also im SAP HANA Cockpit zwei **Ressourcen**.

> **Angezeigte Ressourcen**
>
> Beachten Sie, dass sich die angezeigten Ressourcen je nach angemeldetem Benutzer und diesem zugeordneten Ressourcen unterscheiden können. Mehr darüber erfahren Sie in Kapitel 5, »SAP HANA Cockpit 2.0«.

Sie erreichen das **Resource Directory** über die Kategorie **Monitor Landscape** (siehe Abbildung 15.12).

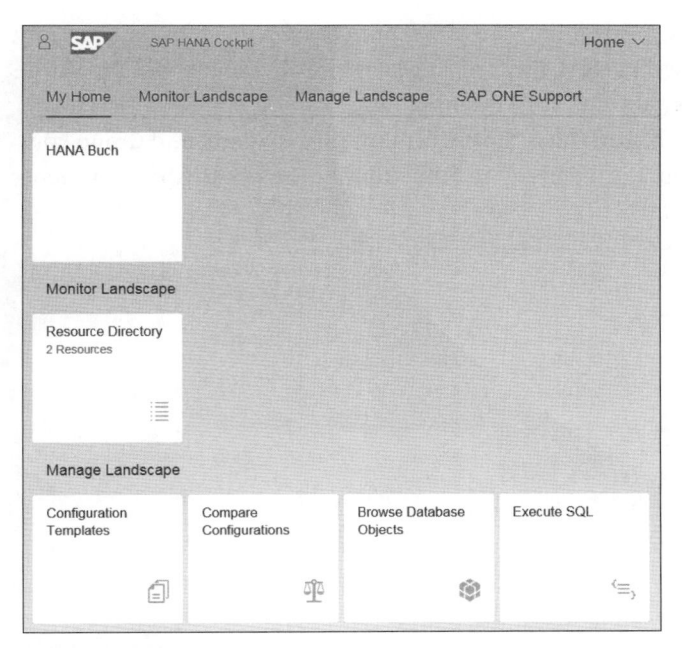

Abbildung 15.12 Startseite des SAP HANA Cockpits

Eine beispielhafte Darstellung des **Resource Directorys** finden Sie in Abbildung 15.13. Hier werden alle verfügbaren Datenbanken unter Berücksichtigung der aktuellen Filtereinstellungen aufgelistet.

»Resource Directory« – Übersicht

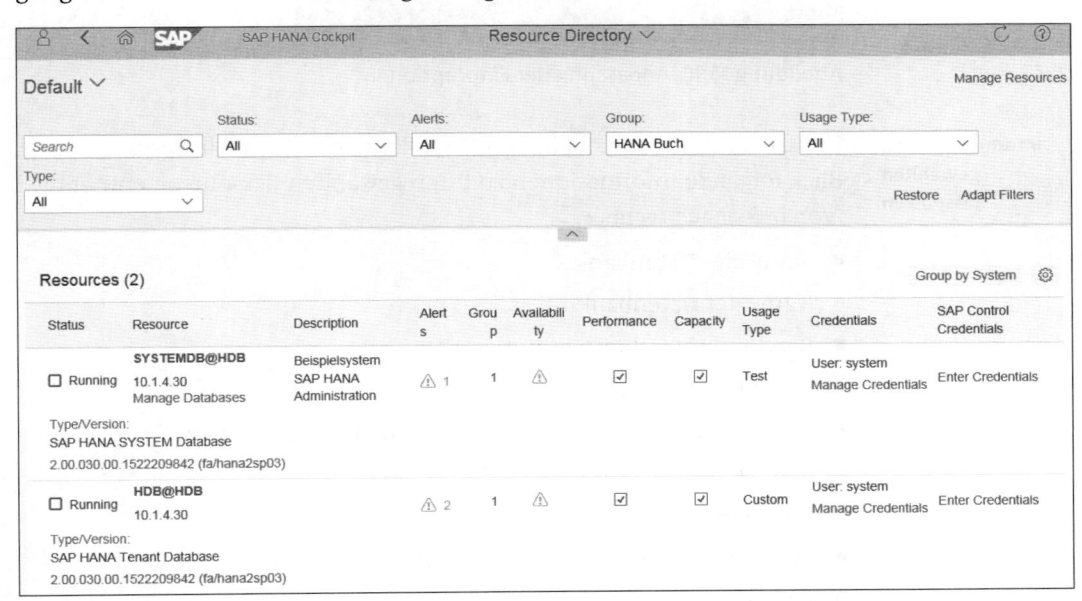

Abbildung 15.13 Überblick über verfügbare Ressourcen

Über **Usage Type** bestimmen Sie z. B., ob nur Ressourcen eines bestimmten Verwendungszwecks (**Test**, **Custom**) angezeigt werden sollen. Mit **Type** können Sie die Auswahl z. B. auf Systemdatenbanken oder Tenant-Datenbanken einschränken. Auch nach **Status** der Datenbank, **Alerts** und **Group** können Sie sortieren. Die angezeigten Filter können Sie personalisieren (siehe Abbildung 15.14).

Abbildung 15.14 Anpassung der Filteroptionen

Informationen zu gewählten Ressourcen

Der Übersicht (siehe Abbildung 15.13) können Sie anschließend auf einen Blick folgende Informationen zu Ihren gewählten Ressourcen entnehmen (von links nach rechts):

- Status der Datenbank
- Name der Datenbank
- Beschreibung (sofern hinterlegt)
- aktuell offene Alerts
- Anzahl der Gruppen, denen die Datenbank zugeordnet ist
- Performance und Kapazität
- Verwendungszweck
- Typ/Version (in Abbildung 15.13 ausgeblendet)
- Zugangsdaten
- SAP-Control-Zugangsdaten

Wie in Abbildung 15.15 zu erkennen ist, kann die Häufigkeit der Aktualisierungen der Informationen eingestellt werden. Über einen Klick auf den Pfeil wählen Sie das Zeitintervall. Dies ist z. B. hilfreich, wenn Sie ein durch einen Alert angezeigtes Problem behoben haben und anschließend sofort sehen wollen, in welchem Zustand sich Ihre Landschaft jetzt befindet.

Aktualisierungsgeschwindigkeit einstellen

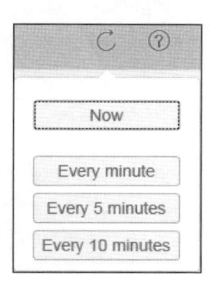

Abbildung 15.15 Zeitintervall für Aktualisierungen

Sie können einstellen, welche Spalten angezeigt werden sollen. Klicken Sie dazu auf **Adapt Filters** rechts oben in der Kopfleiste im **Resource Directory**.

Ressourcen filtern

Entfernen Sie in der Spalte **Show on Filter Bar** das Häkchen, wenn eine Filtermöglichkeit nicht angezeigt werden soll. Über **Restore** stellen Sie die ursprünglichen Filter wieder her. Über die Suchleiste im oberen Bereich der Ansicht können Sie hier zudem gezielt nach bestimmten Systemen suchen, zu denen Sie Informationen erhalten möchten.

15.4 Checkliste für das Monitoring von SAP-HANA-Systemen

Bei der Überwachung von SAP-HANA-Systemen gibt es viele Dinge, auf die Sie achten müssen. Damit Sie keinen Punkt bei der Planung Ihres Monitorings übersehen, fassen wir in diesem Abschnitt die wichtigsten Punkte kurz zusammen.

15.4.1 Systemverfügbarkeit

Den Gesamtstatus Ihres SAP-HANA-Systems können Sie am besten im **System Overview** des SAP HANA Cockpits überwachen. Mehr Informationen zu dieser Übersicht finden Sie in Kapitel 5, »SAP HANA Cockpit 2.0«.

»System Overview«

Damit ein System vollständig verfügbar ist, müssen mindestens die Services **nameserver**, **indexserver** und **preprocessor** aktiv sein. Den Status aller Services überprüfen Sie, indem Sie Ihre Datenbank im **Resource Directory** öffnen und auf die Anwendung **Overall Database Status** klicken. Hier fin-

Systemzustand überwachen

15 Monitoring

den Sie eine Übersicht der Status aller Dienste, die beim Systemstart gestartet wurden (siehe Abbildung 15.16). Dort erhalten Sie auch eine kurze Einschätzung zum Zustand der Datenbank. Wenn Services Probleme haben, erhalten Sie die Nachricht **Running with Issues** und ein gelbes Warnicon.

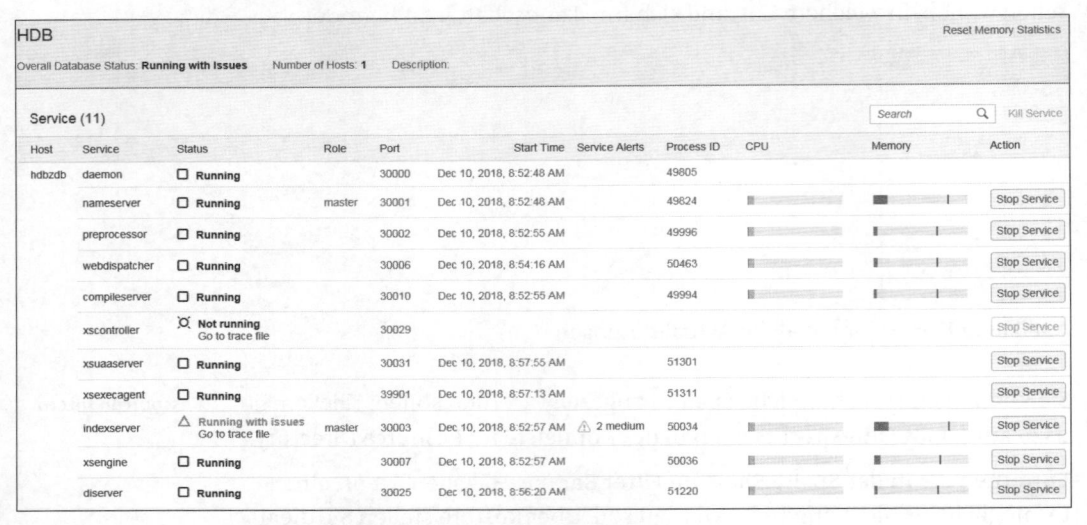

Host	Service	Status	Role	Port	Start Time	Service Alerts	Process ID	CPU	Memory	Action
hdbzdb	daemon	Running		30000	Dec 10, 2018, 8:52:48 AM		49805			
	nameserver	Running	master	30001	Dec 10, 2018, 8:52:48 AM		49824			Stop Service
	preprocessor	Running		30002	Dec 10, 2018, 8:52:55 AM		49996			Stop Service
	webdispatcher	Running		30006	Dec 10, 2018, 8:54:16 AM		50463			Stop Service
	compileserver	Running		30010	Dec 10, 2018, 8:52:55 AM		49994			Stop Service
	xscontroller	Not running Go to trace file		30029						Stop Service
	xsuaaserver	Running		30031	Dec 10, 2018, 8:57:55 AM		51301			Stop Service
	xsexecagent	Running		39901	Dec 10, 2018, 8:57:13 AM		51311			Stop Service
	indexserver	Running with issues Go to trace file	master	30003	Dec 10, 2018, 8:52:57 AM	2 medium	50034			Stop Service
	xsengine	Running		30007	Dec 10, 2018, 8:52:57 AM		50036			Stop Service
	diserver	Running		30025	Dec 10, 2018, 8:56:20 AM		51220			Stop Service

Abbildung 15.16 App »Overall Database Status«

Anzeige anpassen In der Anwendung **Overall Database Status** können Sie die Sortierung der angezeigten Werte mithilfe von Filtern anpassen. Ein Klick auf die beiden Pfeile rechts neben der Suchleiste (siehe Abbildung 15.18) öffnet die Sortierfunktionen (siehe Abbildung 15.17).

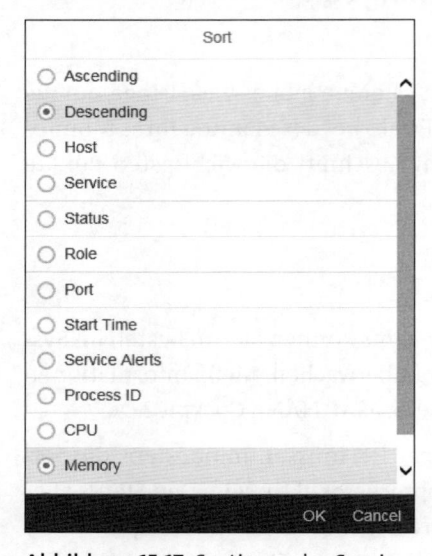

Abbildung 15.17 Sortieren der Services

15.4 Checkliste für das Monitoring von SAP-HANA-Systemen

Über den Button mit dem Zahnradicon (siehe Abbildung 15.18) können Sie die eingeblendeten Informationen und Spalten auswählen.

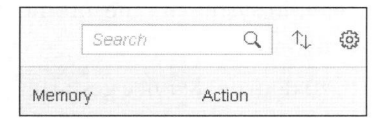

Abbildung 15.18 »Overall Database Status« – Sortierfunktion und Einstellungen

> **Angezeigte Informationen**
>
> Werfen Sie ruhig einen Blick in die Einstellungen der möglichen Informationen zu den Services Ihres Systems. Hier finden sich viele nützliche Optionen, die die Suche nach Problemen stark beschleunigen und verbessern können.

Der Status eines Services wird in der Spalte **Status** angezeigt. Es gibt drei verschiedene Zustände:

Statusanzeige von Services

- Service läuft: **Running**
- Service läuft mit Fehlern: **Running with issues**
- Service läuft nicht: **Not running**

Läuft ein Service nicht wie gewünscht, können Sie direkt zur dazugehörigen Trace-Datei navigieren.

Weitere Informationen zu Services

Darüber hinaus finden Sie in der Anwendung **Overall Database Status** weitere Informationen zu den Services Ihres Systems (siehe Abbildung 15.16). Dort finden Sie die folgenden Angaben:

- In der Spalte **Host** finden Sie den Namen des Hosts, auf dem der Service läuft.
- Die Spalte **Service** enthält den Namen des Services (z. B. **indexserver**, **nameserver** etc.).
- Die Spalte **Status** gibt Auskunft darüber, in welchem Zustand sich der Service aktuell befindet. Wenn alles wie erwartet funktioniert, steht hier **Running**, bei Problemen **Running with issues**, und wenn der Service gar nicht läuft, finden Sie dort den Eintrag **Not running**.
- Die Spalte **Role** gibt die Rolle des Hosts an, auf dem der Service läuft:
  - **master**: Der Host ist der aktive Master-Host.
  - **<Kein Inhalt>**: Der Host ist ein aktiver Slave-Host.
  - **Standby**: Der Host ist ein Stand-by-Host.

Die Informationen in der Spalte **Role** sind nur für verteilte Systeme relevant (weitere Informationen dazu finden Sie in Kapitel 2, »Architektur«).

- In der Spalte **Port** wird der Port angezeigt, der vom System für die interne Kommunikation zwischen den Services genutzt wird.
- In der Spalte **Start Time** steht der Zeitpunkt, zu dem der Service gestartet wurde.
- Die Spalte **Service Alerts** gibt an, wie viele Alerts in welcher Priorität aufgetreten sind, die diesen Service betreffen. In der Beispielabbildung hat der Service **indexserver** z. B. zwei Alerts mit mittlerer Priorität ausgelöst.
- Die Spalte **Process ID** enthält die eindeutige ID des Dienstes.
- In der Spalte **CPU** finden Sie ein Balkendiagramm, das die CPU-Auslastung des jeweiligen Services anzeigt.
- Auch die Spalte **Memory** enthält eine Balkenanzeige. Diese visualisiert den verbrauchten Arbeitsspeicher im Verhältnis zum physisch verfügbaren Speicher und dem festgelegten Limit.
- Die Spalte **Action** gibt Ihnen die Möglichkeit, eine Aktion für diesen Service zu starten bzw. durchzuführen. In der Regel wird hier angeboten, den betroffenen Service zu stoppen oder zu starten. So können auch einzelne Dienste gesteuert werden, ohne gleich das ganze System zu starten oder zu stoppen.
- Wenn Sie detaillierte Informationen zum Speicherverbrauch wünschen, klicken Sie auf das Balkendiagramm in der Spalte **Memory** eines Services. Sie werden in die Ansicht **Memory Analysis** weitergeleitet (siehe Abbildung 15.19).

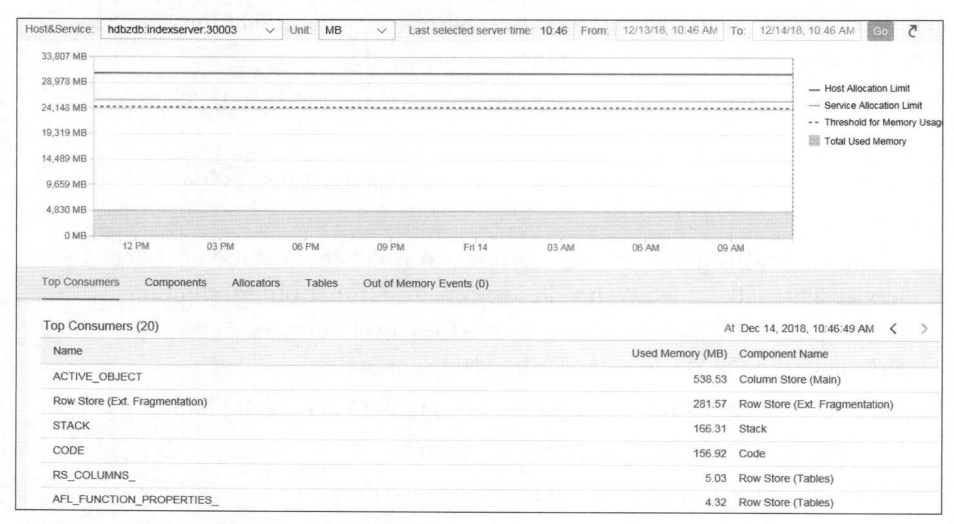

Abbildung 15.19 App »Memory Analysis«

An dieser Stelle soll nur die obere Grafik kurz erläutert werden, eine genauere Beschreibung der Anwendung **Memory Analysis** und ihrer Möglichkeiten finden Sie in Kapitel 14, »Performance-Optimierung«.

»Memory Analysis«

Folgende Werte werden in der Übersicht angezeigt:

- Der Wert **Total Used Memory** gibt an, wie viel Speicher von diesem Service zum betrachteten Zeitpunkt verbraucht wurde.
- Der Wert **Threshold for Memory Usage** gibt an, bei welcher Speicherauslastung ein Alert ausgelöst wird. Da der Alert in prozentualer Auslastung angegeben wird, hängt dieser direkt mit **Service Allocation Limit** zusammen.
- **Service Allocation Limit** gibt an, wie viel Speicher der ausgewählte Prozess maximal allokieren darf.
- Der Wert **Host Allocation Limit** gibt an, wie viel Speicher der gesamte Host allokieren darf. Dieser Wert ist also das absolute Limit für das gesamte SAP-HANA-System.

15.4.2 Speicherverbrauch

Da es sich bei SAP HANA um eine In-Memory Datenbank handelt, kommt der detaillierten Auswertung der Arbeitsspeicherauslastung eine besondere Bedeutung zu. In der Systemübersicht (**System Overview**) einer Ressource im SAP HANA Cockpit finden Sie bereits eine konsolidierte Ansicht über die aktuelle Speicherauslastung.

Arbeitsspeicherauslastung

Im Bereich **Memory Usage** sehen Sie unter **Used Memory** zunächst einen Balken mit drei farbig dargestellten Werten (siehe Abbildung 15.20).

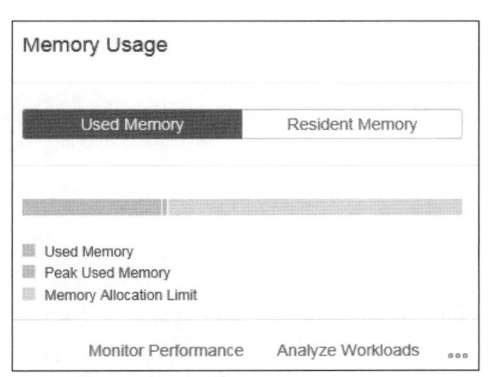

Abbildung 15.20 Speicherauslastung einer Datenbank

15 Monitoring

»Used Memory« — Sie können an den Werten folgende Informationen zum Speicherverbrauch ablesen:

- **Used Memory** gibt an, wie viel Speicher derzeit von der Datenbank verbraucht wird.
- **Peak Used Memory** weist die maximale Menge an Arbeitsspeicher aus, die von dieser Datenbank in ihrer Laufzeit belegt wurde.
- **Memory Allocation Limit** zeigt den maximal verfügbaren Arbeitsspeicher, der für diese Datenbank bereitgestellt wird.

»Resident Memory« — Die Balken geben Ihnen einen schnellen Überblick über die aktuelle Speichersituation in der gesamten Datenbank. Sie können die Ansicht auch umstellen auf **Resident Memory** (siehe Abbildung 15.21). Folgende Werte sind in der Grafik dargestellt:

- **Database Resident Memory** gibt an, wie viel des reservierten Speichers derzeit tatsächlich von der Datenbank genutzt wird.
- **Total Resident Memory** gibt an, wie viel Speicher des physisch vorhandenen Arbeitsspeichers für das SAP-HANA-System reserviert wurde.
- **Physical Memory** zeigt den gesamten physisch verfügbaren Arbeitsspeicher an.

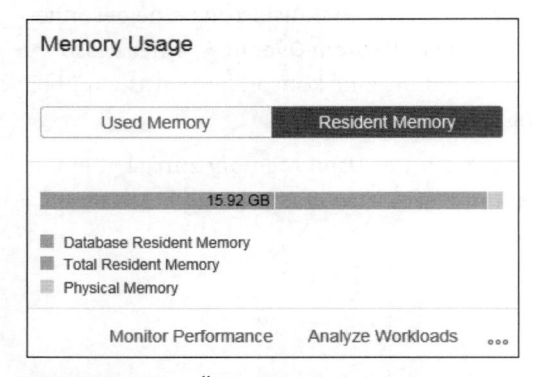

Abbildung 15.21 Übersicht über den »Resident Memory«

[»] **Der »Resident Memory«**

SAP-HANA-Systeme reservieren sich bereits beim Start so viel Speicher wie möglich und allokieren diesen durch Prozesse (**Total Resident Memory**). Wenn während der Laufzeit des Systems mehr Speicher für Berechnungen und das Speichern von Daten benötigt wird, stellt das System einfach Speicher aus seinem reservierten Bereich für die Datenbank zur Verfügung (**Database Resident Memory**). Sollte Speicher wieder freigegeben werden,

> wird dieser nicht an das Betriebssystem zurückgegeben, sondern der freie Speicher verbleibt im **Total Resident Memory**. Damit liegt die Speicherverwaltung komplett beim SAP-HANA-System.

15.4.3 CPU-Verbrauch

Eine weitere Größe bei der Überwachung von SAP-HANA-Systemen ist der CPU-Verbrauch. Auch diesen können Sie auf einen Blick im SAP HANA Cockpit überwachen. Wenn Sie eine Ressource im **Resource Directory** wählen, finden Sie im **System Overview** der Ressource eine kleine Grafik, die Ihnen die CPU-Auslastung darstellt (siehe Abbildung 15.22).

CPU-Verbrauch überwachen

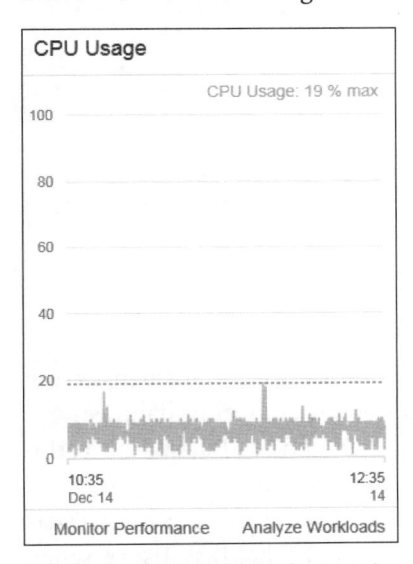

Abbildung 15.22 CPU-Auslastung im »System Overview«

Ein Klick auf die Grafik zur CPU-Auslastung öffnet den **Performance Monitor** mit detaillierteren Informationen zur CPU-Auslastung (siehe beispielhaft Abbildung 15.23).

Hier erhalten Sie einen Überblick über den historischen Verlauf der CPU-Auslastung. Dazu stehen Ihnen Grafiken zur Verfügung. Sie können z. B. die aktuelle Auslastung mit der Auslastung der letzten Stunden, Tage und Wochen vergleichen. Sie können bestimmte Vorlagen (Presets) verwenden, oder Sie geben einfach einen selbst bestimmten Zeitraum an. Sie können einstellen, welche Werte Sie genau betrachten wollen, und so z. B. im Nachhinein eine lastintensive Situation untersuchen. Weitere Informationen dazu finden Sie in Kapitel 14, »Performance-Optimierung«.

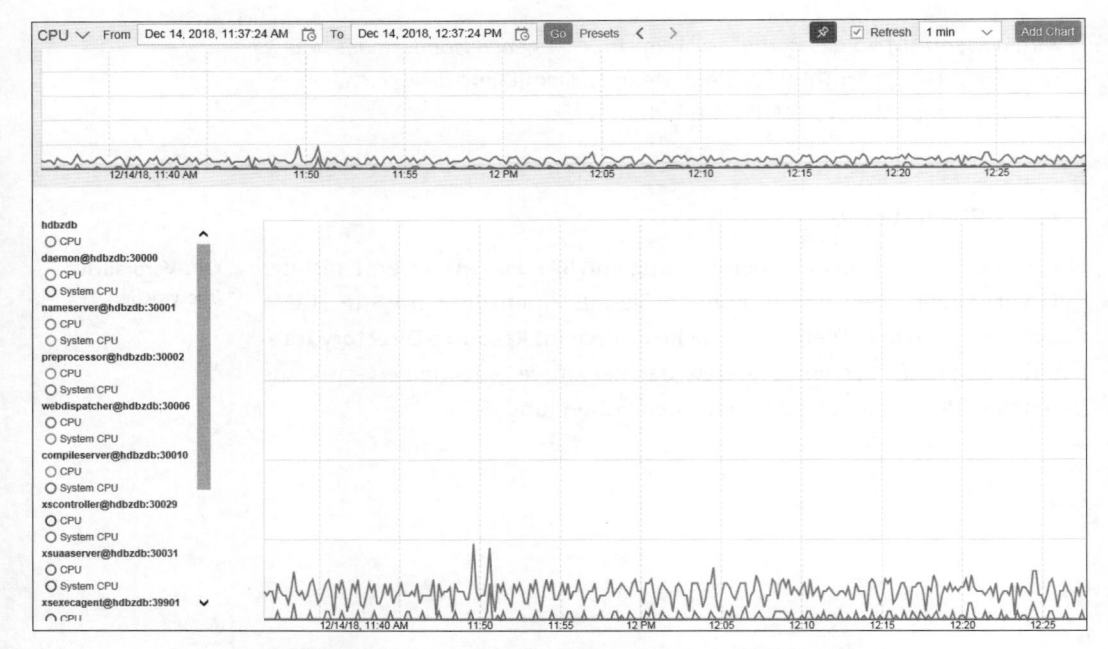

Abbildung 15.23 App »Performance Monitor« (CPU-Nutzung)

15.4.4 Festplattennutzung

Festplattennutzung überwachen

Um sicherzustellen, dass die Datenbank immer wieder auf den letzten funktionierenden Zustand zurückgesetzt werden kann, muss dafür gesorgt werden, dass genug Speicherplatz für die Daten und Log-Dateien zur Verfügung steht. Sie können die Auslastung Ihrer Festplatte, die Größe des Speichers und die Verteilung der Daten im SAP HANA Cockpit im **System Overview** einer Ressource auf einen Blick über die Kachel **Disk Usage** sehen (siehe Abbildung 15.24).

Abbildung 15.24 Festplattennutzung im »System Overview«

15.4 Checkliste für das Monitoring von SAP-HANA-Systemen

Ein Klick auf die Kachel öffnet erneut den **Performance Monitor** – diesmal mit der eingestellten Ansicht für die Festplattenbelegung (siehe Abbildung 15.25).

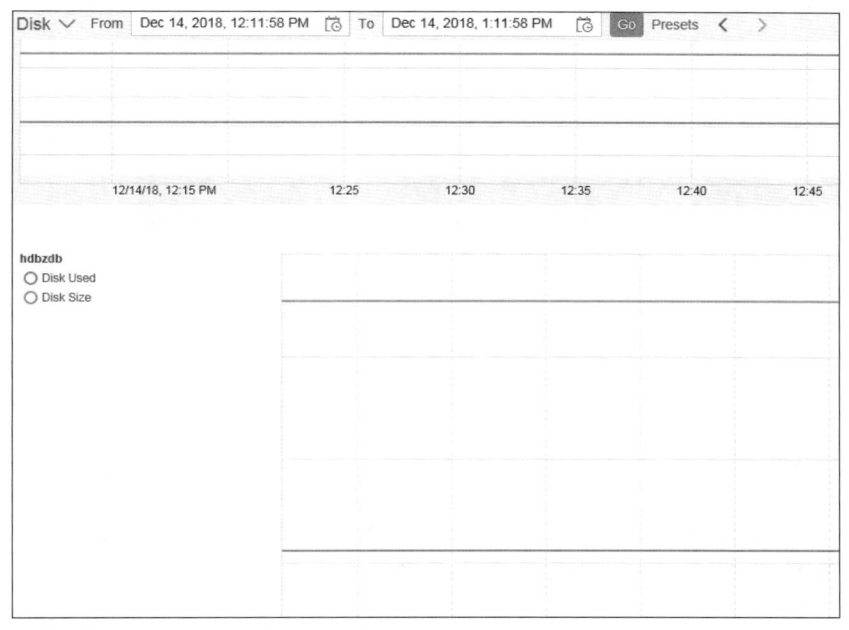

Abbildung 15.25 App »Performance Monitor« (Festplatte)

Eine genauere Übersicht über die Festplattennutzung erhalten Sie in der Anwendung **Disk Volume Monitor**. Diese erreichen Sie, wie in Abbildung 15.26 dargestellt, über die drei Punkte (und hier **Monitor Disk Volume**) in der Kachel **Disk Usage**.

Disk Volume Monitor

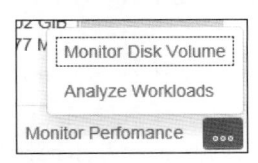

Abbildung 15.26 App »Monitor Disk Volume« öffnen

Der **Disk Volume Monitor** zeigt auf einen Blick die Aufteilung und Belegung der *Volumen* (Festplatten), aufgeteilt nach **Data** (blau, rechte Balkenhäfte) und **Log** (orange, linke Balkenhälfte, siehe Abbildung 15.27). Im oberen Bereich können Sie die angezeigten Werte über die Kriterien **Host**, **Type**, **Service** und **Volume ID** anpassen.

715

15 Monitoring

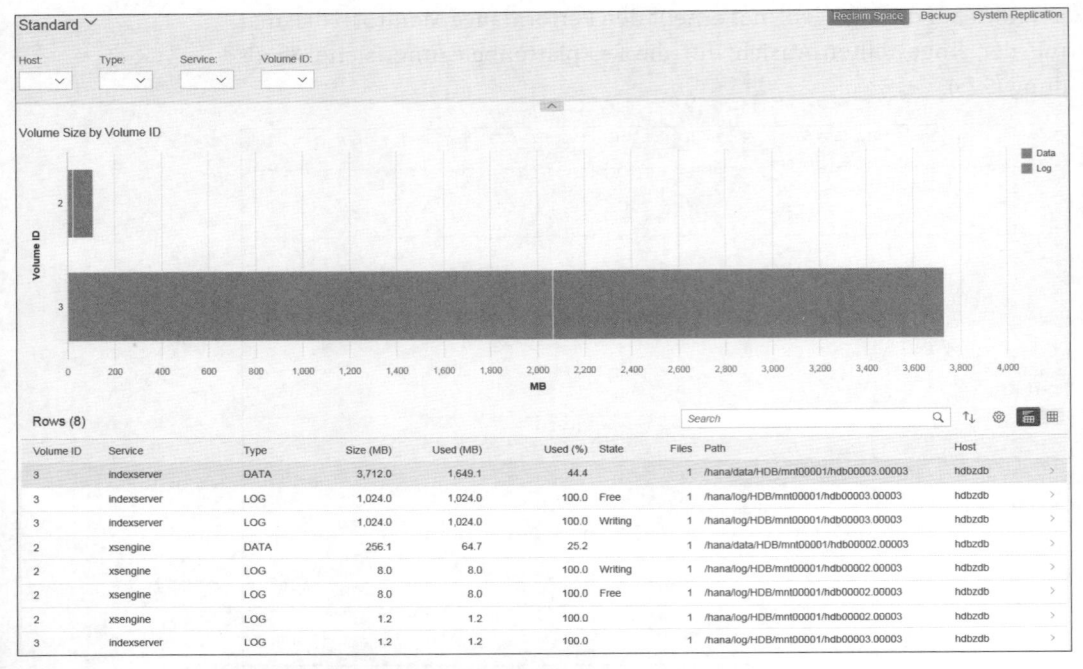

Abbildung 15.27 App »Disk Volume Monitor«

Informationen zur Festplattennutzung

In den Spalten im unteren Bereich von Abbildung 15.27 erhalten Sie darüber hinaus folgende Informationen:

- Die Spalte **Volume ID** gibt an, zu welchem Volume (identifiziert über eine ID) ein Eintrag gehört, dabei handelt es sich in der Regel um Festplatten.
- **Service** gibt an, welche Services den Speicher der Festplatten belegen.
- **Type** gibt Auskunft darüber, ob es sich jeweils um Dateien vom Typ **LOG** oder **DATA** handelt.
- **Size (MB)** informiert Sie über die gesamte Größe, die ein Service momentan allokiert (reserviert) hat.
- **Used (MB)** gibt an, wie viel MB des reservierten Festplattenspeichers eines Services belegt sind.
- **Used (%)** gibt das Verhältnis vom reservierten Speicher zum benutzten Speicher prozentual an.
- **State** informiert Sie über den Status der den Festplattenspeicher in Anspruch nehmenden Services – z. B. erfahren Sie, ob diese gerade Daten in den Speicher schreiben (**Writing**).
- **Files** informiert Sie über die Anzahl der Dateien eines Services auf Systemebene.

15.4 Checkliste für das Monitoring von SAP-HANA-Systemen

- **Path** zeigt Ihnen den Pfad zur physischen Speicherdatei an.
- **Host** gibt an, welchem Host der gespeicherte Service zugeordnet ist.

Die Ansicht kann – wie bei den anderen Apps auch – über das Zahnradicon neben der Suchleiste an Ihre individuellen Bedürfnisse angepasst werden.

Wenn Sie einen Eintrag aus der Liste auswählen, erscheinen detaillierte Informationen zu dieser physischen Speicherdatei (siehe Abbildung 15.28):

Detaillierte Informationen

- Im Bereich **DATA VOLUME FILES** finden Sie unter **VOLUME I/O TOTAL STATISTICS** zunächst eine Zusammenfassung aller Eingabe- und Ausgabe-Statistiken seit Beginn des ausgewählten Dienstes. Dabei handelt es sich um Kennziffern wie etwa die Anzahl der Lese- und Schreibvorgänge, den Datendurchsatz oder die gesamte Zeit, die für Ein- und Ausgabeoperationen benötigt wurde, bzw. die Geschwindigkeit, mit der diese stattfanden. Die Informationen können Ihnen bei der Untersuchung von Performance-Problemen helfen. Genauere Informationen zu den angezeigten Werten erhalten Sie über den View `M_VOLUME_IO_TOTAL_STATISTICS`.

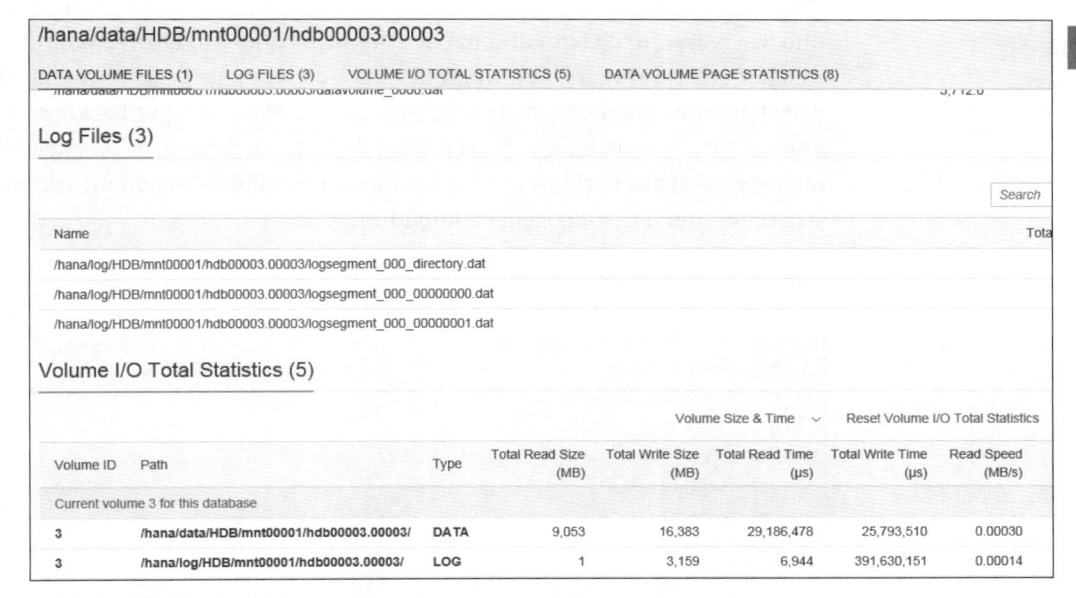

Volume ID	Path	Type	Total Read Size (MB)	Total Write Size (MB)	Total Read Time (µs)	Total Write Time (µs)	Read Speed (MB/s)
	Current volume 3 for this database						
3	/hana/data/HDB/mnt00001/hdb00003.00003/	DATA	9,053	16,383	29,186,478	25,793,510	0.00030
3	/hana/log/HDB/mnt00001/hdb00003.00003/	LOG	1	3,159	6,944	391,630,151	0.00014

Abbildung 15.28 Disk Volume – Details

- Unter **DATA VOLUME PAGE STATISTICS** werden Statistiken über die Größen und Kategorien des jeweiligen Datenvolumes angezeigt. Eine Erklärung der Datenvolumes finden Sie in Kapitel 2, »Architektur«. Hier können Sie die Belegung der verschiedenen Speicherbereiche betrachten. Die Daten werden in verschiedenen Blöcken gespeichert, dabei wird versucht, so effizient wie möglich mit dem Speicherplatz umzugehen. Daher können manche Informationen in kleineren Blöcken gespeichert werden als andere, je nach tatsächlichem Speicherbedarf. Das System nimmt diese Einteilung automatisch vor, und Sie müssen sich als Benutzer in der Regel nicht darum kümmern. Diese Statistiken benötigen Sie im Normalfall nur, um ganz bestimmte Probleme anzugehen. Zum Beispiel können Sie diese Informationen nutzen, wenn Sie entscheiden möchten, ob eine Neuorganisation der Daten sinnvoll ist oder ob Sie unbenötigte Superblöcke freigeben können. Es handelt sich dabei schon um recht umfassende administrative Fähigkeiten, daher wird dieser Bereich hier nur der Vollständigkeit halber erwähnt.

15.4.5 Backups

Zu einem vollständigen Monitoring Ihrer Systeme gehört auch die Überwachung der Backups und der Backup-Prozesse. So sollten Sie stets im Blick behalten, ob Ihre Backups regelmäßig und vor allem erfolgreich durchgeführt werden. Dem Thema Backup widmen wir uns in Kapitel 9, »Backup und Recovery«, noch einmal genauer. Hier wird daher nur kurz erwähnt, an welcher Stelle Sie sich einen Überblick über die aktuelle Lage der Backups verschaffen können. Ein Werkzeug für die Überwachung der Backups im SAP HANA Cockpit ist die Anwendung **Backup**, zu finden in der Kachel **Manage database backups** der Kachel **Database Administration** im **System Overview** einer Ressource (siehe Abbildung 15.29).

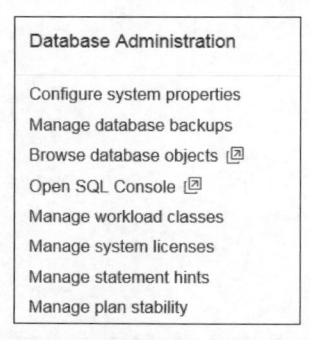

Abbildung 15.29 Optionen zur Datenbankadministration im »System Overview«

15.4.6 Crash-Dump-Dateien und Threads

Crash-Dump-Dateien

Sollten während des Systembetriebs Fehler auftreten oder die einzelnen Services in Probleme laufen und dadurch abstürzen, werden in der Regel auch sogenannte *Crash-Dump-Dateien* geschrieben. Diese enthalten Informationen über die Auslöser, Fehler und letzten Aktivitäten der Prozesse. Sie erleichtern Ihnen die Fehlersuche und Ursachenanalyse, wenn sich ein System nicht wie erwartet verhält. Wenn neue *Crash-Dump-Dateien* erstellt werden, ist dies ein Indiz dafür, dass in Ihrem SAP-HANA-System etwas nicht funktioniert wie gewünscht. Behalten Sie diese Dateien daher im Blick, sodass Sie Probleme frühzeitig identifizieren und beheben können. Wie Sie Crash-Dump-Dateien analysieren und identifizierte Probleme lösen, beschreiben wir in Kapitel 16, »Fehleranalyse und -behebung«.

Die Aufgaben von SAP HANA, wie das Ausführen von SQL-Anweisungen oder Hintergrundaufgaben, werden von Threads ausgeführt. Jeder SAP-HANA-Prozess wie der Index Server oder die XS Engine besteht aus einem Satz von Threads. Auch jeder offene Thread verbraucht eine gewisse Menge an Ressourcen und nimmt diese damit vom gesamten Speicherpool des Systems. Daher ist es wichtig, auch die Threads im Auge zu behalten. Schon ein Thread, der zu viele Ressourcen allokiert, kann den Betrieb Ihres gesamten SAP-HANA-Systems lahmlegen. Sie sollten deswegen auch ein besonderes Augenmerk auf die Überwachung von Threads legen, um Performance-Probleme zu vermeiden. Sie können sich die aktuellen Threads Ihrer SAP-HANA-Datenbank in der Monitoring-Sicht `M_SERVICE_THREADS` anschauen. Führen Sie dazu eine Abfrage auf der Datenbank per SQL-Konsole aus: `SELECT * FROM M_SERVICE_THREADS` (siehe Kapitel 5, »SAP HANA Cockpit 2.0«). Mehr Informationen zu diesem Thema finden Sie in Kapitel 14, »Performance-Optimierung«, und in SAP-Hinweis 2114710.

Threads

Kapitel 16
Fehleranalyse und -behebung

Wie geht es weiter, wenn es nicht mehr weitergeht? Hin und wieder wird es vorkommen, dass die SAP-HANA-Instanz sich nicht so verhält, wie Sie es erwarten – trotz guter Pflege und aufmerksamer Beobachtung kann es zu Fehlersituationen kommen.

Auch bei guter Wartung und Administration kommt es vor, dass Probleme beim Betrieb eines SAP-HANA-Systems auftreten. Dies kann sowohl auf technische als auch auf menschliche Fehler zurückzuführen sein. Ohne nun genau auf die möglichen Verursacher zu schauen, gehen wir in diesem Kapitel exemplarisch anhand einiger Beispiele darauf ein, welche Möglichkeiten Sie haben, wenn plötzlich etwas nicht mehr funktioniert.

Mit SAP HANA stehen Ihnen verschiedene Werkzeuge zur Verfügung, die Sie für die Fehleranalyse nutzen können und die wir teilweise in diesem Buch bereits vorgestellt haben. Zu nennen wären hier das SAP HANA Cockpit, ggf. noch das SAP HANA Studio und eventuell auch das DBA Cockpit sowie an einigen Stellen Kommandozeilenwerkzeuge.

Werkzeuge

SAP stellt in der Dokumentation für SAP HANA verschiedene Fehlerursachen systematisch dar, von denen wir hier einige auflisten:

Fehlerursachen

- **Speicherprobleme**
  In diesen Bereich fallen Probleme bei der Nutzung des Hauptspeichers durch die SAP-HANA-Instanz. Dies können z. B. einfache Engpässe oder Fehler in den ausgeführten Prozessen sein.
- **CPU-Probleme**
  Die Bereitstellung und Verarbeitung großer Datenmengen durch die SAP-HANA-Instanz benötigt neben der Ressource Hauptspeicher auch die Rechenleistung der *Central Processing Unit* (CPU). Fehler durch eine zu geringe CPU-Leistung fallen in diesen Bereich.
- **Festplattenabhängige Fehlerursachen**
  Auch wenn SAP HANA eine Hauptspeicherdatenbank ist, spielt der Tertiärspeicher noch immer eine große Rolle. Zu wenig verfügbarer Festplattenspeicher kann ebenfalls Fehlverhalten hervorrufen.

- **I/O-bezogene (Input/Output) Fehlerursachen**
  Neben zu wenig Festplattenspeicher ist auch ein zu langsames Zugreifen auf die Festplatte ein Problem und äußert sich durch schlechte Performance.

- **Falsche Parametrisierung**
  Falsch konfigurierte Parameter können Fehler hervorrufen, die durch das Monitoring entdeckt und gemeldet werden.

- **Probleme im Zusammenhang mit einem Delta Merge**
  Änderungen an den Daten werden zunächst in einem für den Schreibzugriff optimierten Delta Storage gespeichert und dann stark komprimiert in die eigentlichen Datendateien übertragen. Dieses Übertragen wird als *Delta Merge* bezeichnet.

- **Security-bezogene Fehlerursachen**
  Probleme in Bezug auf Autorisierung, Authentifizierung und die Lizenzierung Ihrer SAP-HANA-Instanz finden sich in diesem Bereich wieder.

- **Probleme durch Datenbanktransaktionen**
  Datenbanktransaktionen fassen zusammengehörige Operationen auf Datenobjekten zusammen und können durch Sperren, Wartezeiten oder nicht beendete Transaktionen Fehlverhalten verursachen.

- **Schlechte Performance bei Datenbankanfragen**
  Performante SQL-Anfragen sind in Ihrer SAP-HANA-Datenbank ein grundlegender Bestandteil der Gesamt-Performance. Dieser Bereich kann daher ein wichtiger Ansatz für eine Fehleranalyse sein.

- **Schlechte Performance in Anwendungen**
  Wenn Sie Anwendungen auf Basis von SAP HANA entwickeln und betreiben, können auch diese Anwendungen Ursache von Fehlern sein, die es zu analysieren gilt.

- **System-Hanging-Situationen**
  »Das System steht« – eine typische Situation, in der Sie zunächst nicht wissen, in welchen Bereich eine mögliche Fehlerursache fällt.

16.1 Fehlersituationen

Wir haben Ihnen in den vorangegangenen Kapiteln bereits verschiedene Werkzeuge vorgestellt, die Sie in den angedeuteten Fehlersituationen nutzen können. Leider können wir keinen eindeutigen Weg vorgeben, wie Sie in einer Fehlersituation vorgehen sollten, da jede Situation individuell zu betrachten ist. Wir verweisen aber auf den folgenden Seiten auf Lösungsansätze und Informationsquellen, die SAP bereitstellt, und zeigen Ihnen anhand einiger praktischer Beispiele, wie Sie sich ausgehend vom Symptom »Die SAP-HANA-Datenbank funktioniert nicht wie gewünscht« der tatsächlichen Fehlerquelle nähern können.

In Kapitel 15, »Monitoring«, haben wir die verschiedenen Alerts des SAP-HANA-Systems beschrieben. Dort erwähnten wir auch, dass diese Alerts mit IDs versehen und so eindeutig identifizierbar sind.

Hauptspeicher

Bei Hauptspeicherproblemen sind für Sie z. B. drei SAP-HANA-Alerts von zentraler Bedeutung:

- **Host physical memory usage** (Alert-ID 1)
- **Memory usage of services** (Alert-ID 43)
- **Licensed memory usage** (Alert-ID 44)

Die Alerts werden Ihnen z. B. über die Monitoring-Anwendungen im SAP HANA Cockpit angezeigt. Hier können Sie auch mit der Analyse beginnen, was die Fehlerursache sein könnte. Es ist möglich, dass die Fehler innerhalb der SAP-HANA-Datenbank liegen. Hier können einzelne Services zu viel Speicher verbrauchen, oder es könnte auch sein, dass einfach zu wenig Speicher zugewiesen wurde. Auch ein starkes Datenwachstum, verstärkte Aktivität oder aufwendige Datenverarbeitung könnten zumindest zu temporären Engpässen führen.

> **Weitere Informationen zu Ursachen und Lösungsansätzen**
> Die SAP-Hinweise 1840954 und 1898317 bieten Ihnen detaillierte Anleitungen zum Identifizieren der Ursachen und geben Hinweise zu möglichen Lösungsansätzen.

CPU-Ressourcen

SAP HANA nutzt grundsätzlich die zur Verfügung stehenden Ressourcen so weit wie möglich aus. Eine temporär vollständige Auslastung aller zur Verfügung stehenden CPUs muss daher nicht sofort einen Engpass bedeuten. Die Übersicht über die CPU-Ressourcen erhalten Sie über die Anwendung **CPU Usage** im SAP HANA Cockpit (siehe Abschnitt 15.4.3, »CPU-Verbrauch«). Auch für die CPUs stehen Alerts zur Überwachung zur Verfügung, die eventuell auf einen Engpass dieser Ressource hinweisen:

- **HOST CPU usage** (Alert-ID 5)
- **Most recent savepoint operation** (Alert-ID 28)
- **Savepoint duration** (Alert-ID 54)

Sollte ein solcher Engpass auftreten, können Sie je nach Situation zunächst entweder diesen Engpass analysieren oder die Fehlerursache so schnell wie möglich beseitigen, um den normalen Betrieb wieder zu ermöglichen. Im Rahmen der Analyse gilt es zu unterscheiden, ob das Fehlverhalten von der SAP-HANA-Instanz selbst hervorgerufen wird oder ob eine externe Komponente Einfluss nimmt – wie etwa das Betriebssystem.

Threads analysieren

Um einen ersten Einblick zu bekommen, können Sie im SAP HANA Cockpit die Anwendung **Threads** aus dem Bereich **Monitoring and Administration** aufrufen. Hier erhalten Sie eine Übersicht über die aktuelle Aktivität. Insbesondere die Anzeige der Laufzeit (**Duration**) ist hier relevant.

Teure SQL-Anweisungen

Im SAP HANA Cockpit steht Ihnen die SAP-Fiori-Anwendung **Top SQL Statements** zur Verfügung, die Ihnen verschiedene Ansichten aktueller SQL-Statements bietet. Im Abschnitt **Expensive Statement** können Sie mit dem Button **Configure Trace** die detaillierte Überwachung anhand verschiedener Parameter festlegen.

Sollte es notwendig sein, die Aktionen, die die Quelle der Störung darstellen, von hier aus gleich zu beenden, ohne weitere Analysen vorzunehmen, können Sie die zugrunde liegende Aktion über den Eintrag **Cancel Session** im Abschnitt **Overview** direkt abbrechen.

> **[»] Informationen vor dem Abbruch sichern**
>
> Wenn Sie einen Thread bzw. eine Session abbrechen möchten, können Sie die aktuellen Informationen für eine spätere Analyse oder die Weitergabe an den SAP-Support zunächst sichern.

Festplattenspeicher

Dass auch bei SAP HANA als In-Memory-Datenbank die Festplatte zur persistenten Speicherung der Daten eine wichtige Rolle spielt, haben wir an verschiedenen Stellen in diesem Buch bereits dargestellt. Auch für die Festplatte stehen wieder Alerts zur Verfügung, die Ihnen helfen, diese Ressource zu überwachen:

- **Disk usage** (Alert-ID 2)
- **Check internal disk full event** (Alert-ID 30)

Diese Checks prüfen, inwiefern sich eine Festplatte einem bestimmten Füllgrad nähert bzw. schon voll ist. Informationen zur Auslastung der genutzten Festplatten finden Sie in der Anwendung **Disk Usage** im SAP HANA Cockpit. Wurde der Alert mit der ID 2 ausgegeben und der jeweilige Festplattenspeicher ist noch nicht vollständig gefüllt, können Sie noch rechtzeitig reagieren. Ist jedoch die Festplatte vollständig gefüllt, wird der Alert mit der ID 30 ausgelöst, und die Datenbank bleibt stehen. In diesem Fall müssen Sie umgehend den Speicherplatz erhöhen oder anderweitig Platz schaffen.

I/O des Festplattenspeichers

Die Festplatten können nicht nur zu voll werden, sondern auch zu langsam reagieren. Das heißt, Schreib- und Lesezugriffe werden zu langsam ausgeführt, was die gesamte Performance beeinträchtigt. Auch wenn die Datenverarbeitung im Hauptspeicher stattfindet, ist dies ist an verschiedenen Stellen für den Betrieb der SAP-HANA-Instanz notwendig. Mehr darüber erfahren Sie im Abschnitt **Analyzing I/O Throughput and Latency** des »SAP HANA Troubleshooting and Performance Analysis Guides«.

Grundsätzlich geht es bei der Analyse von Problemen in diesem Bereich darum, den Durchsatz der Lese- und Schreiboperationen sowie mögliche Latenzzeiten zu analysieren. Speziell in Zusammenhang mit den Savepoints der SAP-HANA-Datenbank ist dies sehr wichtig.

Falsche Parametrisierung

Auch aufgrund der Anpassung von Parametern können in Ihrer SAP-HANA-Datenbank Probleme auftreten. Falls diese Parametrisierung länger zurückliegt und Sie nicht mehr genau wissen, welche Parameter geändert wurden, können Sie sich mit der SQL-Anweisung in Listing 16.1 die Parameter auflisten lassen, die Sie angepasst haben. Diese SQL-Anweisung haben wir der SAP-Dokumentation für SAP HANA 2.0 SP04 entnommen:

```
select a.file_name, b.layer_name, b.tenant_name, b.host,
    b.section, b.key, a.value as defaultvalue,
    b.currentvalue from sys.m_inifile_contents a
       join ( select file_name, layer_name, tenant_name,
          host, section, key,
       value as currentvalue from sys.m_inifile_contents b
          where layer_name
       <> 'DEFAULT' )
b on a.file_name = b.file_name and a.section = b.section and a.key =
  b.key    and a.value <> b.currentvalue
```

Listing 16.1 SQL-Anweisung zur Abfrage geänderter Parameter

Sie überprüfen mit dieser Anweisung, welche Parameter von den SAP-Standardwerten abweichen, und erhalten so eine Liste mit Änderungen, die Sie oder Ihr Team vorgenommen haben.

Darüber hinaus gibt es für einige wichtige Parameter spezielle Alerts, die diese Parameter überwachen:

- **Delta Merge (mergedog) configuration** (Alert-ID 10)
- **Lock wait timeout configuration** (Alert-ID 16)
- **Log mode legacy** (Alert-ID 32)
- **Log mode overwrite** (Alert-ID 33)

Delta Merge Das Schreiben von Daten im Rahmen eines Delta Merges kann Probleme verursachen, die die Performance der Benutzeranfragen beeinträchtigen. Informationen über fehlgeschlagene Operationen im Delta Merge erhalten Sie über die Traces mergedog und mergemonitor (siehe auch Überschrift »Delta-Merge-Operationen« in Abschnitt 2.3.5, »Daten im Arbeitsspeicher«).

Es gibt zwei Alerts, die Sie auf Probleme im Zusammenhang mit einem Delta Merge hinweisen:

- **Delta Merge (mergedog) configuration** (Alert-ID 10)
- **Size of delta storage of Column Store tables** (Alert-ID 29)

Insbesondere in produktiven Umgebungen sollten Sie den Alert mit der ID 10 beachten und einen deaktivierten Delta Merge zeitnah wieder aktivieren. Der Alert mit der ID 29 wird dann ausgelöst, wenn z. B. aufgrund großer Datenänderungen die Delta-Storage-Konfiguration für die jeweilige Situation nicht passend ist und der zugrunde liegende Delta Storage zu groß wird. Weitere Informationen zum Delta Storage finden Sie in oben genanntem Abschnitt 2.3.5, »Daten im Arbeitsspeicher«, sowie in Kapitel 14, »Performance-Optimierung«.

Security In der Fehlerkategorie Security sind Lizenz- und Berechtigungsprobleme zusammengefasst. Zur Überwachung von Lizenzen stehen zwei Alerts zur Verfügung:

- **License expiry** (Alert-ID 31)
- **Licensed memory usage** (Alert-ID 44)

Hier werden Sie gewarnt, wenn die Lizenz in der nächsten Zeit ausläuft oder wenn die lizenzierte Menge Hauptspeicher verbraucht ist. Dies schauen wir uns in Abschnitt 16.2.1, »Fehlende oder abgelaufene Lizenz«, noch an einem Praxisbeispiel an.

Ebenfalls in diesen Bereich ordnet SAP die Berechtigungs- und Authentifizierungsprobleme ein. Auf die Benutzer- und Berechtigungsverwaltung in SAP HANA gehen wir grundsätzlich in Kapitel 13 ein.

Datenbanktransaktionen Viele Aktionen auf der Datenbank laufen in Transaktionen ab. Die Transaktionsverwaltung ist ein sehr komplexer Vorgang. Treten hier Probleme auf, äußern sich diese bei den Anwendern durch Wartezeiten oder sogar durch den Stillstand von Anwendungen bzw. ganzen Systemen. Transaktionen können sich temporär oder im ungünstigen Fall dauerhaft blockieren, sodass die Datenverarbeitung nicht zu Ende gebracht werden kann. Dies wird über die Sperrverwaltung gesteuert. Auch an dieser Stelle sind wieder zwei

Alerts zu nennen, die Ihnen helfen können, Probleme innerhalb der Transaktionsverwaltung zu erkennen:

- **Long-running blicking situations** (Alert-ID 49)
- **Percentage of transaction blocked** (Alert-ID 59)

Auch das SAP HANA Cockpit unterstützt Sie hier mit der Anwendung **Sessions**, auf die wir in Kapitel 5, »SAP HANA Cockpit 2.0«, im Zusammenhang mit der Ausführung und Betrachtung laufender SQL-Statements eingehen.

An dieser Stelle müssen Sie generell unterscheiden, ob das Problem von einer einzelnen Anwendung oder einzelnen Benutzern hervorgerufen wird, sodass ggf. nur ein Problem bei einzelnen Anfragen besteht, oder ob die Ursache außerhalb einzelner Transaktionen zu suchen ist und eher an anderer Stelle liegt: | **Fehlerquelle analysieren**

- Falls nur einzelne Transaktionen problematisch sind, können Sie gemeinsam mit dem Anwender oder Anwendungsentwickler prüfen, inwiefern Abhilfe geschaffen werden kann. Die jeweils problematischen Sessions oder Anwendungen (bzw. deren Benutzer) können Sie über die Anwendung **Sessions** (Bereich **Monitoring und Administration**) im SAP HANA Cockpit ausfindig machen und ggf. auch abbrechen.

- Falls sich die Probleme nicht auf einzelne Transaktionen eingrenzen lassen, können Sie, um die Ursache zu finden, zunächst auch die SAP-Fiori-Anwendung **Open blocked transactions** im SAP HANA Cockpit nutzen, um zu erkennen, welche Transaktionen betroffen oder ggf. die Verursacher sind.

Die Ursachen von Problemen im Rahmen der Performance von Anwendungen sind an sehr vielen Stellen zu suchen. Die Ursachen können etwa in einzelnen Datenbankanfragen, einem schlechten oder fehlerhaften Design, unzureichenden Systemressourcen oder einer falschen Parametrisierung liegen. | **Performance**

An dieser Stelle sei deshalb auf Kapitel 14, »Performance-Optimierung«, verwiesen. Dort gehen wir darauf ein, wodurch die Performance einer SAP-HANA-Datenbank beeinflusst wird und wie Sie bei Bedarf bessere Ergebnisse erzielen können.

»Das System steht« ist eine beliebte Fehlermeldung, die Ihnen als Datenbankadministrator oft begegnet. SAP nennt als mögliche Fehlerursachen insbesondere sogenannte *Transparent Huge Pages* und ggf. den Energiesparmodus unter Linux. Aktivierte Transparent Huge Pages als Teil des | **Systemstillstände**

Linux-Betriebssystems können im Falle von SAP HANA große Probleme verursachen und sollten daher deaktiviert sein. Lesen Sie dazu SAP-Hinweis 2131662.

Die SAP-Hinweise 1824819, 1954788, 2013638 und 2136965 liefern weitere Informationen zu einzelnen Betriebssystemen und den Parametereinstellungen. Dort wird auch die Konfiguration der CPU und Ihrer C-States zum Energiesparen beschrieben. Auch hier kann eine falsche Einstellung zu schlechterer Performance führen.

16.2 Beispiele für Fehler und deren Behebung

Natürlich können die Ursachen für Fehler oder schlechte Performance auch an vielen anderen Stellen liegen. In den folgenden Abschnitten geben wir Ihnen einige Hinweise auf erste Anlaufstellen zur Sammlung erster Informationen zur Fehlerbehebung.

16.2.1 Fehlende oder abgelaufene Lizenz

Wenn Sie eine SAP-HANA-Datenbank installieren, wird zunächst eine temporäre Lizenz für die nächsten 90 Tage mit installiert. Normalerweise sollten Sie im Rahmen des Monitorings feststellen, dass diese in der nächsten Zeit abläuft. In Abschnitt 16.1, »Fehlersituationen«, haben wir den Alert mit der ID 31 (**License expiry**) genannt, der Sie in diesem Fall alarmieren sollte.

Symptome — Ist die Lizenz abgelaufen, erscheint die Datenbank von außen zunächst einfach als nicht erreichbar. Anwendungen können nicht auf die Datenbank zugreifen, und beim Start eines auf SAP HANA basierenden SAP NetWeaver Application Servers erhalten Sie die Fehlermeldung »Database is not available via R3trans«.

Datenbankverbindung testen — Auf dem SAP NetWeaver Application Server können Sie zunächst die Verbindung mit dem Benutzer `<sid>adm` und dem Befehl `R3trans -d` testen. Dabei wird die Datei **trans.log** im aktuellen Verzeichnis geschrieben (siehe Abbildung 16.1). Darin finden Sie die Fehlerbeschreibung, die bei der Anmeldung am Datenbankserver zurückgegeben wird: Die Ausgaben »only commands for license handling are allowed in current state« bzw. in älteren R3trans-Versionen »Connect to database failed« und »invalid license« geben bereits die notwendigen Informationen.

```
e45z:e45adm 104> cat trans.log
4 ETW000 R3trans version 6.26 (release 773 - 06.12.18 - 14:39:42).
4 ETW000 unicode enabled version
4 ETW000 ===============================================
4 ETW000
4 ETW000 date&time    : 13.04.2019 - 17:48:28
4 ETW000 control file: <no ctrlfile>
4 ETW000 R3trans was called as follows: R3trans -d
4 ETW000  trace at level 1 opened for a given file pointer
4 ETW000 [     dev trc,00000]  Sat Apr 13 17:48:28 2019
4 ETW000 [     dev trc,00000]  Loading DB library '/usr/sap/E45/SYS/exe/run/dbhdbslib.so' ...
4 ETW000 [     dev trc,00000]  Library '/usr/sap/E45/SYS/exe/run/dbhdbslib.so' loaded
4 ETW000 [     dev trc,00000]  Version of '/usr/sap/E45/SYS/exe/run/dbhdbslib.so' is "773.00", patchlevel (0.100)
4 ETW000 [     dev trc,00000]  switch DBSL TRACE LEVEL from 3 to 1
4 ETW000 [     dev trc,00000]  DBHDBSLIB : version 773.00, patch 0.100 (Make PL 0.100)
4 ETW000 [     dev trc,00000]  HDB shared library (dbhdbslib) patchlevels (last 10)
4 ETW000 [     dev trc,00000]    (0.100) SAP Support Package Stack Kernel 7.73 Patch Level 100 (note 2743628)
4 ETW000 [     dev trc,00000]    (0.029) DBSQL_INTERNAL_ERROR after a PREPARE of SQL monitor stmt (note 2724052)
4 ETW000 [     dev trc,00000]    (0.027) Call set transaction after EOT (note 2719496)
4 ETW000 [     dev trc,00000]    (0.027) Host information updated after a database failover (note 2716586)
4 ETW000 [     dev trc,00000]    (0.024) Set application id before the database connect (note 2709354)
4 ETW000 [     dev trc,00000]    (0.024) Call always TH callback after CANCEL (note 2707185)
4 ETW000 [     dev trc,00000]    (0.020) Force reconnect after sql error -10923 (note 2696756)
4 ETW000 [     dev trc,00000]    (0.012) Check SQL statement in the cancel process (note 2666055)
4 ETW000 [     dev trc,00000]    (0.004) Provide extended resultSet if the resultset is empty (note 2650220)
4 ETW000 [     dev trc,00000]    (0.004) DB_DBSCHEMA_CURRENT corrected (note 2650245)
4 ETW000 [     dev trc,00000]
4 ETW000 [     dev trc,00000]  Loading SQLDBC client runtime (pid=9581)...
4 ETW000 [     dev trc,00000]  SQLDBC Module  : /usr/sap/E45/hdbclient/libSQLDBCHDB.so
4 ETW000 [     dev trc,00000]  SQLDBC Runtime : libSQLDBCHDB 2.03.144.1551205008
4 ETW000 [     dev trc,00000]  SQLDBC client runtime is 2.03.144.1551205008
4 ETW000 [     dev trc,00000]  Try to connect via secure store (DEFAULT) on connection 0 ...
4 ETW000 [     dev trc,00000]  connect property [APPLICATION = ABAP:E45]
4 ETW000 [     dev trc,00000]  connect property [APPLICATIONVERSION = 773 PL 100]
4 ETW000 [     dev trc,00000]  Attach to HDB : 2.00.037.00.1552531011 (fa/hana2sp03)
4 ETW000 [     dev trc,00000]  fa/hana2sp03 : build_weekstone=0000.00.0
4 ETW000 [     dev trc,00000]  fa/hana2sp03 : build_time=2019-03-14 03:43:31
4 ETW000 [     dev trc,00000]  Database release is HDB 2.00.037.00.1552531011
4 ETW000 [dbsdbsql.cpp,00000]  *** ERROR => execute(), rc=1, rcSQL=437
4 ETW000 [dbhdbsql.cpp,00000]  *** ERROR => Get database information failed on connection 0 : rc=437
4 ETW000 [     dev trc,00000]  SQLCODE     : 437
4 ETW000 [     dev trc,00000]  SQLERRTEXT  : only commands for license handling are allowed in current state
4 ETW000 [     dev trc,00000]  SQL COMMAND: SELECT TOP 1 D.DATABASE_NAME || '/' || H.VALUE, L.HOST, CURRENT_USER, CURRENT_SCHEMA, CURRENT_CONNEC\
4 ETW000 [     dev trc,00000]               TION FROM M_DATABASE D, SYS.M_HOST_INFORMATION H, SYS.M_LANDSCAPE_HOST_CONFIGURATION L WHERE H.KEY =\
4 ETW000 [     dev trc,00000]               'sapsystem' AND L.INDEXSERVER_ACTUAL_ROLE = 'MASTER' ;
4 ETW000 [     dev trc,00000]  Disconnecting from connection 0 ...
4 ETW000 [     dev trc,00000]  Now I'm disconnected from HDB
4 ETW000 [     dblink ,00000]  ***LOG BY2=>sql error 437   performing CON
4 ETW000 [     dblink ,00000]  ***LOG BYO=>only commands for license handling are allowed in current state
2EETW169 no connect possible: "DBMS = HDB                          --- SERVER = '' PORT = ''"
e45z:e45adm 105>
```

Abbildung 16.1 Fehlermeldung in der Datei »trans.log«

In diesem Fall haben uns bereits der Befehl `R3trans -d` und die Log-Datei seiner Ausführung geholfen. Schwieriger kann es werden, wenn Sie andere Anwendungen auf der SAP-HANA-Instanz betreiben. Wenn die Datenbank aufgrund fehlender Lizenzen gesperrt ist, können keine Anfragen mehr an die Datenbank gestellt werden, und lediglich ein Benutzer mit dem Privilege `LICENSE ADMIN` kann sich verbinden, um die Lizenzen zu verwalten. Dies wäre im Standardfall der Benutzer SYSTEM.

Fehleranalyse mit dem Benutzer »SYSTEM«

Eine erste Anlaufstelle ist im Fehlerfall das SAP HANA Cockpit. Wählen Sie im **Resource Directory** zunächst die **SystemDB** zu der Datenbank aus, die den Alert mit der ID 31 meldet und von außen einfach nicht erreichbar ist. In der dann erscheinenden Ansicht **System Overview** erhalten Sie die Fehlermeldung »SAP HANA license is invalid or expired. Click to manage licenses«. Zusätzlich werden Sie über ein Pop-up mit dem Inhalt »SAP HANA license is invalid or expired« informiert. In Abbildung 16.2 sehen Sie exemplarisch an unserer Beispieldatenbank HDB die beschriebenen Ausgaben des SAP HANA Cockpits.

Damit wäre in diesem relativ einfachen ersten Praxisbeispiel bereits die Fehlerursache gefunden. Durch die einfachen Verbindungstests mit R3trans oder dem SAP HANA Cockpit sind Sie der Problemursache auf den

16 Fehleranalyse und -behebung

Grund gegangen. Die Lösung wäre in diesem Fall das Einspielen der Lizenz, wie in Abschnitt 7.2.2, »Installation mit dem SAP HANA Database Lifecycle Manager«, beschrieben.

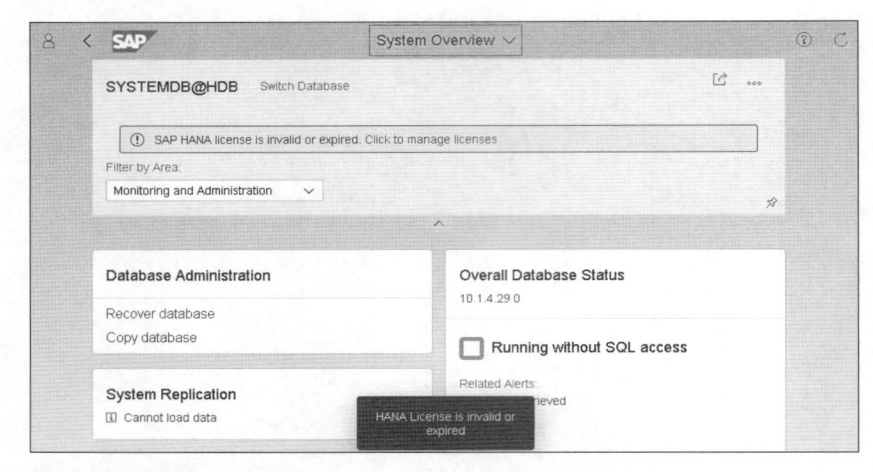

Abbildung 16.2 Lizenzfehlermeldung im SAP HANA Cockpit

16.2.2 Keine Reaktion der SAP-HANA-Datenbank

Im vorangegangenen Beispiel haben wir sehr einfach herausfinden können, warum eine SAP-HANA-Datenbank zwar gestartet war, aber aus Sicht der Anwendungen nicht reagierte. Wie können Sie aber vorgehen, wenn die Fehler nicht so offensichtlich sind? Die Gründe können vielfältig sein. Ein erster Schritt, der möglichen Fehlerursache auf den Grund zu gehen, besteht darin, zu prüfen, ob der Host der SAP-HANA-Datenbank oder die SAP-HANA-Datenbank selbst das Problem verursacht.

Fehlerursache Betriebssystem

In Abschnitt 16.1, »Fehlersituationen«, haben wir bereits auf verschiedene Fehlerursachen im Zusammenhang mit Systemstillständen hingewiesen. Um zu prüfen, ob das Betriebssystem als Fehlerursache infrage kommt, bietet sich zunächst ein Blick auf die Systemressourcen an:

- Sind CPU-Ressourcen verfügbar, oder ist die CPU ausgelastet? Dies können Sie beim Betriebssystem SLES z. B. mit dem Kommando `top` prüfen.
- Wie ist die Auslastung des Hauptspeichers? Dies können Sie beim Betriebssystem SLES z. B. mit dem Kommando `free` prüfen.
- Ist ausreichend Festplattenplatz vorhanden? Dies können Sie beim Betriebssystem SLES z. B. mit dem Kommando `df` prüfen.

Darüber hinaus können auch andere Ressourcen wie etwa das Netzwerk oder eine Konfiguration fehlerhaft sein. Ein guter Einstieg für Informationen bezüglich der Konfiguration des Betriebssystems ist SAP-Hinweis 2235581 (SAP HANA: Unterstützte Betriebssysteme). Dieser Hinweis bietet einen strukturierten Einstieg, und von hier aus können Sie in weitere SAP-Hinweise für einzelne Betriebssysteme abspringen.

Wenn Sie davon ausgehen, dass betriebssystemseitig oder bezüglich der Serverressourcen keine Probleme vorhanden sind, müssen Sie sich in der SAP-HANA-Instanz selbst umsehen.

Sie können mit Ihrer Analyse im SAP HANA Cockpit starten. Wenn die SAP-HANA-Instanz nicht verfügbar ist, finden Sie dort dennoch einige möglicherweise hilfreiche Informationen. Wenn Sie im zentralen SAP HANA Cockpit eine nicht verfügbare Datenbank öffnen, steht Ihnen zwar ein geringerer Funktionsumfang zur Verfügung, wichtig ist hier aber der Bereich **Alerting** und **Diagnostics**. Der Menüeintrag **View trace and diagnostics files** verweist auf den SAP HANA Database Explorer (siehe Abschnitt 5.4). Darin finden Sie auch den Zugriff auf Diagnosedateien, in denen Sie nach Fehlermeldungen und Fehlerursachen suchen können. Dies ist in Abbildung 16.3 exemplarisch dargestellt.

Fehlersuche im SAP HANA Cockpit

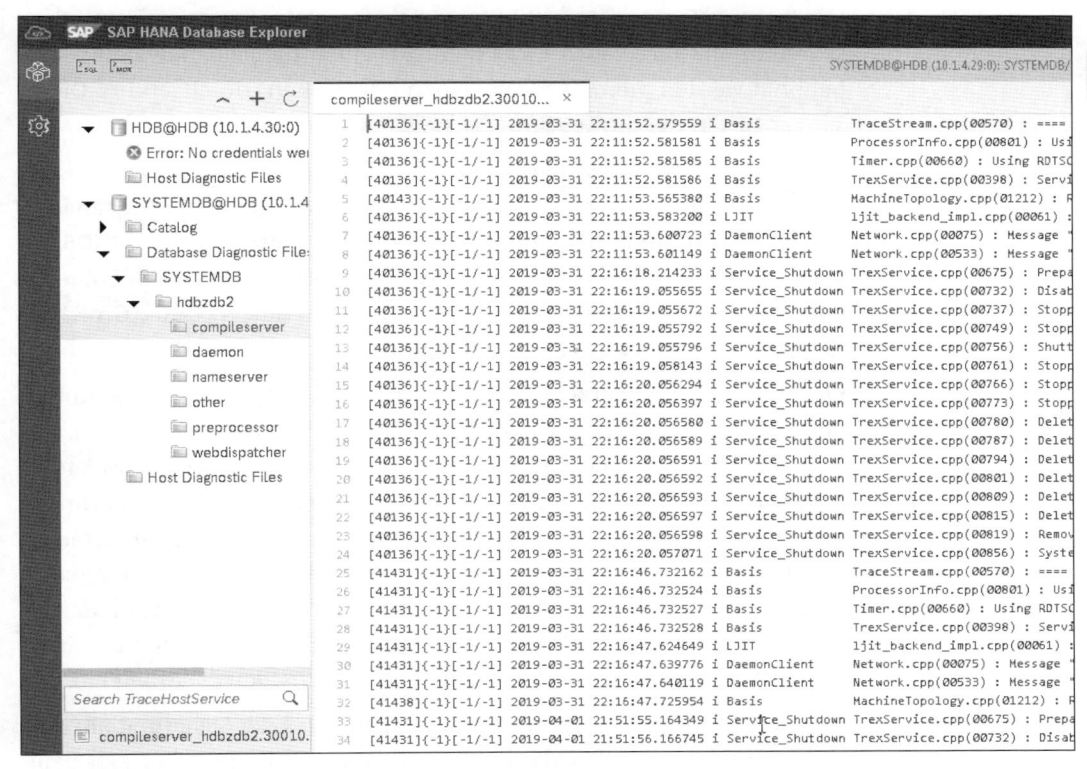

Abbildung 16.3 Log-Datei im SAP HANA Database Explorer

Log-Dateien im Betriebssystem

Je nach Situation kann es auch notwendig sein, dass Sie direkt auf die Log-Dateien zugreifen. Ein zentraler Anlaufpunkt dafür kann im Standardfall das folgende Verzeichnis sein:

/usr/sap/<SID>/HDB<Nummer>/<host>/trace

Dort finden Sie wichtige Trace-Dateien und können direkt darauf zugreifen.

Im Fall einer nicht mehr verfügbaren SAP-HANA-Datenbank können diese Informationsquellen ein wichtiger Ausgangspunkt für die Ursachenfindung sein.

16.2.3 Volles Verzeichnis für das Log-Backup oder Log Volume

Log-Informationen und Log-Backups

Um die SAP-HANA-Datenbank aus der letzten Datensicherung zu einem definierten konsistenten Zustand wiederherstellen zu können, sind alle Log-Informationen notwendig, die seit der Datensicherung bis zu dem Punkt angefallen sind, zu dem die Wiederherstellung durchgeführt werden soll. Das Fehlen von Log-Informationen bedeutet, dass die Datenbank nicht zu jedem beliebigen Zeitpunkt wiederhergestellt werden kann. Wenn die Log-Informationen den verfügbaren Speicherplatz im Log Volume überschreiten und diese auch nicht mehr für einen möglichen Systemrestart benötigt werden, werden automatisiert Log-Backups durchgeführt. Dieser Vorgang ist in Abschnitt 9.3.3, »Onlinedatensicherung«, beschrieben.

Warum tritt der Fehler auf?

Bei der dateibasierten Sicherung werden die Dateien in das Verzeichnis kopiert, das über den Parameter `basepath_logbackup` definiert ist. Standardmäßig zeigt dieser Pfad auf das Verzeichnis **/usr/sap/<SID>/HDB<Instanz>/backup/log**. Selbst wenn Sie den Pfad zu diesem Verzeichnis ändern oder ihn als Mountpoint für Ihr Backup-System benutzen, ist die Größe des Verzeichnisses, in das Sie sichern, begrenzt.

Wenn die Kapazitätsgrenze des Verzeichnisses erreicht ist, ist die Konsequenz, dass mit der Datenbank nicht mehr gearbeitet werden kann. Das System steht. Wenn das Verzeichnis, in das Sie die Log-Sicherungsdateien hineinschrieben, vollläuft, können keine automatischen Log-Sicherungen mehr durchgeführt werden. Das führt dann dazu, dass die Log-Informationen aus den Log-Segmenten nicht mehr herauskopiert werden und damit die Log-Segmente nicht mehr freigegeben werden können. Wenn der gesamte Speicherplatz des Log Volumes verbraucht ist, kann die Datenbank keine Änderungen mehr schreiben und stellt sozusagen die Arbeit ein.

Das gleiche Ergebnis entsteht im Übrigen auch bei der Sicherung über die `Backint`-Schnittstelle. Sobald das System keine Sicherung über Pipes aufbauen kann, weil der *Backint Agent* nicht funktionsfähig ist oder weil das

Backup-System nicht erreichbar ist, können keine Log-Informationen aus den Log-Segmenten geschrieben werden – mit der Konsequenz, dass das Log Volume vollläuft.

Um solche Fehler zu vermeiden, ist eine kontinuierliche Überwachung der Lokationen, auf denen die Log-Backups geschrieben werden, elementar. Je nach Füllstand sollten die Log-Backups aus dem Log-Backup-Verzeichnis archiviert oder gelöscht werden, sodass die Datenbank wieder genügend Platz hat, um Log-Segmente aus dem Log Volume zu schreiben. Eine Archivierung der Log-Backups ist natürlich einem Löschen vorzuziehen.

Wie kann der Fehler vermieden werden?

Wenn der Fehler bereits aufgetreten ist und die Datenbank nicht mehr benutzbar ist, ist die beste Lösung bei der dateibasierten Methode, die bereits vorhandenen Log-Backup-Dateien aus dem Log-Backup-Verzeichnis in ein anderes Verzeichnis zu verschieben, in dem entsprechender Speicherplatz frei ist. Damit ist es der Datenbank wieder möglich, die Log-Segmente aus dem Log Volume zu schreiben. Sollten Sie kein freies Verzeichnis zur Verfügung haben, können Sie die Dateien der Log-Backups auch löschen. Wie oben bereits ausgeführt, müssen Sie jedoch sehr vorsichtig mit dem Löschen sein.

Log-Backup-Verzeichnis ändern

Im Falle der Sicherung über die `Backint`-Schnittstelle müssen Sie abhängig vom Fehler dafür sorgen, dass der Fehler beseitigt wird und die Sicherung funktioniert. Eine Einstellung, dass die Sicherung der Log-Backups in ein Verzeichnis laufen soll, wenn die `Backint`-Schnittstelle nicht vorhanden ist, ist leider (noch) nicht verfügbar. Alternativ können Sie versuchen, die Einstellungen für die Sicherung der Log-Backups in den **Log Backup Settings** vom Zieltyp **Backint** auf den Zieltyp **File** zu verändern. Wichtig ist, dass Sie die Dateien der Log-Backup-Sicherungen, die dann in dem über den Parameter `basepath_logbackup` angegebenen Verzeichnis gesichert werden, so lange aufheben, bis ihr definierter Sicherungszyklus vorüber ist und die Log-Informationen nicht mehr für eine Wiederherstellung der Datenbank benötigt werden. Sie müssen aus dem gleichen Grund die Dateien auch dann aufbewahren, wenn die `Backint`-Schnittstelle wieder funktionsfähig ist und die Sicherungen der Log-Backups wieder über `Backint` ausgeführt werden.

Auf dateibasierte Sicherung umsteigen

16.2.4 Plan Cache Evictions

In einer SAP-HANA-Datenbank wird der Zugriffsplan für identische `Prepared`-Anweisungen bei zwei aufeinanderfolgenden Abfragen nicht jedes Mal neu ermittelt, sondern nach dem ersten Mal abgespeichert. Dieses *Caching* des Zugriffsplans erfolgt, weil für ein erneutes Ermitteln der ge-

16 Fehleranalyse und -behebung

samte Optimierer durchlaufen werden müsste, was hinsichtlich der Ressourcen relativ teuer wäre.

Cache des Zugriffsplans Alle bereits kompilierten Anweisungen werden im sogenannten *Plan Cache* vorgehalten, der über den System-View `M_SQL_PLAN_CACHE` direkt eingesehen werden kann. Dort ist im Feld `EXECUTION_COUNT` auch die Anzahl der Ausführungen jeder Anweisung gespeichert.

> **[»] Plan Cache des Index Servers**
>
> In einem SAP-HANA-System haben verschiedene Services einen Plan Cache, allerdings ist der des Index Servers der größte und interessanteste, da über diesen die meisten Anweisungen verarbeitet werden. Im Folgenden beziehen wir uns deswegen auf diesen Plan Cache.

Der Plan Cache eines SAP-HANA-Systems hat eine fest definierte Größe in Bytes, die über den Parameter `plan_cache_size` in der Sektion [sql] der Datei **indexserver.ini** geändert werden kann. Der Plan Cache nimmt so lange neue Anweisungen auf, bis er vollständig gefüllt ist. Der aktuelle Füllstand des Plan Caches kann auch über den View `M_SQL_PLAN_CACHE_OVERVIEW` eingesehen werden.

Alte Zugriffspläne entfernen Sobald der Cache vollständig gefüllt ist und neue Anweisungen verarbeitet werden, müssen alte Zugriffspläne aus dem Cache entfernt werden. Dieser Vorgang wird bei SAP HANA *Plan Cache Eviction* genannt. Wenn Plan Cache Evictions stattfinden, müssen eingehende Anweisungen jedes Mal neu optimiert und kompiliert werden, was bei komplexen Systemen teuer sein kann. Ob die Leerung des Plan Caches einen negativen Einfluss auf die Performance Ihres Systems hat, hängt von einer Vielzahl von Faktoren ab.

Ausführungszeiten Zum einen sind die Kosten für die erneute Optimierung von Anweisungen von deren Komplexität abhängig. In Abbildung 16.4 und Abbildung 16.5 sind die Ausführungszeiten (**server processing time**) für eine Anweisung zu sehen. In Abbildung 16.4 ist das Ergebnis der Anweisung zu sehen, nachdem sie bereits in den Cache geladen wurde.

```
Result x   Messages x
Statement 'SELECT COUNT(*) FROM ( SELECT DISTINCT "A"."MASTER_ORIGINAL", CASE WHEN ...'
executed in 65274 ms.
```

Abbildung 16.4 Komplexe Anweisung mit Zugriffsplan im Cache

```
Result  ×   Messages  ×
Statement 'ALTER SYSTEM CLEAR SQL PLAN CACHE'
executed in 339 ms.
Statement 'SELECT COUNT(*) FROM ( SELECT DISTINCT "A"."MASTER_ORIGINAL", CASE WHEN ...'
executed in 81918 ms.
```

Abbildung 16.5 Komplexe Anweisung ohne Zugriffsplan im Cache

In Abbildung 16.5 wurde zuerst der Plan Cache vollständig geleert und anschließend die gleiche Anweisung noch mal ausgeführt. Die Ausführungszeit hat sich dadurch signifikant erhöht. Beachten Sie, dass ein solches Verhalten nur bei komplexen Anweisungen zu erwarten ist. Werden einfache Anweisungen verarbeitet, ist so gut wie kein Unterschied in der Ausführungszeit festzustellen.

Faktoren für die Ausführungszeit

Neben der Komplexität hängt der Einfluss von Plan Cache Evictions auch davon ab, wie oft und wie regelmäßig verschiedene Anweisungen ausgeführt werden. Beides hängt sehr stark von der Applikation, die auf dem SAP-HANA-System läuft, und von deren Lastprofil ab. Sie sollten auch beachten, dass sich das Lastprofil über die Zeit hinweg ändern kann.

Wenn viele Plan Cache Evictions auf einem SAP-HANA-System stattfinden, wird der Alert mit der ID 58 (**Plan cache size**) ausgelöst. In diesem Fall muss analysiert werden, was der Auslöser für die Plan Cache Evictions ist und ob der Plan Cache vergrößert werden muss.

Alert

> **Hilfe bei Problemen mit dem Plan Cache**
>
> SAP-Hinweis 2124112 enthält Informationen zu verschiedenen Problemen im Zusammenhang mit dem SQL Plan Cache.

Ein Grund für Plan Cache Evictions kann z. B. ein geändertes Lastprofil sein, das entweder nur einmal auftritt oder langfristig bestehen bleibt. In beiden Fällen müsste die Größe des Plan Caches nicht geändert werden. Im ersten Fall, der z. B. häufig bei Mandantenkopien auftritt, werden in einem Zeitraum viele andere Anweisungen ausgeführt. Allerdings werden diese Anweisungen nicht wiederholt, und das reguläre Lastprofil tritt wieder zu Tage. Im zweiten Beispiel bei einer Änderung des Lastprofils werden Zugriffspläne von bestehenden Anweisungen verdrängt. Da diese alten Zugriffspläne allerdings nicht mehr benötigt werden, steigert sich die Performance nach einer kurzen Umstellungsphase wieder.

Ursachen für Plan Cache Evictions

> **Größenempfehlung für Plan Cache**
>
> Wenn der Speicher vergrößert werden soll, ist eine Abschätzung seiner optimalen Größe notwendig. Beachten Sie dazu den aktuellen SAP-Hinweis 2040002, wenn Sie Änderungen am Plan Cache vornehmen. Er beschreibt eine Vorgehensweise zur Prüfung der aktuellen Auslastung des Plan Caches und gibt Anweisungen zur Ermittlung der optimalen Größe für ABAP- und Nicht-ABAP-Systeme.

16.2.5 Blockierte Transaktionen

Sperren in SAP HANA

SAP HANA als transaktionale Datenbank unterstützt Sperrungen (*Locks*) auf unterschiedlichen Ebenen. Neben einzelnen Einträgen können dabei auch ganze Tabellen gesperrt werden. Darüber hinaus existieren verschiedene interne Sperrtypen, auf die wir im Folgenden nicht näher eingehen. Sobald eine Sperre auf eine Entität gesetzt ist, werden (abhängig vom Sperrtyp) alle schreibenden bzw. lesenden Transaktionen geblockt, bis die Sperre aufgelöst ist. Werden viele Transaktionen geblockt, leidet die Performance der Datenbank.

Sperren treten vermehrt in Applikationen und SAP-Systemtransaktionen auf, in denen viel geschrieben wird. In SAP-Systemen sind länger laufende Sperren allerdings selten und meistens Symptom eines tiefer liegenden Problems. So kann die Applikation bzw. Transaktion, die die Locks verursacht, schlecht gebaut sein, es können zu viele Anweisungen mit Sperren ausgeführt werden, oder die Datenbank kann die Sperren aufgrund anderer Performance-Probleme nicht verarbeiten.

Sperrquellen identifizieren

Falls in Ihrem SAP-HANA-System Transaktionen durch Sperren geblockt werden, ist der erste Schritt bei der Problemanalyse die Identifikation der Quelle der Sperre. Alle gerade geblockten Transaktionen können über den View `M_BLOCKED_TRANSACTIONS` oder im **System Overview** des SAP HANA Cockpits unter **Monitoring** • **Open Blocked Transactions** eingesehen werden. Wenn Sie historische Daten zu blockierten Transaktionen einsehen möchten, können Sie die folgende SQL-Anweisung nutzen, um den View `HOST_BLOCKED_TRANSACTIONS` aufzurufen:

```
SELECT * FROM "_SYS_STATISTICS"."HOST_BLOCKED_TRANSACTIONS";
```

Über die System-Views bzw. über das SAP HANA Cockpit können Sie nun die Verbindung identifizieren, die für die Sperre verantwortlich ist. Falls die blockierenden Transaktionen nicht abgearbeitet werden können, kann die blockierende Situation nur aufgelöst werden, wenn die sperrende oder die gesperrte Transaktion beendet wird. Dies sollte in der Regel nicht passieren, weil es einen massiven Eingriff in die Nutzung des Systems darstellt. Falls es nicht anders möglich ist, nutzen Sie die Informationen aus den System-Views, um die verantwortliche Transaktion ausfindig zu machen.

Da eine Situation, in der Transaktionen blockiert werden, in der Regel einen tiefer liegenden Grund hat, sollten die darunterliegenden Probleme analysiert werden, um Performance-Probleme zu vermeiden. Diese genaue Sperranalyse ist eine komplexe Thematik. Da die Analysemöglichkeiten auch von der SAP-HANA-Revision abhängen, verweisen wir an dieser Stelle auf die SAP-Dokumentation.

Ursachen analysieren

SAP bietet zwei Hinweise an, die einen sehr guten Einstieg in die strukturierte Analyse von Sperrsituationen bieten. Als Einstiegspunkt für die Lock-Analyse sollte der SAP-Hinweis 1999998 dienen, der eine gute Übersicht über Locks und blockierende Transaktionen bietet. Dieser SAP-Hinweis führt strukturiert durch die Thematik und gibt eine Einführung zu den unterschiedlichen Locktypen, den Optimierungsmöglichkeiten und den Situationen, in denen Locks auftreten können. Dieser SAP-Hinweis verweist auch auf viele weitere Hinweise zu Detailproblemen. Der zweite SAP-Hinweis ist der Hinweis 1858357, der einen detaillierten Leitfaden zur Analyse und Lösung von blockierten Transaktionen durch Sperren bereitstellt. Dieser SAP-Hinweis dringt tief in die technischen Details ein und erklärt die Nutzung einer Vielzahl von Analysewerkzeugen; er richtet sich deswegen an erfahrene Administratoren.

Wenn Transaktionen im SAP-HANA-System durch Sperren blockiert werden, wird im System einer von zwei Alerts ausgelöst:

Alerts

- Alert-ID 49 (**Long-running blocking transaction**)
- Alert-ID 59 (**Percentage of transactions blocked**)

Auch wenn die Vorgehensweise beim Auftreten beider Alerts grundsätzlich durch die in den genannten SAP-Hinweisen beschriebenen Analysewege abgedeckt wird, gibt es für den ersten Alert einen zusätzlichen spezifischen SAP-Hinweis. Der SAP-Hinweis 2079396 enthält einen praktischen Leitfaden zum Auflösen blockierter Transaktionen, auch auf SAP-NetWeaver-Systemen, und kann deswegen auch als Informationsquelle zu Rate gezogen werden. Beachten Sie, dass dieser SAP-Hinweis sowie der angehängte Leitfaden für Support Package Stack 07 von SAP HANA ausgelegt sind und deswegen in Teilen nicht mehr auf aktuellere Revisionen zutreffen.

16.2.6 Column Store Unloads

SAP HANA ist eine Hauptspeicherdatenbank, d. h., alle Daten, die verarbeitet werden, liegen im Hauptspeicher. Wenn nicht mehr genug Speicher zur Verfügung steht, um eine Operation durchzuführen, werden Tabellen oder einzelne Spalten von Tabellen aus dem Column Store der Datenbank geladen (*Unload*). Die herausgeladenen Daten sind dann nur noch in der Persistenzschicht vorhanden und müssen wieder in den Hauptspeicher geladen werden, bevor sie verarbeitet werden können. Daten, die im Row Store der Datenbank liegen, werden zum Start der Datenbank in den Hauptspeicher geladen und nicht mehr aus diesem entfernt, bis die Datenbank heruntergefahren wird.

Unload Priority
Für die verschiedenen Tabellen im Column Store kann eine Unload Priority zwischen 0 und 9 angegeben werden. Je höher diese Priorität, desto eher werden die Tabellen aus dem Speicher entfernt.

In SAP-Umgebungen wird regulär die folgende Parametrisierung genutzt:

Priorität	Tabellentyp
0	temporäre Tabellen
5	Standardeinstellungen für Tabellen
7	DSO- (DataStore-Objekt) und PSA-Tabellen (Persistent Staging Area) in SAP BW. Beachten Sie, dass dies eine Standardeinstellung ist und nicht auf alle Tabellen zutreffen muss.

Tabelle 16.1 Unload Priorities im SAP-HANA-System

Alert
Der Vorgang des Herausladens von Daten wird im System als (*Column Store*) *Unload* bezeichnet und durch den Alert mit der ID 55 (**Column Store unloads**) angezeigt. Da die Daten, die aus dem Speicher geladen wurden, für die nächste Verarbeitung wieder hineingeladen werden müssen, beeinflussen häufige Column Store Unloads die Performance des Systems negativ.

Trace
Wenn ein Unload auftritt, wird in der Regel nicht nur ein Alert ausgegeben, sondern auch ein Trace nach dem Schema <process>_<host>.<port>.unloads.nnn.trc geschrieben. Dort sind alle Unloads des Prozesses auf dem jeweiligen Host aufgeführt. Standardmäßig existiert auch eine äquivalente Trace-Datei mit dem Namensbestandteil *loads*, in der alle Ladeprozesse der Datenbank festgehalten werden. Diese Informationen über Unloads werden auch an die Datenbank weitergegeben und können über den View M_CS_UNLOADS eingesehen werden. Der View enthält mit der Spalte REASON auch den Grund für das Laden der Daten aus dem Speicher. Ist dort als

Grund LOW MEMORY aufgeführt, kam es im System zu einer Speicherknappheit, und eine Analyse der Situation ist notwendig.

> **Weitere Informationen zu Loads und Unloads in SAP HANA**
>
> Der SAP-Hinweis 2127458 beinhaltet häufig gestellte Fragen zum Thema Unloads und Loads in SAP HANA. Der Hinweis ist ein guter Einstiegspunkt in diese Thematik.

Wenn Column Store Unloads auftreten, kann dies ein Hinweis auf Speicherknappheit sein. Es ist allerdings auch möglich, dass ein Unload nur temporär auftritt, wenn sehr viele speicherintensive Operationen (z. B. im Zuge von SAP Predictive Analytics) in kurzer Zeit ausgeführt werden. Kommt dies nicht regelmäßig vor, ist zwar kurzfristig in der Datenbank nicht ausreichend Speicher vorhanden, aber es besteht keine akute Gefahr. Wenn Column Store Unloads für die Tabellen Ihrer Applikation gehäuft mit dem Grund LOW MEMORY auftreten, steht die Datenbank unter Speicherdruck und ist für das Einsatzszenario zu klein bemessen.

Ursachen analysieren

Nehmen Sie in diesem Fall eine vollständige Analyse vor, wie in SAP-Hinweis 1977207 beschrieben. Wenn möglich, versuchen Sie, die Größe der Datenbank durch die Archivierung nicht benötigter Objekte zu reduzieren. Falls dies nicht möglich ist, kontaktieren Sie den SAP-Support bzw. Ihren Hardwarepartner bezüglich eines Resizings des Systems.

16.2.7 Out-of-Memory Dumps

Ein Out-of-Memory Dump eines Services im SAP-HANA-System ist das Resultat von massivem Speicherdruck auf das System. Wenn auf einem SAP-HANA-System eine Operation ausgeführt wird, für die zusätzlicher Speicher benötigt wird, allokiert der für die Operation zuständige Service, z. B. der Index Server, mehr Speicher. Falls kein freier Speicher mehr zur Verfügung steht, wenn also vom Betriebssystem kein zusätzlicher Speicher allokiert werden kann und wenn der Service selbst keinen Speicher mehr freigeben kann (z. B. durch Column Store Unloads), muss von anderen Datenbankservices Speicher freigegeben werden. Dieses sogenannte *Shrinking* des Speichers wird durch das *Interprocess Memory Management* (IPMM) vorgenommen. Nach dem Shrinking eines anderen Services kann der ausführende Service den freien Speicher allokieren.

Shrinking

Falls das IPMM nicht genug Prozesse oder gar keinen Service bzw. Prozess verkleinern kann, steht dem SAP-HANA-System nicht genug Speicher zur Verfügung, um die Operation auszuführen. Diese muss dann aufgrund der

Out-of-Memory-Situation

Speicherknappheit abgebrochen werden. In diesem Fall spricht man von einer *Out-of-Memory-Situation* (OoM oder auch oom), für die das System eine Ausnahme ausgibt.

Tritt eine Out-of-Memory-Situation bei einer Transaktion auf, wird diese abgebrochen. Falls der Service, der zusätzlichen Speicher benötigt, nicht mehr in der Lage ist, seinen regulären Betrieb aufrechtzuerhalten, wird dieser beendet und neu gestartet. Der Datenbankbetrieb wird dadurch unterbrochen, wird in der Regel aber anschließend fortgesetzt.

Warnzeichen erkennen

Eine Out-of-Memory-Situation stellt eine schwerwiegende Störung des Systembetriebs dar und sollte unter allen Umständen vermieden werden. Da ein Out-of-Memory Dump die letzte Konsequenz einer Speicherknappheit darstellt, treten im Vorfeld normalerweise Column Store Unloads und andere Warnungen wie z. B. die Alerts mit der ID 1 oder 44 auf.

Ursachen analysieren

Tritt ein Out-of-Memory Dump auf, sollte dieser auf jeden Fall genauer analysiert werden, um herauszufinden, was die Ursache des Problems ist. Der erste Anlaufpunkt dafür ist der Out-of-Memory Dump, der vom SAP-HANA-System auf die Festplatte des Servers geschrieben wird. Sie finden diesen im Trace-Verzeichnis des Systems. Der Dump folgt dem Benennungsschema `<processname>_<hostname>.<number>.rtedump.<number>.oom.trc` und beinhaltet in der Regel alle Informationen, die für die Analyse der Out-of-Memory-Situation notwendig sind. Für die Analyse und korrekte Interpretation des Dumps sind umfassende Kenntnisse der Funktionsweise des SAP-HANA-Systems erforderlich. Eine kurze Analyse bietet aber auf jeden Fall einen ersten Ansatzpunkt für weitere Analysen und kann Aufschluss über mögliche Ursachen geben. Folgen Sie für eine kurze Analyse der Anleitung in SAP-Hinweis 1984422.

[»]
Analyse eines Out-of-Memory Dumps
SAP Hinweis 1984422 beschreibt in einem praktischen Leitfaden, wie Sie Out-of-Memory Dumps Ihres SAP-HANA-Systems analysieren können. Mithilfe dieses SAP-Hinweises können Sie mögliche Ursachen des Dumps grob abschätzen.

Über eine erste Analyse kann in der Regel geklärt werden, aus welcher Richtung der Fehler kommt. Als Erstes müssen Sie klären, ob der Fehler durch eine allgemeine Speicherknappheit verursacht wird oder ob eine gesetzte Anweisungs- oder Servicebegrenzung greift. Wenn ein Speicherlimit für Anweisungen gesetzt wurde und den Dump verursacht, wird dieser nach dem Benennungsschema `<service>_<host>.<port>.rtedump.<timestamp>.`

compositelimit_oom.trc festgeschrieben. In diesem Fall müssen Sie entscheiden, ob das Speicherlimit nach oben gesetzt werden muss. Mehr Informationen dazu finden Sie in Abschnitt 14.4.1, »Speichergrenze für SAP HANA«.

Auch wenn keine Speicherlimits für Anweisungen gesetzt wurden, kann eine einzelne Anweisung einen Out-of-Memory Dump auslösen. In diesem Fall muss geprüft werden, ob die auslösende Anweisung nur einmal aufgetreten ist, z. B. durch einen Benutzer, der eine sehr komplexe Anfrage an die Datenbank gestellt hat, oder ob die Anweisung in Zukunft wieder ausgeführt wird. Auf jeden Fall weist der Out-of-Memory Dump darauf hin, dass im System nicht ausreichend Speicher zur Verfügung steht, um alle Anfragen zu bewältigen. Sie können ähnliche Maßnahmen wie die in Abschnitt 16.2.6, »Column Store Unloads«, genannten ergreifen, um Speicher freizugeben oder den Speicher der gesamten Datenbank zu erhöhen.

Auslösende Anweisung

> **Möglichkeiten zur Reduktion des Speicher-Footprints**
> In Abschnitt 9 des SAP-Hinweises 1999997 finden Sie eine Liste von Möglichkeiten zur Reduktion des Speicherverbrauchs von SAP-HANA-Systemen.

[+]

Falls Sie für einzelne Services Allokationsbeschränkungen über den Parameter `allocationlimit` eingestellt haben (siehe Abschnitt 14.4.1, »Speichergrenze für SAP HANA«) und diese Services in Out-of-Memory-Situationen laufen, überprüfen Sie die Konfiguration und weisen dem Service mehr Speicher zu.

16.2.8 Sessions beenden

In manchen Situationen kann es dazu kommen, dass eine Transaktion sich aufhängt und alle anderen Transaktionen blockiert. Dies kann z. B. bei der Ausführung des Backups der Fall sein oder bei der Ausführung einer sehr lastintensiven SQL-Anweisung. Diese Situation führt dazu, dass alle neuen Transaktionen auf die Ausführung der Transaktion warten oder die Systemverfügbarkeit nicht mehr gewährleistet ist. Das gesamte System kann »hängenbleiben«, und alle Anwender sehen z. B. nur noch den Ladebalken. Um diese Situation aufzulösen, können Sie die betroffene Benutzer-Session abbrechen. Dadurch wird die Transaktion zurückgerollt, und alle folgenden Transaktionen können wieder ausgelöst werden.

Wenn Sie nicht bereits einer Ihrer Kollegen über ein stehendes System informiert hat, informieren Sie ggf. Alerts aus der Kategorie »Sessions und

Symptome

Transaktionen« über lang laufende Transaktionen, Cursors oder Queries. Das sind insbesondere die Alerts mit den IDs 39, 42, 47, 48, 49 und 59. Mehr Informationen und Handlungsvorschläge für die einzelnen Alerts finden Sie in Anhang C, »Alerts«.

Situation vermeiden Software wird von Menschen programmiert und ist deswegen nie perfekt. Eine hängende Transaktion oder ein fehlerhafter Cursor kann deswegen im normalen Betrieb ab und zu auftreten.

Auslöser finden Um die Situation zu lösen, müssen Sie zunächst herausfinden, welche Transaktion zu der Hängesituation geführt hat. Meistens gibt Ihnen der Alert schon einen Hinweis darauf, ob eine Transaktion blockiert ist (Alert-ID 49) oder ob vielleicht eine SQL-Anweisung sehr lange läuft (Alert-ID 39). Abhängig vom Verursacher des Problems stehen Ihnen dann verschiedene Informationsquellen zur Verfügung, um die richtige Transaktion zu finden. Welche Informationsquellen Ihnen bei welchem Alert weiterhelfen, erfahren Sie in der Alert-Übersicht in Anhang C in der Spalte »Aktion«.

Bei einem lang laufenden SQL-Befehl finden Sie z. B. Informationen in der Tabelle HOST_LONG_RUNNING_STATEMENTS_BASE im Schema _SYS_STATISTICS. Hier finden Sie dann in der Spalte CONNECTION_ID die Session-ID des Benutzers, der diese Query ausgeführt hat. Anschließend führen Sie folgenden Befehl aus:

```
ALTER SYSTEM CANCEL SESSION '<Connection ID>';
```

Dadurch wird die Session abgebrochen und ein Zurückrollen der Transaktion angestoßen. Es kann einige Zeit dauern, bis das Zurückrollen der Transaktion abgeschlossen wurde. Der Befehl, der ausgeführt wurde, gibt den Fehler-Code 139, »Current operation canceled by request and transaction rolled back«, zurück.

[!] **Zurückrollen von Transaktionen**

Leider funktioniert dieses Vorgehen nicht in allen Fällen. Es kann dazu kommen, dass das Zurückrollen der Transaktion so lange dauert, dass die Session lange im Status **Cancel Requested** bleibt und das System temporär sogar »stillsteht«.

Laufende Sessions anzeigen Falls Sie nicht wissen, welche Connection-ID die Session hat, können Sie sich alle laufenden Sessions auch mit dem Befehl aus Listing 16.1 anzeigen lassen.

```
SELECT C.CONNECTION_ID, PS.STATEMENT_STRING
  FROM M_CONNECTIONS C JOIN M_PREPARED_STATEMENTS PS
```

```
      ON C.CONNECTION_ID = PS.CONNECTION_ID AND
      C.CURRENT_STATEMENT_ID = PS.STATEMENT_ID
   WHERE C.CONNECTION_STATUS = 'RUNNING'
AND C.CONNECTION_TYPE = 'Remote';
```

Listing 16.2 Laufende Benutzer-Sessions abfragen

Weitere Informationsquellen

Die Fehleranalyse im Umfeld von SAP HANA kann sehr vielfältig sein. In unserem kurzen Exkurs dazu in diesem Kapitel können wir Ihnen nur einen ersten Überblick geben und Ideen verdeutlichen, anhand derer Sie sich auf die Suche nach Fehlerursachen begeben können und die wir für sinnvoll halten. Sehr detailliert geht auf diese Themen der »SAP HANA Troubleshooting and Performance Analysis Guide« ein. Auf diesen können Sie als Teil der öffentlich zugänglichen Dokumentation zugreifen: *http://s-prs.de/v685063*

Sie können sich etwas Tipparbeit ersparen, indem Sie über Internet-Suchmaschinen nach »SAP HANA Troubleshooting and Performance Analysis Guide« suchen. Das dort exportierbare PDF-Dokument weist deutlich über 200 Seiten auf und ist – wenn Sie die Zeit haben – als weitere Lektüre zu empfehlen.

An dieser Stelle möchten wir auch den SAP-Hinweis 2000003 erwähnen. Dieser Hinweis enthält eine Auflistung mit häufig gestellten Fragen zu SAP HANA und den Antworten dazu. Einerseits handelt es sich um eine gute Informationsquelle rund um SAP HANA von allgemeinem Interesse, andererseits ist der Hinweis auch bei bestimmten Problemstellungen eine gute Anlaufstelle.

Kapitel 17
Service und Support

Vermutlich werden Sie in vielen Fällen externe Hilfe benötigen. Ob zusätzliche Informationen, die offizielle Dokumentation oder SAP-Support zur Beseitigung eines Produktfehlers – in diesem Kapitel beschreiben wir die wichtigsten Quellen.

Als wir im Jahr 2016 die erste Version dieses Buches veröffentlichten, hatten die Einstiegsseiten zum damaligen SAP Service Marketplace gerade eine umfassende Neustrukturierung erfahren bzw. befanden sich teilweise noch mitten in diesem Prozess. Die damalige URL *https://service.sap.com* wurde abgelöst, sie existiert auch heute noch, dient aber nur noch als Absprungpunkt zu den jeweils neuen Seiten und Fachbereichen.

Nun können wir drei Jahre später die beiden folgenden URLs für den Einstieg zum SAP-Support und zu anderen Services empfehlen:

- *SAP Support Portal*: *https://support.sap.com*
- *SAP One Support Launchpad*: *https://launchpad.support.sap.com/*

Diese Seiten bieten moderne und benutzerfreundlichere Oberflächen für den Einstieg in die jeweiligen Themen.

Grundsätzlich gibt es verschiedene Quellen und Hilfen, mit denen Sie Fehler und Lösungen finden können. Wenn Sie bereits ein erfahrener Administrator oder Anwender von SAP-Anwendungen sind, sollten Ihnen diese Wege bereits geläufig sein. Für alle Neueinsteiger in das Feld der SAP-Systemadministration schlagen wir in diesem Kapitel einige Wege zur Nutzung des SAP-Supports vor.

17.1 SAP Support Portal

Nach dem Aufruf von *https://support.sap.com* öffnet sich zunächst die Startseite des SAP Support Portals, die einen übersichtlichen Zugriff auf verschiedene Anwendungen bietet (siehe Abbildung 17.1).

Startseite des Portals

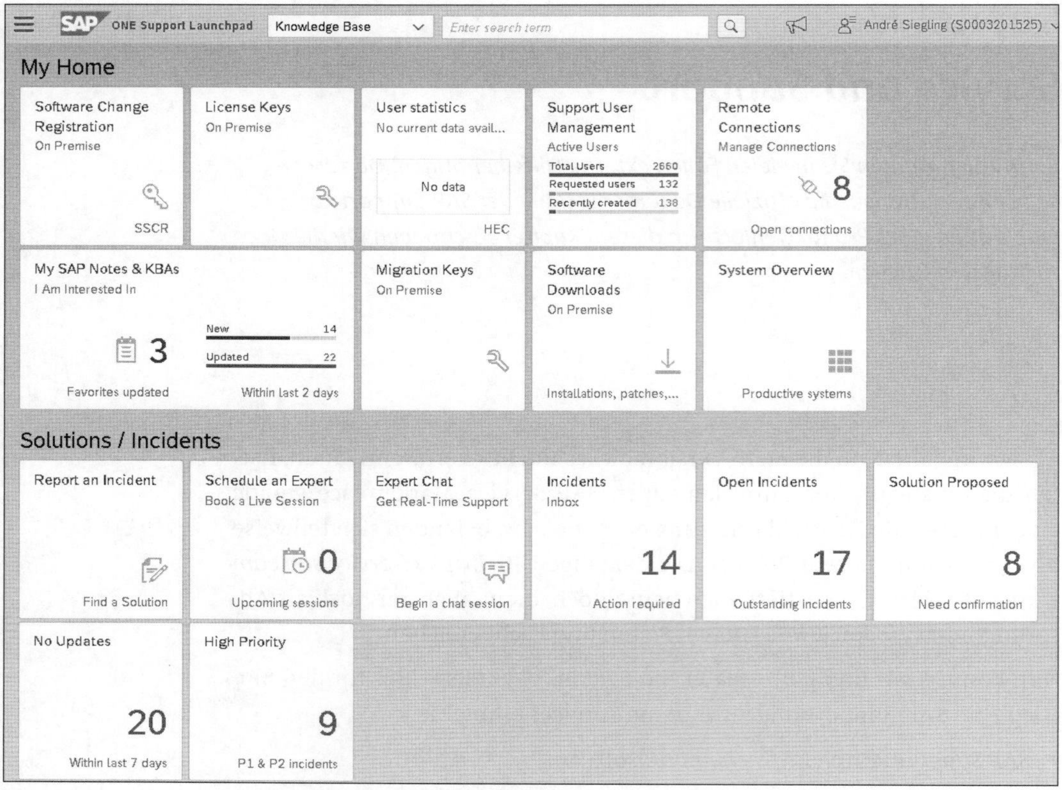

Abbildung 17.1 SAP Support Portal – Home

Der überwiegende Teil der Anwendungen verweist auf das SAP ONE Support Launchpad, das wir im weiteren Verlauf als *Support Launchpad* abkürzen:

- **Access my Launchpad**: Startseite des Support Launchpads
- **Report an Incident**: Teil des Support Launchpads zum Anlegen von Meldungen und Melden von Fehlern bzw. Störungen an SAP
- **View Incidents**: Teil des Support Launchpads zur Ansicht angelegter Meldungen
- **View SAP SuccessFactors Incidents**: Teil des Support Launchpads für den Zugriff auf angelegte Meldungen für *SAP SuccessFactors*
- **Download Software**: Teil des Support Launchpads für den Zugriff auf lizenzierte und herunterladbare SAP-Software
- **Manage Users**: Teil des Support Launchpads für die Benutzerverwaltung von S-User-Konten im Support Launchpad

- **Request Keys**: Teil des Support Launchpads zum Anlegen von Lizenzschlüsseln
- **View Cloud Availability**: Dashboard, das verfügbare SAP-Cloud-Anwendungen anzeigt
- **Visit SAP Community**: Verbindung zur *SAP Community*, auf die wir in Abschnitt 17.4 eingehen
- **Search Product Documents**: Verbindung zur *SAP-Dokumentation*, https://help.sap.com, die wir in Abschnitt 17.3, »SAP Help Portal«, genauer beschreiben

Im unteren Bereich der Portalseite finden Sie zudem den Bereich **Features**. Hier erhalten Sie hilfreiche Hinweise für die praktische Arbeit.

Grundsätzlich lassen sich die Seiten des Supports, der SAP-Dokumentation oder auch die SAP Community zunächst ohne Anmeldung öffnen. Für viele Anwendungen benötigen Sie später jedoch ein Benutzerkonto, das in der Regel einem *S-User* zugeordnet sein muss (siehe dazu Abschnitt 17.2.5). Sobald Sie ein Konto eingerichtet haben, können Sie sich mit Ihrer Benutzer-ID anmelden.

Neben der Anmeldung über die Benutzer-ID gibt es die etwas komfortablere Variante eines Anmeldezertifikats. Nachdem Sie sich das erste Mal mit Ihrem neuen S-User am SAP Support Portal angemeldet haben, werden Sie feststellen, dass Ihre Anmeldedaten eventuell mehrfach erfragt werden. Sie können dies umgehen, indem Sie ein Zertifikat auf Ihrem lokalen Rechner installieren und sich damit einfacher und schneller anmelden. Gehen Sie dazu wie folgt vor:

Anmeldung mit Zertifikat

1. Rufen Sie die Startseite des SAP Support Portals auf: *http://support.sap.com/*.
2. Melden Sie sich mit Ihrem S-User über das kleine Piktogramm oben rechts an (siehe Abbildung 17.2). Dort werden Ihre Benutzer-ID sowie das Passwort abgefragt:

Abbildung 17.2 Anmeldung am SAP Support Portal

3. Öffnen Sie das Dropdown-Menü mit der Beschriftung **My Support** (oben links), und wählen Sie dort **SSO with SAP Passport** (siehe Abbildung 17.3).

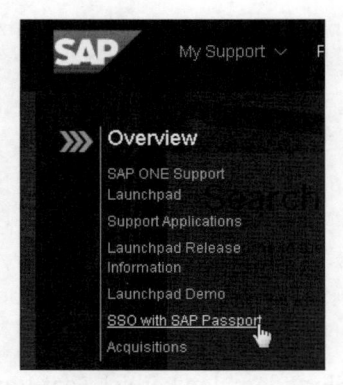

Abbildung 17.3 SAP-Anmeldezertifikat anlegen

4. Klicken Sie im Text auf den Link **applied for an SAP Passport** (siehe Abbildung 17.4).

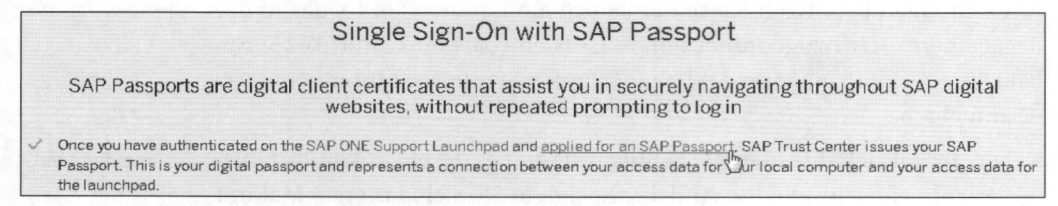

Abbildung 17.4 SAP-Anmeldezertifikat anlegen

5. Auf der folgenden Seite müssen Sie nun nur noch Ihr Passwort angeben und auf den Button **Apply for SAP Passport** klicken (siehe Abbildung 17.5).

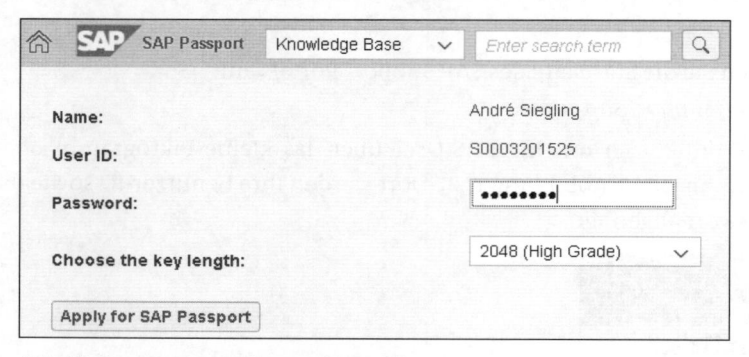

Abbildung 17.5 Anmeldezertifikat generieren

6. Auf der Folgeseite wird Ihnen nun in der Regel die erfolgreiche Generierung des Zertifikats angezeigt, sodass Sie mit dem Klick auf den Button **Download the SAP Passsport** das Zertifikat erhalten.

Es wird dadurch ein Zertifikat generiert, das Sie öffnen und in den jeweiligen Zertifikatsspeicher Ihres Browsers installieren können. Wenn Sie verschiedene Browser nutzen, führen Sie diese Aktionen für jeden einzeln aus.

Installieren Sie ein Zertifikat allerdings nur, wenn Sie mit einem persönlichen Benutzerkonto am Windows- oder Linux-PC angemeldet sind. Jeder, der Zugriff auf den PC mit dem gleichen Benutzerkonto hat, kann künftig mit diesem Zertifikat eine Anmeldung am SAP Support Portal vornehmen.

Die Anmeldung erfolgt dann direkt bzw. über ein kleines Pop-up, das Sie nur noch bestätigen müssen (siehe Abbildung 17.6).

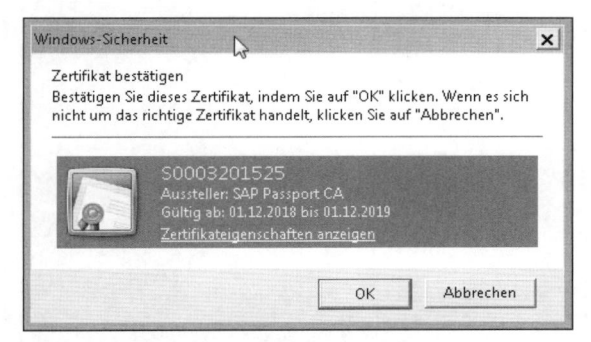

Abbildung 17.6 Anmeldung mit SAP Passport

17.2 SAP ONE Support Launchpad

Mit dem SAP ONE Support Launchpad stellt SAP einen zentralen Zugangspunkt zu vielen verschiedenen Anwendungen bereit, die Sie zur Interaktion mit SAP rund um Ihre SAP-Systeme benötigen. SAP verfolgt damit das Ziel, einen möglichst einfachen Zugriff auf diese Service- und Support-Funktionen zu ermöglichen.

Sie erreichen das SAP ONE Support Launchpad unter der URL *https://launchpad.support.sap.com/*. Wenn Sie bereits SAP-Fiori-Anwendungen wie das SAP HANA Cockpit und andere SAP Fiori Launchpads kennen, erkennen Sie, dass diese Oberflächentechnologie auch an dieser Stelle die Basis bildet. Damit stehen Ihnen auch für das SAP ONE Support Launchpad die Funktionen zur Konfiguration zur Verfügung, die wir in Abschnitt 5.1, »Installation des SAP HANA Cockpits«, beschrieben haben. Sie können die einzelnen Anwendungen auf der Startseite individuell anordnen oder sich eine Home-Gruppe anlegen und so z. B. schnell auf die am meisten genutzten Anwendungen zugreifen.

SAP-Fiori-Oberfläche

17.2.1 Suche

Suche auf der Startseite

Die Suche ist ein wesentliches Element des SAP ONE Support Launchpads. In Abbildung 17.7 sehen Sie oben in der Mitte ein Suchfeld, in das Sie Ihre Suchbegriffe eingeben können. Nicht nur auf der Startseite im Launchpad, sondern auch in den meisten Anwendungen, auf die man über das Launchpad zugreifen kann, steht dieses Suchfeld oben zur Verfügung.

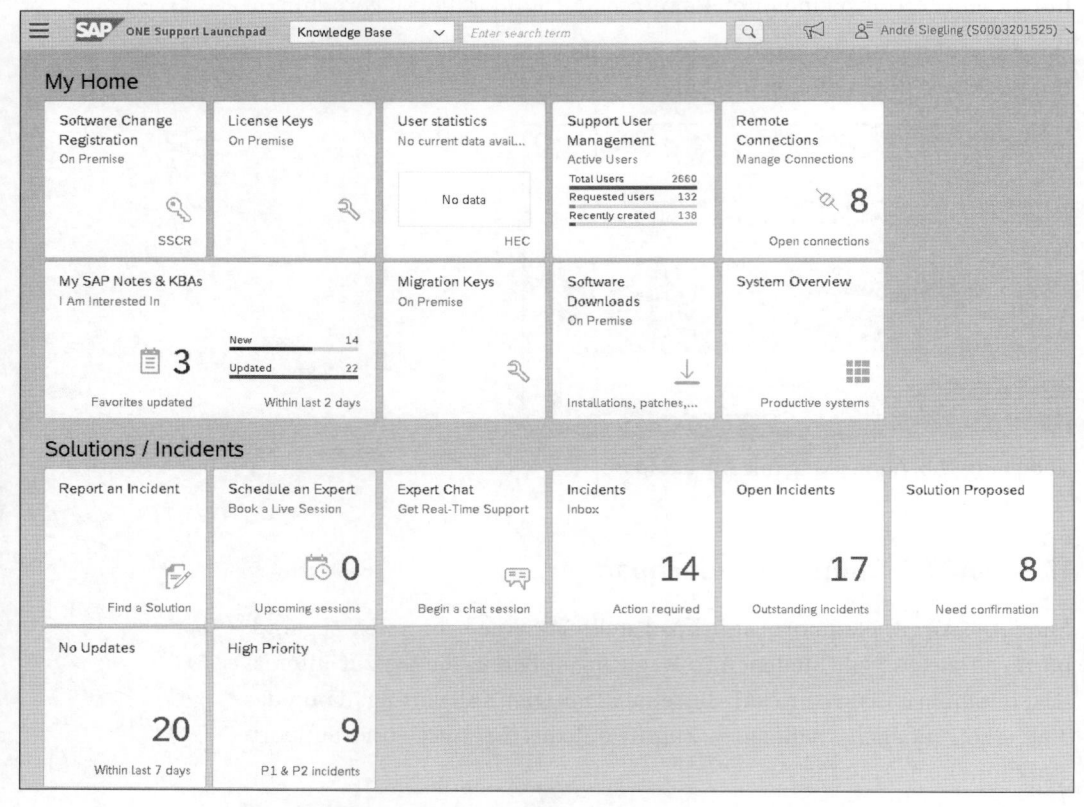

Abbildung 17.7 Startseite im SAP ONE Support Launchpad

Informationsquellen

Die Suche nach dem Stichwort »SAP HANA License« ergibt die in Abbildung 17.8 gezeigten Suchergebnisse. Sie verteilen sich auf verschiedene Bereiche, wie Hinweise, Installationen etc., die durch die runden Icons gekennzeichnet werden. Indem Sie auf eines dieser Icons klicken, können Sie die Ergebnisanzeige so filtern, dass nur die Suchergebnisse für den entsprechenden Bereich angezeigt werden. Die aus unserer Sicht wichtigsten Informationsquellen sind *SAP-Hinweise* bzw. Knowledge Base Articles.

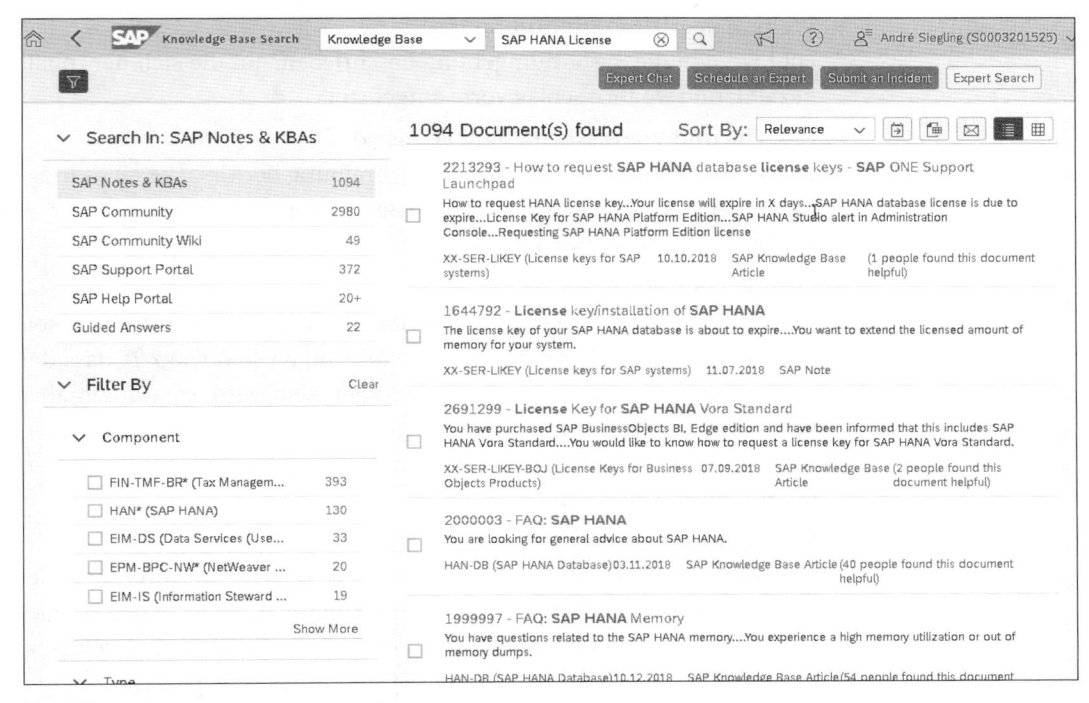

Abbildung 17.8 Ergebnis einer Suche

Ganz links in Abbildung 17.8 sehen Sie die Komponente der SAP-Hinweise. Hier werden z. B. Vorgehensweisen zur Problemlösung dokumentiert, die entweder von SAP proaktiv bereitgestellt werden oder aber durch Kunden bzw. Anwender an SAP herangetragen wurden. Auch andere Informationen aus den verschiedensten Bereichen werden über die SAP-Hinweise bereitgestellt.

SAP-Hinweise

Ein SAP-Hinweis hat in den meisten Fällen einen standardisierten Aufbau, der auch für Hinweise im Bereich SAP HANA gilt. Die folgenden Abschnitte folgen in einem Hinweisdokument aufeinander:

Aufbau der SAP-Hinweise

- **Nummer und Kopfdaten**
  Jeder SAP-Hinweis besitzt eine eindeutige Nummer. Sie finden im oberen Bereich weitere Informationen. Insbesondere die Komponente kann im Rahmen einer umfangreichen Fehleranalyse bzw. Informationsrecherche von Bedeutung sein.

- **Symptom**
  In diesem ersten Abschnitt werden der Fehler oder der Inhalt des SAP-Hinweises beschrieben.

- **Weitere Begriffe (»Environment«)**
  Hier werden die Systemumgebung beschrieben, auf die sich der Inhalt bezieht, und weitere Schlagworte aufgelistet.
- **Ursache und Voraussetzungen (»Cause«)**
  In diesem Bereich finden Sie eine Beschreibung der Ursache eines möglichen Fehlers. Die hier vorhandenen Beschreibungen sollten zu Ihrer jeweiligen Fehlersituation passen.
- **Lösung (»Resolution«)**
  Der Abschnitt zeigt Ihnen, wie Sie den zuvor beschriebenen Fehler beseitigen können. Dies können kurze Ausführungen sein wie z. B. dass der Fehler mit einem nächsten Patch behoben sein wird, es können aber auch sehr ausführliche Beschreibungen und Aufgaben dort zu finden sein, die teilweise auch ein umfassendes Wissen in den zu nutzenden Werkzeugen erfordern.
- **Softwarekomponente**
  Hier werden die betroffenen Softwarekomponenten mit ihren Release-Ständen angezeigt. Sehr oft sind diese verbindlich, d. h., die beschriebenen Problemlösungen funktionieren nur für die aufgelisteten Releases, daher sollte auch dieser Teil zu Ihrer Systemumgebung passen.
- **Dieses Dokument referenziert auf/Dieses Dokument wird referenziert von ...**
  Diese beiden Abschnitte beziehen sich auf abhängige oder thematisch verwandte SAP-Hinweise, die ebenfalls relevant sein können und deshalb zur Information mit angezeigt werden.
- **Dieses Dokument ist verfügbar in ...**
  Hier werden die Sprachen angezeigt, in denen der Hinweis verfügbar ist. Klicken Sie auf eine Sprache, wird die Anzeige dahingehend geändert. Viele SAP-Hinweise liegen in mehreren Sprachen vor, nicht immer ist auch die Sprache Deutsch vorhanden.

Es ist auch möglich, dass ein Hinweis nicht alle der oben genannten Abschnitte enthält oder dass zusätzliche Gliederungspunkte eingefügt wurden. Der Detaillierungsgrad der Ausführungen kann sehr unterschiedlich sein; einige Hinweise sind sehr gründlich dargestellt, andere machen es notwendig, dass Sie sich weitere Informationsquellen erschließen.

Exemplarisch haben wir in Abbildung 17.9 nach »SAP HANA indexserver fails hana 2.0« gesucht und den SAP-Hinweis 2504698 geöffnet.

Wir haben Ihnen hier den Zugriff auf die klassischen SAP-Hinweise beschrieben. Sie finden an einigen Stellen auch *SAP Knowledge Base Articles*. Strukturell unterscheiden sich SAP-Hinweise und SAP Knowledge Base Articles wenig. Letztere wurden später eingeführt und enthalten z. B. an einigen Stellen auch Abbildungen oder gar eingebettete Videoanleitungen.

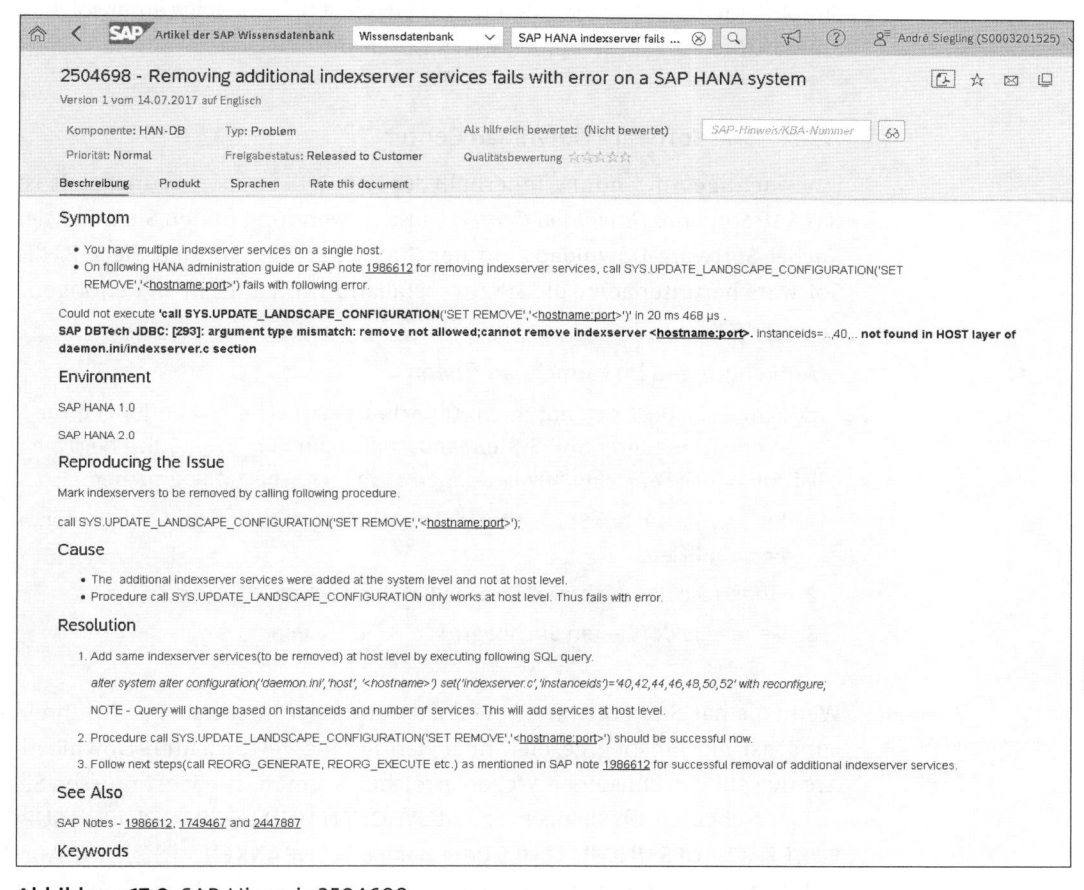

Abbildung 17.9 SAP-Hinweis 2504698

Ein weiterer Bereich, den wir als Ergebnismenge unserer Suchanfrage erhalten haben, ist mit **SAP Community** überschrieben. Diese Artikel sind Teil der SAP Community, die Sie unter der URL *http://blogs.sap.com* aufrufen können.

SAP Community – Foren

Wenn Sie auf den Eintrag **SAP Community** klicken, erhalten Sie eine Auflistung von Diskussionen, die zu Ihren Suchbegriffen passen. Diese Forenbeiträge können oft hilfreich sein, wenn man weniger auf der Suche nach einer offiziellen Problemlösung ist oder wenn es sich bei dem Problem, das man bearbeitet, nicht um einen Produktfehler handelt und es damit eigentlich nicht in den Verantwortungsbereich des SAP-Supports fällt. Auf die SAP Community gehen wir in Abschnitt 17.4 ausführlicher ein.

17 Service und Support

Support-Meldung anlegen

Sollten Sie anhand der Suche nicht fündig werden, finden Sie unten rechts in der Menüleiste mit dem Button **Meldung absenden** die Möglichkeit, eine Support-Meldung an den SAP-Support anzulegen. Die Anlage einer solchen Support-Meldung beschreiben wir in Abschnitt 17.2.4.

17.2.2 SAP Software Download Center

Eine wichtige Anwendung innerhalb des SAP ONE Support Launchpads ist das *SAP Software Download Center*. Diese Anwendung finden Sie unter der Kachel **Software-Downloads** auf der Startseite. Hier können Sie z. B. die Software herunterladen, die Sie zur Installation von SAP HANA benötigen.

> **Anwendungen im Launchpad finden**
>
> Es kann sein, dass sich auf Ihrem Launchpad sehr viele Anwendungen für die Verwaltung Ihrer SAP-Systemlandschaft befinden. Wenn dies der Fall ist, können Sie einzelne Anwendungen auch im Kachelkatalog suchen:
>
> 1. Klicken Sie auf der Startseite des Launchpads oben links auf den Button **Personalisieren** (☰).
> 2. Finden Sie das Suchfeld **In Kachelkatalog suchen...**
> 3. Geben Sie dort einen Suchbegriff (z. B. »Download«) ein.

Zu einem Download-Archiv navigieren

Wenn Sie das SAP Software Download Center geöffnet haben, wird Ihnen zunächst ein Einstieg gezeigt, über den Sie die gewünschten Download-Archive auf verschiedenen Wegen erreichen können. Zunächst müssen Sie sich entscheiden, ob Sie nach **INSTALLATIONEN UND UPGRADES**, nach **SUPPORT PACKAGES UND PATCHES** oder nach **DATENBANKEN** suchen. Die Auswahlmöglichkeiten sehen Sie im oberen Bereich von Abbildung 17.10.

Abbildung 17.10 Download-Anwendung im SAP ONE Support Launchpad

Die für den Download zur Verfügung stehenden Produkte werden in Baumstrukturen angeordnet. Es gibt eine alphabetische Auflistung, wobei das jeweilige Produkt meist nach dem eigentlichen Produktnamen in der Regel ohne die Firmenbezeichnung einsortiert ist. Dies bedeutet, dass Sie SAP-HANA-Software unter dem Buchstaben »H« finden. Eine weitere Ordnungsvariante ist die Variante **Nach Kategorie**. Um hier die gewünschten Produkte zu finden, sind schon mehr Produktkenntnisse notwendig. Sie finden die SAP-HANA-Produkte hier derzeit unter **SAP In-Memory (SAP Hana)**.

Auch das SAP Software Download Center stellt wieder eine Suche bereit. Das Suchfeld befindet sich oben in der Kopfzeile. Wechseln Sie hier über das Dropdown-Menü zu **Downloads**. Wenn Sie hier einen Suchbegriff eingeben, erhalten Sie in der Regel eine zweigeteilte Liste, in der Ihnen zunächst unter **Softwarekategorien** die verfügbaren Einträge aus den Navigationsknoten der Baumstruktur der Produkte aufgelistet werden. Wenn Sie hier einen Eintrag auswählen, finden Sie zunächst ggf. weitere Unterpunkte, unter denen sich dann die jeweiligen Download-Dateien verbergen.

Suche im SAP Software Download Center

Der zweite Teil der Ergebnisliste im Abschnitt **Für Download verfügbare Positionen** zeigt Ihnen direkt eine Liste der Dateien, die Sie herunterladen können. Markieren Sie dafür die gewünschten Dateien mit einem Häkchen vor dem jeweiligen Dateinamen, und klicken Sie dann auf das Icon **Ausgewählte Positionen zum Download-Basket hinzufügen** ([Icon]) links neben dem **Filtern**-Feld (siehe Abbildung 17.11). Wenige oder einzelne Dateien können Sie herunterladen, indem Sie auf die Bezeichnung einer Datei klicken.

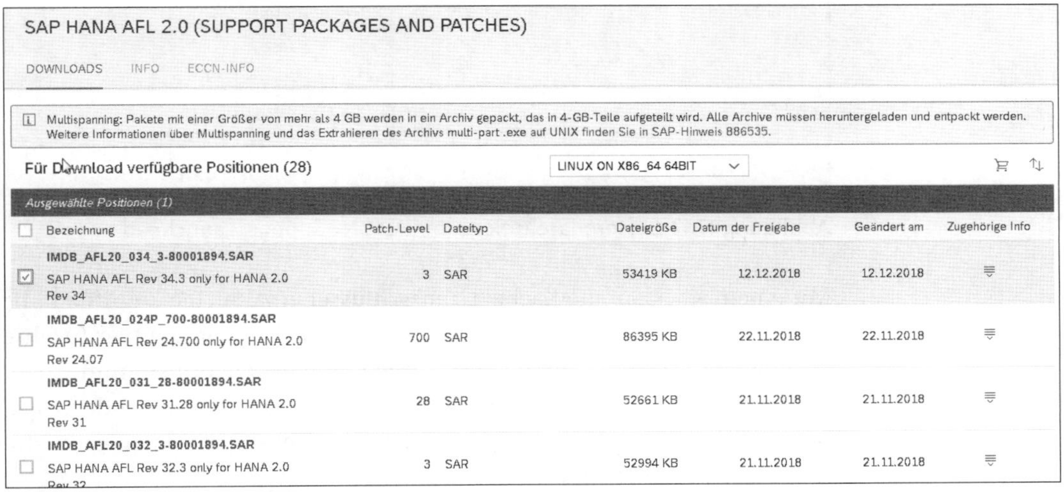

Dateien herunterladen

Abbildung 17.11 Software-Download: Suchergebnisse

17 Service und Support

> **[»] Download-Basket**
>
> Den Inhalt des Download-Baskets können Sie sich über einen Klick auf den Button **Download-Basket** unten rechts anschauen.

17.2.3 Systemdatenverwaltung

Systeme und Installationen
Ihre SAP-Systemdaten sind im SAP ONE Support Launchpad hinterlegt. Zu jedem installierten System werden hier Informationen gespeichert. So wird auch jedes System mit einer eigenständigen Nummer eindeutig identifizierbar. Mehrere Systeme werden meist unter einer Installation zusammengefasst, die wiederum durch eine eigene Installationsnummer identifizierbar ist. Hier ist es üblich, dass z. B. eine zusammengehörige Reihe von Systemen, bestehend aus Entwicklungs-, Qualitätssicherungs- und Produktivsystem, unter einer Installationsnummer zu finden ist.

Kundennummer
Dem wiederum übergeordnet ist die Kundennummer Ihres Unternehmens. Es kann auch sein, dass Ihr IT-Unternehmen mehrere dieser SAP-Kundennummern verwaltet. Dann hat Ihr Unternehmen zunächst eine eigene Kundennummer, der dann die Kundennummern der von Ihnen verwalteten Unternehmen untergeordnet sind.

Verwaltungswerkzeuge
Im SAP ONE Support Launchpad gibt es mehrere Klickstrecken, die Sie zu Ihren Installations- und Systemdaten führen. In Abbildung 17.12 sehen Sie drei Anwendungen, die wir für einen Einstieg für sinnvoll halten.

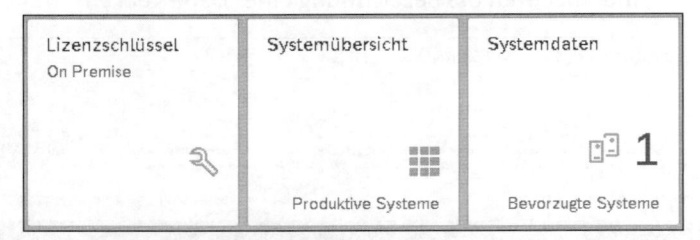

Lizenzschlüssel On Premise	Systemübersicht	Systemdaten
🔧	▦ Produktive Systeme	📱 1 Bevorzugte Systeme

Abbildung 17.12 Systemdatenpflege im SAP ONE Support Launchpad

Mit einem Klick auf die Kachel **Lizenzschlüssel** erhalten Sie Zugriff auf die Ihnen zur Verfügung stehenden Lizenzschlüssel. Sie können hier für Ihre bestehenden Systeme anhand der Kunden- und Installationsnummer oder auch nach Produkten filtern und Ihre bestehenden Systeme mit den zugehörigen Lizenzschlüsseln anzeigen oder auch neue Systeme anlegen und dafür Lizenzschlüssel registrieren.

Systemdaten bearbeiten
Mit einem Klick auf die Kachel **Systemdaten** finden Sie sich in der Anwendung zur Verwaltung eines einzelnen Systems wieder. Sie können hier die

Daten eines Systems pflegen. Wenn Sie Ihren SAP Solution Manager zur Verwaltung der SAP-Systemlandschaft eingerichtet haben, wird dieser in der Regel auch die Systemdaten an SAP übertragen, sodass diese Informationen im SAP ONE Support Launchpad verfügbar sind.

Über den Button **Bearbeiten** unten rechts können Sie einzelne Daten ändern. Ebenfalls in der Menüleiste unten finden Sie weitere Funktionen wie **Zugangsdaten pflegen**. Hier pflegen Sie Anmeldedaten, die Support-Mitarbeiter von SAP im Falle einer Support-Meldung verwenden können, um sich an Ihrem System anzumelden und den Fehler zu analysieren. Auch die dazugehörige Serviceverbindung können Sie hier registrieren und öffnen. Ein weiterer Link führt Sie wiederum zur Lizenzschlüssel-Anwendung. Auf das Anlegen einer Support-Meldung gehen wir im folgenden Abschnitt 17.2.4 ein.

17.2.4 Eine Meldung beim SAP-Support eröffnen

Wenn Sie auch mit den verschiedenen Informationsquellen, die das SAP ONE Support Launchpad bereitstellt, Ihr Problem nicht selbst lösen können, haben Sie die Möglichkeit, eine Meldung beim SAP-Support anzulegen. Der SAP-Support unterstützt Sie, wenn Sie für eines der folgenden Themen Hilfe benötigen:

Hilfe bei verschiedenen Themen

- Produktfehler eines SAP-Produkts
- Bestellung von SAP-Software
- Anfragen bezüglich Ihrer Lizenzschlüssel
- technische Probleme mit dem SAP ONE Support Launchpad oder seinen Vorgängern

Dabei müssen Sie beachten, dass nicht jeder auftretende Fehler im Systembetrieb auch tatsächlich ein Produktfehler ist, der durch den SAP-Support gelöst werden muss. Sollten Sie den Fehler selbst durch fehlende oder falsche Konfiguration hervorgerufen haben, kann es durchaus passieren, dass Sie vom SAP-Support den Hinweis erhalten, dass Ihre Anfrage eine kostenpflichtige Beratungsleistung ist, die über diesen Support-Weg nicht mit abgewickelt werden kann. Diese Information erhalten Sie manchmal bevor und manchmal nachdem Sie die Lösung für Ihr Problem erhalten haben. Unserer persönlichen Erfahrung nach ist das Ablehnen eines Hilfeersuchens aufgrund eines solchen Verweises auf Beratungsleistung nicht vorhersehbar, und teilweise ist es schwierig, sofort zu erkennen, in wessen Verantwortungsbereich die Zuständigkeit jeweils liegt. Teilweise sind die Grenzen zwischen diesen beiden Bereichen auch fließend.

17 Service und Support

Problemmeldung anlegen

Sollten Sie eine Problemmeldung beim SAP-Support anlegen wollen, finden Sie auf der Startseite des SAP ONE Support Launchpads die Anwendung **Eine Lösung finden** (siehe Abbildung 17.13).

Abbildung 17.13 Eine Support-Meldung über das SAP ONE Support Launchpad anlegen

Klicken Sie auf diese Kachel, um eine Meldung anzulegen. Sie erhalten nun eine Nachricht, die Sie auffordert, noch einmal selbst nach Lösungen zu suchen. Wenn Sie dies erledigt haben, wie in Abschnitt 17.2.1, »Suche«, beschrieben, können Sie mit der Anlage der Meldung fortfahren. Oben rechts auf der Ergebnisseite der Suche finden Sie dazu den Button **Meldung absenden**. Klicken Sie darauf, um den Wizard zur Erstellung einer Meldung zu öffnen. Wir gehen in der folgenden Beschreibung nur auf die wichtigsten Optionen bzw. die Einstellungen ein, die notwendig sind, um eine Meldung zu eröffnen.

1. Wählen Sie zunächst aus der Dropdown-Liste Ihre Kundennummer, das Produkt, die Installation und/oder das betroffene System aus.
2. Anschließend öffnet sich eine Maske, in die Sie die Meldungsdetails eingeben können (siehe Abbildung 17.14). Geben Sie hier Ihre Daten ein:

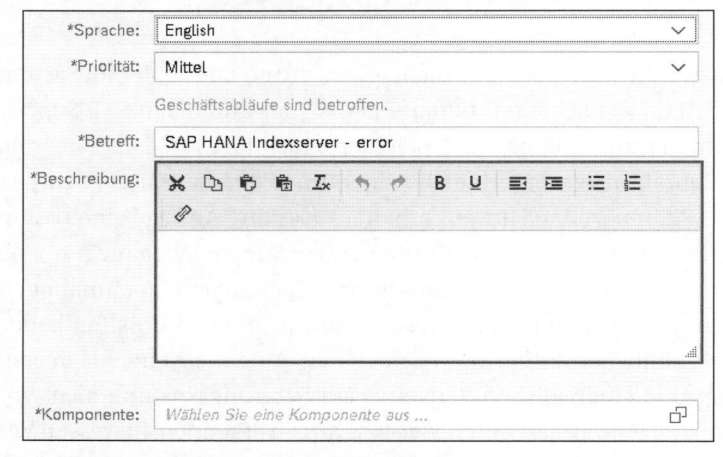

Abbildung 17.14 Meldungsdetails für Support-Meldung

- **Sprache**: Wir halten es inzwischen für sinnvoll, primär die englische Sprache für Support-Meldungen zu verwenden. Eine Übersetzung kostet Zeit, und ggf. gehen auch Informationen durch die Übersetzung verloren.
- **Priorität**: Legen Sie besonderes Augenmerk auf die Priorität. Vorausgewählt ist immer **Mittel**. Sie können zwischen **Niedrig**, **Mittel**, **Hoch** und **Sehr Hoch** wählen. Sollten Sie eine Support-Anfrage mit hoher Priorität erstellen wollen, müssen Sie ggf. begründen, inwiefern Ihre Geschäftsprozesse beeinflusst werden oder ein wichtiges Go-Live-Projekt beeinträchtigt ist. Gehen Sie sorgfältig mit diesen Prioritäten um. Sollte es einmal vorkommen, dass die Priorität einer Meldung sich während ihrer Bearbeitung ändert, können Sie diese auch noch nachträglich selbst anpassen bzw. durch den Support-Mitarbeiter ändern lassen.
- **Betreff**: Wählen Sie einen möglichst sprechenden Betreff für Ihre Meldung, ggf. einen, der den SAP-Mitarbeiter bereits den Fehler erkennen lässt.
- **Beschreibung**: Hier ist es nun notwendig, eine möglichst detaillierte Fehlerbeschreibung zu hinterlegen. Eine gute Fehlerbeschreibung hilft Ihrem Gegenüber, Sie zu verstehen, und vermeidet unnötige Rückfragen.
- **Komponente**: Es wird die betroffene Komponente erfragt. Diese Komponente bestimmt später u. a., welchem Support-Team Ihre Anfrage zugeordnet wird.

[+]

Übliche Kommunikationsregeln beachten

Dazu möchten wir Ihnen einen Hinweis geben: Beachten Sie, dass Ihre Meldung – trotz der Anonymität des Internets – von einem Menschen entgegengenommen wird, dessen Motivation sicherlich steigt, wenn ihn eine freundliche und den Regeln höflicher Kommunikation folgende Nachricht erreicht.

[+]

Richtige Komponente herausfinden

Wenn Sie unschlüssig sind, welche Komponente Sie hier wählen sollen, können Ihnen die zu Ihrem Thema gefundenen SAP-Hinweise eventuell weiterhelfen. In Abbildung 17.8 haben Sie Suchergebnisse und eine Auflistung von SAP-Hinweisen gesehen. In der Liste können Sie z. B. in grüner Schrift die Komponente **HAN-DB** unter der Kurzbeschreibung des SAP-Hin-

> weises erkennen. Diese ist sehr allgemein gehalten, oft sehen Sie dort aber auch sehr viel genauer ausgeführte Komponenten.
>
> Haben Sie die passende Komponente in einem SAP-Hinweis mit ähnlichem Problem gefunden, können Sie sich für diese Komponente entscheiden. Damit nehmen Sie in der Regel eine gute Zuordnung vor. Sollten Ihnen für die Wahl der passenden Komponente Informationen fehlen, können Sie auch eine Komponente wählen, die Ihnen passend erscheint. Im Zweifelsfall wird Ihre Meldung an das korrekte Support-Team weitergeleitet.
>
> Je genauer und korrekter Sie aber die Komponente spezifizieren, desto schneller werden Sie zum richtigen Ansprechpartner geleitet. Dies beschleunigt die Bearbeitung Ihrer Support-Anfrage. Für Anfragen rund um SAP HANA könnte als übergeordnete Komponente sicher **HAN** ein guter Einstieg zur Suche weiterer Sub-Komponenten sein. Im Einzelfall hängt die richtige Komponente natürlich von Ihrer konkreten Problemstellung ab.

3. Haben Sie die Komponente gewählt, wird ein weiteres Feld angezeigt.
   - Im Bereich **Schritte zur Reproduktion** listen Sie möglichst die Schritte auf, die zu dem Fehler führten. Dies kann – abhängig von den jeweiligen Umständen – eine sehr kurze, aber auch eine sehr lange Auflistung sein.
   - Danach können Sie Ihrer Meldung **Anlagen** hinzufügen. Dies können Log-Dateien, Screenshots oder andere hilfreiche Zugaben sein. Eventuell müssen Sie diese Dateien aufgrund von Größen- oder Dateiendungsbeschränkungen packen. Darauf werden Sie ggf. beim Hochladen hingewiesen.
   - Im Bereich darunter können Sie neben Ihren – automatisch eingetragenen – Kontaktdaten weitere Ansprechpartner hinterlegen. Dies ist z. B. dann sinnvoll, wenn Sie selbst nicht erreichbar sind. Erfahrungsgemäß greifen die Support-Mitarbeiter selten zum Telefon und rufen Sie zur Problemlösung an, im Einzelfall kann dies aber gerade bei Meldungen mit hoher Priorität wichtig sein.
4. Nachdem Sie alle Daten eingegeben haben, können Sie die Meldung entweder durch einen Klick auf die gleichnamigen Buttons, die Sie unter der erfassten Meldung finden, **Senden** oder **Abbrechen**.

Antwort des SAP-Supports Damit haben wir die wichtigsten Schritte zur Erstellung einer Support-Anfrage beschrieben. Der SAP-Support wird nun auf Ihre Anfrage antworten. Sie erhalten in der Regel eine Benachrichtigung per E-Mail und können dann auf die Antwort zu Ihrer Meldung über Ihr SAP ONE Support Launchpad zugreifen. Sie finden dort Lösungshinweise oder auch Rückfragen, sodass Sie die Fehlerursache im Dialog mit einem Support-Mitarbeiter ermitteln können.

Ihre Meldungen finden Sie in der Anwendung **Meldungen – Eingang**. Sie sehen gleich auf der Kachel die Anzahl Ihrer Meldungen. In Abbildung 17.15 sehen Sie 14 Meldungen, die derzeit in Bearbeitung sind. Das sind auf den ersten Blick recht viele Meldungen, diese Zahl kommt aber in diesem Beispiel durch Vertreterregelungen unter den Kollegen im Team zustande, aufgrund derer alle Kollegen ihre Meldungen gegenseitig sehen können.

```
Meldungen
Eingang


        14

Aktion erforderlich
```

Abbildung 17.15 Ansicht der Support-Meldungen im SAP ONE Support Launchpad

Wenn Sie die Anwendung öffnen, sehen Sie eine Liste der Meldungen. Klicken Sie auf einen Eintrag, werden Sie zu einer anderen Anwendung weitergeleitet, in der Sie die Rückmeldung der SAP-Mitarbeiter sehen und selbst antworten oder auch weitere Anlagen hinzufügen können.

Es kann sein, dass Sie nicht alle Meldungen Ihres Teams sehen wollen oder dass nicht die Einträge vorhanden sind, die Sie erwartet haben. Die Auswahl der Meldungen können Sie mit den Filtern der Anwendung, die Sie in Abbildung 17.16 sehen, beeinflussen.

Meldungen filtern

In Abbildung 17.16 ist der Bereich **Alle Meldungen (14)** ausgewählt (blau hinterlegt), rechts daneben können Sie die Anzeige auf Ihre eigenen Meldungen einschränken. Ebenfalls hilfreich kann es sein, die Dropdown-Listen **Priorität**, **Status** oder **Letzte Aktualisierung** zur Filterung zu verwenden. Das in Abbildung 17.16 ausgeklappte Menü zeigt die verfügbaren Status einer Meldung. Damit können Sie sich z. B. nur bereits an den SAP-Support gesendete Meldungen anzeigen lassen. Es ist übrigens auch möglich, eine bereits gesendete Meldung, die sich z. B. im Status **An SAP gesendet** oder **In Bearbeitung durch SAP** befindet, mit weiteren Informationen anzureichern. Klicken Sie dafür auf die Meldung und anschließend auf den Button **Bearbeiten** in der rechten unteren Ecke.

17 Service und Support

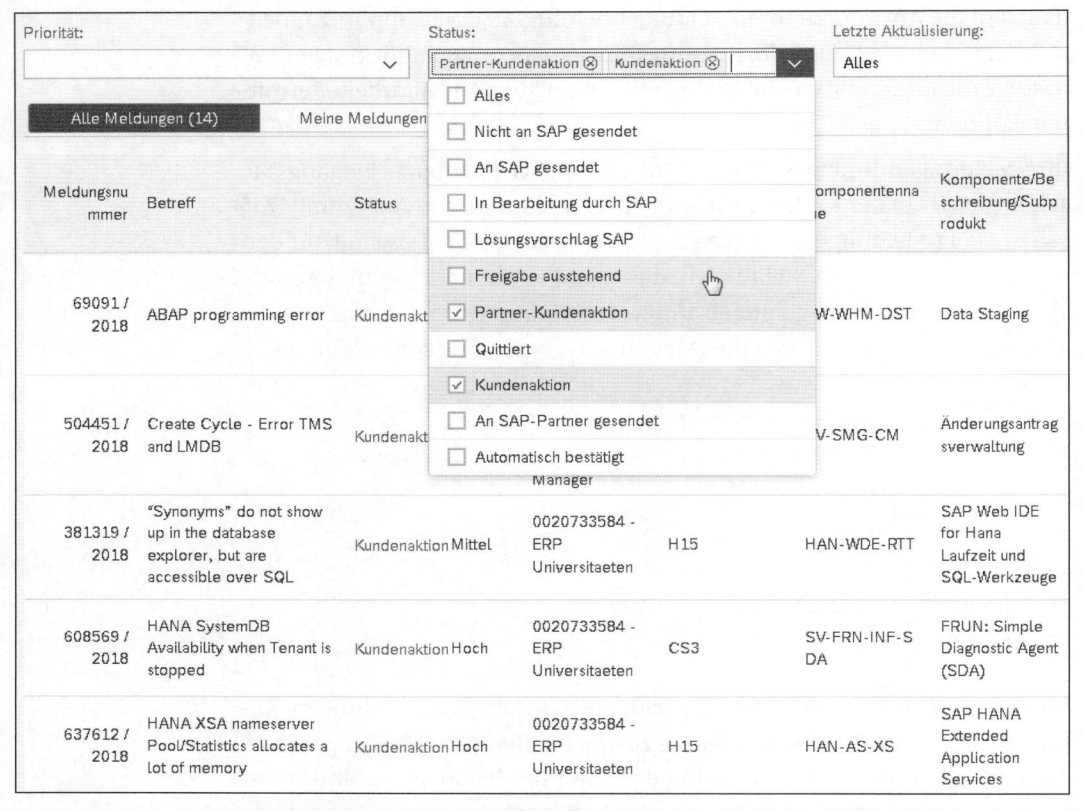

Meldungsnummer	Betreff	Status			Komponentenname	Komponente/Beschreibung/Subprodukt
69091 / 2018	ABAP programming error	Kundenakt...			W-WHM-DST	Data Staging
504451 / 2018	Create Cycle - Error TMS and LMDB	Kundenakt...			V-SMG-CM	Änderungsantragsverwaltung
381319 / 2018	"Synonyms" do not show up in the database explorer, but are accessible over SQL	Kundenaktion Mittel	0020733584 - ERP Universitaeten	H15	HAN-WDE-RTT	SAP Web IDE for Hana Laufzeit und SQL-Werkzeuge
608569 / 2018	HANA SystemDB Availability when Tenant is stopped	Kundenaktion Hoch	0020733584 - ERP Universitaeten	CS3	SV-FRN-INF-SDA	FRUN: Simple Diagnostic Agent (SDA)
637612 / 2018	HANA XSA nameserver Pool/Statistics allocates a lot of memory	Kundenaktion Hoch	0020733584 - ERP Universitaeten	H15	HAN-AS-XS	SAP HANA Extended Application Services

Filter-Dropdown Status:
- Alles
- Nicht an SAP gesendet
- An SAP gesendet
- In Bearbeitung durch SAP
- Lösungsvorschlag SAP
- Freigabe ausstehend
- ☑ Partner-Kundenaktion
- Quittiert
- ☑ Kundenaktion
- An SAP-Partner gesendet
- Automatisch bestätigt

Abbildung 17.16 Liste der Support-Meldungen und zugehörige Filter

Meldungen schließen Support-Meldungen können Sie auch schließen, indem Sie eine Meldung im Status **Kundenaktion** öffnen und dann unten rechts den Button **Schließen** anklicken.

Falls die Meldung zur Bearbeitung bei SAP liegt, können Sie sie schließen, indem Sie die Meldung öffnen und dann unten links den Button **Schließen anfordern** anklicken.

17.2.5 Benutzerverwaltung

Auf verschiedene Internetseiten von SAP sowie auf Anwendungen im Bereich Support wie das SAP Software Download Center oder die SAP Community greifen Sie mithilfe personalisierter Benutzerkonten zu. Gerade für die Support-Anwendungen werden Sie in der Regel einen sogenannten S-User erhalten. Im Rahmen der Bereitstellung von SAP-Lösungen, etwa wenn Sie SAP HANA gekauft haben, erhalten Sie diesen S-User, der als zentraler Administrationsbenutzer dient.

Von diesem Benutzer ausgehend, können Sie weitere Benutzer für das SAP Support Portal anlegen und Berechtigungen vergeben. Entsprechend den Aufgaben der Mitarbeiter Ihres Teams können dies z. B. Berechtigungen zu den folgenden Tätigkeiten sein:

Berechtigungen für Administratoren

- Support-Meldungen anlegen, bearbeiten und schließen
- Software herunterladen
- Lizenzschlüssel verwalten
- Benutzer verwalten

Nach dem Öffnen der Anwendung **Support Benutzer – Management** sehen Sie zunächst eine Liste der Benutzer, die Sie (bzw. Ihr Unternehmen) verwalten. In Abbildung 17.17 haben wir die Anzeige mit einem Filter aus Datenschutzgründen eingeschränkt.

Abbildung 17.17 Benutzerdaten im SAP ONE Support Launchpad

Klicken Sie auf einen Namen in der Liste, um einen bereits bestehenden Benutzer zu verwalten. Die Anwendung verzweigt dann in eine Detailsicht und zeigt Ihnen grundlegende Daten wie die Kontaktdaten an. Darunter finden Sie eine Liste von Berechtigungen, die Sie über Häkchen aktivieren bzw. deaktivieren können.

Benutzerdaten und Berechtigungen bearbeiten

In Abbildung 17.18 sehen Sie einen Ausschnitt der Berechtigungen. Links sehen Sie jeweils den erwähnten Schalter zum Aktivieren bzw. Deaktivieren der Berechtigung, und rechts finden Sie die Einschränkungen der Berechtigung, bezogen auf Kunden- und Installationsnummern. In Abbildung 17.18 lesen Sie hier jeweils **Allen Kunden und Installationen erteilt**. Bei einigen Einträgen sehen Sie dahinter noch einen kleinen Pfeil. Klicken Sie auf diesen Pfeil, verzweigt die Anwendung wieder in eine Detailsicht, in der Sie diese umfassende Berechtigung einschränken könnten.

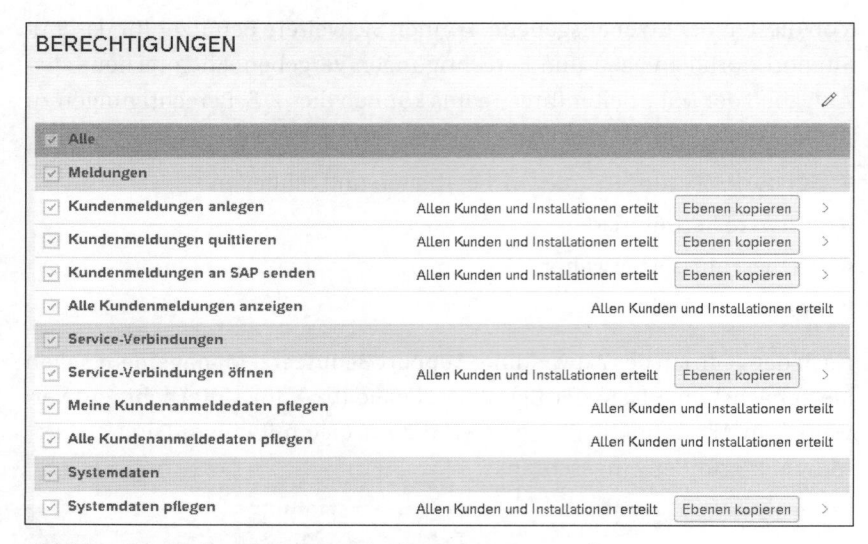

Abbildung 17.18 Berechtigungen in der Benutzerverwaltung

In Abbildung 17.17 sehen Sie in der ersten Spalte der Ergebnistabelle auch eine Checkbox, um den Benutzer zu markieren. Mit dieser Auswahl aktivieren Sie zunächst die Menüoptionen **Löschen** und **Abteilung verwalten** in der Fußzeile der Anwendung. Wenn Sie Benutzer markieren, wird auch die Option **Massenaktual. Berechtigungen** (Berechtigungen für mehrere Benutzer hinzufügen) aktiv. Über diese Funktion können Sie Berechtigungen im Rahmen einer Massenbenutzerpflege verwalten.

Neue Benutzer anlegen

Über diese Anwendung können Sie auch neue Benutzerkonten anlegen. Klicken Sie dazu auf der Einstiegsseite der Benutzerverwaltung auf den Button **Benutzer beantragen** unten rechts. Es öffnet sich ein Fenster, in dem Sie mit einigen Daten wie der zugehörigen Kundennummer, dem Namen, der E-Mail-Adresse und der Sprache des Anwenders den Benutzer erstellen können. Nach dem Bestätigen Ihrer Eingaben werden die Daten an SAP übersandt und geprüft. Sie finden die notwendigen Daten in der Liste der von Ihnen angeforderten Benutzer in Abbildung 17.19.

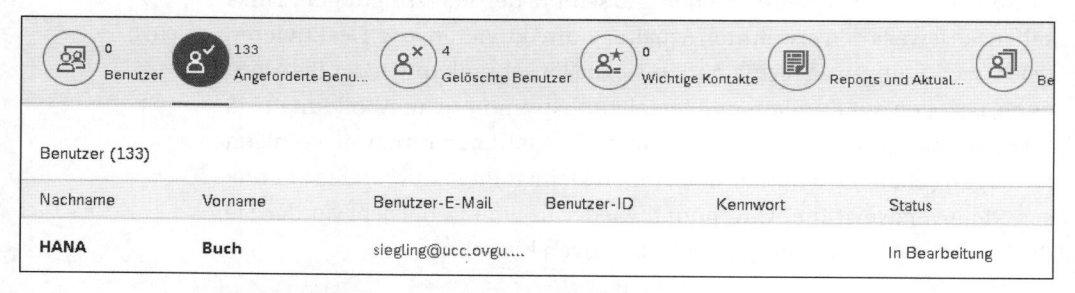

Nachname	Vorname	Benutzer-E-Mail	Benutzer-ID	Kennwort	Status
HANA	Buch	siegling@ucc.ovgu...			In Bearbeitung

Abbildung 17.19 Liste angeforderter Benutzer

In Abbildung 17.19 sehen Sie die Daten eines soeben angelegten Benutzers. Nach einiger Zeit werden dort die für die die initiale Anmeldung des neuen Benutzers notwendigen Informationen wie Benutzer-ID (z. B. S0015822022) und das initiale Passwort angezeigt. Die Freischaltung des Benutzers erfolgt in der Regel nach einigen Stunden, kann aber auch bis zu einem Tag dauern. Sie bzw. der Empfänger der Benutzer-ID sollten das Passwort im Anschluss ändern. Dies ist über das Benutzermenü oben rechts im SAP ONE Support Launchpad möglich. Öffnen Sie das Menü mit einem Klick auf den Pfeil, und wählen Sie dort den Eintrag **Kennwort Ändern**, wie es Abbildung 17.20 zeigt. Alternativ können Sie das Passwort auch über das SAP Support Portal auf der Seite *http://support.sap.com/* ändern. Auch dort finden Sie am oberen Bildschirmrand ein ähnliches Benutzermenü, das unter anderem die Möglichkeit zur Passwortänderung bietet.

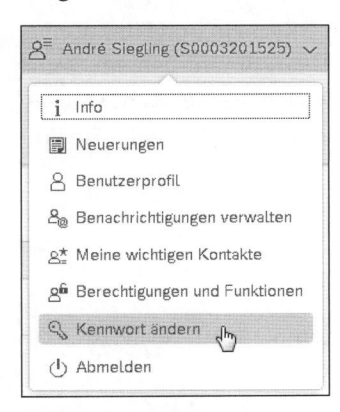

Abbildung 17.20 Passwort im SAP ONE Support Launchpad ändern

17.2.6 Weitere Anwendungen im SAP ONE Support Launchpad

Bis zu diesem Abschnitt haben wir uns auf eine Einführung in das SAP ONE Support Launchpad mit den Anwendungen zur Informations- bzw. Lösungssuche, zum Herunterladen von Software, zum Eröffnen einer Support-Meldung und zur Benutzerverwaltung konzentriert. Falls Sie neu im Umfeld der SAP-Support-Anwendungen sind, halten wir diese Themen für die wichtigsten. Selbstverständlich gibt es viele weitere Anwendungen und Funktionen, auf die Sie über das Launchpad zugreifen können. Auf einige der weiteren Anwendungen möchten wir nun noch kurz eingehen, ohne diese jedoch detailliert zu beschreiben. Wenn Sie etwa, wie in Abschnitt 17.2.4 beschrieben, eine Support-Meldung eröffnen, kommen Sie indirekt bereits mit weiteren Funktionen in Berührung.

Product Availability Matrix

Eine sehr hilfreiche Anwendung ist der Zugang zur *Product Availability Matrix*. Hier finden Sie wichtige Informationen zu einzelnen Produkten. Sie können sehen, welche SAP-HANA-Release-Stände vorhanden sind und freigegeben wurden. Wenn Sie z. B. ein SAP-Business-Suite-System auf SAP HANA installieren möchten, können Sie in der Product Availability Matrix prüfen, welche Produktversionen miteinander kompatibel sind. Darüber hinaus werden jeweils das passende Betriebssystem und ggf. viele andere Abhängigkeiten aufgelistet. Sie finden hier auch Verweise zum SAP Software Download Center (siehe Abschnitt 17.2.2) und teilweise Präsentationen mit zusätzlichen Informationen sowie andere hilfreiche Verlinkungen. Unserer Erfahrung nach ist gerade die Product Availability Matrix für Neueinsteiger eine wichtige Informationsquelle, die oft unterschätzt wird oder sogar gänzlich unbekannt ist.

Neben diesen Anwendungen gibt es noch weitere Kacheln und Funktionen, die sich jeweils dahinter verbergen. Wir empfehlen Ihnen, sich ein wenig Zeit zu nehmen, um diese zu untersuchen. So finden Sie vielleicht Hinweise, die Ihnen im Alltag als SAP-Administrator helfen und durch die Sie Probleme schneller lösen können.

17.3 SAP Help Portal

Die Dokumentationen zu SAP-Produkten finden Sie im Internet frei zugänglich unter der URL *http://help.sap.com*.

Die Einstiegsseite ist gut strukturiert und übersichtlich, andere Bereiche wie z. B. die SAP Community (siehe Abschnitt 17.4) oder das SAP Support Launchpad (siehe Abschnitt 17.2) sind hier integriert.

Suche im SAP Help Portal

In Abbildung 17.21 sehen Sie zentral die Suche eingebettet. Diese empfehlen wir als Startpunkt. Sie können hier mit einfachen Suchbegriffen sofort nach den gewünschten Hinweisen suchen.

In den Suchergebnissen finden Sie dann aber ggf. sehr viele Treffer aus verschiedenen SAP-Produkten und Release-Ständen dieser Produkte. Wir empfehlen daher ein etwas strukturierteres Vorgehen. Wenn Sie z. B. nach »SAP HANA« suchen, werden die Suchergebnisse zunächst in **Product Pages** und **Content** unterteilt (siehe Abbildung 17.22).

17.3 SAP Help Portal

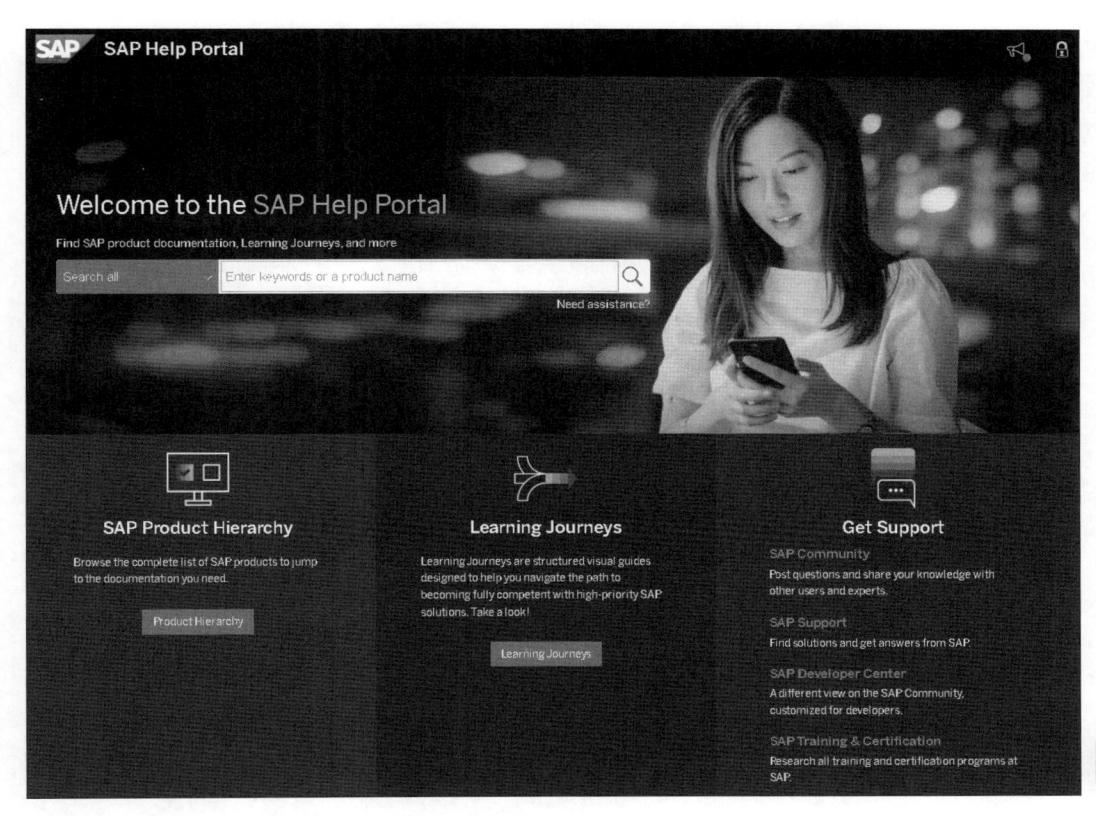

Abbildung 17.21 Startseite der SAP-Dokumentation

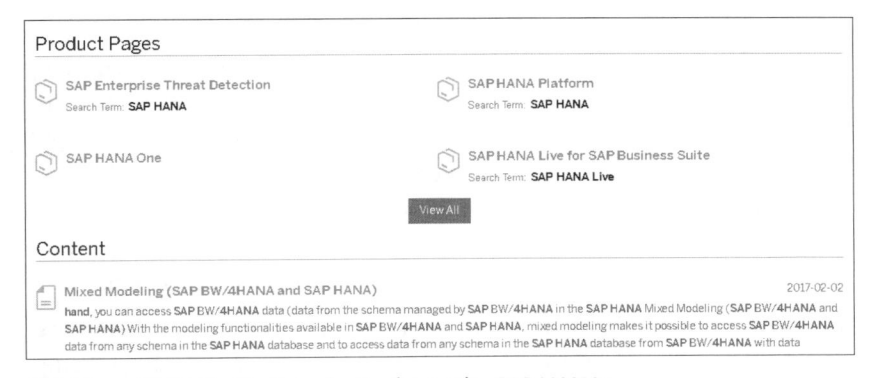

Abbildung 17.22 Trefferliste der Suche nach »SAP HANA«

Die **Product Pages** dienen als Einstiegsseiten für eine bestimmte Software. Wenn Sie einen Artikel aus der darunter angeordneten Liste **Content** wählen, finden sich dort direkt Inhalte zu Ihrem Suchbegriff – es empfiehlt sich, auf die jeweils angegebenen Produkt- und Versionsangaben zu achten.

Product Pages und Content

767

Wählen Sie einen Eintrag aus **Product Pages**, erhalten Sie dagegen eine meist sehr gute und strukturierte Übersicht über Installations-, Administrations-, Sicherheits- und andere Leitfäden.

Wir wählen hier den Eintrag für die **SAP HANA Platform** (siehe Abbildung 17.22) und werden auf die entsprechende Produktseite weitergeleitet.

What's New

What's New in the SAP HANA Platform 2.0
Information about what's new and what's changed since the last release

SAP HANA Platform 2.0 SPS 03 Release Note 2551355
The central SAP Note for the SAP HANA Platform 2.0 SPS 03 shipment

SAP HANA Academy - What's New Videos

Feature Scope Description

Feature Scope Description for SAP HANA
Features available for the editions and options of SAP HANA (full-use licenses)

Installation and Upgrade

SAP HANA Master Guide
Entry point for planning the installation of your SAP HANA system landscape

Administration

SAP HANA Administration Guide
How to configure, manage, maintain, and optimize your SAP HANA installation using SAP HANA administration tools

SAP HANA Troubleshooting and Performance Analysis Guide
How to troubleshoot and do performance analysis for the SAP HANA database

SAP HANA Tenant Databases
How to configure, manage, and monitor an SAP HANA system that supports SAP HANA tenant databases

SAP HANA Cockpit
SAP HANA cockpit is the administration tool for SAP HANA. It provides a single point of access to several tools for the administration and monitoring of SAP HANA, including the SAP HANA database explorer and SQL analyzer.

Security

SAP HANA Security Guide
How to ensure the security of the SAP HANA platform and its components

SAP HANA Security Checklists and Recommendations

Implementation

File Loader Guide for SAP HANA
This guide describes how to load binary files into the SAP HANA database so that the content of the loaded files can be used in search operations.

Reference

SAP HANA SQL and System Views Reference
The SAP HANA SQL and System View Reference describes the SQL features supported by SAP HANA, including option-specific SQL used by various HANA options.

SAP HANA SQLScript Reference
SAP HANA SQLScript Reference describes how to use the SQL extension SAP HANA SQLScript to embed data-intensive application logic into SAP HANA.

SAP HANA Client Interface Programming Reference
SAP HANA provides client interfaces for connecting applications in the SAP HANA client software package. The SAP HANA client can be installed on UNIX/Linux and Microsoft Windows operating systems, and on an SAP HANA server host during server installation.

View All

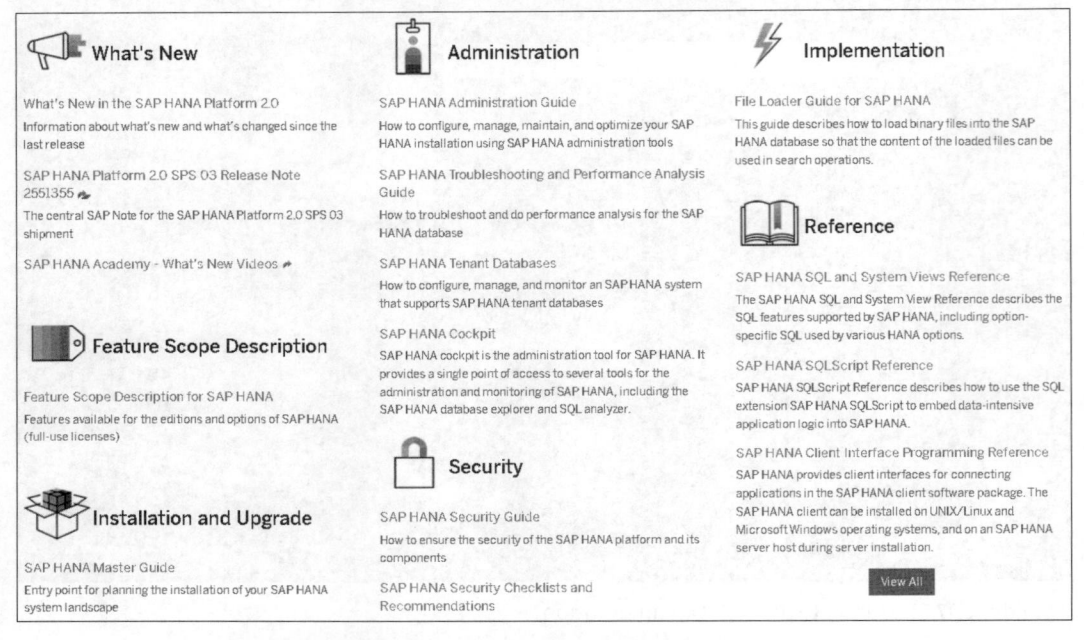

Abbildung 17.23 Product Page zu »SAP HANA Platform«

Sie finden hier in den einzelnen Bereichen jeweils die Absprünge zu weiteren Leitfäden. In der Regel verwendet man im Laufe der Arbeit mit SAP-Produkten oft die gleichen Leitfäden – die teilweise sehr umfangreich ausfallen. Mit der Zeit finden Sie in der Regel jedoch schnell die gewünschten Informationen. Wir verzichten hier darauf, alle Bereiche vorzustellen, und empfehlen Ihnen, auch ohne konkreten Informationsbedarf die Produktseite zur SAP-HANA-Plattform zu besuchen und sich umzuschauen.

Produktbezogene Suche

Im Suchfenster darüber können Sie Suchbegriffe eingeben, die Ergebnisse sind dann bereits auf die SAP-HANA-Plattform bezogen, sodass die Trefferliste wesentlich kürzer und vermutlich auch passender ausfällt.

In Abbildung 17.24 sehen Sie in der Dropdown-Liste rechts die zur Verfügung stehenden Versionsnummern der SAP-HANA-Plattform. Damit können Sie die Dokumentation nicht nur sehr einfach auf Ihre jeweils gewünschte Version einschränken, sondern Sie können auch schnell zwischen zwei Versionsständen wechseln, um diese ggf. zu vergleichen.

17.3 SAP Help Portal

Abbildung 17.24 Suche innerhalb der Dokumentation der SAP HANA Platform

Die oben eingegebenen Suchbegriffe »SAP HANA LDAP integration« führen zu einer erneuten Trefferliste, die wir hier aber nicht abbilden. Wir wählen den zweiten Treffer mit der Überschrift **Configure an LDAP Server Connection for LDAP User Authentication** und finden uns dadurch im »SAP HANA Administration Guide« wieder (siehe Abbildung 17.25).

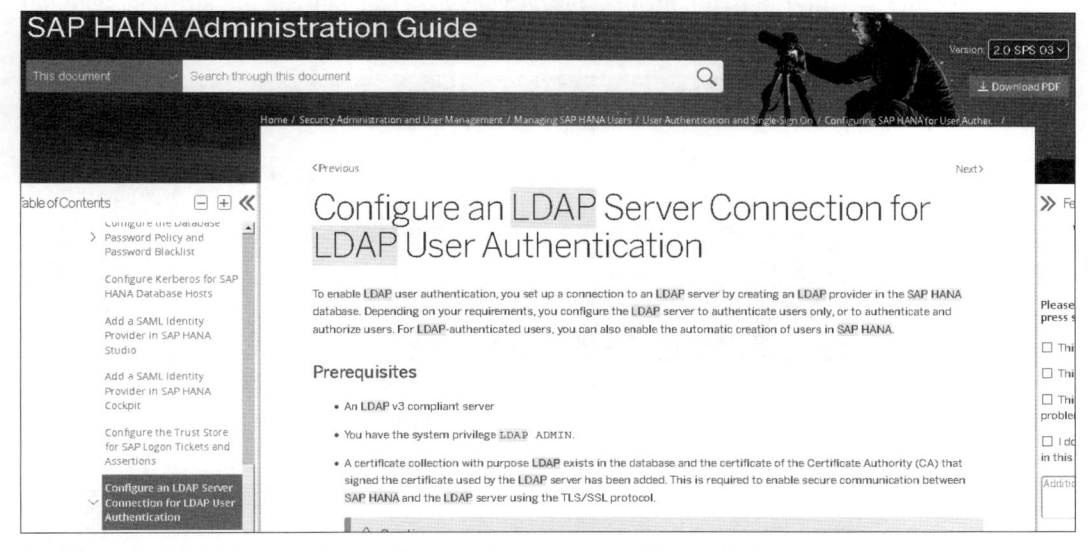

Abbildung 17.25 Suchergebnis – Treffer innerhalb des »SAP HANA Administration Guides«

Die in Abbildung 17.25 dargestellten gelben Markierungen stammen noch aus der ausgeführten Suche. Links sehen Sie in einer Baumstruktur die Gliederung des gesamten Dokuments. Darüber lassen sich die Inhalte oft sehr gut im Gesamtkontext einordnen und verwandte Themen finden. In der Mitte des Hauptfensters stehen Erläuterungen, über die kleinen **Previous**- und **Next**-Verlinkungen lässt sich der Leitfaden schrittweise vor- und zurückblättern. Oben rechts findet sich wieder die Versionierung des Artikels, auch hier können Sie direkt innerhalb der existierenden Versionen springen. Darunter sehen Sie noch den Button **Download PDF**. Mit einen Klick

Struktur der Einträge

769

darauf wird ein PDF-Dokument erstellt, das den jeweils zugrunde liegenden Leitfaden vollständig zur Verfügung stellt.

In unserem Beispiel erhalten wir ein 1982 Seiten langes Dokument, das sich sichern und z. B. zur Kommentierung abgelegt werden kann.

Damit wollen wir unsere kurze Einführung in die SAP-Dokumentation schließen. Für Ihre Arbeit als SAP-HANA-Administrator empfiehlt es sich, zumindest die Produktseite zur SAP-HANA-Plattform zu erforschen. Sie erreichen sie auch direkt über die folgende URL: *http://s-prs.de/v685064*

17.4 SAP Community

Startseite der SAP Community

Die SAP Community stellt eine sehr umfangreiche Informationsquelle dar. Unter der URL *http://s-prs.de/v685065* erreichen Sie die Einstiegsseite der Community, die viele Facetten hat.

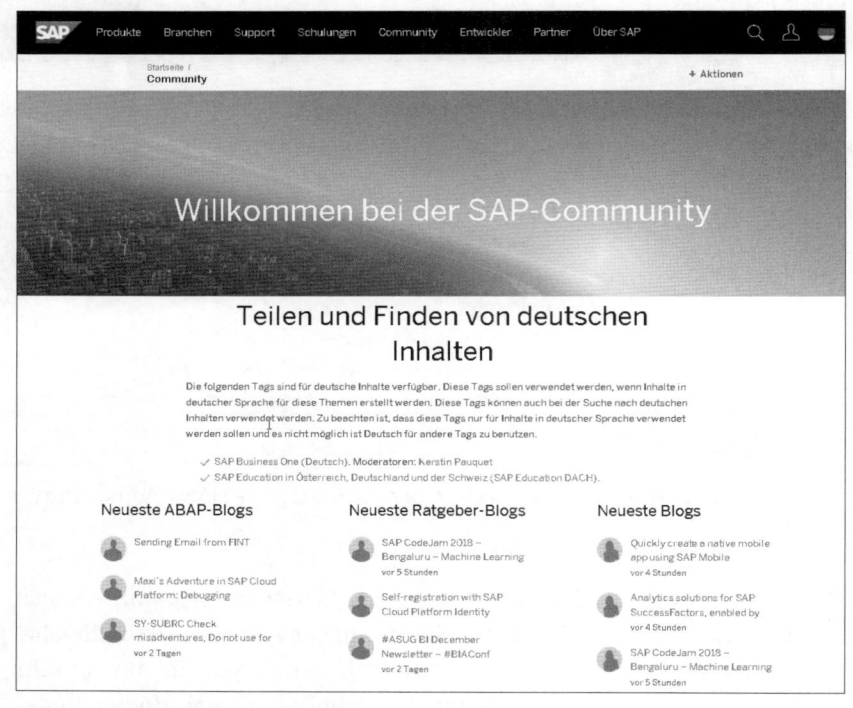

Abbildung 17.26 Startseite der SAP Community

Hier finden Sie Blog- und Wiki-Seiten, Diskussionsforen, Download-Bereiche und viele andere Inhalte, die Ihnen weiterhelfen können. Auf den ersten Blick und während der ersten Schritte erscheint das Portal so umfangreich, dass man sich als Einsteiger dort schnell verloren fühlen kann. Es lohnt sich aber, sich einen Überblick über die verschiedenen Bereiche zu verschaffen.

Beginnen wir am Anfang. Für einige Inhalte benötigen Sie ein Benutzerkonto. Wenn Sie als SAP-Anwender, Administrator oder Berater bereits über einen S-User verfügen, können Sie dieses Benutzerkonto in der Regel auch in der SAP Community verwenden. Es ist jedoch auch eine kostenlose Registrierung möglich. Klicken Sie oben auf den Link **Join Us**. Dieser leitet Sie auf eine Registrierungsseite, auf der Sie das neue Benutzerkonto anlegen können.

Benutzer für die Anmeldung

Im Kontext dieses Buches und speziell dieses Abschnitts ist es primär von Bedeutung, wie Sie Informationen und Hilfe zum Thema SAP HANA erhalten können. Darum gehen wir nun darauf ein, wie Sie entsprechende Hinweise in der SAP Community finden können.

In Abbildung 17.26 sehen Sie oben die Top-Level-Navigation. Um zum Bereich **SAP HANA** zu gelangen, klicken Sie hier zunächst auf **Community** und wählen dann im Abschnitt **Community durchsuchen · SAPHANA** (siehe Abbildung 17.27).

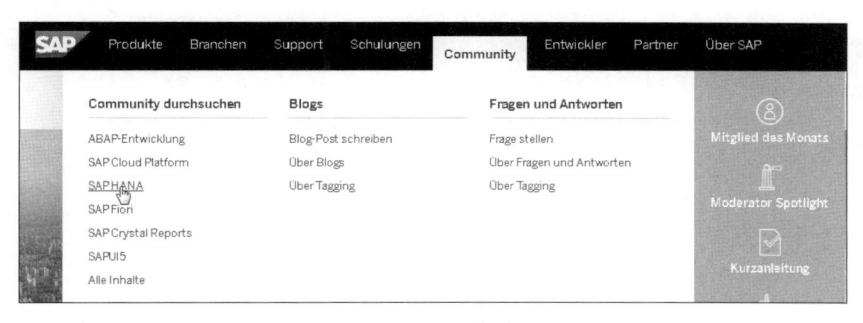

Abbildung 17.27 Navigation zu SAP-HANA-Inhalten

Sie werden zur SAP-Community-Seite zum Thema SAP HANA geleitet, auf der Ihnen erneut ein Suchfeld zur Verfügung steht. Suchen Sie hier gezielt nach den Inhalten, die Sie interessieren.

Damit schließen wir die Ausführungen für dieses Kapitel, möchten aber noch darauf hinweisen, dass es neben den hier gezeigten Anlaufstellen noch viele andere interessante Quellen im Internet gibt. Suchmaschinen nutzen wir bei der Informationsrecherche oder Fehleranalyse ebenso wie die oben angeführten zentralen SAP-Seiten. Es gibt im Internet eine Vielzahl interessanter Informationsquellen, sodass auch die klassische Internetsuche durchaus zu empfehlen ist.

Anhang

A SAP-Hinweise 775

B Parameter für die Konfiguration der Installation 783

C Alerts 795

D Die Autoren 817

Anhang A
SAP-Hinweise

SAP-Hinweis	Beschreibung
SAP-Hinweise zur Architektur	
1058533	TREX-/BWA-/SAP-HANA-Serviceverbindung zu Kundensystemen
1813245	SAP-HANA-Datenbank: Reorganisation des Zeilenspeichers
1900823	SAP-HANA-Storage-Connector-APIs
1969700	Sammlung von SQL-Anweisungen für SAP HANA
1993128	SAP HANA: Entladungen von Spaltenspeichertabelle und Entladeverhalten des Speicherobjekt-Containers
1994962	How-To: Activation of Hybrid LOBs in SAP HANA
2036111	Konfigurationsparameter für das SAP-HANA-System
2066313	SAP-HANA-Datenbank: Mögliche Beschädigung einer Spaltenspeichertabelle nach Zeitpunkt-Wiederherstellung
2114710	FAQ: SAP HANA Threads and Thread Samples
2245631	Routing-Modus und Standard-Domain-Konfiguration für SAP HANA XS Advanced
2618154	SAP HANA: persistenter Speicher – Release-Informationen
SAP-Hinweise zum Sizing	
1514966	SAP HANA 1.0: Sizing SAP In-Memory Database
1736976	Sizing-Programm für BW on HANA
1793345	Dimensionierung für SAP Suite on HANA
1872170	Suite on HANA – S/4 sizing report
1995209	Report »Sizing für Suite on HANA« – Vorabkorrektur 1
2062017	Report »Sizing für Suite on HANA« – Vorabkorrektur 2
2080648	Report »Sizing für Suite on HANA« – Vorabkorrektur 3

A SAP-Hinweise

SAP-Hinweis	Beschreibung
2175150	Report »Sizing für Suite on HANA« – Vorabkorrektur 4
2213586	Report »Sizing für Suite on HANA« – Vorabkorrektur 5
SAP-Hinweise zu den Betriebskonzepten	
1661202	Support multiple applications one SAP HANA database/tenant DB
1681092	Multiple SAP HANA DBMSs (SIDs) on one SAP HANA system
1730999	Configuration changes to SAP HANA system
1731000	Configuration changes that are not recommended
1788665	SAP HANA Support for virtualized/partitioned (multi-tenant) environments
1825774	SAP Business Suite Powered by SAP HANA, S/4HANA – Multi-Node Support
1885758	Table redistribution for Business Suite on SAP HANA Scale-out
1899817	SAP Business Suite on distributed SAP HANA database (scale-out): Landscape
1943937	Hardware Configuration Check Tool – Central Note
1950470	Hardware Prerequisites for Business Suite on SAP HANA Scale-out
1964437	SAP HANA on AWS: Supported AWS EC2 products
1995460	Single SAP HANA VM on VMware vSphere in production
2103848	SAP HANA on HP nPartitions in production
2111714	SAP HANA on Fujitsu PPAR in production
2230704	SAP HANA on IBM Power Systems with multiple LPARs per physical host
SAP-Hinweise zu Administrationswerkzeugen	
323151	Mehrere DB-Verbindungen mit Native SQL
2036111	Konfigurationsparameter für das SAP-HANA-System
SAP-Hinweise zu weiteren Administrationswerkzeugen	
2593571	FAQ: SAP HANA Integrated liveCache
323151	Mehrere DB-Verbindungen mit Native SQL

A SAP-Hinweise

SAP-Hinweis	Beschreibung
SAP-Hinweise zur Lebenszyklusverwaltung	
1649323	SLD: Erweiterung für SAP-HANA-Datenbank
1673424	Zugeordnetes Support Package für SAP_InstalledKernel Component
1716423	SAPUI5: Browser-Unterstützung
1917938	Migration des Statistics Servers für eine Revision größer gleich 74
2021789	SAP-HANA-Revisions- und Wartungsstrategie
2178665	Signature validation of archives with SAPCAR
SAP-Hinweise zur Migration	
19466	Download von SAP-Kernel-Patches
548016	Konvertierung in Unicode
679456	Reducing data volume before Unicode Conversion
706478	Maßnahmen gegen stark wachsende Basistabellen
784118	System Copy Tools for ABAP Systems
914052	Minimale HANA- und MaxDB-Plattform-Anforderungen für SAP NetWeaver 7.40 Support Packages
928729	Kombiniertes Upgrade und Unicode-Konvertierung (CU&UC)
1051576	Konvertierung von Single-Codepage-System in Unicode
1052122	Hostnamen in SLD und LMDB
1319517	Unicode Collection Note
1600929	SAP BW powered by SAP HANA DB: Information
1652078	SAP-HANA-Datenbank: Hardwareprüfung
1680045	Release Note for Software Provisioning Manager 1.0 SP10
1695112	Tätigkeiten im BW nach Migration auf SAP-HANA-Datenbank
1727294	Funktionalität für den Systemumzug für AS Java und ABAP
1736976	Sizing-Programm für BW on HANA
1774566	SAP Business Suite – Restrictions

SAP-Hinweis	Beschreibung
1775293	Migration/Systemkopie nach HANA unter Verwendung des aktuellen SWPM 1.0
1797362	Dual-Stack Split for Systems Based on SAP NetWeaver
1816819	Dual Stack support for Business Suite systems
1829728	Aufgabenliste zum BW Housekeeping
1846493	Wichtige SAP-Hinweise für SAP BW 7.3x, powered by SAP HANA
1872170	Suite on HANA – S/4 sizing report
1900822	Reorganisation der SAP-HANA-Landschaft aus SWPM verwenden
1908075	BW on HANA: Table Placement und Landscape Redistribution
1921023	SMIGR_CREATE_DDL: Korrekturen und Erweiterungen für HANA
1937062	Usage of RSDU_TABLE_CONSISTENCY
1949273	Wichtige SAP-Hinweise für SAP BW 7.4, powered by SAP HANA
2029252	Kompatibilitätsinformationen für SAP HANA und SAP Operational Process Intelligence
2029400	HANA SPS Minor Versions Support for SAP BusinessObjects BI 4.x
2103585	Produkt-Komponenten-Matrix für SAP Business Planning and Consolidation 10.1, Version für SAP NetWeaver 7.4
2115815	FAQ: SAP HANA Database Patches and Upgrades
2161396	Database Migration Option (DMO) of SUM 1.0 SP15
2161397	Database Migration Option (DMO) of SUM 1.0 SP14
SAP-Hinweise zu Backup und Recovery	
434645	Point-in-Time Recovery: Was ist zu beachten?
434647	Point-in-Time Recovery in einem Systemverbund
1651055	Scheduling SAP HANA Database Backups in Linux
1755396	Freigegebene DT-Lösungen für SAP HANA mit Disk Replication
1785797	SAP HANA Database Data Export
1812057	Rekonstruktion des Backup Catalogs mit hdbbackupdiag
1820529	Ungeeignete Netzwerk-Dateisysteme für Backup und Recovery

A SAP-Hinweise

SAP-Hinweis	Beschreibung
1869119	Prüfen von Sicherungen mit hdbbackupcheck
1869119	Prüfen von Sicherungen mit hdbbackupcheck
1873247	Prüfen der Wiederherstellbarkeit mit hdbbackupdiag --check
1948334	SAP-HANA-Datenbank-Updatepfade für Wartungsrevisionen
1970558	Support-Prozess für HPE Data Protector und HP StoreOnce
2031547	Übersicht der SAP-zertifizierten Backup-Tools von Fremdanbietern und dem zugehörigen
2039883	FAQ: SAP HANA database and storage snapshots
SAP-Hinweise zum Transportwesen	
132536	Verbesserter Semaphormechanismus im tp
1563579	Zentraler SAP-Release-Hinweis für Software Logistics Toolset 1.0
1665940	Installation/Aktualisierung von SAP-CTS-Plug-in 2.0
1984354	Import von Auslieferungseinheit scheitert aufgrund inkompatibler Archivformatversion
2161644	Korrekturen zu SAP-CTS-Plug-in-2.0-Funktionen nach SP 15 (basierend auf SAP NetWeaver 7.40)
SAP-Hinweise zur Sicherheit	
1837331	Leitfaden für SAP HANA DB SSO Kerberos/Active Directory
1917938	Migration des Statistics Servers für eine Revision größer gleich 74
2175664	Migration von dateisystembasierten X.509-Zertifikatsspeichern in datenbankinterne Zertifikatsspeicher
SAP-Hinweise zu den Einsatzszenarien	
1393505	BWA 7.20: Zentralhinweis
1730102	Release Restrictions for SAP NetWeaver 7.4
1737650	SAP EHP7 for SAP ERP 6.0 SP Stacks – Release & Information Note
1737723	SAP EHP3 for SAP SCM 7.0 SP Stacks – Release & Information Note
1737725	SAP EHP3 for SAP CRM 7.0 SP stacks – Release Information Note
1761546	SAP ERP powered by SAP HANA – Optimizations

A SAP-Hinweise

SAP-Hinweis	Beschreibung
1774566	SAP Business Suite – Restrictions
1818517	SAP EHP3 for SAP SRM 7.0 SP stacks – Release Information Note
1865866	SAP EHP7 for SAP ERP 6.0 – Release Information
2112354	SAP Simple Finance, on-premise edition: Important installation information
2117481	Release Information Note: SAP Simple Finance, on-premise edition 1503
2157996	SAP Simple Finance, on-premise edition: Checklist for Technical Installation/Upgrade
2189824	SAP S/4HANA, on-premise edition 1511: Release Information Note
SAP-Hinweise zur Performance	
2000000	FAQ: SAP HANA Performance Optimization
2036111	Konfigurationsparameter für das SAP-HANA-System
2088971	How-To: Controlling the Amount of Records in SAP HANA Monitoring Views
2175606	HANA: How to set allocation limit for tenant databases
2180165	FAQ: SAP HANA Expensive Statements Trace
2222250	FAQ: SAP HANA Workload Management
SAP-Hinweise zum Monitoring	
1991615	Möglichkeiten der Konfiguration des Embedded Statistics Services
2091313	HANA Statistics Server – Veränderte Standardeinstellung des Statistics Servers ab Rev. 93
SAP-Hinweise zur Fehleranalyse und -behebung	
1824819	Betriebssystemeinstellungen für SLES 11/SLES für SAP Applications 11, Support Package 2
1840954	Correction of translation of multiple texts
1858357	SAP-HANA-Datenbank: Analyse von Wartesituationen
1898317	How to handle HANA Alert 1: Host physical memory usage

A SAP-Hinweise

SAP-Hinweis	Beschreibung
1954788	Betriebssystemeinstellungen für SLES 11/SLES für SAP Applications 11 Support Package 3
1977207	How to handle HANA Alert 55: Columnstore unloads
1977253	How to handle HANA Alert 58 – Plan Cache Size
1984422	How-To: Analyzing SAP HANA Out-of-memory (OOM) Dumps
1999997	FAQ: SAP HANA Memory
1999998	FAQ: SAP HANA Lock Analysis
2000003	FAQ: SAP HANA
2013638	SAP-HANA-Datenbank: Empfohlene Betriebssystemeinstellungen für RHEL 6.5
2039424	How to handle HANA Alert 59 – Percentage of transactions blocked
2040002	Größenempfehlung für den SQL-Plan-Cache in SAP HANA
2079396	How to handle HANA Alert 49: »long-running blocking transaction«
2127458	FAQ: SAP HANA Loads and Unloads
2131662	Transparent Huge Pages (THP) auf SAP-HANA-Servern
2136965	SAP-HANA-Datenbank: Empfohlene Betriebssystemeinstellungen für RHEL 6.6
2229604	Compileserver stürzt ab und bleibt offline nach OOM-Ereignis
2235581	SAP HANA: Unterstützte Betriebssysteme

Anhang B
Parameter für die Konfiguration der Installation

Wie in Abschnitt 7.2.2, »Installation mit dem SAP HANA Database Lifecycle Manager«, beschrieben, ist es vor bzw. während der Installation möglich, verschiedene Parameter zu definieren, um das System den Anforderungen entsprechend zu konfigurieren. Diese Parameter können sowohl im GUI-Modus als auch bei der Verwendung der Konsole genutzt werden. Die Parameter lassen sich in verschiedene Gruppen unterteilen, abhängig davon, ob sie für die gesamte Installation gelten oder einer bestimmten Komponente zugeordnet werden können.

In Tabelle B.1 sind alle Parameter aufgelistet, die sich in die Gruppe der allgemeinen Parameter zur Konfiguration des Gesamtsystems einordnen lassen. Falls für einen Parameter ein Default-Wert existiert, ist dieser in der dritten Spalte aufgeführt. Mithilfe der Parameter können Sie z. B. angeben, wo die benötigten Komponenten für die Installation abgelegt sind und welche Aktion der SAP HANA Database Lifecycle Manager durchführen soll.

Allgemeine Parameter

Parameter	Beschreibung	Mögliche Werte
component_medium	Pfad, unter dem das SAP-HANA-Installationsmedium zu finden ist	<Dateipfad>
component_dirs	Pfad, unter dem die Installationskomponenten zu finden sind	<Dateipfad>
component_root	Verzeichniswurzel für die Suche nach Komponenten zur Installation bzw. für ein Update	<Dateipfad>

Tabelle B.1 Allgemeine Parameter

Parameter	Beschreibung	Mögliche Werte
components	Komponenten, die installiert werden sollen ■ Angabe mehrerer Komponenten, getrennt durch Kommata ■ SAP HANA Server wird immer installiert. ■ Parameter action muss gesetzt sein.	all, client (Default-Wert), server (Default-Wert), es, ets, lcapps, smartda, streaming, studio, afl, pos, sal, sca, sop, udf, rdsync, xs
remote_execution	Gibt an, welche Verbindungsmethode für Verbindungen zwischen Multiple-Host-Systemen verwendet wird.	ssh (Default-Wert), saphostagent
use_master_password	Angabe eines Master-Passworts für alle Benutzer, das während der Installation abgefragt wird	n (Default-Wert), y
skip_hostagent_calls	Überspringt alle SAP-Host-Agent-Aufrufe während der Installation.	n (Default-Wert), y
verify_signature	Überprüfen der Signatur der Komponenten	n (Default-Wert), y
ignore	Während des Updates bzw. der Installation werden verschiedene Voraussetzungen geprüft. Über diesen Parameter können Sie angeben, bei welchen fehlgeschlagenen Tests der SAP HANA Database Lifecycle Manager trotzdem fortfahren soll.	<Voraussetzung1>[, <Voraussetzung2>]…
skip_modify_sudoers	Verhindert, dass die Datei /etc/sudoers verändert wird.	n (Default-Wert), y
action	Aktion, die mit dem SAP HANA Database Lifecycle Manager durchgeführt werden soll	install (Default-Wert), update, uninstall

Tabelle B.1 Allgemeine Parameter (Forts.)

SAP HANA Server konfigurieren In Tabelle B.2 sind alle Parameter aufgelistet, die die Konfiguration des SAP HANA Servers ermöglichen. Dieser muss immer installiert werden. Wenn der Parameter action auf den Wert install gesetzt ist, ist es nicht möglich, diesen abzuwählen. In der Konfiguration kann z. B. angegeben werden, welcher Hostname genutzt werden soll und ob ein oder mehrere Hosts verwendet werden sollen. Auch das Dateisystem und verschiedene Benutzer mit administrativen Berechtigungen können definiert werden.

Parameter	Beschreibung	Mögliche Werte
install_hostagent	Gibt an, ob der SAP Host Agent installiert bzw. aktualisiert werden soll.	on (Default-Wert), off
hostname	virtueller Systemname (zu Einschränkungen siehe SAP-Hinweis 611361)	<Hostname der Maschine> (Default-Wert)
checkmnt	Angabe eines abweichenden Shared File Systems für die Installation	<Dateipfad>
sapmnt	Pfad zum Installationsverzeichnis (Angabe wird durch die gesamte Konfigurationsdatei durchpropagiert)	/hana/shared (Default-Wert)
install_ssh_key	Installiert den SSH-Schlüssel zum Zugriff auf Remote-Hosts.	on (Default-Wert), off
root_user	Name des Benutzers mit root-Berechtigungen	root (Default-Wert)
root_password	Passwort für den Benutzer mit root-Berechtigungen	<Passwort>
storage_cfg	Verzeichnis, in dem die Datei global.ini abgelegt ist (ermöglicht die Ausführung hardwarespezifischer Skripte)	<Verzeichnis der Storage-Konfiguration>
internal_network	interne Subnetzadresse in Prefix Notation (CIDR)	<Netzwerkadresse>
sid	System-ID des SAP-HANA-Systems	<SID>
number	Instanznummer des SAP-HANA-Systems (muss zwischen 00 und 97 liegen)	<nächste freie Nummer> (Default-Wert)

Tabelle B.2 Parameter für die Konfiguration des SAP HANA Servers

Parameter	Beschreibung	Mögliche Werte
db_isolation	Gibt an, wie hoch das Isolationslevel bei einer Multi-Tenant-Datenbank sein soll (muss immer zusammen mit dem Parameter db_mode= multiple_containers verwendet werden).	low (Default-Wert), high
system_usage	Art der Nutzung des Systems (Einstellung wird in der Datei **global.ini** gespeichert)	custom (Default-Wert), production, test, development
datapath	Pfad des Verzeichnisses, in dem die Data Volumes der SAP-HANA-Datenbank abgelegt werden	/hana/data/<SID> (Default-Wert)
logpath	Pfad des Verzeichnisses, in dem die Log Volumes der SAP-HANA-Datenbank abgelegt werden	/hana/log/<SID> (Default-Wert)
restrict_max_mem	Angabe, ob der Speicherverbrauch der SAP-HANA-Datenbank limitiert werden soll	y, n (Default-Wert)
max_mem	maximaler Speicher, den das SAP-HANA-System verbrauchen darf ■ Angabe in MB ■ Muss immer in Kombination mit dem Parameter restrict_max_mem verwendet werden.	0 (Default-Wert)
certificates_hostmap	Hostname, der für die Signierung von Zertifikaten durch den SAP Host Agent genutzt wird (kann nur bei der Installation verwendet werden (action=install))	<Aktueller Host>= <Zertifikatshost> (Default-Wert)
sapadm_password	Passwort des Benutzers für den SAP Host Agent (sapadm)	<Passwort>
password	Passwort des Systemadministrationsbenutzers (<SID>adm)	<Passwort>
master_password	Setzen des Master-Passworts für alle Benutzer	<Passwort>

Tabelle B.2 Parameter für die Konfiguration des SAP HANA Servers (Forts.)

Parameter	Beschreibung	Mögliche Werte
home	Home-Verzeichnis des Benutzers für die Systemadministration (Parameter ist nur relevant, wenn der Benutzer <SID>adm noch nicht auf dem System existiert)	/usr/sap/<SID>/home (Default-Wert)
shell	Definiert die Login-Shell des Systemadministrationsbenutzers (<SID>adm).	/bin/sh (Default-Wert)
userid	Benutzer-ID des Systemadministrators ■ nur relevant, wenn der Benutzer noch nicht existiert ■ Der Wert des Parameters sollte zwischen 1000 und 32000 liegen.	<nächste freie User-ID> (Default-Wert)
groupid	Gruppen-ID der SAP-Systembenutzergruppe (sapsys, nur relevant, wenn die Gruppe noch nicht existiert)	79 (Default-Wert)
system_user	Gibt den Benutzernamen des Systembenutzers der Datenbank an.	SYSTEM (Default-Wert)
system_user_password	Passwort des Systemadministrationsbenutzers	<Passwort>
autostart	Nach dem Neustart der Maschine wird auch die Instanz automatisch wieder hochgefahren.	0 (Default-Wert), 1
create_initial_tenant	Erstellt einen leeren Tenant bei der Installation mit dem Namen <SID>.	on (Default-Wert), off
workergroup	Gibt die Worker-Gruppe des Hosts an. Wenn diese nicht definiert wurde, wird das System in die Gruppe default eingeordnet.	default (Default-Wert)
custom_cfg	Gibt den Pfad zu einem Verzeichnis an, das benutzerdefinierte Konfigurationsdateien (*.ini) enthält.	–
isc_mode	Angabe des Modus für die Kommunikation zwischen den Services	standard, ssl (Default-Wert)

Tabelle B.2 Parameter für die Konfiguration des SAP HANA Servers (Forts.)

Parameter	Beschreibung	Mögliche Werte
repository	Aktiviert das SAP HANA Repository (wird benötigt für SAP HANA XS Classic)	y (Default-Wert), n

Tabelle B.2 Parameter für die Konfiguration des SAP HANA Servers (Forts.)

Zusätzliche Hosts konfigurieren

Tabelle B.3 enthält Parameter zur Konfiguration zusätzlicher Hosts.

Parameter	Beschreibung	Mögliche Werte
addhosts	Angabe zusätzlicher Hosts für eine Multiple-Host-Installation ■ Angabe mehrerer Hosts, getrennt durch Kommata ■ Achtung: Lizenzen für die zu installierenden Produkte sollten vorhanden sein! ■ Kann nur bei der Installation, nicht beim Update angegeben werden.	<Hostname1> [, <Hostname2>]
add_local_roles	Angabe der Rolle, die ein zusätzlicher Host einnehmen soll	worker (Default-Wert), standby, extended_storage_worker, extended_storage_standby, ets_worker, ets_standby, streaming, rdsync, xs_worker, xs_standby
auto_initialize_services	automatisches Initialisieren der Services auf dem zusätzlichen Host	y (Default-Wert), n
autoadd_xs_roles	automatische Zuordnung von SAP-HANA-XS-Advanced-Runtime-Rollen zu den Hosts mit Datenbankrollen	y (Default-Wert), n
import_xs_content	Importieren des initialen Contents für die SAP HANA XS Advanced Runtime	y (Default-Wert), n

Tabelle B.3 Parameter für die Konfiguration zusätzlicher Hosts

Tabelle B.4 beinhaltet die Parameter, die die Konfiguration des SAP HANA Clients und des SAP HANA Studios ermöglichen. Der SAP HANA Client ist die zweite Komponente, die immer installiert werden sollte.

Client und Studio konfigurieren

Parameter	Beschreibung	Mögliche Werte
client_path	Pfad für die Installation des SAP HANA Clients	/<sapmnt>/<SID>/hdbclient (Default-Wert)
studio_path	Pfad für die Installation des SAP HANA Studios	/<sapmnt>/<SID>/hdbstudio (Default-Wert)
studio_repository	Gibt an, ob das SAP HANA Studio Repository kopiert werden soll. Wenn der Parameter auf on gesetzt ist, wird das Repository vom Verzeichnis, das im Parameter repository angegeben wurde, in das Verzeichnis, das im Parameter copy_repository angegeben wurde, kopiert.	on (Default-Wert), off
copy_repository	Pfad, wohin das SAP HANA Repository kopiert werden soll	/<sapmnt>/<SID>/hdbstudio_update (Default-Wert)
vm	Pfad zur Java Runtime	<Java-Pfad>

Tabelle B.4 Parameter für die Konfiguration von SAP HANA Client und SAP HANA Studio

In Tabelle B.5 sind die Parameter aufgelistet, durch die der Host für SAP HANA Streaming Analytics konfiguriert werden kann. Hier können keine Einstellungen für die Knoten dieses Hosts vorgenommen werden. Sie können lediglich definieren, wo dieser installiert werden soll und welches Passwort der Benutzer für die Verwaltung des Clusters haben soll.

Streaming-Analytics-Host konfigurieren

Parameter	Beschreibung	Mögliche Werte
streaming_cluster_manager_password	Passwort für den Cluster-Manager-Benutzer des Streaming-Analytics-Hosts	<Passwort>

Tabelle B.5 Parameter für die Konfiguration des Hosts für SAP HANA Streaming Analytics

Parameter	Beschreibung	Mögliche Werte
basepath_streaming	Pfad für die Laufzeitinformationen und den Log-Speicher des Streaming-Analytics-Hosts	/hana/data-streaming/<SID> (Default-Wert)

Tabelle B.5 Parameter für die Konfiguration des Hosts für SAP HANA Streaming Analytics (Forts.)

Extended-Storage-Host konfigurieren

Tabelle B.6 beinhaltet die Übersicht über die Parameter, mit denen der Host für SAP HANA Extended Storage konfiguriert werden kann. Ähnlich wie beim Streaming-Analytics-Host können hier nur die Pfade für die Verzeichnisse von Data und Log Volumes angegeben werden.

Parameter	Beschreibung	Mögliche Werte
es_datapath	Pfad für die Data Volumes des Extended-Storage-Hosts	/hana/data_es/<SID> (Default-Wert)
es_logpath	Pfad für die Log Volumes des Extended-Storage-Hosts	/hana/log_es/<SID> (Default-Wert)

Tabelle B.6 Parameter für die Konfiguration des Hosts für SAP HANA Extended Storage

SAP HANA Accelerator für SAP ASE konfigurieren

In Tabelle B.7 sind die Parameter dargestellt, die die Konfiguration des SAP HANA Accelerators für SAP ASE ermöglichen. Auch hier können nur die Verzeichnisse für Data und Log Volumes und die Benutzer konfiguriert werden.

Parameter	Beschreibung	Mögliche Werte
ase_datapath	Pfad für die SAP ASE Data Volumes, die mit dem SAP HANA Accelerator geladen wurden	/hana/data_ase/<SID> (Default-Wert)
ase_logpath	Pfad für die SAP ASE Log Volumes, die mit dem SAP HANA Accelerator geladen wurden	/hana/log_ase/<SID> (Default-Wert)

Tabelle B.7 Parameter für die Konfiguration des SAP HANA Accelerators für SAP ASE

B Parameter für die Konfiguration der Installation

Parameter	Beschreibung	Mögliche Werte
ase_user	Benutzer mit administrativen Rechten für SAP ASE	sa (Default-Wert)
ase_user_password	Passwort des Administrationsbenutzers für SAP ASE	<Passwort>

Tabelle B.7 Parameter für die Konfiguration des SAP HANA Accelerators für SAP ASE (Forts.)

Tabelle B.8 enthält die Parameter für die Konfiguration von SAP HANA Remote Data Sync.

SAP HANA Remote Data Sync konfigurieren

Parameter	Beschreibung	Mögliche Werte
rdsync_downloadpath	Pfad zum Download-Verzeichnis für SAP HANA Remote Data Sync	/hana/download_rdsync/${sid} (Default-Wert)
rdsync_uploadpath	Pfad zum Upload-Verzeichnis für SAP HANA Remote Data Sync	/hana/upload_rdsync/${sid} (Default-Wert)

Tabelle B.8 Parameter für die Konfiguration von SAP HANA Remote Data Sync

Tabelle B.9 enthält die Parameter für die Konfiguration der SAP HANA XS Advanced Runtime.

SAP HANA XS Advanced Runtime

Parameter	Beschreibung	Mögliche Werte
xs_use_default_tenant	Installation der SAP HANA XS Advanced Runtime im Default-Tenant	y, n (Default-Wert)
xs_app_working_path	Pfad zum Verzeichnis, in dem die Laufzeitdaten der Anwendungsinstanzen abgelegt werden	<sapmnt>/<SID>/xs/app_working (Default-Wert)
org_name	Legt den Namen der Kundenorganisation fest.	orgname (Default-Wert)

Tabelle B.9 Parameter für die Konfiguration der SAP HANA XS Advanced Runtime

Parameter	Beschreibung	Mögliche Werte
org_manager_user	Erstellt einen administrativen Benutzer für die SAP HANA XS Advanced Runtime.	XSA_ADMIN (Default-Wert)
org_manager_password	Setzt ein Passwort für den administrativen Benutzer der SAP HANA XS Advanced Runtime.	<Passwort>
prod_space_name	Setzt den Namen des produktiven Spaces.	PROD (Default-Wert)
xs_routing_mode	Routing-Modus der SAP-HANA-XS-Advanced-Installation	ports (Default-Wert), hostnames
xs_domain_name	Domain-Name des SAP-HANA-XS-Advanced-Worker-Hosts	siehe SAP-Hinweis 2245631
xs_sap_space_isolation	Ausführen von Anwendungen im SAP-Space mit einem separaten Betriebssystembenutzer	y (Default-Wert), n
xs_customer_space_isolation	Ausführen von Anwendungen im Kunden-Space mit einem separaten Betriebssystembenutzer	y (Default-Wert), n
xs_sap_space_user_id	User-ID des Betriebssystem-Benutzers für den SAP-Space	–
xs_customer_space_user_id	User-ID des Betriebssystem-Benutzers für den Kunden-Space	–
xs_components	SAP-HANA-XS-Advanced-Komponenten, die installiert werden sollen	xsac_monitoring,xsac_services (Default-Wert)
xs_components_nostart	Gibt an, welche SAP-HANA-XS-Advanced-Komponenten nach der Installation nicht gestartet werden sollen.	none (Default-Wert)
xs_components_cfg	Pfad zum Verzeichnis, das die MTA-Extension-Descriptor-Dateien enthält	<Pfad>

Tabelle B.9 Parameter für die Konfiguration der SAP HANA XS Advanced Runtime (Forts.)

Parameter	Beschreibung	Mögliche Werte
xs_cert_pem	Pfad zum Zertifikat, das für die SAP HANA XS Advanced Runtime verwendet werden soll	<Pfad>
xs_cert_key	Pfad zum Schlüssel des Zertifikats, das für die SAP HANA XS Advanced Runtime verwendet werden soll	<Pfad>
xs_trust_pem	Pfad zu den vertrauenswürdigen Zertifikaten, die eingespielt werden sollen	<Pfad>

Tabelle B.9 Parameter für die Konfiguration der SAP HANA XS Advanced Runtime (Forts.)

Anhang C
Alerts

Im Folgenden werden alle Alerts, die bei SAP HANA 2.0 SPS03 existieren, aufgeführt. Die Beschreibung wurde dem englischen »SAP HANA Troubleshooting and Performance Analysis Guide« entnommen und frei ins Deutsche übersetzt. Jede Tabelle enthält zunächst die ID des jeweiligen Alerts, den Namen sowie eine kurze Beschreibung. In der vierten Spalte ist außerdem kurz angegeben, welche Handlung beim jeweiligen Alert vorgeschlagen wird.

Die Alerts werden in die folgenden Bereiche unterteilt:

- Systemverfügbarkeit (Tabelle C.1)
- Memory (Tabelle C.2)
- Festplatte (Tabelle C.3)
- CPU (Tabelle C.4)
- Konfiguration (Tabelle C.5)
- Sessions und Transaktionen (Tabelle C.6)
- Backup (Tabelle C.7)
- Diagnosedateien (Tabelle C.8)
- Sicherheit (Tabelle C.9)

C.1 Systemverfügbarkeit

Check-ID	Name	Beschreibung	Aktion
0	Internal Statistics Server Problem	Es besteht ein Problem mit dem Statistics Server.	Schauen Sie in die Trace-Dateien des Statistics Server, um Probleme zu analysieren.
3	Inactive Services	Es gibt inaktive Services auf dem System.	Versuchen Sie, mithilfe der Trace-Dateien herauszufinden, warum der Service inaktiv ist, und starten Sie diesen ggf. neu.

Tabelle C.1 Alerts aus dem Bereich »Systemverfügbarkeit«

Check-ID	Name	Beschreibung	Aktion
4	Restarted Services	Seit dem letzten Check wurden Services neu gestartet.	Finden Sie heraus, warum die Services neu gestartet werden mussten. Dies kann auf Ressourcenengpässe hindeuten.
21	Internal Event	Interne Datenbank-Events sind aufgetreten.	Lösen Sie das Event, und markieren Sie es anschließend als gelöst, indem Sie das folgende SQL-Statement ausführen: `ALTER SYSTEM SET EVENT HANDLED '<host>:<port>' <id>`
22	Notification of all alerts	Zeigt an, ob seit dem letzten Check Alerts aufgetreten sind, und sendet eine Zusammenfassung dieser Alerts.	Falls Alerts aufgetreten sind, analysieren Sie diese.
23	Notification of medium and high priority alerts	Zeigt an, ob seit dem letzten Check Alerts mit Priorität **Medium** oder **High** aufgetreten sind, und sendet eine Zusammenfassung dieser Alerts.	siehe 22
24	Notification of high priority alerts	Zeigt an, ob seit dem letzten Check Alerts mit Priorität **High** aufgetreten sind, und sendet eine Zusammenfassung dieser Alerts.	siehe 22
31	License expiry	Gibt an, ob die Lizenz im angegebenen Zeitraum abläuft.	Beziehen Sie eine gültige Lizenz, und installieren Sie diese. Das exakte Ablaufdatum finden Sie im View `M_LICENSE`.
41	In-memory DataStore activation	Gibt an, ob es Probleme bei der Aktivierung von In-Memory-DataStore-Objekten gibt.	Mehr Informationen dazu finden Sie in der Tabelle `GLOBAL_DEC_EXTRACTOR_STATUS` im Schema `_SYS_STATISTICS` und in SAP-Hinweis 1665553.

Tabelle C.1 Alerts aus dem Bereich »Systemverfügbarkeit« (Forts.)

C.1 Systemverfügbarkeit

Check-ID	Name	Beschreibung	Aktion
70	Consistency of internal system components after system upgrade	Verifiziert die Konsistenz von Schemata und Tabellen in internen Systemkomponenten (z. B. für das Repository), nachdem eine Aktualisierung des Systems erfolgt ist.	Kontaktieren Sie den SAP-Support.
78	Connection between systems in system replication setup	Identifiziert geschlossene Verbindungen zwischen Primary und Secondary System in einer replizierten Landschaft, d. h., die Daten aus dem Primary System werden nicht mehr repliziert.	Finden Sie heraus, warum die Verbindung geschlossen wurde, und beseitigen Sie die Ursache. Dieser Alert kann z. B. auf Netzwerkprobleme hindeuten.
80	Availability of asynchronous table replication	Überwacht Fehlermeldungen bezüglich einer asynchronen Replikation.	Finden Sie heraus, welche Tabelle den Fehler verursacht hat (System View M_ASYNCHRONOUS_TABLE_REPLICAS), und überprüfen Sie die Index-Server Trace-Dateien.
83	Table consistency	Identifiziert die Anzahl der inkonsistenten Tabellen und die davon betroffenen Tabellen.	Kontaktieren Sie den SAP-Support.
93	Streaming License expiry	Gibt an, wie viele Tage bis zum Ablauf Ihrer Streaming-Lizenz verbleiben. Nach Ablauf Ihrer Lizenz können Sie keine Streaming-Projekte mehr starten.	Organisieren Sie eine gültige Lizenz, und installieren Sie diese. Das genaue Ablaufdatum finden Sie im Monitoring-View M_LICENSES.
94	Log replay backlog for system replication secondary	Zeigt an, dass die sekundäre Seite der Systemreplikation einen höheren Log-Replay-Backlog hat als erwartet.	Untersuchen Sie auf der Sekundärseite, warum das Backlog der Log-Replay-Funktion erhöht ist.

Tabelle C.1 Alerts aus dem Bereich »Systemverfügbarkeit« (Forts.)

Check-ID	Name	Beschreibung	Aktion
95	Availability of Data Quality reference data (directory files)	Ermittelt die Verfallsdaten der Referenzdaten für die Datenqualität.	Laden Sie die neuesten Data-Quality-Referenzdateien herunter, und aktualisieren Sie das System (weitere Informationen zur Aktualisierung der Verzeichnisse finden Sie im Installations- und Konfigurationsleitfaden für SAP HANA Smart Data Integration und SAP HANA Smart Data Quality).
106	ASYNC replication in-memory buffer overflow	Prüft, ob der lokale In-Memory-Puffer im ASYNC-Replikationsmodus vollläuft.	Überprüfen Sie die Puffergröße, die Spitzenlasten, das Netzwerk und den I/O-Durchsatz auf Sekundärseite.
107	Inconsistent fallback snapshot	Prüft auf inkonsistente Fallback-Snapshots.	Verwerfen Sie den inkonsistenten Snapshot.
108	Old fallback snapshot	Prüft auf veraltete Fallback-Snapshots (älter als die definierten Schwellenwerte).	Überprüfen Sie das Alter des Snapshots, und verwerfen Sie diesen, falls nötig.
110	Catalog Consistency	Wird ausgelöst, wenn die Katalogkonsistenzprüfung Fehler erkennt (identifiziert die Anzahl der Fehler und betroffenen Objekte).	Wenden Sie sich an den SAP-Support.
501	Dbspace status	Gibt an, ob alle Dbspaces verfügbar sind oder nicht.	Untersuchen Sie, warum der Dbspace nicht verfügbar ist.
502	Dbspace file status	Gibt an, ob alle Dbspace-Dateien verfügbar sind oder nicht.	Untersuchen Sie, warum die Dbspace-Datei nicht verfügbar ist.
600	Inactive Streaming applications	Identifiziert inaktive Streaming-Anwendungen.	Prüfen Sie, warum die Streaming-Anwendung inaktiv ist, z. B. durch Überprüfung der Trace-Dateien der Streaming-Anwendung.
601	Inactive Streaming project managed adapters	Identifiziert inaktive projektbezogene Streaming-Adapter.	Untersuchen Sie, warum der projektbezogene Streaming-Adapter inaktiv ist, z. B. durch Überprüfung der Trace-Dateien.

Tabelle C.1 Alerts aus dem Bereich »Systemverfügbarkeit« (Forts.)

Check-ID	Name	Beschreibung	Aktion
700	Agent availability	Gibt an, wie viele Minuten der Agent inaktiv war.	Kontrollieren Sie die Verbindung des Agenten, und überprüfen Sie, ob der Agent betriebsbereit ist.

Tabelle C.1 Alerts aus dem Bereich »Systemverfügbarkeit« (Forts.)

C.2 Memory

Check-ID	Name	Beschreibung	Aktion
1	Host physical memory usage	Überprüft, welcher Prozentsatz vom insgesamt zur Verfügung stehenden physischen Memory auf dem Host genutzt wird. Alle Prozesse (auch Nicht-SAP-HANA-Prozesse) werden einbezogen.	Schauen Sie sich den Speicherverbrauch der Prozesse an.
12	Memory usage of name server	Überprüft, welcher Prozentsatz vom allokierten Shared Memory vom Name Server auf einem Host genutzt wird.	Erhöhen Sie den Shared Memory, der für den Name Server zur Verfügung steht. Dies machen Sie im Abschnitt topology in der Datei **nameserver.ini**. Erhöhen Sie dort den Wert des Parameters size.
17	Record count of non-partitioned column-store tables	Überprüft die Anzahl der Zeilen in nicht-partitionierten Column-Store-Tabellen.	Ziehen Sie in Betracht, die Tabelle zu partitionieren. Sie sollten eine Partitionierung nur vornehmen, wenn Sie ein sehr schnelles Datenwachstum erwarten.
20	Table growth of non-partitioned column-store table	Überwacht die Wachstumsrate von nicht-partitionierten Column-Store-Tabellen.	Ziehen Sie in Betracht, die Tabelle zu partitionieren.
27	Record count of column-store table partitions	Überwacht die Anzahl der Einträge in den Partitionen einer partitionierten Column-Store-Tabelle.	Ziehen Sie die Neuzuweisung der Partitionen in Betracht.

Tabelle C.2 Alerts aus dem Bereich »Memory«

Check-ID	Name	Beschreibung	Aktion
29	Size of delta storage of column-store tables	Überwacht die Größe des Delta Storages von Column-Store-Tabellen.	Untersuchen Sie die Delta-Merge-Historie im Monitoring-View M_DELTA_MERGE_STATISTICS. Starten Sie einen manuellen Delta Merge.
40	Total memory usage of column-store tables	Überwacht den Prozentsatz des effektiven Allokationslimits, das von Column-Store-Tabellen genutzt wird.	Ziehen Sie die Partitionierung der Tabellen oder eine Neuzuweisung der Partitionen in Betracht.
43	Memory usage of services	Überwacht, welchen Prozentsatz des effektiven Allokationslimits des Speichers ein Service verwendet.	Überprüfen Sie die Services, die sehr viel Speicher benötigen.
44	Licensed memory usage	Überwacht, welcher Prozentsatz des lizenzierten Hauptspeichers genutzt wird.	Erhöhen Sie die lizenzierte Menge des Hauptspeichers. Sie können die Peak Memory Allocation im System View M_LICENSE (Spalte PRODUCT_USAGE) überprüfen.
45	Memory usage of main storage of column-store tables	Überwacht, wie viel Prozent des effektiven Allokationslimits des Speichers vom Main Storage von Column-Store-Tabellen genutzt wird.	Ziehen Sie die Partitionierung der Tabellen oder eine Neuzuweisung der Partitionen in Betracht.
55	Column-store unloads	Überwacht, wie viele Spalten in Column-Store-Tabellen aus dem Speicher entfernt (unload) wurden.	Überprüfen Sie das Sizing mit Augenmerk auf die Datenverteilung.
58	Plan cache size	Überwacht, ob der Plan Cache zu klein ist.	Erhöhen Sie die Größe des Plan Caches. Erhöhen Sie dazu im Abschnitt sql der Datei **indexserver.ini** den Wert des Parameters plan_cache_size.
67	Table growth of rowstore tables	Überwacht das Wachstum von Row-Store-Tabellen.	Reduzieren Sie die Größe der Row-Store-Tabellen, indem Sie nicht verwendete Daten löschen.

Tabelle C.2 Alerts aus dem Bereich »Memory« (Forts.)

Check-ID	Name	Beschreibung	Aktion
68	Total memory usage of row store	Überwacht die aktuelle Memory-Größe des Row Stores, der von einem Service genutzt wird.	Reduzieren Sie die Größe der Row-Store-Tabellen, indem Sie nicht verwendete Daten löschen.
71	Row Store Fragmentation	Überprüft die Fragmentierung des Row Stores.	Implementieren Sie den SAP-Hinweis 1813245.
73	Overflow of row-store version space	Überwacht die Overflow-Rate des Row-Store-Versionsraums.	Finden Sie die Verbindung oder Transaktion, die die Garbage Collection für Versionen blockiert. Sie finden diese, indem Sie die vordefinierten SQL-Statements MVCC Blocker Transaction bzw. Connection ausführen. Falls möglich, killen Sie die blockierenden Verbindungen bzw. Transaktionen.
74	Overflow of metadata version space	Überprüft die Overflow-Rate des Metadaten-Versionsraums.	siehe 73
75	Rowstore version space skew	Überwacht, ob die Anzahl der Versionen des Row-Store-Versionsraums zu groß wird.	siehe 73
81	Cached View size	Überprüft, wie viel Speicher von gecachten Views belegt ist.	Erhöhen Sie die Größe des Cached Views. Dazu erhöhen Sie im Abschnitt view_cache der Datei **indexserver.ini** den Wert total_size.
88	Auto merge for column-store tables	Prüft, ob der Delta Merge einer Tabelle erfolgreich ausgeführt wurde oder nicht.	Der Delta Merge wurde für eine Tabelle nicht erfolgreich durchgeführt. Überprüfen Sie die Fehlerbeschreibung im View M_DELTA_MERGE_STATISTICS und auch den Index-Server-Trace.

Tabelle C.2 Alerts aus dem Bereich »Memory« (Forts.)

Check-ID	Name	Beschreibung	Aktion
91	Plan cache hit ratio	Informiert, ob die Trefferquote des Plan-Caches zu niedrig ist oder nicht.	Vergrößern Sie den Plan-Cache. Erhöhen Sie im Abschnitt sql der Datei **indexserver.ini** den Wert des Parameters plan_cache_size.
117	Record count of non-partitioned column-store tables	Überprüft die Anzahl der Datensätze in nicht partitionierten Spaltenspeichertabellen (nur Include-Tabellen werden geprüft).	Überlegen Sie, ob Sie Tabellen nur partitionieren, wenn Sie ein schnelles Wachstum erwarten.
127	Record count of column-store table partitions	Überprüft die Anzahl der Datensätze in den Partitionen von Column-Store-Tabellen (nur Include-Tabellen werden geprüft).	Erwägen Sie eine Neupartitionierung der Tabelle.
602	Streaming project physical memory usage	Ermittelt, welcher Prozentsatz des auf dem Host verfügbaren physischen Gesamtspeichers für das Streaming-Projekt verwendet wird.	Untersuchen Sie den Speicherverbrauch des Streaming-Projekts.
701	Agent memory usage	Gibt an, welcher Prozentsatz des gesamten verfügbaren Speichers auf dem Agenten verwendet wird.	Prüfen Sie, welche Adapter oder Prozesse viel Speicher verbrauchen.

Tabelle C.2 Alerts aus dem Bereich »Memory« (Forts.)

C.3 Festplatte

Check-ID	Name	Beschreibung	Aktion
2	Disk Usage	Überprüft, wie viel Prozent der Festplatte, die von Data Volumes, Log Volumes und Trace-Dateien genutzt wird, belegt ist.	Überprüfen Sie die Festplattennutzung der Prozesse. Erhöhen Sie den Festplattenspeicher, z. B. indem Sie Trace-Dateien löschen oder zusätzlichen Speicher hinzufügen.

Tabelle C.3 Alerts aus dem Bereich »Festplatte«

Check-ID	Name	Beschreibung	Aktion
30	Check internal disk full event	Überprüft, ob die Festplatte, auf die Data- und Log-Dateien geschrieben werden, voll ist. Dies führt zum Anhalten der Datenbank.	Lösen Sie die Speicherprobleme. Anschließend öffnen Sie das Register **Overview** im Administrationseditor und klicken auf den Link **Disk Full Events**.
60	Sync/async read ratio	Identifiziert eine schlechte asynchrone Leserate. Das heißt, dass asynchrones Lesen andere Operationen blockiert und sich fast wie synchrones Lesen verhält. Das kann negative Auswirkungen auf die SAP-HANA-I/O-Performance haben.	Implementieren Sie SAP-Hinweis 1930979.
61	Sync/Async write ratio	Identifiziert eine schlechte asynchrone Schreibrate. Das heißt, dass asynchrones Schreiben andere Operationen blockiert und sich fast wie synchrones Schreiben verhält. Das kann negative Auswirkungen auf die SAP-HANA-I/O-Performance haben.	siehe 60
77	Database disk usage	Überprüft den gesamten Festplattenspeicherverbrauch der Datenbank. Das heißt, alle Data und Log Volumes sowie Trace-Dateien und Backups werden in die Berechnung einbezogen.	Überprüfen Sie den Festplattenspeicherverbrauch der Datenbank. Sie finden mehr Informationen zur Aufteilung im System View M_DISK_USAGE.
500	Dbspace usage	Überprüft die Verwendung der Dbspace-Größe.	Untersuchen Sie die Nutzung des Dbspace, und vergrößern Sie ihn ggf.

Tabelle C.3 Alerts aus dem Bereich »Festplatte« (Forts.)

C.4 CPU

Check-ID	Name	Beschreibung	Aktion
5	Host CPU Usage	Überprüft den Prozentsatz der CPU-Idle-Zeit auf dem Host und dadurch, ob die CPU-Ressourcen ausgelastet sind.	Überprüfen Sie, welche Services CPU-Speicher verbrauchen.
603	Streaming project CPU usage	Stellt fest, wie viel Prozent der CPU-Auslastung für ein Streaming-Projekt auf dem Host verbraucht werden, und somit, ob die CPU-Ressourcen knapp werden oder nicht.	Untersuchen Sie die CPU-Auslastung.

Tabelle C.4 Alerts aus dem Bereich »CPU«

C.5 Konfiguration

Check-ID	Name	Beschreibung	Aktion
10	Delta merge (mergedog) configuration	Überprüft, ob der Parameter active in der mergedog-Konfiguration auf yes gesetzt ist oder nicht. mergedog ist ein Systemprozess, der regelmäßig spaltenorientierte Tabellen überprüft, um herauszufinden, ob eine Delta-Merge-Operation ausgeführt werden muss.	Ändern Sie den Parameter auf den Wert yes.
16	Lock wait timeout configuration	Überprüft, ob der Parameter lock_waittimeout im Abschnitt transaction der Datei **indexserver.ini** auf einen Wert zwischen 100.000 und 7.200.000 gesetzt ist.	Setzen Sie den Parameter auf einen Wert zwischen 100.000 und 7.200.000.

Tabelle C.5 Alerts aus dem Bereich »Konfiguration«

C.5 Konfiguration

Check-ID	Name	Beschreibung	Aktion
26	Unassigned volumes	Identifiziert Volumes, die keinem Service zugewiesen sind.	Finden Sie heraus, warum das Volume keinem Service zugewiesen ist. Es kann z. B. sein, dass das Entfernen eines Hosts fehlgeschlagen ist.
34	Unavailable volumes	Überprüft, ob alle Volumes verfügbar sind.	Finden Sie heraus, warum das Volume nicht verfügbar ist.
76	Discrepancy between host server times	Identifiziert Unterschiede der Serverzeit zwischen den Hosts in einem Scale-out-System.	Überprüfen Sie die Systemzeiteinstellungen des Betriebssystems.
79	Configuration consistency of systems in system replication setup	Identifiziert Konfigurationsparameter, die nicht dieselbe Einstellung im Primary und Secondary System bei einem Replikationsszenario haben.	Passen Sie die Konfiguration an, damit bei einem Ausfall ein Takeover durch den Secondary Host erfolgen kann.
82	Timezone conversion	Vergleicht die SAP-HANA-interne Zeitzonenkonvertierung mit der Zeitzonenkonvertierung des Betriebssystems.	Aktualisieren Sie die internen SAP-HANA-Zeitzonen-Tabellen (mehr darüber erfahren Sie in SAP-Hinweis 1932132).
89	Missing volume files	Prüft, ob eine Volumendatei fehlt.	Wenn eine Volumendatei fehlt, ist eine Datenbankinstanz defekt – stoppen Sie sofort alle Operationen auf dieser Instanz.
90	Status of HANA platform lifecycle management configuration	Stellt fest, ob das System nicht mit dem SAP HANA Database Lifecycle Manager (HDBLCM) installiert bzw. aktualisiert wurde.	Installieren/aktualisieren Sie den SAP HANA Database Lifecycle Manager (HDBLCM), und implementieren Sie SAP-Hinweis 2078425.
98	LOB garbage collection activity	Stellt fest, ob die Garbage Collection für LOBs aktiviert ist oder nicht.	Aktivieren Sie die LOB Garbage Collection mit den entsprechenden Konfigurationsparametern.
99	Maintenance Status	Prüft die installierte SP-Version gegen die empfohlene SP-Version.	Erwägen Sie ein Upgrade auf die empfohlene SP-Version.

Tabelle C.5 Alerts aus dem Bereich »Konfiguration« (Forts.)

Check-ID	Name	Beschreibung	Aktion
100	Unsupported operating system in use	Ermittelt, ob das Betriebssystem der SAP-HANA-Datenbank-Hosts unterstützt wird.	Aktualisieren Sie das Betriebssystem auf eine unterstützte Version (mehr darüber erfahren Sie im »SAP HANA Master Guide«).
103	Usage of deprecated features	Ermittelt, ob im letzten Intervall veraltete Features verwendet wurden.	Überprüfen Sie im View M_FEATURE_USAGE, welche Features verwendet wurden. Weitere Informationen dazu finden Sie in SAP-Hinweis 2425002.
104	System replication: increased log shipping backlog	Überwacht das Log Shipping Backlog. Bei Erreichen des Schwellenwertes wird ein Alarm ausgelöst (Priorität abhängig von den Schwellenwerten).	Um den Grund für den erhöhten Rückstand beim Versand des System-Replikationsprotokolls zu identifizieren, überprüfen Sie den Status des Sekundärsystems. Mögliche Ursachen für den erhöhten Rückstand beim Versand des System-Replikationsprotokolls können eine langsame Netzwerk-Performance, Verbindungsprobleme oder andere interne Probleme sein.
604	Number of publishers of streaming project	Identifiziert große Publisher von Streaming-Projekten. Stellen Sie sicher, dass sie das Streaming-Projekt nicht unterbrechen.	Untersuchen Sie, ob diese Publisher absichtlich erstellt werden.
605	Number of subscribers of streaming project	Identifiziert die großen Subscriber von Streaming-Projekten. Stellen Sie sicher, dass sie das Streaming-Projekt nicht unterbrechen.	Untersuchen Sie, ob diese Subscriber absichtlich angelegt werden.
606	Row throughput of subscriber of streaming project	Zeilendurchsatz des Subscribers des Streaming-Projekts	Untersuchen Sie, warum der Subscriber langsam arbeitet.

Tabelle C.5 Alerts aus dem Bereich »Konfiguration« (Forts.)

Check-ID	Name	Beschreibung	Aktion
607	Transaction throughput of subscriber of streaming project	Ermittelt, welcher Subscriber des Streaming-Projekts den angegebenen Transaktionsdurchsatz hat; dieser wird in Transaktionen pro Sekunde gemessen.	Untersuchen Sie, warum der Subscriber langsam arbeitet.
608	Row throughput of publisher of streaming project	Informiert, welcher Publisher von Streaming-Projekten einen geringen Durchsatz hat, gemessen in Zeilen pro Sekunde.	Untersuchen Sie, warum der Publisher langsam arbeitet.
609	Transaction throughput of publisher of streaming project	Gibt an, welcher Publisher von Streaming-Projekten den geringsten Transaktionsdurchsatz gemessen in Transaktionen pro Sekunde hat.	Untersuchen Sie, warum der Publisher langsam arbeitet.
610	Bad rows of project managed adapter	Prüft, welcher projektbezogene Adapter viele fehlerhafte Zeilen hat.	Untersuchen Sie, warum der Adapter so viele Zeilen mit Fehlern hat.
611	High latency of project managed adapter	Prüft, welcher projektbezogene Adapter eine hohe Latenz aufweist.	Untersuchen Sie, warum der Adapter eine hohe Latenz aufweist.
612	Large queue of stream of streaming project	Ermittelt, welcher Stream des Streaming-Projekts eine große Warteschlange hat.	Untersuchen Sie, warum der Stream eine große Warteschlange hat.
613	Large store of stream of streaming project	Prüft, welcher Stream des Streaming-Projekts viel Speicherplatz beansprucht.	Untersuchen Sie, warum der Stream viel Speicherplatz beansprucht.
710	Remote Subscription exception	Überprüft auf aktuelle Ausnahmen in Remote-Subscriptions und Remote-Sources.	Untersuchen Sie die Fehlermeldung und den Fehlercode, und starten Sie ggf. die Remote-Subscription erneut.

Tabelle C.5 Alerts aus dem Bereich »Konfiguration« (Forts.)

C.6 Sessions und Transaktionen

Check-ID	Name	Beschreibung	Aktion
25	Open Connections	Überprüft, ob die maximale Anzahl von erlaubten SQL-Verbindungen geöffnet ist. Diese kann im Abschnitt session in der Datei **indexserver.ini** angegeben werden.	Überprüfen Sie, welche Verbindungen geöffnet sind und warum so viele Verbindungen geöffnet sind.
39	Long-running statements	Identifiziert sehr lang laufende SQL Queries.	Überprüfen Sie den SQL-Befehl. Für mehr Informationen können Sie in die Tabelle _SYS_STATISTICS.HOST_LONG_RUNNING_STATEMENTS schauen.
42	Long-idling cursors	Identifiziert lang leerlaufende Cursor.	Schließen Sie den Cursor in der Anwendung, oder killen Sie die Verbindung, indem Sie den folgenden Befehl ausführen: ALTER SYSTEM DISCONNECT SESSION <Connection ID>;. Mehr Informationen erhalten Sie auch in der Tabelle HOST_LONG_IDLE_CURSOR im Schema _SYS_STATISTICS.
47	Long-running serializable transactions	Identifiziert lang laufende serialisierbare Transaktionen.	Schließen Sie die Transaktion in der Anwendung, oder killen Sie die Verbindung (siehe dazu 42). Für mehr Informationen können Sie auch in die Tabelle HOST_LONG_SERIALIZABLE_TRANSACTION im Schema _SYS_STATISTICS schauen.
48	Long-running uncommitted write transactions	Identifiziert lang laufende Schreibtransaktionen, die noch nicht übergeben (commit) wurden.	Schließen Sie die Transaktion, oder killen Sie die Verbindung (siehe dazu 42). Für mehr Informationen können Sie auch in die Tabelle HOST_UNCOMMITTED_WRITE_TRANSACTION im Schema _SYS_STATISTICS schauen.

Tabelle C.6 Alerts aus dem Bereich »Sessions und Transaktionen«

Check-ID	Name	Beschreibung	Aktion
49	Long-running blocking situations	Identifiziert lang laufende Blocksituationen.	Finden Sie heraus, welche die blockende und welche die blockierte Transaktion ist. Brechen Sie eine dieser Transaktionen ab.
59	Percentage of transactions	Überprüft den Prozentsatz der Transaktionen, die momentan blockiert sind.	siehe 49
105	Total Open Transactions Check	Überwacht die Anzahl der offenen Transaktionen pro Service.	Überprüfen Sie nochmals, ob die Anwendung die Verbindung korrekt schließt und ob mit einer hohen Transaktionslast für das System zu rechnen ist.

Tabelle C.6 Alerts aus dem Bereich »Sessions und Transaktionen« (Forts.)

C.7 Backup

Check-ID	Name	Beschreibung	Aktion
28	Most recent savepoint operation	Überprüft, wie lange der letzte Savepoint her ist und wann das letzte Mal ein komplettes, konsistentes Image der Datenbank auf die Festplatte geschrieben wurde.	Finden Sie heraus, warum der letzte Savepoint nicht oder verzögert erstellt wurde. Falls notwendig, triggern Sie die Ausführung manuell an, indem Sie den folgenden SQL-Befehl ausführen: ALTER SYSTEM SAVEPOINT;
32	Log mode LEGACY	Überprüft, ob die Datenbank im Log-Modus legacy läuft. In diesem Modus wird die Point-in-time Recovery nicht unterstützt. Der Modus wird deswegen für produktive Systeme nicht empfohlen.	Wenn Sie die Point-in-time Recovery benötigen, sollten Sie den Log-Modus des Systems auf normal zurücksetzen. Dies machen Sie im Abschnitt persistence in der Datei **global.ini**. Setzen Sie dort den Parameter log_mode auf normal. Anschließend müssen Sie die Datenbank neu starten.

Tabelle C.7 Alerts aus dem Bereich »Backup«

Check-ID	Name	Beschreibung	Aktion
33	Log mode OVERWRITE	Überprüft, ob die Datenbank im Log-Modus overwrite läuft. In diesem Modus wird die Point-in-time Recovery nicht unterstützt. Der Modus wird deswegen für produktive Systeme nicht empfohlen.	siehe 32
35	Existence of data backup	Überprüft, ob ein Backup existiert.	Führen Sie so schnell wie möglich ein Backup durch.
36	Status of most recent data backup	Überprüft, ob das letzte Backup erfolgreich war.	Finden Sie heraus, warum das letzte Backup fehlgeschlagen ist. Lösen Sie das Problem, und führen Sie anschließend so schnell wie möglich ein neues Backup durch.
37	Age of most recent data backup	Überprüft, wie alt das letzte erfolgreiche Data Backup ist.	siehe 35
38	Status of most recent log backups	Überprüft, ob das letzte Log-Backup erfolgreich war.	siehe 36
54	Savepoint duration	Identifiziert Savepoint-Operationen, die sehr lange dauern.	Überprüfen Sie die I/O-Performance Ihres Systems.
65	Runtime of the log backups currently running	Überprüft, ob das letzte Log-Backup in einer angemessenen Zeit durchgeführt werden konnte.	Finden Sie heraus, warum das Backup so lange gebraucht hat, und lösen Sie das Problem.
66	Storage Snapshot is prepared	Überprüft, ob die Vorbereitung eines Storage Snapshots zu lange dauert.	Finden Sie heraus, warum der Snapshot nicht in der angemessenen Zeit durchgeführt werden konnte, und lösen Sie das Problem.
69	Enablement of automatic log backup	Überprüft, ob das automatische Log-Backup eingeschaltet ist.	Schalten Sie das automatische Log-Backup ein.

Tabelle C.7 Alerts aus dem Bereich »Backup« (Forts.)

Check-ID	Name	Beschreibung	Aktion
72	Number of log segments	Überprüft die Anzahl der Log-Segmente im Log Volume für jeden Service.	Versichern Sie sich, dass die Log-Backups automatisch durchgeführt werden und ob ausreichend Platz für diese zur Verfügung steht. Falls Services des Systems neu gestartet wurden, finden Sie die Ursache dafür, und holen Sie die Log-Backups schnellstmöglich nach.
102	Existence of system database backup	Überprüft, ob eine Sicherung der Systemdatenbank vorhanden ist oder nicht. Ohne ein Backup der Systemdatenbank kann Ihr System nicht wiederhergestellt werden.	Führen Sie so schnell wie möglich ein Backup der Systemdatenbank durch.
109	Backup history broken	Prüft, ob die Sicherungshistorie unvollständig oder inkonsistent ist (wird der `log_mode` intern auf Überschreiben gesetzt, ist nicht gewährleistet, dass der Dienst per Backup vollständig wiederherstellbar ist).	Führen Sie so schnell wie möglich eine Datensicherung durch, um sicherzustellen, dass der Dienst vollständig wiederherstellbar ist.

Tabelle C.7 Alerts aus dem Bereich »Backup« (Forts.)

C.8 Diagnosedateien

Check-ID	Name	Beschreibung	Aktion
46	RTEdump files	Identifiziert neue Dump-Dateien, die im Trace-Verzeichnis des Systems erstellt wurden.	Überprüfen Sie den Inhalt der Dump-Dateien.

Tabelle C.8 Alerts aus dem Bereich »Diagnosedateien«

Check-ID	Name	Beschreibung	Aktion
50	Number of diagnosis files	Überprüft die Anzahl der Diagnosedateien, die vom System geschrieben werden. Eine ungewöhnlich hohe Anzahl von Dateien kann auf ein Problem mit der Datenbank hindeuten.	Überprüfen Sie die Diagnosedateien.
51	Size of diagnosis files	Identifiziert sehr große Diagnosedateien.	Überprüfen Sie die Diagnosedateien (z. B. im SAP HANA Studio).
52	Crashdump files	Identifiziert neue Crashdump-Dateien, die im Trace-Verzeichnis des Systems erstellt wurden.	siehe 46
53	Pagedump files	Identifiziert neue Pagedump-Dateien, die im Trace-Verzeichnis des Systems erstellt wurden.	siehe 46
56	Python trace activity	Überprüft, ob der Python-Trace aktiv ist und für wie lange. Dieser Trace kann die System-Performance beeinflussen.	Falls nicht mehr benötigt, deaktivieren Sie den Python-Trace.

Tabelle C.8 Alerts aus dem Bereich »Diagnosedateien« (Forts.)

C.9 Sicherheit

Check-ID	Name	Beschreibung	Aktion
57	Secure store file system (SSFS) consistency	Überprüft, ob das SSFS konsistent ist.	Überprüfen Sie das SSFS auf die Konsistenz und ob dieses verfügbar ist.

Tabelle C.9 Alerts aus dem Bereich »Sicherheit«

Check-ID	Name	Beschreibung	Aktion
62	Expiration of database user passwords	Identifiziert Datenbankbenutzer, deren Passwort abläuft. Wenn das passiert, wird der Benutzer gesperrt. Wenn dieser Benutzer ein technischer Benutzer ist, kann dies Einfluss auf den Systembetrieb haben.	Ändern Sie das Passwort des Benutzers. Bei technischen Benutzern wird empfohlen, die Passwortlebenszeit auszuschalten, sodass das Passwort niemals ablaufen kann. Das machen Sie mit dem folgenden SQL-Befehl: ALTER USER <Benutzername> DISABLE PASSWORD LIFETIME;
63	Granting SAP_INTERNAL_HANA_SUPPORT role	Überprüft, ob die interne Support-Rolle SAP_INTERNAL_HANA_SUPPORT einem Benutzer zugewiesen ist.	Überprüfen Sie, ob der Benutzer die Rolle noch benötigt. Falls nicht, entfernen Sie die Rolle wieder.
64	Total memory usage of table-based audit log	Überprüft, welcher Prozentsatz des effektiven Allokationslimits von Datenbanktabellen verbraucht wird, die für das tabellenbasierte Audit-Logging verwendet werden.	Ziehen Sie den Export der Daten in Betracht, und leeren Sie anschließend den Inhalt der Tabelle.
84	Insecure instance SSFS encryption configuration	Ermittelt, ob der Masterkey der Instanz Secure Store im Dateisystem (SSFS) Ihres SAP-HANA-Systems geändert wurde. Wenn der SSFS-Masterkey nach der Installation nicht geändert wird, kann nicht garantiert werden, dass der Initialschlüssel eindeutig ist.	Ändern Sie die Instanz SSFS-Masterkey so schnell wie möglich. Weitere Informationen dazu finden Sie im »SAP HANA Administration Guide«.

Tabelle C.9 Alerts aus dem Bereich »Sicherheit« (Forts.)

Check-ID	Name	Beschreibung	Aktion
85	Insecure system PKI SSFS encryption configuration	Ermittelt, ob der Hauptschlüssel des sicheren Speichers im Dateisystem (SSFS) der internen Public-Key-Infrastruktur (System PKI) Ihres Systems geändert wurde. Wenn der SSFS-Masterkey nach der Installation nicht geändert wird, kann nicht garantiert werden, dass der Initialschlüssel eindeutig ist.	Ändern Sie den System-PKI-SSFS-Masterkey so schnell wie möglich. Weitere Informationen dazu finden Sie im »SAP HANA Administration Guide«.
86	Internal communication is configured too openly	Prüft, ob die von SAP HANA für die interne Kommunikation verwendeten Ports sicher konfiguriert sind. Wenn die Eigenschaft listeninterface im Abschnitt communication der Datei **global.ini** nicht den Wert .local für Single-Host-Systeme und .all oder .global für Multi-Host-Systeme hat, sind interne Kommunikationskanäle extern angreifbar.	Der Parameter [communication] listeninterface in der Datei **global.ini** ist nicht auf einen sicheren Wert gesetzt. Bitte beachten Sie den SAP-Hinweis 2183363 oder den Abschnitt über die Auflösung interner Hostnamen im »SAP HANA Administration Guide«.
87	Granting of SAP HANA DI support privileges	Legt fest, ob derzeit Support-Privilegien für die SAP HANA Deployment Infrastructure (DI) für Datenbankbenutzer oder Rollen vergeben werden.	Überprüfen Sie, ob die entsprechenden Benutzer die Berechtigungen noch benötigen. Wenn nicht, entziehen Sie ihnen die Berechtigungen.
92	Root keys of persistent services are not properly synchronized	Nicht alle Dienste, die Daten persistieren, konnten bei der letzten Root-Key-Änderung des Data Volume Encryption Service erreicht werden. Infolgedessen läuft mindestens ein Dienst mit einem alten Root-Key.	Lösen Sie einen Savepoint für diesen Service aus, oder leeren Sie den SSFS-Cache mithilfe des Werkzeugs HDBCONS.

Tabelle C.9 Alerts aus dem Bereich »Sicherheit« (Forts.)

Check-ID	Name	Beschreibung	Aktion
97	Granting of SAP HANA DI container import privileges	Prüft, ob die Container-Importfunktion der SAP HANA Deployment Infrastructure (DI) aktiviert ist und ob derzeit Importprivilegien für SAP-HANA-DI-Container an Datenbankbenutzer oder Rollen vergeben werden.	Überprüfen Sie, ob die identifizierten Benutzer die Berechtigungen noch benötigen. Wenn nicht, entziehen Sie ihnen die Privilegien und deaktivieren die Importfunktion für SAP-HANA-DI-Container.
101	SQL access for SAP HANA DI technical users	Ermittelt, ob der SQL-Zugriff für technische Benutzer von SAP HANA DI aktiviert wurde. Technische Benutzer von SAP HANA DI sind entweder Benutzer, deren Name mit '_SYS_DI' beginnt, oder technische Benutzer von SAP-HANA-DI-Containern (<Containername>, <Containername>DI, <Containername>OOO).	Überprüfen Sie, ob die identifizierten Benutzer ('_SYS_DI*'-Benutzer oder technische Benutzer des SAP-HANA-DI-Containers) noch SQL-Zugriff benötigen. Wenn nicht, deaktivieren Sie den SQL-Zugriff für diese Benutzer und deaktivieren die Benutzer.
128	LDAP Enabled Users without SSL	Überprüft, ob Benutzer für die LDAP-Authentifizierung registriert sind, ohne dass SSL aktiviert ist.	Konfigurieren Sie SSL, um das Risiko von Man-in-the-Middle-Angriffen zu reduzieren und den Schutz der Privatsphäre zu gewährleisten.

Tabelle C.9 Alerts aus dem Bereich »Sicherheit« (Forts.)

Anhang D
Die Autoren

Bert Braasch arbeitet seit 2015 für das SAP University Competence Center der Otto-von-Guericke-Universität Magdeburg. Dort ist er als erster Ansprechpartner für eine Vielzahl von Kunden in Form des First- und Second-Level-Supports erreichbar. Weiterhin übernimmt er einen Großteil der anfallenden administrativen Tätigkeiten im Bereich SAP HANA. Er ist zuständig für die Wartung und Pflege der Systemlandschaft und die Unterstützung der Kunden bei Fragen rund um die SAP-HANA-Plattform.

André Faustmann studierte Wirtschaftsinformatik an der Otto-von-Guericke-Universität Magdeburg. Seit dem Jahr 2000 arbeitet er im SAP-Hochschulkompetenzzentrum Magdeburg. Dort ist er für das Hosting der verschiedensten SAP-Lösungen verantwortlich, die für Universitäten, Fachhochschulen, Berufsakademien und Berufschulen in Deutschland, Europa, Afrika und dem Mittleren Osten betrieben werden. Seine langjährige Erfahrung im Umgang mit SAP-Systemen reicht von Release 4.6 bis zu SAP NetWeaver 7.5. Er ist seit mehr als 12 Jahren zertifizierter Technology Consultant für SAP NetWeaver AS sowie für SAP Enterprise Portal & Knowledge Management.

Anna Geringer (M. Sc. Informatik) arbeitet seit 2010 am SAP University Competence Center in Magdeburg und beschäftigte sich dort zunächst mit ABAP-Entwicklungen. Seit Anfang 2014 arbeitet sie im Bereich SAP HANA und ist insbesondere für die Architektur der Landschaften sowie die Integration von Big-Data-Lösungen wie SAP Smart Data Streaming verantwortlich. Seit Juni 2017 ist sie Sprecherin der

Arbeitsgruppe »HANA im Betrieb« bei der DSAG (Deutschsprachige SAP Anwendergruppe).

Hendrik Müller ist wissenschaftlicher Mitarbeiter am Very Large Business Applications Lab der Otto-von-Guericke-Universität Magdeburg. Seit 2013 verantwortet er ein Forschungsprojekt in Kooperation mit dem Global Fujitsu SAP Competence Center im Bereich der In-Memory-Technologien und betreut hierfür mehrere SAP-HANA-Systeme zum Zwecke statistischer Datenanalysen und Vorhersagen. Er studierte Wirtschaftsinformatik (M. Sc.), ist zertifizierter SAP Solution Architect für SAP ERP und war als Trainer für das Programm SAP University Alliances tätig. Bei der EMC Deutschland GmbH und der Pasolfora GmbH war er im SAP-Consulting mit der Migration produktiver SAP-Systeme betraut.

André Siegling ist Diplom-Wirtschaftsinformatiker und arbeitet am SAP-Hochschulkompetenzzentrum der Universität Magdeburg. Hier kümmert er sich um Fragen des Systemmanagements, insbesondere von SAP-Java-Systemen.

Benjamin Wegener ist am SAP University Competence Center (SAP UCC) Magdeburg verantwortlich für den Betrieb von SAP-Systemen und -Infrastruktur. Einer seiner Schwerpunkte ist die Automatisierung. Zuvor leitete er das SAP-HANA-Team am SAP UCC und sammelte dabei umfangreiche Erfahrungen in der Administration von SAP HANA. Benjamin Wegener hat Wirtschaftsinformatik studiert.

Index

_SYS_STATISTICS 52
/hana/shared 61
/SDF/HANA_BW_SIZING 136
/SDF/HDB_SIZING 149, 158
<sid>adm 59

A

ABAP-Report 444
ACID 35
Active/Active Read Enabled 546
Administrationswerkzeug,
    browser-basiertes 666
Aggregat 581
Alert 76, 691, 693
    Checker 692
    Kategorie 694
    Konfiguration 701
    manuell prüfen 700
    Prioriät 700
    Priorität 696
    Schwellenwert 702
Alerting 691, 692
allocationlimit 682
ALTER TABLE 572
Amazon Web Services 184
Analytic Privilege 634
Analytic View 582
Anmeldeversuch 315
anyDB 423
Appliance → SAP HANA Appliance
Application Function Library 46
Applikationsserver 588
Arbeitsspeicher 63, 83
    synchroner 547
Asserting Party 607
Assertion-Ticket 608
asynchrone Datenübertragung 548
Attribute View 582
Audit 589, 610
    Log 301
    Parameter 612
    Richtlinie 611
    Vorgang 611
Auditing 563
Ausführungsplan 286, 287, 302,
                                       305, 656

Ausführungs-Trace 288, 304
Authentifizierung 605
Auto Merge 93, 95, 570, 571
Auto-Increment 582

B

Backend, konfigurieren 299
Backint 296, 464, 473, 526
Backint Agent 498
Backint-Agent 498
Backup 363, 459
    abbrechen 497, 499, 536
    Agent 464
    Arten 495
    Aufbewahrungsregeln 513
    Aufbewahrungszeitraum 491
    Automatisierung 503
    backint.log 498
    backup.log 498, 523
    basepath_catalogbackup 465
    basepath_databackup 464
    basepath_logbackup 464
    Betriebssystem 466
    catalog_backup_parameter_file ... 529
    catalog_backup_using_backint 529
    Cold 467, 469
    Cronjob 504
    Data Snapshot 474
    data_backup_buffer_size 529
    dateibasiertes 493
    Daten 463, 467, 477
    Datenbanksoftware 466
    Datendatei 295
    Datenexport 468
    Delta 480
    Einplanungskalender 504
    enable_auto_log_backup 463
    externe Lösung 504
    Fehlerart 461
    Frequenz 489
    Generation 511
    hdbbackupcheck 517
    hdbbackupdiag 516
    Hintergrund 497, 536
    Hot 467, 472
    Housekeeping 509

819

Backup (Forts.)
    ID 515
    Katalog 309, 464, 509
    Katalogverlust 518
    Konfigurationsdatei 465
    konfigurieren 295
    Log 463, 472
    Log-Datei 295
    löschen 510
    Methode 467
    Objekt 462
    Online 472
    parallel_data_backup_
        backint_channels 529
    Pipe 464
    Retention Policy 513
    SAP HANA Cockpit 494
    SAP-HANA-Datenbank 462
    Schedule 504
    Server 464
    Sicherungsfenster 489
    Sicherungszyklus 491
    Sizing 161
    Strategie 460, 461
    Typ 535
    Verzeichnis 62
    Wiederherstellung 516
    Window 489
    Zyklus 491
basepath_catalogbackup 465
basepath_databackup 464
basepath_logbackup 464, 473, 519, 538
Basiskomponente 41
Bedienungsfehler 461
Benutzer
    _SYS_AFL 623
    _SYS_EPM 623
    _SYS_REPO 623
    _SYS_SQL_ANALYZER 623
    _SYS_STATISTICS 623
    _SYS_TASK 623
    _SYS_WORKLOAD_REPLAY 623
    abgleichen 322
    anlegen 625
    beschränkter 621
    Gruppe 629
    Konto 764
    Schema 564
    Session 741
    Standard 621, 622
    SYS 622

Benutzer (Forts.)
    SYSTEM 622
    technischer 622
    Typ 621
    Verwaltung 621, 762
Berechtigung 590, 633
    Art 633
    Nachweis 604
    Nachweisspeicher 604
    Verwaltung 621
Berechtigungsobjekt 319, 320
Berechtigungsprofil 320
Betriebskonzept 48, 163
Betriebsmodus 548
Betriebssystem 166
    Benutzer 563
    Fehleranalyse 730
    Kollektor 49
    Sicherung 466
Big Data 29
Binary Large Object 87
Black Box 164
Blade-System 169
BLOB 87
Blocked Transaction 654
Bring Your Own License 185
Bulk Load 572
Business Function Library 341
Business Item 135

C

Cache 311
Calculation View 569, 581
    skript-basierter 582
Caller Thread 49
Capture and Replay 669
Capture Management 671
Catalog 563
catalog_backup_parameter_file 465
catalog_backup_using_backint 465
Central Processing Unit → CPU
Certificate Collection 595
Certification Authority 608
Certified and Supported SAP HANA
    Hardware Directory 343
Character Large Object 87
Checker
    Object 454
    Package 454
    Table 454

Client-Server-Architektur 36
CLOB 87
Cloud 33, 181
Cluster-Manager 56, 544, 559
Cold Data 340
Column Store 41, 64, 84, 567, 738
Column Store Unload 654, 738
Combined Upgrade and Unicode
  Conversion 428
Compile Server 45, 57
Configuration Manager 199
Control System 674
Converter Page 78
Converter-Tabelle 73
CPU 165, 721
  Analyse 710, 723
  Auslastung 130
  fortgeschrittene Konfiguration 684
  Limitierung 682
  logischer Kern 684
  Sizing 129
Critical Merge 95, 102
critical_merge_decision_func 102
Cronjob 504
Cross-Database Access 636
Cross-Tenant Access 189

D

Data
  Cold 340
  Hot 340
Data Browser 316
Data Collector 692
Data Definition Language 444
Data Management Guide 443
Data Protector
  Backint Agent 528
Data Provisioning Server 46
Data Sampling 142
Data Snapshot 474
  erstellen 500
  Invalidierung 477
  löschen 502, 511
  Storage 500
Data Volume 42, 63
  Management 443
  Sizing 160
Database 188
Database Migration Option 424, 455
Database Reset 484, 487

Dateisystem
  Ext3- 69
  XFS- 69
Daten
  Export 467, 468
  Speicherung 467
Daten-Backup 76, 83, 463, 477
  Art 479
  differenzielles 479
  inkrementelles 479
  vollständiges 479
Datenbank
  Backup 463
  Benutzer 563
  Berechtigung 307
  Export 451
  Katalog 563
  lokale 323
  Managementsystem 40, 42
  Objektberechtigung 634
  Optimizer 673
  Prozedur 307
  Schema 316, 564
  Softwaresicherung 466
  Statistik 150
  Transaktion 726
  Upgrade 434
  Verbindung 117, 326, 327, 728
  View 306
  Zugriff 117
Datenbereinigung 426
Datendatei 68, 70
  Backup 295
  defragmentieren 72
  verkleinern 70
Datenhaltung 63, 83
Datenkollektor-Job 301
Datenmigration 425
Datensicherung 309, 467
  Export 468
  logische 467
  Offline- 467, 469
  Online- 467, 472
  physische 467
Datenübertragung 548
Datenverschlüsselung 602
DAX 64
DBA Cockpit 20, 283, 504
  aktueller Status 284
  Berechtigung 319
  Diagnose 301

DBA Cockpit (Forts.)
Instanz anbinden 325
Job 296
Konfiguration 290, 318
Log 299
Performance 286
Rolle 319
DBA-Log 299
DDL → Data Definition Language
Default-Schema 566
Deinstallation 408
Delta Log 570
Delta Merge 77, 85, 92, 570, 722
Ablauf 92
Fehleranalyse 726
Speicherbedarf 93
Typen 95
Delta Storage 85, 91, 570
delta_datashipping 549
Diagnosedatei 308
Diagnosedatei, zusammen-
  geführte 308
Diagnostics Agent 49
Dictionary Compression 92, 568, 570
Dictionary Encoding 27
Direct Access 64
Disk_ID 67
DMO → Database Migration Option
Document Store Server 46
Dokumentation 317
Download-Basket 756
Downtime 543
DP 523
Drei-Schichten-Architektur 587, 588
Dual-Stack Split 428, 429, 456
Durchsatz 133
Dynamic Tiering 602

E

Echtzeit 29
Einplanungskalender 300, 504
enable_auto_log_backup 82, 463, 473
Enterprise Information
  Management 341
Entry-Level-System 178
Expensive Statements Trace 665
  aktivieren 666
  konfigurieren 666
EXPLAIN PLAN 656
Extended Storage 602

F

Failback 561
Failover 42, 559
Failover-Gruppe 560
Fehler
  Analyse 721
  Ursache 721
Festplatte
  Analyse 724
  Monitoring 295
  Sizing 130, 159
Focused Run 692
Forced Merge 95, 99
Full Sync Option 547

G

global_allocation_limit 681
global.ini 73, 74
Greenfield Sizing 127
Greenfield-Ansatz 424

H

HANA 29
Hard Merge 95, 98
Hard Shutdown 76, 105
Hardware 460
  Fehler 461
  Partitionierung 172
  Prüfung 443
  Redundanz 460
  Schlüssel 366
  Struktur 164
Hash-Funktion 574
Hash-Partitionierung 574
Hash-Range-Partitionierung 577
Hauptspeicher
  Analyse 723
  Merge 99
  Sizing 129
HDB Daemon 43, 57, 108
hdbbackupcheck 517
hdbbackupdiag 516
hdbcompileserver 45
hdbcons 328
Hdbdaemon 43
hdbindexserver 44
HDBLCM → SAP HANA Database
  Lifecycle Manager

hdbnameserver 44
hdbnsutil 328
hdbpreprocessor 44
hdbrss 118
HDBSQL 20, 40, 120
hdbuserstore 505, 605
hdbwebdispatcher 45
hdbxsengine 45
heterogene Partitionierung 578
Hint 100
History Column Table 569
Hochverfügbarkeit 543
Hochverfügbarkeitsgruppe 348
Host 38, 41, 344
   Agent 118
   Auto-Failover 54, 55, 543, 559
   hinzufügen 371
   löschen 413
   Rolle 54
   Stand-by- 559
   Worker 559
HOST_DELTA_MERGE_STATISTICS 98
Hosting 183
Hot Backup 467, 472
Hot Data 340
Housekeeping 443, 509
Hypervisor 173

I

Index 302
Index Server 37, 41, 44
   Rolle 55
indexserver.ini 88, 94, 110
Information Modeler 637
Information View 634
Infrastruktur 460
INI-Datei → Konfigurationsdatei
In-Memory Computing 25
Installation 161, 337, 344
   Archiv 466
   Datei 61
   Nachbereitung 363
   Pfad 346
   Variante 187
Instanz 39
   Nummer 39
   Profil 61
Internet Protocol Security 594
Interprocess Memory
   Management 681, 739

IPMM 681, 739
IPsec 594

J

Java Database Connectivity 588
JDBC 123
Job
   Datenkollektor 301
   einplanen 297
   Einplanungskalender 297
   Status 297
   Übersicht 296
JobWorker 49, 683
JSON Web Token 609

K

Kerberos 605
Kerberos Key Distribution Center 606
Kernel-Programm 61
Key Performance Indicator 290, 647
Kommunikationssicherheit 590
Konfiguration
   host-spezifisch 110
   systemweit 110
   tenant-spezifisch 110
Konfigurationsdatei 61, 110, 293, 359
   Backup 465
   host-spezifische 465
   Standard- 465
   systemweite 465
   tenant-spezifische 465
Kostenfunktion 94, 100, 102
KPI 290, 647

L

Ladestatus 87
Ladevorgang 85
Landscape
   Manager 199, 246
   Monitor 199, 245
landscape.id 68
Langzeitpool 492
Large-Object-Datentypen 87
Lastverteilung 54
Lauflängencodierung 92
Leading Table 579
Least Recently Used 91, 568
Lebenszyklusverwaltung 335

LICENSE ADMIN 729
Lifecycle Management 335
Lightweight Directory Access
    Protocol 627
liveCache
    Container 310
    Prozedur 310
    Schema 310
Lizenz
    beantragen 363
    herunterladen 367
    Schlüssel 367, 747
    Verwaltung 314
Load 85, 87
Load Monitor 644
Load Unit 86, 571
LOB 87
LOB, hybrides 87
Lock → Sperre
Log
    Backlog 545
    Backup 463, 472, 490
    Datei 295, 308
    Position 478
    Segment 62, 72, 79, 81
    Sicherung 309
    Volume 42, 63, 72, 160
log_backup_timeout_s 82, 463, 473
log_mode 463, 473
Logging
    aktivieren 83
    deaktivieren 83
Log-Modus 81
logreplay_readaccess 549

M

M_BACKUP_CATALOG 515
M_BACKUP_PROGRESS 498
M_BLOCKED_TRANSACTIONS 736
M_CS_TABLES 86
M_CS_UNLOADS 738
M_DATABASES 52
M_DELTA_MERGE_STATISTICS ... 97, 101
M_EXPENSIVE_STATEMENTS 668
M_INIFILE_CONTENT 116
M_INIFILES 116
M_LOG_SEGMENT 80
M_RS_MEMORY 84
M_RS_TABLES 84
M_SAVEPOINT_STATISTICS 75

M_SAVEPOINTS 74
M_SERVICE_THREADS 49
M_SERVICES 47
M_TABLES 84
M_VOLUMES 67
Machine Learning 342
Main Storage 85, 86, 91, 570
Maintenance Planner 434, 435
Maintenance Revision 336
Manage Database 199, 257
Manage Landscape 199, 246
Managed Service 183, 185
Mandatory Audit Policy 613
Master 54
max_concurrency 682
max_sql_executors 683
MCOD 642
MCOS 642
MDC 642
Me Area 247
Measurement Table 692
Media Agent 526
Memory Merge 95, 99
Memory → Hauptspeicher
memory_size 159
Merge
    Auto 93, 95
    Critical 95, 102
    Delta 77, 85, 92
    Forced 95, 99
    Hard 95, 98
    Memory 95, 99
    Monitor 94
    Smart 95, 100
    Token 94
MergeAttributeThread 95
mergedogMonitor 95
Messwerttabelle 692
Micro Focus Data Protector 523
    Architektur 525
    Cell Manager 527
    debug.log 537
    Disk Agent 527
    IDB 527
    Integration 527
    Integrationskonzept 524
    Integrationssupport 523
    Media Agent 526, 527
    Media Pool 532
    Onlinelizenz 527
    Parameterdatei 533

Index

Micro Focus Data Protector (Forts.)
　Restore Session 538
　saphana.log 537
　Session Manager 527
　Stream 526
Migration 423
　klassische 424, 426
　Monitor 453
　Nacharbeiten 453
　Weg 423
MIT-Kerberos-Client-Bibliothek 606
MongoDB 183
Monitor
　Load 644
　Performance 644
Monitor Landscape 199, 245
Monitoring 692
　Checkliste 707
　CPU-Verbrauch 713
　Crash-Dump-Datei 719
　Festplattennutzung 714
　Speicherverbrauch 711
　Systemverfügbarkeit 707
　Thread 719
Mounting 58
Mount-Punkt 464
Multi-Level-Partitionierung 574, 577
Multi-Node Appliance 168
Multiple Components One
　Database 190, 191, 194, 642
Multiple Components One
　System 190, 642
Multiple Line Mode 333
Multiple-Host-System 41, 50, 54, 346
　Netzwerkkommunikation 593
Multi-SID-Konzept → Multiple
　Components One System
Multitarget-Replikation 546
Multi-Tenant-Database-
　Container 51, 187, 189, 642
Multi-Tenant-System 377
My Home 245

N

Name Server 41, 44
　persistierend 68
　Rolle 55
nameserver.lck 56
National Character Large Object → NCLOB
Natural Language Processing 341

NCLOB 87
Near-Zero Downtime
　Maintenance 438
Near-Zero Downtime Upgrade 548
net_data_size 159
Network File System 58
Network-attached Storage 54
Netzwerk
　Sicherheit 590
　Sizing 131
　Zone 590
ngdbc.jar 123
Non-Uniform Memory Access 684
Non-Volatile Random Access
　Memory 156
NUMA 684
NVRAM 64
NVRAM → Non-Volatile Random
　Access Memory
nZDM → Near-Zero Downtime
　Maintenance

O

Object Management System 310
Object Privilege 634
Objektbesitz 564
ODBC 123
　Benutzerdatenquelle 124
　Datenquellenadministrator 124
　Verbindung 124
öffentliches Synonym 566
Offlineparameter 110
OLAP 642
OLTP 642
OMS 310
Online Analytical Processing 642
Online Transaction Processing 642
Onlineparameter 110
Open Database Connectivity 588
Operation Mode 548
Out-of-Memory Dump 654, 685, 739
Out-of-Memory-Situation 740
Ownership 564

P

PaaS 183
Package Privilege 635
Page 70
　Converter 78

825

Page (Forts.)
 logische 73
 physische 73
 Shadow 74, 78
Paket
 Berechtigung 635
 importiertes 635
 natives 635
PAM → Product Availability Matrix
Parameter 109
 ändern 111
 definieren 111
 Offline- 110
 Online- 110
Parameterdatei → Konfigurationsdatei
Parametrisierung, Fehleranalyse 725
Part-ID 99
Partition Group 577
Partition Pruning 573
Partitionierung 94, 574
 Hash-Partitionierung 574
 Hash-Range- 577
 heterogene 578
 Multi-Level- 574, 577
 Range-Partitionierung 575
 Round-Robin-Partitionierung 575
 Single-Level- 574
Pay per Use 181
Performance 641
 DBA Cockpit 286
 Fehleranalyse 727
 Monitor 644
 Problemindikatoren 654
 SQL-Anweisung 655
 Warehouse 290
Performance Management Tool 643
Persistenz
 Schicht 54, 66
 synchrone 547
Personal Security Environment 595
Ping 44, 560
PKI 592
Plan Cache 733
Plan Cache Eviction 654, 734
Plan Visualizer 306
PlanViz 658
PLV 658
PLV-Datei 304
Port 46, 118, 211
 externer 46
 interner 46

Predictive Analysis Library 342
Preload 89, 547, 571
Preprocessor 44, 57
Primary Key 575
Primary System 544
Priorität 700
Private Cloud 181, 182
Privilege 324
Privilege → Berechtigung
Product Availability Matrix 428, 430, 766
Profil 320
Prozedur 307
Prozess 42
 ID 43
 persistierender 41, 65
 starten 104
 stoppen 104
Prozessorkern → CPU
Public Cloud 181, 182
Public-Key-Infrastruktur 592
Putty 118

Q

QCM-Tabelle 446
Quick Sizer 127

R

R3load 469
RAM 165
Random Access Memory 165
Range-Partitionierung 575
RDBMS 564
Read-only-Parameter 115
Realtime 29
Rechenzentrum
 geschütztes 590
 Hardware 460
 Infrastruktur 460
recoverSys.py 522
Recovery 459, 516
 Ablauf 487
 Begriff 482
 Complete 482
 Complete Database 484, 486
 Incomplete 482
 Initialisierung Log Volume 520, 539
 Instance 482
 Methoden 481

Index

Recovery (Forts.)
   Point-in-Time 484, 486, 522, 541
   Systemdatenbank 521, 541
   System-Downtime 459
   Tenant-Datenbank 518
   Voraussetzung 460, 488
Redo-Log 547
Redo-Log-Datei 570
Redundanz 460, 543
Reengineering 426
Relational Database Management
   System 564
Release-Strategie 336
Reload 88
Relying Party 607
Remote Identity 636
Replay-Angriff 608
Replayer 674
Replay-Management 674
Replikation
   Modus 547
   Multitarget 546
   Storage 543
   System 543, 544
Reporting 690
Resource Directory 199, 249, 704
   Resources 254
Ressource 197, 198
   Gruppe 198
Restore
   Begriff 482
   Full 482
   Partial 482
Resume 395
Retention Policy Scheduler 513
Revision 336
Rolle 633
   aktuelle 55
   Catalog 636
   Design-Time-
   konfigurierte 55
   Pflege 320
   Repository 637
   Sammel- 633
   Slave 55
   Standby 55
   Worker 55
Round-Robin-Partitionierung 575
Routing 120

Row Store 41, 64, 84, 567
R-Server 342
Run Length Encoding 92

S

SAML 607, 627
SAML Assertion 607
SAML Authority 607
SAP Adaptive Server Enterprise 340
SAP Advanced Planning and
   Optimization 18
SAP Application Performance Standard
   → SAPS
SAP Business Suite 18, 37
SAP Business Suite auf SAP HANA 149
SAP Business Warehouse
   Accelerator 18
SAP BW 37
SAP BW auf SAP HANA 136
SAP BW/4HANA 18
SAP Certified Technology
   Specialist – SAP HANA 179
SAP Cloud Appliance Library 184
SAP Community 747, 753, 770
SAP Cryptographic Library 608
SAP EarlyWatch Alert 246
SAP Enterprise Architecture
   Designer 340
SAP Fiori Launchpad 749
SAP HANA
   Active/Active Read-Enabled 338
   Architektur 35
   Backup 462
   Berechtigung 324
   Cloud 18
   Dateisystem 344
   Datenbank 19, 39, 40, 103, 459
   Datenimport 451
   Deinstallation 408
   Einsatzszenario 587
   Graph 341
   Installation 337, 344
   Installationsvariante 187
   Instanz 19, 39, 104
   Monitoring 707
   On-Premise 18
   Plattform 17, 36, 39
   Predictive 341
   Prozess 42
   Release-Strategie 336

827

SAP HANA (Forts.)
Ressourcennutzung 641
Schlüssel 599
Selbstoptimierung 641, 643
Series Data 340
Sicherheit 587
Spatial 341
System 19, 39, 416
Systemtyp 344
Update 388
Verbindungen 117
SAP HANA Accelerator 340
SAP HANA Advanced Data
  Processing 341
SAP HANA Appliance 35, 100, 129,
  130, 163, 164
SAP HANA Application Function
  Library 46
SAP HANA Application Lifecycle
  Management 118
SAP HANA Application Services 339
SAP HANA Client 40, 123
SAP HANA Cloud Platform 183
SAP HANA Cockpit 41, 197, 466
  2.0 20
  Administrator 198
  App Backup Configuration 492
  Backup-App 492
  Benutzer 216
  Bereitstellungsoption 201
  Cockpit Manager 216
  Database Explorer 270
  Deinstallation 215
  Einstellung 224
  Fehleranalyse 723
  Installation 200
  Konfiguration 216
  Manager 197
  Navigation 243
  Personalisierung 246
  Port 211
  Resource Directory 249
  Ressource 229
  Ressourcen 229
  Ressourcengruppe 229, 238
  Rolle 198, 219
  Service hinzufügen 381
  Service löschen 383
  Sicherheit 594
  Snapshot 266
  Startseite 198

SAP HANA Cockpit (Forts.)
Statement Library 280
Tenant anlegen 377
Tenant löschen 385
Update 212
Zertifikat 595
SAP HANA Data Privacy 341
SAP HANA Data Warehousing
  Foundation 340
SAP HANA Database Explorer 41, 87,
  197, 246, 270
Aufbau 270
Nutzung 274
SAP HANA Database Lifecycle
  Manager 206, 335, 338, 344
Hintergrund 359
Installation 344
Voraussetzungen 338
Web Interface 370
SAP HANA Database Services 339
SAP HANA Deployment
  Infrastructure 46, 566
SAP HANA Dynamic Tiering 340, 592
SAP HANA Enterprise Cloud 183
SAP HANA Enterprise Edition 18, 338
SAP HANA Enterprise Extended
  Edition 18
SAP HANA Enterprise Information
  Management 341
SAP HANA Extended Application
  Services 19
SAP HANA Extended Application Services
  → SAP HANA XS
SAP HANA Hardware Configuration
  Check Tool 180
SAP HANA HDBSQL 20, 328
SAP HANA Integration Services 339
SAP HANA Landscape
  Redistribution 452
SAP HANA Lifecycle Management 40
SAP HANA Performance
  Management 623
SAP HANA Platform Edition 39
SAP HANA Platform Edition 1.0 18
SAP HANA Platform Edition 2.0 18
SAP HANA Platform Lifecycle
  Management 54
SAP HANA Replication 342
SAP HANA Rules Framework 340
SAP HANA Security Guide 587
SAP HANA Server 344

Index

SAP HANA Smart Data
   Access 38
   Integration 46, 623
   Streaming 30
SAP HANA Spatial 30
SAP HANA Streaming Analytics   342, 592
SAP HANA Support Package Stack 336
SAP HANA Unified Installer 337
SAP HANA Web-Based Development
   Workbench 118
SAP HANA Workload Management 196
SAP HANA XS 37, 45
   Advanced 45
   Advanced Migration Guide 46
   Classic 589
   Engine 509
   Job 509
SAP Knowledge Base Article 752
SAP Landscape Management 190
SAP Landscape Transformation
   Replication Server 342
SAP liveCache 310
SAP Logon 608
SAP Lumira 30
SAP Marketing 18
SAP NetWeaver Business
   Warehouse Accelerator 18
SAP NetWeaver Enterprise Search 18
SAP ONE Support 246
SAP ONE Support Launchpad 746, 749
   Benutzerverwaltung 762
   Suche 750
   Systemdaten 756
SAP Operational Process
   Intelligence 340
SAP Predictive Analytics 30
SAP Replication Server 342
SAP S/4HANA 18, 38, 158
SAP Software Download
   Center 343, 754
SAP Start Service 48
SAP SuccessFactors 746
SAP Support Portal 745
   Home 745
   Zertifikat 747
SAP Web Dispatcher 45, 590
sapadm 59
SAP-Basis 444
SAPControl 49
SAP-Dokumentation 747

SAP-Hinweis
   Aufbau 751
   Suche 751
saphostctrl 49, 118
sapinit 107
SAPinst 468
SAP-Kernel 444
SAP-Lösung 423
sapmnt 61
saposcol 49
SAProuter 118
SAPS 135
sapstartsrv 48, 107, 118
Savepoint 63, 73, 475
   Auslöser 75
   kritische Phase 74
   manueller 75
   Operation 73
   periodischer 75
Scale-out 41, 419
Scale-out Appliance 168
Scale-out-System 50, 573, 596
Scale-up 41, 53, 419
Scale-up-System 50, 574
Schattensystem 439, 456
Schema 564
Schwellenwert 285, 702
SCN → SAP Community
Script Server 57
Secondary System 545
Secure Internal Credential Store 604
Secure Sockets Layer 589, 592, 596
Secure Store 674, 676
Secure Stores in the File System 598
Secure-Hash-Algorithmus 604
Security Assertion Markup Language
   → SAML
Sektion löschen 294
Sentiment-Analyse 341
Sequenz 582
Series Data 340
Service → Prozess
Session
   beenden 741
   Monitoring 727
Severity 696
Shadow Page 74, 78, 463
Shared Nothing 170
Shared Storage 42

829

Index

Shared-Nothing-Architektur 41, 53, 65
Shared-Storage-System 42, 58
Shrinking 739
Shutdown 105
Sicherheit 587
Sicherung → Backup
Sicht 581
SID 39
Simple and Protected GSSAPI
   Negotiation Mechanism 606
Single Node Appliance 164, 168
Single Sign-on 605
Single-Database-System 187
Single-Host-System 42, 50, 53
   Netzwerkkommunikation 591
   Rolle 54
Single-Level-Partitionierung 574
Single-Tenant-System 119
Sizing 127, 443
   Backup 161
   CPU 129
   Data Volume 160
   Festplatte 130, 159
   Greenfield 127, 131
   Hauptspeicher 129
   Installationsverzeichnis 161
   Log Volume 160
   Migration 127, 136, 149, 158
   Netzwerk 131
   Report 136
   Typ 127
Skalierung 41
   horizontal 41
   vertikal 41
Slave 55
SLES 730
Smart Data Integration 341
Smart Data Quality 341
Smart Merge 95, 100
smart_merge_decision_func 100
SMD Agent 49
SMIGR_CREATE_DDL 444, 447
Snapshot 76, 545, 547
   Data 474
   Storage 474
Soft Shutdown 76
Software Provisioning Manager 428, 439, 448, 468, 469
Software Update Manager 426, 427, 434, 435, 438

Software-Fehler 461
Solid State Disk 54
Source Privilege 634
Spaltenorientierung 26
Speicher 721
   Auslastung 310
   Grenze 681, 682, 685
   Pool 681
   Typ 569
   Verbrauch 312, 714
Sperre 309, 736
SPNEGO 606
SPS → SAP HANA Support Package Stack
SQL
   Anweisung 287, 302, 611, 655, 724
   Arbeitslast 313
   Berechtigung 325
   Executor-Thread 683
   Fehler 314
   Service hinzufügen 382
   Service löschen 384
   Tenant anlegen 380
   Zugriff 120
SQL Analyzer 653, 658
SQL Plan Cache 287, 656
SQL View 581
sql_executors 683
SQL-Anweisung 643
SqlExecutor 49
SSFS 598
   Instance 598
   System PKI 598
SSH-Verbindung 118
SSL 589, 592, 596
Standardkonfiguration 110
Stand-by 55
Stand-by-Host 42, 559
Startprofil 107
Startsequenz 107
Startservice 107
Statement Library 280
statement_memroy_limit_
   threshold 686
Statistics Scheduler 692
Statistics Service 691, 692
Stoppmodus 105
Storage
   Area Network 54, 165
   Class Memory 64
   Connector API 58
   Delta 85, 91

Storage (Forts.)
    Device-ID 67
    ID 67
    Konnektor 42
    Main 85, 91
    Mirroring 543
    Network-attached 54
    Partition 38, 66, 67, 348
    Replikation 543
    Shared 42
    Snapshot 474, 500
    System 58
    Type 569
Store
    Column 41, 64, 84
    Row 41, 64, 84
Stored Procedure 584
SUM → Software Update Manager
Support Package 336
S-User 430, 747, 762, 771
SWPM → Software Provisioning Manager
synchrone Persistenz 547
synchroner Arbeitsspeicher 547
SYS 52
SYS_DATABASES 52
System 39
    Aufbau 50
    Benutzer 631
    Datenbank 48, 51, 188
    Datenverwaltung 756
    Downtime 459
    Eigenschaften 348
    ID 39
    Information 310
    klonen 422
    Konfiguration 109, 110, 318
    Kopie 422, 429, 440
    Landscape Directory 363, 369
    Landschaft 164, 317
    Last 289
    Multiple-Host- 50, 54
    Multi-Tenant- 377
    Overview 199, 255
    primäres 544, 546
    Privilege 633
    Replikation 543, 544, 549, 557
    Scale-out- 50
    sekundäres 546
    Shared-Storage- 42
    Single-Host- 42, 50, 53
    Stillstand 727

System (Forts.)
    SYSTEM 631
    Tabelle 316
    Typ 41, 50, 346
    Verfügbarkeit 315
    Verfügbarkeitsprotokoll 315
    View 564
SYSTEMDB 188
SYSTEMDB → Systemdatenbank

T

Tabelle 567
    Anzeige 306
    exportieren 307
    große 312
    importieren 307
    Monitoring 312
    OWNERSHIP 564
    Partitionierung 94, 573
    spaltenorientiert 567
    spaltenorientierte 567
    Speicherstatus 570
    Speicherstruktur 567
    Speicherverbrauch 315
    temporär 91
    Übersicht 302
    zeilenorientiert 567
Table Placement Rule 579
Table Redistribution 171
Table Reload 109
Tailored Data Center Integration 32,
                                35, 129, 131, 166, 176
Takeover 553
Target System 674
TCO 340
TCP/IP-Protokoll 46
TDI → Tailored Data Center Integration
Technical Deployment Option 48
Temporary Tables 91
Tenant 51, 187, 377
    anlegen 377
    Datenbank 48
    hinzufügen 381
    Konfigurationsparameter 114
    löschen 381, 385
    starten 106
    stoppen 106
Text Mining 341
TGS 606
TGT 606

Index

Thread 49
   Analyse 286
   Methode 50
   Typ 50
Threshold 285, 696, 702
Ticket Granting Service 606
Ticket Granting Ticket 606
Time-Travel Query 569
TLS 589
Total Cost of Ownership 340
Trace
   Datei 305, 308
   Konfiguration 292
trans.log 728
Transaktion
   AL11 137
   beenden 741
   DB13 150
   DBACOCKPIT 283
   DBCO 327
   Fehleranalyse 726
   Monitoring 311
   offene 311
   SE38 .... 136, 447
   SLICENSE 314
   SM37 .... 142, 153
   SU01 323
   Verwaltung 726
   zurückrollen 741
Transformationsphase 424
Transparent Huge Page 727
Transport Layer Security 589
Trigger 584
Trust Store 608

U

Undo-Log 77
Unicode-Konvertierung 428, 456
Unique Constraint 86
Uniqueness Check 575, 578
Unload 77, 85, 89, 137, 571, 738
   expliziter 91
   Priority 91, 571, 738
   Trace 738

Update 388, 426, 434
   Phase 395
   Vorbereitung 395
Upgrade 426, 434

V

Verbindung 310
   Statistik 311
   Übersicht 311
Verzeichnisstruktur 58
View 581
Virtual Private Network 594
Virtualisierung 172
Volume
   ID 67
   Monitoring 295
Volumen 715
VPN 594

W

Warm Data 140
Whitelist 195
Wiederherstellung → Recovery
Worker 55
Worker-Host 559
Workload 669
   Analysis 650
   Classes 687
   Klasse 687
   Management 642, 686
   Mapping 688
Wörterbuchkomprimierung 92

X

XS Engine → SAP HANA XS

Z

zeilenorientierte Tabelle 567
Zertifikat 595
Zertifikatshost 374
Zwei-Schichten-Architektur 588, 589